贵州省瓮安县地方志丛书

瓮安县教育志

WENG'ANXIAN JIAOYU ZHI

瓮安县教育局 编

方志出版社
Pubishing House of Local Records

图书在版编目（CIP）数据

瓮安县教育志 / 瓮安县教育局编. -- 北京 ：方志出版社，2018.9
ISBN 978－7－5144－3246－6

Ⅰ. ①瓮… Ⅱ. ①瓮… Ⅲ. ①地方教育—教育史—瓮安县 Ⅳ. ①G527.734

中国版本图书馆CIP数据核字（2018）第209447号

瓮安县教育志

编　　者：瓮安县教育局
责任编辑：罗　滔

出 版 人：冀祥德
出 版 者：方志出版社
地址 北京市朝阳区潘家园东里9号（国家方志馆4层）
邮编 100021
网址 http://www.fzph.org
发　　行：方志出版社图书经销中心
电话（010）67110500
经　　销：各地新华书店
装帧设计：成都益舟文化传播有限公司
印　　刷：四川和乐印务有限责任公司

开　　本：889×1194　1/16
印　　张：50
字　　数：1134千字
版　　次：2018年9月第1版　　2018年9月第1次印刷
印　　数：0001～2500册

ISBN 978－7－5144－3246－6　　定价：368.00元

《瓮安县教育志》编纂委员会

顾　问　夏吉友　桂国全

主　任　谢　静

副主任　罗继文　犹品璋　陈　松　罗明梅　朱世江

委　员　张宇祥　田应时　李亚芬　张　奎　岑　参
杨光惠　陈华鉴　魏德平　陈德书　刘仕军
邹　丽　舒极昌　杨德元　兰　江　袁　敏
宋锡明　陈忠武　杨秀文　余福渊　廖　磊
商正银　陈判治　陈古伦　犹永均

前排左起　张宇祥　余福渊　岑　参　舒极昌　张　奎　陈　松
罗继文　谢　静　犹品璋　罗明梅　杨德元　兰　江
杨光惠　邹　丽

后排左起　陈古伦　陈华鉴　陈判治　刘仕军　袁　敏　宋锡明
廖　磊　田应时　李亚芬　陈德书　杨秀文　商正银
陈忠武　魏德平　犹永均

《瓮安县教育志》编辑部

总顾问　谢　静　范祖贵

顾　　问　犹品璋　王　昱　谢兴贵　张宇祥　刘德权

主　　编　陈古伦

副主编　犹永均

编　　辑　王诚刚　向初闻　瞿远恒

前排左起　谢兴贵　王　昱　范祖贵　谢　静　犹品璋　张宇祥

后排左起　王诚刚　陈古伦　犹永均　向初闻　瞿远恒　刘德权

《瓮安县教育志》审验

初　审	岑　参	陈德书	陈华鉴	陈判治	陈忠武	侯开华	兰　江
	李亚芬	刘仕军	舒极昌	田应时	魏德平	杨德元	杨光慧
	张　奎	张宇祥	邹　丽	蔡兰英	陈清涛	陈启贵	陈绍武
	陈仕忠	陈先国	陈友华	陈泽华	段正文	付启贵	高付全
	范忠超	胡红霞	胡　艳	兰成松	兰　敏	雷永凤	冷国云
	黎　明	李道祥	李建辉	刘兰华	刘伦遥	龙登华	龙永春
	卢亲贵	潘运德	秦昌贵	任开林	沈佐韦	帅本宇	宋镇华
	汤仕兴	唐晓红	王和江	王俊松	王　群	王卫文	温光平
	温　黔	夏光辉	夏锦松	向仲松	谢瑞禄	谢云飞	徐　梅
	晏定林	晏帼奎	杨朝飞	杨光菊	余家品	禹　佳	张朝友
	张明光	张仕超	张　松	张永志	赵　平	郑小华	
复　审	谢　静	罗继文	犹品璋	陈　松	罗明梅		
终　审	瓮安县地方志编纂委员会办公室						
	范祖贵	王　昱	谢兴贵	谢崇禄	刘德权	王明江	王殿生
	杨通敏	张晓芳	张富乾				
验　收	瓮安县地方志编纂委员会办公室						

2017年瓮安县教育局干部职工合影

第一排	陈古伦	陈判治	宋锡明	余福渊	岑　参	舒极昌	张宇祥	陈　松
	罗继文	谢　静	犹品璋	罗明梅	兰　江	杨德元	杨光惠	邹　丽
第二排	犹永均	向初闻	帅本明	张文建	廖　磊	杨忠林	张　奎	田应时
	周朝富	黄　俊	李亚芬	陈德书	杨秀文	陈忠武	魏德平	商正银
	余朝禄	黄天祥	郑才佳					
第三排	钱仕刚	甘元林	卜　炜	潘光群	唐春梅	严国艳	邓　婷	徐兴莲
	王德荣	王成秀	犹　佳	周泽敏	宋小梅	犹昌琴	韦修菊	向　艺
	廖酮菊	余　敏	魏书平	向贰君	罗佩江			
第四排	丁常林	黄毕强	王先明	田　辉	袁　敏	戎成斌	王应兴	罗永军
	蒋文锌	陈华鉴	王诚刚	何廷志	赵成刚	李子忠	冯　杰	雷　轶
	黄晓锋	严胜文	蔡　谷	梅仕俊				
第五排	方伦武	吴　形	谢绍刚	李孝宽	王　勇	贾朝阳	刘其刚	陈古辛
	谢其卫	侯开华	兰登学	史　挞	皮禄波	瞿远恒		
第六排	谢承伟	江奇峰	杨乔书	陈远奎	敖德奎	秦昌明	周玉光	黄佳权
	陈应平	景小波	罗　盛	赵远江	杨信勇	黄　山	沈佐韦	朱洪平
	陈华宽	李富强	冯正贵	邓安平	唐仕宇	李　林	吴小兵	

序

谢 静

瓮安县教育党工委书记
瓮安县教育局党组书记
瓮 安 县 教 育 局 局 长

瓮安教育源远流长，历经沧桑，贤才辈出。早在宋神宗癸丑年（1073），瓮水犹道明即高中进士，成为贵州进士第一人。明万历二十九年（1601）瓮安设县，建县初即在县衙右侧设学庙，但禀生入学仍在黄平，生员名额极少。直到康熙二十六年（1687），瓮安始设县学，教育由此兴盛。明清有记载的进士16人、举人108人。民国时期，社会不稳定，但教育事业仍绵延不绝。解放后，围绕“培养学生在德、智、体、美等方面全面发展”的教育方针，全面实施素质教育，学前教育实现村村全覆盖，九年义务教育得到普及，普通高中和中等职业教育蓬勃发展，民办教育如火如荼。瓮安教育空前壮大，百花齐放，桃李成荫，恢复高考后有22人被清华、北大录取。

《瓮安教育志》是瓮安教育的首本志书，从史料入手，收录瓮安有记载以来的书院、私塾、义学、学前教育、小学教育、普通中学教育、中等职业教育、成人教育等各方面内容，记述瓮安教育的风雨历程和涤荡变革，真实再现瓮安教育400多年来的发展轨迹。《瓮安教育志》以存史、资治、教化为宗旨，对后世研究和借鉴具有重要的参考价值，不仅能起到鉴古知今、启迪后人的作用，还将为瓮安历史发展和经济社会进步做出不可估量的贡献。

教育是民族的基石，是一方兴旺发达的根本，瓮安县委、县政府历届领导，情系教育，谋定而动，坚持教育优先发展。加大教育投入，改善办学条件，深化教育改革，加强师资队伍建设，全面实施素质教育，努力提高教育教学质量和办学水平，教育事业得到长足发展。近年来，莘莘学子毕业后，或率先致富，或事业有成，以各种方式反哺故土，成为建设家园、发展地方经济的生力军。

编纂教育志书，是传承民族文化的千秋伟业，是一项十分艰巨的工作，为完成志书的编纂，编撰人员花费大量的心血和汗水，多渠道收集资料，精心整理编纂，史料翔实，归类得当，实事求是。志书中的史料和前人的教育经验，是教育工作者的宝贵财富，对传承和弘扬瓮安教育精神，推进瓮安由教育大县向教育强县迈进具有深远的历史意义和现实意义。

谨以此为序。

2016年3月20日

凡例

一、《瓮安县教育志》以马克思列宁主义、毛泽东思想、邓小平理论、“三个代表”重要思想、科学发展观及习近平新时代中国特色社会主义思想为指导，坚持辩证唯物主义和历史唯物主义，广征博采，实事求是地记述瓮安教育的历程。

二、本志由概述、大事记、专志、人物、附录等组成,所记内容上溯至有史料记载之时，下限至2015年12月31日，部分图片及个别资料收录至志书出版前。

三、本志对民国以前纪年用汉字书写，括注公元纪年，民国纪年和公元纪年用阿拉伯数字书写，对大事记中的民国纪年括注公元纪年。1949年12月11日瓮安解放，此日之前简称解放前，此日起简称解放后。

四、本志地名，按史事发生时的称呼书写，部分古地名括注今地名，贵州省、黔南布依族苗族自治州、瓮安县，简称省、州、县，个别有混淆的地方则冠全名。

五、本志计量单位，解放前按当时市制记述，解放后除土地仍用市亩记述外，其余一律用现行法定计量单位记述。1955年3月前的货币，按当时的币制记述；1955年4月后按统计部门或业务部门核定数据记述，部分货币记述时根据数量多少采用“万元”或“元”。

六、本志资料主要来自州档案局、县档案局、县教育局、各学校，部分摘自正史、旧志、专著、报刊、采访笔录等。

七、教育世家、高级教师名录、撰稿人以拼音为序，获奖统计表以获奖时间先后为序。

八、在节之内的目及重要内容列入索引，以便查阅。

九、表格中数据统计不全或无内容，则用空格表示。

2011年12月5日，贵州省委书记、省人大常委会主任栗战书（右一）在瓮安中学调研

2009年5月15日，中央政治局委员、中央书记处处书记、中央组织部部长李源潮（前一）在瓮安河西行政新区正在建设的瓮安中学新校区视察指导工作

2011年4月，贵州省委副书记、省长赵克志（右二）在瓮安中学新校区视察指导工作

2009年，贵州省委书记石宗源（左二）在瓮安调研帮教工作

2011年11月14日，中央司法体制机制改革督导组组长、中央政法委副秘书长鲍绍坤（右二）在瓮安调研违法青少年帮教工作

2012年4月29日，省人大常委会副主任顾久（前排右三）在瓮安中学调研

2008年，贵州省人大常委会副主任、党组书记龚贤永（右四）在县幼儿园调研

2014年5月13日，贵州省副省长陈鸣明（前左三）在瓮安职校调研

2011年9月1日，贵州省教育厅厅长霍健康（右二）在瓮安一小调研

2009年5月，贵州省公安厅厅长崔亚东（左三）在瓮安调研帮教工作

2010年5月15日，中组部基层组织局副局长曾贤钦（左二）在瓮安视察雍阳中学建设情况

2010年6月14日，黔南州委书记黄家培（右一）在雍阳中学调研

2009年6月，省教育厅副厅长王碧海（中）在瓮安调研教育发展规划工作

2014年1月7日，贵州省教育厅副厅长李奇勇（中）调研义务教育均衡发展实施情况

2010年，黔南州州长李月成（右一）在瓮安中学新校区调研

2014年4月24日，黔南州州长蒙启良（右二）在瓮安职校调研

2009年6月7日，州委常委、瓮安县委书记龙长春（左三）视察高考工作

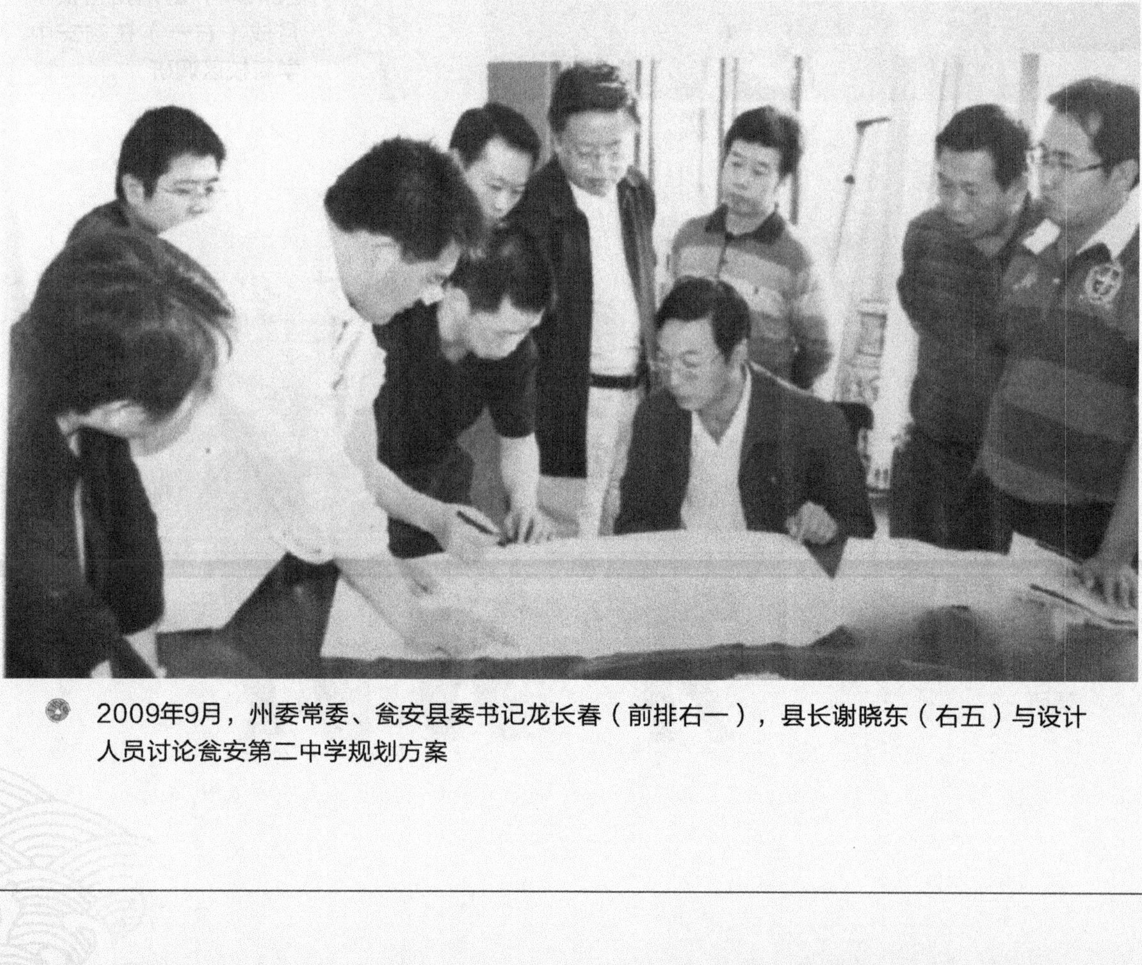

2009年9月，州委常委、瓮安县委书记龙长春（前排右一），县长谢晓东（右五）与设计人员讨论瓮安第二中学规划方案

2011年5月31日，州委副书记、瓮安县委书记陈昌旭（左一）慰问第三小学师生

2015年1月13日，州委常委、瓮安县委书记蒋映生（右四）在瓮安第三中学调研

2015年9月，州委常委、县委书记张文强（中），县委副书记、县长黄桂林（右），县人大常委会主任潘玉华（左）出席教师节表彰大会

2011年7月，县委副书记、县长尹德俊在青少年成才奖颁奖大会上给高考获奖学生颁奖

1987年，县委副书记、县长罗成淮(左一)为县幼儿园落成剪彩

2009年11月7日，黔南州人大常委会副主任王圣强（左一）视察瓮安二中改扩建工作

2010年5月11日，州教育局局长王可农（右二）在瓮安一小指导学校规划工作

2011年9月2日，省教育厅领导在瓮安调研教育工作

2002年，瓮安县委书记王勇（左三）、县长王勤（左二）出席第十八个教师节表彰会

2013年12月9日，州教育局局长欧开灿（左三）在珠藏中学调研

2015年3月，瓮安县委副书记、县长黄桂林（右三）在瓮安二中迁建项目工地调研

2015年1月，州人民政府督学何喜贵（左二）在瓮安三小调研

2015年9月8日，瓮安县庆祝第31个教师节暨表彰大会，县四家班子与受表彰教师合影

2015年10月，瓮安县副县长夏吉友（左五）在建中中学调研

2016年11月，瓮安县副县长桂国全（右三）在瓮安八小调研工程进展情况

2000年11月4日，瓮安县教育局局长王幼石在瓮安县中小学秋季田径运动会开幕式上讲话

2015年3月5日，瓮安县教育局局长谢静（左三）在岚关中学现场指导运动场、综合楼建设工作

2014年12月14日，县人民政府教育督导室主任王登国（右）在瓮安县义务教育均衡发展启动会上讲话

1998年3月，瓮安县教育局局长张国仑（右一）在瓮安一中检查工作

1992年，瓮安县教育局局长何崇海（右三）慰问瓮安中学老教师

2015年10月15日，州教育局副局长熊家荣（左四）在瓮安三中调研

2011年11月，瓮安县教育督导室主任张世德（正面右三）在瓮安县平定营中学调研

2013年4月，教育局常务副局长谢朝富在瓮安县第三届中小学生幼儿书画大赛上讲话

2016年，教育局纪检组长罗继文（前右二）在瓮安三中检查财务工作

2015年11月3日，瓮安县教育局副局长犹品璋（右二）在中坪小学调研

2015年5月18日，瓮安县教育局副局长陈松（左三）在白沙中学调研学生资助工作

2015年6月16日，瓮安县教育局副局长罗明梅（左三）慰问乡镇进城中考学生

1999年，瓮安县农村教育综合改革会议

1996年，县教育局召开“两基”工作会

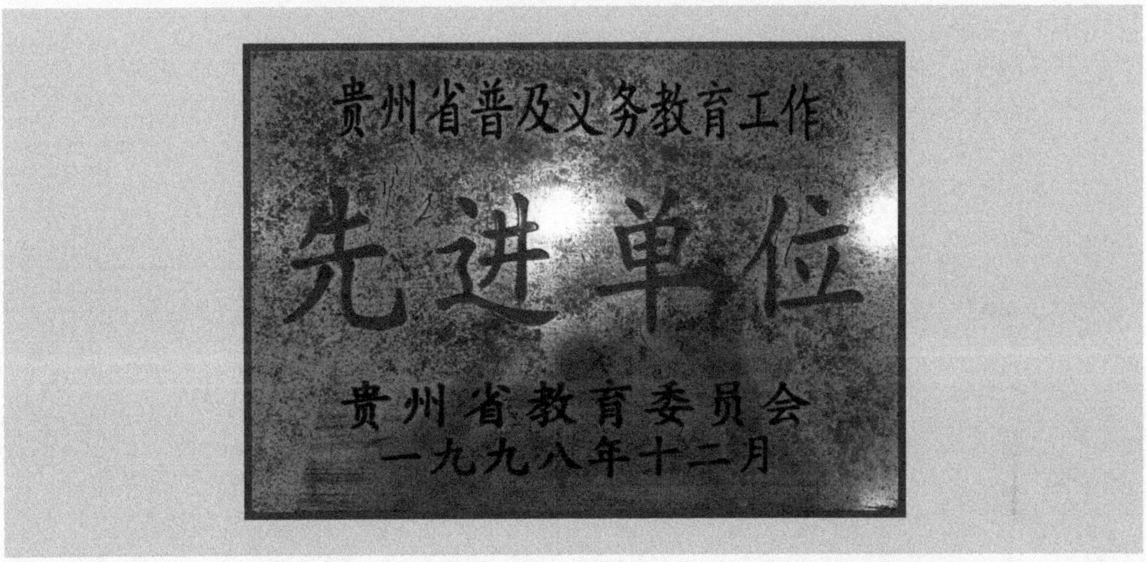

2011年4月，县幼儿园召开新增设备会议

2014年，县教育局召开安全、法制、综治、消防工作会议

2009年，瓮安县"两基"迎"国检"工作会

2009年，贵州省人民政府对瓮安县"两基"迎"国检"预检汇报会

2011年12月20日，瓮安县接受贵州省县级人民政府教育工作暨县级党政主要领导教育工作督导考核汇报会

2011年12月20日，省教育工作督导考核组在教育局检查有关工作资料

2013年6月6日，省高考督考组在瓮安二中考点巡查高考工作

2015年4月20日，瓮安县教育局召开《瓮安县教育志》编纂工作启动培训会

2011年，瓮安县庆祝建党90周年暨开展重走长征路活动

2011年，瓮安县教育系统庆祝建党90周年红歌赛

2015年瓮安县教育局参加县清明节扫墓活动

2011年，瓮安县教育系统组队参加县红歌大赛

1988年，瓮安县举办中学生田径运动会

2010年11月18日，瓮安县中小学生文艺汇演

2010年，瓮安县教师纪念“一二·九”暨“十佳歌手”大赛

2013年10月28日，瓮安县中小学生运动会开幕式

2015年10月27日，瓮安县第三届中小学生篮球运动会开幕式团体操表演

2010年，瓮安县青少年及各类人才奖颁奖大会

2014年10月18日，瓮安县举办学校管理人员、工作人员食品卫生安全培训暨知识竞赛

2011年，瓮安县举办中小学生运篮球动会

2013年4月26日，瓮安县举办第三届中小学生幼儿书画大赛

2010年11月19日，瓮安县中小学生文艺汇演

2015年4月，瓮安县第四届中小学生幼儿书画大赛

2014年10月29-31日，瓮安县举办第四届中小学生田径运动会

2011年4月21日，中国时代之声演讲团荣誉团长、首席演讲家邹越在瓮安进行“让生命充满爱”大型校园演讲

2015年11月23日，黔南州初高中课改科研工作推进会在瓮安召开

2009年，全国妇联、贵州省妇联到瓮安县开展“六一”慰问活动

2015年11月13日，黔南州教科所为瓮安二中进行教育科研课题开题

2015年4月2日，瓮安县实验学校开展以“继承先烈遗志 弘扬革命精神”为主题的教育活动

2014年4月11日，瓮安六小教师在猴场会议会址为学生讲红军故事

2013年9月9日，瓮安县委、县政府举行第29个教师节表彰大会

2011年1月18日，瓮安县教育局参加抗凝救助工作

2015年1月21日，瓮安县中等职业学校与贵州城市职业学院联合办学签约仪式

2015年，瓮安中小学生运动会开幕式

2012年5月27日，瓮安二中《扬帆》文学社采风活动

2015年，瓮安中学开展美食节活动

2013年，瓮安一小开展消防演练活动

2014年5月28日，珠海东精大电子科技有限公司捐建雷文小学爱心楼竣工典礼

2006年10月16日，中国人民解放军总装备部援建太平小学峻工典礼

2011年12月10日，演讲家蔡顺华老师在教育局演讲

2011年8月24日，“春晖行动——致公学生培养计划”出征仪式，瓮安30名品学兼优贫困学生赴京学习

2012年9月，瓮安县珠藏镇热烈庆贺第28个教师节

2014年10月24日，瓮安第五中学首届文体艺术节开幕式

1930年，瓮安县立两级小学校高级第19期、初级第12期毕业留影

2015年12月，瓮安县中心学科组瓮安三中送教下乡

2014年4月14日，学生在草塘双面戏楼表演花灯

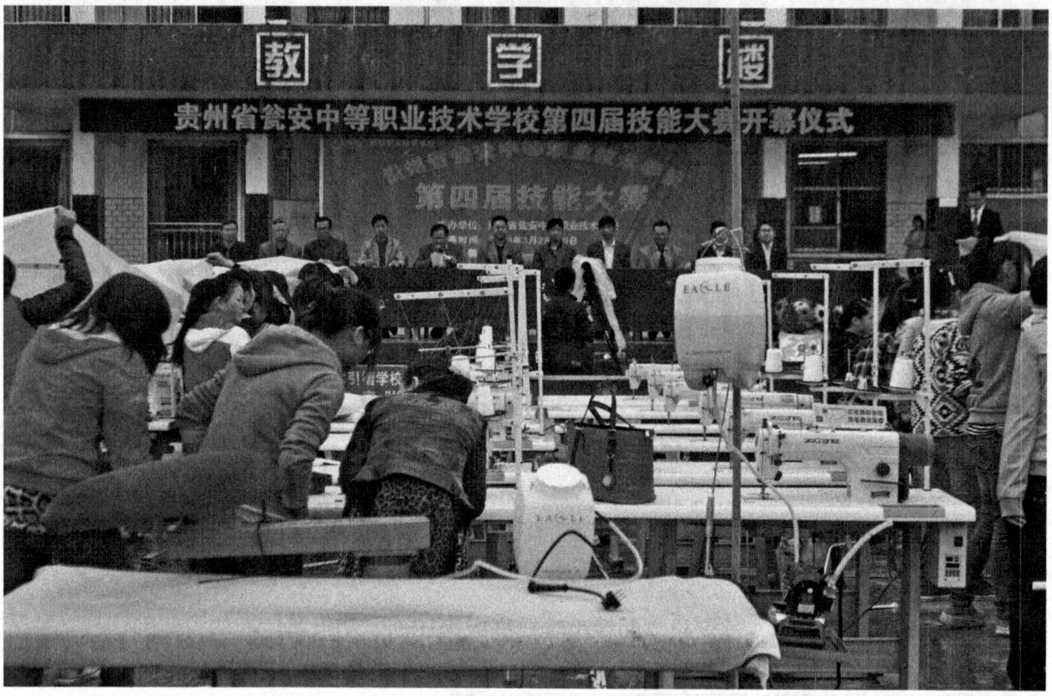

2013年3月28日，瓮安职校第四届技能大赛开幕式

2015年，瓮安第五中学为留守儿童过集体生日

2015年10月27日，瓮安县第三届中小学生篮球运动会瓮安四中运动员合影

2004年，瓮安县职中四中国防教育报告会

瓮安县教育局办公大楼（2010 年摄）

瓮安中学开工仪式（2009 年摄）

瓮安中学60年代校容校貌

瓮安中学新校区全景（2014 年摄）

瓮安中学老校区全景（2008 年摄）

瓮安二中校园全景（2016 年摄）

瓮安二中校园
（1987年摄）

瓮安二中校园全景（2014 年摄）

瓮安二中德正广场放飞希望文化柱（2016年摄）

瓮安职校校园（2014 年摄）

瓮安职校学生宿舍（2014 年摄）

瓮安职校教学楼
（1997 年摄）

瓮安职校校门（2014 年摄）

瓮安三中全景（2003 年摄）

瓮安四中校园全景（2015 年摄）

瓮安五中校园全景
（2015 年摄）

瓮安县珠藏中学校园（2013 年摄）

瓮安县高水中学教学楼（2014 年摄）

瓮安县铜锣中学全景（2013 年摄）

瓮安县建中中学校园（2015年摄）

瓮安县白沙中学校园（2015年摄）

瓮安县玉山中学全景（2015年摄）

瓮安县天文中学校园（2011年摄）

瓮安八中校园（2015年摄）

草塘中学（瓮安二中）毕业生及全体教师（1959年摄）

草塘中学全景（2015 年摄）

中坪中学新教学楼
（2014年摄）

永和中学全景
（2013 年摄）

江界河中学教学楼
（2014年摄）

瓮安一小（东门义学）

瓮安一小教学楼（2009 年摄）

瓮安二小教学楼（2014 年摄）

瓮安三小校园（2010年摄）

瓮安县实验学校（2015 年摄）

瓮安六小教学楼（2015 年摄）

瓮安渡江小学校园（2014 年摄）

珠藏小学校园（2015 年摄）

永和小学全景（2009 年摄）

玉山小学教学楼
（2015 年摄）

瓮安县天文小学教学楼
（2015 年摄）

岚关小学校园（2014 年摄）

建中小学教学楼（2014年摄）

瓮安七小全景（2015年摄）

江界河小学少年宫(2015年摄)

瓮安县中坪小学全景（2015年摄）

瓮安县特殊教育学校（2015年摄）

瓮安县示范幼儿园（2015 年摄）

瓮安县第二幼儿园（2015 年摄）

瓮安县第三幼儿园
（2015 年摄）

瓮安县克立兹幼儿园
（2015 年摄）

瓮安阳光幼儿园
（2015 年摄）

2012年6月，瓮安二中教师兰成兵的油画作品《朱家山七月》荣获第五届全国美育成果展金奖

2006年9月，瓮安五中教师舒远辉作品《葫芦》荣获第三届中华（天津）民间艺术精品博览会美术“金蕾杯”银奖

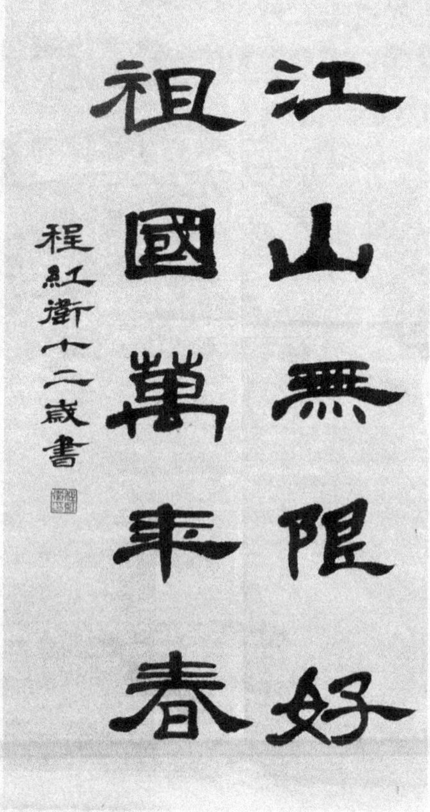

2016年1月，瓮安县建中镇高坪小学学生程红卫的书法作品获贵州省第五届中小学艺术展演三等奖

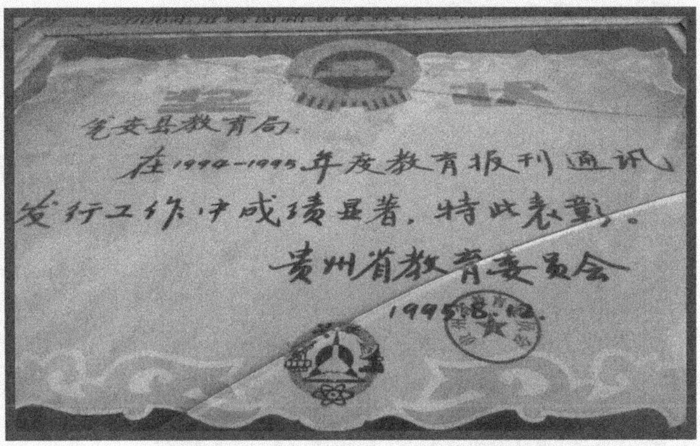

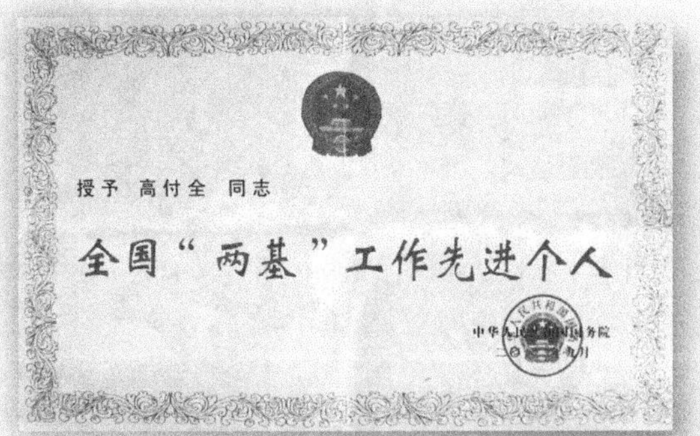

2009年，中坪小学教师张福慧荣获的园丁荣誉纪念章

2005年，中坪小学荣获第七届世纪之星全国青少年儿童美术书法摄影艺术教育成果展金奖

2012年9月，银盏小学教师高付全荣获全国"两基"工作先进个人

2004年11月，瓮安城关一小被中国教育学会、《中国教育报》授予艺术教育特色单位金奖

1991年，瓮安教育局获得全国绿化委员会、国家教育委员会、广播电影电视部、共青团中央主办的全国中小学生绿化知识普及宣传教育活动三等奖

2018年10月8-12日，县地方志办公室主任范祖贵（左三）、县教育局局长谢静（中）及编辑部成员张宇祥（右三）、陈古伦（右二）、犹永均（左二）、瞿远恒（左一）、谢绍刚（右一）在成都益舟文化传播有限公司，对即将交付印刷出版的《瓮安县教育志》修改定稿

目 录

第四章　小学教育

第五章　普通中学教育

第六章　职业技术教育

第七章　特殊教育与师范教育

第八章　成人教育

第十三章　电化与实验教学

第十四章　招生　考试

第十五章　设施经费

第十六章　学生资助与营养改善计划

第十七章 人力资源

第十八章 党群及文书管理

第十九章 行政执法

第二十章 人 物

附　录

索　引

概 述

GAISHU

瓮安地域总面积1962.74平方千米，矿产丰富，森林覆盖率达50%，年平均气温13.8℃（日最高气温34.4℃，日最低气温-7.3℃），气候宜人，环境宜居。乌江与瓮安河蕴育着代代子民，后辈寻着先贤的足迹，勤耕苦读，人才辈出。明清教育以培养举人和进士为主，民国制定公民道德教育、军国民教育、实利主义教育、世界观教育和美感教育“五育并举”的教育方针，解放后培养学生在德、智、体、美等方面全面发展。经过不懈的努力，瓮安教育取得长足发展，从普及初等教育到“两基”通过国家级验收，实现基本普及九年义务教育和基本扫除青壮年文盲，高中教育、中等职业教育、民办教育蓬勃发展，瓮安由教育大县向教育强县迈进。

宋代犹道明高中进士，成为贵州进士第一人。明清两代，瓮安有记录的进士18人、举人108人（武举7人）。办学多为倡议捐修，办学经费主要是学田收入，官办有儒学、义学、书院、学堂。儒学系明清两代县级地方学校，以孔孟之学为主体，纳入科举轨制，教师由官府委派科举仕途中取得出身的人员担任。明万历年间，瓮安有学田27亩9分，零摊差银1两9钱5厘，粮7斗7升5合，山塘2口。康熙二十六年（1687），总督范承勋设县学。康熙四十四年（1705）始开办义学，或称义塾、乡学、村学，为民办免费蒙馆，县内先后开办仙荫堂、养正、兴文、保平场、岩坑、新牌卫等乡村义学。乾隆中期至光绪年间，瓮安先后建有旗山、玉华、花竹3所书院，均以考课举业为主，纳入科举轨制，旗山书院因年久失修于嘉庆初年（约1797年）倒塌，玉华书院于咸丰末年（约1860年）毁于战乱。清末，依新法设学堂，分初、高两等小学堂，学制分别为5年和4年。小学堂以“忠君”“尊孔”为宗旨，设修身、读经讲经、中国文字、算术、历史、地理、格致、体操、图画、手工等课程，教学方法有所改进。光绪三十二年（1906），废除科举制度，兴办学堂，部分义学改为学堂，取消县学。花竹书院改为高等小学堂。宣统二年（1910），县内有本城、牛场2所高等小学堂，有本城、牛场、平定营、岩坑、新牌卫、折五翁巴6所初等小学堂，全县有教职员 28 人、学生 483 人。

民国教育经历了从两级制到小学制和建立中学的演变发展，小学以“三民主义”“四维”（礼、义、廉、耻）、“八德”（忠、孝、仁、爱、信、义、和、平）为内容向学生进行思想品德教育。教职员实行聘任制，城镇、乡立小学校长由县行政长官委任，学校教员由校长聘任并呈县行政长官。教育经费有学田年收入、屠捐税附加、契税附加、斗息捐、特牙捐、碾榨捐、上级补助及其他呈准征收款项。民国元年（1912）改学堂为学校，仍沿袭清末小学两级制，初等学校 4 年毕业，高等学校 3 年毕业。民国四年（1915），县城初等小学堂从高等小学堂中分离，改设在武侯祠。民国十五年（1926），建立瓮安县初等中学，招收学生 16 人，有教职员工 4 人。民国十七年（1928），初、高等小学堂合并，更名为瓮安县初、高两级小学。1 月瓮安中学改为“瓮、余、平、黄”四县联中，6 月改为贵州省立第六中学。民国 21 年（1932），中学实行级任教师制。民国二十四年（1935）县立第一两级小学改名城南小学，中学利用升降国旗、国父纪念周及国民月会实施精神训练，特别注重国父遗教和总裁训示，树立民族至上、国家至上的观念，利用各种集会讲解《青年十守则》的要义，并以此为考查学生思想言行的标准。是年，全县有短期小学 6 所，设有成人失学班，兼办乡村民众学校，招收失学成人入学，开设国语、公民常识、算术、音乐等课程，学习时间为每期 3 个月。凡年龄在 13-30 岁的失学民众均入校受补习教育，先采取联保主任或保甲长劝导入学，不听劝者，处以 2 角罚金，并限期入学。民国二十七年（1938）城南小学更名为瓮安县城区男子小学。中学级任教师制改称导师制，导师负责组织、教育本班学生各项工作。民国二十九年（1940）开始实行小学制，全县教育支出占财政总支出的 15.9%。民国三十年（1941），全县教育支出占县财政总支出的 32.7%，有中心小学 5 所、国民小学 1 所、初级小学 25 所、短期小学 15 所，共有学生 2794 人、教职工 284 人。民国三十二年（1943），全县教育支出占县财政总支出的 16.5%。省立瓮安初级中学招收高中学生，更名为贵州省瓮安中学。1949 年，全县有完全中学 1 所、小学 48 所、私塾及民办小学 9 所，学生总数为 8000 余人。

1949 年 12 月瓮安解放后，全县经历社会主义改造、“大跃进”、文化大革命、改革开放等几大变革，教育也在奋进与挫折中不断发展。

社会主义改造阶段（1950—1957），瓮安中小学教育实行“整顿巩固、提高质量、重点发展、稳步前进”的方针，体现德、智、体、美、综合技术教育全面发展，为社会主义建设培养接班人。1950 年，小学教育培养儿童读、写、算的基本能力及普通的科学常识，注重卫生健康教育、培养儿童健强身体，培养儿童爱护国家和人民的思想及爱好劳动、民主、守纪律的良好习惯。利用冬季农闲时间组织成人学习文化知识和劳动技能（简称冬学），采用民校识字课本，结合反封建斗争工作授课。1951 年，全县有 144 个行政村 12 街，设公立小学 49 所，其中县立小学 10 所、村学 39 所，共 98 个班。8 月，将教育科改为文教科。1952 年，全县开始开展扫盲工作。1953 年，学校分为公办学校和民办学校。9 月，全县公立小学 101 所 309 班，学生达到 9494 人。11 月，瓮安接管原黄平县西堰乡的青池村，青池初小划入瓮安。1955年，全县高小毕业生347人，初一新生占高小毕业生的28.82%。冬学全部转为常年民校和扫盲班。11月，执行《新教学计划》《小学生守则》，体现德、智、体、美、综合技术教育全面发展的方针，使学生能获得工农业生产知识和技能，培养学生爱好和钻研科学的兴趣，建立辩证唯物主义的世界观，减轻学生过重负担，使教师有多余时间加强学习和备课。1956年3月23日，文教科分为文化科和教育科。1957年，草塘中学从草塘小学分离，成为独立中学。6月，文化科、教育科合并建立文教局，下辖电影队、文化馆、书店，并兼管体育等业务。9月，在雍阳小学设2个学前班，招收幼儿100余人，有教职工3人，开设体操、语言、图画、手工、音乐、计算6门课。

"大跃进"运动时期（1958—1961），办学与生产劳动相结合，农业中学与职业学校兴起。1958年，教育部门、其他部门、农村公社均办幼儿园（班），入园（班）幼儿783人，有教职工17人，其中教育部门办的幼儿园有幼儿408人、教职工8人。9月，全县有公办中学2所，有教学班16个，学生811人。新建一批农业中学及职业学校，均属"半工半读"和半日制形式。1959年，福泉划入瓮安，文教局管理范围扩大，原瓮安6个学区设76所公办小学，有学生16205人，教职工443人。公办小学由人民公社直接领导管理，民办小学由生产大队直接管理。全县统一取消寒暑假，改为春耕、秋收假，春耕假20天，秋收假30天，每学年实际上课为38周。1月，瓮安办有工业交通、农业、林业、卫生、畜牧兽医5所中等职业学校，共有学生1770人。2月，贵州省瓮安初级中学与福泉中学合并，更名为贵州省瓮安县第一中学，地址设在福泉；原贵州省瓮安草塘初级中学更名为贵州省瓮安县第二中学，原贵州省瓮安县牛场初级中学更名为贵州省瓮安县第三中学。7月，在瓮安城内原瓮安中学校址新开办贵州省瓮安第四中学，内设高中部，原附设师范班分开单独设立。1961年，福泉县恢复，瓮安二中、瓮安四中恢复为草塘中学、瓮安中学。对幼儿教育进行整顿，只保留教育部门办的县幼儿园和草塘公社幼儿班，入园（班）幼儿共316人。

1962—1965年，经过一系列调整，社会稳定，经济呈现良好发展势头，教育逐步取得发展。1963年，全县公民办中学3所，学生750人，教职工73人。1964年，文教局改为文教科，全县7-12周岁适龄儿童共33506人（人口普查后统计数字），已入学儿童27756人，占适龄儿童的82.83%。

"文化大革命"期间（1966—1976），县人民委员会被夺权，学校领导及教师被揪斗，教学秩序混乱，部分公办学校和所有民办学校停办，高校停止招生。1968年，学校原有的管理体制全部取消，开始实行工人毛泽东思想宣传队、贫下中农管理委员会和革命委员会管理体制。根据毛泽东关于"由工人阶级、贫下中农直接管理学校"的指示，工厂派出工宣队进驻城镇学校进行管理，公办小学下放到生产大队接受管理。1970年5月，文教局改为文化教育局。1971年，学校实行党委领导下的革委会领导管理体制。草塘中学增设高中2个班，成为完全中学。1972年，玉山中学增设高中班，招收玉山区、珠藏区、中坪区学生。1973年，入园幼儿178人、教师6人。4月23日，文化教育局改为教育局。1974年，全县有小学生1385

班48631人，学龄儿童入学率91%。1976年，城关二小初中部独立，改为雍阳中学。

改革开放后（1978—2015），全县教育以建设"教育强县"为战略目标，坚持"育人为本，德育为先，加大投入，改善条件，规范学校管理，加强师德师风建设，提高教师素质，办人民满意教育"的办学思路，实现基本普及九年义务教育和基本扫除青壮年文盲，推动教育均衡发展。1978年，全县行政区划为7区48公社和1个街道，设区学办7个，公社中心完小48个，县城完小2所。各区所在地小学开办幼儿班，其他部门和集体单位办起幼儿园（班），全县入园（班）幼儿1070余人，正式教职工27人。7月，雍阳中学升级为瓮安第二中学。1979年，学校撤销革命委员会，实行校长分工负责制。1984年8月，县编制委员会核定教育局编制为16人。1985年，全县12~24周岁少青壮年146425人，非文盲率89.01%，巩固率96.31%，抽考合格率96.56%，经州政府检查验收合格，成为黔南第一个基本无盲县。1986年，全县实现普及初等教育，并开始实施义务教育。9月，新建瓮安县职业技术学校，设财会专业1个，收录学生50人。1988年，全县有小学289所，学生65296人；有中学12所，其中完中4所、初中8所，属教育部门办9所、其他部门办3所。1991年，县政府进行"撤、并、建"，全县设23个乡镇，各乡（镇）设立教育辅导站管理乡镇小学，乡镇中学由县教育局直接管理。1992年，金星中学改为金星初级职业中学，办1个班有学生44人。1993年，全县有小学238所、教学点50个，共1703个班61001人，毕业生8031人，招生9336人，校内外学龄人口总数49914人，在校学龄人口数48931人，学龄儿童入学率98.03%，14岁毕业率64.5%；有教职工2189人（其中专任教师1973人、行政人员207人、工勤人员9人），代课教师705人，临时工61人。有初级中学6所、完全中学4所、附设初中班的小学29所，有初中272班12573人、毕业3249人、招生数4872人；有高中37班2054人、毕业481人、招生537人。1994年，撤销教育局、科学技术委员会的独立建制，合并组建为县教育科学技术局。在县城北东路新建瓮安三中，设教学班6个。1995年，全县学校占地面积219794平方米，校舍建筑面积52806平方米，其中危房3242平方米。瓮安职中成为省级重点职业高中，有12个班，学生653人（女生398人），毕业109人，新招生245人，有教职工40人（其中专任教师28人、行政人员8人、工勤人员4人）。1998年10月，瓮安基本扫除青壮年文盲经省政府验收达标。2000年，全县所有完全小学均办起学前班，幼儿入园率47.08%。瓮安中学、瓮安二中停止招收初中生，成为2所独立高级中学。瓮安三中停止招收高中生，改制为初级中学。2001年12月，撤销各乡镇教育辅导站，小学业务由中心小学管理。2002年，乡镇教育辅导站的行政管理职能划归乡镇中心完小（雍阳镇为城关一小），其行政管理由中心完小校长负责。全县适龄儿童入学率为98.9%，比上年增长3.04%；适龄少年纯入学率85%，比上年增长4.68%。2005年，珠藏中学增设高中，成为完全中学。2007年，州教育局正式命名瓮安计算机培训中心为瓮安鸿翔中等职业技术学校。2008年，有小学141所，教学点5个，小学在校生40404人，适龄儿童入学率99.7%；教职工2051人，学历合格率97.39%。2009年，"两基"通过"国检"，瓮安普及九年义务教育和基本扫除青壮年文盲达到国家标准。2010 年 3 月，县政府教育督导室为正科级行政单位，与县教育局合署办公，为县政府行使教育督导的专门机构。12 月，县教育局有综合科、计划财务科、教育科、人力资源科 4 个内设机构；瓮安县教育局教育研究室更名为瓮安县教育研究室，为县教育局管理的股级事业单位；瓮安县招生委员会办公室、瓮安县学生资助管理中心、瓮安县青少年活动中心，均为县教育局管理的股级事业单位。2012 年 9 月，在瓮水街道办事处茅坡村旗山组（原茅坡小学校址）办特殊教育学校，招收有智力障碍、听力障碍、视力障碍、孤独症、学习障碍、脑瘫学生 49 人，设教学班 6 个。2013 年，县行政区划调整后，决定由新乡镇政府所在地小学作为乡镇中心学校，撤并前的中心学校不在现乡镇政府所在地的，不再作为中心学校。县投资 560 余万元将原职校改建成瓮安五中，设置为九年一贯制学校。全县进行区划调整，草塘镇、平定营镇划为县城区，县城区扩展为瓮雍中心城区、银盏产业园区、草塘古邑区、平定营生态区"一城四区"，银盏学校、平定营中学分别改为瓮安六中、瓮安八中，草塘中学加挂瓮安七中牌子。

2015 年，农村经济条件好转，交通便利，集中优势资源规模办学，城镇学生人数增加，农村学生人数减少。科学、合理布局九年义务教育、高中教育、职业教育、学前教育、特殊教育，民办教育兴起，为促进城乡教育均衡发展打下坚实的基础。县委、县政府将教育工程纳入县民生实事和重点工作，缩短学校建设项目审批办理时间，减免相关费用，采取财政、融资、贷款等方式保障教育投入，实施义务教育学校标准化建设，为推进县域内义务教育均衡发展创造有利条件。实现村级幼儿园全覆盖，小学辍学率为 0，初中辍学率为 0.58%，九年义务教育巩固率达 99.95%，高中阶段毛入学率达 92.5%。12 月 25 日，瓮安职校与贵州万好教育投资（集团）有限公司签订协议书联合办学，设大专班。

滔滔乌江向东流，悠悠岁月无尽头。历史的长河书写着时代变迁，记录着人类发展的轨迹，由莽荒到繁荣，由野蛮到文明。瓮安建县以来，已有四百多年的沧桑，政治、经济、文化以及社会各方面都发生翻天地覆的变化。瓮安教育如一颗璀璨的明珠在黔中大地冉冉升起，为高一级学校培养合格新生，为经济建设和社会进步做出突出贡献。教育是瓮安的第一名片，在县委、县政府和上级主管部门的正确领导下，通过广大教育工作者的努力，瓮安教育将会迎来更加美好的明天。

大事记

DASHIJI

宋神宗六年（1073）

瓮水人犹道明以乡贡中乙科进士，为贵州中榜进士第一人，袭长官司。

明成化五年（1469）

干平堡人叶应甲中进士，平越学，官参议，已卯年（1459）中举。

明神宗二十八年（1600）

设瓮安县，即在县衙右侧设学庙，但入学在黄平。

明崇祯十六年（1643）

瓮安获准办学，时兵乱未得实现。

清顺治十六年（1659）

瓮安岁考、科考录取文武童生、廪增生名额与黄平分案办理。

清康熙二十六年（1687）

总督范承勋设县学。

清康熙二十七年（1688）

专设训导1人管理瓮安学堂，余庆学堂附属瓮安管辖。

清康熙四十三年（1704）

瓮安设教谕1人管理学堂。

清康熙五十一年（1712）

牛里人王梦旭中进士，平越学，庶吉士，官户部郎中，辛卯年（1711）中举。

清康熙五十七年（1718）

牛里人王梦尧中进士，平越学，庶吉士，官知府，甲午年（1717）中举

清康熙六十年（1721）

牛里人王士俊中进士，平越学，有传，甲午年（1717）中举。

清雍正三年（1725）

十二月七日瓮安县学由小学升为中学。

清雍正八年（1730）

牛里人王政恒中进士，平越学，官清远知县，丙午年（1666）中举。

清乾隆元年（1736）

草里人文瑄中进士，官中江知县，壬子年（1732）中举。

清乾隆七年（1742）

草里人宋梅中进士，官博平知县，壬子年（1732）中举。

清乾隆三十一年（1766）

建旗山书院。

清乾隆六十年（1795）

附里人商景泰中进士，官射洪知县，己酉年（1789）中举。

清嘉庆元年（1796）

牛里人王崊中进士，平越学，官知县，己酉年（1789）中举。

清嘉庆十六年（1811）

草里人宋延芳中进士，官内阁中书，庚午年（1810）中举。
牛里人王茂松中进士。

清道光十三年（1833）

二月　县人集资修建玉华书院。

清道光十四年（1834）

二月　玉华书院建成。

清道光二十年（1840）

草里人宋衍镛中进士，官上杭知县，丁酉年（1837）中举。
徐景中进士。

清咸丰末年（约1860）

玉华书院、仙荫堂（后改名双桂堂）、儒学教谕署、儒学训导署等因苗民暴乱而损毁。

清光绪六年（1880）

附里人刘光荣中进士，又名奎辰，官河南知县，壬戌年（1862）中举。

光绪十五年（1889）

重建玉华书院。

清光绪二十四年（1898）

附里人任承纪中进士，官兴山知县，己丑年（1889）中举。

清光绪二十五年（1899）

附里人宋伟中进士，四川乡试中举，官通政使，入蜀籍。
秋建成玉华书院，更名花竹书院。

清光绪三十二年（1906）

停止科举考试，撤销学署，成立劝学所。县城创建高等小学堂，校址在花竹书院。

清光绪三十三年（1907）

在高等小学堂基础上增设初等小学堂。

清光绪三十七年（1911）

中坪艾州人商文立勤工俭学留法，获博士学位，为瓮安第一个洋博士。

中华民国

民国元年（1912）

一月　颁布《普通教育暂行办法》《普通教育暂行课程标准》。
县公署设教育科管理教育行政，改学堂为学校。

民国3年（1914）

在万寿宫建初等女子学校。

民国4年（1915）

县城初等小学从高等小学中分离，建在武侯祠。

民国 5 年（1916）

松坪场民众捐资在关帝庙修建小学堂。

民国 7 年（1918）

县城高等小学修建新式教学楼 1 栋。

民国 14 年（1925）

省教育厅督学黄齐生到瓮安视察，提倡兴办中学。

民国 15 年（1926）

秋　瓮安县立中学创建，校址在花竹书院。

民国 16 年（1927）

瓮安县立中学改为瓮（安）黄（平）余（庆）平（越）联立中学。

民国 17 年（1928）

秋　瓮黄余平联立中学改为贵州省立第六中学。

民国 18 年（1929）

县公署改为县政府，下设“四局一区”，其中教育局管理教育行政经费。

冬　县城高等、初等小学堂合建高初两级小学，校址在武侯祠。

民国 19 年（1930）

冬　中学师生借用县城小学教室创办民众夜校。瓮安有私塾 20 所，学生 500 余人。

民国 20 年（1931）

“九一八”事变后，县城中小学师生开展抗日宣传活动。

民国 21 年（1932）

“一·二八”事变消息传到瓮安，县城中小学师生举行抗日示威游行。

是年　规定中学实行级任教师制。

民国 24 年（1935）

县政府下设第三科管理教育、建设。

是年　中学实行训导制。

民国 25 年（1936）

一月　省立第六中学改为省立瓮安初级中学。

民国 26 年（1937）

瓮安县设立民众教育馆，初设在县城二郎庙，后迁到江西会馆，开展书刊阅览、文化娱乐和时事宣传活动。

民国 27 年（1938）

县政府设四科，第三科管理教育及国民军事训练等事项。建县民众教育馆，办平民学校。

民国 30 年（1941）

全县有中心小学 5 所，国民小学 1 所，初级小学 25 所，短期小学 15 所，学生 2794 人，教职工 284 人。

民国 31 年（1942）

城区男子小学与城区女子小学合并为瓮安标准小学。实行“新县制”，县政府机构扩大，教育科管理中等教育、国民教育、社会教育及其他文化教育事项。

三月　20 多所小学罢课，抗议政府拖欠教师工资，一周后，政府补发工资，事平。

民国 32 年（1943）

瓮安标准小学分设男女小学，男校复名城区男子小学，女子复名女子小学。

秋　省立瓮安初级中学改为省立瓮安中学，增办高中。

民国 33 年（1944）

民众教育馆有职员 2 人，民众教育馆兼管体育活动。

民国 37 年（1948）

平定营梭罗人朱学文考入清华大学，为瓮安考入清华大学第一人。

十月　县教育机构调整为第三科（教育科），民教馆撤销。是年，全县有 11 乡镇 142 保，职校小学 11 所，国民学校 22 所。

中华人民共和国

1949 年

12 月　接管国民党县政府机构，县政府设教育科。

是月　县委、县政府举办青年知识分子训练班。

1950 年

教育科有科长1人，科员2人，视导1人。

3月　将解放前11所中心学校合并为4所中心小学，全县有完小5所、公立初校4所。

是年　瓮安中学高中停办，改为瓮安初级中学。

1951 年

8月　教育科改为文教科。

是年　全县144个行政村12街道，设公立小学49所、村学39所。

1952 年

12月　瓮安隶属贵定专区，全县村小设为县立小学。全县有小学99所，其中完小5所、初小94所，学生7716人。

是年　全县开展扫盲工作。

1953 年

3月　全县小学实行五级计分法。

12月2日　执行省政府《扫除文盲工作委员会通知》。

25日　文教科、宣传科、青年团、妇联联合出台《关于冬学的意见》。

1954 年

1月20日　黄平县西堰乡青池小学全部移交给瓮安县。

5月1—4日 瓮安县举办第二届体育运动会。

12月23日 执行县政府《关于1954年冬学的问题》，将有条件的冬学转为常年民校。

1955年

3月24日 县政府转发教育部公布的《中学生守则》共20条，各校组织学习。

9月 文教党组成立。

12月2日 执行教育部《关于各级学校推行简化汉字的通知》。

1956年

3月 县人委文教科分为文化科、教育科。

5月 瓮安组织教师进行北京语音培训，第一次321人，及格308人；第二次225人，及格199人。

是月 贵定专区撤销，瓮安划归安顺专区，设教育部门立初小57所、高小19所、民办小学为初小70所。

1957年

3月 教育科设教研室，编制3人，负责全县教育工作。

6月 县文化科、教育科撤销，设县文教局。

7月17日 草塘初级中学建立。

9月 瓮安县学前教育开始在雍阳小学开设教学班2个。

1958年

3月 开办峰岩农中、高枧农中、天文农中、花竹农中、岚关农中。

12月 瓮安县初级交通中学成立，更名为瓮安县初级工交中学。

是年　瓮安初级中学更名为贵州省瓮安中学，福泉中学并入瓮安中学，校址迁到原福泉中学，并恢复高中班。全县各部门、各公社开始办幼儿园。

1959 年

1 月　瓮安办有中等职业学校 5 所。

2 月 25 日　瓮安、草塘、牛场中学分别更名为瓮安县第一、第二、第三中学。

5 月 24 日　建第四中学（校址在原瓮安中学）和师范学校。

9 月 1 日　雍阳小学附设幼儿园更名“瓮安县雍阳幼儿园”。

1960 年

2 月　文教局有文化局、教育科、新华书店、文化馆、放映院队、体委会、有线广播收音站、卫生科县报社 9 个科室。

9 月　全县有农业中学 13 所，畜牧中学与林业中学合并为西坡农中，停办勤耕中学。

是年　全县教育成就展览会在雍阳小学开幕。停止使用苏联幼儿教材及教学参考书，在学前班进行汉语拼音、汉字和算术教学。

1961 年

5 月　瓮安师范停办。

8 月　福泉县恢复，瓮安二中恢复为草塘中学，瓮安四中恢复为瓮安中学。

是年　进行学前教育整顿，只保留教育部门办幼儿园。

1962 年

2 月 21 日　城关第二中心完全小学建立，又称城关小学。

是年　小学教员 1317 人（包括幼儿园），缺教员 754 人，从置业军官和复员军人中挑选一批适合做小学教员工作的加以补充；有中学教员 267 人，需增加的中学教师从下放干部中挑选一批具有高中以上文化程度的人员，并从小学教师中抽调 28 人。

1963 年

试行《全日制小学暂行工作条例》，公办小学由教育行政部门统一管理。瓮安雍阳小学更名为城关一小，城关小学更名为城关二小，由雍阳区统一管理。

是年　全县小学贯彻教育部重新制发的《小学生守则》共 8 条，在小学开展“学雷锋，创三好”活动。

1964 年

1 月　文教局改为文教科。

7 月 13 日—8 月 16 日　全县中小学教职员工在县城集中开展社会主义教育运动。

8 月　瓮安中学学生参加全省中学生田径运动会，3 人分别获男子 3000 米和五项全能第一名、女子 100 米第一名、女子跳高第一名。

是年　对学生进行“反修防修”教育，开展学习毛主席著作和访贫问苦、忆苦思甜活动，对学生进行阶级斗争教育。

1965 年

公社幼儿班撤销，全县有公办幼儿园 1 所，学生 119 人。瓮安一小被定为黔南州重点小学。

1966 年

6 月中旬　县委组织 30 多个单位开展“文化大革命”运动，并向瓮安中学、草塘中学、雍阳小学、城关小学派出工作组。

10 月 18 日　瓮安首批到北京“红卫兵”代表 171 人在天安门广场接受毛泽东的接见，

各中小学停课闹革命，学校师生相继外出串联。

11月　文教科改为文教局。

是年　“文化大革命”开始后，部分学校校长、教师被揪斗，教学瘫痪。

1967年

1月　“红卫兵”“造反派”勒令县委、县人卫批钱批粮支持其“革命大串联”。

3月　中学师生停止外出串联，进厂和外出串连的一律返校，一边上课，一边闹革命。

1968年

10月22日　县革委在中坪公社三支岩办“五七”干部学校。

1969年

1月中旬　县革委组织动员知识青年“上山下乡”，大批高初中毕业生下乡插队落户，“接受贫下中农的再教育”。

是年　瓮安中学“五七”厂制造的35型四轮拖拉机转动装置荣获全国青少年科技展物理中学组三等奖。

1970年

2月11日　县革委组织教师开展血吸虫病、钩体病普查。

3月27日　县革委办组织工作宣传队进驻中学。

5月　文教局改为文化教育局。

1971 年

草塘中学增设高中班，成为完全中学。

是年　城关一小办戴帽初中班。

1972 年

5 月 21—24 日　县少年田径、篮球运动会在县城举行，各区组织男女代表队参加。

6 月　全州少年田径运动会在瓮安县举行。

是年　玉山中学增设高中班，招收玉山区、珠藏区、中坪区学生。

1973 年

3 月 5 日　县革委会召开教育工作会议，讨论教育革命、教学质量和扫盲工作。会议要求教育行政领导深入第一线解决教师只管教不管导的思想，落实党的干部政策和知识分子政策。

4 月 23 日　文化教育局改为教育局。

6 月 12 日　县委批转公安局《关于对青少年儿童进行思想政治路线教育，加强防范工作的意见》。

是年　城关二小增设戴帽初中班。

1974 年

珠藏中学成立，草塘中学开办高中，雍阳小学附设初中班并入城关二小。

1975 年

新建中坪中学，珠藏中学开办高中。

1976 年

新建永和中学和天文中学。城关二小初中部独立，改名为雍阳中学。

1977 年

全县有公办幼儿园 1 所，小学教育重新走入正轨，恢复中等职业学校 1 所。

1978 年

全县行政区划为 7 区 48 公社和 1 个街道，设区学办 7 个、公社中心完小 48 个，县城完小有 2 所。“文化大革命”期间停办的幼儿园恢复办学。

5 月 7 日　瓮安中学、雍阳中学分别改为瓮安第一中学、第二中学。

1979 年

9 月　全县青少年开展“道德风尚良好月”活动。

是年　撤销革命委员会，实行校长负责制。开始有个体户办幼儿园。州政府批准瓮安桃子冲小学为民族小学。

1980年

10月 瓮安桃子冲民族小学为公办小学。

是年 瓮安第一中学被评为全省教育系统先进集体。瓮安二中招生高一学生2个班，成为完全中学。县、区、乡（镇）、村成立扫盲工作领导小组，7区1镇各配有专职的教育专干，负责全区镇的扫盲工作。

1981年

玉山高中班撤销，高中学生并入瓮安中学。

是年 开展“五讲四美”“学雷锋、树新风”和“创三好”活动。

1982年

6月 县教育局等7个单位组织成“六一”慰问组，携带图书、文具、玩具等慰问品到各区公所驻地慰问中小学、幼儿园（班）少年儿童7700多人。

8月 撤销教育局党组。

9月 贵州广播大学黔南分校瓮安工作站开班。

1983年

组织全县教师“过教材关”，全部考试合格。

是年 全县进行实用技术培训14540人次，其中种植业8860人次、养殖业4860人次、人口教育820人次。幼儿园使用教育部编《幼儿教材》。

1984 年

2 月　县二级机构进行改革，体委并入教育局，撤销教卫办公室。

5 月　县政府作出多渠道集资教育资金改善办学条件的决定：行政事业单位职工每人献资 4 元，农民每户献资 5 元。

8 月 23 日　县编委会发《关于党、政、群机关人员编制的通知》核定教育局编制为 16 人。

1985 年

9 月 10 日　全县各地庆祝第一个教师节。

是年　贵州中师函授站瓮安分站成立，办公室设在教育局，由教育局负责业务及管理。全县 12~24 周岁少青壮年 146425 人，非文盲率 89. 01%，巩固率 96. 31%，抽考合格率 96. 56%，经州政府检查验收合格，成为黔南第一个基本无盲县。

1986 年

9 月　开办瓮安县职业高级中学。普及初等教育，开始实施义务教育。

11 月　开展中小学教师过教材关考试。

1987 年

7 月 16 日　教育局内设纪检组、综合组、政工股、计财股、教育股、督导室 7 个机构，行政人员 12 人，局长 1 人，副局长 3 人，纪检组组长 1 人，副主任科员 3 人，办事员 2 人。

12 月　老坟嘴乡民办教师 1 人被评为全国优秀保育员，受到全国妇联表彰。

1988 年

8 月　全县中小学教职工实行选聘制，教育局直接选聘各中学（一、二中除外）、区（镇）学办的校长、视导员，各中学校长直接选聘副校长、教导主任、总务主任，各区（镇）视导员直接选聘副视导员（教育专干）、各小学校长。

是年　全县集资 66. 66 万元办学。参加全国高中学生奥林匹克数学竞赛 3 人荣获三等奖。县教育局被州教育局评为实验建设先进单位。

1989 年

4 月　全县选招民办教师为合同制公办教师 17 人，录用民办教师为公办教师 36 人。

是年　全国高中化学竞赛，瓮安 1 人荣获二等奖。银盏小学附设初中班改为雍阳中学。

1990 年

4 月 24—26 日　州教育表彰会在瓮安县召开，大会对瓮安教育的校园建设、校产管理、安居工程（自筹资金解决）、多渠道筹措教育经费、改善办学条件取得的一系列成就给予肯定和称赞。

是年　全县设 7 区、1 区级镇（雍阳）、46 乡、1 乡级镇（草塘），各区（镇）设学办。

1991 年

县政府进行“撤、并、建”，全县设 23 个乡镇，各乡（镇）设立教育辅导站管理乡镇小学，乡镇中学由县教育局直接管理。

是年　对全县幼儿园和学前班的办学条件进行检查、考核和整顿，颁发园（班）准办证 12 个。

1992 年

4 月 16 日　县政府出台《关于设立县教育督导室的通知》，决定设立瓮安县教育督导室，受县政府及教育行政部门的领导和上级教育督导机构的指导，代表县政府对乡镇政府的教育工作及其教育行政部门和学校工作进行监督、检查、评估、指导。

10 月 27 日　执行县教育局、县物价局、县财政局发《瓮安县关于实施也要（班）类别收费标准的通知》。

11 月中旬　州纪委教学评估小组对瓮安一中、二中的教风、校风、学风、教风管理等进行全面评估，认定两校达到县城中学 A 等标准。

是年　对全县民办教师进行整顿，合格者发放民办教师任用证。

1993 年

11 月　瓮安县幼儿园接受省教委和县教育局评估，被评为“贵州省二类示范幼儿园”“县级示范幼儿园”。

是年　组织全县站长、校长 50 余人对城关一小、岩坑小学、高枧小学、马场坪小学进行办学水平评估，促进学校工作朝着正规化方向发展。瓮安通过省人民政府验收达到高标准无盲县，全县开始进行普及九年义务教育。

1994 年

2 月　撤销教育局、科学技术委员会的独立建制，合并组建为县教育科学技术局，内设综合股、政工股、科技管理股、计财股、基础教育股、督导股 6 个股室，人员编制为 21 人，配备局长 1 人、副局长 3 人、股长和副股长 12 人。

5 月　瓮安县第三中学建立，为局级事业单位。

1995 年

3 月　教育局发《1994—1995 学年度第二学期开学工作检查情况通报》，对各大片区进行开学工作检查，共检查中小学、教学点 161 所。

8 月　县政府决定新建瓮安县高水初级中学，从原九年制高水小学的初中部分离出来。

1996 年

8 月 19 日　县政府发《关于新建独立初级中学的通知》，决定新建瓮安县平定营中学、瓮安县玉华中学、瓮安县松坪中学、瓮安县建中中学，该 4 所中学分别从原九年制学校平定营小学、玉华小学、松坪小学、建中小学的初中部分离出来。

12 月　瓮安第一中学陈天银等编辑的《中国篆刻大字典》获省第二届优秀图书一等奖。

是年　全县考取大中专院校 888 人，其中重点院校及提前录取本科 21 人、一般院校 114 人、专科 312 人、中专 441 人，创历史最高纪录。

1997 年

3 月　瓮安第一中学陈天银等编辑的《中国篆刻大字典》获省第三次哲学社会科学优秀科研成果二等奖。

9 月　瓮安三中增设高中部。

1998 年

5 月 11—15 日　省政府检查团对瓮安基本普及初等义务教育和基本扫除青壮年文盲工作进行考核、评估、验收，认定教育普及程度、师资水平、扫盲、教育质量、教育经费、办学条件、执法要求等指标均达到国家颁布的考核标准，“两基”工作合格，通过省级验收。

是年　瓮安县考取大中专院校生1020人，比1996年增长15%。其中，重点院校73人，一般院校214人，专科学校251人，中专482人，取得有史以来最好成绩。

1999年

6月15日　中坪中学、中坪小学学生136人因食用霉变糯米饭团导致中毒，无一人死亡。

是年　瓮安一中被县委、县政府表彰为三风三化校园文化建设先进单位和文明学校。

2000年

9月　黔南州首届“好花红”少儿艺术节在都匀举行，瓮安城关二小选送的《高原少年》荣获声乐创作一等奖、演唱三等奖。瓮安中学、瓮安二中停止招收初中生，成为两所独立高级中学。瓮安三中停止招收高中生，改制为初级中学。

是年　县教育局组织幼儿参加黔南州沙画比赛，获一等奖2名、二等奖3名、三等奖3名。

2001年

2月20日　县城各中小学在校园内广泛开展“崇尚科学、拒绝邪教”签名活动。县城数千名中小学生纷纷在签名横幅上签下自己的姓名，声讨“法轮功”危害社会、残害青少年的反动本质。

6月11—14日　由省政府组成的验收团对瓮安“两基”和“普实”进行验收，达到国家规定的合格标准，获得通过。

12月　撤销各乡镇教育辅导站，小学业务由中心小学管理。

2002年

8月　瓮安发展计划局下发新建瓮安四中学校建设计划。

9月24日　铜锣中学师生受到多种有毒昆虫的袭击，全校578学生和25名教师均出现皮肤过敏感染。经调查，这是一起由有毒飞蛾等昆虫的粉屑、灰尘导致的突发性、急性荨麻疹。由于受害师生较多，学校被迫暂时停课。

是年　瓮安鸿翔职业技术学校（民办学校）建校。

2003年

4月　教育局各科室实行“包保”制，分别承包7个责任区，并组成7个小组进行安全工作检查，与学校签订安全责任书，实行分级管理。

5月16日　州委常委、州委政法委组织成员到瓮安县玉华乡雷文村对“非典”防控工作进行检查，县卫生部门查出雷文小学师生发热和传染事件的原因，有针对性地开展工作，对重点对象发热38度以上的人员每日双查。

9月19日　中坪中学学生食物中毒，共发病34例。

2004年

9月11日　县城关第一中心完全小学举办盛大集会，庆祝建校100周年。

8月21日　省级三类示范高中瓮安中学首次面向全州招生。

是年　筹建瓮安县青少年活动中心，设主任1人、管理人员2人、聘请辅导教师21人。

2005年

10月26日　县消防大队组织官兵到各乡镇中小学开展消防宣传演讲，并向师生传授灭火方法。

是年　瓮安职中通过评估验收，成为“省级重点职业学校”。县示范幼儿园被州环保局、州教育局评为黔南州绿色学校，被中国教育学会、《中国教育报》授予艺术教育绿色单位。

2006 年

瓮安县青少年活动中心建成。

10 月 16 日　中国人民解放军总装备部援建的草塘太平“八一”爱民学校落成，总装备部主任侯贺华少将出席典礼为学校授牌并讲话，同时捐赠书包等学习用品。

2007 年

3 月　瓮安二中“外籍教师英语口语合作教学实验学校”正式挂牌，随着来自喀麦隆和加纳的两名外籍教师的加盟，为瓮安二中的英语口语营造一个良好的语言环境，提高该校的英语教学水平。

5 月　瓮安鸿翔职业技术学校更名为瓮安鸿翔中等职业技术学校（民办学校）。

11 月 16 日　省政协副主席、民建贵州省委主委会王录生、民建贵州省委专职副主委兼秘书长李奕樯一行到小河山开展支边活动，为引进爱德基金 15 万元建成的“球安小河山希望小学”投入使用授牌。在小河山开展“国际科学与和平”进山区校园活动，为学校捐赠 1.3 万元的图书和体育用品。

2008 年

3 月 11 日　执行省教育厅、省财政厅发《关于下达 2008 年春季中央农村义务教育阶段免费提供教科书计划的通知》，义务教育阶段所有学生教科书全部免费，其中小学每生每学期 45 元、初中每生每学期 90 元、特殊教育学校每生每学期 45 元。

6 月 21 日　瓮安三中初二年级女学生李素芬在西门河死亡，经法医鉴定为溺水死亡，家属对该结论产生质疑，此事未能及时解决，于是在 28 日发生了为李树芬“请愿”的游行事件。游行队伍冲击县委、县政府、县公安局，烧毁县委大楼，烧毁和砸坏县政府、县公安局办公室 165 间，烧坏 4 间公安局门面，烧毁 42 辆交通工具和公安局户政中心档案资料，抢走电脑数十台，有 150 余人不同程度受伤。该事件又称“6·28”事件或瓮安事件。

8 月　设立瓮安县学生资助管理中心，为县教育局管理的股级事业单位，核定编制 3 人。

11 月 24 日　全县享受国家助学资助学生 1767 人，共 135.17 万元，其中中央拨款 116.

62万元、省级拨款10.6万元、县级拨款7.95万元。

2009年

5月20日　“猴场会议”会址被命名为全国爱国主义教育示范基地，填补黔南州无国家级爱国主义教育示范基地的空白。

9月22日　撤销全县22所小学，核定县招生委员会办公室事业编制5人，核定县教育局电教工作站事业编制8人、教研室事业编制30人。建立瓮安县青少年活动中心，为县教育局管理的股级事业单位，核定编制3人，设主任1人。

是年　瓮安县“两基”通过“国检”，全县普及九年义务教育和扫盲达到国际标准。全县小学129所，学生37466人，教职工2007人。瓮安职校升为国家级重点职业学校。

2010年

3月　冷少农烈士故居被命名为贵州省爱国主义教育基地。

6日　中国关工委董广生在县青少年活动中心进行“激发孩子持久的学习动力”专题讲座。

15日　中组部基层组织局局长曹贤钦一行到河西新区调研，了解新建雍阳中学的规划建设情况。

19日　教育局对全县学校进行“中小学教师继续教育”县级验收。

20日　批准县政府教育督导室为正科级行政单位，与县教育局合署办公，为县政府行使教育督导的专门机构，核定行政编制3人，设主任1人。

是月　受香港慈善基金会的委托，州智力支边办副主任朱惠兰带着香港各界爱心人士的助学金和图书到县捐资助学。爱心捐赠活动共为银盏乡飞练小学、大园小学，珠藏镇岗家槽小学、荣院小学，白沙乡大土小学、高坪小学6所小学捐赠图书3100余册，价值45000余元；向珠藏中学贫困学生18人每人发放助学金500元。县教育局推行职工带薪休假制度。

6月1日　全县师生参与“寄一份包裹，送一份爱心”捐赠活动。

4日　教育局在帮扶点木引槽乡建立“贫困党员帮扶基金”。

9日　黔南州小学语文教师技能大赛在瓮安举行。

23日　黔南州城镇学校规划建设发展经验交流现场会在瓮安召开。

15日　省财务厅原处长李发贵等对瓮安义务教育阶段财务管理工作进行检查。

26日　黔南州继教评估组对瓮安“十一五”中小继教工作评估验收。

30日　县教育局到武警瓮安消防大队开展“八一”慰问活动。瓮安县教育局创办《瓮安教育》报。

9月9日　县教育局召开庆祝第26个教师节暨教师表彰大会。

14—16日　州教育局到瓮安检查开学工作。

是月　贵真学校不再招收小学，成为民办完全中学。

10月19日　州教育局工作评议座谈会在瓮安教育局举行，州人大常委会副主任王圣强作重要讲话。

19日　全县教育系统干部人事档案通过省级验收。省教育厅调研组到瓮安调研职教工作。

11月17日　全县完成4所学校素质评估。

18日　解放军总装备部到草塘“八一”爱民小学调研援建项目建设运行情况。

18—19日　县教育局组织开展中小学生文艺汇演活动。

22日　由中央综治办督导室主任胡增印任组长的中央综治委督导检查组到瓮安检查指导青少年违法帮教工作。

12月　瓮安县教育局教育研究室更名为教育研究室，为教育局管理的股级事业单位。

7日　省建设职教团2010年年会在瓮安召开。省教育厅“国培”专家组到鱼河中学调研。

8日　县教育局举行纪念“一二·九”运动暨教师“十佳歌手”大赛活动。

2011年

1月11日　县教育局召开外籍教师迎春座谈会，全县有外籍教师56人参加座谈。

16日　《贵州政协报》刊登省两会特刊“瓮安教育迎来春天”。

26日　教育局与县文联共同组织迎春“义务书写春联”活动。

21日　县教育局召开中层干部竞争上岗演讲，参加竞争上岗的有9位同志发表竞职演讲。

24日　教育局召开2011年春季开学工作会议。

3月26日　瓮安县举办中小学幼儿现场书法大赛，全县中小学生和幼儿516人参加比赛。

是月　瓮安职中更名为“贵州省瓮安中等职业技术学校”。

4月21—25日　县人民政府邀请中国时代之声演讲团荣誉团长、首席演讲家邹越教授在全县中小学举行7场“让生命充满爱”大型感恩励志演讲，40000多名学生及家长聆听了演讲。

28日　2011年黔南州中等职业技能大赛（瓮安赛区）在瓮安职校举行。

5月4日　省教育厅电教馆馆长许晓洲一行在瓮安中小学调研。

19日　州委副书记、瓮安县委书记陈昌旭到草塘中学、草塘小学调研。

6月10日　黔南州青少年科学调查体验活动在瓮安城关二小启动。

12日　县教育局举办全县中小学“庆祝建党90周年红歌赛”，全县35支队伍2298名教职工参赛。

7月21日　瓮安县举办青少年及各类人才奖表彰大会。

15日　县教育局开展城区部分学校校长竞争上岗演讲暨民主测评。

18日　县教育局举行“春晖行动——致公学生”选拔测试，确定30名品学兼优学生到北大附属实验学校完成初中、高中学业。

27—29日　瓮安县向普通高等院校选拔大学生134人，并与他们签订意向性就业协议。

9月1—2日　省教育厅厅长霍健康到瓮安县调研教育发展情况，并出席瓮安中学新校区落成典礼。

9日　全县召开庆祝第27个教师节暨教育工作者表彰大会。

29—30日　黔南州普通高中思想政治新课程教学改革研讨会在瓮安二中举行。全州12个县（市）的高中思想政治学科骨干教师160余人参加研讨会。

10月27日　瓮安县举行中小学生篮球运动会，全县23个乡镇46支代表队和5支高级中学代表队中小学生运动员共1188人参加开幕式。

11月5—6日　县教育局组织全县13个中心学科组教师、中小学教导主任、县教研员及教育局全体干部职工200余人召开教研教改暨课程改革推进会。

12月15日　黔南州高（完）中校长会在瓮安召开。

20—21日　省教育督导考核组对瓮安县人民政府教育工作暨县级党政主要领导履行教育工作职责情况进行督导考核。

是年　瓮安四中整体搬迁到狮子山原瓮安中学校址。

2012年

1月4—7日　教育局组织局机关各科室干部，分组到各中学、中心完全小学进行第二学期义务教育阶段校长绩效考核，考核义务教育学校16所。

9日　县教育局成立教育法规安全科，为县教育局管理的股级事业单位。

12日　县教育局增设农村中小学核算中心。

2月24日　开阳县教育局到瓮安县教育局开展教育经验交流学习活动。

29日　省人大常委会副主任顾久一行到瓮安中学考察。

5月11日　瓮安县举办第二届中小学幼儿书画大赛，评出硬笔类一等奖3名，二等奖12名，三等奖24名；软笔类一等3名，二等奖12名，三等奖24名；绘画类一等奖4名，二等奖16名，三等奖33名；中小学幼儿园集体奖奖一等奖5个，二等奖8个，三等奖27个。

6月　全县高考成绩再创新高，瓮安中学文科考生罗飞获全州第一名，全县600分以上34人，占全州27%；一本上线480人，二本上线859人。

是月　全县参加州自制教具创新评选获二等奖7件、三等奖3件。县获团体二等奖。

7月17日　中央电视台十三频道记者到瓮安三中采访学校的办学目标办学理念及教育教学管理工作。

是日　上海教育研究院杨黎明教授到瓮安职校开展国家示范校项目建设指导工作，并对学校青年教师进行2天的培训。

8月19日　县召开青少年及各类人才成才奖表彰大会，学生及各类人才获奖803人，发放奖金99.95万元。

24日　县教育局举行预防职业犯罪专题讲座，教育局干部及全县中小学校长50余人参加。

29日　县教育局开展2012年“专题廉政党课”培训。

是月　瓮安县初中教育教学成绩在全州获奖学校中占50%，全县所获各类奖金133万元。

9月1日　全县开展农村义务教育学生营养改善计划财务管理培训。

4日　县教育局召开“幼师国培”置换脱产研修项目定岗实习生交接会。

7日　县召开教师节表彰大会，奖励优秀教师140万元。

是月　瓮安县特殊教育学校成立，是一所专门招收瓮安特殊儿童和青少年的九年一贯制寄宿制学校。

25—27日　州教育工作督查考核组8人，对全县教育工作进行考核。

11月1日　贵阳市教育局法制安全科一行对全县中小学学科教学渗透法制教育工作教程检查考核。

11日　瓮安中学举行180周年校庆庆典。

12日　由省委教育工会、省教育厅、黔南州教育局主办，瓮安县教育局承办的全省教育系统“科学发展成绩辉煌”大型图片展启动仪式在瓮安中学举行，“科学发展成绩辉煌”分7个部分，展板60多个，图片500多张。

12—15日　全县举办“我运动、我健康、我快乐”为主题的第二届中小学生田径运动会，运动会共产生单项奖578个、团体奖19个、体育道德风尚奖12个。

25 日　瓮安县举行全县初中学生物理生物实验操作技能竞赛，143 人参赛。

30 日　全县举行首届“瓮水杯”中学生英语技能大赛。

18 日　县青少年活动中心举办第六届“贵青杯”全国青少年公益文化艺术大赛瓮安选拔赛。

2013 年

1 月 4 日　县教育局组织全县小学教师参加人教版小学数学新教材网络培训。

10 日　县教育局举行十八大精神宣讲报告会。

12 日　瓮安县作家协会一行 20 余人，带着寒衣五件套（12000 元）到丰岩小学对 99 个留守儿童进行捐赠，作家们对小同学进行了采访，让外界更多地了解留守儿童，关爱留守儿童。

14 日　教育局增设教育法规安全科，设科长 1 人。

17—18 日　州教育局对瓮安鸿翔职校进行评估，达到合格。

2 月 26—27 日　省教工委、教育厅方仕平到县教育局及学校检查工作。

12 日　“文企联动 · 关爱教育”爱心活动在特殊教育学校开展，13 家民营企业和社会爱心人士向特殊教育学校捐赠 7 万余元、笔记本电脑 6 台、空调 2 台、文柜 10 个及部分生活物资。

18—24 日　县事业单位招聘领导小组到陕西师范大学、重庆师范大学、湖南师范大学设点招聘，招聘教师 95 人。

27 日　瓮安县举办第三届中小学生幼儿书画大赛。

5 月 10 日　瓮安县开展中小学生“祖国好家乡美”文明礼仪知识竞赛。

是日　新华社副总编王丽到实验学校调研“廉政文化进校园”工作开展情况。

23 日　省教育厅副厅级督学邹联克到瓮安县调研“9+3”计划实施。

24 日　州高中思想政治优质课交流研讨活动在瓮安中学举行。

是月　瓮安县青少年活动中心参加第六届“贵青杯”全国青少年公益文化艺术大师器乐类获金奖 1 人；声乐类获银奖 1 人，获优秀奖 1 人；群舞《苗苗、踢踢》获银奖，《俏妞妞》获铜奖；书法类 1 人获优秀奖；绘画类 1 人获优秀奖。

7 月 15 日　贵州大学田蒙奎教授到瓮安为中小学校长作专题培训。

20 日　在原瓮安职校校区组建瓮安五中。

30 日　全州教育“9+3”计划工作半年调度会在瓮安召开。

8 月 18 日　全县表彰高中、初中、小学青少年及各类人才奖 18 个奖项，学生获奖 916 人次，发放奖金 142. 78 万元。

21日　省教育厅基础教育处到瓮安就高中教材征订、留守儿童之家建设等工作情况进行督查。

9月6日　瓮安职校举行新校区落成典礼仪式。

9日　全县召开第29个教师节表彰大会。

18日　省青少年活动中心主任朱莞苏到县中小学调研。

28—31日　全县举行第二届中小学生篮球运动会。

11月26—28日　瓮安中学顺利通过省级示范高中升类评估。

27日　县教育局启动教育系统事业单位人事制度改革第二轮聘用，县编制委员会核定全县农村义务教育学生营养餐食堂工勤人员450人。瓮安县实验学校加挂“瓮安四小”牌子，瓮安县猴场中学完全小学更名“瓮安六小”，瓮安县平定营中心完全小学更名“瓮安七小”，瓮安县银盏学校更名“贵州省瓮安第六中学”，瓮安县草塘中学加挂“贵州省瓮安第七中学”，瓮安县平定营中学更名“贵州省瓮安第八中学”。

28日　县“安全、法制进校园”活动在瓮安县特殊教育学校举行。

12月11日　瓮安职校通过省级示范职业学校评估验收。

2014年

1月3日　县教育局举行中央专项彩票公益金励耕计划发放仪式。

2月11日　县教育局召开党的群众路线教育实践活动动员大会。

27日　瓮安职校首届社团联合会成立。

是日　县教育局召开中心学科组第四次教学工作会。

17—18日　省教育厅审计处处长胡勇一行对瓮安县义务教育阶段学生营养餐工作进行检查。

24日　瓮安县教育“9+3”工作推进会暨中考报名工作会在瓮安职校召开。

26日　黔南州州委书记龙长春、安顺市委书记周建琨、瓮安县人民政府县长尹德俊等领导到瓮安职校调研。

29—30日　“国培计划”全国首批中学校长培训班学员到瓮安县考察交流。

3月29日　荔波县教育局到瓮安县开展群众路线警示教育及教育交流活动。

29—30日　县举办第三批县级骨干教师培训对象集中培训。

4月11日　全省中小学法制工作现场会在瓮安召开。

18日　全州职业院校技能大赛暨全省职业院校技能大赛选拔赛在瓮安职校举行。

23日　蒙启良副省长率队到瓮安职校调研。

5月9日 州教育局检查组到瓮安检查音体美课程开设情况。

7—8日 全县举行第二届中小学生、幼儿园文艺汇演。

10日 陈鸣明副省长到瓮安县调研职业教育工作。

12日 县教育局党支部与茶店村党支部开展双向组织生活会。

20—21日 省教育厅学生资助中心到瓮安县调研学校食堂“四统”工作。

6月7—8日 省、州高考督考组领导在瓮安县巡视考场考试。

6月10—13日 县教育局开展校园文化建设暨特殊学校检查评估工作。

6月17日 县教育局举办“转作风、树形象、强素质、促发展”群众路线活动主题演讲比赛。

7月7日 县教育局召开全县中小学校长会议，贯彻落实全国职业教育会议精神。

31日 县教育局举行“我的课堂我做主”主题摄影比赛。

8月6—12日 全县中小学校长54人到国家教育行政学院学习培训。

12日 黔南州职业教育校企云服务平台启动仪式在瓮安职校隆重举行。

12—13日 州教育局局长饶辉对瓮安县“4+2”教育突破工程和教育“9+3”计划进行检查。

14日 瓮安县召开青少年及各类人才表彰大会，全县青少年及各类人才1073人获奖，共发放奖金200多万元

28日 全县中小学班主任教育教学经验交流会在瓮安五中召开。

30日 省教育厅专家组对瓮安职校进行第二批国家示范中职学校验收。

是月 教师资格认定工作3月开始启动，8月中旬结束，全县341人通过不同类别教师资格认定，其中幼儿教师资格21人、小学教师资格118人、初中教师资格169人、高中教师24人、中职教师2人、中职实习指导教师资格7人。

9月10日 瓮安县召开庆祝第30个教师节暨表彰大会。

24日 州委常委、副州长、县委书记蒋映生带领瓮安农工局、财政局、住建局等部门领导到瓮安七小调研。

9月 在瓮安经济开发区内建瓮安县第二幼儿园，属全日制公办县级幼儿园。在原花桥小学建瓮安县第三幼儿园。

10月18日 瓮安县举行义务教育学校食堂管理人员、工勤人员食堂安全培训暨知识竞赛活动。

29—30日 瓮安县第四届全县中小学生田径运动会在瓮安中学体育运动场举行，参赛运动员791人，团体表演学生8544人。

30日 广东花都区教育局到瓮安开展对口帮扶活动。

11月14日 县教育局举办学习贯彻党的十八届四中全会省委十一届五次全会精神讲座。

12月2日 香港言爱基金会捐助思源实验学校资金来源达成一致意见，由香港言爱基金

会捐助人民币1000万元、省教育厅匹配1000万元、瓮安县人民政府匹配2000万元。瓮安县委副书记、县长尹德俊同香港言爱基金会贵州地区负责人张鹏飞签订瓮安县思源实验学校的捐助意向书。

12月13日　全县举行中青年教师业务知识测试，参加业务知识测试的教师2308人，均系1973年12月31日以后出生。测试分高中组、初中组、小学组、幼教组62个学科，共设考场52个。

24日　瓮安县召开义务教育均衡发展启动会暨业务工作培训会。

2015年

1月13日　州委常委、副州长、县委书记蒋映生率领教育局、国土局、住建局、瓮水街道办事处等相关部门负责人到县城中小学、幼儿园进行调研。

2月13日　县教育局设综合科、计划财务科、教育科（学前管理科）、人力资源科、教育法规安全科5个内设机构，机关行政编制10名，其中局长1人、副局长3人（含常务副局长1人，正科长级）、纪检组长1人、科长或副科长5人、机关工勤人员编制2人。保留县教育研究室，核定事业编制35人，工勤编制1人，设主任1人、副主任1人；保留瓮安县教育局信息网络中心，核定事业编制8人，设主任1人；保留瓮安县招生委员会办公室，核定事业编制8人，设主任1人（兼）、副主任1人；将瓮安县学生资助管理中心与瓮安县学生营养改善办公室整合，设立瓮安县学生资助与营养改善办公室，核定事业编制12人，设主任1人、副主任1人；保留瓮安县青少年活动中心，核定事来编制3人，设主任1人；保留瓮安县农村教育核算中心，核定事业编制8人，设主任1人。

3月3日　省资助办、营养办主任周忆江到瓮安检查工作。

13日　县举行教育中心学科组暨第三批县级骨干教师教育工作会议，全县中心学科组成员98人，骨干教师183人。

24日　全县召开实施教育“9+3”计划暨中职招生工作推进会。

26日　教育部基础教育二司副处长李进忠率调研组到瓮安调研中小学法制教育工作开展情况。

是日　瓮安县教育局牵头，联合县科协、科技局、共青团瓮安县委、文联共同开展“科普知识进校园”暨“科学幻想绘画”活动。

30日　瓮安县人力资源和社会保障局将原学生资助管理中心、原学生营养改善办公室划转到县学生资助与营养改善办公室工作，划转人员编制性质和人员身份不变。

4月15日　县教育局纪检组检查学校“三重一大”执行情况。

17 日　瓮安县举行第四届中小学幼儿大赛，全县中小学学生及幼儿 859 人参加比赛。县人大、政协、县委宣传部、文联、县教育督导室、县教育局等单位领导出席开幕式并观看比赛。

20 日　县教育局召开《瓮安县教育志》编纂工作启动会暨培训会，副县长夏吉友、中共瓮安县委党史研究室主任范祖贵等 4 人、县教育局领导班子及各科室负责人和各中小学校（园）长及相应的撰稿人 125 人参会。

5 月 5—6 日　州政府教育督导组对瓮安县推进县域内义务教育初步均衡发展进行过程督导。

是月　瓮安县第三幼儿园被确立为瓮安县“第二幼儿教育集团”中心园，负责辖区 14 所分园的业务指导工作。

6 月 7 日　瓮安县委副书记、县长黄桂林率县巡视组到瓮安中学、瓮安二中巡视高考。全县考生 4325 人，设考点 2 个、考场 145 个。

6 月 17 日　州政府督学孙丽华、州考试中学主任杨洪、副县长夏吉友到瓮安县各中考考点巡视考场。

26 日　中国关心下一代委员会儿童发展研究中心“春苗营养计划”项目负责人胡磊到瓮安考察。

7 月 7 日　县教育局召开规范县城义务教育学校招生工作会。

15—17 日　瓮安县开展学校保安人员培训，全县参加培训的保安人员 140 人。

7 月 22 日　县启动 2015 年生源地信用助学贷款办理工作。

是月　教师资格认定工作 3 月开始启动，7 月中旬结束，全县 168 人通过不同类别教师资格认定，其中幼儿教师资格 66 人、小学教师资格 42 人、初中教师资格 36 人、高中教师资格 15 人、中职教师资格 7 人、中职实习指导教师资格 2 人。

8 月 4 日　全州中小学图书管理员培训会开班仪式在瓮安举行，培训 4 天，参培人员 298 人。

6 日　瓮安县对青少年及优秀人才进行表彰，奖励青少年及各类人才 1200 余人次，奖励金额 380 万余元，其中科技创新、体育、各类竞赛以及初中、高中、职中成才的 677 人。

27 日　省旅游学校营养专家金敏、王俊波、唐宁到瓮安开展食堂从业人员培训，参加培训 512 人。

9 月 8 日　全县召开 31 个教师节表彰大会，表彰优秀校（园）长 20 名、优秀教师 60 名、优秀工作者 50 名、捐资助学先进个人 10 人。

15 日　县教育局召开党组集体约谈校（园）长会。

10 月 2 日　州委常委、瓮安县委书记张文强到瓮安二中新校区调研。

24—25 日　贵州省余家品名校长工作室召开启动推进会，余家品名校长工作室顾问、成员、学员、瓮安县城中学代表、乡镇中学校长代表等 30 余人参加。

27日　瓮安县第三届中小学生篮球运动会开幕式在全民健身活动中心举行，运动会由教育局举办，比赛4天，有代表队44支、运动员918人。

是日　中国新华社记者到江界河中心小学乡村少年宫专题采访。

11月5日　省、州、县政协领导一行到瓮安民办幼儿园考察指导工作。

6日　县教育局召开中小学课改工作推进会。

16—20日　黔南州学生营养改善计划交叉检查组对瓮安营养改善计划开展情况进行检查。

17—23日　县教育局组成民办教育年检工作督查组对全县14所取得民办教育许可证及10所教育局认可的民办教育学校（幼儿园）从6个方面进行检查，合格11所，基本合格10所，不合格3所。

23—24日　黔南州课改科研推进会在瓮安召开，全州200余名参会人员观摩瓮安中学、瓮安四中的示范引领课。

26日　黔南州纪委到瓮安一小调研廉政文化进校园工作。

27日　县教育局召开党的十八届五中全会精神宣讲报告会。

12月1日　省申示预评专家组到瓮安对瓮安二中“申示”工作进行预评。

2—4日　黔南州义务教育初步均衡发展督导评估组对瓮安义务教育初步均衡进行督导验收。

21日　施秉县县委常委、宣传部部长及副县长一行13人到瓮安考察学生营养改善计划工作。

26日　县教育局为加强中青年教师队伍建设，督促教师加强学习，组织全县40岁及40岁以下中青年教师2217人、分55个学科进行务知识业测试。

是年　全县教师科研课题有42项获州教育局立项。

第一章

机构编制

JIGOU BIANZHI

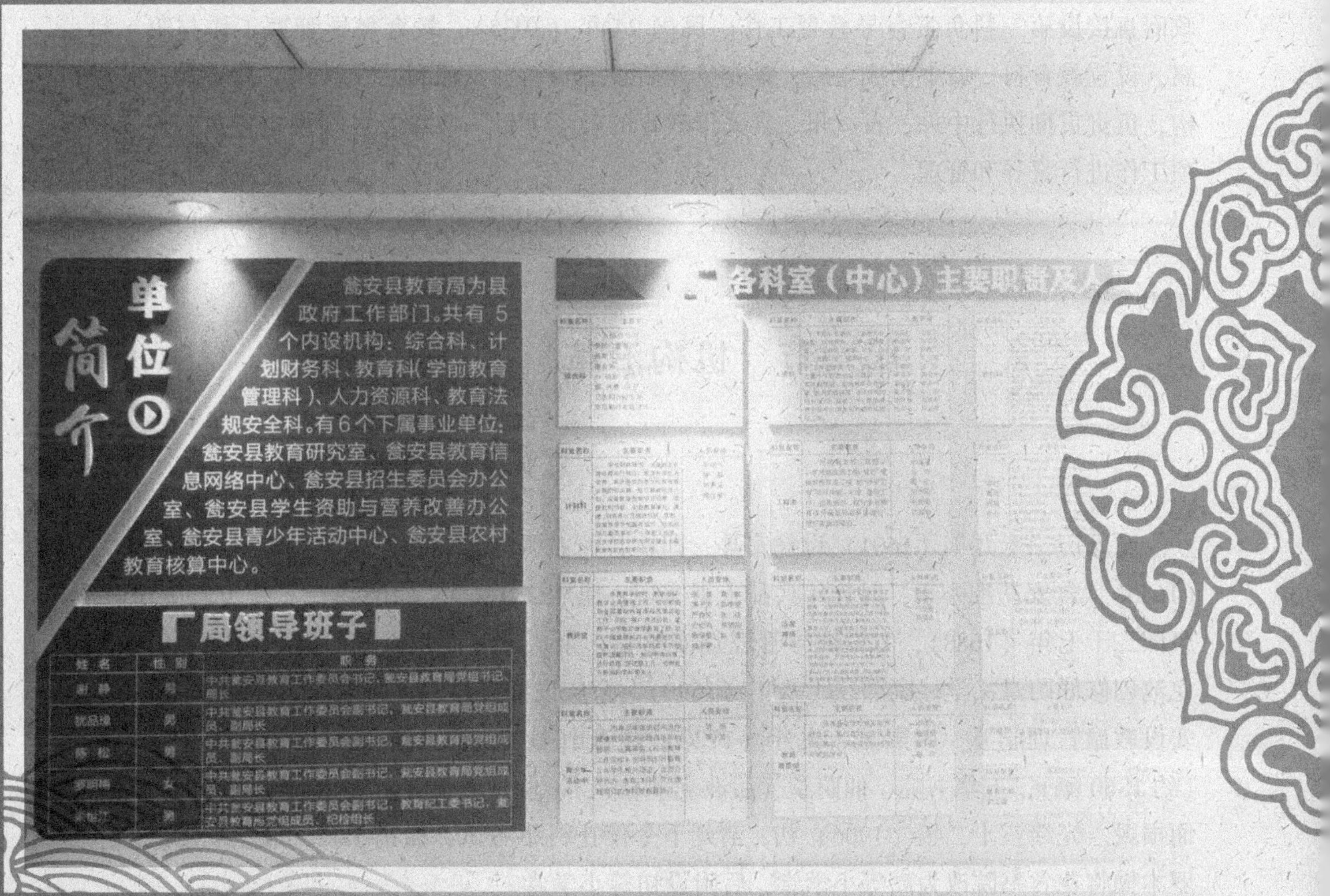

第一章　机构编制

JIGOU BIANZHI

明清时期，设教谕、训导管理教育及学校工作。民国初期，没有单独设置行政机构，县政府直接设第三科负责督导教育工作。民国 24 年（1935），教育督导管理工作与第三科分离，设置教育科。新中国成立后，瓮安县先后设教育科、文教科、文教局、教育局等行政机构，负责贯彻执行中央、省、州、县关于教育的各项方针、政策及各项规定，负责对学校各项工作进行督导和管理。

第一节　机构沿革

明万历二十九年（1601）设瓮安县，即在县衙右侧设学庙，但入学在黄平。崇祯十六年（1643），瓮安获准办学，时连年兵乱未得实现。康熙二十六年（1687），总督范承勋设县学。康熙二十七年（1688），专设训导管理瓮安学堂，余庆学堂附属瓮安管辖。康熙中期在城北龙池创修仙荫堂义学。康熙三十八年（1699），余庆设训导自管。康熙四十三年（1704），瓮安设教谕管理学堂。康熙五十九年（1720）建旗山书院，1834 年建成玉华书院。咸丰末年（约 1860 年），玉华书院、仙荫堂（后改名双桂堂）、儒学教谕署、儒学训导署等因苗民暴乱而损毁。光绪三十二年（1906）初，清廷下令停止科举考试，撤销学署，成立劝学所。邑令罗本操将花竹书院改为高等小学堂，后附设初等小学堂。

民国元年（1912），县公署设教育科管理教育行政，改学堂为学校。民国 18 年（1929），县公署改为县政府，下设“四局一区”，其中教育局管理教育行政经费。民国 24 年（1935），县政府下设第三科管理教育、建设。民国26年（1937），瓮安县设立民众教育馆，初设在县城二郎庙，后迁到江西会馆，开展书刊阅览、文化娱乐和时事宣传活动。民国27年（1938），瓮安县办平民学校。县政府设四科，第三科管理教育及国民军事训练等事项。民国31年（1942），实行“新县制”，县政府机构扩大，教育科管理中等教育、国民教育、社会教育及其他文化教育事项。民国33年（1944）民众教育馆兼管体育活动，民国37年（1948）10月民教馆被撤销。

重建的玉华书院（2013年摄）

1949年12月，县政府接管旧政权的教育科，1951年8月改为文教科。1953年11月7日，瓮安县接管黄平县西堰乡的青池村，至1954年1月20日，青池初小全部移交完毕。1956年3月23日，文教科分为文化科和教育科，文化工作与教育工作分开管理。5月，贵定专区被撤销，瓮安划归安顺专区管辖。9月，中学划归教育科管理。1957年6月28日，文化科、教育科合并建立文教局，下辖电影队、文化馆、书店，并兼管体育等业务。1958年11月，瓮安隶属于黔南布依族苗族自治州。1959年，福泉划入瓮安县管辖，文教局管理范围扩大。1960年，文教局下辖文化科、教育科、新华书店、文化馆、放映院队、体委会、有线广播收音站、卫生科、县报社9个科室。1961年8月，福泉从瓮安划出恢复建县。1964年文教局改为文教科，1966年11月复改为文教局。“文化大革命”开始后，县人民委员会于1967年3月被夺权，所属26个工作部门均停止活动。4月，县革命委员会成立，建立县革委办事组和政治工作领导小组、生产领导小组、治安保卫领导小组等办事机构，其中政治工作领导小组下设文化革命办公室、组织办公室、群众工作小组办公室、学校工作领导小组、整党领导小组。1968年6月，革委被撤销，学校工作领导小组相应被撤销。1970年，革委调整办事机构，建立县革委办公室、人防办公室、政治部、生产指挥部、人民保卫部，合称“三部二室”，教育属政治部管理。5月，文教局改为文化教育局。1973年4月23日，文化教育局改为教育局。

1978年，全县行政区划为7区48公社1个街道，设区学办7个、公社中心完小48个，县城有2所完小。1990年，全县设7区1区级镇（雍阳）46乡1乡级镇（草塘），各区（镇）设学办。1991年，县政府进行“撤、并、建”，全县设23个乡镇，各乡（镇）设立教育辅导站管理乡镇小学，乡镇中学由县教育局直接管理。1994 年 2 月，撤销教育局、科学技术委员会的独立建制，合并组建为县教育科学技术局，内设综合股、政工股、科技管理股、计财股、基础教育股、督导股 6 个股室。2001 年 12 月，撤销各乡镇教育辅导站，小学业务由中心小学管理。

2008 年 6 月，设立瓮安县学生资助管理中心，为县教育局管理的股级事业单位。2009 年 9 月，建立瓮安县青少年活动中心，为县教育局管理的股级事业单位。2010 年 3 月，县政府教育督导室为正科级行政单位，与县教育局合署办公，为县政府行使教育督导的专门机构。12 月，县教育局有综合科、计划财务科、教育科、人力资源科 4 个内设机构；瓮安县教育局教育研究室更名为瓮安县教育研究室，为县教育局管理的股级事业单位；瓮安县招生委员会办公室、瓮安县学生资助管理中心、瓮安县青少年活动中心，均为县教育局管理的股级事业单位。2012 年 1 月 9 日，县教育局成立教育法规安全科，为县教育局管理的股级事业单位。12 日，增设农村中小学核算中心。是日，县机构编制委员会发《关于撤销瓮安县雍阳镇潘家寨小学等 15 所小学的通知》，同意撤销瓮安县雍阳镇潘家寨小学、银盏乡穿洞河小学、平定营镇小溪小学、草塘镇下司小学、中坪镇柏香小学、中坪镇金竹小学、中坪镇关田小学、中坪镇上坝小学、白沙乡翁腊小学、白沙乡朝阳小学、白沙乡虎场小学、老坟嘴乡红梅小学、木引槽乡沙子坎小学、玉山镇龙水小学、天文镇白泥坝小学。10 月 18 日，县教育局转发《瓮安县机构编制委员会关于瓮安县部分中小学幼儿园更名的通知》，部分中小学幼儿园进行调整和更名，被更名的学校（幼儿园）按规定时间办理有关变更登记手续。

表 1-1　　2012 年瓮安县部分中小学幼儿园更名表

序　号	行政区	原单位名称	更名后单位名称
1	瓮水街道办事处	瓮安县雍阳镇茅坡小学	瓮安县瓮水街道办事处茅坡小学
2		瓮安县雍阳镇花桥小学	瓮安县瓮水街道办事处花桥小学
3		瓮安县雍阳镇桐木小学	瓮安县瓮水街道办事处桐木小学
4		瓮安县雍阳镇幼儿园	瓮安县第二幼儿园
5	雍阳街道办事处	瓮安县雍阳镇云星小学	瓮安县雍阳街道办事处云星小学
6		瓮安县雍阳镇望洞小学	瓮安县雍阳街道办事处望洞小学
7		瓮安县雍阳镇岩孔小学	瓮安县雍阳街道办事处岩孔小学
8	银盏镇	瓮安县银盏乡尖山小学	瓮安县银盏镇尖山小学
9		瓮安县银盏乡大园小学	瓮安县银盏镇大园小学
10		瓮安县银盏乡飞练小学	瓮安县银盏镇飞练小学
11		瓮安县银盏乡大林小学	瓮安县银盏镇大林小学
12		瓮安县猴场镇新华小学	瓮安县银盏镇新华小学
13		瓮安县木老坪中心完全小学	瓮安县银盏镇木老坪小学
14		瓮安县木老坪乡两岔河小学	瓮安县银盏镇两岔河小学

续表1-1

序　号	行政区	原单位名称	更名后单位名称
15	银盏镇	瓮安县木老坪乡新寨小学	瓮安县银盏镇新寨小学
16		瓮安县猴场镇大寨坪小学	瓮安县银盏镇大寨坪小学
17		瓮安县猴场镇红灯堡小学	瓮安县银盏镇红灯堡小学
18		瓮安县银盏乡幼儿园	瓮安县银盏镇幼儿园
19		瓮安县木老坪乡幼儿园	瓮安县银盏镇木老坪幼儿园
20	猴场镇	瓮安县草塘中心完全小学	瓮安县猴场中心完全小学
21		瓮安县松坪中心完全小学	瓮安县猴场镇松坪小学
22		瓮安县松坪乡马场坪小学	瓮安县猴场镇马场坪小学
23		瓮安县松坪乡青池小学	瓮安县猴场镇青池小学
24		瓮安县松坪乡新何小学	瓮安县猴场镇新何小学
25		瓮安县松坪乡金岱小学	瓮安县猴场镇金岱小学
26		瓮安县松坪乡大山小学	瓮安县猴场镇大山小学
27		瓮安县木老坪乡杨梅小学	瓮安县猴场镇杨梅小学
28		瓮安县松坪乡幼儿园	瓮安县猴场镇松坪幼儿园
29	江界河镇	瓮安县龙塘中学	瓮安县江界河中学
30		瓮安县龙塘中心完全小学	瓮安县江界河中心完全小学
31		瓮安县龙塘乡尖坡小学	瓮安县江界河镇尖坡小学
32		瓮安县龙塘乡麻池小学	瓮安县江界河镇麻池小学
33		瓮安县龙塘乡金钟小学	瓮安县江界河镇金钟小学
34		瓮安县铜锣中心完全小学	瓮安县江界河镇铜锣小学
35		瓮安县铜锣乡桂花小学	瓮安县江界河镇桂花小学
36		瓮安县铜锣乡白果小学	瓮安县江界河镇白果小学
37		瓮安县铜锣乡三乐小学	瓮安县江界河镇三星小学
38		瓮安县铜锣乡大蛇小学	瓮安县江界河镇大蛇小学
39		瓮安县铜锣乡和平小学	瓮安县江界河镇和平小学
40		瓮安县铜锣乡后槽小学	瓮安县江界河镇后槽小学
41		瓮安县龙塘乡幼儿园	瓮安县江界河镇幼儿园
42		瓮安县铜锣乡幼儿园	瓮安县江界河镇铜锣幼儿园

2013年10月16日，县机构编制委员会《关于在瓮安县教育局内设机构教育科加挂牌子的通知》，教育局教育科加挂“学前教育管理科”牌子。2015年2月13日，县政府办公室发《关于印发瓮安县教育局主要职责内设机构和人员编制规定的通知》，县教育局设综合科、计划财务科、教育科（学前管理科）、人力资源科、教育法规安全科5个内设机构，保留县教育研究室、瓮安县教育局信息网络中心、贵州省瓮安县招生委员会办公室、瓮安县青少年活动中心、瓮安县农村教育核算中心。瓮安县学生资助管理中心与瓮安县学生营养改善办公室整合，设立瓮安县学生资助与营养改善办公室，为县教育局管理的股级事业单位。

表 1-2　瓮安县教育部门负责人情况表

职务	姓名	性别	民族	任职时间	籍贯
训导	窦之亮	男	汉	？—清康熙二十八年—？	
训导	杨芝先	男	汉	？—清康熙三十三年	贵州贵阳
教谕	金　玳	男	汉	？—清康熙三十三年—？	
训导	吴天椿	男	汉	清康熙三十四—五十二年	
教谕	赵　珍	男	汉	清康熙四十三年—？	
教谕	金　琦	男	汉	？—清康熙五十五年	
教谕	梅毓仁	男	汉	清乾隆中期	
训导	梁尊泰	男	汉	清乾隆中期	
教谕	陈善礼	男	汉	清乾隆中期	贵州毕节
教谕	柴本堃	男	汉	？—清同治十三年—？	
训导	冉凌云	男	汉	？—清同治十三年—？	
科长	戴炳昌	男	汉	1949.12—1950.8	
副科长	米屏书	男	汉	1949.12—1950.3	
科长	贺永年	男	汉	1950.9—1951.6	湖南
科长	董德桓	男	汉	1951.6—1951.7	
科长	戴卓颖	女	满族	1951.8—1954.1	辽宁
副科长	袁绍喜	男	汉	1951.8—1953.12	湖南长沙
科长	袁绍喜	男	汉	1954.1—1954.10	湖南长沙
科长	张明志	男	汉	1954.11—1956.3	贵州瓮安
副科长	卢华阶	男	汉	1955.5—1957.6	贵州瓮安
科长	王念中	男	汉	1956.3—1956.6	贵州瓮安
第一副局长	丁　章	男	汉	1957.7—1958.1	贵州瓮安
第二副局长	曾庆善	男	汉	1957.7—1959.3	贵州瓮安
局长	衡存生	男	汉	1957.12—1959.7	贵州瓮安
第二副局长	李家鼎	男	汉	1958.12—1960.3	贵州瓮安
局长	余秦铭	男	汉	1960.2—1961.8	贵州瓮安
副局长	卢华阶	男	汉	1957.7—1960.5	贵州瓮安
副局长	向文俊	男	汉	1960.2—1960.3	贵州瓮安
副局长	陈良谋	男	汉	1961.3—1961.8	贵州瓮安
副局长	李国颜	男	汉	1961.3—1961.8	贵州瓮安
副局长	曾庆善	男	汉	1961.12—1964.1	贵州瓮安
局长	唐佐良	男	汉	1962.12—1964.1	贵州瓮安
科长	傅文英	女	汉	1966.5—1966.11	北方
副科长	曾庆善	男	汉	1966.5—1966.11	贵州瓮安
局长	傅文英	女	汉	1966.11—1967.3	北方
副局长	曾庆善	男	汉	1966.11—1967.3	贵州瓮安
局长	傅文英	女	汉	1970.5—1973.3	北方

续表1-2

职　务	姓　名	性　别	民　族	任职时间	籍　贯
局长	赵永庆	男	汉	1973. 3—1979. 1	河南滑县
副局长	盛安平	男	汉	1973. 3—1984. 2	贵州瓮安
副局长	赵克生	男	汉	1975. 5—1983. 6	贵州瓮安
局长	戴英俊	男	汉	1979. 2—1983. 5	贵州瓮安
副局长（主持工作）	李吉才	男	汉	1983. 6—1984. 2	贵州瓮安
副局长	蔡志斌	男	汉	1983. 6—1985. 9	贵州瓮安
局长	李吉才	男	汉	1984. 2—1985. 6	贵州瓮安
副局长	谭贤书	男	汉	1984. 6—1984. 12	贵州瓮安
局长	何崇海	男	汉	1985. 6—1993. 4	贵州瓮安
副局长	向志荣	男	汉	1985. 6—1987. 12	贵州瓮安
副局长	陈云斌	男	汉	1987. 2—1989. 9	贵州瓮安
副局长	田卫德	男	汉	1987. 2—1990. 9	贵州瓮安
副局长	徐大学	男	汉	1988. 9—1991. 7	贵州瓮安
副局长	张国仑	男	汉	1990. 9—1993. 4	贵州瓮安
副局长	王幼石	男	汉	1993. 4—1998. 4	贵州瓮安
局长	张国仑	男	汉	1993. 4—1998. 5	贵州瓮安
副局长	丁惠敏	男	汉	1993. 6—2004. 12	贵州瓮安
副局长	张仕雄	男	汉	1997. 7—1998. 6	贵州瓮安
局长	王幼石	男	汉	1998. 5—2007. 2	贵州瓮安
副局长	陈全福	男	汉	1998. 6—2010. 11	贵州瓮安
副局长	严国辉	男	汉	2000. 4—2001. 11	贵州瓮安
副局长	陈清涛	男	汉	2002. 3—2013. 4	贵州瓮安
副局长	王登国	男	汉	2004. 12—2010. 11	贵州余庆
局长	李友军	男	汉	2007. 2—2007. 8	贵州瓮安
副局长	严　军	男	汉	2007. 6—2011. 8	贵州瓮安
副局长（主持工作）	王登国	男	汉	2007. 9—2007. 12	贵州余庆
局长	张世德	男	汉	2007. 12—2008. 10	贵州瓮安
局长	饶太明	男	汉	2008. 10—2010. 3	贵州瓮安
常务副局长	谢朝富	男	汉	2008. 11—2010. 3	贵州瓮安
常务副局长（主持工作）	谢朝富	男	汉	2010. 4—2010. 5	贵州瓮安
局长	谢　静	男	汉	2010. 5—	广西桂林
常务副局长	谢朝富	男	汉	2010. 5—2014. 11	贵州瓮安
副局长	犹品璋	男	汉	2011. 10—2013. 1	贵州瓮安
副局长	李　琴	女	汉	2010. 10—2013. 4	贵州遵义
副局长	陈友华	男	汉	2013. 4—2013. 9	贵州瓮安
副局长	陈　松	男	汉	2014. 1—	贵州瓮安
副局长	犹品璋	男	汉	2014. 10—	贵州瓮安
副局长	罗明梅	女	布依族	2014. 10—	贵州瓮安

第二节 编 制

清康熙二十七年（1688），专设训导1人管理瓮安学堂。康熙四十三年（1704），瓮安设教谕1人管理学堂。民国33年（1944），民众教育馆有职员2人，后人员时增时减，至民国35年（1946）有职员6人。民国37年（1948）10月，民教馆被撤销，馆内人员及设备并入城区标准小学。新中国成立初期至1957年，每班学生数规定为50人，完小教师编制是1：1.5，初小教师编制是1：1。1950年，教育科有科长1人、科员2人、视导1人。1954年4月，文教科配备干部5人，3月精简机构调走1人，教育科有3人。1957年3月，中央规定小学编制为1：1.23，省规定为1：1.3，县规定为1：1.3时派教师1人、2：2.6时可调整教师2~3人、3：3.9时派教师4人，每班学生数规定为40人，最多不超过45人。6月，省教育厅制发《贵州省中学、师范学校、小学1957—1958学年度教职员工编制方案》，规定中学1~2班按1：4.25、3~5班为1：3.66、6~12班为1：3.4、13~20班为1：3.28、21班以上为1：1.95。两班及以下学校，只设教导主任1人；3~5班学校设校长1人，教导主任1人；6~12班学校，设校长、教导主任2~3人；13~20班学校，设校长、教导主任3~4人；21班以上学校设校长、教导主任4~5人。7月23日，安顺专区下发《1957—1958学年度中学、师范教职员工编制及调配方案》，决定中学每班平均配教员2人，职工1.38人。瓮安中学1957—1958学年实有初中班9个，应配30人，其中校长1人、教导主任1人、总务主任1人、教员18人、职员3人、工友6人。草塘初级中学1957—1958学年实有初中3班，配11人，其中副校长1人、教员6人、职员1人、工友3人。

1960年2月，文教局有文化科、教育科、新华书店、文化馆、放映院队、体委会、有线广播收音站、卫生科、县报社9个科室，其中文化科与教育科的行政人员与事业人员共12人，体委会1人，文化馆5人，放映院队19人，新华书店25人，有线广播收音站、卫生科、县报社未配备专职人员。1984年8月23日，县编制委员会下发《关于县级党、政、群机关人员编制的通知》，核定教育局编制为16人。1994年2月28日，县编制委员会发《关于确定县教育科学技术局主要职能、内设机构、人员编制和领导职数的通知》，撤销教育局、科学技术委员会的独立建制，合并组建为县教育科学技术局，内设综合股、政工股、科技管理股、计财股、基础教育股、督导股6个股室，人员编制为21人，配备局长1名、副局长3名、各股配备股长或副股长1名。8月9日，县政府《关于将瓮安三中等三所中学升为局级机构的通知》，决定将瓮安县高级职业中学、瓮安县第三中学、瓮安县草塘中学升为局级机构。17 日，县编制委员会《关于将瓮安县高级职业中学等两所中学升为局级事业机构的通知》，瓮安县高级职业中学（定编 32 人）、瓮安县草塘中学（定编 87 人）升为局级事业机构。1997 年 7 月 16 日，教育局内设纪检组、综合组、政工股、计财股、教育股、督导室 7 个机构，有行政人员 12 人、局长 1 人、副局长 3 人、纪检组组长 1 人、副主任科员 2 人、科员 3 人、办事员 2 人。2001 年 9 月，全县中小学教师按编制标准应配教师 3485 人，实际缺编 530 人。

2007 年 11 月 23 日，县机构编制委员会研究，报经县委常务会议研究同意，增加县教育局行政编制 1 人。2008 年 6 月 23 日，县机构编制委员会发《关于建立瓮安县学生资助管理中心的通知》，建立瓮安县学生资助管理中心，为县教育局管理的股级事业单位，核定事业编制 3 名，设主任或副主任 1 名，所需人员从县教育局现有全额拨款的事业单位人员中调剂，所需经费列入县财政全额预算管理。2009 年 9 月 22 日，县机构编制委员会发《关于撤销瓮安县玉山镇新庄小学等 22 所小学的批复》《关于核定瓮安县招生委员会办公室等单位事业编制的通知》《关于建立瓮安县青少年活动中心的通知》，撤销全县小学 22 所，撤销后的学校按《事业单位登记管理暂行条例》的规定到瓮安县事业单位登记管理局办理事业单位法人注销登记手续；核定县招生委员会办公室事业编制 5 名、县教育局电教工作站事业编制 8 名、县教育局教育研究室事业编制 30 名；建立瓮安县青少年活动中心，为县教育局管理的股级事业单位，核定事业编制 3 名，设主任 1 名，所需经费列入县财政全额预算管理。

刘家堡兴文义学石碑（2015 年摄）

2010 年 3 月 20 日，县机构编制委员会发《关于明确瓮安县人民政府教育督导室人员编制的通知》，瓮安县人民政府教育督导室为正科级行政单位，与县教育局合署办公，属县政府行使教育督导的专门机构，核定行政编制 3 名，设主任 1 名。12 月 31 日，县政府办公室发《关于印发瓮安县教育局主要职责内设机构和人员编制规定的通知》，县教育局设综合科、计划财务科、教育科、人力资源科等 4 个内设机构，机关行政编制 10 人，其中局长 1 人、副局长 3 人（常务副局长 1 人，正科级）、纪检组组长 1 人、科长或副科长 4 人，机关工勤人员编制 2 人（由财政全额预算管理），核定事业编制 8 人，其中管理人员 1 人、专业技术人员 7 人；瓮安县教育局教育研究室更名为瓮安县教育研究室，为县教育局管理的股级事业单位，核定事业编制 30 人，其中管理人员 2 人、专业技术人员 28 人，设主任 1 人、副主任 1 人，另设工勤人员编制1人（由财政全额预算管理）；保留瓮安县招生委员会办公室，为县教育局管理的股级事业单位，核定事业编制5人，其中主任1人（兼）、副主任1人（股级）、专业技术人员4人；保留瓮安县学生资助管理中心，为县教育局管理的股级事业单位，核定事业编制3人，其中设主任或副主任1人，专业技术人员2人；保留瓮安县青少年活动中心，为县教育局管理的股级事业单位，核定事业编制3人，其中设主任或副主任1人、专业技术人员2人。

2012年1月12日，县机构编制委员会发《关于增加瓮安县学生资助管理中心事业编制的通知》《关于增加瓮安县招生委员会办公室事业编制的通知》《关于建立瓮安县农村教育核算中心的通知》《关于撤销瓮安县雍阳镇潘家寨小学等15所小学的调整》《关于瓮安县教育局编制的通知》，增加瓮安县学生资助管理中心事业编制3人（由3人增加到6人），由财政全额预算管理；增加瓮安县招生委员会办公室事业编制3人（由5人增加到8人），由财政全额预算管理；建立瓮安县农村教育核算中心，为瓮安县教育局管理的股级事业单位，核定事业编制8人（其中管理人员2人、专业技术人员6人），设主任、副主任各1人；撤销雍阳镇潘家寨小学、银盏镇川洞河小学、平定营镇小溪小学、草塘镇下司小学、中坪镇柏香小学、中坪镇金竹、中坪镇关田、中坪镇上坝小学、白沙乡翁腊小学、白沙乡朝阳小学、白沙乡虎场小学、老坟嘴红梅小学、木引槽乡沙子坎小学、玉山镇龙水小学、天文镇白泥坝小学15所学校；全县中小学幼儿园核事业编制数4592人。4月10日，通过编制核查，县教育局为正科级单位，党政群机关编制内设机构4个，核定行政编制数10个，实有人数13人；核定领导职数4个，实有领导职数4人（其中局人1人、副局长3人）；内设机构核定领导职数4个，实有4人；核定机关工勤编制2个，缺编；编外聘用人员1个，经费自筹。教育局机关事业单位6个，均为正股级，核定事业编制数63个，实有事业人员48人；工勤编制2个，实有工勤人员1人。是日，县编制委员会发《关于调整全县中小学幼儿园教职工编制的通知》，对全县中小学幼儿园教职工编制进行调整。4月20日，瓮安县机构编制委员会《关于撤销瓮安县珠藏镇羊关小学等15所小学的调整》《关于成立瓮安县特殊教育学校的通知》，撤销珠藏镇羊关小学等15所小学，成立县特殊学校。

表1-3　　2012年中小学幼儿园教职工编制调整情况一览表

单位：人

序号	学校名称	原核事业编制数	增加编制数	减少编制数	现核事业编制数
1	贵州省瓮安中学	249	10		259
2	贵州省瓮安第二中学	254	5		259
3	贵州省瓮安第三中学	164			167
4	贵州省瓮安第四中学	185			185

续表1-3

序　号	学校名称	原核事业编制数	增加编制数	减少编制数	现核事业编制数
5	贵州省瓮安草塘中学	134			134
6	贵州省瓮安中等职业技术学校	200			200
7	瓮安县平定营中学	64		5	59
8	瓮安县玉华中学	32		4	28
9	瓮安县长寿长乐希望中学	64	16		80
10	瓮安县松坪中学	30			30
11	瓮安县中坪中学	100		16	84
12	瓮安县建中中学	34			34
13	瓮安县白沙中学	28	3		31
14	瓮安县永和中学	50			50
15	瓮安县岚关中学	40	2		42
16	瓮安县珠藏中学	145			145
17	瓮安县高水中学	35	3		38
18	瓮安县铜锣中学	32			32
19	瓮安县玉山中学	59			59
20	瓮安县龙塘中学	27			27
21	瓮安县鱼河中学	41			41
22	瓮安县天文中学	47			47
23	瓮安县木老坪中学	29			29
24	瓮安县城关第一中心完全小学	113	25		138
25	瓮安县城关第二中心完全小学	96	14		110
26	瓮安县城关第三中心完全小学	67	23		90
27	瓮安县雍阳镇云星小学	13		3	10
28	瓮安县雍阳镇花桥小学	25		11	14
29	瓮安县雍阳镇茅坡小学	24			24
30	瓮安县雍阳镇岩孔小学	11		7	4
31	瓮安县雍阳镇望洞小学	9		5	4
32	瓮安县雍阳镇桐木小学	9		5	4
33	瓮安县实验学校	60	30		90
34	瓮安县银盏学校	54			54
35	瓮安县银盏乡尖山小学	10			10
36	瓮安县银盏乡大园小学	9		2	7
37	瓮安县银盏乡飞练小学	11			11
38	瓮安县银盏乡大林小学	10		4	6

续表1-3

序　号	学校名称	原核事业编制数	增加编制数	减少编制数	现核事业编制数
39	瓮安县玉华中心完全小学	25		4	21
40	瓮安县玉华乡太文小学	11		4	7
41	瓮安县玉华乡雷文小学	16		9	7
42	瓮安县玉华乡牛宫小学	12		5	7
43	瓮安县玉华乡白溪小学	9		5	4
44	瓮安县平定营中心完全小学	37	5		42
45	瓮安县平定营镇营定小学	18		10	8
46	瓮安县平定营镇青山小学	28		12	16
47	瓮安县平定营镇三合小学	11		8	3
48	瓮安县平定营镇万龙小学	11		6	5
49	瓮安县平定营镇岩面小学	9		4	5
50	瓮安县平定营镇岩英坪小学	9		4	5
51	瓮安县草塘中心完全小学	59	35		94
52	瓮安县草塘镇宋家寨小学	13		6	7
53	瓮安县草塘镇那乡小学	9		3	6
54	瓮安县草塘镇大寨坪小学	12		6	6
55	瓮安县草塘镇新华小学	19		9	10
56	瓮安县草塘镇红灯堡小学	11		5	6
57	瓮安县草塘镇太平小学	18		2	16
58	瓮安县草塘镇桃子冲民族小学	14		5	9
59	瓮安县松坪中心完全小学	37		15	22
60	瓮安县松坪乡马场坪小学	17		10	7
61	瓮安县松坪乡青池小学	16		8	8
62	瓮安县松坪乡新何小学	11		5	6
63	瓮安县松坪乡金岱小学	4			4
64	瓮安县松坪乡大山小学	12		5	7
65	瓮安县小河山学校	45			45
66	瓮安县小河山乡大河小学	12		7	5
67	瓮安县小河山乡石板坪小学	9		4	5
68	瓮安县中坪中心完全小学	64	4		68
69	瓮安县中坪镇艾州小学	12		5	7
70	瓮安县中坪镇茶店小学	11		4	7
71	瓮安县中坪镇新土小学	10		6	4
72	瓮安县建中逸夫中心完全小学	37		7	30

续表1-3

序　号	学校名称	原核事业编制数	增加编制数	减少编制数	现核事业编制数
73	瓮安县建中镇高榜小学	12		8	4
74	瓮安县建中镇白水小学	14		7	7
75	瓮安县建中镇水尾小学	10		3	7
76	瓮安县建中镇果水小学	14		7	7
77	瓮安县白沙中心完全小学	27	3		30
78	瓮安县白沙乡高坪小学	12		1	11
79	瓮安县白沙乡保护小学	12		6	6
80	瓮安县白沙乡大土小学	12		6	6
81	瓮安县永和中心完全小学	32		6	26
82	瓮安县永和镇洗马小学	19		8	11
83	瓮安县永和镇悦来小学	12		4	8
84	瓮安县永和镇金薅小学	10		3	7
85	瓮安县永和镇长林小学	11		4	7
86	瓮安县永和镇萍水小学	11		4	7
87	瓮安县永和镇开坪小学	9		2	7
88	瓮安县永和镇柴花小学	9		4	5
89	瓮安县岚关中心完全小学	30		5	25
90	瓮安县岚关乡尖坡小学	16		9	7
91	瓮安县岚关乡章阁小学	17		10	7
92	瓮安县岚关乡花桥小学	15		7	8
93	瓮安县岚关乡大坪小学	9		3	6
94	瓮安县老坟嘴学校	44			44
95	瓮安县老坟嘴乡关塘小学	9		3	6
96	瓮安县老坟嘴乡牛坡小学	9		3	6
97	瓮安县老坟嘴乡木孔小学	10		3	7
98	瓮安县珠藏中心完全小学	63		3	60
99	瓮安县珠藏镇荣院小学	23		13	10
100	瓮安县珠藏镇羊关小学	11		7	4
101	瓮安县珠藏镇农林小学	9		5	4
102	瓮安县珠藏镇小院子小学	9		5	4
103	瓮安县珠藏镇鹤亭小学	12		6	6
104	瓮安县珠藏镇瓮水司小学	13		6	7
105	瓮安县珠藏镇岗家槽小学	9		3	6
106	瓮安县铜锣中心完全小学	19		4	15

续表1-3

序号	学校名称	原核事业编制数	增加编制数	减少编制数	现核事业编制数
107	瓮安县铜锣乡桂花小学	13		3	10
108	瓮安县铜锣乡三乐小学	15		7	8
109	瓮安县铜锣乡大蛇小学	9		4	5
110	瓮安县铜锣乡白果小学	9		4	5
111	瓮安县铜锣乡后槽小学	9		4	5
112	瓮安县铜锣乡和平小学	9		2	7
113	瓮安县高水中心完全小学	58		8	50
114	瓮安县高水乡丰岩小学	28		10	18
115	瓮安县木引槽学校	52			52
116	瓮安县木引槽乡毛沙坪小学	10		3	7
117	瓮安县木引槽乡油房小学	9		6	3
118	瓮安县牛场坝学校	51			51
119	瓮安县牛场坝乡羊鹿小学	10		5	5
120	瓮安县牛场坝乡任家坪小学	8		3	5
121	瓮安县玉山中心完全小学	63		3	60
122	瓮安县玉山镇胜土小学	9		5	4
123	瓮安县玉山镇白花小学	9		4	5
124	瓮安县玉山镇小开洲小学	12		9	3
125	瓮安县玉山镇角旁小学	10		4	6
126	瓮安县玉山镇龙蟠小学	10		6	4
127	瓮安县龙塘中心完全小学	28		7	21
128	瓮安县龙塘乡尖坡小学	10		3	7
129	瓮安县龙塘乡麻池小学	9		3	6
130	瓮安县龙塘乡金钟小学	9		4	5
131	瓮安县鱼河中心完全小学	46		19	27
132	瓮安县鱼河乡深溪小学	14		7	7
133	瓮安县鱼河乡高枧小学	19		6	13
134	瓮安县鱼河乡黔川小学	10		4	6
135	瓮安县天文中心完全小学	38	2		40
136	瓮安县天文镇大塘小学	10		5	5
137	瓮安县天文镇玉屏小学	10		4	6
138	瓮安县天文镇杉岚小学	10		4	6
139	瓮安县天文镇平坝小学	15		2	13
140	瓮安县天文镇云南寨小学	11		9	2

续表1-3

序　号	学校名称	原核事业编制数	增加编制数	减少编制数	现核事业编制数
141	瓮安县天文镇下堡陇小学	10		8	2
142	瓮安县木老坪中心完全小学	29		9	20
143	瓮安县木老坪乡两岔河小学	21		11	10
144	瓮安县木老坪乡新寨小学	10		4	6
145	瓮安县木老坪乡杨梅小学	8		1	7
146	瓮安县示范幼儿园	100			100
147	瓮安县雍阳镇幼儿园	70		30	40
148	瓮安县银盏乡幼儿园	22		7	15
149	瓮安县玉华乡幼儿园	22		7	15
150	瓮安县平定营镇幼儿园	45		25	20
151	瓮安县猴场镇幼儿园	70		40	30
152	瓮安县松坪乡幼儿园	22		7	15
153	瓮安县小河山乡幼儿园	22		7	15
154	瓮安县中坪镇幼儿园	45		15	30
155	瓮安县白沙乡幼儿园	22		7	15
156	瓮安县建中镇幼儿园	45		25	20
157	瓮安县永和镇幼儿园	45		25	20
158	瓮安县岚关乡幼儿园	22		7	15
159	瓮安县老坟嘴乡幼儿园	22		7	15
160	瓮安县珠藏镇幼儿园	70		40	30
161	瓮安县铜锣乡幼儿园	22		7	15
162	瓮安县高水乡幼儿园	22		7	15
163	瓮安县木引槽乡幼儿园	22		7	15
164	瓮安县牛场坝乡幼儿园	22		7	15
165	瓮安县玉山镇幼儿园	45		25	20
166	瓮安县龙塘乡幼儿园	22		7	15
167	瓮安县鱼河乡幼儿园	22		7	15
168	瓮安县天文镇幼儿园	45		25	20
169	瓮安县木老坪乡幼儿园	22		7	15
合　计		5373	180	961	4592

2013 年 1 月 14 日，县机构编制委员会发《关于增设瓮安县教育局内设机构的通知》，县教育局增设教育法规安全科（内设机构由 4 个增至 5 个），设科长 1 人。25 日，县机构编制委员会发《关于瓮安县珠藏中学机构升格的通知》，经州编委办批复同意，县教育局管理的

事业单位瓮安县珠藏中学机构规格由股级升格为副科级，下设教务处、总务处、办公室、政教处、教科处5个内设机构，设校长1人（副科级）、副校长3人（股级），内设机构分别设主任、副主任各1人（股级）。7月17日，县机构编制委员会发《关于调整全县小学机构编制事宜的通知》，撤销雍阳街道办事处望洞小学、雍阳街道办事处仙桥小学、银盏镇大寨坪小学、中坪镇新土小学、珠藏镇农林小学、玉山镇小开洲小学、江界河镇白果小学、天文镇下堡陇小学8所学校。8月12日，县机构编制委员会发《关于设立贵州省瓮安第五中学的通知》，成立贵州省瓮安第五中学。11月27日，瓮安县机构编制委员会发《关于核定全县农村义务教育学生营养餐食堂工勤人员的通知》《关于瓮安县部分学校更名或加挂牌子的通知》，核定全县农村义务教育学生营养餐食堂核定工勤人员450名；瓮安县实验学校加挂“瓮安四小”牌子，瓮安县猴场中心完全小学更名为“瓮安六小”，瓮安县平定营中心完全小学更名为“瓮安七小”，瓮安县银盏学校更名为“贵州省瓮安第六中学”，贵州省瓮安县草塘中学加挂“贵州省瓮安第七中学”牌子，瓮安县平定营中学更名为“贵州省瓮安第八中学”。

2015年2月13日，县政府办公室发《关于印发瓮安县教育局主要职责内设机构和人员编制规定的通知》，县教育局设综合科、计划财务科、教育科（学前管理科）、人力资源科、教育法规安全科5个内设机构，机关行政编制10人，其中局长1人、副局长3人（常务副局长1人，正科级）、纪检组组长1人、科长或副科长5人、机关工勤人员编制2人；保留县教育研究室，为县教育局管理的股级事业单位，核定事业编制35人（2人为学前教育教学研究人员编制，3人为教育系统干部人事档案管理人员编制），其中管理人员2人、专业技术人员33人、工勤编制1人，设主任1人、副主任1人，所有人员由财政全额预算管理；保留瓮安县教育局信息网络中心，为县教育局管理的股级事业单位，核定事业编制8人，其中管理人员1人、专业技术人员7人，设主任1人，所有人员由财政全额预算管理；保留贵州省瓮安县招生委员会办公室，为县教育局管理的股级事业单位，核定事业编制8人，其中管理人员1人、专业技术人员7人，设主任1人（兼）、副主任1人，所有人员由财政全额预算管理；将瓮安县学生资助管理中心与瓮安县学生营养改善办公室整合，设立瓮安县学生资助与营养改善办公室，为县教育局管理的股级事业单位，核定事业编制12人，其中管理人员1人、专业技术人员11人，设主任1人、副主任1人，所有人员由财政全额预算管理；保留瓮安县青少年活动中心，为县教育局管理的股级事业单位，核定事业编制3人，其中管理人员1人、专业技术人员2人，设主任1人，所有人员由财政全额预算管理；保留瓮安县农村教育核算中心，为县教育局管理的股级事业单位，核定事业编制8人，其中管理人员2人、专业技术人员6人，设主任1人，所有人员由县财政全额预算管理。3月30日，瓮安县人力资源和社会保障局发《关于原县学生资助管理中心和原县学生营养改善办公室人员划转有关问题的通知》，学生资助管理中心6人、学生营养改善办公室6人共12人在职在编人员划转到县学生资助与营养改善办公室工作，划转人员编制性质和人员身份不变。

第二章

义学 书院 私塾

YIXUE SHUYUAN SISHU

第二章　义学　书院　私塾

YIXUE SHUYUAN SISHU

明神宗二十八年（1600）建县后，学生入学暂在黄平，崇祯十六年（1643）获准办学，清康熙二十六年（1687）设县学。康熙中期在城北龙池修建义学仙荫堂起，先后建旗山书院、玉华书院、花竹书院等，私塾出现并逐步盛行，到民国时期兴办学堂，私塾减少，瓮安县解放初期仍有私塾存在。

第一节　义　学

在清代，乡里或宗族举办的免费学塾称为义学（又称义塾），多设在寺庙、宗祠内。教学内容、教学方法与私塾类似，办学经费来源于公田公土、绝产的地租收入和集市杂摊的斗息提成以及捐款，学生多为贫民子弟。康熙中期，举人商琏在城北龙池创修仙荫堂义学，以本地青冈林侧田数坵、半月山土数块作为常年延师伙食，商琏亲手植桂树 2 株，长成后四季葱茏，于是仙荫堂又易名为双桂堂。

康熙四十四年（1705），抚军于准在东门内修建义学 3 间，由腊林等寨的学田作为经费。嘉庆三年（1798），在城北草塘司有傅氏家塾逊敏书楼和皓月书斋、在猴场宋氏祠堂内有赋梅轩等学堂，学堂经费由皂溪学田、潘家学田提供。皂溪学田 14 亩 9 分 7 厘，有上等田 12 亩 1 分 8 厘、中等田 5 分、下等田 2 亩 2 分 9 厘，遇灾荒年代纳税折合白银 1 两零 2 分 3 厘 9 毫 9 丝、秋粮 3 斗 5 升 2 合 5 勺 4 抄。潘家学田 8 亩 8 分 8 厘，有上等田 1 亩零 5 厘，中等田 4 亩 1 分 3 厘，下等田 3 亩 3 分，遇灾荒年代纳税折合白银 4 钱 8 分零 6 毫、秋粮 1 斗 6 升零

2勺9抄。

刘家堡兴文义学（2015年摄）

光绪元年（1875），瓮安荆里设义塾（岚家关义学）1所、牛里设义学1所，经县令批准，由里人王崇植暂将许、戴二姓所存产业（每年约出谷百挑，册载丁银一两七钱正）中除每年纳税外的其余收入作为荆里义塾经费，以垛郎坝田一型收租米二石作为牛里义学伙食，牛里义学请选贡王杰教读。光绪七年（1881），知县王槐卿在干里平定营场设养正义学1所、在刘家堡设兴文义学1所。光绪二十五年（1889），县令王敦成以王、李二姓捐出杂摊斗息在瓮里保平场设义塾1所。民国2年（1913），在猴场隆兴寺设立养正义塾1所，经费由草里人孔庆朝、商汝兰、诸尧阶等捐置，但仅有皮蜡沟土数幅、田数坵，别无他款。后来，义塾逐渐增多，有岩坑义塾、新牌卫义塾等。

民国后期，学堂增多，义学被小学堂取代。

第二节 书 院

康熙五十九年至六十一年（1720—1722），知县韩瑛、教谕金琦、训导吴天椿等倡议绅士捐资，在县城西北文昌阁前旧址建旗山书院，有讲堂3间、肄业房6间、大门1座。聘请名师讲学，集中好学童生入院深造，镇远府教授犹法贤在院任讲习数年。嘉庆初年（约1797年），旗山书院院屋倒塌，城中讲学设在明伦堂和学庙走廊。

道光十二年（1832），邑令王存成在城南社稷坛对面购土地1幅，倡议修玉华书院，并购置田地，作为书院用费开支，玉华书院于道光十四年（1834）建成。咸丰末年（约

1860)，玉华书院、仙荫堂（后改名双桂堂）、儒学教谕署、儒学训导署等因苗民暴乱而损毁。

光绪十五年（1889），邑令陶懋恭以城南袁姓捐木料，在玉华书院故址建讲堂3间，还未完工即离任。光绪二十四年（1898），邑令王敩成继续修建，并购袁氏土一幅为墙基，1901年建成，有堂舍共40多间，改名为花竹书院。光绪三十二年（1906），邑令罗本操将花竹书院改为高等小学堂。

第三节 私 塾

私塾在清代盛行，民国时期私塾减少，解放初期边远山区尚有，后逐步转入新学。私塾设塾形式多样，有的塾师自己设塾招生，收取学费（货币或实物）；有一家设塾聘师，数家子弟附读，各家按期交纳学费；有富户重金聘请名师进家教学，允许少量亲戚参读。私塾学生年龄不限，学习年限由家长确定。教材由塾师指定或由家长选择，一般为《三字经》《百家姓》《千字文》《增广贤文》《千家诗》及“四书”等。采用个别教学法，以塾师教读、批改作业，学生自诵、背诵、写字为主，教识字多，释字义少。塾师备有竹片，对违犯塾规和背不通书、认错字写错字的学生进行体罚。

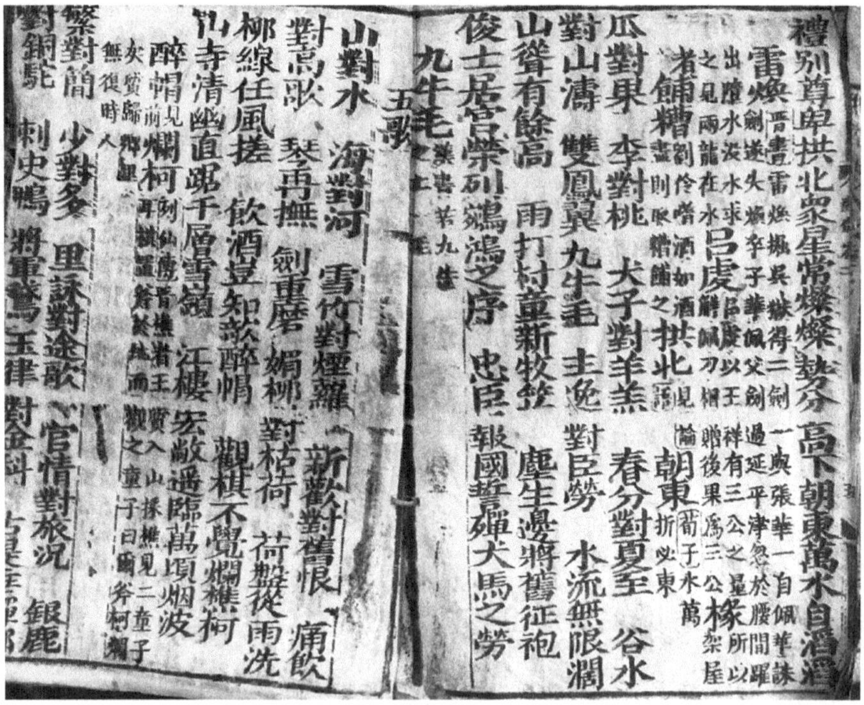
禮別尊卑拱北衆星常燦燦 勢分高下朝東萬水自滔滔
瓜對果 李對桃 犬子對羊羔 春分對夏至 谷水對山濤 雙鳳翼 九牛毛 主逸對臣勞 水流無限闊 山聳有餘高 雨打村童新牧笠 塵生邊將舊征袍 俊士居官榮列鵷鴻之序 忠臣報國誓殫犬馬之勞
五歌
山對水 海對河 雪竹對煙蘿 新歡對舊恨 痛飲對高歌 琴再撫 劍重磨 媚柳對枯荷 荷盤從雨洗 柳線任風搓 飲酒豈知欹醉帽 觀棋不覺爛樵柯 山寺清幽直踞千層雪嶺 江樓宏敞遙臨萬頃煙波
繁對簡 少對多 里詠對途歌 宦情對旅況 銀鹿對銅駝 刺史鴨 將軍鵝 玉律對金科

声律启蒙

民国19年（1930），瓮安有私塾20所，学生500余人。民国24年（1935），省教育厅公布《贵州省教育厅管理私塾暂行规程》，对境内私塾进行整顿改造，实行“改良私塾”，部分条件好的私塾改为初级小学，对所属私塾教师进行培训，舍弃《三字经》《百家姓》等旧课本，改用小学通用的语文、算术等教材。

1950 年 6 月 15 日，省政府办公室抄发教育部致湖北省教育厅《关于湖北省南漳县一区城关一村 20 号江贯之呈请开放私塾禁令》的问题，在现有的新式学校中不能容纳完当地儿童的地方，可允许私塾存在，各地考虑扩大新式办学规模，逐步取消私塾。9 月 1 日，县政府训令，私塾教育为封建的传统教育，在此新民主主义时代不能再让其存在，但国家财经困难，离学较远的儿童如果不读私塾就要失学，允许私塾暂时存在，但要对私塾进行登记和管制。1951 年，执行瓮安县《私塾管制暂行办法》，各地私塾必须登记，登记表由县府发各区文教干事，再发给各乡镇区政府所在地，由文教干事直接登记或管理，小学校长协同乡公所及农协会，各乡镇内所有私塾于限期内办理登记手续，若有过期不登记者经查出立即令其停办；这次登记以后不再举行登记，若查出有在规定登记时间后成立即撤销；各乡登记完毕后即由各校长另造清册一份存查，然后将登记表呈送区政府，再由区政府文教干事造册 2 份连同登记表送县府一份存查；在登记时即告之塾师，在登记后半月内必需一律改用新课本（邮局可代购），过去的封建读物禁止采用；定期召集各塾师及

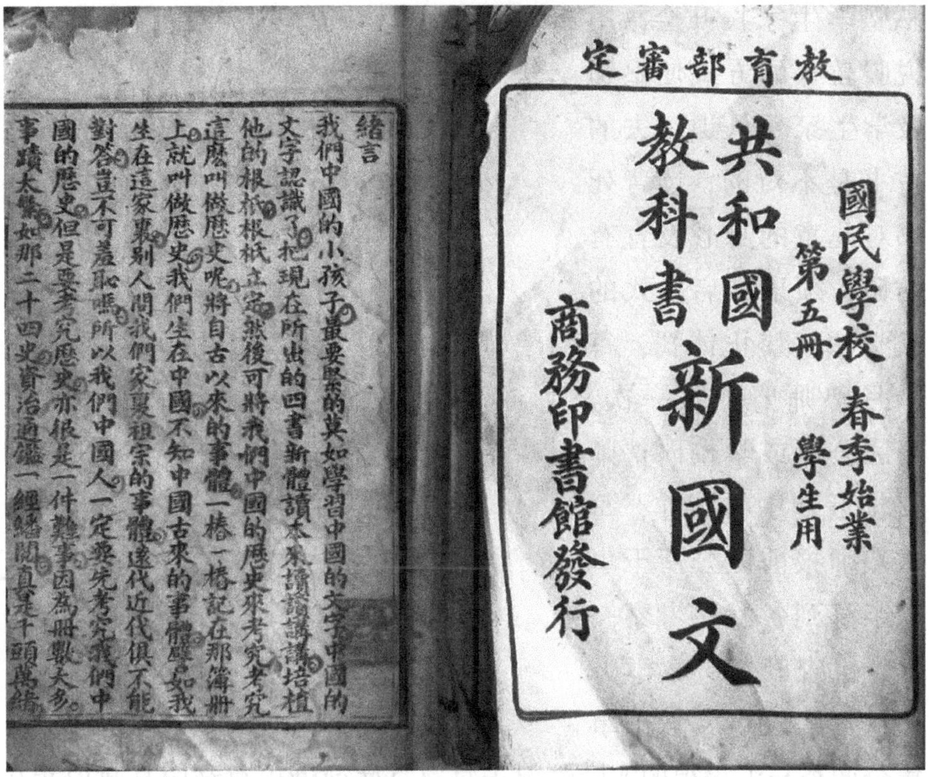
教育部審定

國民學校 春季始業 學生用

共和國教科書新國文

第五冊

商務印書館發行

緒言

我們中國的小孩子最要緊的莫如學習中國的文字中國的文字認識了把現在所出的四書新體讀本來讀讀講講培植他的根柢根柢立定然後可將我們中國的歷史來考究考究這麽叫做歷史呢將自古以來的事體一樁一樁記在那簿冊上就叫做歷史我們生在中國不知中國古來的事體譬如我生在這家裏別人問我們家裏祖宗的事體遠代近代俱不能對答豈不可羞恥呢所以我們中國人一定要先考究我們中國的歷史但是要考究歷史亦很是一件難事因為冊數太多事蹟太繁如那二十四史資治通鑑一經繙閱直是千頭萬緒

民国时期教材

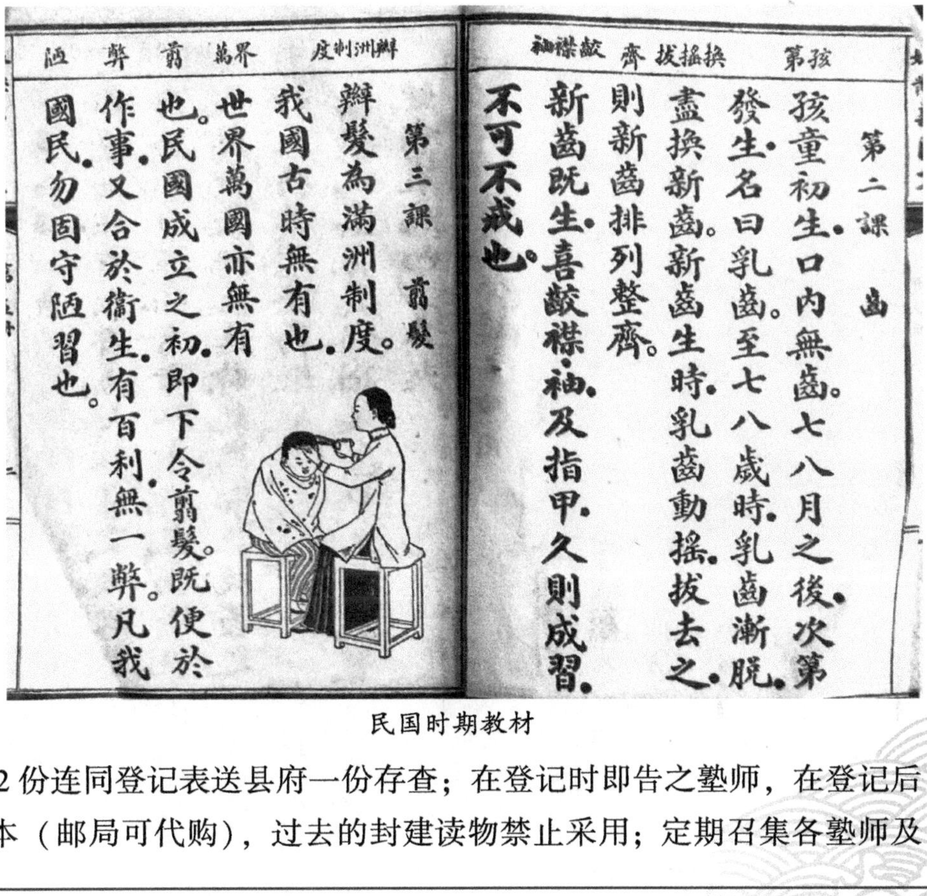
第二課　齒

孩童初生。口內無齒。七八月之後。次第發生。名曰乳齒。至七八歲時。乳齒漸脫。盡換新齒。新齒生時。乳齒動搖。拔去之。則新齒排列整齊。新齒既生。喜齩襟。袖。及指甲。久則成習。不可不戒也。

第三課　翦髮

辮髮為滿洲制度。我國古時無有也。世界萬國亦無有也。民國成立之初。即下令翦髮。既便於作事。又合於衛生。有百利。無一弊。凡我國民。勿固守陋習也。

民国时期教材

私塾学生家长开会，用说服教育的方式使塾师及学生家长认识过去的古书是不对的，读背死书对儿童的身心发育有妨碍，须采用启发式的教学法，禁止体罚；每个月塾师要汇报一次，乡区公所或学校向塾师安排近期中心工作，每次塾师报前区公所干事须亲身到各私塾考察一次，检查教材、教学方法；各区政府文教干事集合调查与汇报得的实际情况于每双月底前做出总结向县政府报告。1953年，省教育厅提出“协助热心教育的人士开办私立学校”，允许在政策范围内办私塾。1962年，有私塾24所。1963年，对私塾进行整顿，保留7所。1964年，公办小学增多，私塾被取缔。

50年代教材

第三章

学前教育

XUEQIAN JIAOYU

第一幼教集团启动仪式

新建的瓮安县第二幼儿园一角

山村幼儿园建设

丰富多彩的幼儿园活动

第三章 学前教育

XUEQIAN JIAOYU

学前教育起始于1957年，在雍阳小学设教学班2个。“大跃进”时期，各部门、各公社均办幼儿园，到1961年进行整顿，只保留教育部门办幼儿园。20世纪90年代，全县各小学均办起学前班，2013年取消各小学学前班。2014年，全县启动集团化办园，以县示范幼儿园、县第二幼儿园、猴场幼儿园、中坪幼儿园、珠藏幼儿园为核心组建5个幼教集团。2015年，实现村村办幼儿园，村级幼儿园覆盖率100%。

第一节 发展历程

1957年9月，在雍阳小学设学前班2个，招收幼儿100余人，有教职工3人。1958年“大跃进”运动，教育部门、其他部门、农村公社均办幼儿园（班），入园（班）幼儿783人，有教职工17人，其中教育部门办的幼儿园有幼儿408人、教职工8人。1959年，全县有公办幼儿园2所，教学班9个，教师9人，幼儿305人；有民办幼儿园12所，教学班41个，教师45人，幼儿1928人。9月1日，县文教局发《关于雍阳小学附设幼儿园报告的批复》，雍阳小学附设幼儿园新增教学班2个，共有教学班5个，更名为“瓮安县雍阳幼儿园”，并增加教师2人，教师开支列入公办教师预算。1961年进行整顿，保留教育部门办的幼儿园，入园幼儿减为280人；保留草塘公社幼儿班，入班幼儿减为36人。1963年，县幼儿园迁到袁家湾（城关二小处），有教学班4个，幼儿239人，教职工9人。1964年，增办珠藏公社幼儿班，入班幼儿30余人。1965年，公社幼儿班撤销，全县有公办幼儿园1所，学生

119 人。

县幼儿园大班毕业学生（1980 年摄）

“文化大革命”期间，入园幼儿和教职工减少，1973 年入园幼儿 178 人、教师只有 6 人。1977 年，有公办幼儿园 1 所，学生 206 人。1978 年，各区所在地小学开办幼儿班，其他部门和集体单位又办起幼儿园（班），全县入园（班）幼儿达 1070 人，教职工 27 人，其中教育部门办的幼儿园（班）有幼儿 378 人、教职工 14 人。1979 年，有个体户开始办幼儿班。1986 年，县幼儿园迁到县城西门原师范学校处，有教学班 8 个，幼儿 397 人，教职工 21 人。1987 年，个体幼儿园有幼儿 304 人、教职工 9 人。1988 年，全县有公民办幼儿园（班）22 所，学生 2458 人。到 1990 年，全县有幼儿园（班）58 个（小学附设学前班 39 个），入园（班）幼儿 2733 人（学前班幼儿 1847 人），教职工 65 人，其中教育部门办的幼儿园（班）27 个（学前班 19 个），有幼儿 1386 人（学前班 1014 人）、教职工 35 人；其他部门办的幼儿班（学前班）7 个，有幼儿 295 人、教职工 7 人；集体和个体办的幼儿班 24 个（学前班 13 个），有幼儿 1052 人（学前班 538 人）、教职工 23 人。

1993 年，全县有幼儿园 4 所，其中私人办学 3 所，学前班 122 个，幼儿教职工 160 人，在园幼儿 4978 人，入园率 20.46%。1998 年，全县 23 个乡镇都办起学前班，是全州完成“双项指标”的 3 个县之一。全县共有幼儿园（班）165 个，在园（班）幼儿 5876 人。“六一”期间，教育局自筹经费 8000 余元，组织对部分乡镇幼儿园进行慰问，送去图书、腰鼓、磁性黑板等。

2000 年，全县有公办幼儿园 4 所，学前班 204 个，幼儿入园率 47.08%。2001 年 9 月，全县有公办幼儿园 6 所，在园幼儿 1730 人；有学前班 182 班，在班人数 6197 人。2002 年，全县学前教育学生 8420 人，入园（班）率 49.2%，比州下任务 40%超 9.2 个百分点。是年，玉山幼儿园、中坪幼儿园从小学剥离独立建园。2004 年，全县幼儿入园（班）率 49.6%。2009 年 11 月 11 日，县发改局发《关于瓮安县示范幼儿园新园建设立项的批复》，同意在瓮安县雍阳镇七星村龙坑组新建瓮安县示范幼儿园，总投资 800 余万元，总建筑面积 6800 余平方米。2010 年 3 月，全县幼儿园占地面积 36611 平方米，建筑面积 16416 平方米，有班级 300 个（其中托班 4 个、小班 35 个、中班 60 个、大班 40 个、学前班 161 个），幼儿 8924 人

（其中托班75人、学前班4877人），有教职工264人（其中园长18人、专任教师183人、保健员8人）。全县23个乡镇中有3个乡镇建有公办独立幼儿园。2011年，州下达瓮安学前教育招生任务为3100人，实际完成3966人，其中幼儿园1833人、小学附设学前班2133人，完成州招生任务的127.94%。5月16日，瓮安幼儿园2人参加保健医生培训，2人参加安全管理培训班。9月20日，州教育局发《关于举办“十二五”期间第一期幼儿园园长任职资格增训班的通知》，决定于2011年10月9日至11月8日举办幼儿园园长任职资格培训班，瓮安县参加培训7人。12月7日，州教育局转发《省教育厅办公室关于实施幼儿教师国家级培训计划2011年贵州省幼儿园转岗教师培训项目的通知》，黔南州转岗培训70人，瓮安县10人。8日，州教育局转发《省教育厅办公室关于实施幼儿园国家级培训计划2011年贵州省幼儿园园长及骨干教师短期培训项目的通知》，培训幼儿园骨干教师和园长，全州162人，瓮安17人。12月6日，瓮安县10人参加贵州省幼儿园转岗教师培训项目。8日，瓮安17人参加黔南州幼儿园园长及骨干教师短期集中培训。2012年7月24日，选11名教师参加“幼师国培（2012）”——贵州省农村幼儿园骨干教师短期集中培训，遴选5名教师参加“幼师国培（2012）”——贵州农村幼儿园转岗培训，遴选5名教师参加“幼师国培（2012）”——贵州农村幼儿园教师置换脱产研修。

县幼儿园室外活动课（1990年摄）

2014年，瓮安县启动集团化办园，以县示范幼儿园、县第二幼儿园、猴场幼儿园、中坪幼儿园、珠藏幼儿园为核心组建5个幼教集团。集团化办园形成后，各幼儿园原有的法人地位不变，教师聘任自主、财务独立核算，各龙头幼儿园分别到集团成员幼儿园进行走访摸底，结队互动，并选送优秀教师驻园帮扶，带动姐妹园、民办园的运营和规范化管理。利用走出去、请进来的方式，吸收先进经验，促进幼儿园科学规范管理，园内设置一块牌子、一个卫生间（室内）、一间教室、一间睡房（至少10张床）、一套玩具、一套桌椅、一个小书架等“七个一”。2月13日，县教育局发《关于部分乡镇幼儿园从中心学校剥离的通知》，决定玉山镇幼儿园、中坪镇幼儿园、珠藏镇幼儿园自2014年3月1日起，从乡镇中心学校剥离，人、财、物由幼儿园独立管理，接受教育局和当地镇党委政府管理。7月30日，县教育局发《关于“幼师国培（2014）”——幼儿教师资格“两学”培训及考试的通知》，全县共参培幼儿园教师 83 人，其中幼儿园转岗教师 39 人、新入职幼儿教师 44 人，由贵州师范大学组织集中培训 4 天、奥鹏网组织远程培训 80 学时，合格后由培训机构发放培训合格证书。幼儿教师教育心理学和教育学（以下简称“两学”）培训合格后，自愿报名参加由省教师资格认定指导中心组织“两学”考试，合格者发放贵州省“两学”统一考试合格证书，然后按规定申请幼儿教师资格。培训费及集中培训期间学员食宿费等费用由“国培计划”专项经费承担，学员参加集中培训的往返差旅费回学校报销（不合格者不予报销）。

2015 年，新设立 76 所村级公办幼儿园，全县幼儿园达到 156 所，实现村级幼儿园覆盖率 100%，在园（班）幼儿 16682 人，幼儿园教职工 1122 人，学前三年入园率 87.4%。

表 3-1　　1989—2015 年瓮安县幼儿园基本情况统计表

年 度	公办幼儿园数（所）	所有幼儿园（班）人数（人）	正式教职工（人）	其中专任教师（人）	占地面积（平方米）	建筑面积（平方米）
1989	2	1685	65			
1990	2	2733	35			
1991	4	3183	66		3560.178	2027.8
1992	4	3852	59		5031	2565
1993	4	4978	52		5031	2565
1994	4	5885	48		5031	2565
1995	4	6898	52		5031	2565
1996	3	5235	74		5125	3121
1997	5	6993	86		8254	2034
1998	5	5876	98		4857	1462
1999	6	7311	261		4539	1769
2000	4	7531	252		4539	1769
2001	6	7927	56	46	8411	4609
2002	7	8420	84	67	9781	4847
2003	7	9192	92	71	9681	4823
2004	8	8434	114	89	20056	7607
2005	9	8634	129	102	28818	15296
2006	9	8834	128	94	26775	10791
2007	9	8854	143	107	27528	10666
2008	8	7832	151	109	28071	10646

续表3-1

年　度	公办幼儿园数（所）	所有幼儿园（班）人数（人）	正式教职工（人）	其中专任教师（人）	占地面积（平方米）	建筑面积（平方米）
2009	8	8076	153	113	28071	10646
2010	14	8924	264	183	36611	16416
2011	20	10199	336	249	45194	22280
2012	20	11043	405	323	47380	22958
2013	28	11432	487	368	72053	36552
2014	43	12255	639	498	115642	58594
2015	74	16682	768	575	148299.4	80375.5

第二节　学前管理

1957年在雍阳小学设幼儿班后，由雍阳小学对幼儿教育进行管理。1958年“大跃进”运动，缺乏管理，教学工作混乱不规范。1961年，教学工作有改进，走入正规化。“文化大革命”期间，教学秩序不正常，对幼儿只起“关水”作用（只关不教）。1978年后，幼儿办学恢复正常。

1991年，对全县幼儿园和学前班的办学条件进行检查、考核和整顿，颁发12个园（班）准办证。1992年10月27日，执行教育局、县物价局、县财政局发《瓮安县关于施行幼儿园（班）类别收费标准的通知》，幼儿园（班）可收取保育费、教育费、杂费、伙食费，其余不准收取任何费用，保育费用于购置餐具、炊具、卧具、保健用品及临时工开支，教育费用于教育所需的公务、业务、幼教玩具购置、图书资料、教师培训、临时工开支等，杂费用于清洁用品、取暖、口杯、毛巾、手工材料等，幼儿的体检费和保险费不纳入以上项目。收取的经费用于幼儿园（班）各项公务开支，各类幼儿园（班）每年要向教育行政部门交纳总数中10%的管理费，用于教师培训学习和改善办学条件。经费专款专用，任何单位和个人不得克扣、挪用，经费的管理按《幼儿园工作规程》第46条规定，严禁用于教职工奖金和福利。通过评定，对全县幼儿园（班）进行分类，按照类别进行收费。幼儿园的膳食费专款专用，每月伙食费结余不得超过5%。幼儿园必须成立家长代表参加的伙食费管理委员会，每月向家长公布账目，统一使用财政部门行政事业发票。

表 3-2 1992 年各类幼儿园（班）月收费标准情况表

类　别	收费项目	全日制开餐（元）	全日制不开餐（元）	学前（元）
一类园（班）	保育费	16	4	4
	教育费	13	9	6
	杂费	7	5	3
	合计	36	18	13
二类园（班）	保育费	10	3	2
	教育费	11	6	4
	杂费	7	5	3
	合计	28	14	9
三类园（班）	保育费	8	3	1
	教育费	8	5	3
	杂费	7	4	3
	合计	23	12	7
达到基本条件	保育费	6	2	1
	教育费	4	3	2
	杂费	7	3	2
	合计	17	8	5

1993 年，教育局教育股对全县学前班、幼儿园进行检查，暑假对不合格学历的 23 位幼儿教师进行培训。10 月，按《贵州省幼儿园（班）分类评定标准》，经州幼教科评估，县幼儿园达到贵州省二类幼儿园（班）标准单位。1997 年 1 月 9 日，县局对中坪镇幼儿园进检查评估，评估得分 630.3 分，成为省三类幼儿园。9 月 9 日，教育局《关于进行幼儿教育工作检查紧急通知》，决定于 9 月 25 日至 10 月 5 日对全县幼儿教育进行全面检查，下发《检查提纲》，各乡镇于 9 月 15—24 日自查。

2000 年，县教育局出台《瓮安县学前教育管理工作规范》，印发“瓮安县学前班基本教育目标”“瓮安县学前教育示范教案”等。4 月 10 日，县教育局发《关于落实〈瓮安县学前教育管理工作规范〉的通知》，对办班设施、管理工作、卫生保健工作、教育工作、家长工作、教育成效等 6 个方面列出详细指标，对各校学前班进行规范化管理。8 月 1 日，县教育局发《关于印发〈瓮安县学前教育工作资料汇编〉的通知》，将县局制定的《瓮安县学前教育管理工作规范》《学前班基体教育目标》和组织人员编写的《示范教案》印发到各幼儿园和学前班，幼儿园（班）的教师人手 1 册，各学校 2 册。是年，组织幼儿参加黔南州沙画比赛，获一等奖 2 名、二等奖 3 名、三等奖 3 名。2001 年 9 月 17 日，县教育局《关于开展学前教育工作大检查的通知》，决定从 10 月下旬起，对全县各类学前班教育教学工作进行专项大检查。专项检查按优秀、良好、合格、基本合格、不合格 5 个等次进行评估，“合格”以上等次由教育局颁发“办学许可证”；“基本合格”等次者暂不发证，按《整改通知书》所列

贵州省幼儿园课程建设项目黔南项目园2013年"半日活动"观摩及课程研讨会（2013年摄）

要求限期整改；"不合格"等次一律予以取缔。11月，对全县75所学校的学前班的办班环境、教室要求、教具及资料配备、办学方向、师资水平、卫生保健、教学活动、经费管理等内容进行检查，对检查出的问题要求学校拿出整改方案，限期整改。对办班条件不符合标准的21所学校列为试办，有3所学校被责令停办。2005年5月20日，教育局发《关于对我县民办幼儿园进行督导评估、核发办学许可证的通知》，县将组织人员于6月20日前对全县民办幼儿园进行督导评估，对县评估后达到基本合格的幼儿园经书面申请、批准核发"中华人民共和国民办学校办学许可证"，对未达到基本合格的幼儿园将限期整改。8月22日，县教育局、县政府督导室准予草塘徐梅幼儿园设立小学部，筹设期为1年。

2010年1月16—18日，县示范幼儿园到黔南州机关幼儿园参观学习，部分教师于1月19日至25日参加学前教育函授学习。2月22日，省物价局、省财政厅、省教育厅联合发《关于完善幼儿教育收费管理的通知》，公办和民办幼儿园可按规定向学龄前儿童家长收取保育教育费、取暖费、伙食费等，收取费用不得超过规定的标准。4月，州教育局、州政府教育督导室下发《关于县市所在地小学不再举办学前班的通知》，对小学附设学前班剥离工作提出具体要求，从2010年9月1日起，各地在县所在地小学依法全部取消所办的学前班，乡镇创造条件办好幼儿园，剥离乡镇所在地完全小学的学前班；各县妥善安排好县市所在地小学学前班的孩子，按照不同年龄分流到就近幼儿园，若一时不能剥离需在短期内过渡的，必须做到法人、财务、管理"一独立"；支持社会办园，引导规范民办幼儿园健康发展，促使政府新建公办幼儿园；对整改不力的县市和学校继续下达《整改通知书》。5月10日，省教育厅办公室发《关于兴办幼儿园课程建设项目培训会的通知》，举办幼儿园课程建设项目第一期培训会，瓮安县示范幼儿园园长1人参加培训。11月8日，州政府督导室发《关于全州县市及乡镇所在地小学附设学前班剥离情况的通知》，从2010年秋季起，县城所在地小学一律不再办学前班，到2013年，乡镇所在地凡已办幼儿园的，乡镇中心小学不再举办学前班。

表 3-3　　黔南州公办幼儿园保育教育费和学前班收费标准情况表

单位：元/生·月（人）

类别		市（州）政府所在地			县政府所在地			乡镇（含村级）	
幼儿园	省级示范幼儿园	一类	二类	三类	一类	二类	三类		
		300	280	230	200	160	100		
	一类园	160			115			60	
	二类园	90			80			40	
	三类园	60			45			25	
	达到基本软件园条件	35			28			15	
学前班		50			30			15	

说明：全日制不开餐的在本园全日制收费标准的基础上下浮 40%

第三幼儿园教研交流活动课（2015 年摄）

2011 年 2 月 18 日，县教育局出台《瓮安县民办幼儿园办园资格评估办法》，对民办幼儿园名称、地点、举办者情况、教职工情况、收费情况、办园规模、幼儿园占地面积和建筑面积、资产情况、卫生保健和安全防护的建立情况、车辆接送情况、办园批文或许可证发放情况等进行评估，由乡镇中心学校和教育局分别评估，经审核合格后报州、省审批备案，核发“中华人民共和国民办学校办学许可证”。申办民办学校须提供办学申办报告、举办者的资格证明文件、拟任学校负责人的资格证明文件及档案关系所在单位意见、办学场地证明等。2012 年 12 月 16 日，县教育局、县发展和改革局发《关于清理瓮安县学前教育违规收费的通知》，县发改局、县教育局组成联合调查组于 12 月 6—12 日对交通网报道瓮安县学前教育乱收费情况进行调查后，有 2 镇 1 乡小学学前班存在超标准收费行为，有 2 所学校收费未开发票情况属实。对违规收费和不开具发票的现象进行处理，并立即整改。

2013 年 3 月 11 日，县教育局发《关于转发贵州省教育厅贯彻落实教育部“3~6 岁儿童学习与发展指南”的通知》，禁止教育行政部门、幼儿园推荐和组织征订各种幼儿教材和教辅资料，禁止幼儿园提前教授学习小学教育内容，禁止幼儿园以举办兴趣班、特长班和实验班为名进行各种提前学习和强化训练活动，禁止一切形式的小学入学考试，做好幼儿园和小学的双向衔接。2014 年 12 月 26 日，省财政厅、省教育厅联合发《关于提前下达 2015 年支持学前教育发展中央专项资金预算的通知》，提前下达瓮安县支持学前教育发展中央专项资金 590 万元，列入 2015 年相关项。2015 年 8 月 20 日，县发改局、县财政局、县教育局联合发《关于调整瓮安县公办幼儿园教育收费标准的通知》，县示范幼儿园、县第二幼儿园、县第三幼儿园收保育教育费每生每月 200 元，取暖费每生每月 20 元（用煤 15 元），合计每生每月 220 元；乡镇（含村级）幼儿园保育教育费每生每月 120 元、取暖费 20 元（用煤 15 元），合计每生每月 140 元。保育教育费按月收取，取暖费收取每年不超过 4 个月。

第三节　保教保育

1957 年 9 月在雍阳小学办幼儿班 2 个，开设体操、语言、图画、手工、音乐、计算 6 门课。1958 年 11 月 21 日，省教育厅出台《关于当前农村幼儿园工作的几点意见》，对农村幼儿园工作做指导，对作息时间进行安排。

表 3-4　　1958 年贵州省农村幼儿园作息时间表

日托幼儿园		寄宿幼儿园	
7：00—8：00	入园	7：00—7：30	起床
8：00—8：10	早操	7：30—8：30	盥洗
		8：00—8：10	早操
8：10—8：30	洗手	8：10—8：30	洗手
8：30—9：15	早点	8：30—9：15	早点
9：15—10：15	讲故事、念山歌、游戏、唱歌	9：15—10：15	讲故事、念山歌、游戏、唱歌
10：15—11：15	户外活动（劳动）	10：15—11：15	户外活动（劳动）
11：15—11：30	洗手	11：15—11：30	洗手
11：30—12：00	午饭	11：30—12：00	午饭
12：00—3：00	午睡	12：00—3：00	午睡

日托幼儿园		寄宿幼儿园	
3：00—3：30	洗手	3：00—3：30	洗手
3：30—4：00	午点	3：30—4：00	午点
4：00—6：00	劳动、游戏	4：00—6：00	劳动、游戏
6：00—7：00	离园	6：00—6：30	洗手
		6：30—7：30	晚饭
		8：30—9：00	入睡

1960年，批判“现代修正主义”，停止使用苏联幼儿教材及教学参考书，在学前班进行汉语拼音、汉字和算术教学，增加幼教授课时间，减少游戏时间，出现“小学化”教学模式。1962年，教学秩序恢复，按省厅编的幼儿教材进行教学。1963年，幼儿园开展“向雷锋叔叔学习”活动，工作上进行“比、学、赶、帮”，教学方法改进，保教质量得到提高。

“文化大革命”期间，幼儿园所用教材全部取消，一段时间的教学活动是教幼儿背毛主席语录、唱语录歌、跳“忠”字舞。

克立兹幼儿园开展亲子游戏活动（2012年摄）

1979年，幼儿园开设语言、常识、计算、音乐、美术、体育6门课程。根据幼儿年龄特点，除游戏、散步时间外，课堂学知识小班每周6～8节，每节10～15分钟；中班每周10～12节，每节20～25分钟；大班每周12节，每节25～30分钟。1980年，使用贵阳市教育局编《幼儿园各科试用教材》，有语言、常识、计算、音乐、图画、游戏6科。1983年，使用教育部编《幼儿教材》。1984年，学前班采用省教育厅编《贵州省学前班教材》，有语言、常识、计算、音乐、美工、体育6科。1987年，学前班使用省教育厅编《贵州省学前班课本》，共8册。庆祝“六一”儿童节期间，县妇联表彰托幼先进集体16个、优秀保教员19名、好孩子110名。1988年，城镇人口和车辆增加，幼儿上学、放学实行家长接送制度。

1990年，幼儿园幼儿以接受语言、计算、常识、手工、音乐、游戏等启发教育为主，按年龄分班，小班3~4岁，中班4~5岁，大班5~6岁。授课时间按小、中、大班，每课时分别为14、25、35分钟。入园（班）幼儿智力和健康发展均较正常。近年来，城镇人口、车辆大增，幼儿上学、放学，实行家长送接制度。是年，县幼儿园占地2200平方米，新建教学楼1栋3层共1241平方米，新购置的钢琴、放像机、彩色电视机和"海洋球"、高级弹跳气垫等，园内设置花坛，种花草，对幼儿进行直观知识和劳动教育。

2008年3月27日，县政府办公室发《关于印发瓮安县0~3岁婴幼儿早期教育实施方案的通知》，在有条件的乡镇建立"婴幼儿潜能拓展中心"，并建立儿童早期教育档案。对0~3周岁儿童的家长及看护人员进行早期教育知识普及培训，提高家长及看护人员对孩子的教育意识和能力。开展对各年龄层婴幼儿的早期教育活动和独生子女教育研究，为独生子女教育提供咨询、指导、服务工作。县政府成立0~3岁婴幼儿早期教育工作领导小组，办公室设在县妇幼保健生殖健康服务中心，采取集中式早期教育、入户式早期教育、咨询式早期教育等方式开展工作。

2012年2月28日，县教育局发《关于省教育厅转发教育转发教育部关于规范幼儿园保育工作防止和纠正"小学化"现象的通知》，禁止教育行政部门、幼儿园推荐和组织征订各种幼儿教材和教辅材料，禁止幼儿园提前教授小学教育内容，禁止幼儿园以举办兴趣班、特长班和实验班为名进行各种提前学习和强化训练活动，禁止一切形式的小学入学考试，全县组织力量对幼儿园教育"小学化"现象进行一次全面检查和整改。12月3日，县教育局转发省教育厅《关于进一步规范幼儿园管理加强幼儿教师队伍建设的通知》，教师平等对待每一位幼儿，不讽刺、挖苦、歧视幼儿，不体罚或变相体罚幼儿，把幼儿身心健康、生命安全放在工作的首位。

2015年8月18日，州教育局作出《关于全州幼儿园教师教学（数学）活动方案设计大赛获奖情况的通报》，共收到参赛作品507件，评出一等奖15件、二等奖26件、三等奖60件，瓮安县示范幼儿园和中坪幼儿园教师各1人作品获一等奖，瓮安县珠藏幼儿园教师1人作品获二等奖，珠藏幼儿园教师2人、中坪幼儿园教师1人作品获三等奖。

第四节　部分幼儿园简介

瓮安县示范幼儿园

瓮安县示范幼儿园始建于1957年9月，地址在瓮安县雍阳小学内，由雍阳小学设教学班2个，招收幼儿100余人，有教师3人。1963年，迁到袁家湾木结构四合院内，有教学班4个，幼儿239人，教职工9人。1972年，幼儿园有教学班4个，幼儿250人，教师7人。1980年，有教学班4个，教师7人，在园幼儿254人。1987年3月搬迁到西门原瓮安师范处，占地面积2200平方米。1993年3月，幼儿园实行“两餐一点”开餐制，幼儿在园学习、生活一体化。11月，接受省教委和县教育局评估，被评为“贵州省级二类幼儿园”“县级示范幼儿园”。

2005年，被州环保局、州教育局评为黔南州绿色学校，并被中国教育学会、《中国教育报》授予艺术教育特色单位。2009年，幼儿园有18个班、幼儿950人、教职工57人。县规划委员会根据《国家中长期教育改革和发展规划纲要》的要求对县城学校进行布局规划，决定于2011年将县示范幼儿园迁至县城北龙坑路。2011年，幼儿园搬迁至县城北龙坑路龙坑公园南侧、渡江广场东南面，占地面积为10900平方米，总建筑面积为6885平方米，户外活动场地4015平方米，园内绿化1685平方米，总投资1250万元。设有18个班（即小班、中班、大班各6个班），每个班活动室、寝室、卫生间连为一体，配有电视机、电子钢琴（或风琴）、空调、饮水机、电热水器、洗衣机等；教育教学、生活用品设施设备齐全，有多功能室、阅读区、体育活动区、美术室、科学探究室、医务室、种植园等；玩具丰富，食堂设备先进，卫生消毒设

县示范幼儿园全景（2014年摄）

施齐全，园内场地独立完整，布局科学合理，绿化面积宽，活动场地开阔，是一所现代化的儿童乐园。

2013年，被贵州省教育厅评为“贵州省幼儿园课程建设项目”优秀实验园，被黔南州食品药品监督管理局评为餐饮服务食品安全“食品卫生示范”单位，在瓮安县“多彩贵州文明行动”工作中被瓮安县委、县人民政府评为一等奖。有本科生31人，教师通过成人高考函授及人才招聘，具有大专及以上学历占93.4%，其中男教师占6.6%。2014年，被黔南州语言文字工作委员会、州教育局评为黔南州语言文字工作规范化示范学校。在省委办公室、省教育厅办公室、省文明办未成年人工作组、省少工委办公室联合举办的第七届“贵青杯”舞蹈类（集体舞）比赛中，荣获三等奖。

2015年，有在职教师57人，其中高级职称教师27人、初级教师职称28人。被中共瓮安县委、县人民政府评为2014—2015学年度优秀幼儿园。县政府拨款20万元，贵州中交贵瓮高速公路有限公司赞助10万元；幼儿园自筹47.275万元修建攀爬墙、沙池、工艺假山、绿化美化校园环境，新增设电脑、图书、电子钢琴、室内外大中型玩教具，新增科学、健康、艺术器材等。11月，通过州级示范园初评。幼儿园实行幼教集团化管理，通过课题研究、教育教学反思实践、个案观察记录、教育教学随笔等方式激励带动教师专业成长，形成以园长为核心、保教主任为骨干、一线教师为基础的科研队伍，教师在现代信息技术的运用方面能力增强，教师配备网络电脑并能灵活运用在教育教学中，能将教育软件和资源建设进行互动，实现幼儿现代化教育。

表3-5　1980—2015年瓮安县示范幼儿园教师、学生、班级统计表

年　份	教师数（人）	班级（大、中、小）数（个）	幼儿数（人）	备　注
1980	7	4	260	
1981	7	4	275	
1982	12	6	298	
1983	12	6	295	
1984	12	6	290	
1985	18	6	297	
1986	19			修建幼儿园未招生
1987	21	8	320	
1988	23	8	325	
1989	24	8	315	
1990	25	8	321	
1991	28	9	326	招有1个聋哑班，有8名儿童
1992	28	8	329	
1993	21	8	330	

续表3-5

年 份	教师数（人）	班级（大、中、小）数（个）	幼儿数（人）	备 注
1994	26	8	331	
1995	25	8	337	
1996	26	8	340	
1997	31	8	350	
1998	31	8	370	
1999	31	8	386	
2000	31	10	450	
2001	31	10	480	
2002	31	11	482	
2003	34	11	457	
2004	35	11	500	
2005	34	12	540	
2006	35	12	590	
2007	35	12	600	
2008	35	12	542	
2009	34	13	619	
2010	42	10	520	
2011	71	19	942	
2012	72	19	1093	
2013	65	19	1224	
2014	61	19	1054	
2015	61	21	1093	

表3-6　瓮安县示范幼儿园历届园长、副园长一览表

姓 名	性 别	籍 贯	职 务	任职时间
梁素琴	女	贵州瓮安	园 长	1963—1977
戴洪英	女	贵州瓮安	园 长	1978.3—1994.7
曾若霜	女	贵州瓮安	副园长	1988.8—2014.8
谢东射	女	贵州瓮安	园 长	1994.8—2007.7
向晓丽	女	湖南芷江	园 长	2007.8—2014.7
刘明抒	女	贵州瓮安	副园长	2011.9—2014.8
黎 明	女	贵州独山	园 长	2014.8—
张 琴	女	贵州瓮安	副园长	2014.8—

瓮安县第二幼儿园

2014年9月，在瓮安经济开发区内建瓮安县第二幼儿园，属全日制公办县级幼儿园，全园占地面积11512平方米，建筑面积3960平方米，绿化面积达3800平方米，可容纳600余人幼儿入园。

瓮安县第二幼儿园（2015年摄）

2015年，幼儿园有教学班3个，教师12人，入园幼儿72人，绿化面积1200平方米。4月，在全县中小学生、幼儿书画比赛中，获幼儿组三等奖。全园配套设施齐全，有符合幼儿健康发展要求的活动室、午睡室、盥洗室，有培养幼儿兴趣与能力的舞蹈厅、绘画室、图书室等，每班都配置有电脑、空调、电视机、电钢琴等多种现代化教育设备。校园环境整洁、幽雅、舒适、交通便利，是一所绿色幼儿园。瓮安县第二幼儿园以“一切为了孩子，为了孩子的一切，为了一切的孩子”为办园宗旨，以“面向全体幼儿，把忠心献给事业，把放心留给家长，把爱心献给孩子，把信心留给自己”为园训，以“让社会放心，让家长称心，让孩子舒心”为办学目标，有一支敢于创新、团结进取、素质优良的教师队伍，实现以保育与教育相结合，使幼儿在体、智、德、美等方面得到全面发展，促进其身心和谐发展，为孩子的一生打下坚实的基础。

表3-7　瓮安县第二幼儿园历届园长、副园长一览表

姓　名	性　别	籍　贯	职　务	任职时间
李春燕	女	贵州瓮安	园　长	2014. 8—
胡红霞	女	贵州瓮安	副园长	2014. 8—

瓮安县第三幼儿园

瓮安县第三幼儿园建于2014年9月，招生25人。2015年3月，幼儿园开展发宣传单、召开家长讲座会、组织宣传活动。是年，招生增至185人，班级从1个教学班增加到5个教学班。添置桌面玩具、玩具柜、电视机、电钢琴等教学设备。5月，第三幼儿园被确立为瓮安县第二幼儿教育集团中心园，负责所辖14所分园的业务指导工作。园长担任瓮安县第二幼儿教育集团理事长，组织开展集团园的教研及交流活动。8月，通过遴选和调动，幼儿园新增教师7人。9月，有幼儿303人，教学班7个。县移民局资助8万余元的幼儿床及床上用品；贵州长田家具孵化有限公司资助10多万元的空调、监控、玩具柜、电子琴等教学设施设备；瓮安绿佳公司赠送1套多媒体设备，在大（2）班教室进行安装及使用。是月，幼儿园建筑面积为700多平方米的3层教学楼开始启动修建。是年，被县委、县政府评为优秀幼儿园，被瓮水街道党工委、瓮水街道办事处评为优秀幼儿园，被县教育局评为集团化办园先进集体。

瓮安县第三幼儿园（2014年摄）

表3-8　　瓮安县第三幼儿园历届园长、副园长一览表

姓　名	性　别	籍　贯	职　务	任职时间
刘明抒	女	贵州瓮安	园　长	2014.8—
蔡兰英	女	贵州瓮安	副园长	2014.8—

中坪镇幼儿园

1983年9月，中坪小学利用旧教室2间开办幼儿园，占地面积近50平方米，开设学前班2个，招收幼儿60余人，隶属中坪小学管辖。1985年3月，在州、县、镇妇联帮扶下，投入资金2万元，在小学后操场右侧选址，占地面积200余平方米，单独修建砖木结构教学楼1栋，教室6间，设教学班4个，有幼儿200余人，代课教师5人，实行自收自支的集体“自主”办园模式。1987年6月，贵州省委书记胡锦涛、副省长徐采栋考察山区教育工作时，到中坪中心幼儿园考察。1989年，幼儿园荣获“贵州省农村中心幼儿园先进单位”、黔南州“先进家长学校”。1990年，中坪镇幼儿园更名为“中坪中心幼儿园”。

1991年，成功申办公办半日制幼儿园办园许可证。全县进行“撤、并、建”，乡镇设立辅导站，幼儿园属辅导站分管。1997年，获贵州省教育委员会授予“贵州省三类幼儿园”荣誉称号。1月，设教学班5个，有教师8人（代课教师6人，专业幼儿教师2人），幼儿250余人。2001年9月，教育局接管幼儿园，隶属于中坪中心完全小学，更名为中坪小学附属幼儿园，由小学副校长兼管，幼儿数增加到300多人，从全镇所撤并的村级小学中调整9名小学职称的公办教师到幼儿园任教。

2004年，在县舞蹈比赛中，幼儿园教师编排的舞蹈获得集体二等奖。2005年，有幼儿5人分别获得全国幼儿创意画展二、三等奖。2006年，幼儿有6人分别获得全州珠心算一、二、三等奖。2007年，教师2人分别获得全县幼儿教师优质课二、三等奖。是年，幼儿园教室经相关部门鉴定为危房，暂停使用。2009年，教育局与中坪小学协调，批准在中坪小学老教学楼右侧修建楼梯间通道，将中坪小学教学楼二、三层楼附设为幼儿园，占地面积500余平方米，有教室6间，活动场和厕所与小学共用。

2011年，设幼儿园大、中、小教学班8个，有教职工15人、公办教师13人、入园幼儿376人。2012年，教育局协同地方政府及相关部门申请中央学前教育项目建设资金450万元，选址在中坪育才路，新建瓮安县中坪镇幼儿园，占地面积3600余平方米。是年，有5名幼儿分别获得全县中小学、幼儿书画赛二、三等奖。

2013年，有教师18人分别获州、县“骨干教师”“优秀教师”等荣誉称号，4名教师获州、县幼儿教师自制教玩具二、三等，教师1人获全县教学录像优质课二等奖，教师1人的4篇论文《提高数学课堂教学效果初探》《如何在开展角色游戏中提升幼儿的社交能力》《让孩子成为幼儿园的真正小主人》《浅议提高幼儿语言能力的艺术》在省级以上刊物发表及省教科所获奖。9月，幼儿园搬迁至新园区，设教学班10个，有幼儿593人，教师13人（其中高级幼儿教师3人，一级幼儿教师10人，80%具备小学专业本科学历），保育员10人，食堂工勤人员和保安共8人。12月，正式挂牌“瓮安县中坪镇幼儿园”，并设立行政领导组织

中坪幼儿园邀请交警到园内上交通安全课（2015 年摄）

机构。2014 年，全县实行集团化办园，中坪幼儿园成为“瓮安县第四幼儿教育集团”核心总园，负责对中坪镇、建中镇、平定营镇等 13 所公（民）办幼儿园进行业务指导。3 月，幼儿园从小学剥离出来，成为独立的全日制公办幼儿园，设大、中、小教学班 10 个，有幼儿 600 余人。4 月，获全县中小学、幼儿舞蹈比赛集体三等奖。

2015 年，投入近 80 万元添置校园广播、监控系统设备、多功能室、图书室以及户外体育器材，添置教师办公室、会议室的设施，增设校园区角的环境创设。委派 8 名教师到贵阳、重庆等地学习。3 月邀请中国教育学会专家开展面对面的家园专家讲座，4 月在平定营幼儿园开展送教下乡活动，5 月有 5 名骨干教师到三都县幼儿园开展教研结对联谊活动，9 月获瓮安县人民政府颁发的“优秀幼儿园”称号，11 月开展建中镇、玉山镇、中坪镇公（民）办幼儿园的集团园教研研讨活动。年终考核获得安全工作“先进学校”、集团化办园“先进集体”、作风效能建设“先进学校”等荣誉称号。

表 3-9　中坪镇幼儿园历届园长、副园长一览表

姓　名	性　别	籍　贯	职　务	任职时间
李群仙	女	贵州瓮安	中坪小学校长	1983. 9—1991. 3
杨润秀	女	贵州瓮安	园长	1991. 9—1993. 7
李鼎敏	女	贵州瓮安	园长	1993. 8—2001. 7
庞竹梅	女	贵州瓮安	中坪小学副校长	2001. 8—2013. 10
庞竹梅	女	贵州瓮安	园长	2013. 10—
毛　琴	女	贵州瓮安	副园长	2013. 10—
庞竹梅	女	贵州瓮安	第四集团理事长	2014. 9—

玉山镇幼儿园

1975年，岩坑小学办学前班1个。1981年后，岩坑小学一直保持学前班2个。2001年8月，岩坑小学合并至玉山小学，迁址原玉山二中处，岩坑小学改建成玉山镇幼儿园，校舍建筑面积为1464平方米，其中砖混结构的教学楼528平方米。新修幼儿园厕所，增设盥洗室、保管室等相关设施，将两所村小的桌凳搬来进行修整，买塑料凳进行补充，添置部分设施。新建的幼儿园有教师8人，招收幼儿187人，有大、中、小5个班。邀请县幼儿园的领导和骨干教师指导工作，并派老师到县幼及其他地区的幼儿园参观学习，开展联谊活动。期末举行成果展示，邀请上级领导和家长参加。2003年，被县教育局评为“先进单位”。2004年“六一”活动，幼儿节目获镇级二等奖。12月，通过上级主管部门评估，定为“贵州省二类幼儿园”。2007年“六一”活动，展板设计获三等奖，少儿节目获三等奖。2009年获镇发“先进单位”奖。2011年，争取省学前建设项目专项资金100余万元投入幼儿园食堂、盥洗室等改扩建设。年底，幼儿增加到230人。2012年，新进专职教师10人。“六一”活动中，幼儿舞蹈获镇级一等奖。2013年，被教育局评为安全工作“先进单位”，在瓮安县中小学、幼儿园书画比赛中获2个团体一等奖、1个团体二等奖。

玉山幼儿园（2009年摄）

2014年，校园占地4131.1平方米，有校舍建筑面积991平方米，其中砖混结构的教学楼588平方米，框架结构的综合楼403平方米，有大、中、小班8个，幼儿340余人，教职工17人，临时工6人。1月，幼儿园从玉山中心小学分离，独立招生及管理，经费仍由玉山中心小学统管。2015年，举办“六一”庆祝活动，县教育局、县关工委、玉山镇政府、部分企事业单位及个人捐赠价值6万余元的物资。

表 3-10 玉山镇幼儿园园长、副园长一览表

职 务	姓 名	性 别	任职时间	籍 贯
园长	郑兴菊	女	2001. 9—	贵州瓮安
副园长	王 群	女	2011. 9—	贵州瓮安

珠藏镇幼儿园

2004 年夏，珠藏镇瓮朗坝小学撤销后并入珠藏小学，将瓮朗坝小学闲置的校舍改建办幼儿园，幼儿园硬化 1500 平方米的活动场地。新办幼儿园为珠藏小学附属幼儿园，由珠藏小学管理，设大、中、小班 5 个，招收幼儿 202 人。设园长和保教主任各 1 人，在珠藏小学和部分村级小学抽调教师 9 人。2006 年，抽调的教师多数不是幼教专业毕业，部分教师不适应幼儿园工作环境，又要求返回小学，学校出现师资短缺。

珠藏幼儿园学生在珠藏镇庆“六一”活动中表演（2015 年摄）

2007 年，贵州省基础教育科拨款 2 万元、珠藏镇拨付教育费附加 5 万元，修建室外大型泥塑滑梯、森林小屋、水池、各种动物泥塑，改建校门，平整草坪，草坪里种植雪松、楠木、紫荆、广玉兰、香樟等树木，绿化面积 2800 余平方米。2009 年，幼儿园被珠藏镇评为整脏治乱先进单位。2010 年，幼儿园陆续购置脚踏风琴、录音机、电视机、VCD、校园广播班班通等设备。

2011 年 12 月至 2013 年 12 月，幼儿园招考教师 14 人，占幼儿园教师队伍的 70%。2011 年，珠藏镇幼儿园被列入第二期全省幼儿园改扩建工程项目，投资 70 万元扩建教室、厨房，新建会议室、活动室，对原来的教学楼进行重新粉刷，改建幼儿厕所。2012 年 9 月，幼儿园被珠藏镇评为先进集体。2013 年 9 月，幼儿园更名为瓮安县珠藏镇幼儿园。是年，被瓮安县教育局评为幼儿园办学质量“先进单位”，被珠藏镇评为先进集体、教育教学质量先进集体、幼儿园办学质量先进单位。

2014 年，添置幼儿床上用品 450 套、幼儿睡床 50 张（上下铺），自筹资金安装校园电子

珠藏幼儿园校门（2015 年摄）

监控设备。3 月，珠藏镇幼儿园正式从珠藏中心完全小学剥离出来，成为独立的核算单位。5 月，县民宗局资助一套多媒体设备。9 月，被瓮安县教育局评为安全工作“先进单位”，被珠藏镇评为“先进集体”、安全工作“先进单位”，获瓮安县中小学生、幼儿文艺会演二等奖。2015 年，在幼儿教育集团化办园中，珠藏镇幼儿园作为瓮安县第五幼儿教育集团的总园，承担起珠藏镇、江界河镇、天文镇幼儿教育的指导任务，为所辖区域的 20 多所公民办幼儿园和村级幼儿园的发展起到引领、示范的作用。是年，幼儿入园人数 500 余人，获瓮安县第四届中小学生、幼儿书画比赛幼儿组团体三等奖，被瓮安县教育局评为校园文化建设“先进学校”、集团化办园“先进集体”、“十二五”教师继续教育工程“优秀学校”，被珠藏镇评为先进集体。

表 3-11 珠藏镇幼儿园园长、副园长一览表

职　务	姓　名	性　别	任职时间	籍　贯
主持工作	杨忠玲	女	2004. 8—2011. 8	贵州瓮安
园　长	杨忠玲	女	2011. 9—	贵州瓮安
副园长	胡　艳	女	2013. 10—	贵州瓮安

第四章

小学教育

XIAOXUE JIAOYU

第四章　小学教育

XIAOXUE JIAOYU

1906年花竹书院改成小学堂后，瓮安开始有小学教育，民国元年（1912）将学堂改为学校。解放初期，将解放前小学进行调整、合并，减少学校数。到1958年“大跃进”，各村均办学校，全县“普及”小学教育。“文化大革命”期间教学秩序混乱，甚至停课，直到1977年小学教育重新走入正轨。中国共产党十一届三中全会后，小学教育逐步发展，1986年普及初等教育，并开始实施义务教育。“十二五”期间，瓮安“两基”通过“国检”，小学适龄儿童入学率达99.18%，辍学率为0。

第一节　发展变化

光绪三十年（1906），邑令罗本操将花竹书院改为高等小学堂。在牛里场南关帝庙设初等小学1所。光绪三十三年（1907），在高等小学堂附设初等小学堂，平定营义学改为罗英初等小学堂，刘家堡义学停办。瓮里岩坑义塾以本场斗息为常年经费，兵燹（战乱）损毁后，至宣统元年（1909）借本场忠烈馆开设为初等小学堂。遭兵事损毁后，于宣统二年（1910），将瓮里新牌卫义塾改设为初等小学堂，在牛场办高等小学堂1所，牛里折五、翁巴两寨在岩上合设初等小学堂1所，全县共有学生483人、教职工28人。

民国元年（1912），改学堂为学校，初等学校4年毕业，高等学校3年毕业。民国2年（1913），在牛里场西万寿宫设初等女子学校1所；在牛里堡子上坝潮阳阁设初等小学校1所，以九龙山观音阁庙谷补助，后因佛教会成立，庙僧拒不拨谷，学校遂停止；在猴场下场

瓮安县雍阳镇第一中心国民学校（1948 年摄）

口蔡家湾五显庙两廊基址修建高初两等小学校 1 所，刚开办几个月（至 5 月 11 日），遭匪入场毁坏，后无人料理。民国 3 年（1914），千里梭罗堡添设 1 所初等小学校，牛里岩上小学校因野洞股匪经常出没抢劫而废止。民国 4 年（1915），县城初等小学校从高等小学校中分离，改设在武侯祠。民国 17 年（1928），初、高等小学校合并，更名为瓮安县初、高两级小学。民国 24 年（1935）县立第一两级小学改名城南小学，民国 25 至 27 年（1936—1938）全县开办短期小学共 15 所。民国 27 年（1938）城南小学更名为瓮安县城区男子小学。民国 28 年（1939），县佛教会用寺庙经费在武圣宫开办私立尚公初级小学，招收学生 200 余人。民国 29 年（1940），全县办短期小学 14 所。民国 30 年（1941），全县有中心小学 5 所、国民小学 1 所、初级小学 25 所、短期小学 15 所，共有学生 2794 人、教职工 284 人。民国 31 年（1942），城区男子小学与城区女子小学合并为瓮安标准小学。全县有学校 73 所，教学班 154 个，学生 4670 人，教职工 221 人。民国 32 年（1943），瓮安标准小学分设男女小学，男校复名为城区男子小学，女校复名为女子小学。全县有学生 1576 人，其中六年制学生 272 人、四年制学生 1304 人。民国 34 年（1945），全县有小学 94 所，其中中心校 11 所、国民学校 83 所。民国 36 年（1947），城区男校改名为瓮安县标准小学。民国 37 年（1948），全县有 11 乡镇 142 保，有中心小学 11 所，有国民学校 22 所。民国 38 年（1949）9 月，全县 4 个行政区 11 个乡镇，面积 7500 平方千米，人口 12 万，儿童占全县人口的 18%。全县有公办小学 48 所，学生 2600 余人，教员 138 人，工人 12 人。12 月，瓮安解放，隶属于贵阳专区。

1950 年 3 月，合并新中国成立前 11 所中心学校，设中心小学 4 所，全县有完小 5 所、公立初小 4 所。

表 4-1　　瓮安县公私立小学及教会小学统计表

1950 年 11 月 24 日填报

校名	各年级儿童数（人）												儿童总数（人）		班级数（个）	每月经费数		教职员工数（人）	
	一年级		二年级		三年级		四年级		五年级		六年级					事业费米（斤）	文化费米（斤）		
	男	女	男	女	男	女	男	女	男	女	男	女	男	女				男	女
雍阳	48	21	32	24	31	12	21	11	15	7	8	7	155	82	13	6208	210	10	11
草塘	54	26	45	9	21		22	16	21	1	2	5	165	57	10	4400	150	11	4
中坪	30	12	26	4	10	1	10	6	5	2	8		89	25	6	1632	60	6	
玉山	16	9	20		9	4	10	2	8	2	6		69	17	5	1504	60	5	1
天文	12	2	13		9		6						40	2	2	736	30	3	
平兴	14		12		9		10						45		2	784	30	3	
永和	10	4	13		9		11						43	4	2	784	30	3	
松坪	8	1	5	1	6		7		4		2		32	2	2	784	30	2	1
建中	8		8		4		4						24		1	504	20	2	
合计	200	75	174	38	108	17	101	35	53	12	26	12	662	189	43	17336	610	45	17

1951 年，全县有 144 个行政村 12 街，设公立小学 49 所，其中县立小学 10 所、村学 39 所，教学班 98 个。3 月，有县立小学 10 所，有教学班 42 个，学生 1764 人，教职工 51 人。

表 4-2　　县立小学基本情况统计表

单位：人　1951 年 4 月填报

学校名称	教职员数（人）	工友数（人）	级　数（个）	班　数（个）	应到学生数（人）	实到学生数（人）	开学日期	备　考
雍阳小学	16	1	6	11	512	489	3 月 8 日	校长兼职
草塘小学	14	1	6	10	682	520	3 月 15 日	
中坪小学	4		5	3	140	108	3 月 15 日	校长兼职
永和小学	3		4	2	85	59	3 月 16 日	校长兼职
珠藏小学	5		6	4	134	85	3 月 3 日	校长兼职
平兴分校	1		4	2	126	121	3 月 10 日	
松坪分校	2		4	2	152	100	未统计	
天文分校	2		4	4	223	137	3 月 15 日	
玉山分校	2		5	2	139	90	3 月 15 日	
建中分校	2		3	2	69	55	3 月 17 日	
合计	51	2	47	42	2262	1764		

9 月，全县小学教师 221 人，其中女 31 人、初小任教 207 人、高小 14 人。教师中大学学历 4 人，后师 12 人，高中 49 人，简师 26 人，初中 83 人，小学 40 人，其他 7 人。服务年限未满 1 年的 77 人，1~3 年 52 人，3~5 年 34 人，5~10 年 25 人，10~20 年 30 人。

1952 年 12 月，贵阳专区改为贵定专区，专区机关迁驻贵定，瓮安隶属于贵定专区，全县村小设为县立小学，共 99 所，其中完小 5 所、初小 94 所，共 214 班，学生 7716 人。1953 年，小学教育实行“整顿巩固、提高质量、重点发展、稳步前进”的方针，学校分为公办学校和民办学校。9 月，全县公立小学 101 所 309 班，学生 9494 人。

表 4-3　　瓮安县小学校各年级不及龄和超龄学生调查表

单位：人　1953 年 1 月 25 日填报

		学生总数	不及龄学生数						超龄学生数					
			6 岁以下			6~7 岁前			13~16 岁前			16 岁及以上		
			合计	男	女	合计	男	女	合计	男	女	合计	男	女
一年级	上期	4159	175	116	59	396	278	118	586	286	282	230	111	119
	下期	2698	47	31	16	139	86	53	575	319	256	213	98	115
二年级	上	1766	1		1	17	10	7	474	296	178	263	145	118
	下	2851				9	2	7	952	665	287	438	252	186
三年级	上	705							250	170	80	170	129	41
	下	1437				6	6		581	465	116	363	283	80
四年级	上	290							124	89	35	79	66	13
	下	554				2	2		202	171	31	212	193	19
五年级	上	199							93	74	19	80	61	19
	下	134							51	33	18	59	43	16
六年级	上	76							37	28	9	36	29	7
	下	42							22	13	9	19	13	6
合计	上	7195	176	116	60	413	288	125	1564	943	621	858	541	317
	下	7716	47	31	16	156	96	60	2365	1666	699	1304	882	422

表 4-4 全县公办小学基本情况统计表

单位：人 1953 年 2 月 10 日填报

区 域	校 名	校 址	学生数	教职员数	备 考
第一区（12 所）	第一完校	雍阳	689	19	
	第二完校	平兴	218	6	
	花桥初小	花桥村	140	2	
	银盏初小	银盏村	247	4	
	三合初小	三合村	143	2	
	梭罗初小	梭罗村	113	2	
	玉华初小	玉华村	360	5	
	飞练初小	飞练村	199	3	
	仙桥初小	仙桥村	120	1	
	茅坡初小	茅坡村	314	4	
	营定初小	营定村	290	3	
	吉星初小	吉星村	132	1	
第二区（10 所）	第一完校	草塘镇	667	19	
	第二完校	松坪	277	7	
	龙井初小	龙井村	506	5	
	松坪初小	松坪村	88		校长 1 人
	新华初小	新华村	211	2	
	桃源初小	桃源村	112		校长 1 人
	两岔河初小	两岔村	175	2	
	新河初小	新河村	105	1	
	太平初小	太平村	270	3	
	下司初小	下司村	203	2	
第三区（15 所）	第一完校	中坪	334	9	
	第二完校	建中	170	5	
	茶店初小	茶店村	94	1	
	金竹初小	金竹村	44		校长 1 人
	白沙初小	白沙村	103		校长 1 人
	柏香初小	柏香村	69		校长 1 人
	艾洲初小	艾洲村	88		校长 1 人
	三山初小	三山村	70		校长 1 人
	雷文初小	雷文村	104		校长 1 人
	白水初小	白水村	76		校长 1 人
	白沙初小	白沙村	135	1	
	保护初小	保护村	182	1	
	高坪初小	高坪村	155	1	
	果水初小	果水村	191	2	
	朵良初小	朵良村	155	1	

续表4-4

区　域	校　名	校　址	学生数	教职员数	备　考
第四区（23所）	第一完校	永和	190	5	
	第二完校	岚关村	240	4	
	太阳初小	太阳村	101		校长1人
	长林初小	长林村	217	2	
	牛坡初小	牛坡村	103		校长1人
	大坪初小	大坪村	62		校长1人
	洗马初小	洗马村	102		校长1人
	萍水初小	萍水村	72		校长1人
	开平初小	开平村	102		校长1人
	金蒿初小	金蒿村	91		校长1人
	悦来初小	悦来村	197	1	
	车地初小	车地村	174	1	
	蒲岩初小	蒲岩村	45		校长1人
	松坪初小	松坪村	37		校长1人
	尖坡初小	尖坡村	40		校长1人
	章阁初小	章阁村	87		校长1人
	老坟嘴初小	老坟嘴村	99	1	
	观塘初小	观塘村	84	1	
	石板坪初小	石板坪村	52		校长1人
	斗地坪初小	斗地坪村	40		校长1人
	木孔初小	木孔村	52		校长1人
	庄底初小	庄底村	83		校长1人
	小河山初小	小河山村	87		校长1人
第五区（20所）	第一完校	珠藏	190	7	
	第二完校	高水田	179	4	
	羊关初小	羊关村	64		校长1人
	新兴初小	新兴村	83		校长1人
	先峰初小	先峰村	133	2	
	前进初小	前进村	93	2	
	光明初小	光明村	120	1	
	自由初小	自由村	84		校长1人
	模范初小	模范村	125	1	
	三星初小	三星村	77	1	
	白鸽初小	白鸽村	86	1	
	民主初小	民主村	90		校长1人
	永乐初小	永乐村	83		校长1人
	三乐初小	三乐村	136		校长1人
	富强初小	富强村	149	1	
	鹤亭初小	鹤亭村	99	1	
	农林初小	农林村	91	1	
	白果初小	白果村	64		校长1人
	新民初小	新民村	161	1	
	复兴初小	复兴村	89		校长1人

续表4-4

区　域	校　名	校　址	学生数	教职员数	备　考
第六区（15 所）	第一完校	岩坑村	288	8	
	干坝初小	干坝村	99		校长 1 人
	天邦初小	天邦村	75		校长 1 人
	胜土初小	胜土村	138	1	
	角旁初小	角旁村	88		校长 1 人
	深溪初小	深溪村	108	1	
	鱼河初小	鱼河村	135	1	
	龙盘初小	龙盘村	106	1	
	思梨初小	思梨村	68		校长 1 人
	开源初小	开源村	97	1	
	高枧初小	高枧村	135	1	
	复兴初小	复兴村	114	1	
	窝竹初小	窝竹村	86		校长 1 人
	尖坡初小	尖坡村	241	2	
	玉竹初小	玉竹村	84		校长 1 人
第七区（4 所）	第一完校	天文	211	5	
	第二完校	木老坪	313	7	
	云南寨初小	云南寨村	158	2	
	平坝初小	平坝村	138	1	

1954 年 8 月，全县 7～12 岁的学龄儿童 20295 人（女 9516 人），已入学 11778 人，入学率 58%。有民校 22 所，学生 763 人。26 日，省教育厅制发《小学生成绩考查暂行办法》，对学业成绩考查的种类、学业成绩的记载与计算方法作规定，实行百分记分法和五级分制记分法，百分记分法 60 分为及格，五级分制记分法 3 分为及格。1955 年 6 月，全县有民校 22 所，学生 902 人，贵定专区对民校下达任务数，瓮安需在原有基础上增加 22.83%，达 1108 人。1956 年 5 月，贵定专区被撤销，瓮安隶属于安顺专区，设教育部门立初小 57 所、高小 19 所、民办小学全为初小共 70 所，有教学班 429 个，学生 20389 人，其中初小 367 班 17463 人、高小 62 班 2926 人。上学年实际毕业 3335 人，其中初小 2806 人、高小 529 人；实际入学 9499 人，其中一年级新生 7522 人、五年级新生 1977 人。有教职员工 498 人（女 165 人），其中教员 453 人、校长 21 人、教导主任 22 人、工人及勤杂人员 2 人。教职员工中有党员 7 人、团员 308 人。1957 年 9 月，全县共有小学 159 所，教学班 505 个，学生 21635 人，入学新生 5872 人，上学年毕业生 2930 人。共有教职员工 577 人，其中女 170 人、高等师范毕业 5 人、师范毕肄业 37 人、初师 71 人、高中 62 人、初中 212 人、小学毕业及以下 188 人。1958 年 11 月，瓮安隶属于黔南布依族苗族自治州。1959 年，福泉划入瓮安，瓮安 6 个学区设 76 所公办小学，有教学班 372 个，学生 16205 人，教职工 443 人。

表 4-5　　瓮安县公办小学情况统计表（不包括福泉）

单位：人　1959 年 3 月填报

学区	班数	学生数		教职工数		入学新生		毕业班学生		上年毕业生	
		初小	高小	总计	非工勤人员	一年级	五年级	初小	高小	初小	高小
雍阳	18	639	265	25	24	141	109	136	125	116	136
仙桥	2	126		2	2	8		24		7	
吉星	2	99		2	2	13		17		12	
茅坡	7	193	123	9	9	30	70	50	45	51	40
花桥	5	163	32	5	5	32		39	32	31	
平定	7	217	86	9	9	32	33	36	43	36	36
三合	4	155		4	4	38		34			
梭罗	3	77	38	3	3		38	40		36	
营定	6	170	77	8	8	38	36	53	39	30	
银盏	7	251	98	9	9	29	50	55	48	45	41
玉华	9	255	119	12	12	64	74	43	41	29	26
三山	2	76		2	2	12		14		13	
飞练	5	178	39	7	7	34		39			
小计 13	77	2599	877	97	96	471	410	580	373	406	279
草塘	13	417	213	18	17	113	114	112	84	123	129
新河	4	145		4	4	44		33		14	
太平	6	185	80	8	8	37	38	35	38	38	
小河山	5	159	40	5	5	33	40	32		29	
桃源	3	121		3	3	17		25		14	
石板坪	1	40		1	1	35				17	
松坪	6	188	87	8	8	35	39	44	35	47	36
青池	3	123		3	3	37		27		19	
龙井	8	259	81	10	10	36	38	69	40	58	34
下司	7	236	84	9	9	76	40	49	42	39	36
新华	5	167	53	7	7	35	25	26	23	14	
木老坪	7	217	118	9	9	39	39		72	50	32
两岔河	2	87		2	2	43		17		6	

续表4-5

学区	班数	学生数		教职工数		入学新生		毕业班学生		上年毕业生	
		初小	高小	总计	非工勤人员	一年级	五年级	初小	高小	初小	高小
天文	7	173	121	9	9	29	69	33	39	33	28
玉屏	4	162		4	4	21		32		12	
云南寨	4	155		4	4	40		6		23	
平坝	3	121		3	3	15		22			
小计 17	88	2955	877	107	106	685	442	562	373	536	295
中坪	8	255	129	11	11	40	35	92	82	52	43
白香	4	127	40	4	4	48	40			11	
艾洲	3	88	29	3	3		29	46		23	
茶店	3	139		3	3	20		20		15	
白沙	6	166	77	8	8	34	40	33	34	24	
保护	2	85		2	2			17		20	
建中	6	141	125	8	8	40	80		37	25	32
太文	4	132		4	4	24		16		24	
高坪	4	154		4	4	32		25		9	
果水	4	155		4	4	30		28		17	
雷文	3	128		3	3	38		38		11	
白水	3	130		3	3	35		25		16	
小计 12	50	1700	400	57	57	341	224	340	152	247	75
朵丁	8	189	166	11	11	41	70	35	83	34	40
萍水	4	176		4	4	44		20		13	
长林	5	182		5	5	40		34		17	
洗马	5	161	96		7	7	36	43	42	52	28
车地	5	237		5	5	40		44		16	
老坟嘴	6	164	70	8	8	34	35	33	33	12	
白果	3	85	38	3	3		38			40	
木孔	3	130		3	3					39	
岚关	6	177	88	8	8	37	45	48	40	45	29
章阁	3	120		3	3	36		21		15	
大路	2	76		2	2	21		10		9	

续表4-5

学区	班数	学生数		教职工数		入学新生		毕业班学生		上年毕业生	
		初小	高小	总计	非工勤人员	一年级	五年级	初小	高小	初小	高小
小计 11	50	1693	458	59	59	329	231	287	208	268	69
珠藏	8	291	96	11	11	68	42	50	47	49	30
荣院	5	180	44	5	5	34	44	35		32	
羊岩关	4	176		4	4	43		30		23	
亭子坝	3	134		3	3	26		24		13	
桂花	4	132	45	4	4	23	45	17		27	
同乐	2	74		2	2			13		9	
牛场坝	5	122	85	6	6	40	41	29	39	30	
关鹿	3	123		3	3	40		26		15	
三乐	5	228		5	5	89		30		25	
高水	7	218	83	9	9	31	37	44	42	29	27
峰岩	5	178	35	5	5	40	34	40		37	
木引	5	151	75	6	6	30	32	32	22	37	23
新渡	5	184		5	5	35		33		14	
小计 13	61	2191	463	68	68	499	275	393	165	326	57
玉山	10	278	170	13	13	28	82	83	77	55	83
角旁	3	109		3	3			23		13	
干坝	2	95		2	2			21		11	
小开洲	5	215		5	5	70		13		15	
龙塘	6	184	77	8	8	32	35	45	36	30	
麻池	4	144	33	4	4	30	33	25		19	
龙蟠	2	90		2	2			11		8	
渔溪坝	6	171	72	8	8	30	27	33	35	21	
高枧	5	181	34	5	5	45	34	34		27	
深溪	3	135		3	3			44			
小计 10	46	1602	386	53	53	235	211	332	148	199	83
教研室				2	2						
合计	372	12744	3461	443	441	2560	1793	2494	1420	1982	858

1962年，小学教员1317人（包括幼儿园），缺教员754人，从置业军官和复员军人中挑选一批适合做小学教员工作的加以补充。1963年，适龄儿童入学率提高，全县有公民办小学222所，学生19559人，入学率71.26%。1964年，全县7~12周岁适龄儿童共33506人（人口普查后统计数字），已入学儿童27756人，占适龄儿童的82.83%。1974年，全县有小学教学班1385个，学生48631人，学龄儿童入学率91%。1977年8月，全县有小学238所，学生46344人。1980年10月，州政府批准瓮安桃子冲小学为民族小学。

60年代的龙塘小学（1968年摄）

1986年，全县实现普及初等教育，并开始实施义务教育。1988年，有小学289所，学生65296人。1992年，全县有小学237所，教学点50个，教学班1731个（其中复式班26个）、学生62869人。校内外学龄人口51756人（女24973人），在校学龄人口51341人（女24487人）。有教职工2153人（其中专任教师1959人、行政人员183人、工勤人员11人），代课教师620人，临时工57人。1993年，全县有小学238所，教学点50个，教学班1703个、学生61001人，毕业生8031人，招生数9336人，校内外学龄人口总数49914人，在校学龄人口数48931人，学龄儿童入学率98.03%，14岁毕业率64.5%。有教职工2189人（其中专任教师1973人、行政人员207人、工勤人员9人），代课教师705人，临时工61人。1995年，全县有校内外学龄人口49444人（女23616人），在校学龄人口13168人（女23141人）。有小学238所，教学点50所，有教学班1715个，学生61032人（女28370人）。有教职工2197人（其中专任教师1980人、行政人

瓮安二小陈列室（2007年摄）

员 209 人、工勤人员 8 人），有代课教师 671 人，临时工 40 人，兼任教师 1 人。

2001 年，全县适龄儿童入学率为 98.6%，适龄少年纯入学率 81.2%。2002 年，全县适龄儿童入学率为 98.9%，比上年增长 3.04%；适龄少年纯入学率 85%，比上年增长 4.68%。2008 年，有小学 141 所，教学点 5 个，小学在校生 40404 人，适龄儿童入学率 99.7%；教职工 2051 人，学历合格率 97.39%。2009 年，"两基"通过"国检"，瓮安普及九年义务教育达到国家标准，全县小学 129 所，学生 37466 人，教职工 2007 人。2015 年，农村经济条件好转，交通便利，集中优势资源规模办学，城镇学生人数增加，农村学生人数减少。小学适龄儿童入学率达 99.18%，辍学率为 0。

表 4-6　　1949—2015 年瓮安县小学基本情况统计表

年　度	学校数（所）	学生数（人）	教职工（人）	其中专任教师（人）	占地面积（平方米）	建筑面积（平方米）
1949	48	2600	150	138		
1950	9	851	62			
1951	109	8585	221	175		
1952	99	7716	289	261		
1953	101	9494	320	318		
1954	102	12483	330	252		
1955	81	11720	308			
1956	147	20389	498	453		
1957	159	21635	577			
1958	196	30260	737			
1959	171	26141	948			
1960	164	24762				
1961			507			
1962			480			
1963	222	19559	464	370		
1964	331	27756	866			
1965	158	30045				
1966						
1967						
1968						
1969						
1970						
1971						

续表4-6

年　度	学校数（所）	学生数（人）	教职工（人）	其中专任教师（人）	占地面积（平方米）	建筑面积（平方米）
1972						
1973						
1974		48631				
1975			1254			
1976						
1977	238	46344				
1978						
1979						
1980						
1981						
1982						
1983						
1984						
1985						
1986						
1987						
1988	289	65296				
1989	303	64532	2197	1954	753391	134103.05
1990	287	63630	2008	1776	637085.2	128337
1991	288	62456	1993	1737	637085.2	128534
1992	287	62869	2153	1959	562319	128629
1993	288	61001	2189	1973	562319	127326
1994	289	60692	2221	1998	660821	137319
1995	288	61032	2197	1980	660821	149813
1996	272	60926	2190	1981	727881	150006
1997	266	59691	2109	1960	642828	194164
1998	263	57858	2300	2247	741968	173139
1999	261	56825	2376	2313	758723	172694
2000	262	54706	2335	2275	768257	174153
2001	202	52584	2179	2157	827450	177428
2002	183	50744	2266	2138	801757	175383
2003	174	49232	2260	2124	807225	174630

续表4-6

年 度	学校数（所）	学生数（人）	教职工（人）	其中专任教师（人）	占地面积（平方米）	建筑面积（平方米）
2004	164	48617	2200	2053	846246	171490
2005	162	46985	2204	2062	834692	175585
2006	159	45517	2173	2051	843145	178982
2007	151	43204	2094	1955	813777	173124
2008	140	40404	2051	1917	831892	180967
2009	139	37466	2007	1876	838064	184969
2010	138	34485	1965	1843	853351	186672
2011	127	32024	1973	1868	800760	176844
2012	119	30451	1930	1807	780301	170706
2013	108	29619	1818	1710	739362	165312
2014	97	31010	1796	1676	748367	187174
2015	95	32957	1757	1658	623828.35	195972.6

第二节　学校管理

民国元年（1912），教育部发《小学校令》规定，高等小学校由县设立，初等小学校由乡镇设立，均受县行政长官领导管理。民国4年（1915），初等小学校改称国民学校，高等小学校、国民学校改由县知事领导管理。民国21年（1932），颁布《小学校法》，规定县立、区立、乡镇立、私立小学校均由县教育行政部门领导，教育部门以外机关设立的小学校由承办单位领导，县教育行政机关监督指导。民国33年（1944），颁布《国民学校法》，规定中心国民学校及国民学校直接由县政府领导管理。

1950年10月15日，县政府训令，各小学办黑板报或墙报，以减租息及土地改革为主要内容，多接收工农子弟和城镇贫苦群众及少数民族子弟，与农协会协助查黑地、清租谷、征粮等工作。办理村学全日制半日制早校或夜校，经费必须由主管人亲自盖章，小学教育、社会教育中心任务之一。1951年9月2日，西南军政委员会文教处出台《西南区小学教育暂行实施办法》，制定小学教育方针、学制、教学、课程、学期及假期等。小学教育为新民主主义国家人民的基础教育，培养儿童读、写、算的基本能力及普通的科学常识，注重卫生健康教育、培养儿童健强身体，培养儿童爱护人民国家的思想及爱好劳动、民主、守纪律的良好习惯。初小招生 7~9 岁儿童入学（个别身体发育较早的 6 岁儿童也可入学），高小招收 10~13 岁的初小毕业生或同等学历的人入学，自 7~13 岁男女儿童均称学龄儿童。是年，土地改革、抗美援朝、镇压反革命是当前三大中心任务，号召教师加强学习，各项工作都要与三大中心任务相结合，通过各科教学与课外活动，灌输政治思想教育，从思想上提高学生的阶级觉悟。所有的黑板报、读报组、宣传队，多找事实作资料，并结合本地的情况进行报道和宣传。利用“六一”儿童节举办活动，进行抗美援朝的宣传鼓动。宣传队帮农民栽烤烟，利用摆龙门阵的方式宣传抗美援朝。玉山分校、松坪分校、草塘小学与当地工作组取得联系，解决自己对土改发生的一些问题。文化馆联系收音站举行时事讲座，在回答问题中解决不少疑问。全县参加土改小学教师 37 人，于 6 月 30 日下到各区，在 45 天内完成调查材料，于 8 月 17 日全部集中朵丁区政府检查总结。

教师向学生宣布学校规章制度（1953 年摄）

1953 年 3 月，全县小学实行五级记分法，遭家长反对后改为在部分学校实验。各完小初小全部取消留级现象，如有特殊情况，完小不能超过 10%，初小不能超过 12%。教师教学争取跟班走，分初级、高级两阶段。教师教课争取实现专科化，上什么课就长期上那一科。5 月 14 日，省政府出台政策对中小学教育工作混乱现象进行清理，其中永和完小的教室 2 间被粮食局装成粮仓，有 8 所完小先后被抽去教师 34 人在夜里填表，物资交流会时有 8 所完小先后停课，为公审婚姻案件有 2 所完小全部停课 1 天，征粮时有 3 所完小共 4 个教师被抽去 11 天，平兴税征所将学生 50 人拉去当缉私队 45 天。8 月 19 日，县教育行政会议规定，开学后三个礼拜未到校者取消学籍，一学期缺课超过学习时间的五分之一者停止考试，考试不及格者留级。12 月 26 日，省政府印发中央教育部尚未正式公布的小学《学生守则》，将在部分地区于 1954 年春季重点试行，各学校教师加强学习。

1954 年 3 月 17 日，省教育厅作出指示，教学工作是学校工作的中心任务，校长与教师的主要任务是教学，学生的主要任务是学习，学校的一切工作都必须围绕着中心任务来进行。除继续巩固取得的成绩外，重点放在精简组织、精简会议并适当精简学生作业；备好课，改进课堂教学；做好对儿童的劳动教育及自觉纪律教育；加强教师对总路线的学习及业务学习。7 月 11 日，瓮安中学与雍阳小学在雍阳小学联合召开中小学生家长会，到会家长 40

余人，向家长讲解学生学习情况及当前的主要任务，解除学生思想负担，并说明对学生进行劳动教育。1955年3月24日，县政府转发教育部公布的《小学生守则》共20条，各校组织学生学习。6月，贵州省公布小学校历，对上课及放假作安排。

表4-7　贵州省小学1955—1956年度第一学期校历情况表

1955年6月29日制发

日　期	办理事项	备　注
1955年8月29—31日	开学办理入学注册手续	
1955年9月1日	正式上课	
1955年10月1—2日	国庆纪念	放假2日（10月2日逢星期日，应于10月3日补假1日）
1956年1月1日	元旦	放假1日（逢星期日，应于1月2日补假1日）
1956年1月12—14日	期终考试	
1956年1月19日	散学礼（发学生成绩单）	
1956年1月20日	寒假开始	
1956年3月1日	预订1955—1956学年度第二学期开始正式上课	

说明：1. 各校校历及民族节日（每年限于1次）可放假半日至1日，农忙季节可由各县市根据实际需要酌情放农忙假7~10天，但须在寒假时补足所缺课程，非规定假期不得自行停课。2. 半期考试不举行

8月6日，省教育厅发《关于巩固小学学额防止减生现象继续发展的通知》，部分省市因从事劳动生产导致学生流失，影响教学计划的实施，减低教学效果。为防止这种严重情况的继续发生，县区教育行政部门应重视这一问题，校长教师应加强对儿童的责任感，各校应主动争取当地区乡领导重视这一问题。9月8日，抄转教育部《关于取消给小学生统一布置假期作业的通知》，除四年级以上各班，如有个别学生因学年考试时有不及格的功课，学校允许他补考的，应个别为他布置一定的作业，家长和教师并帮助他在假期中补习功课之外，其他学生一律不统一布置假期作业。19日，文教科抄发教育部《关于减轻中、小学学生过重负担的指示》，并通知各校开始普遍实施《小学生守则》。11月，执行《新教学计划》《小学生守则》，体现德、智、体、美、综合技术教育全面发展的方针，使新生一代能获得工农业生产知识和技能，培养学生爱好和钻研科学的兴趣，建立辩证唯物主义的世界观，减轻学生过重负担，使教师有多余时间加强学习和备课。12月31日，文教科下发《学生成绩考核与计算办法》，仍采用百分制，按平时占60%、期末占40%计算。语文科包括阅读、作文、写字这三项分数在成绩单上各填各的，不平均计算；阅读包括口述分数和作业本分数，评定时应分开评定之后再除以2，即得阅读成绩；作文包括口述、笔述，与阅读评定办法相同，若有

的学生尚无口述分数，就以笔述为作文分数，不除以 2。算术科包括笔算、珠算，与语文科计算方法相同。笔算包括订本、笔述、口试三项，仍各求各的平均，然后相加除以 3，若只有两项则相加除以 2。其他各科若有几项（作业、笔述、口述）按各项求平均分数，几项相加除以几，即得该科成绩。

草塘小学欢送退休教师离岗（1956 年摄）

1956 年 2 月 18—25 日，文教科组织全县小学教师进行工作总结和年终鉴定，应到教师 359 人，实到 357 人，其中公办学校 304 人、民校 47 人。总结和鉴定分三个阶段进行，第一阶段学习周总理《关于知识分子问题》的报告；第二阶段总结 1955—1956 学年度第一学期小学教育工作，并通过学习文件后自觉检查工作进行鉴定；第三阶段部署全年工作，对 1956—1962 年教育工作做规划。在鉴定中，结合文件精神，对照自己检查工作和思想，能批判自己，帮助别人，总结成绩，找出缺点和总结教训。4 月，教育部颁发小学校历，规定小学以每年 8 月 1 日作为学年开始，下一年 7 月 31 日作为学年终。一学年分为两学期，从 8 月 1 日至下一年 1 月 31 日作为第一学期，从 2 月 1 日到 7 月 31 日作为第二学期，每学期实际上课周数为 34 周（除星期例假外共 204 天），每学年总复习和考试周数为 4 周（除星期例假外共 24 天）。寒假 31 天（连星期日并且包括春假节在内），春假为 3 天（星期例假除外），暑假 56 天（连星期日）。乡村小学高年级放农忙假，其余各地按照本地情况决定放不放，农忙假的每年次数和每次日数，由各地教育行政部门决定，但最长每年不超过 21 天（连星期日），并按照放假的天数，减缩寒、暑假的同样天数，或不放春假。国庆纪念日放 2 天（10 月 1—2 日），新年放 1 天（1 月 1 日），妇女节半天（3 月 8 日，限于女教职员工），劳动节 1 天（5 月 1 日），儿童节 1 天（6 月 1 日），节假日除妇女节和儿童节外，如遇星期日都应补假 1 天。全国小学新学年第一学期一律定为 9 月 1 日开学、上课，学年的总复习可在每学期上课结束之后进行，第一学期 9 天，第二学期一、二、三年级 15 天，四、五、六年级总复习和考试共 15 天。各校在寒、暑假期中，做好放学后的一切结束工作和开学前的准备工作。寒、暑假及春假期间，适当地组织学生参加体育锻炼、文化娱乐、生产劳动、社会公益及参观、远足等活动。9 月 10 日，抄转国务院通知，“六一”儿童节由以前放假半天改为放假 1 天。14 日，省教育厅发出《关于迅速防止在校学生流动情况和不安心学习的通知》的通知，学校争取和依靠各级党、政的重视和基层组织的宣传动员遏制学生流失，对学生和家长进行说服教育，安定在校学生情绪，制止学生流动现象继续发展。县教育科要求各校调查全县现有情况，然后做好此项工作。9月，招收一年级新生年龄规定为城市7~10岁、乡村8~12岁。

1957年8月10日，县人民委员会出台《关于制发小学校历的补充规定》，从1957—1958学年度第一学期起执行，以前下发所有关于小学放假日期的规定一律作废，此后每学年不再制发小学校历，遇有特殊情况需要变更时另行通知。8月27日，文教局下发《变更本学年度第一学期开学上课日期及寒假起止日期》的通知，开学正式上课日期定为1957年9月16日，至1958年1月27日半学期结束，不再放农忙假。寒假自1958年1月28日开始至2月22日为止，放假26天。1959年，公办小学由人民公社直接领导管理，民办小学由生产大队直接管理。全县统一取消寒暑假，改为春耕、秋收假，春耕假20天，秋收假30天，每学年实际上课为38周。县文教局出台《关于1959年中小学校历的规定的通知》，督促各校执行党的“教育为无产阶级的政治服务，教育与生产劳动相结合”的教育方针，并对各中小学校历作部分修改，如取消寒暑假，改为夏、秋假。7月13日，县人民委员会出台《关于1959年我县教育事业发展计划安排的意见》，把工农业余教育放在全县教育的首要位置，并且要求小学所有的适龄儿童均入学，对全县12个区（包括福泉）安排1959年的小学招生任务，初小招新生13710人、高小招新生5132人。招录小学教师县办速师班毕业85人，平定营公社短师班40人，未录取初中的高小毕业生中的超龄生，在本县或外地读书因家庭有特殊情况不能回校又办理离校手续的初中生、转业军人均可吸收；招录中学教师，州分配2人，从小学教师中挑选能担任课的老师，大专学校毕业生，高中教师由州分配和初中教师中选拔，请示县委同意后由机关抽调补充。25日，县文教局出台《关于提高在职小学教师水平拟在福泉等地举办“小学教师短期巡回讲习班”的工作意见》，从这个暑期开始，决定在福泉、牛场、草塘、玉山等地各设一个讲习点，通过划片设点巡回讲习，有计划地分批分期提高各点范围内几个学区教学感到困难的教师水平。主要集中训练上学期担任高小五年级语、算两科困难较大的教师和下学期将由初小提拔担任五年级语、算两科的教师，参加学员由各学区在公社党委领导选送，要求通过短期讲习，使这些教师基本上能够胜任所任学科的教学工作。每月开办2期，每期学习时间不超过7天，采取辅导员讲课、学员在指导下自学、小组讨论、组织参观教学“四结合”的方法，学习内容根据“学以致用”“缺什么学什么”的原则进行。8月7日，黔南州教育局将瓮安举办“小学教师短期巡回讲习班”工作意见下发至各县，对这一工作给予肯定，并将这一方法向全州推广。

1963年，试行《全日制小学暂行工作条例》，公办小学由县教育行政部门统一领导管理。4月，对全县小学教师进行一次文化、业务测试。月底，在小学毕业班增加会计、簿记、珠算教学，培养小学毕业生能承担生产队会计职务。1968年，学校原有的管理体制全部取消，开始实行工人毛泽东思想宣传队、贫下中农管理委员会和革命委员会管理体制。根据毛泽东关于“由工人阶级、贫下中农直接管理学校”的指示，工厂派出工宣队进驻城镇学校进行管

希望中学学生实践活动（2001 年摄）

理，公办小学下放到生产大队接受管理。1971 年，学校实行党委领导下的革委会领导管理体制。1973 年 9 月，县教育局发《关于雍阳、城关两校更改学校名称的通知》，决定将雍阳小学更名为瓮安县城关一小，城关小学更名为瓮安县城关二小，由雍阳区统一直接领导。1979 年，学校撤销革命委员会，实行校长分工负责制。1987 年 5 月 24 日，教育局安排庆祝“六一”儿童节活动，以区镇为主，县里不统一召开庆祝会，人大办、县委办、政府办、政协办等 58 个单位分别到各区进行慰问。1993 年，各乡（镇）成立中心教研组，指导小学的教研活动。1994 年 11 月 10 日，县政府《关于部分学校更名的通知》，龙塘小学、新华小学、木老坪小学、平坝小学、小开洲小学、老坟嘴小学、小河山小学、牛场坝小学、木引槽小学、银盏小学、洗马小学分别更名为龙塘学校、新华学校、木老坪学校、平坝学校、小开洲学校、老坟嘴学校、小河山学校、牛场坝学校、木引槽学校、银盏学校、洗马学校，更名后的学校均为九年制学校。原鱼河小学、岩坑小学更名为鱼河中学、岩坑中学，原两校的小学部分将另迁校址新建。

2002 年 1 月 22 日，县委办公室、县政府办公室《关于乡镇教育辅导站撤销后有关问题的处理意见》决定，将乡镇教育辅导站的行政管理职能划归乡镇中心完小（雍阳镇为城关一小），其行政管理由中心完小校长负责；原乡镇教育辅导站的人员按照“哪里来回哪里去”的原则，由教育局进行安排。各乡镇中心完小明确 1 名副校长负责原教育辅导站的业务和后勤保障工作；属原乡镇辅导站的资料、资金、财物一律实行封存，由原辅导站站长负责保管。上述工作于 2002 年 2 月底前完成。2007 年 4 月 15 日，县教育局发《关于成立中心学科组的通知》，决定成立教育中心学科组，小学组设语文、数学和综合 3 个学科小组。2008 年 3 月 5 日，县教育局发《关于成立教育中心学科组的通知》，决定聘请小学数学、小学语文、小学综合科中心学科组成员各 25 名。10 日，县教育局下发《关于聘请中小学兼职教研员的决定》，全县聘请小学兼职教研员 20 人。5 月 13 日，州教育局发《关于在全州中小学教师开展新课改教材、教法考试的通知》，决定在全州范围内开展中小学教师课改教材、教法培训及考试，小学考试科目为语文、数学、英语、自然、社会、美术、音乐、信息技术、综合实践课、思想品德、体育等11科，每个教师只考所教学科的科目（只考1科），1958年10月1日以后出生的教师都必须参加考试，50岁以上的教师不考试但要参加学习，由教育部门和学校组织培训

瓮安二小开展廉政文艺调演（2015年摄）

2010年，瓮安县草塘中心完全小学更名为瓮安县猴场八一爱民学校，把太平“八一爱民学校”作为猴场“八一爱民学校”的分校，实现资源共享。2013年10月12日，县教育局发《关于调整部分学校行政归属的通知》，县行政区划调整后，决定由新乡镇政府所在地小学作为乡镇中心学校，撤并前的中心学校不在现乡镇政府所在地的，不再作为中心学校。原老坟嘴乡所属村级学校及老坟嘴乡幼儿园调整归属于永和中心完全小学管辖，原高水乡所属小学（含幼儿园）、牛场坝乡所属村级小学（含幼儿园）及原木引槽乡油房小学调整归属于珠藏中心完全小学管辖，原木引槽乡毛沙平小学调整归属于江界河中心完全小学管辖，原玉华乡中心完全小学、玉华乡牛宫小学、玉华乡白溪小学、玉华乡幼儿园、玉华乡岩根河教学点及原鱼河中心完全小学、鱼河乡黔川小学、鱼河乡幼儿园调整归属于瓮安县银盏学校管辖，原小河山乡所属村级学校及小河山乡幼儿园调整归属于猴场中心完全小学管辖，原鱼河乡高枧小学调整归属于中坪中心完全小学管辖，原白沙乡所属小学（含幼儿园）及原玉华乡太文小学、玉华乡雷文小学、玉华乡营上教学点调整归属于建中心完全小学管辖，原鱼河乡深溪小学调整归属于玉山中心完全小学管辖。12月17日，县教育局发《关于明确茅坡小学等村级学校所属关系的通知》，将茅坡小学划归特殊学校管理，将花桥小学（将作为第三幼儿园的筹建学校）、潘家寨小学划归瓮安五中管理。2014年，松坪小学、玉华小学、白沙小学分别划归松坪中学、玉华中学、白沙中学管理。12月22日，县教育局发《关于第二届中小学中心学科组的通知》，决定聘请98名教师为瓮安县第二届中小学中心学科组成员。中心学科组共设15个组，小学设语文、数学和英语3个组，每组各设组长1人、联络员1人。本届中小学中心学科组成员聘期3年，由县教育局颁发聘书。2015年，鱼河小学划归鱼河中学管理。全县有小学95所，教师1757人，学生32957人。

第三节　部分学校简介

瓮安一小

清光绪三十二年（1906），瓮安县令罗本操将花竹书院改置为瓮安县高等小学堂，招收学生136人，设班级3个，学制三年，课程开设国文、读经讲经、算术、修身、格致（自然常识）、历史、地理、图画、体操等学科。光绪三十三年（1907），在学堂内又创办初等小学堂，学制四年，有学生30余人，设国文、修身、写字、算术、体操、图画、唱歌、手工等学科。民国元年（1912），初、高两等小学堂学制改为四年和三年。民国2年（1913）两等小学堂改为两等小学校，民国3年（1914）县城初等小学迁到武侯祠（文昌宫）。民国17年（1928），初、高等小学堂合并后更名为瓮安县初、高两级小学，校址在武侯祠。民国21年（1932），初、高两级小学改为县立第一两级小学。民国24年（1935）县立第一两级小学改名城南小学，民国27年（1938）城南小学更名为瓮安县城区男子小学，民国31年（1942）瓮安县城区男子小学与城区女子小学合并为瓮安标准小学。民国32年（1943），瓮安标准小学分设男女小学，男校复名为城区男子小学，女校复名为女子小学。民国36年（1947），城区男校小学改校名为瓮安县标准小学。1950年初，瓮安县标准小学与瓮安县女子小学合并，更名为瓮安县第一区第一完全小学，学校有教师15人、教学班12个、学生246人，第一批学生毕业26名。1月，学校部分教师创办"火花社"，运用歌剧、刊物等形式宣传党的方针政策。1951年6月学校建立少年儿童队（后更名为少年先锋队）组织。1952年，有教职工21个，教学班13个，学生742人。实行新学制，小学以实行四、二分段制（即初小4年、高小2年）。1953年，学校继续沿用苏联教育体系，采用"五级分制"。1956年，瓮安县第一区第一完全小学改名为瓮安县雍阳小学。1957年9月，兴办幼儿教育，招收幼儿两个班100余人。1958年，学校有教师25名、教学班18个、学生904人。小学升初中试行推荐与考试录取相结合的办法，规定凡操行评定为甲等，语文、算术两科均在80分以上者免试升学。

1960年12月，校长被评为"全省优秀教师"模范人物，受到省教育厅表彰。1961年，雍阳小学有教师52人，教学班28个，学生1272人。1962年，学校推行"五年一贯制"，并创办《雍小教育》，出刊25期。1963年，雍阳小学被黔南州列为重点小学，被县文教科定为"五·三·二"分段五年制试点小学。1973年9月，瓮安县雍阳小学更名为瓮安县城关第一中心完全小学。1978年9月，团县委批准城关一小恢复学校少先队组织。10月，学校恢复教研组，组织教师钻研教材，进行评教评学。1979年城关一小小升初考试成绩获县第一名，1982年学校成立全县第一所家长学校。1983年3月，学校动工新建教学大楼2栋。11月，学校组织部分教师“过教材关”考试，全部通过。

广州外语外贸大学附小“生本教育”专家到瓮安一小上示范课（2013年摄）

1984年10月，学校开辟“第二课堂”，举行小型运动会、唱歌、演讲比赛、单科竞赛等活动。12月，老师1人被省教育厅评为“全省优秀班主任”。1985年，学校引入竞争机制，对教师实行聘任制。8月，学校“两基”通过黔南州“两基”验收组进行验收。1986年，州、县给城关一小配备小学全套自然实验仪器，增设实验室、设立图书室。是年，学校推行“六课型单元教学法”，举办“实验班”，对教材进行改革。12月，学校被县委、县人民政府评为“全县文明单位”受到表彰。并荣获全州先进集体，省先进职工之家等荣誉。1987年1月，黔南州教育局授予瓮安县城关一小“实验室工作先进集体”；2月，学校被评为“1987年度全州少先队工作先进集体”，受到共青团黔南州委表彰。1987年5月，学校获“贵州省班班有歌声活动优秀奖”，受到省人民政府表彰。1990年10月，学校被县委、县政府评为“教有所为，尊老爱幼”先进集体。1991年，学校将学前班改成幼儿园。10月，学校荣获县“革命歌曲大家唱”比赛三等奖。11月，学校被黔南州教委评为“德育工作先进单位”。1992年，独立设置少数民族学校1所，教职工23人，学生484人。

1993年6月，学校被评为“全县办学水平首家达标优秀学校”。1994年4月，学校被黔南州教委评为“电化教育先进学校”。5月，学校创建“先进职工之家”，受到黔南州总工会表彰。12月，学校获“黔南州1994年度中小学实验教学工作先进集体”奖。1995年，城关一小幼儿通过贵州省教育委员会评估为“贵州省三类幼儿园”。3月，学校获全国少工委奖励，奖少先队队旗一面。10月，学校被黔南州总工会评为“先进职工之家”。1996年5月，学校团支部被共青团贵州省委评为“全省先进团支部”。9月，黔南州教育局授予瓮安县城关一小“教书育人先进集体”。10月，学校被贵州省总工会评为“全省先进职工之家”。是月，学校被省教委评为“全省先进单位”。11月，贵州省教委授予瓮安县城关一小“贵州省中小学实验室建设先进集体”。1997 年 9 月，学校被贵州省教委评为“全省先进集体”。12 月，黔南州教育局、黔南州体育局授予瓮安县城关一小“黔南州体育传统项目学校”。2001 年 1 月，国家体育总局授予学校“1999—2000 年度全国群众体育先进单位”。12 月，省政府教育督导室、省教育厅授予学校“全省普及小学实验教学省级示范学校”。是月，县机构改革，撤销雍阳镇教育辅导站，雍阳镇以城关一小为中心学校代理原镇教育辅导站的职责，负责所属小学、幼儿园的教育教学工作。2002 年 9 月，瓮安县委、县政府授予学校“文明学校称号”。黄可国被评为县优秀校长。2003 年 5 月，学校获“全省体育传统项目学校，比赛第二名”，受到省政府教育督导室、省教育厅表彰。是月，学校被授予“贵州省体育传统项目学校”。

瓮安一小课间操（2015 年摄）

2004 年 1 月，学校被县委、县政府评为全县 2013 年度文明单位。是月 28 日，北大附小与瓮安城关一小合作办学，成为远程教育示范学校。5 月，学校被贵州省教委评为“贵州省中小学实验室建设先进集体”。9 月 11 日，学校举行百年校庆活动，是月获州教育局、关工委授予学校“2004 年度全国艺术教育特色先进单位”。2005 年 1 月，学校被县委、县政府评为全县 2004 年文明单位。4 月，学校被授予“全国爱国主义基础教育示范学校”。12 月，学校申报立项为国家教师基金“十一五”规划重点课题实验学校。是月，学校被州教育局、州环保局评为“黔南州绿色学校”。2006 年 1 月，学校被县委、县政府评为“2005 年文明单位”。3 月，学校被评为全州关心下一代工作先进集体。4 月，由雍阳镇人民政府、城关一小编写的《红旗召火花》一书出版。2008 年 12 月，学校被省体育局、省教育厅授予“贵州省体育传统通项学校”。2009 年 1 月，学校承担的国家教师专项基金“十一五”规划重点课题《创建和谐校园与教师发展的研究》结题，研究成果经中国中小学幼儿园教师奖励基金会专家组评审，荣获“创新”奖。

2011 年 11 月，学校启动“生本教育课堂教学改革”。2012 年 4 月，瓮安县城关第一中心完全小学更名为瓮安一小。2012 年 9 月，学校获瓮安县“喜迎十八大，瓮水唱歌颂”国庆歌咏大赛奖，受到瓮安县委、瓮安县人民政府的表彰。2013 年 5 月学校获全县“祖国好家乡美”中小学文明礼仪知识竞赛二等奖，7 月被黔南州委党的建设工作领导小组评为黔南州 2013 年州级“五好”基层党组织，9 月学校校长被县委、县政府评为“十佳校长”，10 月学校获瓮安县第二届中小学生篮球运动会女子小学组第一名。2014 年，校园占地面积约 1.5 万平方米，有学生 2900 余人，教职工 140 人，其中在职教师 121 人。1 月学校获县教育系统“安全工作先进单位”，5 月学校被省纪委、省监察厅列为“贵州省廉政文化进校园示范点”，6 月申报国家级课题《生本教育下留守儿童成长研究》立项，7 月被省委党建办评为“五好基层党组织”，10 月申报的国家级课题《瓮安一小学生养成教育与目标研究》立项。

2015 年 3 月 2 日至 4 月 4 日，学校组织 28 名教师到广州市花都区育才学校进行生本教育跟岗学习。4 月 17 日，在全县中小学书画大赛中获集体三等奖。5 月，学校被黔南州教育局评为“黔南州依法治校示范校”。

表 4-8　瓮安一小校长、副校长、支部书记一览表

姓　名	性　别	籍　贯	任职时间	职　务
朱永锡	男		1904. 1—1906. 2	堂长
谭希杜	男		1906. 3—1912. 10	堂长
商梓才	男	贵州瓮安	1912. 11—1915. 11	校长
商楠阶	男	贵州瓮安	1915. 12—1917. 10	校长
商绍周	男	贵州瓮安	1917. 11—1921. 11	校长
宋毕霖	男	贵州瓮安	1921. 12—1925. 11	校长
冷吉生	男	贵州瓮安	1925. 12—1926. 11	校长
张立三	男		1936. 12—1927. 11	校长
宋奎轩	男	贵州瓮安	1927. 12—1928. 11	校长
朱星楠	男	贵州瓮安	1928. 12—1929. 10	校长
袁书田	男	贵州瓮安	1929. 11—1930. 11	校长
王资竹	男	贵州瓮安	1930. 12—1931. 10	校长
邱兆星	男	贵州瓮安	1931. 11—1932. 4	校长
李鹏逸	男	贵州瓮安	1932. 4—1932. 11	校长
商汝勤	男	贵州瓮安	1932. 12—1934. 4	校长
袁祥章	男	贵州瓮安	1934. 4—1934. 12	校长
任宗经	男	贵州瓮安	1934. 12—1936. 11	校长
商汝勤	男	贵州瓮安	1936. 1—1937. 10	校长
任宗礼	男	贵州瓮安	1937. 10—1939. 10	校长

续表4-8

姓　名	性　别	籍　贯	任职时间	职　务
邱兆奎	男	贵州瓮安	1939. 11—1942. 1	校长
王大章	男	贵州瓮安	1942. 2—1942. 11	校长
冷开晟	男	贵州瓮安	1942. 12—1943. 11	校长
任宗经	男	贵州瓮安	1943. 12—1944. 11	校长
商质章	男	贵州瓮安	1944. 12—1945. 11	校长
罗应禄	男	贵州瓮安	1945. 12—1946. 7	校长
商玉阶	男	贵州瓮安	1946. 9—1947. 11	校长
林大兴	男	贵州遵义	1947. 12—1948. 10	校长
冷德昌	男	贵州瓮安	1948. 11—1949. 10	校长
林大兴	男	贵州遵义	1949. 11—1949. 12	校长
代卓颖	女	辽宁	1949. 12—1952. 8	校长
黄可经	男	贵州瓮安	1952. 8—1956. 8	校长
盛安平	男	贵州瓮安	1956. 9—1960. 8	校长
张锡均	男	贵州瓮安	1960. 9—1963. 1	校长
龚玉玺	男	贵州瓮安	1963. 1—1966. 7	校长
黎天祥	男	贵州瓮安	1966. 8—1970. 8	校长
吴安普	男	贵州瓮安	1970. 9—1973. 2	革委会主任
肖光宗	男	贵州瓮安	1973. 3—1978. 8	党支部书记
张世俊	男	贵州瓮安	1981. 2—1994. 7	校长、党支部书记
徐飞鹏	男	贵州瓮安	1994. 8—1998. 8	校长、党支部书记
黄可国	男	贵州瓮安	1998. 8—2008. 8	校长、党支部书记
田应时	男	贵州瓮安	2008. 9—2009. 8	校长、党支部书记
黄可国	男	贵州瓮安	2009. 9—2011. 8	校长、
赵水方	男	贵州瓮安	2009. 9—2014. 6	党支部书记
晏帼奎	男	贵州瓮安	2011. 9—	校长
晏帼奎	男	贵州瓮安	2014. 6—	校长、党支部书记
朱建遗	男	贵州瓮安	1951. 1—1956. 2	副校长
熊　弼	男	贵州瓮安	1956. 3—1958. 2	副校长
张锡均	男	贵州瓮安	1958. 3—1962. 2	副校长
张明光	男	贵州瓮安	1960. 9—1961. 1	副校长
龚玉玺	男	贵州瓮安	1962. 3—1963. 1	副校长
姚永明	男	贵州瓮安	1963. 2—1966. 6	副校长
肖玉成	男	贵州凯里	1973. 3—1981. 1	革委会副主任
王之平	男	贵州瓮安	1984. 3—1986. 1	副校长

续表4-8

姓　名	性　别	籍　贯	任职时间	职　务
何　瑛	女	贵州瓮安	1988.9—2001.11	副校长
何明先	女	贵州瓮安	1984.8—2001.11	副校长
徐飞鹏	男	贵州瓮安	1993.9—1994.8	副校长
金朝桂	女	贵州瓮安	1998.9—2007.1	副校长
田应时	男	贵州瓮安	2001.9—2006.8	副校长
钟　晴	女	贵州瓮安	2001.8—2007.8	副校长
李亚芬	女	贵州瓮安	2006.3—2009.8	副校长
陈建琴	女	贵州瓮安	2007.9—2009.8	副校长
戎承君	男	贵州瓮安	2009.9—	副校长
杨胜秦	女	贵州瓮安	2011.9—	副校长

瓮安二小

瓮安二小始建于1962年，时属民校，有教师5人，教学班3个，学生124人，设备简陋，学生无活动场所。“文化大革命”期间，经民众选举学校负责人，1973年更名为瓮安县城关二小，学校有班级20个，学生1000余人。1975年，学校有班级26个，学生1300余人。1987年学校恢复实行六年教育制度。1988年，学校教学班32个，学生1800余人。1993年，群众、社会集资新建教学楼1栋四层6间教室。1994年，教师集资，修建教教师宿舍20套。1997年获黔南州小学体育传统项目学校运动会团体总分第一名。1998年8月，学校实施“三制一管理”管理。1999年间，修建综合楼1栋有教室20间。2000年，有教学班35个，学生2300余人。2002年，学校围绕“深化课堂教学改革，推进新课程实验”开展教育教学管理工作，取得优异的成绩。2004年，被州公安局、州教育局评为“黔南州消防安全工作示范学校”、瓮安县“2003年度文明单位”。2005年，中国教育学会授予贵州省瓮安县城关二小“艺术教育特色单位”、州精神文明建设指导委员会2014—2015年度“文明单位”。2006年，被州环境保护局，州教育局评为“黔南州绿色学校”。2007年，被县委评为“双拥工作先进单位”。

2008—2009年，学校获国家级奖8次、省级3次、州级8次。教师论文获国家级奖43篇、省级34篇、州级43篇、县级58篇，学生获国家级奖103人次、省级23人次、州级64人次、县级83人次。

2011年8月，学校获州总工会授予“先进职工之家”。2012年，瓮安城关二小更名为瓮安二小。2013年，被评为贵州省教育厅中小学学科教学渗透法制教育“省级示范校”，荣获瓮安县第五届青少年科技创新大赛组织工作二等奖。2014 年，学校占地面积 8000 平方米，校舍面积 7841 平方米，有教学班 39 个，学生 2631 人，教职工 123 人，高级教师 66 人，大专学历占总教师人数的 99%。学校建有行政办公楼 1 栋、教学楼 2 栋，设有微机室 1 间、实验室 2 间、图书室 1 间、阅览室 1 间、多媒体教室 1 间、操场 2 个，开通“班班通”。是年，被贵州省总工会评为“贵州省模范职工之家”，获得“瓮安县体育特色项目学校——田径训练基地”“瓮安县教学质量测评一等奖”、荣获瓮安县第四届瓮安县现场书画大赛一等奖。

瓮安二小组织六年级毕业生开展感恩母校活动（2015 年摄）

2015 年 1 月，获县安全生产工作先进单位及校园文化建设优秀学校。4 月 2 日，学校五年级学生到草塘旗山书院开展“国学经典润心灵，尊师重道扬美德”主题宣讲活动，对学生进行国学教育。17 日，获瓮安县第四届中小学生、幼儿书画大赛团体一等奖。6 月，获瓮安县首届“成长杯”校园足球赛小学组冠军，及全县中小学生文明礼仪知识竞赛（小学组）三等奖。7 月，获黔南州第三轮州级“五好”基础党组织，9 月，获县委、县政府“义务教育素质监测集体”二等奖，10 月，获瓮安县第三届中小学篮球运动会小学组（男子）冠军、瓮安县第七届“青少年科技创新大赛”组织工作二等奖。12 月，获瓮安县“‘十二五’教师继续教育工程”优秀学校。

表 4-9　　瓮安二小校长、副校长一览表

姓　名	性　别	籍　贯	任职时间	职　务
祝仕清	男	贵州瓮安	1962—1966	校长
孙廷英	女	贵州瓮安	1966—1973	校长
龚玉玺	男	贵州瓮安	1973—1979	校长
宋月基	男	贵州瓮安	1979—1984	校长
宋锡水	男	贵州瓮安	1984—1989. 8	校长
赵水方	男	贵州瓮安	1989. 8—2009. 8	校长
袁　敏	男	贵州瓮安	2009. 8—2011. 8	校长
沈佐韦	男	贵州瓮安	2011. 8—	校长

续表4-9

姓　名	性　别	籍　贯	任职时间	职　务
刘　燕	女	贵州瓮安	2011.8—2014.8	副校长
孙胤溱	男	贵州瓮安	2009.8—2011.8	副校长
李　俊	男	贵州瓮安	2013.8—	副校长
周进一	女	贵州瓮安	2014.8—	副校长

瓮安三小

瓮安三小位于县城北门，隶属雍阳街道办事处河滨社区，毗邻行政新区。1999年8月，由七星、河西2所村级小学合并，组建成瓮安县雍阳镇城关第三中心完全小学，占地面积1.7万平方米、服务半径3平方千米。新学校建成后，对校园内进行统一规划，投入资金硬化绿化操场及周边道路，改善办学条件，巩固“两基”，规范学校管理。9月1日，举行开学典礼，有班级12个、学生1200余人、教师86人。

2002年9月，学校把工作重心放在教育教学、教研、艺术、体育上，围绕课本剧的表演开展艺术活动，率先在全县开展大课间活动，与都匀市的小学联合开展交流活动及教师培训工作，并先后获“黔南州绿色学校”称号、“黔南州小继教示范校”称号、“黔南州体育项目传统学校”。2006年9月至2007年8月，学校改善办学条件，新建综合楼，把传统文化作为学校的办学特色并申请课题研讨。2007年9月至2009年8月，建设围墙和排污沟，完成综合楼功能室建设，改善教师办公条件。

瓮安三小开展庆“六一”科技文化艺术节活动（2015年摄）

2009—2015年，学校共获省、州、县、镇奖牌荣誉60余块，师生获省、州、县、镇的各种奖励400余人（次），以传统文化、科普、绿色、运动、感恩为主题，以“最美三小教师”为品牌开展德育教育活动。完成学校的绿化、硬化、美化工作，完成校园建设规划，龙坑新增5500平方米绿化面积。争取“薄改”项目资金1500万元建设新教学楼、规范运动场，争取省环保项目资金100万元完成校舍的改造亮化工程。2013年4月，雍阳镇划分为瓮水和雍阳2个办事处，城关三小隶属于雍阳街道办事处，更名为“瓮安三小”，并兼管办事处辖区云星小学及民办幼儿园。2014年，有班级30个、学生2200人、教师89人、学校占地面积1.8万平方米，建筑面积6878平方米。2015年，有学生2522人，教职工90人。加强内部管理，加强师德师风建设，开展“最美三小教师”评选活动，评选“最美三小学生”，组织“安全教育日”、学生安全消防应急演练活动，指导教师利用“班班通”进行教学，开展“一节一会”活动（“六一”科技文化艺术节、11月秋季运动会），推进“快乐课堂”教学研究工作，实施校本课程，围绕“五个一”活动开展禁毒工作，编写法制校本教材。师生结对帮扶，“六一”开展留守儿童慰问，开放“留守儿童之家”。开展图书管理“三个三分之一”工作，坚持校务公开和财务公开，围绕“传统文化和科普教育”落实课时、教师、教材。由教师辅导的语言类节目《黔南赋》，被州教育局作为优秀节目推送到省教育厅，12月30日到贵阳参加全省的中小学生文艺展演，学校荣获贵州省教育厅颁发的“贵州省第五届中小学生艺术展演优秀组织奖”。组织师生参加科技创新大赛，开展2015年“第三届科技文化艺术节暨庆‘六一’活动”，在第30届全国科技创新大赛中，少儿科幻画获国家级一等奖2人、二等奖4人、三等奖2人，荣获省级一等7人、二等奖5人、三等奖1人，学生科技实践活动获省级二等奖2个、三等奖1个。

表4-10　　瓮安三小校长、副校长一览表

职　务	姓　名	性　别	任职时间	籍　贯
校长	张安英	女	1999.9—2002.8	贵州瓮安
副校长	戎承君	男	1999.9—2007.8	贵州瓮安
副校长	吴　红	男	1999.9—2002.8	贵州瓮安
副校长	盛　剑	男	1999.9—2002.8	贵州瓮安
校长	吴　红	男	2002.9—2005.8	贵州瓮安
副校长	李光祥	男	2002.9—2014.9	贵州瓮安
副校长	刘　燕	女	2002.9—2014.9	贵州瓮安
校长	田应时	男	2006.9—2007.8	贵州瓮安
副校长（主持工作）	戎承君	男	2007.9—2009.8	贵州瓮安
校长	夏光辉	男	2009.9—2015.8	贵州瓮安
副校长	钟　晴	女	2009.9—2015.8	贵州瓮安
副校长	李　俊	男	2012.9—2014.4	贵州瓮安
副校长	王章敬	男	2014.9—2015.8	贵州瓮安

瓮安县实验学校

2008年，县政府在城南新建瓮安县实验学校，占地面积1.4万平方米，建筑面积6515.4平方米，建有教学楼、综合楼、图书楼各1幢，篮球场、塑胶跑道，配置普通教室36间、实验室2间、仪器准备室1间、科学仪器保管室1间、体育器材保管室1间、微机室2间、多媒体室1间、美术室1间、音乐室1间、教师会议室1间、党员活动室1间、少先队活动室1间、行政办公室6间、财务室1间、保安室1间、教师休息室4间、保管室4间。一至五年级教学班15个，学生620人，教师46人，有行政人员2人。8月20日，县机构编制委员会发《关于瓮安县城关第四中心完全小学更名的通知》，瓮安县城关第四中心完全小学更名为瓮安县实验学校。2009年，有教学班25个，学生1297人，教师50人，其中学校招考大学生12人、本县遴选教师8人。学校对教师技能专题培训16次、外出学习交流培训26次，校内举行学科教师技能竞赛4次，每学期举行家长开放周1次。是年，县抽考科目荣获全县乡镇级素质测试第一名，获黔南州德育工作先进集体、瓮安县教育教学先进集体。2011年，学校选派优秀、骨干教师14人到山东杜郎口中学、河北威县赵庄人才学校学习高效课堂教学模式，返校后分别在二、三年级各1个班开展高效课堂试点教学模式，组织语文、数学学科教师进行集体备课，探索高效课堂教学途径。是年，学校荣获瓮安县素质测试乡镇级学校一等奖、贵州省青少年科技教育特色学校、黔南州绿色学校、瓮安县教育教学工作先进集体。2012年，学生参加贵州省小学生“祖国好家乡美”主题系列活动荣获三等奖。

实验学校教学楼（2015年摄）

2013年，有教学班39个，学生2356人，教师92人。学校将高效课堂教学模式更名为“生态体验”课堂教学模式，在二至四年级共17个班全面铺开“生态体验”课堂教学，组建乒乓球、篮球、象棋、围棋、美术、写字、朗诵、武术、合唱、器乐、舞蹈社团11个，开展活动24次，提炼《儒家文化滋养下的实验集贤教育》思想，开展中华特色武术大课间、手语感恩操、科普特色教育等。是年，学科教学成绩在县抽考科目中荣获集体一等奖，学校荣获贵州省学科教学渗透法制教育省级示范学校。2014 年，有教学班 41 个，学生 2601 人，教师 96 人。在二至五年级 21 个班铺开“生态体验”课堂教学模式，采用“请进来，走出去”的方式巩固课堂教学改革成果，选派教师 32 人分别到重庆西南大学、南京行知学校、贵阳一小、黔南民族师范学院、都匀六小学习。教育部基础教育二司、北京市教育科学研究院课程教材发展研究中心、省教育厅、州教育局、都匀六小等组团 26 个分别到学校交流学习“生态体验”课堂教学模式。是年，学校荣获贵州省中小学学科教学渗透法制教育省级示范校、贵州省廉政文化进学校示范点、贵州省“三生四爱五心五好”专题教育示范学校、黔南州语文文字工作规范化示范学校、瓮安县素质测试一等奖、瓮安县优秀少先队集体、瓮安县“五好”基层关工委、瓮安县校园文化建设考核优秀学校、瓮安县先进基层党组织。

2015 年 6 月，获县委“五好”基层党组织、承办黔南州第四届运动会先进单位、2014—2015 学年义务教育素质监测集体二等奖、义务教育均衡发展合格学校。

表 4-11　瓮安县实验学校校长、副校长一览表

职　务	姓　名	任职起止时间	备　注
校长	黄可国	2008. 8—2010. 8	贵州瓮安
副校长	杨胜秦（女）	2008. 8—2010. 8	贵州瓮安
副校长	陈建琴（女）	2009. 9—2014. 8	贵州瓮安
副校长（主持工作）	杨胜秦（女）	2010. 9—2011. 8	贵州瓮安
校长	田景文	2011. 9—	贵州瓮安
副校长	陈佩佳（女）	2013. 2—	贵州瓮安
副校长	贾　和	2014. 9—	贵州瓮安

瓮安县渡江小学

瓮安县渡江小学始建于 2014 年 3 月，属全县第一所留守儿童学校。学校地处瓮安县工业园区，距县城 12 千米，距猴场古邑区 13 千米，学校占地面积 45495 平方米，建筑面积 8382 平方米，其中教学及教学辅助用房 3890 平方米、办公用房 580 平方米、生活用房 3912 平方米、学生宿舍 1678 平方米，学校有运动场面积 2652 平方米、绿化面积 22743 平方米。拥有实验室、音乐室、学生宿舍（70 间）、网络教室 46 间。有教学班 10 个，学生 456 人（其中女生 208 人、寄宿学生 456 人、有留守儿童 216 人），教师 23 人。学校的安全工作被县教育局评为“先进单位”，获县“六一”文艺会演三等奖。

2015 年，学校开展学生艺术展示平台活动。3 月 27 日，开展学生书画比赛。4 月 24 日开展演讲比赛。5 月，举办教学开放日，让家长走进教室听课，并请家长进行评课。学校建立“学雷锋志愿服务队”，组织学生打扫街道等。

渡江小学在“六一”节开展传统文化教育活动（2015 年摄）

表 4-12　瓮安县渡江小学校长、副校长名录

职　务	姓　名	性　别	任职时间	籍　贯
校长	范忠超	男	2013. 3—	贵州瓮安
副校长	陈　全	男	2013. 3—	贵州瓮安
副校长	王维东	男	2013. 3—	贵州瓮安

瓮安六小

瓮安六小（原草塘中心完全小学）坐落在猴场镇建设街，距县城 13. 5 千米，于民国 5 年（1916）成立，名为第五区两级小学。民国 12 年至 13 年（1923—1924）因匪患停办，民国 14 年（1925）恢复为第五区两级小学。民国 21 年（1932），更名为县立第三区两级小学，增设女子学堂。民国 26 年（1937）拆五显庙建草塘公立国民小学，民国 30 年（1941）与原来的县立第三区女子学校合并为草塘中心小学，民国 31 年（1942）更名为草塘镇中心国民小学。民国 31 年至 38 年（1942—1949），有高小 3 个班、学生 57 人，初小 8 个班、学生 126 人，开设国语、算术、公民、自然、地理、历史、常识，附设社会教育。学校工作由校长 1 人总览，下设教务主任 1 人，训导主任 1 人，教员 10 人，专任教师 4 人，教务员 1 人。

1950 年，更名为草塘完全小学，有高小 3 个班，学生 31 人，初小 7 个班，学生 108 人，开设国语、算术、政治、历史、自然、地理。校园面积 5. 2 亩，办公室 1 间，学生宿舍 4 间，教师宿舍 4 间。学校设校长 1 人（副区长兼任），副校长 1 人，教导主任 1 人，教员 8 人，专任教师4人。最高组织为校管会，由副校长、教导主任、教师7人，学生代表2人，工友代表1人组成。

1953—1960年，学校建有党支部领导下的教务委员会，校长、教导主任由县政府任命。教职员工在14~32人之间（各年不等），学生人数最少667人，最多1684人，班级为13~17个之间。1956年，学校更名为草塘小学，增设初中班。

草塘小学课间感恩操（2014年摄）

“文化大革命”期间，学校的革命委员会主任和党支部书记均由“工宣队”队长或“贫管会”主任担任，教育教学工作极不稳定，教师、学生数变化无常。

1977—1984年，学校恢复党支部书记领导下的校长负责制。成立区学办，先后有4人出任区教办主任或视导员，统管下属学校工作。1979年更名为草塘中心完全小学。

1987年，普及初等教育，获县委、县政府发“两个文明建设先进单位”。1991年8月，撤区学办建草塘镇教育辅导站，统管下属小学工作。1995年，获县委政府“读书活动组织奖”。1998年，“两基”工作经省政府检查验收为合格等次。1999年，修建综合办公楼，2000年，竣工投入使用。2001年，“两基”“普实”经州县检查验收为合格等次。10月，撤教育辅导站，由草塘中心完全小学（现瓮安六小）统管全镇教育教学管理工作，下辖新华、那乡、宋家寨、太平、桃子冲、新川、红灯堡小校。2002年，拆原址砖木结构主教学楼，新建砖混结构2000余平方米（三楼一底）。2008年修建乡村少年宫，2011年修建砖混结构多功能教学楼（三楼一底）1200余平方米。2012年，更名为猴场中心完全小学。在行政区域调整中，松坪乡所属小学、木老坪乡的杨梅小学、小河山乡的石板坪和大河小学划归猴场镇，教育教学业务隶属瓮安六小指导管理；原草塘镇的新华、红灯堡、大寨坪小学划归银盏镇，隶属银盏学校指导管理。是年，受原总装备部某部队援建，修建学校大门。2013年，教师公租房、学生宿舍竣工并投入使用。

2014年，学校更名为瓮安六小，下辖宋家寨、太平、桃子冲、杨梅、马场坪、大山、青池小学。4月11—12日，贵州团省委组织地、州、县市少先队大队辅导员现场观摩主题会“红领巾相约中国梦，传统文化我践行”由瓮安六小大队部承办。9月，拆镇属那乡小学、石板坪小学，学生就近入学。松坪小学并入松坪中学，为九年一贯制学校。12月，学校有教学班38个，学生人数由原来的1600余人增至2206人，有教职工105人，其中专任教师102

人（大学本科30人、专科48人、专科37人，小学高级职称58人、初级职称42人、未评级5人）。

2015年，学校校园占地面积19980平方米，建筑面积6418平方米。

表4-13 视导、站长、校长、副校长一览表

职　务	姓　名	性　别	籍　贯	任职起止时间
校长	谢振华	男	贵州瓮安	1916—1919
校长	宋毕霖	男	贵州瓮安	1919—1920
校长	谢慎愚	男	贵州瓮安	1921—1922
校长	王支竹	男	贵州瓮安	1923—1924
校长	宋令明	男	贵州瓮安	1925—1927
校长	李惠民	男	贵州瓮安	1928—1929
校长	谢慎愚	男	贵州瓮安	1929—1930
校长	王支竹	男	贵州瓮安	1931—1933
校长	杨礼贤	男	贵州瓮安	1933. 9—1934. 8
校长	宋伟材	男	贵州瓮安	1934. 9—1935. 8
校长	谢慎愚	男	贵州瓮安	1935. 9—1936. 8
校长	任宗礼	男	贵州瓮安	1936. 9—1937. 8
校长	王大章	男	贵州瓮安	1937. 9—1938. 8
校长	谢其元	男	贵州瓮安	1938. 9—1939. 8
校长	宋伟材	男	贵州瓮安	1939. 9—1940. 12
校长	傅应铖	男	贵州瓮安	1941. 3—1943. 8
校长	席光奎	男	贵州瓮安	1943. 9—1944. 8
校长	杨礼贤	男	贵州瓮安	1944. 9—1945. 12
校长	傅应业	男	贵州瓮安	1946. 3—1946. 8
校长	符治帮	男	贵州瓮安	1946. 9—1946. 12
校长	李惠民	男	贵州瓮安	1947. 3—1947. 12
校长	孙　映	男	贵州瓮安	1948. 3—1948. 12
校长	宋毕霖	男	贵州瓮安	1949. 3—1949. 12
副校长	丁　章	男	贵州瓮安	1950. 3—1952. 3
校长	蔡泽惠	男	贵州瓮安	1951. 3—1952. 12
校长	张先进	男	贵州瓮安	1953. 3—1955. 8
校长	费自远	男	贵州瓮安	1955. 9—1956. 3
校长	张维新	男	贵州瓮安	1956. 3—1956. 8

续表4-13

职　务	姓　名	性　别	籍　贯	任职起止时间
校长	王承谦	男	贵州瓮安	1956. 9—1957. 3
校长	张覃水	男	贵州瓮安	1957. 3—1958. 7
校长	张永安	男	贵州瓮安	1958. 9—1961. 8
校长	夏坤仲	男	贵州瓮安	1961. 9—1962. 8
副校长	胡泽玉	男	贵州瓮安	1961. 9—1962. 8
校长	宋泽元	男	贵州瓮安	1962. 9—1968. 12
副校长	杨大济	男	贵州瓮安	1962. 9—1968. 12
区学办视导员	谢昌明	男	贵州瓮安	1971. 9—1976. 12
校长	徐廷剑	男	贵州瓮安	1976. 9—1979. 8
区学办视导员	熊华江	男	贵州瓮安	1977. 1—1979. 8
区学办视导员	徐廷剑	男	贵州瓮安	1979. 9—1985. 12
校长	刘大年	男	贵州瓮安	1979. 9—1984. 8
校长	刘忠义	男	贵州瓮安	1984. 8—1989. 9
副校长	宋锡均	男	贵州瓮安	1984. 9—1989. 8
区学办视导员	刘大年	男	贵州瓮安	1986. 1—1989. 8
校长	朱大森	男	贵州瓮安	1989. 10—1994. 8
副校长	尹素珍	女	贵州瓮安	1989. 10—1994. 8
区学办视导员	熊华江	男	贵州瓮安	1989. 9—1991. 8
辅导站站长	熊华江	男	贵州瓮安	1991. 9—1993. 8
辅导站站长	吴费祥	男	贵州瓮安	1993. 9—2001. 8
副校长	唐诗家	男	贵州瓮安	1994. 9—1997. 8
校长	尹素珍	男	贵州瓮安	1995. 9—1997. 8
校长	李优霖	男	贵州瓮安	1997. 9—2001. 11
副校长	唐诗家	男	贵州瓮安	1997. 9—2001. 11
辅导站站长	刘毅文	男	贵州瓮安	2001. 9—2001. 11
校长	刘毅文	男	贵州瓮安	2001. 11—2004. 12
副校长	李优霖	男	贵州瓮安	2001. 11—2004. 12
副校长	唐诗家	男	贵州瓮安	2001. 11—2007. 9
校长	陈古辛	男	贵州瓮安	2004. 12—2009. 9
副校长	田　辉	男	贵州瓮安	2004. 12—2009. 8
校长	沈佐韦	男	贵州瓮安	2009. 9—2011. 8
副校长	田　辉	男	贵州瓮安	2009. 9—2011. 8

续表4-13

职　务	姓　名	性　别	籍　贯	任职起止时间
校长	张永志	男	贵州瓮安	2011. 9—
副校长	丁光玉	女	贵州瓮安	2011. 9—
副校长	周进一	女	贵州瓮安	2012. 9—2013. 9
副校长	席德珊	女	贵州瓮安	2013. 9—2014. 9
副校长	熊长平	女	贵州瓮安	2014. 9—

瓮安七小

一、发展概况

瓮安七小（原平定营中心完全小学）位于瓮安县城南7千米的平定营镇，南与福泉市牛场镇接壤，西与英坪比邻。清光绪三十三年（1907），平定营街上罗祖德利用自家厢房办学，自制课桌，自请教师。罗祖德去世后，其小女罗英将父母分给她的一份田地捐给学堂，作为教学经费来源，学堂由此取名为罗英学堂。宣统二年（1910），知县曾荣楚创建平定营初等小学，并将学校迁至五显庙内（现平定营供销社所在地）。民国14年（1925），贵州省教育视学黄齐生到瓮安考察教育工作，建议将学校办成高级小学。民国28年（1939）后，县政府将平定营小学定为公办小学。1949年，有教学班6个，教师9人，学生230人。1958年秋，因放农忙假学校将场地给公社烘烤稻谷，不慎将教室的主殿烧毁，学生只好挤在厢房内上课。1962年年初，县政府将修好未使用的大公社办公楼（现高贞观坡脚）交给学校使用。1970年，学校开设初中戴帽班。1976年，县教育局和乡政府重新选址，在平定营村野狗山脚下新建平定营小学，建筑面积为1045平方米，为砖木结构，1977年投入使用。1985年，学校教学方法停留在“文化大革命”前“五步教学法”的水平上，到1986年，开始对“尝试教学法”进行学习和探讨。

1991年，学校筹集资金将野狗山推平，重新修建平定营小学，建筑面积1301平方米。1996年，将“目标教学”纳入学校教学研究的课题。2001年，狗场小学、罗家营小学相继并入平定营小学，学生人数超过1000人，平定营政府启用农村教育费附加，修建600平方米的综合楼。1997年，新建平定营中学，小学戴帽初中班被撤销。2003年11月，学校启动新课程改革，选派一批教师分别到兴义、六盘水、都匀等地参加省、州组织的示范观摸教学活动。

2011年，六年级一名学生参加教育部语言文字应用管理司组织的“中华诵·经典诵读行动”小学生作文大赛二等奖，辅导教师获优秀指导奖。

2012年，学校被州环保局、州教育局评为黔南州绿色学校。2013年，被省教育厅评为学科教学渗透法制教育示范学校、荣获瓮安县中小学生运动会第四名，被县文明办、县关工委评为五好关工委。9月，县纳入“一城四区”规划，平定营中心完全小学更名为瓮安七小。2014年，被中央文明办、财政部、教育部批准为乡村学校少年宫，被省文明办考核为良好等次。2015年，学校占地7193平方米，有图书室、实验室、多媒体教室、舞蹈室、绘画室、体育器材室等功能室7间，班班通14套。有教师42人，学生720人，工勤人员及保安9人，下辖青山、营定、万龙、岩面、岩英坪、小溪、罗家营、五福、三合、细沙10所村级小学，服务半径3.5千米。利用薄改资金投入65万元，建成2600平方米的塑胶运动场。是年，被州教育局评为校园安全风险防范工作先进集体、获“贵州省安全文明校园”称号。

瓮安七小教学楼（2012年摄）

二、学校特色

2013年10月，投入20万元建设资金修建的平定营小学少年宫投入使用，发挥少年宫作用，培养学生兴趣，发展学生特长，促进孩子身心健康成长，让广大农村未成年人享受到与城区孩子同样的教育，实现教育公平，打造独特的校园文化，少年宫以课外活动为主、节假日为辅，结合教师特长，开展书法、绘画、手工、刺绣、篮球、羽毛球、乒乓球、口琴、笛子、二胡、电子琴、陀螺、摄影、舞蹈、腰鼓、踢毽子、灯夹戏、红色文化、经典诵读等兴趣小组活动，使学生学中有乐、乐中有悟，达到教育与文化、艺术与生活有机统一的目的，提高教育教学质量，提高少儿综合素质，提高孩子们在知识技能、道德情感、文明卫生习惯。

表4-14　站长、校长、副校长一览表

职　务	姓　名	性　别	籍　贯	任职起止时间
校长	柴若愚、柴植山 徐安仁、张维基		贵州瓮安	1910—1950
校长	袁家贤	男	贵州瓮安	1950.1—1950.8
校长	刘开荣	男	贵州瓮安	1950.9—1954.8
校长	冉毅兵	男	贵州瓮安	1954.9—1959.12

续表4-14

职务	姓名	性别	籍贯	任职起止时间
校长	付鹏飞	男	贵州瓮安	1960. 1—1960. 12
校长	向德洪	男	贵州瓮安	1961. 1—1961. 8
校长	黎天祥	男	贵州瓮安	1961. 9—1962. 8
校长	张仕俊	男	贵州瓮安	1962. 9—1966. 7
校长	袁正升	男	贵州瓮安	1966. 8—1967. 9
校长	张仲文	男	贵州瓮安	1967. 10—1970. 8
校长	黎天祥	男	贵州瓮安	1970. 9—1984. 7
校长	何兴明	男	贵州瓮安	1984. 8—1986. 7
校长	李家驹	男	贵州瓮安	1986. 8—1991. 12
辅导站站长	李家驹	男	贵州瓮安	1992. 1—1993. 7
校长	何天才	男	贵州瓮安	1992. 1—1993. 7
辅导站站长	徐忠敏	男	贵州瓮安	1993. 8—1995. 7
校长	李家驹	男	贵州瓮安	1993. 8—1994. 7
校长	黎　明	男	贵州瓮安	1994. 8—1997. 7
辅导站站长	唐广益	男	贵州瓮安	1995. 8—1999. 7
校长	李霞春	男	贵州瓮安	1997. 8—2002. 7
辅导站站长	卢　平	男	贵州瓮安	1999. 8—2001. 12
校长	卢　平	男	贵州瓮安	2002. 8—2007. 7
校长	高付全	男	贵州瓮安	2007. 8—2011. 7
副校长	卢　刚	男	贵州瓮安	2007. 8—2011. 7
校长	冷国云	男	贵州瓮安	2011. 8—
副校长	朱洪平	男	贵州瓮安	2011. 9—2014. 8
副校长	郭俊叶	女	贵州瓮安	2011. 8—
副校长	陈　睿	男	贵州瓮安	2014. 9—

永和中心完全小学

永和中心完全小学坐落于永和镇垛丁村老鹤坡上，距县城12千米，东接黄平，西依瓮安县城，南邻岚关乡，北靠草塘镇。

永和中心完全小学始创于清宣统三年（1911），初设学校在永和下街河边的玉凰阁，后迁到永和仓库边，教室是木结构房子。1949年，学校迁到永和农商行一侧。

20世纪60年代，办农中，从龙塘龙安寺拆老庙宇木结构两层楼房，建8间教室，建造砖木结构的教师宿舍1栋。1969年，学校下辖老坟嘴、木孔、长林、洗马、岚关、尖坡6所乡中心小学的人事管理教学业务。1972年，永和中心完全小学搬迁到垛丁村老鹤坡上。1974

年，小学附设初中戴帽班，学生 2100 多人。1978 年，区学办管理全镇教学人事工作，学校办有学前班，开设语言、计算、常识、手工、音乐、游戏等课程。1980 年，停止初中班招生。1986 年，修建两层钢筋混凝土教学楼，并投入使用。

1992 年，小学人事业务由镇教育辅导站管理。2002 年，镇辅导站被撤销，由中心小学统管全镇教学及人事。2008 年后，新建 2 幢 3 层楼钢筋混凝土教学楼，3 栋教学楼立于东、西、北三方，呈“品”字形。2011 年，学校开展感恩操、感恩墙建设、感恩励志教育等活动，对学生进行感恩教育。2012 年，学校课间开展兔子舞、跳绳、羽毛球、拍皮球等活动。开展农村留守儿童之家建设工作，全县留守儿童之家建设推介会在永和镇召开。2013 年，永和幼儿园从小学分离，独立建园。武术健身操和《七彩阳光》成为学校大操间活动。学校留守儿童之家建设获全省二等奖，获贵州省中小学学科渗透法制教育省级示范学校。2014 年，“小苹果”集体大课间活动舞在全校展开。

永和小学参加送文化下乡文艺演出（2010 年摄）

2015 年，学校实行“一岗双责”的安全工作责任制，制订永和中心小学处置突发事件应急预案，从饮食、交通、消防、防洪、防汛、教学活动等方面入手展开安全教育，组织安全演练实践。与消防队、派出所等部门联合开展演练活动和禁毒教育，做好校园周边安全整治。学校有州级课题 1 个、校本教研课题 3 个，有县级骨干教师 5 人。11 月，教育部组团到永和中心小学对学校的办学情况及营养餐等方面作专题采访，《人民日报》《中国教育报》《中国青年报》等 10 多家媒体作了报道。通过黔南州义务教育均衡发展评估组评估，并得到考评小组好评，县教育局把学校的校园文化和资料建设方面作为全县的典范，并组织全县中小学校长到学校进行观摩。全县举行的演讲大赛教师 1 人获二等奖、学生 1 人获三等奖。是年，学校争取专项资金 200 余万元新建学生宿舍和食堂，自筹资金 10 万余元建设永和小学、永和幼儿园校园文化，投入资金 5 万余元增补教学仪器设备，争取国家项目资金 100 万元改造学校运动场、食堂设施设备、教学仪器设备及多媒体设备，县局划拨与自筹经费共 30 余万元改建乡村幼儿园，争取彩票公益基金 20 万元改建乡村学校少年宫。是年，学校校园占地面积 5854 平方米，建筑面积 3619 平方米。设教学班 12 个，学生 462 人，教师 34 人。其中专任教师 31 人，一级教师 23 人，二级教师 8 人，未评级 0 人。

表 4-15　视导员、辅导站站长、校长、副校长一览表

职　务	姓　名	性　别	籍　贯	任职起止时间
校长	费志远	男	贵州瓮安	1955.9—1959.8
校长	周大伦	男	贵州瓮安	1959.9—1960.8
校长	浦秀昌	男	贵州瓮安	1960.9—1961.8
校长	盛安平	男	贵州瓮安	1961.9—1963.8
校长	彭发富	男	贵州瓮安	1963.9—1966.8
区视导员	杨文斌	男	贵州瓮安	1966.9—1971.8
校长	王福勇	男	贵州瓮安	1966.9—1971.8
区视导员	王绍培	男	贵州瓮安	1971.9—1981.8
校长	曾国富	男	贵州瓮安	1971.9—1987.8
区视导员	潘启仕	男	贵州瓮安	1981.9—1986.8
站长	陈远钦	男	贵州瓮安	1986.9—1989.8
校长	兰正礼	男	贵州瓮安	1988.9—1989.8
校长	叶臻贵	男	贵州瓮安	1989.9—1992.8
站长	吴费祥	男	贵州瓮安	1989.9—1992.8
站长	叶臻贵	男	贵州瓮安	1992.9—1993.8
校长	张登敏	男	贵州瓮安	1992.9—1994.8
站长	高富全	男	贵州瓮安	1993.9—2001.8
校长	袁　敏	男	贵州瓮安	1994.9—2000.8
校长	石兴文（代）	男	贵州平塘	2000.9—2001.8
校长	高富全	男	贵州瓮安	2001.9—2007.8
副校长	黄毕祥	男	贵州瓮安	2001.9—2007.8
校长	廖兴伟	男	贵州瓮安	2007.9—2009.8
副校长	倪祖学	男	贵州瓮安	2007.9—2008.2
校长	田景文	男	贵州瓮安	2009.9—2011.8
副校长	陈绍武	男	贵州瓮安	2008.3—2011.8
校长	陈绍武	男	贵州瓮安	2011.9—
副校长	杨方平	女	贵州瓮安	2011.9—2012.8
副校长	文朝军	男	贵州瓮安	2012.9—
副校长	刘伦遥	男	贵州瓮安	2013.9—

瓮安县老坟嘴学校

老坟嘴学校位于瓮安县东南，距县城37千米。学校始建于民国17年（1928），解放后由老坟嘴乡人民政府接管。1950年，更名为老坟嘴完小。1970年，老坟嘴完小设戴帽初中，学生人数逐年增加。1978年，有学生370人，是年，争取危改经费和当地政府集资，新建教学楼2幢200平方米。1986年，普及初等教育并经验收合格。1988年，入学率、巩固率、毕业率、普及率均达到规定指标。1989年，修建教师宿舍1幢220平方米。1992年"撤、并、建"，老坟嘴乡从永和区独立出来。学校附设学前班，招学生20人，开设语言、音乐、美工等课程，有专任教师任课。1993年达到"高标准扫除文盲单位"标准。1994年创办农民文化技术学校。

老坟嘴学校教学楼（2015年摄）

1998—2005年，学校举办农技培训60期，对农民进行牛冻配技术、养鱼技术、朝天椒种植技术、油菜免耕栽培技术、水稻的旱育植技术、优质烤烟高产栽培技术等培训，参培达5800人次，培训农村科技致富带头人230人、实用技术30人、农村劳动力转移培训3700人。1999年，学校开展教师人人上合格课、学科带头人上示范课、骨干教师上优质课、青年教师上汇报课、中老年教师上观摩课等"上五课"活动。学校教师4人参加县级以上优质课、交流课获二、三等奖，教师9人被评为优秀班主任、优秀教师，有15篇教学论文和经验总结在县级以上正规刊物公开发表或交流获奖，学生2人在"希望杯"数学奥赛中获奖，学生4人在化学竞赛中获奖，教师1人获县级优质课竞赛一等奖、3人获二等奖、10人获优秀奖。2000年，学校有图书室1间，使用面积40平方米，配备图书9757册。配置教学仪器5730台(个)、计算机25台，并开设信息技术教育。建立物理、化学实验室、保管室1间，使用面积168平方米。2001年，通过"两基""普实"验收，学校争取项目资金，修建围墙48米，硬化场地1500平方米，建成篮球场2个。学校配备演示台2张、仪器柜24个、实验桌凳48套，建成河坝村朝天椒基地和蔡家湾村柑橘基地，面积分别为500亩、150亩。12月，普及地区人口覆盖率达94.89%。2002年，新修教学楼一幢600平方米，占地面积达到4284平方米，建筑面积2504平方米，各种配套设施得以完善，配备计算机共58台。2003年，学校通过“危改工程”项目和燃灯基金会捐资等方式新修教学楼2幢1100平方米。2005年，学校有15个教学班，学生734人，教师39人，其中小学高级教师8人、中小学一级教师25人。小学学龄儿童入学率达98.5%，15周岁人口中初等教育完成率达到95.9%。学校配备计算机55台，有实验室、图书阅览室、远教室各1间，成立有鼓号队、篮球、乒乓、书法、美术、舞蹈等10多个兴趣小组。2014年，全校小学专任教师学历合格率为90%，专科学历合格率85%，普通初中专任教师学历合格率为95%、本科学历合格率20%，有中级职称教师9人，占总数的29%。

2015年，学校辖行政村4个，人口10045人，学校占地面积6545平方米，活动场地面积1780平方米，校舍建筑面积2504平方米，砖混教学楼3栋，教室22间，办公室5间面积90平方米，学生宿舍60间720平方米，修建教师公租房1栋。成立书法绘画兴趣小组，学生2人在县教育局组织的书画比赛中获二等奖。中考5人达600分。邀请中华优秀传统教育公益宣讲团到学校进行“践行中国梦　感恩励志行”大型道德讲堂活动演讲，对学生进行道德教育。是年，学校招考教师5人，录用特岗教师3人，学校有教师46人。有教学班11个，初中学生135人，小学学生242人。

表4-16　　站长、校长、副校长一览表

职　务	姓　名	性　别	籍　贯	任职起止时间
校长	王福勇	男	贵州瓮安	1970—1974
校长	陈俊辉	男	贵州瓮安	1974—1979
校长	谭厚荣	男	贵州瓮安	1979—1981
校长	兰正礼	男	贵州瓮安	1981—1985
校长	尹竹松	男	贵州瓮安	1985—1989
副校长	洪兴德	男	贵州瓮安	1985—2005
校长	张坤华	男	贵州瓮安	1989—1990
校长	曾金华	男	贵州瓮安	1990—1991
站长	曾金华	男	贵州瓮安	1991—1994
站长	王　毅	男	贵州瓮安	1994.9—1996.8
校长	周厚健	男	贵州瓮安	1992—1995
校长	王先明	男	贵州瓮安	1995—2006
站长	黄毕祥	男	贵州瓮安	1996.9—2003.2
副校长	杨几华	男	湖南	2005.9—2009.1
校长	余庭海	男	贵州瓮安	2006—2010
副校长	雷兆开	男	贵州瓮安	2009.2—2011.9
校长	余福渊	男	贵州瓮安	2010—2014
副校长	李珍宪	女	贵州瓮安	2011.9—2013.2

续表4-16

职　务	姓　名	性　别	籍　贯	任职起止时间
副校长	王章敬	男	贵州瓮安	2013. 3—2014. 9
校长	王和江	男	贵州瓮安	2014—
副校长	肖　丽	女	贵州瓮安	2014—
副校长	任国明	男	贵州瓮安	2014—

岚关中心完全小学

瓮安县岚关中心完全小学地处瓮安、黄平、福泉三县市交界处的岚关乡，距离县城22公里。1952年，拆文昌庙建校在岚关街上，政府派教师5人招生办学。1954年，学校迁至羊场坡，修一“工”字形教室8间，有学生200余人，教师10人。1960年，过“粮食关”，教学受到影响，学生人数减少，有教师12人。1961年教学秩序恢复正常。1965年，有教师15人。1966年“文化大革命”开始，学生以闹革命为主，教师遭批斗，教学秩序混乱。1970年，有公办教师及代课教师30余人。1971年，增设初中班，共有学生500余人。1983年1月，有公办教师35人，在教材教法学习考核中全部过关。1987年，教师4人被评为小学高级教师，其余分别评为一、二、三级教师。

岚关小学校园一角（2015年摄）

1995年，修建教学楼1栋并投入使用，学校占地面积8500平方米，校舍面积为520平方米，使用面积400余平方米，新建水泥球场2个。建立农民文化技术学校，对农民进行水稻栽培、玉米移栽、良种推广、蔬菜种植、天麻繁殖、畜牧、渔业等种多种农村适用技术培训6953人次。9月，初中部从小学分离。

2000—2014年，全国小学生希望杯数学竞赛有30人次获得二、三等奖，岚关小学支部获得3次县委颁发的先进基层党组织奖牌。2000年，教师2人撰写的论文《学习新理念，走进新课程》《如何培训小学生初步的逻辑思维能力》获得贵州省小学教师优秀论文评选三等奖，教师2人的漫画《这下可看清了》《对与错》在黔南州首届交通安全漫画大赛中获三等奖，老师1人撰写的论文《开好主题班会之我见》被收集到《中国当代教育文集》中。2001年，岚关小学教学楼加层建设竣工。2007—2011年连续五年被县政府评为“文明单位”，2011年荣获全县六年级素质教育质量监测二等奖，2012年获县“整脏治乱”工作三等奖。2014年，获全县素质监测第五名、“多彩贵州、文明行动”先进单位、瓮安县“五好”基层关工委、瓮安县校园文化建设“优秀学校”，被县教育局评为“文明食堂”。

2015年，学校占地面积13680平方米，建筑面积4150平方米，打造校园“绿·雅”文化。学校有教学班8个，学生319人，教职工25人，其中州级骨干教师2人、县级骨干教师4人。投入50余万元新修师生食堂、110万余元修建学生宿舍、130万余元新建运动场、20万余元新建幼儿园、20万余元打造乡村少年宫建设。学校有普通教室8间，舞蹈室、书法室、美术室、电脑室、多功能室、图书室、实验室等专用教室12间。4月，岚关小学与中坪小学结对互助暨瓮安一小、玉山小学、天文小学、江界河小学和永和小学七校联合教研活动在岚关小学举行，相互探索课堂教学各环节的新路子，从教学课堂的改革、校本研究的推进、教学艺术的探究、校园文化的建设进行全面的深思，取得良好效果。岚关乡属小学荣获全县素质监测同级同类学校第四名，获校园文化建设先进学校。6月获全县中小学生文明礼仪知识竞赛中小学组二等奖，7月被县委评为先进基层党组织，10月在第三届中小学生篮球运动会中获小学女子组亚军。

表4-17　辅导站站长、校长、副校长一览表

职　务	姓　名	性　别	籍　贯	任职起止时间
校长	董中贤	男	贵州瓮安	1945—1949
校长	吴道修	男	贵州瓮安	1949—1951
校长	彭发富	男	贵州瓮安	1951—1953
校长	刘开荣	男	贵州瓮安	1953—1954
校长	袁祥辉	男	贵州瓮安	1954—1956
校长	陈庆辉	男	贵州瓮安	1956—1960
校长	王绪洋	男	贵州瓮安	1960—1965
校长	宋锡均	男	贵州瓮安	1965—1975
校长	潘启仕	男	贵州瓮安	1975—1984
校长	刘明远	男	贵州瓮安	1984—1987
校长	熊应和	男	贵州瓮安	1987—1992
辅导站站长	田应时	男	贵州瓮安	1992.1—1993.8
校长	邬培祥	男	贵州瓮安	1992.9—1995.8
辅导站站长	熊应和	男	贵州瓮安	1993.9—1997.7
校长	王绪忠	男	贵州瓮安	1995.9—2002.8
辅导站站长	倪祖学	男	贵州瓮安	1997.8—2001.7
辅导站站长	余廷海	男	贵州瓮安	2001.8—2002.2

续表4-17

职　务	姓　名	性　别	籍　贯	任职起止时间
校长	余廷海	男	贵州瓮安	2002.3—2007.8
副校长	王绪忠	男	贵州瓮安	2002.9—2007.8
校长	黄毕祥	男	贵州瓮安	2007.9—2014.8
副校长	安之会	男	贵州瓮安	2007.9—2009.8
副校长	周祥富	男	贵州瓮安	2009.9—2011.8
副校长	张朝友	男	贵州瓮安	2011.9—
校长	甘元伦	男	贵州瓮安	2014.9—
副校长	严超文	男	贵州瓮安	2014.9—

瓮安县小河山学校

清朝末年，小河山出现私塾，由黄平人王泽厚（秀才）在小河山大田坝陈姓住房里开办第一所私塾。1949年，小河山的教育一直以私塾的形式出现。1950年，政府在小河山大田坝村建立小学1所，有教学班1个，学生18人，教师2人。1952年，学校有初小教学班3个，学生44人，教师4人。1955年，第一批小学毕业生毕业。1969年，始建戴帽初中班，实行“六二”学制，小学6年，初中2年。1974年，师生投工投劳，修建砖木结构教学楼1栋。1981年，实行九年一贯制，小学6年、初中3年。1984年，学校有班级8个，学生200余人，教师12人。是年，县教育局拨款15万元，修建砖混结构教学楼1栋，解决校舍困难。1985年，小河山“两基”通过州级验收。1987年，学校实行校长负责制。1991年，学校有教学班9个，学生220人，教师15人。全县进行“撤、并、建”，撤销草塘区后，小河山乡建立教育辅导站管理学校。1998年，世界银行配备47.5万元，修建小河山学校新教学楼。是年，“两基”通过省级复查验收。1999年，学校全面实施“三制一管理”，并完善学校管理制度。9月，搬进现教学楼，办学条件得到改善。2000年，县一、二、三中及兄弟单位捐助5万元硬化学校操

小河山学校开展书画比赛（2015年摄）

场、修建围墙。2001 年，小河山教育辅导站被撤销，实行中心校全面管理全乡教育教学工作。2003 年，大田坝民小被撤销并入小河山学校，教育资源得到合理运用。2004 年，荣获省级校务公开先进单位。2007 年，香港爱国友人、民建委员黄佩球先生捐资 15 万元，地方配套资金 6 万元，教育局补助 9.3 万元修建“瓮安球安小河山小学”，教学楼于 4 月 25 日奠基，10 月 15 日竣工，小河山小学更名为“瓮安球安小河山小学”，初中部用小河山中学名称。

2009—2011 年，学校连续 3 年被县委评为“五好”基层党组织。2011 年 11 月，小河山幼儿园建立，学校被县委评为创先争优先进集体。

2014 年，学校公租房建成并投入使用，缓解小河山学校教师住房难的问题。2015 年，学校占地面积 10501 平方米，建筑面 5285 平方米，功能室齐全，学校固定资产 820 余万元。有教学班 12 个（幼儿园 3 个、小学 6 个、初中 3 个），学生 460 人。有教职工 43 人，其中县级骨干教师 4 人、州级骨干教师 1 人，高级职称教师 2 人、中级职称教师 15 人。

表 4-18 站长、校长、副校长一览表

职 务	姓 名	性 别	籍 贯	任职时间
校长	王忠林	男	贵州瓮安	1950. 9—1952. 8
校长	盛安平	男	贵州瓮安	1952. 9—1954. 8
校长	陈文斌	男	贵州瓮安	1954. 9—1958. 8
校长	刘贤德	男	贵州瓮安	1958. 9—1961. 8
校长	刘腾会	男	贵州瓮安	1961. 9—1966. 8
校长	宋泽方	男	贵州瓮安	1966. 9—1971. 8
校长	余朝伦	男	贵州瓮安	1971. 9—1984. 8
副校长	宋泽方	男	贵州瓮安	1971. 9—1984. 8
校长	潘维权	男	贵州瓮安	1984. 9—1985. 8
副校长	胡仁德	男	贵州瓮安	1984. 9—1985. 8
校长	范明会	男	贵州瓮安	1985. 9—1988. 8
副校长	柏荣贵	男	贵州瓮安	1985. 9—1988. 8
校长	柏荣贵	男	贵州瓮安	1988. 9—1991. 8
副校长	张光元	男	贵州瓮安	1988. 9—1991. 8
站长	柏荣贵	男	贵州瓮安	1991. 11—1994. 8
站长	吴志方	男	贵州瓮安	1994. 9—1996. 8
校长	晏帼奎	男	贵州瓮安	1991. 9—1994. 8
站长	杨秀琪	男	贵州瓮安	1996. 9—1998. 12
站长	余廷海	男	贵州瓮安	1999. 1—2001. . 8
站长	晏帼奎	男	贵州瓮安	2001. 9—2002. 11
副校长	戎成斌	男	贵州瓮安	1994. 9—2007. 8
校长	田　辉	男	贵州瓮安	1998. 9—2003. 8
校长	晏帼奎	男	贵州瓮安	2003. 9—2007. 8

续表4-18

职　务	姓　名	性　别	籍　贯	任职时间
校长	严　军	男	贵州瓮安	2007.9—2008.3
副校长	周祥富	男	贵州瓮安	2007.9—2008.3
副校长（主持工作）	周祥富	男	贵州瓮安	2008.3—2009.2
校长	戎成斌	男	贵州瓮安	2009.1—2014.9
副校长	晏定林	男	贵州瓮安	2010.3—2014.8
副校长	贺运法	男	贵州瓮安	2013.9—
校长	晏定林	男	贵州瓮安	2014.9—
副校长	姚景华	男	贵州瓮安	2014.9—
副校长	王　奇	男	贵州金沙	2014.9—

瓮安县天文中心完全小学

瓮安县天文中心完全小学位于天文镇东面，距县城42千米。民国9年（1920）7月，由本地人卢金城在3间木屋里创办“天文学堂”，招收富裕家庭子女10余人，学生年龄在6~12周岁不等，授课内容以国学经典四书五经、简单的计算（算术）等为主，写字均用毛笔书写。民国16年（1927），李治华（当时18岁左右，天文老街人）认为卢先生的办学理念有问题，于是便邀约2个有文化的年轻人，在当时政府的支持下参与办学，规模扩大，有教学班3个，学业80余人，学校改名为“天文小学”。民国29年（1940），学校收归政府管理，改校名为“中华民国瓮安县国立天文中心完全小学”，学校规模扩大到6个级，学生120余人，教师7人，对学生的课本进行统一。

天文小学大课间竹竿舞（2015年摄）

1950年，学校改名为“天文小学”，学生增加到200余人，教师10余人。进入20世纪70年代，在“教育要革命，学制要缩短”的号召下，天文小学改为五年制，办起2年制初中，学生500余人。1981年，初中部从小学分离。1985年，随着部分民办学校的撤并，学校规模扩大，在校学生550余人，教师20余人，实行教师专业化，专任教师的比例逐步增加。1989年，学前教育进入小学校园。

2008年9月，天文小学、木老坪小学、草塘小学、龙塘小学、玉山小学成立“三镇两乡”小学生篮球运动会组织委员会，首届篮球运动会于11月在天文小学举行。2011年3月，学校开始试行“生本教学”，用2个班级进行试验。

2015年，天文中心完全小学占地1.3万平方千米，建筑面积2979平方米。有多媒体教室15间，办公电脑19台，笔记本电脑7台，图书15750册，功能教室齐全。有小学12个班，学前3个班，在校学生600余人。专任教师32人，学历合格率100%，大专以上学历25人，小学高级教师14人。食堂工人6人，保安1人。

表4-19　　区视导员、辅导站站长、校长、副校长一览表

学校名称	职　务	姓　名	任职时间	籍　贯
天文学堂	校长	卢金城	1920—	贵州瓮安
天文小学	校长	李治华	1927—	贵州瓮安
国立天文中心完全小学	校长	郭礼华	1939—1941	贵州瓮安
国立天文中心完全小学	校长	贾伯方	1942—1946	贵州瓮安
国立天文中心完全小学	代校长	郭礼华	1942—1946	贵州瓮安
国立天文中心完全小学	校长	田俊文	1946—1948	贵州瓮安
天文小学	校长	贾全方	1948.9—1952.8	贵州瓮安
天文小学	校长	黄维华（女）	1953.9—1957.8	贵州瓮安
天文小学	副校长	黄可发	1953.9—1957.8	贵州瓮安
天文小学	校长	黄可发	1957.9—1958.8	贵州瓮安
天文小学	校长	王少培	1958.9—1962.8	贵州瓮安
天文小学	区视导员	彭启明	1963.9—1967.8	贵州瓮安
天文小学	校长	彭启明	1963.9—1967.8	贵州瓮安
天文小学	区视导员	范忠良	1967.9—1972.8	贵州瓮安
天文小学	校长	闵登发	1967.9—1969.8	贵州瓮安
天文小学	副校长	曾昭映	1967.9—1969.8	贵州瓮安
天文小学	校长	曾昭映	1969.9—1981.8	贵州瓮安
天文小学	支部书记	范信祥	1969.9—1981.8	贵州瓮安
天文小学	区视导员	刘文斌	1972.9—1982.8	贵州瓮安
天文小学	代校长	李隆瑞	1981.9—1983.8	贵州瓮安
天文小学	支部书记	谭奇友	1981—1983	贵州瓮安
天文小学	区视导员	杨文明	1982.9—1985.8	贵州瓮安
天文小学	校长	廖代明	1983—1985	贵州瓮安
天文小学	副校长	李道华	1983.9—1985.8	贵州瓮安
天文小学	区视导员	曾朝福	1985.9—1989.8	贵州瓮安

续表4-19

学校名称	职　务	姓　名	任职时间	籍　贯
天文小学	校长	闵明礼	1985.9—1988.8	贵州瓮安
天文小学	副校长	宋泽宇	1985.9—1990.8	贵州瓮安
天文小学	校长	卢　平	1988.9—1989.8	贵州瓮安
天文小学	辅导站站长	卢　平	1989.9—1992.3	贵州瓮安
天文小学	校长	吴费祥	1989.9—1990.8	贵州瓮安
天文小学	校长	熊永富	1990.9—1991.8	贵州瓮安
天文小学	副校长	管凰虎	1990.9—1993.8	贵州瓮安
天文小学	校长	何宣禄	1991.9—1993.8	贵州瓮安
天文小学	辅导站站长	康长春	1992.3—1999.8	贵州瓮安
天文小学	校长	吴昭意	1993.9—2002.8	贵州瓮安
天文小学	副校长	陈玉才	1993.9—2002.8	贵州瓮安
天文小学	副校长	李仕春	1993.9—2002.8	贵州瓮安
天文小学	辅导站站长	李仕春	1999.9—2002.3	贵州瓮安
瓮安县天文中心小学	校长	李仕春	2002.9—2007.8	贵州瓮安
瓮安县天文中心小学	副校长	袁仁国	2002.9—2011.8	贵州瓮安
瓮安县天文中心小学	校长	晏帼奎	2007.9—2011.8	贵州瓮安
瓮安县天文中心小学	校长	陈仕忠	2011.9—2014.8	贵州瓮安
瓮安县天文中心小学	副校长	贾　和	2011.9—2014.8	贵州瓮安
瓮安县天文中心小学	校长	陈先国	2014.9—	贵州瓮安
瓮安县天文中心小学	副校长	张庆军	2014.9—	贵州瓮安
瓮安县天文中心小学	副校长	宋　丹	2014.9—	贵州瓮安

瓮安县玉山中心完全小学

民国7年（1918）秋，岩坑保国民小学正式开班，校址在岩坑街上，校舍为废弃的黑神庙，教学班2个，教职工3人。民国11年（1922），学校规模扩大到1~6年级，教职工7人。是年，岩坑保国民小学更名为瓮安县玉山（第五）小学。民国24年（1935），国民政府拨款修建教室2间、教师宿舍3间。绅士贾其宇担任校长，开设女子学堂，招收女学生12人入学。民国26年（1937）秋，将女子学堂并入男子学堂，使山乡妇女解放，做到男女平等。

民国35年（1946），国共内战爆发，政府无力支付教师工资，部分教师另谋生路，学校只有4—5个教师留守，学生由近200人减至不足100人。1951年，贫苦农民翻身得解放，政府动员农民子女入学，瓮安玉山（第五）小学更名为瓮安县玉山中心完全小学。1954—1969年，学校为1~6年级全日制完全小学，学校校长管理全区（玉山区）学校的政治思想教育和教学业务指导。1954年9月，学校搬迁至玉山区新卫村，有教职工10人，学生300余人。

玉山小学校园（2010年摄）

1970年，由区学办管理全区学校各项工作，并开设戴帽初中班，新生招收教学班2个，每班约50余人。全校学生600余人，教职工30人。“文化大革命”期间，贫下中农管理学校，由贫管会主任入住学校，办有学农基地。1982年秋，玉山小学戴帽初中停止招生，学校恢复全日制小学，有教职员工30人，设教学班12个，学生600余人。1992年秋，撤区并乡建镇，区学办撤销，建玉山教育辅导站，下辖公办学校6所、村小（民办）16所，学生人数4000余人。玉山小学开班12个，另附属学前班1个，学生600余人，教职员工30人。

2001—2005年，学校连续5年被县教育局评为瓮安县中小学教师继续教育工程先进单位。2001年8月，岩坑小学合并至玉山小学，玉山小学校址迁至玉山街上原玉山二中校址，班额扩大至24个，学生1400余人，教职员工60余人。2002—2006年，学校筹资修建篮球场（水泥硬化）2个，硬化两栋教学楼间的活动场，建假山水池1个、花园4个。2002年3月，辅导站撤销，玉山小学管理职能转换，负责全镇教育教学等全方位工作。2003年被县政府评为文明单位，2004年被县政府评为麻疹疫苗补充免疫活动先进单位、在全县小学生知识竞赛中荣获一等奖，2005年被县委评为先进基层党组织和文明单位，2006年被县政府评为文明单位、被州教育局评为黔南州师德建设先进集体。

2007—2014年，新建学生食堂、学生宿舍各1栋，教师公租房完工，在校园内栽种松、竹、花卉等，安装校园广播，增添图书5000册，组织编写校本教材《家长必读》《礼仪手册》《安全教育》，班班设图书角（柜）。开展歌咏比赛、国学经典朗诵比赛等活动，建设“书香型”校园。投入资金选派骨干教师外出考察培训，打造“高效课堂”。2007年被县政府评为文明单位，2009年被瓮安县精神文明建设指导委员会评为“文明单位”，2013年素质测试中获二等奖。2014年，在瓮安县第四届中小学生田径运动会中，获组织奖、道德风尚奖，获团体总分第四名。

2015年，学校占地面积17001平方米，有教学楼2栋1914平方米，教师宿舍3栋2890平方米，学生宿舍1栋965平方米，学生食堂384平方米，厕所160平方米。有图书室、实验室、多媒体教室、体育器材室等功能室，“班班通”20套。有教师52人，学生1059人，工勤人员及保安10人，下辖角旁、白花、胜土、龙蟠、深溪5所村小。1月，被县教育局评为瓮安县安全工作先进单位、瓮安县校园文化建设优秀学校，被州教育局评为州级绿色学校。3 月，玉山小学开展一、二、三年级组的“学生作业评价”和四、五、六年级组的“抽奖作业”校本教研活动。编写《玉山小学教师手册》《环保教育》《书法绘画与表达》，在走廊文化中增设“国学经典诵读”“校园安全童谣”“立德树人”“科普知识”“安全教育”“文明礼仪”等内容，更新校园文化墙。4 月，共青团瓮安县委授予“全县优秀少先队集体”。

表 4-20　　区视导员、辅导站站长、校长、副校长一览表

职　务	姓　名	性　别	任职时间	籍　贯
校长	苏×	男	1918.8—1930.7	贵州瓮安
校长	李会明	男	1930.8—1931.7	贵州瓮安
校长	王大红	男	1931.8—1933.8	贵州瓮安
校长	陈达常	男	1933.8—1934.7	贵州瓮安
校长	贾其宇	男	1934.8—1937.7	贵州瓮安
校长	张承洞	男	1937.8—1941.7	贵州瓮安
校长	张其学	男	1941.8—1942.7	贵州瓮安
校长	陈亘禄	男	1942.8—1944.7	贵州瓮安
校长	张定学	男	1944.81946.7	贵州瓮安
校长	犹定新	男	1946.8—1948.7	贵州瓮安
校长	王承谦	男	1948.8—1951.7	贵州瓮安
校长	任道远	男	1951.8—1954.8	贵州瓮安
校长	林大发	男	1954.8—1956.7	贵州瓮安
校长	陈荣贵	男	1956.8—1958.7	贵州瓮安
校长	李隆顺	男	1958.8—1962.7	贵州瓮安
校长	王大华	男	1962.8—1967.7	贵州瓮安
校长	刘其光	男	1967.8—1984.7	贵州瓮安
区学办视导员	钟文华	男	1972.8—1984.7	贵州瓮安
区学办视导员	张　松	男	1984.8—1985.2	贵州瓮安
校长	余小平	男	1984.8—1986.7	贵州瓮安
副校长	张安云	男	1984.8—1986.7	贵州瓮安
区学办视导员	张国伦	男	1985.3—1987.7	贵州瓮安
校长	张安云	男	1986.8—1992.7	贵州瓮安
副校长	唐有余	男	1986.8—1992.7	贵州瓮安
区学办视导员	贺国杰	男	1987.8—1991.12	贵州瓮安
区学办视导员	王盛木	男	1992.1—1993.7	贵州瓮安
校长	唐有余	男	1992.8—2000.7	贵州瓮安
副校长	赵明志	男	1992.8—2000.7	贵州瓮安
辅导站站长	李文典	男	1993.3—1999.8	贵州瓮安

续表4-20

职　务	姓　名	性　别	任职时间	籍　贯
辅导站站长	陈古辛	男	1999. 9—2001. 12	贵州瓮安
校长	杨正有	男	2000. 8—2001. 7	贵州瓮安
副校长	黄群华	男	2000. 8—2001. 7	贵州瓮安
校长	张永志	男	2001. 8—2003. 8	贵州瓮安
副校长	杨正有	男	2001. 8—2014. 8	贵州瓮安
校长	陈古辛	男	2003. 7—2014. 9	贵州瓮安
副校长	张永志	男	2003. 7—2004. 12	贵州瓮安
校长	张永志	男	2004. 12—2006. 7	贵州瓮安
校长	甘元伦	男	2006. 8—2014. 8	贵州瓮安
副校长	陈先国	男	2006. 8—2014. 8	贵州瓮安
校长	谢瑞禄	男	2014. 9—	贵州瓮安
副校长	周　立	男	2014. 9—	贵州瓮安
副校长	王　松	男	2014. 9—	贵州瓮安

瓮安县江界河中心完全小学

瓮安县江界河镇中心完全小学前身可追溯到1951年8月，最初建在尖坡村水坪（渡江社区坪庄组），学生有40余人，年龄为8~15岁，全部在1个班级读一年级，有教师1人。1952年，学校定名为尖坡小学，开设一至三年级，有教学班3个，学生80多人，有教师3人。1955年，尖坡小学将所有校产及学生迁至老龙塘地界重新建校，改名为龙塘小学，有一至四年级，教学班4个，学生100余人，教师8人。1968年，学校迁至龙塘村龙塘组，建成完全小学，有学生300多人，教师7人。1970年，增设初中戴帽班，成为九年一贯制学校。1971年，有教师30余人，学生600余人。

1978年，初中、小学各有教学班6个，学生500余人。办学条件差，有4个小学班在1栋木房内学习。学生厕所为简易木架。学生桌凳不齐全，部分学生从家里带桌凳到学校。教学仪器有部分自制三角板、局发的一个地球仪、部分挂图、教学算盘2架。有图书100余册，简易木制篮球架1付，有拔河绳、小皮球、羽毛球等。由财政匹配部分资金购买砖瓦等，其余木料、沙石、人工靠各大队投工投劳、献料修建教室。是年，在磨坪村办扫盲培训学习班，生产队为每个参学人员记工分，每学习一晚上，待验收合格后记工天1个，不合格不记。在暑假集中全公社所有教师到中心小学进行业务学习，每天上课4节（每节课1小时）。1981年，改公社为乡，改大队为村。1983年开始，全县提倡中小学教师教材教法过关，全乡集中教师在暑期进行培训。

1986 年，普及初等义务教育后，转入“两基”工作，政府加大投资办学力度，通过财政拨款、教育附加费的征收、建校维修费的收取、社会捐资及群众集资等形式集资办学。上级把发展基础教育的责任交给地方，实行“分级办学，分级管理”，乡政府主要负责中心小学的管理，村委负责村小学的管理。除业务工作由教育局直接负责外，学校的布局规划及建设、人员的任免由公社、村两级作具体安排。1989 年，校址迁址至龙塘街上，并将磨坪民小并入龙塘小学，有教师 60 人，学生 1200 余人。12 月，由教育局拨款 12 万元、乡政府出面调整土地、师生投工投劳修建的新学校完工，校址在龙塘街上北端，龙塘小学更名为龙塘学校，有教学班 7 个，学生 385 人（其中初中 4 个班，学生 252 人），教师 19 人。1990 年，鼓励民办教师参加中师函授学习，动员年轻教师参加在职函授或脱产进修学习。1991 年，实行农村教育费附加征收，所征费用由乡政府财政统管，用于建校专用经费。1992 年 3 月，撤区并乡建镇，设立教育辅导站，全乡学校业务、账务等由辅导站统一管理。

1993—1996 年，中考录取率均居全县同级同类学校第一。1993 年 8 月，通过县政府验收，达“高标准扫除文盲单位”标准。1994 年被县局评为教研工作三等奖。1995 年，中考取得最好成绩，中师中专录取 11 人，高中录取 10 人。6 月和 10 月，2 次被评为“中函先进单位”。是年，开始“小继教”第一阶段培训。1996 年，被县教育局定为农技示范学校，并得到州教委奖励。

1997—2001 年，辅导站带领骨干教师和各校负责人到玉山小学、小开洲小学、龙水小学、天文大塘小学等学校调研学习，互相授课、听课、说课、评课，探讨新教材、新教法，调动学生的学习积极性，把主动权下放给学生。1997 年，教育局报经县政府研究批准，由国家拨款 20 万元，龙塘乡政府匹配 10 万元，在龙塘街南端桂林坝重建小学。1998 年，小学修建完工，中小学分家，小学部迁址后校名还原为瓮安县龙塘小学，时有教学班 9 个，学生 439 人，教师 21 人。1999 年，辅导站投入 18 万元在龙塘小学建教师宿舍 8 套。2000 年，学校教室、政府礼堂、田边地头、园林深处等都是农技培训的地点，培训内容有烤烟栽培与烘烤、玉米宽窄行移栽、畜禽饲养、果树栽培等。4 月，龙塘小学办学水平经教育局综合考核，分值为 98.3 分，等级为优秀。是年，教师工资收回县财政，由教育局统一发放。2001 年 9 月，“小继教”第二阶段工作启动，以乡为单位，在暑期集中统一培训，每天上课

江界河小学少年宫（2015 年摄）

6节。9月，官塘小学并入龙塘小学。

2002年，推广“目标教学法”，全校统一要求按“目标教学法”备课、说课、授课、评课。辅导站购一批教学录像带，巡回放给师生观看，学习先进经验，提高教育教学能力。2月，教育辅导站撤销，建立乡镇中心学校，由中心学校管理全乡小学（教学点）业务工作，各村级小学账务建在中心小学，资金统一交中心小学存入银行，各校各月凭支出发票报销核账，中心小学按月与银行网络账户对账审核。是年，不再征收教育附加费，改为教育转移支付款，县财政直拨乡财政。2003年，上级为学校配置远程教育设备，学校兼任农村专业技术培训，并在各村小学成立农民文化技术学校，形成“校长1人管两校，教师1人兼两教”的教学和培训模式。10月，进行教研工作改革，采取走出去、请进来的办法，学校与龙水、麻池、金钟结成四校课改联谊伙伴，每年四校举行一次联谊观摩学习交流活动。2004年5月14日，玉山小学到龙塘小学开展教研交流活动，对课改新理念、新教法进行交流互动。2005年，学校硬件设施得到改善，做到无危房、有教室、有桌凳、有厕所“一无三有”，教学仪器按要求配备齐全，生均图书达10册以上，生均占地面积18.8平方米，教学中用上远程教育资源。非文盲率达99.16%，对脱盲后学员进行巩固提高培训，对青壮年进行农技培训。2007年，瓮安实行校长交流制，校长任3年后进行一次交流。学校账务开始实行联签制，账务发票必须经校长、分管副校长、会计、出纳等3人以上签字。2008年获“黔南州绿化先进学校”称号，2009年获获“黔南州绿化先进学校”“黔南州园林式学校”“黔南州二类园林式学校”称号。

2012年8月，龙塘乡与铜锣乡合并建置江界河镇，龙塘中心完全小学改为江界河中心完全小学。2013年，木引槽乡的沿江村并入江界河镇，其毛沙坪小学划入江界河中心完全小学管辖。3月，学校在贵州省彩票公益金的资助下建成乡村学校少年宫并投入使用。9月，学校拥有多媒体教室3间，学生信息技术教室1间，拥有多媒体设备，实现网络办公。有少年宫活动室10间，开设器乐（古筝、电子琴、二胡等）、书画、舞蹈等课外活动25个活动组。是年，获黔南州绿化先进学校、在全县中小学生篮球比赛中获小学组冠军。2014年，学校财务实行“校财局管”模

江界河小学少年宫学生刺绣（2015年摄）

式，由教育局管理学校的资金，会计由教育局的人员负责，学校只设报账员 1 人，每月月底学校报账员用联签制发票到教育局计财科报账。是年，校园文化评比名列全县前茅，少年宫工作获全省“良好”称号，“留守儿童之家”获贵州省二等奖，少年宫选送文艺节目参加全县比赛获三等奖，全县中小学生田径运动会获集体第六名和 3 个单项第一名（其中男子实心球和男子 4×100 接力破县记录）。

2015 年，学校教师有本科生 7 人、大专生 13 人、中师中专 3 人，学历 100%达标。在全县的小继教工作验收中获优秀，全县中小学生篮球比赛获小学男子组第八名，县“四项教育”活动获优秀，校园文化检查获全县前茅，少年宫工作被贵州省评为优秀，分管少年宫副校长被省教育厅、省财政厅评为优秀校长。

表 4-21　辅导站站长、校长、副校长一览表

职　务	姓　名	任职时间	籍　贯
校长	张发清	1978. 9—1984. 8	贵州瓮安
校长	李锦斌	1984. 9—1985. 8	贵州瓮安
副校长	李亭亮	1984. 9—1985. 8	贵州瓮安
校长	李亭亮	1985. 9—1991. 8	贵州瓮安
副校长	李锦斌	1985. 9—1986. 8	贵州瓮安
辅导站站长	李亭亮	1991. 9—2002. 2	贵州瓮安
校长	尹德辉	2002. 3—2003. 2	贵州瓮安
副校长	李绍龙	2002. 3—2003. 2	贵州瓮安
校长	李亭亮	2003. 2—2007. 8	贵州瓮安
常务副校长	尹德辉	2003. 2—2008.	贵州瓮安
副校长	李绍龙	2003. 2—2007. 8	贵州瓮安
校长	周泽坤	2007. 8—2011. 8	贵州瓮安
副校长	戎成斌	2007. 8—2009. 1	贵州瓮安
副校长	吴秀龙	2009. 1—2015. 6	贵州瓮安
校长	陈泽华	2011. 8—	贵州瓮安
副校长	陈　刚	2012. 8—2013. 10	贵州瓮安
副校长	吴秀龙	2012. 8—	贵州瓮安
副校长	李安进（女）	2014. 8—	贵州瓮安

瓮安县珠藏中心完全小学

珠藏小学距瓮安县城62千米，距遵义77千米，始建于民国5年（1916），学校校舍为破旧瓦木房，有教师9人，设1~6年级，教学班6个，学生100多人，教师工资由区从税金中统一支付，粮食由学田解决。1954年，有教师14人，学生300多人。1958年，有教学班8个，学生400余人，教师15人。1960年，遇“粮食关”，学生人数减少。1966年，学校设立初中班，称为戴帽初中。学校发动初中班的学生搞勤工俭学，到老虎场附近的砖瓦厂、羊关等地抬砖来修教室，添置砖瓦结构教室6间。“文化大革命”运动把正常的教学秩序打乱，学生以闹革命为主，教师遭批斗。1978年，学生人数增加至700余人，1984年，争取世行匹配资金5万元修建学校，1985年，修建砖混结构一楼一底教学楼8间。

珠藏小学体育运动（2012年摄）

1986年，有教师26人，教学班12个，学生800余人。教师宿舍紧缺，教师在外租房住宿。1993年初，学校组织在外租房教师集资12.5万元，建成教师宿舍8套。1994年，撤水田小学、万物寨小学、桐梓坡小学并入珠藏小学，共有教师51人，学生1500余人。学校自筹资金7.5万元，教育部门匹配拨款的形式修建甲型教室8间。1998年，学校通过省、州“两基”验收，成绩为合格。1999年4月，学校通过县教育督导办学水平评估，评估结果为良好。9月，被县委、县政府评为“文明学校”。2002年，学生28人在全国小学生希望杯数学竞赛中分别获二、三等奖。推进素质教育，为完善教学设施建设，学校修建教室8间、办公楼1栋。2005年9月，被县委、县政府评为“优秀学校”。

2007年，有教师51人，教学班19个，学生1000多人。学校实行岗位责任制，核定教师工作量，明确班主任在学校管理中的地位，推行月量化考核制度，定时发放岗位津贴，提高教职工的待遇。2009年，在校园右侧新征地6000余平方米修建校舍。2013年，修建能容纳200余人的学生宿舍1栋，建教师周转房14套。7月，撤高水乡、牛场坝乡、木引槽乡的一部分并入珠藏镇，高水小学及原各乡村级小学由珠藏小学管辖。是年，教师10人在县统考抽改科目中分别获县政府的表彰。

2014年，学校服务半径约12千米，有教学班20个，学生1263名，有教师54名，其中本科学历4人、大专学历43人、中师学历7人，中级职称43人、初级职称11人，省、州、县级骨干教师9人。有实验室1间，仪器室保管1间，多媒体教室1间，教师办公室13间，学校办公用计算机20余台，少先队活动室1间，图书室1间，总藏书量2万余册。学校申报乡村学校少年宫成功，由省文明办拨款20万元，购置3000余件器材，设置功能室5间。10月，学生有2人分别获得贵州省第一届科普知识三等奖和优秀奖。12月，修建一楼一底600多平方米的学生食堂1栋、教师公租房23套竣工。

2015年1月，被县委、县政府评为先进单位，被教育局评为校园文化建设优秀学校。5月，获瓮安县青年舞动大赛优秀奖。10月，运动场扩建、厕所搬迁和综合楼修建共400万元的建设项目立项。教育局组织的小学生篮球运动会中获得组织奖。

表4-22　　区视导员、辅导站站长、校长、副校长一览表

校　名	职　务	姓　名	任职起止时间	籍　贯
珠藏小学	校长	张碧珍	？—1954.8	贵州瓮安
珠藏小学	校长	石明信	1954.9—1958.8	贵州瓮安
珠藏小学	校长	邓光炯	1958.9—1966.8	贵州瓮安
珠藏区学办	视导员	田有余	1962.9—1974.8	贵州瓮安
珠藏小学	校长	田有余	1966.9—1970.8	贵州瓮安
珠藏小学	校长	沈绍书	1970.9—1973.8	贵州瓮安
珠藏小学	校长	李荣富	1973.9—1978.8	贵州凯里
珠藏区学办	视导员	李荣富	1974.9—1983.12	贵州凯里
珠藏小学	校长	丁锡连	1978.9—1987.8	贵州瓮安
珠藏小学	副校长	吴超平	1978.9—1985.8	贵州瓮安
珠藏区学办	视导员	谭华忠	1983.3—1987.8	贵州贵阳
珠藏区学办	视导员	丁锡连	1987.9—1990.8	贵州瓮安
珠藏小学	校长	李　林	1987.9—1994.8	贵州瓮安
珠藏小学	副校长	杜开兴	1985.9—1994.8	贵州瓮安
珠藏镇辅导站	站长	涂仕昌	1990.9—1996.8	贵州瓮安
珠藏小学	校长	陈　林	1994.9—2002.8	贵州瓮安
珠藏小学	副校长	向昌贵	1994.9—2002.8	贵州贵阳
珠藏镇辅导站	站长	王明忠	1996.9—2000.8	贵州瓮安
珠藏镇辅导站	站长	袁　敏	2000.8—2001.11	贵州瓮安
珠藏小学	校长	袁　敏	2002.9—2007.8	贵州瓮安
珠藏小学	副校长	刘朝明	2002.9—2007.8	贵州瓮安
珠藏小学	校长	谢其卫	2007.9—2014.8	贵州瓮安
珠藏小学	副校长	陈　刚	2007.9—2011.8	贵州瓮安

续表4-22

校　名	职　务	姓　名	任职起止时间	籍　贯
珠藏小学	副校长	黄明忠	2009. 9—2011. 8	贵州瓮安
珠藏小学	副校长	石家发	2011. 9—2013. 8	贵州瓮安
珠藏小学	副校长	龙登华	2011. 9—2014. 8	贵州瓮安
珠藏小学	校长	龙登华	2014. 9—	贵州瓮安
珠藏小学	副校长	张杨春	2013. 12—	贵州瓮安
珠藏小学	副校长	李　强	2014. 9—	贵州瓮安

瓮安县木引槽学校

瓮安县木引槽学校位于瓮安县珠藏镇新兴村，地处瓮安县西北，距县城 67 千米。学校始建于 1962 年，建校时称为木引小学，后为解决学生就近入学，增设初中班。1978 年，停止初中部招生。1979 年，学校由革命委员会管理，设主任 1 人，学校基础设施简陋，有木房 3 栋，砖瓦房 2 栋，教师 40 余人，学生共 780 人。1980 年，学校在区教办的统一领导下办学条件和师资水平得到改善，学生增至 800 余人，教师 55 人。1983 年，恢复校长负责制。

1989 年，撤销木引民小并入木引小学。1993 年，木引小学更名为木引槽学校，恢复初中部招生。1996 年，乡匹配资金 12 万元，兴建木引槽学校甲型教学楼 12 间 875 平方米。1997 年，学校自筹资金 3. 8 万元，完成校门和厨房的修建。1998 年，通过全省“两基”验收。1999 年 9 月，学校租赁木引槽村狮子山荒山 320 余亩（租期 10 年），建农村基础教育综合改革示范基地，县林业局提供板栗、杨梅、枇杷、梨子等果树苗 5000 余株，县发改局无偿投入肥料 20 吨。2001 年，撤销大坪小学并入木引槽学校。县局全额拨款 24 万元修建木引槽学校乙型教室 12 间共 780 平方米。2002 年，撤销青杠咀、上庆并入木引槽学校，上庆保留教学点，隔年招生。是年，通过州教育局验收，获黔南州农村综合教育改革示范校。

木引槽学校教学楼（2008 年摄）

2006年，新建教学楼1748平方米，撤销白岩教学点、上庆教学点。是年，13户教师自凑资金75万余元修建教师宿舍1300平方米。2007年，学校教师自筹资金8500元修建木引槽学校专用水池1个。2008年，学校筹资硬化学校操场、修建学校花池、学校假山等。是年，中考成绩名列全州同类学校第三名。2009年，撤销沙子坎小学、油房小学四至六年级，修建学生宿舍、学生食堂。2009—2010年中考成绩连续两年获黔南州教育教学质量一等奖。2012年，学校从公用经费里抽取部分资金改造学校污水沟、垃圾炉的修建。

2013年7月，撤乡并镇后，毛沙坪小学按照属地原则划归江界河镇，油房小学划归珠藏镇由珠藏小学辖管。2014年，8个教学班安装“班班通”设备，学校信息技术教育和多媒体辅助教育得到保障。

2015年，学校校舍占地面积6390平方米，校舍建筑面积5504平方米。有幼儿园教学班3个、小学教学班12个、初中教学班5个，有幼儿93人、小学生433人、初中212人，有在职在岗教师58人。学校办学条件得到改善，综合楼、厕所、塑胶跑道项目已立项，并对幼儿园进行改造。中考平均分563.7分，排名全县第二名，其中，英语平均分107.6分，居全县第一；学生58人参加中考，700分以上2人、600分以上19人，全部被高中录取，700分比例占全县第三；七八年级抽凭科目总成绩获全县三等奖。被教育局评为校园文化建设先进学校，被珠藏镇政府授予中考教学质量奖，获贵州省第七届“贵青杯”舞蹈大赛三等奖。

表4-23　　辅导站站长、校长、副校长一览表

职　务	姓　名	性　别	籍　贯	任职起止时间
革委主任	胡中兴	男	贵州瓮安	1978.9—1980.8
校长	胡中兴	男	贵州瓮安	1980.9—1983.8
校长	李仕忠	男	贵州瓮安	1984.9—1986.8
校长	卢增位	男	贵州瓮安	1986.9—1988.9
校长	陈禄银	男	贵州瓮安	1989.9—1993.8
副校长	戴德东	男	贵州瓮安	1990.9—1991.8
校长	田维舟	男	贵州瓮安	1993.9—1998.8
常务副校长	杨知华	男	贵州瓮安	1995.9—1999.8
副校长	王俊松	男	贵州瓮安	1995.9—2005.8
副校长（主持工作）	敖德奎	男	贵州瓮安	1998.9—1999.8
副校长	戴德东	男	贵州瓮安	1990.9—1991.8
校长	田维舟	男	贵州瓮安	1993.9—1998.8
常务副校长	杨知华	男	贵州瓮安	1995.9—1999.8
副校长	王俊松	男	贵州瓮安	1995.9—2005.8
副校长	敖德奎	男	贵州瓮安	1998.9—1999.8
校长	敖德奎	男	贵州瓮安	1990.9—2003.8
校长	鄢华东	男	贵州瓮安	2002.9—2007.8

续表4-23

职　务	姓　名	性　别	籍　贯	任职起止时间
校长	李绍龙	男	贵州瓮安	2007.9—2009.5
副校长	鲁恩平	男	贵州瓮安	2007.9—2008.8
校长	李天省	男	贵州瓮安	2009.9—2011.8
副校长	雷光友	男	贵州瓮安	2009.9—2011.8
副校长	黄　平	男	贵州瓮安	2009.9—2011.8
校长	雷光友	男	贵州瓮安	2011.9—2014.8
副校长	张　松	男	贵州瓮安	2011.9—2014.8
副校长	李德强	男	贵州瓮安	2011.9—2014.8
校长	张　松	男	贵州瓮安	2014.9—
副校长	刘朝辉	男	贵州瓮安	2014.9—
副校长	王荣宽	男	贵州瓮安	2014.9—
副校长	梅文忠	男	贵州瓮安	2016.10—

瓮安县牛场坝学校

牛场坝学校距瓮安县城72千米。1951年3月，在荒田沟一村民的堂屋里开办教学班1个，学生13人，有私塾先生1人。1953年，学校重新选址桃子坪徐家坡半坡上建校，村民投工投劳，新建木制瓦房1栋5间。有教师6人，学生100余人。1956年夏，教学楼被风吹跨，学校搬迁到避风的新华小湾组吴家屋基上课，重新修建瓦房1栋6间，占地约3亩，有学生146人、教师7人。村民通过民主选举产生校长。是年，被珠藏镇区公所、区教办命名为牛场片区中心校，学校开设语文、算术、政治等学科，学校采用复试教学，教学方式也只是传统的讲学，检测教学质量的标准是学分制，只要学生学分达到60分，均为合格。1965年，县教育局将“牛场片区中心校”改为“瓮安县牛场小学”。9月，学校搬迁到新华村所在地，占地面积约5亩，砖木结构的瓦房12间，有教师12人，学生368人。1966年，“文化大革命”开始，学校停办。1969年9月，恢复办学，学校占地约4亩，房屋石砖木结构。设初中部，招收教学班3个，初中学生151人。1970年9月，学校租用新华大队石房2间，单独开办初中。1975年3月，全体师生抬泥沙铺垒操场。1976年8月，学校筹措资金8000余元进行危房改造。

1978—1990年，学校占地面积10亩，新建混砖结构教室2楼12间，修建砖木结构教师宿舍2栋12套。1985年9月，政府拨款、学校集资近8万元，新建教学楼1栋，教室12间。1986年9月，县政府验收普及初等教育合格。1990年，有小学学生556人、初中学生463人，中小学教师共30人。

1991年12月，撤区并乡建立教育辅导站，学校更名为“瓮安县牛场坝学校”。1993年8月，经县人民政府验收学校高标扫盲合格。1995年修建教学楼1栋教室10间。1996年，学校通过多方集资，修建围墙、教师宿舍、学生宿舍，兴建花池、喷水池等附属设施，学校实行全封闭式的管理。2000年，学校进行校舍改造，建微机室、多媒体教室等。4月，获中小学继续教育优秀奖。2001年12月，获黔南州实验示范学校荣誉称号。2004年10月，获全县中学知识竞赛三等奖。2006年，学校对初中教学楼进行加层，建理、化、生实验室、自然实验室各1个，建多媒体教室1间、微机室2间，有微机64台，图书室1间，图书1万多册。有小学教学班9个467人，初中教学班7个431人，有教师41人，教师学历合格率达100%，初中教师本科占80%。

县教育局局长谢静、副局长罗明梅到牛场坝检查工作（2015年摄）

2009年，学校修建学生宿舍和食堂，初中学生全部寄宿学校。2010年3月，获瓮安县文明单位荣誉称号。7月县委授予五好基层党组织荣誉称号，9月获职业高中招生三等奖，11月获全县中小学生文艺会演二等奖，12月获全县中小学生团体体操大赛二等奖。2011年7月，获中国共产党建党90周年红歌赛优秀奖。2014年，有教师42人、中学生247人、小学生308人。成功申办牛场坝学校幼儿园。

2015年，学校为九年一贯制学校，下辖4所村级小学，有教师51人、学生520人。6月1日，举行“关爱留守儿童，传递爱心正能量”大型演出，邀请社会爱心人士60余名参加，接受捐款70000余元。20日，县长黄桂林到牛场坝学校指导留守儿童工作，并对留守儿童进行现场帮扶。7月，被评为县先进基层党组织。中考600分以上有5人。9月15日，全县留守儿童工作经验现场交流会在牛场坝学校召开，参加会议150余人。被评为县先进幼儿园，获县中职招生先进集体（二等奖）。12月10日，成功申报全省留守儿童自主自强中心。

表4-24　辅导站站长、校长、副校长一览表

职务	姓名	性别	籍贯	任职时间
校长	袁先生	男	瓮安	1951.9—1956.7
校长	陈尧辉	男	瓮安	1956.9—1966.7
革委会主任		男	瓮安	1966.8—1969.7
校长	周福亨	男	瓮安	1969.9—1970.7

续表4-24

职　务	姓　名	性　别	籍　贯	任职时间
校长	朱正书	男	瓮安	1970.9—1975.7
校长	王征贵	男	瓮安	1975.9—1976.7
校长	涂世昌	男	瓮安	1976.9—1991.12
副校长	王征贵	男	瓮安	1983.9—1990.7
副校长	舒仕华	男	瓮安	1990.9—1991.12
辅导站站长	谭华中	男	瓮安	1991.3—1992.9
校长	舒仕华	男	瓮安	1991.3—1992.7
辅导站站长	王永富	男	瓮安	1992.9—1996.8
校长	严国辉	男	瓮安	1992.9—1994.8
副校长	舒仕华	男	瓮安	1992.9—1997.8
校长	张永群	男	瓮安	1995.9—1997.8
辅导站站长	刘朝明	男	瓮安	1996.9—2001.7
校长	王永富	男	瓮安	1997.9—1999.7
副校长	何鹏飞	男	瓮安	1997.9—2003.9
校长	李　勇	男	瓮安	1999.9—2002.9
辅导部部长	夏余胜	男	瓮安	2001.9—2002.3
校长	夏余任	男	瓮安	2003.9—2003.10
校长	何鹏飞	男	瓮安	2003.10—2007.8
副校长	李天省	男	瓮安	2003.10—2009.3
校长	吴秀龙	男	瓮安	2007.8—2009.3
校长	李天省	男	瓮安	2009.3—2009.8
校长	李绍龙	男	瓮安	2009.9—2011.8
副校长	冉启才	男	瓮安	2009.9—
校长	何鹏飞	男	瓮安	2011.9—2014.8
校长	秦昌贵	男	瓮安	2014.9—
副校长	帅本宇	男	瓮安	2014.9—

瓮安县中坪中心完全小学

中坪小学始建于1954年，校址在中坪街附近的庙宇处，有学生80余人、教师5人。1958年8月，学校迁到中坪临街处，有学生100余人、教师7人，校舍建筑为砖木结构，面积536平方米，占地面积9580平方米，教室6间，操场2个。1981年，学校开展扫盲工作，以村组为单位为青壮年办扫盲班8个，每期学员有100余人，由中坪区学办督促验收。1983年8月，小学恢复六年制教学，学生500余人。1986年征地3809平方米建幼儿园，1987年9月幼儿园正式开班上课。1991年年底，全县开始撤并建工作，中坪建镇，镇设立教育辅导站，中坪小学所辖民庄、大塘、金竹、中兴、高庄民校。2002年，撤教育辅导站，由中坪小学负责管理艾州、茶店、柏香、水耳、中兴、民庄、关田、上坝、珠砂、金竹、新土、茶坪、大坪等17所学校教育教学工作。1995年，建两楼一底教学楼，建筑面积1280平方米，教室18间。是年，有学生875人，教师44人。2007年，商文立出资建教学楼，名“文立希望教学楼”，建筑面积2823平方米，教室12间。有教师54人、学生1207人。

中坪小学文立希望教学楼（2015年摄）

2010年教育局拨款修建综合教学楼1栋。2013年教育局拨款修建学生宿舍1栋。2014年，中坪镇辖居委会1个、行政村5个、村民组183个，村级学校3所，小学教学班40个，学生1266人。是年，1名教师在全县抽考科目中获第一名。11月，瓮安一小、二小、中坪、岚关四校举行教育教学校际交流活动。12月，中坪小学派教师9人赴广东外语外贸大学附属小学进行观摩学习后，开始推动“生本教育”课堂，在教育教学中强化学生的养成教育，注重学生日常行为习惯的养成培养。

2015年，有学生1006人，教职工75人（其中专职教师62人），保安3人，食堂工人10人。4月，与瓮安一小、岚关小学、玉山小学、天文小学、永和小学、江界河小学举行七校教育教学经验交流活动，并派教师12人赴余庆县太平小学观摩学习“生本课堂”。9月，县教育局拨款修建学生食堂1栋。是年，获瓮安县第七届“青少年科技创新大赛”组织工作三等奖、瓮安县第三届中小学生篮球运动会“体育道德风尚奖”、获县“四项教育”先进学校称号、获瓮安县“十二五”教师继续教育工程优秀学校。

表4-25　区学办视导员、辅导站站长、校长、副校长一览表

名　称	职　务	姓　名	性　别	籍　贯	任职时间
中坪小学	校长	王大章	男	贵州瓮安	1954—1958
中坪小学	校长	王逸勤	男	贵州瓮安	1958—1967
中坪小学	革委会副主任	李金安	男	贵州瓮安	1967—1971

名　称	职　务	姓　名	性　别	籍　贯	任职时间
中坪区学办	视导员	蒙二胡	男	贵州瓮安	1968. 9—1971. 8
中坪小学	副校长（主持工作）	李群先	女	贵州瓮安	1971. 3—1971. 8
中坪区学办	视导员	王绍培	男	贵州瓮安	1971. 9—1972. 7
中坪小学	校长	熊训伦	男	贵州瓮安	1971. 9—1981. 8
中坪区学办	视导员	彭启明	男	贵州瓮安	1972. 8—1984. 4
中坪小学	校长	李群先	女	贵州瓮安	1981. 9—1987. 8
中坪区学办	视导员	王运忠	男	贵州瓮安	1984. 5—1988. 8
中坪小学	校长	李报泽	男	贵州瓮安	1987. 9—1988. 8
中坪区学办	视导员	余志荣	男	贵州瓮安	1988. 9—1993. 2
	副校长	董泽榜	男	贵州瓮安	1988. 9—2005. 8
中坪小学	校长	伍家贵	男	贵州瓮安	1988. 9—1993. 8
中坪辅导站	辅导站站长	刘宗祥	男	贵州瓮安	1993. 3—2002. 2
中坪小学	校长	廖兴伟	男	贵州瓮安	1993. 9—2007. 8
	副校长	王富荣	女	贵州瓮安	2005. 8—2007. 8
	副校长	邹　丽	女	贵州瓮安	2006. 9—2011. 5
中坪小学	校长	沈佐韦	男	贵州瓮安	2007. 9—2009. 8
中坪小学	校长	廖兴伟	男	贵州瓮安	2009. 8—2014. 8
	副校长	谢瑞禄	男	贵州瓮安	2011. 9—2014. 8
	副校长	宋荣霞	女	贵州瓮安	2011. 9—2014. 8
中坪小学	校长	陈仕忠	男	贵州瓮安	2014. 9—
	副校长	刘　高	男	贵州瓮安	2014. 9—
	副校长	张　琪	女	贵州瓮安	2014. 9—

瓮安县建中逸夫中心完全小学

瓮安县建中小学始建于民国 27 年（1938），属官办，校址在建中街上的蔡家祠堂。有教师 3 人，学生 20 余人，设教学班 6 个。学校位于县城西部，距离县城 30 千米。上课时以摇铃声为钟声，开设语文、算术、音乐、美术、毛笔 5 门学科。民国 31 年（1942），有教师 3 人、学生 30 余人。民国 33 年（1944），学校迁址到新校区，有教师 7 人、学生 150 余人。

1961 年，受“粮食关”影响，学校停办 1 年。1965 年，学校增设初中部。1981 年年底，学校开设扫盲班。1996 年，实现“普六”，学生免试读初中。1998 年，中小学分家，中学搬迁至新校区。

建中小学开展文明礼仪教育活动（2015 年摄）

交警与学生庆祝“六一”（2015 年摄）

2000 年，香港慈善家邵逸夫捐资 10 万港币，建逸夫教学楼 1 栋，占地面积 1200 平方米，有教室 20 间，教师 18 人，学生 320 人，设教学班 7 个。是年，学校迁入新校区，更名为瓮安县建中逸夫中心完全小学。2002 年，辅导站被撤销，相关工作事宜并入中心校。2011 年 4 月，获黔南州 2010 年普通中小学素质教育“先进学校”荣誉称号。2013 年，新建公租房 8 套，共计 250 平方米。2014 年 7 月，新建教师、学生食堂，共计 300 平方米。是年，有教学楼 2 栋，学生食堂 1 栋，校园占地 9172 平方米。有图书室 1 间，藏书 7890 册，多媒体教室 1 间，学校全部实现班班通教学，办公电脑 13 台，留守儿童活动室，心理健康辅导室、书画班及各科实验室配备齐全。有教师 23 人，其中，小学高级教师 8 人，占教师数的 36%，本科学历 10 人，占教师数的 45%，学生 411 人，设教学班 9 个。学校正式成立幼儿园，招收学前班 3 个，有专业教师 6 人。

2015 年 9 月，白沙小学和白沙幼儿园由白沙中学接管。10 月，学校争取到文艺支教教师 4 人到校，开展丰富多彩的文艺活动。11 月，投入资金 2 万余元，对校园文化硬件设施进行更新建设，改变校容校貌。

表 4-26　站长、校长、副校长一览表

职务	姓名	籍贯	时间
校长	孙家文	贵州瓮安	1938—1941
校长	冷光轩	贵州瓮安	1942—1944
校长	杨×旭	贵州思南	1945—1947
校长	宋××	贵州瓮安	1948—1954
校长	蒙玉胡	贵州瓮安	1955—1961
校长	熊效伦	贵州瓮安	1962—1975
校长	李金安	贵州瓮安	1975—1980
校长	张有贵	贵州瓮安	1980—1983
副校长	安之会	贵州瓮安	1983—1986
校长	刘少元	贵州瓮安	1983—1986
副校长	王维权	贵州瓮安	1987—1991
校长	安之会	贵州瓮安	1987—1991
站长	杨吉飞	贵州瓮安	1991—2001
校长	倪祖学	贵州瓮安	2001—2007
副校长	郭俊叶	贵州独山	2007—2011
校长	张永志	贵州瓮安	2007—2011
校长	卢　刚	贵州瓮安	2011—
副校长	张　琪	贵州瓮安	2011—2014
副校长	王卫文	贵州瓮安	2011—
副校长	郑金林	贵州瓮安	2011—

瓮安县玉山镇角旁小学

晚清时期，角旁莲花寺古庙内出现私塾。民国7年（1918），角旁国民小学堂正式开班，属中坪区管辖，校舍设在古庙莲花寺内，中火、角旁、小开洲、胜土以及中坪的农家子弟都在这里学习文化知识，接受教育，有学生30余人。1949年瓮安解放后，学校重命名为“瓮安县角旁小学”，服务范围有中火村（辖区为今天的中火、胜土、角旁、小开洲等村）、中坪区关田、民庄等。有学生50余人。1958年8月，学校搬迁到中火村赵家院后寨。1962年8月，角旁小学一分为二，主体部分又搬迁回原址角旁莲花寺古庙内；另一部分留在中火，从赵家院后寨搬迁至中火村中火组，成为“中火民办小学”，有学生60余人。12月，拆除古庙，新建砖木结构教学用房408平方米。1986年，新校落成，办学条件得到改善，部分师范专业毕业学生分到角旁小学任教，办学规模扩大。1996年，开始实施“两基”工作，县、镇政府和教育主管部门投入硬件设施建设，办学条件改善。是年秋，学校筹集资金2万余元，修建校门、围墙，硬化操场。2000年春，学校筹措资金2万余元，平整活动场地，修建篮球场1个，并完善相应的配套设施。

玉山镇角旁小学（2007年摄）

2001—2005年，建图书室、实验室，添置图书1000余册，国家匹配和学校添置实验器材，普及实验教学。自购计算机1台，国家远程办匹配远程教育设备1套，开始远程教学。2002年6月，全县统考，总成绩获全镇第一名。县抽评科学校总成绩名列全县前茅。2005年，争取到国家“危改”工程项目，获国家“危改”工程办专项资金及政府匹配资金共27万元，筹备新建砖混教学楼。是年，被县党委、县政府授予“优秀学校”称号，学校教师有7人先后获县政府表彰。

2006年3月，新教学楼动工，一楼一底共517.13平方米，9月竣工。是年，得到美国“燃灯助学基金会”资助3万元，完善教学设施。2007年9月，学校校长被县政府评为“优秀校长”。2008年年底，新建厕所60平方米。10月，学校校长的美术作品在县政府组织的竞赛中获三等奖。

2010—2015年，学校教学成绩总体名列全镇第一，全县每年抽评三科评奖，在全县抽评科目中，学校多数科目获县级奖。2010年六年级语文抽评获全县三等奖，2011年六年级数学、四年级数学分别获县三等奖和二等奖。2012年，六年级语文、三年级语文分别获县二等奖、一等奖，学校校长被县政府评为“十佳校长”，教师1人被县政府评为“十佳教师”。2013年六年级语文获县二等奖，2014年二年级和四年级的数学均获县一等奖。2015年，学校占地面积为9568平方米，学校服务半径为8千米，服务人口3500人左右。改善学校的基础设施，加强校园文化建设，重修校园围墙，分别在学校大门和校园操场主席台增加电子液晶显示屏，安装摄像头，建教学楼走廊文化，设计展板，更新电脑，打造有特色的校园文化。是年，有教学班7个（含1个幼儿班），在校学生125人。有教师8人，其中专科学历4

人、中师学历2人、高中学历2人。开展“感恩的心”手语操、跑操等大课间活动，丰富校园生活。9月，六年级语文、数学和二年级语文均获县一等奖，教师1人被县政府评为“优秀教育工作者”。

表4-27　　瓮安县玉山镇角旁小学校长一览表

职　务	姓　名	性　别	任职时间	籍　贯
校长	贾其源	男	1944.8—1948.7	贵州瓮安
校长	李东楚	男	1948.8—1951.7	贵州瓮安
校长	唐　龙	男	1951.8—1960.7	贵州瓮安
校长	王念斋	男	1960.8—1965.7	贵州瓮安
校长	贾正银	男	1965.8—1970.7	贵州瓮安
校长	张国昌	男	1970.8—1982.7	贵州瓮安
校长	赵明志	男	1982.8—1986.7	贵州瓮安
校长	王应军	男	1986.8—1992.7	贵州瓮安
校长	赵明志	男	1992.8—1993.7	贵州瓮安
校长	杨正有	男	1993.8—1996.7	贵州瓮安
校长	张永志	男	1996.8—2000.7	贵州瓮安
校长	余应军	男	2000.8—	贵州瓮安

第五章

普通中学教育

PUTONG ZHONGXUE JIAOYU

第五章 普通中学教育

PUTONG ZHONGXUE JIAOYU

民国 15 年（1926），经省批准成立瓮安县立中学，招收本地学生。民国 17 年（1928）1 月，瓮安、余庆、黄平、平越四个县联合出经费，将瓮安中学改为“瓮、余、平、黄”四县联中，招收四县学生。6 月，四县联中改为贵州省立第六中学，经费由省库拨款。1959 年，福泉划归瓮安管辖，瓮安中学合并到福泉中学改为瓮安一中，草塘中学为瓮安二中，牛场中学为瓮安三中，7 月在原瓮安中学校址处办瓮安四中。1961 年，福泉恢复建县，瓮安四中、瓮安二中恢复为瓮安中学和草塘中学。改革开放后，各乡镇均办有中学或初中戴帽班，1998 年初中入学率达 91.19%、17 周岁初级中等教育完成率 85.7%。2015 年，初中适龄少年入学率 96.05%，九年义务教育巩固率 99.95%，高中阶段毛入学率 92.5%。

第一节 发展概况

民国 14 年（1925），著名教育家黄齐生到瓮安视察，倡导兴办中学。民国 15 年（1926），在黄齐生、商文立等人相助下，省政府同意办瓮安中学，校址设在原初、高两等小学旧址处。11 月 11 日，瓮安县立中学成立，1928 年 1 月，经省教育厅批准，瓮安中学改为“瓮、余、平、黄”四县联中。6 月，“瓮、余、平、黄”四县联中改为贵州省立第六中学。民国 25 年（1936）1 月，经省政府批准，将省立瓮安第六中学更名为省立瓮安初级中学。民国 32 年（1943）秋，省教育厅研究同意省立瓮安初级中学招收高中学生，将省立瓮安初级中学更名为贵州省瓮安中学。1949 年 9 月，全县有完全中学 1 所。

1950 年，瓮安中学高中停办，改为瓮安初级中学。1955 年，瓮安中学有 4 个班，学生 182 人，其中毕业班 1 个、学生 34 人。6 月 13 日，贵定专员公署分配瓮安招收初一新生 2 个班 100 人，其中少数民族占 2%、工农成分占 30%。全县高小毕业生 347 人，初一新生招生数占高小毕业生的 28.82%。1956 年，瓮安行政区划隶属安顺专区，安顺专区在所辖安顺、普定、平坝、贵定、清镇、修文、瓮安、福泉、兴义、兴仁、盘县 11 个县各新建初中 1 所，增设瓮安玉山、郎岱岩脚两处初中班。9 月，瓮安中学招生 260 人，在校学生 422 人，教职工 30 人。草塘完小开办戴帽初中班 1 个，招生 55 人，有教职工 11 人。1957 年 3 月，草塘中学派任校长，成为独立中学，有教职员 4 人，学生 53 人。草塘中学由于修建校舍，学生暂在草塘小学教室上课。9 月，草塘中学有教学班 3 个，学生 159 人，其中，初二年级教学班 1 个、学生 52 人；初一年级教学班 2 个，学生 107 人，有女生 34 人、少数民族生 3 人、住宿生 136 人、入伙生 100 人；有教员 6 人，校长 1 人，教导主任 1 人，职员 1 人，工勤人员 2 人。1958 年，瓮安中学恢复办高中班，安顺专区下达招生任务为 1 个班 40 人。9 月，全县有公办中学 2 所（瓮安中学和草塘中学），共有教学班 16 个（草塘中学有 6 个，瓮安中学有 10 个），学生 811 人（瓮安中学 533 人，草塘中学 278 人），其中女生 170 人（瓮安中学 111 人，草塘中学 59 人）、少数民族 15 人（瓮安中学 11 人，草塘中学 4 人），有教职员工 49 人（瓮安中学 32 人，草塘中学 17 人），其中女 5 人（瓮安中学 4 人，草塘中学 1 人）。年底，有普通中学 6 所，学生 1858 人，比 1957 年增长 46.75%，95%的高小毕业生都升入初中。

瓮安县立两级小学校高级第 19 期、初级第 12 期毕业留影（1930 年摄）

草塘中学（瓮安县第二中学）毕业生及全体教师（1959 年摄）

1959年1月，全县有高中教学班2个，学生80人，其中女生9人、少数民族15人，有专职教师1人（其他教师由初中老师兼）。2月25日，县人民委员会出台《关于更改瓮安中学等校名的通知》，原贵州省瓮安初级中学（包括福泉中学）更名为贵州省瓮安县第一中学（地址在福泉），原贵州省瓮安草塘初级中学更名为贵州省瓮安县第二中学，原贵州省瓮安县牛场初级中学更名为贵州省瓮安县第三中学。7月4日，县人民委员会出台《关于新成立第四中学及单独设立师范的通知》，决定在瓮安城内（校址在原瓮安中学校内）新开办一所中学（内设高中部），名为“贵州省瓮安第四中学”，原一中附设师范班分开单独设立。19日，县人委会批复文教局《关于班级调整及校教具分配等问题的请示报告》，同意按报告要求进行调整，确保重点学校办好，不可平均使用人力和物力，四中教师要配强一点，设备要配全一点，其次是师范，并适当照顾一、二、三中。瓮安一中有4个级（共有教学班23个，毕业班9个（初中毕业班7个，师范毕业班2个），初中迁教学班4个到四中（原由瓮安迁去的班级返回瓮安），高中班集中到四中，下半年实有23个教学班850人；瓮安二中有教学班9个（初中一、二、三年级），迁回四中教学班3个（原瓮中）、共迁出教学班4个，新招教学班7个，下半年开学时教学班12个；瓮安三中有教学班5个（初中一、二、三年级），毕业班1个，招生教学班4个，实际发展3班，下半年有教学班8个；四中正在筹建，拟将原高中教学班2个、初中教学班4个迁回，迁回的初中教学班4个合并为教学班3个，从二中迁来教学班3个合并为教学班2个，实际共迁入教学班7个，高中新招教学班4个，初中招教学班5个，下期开学后共有教学班16个。9月，全县有普中4所，教学班58个，学生2765人（其中高中6个班，学生266人），教职员工193人；有民办普中3所，教学班10个，学生409人，教师10人。12月11日，成立瓮安县“文化革命”指挥部，设指挥长1人、副指挥长3人。

瓮安二中校园（1990年摄）

1961年8月，恢复福泉县建制，瓮安二中恢复为草塘中学，瓮安四中恢复为瓮安中学。1962年，有中学教员267人，需增加中学教师242人。从下放干部挑选一批具有高中以上文化程度的教师教中学，从小学教师中抽调28人担任中学课程。1963年，全县公民办中学3所，学生750人，教职工73人。

1971 年，草塘中学增设高中教学班 2 个，成为完全中学。城关小学办戴帽初中班。1972 年，玉山中学增设高中，招收玉山区、珠藏区、中坪区学生。1974 年，珠藏中学建立，全县初中有教学班 154 个、学生 7068 人，高中教学班 9 个、学生 570 人。1975 年，新建永和中学、中坪中学，全县初中生 8031 人，高中生 635 人。1976 年，城关二小初中独立，改为雍阳中学。1978 年 7 月，雍阳中学升级为瓮安第二中学。1980 年，瓮安二中招收二年制高一新生 2 个班，成为完全中学。1981 年，玉山高中部撤销并入瓮安中学。1988 年，全县有中学 12 所，其中完中 4 所、初中 8 所，属教育部门办 9 所、其他部门办 3 所。有高中 41 个班，初中 192 个班，共计学生 15405 人，与 1949 年中学生人数相比，增长 52. 57 倍；与 1952 年中学生人数相比，增长 75. 88 倍。

1992 年，有初级中学 6 所，教学班 219 个，学生 12378 人；完全中学 4 所，教学班 34 个，学生 2063 人。有教职工 798 人（其中专任教师 654 人，行政人员 91 人，工勤人员 53 人），代课教师 54 人，临时工 24 人，兼任教师 12 人。1993 年，有初级中学 6 所，完全中学 4 所，附设初中班的小学 29 所。有初中教学班 272 个，学生 12573 人，毕业 3249 人，招生数 4872 人；高中教学班 37 个，学生 2054 人，毕业 481 人，招生 537 人。全县有教职工 771 人，其中专任教师 523 人（初中 512 人，高中 111 人），行政人员 66 人，工勤人员 82 人。有代课教师 72 人，临时工 13 人，兼任教师 6 人。初中校内外学龄人口 24442 人，在校学龄人口 9237 人，初中毛入学率 51. 44%，17 岁毕业率 38. 4%，初中升学率 27. 6%。1994 年，在县城北东路新建瓮安三中，设教学班 6 个。

1995 年，全县学校占地面积 219794 平方米，校舍建筑面积 52806 平方米，其中危房 3242 平方米。有 13~15 周岁校内外学龄人口 25821 人，在校学龄人口 13168 人。初级中学 13 所，完全中学 3 所，有初中班 325 个（其中小学附设初中班 131 个），高中班 42 个，有初中学生 17399 人（小学附设初中生 7773 人），高中学生 2373 人。初中毕业 3542 人（其中小学附设初中班 1472 人），高中毕业 589 人。有教职工 1078 人，其中专任教师 842 人（初中专任教师 717 人、高中专任教师 125 人）。8 月 15 日，县人民政府批准撤销高水小学戴帽初中班，成立瓮安县高水中学。1996 年 8 月 19 日，县政府发《关于新建独立初级中学的通知》，决定新建瓮安县平定营中学、瓮安县玉华中学、瓮安县松坪中学、瓮安县建中中学，该 4 所中学分别从原九年制学校平定营小学、玉华小学、松坪小学、建中小学的初中部分离出来。1997 年，瓮安三中增设高中部。

2000 年，瓮安中学、瓮安二中停止招收初中生，成为 2 所独立高级中学。瓮安三中停止招收高中生，改制为初级中学。2003 年，瓮安职校初中部分离出来成立瓮安四中，学校实行“一套班子、两块牌子”的管理模式。2005 年，珠藏中学增设高中部，成为完全中学。2006 年，全县高中学生增加，有中学 4 所，学生 8429 人，教职工 540 人。9 月，在永和镇车地村新成立贵真学校，属民办学校，招收小学、初中、高中学生。

表 5-1　　2006 年瓮安县高中基本情况统计表

填表日期：2006 年 10 月 20 日

学　校	班级数（个）	学生数（人）	教职工数（人）	录取新生数（人）	应届毕业人数（人）	本科录取人数（人）	校园占地面积（平方米）
瓮安中学	46	2942	178	965	1032	518	82986
瓮安二中	46	3590	167	1116	930	382	19860
草塘中学	20	1453	97	565	131	18	31968
珠藏中学	6	444	98	296			46690
合计	118	8429	540	2942	2093	318	181504

2010 年，贵真学校不再招收小学生，成为民办完全中学。4 月 13 日，县政府召开十五届第 55 次常务会议，研究县教育局《关于县城中学布局调整规划的请示》等问题，同意县城中学按 5 所进行规划建设，瓮安一中整体搬迁至新建的雍阳中学，其资产全部划归瓮安四中；瓮安四中搬迁至现瓮安一中，其原资产全部划归瓮安职中；瓮安二中就地改扩建；瓮安三中保持不变；银盏学校初中部列为瓮安五中规划建设。2013 年，投资 560 余万元将职校改建成瓮安五中，设置为九年一贯制学校。全县进行区划调整，草塘镇、平定营镇划为县城区，县城区扩展为瓮雍中心城区、银盏产业园区、草塘古邑区、平定营生态区“一城四区”，银盏学校、平定营中学分别改为瓮安六中、瓮安八中，草塘中学加挂瓮安七中牌子。

2015 年，鱼河小学并入鱼河中学建立九年一贯制学校。全县有普通中学 18 所（其中，高级中学 2 所、完中 2 所、民办中学 1 所），九年一贯制学校 10 所，共有学生 30992 人。

表 5-2 瓮安县普通中学 1989—2015 年基本情况统计表

年 度	学校数（所）	学生数（人）	教职工（人）	其中专任教师（人）	占地面积（平方米）	建筑面积（平方米）	备 注
1989	12	13070	759	604	158194. 57	34459. 12	占地面积和建筑面积只包含教育部门办
1990	10	13183	708	557	230011. 5	23043	
1991	10	13883	746	604	230011. 5	32899. 5	
1992	10	14441	798	654	174183	43386	
1993	10	14627	771	623	174183. 5	43694	
1994	12	16020	888	727	196828	46594	
1995	16	19772	1078	842	219794	52806	
1996	18	23260	1137	956	362963	64950	
1997	21	26008	1275	1097	331545	72781	
1998	23	28314	1415	1269	349724	90035	
1999	23	28678	1477	1345	321167	109171	
2000	23	28852	1478	1353	360812	114198	
2001	27	30904	1447	1327	388262	123308	
2002	28	31522	1432	1285	397581	130737	
2003	28	31793	1474	1327	473150	161047	
2004	28	31183	1448	1280	495362	160949	
2005	28	31388	1430	1269	519191	171115	
2006	28	31625	1489	1335	514970	190790	
2007	28	31572	1494	1338	511562	196677	
2008	28	31403	1556	1410	532780	211150	
2009	28	31945	1610	1459	556315	211549	
2010	28	32051	1672	1524	583062	237562	
2011	28	31699	1805	1561	725722	316720	
2012	28	30992	1735	1602	753742	311948	
2013	29	29943	1794	1632	838971	373513	
2014	29	28847	1863	1664	862494	392542	
2015	28	27662	1913	1718	846404. 53	405679. 09	

第二节　教学与管理

民国21年（1932），规定中学实行级任教师制。民国24年（1935），中学实行训导制，制定《贵州省中等学校训育实施暂行办法》，对中学的训育行政组织、职责、方法作详细规定，中学设训育主任1人，训育员若干人；6学级以上的学校可单设训育处，下设训育、管理、体卫3个组，协助校长处理训育事项。高中设军训团，初中设童训团，专派军事教官和童子军教练员实行军事和童子军管理。训育学生养成勇敢公正的精神、活泼健全的体格、谦虚和乐的态度、简朴整洁的习惯、自立负责的能力、谨慎周密的思考、精诚团结的意志、爱国爱群的观念。民国27年（1938）改称导师制，导师负责组织、教育本班学生各项工作。在《贵州省中等学校导师制实施细则》中，要求导师除在生活上应与学生密切接触、负责对学生在生活上和学习上进行管理指导外，还要从学生的家庭、社交等多方面去了解学生的活动及思想动态，评核学生执行成绩及处理学生奖惩事项等。民国31年（1942）1月，省教育厅规定，所有中学担任训育主任及公民教员的资历均须送教育厅审查检定，其他训导人员以国民党具有合格资历之党员或对三民主义有深切研究的人员充任，协助三青团贵州支团部在学校内开展工作。

1950年4月14日，贵阳区行政督察专员公署训令：催报销垫支中学1949年1月、2月及1950年1月、2月、3月维持粮款及呈报清理教育基金与合并小学教育的详细情况。各县多在1949年12月初接管此项报销，至1950年3月底整4个月计算，但如有在1949年11月复课者，可破月按日作算计入。合并后小学有几所、几班、学生多少人、教员多少人、失学多少人，是否开学，各县要确保执行请示报告制度，月终报告。于接令后10日内派专人到署报销。5月30日，县政府向贵阳专区呈报，垫支中学维持粮款由中学自行呈报，瓮安于3月底组织教育基金清理委员会，4月初受土匪影响即告停顿，尚未正式恢复；全县学田共33.33公顷，1949年共应收稻谷1212市石，折合大米40012.5千克；已收谷152市石，前政府已付出稻谷107市石，现存仓库45市石折合大米1485千克，公粮尚未缴纳；雍阳小学有校田2公顷，中学有校田约4.67公顷即将作小学教育基金；过去应归教育基金各项税每年收入数人民币19114万元（旧币），瓮安县并无教育存款。1955年3月20日，文教科组织学校教师改进教学方法，并学习苏联的先进经验，推广公开教学活动，通过交流经验，加强对学生的民主管理，并在困难时表现出老师对学生的关爱。5月10日，省教育厅出台《专署对中学、师范学校工作管理范围的暂行规定》，根据“统一领导，分级管理”的原则，省教育厅领导与计划全省中学教育（包括工农速成中学、民族中学教育）、中等师范教育、小学教育（包括民族小学教育、幼儿教育）、工农业余教育、盲哑及声目学校教育，省教育厅除直接领导贵阳市所属各中学、师范外，其余中学、师范均交由学校所在地专署直接领导与管理，专署对本地区中学、师范学校负直接管理责任。12 月 3 日，省教育厅制发新中学、师范 1955—1956 学年度第二学期学校校历。

60 年代的玉山中学（1968 年摄）

表 5-3　1955—1956 学年度第二学期学校校历

时　间	办理事项	放假期限
1956 年 2 月 16 日	开始注册	
2 月 20 日	开始上课	
3 月 8 日	妇女节	妇女放假半天
4 月 5—7 日	春假	放假 3 天
5 月 1 日	国际劳动节	放假 1 天
5 月 4 日	青年节	放假 1 天
6 月 25—30 日	高中、中师毕业班考试	
7 月 5—11 日	初中、初师毕业班考试	
	学期考试	
7 月 12 至 8 月 30 日	暑假	

1957 年 10 月 3 日，省教育厅出台《关于本学期的作文次数问题》，规定从 1957—1958 学年度起，初中各年级每学期作文 5~7 次，高中 4~6 次。1963 年，县文教局发《初中入学考试语文科质量分析》，参加考试的本届毕业生 563 人，语文及格 280 人，及格率 49. 8%。考生卷面整洁，书写正规，字迹规范，没有过去乱写乱画现象；学生在造句和回答问题方面能表达正确的思想内容，能全面掌握所学知识，在释题、列举词义、造句等题中，学生回答正

确；学生不是通过阅读分析去理解课文的思想内容，而是死背硬记教师所总结的中心思想。

瓮安中学教学楼（1977 年摄）

“文化大革命”时期，中学教育遭到破坏，大批学校领导干部受到批判斗争，学校教学计划、课程设置和规章制度全被取消。1970 年，在“读高中不出区，读初中不出社”的口号下，盲目发展农村全日制普通中学，造成普通中学“虚肿”，教育内部比例失调，质量下降。

1979 年，学校撤销革命委员会，实行校长分工负责制。1980 年，按照“调整、巩固、整顿、提高”的方针，对中学教育进行调整和结构改革，整顿提高初中，调整压缩高中，摘掉一批小学的初中“帽子”，部分普通中学改为农业中学或职业中学，在普通中学增设职业班或职业技术教育课。1993 年，教育局成立初中、高中学科中心教研组，聘请经验丰富、业务能力过硬、责任心强的教师担任学科教研员，制定计划、布置课题、明确任务，有针对性地开展教研活动，指导全县高中、初中教学工作。2003 年 10 月 15 日，瓮安县教研室被评为省先进教研室、1 人被评为先进教研员。

2005 年，玉山中学、中坪中学、松坪中学创建州农村教育综合改革示范校通过州局检查评估。2007 年 4 月 15 日，县教育局发《关于成立中心学科组的通知》，决定成立教育中心学科组，组织本学科中心组成员学习有关教育教学理论，促进教育教学改革，开展教育科研，研究《课程标准》、新教材和教学方法，总结交流教学经验和指导课外活动的方法，推广使用现代教育技术及远程教育设备。组织本学科教师利用教学公开课、讲座、课题研究、联谊交流、经验介绍、撰写论文、教学反思等形式开展研究活动。中心学科组分设高中组、初中组和小学组，高中组设语文、数学、英语、文科综合和理科综合 5 个学科小组，初中组设语文、数学、英语、文科综合和理科综合 5 个学科组，瓮安中学、瓮安二中每学科组 2 人，草塘中学、珠藏中学高中部各初中部每学科组各 1 人，瓮安三中、瓮安四中、永和中学、希望中学、天文中学、玉山中学、中坪中学每学科小组各 1 人，各乡镇中心完小每学科小组各 1 人。

2008 年 3 月 5 日，县教育局发《关于成立教育中心学科组的通知》，决定聘请初中语文、初中数学、初中英语、初中理综、初中文综中心学科组成员各 9 人，聘请高中语文、高中数学、高中英语中心学科组成员各 6 人，聘请高中理综、高中文综中心学科组成员各 12 人。10

日，县教育局下发《关于聘请中小学兼职教研员的决定》，全县聘请初级中学兼职教研员 28 人。5 月 13 日，州教育局发《关于在全州中小学教师开展新课改教材、教法考试的通知》，决定在全州范围内开展中小学教师课改教材、教法培训及考试，初中考试科目为语文、数学、英语、物理、化学、政治、生物、历史、地理、音乐、体育、美术、信息技术、综合实践 14 科，每个教师只考所教学科的科目（只考 1 科），1958 年 10 月 1 日以后出生的教师都必须参加考试，50 岁以上的教师不考试，但要参加学习。由教育部门和学校组织培训。2012 年 1 月 16 日，黔南州教育局下发《关于确定州第四批中小学州级骨干教师的通知》，瓮安县第四批州级骨干教师 45 人，聘任期限为 5 年，即 2012 年 1 月 1 日至 2017 年 1 月 1 日。

2014 年 11 月 24 日，县教育局下发《关于 2014 年教师业务知识测试考务工作安排的通知》，此次测试设置瓮安中学、瓮安职校、特殊学校 3 个考点，在瓮安中学考点高中组 1—10 考场、初中组 11—28 考场、小学组 29—48 考场、幼教组 49—52 考场，考试时间为 2014 年 12 月 13 日上午 9 点至 11 点。12 月 22 日，县教育局发《关于第二届中小学中心学科组的通知》，决定聘请 98 名教师为瓮安县第二届中小学中心学科组成员，中心学科组共设 15 个组，初中和高中各设语文、数学、英语、理化生综合和政史地综合 5 个组，不分学段设音、体、美综合组和科学信息心理学综合组，每组各设组长 1 人、联络员 1 人。本届中小学中心学科组成员聘期 3 年，至 2017 年 12 月 21 日，由县教育局颁发聘书。31 日，县教育局下发《关于认定第三批县级骨干教师的通知》，经选拔、培训、培养和考核，认定第三批县级骨干教师 183 名，其中高中 26 名、初中 53 名、小学 89 名、职校 6 名、幼教 7 名、特教 2 名，第三批骨干教师任期 5 年，至 2019 年 12 月 29 日。

2015 年，瓮安二中申办省级二类示范性高中，经省验收合格。11 月 20 日，瓮安中学、瓮安三中、瓮安四中被评为黔南州初高中课改样本学校，瓮安中学被授予黔南州科研样本校称号。

第三节　学校简介

贵州省瓮安中学

瓮安中学源于清道光十三年（1834）建成的玉华书院，清咸丰末年（1860），玉华书院毁于战火。清光绪二十四年（1898），捐资复修书院，后更名为花竹书院。1906 年，推行

“癸卯学制”后改建为花竹高等小学堂，县城初等小学堂亦办在花竹书院内。宣统三年（1911），辛亥革命以后，对教育开始一系列改革。民国元年（1912）9月，公布学制系统“壬子学府”，民国2年（1913），修改后整合为“壬子癸丑学制”，高等小学堂改为县立高等小学校。民国11年（1922），教育部正式公布《新学制系统》即“壬戌学制”。

民国14年（1925），著名教育家黄齐生到瓮安视察，倡导兴办中学。民国15年（1926），在黄齐生、商文立等人的相助下，省政府同意办瓮安中学，校址设在原初、高等小学旧址处。11月11日，瓮安县立中学成立，招收学生16人，教职员工4人。民国16年（1927）春，新招学生10余人，加上原有28人，共有学生30余人，教职员工7人。民国17年（1928）1月，经省教育厅批准，改为瓮、余、平、黄四县联中。6月，贵州省教育厅对全省中学进行整顿，经费由省库拨款。瓮、余、平、黄四县联中改为贵州省立第六中学校。民国25年（1936）1月，贵州省政府批准省教育厅民国24年（1935）11月11日呈字第364号关于更正各校校名，省立瓮安第六中学校更名为省立瓮安初级中学。民国32年（1943）秋，省教育厅研究同意省立瓮安初级中学改办为完全中学，省立瓮安初级中学更名为贵州省瓮安中学。1949年12月11日瓮安解放，1950年9月12日瓮安中学复学，高中停办，改名为瓮安初级中学。1951年，县长吴近仁任校长，有学生165人，教职工18人。

瓮安中学老校区（1980年摄）

1958年，秋季招收高一新生，恢复高中部，学校成为完全中学，瓮安初级中学更名为贵州省瓮安中学。12月29日，根据国务院〔58〕议字第92号文件批复，撤福泉县，其行政区域划归瓮安县。瓮安中学迁至福泉县城，与福泉中学合并。1959年2月25日，贵州省瓮安中学（包括福泉中学）更名为瓮安县第一中学。1961年8月18日，根据国务院秘书厅厅秘字第55号文件批复，恢复福泉县建制。从瓮安中学迁至福泉县城的初中班4个迁回瓮安四中（1959年7月在原瓮安中学校址开办，设有高中部），从瓮安中学迁至草塘（瓮安二中）的教学班3个迁回瓮安四中，共有初中班16个，高中班6个。瓮安四中更名为贵州省瓮安中学。1966年5月，“文化大革命”正式开始。是月，全校师生到边远山区去支农，到高坪等地去抗旱。7月开始组织红卫兵，8月奉通知选派代表上北京，9月派10位老师上小寨驻扎，全校师生上山开荒。11月停课闹革命，红卫兵组织四处串联，向当权派要钱要粮票。1967年3月，中学师生停止外出串联，进厂和外出串联的一律回校，一边上课，一边闹革命。1978年5月，改名为瓮安第一中学。1979年，学校“五七”厂制造的35型四轮拖拉机传动装置全国青少年科技作品展荣获物理中学组三等奖。1982年，全国首届评书活动征文竞赛初三学生2人获二等奖。1984年，学校梓木林被占，打赢官司后，获得20万元补偿费，用于修建教师宿舍24套。1985年，被县委、县政府授予精神文明先进集体称号。1988年5月，教师1人作品《葫芦》荣获《星星诗刊社》组织的中国·星星新诗创作优秀奖，学生3人获全国高中学生奥林匹克数学竞赛三等奖，被州教育局评为实验建设先进单位，被县政府评为两个文明先进单位。1989年，有1人获全国高中化学竞赛二等奖，被县委、县政府评为教育系统先进单位、两个文明建设先进单位。1990年，有初中、高中班各12个，学生1439人，教职工133人，有中学高级教师16人，一级教师37人，小学高级教师1人。学校占地60余亩，有教室、实验室4840平方米，校舍面积4656平方米。是年，获州教育局卫生工作全州第二名，学校卫生工作先进单位，图书阅览室工作全州第二名，被县委、县政府表彰为民族团结先进集体、1990年度两个文明建设先进单位，学校党支部被县委、县直机关党委表彰为瓮安县先进党支部。1991年，获州教委、州招委评为招生考试先进单位，被县委、县政府评为教育系统1990年度文明学校、1990年度招生先进单位、1991年度两个文明建设先进单位。1992—1996年，获州教育局高中（文科）特等奖，高三教学质量特等奖，高考录取先进单位等13个奖项。1993年，学校自筹经费将原教学楼加层。1996年，获县委、县政府迎接香港回归祖国知识竞赛第一名，迎接香港回归祖国读书活动组织奖。1997年，获州教育局、州体委毕业会考地理全州第二名、体育道德风尚奖、体育工作全州第一名，被州团委表彰为全州先进团委。1998年，教师集资购买运管所旧住房16套、新建教师住房60套。1999年，被县委、县政府表彰为“三风三化”校园文化建设先进单位、文明学校。

2000—2008年，获州教育局、县委和县政府表彰共15项。2000年6月，黔南州人民政府批转同意瓮安中学改制为高级中学，瓮安中学召开第三届教职工代表大会通过《瓮安中学改制为高级中学2001—2005年学校发展规划》。学校占地面积为4.53公顷，其中运动场地18880平方米，后山园林占地13716平方米，校舍15636.2平方米，教室38间，理化生实验室齐备，体育设施及音乐设备齐全。有图书资料38646册，教学参考书1053册。有学生2828人，教师140人。9月，停招初一学生，扩大高中招生。是年，贵州省瓮安中学改为贵州省瓮安高级中学。2001年，瓮安中学入编《中国名校六百家》。2002年7月，争取到国债资金312万元和扶贫贷款450万元，教职工融资160万元，新建教学楼和科技馆。是年，瓮安中学成为国家级教育观测基地。2003年5月24日，高中扩招国债项目修建教学楼，建筑面积6208平方米，内设54个教室，年级组办公室3个，阅览室2个，水冲式卫生间12个，班班连通有线电视教学系统。8月15日，能入住1200名余学生的学生公寓改造完毕（由原老教室改造而成），配套的学生食堂3个。11月5日，学校新建天文馆通过调试验收。12月4日，州教育局、州环保局对瓮安中学申报绿色学校进行评估验收。15—18日，省教育厅组织专家对瓮安中学申报省级示范高中进行全方位评估获得通过，被评审为贵州省示范性三类普通高中，被评为黔南州绿色学校。2004年2月6日，瓮安中学申报省级示范性高中成功，成为全省25所示范性高中之一。2006年，成为全国中学教育科研联合体“全国教育科学‘十一五’教育部规划课题组员校”、全国外籍教师英语教学管理委员会“国际志愿者外籍教师合作教学实验学校”、中国教育决策中心教育质量管理委员会“国家教育质量管理示范基地”。2007年，成为中央教育科学研究所和谐德育总课题组中国伦理学会德育专业委员会“全国教育科学‘十一五’规划课题和谐德育研究与实验先进实验校”，《教书育人》《校园生活》获中央教育杂志社最佳校刊奖。2008年，成为中国师德建设研究总课题组、中国教苑教育咨询中心“全国教育科研十一五规划重点项目中国师德建设示范单位”，全国关工委、教育专家委员会、教科联合体颁发全国百所最具成长力学校，中国教育学会颁发中国教育学会“十一五”科研规划重点课题实验学校。

2009年，学校有专任教师158人，其中研究生学历9人、本科学历143人，本科及以上学历教师占专任教师总数的96.2%；中学高级教师51人、中学一级教师61人，中学一级职务教师占教师总数的70.9%。专任教师平均年龄34.6岁，中青年教师占90%。校园占地面积68亩，其中运动场地18880平方米，校舍建筑面积41727平方米（其中新建教学楼6208平方米、科技馆和实验楼共6162平方米，行政人员、教师办公楼2696平方米，教师公寓12389平方米，学生公寓6635平方米，学生餐厅7437平方米），理、化、生实验仪器配备齐全。学校电教中心通过宽带联网，语音室、多媒体阶梯教室、计算机教室、音像电子阅览室、天文馆及各处室办公电脑、教师办公室备课电脑、教师个人电脑联成校园局域网，实现教学、办公及信息处理现代化，与北师大附中连接的远程教学已经开通。图书馆342平方米，藏书8万余册，储存有2万余册中外图书软件，可供200余名师生同时阅读。学校建有4间可容纳600余人的阅览室，订阅报纸杂志170多种5000余册（份）。学校采用多种形式筹资修建能容纳2000余名学生的学生公寓和可同时供3000人就餐的学生餐厅、可容纳1500人的演艺大厅。学校配备专门的心理辅导老师和专职保安，完善后勤保障管理。2010年，全国关协、教科联合体颁发2010年度课堂教学管理先进学校，被全国和谐德育研究总课题组中国伦理学会德育专业委员会授予

瓮安中学新校区（2015年摄）

德育工作创新先进集体。2011 年 9 月 2 日，瓮安中学整体搬迁到河西行政中心区新校区。有教职工 249 人，其中专职教师 242 人、工勤人员 7 人。达到本科及以上学历 237 人（硕士生 19 人），占专任教师总数的 97.9%；专任教师高级职称 65 人（其中特级教师 3 人，不包括已退休的 5 人），占专任教师总数的 26.9%；专任教师中级职称 85 人，占专任教师总数的 35.1%。有教学班 72 个，学生 4407 人（其中女生 2060 人），少数民族学生 291 人，住校生 3200 人，农村学生 3418 人。校区占地 242.7 亩（约 161642.182 平方米），生均 36.6 平方米；校舍建筑面积 80401 平方米，生均 18.2 平方米；绿化面积 80068.48 平方米，生均 18.16 平方米。有教学楼 3 栋 22411 平方米，普通教室 80 间（全部接入互联网和安装了多媒体设备）；实验楼 2 栋，实验室 24 间，准备室、保管室各 1 间，理化生实验室按 1∶1∶1 配置；图书馆 1 栋 4054 平方米，微机室和电子阅览室 4 间、图书室 3 间、音乐室 2 间、舞蹈室 1 间、学生绘画创作室 1 间、学生社团活动室 1 间；学生食堂 1 栋 6243 平方米，学生餐厅 2 间，演艺大厅 1 间；教师宿舍 6 栋约 19666.1 平方米；学生公寓 4 栋 28027 平方米，学生床位 4000 张，每间宿舍配备标准卫生间，学生宿舍一楼设自休室、阅览室各 2 间，座位各 500 个。图书馆藏书 161022 册，报刊种类 200 余种，工具书 223 种，教学参考用书 214 种，微机 290 台。体育运动场馆 3 个约 17990 平方米，标准化田径运动场 1 个，篮球场 8 个，乒乓球台 20 张，办公用房 38 间 2696.2 平方米。新校区建设项目总投入资金 2.3 亿元，建设中，时任中共贵州省委书记栗战书、省长赵克志、省委秘书长张群山等先后到新校区指导工作。2012 年，被国家教育科研基金管理办公室表彰为全国特色教育示范单位。2013 年 11 月 26—28 日，省教育厅组织专家到瓮安中学进行省级示范高中升类评估获得通过，升类为贵州省二类示范高中。2014 年，二本以上上线 927 人（不含体艺生），居黔南州高中学校二本上线数第一，1 名学生以 669 分的成绩考入北京大学。

2015 年，二本上线人数 947 人（不含体艺生），学校成为黔南州高考龙头学校，贵州省“低进高出，高进优出”的示范学校。学校有 70 个教学班，在校学生 4662 人，实现多媒体教学“班班通”。实验室按6∶6∶3 的标准配备，按照新课改要求配有数字实验室 3 个、通用技术实验室 2 个。学生食堂建筑面积 6600 平方米，一、二楼餐厅可容纳 2500 人就餐，三楼演艺大厅可容纳 1500 人。学生公寓已建成并投入使用能容纳 4000 人入住。学校有专任教师 252 人，其中硕士研究生 22 人、中学高级教师 70 人（其中 3 人评为特级教师，1 人享受国务院特殊津贴）。11 月 20 日，获黔南州初高中课改样本学校和科研样本校称号。

表 5-4　　瓮安中学班级学生统计表

单位：个、人

时间（年）	初中						合计		高中						合计		总计	
	一年级		二年级		三年级				一年级		二年级		三年级					
	班	人	班	人	班	人	班	人	班	人	班	人	班	人	班	人	班	人
1926	1	16					1	16										
1927（春）	1	28					1	28										
1928	1	26	1	28			2	54										
1929	1	40	1	24	1	18	3	82										
1930	1	40	1	24	1	29	3	93										
1931							3											
1932							3											
1933							3											
1934							3											
1935	1	63	2	64	1	29	4	156										
1936	2	74	2	63	2	64	6	201										
1937	2	83	2	74	2	62	6	219										
1938	2	105	2	88	1	32	5	225										
1939	2	66	2	87	1	42	5	195										
1940	2	70	1	46	2	53	5	169										
1941	2	144	2	102	1	39	5	285										
1942	2	101	2	87	1	42	5	230										
1943	2	100	2	101	1	26	5	227	1	35					1	35	6	262
1944	2	125	2	83	2	49	6	257	1	46	1	25			2	71	8	328
1945	2	125	2	71	2	59	6	235	1	37	1	44	1	7	3	88	9	323
1946	2	119	2	67	1	44	5	230	1	46	1	35	1	41	3	122	8	352
1947	2	119	2	66	1	42	5	227	1	56	1	42	1	30	3	128	8	355
1948	2	123	2	75	1	45	5	243	1	33	1	50	1	40	3	123	8	366
1949	2	222	2	76	2	48	6	346	1	23	1	25	1	49	3	97	9	443
1950	2	65	2	31	2	15	6	111	1	13	1	9	1	9	3	31	9	142
1951	2	74	2	22	1	13	5	109										
1952	3	109	2	78	1	14	6	201										
1953	1	64	1	48	2	66	4	178										
1954	1	54	1	62	2	66	4	182										
1955	2	111	1	55	1	50	4	216										
1956	5	275	2	99	1	48	8	422										
1957	3	160	4	216	2	83	9	459										

续表5-4

时间（年）	初中						合计		高中						合计		总计	
	一年级		二年级		三年级				一年级		二年级		三年级					
	班	人	班	人	班	人	班	人	班	人	班	人	班	人	班	人	班	人
1958	4	321							1	73								
1959	5	276	4	172	2	104	11	552	4	193	2	64			6	266	17	818
1960	6	299	5	237	3	112	14	648	5	256	4	122	1	48	10	419	24	1067
1961																		
1962	2	102	2	75	1	56	5	233	1	146	1	53	1	46	3	145	8	278
1963	4	150	2	63	2	55	8	268	1	40	2	54	1	40	4	134	12	402
1964	5	226	4	161	4	136	13	423	1		1		1		3			
1965	4	179	5	221	3	138	12	538	1		1		1		3		15	721
1966	5	303	4	214	4	179	13	696	1	55	1	43	1	35	3	133	16	829
1967																		
1968																		
1969	4	200							2	100								
1970	4	200	4	200			8	400	2	102	2	100			4	202	12	602
1971	4	200	4	200	4	200	12	600	3	150	2	100			5	250	17	850
1972																		
1973									4	240								
1974																		
1975	4	240						724	2	103						421		1145
1976	4	224							2	125								
1977																		
1978									6	255	5	304						
1979																		
1980																		
1981																		
1982	4	272	4	256	3	191	11	727	6		3							
1983	4		4		4		12		4		4		2		10		22	
1984																		
1985	4		4		4		12		4		4		4		12		24	1398
1986	4		4		4		12		4		4		4		12			1376
1987	4	127	4	136	4	147	12	410	4	106	4	102	4	133	12	341	24	751
1988	5	333	4	290	4	271	13	894	4	189	4	196	4	202	12	587	25	1481
1989	4	220	5	261	4	287	13	768	3	212	3	220	4	208	10	640	25	1408
1990	4	200	4	265	4	135	12	600	4	236	4	139	4	141	12	516	24	1116
1991	4	267	4	288	4	247	12	802	4	119	3	153	4	199	11	471	23	1273

续表5-4

时间（年）	初中								高中								总计	
	一年级		二年级		三年级		合计		一年级		二年级		三年级		合计			
	班	人	班	人	班	人	班	人	班	人	班	人	班	人	班	人	班	人
1992	6	401	4	283	4	282	14	966	6	372	4	228	4	261	14	861	28	1827
1993	6	370	6	407	4	249	16	126	4	275	5	360	4	282	13	917	29	1943
1994	6	379	6	370	6	376	18	1125	4	216	4	249	5	331	13	795	31	1920
1995	4	263	6	385	6	362	16	990	6	364	4	209	4	237	14	810	30	1800
1996	6	375	4	264	6	368	16	1107	6	409	6	334	4	188	16	931	32	2038
1997	5	338	5	316	4	264	14	918	7	496	6	377	7	440	20	1313	34	2231
1998	4	396	5	331	4	280	13	1009	7	594	6	455	9	575	22	1624	35	2633
1999	4	333	4	288	5	320	13	941	9	762	7	542	9	542	25	1864	38	2287
2000			4	323	4	331	8	654	11		8		11		30		38	2828
2001					5	355	5	355	12	1058	11	946	11	861	34	2865	39	3220
2002									12	1101	12	981	15	1216	39	3298		
2003									16	1051	14	1012	15	1333	45	3396		
2004									16	1188	16	1076	19	1032	51	3296		
2005									14	957	16	1117	21	1572	51	3546		
2006									16	972	14	937	16	1036	46	2942		
2007									16	1141	16		13		45	3033		
2008									16	1077	16	1090	14	905	46	3072		
2009									16	1080	16	1095	16	1073	48	3248		
2010									16	1120	16	1055	16	1052	48	3717		
2011									20	1293	16	1067	16	1027	52	3387		
2012									28	1530	24	1274	19	1050	71	3854		
2013									27	1468	27	1471	22	1203	76	4142		
2014									19	1056	23	1570	28	1770	70	4369		
2015									27	1767	18	1047	23	1516	68	4330		

表 5-5 瓮安中学校长、副校长一览表

校　名	姓　名	职　务	在职时间	备　注
县立中学	胡国泰	校长	1926. 11—1927. 1	武昌高师毕业
瓮余平黄四县联中	张克襄	校长	1927. 3—1928. 1	上海美术专门学校毕业
	张纯仁	校长	1928. 1—1928. 5	北京大学毕业

续表5-5

校　名	姓　名	职　务	在职时间	备　注
省立第六中学	王道生	代理校长	1928. 6—1928. 12	武昌高师毕业
	王起斌	校长	1929. 1—1931. 2	北京高等师范毕业
	王道生	校长	1931. 3—1934. 2	武昌高师毕业
省立瓮安初级中学	杨克增	校长	1934. 3—1935. 2	北京工学院毕业
	彭建平	校长	1935. 3—1936. 5	北京工学院毕业
	任永熙	校长	1936. 5—1938. 2	武昌商业专门学校毕业
	冉隆堃	校长	1938. 3—1941. 2	国立上海商学院毕业
	杨藻章	校长	1941. 3—1942. 7	中央大学毕业
省立瓮安中学	王道暄	校长	1942. 8—1944. 2	复旦大学毕业
	冉茂森	校长	1944. 3—1945. 2	武昌师范毕业
	刁承坤	校长	1945. 3—1945. 8	中央大学毕业
	李宗彝	校长	1945. 8—1948. 8	大夏大学毕业
	卢光仪	校长	1948. 9—1949. 12	大夏大学毕业
贵州省瓮安初级中学	贺永年	校长	1950. 8—1951. 2	县教育科长兼
	杨藻章	副校长	1950. 2—1950. 7	县教育副科长兼
	董德恒	副校长	1950. 8—1951. 2	县教育科长兼
	董德恒	校长	1951. 2—1951. 3	县教育科长兼
	吴近仁	校长	1951. 3—1954. 8	县长兼
	孟仲仁	校长	1954. 8—1955. 8	县长兼
	卢雪圃	校长	1955. 8—1956. 2	县长兼
	董德恒	副校长	1951. 3—1952. 8	
	应　哲	副校长	1952. 9—1956. 7	
瓮安一中	应　哲	校长	1956. 3—1959. 7	1958. 9 迁福泉
	王树勋	副校长	1959. 2—1959. 7	迁福泉
瓮安四中	王树勋	副校长	1959. 7—1960. 2	主持工作
贵州省瓮安中学	应　哲	校长	1959. 8—1960. 3	
	王树勋	副校长	1959. 8—1967. 3	
	邵如松	校长	1960. 3—1961. 8	
	应　哲	校长	1961. 8—1967. 3	

续表5-5

校名	姓名	职务	在职时间	备注
瓮安中学革命委员会	高国富	主任	1967.4—1968.7	学生代表
	朱文模	副主任	1967.4—1968.7	教师代表
	王明学	军代表	1968.6—1969.7	兼主任委员
	郭德祥	第一副主任	1968.6—1969.7	学生代表
	雷忠香	第二副主任	1968.6—1969.7	教师代表
	雷忠香	第一副主任	1969.7—1970.4	教师代表主持校工作
	张汝森	第二副主任	1969.7—1970.4	教师代表
	应　哲	校长	1970.5—1975.1	
	宋泽高	副校长	1976.5—1976.10	主持学校工作
瓮安中学	丁　章	校长	1979.9—1981.12	
	王树勋	副校长	1977.12—1980.12	
	王树勋	校长	1981.1—1984.8	调县人大常委会副主任
	郭大华	副校长	1981.1—1984.7	
	吕庆松	校长	1984.8.27—1987.7	
	马跃银	副校长	1984.8.27—1987.7	
	黄栋贵	校长	1987.2.18—2007.7	
	张炳芝	副校长	1985.1.9—1994.9	任副校长
	王忠华	副校长	1992.—1994.8.1	
	张世雄	副校长	1994.9—1995.8	
	谭进昌	副校长	1996—2007.7	
	曾佐藩	副校长	1996—2007.7	1996—2001.7县政协副主席
	李凤奇	副校长	2003—2007	
	周遗贵	副校长	2003—2008.9	
	李凤奇	校长	2007.7—2013.4	
	张明光	副校长	2007.7—2010	
	陈友华	副校长	2007.7—2012	
	余家品	校长	2013.4—	
	周遗贵	副校长	2010.11—	
	李　琴	副校长	2013.4—	
	杨友发	副校长	2013.4—	

表 5-6　瓮安中学党总支、党支部书记、副书记一览表

姓　名	职　务	任职时间	备　注
应　哲	党小组长	1953—1957.2	副校长兼
周远程	党支部书记	1957.3—1958.1	
张怀成	党支部书记	1958.2—1959.8	
许德胜	党支部副支书	1959.9—1961.2	
秦绍品	党支部书记	1959.9—1962.2	
应　哲	党支部书记	1962.3—1967.8	
郑书全	党支部副书记	1962.3—1967.8	
张　辉	党支部书记	1972.9—1976.6	
宋仕农	党支部副书记	1972.9—1976.6	
宋泽高	党支部书记	1976.8—1979.9	
王义芳	党支部副书记	1976.8—1979.9	
丁　章	党支部副书记	1977.2—1978.2 1980.1—1981.7	
杨再超	党支部副书记	1981.8—1984.4	主持支部工作
赵永庆	党支部书记	1980.1—1984.7	
郭大华	党支部副书记 党支部书记	1981.4—1984.7 1984.10—1985.6	
马跃银	党支部副书记	1984.10—1987.2	
吕庆松	党支部副书记 党支部书记	1982.9—1985.6 1985.7—1987.1	校长兼
余国民	党支部书记	1987.4—1994.6	
王忠华	党支部书记	1994.9—2000.4	
黄栋贵	党支部书记	2001.1—2004.6	
田景才	党支部副书记	2001.1—2004.6	
李凤奇	党支部副书记	2001.1—2004.6	
黄栋贵	党总支书记	2004.6—2007.1	
田景才	党总支副书记	2004.6—2005.12	
李凤奇	党总支副书记	2004.6—2007.1	
李凤奇	党总支书记	2007.2—2010.11	
周遗贵	党总支副书记	2007.8—2008.8	
陈友华	党总支副书记	2008.10—2010.11	
周遗贵	党总支书记	2010.12.2—	
邓　超	党总支副书记	2010.12.2—	
张明光	党总支副书记	2010.12—2012.4	
余家品	党总支副书记	2013.6—	
李　琴	党总支副书记	2013.6—	

表 5-7 瓮安中学股级干部名录一览表

校　名	姓　名	职　务	任职时间	备　注
瓮安初级中学	王树勋	教导主任	1950. 9—1959. 2	
瓮安一中	王盛诚	教导主任	1959. 2—1959. 7	
瓮安中学	郑书权	副教导主任	1959. 9—1964. 8	
	丁　章	教导主任	1961. 8—1967	
瓮安中学革命委员会	雷忠香	第二副主任	1968—1969	
	张汝森	第二副主任	1969—1970	
	丁　章	教导主任	1975. 5—1978	
	李吉才	副教导主任	1977. 5—1978. 10	
瓮安中学	郑书权	教导主任	1978—1984	
	郭大华	副教导主任	1979—1981	
	朱文模	副教导主任	1971—1981	
	徐乾麟	副教导主任	1979—1981	
	张炳芝	教导主任	1984. 8—1987. 1	
	张世忠	教导主任	1986. 8—1987	
	王忠华	副教导主任	1986. 8—1987	
	黄栋贵	副教导主任	1986. 8—1982	
	王忠华	教导主任	1987. 2—1988	
	丁惠敏	副教导主任	1987. 2—1988. 8	
	陈全福	副教导主任	1988—1992	
	田景材	副教导主任	1988. 8. 21	
	李凤奇	副主任	1994. 3. 2—2001. 2	
	周遗贵	教导处副主任	1997—2004. 9	
	张世雄	教导主任	1992. 9—1994. 8	
	田景材	教导主任	1996—2000	

续表5-7

校　名	姓　名	职　务	任职时间	备　注
贵州省示范高级中学	李凤奇	教导主任	2001—2003	
	郑　义	办公室主任	2001—2003	
	周遗贵	政教主任	2004.10—2006	
	陈友华	教导主任	2004.10—2007	兼校长助理
	张明光	政教主任	2006—2007	兼校长助理
	游　鹏	教科处主任	2006—2007	
	杨友发	教科处主任	2007—2013	
	何平章	教科处副主任	2006—2013	
	张元忠	教科处主任	2013—	
	蔡　毅	教科处副主任	2013—	
	刘凤七	教科处副主任	2013—	
	游　鹏	教务处主任	2007—	
	张元忠	教务处副主任	2007—2013	
	洪庆平	教务处副主任	2007—2013	
	李景辉	教务处副主任	2013—	
	周学东	教务处副主任	2013—	
	林长青	总务处主任	2007—	
	李景辉	总务处副主任	2007—2013	
	刘仁奎	总务处副主任	2013—	
	邓　超	政教主任	2007—2011	
	周　洪	政教处副主任	2009—2011	
	刘仁奎	政教处副主任	2007—2013	
	周　洪	政教处主任	2011—2013	
	赵慕琦	政教处副主任	2011—	
	李长芳	政教处副主任	2013—	
	李　琴	校务办主任	2009—2010	
	陈　刚	校务办副主任	2007—2011	
	陈　刚	校务办主任	2011—2013	
	肖春花	校务处副主任	2011—	
	洪庆平	校务办主任	2013—	
	宋　健	校务办副主任	2013—	
	何平章	网络中心主任	2013—	
	赵　俊	网络中心副主任	2013—	

贵州省瓮安第二中学

一、沿革

贵州省瓮安第二中学（以下简称瓮安二中）源于1958年8月下旬创建的瓮安县交通学校，时招教学班2个，学生90余人，教师6人。12月29日，福泉县并入瓮安县，福泉县初级交通中学教学班1个，学生40余人并入瓮安县初级交通中学，更名为瓮安县初级工交中学，设冶金、化工、交通3个班，学生144人，教师8人。

1959年4月，学校由银水寺迁入县钢铁厂移交的原厂址厂房（即西门河畔），7月初学校停办。8月，县文教局在已停办的校址上成立瓮安师范学校，利用原厂房改建成教室6间、小宿舍8间和办公室1间。秋季招收初师新生一年级教学班4个，学生180余人；瓮安一中转入二年级初师学生2个班100余人，共计296人。有教职人员21人。1960年3月，学校一楼一底教室共16间（864平方米）的教学楼工程启动。1961年，新教学楼竣工。5月，瓮安师范停办。1961年9月至1962年1月，教育局利用停办的瓮安师范校舍办一期约30人的小学教师进修班。1962年2月下旬，雍阳小学一至六年级各2个班，有560余学生迁移到已停办的瓮安县初级师范学校的校址上组建瓮安县城关小学，有教室22间，单人宿舍8间，小会议室1间，简陋厕所1个。

1963年，学校发动师生平整学校操场，节省资金3.6万元。“文化大革命”期间，学校在西门外5000米的“青坑农中”交界处，办有“农学基地”，其间学校停课闹革命，省、县组成“毛泽东思想宣传队”到学校办学习班。1971年，城关小学办戴帽初中班1个，学生45人。

瓮安二中篮球运动会（1993年摄）

1973年城关中心小学更名为城关第二小学，继续招初一新生1974年秋，雍阳小学附设初中班并入城关二小。

1976年秋，由城关第二小学附设初中班改建为瓮安县雍阳中学，7月送走最后一届高小毕业生后，雍阳中学全部为初中学生。1978年7月，经瓮安县革委批准，雍阳中学升级为贵州省瓮安第二中学。9月8日，黔南州革委正式批复设立贵州省瓮安第二中学。是年，在校园东端建有 1 幢 8 套砖木结构瓦盖的职工平房宿舍，建筑面积约 304 平方米。

1979—1981 年，学校修建教学楼 1 栋，有教室 14 间，建筑面积约 840 平方米；平房大礼堂 1 栋，建筑面积约 250 平方米；两层共 4 套一进两间砖木结构职工住房 1 栋，建筑面积 50 平方米；平房食堂 1 栋，面积约 100 平方米及其他配套设备。1980 年秋，瓮安二中首招二年制高一教学班 2 个，学生 112 人，瓮安二中成为完全中学。

1983—1991 年间，修建 3 层 4 单元职工宿舍 1 幢，共 24 套，建筑总面积约 1152 平方米；4 层 2 单元职工住房 1 幢，共 16 套，面积 720 平方米；4 层 20 间教室及 8 个小办公室的新教学大楼 1 幢，建筑总面积约 1200 平方米。1983 年秋，学校有教学班 21 个，其中初中部有教学班 17 个、三年制高一教学班 2 个、二年制高二教学班 2 个。1985 年 4 月，成立贵州省瓮安二中文教用品厂，开展印刷和装订作业本业务。1988 年 5 月上旬，印刷厂转交教育局独办。

1993 年，学校占地面积 17765 平方米，其中办公室、阅览室、会议室的建筑面积 520 平方米，实验室建筑面积 150 平方米，教师宿舍建筑面积 3000 平方米，厨房建筑面积 200 平方米，厕所建筑面积 120 平方米，通道、空地占地 9517 平方米。

瓮安二中团体操表演（2015 年摄）

1994—2007 年，学校修建 5 层 3 单元共 30 户教职工集资大楼 1 栋，建筑总面积 3000 平方米；4 层 1 单元共 8 户教职工集资房 1 栋，建筑面积 700 平方米；4 层综合大楼 1 栋（设实验室、会议室、储藏室），每层大小各 6 间，共 24 间，建筑总面积 2160 平方米。在第二教学楼（二层）顶层加盖一层，增加教室 7 间，建筑总面积 400 平方米；在第一教学楼加盖一层，增加教室 5 间，建筑面积 300 平方米；带职工宿舍的学生食堂 1 栋，1 至 3 层为学生食堂，4 层为宿舍，建筑总面积 700 平方米；带办公室的厕所 1 栋，1 层为厕所，2、3 层为办公室，合计 6 间，建筑总面积 300 平方米；2 层新厕所 1 栋，下层为男厕，上层为女厕，建筑总面积 150 平方米。2000 年 6 月，经黔南州政府批准，瓮安二中成为黔南州首批四所大型独立高级中学之一。是年秋，终止初中招生，瓮安二中成为独立高级中学。2001 年 5 月，学校荣获州“五四”红旗团委称号。2003 年 2 月，学校荣获州“五四”红旗团委称号。2005 年，被贵州省委、省政府评为精神文明建设先进单位。

2009 年，校园改扩建工程全面启动。2010 年 6 月，投资 1600 余万元，拥有 80 间教室和 30 间办公室的新教学大楼已于投入使用。8 月，总建筑面积约 4500 平方米的一栋七层四单元

56户教职工集资住房竣工。2011年3月集资90余万元的新校门启用。4月，投资90万元的露天会场综合台投入使用。2012年8月，投资1500万元总面积为12500平方米的学生公寓、食堂于一体的综合楼投入使用。

2013年11月2日，瓮安二中新校区在瓮水办事处中心社区盆水井西侧破土动工。2014年，新校区建设已完成河道工程1500万元，教学区建设完成投资4000万元，高一、高三教学楼已经封顶，墙体砌砖完成80%，高二教学楼主体工程至三楼，行政、实验楼完成孔桩浇注，图书馆、食堂和学生宿舍启动孔桩开挖。启智桥、奥运桥、高升桥正在施工，其他设施设备完成采购招标，教师公租房正在设计中。4月18日，经黔南州“申示”评估专家组评估验收合格。

2015年，学校有教学班64个，学生4500余人，教职工239人，其中专任教师231人、研究生6人、高级教师64人。自主—合作—探究的生本课堂“双层六环”教学法成型，学生自主动手、动脑的能力得到提高。是年，学校“申示”工作经省验收合格。

表5-8　瓮安二中班级、学生、教职工数情况表

名　称	年　度	班级数	学生数	教师数
瓮安县交通学校	1958	2	90	6
瓮安县工业交通学校	1958—1959	3	144	9
瓮安县初级师范学校	1959	6	280	21
	1960	6		
	1961	6		28
瓮安县城关小学	1962	6	560	15
	1963			
	1964			
	1965			
	1966	16	750	24
	1967			
	1968			
	1969			
	1970			
	1971			
	1972			
瓮安县城关二小	1973			
	1974			
	1975			
瓮安县雍阳中学	1976	9	409	28
	1977	10	456	

续表5-8

名　称	年　度	班级数	学生数	教师数
贵州省瓮安第二中学	1978	11	506	35
	1979			
	1980	18	1037	50
	1981	18	1109	60
	1982	17	1049	
	1983	21	1298	75
	1984			71
	1985			
	1986			
	1987			
	1988			
	1989	24	1777	93
	1990	22	1707	107
	1991			
	1992			
	1993			
	1994	33	2104	106
	1995	34	2125	112
贵州省瓮安第二中学	1996	34	2134	117
	1997	34	2138	117
	1998	35	2249	133
	1999	36	2256	140
	2000	36	2270	147
	2001	27	2273	151
	2002	28	2281	150
	2003	29	2286	148
	2004	29	2289	146
	2005	30	2293	150
	2006	33	2297	155
	2007	35	3192	156
	2008	39	3681	161
	2009	46	3912	179
	2010	58	4158	187
	2011	62	4326	196
	2012	68	4594	218
	2013	70	4535	233
	2014	72	4665	236
	2015	64	4500	239

二、教学质量

1980年中考，瓮安二中录取率居全县第一，都匀一中来瓮安选拔尖子生14人，二中占12人；1981年中考，瓮安二中录取率居全州第二、全县第一。

1982—1993年，共录重点72人，本科198人，专科226人，中专189人，合计685人。高考录取率连续7次居全县第一。1982年，1名考生获全县理科第一；1984年，全县录取重点9人，二中占5人，其中学生1人获全县理科状元；1987年，全县录取重点14人，二中占8人；1988年，全县录取重点20人，二中占13人，理科考生1人被清华大学录取，文科考生1人数学成绩119分（满分120分）并列全省第一。1982年、1983年、1985年、1986年、1989年中考录取率均居全县第一。

州教育局专家到瓮安二中进行课题开题指导（2015年摄）

1994—2007年，录重点681人，本科2574人，专科3659人，中专404人，合计7318人，其中1994—2005年，二中录清华4人、北大3人（这一时期全县共录北大、清华12人），学生5人获瓮安县理科第一名，3人获瓮安县文科第一名。1994年，录取重点10人，本科43人，专科76人，中专74人，合计203人，其中1名学生以630分的成绩被清华大学录取，其数学成绩居全州第一。2001年，全县高考600分以上的13人，瓮安二中占8人。2002年，黔南州高考理科前10人中，瓮安二中占4人，均超清华录取线，其中1名考生居全州第一、全省第十。2003年，1名学生以619分居全州文科第一、全省第五。2004年，1名学生获全国“希望杯”数学竞赛金奖，是贵州唯一金奖获得者。2005年，瓮安二中获黔南州教育教学质量一等奖。瓮安二中学生吴家三姊妹同年参加高考，其中2人分别获全县文、理科第一名，1人数学单科成绩148分名列全省第二名。瓮安二中副校长谢静带领吴家三姊妹到贵阳等地“化缘”，得到社会爱心人士资助2万多元。2006年，重点本科上线率居黔南州前列，1名学生高考总分分别超过清华、北大录取线的10分、17分。2007年，1名学生获全县高考理科第一名。

2008—2010年，共录重点301人，本科1078人，合计1379人。2008年，高考录取达到历史最高纪录，学生2人分别获瓮安文理科第一名，4名学生分别获瓮安县理科第二、三、四、五名，学生3人分别获全县文科第二、四、五名。2009年，高考录取超额完成州、县下达的目标任务数，学校教师33人所任学科高考成绩超省平均总成绩，获“高考成绩优秀奖”，教师10人所带班级超额完成高考目标数，被评为“高考优秀班主任”。2010年，录取率超州、县下达的重点、本科高考指标数，被评为“完成教学目标任务”和“教学质量巩固提高”先进学校，全州理科600分以上有5人，瓮安二中占2人；全县理科前3人中，二中占2人；全县高考580分以上共21人，瓮安二中有11人。

2011年，高考全县理科600分以上的学生有4人，二中占3人，录取率超州、县下达的高考目标任务数，荣获全州高中教学质量提高奖一等奖和县完成高考目标任务奖。2012年，高考上线人数突破500人大关，学生成绩提升率创新高，1名学生进入全州前10名（居第一名）被北京大学录取，有4人进入全县前10名，有10人600分以上，二本以上上线512人，占全县1339人的38.2%。2013年，高考提升率达20%，居全州同级同类学校前列，超额完成州、县下达的高考目标任务。2014年，全县高考理科600分以上25人瓮安二中14人，全县前3名瓮安二中占2人，全县前10名瓮安二中占5人，全县前20名瓮安二中占11人，全县前100名瓮安二中占60人。2015年，高考全县理科前5名瓮安二中4人，文科全县前5名瓮安二中2人，学生被北京大学录取2人、被清华大学录取1人。

表5-9　　瓮安二中1994—2015年高考录取情况表

单位：人

年　度	重　点	本　科	专　科	中　专	合　计
1994	10	43	76	74	203
1995	14	42	101	60	216
1996	11	59	130	42	242
1997	13	41	90	71	215
1998	28	92	104	66	290
1999	34	177	146	86	443
2000	38	243	225	5	551
2001	62	222	212		496
2002	63	256	288		607
2003	65	237	391		693
2004	68	248	456		772
2005	74	288	483		845
2006	89	239	397		725
2007	112	388	560		1060
2008	112	422	115		537
2009	104	369			369

续表5-9

年 度	重 点	本 科	专 科	中 专	合 计
2010	82	287			287
2011	151	404（二本以上）			404
2012	154（一本）	512（二本以上）			512
2013	96（一本）	445（二本以上）			445
2014	180（一本）	626（二本以上）			626
2015	136（一本）	662（二本以上）			662

表 5-10 瓮安二中校长、副校长一览表

职 务	姓 名	性 别	任职时间	籍 贯
校长	夏坤仲	男	1958. 8—1959. 1	贵州瓮安
校长	夏坤仲	男	1959. 1—1959. 7	贵州瓮安
校长	卢光凡	男	1959. 8—1960. 2	贵州瓮安
副校长（主持工作）	夏坤仲	男	1960. 2—1961. 5	贵州瓮安
校长	盛安平	男	1962. 2—1962. 8	贵州瓮安
校长	夏坤仲	男	1962. 8—1968. 8	贵州瓮安
革委副主任（主持工作）	陈银斌	男	1968. 1—1973. 2	贵州瓮安
党支书（主持工作）	王天合	男	1973. 3—1978. 8	贵州瓮安
副校长（主持工作）	吕庆松	男	1978. 9—1981. 8	浙江永康
副校长（主持工作）	夏坤仲	男	1981. 8—1984. 6	贵州瓮安
副校长	邹金秀	女	1982. 12—1983. 11	湖南祁东
副校长	李吉才	男	1982. 12—1983. 6	贵州瓮安
校长	张庆龙	男	1984. 6—1988. 4	湖 南
副校长	黄万成	男	1984. 6—1987. 1	贵州瓮安
副校长	李奎忠	男	1987. 1—1993. 8	贵州瓮安
校长	黎师韩	男	1988. 8—1993. 7	贵州独山
校长	丁惠敏	男	1993. 8—1994. 2	贵州瓮安
副校长	龚筑强	男	1993. 8—2007. 8	湖 南

续表5-10

职　务	姓　名	性　别	任职时间	籍　贯
副校长	犹永俊	男	1994. 2—2007. 8	贵州瓮安
校长	李庆忠	男	1994. 3—2007. 2	贵州瓮安
副校长	谢　静	男	2003. 3—2007. 2	广西桂林
副校长	余家品	男	2003. 5—2008. 8	贵州瓮安
校长	谢　静	男	2007. 3—2010. 4	广西桂林
副校长	黄俊松	男	2008. 8—2010. 4	贵州瓮安
副校长	刘兰华	男	2008. 8—2013. 4	贵州瓮安
副校长（主持工作）	黄俊松	男	2010. 4—2010. 10	贵州瓮安
校长	黄俊松	男	2010. 10—2011. 12	贵州瓮安
副校长	丁丽娟	女	2010. 10—	贵州瓮安
副校长（主持工作）	张明光	男	2011. 12—2012. 4	贵州瓮安
校长	张明光	男	2012. 4—	贵州瓮安
副校长	王华松	男	2013. 4—	贵州瓮安
副校长	夏忠富	男	2013. 11—	贵州瓮安

表 5-11　瓮安二中党支部（党总支）、工会、团委干部一览表

职　务	姓　名	性　别	任职时间	籍　贯
支部书记	王天合	男	1973. 3—1984. 6	贵州瓮安
工会副主席	黄育中	男	1978. 9—1984. 6	贵州瓮安
团委书记	曾光灿	男	1983. 8—1998. 7	贵州瓮安
支部书记	张永坤	女	1984. 6—1985. 4	上海
工会主席	李奎忠	男	1984. 6—1993. 8	贵州瓮安
支部书记	王高翔	男	1985. 5—1987. 2	贵州瓮安
支部书记	马耀寅	男	1987. 2—1993. 7	贵州瓮安
副书记	犹永俊	男	1993. 10—2007. 8	贵州瓮安
工会主席	袁中华	男	1994. 2—2009. 12	贵州瓮安
支部书记	李庆忠	男	1995. 9—2007. 10	贵州瓮安

续表5-11

职　务	姓　名	性　别	任职时间	籍　贯
团委书记	陈　斌	男	1998. 8—2007. 7	贵州瓮安
团委书记	王永念	男	2007. 8—2012. 8	贵州瓮安
党总支副书记	谢　静	男	2007. 10—2008. 8	广西桂林
党总支书记	余家品	男	2007. 10—2008. 8	贵州瓮安
党总支书记	谢　静	男	2008. 9—2010. 4	广西桂林
工会副主席	邓永富	男	2009. 1—	贵州瓮安
团委副书记	王　立	男	2009. 1—2012. 8	贵州开阳
党总支书记	黄俊松	男	2010. 5—2011. 12	贵州瓮安
党总支副书记	刘兰华	男	2010. 5—2013. 4	贵州瓮安
工会主席	陈　斌	男	2010. 1—	贵州瓮安
团委书记	王　立	男	2012. 8—	贵州开阳
团委副书记	肖　莉	男	2012. 8—	贵州瓮安
党总支书记	张明光	男	2012. 12—	贵州瓮安

表 5-12　瓮安二中股级、副股级干部一览表

职　务	姓　名	性　别	任职时间	籍　贯
教务（导）主任	吴学林	男	1978. 9—1984. 6	贵州瓮安
教务（导）处副主任	石明信	男	1978. 9—1984. 6	贵州瓮安
教务（导）主任	李奎忠	男	1984. 6—1987. 9	贵州瓮安
总务处主任	王振诗	男	1984. 6—1988. 6	贵州瓮安
教务（导）处副主任	李庆忠	男	1985. 10—1987. 1	贵州瓮安
教务（导）处副主任	李学渊	男	1986. 9—1987. 1	贵州瓮安
教务（导）主任	李庆忠	男	1987. 1—1994. 1	贵州瓮安
教务（导）处副主任	龚筑强	男	1987. 7—1993. 8	贵州瓮安
总务处主任	袁中华	男	1988. 6—2012. 1	贵州瓮安
教务（导）处副主任	犹永俊	男	1988. 7—1993. 8	贵州瓮安
教务（导）主任	犹永俊	男	1993. 8—1994. 2	贵州瓮安

续表5-12

职　务	姓　名	性　别	任职时间	籍　贯
教务（导）主任	蔡　华	男	1994.2—2007.10	贵州瓮安
教务（导）处副主任	谢　静	男	1994.9—1997.8	贵州瓮安
教务（导）处副主任	彭建元	男	1994.9—2007.2	贵州瓮安
办公室主任	郑光黔	男	1995.9—1998.7	贵州瓮安
政教处主任	谢　静	男	1997.9—2003.3	广西桂林
政教处副主任	陈　斌	男	1997.9—2005.8	贵州瓮安
办公室副主任	瞿远伏	男	1999.3—2003.8	贵州瓮安
教务（导）处副主任	余家品	男	2000.9—2003.5	贵州瓮安
教务（导）处副主任	黄俊松	男	2003.3—2007.10	贵州瓮安
办公室主任	瞿远伏	男	2003.9—2006.8	贵州瓮安
办公室副主任	刘兰华	男	2006.9—2008.11	贵州瓮安
教务（导）处副主任	丁丽娟	女	2006.9—2008.8	贵州瓮安
教务（导）处副主任	李荣强	男	2006.9—2010.8.	贵州瓮安
政教处主任	陈　斌	男	2003.2—	贵州瓮安
政教处副主任	王小勇	男	2006.9—	贵州瓮安
政教处副主任	张泰军	男	2006.9—2012.8	贵州瓮安
教务（导）主任	黄俊松	男	2007.10—2008.7	贵州瓮安
教务（导）主任	丁丽娟	女	2008.7—2010.9	贵州瓮安
教务（导）处副主任	王华松	男	2008.9—2012.8	贵州瓮安
教务（导）处副主任	顾德贵	男	2008.9—	贵州瓮安
教学科研处副主任	罗建明	男	2008.9—2012.8	贵州瓮安
教学科研处副主任	唐安林	男	2008.9—2012.11	贵州瓮安
总务处副主任	李昕艺	男	2008.9—2012.8	贵州瓮安
办公室副主任	张宇祥	男	2009.1—2011.8	贵州瓮安
教学科研处副主任	王　强	男	2009.1—2013.4	贵州瓮安
教务（导）处副主任	周汉英	女	2009.1—2013.9	贵州瓮安
教务（导）主任	李荣强	男	2010.9—2012.8	贵州瓮安
办公室主任	张宇祥	男	2011.9—2012.10	贵州瓮安

续表5-12

职　务	姓　名	性　别	任职时间	籍　贯
教务（导）主任	王华松	男	2012.8—2013.4	贵州瓮安
教学科研处主任	罗建明	男	2012.8—2013.4	贵州瓮安
总务处主任	李昕艺	男	2012.8—	贵州瓮安
政教处副主任	王永念	男	2012.8—	贵州瓮安
信息管理中心主任	李荣强	男	2012.8—	贵州瓮安
总务处副主任	张泰军	男	2012.8—	贵州瓮安
办公室主任	唐安林	男	2012.10—	贵州瓮安
办公室副主任	周泽宏	男	2013.4—	贵州瓮安
教务（导）主任	罗建明	男	2013.4—	贵州瓮安
教学科研处主任	王　强	男	2013.4—	贵州瓮安
教务（导）处副主任	何崇玖	男	2013.9—	贵州瓮安
教学科研处副主任	周汉英	女	2013.9—	贵州瓮安
教学科研处副主任	李昕波	男	2013.9—	贵州瓮安

贵州省瓮安第三中学

一、学校发展

瓮安三中校园（2008年摄）

贵州省瓮安第三中学（以下简称瓮安三中），坐落于县城塔坡公园对面，位于县城北东路24号，始建于1994年5月。校园占地24001.2平方米，总体建筑面积3000平方米，为钢梁砖彻结构。服务半径5公里。1994年，学校向世行贷款88万元，政府拨款350万元，于5月1日破土动工，历时4个月建设，8月底完成教学楼主体工程。学校教学班设6个，招七年级学生421人，教职工16人，接收草中、一中、二中兄弟学校和教育局、政府、人大、政协等单位捐赠的学生课桌 181 套、办公桌 40 套。1995 年 9 月完成 3、4 楼主体工程及部分配套教学设施。1996 年 8 月全面完成配套设置。共有教室 22 间，行政办公室 4 个，学生标准篮球场 4 个，标准中学生足球场 1 个，300 平方米圆形跑道 6 条，小花园 2 个。可容 75 人的实验室、准备室 3 间。是年，学校设年级 2 个，教学班 12 个，学生 920 人，教职工 28 人。

1996 年，学校有教学班 24 个，教师 36 人，工勤人员 4 人。1997 年 7 月，首届初中毕业 288 人。是年，被评为州“优秀学校”。8 月，增设高中部，共招高一新生 252 名，学校设教学班 36 个，其中高中教学班 4 个，教职工 96 人。是年自筹资金 150 万元改造职工食堂，扩建教室 16 间，共计教室 48 间。1999 年 9 月，初高中有教学班 46 个，学生 3055 人，教职工 124 人。2000 年 9 月，由完全中学改制为县城初级中学。是年，首届高中生毕业录取一本 11 人，进入二本 42 人、大专 45 人，升学率名列 4 所中的第 3 位。

2002—2008 年，先后有学生 7 人在中考中取得瓮安中考第一名。2002 年 7 月，学校最后一届高中生毕业 167 人，二本以上上线人数 78 人。9 月，停止招高中生，扩大初中招生，初中教学班 42 个，教职工 130 人。学校开始实行第一轮教改，素质教育纳入教师的量化考核之中。是年，被评为州优秀学校。2003—2005 年，连续三年被评为县优秀学校，并通过省、州“两基”“普实”验收。2005 年 12 月，第一轮继续教育省级验收为优秀。2006—2007 年，连续两年被评为州优秀学校。2006 年 12 月，“十一五”教师继续教育省级验收为优秀。2007 年 5 月，学校开始第二轮教改，洋思中学新教学理论推广与运用。8 月，自筹资金 150 万元通过县政府征收土地，建造标准的理、化、生实验室各 2 个，每间可供 130 人同时做实验，建教室 6 间，学校教室达 54 间，配备计算机教室 2 个，图书室、阅览室各 1 个。2008 年，出现大班额，有教学班 42 个，学生 3460 余人，班额人数达 87 人。学校对教育教学进行改革，推行“6321”教学模式。8 月 10 日，州级课题《语文教学活动与创新作文教学的研究》立项。是年，中考成绩名列全县前列，前 10 名中有 6 人。

2009 年，借瓮安职校教室 18 间，借调教师 27 人，教学班 42 个分为教学班 60 个。2010 年，恢复 42 个教学班。2011 年 6 月，启动学科渗透法制教育教学工作，6—9 月对全校教师进行培训，明确学校渗透法制教育的意义，全体教师在教学活动中全面渗透法制教育，学校制定考核方案，并纳入教师量化积分。是年，学校以国学经典《弟子规》对全体同学进行爱国主义、集体主义、为人处世、尊老爱幼等方面的教育。学校由政教处统一部署，编印校本教材《弟子规》解读校本《走近弟子规》，分发给全校各班主任及政治课老师，校本教材对弟子规原文进行通俗易懂的解读。班主任及政治老师在课堂上对弟子规进行宣传。同时，各班开展朗诵国学经典活动、歌咏活动、书画活动及各种大小会议的宣传，使弟子规宣传深入人心。学校组织全校从小事做起，从身边事做起，从自己家庭做起，做一个诚实、守信、明礼的好学生、好孩子、好公民。8 月 25 日，州级课题《语文教学活动与创新作文教学的研究》验收结题，并获二等奖。2012 年 10 月，学校渗透法制教育工作实现 3 个 100%（学校渗透法制教育100%、教师参与学科渗透法制教育工作100%、法制渗透点在学科教学中100%）。12月，经县、州、省专家验收，获省渗法教育示范学校。2013年9月，学校启动高效课堂建设工作，研究“6321”教学模式。是年，学校被评为黔南州优质生源基地、素质教育先进学校。

瓮安三中校园（2011年摄）

2014年1月9日，省级课题《初中数学课堂6321教学模式》被列为省教育科学规划课题，为一般课题，编号为：2013B064，于3月正式开题。6月，参考中考658人，700分以上14人，其中1名学生以738分的成绩名列全县中考第一名。

2015年，中考700分以上26人，2名学生进入全县前10名。学校有教学班42个，学生2366人，教职工147人，其中高级教师32人、省级骨干教师3人、州级骨干教师20人、县级骨干教师8人、省级英语教学名师1人。2名教师的同课异构公开课获黔南州课件评比一等奖，校长的数学课件获黔南州一等奖，1名教师的化学课件获县课件评比一等奖，1名教师在县物理科技技能大赛中获一等奖。4月17日，全州历史、音乐优质课评比在三中举行，来自县内外50余名选手参加，瓮安三中1名教师获历史三等奖，2名教师获音乐一等奖，1名教师获音乐二等奖。7月，“十二五”教师继教省级验收为优秀。县统考抽评中，1名教师获英语学科第一名，1人获思品第一名，1人获数学第二名，2人获数学科第三名。11月20日，被评为黔南州初高中课改样本学校。

二、办学特色：“6321”教学

2013年9月15日，瓮安三中成功申报省级重点课题《初中数学课堂“6321”教学模式》后，即成立高效课堂建设推进工作组，以“6321”课堂教学模式全面推进课堂改革。学校以“集体备课”和“同课异构”方式研究课堂，以“走出去，请进来”的方式加强教研力度。“6321”教学模式具有“6环节、3协作、2案、1宗旨”，6环节：自学、引导、合作、展示、揉合、强化，3协作：师师协作—资源共享、生生协作—共同探究、师生协作—实现目标，2案：讲案、学案（讲学案），1宗旨：培养能力。“6321”教学模式，学生在教师的启发引导下，以学生小组合作讨论为前提、以现行教材为基本探究内容、以学生周围世界和生活实际为参照对象，让学生通过个人、小组将自己所学知识应用于解决实际问题，教师为学生提供充分自由表达、质疑、探究、讨论问题和展示能力的机会，师生通过揉捏中和提炼知识，最终进行强化，以达到掌握知识的目的。老师与老师之间团结协作，分小组、分章节备课，进行试讲、讨论、改进，最终定案，实现资源共享；学生的小组讨论，学生质疑、探究从这里开始。小组讨论时教师协作参与，不包办代替，进行师生互动，让学生形成定论、定性能力。教师事先设计好教案、学案，备好课，按各个步骤环节实施，达到教学目标，提升学生综合素质，

黔南州音乐优质课评比在瓮安三中举行（2015 年摄）

发展学生能力。2014 年 3 月，开始第三轮课改，高效课堂“6321”教学模式运用各科教学，并纳入教师量化管理中。党员、领导干部带头执教“6321”课堂研讨课，“6321”课堂教学模式得到有效探究。10 月，启动同课异构优质课竞赛活动，全体教师参加，展示教师执教个性，研讨“6321”课堂。学校与长顺、惠水的同课异构教学进行交流，相互学习。到 2015 年，“6321”课堂教学模式已成为瓮安三中的课堂教学特色，并产生良好的教学效果。

表 5-13　瓮安三中校长、副校长、支部书记及股级干部一览表

职　务	姓　名	性　别	籍　贯	任职起止时间
校长、党支部书记	吴炳友	男	贵州瓮安	1994. 5—2008. 10
副校长	卢和衷	男	贵州瓮安	1994. 5—2006
校长、党支部书记	周遗贵	男	贵州瓮安	2008. 10—2010. 10
校长、党支部书记	熊家荣	男	贵州瓮安	2010. 10—2012. 10
校长	刘金巧	男	贵州瓮安	2012. 10—
副校长	汪礼春	男	贵州瓮安	1999. 10—2008. 10
教务主任	吴定龙	男	贵州瓮安	1994. 9—1999. 9
副校长	吴定龙	男	贵州瓮安	2008. 10—2012. 10
副校长	曹洪学	男	贵州瓮安	2001. 4—2013. 9
副校长	陈　松	男	贵州瓮安	2006. 8—2010. 10
政教处主任	罗明梅	女	贵州瓮安	1999. 9—2006. 8

续表5-13

职　务	姓　名	性　别	籍　贯	任职起止时间
副校长	罗明梅	女	贵州瓮安	2010.10—2014.9
政教处主任	张良学	男	贵州瓮安	2006.9—2010.8
副校长	张良学	男	贵州瓮安	2012.10—
政教处主任	赵　平	男	贵州瓮安	2010.9—2013.4
副校长	赵　平	男	贵州瓮安	2013.11—
教务处主任	唐纯义	男	贵州瓮安	1999.9—2015.12
办公室主任	杨进军	男	贵州瓮安	2009.9—
后勤主任	唐　平	男	贵州瓮安	1999.9—
教科处主任	倪祖玲	女	贵州瓮安	2009.9—
政教处主任	李　林	男	贵州瓮安	2012.4—
工会主席	李跃忠	男	贵州瓮安	2011.8—
教务处主任	田　君	男	贵州瓮安	2015.12—

贵州省瓮安第四中学

一、学校发展

瓮安四中校园（2011年摄）

贵州省瓮安第四中学（以下简称瓮安四中），源于贵州省瓮安职业高级中学的附属初中班。2002年8月16日，瓮安县发展计划局下发新建第四中学基建计划。11月4日，瓮安县人民政府会议纪要，就职中置换兴建瓮安四中，采取资本置换的方式完成总投资额为520万元的建设项目。11月21日，县人民政府办公室决定成立瓮安第四中学筹建领导小组。2003年3月，学校动工修建。9月，学校修建竣工搬迁，贵州省瓮安第四中学在职校正式挂牌。学校实行“一套班子，两块牌子”管理模式。是年，招初中班10个，有学生600余人。2004年，县从基层学校公开选调教师进城区学校，其中选调到四中教师13人。2005年，压缩初中部招生，招初中班5个，学生400余人。2006年，县从基层学校公开选调教师18人。2007年8月，瓮安职中与瓮安四中分区办学。学校位于县城西南部，占地12310平方米，校舍面积4975平方米，有教学楼1栋，综合楼1栋。瓮安四中设校长1人，副校长2人。学校设办公室、教导处、政教处、教科处、后勤处5个科室。是年，从乡镇学校选调教师27人，学校有教师48人，教学班13个，学生1000余人。

2008年8月，瓮安第四中学正式与瓮安职中分开独立办学，成为一所初级中学。学校设办公室、教导处、政教处、教科处、总勤处、工会、团委7个科室。有教职工106人，其中，高级职称5人，中级职称27人，初级职称74；省级骨干教师1人，省级优秀教师4人，州级骨干教师4人，县级骨干教师4人。教学班29个，学生1648人。9月，学校编印第一份《瓮安第四中学教育教学工作》简报。10月，学校校刊《南苑花圃》编委会成立。10月13日，中共瓮安县直属机关委员会批准成立中国共产党瓮安县第四中学支部委员会。11月14日，中共瓮安县第四中学支部成立。会议通过民主选举方式选举了党支部书记1人，党支部副书记1人，党支部委员5人。是年，变卖超市筹资145万元，台湾慈善基金捐款20万港元修建慈心楼1栋。教师25人教学论文获省教育教学研究二、三等奖。教师6人获县第一批骨干教师称号。2009年，学校教职工108人，教学班39个，学生2203人。1月，校刊《南苑花圃》创刊号出版。4月，余家品主编的贵州省瓮安第四中学校本教材《农村实用知识与技术》出版，全书分法制篇、创业篇、求职篇、哲理故事篇4个部分。5月，学校开展首届校园十佳歌手暨学生才艺展示。8月刘金巧主编的校本教材《德育专辑》出版。是年，黔南州自制教具优秀教具评选教师1人获二等奖，第四届全国“叶圣陶杯”作文竞赛学生39人次获二等奖，全国英语能力竞赛学生26人获奖，黔南州2009年初中教育教学质量三等奖。2010年4月20日，瓮安县人民政府常委会义纪要，将瓮安第四中学整体搬迁到原瓮安中学校址。5月4日，瓮安县机构编制委员会增加贵州省瓮安第四中学事业编制67名（事业编制由118名增加到185名）。学校有教师121人，教学班48个，学生2899人。4月23日，举行首届“盛世彩虹”杯英语演讲比赛，4月30日，校报《四中教育》创刊出版。9月，瓮安第四中学七年级教学班11个搬进瓮安中学校区。学校实施教育教学精细化管理，汇编学习科学发展观资料9本。12月，学校出台《瓮安第四中学办学章程》。是年，教师5人论文、课件、教学设计获省教育教研奖，5人获黔南州首届“学府杯”指导奖，26人获黔南州全国英语能力竞赛奖，学生5人获黔南州首届“学府杯”奖。学校平均总成绩荣获黔南州普通初中教学质量先进单位，2010年，黔南州中小学“祖国好·家乡美”朗诵大赛中获中学组一等奖。中考700分以上3人，600分以上31人，中考成绩名列全县第一。

2011年4月，谢祥平主编校本教材《国防教育读本》出版。6月，学校投入60余万元，将瓮安四中由文峰南路到全部搬迁狮子山瓮安中学校址。学校占地82966平方米，绿化面积

38098平方米，运动场1495平方米，图书16745册，有教职工135人，教学班51个，学生3138人。是年，教师接受培训116人次，其中，国家级5人，省级4人，地市级12人，县级35人。中考700分以上3人，600分以上105人，中考成绩获全县第一名。被县委、县政府表彰为消防安全工作先进单位，先进基层党组织、获"唱响主旋律·颂歌献给党"红歌大赛三等奖，中职招生三等奖，黔南州2011年普通初中教学质量二等奖。

2012年，有教师144人，教学班55个，学生3424人。9月，学校投入资金58万元，改建报告厅，学生信息教室。11月，投入资金16万元建白板教室设备2套、教工之家活动室、工会活动室等。学校投入资金30万元配置教师电脑100台。5月，学校推行"5115"有效课改模式。12月19日，中共瓮安县教育工作委员会批复中共瓮安县第四中学支部委员会换届选举，选出中共瓮安县第四中学支部委员会书记1人、副书记1人、委员5人。是年，第22届全国初中应用物理竞赛教师5人获三等奖，黔南州语文优质课评选教师1人获三等奖，黔南州思想品德学科优质教案评选教师1人获二等奖，全国"叶圣陶杯"作文竞赛学生51人获二等奖，黔南州2012届初中教学质量先进学校二等奖。县委、县政府颁发中职教育工作先进学校一等奖、庆祝共青团建团90周年暨"五四运动"93周年系列活动荣获三等奖、"喜迎十八大瓮水长歌颂"国庆歌咏大赛三等奖。全县学科统考抽评9人获奖，4人荣获县委县政府十佳校长、十佳主任、十佳班主任、十佳教师表彰。中考学生700分以上22人，600分以上189人，中考成绩获全县第一名。2013年，教育局投入330万元，建班班通设备55套。8月，投入资金30万元改建学生食堂。学校有教职工167人，教学班55个，学生3423人，教师培训255人次。7月，全国"叶圣陶杯"作文竞赛教师7人获辅导二等奖、20人获辅导三等奖，学生67人获奖。全县统考抽评教师10人获奖，2人荣获县委县政府十佳主任、十佳教师表彰。被县委、县政府表彰为安全生产工作"先进单位"、瓮安县2013年职工篮球比赛第四名、"心中的歌献给党""七一"歌咏活动组织奖。是年，中考700分以上19人，600分以上204人。

瓮安四中大课间（2015年摄）

2014年，县政府投入100万元新建校门，340万元建塑胶跑道、篮球场、足球场等运动场所，学校投入30万元改造学生食堂。有教职工165人，其中，高级职称教师13人，中一职称教师46人，中二职称教师96人，中三职称教师1人，教室90间，网络多媒体教室54

瓮安四中“5115”课堂（2013 年摄）

间，计算机 143 台。1 月，第四届贵州省中小学生作文创新大赛教学教研活动教师 9 人获辅导奖、学生 97 获奖。4 月，牟天利主编的校本教材《图说瓮安》出版。9 月，黔南州初中化学优质课评选教师 2 人获一等奖，贵州省初中化学优质课评选 1 人获一等奖。教师 4 人评为州级骨干教师。是年，荣获县委、县政府组织的“学习党的十三届三中全会精神暨党的群众路线教育实践活动知识竞赛”三等奖、瓮安县 2014 年职工篮球比赛第四名，获黔南州教育局颁发全国第二届“中国汉字听写大会”黔南总决赛优秀组织奖，被贵州省安全生产委员会办公室评为贵州省安全文化建设师范校园。学生中考 700 分以上 28 人，600 分以上 316 人，中考成绩获全县第一名。

2015 年，有教职工 171 人，其中，高级教师 20 人，中级教师 61 人，初级教师 81 人，见习 4 人。教室 90 间，班班通教室 55 间，计算机 204 台。学生中考 700 分以上 28 人，600 分以上 316 人，全县前 10 名 7 人，中考成绩获全县第一名。荣获县政府表彰 62 人，其中，获提案奖是 1 人，获教学能手 38 人，优秀教育成果一等奖 18 人。州课改推进会初中课堂改革现场观摩课，教师 15 人获州级示范课聘书。是年，学校教学荣誉：县中小学生书画大赛一等奖、县瓮水杯中学生英语技能大赛一等奖、县“文明礼仪知识竞赛”二等奖、州一等奖，县“禁毒主题征文组织奖”，县素质监测一等奖，县课改先进学校，州课改样本校，黔南州推进义务教育均衡发展合格学校、州教学常规大检查先进学校，省级课题“提高课堂有效性的策略与实践研究”获州级科研成果一等奖等。2015 年“谁是球王”全国青少年校园足球竞赛活动贵州海选赛（初中组）第二名，瓮安县第三届中小学生篮球赛（初中组）冠亚军。2015 年黔南州北片区三县“未来之星”校园足球联赛冠军，瓮安县教育系统信息宣传工作先进单位，黔南州语言文字工作规范化示范学校。

二、办学特色：“5115 有效课堂”

2012 年 5 月，学校成立课堂教学改革领导小组，7—8 月，组织教师编写“导学案”。9 月，在七年级 20 个班实施课堂教学改革，教师编写的“导学案”进入课堂分小组进行教学，建立瓮安四中“资料库”。2013 年 5 月，提炼出瓮安四中课堂教学改革“5115 有效课堂”教学模式。将课堂 40 分钟分为三个时间（5 分钟、10 分钟、15 分钟）四个时段（预习检查 5 分钟，合作学习 10 分钟，成果展示 10 分钟，检测提升 15 分钟）。“5115 有效课堂”教学模式以小组建设为载体，学生在课堂上讲起来、做起来、动起来，每一个环节学生参与。通过预习检查发现问题，合作学习分析问题，成果展示拓展问题，最后检测提升解决问题。"5115有效课堂"教学模式，通过教师有效备课、学生有效预习、以生为主的师生有效互动、以课堂训练为主的有效检测，最终达成"有效课堂"。6—8月，组织教师编写《瓮安四中同步练习》《瓮安四中单元、期中、期末检测试题》系列资料，完善瓮安四中资料库。2014年9月，课堂教学改革在学校全面推广。12月，省级课题《提高课堂有效性的策略与实践研究》以"5115有效课堂"作为课堂研究成果申报结题。该研究成果获黔南州基础教育优秀科研成果一等奖，省二等奖。

表5-14　瓮安四中校长、副校长、支部书记任职一览表

姓　名	性　别	籍　贯	任职时间	职　务
陈清涛	男	贵州瓮安	2001.12—2008.8	校长、党支部书记
吴定龙	男	贵州瓮安	2007.3—2008.8	副校长
谢建明	男	贵州瓮安	2007.3—2008.8	副校长
余家品	男	贵州瓮安	2008.8—2013.4	校长、党支部书记
刘金巧	男	贵州瓮安	2008.8—2010.10	副校长
汪礼春	男	贵州瓮安	2010.10—	副校长
闵国琴	女	贵州瓮安	2008.8—	副校长
皮禄会	女	贵州瓮安	2012.1—	副校长
刘兰华	男	贵州瓮安	2013.4—	校长、党支部书记

表5-15　瓮安四中股级、副股级任职干部一览表

姓　名	性　别	籍　贯	任职时间	职　务
唐　莉	女	贵州瓮安	2009.2—	办公室主任
陈国强	男	贵州瓮安	2013.10—	办公室副主任
张　羽	男	贵州瓮安	2013.10—	办公室副主任
周子邦	男	贵州瓮安	2009.2—	教务处主任
陈建军	男	贵州瓮安	2013.10—	教务处副主任
田庆军	男	贵州瓮安	2013.10—	教务处副主任
邓　毅	女	贵州瓮安	2009.2—2012.10	教务处副主任
谢祥平	男	贵州瓮安	2009.2—	政教处主任

续表5-15

姓　名	性　别	籍　贯	任职时间	职　务
石鸿芳	男	贵州瓮安	2013. 10—	政教处副主任
卢金梅	女	贵州瓮安	2013. 10—	政教处副主任
冯泽红	女	贵州瓮安	2009. 2—	教科处主任
周永吉	男	贵州瓮安	2013. 10—	教科处副主任
吴　琼	女	贵州瓮安	2013. 10—	教科处副主任
谭　强	男	贵州瓮安	2009. 2—	总务处主任
王品基	男	贵州瓮安	2013. 10—	总务处副主任
王世忠	男	贵州瓮安	2013. 10—	总务处副主任
童家贵	男	贵州瓮安	2008. 12—	工会主席
肖兴美	女	贵州瓮安	2008. 12—2010. 8	团委书记
邓小驹	男	贵州瓮安	2010. 9—	团委书记

贵州省瓮安第五中学

2013年7月20日，在原瓮安职校校区新组建瓮安第五中学。29日，县政府下发《瓮安县人民政府关于成立瓮安县第五中学筹建委员会的批复》，批准成立瓮安第五中学筹建委员会，负责学校筹建工作。30日，筹建维修和改造工程，新建校门、塑胶田径运动场、看台、教学楼内外、学生宿舍及食堂内部装修改造。9月6日，瓮安第五中学（以下简称瓮安五中）成立，撤花桥小学、茅坡小学和桐木冲小学并入瓮安五中，设为九年一贯制学校。学校占地面积70336平方米，校舍建筑面积5.8万平方米。有教职工105人，其中女49人、少数民族11人、校医1人、中学高级教师1人、中学一教师级25人、中学二级教师35

瓮安五中课外活动（2015年摄）

人、见习 9 人、小学高级教师 17 人、小学一级教师 18 人。有研究生 1 人、本科 61 人、专科 31 人、中师及中专 12 人。招生一年级教学班 10 个，二至四年级各教学班 4 个，五年级教学班 5 个，六年级教学班 6 个，七年级教学班 9 个，八年级教学班 2 个，九年级教学班 4 个，共有教学班 47 个，学生 2529 人。其中，小学部 1734 人、初中部 795 人。是年，中考 33 人被瓮安县高中学校录取。2014 年，学校有教职工 141 人，其中女 65 人、少数民族 13 人、校医 1 人、中学高级教师 5 人、中学一级教师 30 人、中学二级教师 48 人、见习教师 2 人、小学高级 33 人、小学一级 21 人、小学二级教师 1 人。有研究生 1 人、本科 92 人、专科 35 人、中师 13 人。学生 3207 人，其中小学部 2224 人、初中部 1083 人。

2015 年，全校有教学班 66 个，学生 4358 人，教职工 200 人，其中特级教师 1 人、省州级骨干教师 9 人、县级骨干教师 23 人、高级教师 21 人。5 月 14 日，瓮安体育项目特色学校足球训练基地授牌暨校园足球举行启动仪式。6 月 23 日上午，举行瓮安县首届“成长杯”校园足球赛开幕式，本次足球赛分小学、初中、高中 3 个组别比赛，瓮安中学、瓮安二中等 15 支代表队参赛。10 月 28—30 日，学校开展体艺活动节，设田径比赛、趣味体育活动、舞蹈、声乐、现场书画六大类 1500 余个项目，全校学生 4358 人参加。

表 5-16　　瓮安五中学校校长、副校长、股级、副股级干部一览表

姓　名	性　别	籍　贯	任职时间	职　务
陈友华	男	贵州瓮安	2013. 9—	校长
鲁恩平	男	贵州瓮安	2013. 9—	副校长
陈德举	男	贵州瓮安	2013. 9—	副校长
熊照煦	男	贵州瓮安	2014. 11—	校务办主任
李德强	男	贵州瓮安	2014. 11—	政教处主任
杨　斌	男	贵州瓮安	2014. 11—	教务处主任
任　勇	男	贵州瓮安	2014. 11—	总务处主任
丁光灿	男	贵州瓮安	2014. 11—	教科处主任
王　华	男	贵州瓮安	2014. 11—	工会主席
冉义兵	男	贵州瓮安	2014. 11—	教务处副主任
孙学中	男	贵州瓮安	2014. 11—	政教处副主任

瓮安县第六中学

瓮安六中校园全景（2016年摄）

民国19年（1930），银盏小坡袁姓乡绅赞助在银水寺修建官学校，属官管，有学生10余人。民国26年（1937），学校迁到银盏村岩脚桥寺，更名为岩脚寺学校，在县城北郊，距县城5千米。1949年12月11日，学校更名为银盏初小，学生有20余人，教师3人。1953年，正式定名为银盏小学，学生247人，教师4人。1978年3月，拆除破旧庙宇，新建砖木结构教学楼和教师宿舍各1栋。是年，学校开设初中戴帽班。1979年8月，全校有教师28人，小学教学班10个（五年制小学，每个年级教学班2个），初中戴帽班6个，有小学生560人，初中生300余人（3个年级，每个年级教学班2个）。学校兼管银虹、红灯、大林、大园4所民校的教育教学工作。

1981年，学校开展扫盲工作，以村为单位开办青壮年成人识字班5个，每期200余人，由雍阳区学办督促验收。1983年8月，小学恢复六年制教学，学生680余人。1984年8月，投入资金30万元，在河中的"船形"小岛上修建小学部教学楼1栋。1985年8月，学校经县政府验收合格，授予基本无文盲单位荣誉称号。1986年，学校开办养猪场、养鱼池等循环养殖基地。1987年8月，教育主管部门投入资金40万元，在河中的小岛上修建中学部教学楼1栋。12月，州验收组认定学校为基本实现普及初等教育合格学校。是年，学校在公路边建预制场和纸箱厂。1988年，在大园灯笼山种植杜仲林15350平方米。1989年8月，初中戴帽班从银盏小学分离出来，更名为雍阳中学，实行"两块牌子、一套人马"管理。

1991年年底，全县撤并建，设立银盏乡教育辅导站，站长兼任银盏小学校长，并负责管理飞练、银虹、尖山、穿洞、大园、大林、红灯等民校的工作。全乡有小学教学班56个，学生2860余人，初中班15个，学生900余人。1992年，学校首推"目标教学法"取得成功，并在全县推广，教研室组织全县各校骨干教师参加"目标教学法"培训学习，试点设在天文小学。1993年8月，雍阳中学和银盏小学合称为银盏学校。学校投入5万元，修建花池、育才亭、平整操场。8月，县政府复查验收扫盲工作，学校获“高标准扫除青壮年文盲”称号。1995年，学校实施普及九年制义务教育，学生入学免除学费。学校开始对初中毕业学生进行农村实用技术培训。是年，学校1名教师在贵州省《语文助读报》上发表文章《语文教学点滴谈》。1996年，乡政府投资30万元，征地8亩，沿河修建保坎，扩建运动场。8月，根据上级文件精神，开始推动“两基”工作。9月，学校征用小学教学楼河对岸的土地作为农基地，为学生培训天麻、葡萄、玉米、板蓝根等实用技术。是年，有小学教学班12个，初中教学班6个，小学生600余人，初中生1000余人，共有教师99人。1997年12月，学校“两基”工作通过省级验收。1999年5月，1名教师在《黔南日报》上发表文章《减负工作要注意克服负效应》。8月，学校争取世界银行贷款和教育局匹配资金30万元，撤掉砖木结构的教师宿舍，在宿舍原址新建教学楼1栋。10月，学校租责任田用作水稻实验基地，为学生培训农业技术知识。2000年，新教学楼竣工，初中部搬进新教学楼，开展实验教学，小学搬进原初中教学楼，原小学教学楼用作实验楼。12月，省政府、省教育厅挂牌授予银盏学校“普及小学实验省级示范学校”称号。

2002年12月，辅导站被撤销，全乡教育教学工作由银盏学校负责。2003年8月底，瓮安县实施教学人员定岗定编，银盏学校核编分流教师28人。是年，小学教学班12个，初中教学班9个，有小学生600余人，初中生550余人。2004年8月，新建学校校门、水泥篮球场4个、环形跑道1条，撤掉砖木结构旧教学楼。7月，建多媒体网络教室3间。是年，学校1人获州级骨干教师称号、5人获县级骨干教师称号。2008年，宁波荣誉市民朱英龙赞助10万元、县政府投入29万元，新建780平方米的学生宿舍楼1栋。2009年8月，完成“两基”迎“国检”验收工作。2010年，学校获州教育局“中小学素质教育先进学校”称号。2011年8月，上级教育主管部门投入资金20万元，修建学生食堂1栋，美化教学楼、文化墙。2012年12月，省教育厅为学校配置校车1辆。是年，学校获州教育局授予初中教学质量先进学校二等奖。2013年6月，学校投入资金10万元，购置学生电脑30台。7月，学校中考成绩进入全县第15名，实现中考700分以上学生人数零突破。

2014年，撤并建后的银盏镇下辖社区2个、村8个，有村民组180个，共13182户54279人。管辖村级学校10所，共有小学教学班79个（瓮安六中13个），初中教学班9个，小学教师166人（瓮安六中28人），中学教师33人，有小学生2065人（瓮安六中701人），初中生492人。9月，学校实现“班班通”。11月，经县政府批准，银盏学校更名为瓮安第六中学。学校占地面积1.9万余平方米，有教学楼2栋，实验楼、学生宿舍、学生食堂和教师宿舍各1栋，操场2个。

2015年4月，完成新学校——瓮安思源学校的选址、地勘等工作。

表 5-17　瓮安六中历任校长、副校长一览表

学　校	职　务	姓　名	任职时间	籍　贯
岩脚寺学校	校长		1937—1950. 8	
银盏初小	校长	柴廷藩	1950. 9—1953. 8	贵州瓮安
银盏小学	校长	王逸琴	1953. 9—1954. 8	贵州瓮安
	校长	林大发	1954. 9—19598	贵州瓮安
	校长	龚玉玺	1959. 9—1964. 8	贵州瓮安
	校长	刘德兴	1964. 9—1967. 8	贵州瓮安
	校长	莫运春	1967. 9—1975. 8	贵州瓮安
	校长	宋月基	1975. 9—1983. 5	贵州瓮安
银盏学校	校长	陈文举	1983. 8—1996. 8	贵州瓮安
	副校长	刘香主	1983. 8—2002. 2	贵州瓮安
	校长	闵明礼	1993. 9—1998. 8	贵州瓮安
	副校长	卢　刚	1993. 9—2014. 8	贵州瓮安
	校长	杨德元	1998. 9—1999. 8	贵州瓮安
	副校长	杨胜禄	1998. 9—1999. 8	贵州瓮安
	校长	杨胜禄	1999. 9—2000. 5	贵州瓮安
	校长	杨德元	2000. 6—2002. 2	贵州瓮安
	校长	曾　理	2002. 3—2005. 8	贵州瓮安
	校长	夏光辉	2005. 9—2009. 8	贵州瓮安
	副校长	杨胜富	2005. 9—2009. 8	贵州瓮安
	校长	杨胜富	2009. 9—2011. 8	贵州瓮安
瓮安六中	校长	高付全	2011. 9—	贵州瓮安
	副校长	安之会	2011. 9—	贵州瓮安
	副校长	范忠超	2011. 9—2014. 8	贵州瓮安
	副校长	杨胜富	2014. 9—	贵州瓮安

瓮安县草塘中学

草塘中学坐落于猴场镇东南莲花塘半山腰，离猴场会址1千米，距瓮安县城13千米，是一所农村完全中学。草塘中学始建于1956年9月，县教育局拨款1000元，划地50余亩，在草塘街西南角的莲花塘半山腰上修建。是年，在草塘小学招收初一年级教学班1个，学生28名，县教育局派教师4人负责教学工作。1957年8月，正式挂牌为草塘中学，修建教学楼1栋400平方米，厨房1栋20余平方米。教室、办公室、教师宿舍、学生宿舍均设在这两栋楼。是年，招收初一年级教学班2个，接收草塘完小附设的初二年级教学班1个，共有教学班3个，学生159名，教职工9人，学生均是“半工半读”。1958年3月，县教育局在草塘中学附设一年制速师班1个，招生51人，学制一个学期。12月，福泉与瓮安合并为瓮安县，草塘中学改编为瓮安二中。是年，增修砖木结构楼房1栋，在太平金竹开垦1个校办农场。1959年，学校建砖木结构楼房，扩垦下司改为新槽农场。3月春，校长卢光凡赴京参加“全国教育与生产劳动相结合成果展”群英会，受到毛主席、周总理等中央领导的亲自接见。11月，草塘中学在乡镇初三年级统考获全州第一名。

1960年3月，学校组织学生成立生物实验小组，设立简易气象观测哨。9月，学校园地所种的大番薯（红苕）最大的有14.5公斤，经过县、州、省层层选拔，送往北京参加“全国教育成果展”。10月，1名教师发表建立生物实验园地的文章，刊登在《生物学报》，另有多篇生物教学文章刊登在华东师范大学主办的《生物学教学》。是年，学校创办校刊《教学改革》，推进教学、教研工作，取得成果。1961年4月，学生在校学成营养块、营养袋育苗、家禽圈养、果树嫁接等农业生产技术，并推广。8月，瓮安与福泉分县，复名草塘中学，时有在校学生691人。学生覆盖草塘、珠藏、玉山、天文、永和、老坟嘴等地。1963—1965年，学校被列为州级农村中学。1963年，乡镇初中升学考试成绩名列全州第二名。1964年，草塘中学大礼堂竣工。1966年，“文化大革命”开始，校产毁坏，教学环境混乱，教学终止。1969年，学校恢复上课，学生与教师学“语录”、搞“大批判”“牛鬼蛇神”，进行劳动改造。1970年，学校创办校刊《新草中》。1971年9月，实行开门办学、勤工俭学，办起学校农场。在改新槽、双山、青池、松坪等开荒种粮100多亩，创办“五七”工厂1个（以打米和磨面为主）。是年秋，学校增设高中教学班2个，初中设教学班4个。有初中生188人、高中学生72人，教职工103人。拥有教学楼（教室30个）、礼堂、宿舍、厨房、厕所共21栋，占地面积为3万余平方米。1972年，在那乡村开垦双山农场。有初中生172人、高中学生126人。1973年，学校兴办“五七”加工厂，购置柴油机、发电机、抽水机、打米机等。是年，有初中生261人、高中学生144人。

1974—1983年，学生逐年增多。1974年有初中生126人、高中学生72人，1977年有初中生146人、高中学生189人，1980年有初中生208人、高中学生262人，1982年有初中生220人、高中学生90人。1983年，学校设初中班12个，有学生800余人；高中班4个，有学生246人；教职工69人，临时工2人。1988年，学校以“完中二类”配备标准，初步完成教学仪器配备工作。“两基”工程通过省政府验收。

1990—1997年，为各级各类学校输送新生755人，其中重点大学13人，一般本科院校51人，大专156人，中专236人，中师299人。1990年，学校有教学班17个，学生897人，教职工80人，其中中教高级教师6人、一级教师23人。学校占地33335平方米，建筑面积3917平方米。1992年年初，草塘中学首届毕业生发起成立“王家凤立碑捐资筹建小组”（王家凤老师1961年病故），前三届毕业生参加。9月10日，草塘小学、草塘中学2000多名师生一起参加游行，抬着石碑走向王家凤老师坟头，满街人群观看，兴起尊师重教之风。是年，校刊《雏鹰》改为《远山》。1993年，高中班2个，考入大学本科10人、专科18人、中专14人，全州同级同类学校成绩名列前茅。1997年，被黔南州政府评为黔南州完中优秀学校。

草塘中学全景（2013年摄）

1998年7月，被省教育厅授予贵州省农村重点中学。是年130人考被本科录取，成绩居全省县级中学前茅。1999年，本科上线录取208人，其中考生罗琴获全县高考文科第一名，被华东师大录取。2000年，学校建成实验教学楼1栋、计算机网络教室2间44平方米。高考升入本科院校学生436人，升入大、中专1149人。至2001年，高考录取率连续7年获黔南州同级同类学校第一名。5月，学校评为黔南州普及实验教学示范学校。“两基”“普实”经贵州省政府复查合格。2002年，学校开设信息技术课，步入信息技术时代。2003年，学校被确定为贵州省第二批新课改实验学校，教师1人获黔南州政府“特殊津贴”奖，教师3人论文分别获州级、省级、国家级奖。黔南州政府授牌草塘中学为黔南州普通高（完）中办学评估优秀学校。是年，启动“两基”迎“国检”工作，签订工作责任状，制定工作方案，落实责任。2004年12月，州政府、教育局授牌黔南州普通高（完）中办学评估优秀学校，县普法依法治县领导小组授牌普法依法治理示范单位。2006年，筹集资金500余万元，新建教学楼、实验楼，学生公寓及附属设施、教师宿舍及办公楼共11栋。添置现代化教学设施，购置110台电脑供教学和办公用。6月，学校“校庆楼”落成。9月30日，学校以“峥嵘岁月半世纪，风雨兼程五十年”举办50周年校庆。是年，有学生2300余人，教职工104人（其中高级职称16人，中级职称34人，高级职称中有2人享受黔南州政府特殊津贴）。是年，出版《教职工论文集》，收录教师在省部级以上各类刊物发表的教学科研论文46篇。2008年9月26日，通过“两基”迎“国检”省级验收工作。

2009—2011年，高考连续三年完成或超额完成升学指标。教师教育教学科研论文成果有200人次获省、州、县教育部门奖，教师优质课、录像课有7人获州、县教育部门奖，10人获县级优秀班主任称号，10人获县级优秀教师称号，2人被县教育局评为师德标兵，40多人次在中高考中获县教育局教学质量奖。2009年，建成学校计算机网络教室2间，多媒体教室2间，图书室、阅览室各1间，教育教学进入信息化时代。9月底，学校创建学生心理咨询室，开展养成教育。10月，瓮安县“两基”迎“国检”工作顺利通过国家级验收。是年高考二本以上录取近100人，获黔南州超指标奖；中考成绩获黔南州一类学校二等奖。2011年，县委、县政府投入600万元，申请项目资金近1亿元，启动改扩建工作，新增建设用地33335平方米。香港赵孔焕捐资25万港元，县教育局匹配资金225万元人民币修建“赵孔焕教学楼”。

草塘中学教师公租房（2015年摄）

2012年，政府投资560万元修建A、B两栋学生宿舍和高中学生食堂。2013年3月7日，省教育厅授牌贵州省中小学学科教育渗透法制教育省级示范学校。12月，学校成立“阳光书屋”，以“书香为伴，阶梯人生”的格局在全校展开，以“爱读书，读好书”的氛围形成。4月，占地20001平方米的体育场开工建设。6月，学校为迎接黔南州在猴场召开旅发大会，在全校师生中开展成人教育系列培训活动。是年，学校有教学班35个，学生2100人。其中，高中班22个、学生1578人，初中班10个、学生650人。有教职工109人，其中党员教师48人、研究生1人、中学高级教师19人、中学一级教师25人、高级技工1人、小学高级1人，有本科学历30人、专科学历13人、省级优秀教师1人、省级骨干教师1人、州级骨干教师5人、县级骨干教师7人、县级优秀教师10人、师德标兵2人。2014年5月3日，学校师生参加黔南州“明理知耻”启动仪式。10月17日黔南民族学院授牌草塘中学为实践实训基地。

2015年9月，学校占地面积达82004.1平方米，建筑面积14233.4平方米，撤销松坪中学并入草塘中学。学校设有图书室、阅览室2间，有纸质藏书约5万余册、电子图书10多万册。有学生公寓3栋，能容纳1400人学生食宿。校内设有医务室、书画美术室、音乐室、体育室、校园广播室和20M流量局域网。有教学班38个，学生2450人，其中高中班26个、学生1780人，初中班12个、学生670人。有教职工109人，其中党员教师48人、研究生1人、中学高级教师19人、中学一级教师25人、高级技工1人、小学高级1人、本科学历35人、专科学历18人、省级优秀教师4人、省级骨干教师1人、州级骨干教师8人、县级骨干教师7人、县级优秀教师13人、师德标兵3人。

表5-18　　1997—2015年草塘中学高考录取统计表

单位：人

年　份	高　考				
	报考数	重点	本科	三本	专科
1997	185	2	13	15	7
1998	219	1	16	23	
1999	221	3	14	30	
2000	233	5	18	29	
2001	241	4	19	33	
2002	217	2	16	30	
2003	228	3	18	35	
2004	246	1	21	31	
2005	225	1	7	28	
2006	230	2	1	2	114
2007	210	2	1	3	116
2008	508	1	3	15	321
2009	412	5	34	11	200
2010	392	3	32	10	218
2011	382	5	43	12	282
2012	403	3	30	15	312
2013	410	3	40	20	300
2014	400	2	30	20	300
2015	303	1	9	6	230

表 5-19　草塘中学股级及以上干部、支部书记一览表

姓　名	姓　名	性　别	任职时间	籍　贯
校长	王承谦	男	1956. 9—1957. 8	贵州瓮安
负责人	陈道诚	男	1957. 9—1957. 10	贵州瓮安
负责人	陈永益	男	1957. 8—1957. 9	贵州瓮安
教导主任	曹文德	男	1957. 10—1957. 11	贵州贞丰
校长	吕庆松	男	1960. 9—1967. 6	浙江
校长	卢光凡	男	1957. 11—1959. 8	贵州瓮安
副校长	徐明尧	男	1959. 9—1960. 2	贵州福泉
教导主任	汤德懿	男	1958—1965	云南昆明
后勤主任	李崇舟	男	1958—1961	贵州瓮安
校长	周后启	男	1985. 9—1991. 8	贵州瓮安
支部书记	张凤云	男	1960—1963	山西
团委书记	杨适畔	男	1960—1973	贵州都匀
副校长	周承欢	男	1980. 9—1985. 8	贵州瓮安
副支书	李方必	男	1987. 9—1998. 8	贵州瓮安
支部书记	陆兴义	男	1987. 9—1998. 8	贵州惠水
校长	徐家豪	男	1984. 9—1985. 8	贵州都匀
副校长	游发喜	男	1986. 9—1999. 8	贵州瓮安
教导主任	吴学林	男	1970. 8—1979. 8	贵州瓮安
革委会主任	赵克生	男	1972. 9—1974. 8	贵州瓮安
教务员	左任礼	男	1973—1991	贵州瓮安
团委书记	王再科	男	1973—1985	贵州瓮安
革委会副主任	宋泽元	男	1974. 9—1979. 9	贵州瓮安
校长	雷中香	男	1977. 9—1984. 8	贵州瓮安
支部书记	王复建	男	1977. 9—1987. 8	贵州瓮安
副校长	李吉才	男	1979. 9—1980. 8	贵州瓮安
团委书记	曹会琴	女	1985—1994	贵州瓮安
后勤主任	兰永瑞	男	1980—1987	贵州瓮安

续表5-19

姓　名	姓　名	性　别	任职时间	籍　贯
校长	杨兴东	男	1994.9—2009.10	贵州瓮安
团委书记	龙河云	男	1981—1985	贵州瓮安
教导主任	李庆忠	男	1981—1984	贵州瓮安
后勤主任	江可清	男	1981—1985	贵州瓮安
教导副主任	谢会军	男	1981—1995	贵州瓮安
教导副主任	张世雄	男	1983—1989	贵州瓮安
校长	吴炳友	男	1991.9—1994.8	贵州瓮安
副校长	曾佐藩	男	1985—1996	湖南
后勤主任	李道华	男	1989—1990	贵州瓮安
教导副主任	唐纯义	男	？—1997	贵州瓮安
教导副主任	田德会	男	？—2005	贵州瓮安
政教处主任	陈明权	男	2000—2006	贵州瓮安
办公室主任	田景龙	男	1991—2009	贵州瓮安
副校长	李家庆	男	2003.5—2008.8	贵州瓮安
后勤主任	朱大森	男	1993—2000	贵州瓮安
副校长	熊华江	男	1993.9—1998.8	贵州瓮安
教导副主任	范中贵	男	2004—2006	贵州瓮安
副校长	肖大春	男	2012.1—至今	贵州瓮安
团委书记	娄方菊	女	1997.8—2009.9	贵州瓮安
政教主任	娄方菊	女	2011.10—2012.2	贵州瓮安
总务主任	娄方菊	女	2012.2—2016.7	贵州瓮安
教导副主任	杨明乾	男	2002—2004	贵州瓮安
政教处副主任	宋熙烈	男	2002—2006	贵州瓮安
教导副主任	唐　松	男	2000—2009	贵州瓮安
支部书记	吴德明	男	1999—2000	贵州瓮安
后勤主任	梁毓贵	男	1999.8—2014.03	贵州瓮安

续表5-19

姓　名	姓　名	性　别	任职时间	籍　贯
副校长	戴德东	男	2003.5—2011.10	贵州瓮安
副校长主持	熊家荣	男	2009.2—2010.10	贵州瓮安
副校长主持	刘金巧	男	2011.12—2012.12	贵州瓮安
副校长主持	吴定龙	男	2013.4—2014.5	贵州瓮安
校长	吴定龙	男	2014.5—2016.9	贵州瓮安
副校长	邓远林	男	2013.4—2016.9	贵州瓮安
副校长	卢锡飞	男	2013.11—至今	贵州瓮安

瓮安县第八中学

1996年，县政府拨款项目资金30万元，修建教学楼1栋，于1997年1月完工。3月，初中部从平定营中心完全小学分离出来，建独立中学，更名为平定营中学。校址位于平定营镇，距县城20多千米，全镇下辖14个行政村。学校服务半径20余千米，人口约2.5万人。有教学班8个，学生300多人，教师26人。

1998—2012年，教师在《理科考试研究》《贵州教育》等省内外刊物上公开发表教育论文近100篇，部分论文获省、州奖励。教师1人成为黔南州初中物理兼职教研员，教师1人为黔南州初中信息兼职教研员。有州级骨干教师4人、县级骨干教师3人。1999年，县政府拨款40万元，修建教学楼1栋，教室24间。是年，有班级12个，学生800多人，教师40人。12月，县政府拨款25万、教师集资26万修建教师宿舍楼，2001年完竣工并投入使用。2002年9月，县委、县政府授予文明学校称号。2003年，被县委、县政府评为文明单位，被共青团贵州省委组织部授予贵州省“五四”红旗团委创建单位称号。2004年，有教学班19个，学生1290人，教师55人。2005年1月，被州教育局评为黔南州农村教育改革示范校。2月，县委、县政府授予文明单位。4月，获得国家项目工程款22万，配置农村远程教育工程，安装卫星接收系统、电脑设备34台。2006年，获得州补助校园绿化工程款3.5万元，用于学校绿化经费；县政府出资2.5万元，修建陀螺训练基地；县政府拨款100万元，修建学生宿舍楼1栋，于2008年完工并投入使用。2009年，县政府出资80万元，修建第二栋学生宿舍楼，可容纳学生600余人住宿；县政府出资45万元，修建师生标准化学校食堂1栋，修建保安室和围墙。8月，被州教育局评为初中教育教学质量三等奖。2011年，县政府拨款100万元，修建综合楼。有4人通过培训成为心理健康教师。4月，教师1人荣获“瓮安人画瓮安，和谐瓮安”书画大赛二等奖。2012 年，县教育局拨款 20 万元、学校公用经费 14 万元，维护教学楼屋顶、美化教室和闭路改造等。8 月，被州教育局评为初中教学质量先进学校三等奖。9 月，被县政府评为中职教育（招生）工作先进学校二等奖，获瓮安县第二届中小学生田径运动会团体总分（初中组）第二名。11 月，政府投资修建教师周转房 27 套。

瓮安八中校园（2015 年摄）

2013 年，教师 1 人申报州级课题《初中学生英语阅读与写作技能培养研究》获得批准、教师 4 人申报县级课题《中华诗词创作》《特色项目“陀螺”走进校园》《快速作文》获得批准。3 月，被教育厅授予中小学学科教学渗透法制教育省级示范校，在瓮安县“迎五四，爱党爱国爱瓮安”情景演讲比赛中荣获优秀奖。12 月，被县政府评为体育工作先进单位。2014 年 3 月，教师周转房正式入住，平定营中学更名为贵州省瓮安第八中学（以下简称瓮安八中）。学校占地面积 25334.6 平方米，建筑面积 8934 平方米。学校理化生实验室、仪器室、准备室、微机室、音乐室、美术室等功能室齐全，各类教学器材配备均达到省级二类标准。有教学班 11 个，学生 500 多人，教职工 58 人（其中中学高级教师 9 人、中学一级教师 27 人）。5 月，被团县委授予“瓮安县五四红旗团支部”称号。7 月，获得县教育局拨项目工程款 31.5 万元修建厕所。9 月，微机室、音乐室、美术室各 1 个，每个教室都接通宽带，安装“班班通”，学校利用第二教育资源网服务于教学，提高教育教学质量。是年，有 4 名教师荣获中考“教学能手”称号。10 月，教师申报省级课题《农村初级中学数学高效课堂探究》获得批准。

2015 年 1 月，被县教育局授予安全工作先进单位。3 月 24 日至 4 月 22 日，举办片区语文、历史、音乐、化学教师技能大赛，推选出 1 名教师代表瓮安县参加黔南州第二届初中教师技能大赛，并荣获化学技能比赛三等奖。4 月，荣获瓮安县第四届中小学、幼儿园书画比赛初中组团体三等奖。5 月，瓮安二中补助办公设备资金 7000 元、瓮安磷化公司捐助价值 1 万元的办公电脑 5 台。学生 1 人以总分 746 分的成绩获全县中考第二名，教师 6 人获县教学能手，教师 1 人被评为县级优秀班主任，教师 1 人被评为中职招生先进个人。10 月，被县教育局授予“四项教育”先进学校称号。

表 5-20　瓮安八中历任校长、支部书记、副校长一览表

学校	职务	姓名	性别	籍贯	任职起止时间
平定营中学	校长	黎　明	男	贵州瓮安	1997.3—1999.9
	校长	戴德东	男	贵州瓮安	1999.9—2003.8
	副校长	熊其寿	男	贵州瓮安	2001.3—2002.9
	副校长	张良学	男	贵州瓮安	2002.3—2003.9
	校长	张良学	男	贵州瓮安	2003.9—2004.9
	支部书记	唐广益	男	贵州瓮安	2002.9—2014.9
	副校长	张辅万	男	贵州瓮安	2003.9—2004.8
	校长	杨德元	男	贵州瓮安	2004.9—2011.8
	支部书记	唐广益	男	贵州瓮安	2003.9—2014.9
	副校长	蒋成华	男	贵州瓮安	2007.9—2014.3
瓮安第八中学	校长	王先明	男	贵州瓮安	2011.8—2014.9
	支部书记	唐广益	男	贵州瓮安	2003.9—2014.9
	副校长	蒋成华	男	贵州瓮安	2007.9—2014.3
	校长	任开林	男	贵州瓮安	2014.9—
	支部书记	唐广益	男	贵州瓮安	2003.9—2014.9
	副校长	张　梅	女	贵州瓮安	2014.9—
	副校长	李　毅	男	贵州瓮安	2014.9—

瓮安县珠藏中学

学校位于瓮安县北面，距离瓮安县城 62 千米。1973 年，瓮安县政府批准建珠藏中学，校址选在珠藏街上往北 1 千米的老虎场，校舍于 6 月开始动工修建，砖木结构，面积约 700 平方米。1974 年 10 月底校舍建成。建校初是革命委员会管理，学校主要教学工作由教导处负责。财务管理主要由总务处负责。是年秋，招收初一教学班 2 个，学生 118 人。学生上午在珠藏小学借用教室上课，下午就在珠藏区委礼堂 2 班合在一起上课，教职工 7 人。11 月搬入新建珠藏中学。1975 年秋，除招收初中生外，还招收两年制的高中教学班 1 个，学生 54 人。1977 年粉碎江青反革命集团（“四人帮”）拨乱反正后，师资得到补充，学生人数不断

增多，学校规模扩大。1982年3月，初中有教学班6个，高中有教学班2个。9月，停止高中部的招生，扩大初中招生。1983年9月，有初中教学班9个。1984年9月，实行校长负责制。校舍面积扩大，办学条件改善。1985年3月，学校健全各级组织，除已有的教导处和总务处外，建立珠藏中学支部委员会、共青团珠藏中学委员会、教育工会、教代会，负责党团工作和做好师生政治工作。是年，瓮安县政府授予“先进集体”。1986年，被县委、县政府评为“先进单位”。1987年珠藏片区集资修建砖混结构教室12间，1989年福建漳州援建教室3间。1990年，学校自筹资金修建学生宿舍1栋。中考中专、中师上线人数均25人，高中人数增加，中考成绩名列全县第一。1990年，珠藏中学校长被国家教委评为“全国教育先进工作者”，学校被县委、县政府评为“红旗单位”。

瓮安珠藏中学开学第一课（2013年摄）

1991年9月，学校自筹资金将原来的瓦房教室改为教师宿舍。是年，中考成绩荣获全县第一名。1993年被县教育局授“中考第一名”。1994年被州总工会授“先进职工之家”。1995年，教师集资、学校补助建设第一栋教师宿舍。1996年，镇政府拨款教育附加费、学校自筹资金修建教室12间、办公室5间。是年，荣获全县中考第一名。1998—1999年，分别获县中考第一名。1998年5月，通过省、州“两基”验收合格。1999年，由教师集资、学校补助修建第二幢教师宿舍。2000年，学校有教职工103人，教学班24个，学生1728人。4月，通过县教育督导办学水平评估，评估结果为良。9月，学校进行内部管理体制改革，实行教职工定编定员，建立学校岗位目标责任制，明确学校领导、中层干部、班主任、教职工职责，实行教职工聘任制，学校聘任班主任，班主任聘任科任教师，对教职工进行量化管理。学校重抓“普九”“普实”工作，深化教育改革。是年，县政府决定由群众集资修建珠藏中学高中部，新征土地16000.8平方米。2002年，设立学校办公室，镇政府拨款教育附加费、学校自筹资金修建实验楼1栋，物、化、生实验室各3间、办公室3间。2002—2003年，荣获瓮县委、县政府授予文明单位。

2004—2006年，学生10人获全国数学希望杯奖。2004年，教师集资、学校补助修建教师宿舍1栋。是年，被县委、县政府评为文明单位。2005年，香港慈恩基金会捐资港币25万元、镇政府匹配资金一部分、学校自筹一部分修建慧明同心教学楼，教室15间，办公室2

间，会议室1间。9月，高中部正式恢复招生，招收高一新生240人。学校从黔南师院和贵州师大等招聘本科毕业生20余人，师资实力得到增强。是年，获县政府中考跃进奖，被县委、县政府授予优秀学校。2006年，珠藏中学教师舞蹈《醉阿哥》获“多彩贵州”瓮安赛区二等奖、黔南赛区三等奖。

珠藏中学开展文娱活动（2015年摄）

2007年8月，实行岗位责任制，定期考核，定时发放岗位津贴，重新核定教师工作量，提高班主任、职工的待遇，提倡民主管理，学校的管理规范化、科学化、人性化、和谐化。是年，“贵州省寄宿制工程”拨款修建寄宿制女生宿舍1栋，贵州省初中化学竞赛学生8人获二等奖、初中物理竞赛1人荣获三等奖。2008年，州政府授予学校抗冻救灾先进集体。2011年9月，学校实行科学民主管理，重抓师德师风，开设道德讲堂，建立健全学校各项规章制度，注重“三重一大”建设。是年，考上重点大学9人，本科39人。2012年，学校设立教科处，组织学校教研工作，开展教研组新课改教育科研活动。建立教研组及教师教育科研业务档案，对教研组及教师的教育教学研究工作进行管理和评价。是年，高考二本及二本以上81人，其中考上重点大学13人。2013年、2014年两年考上重点大学20人、本科110人。2013年5月撤并建后，珠藏镇区域面积278.33平方千米，辖14个行政村，1个居委会，人口6.881万人，学校服务范围156.2平方千米。校园占地面积82004.1平方米，校舍建筑面积27131平方米，学生运动场面积28600平方米，有教室54间，实验楼1幢，图书室、阅览室各1间，微机室2间，多功能教室1间，理、化、生实验室各2间，学生宿舍5栋（可住学生1430人），90米×45米的足球场1个、300米环形跑道、标准篮球场6个。学校实验仪器齐全，图书室藏书5万余册，学生电脑70台，现代远程教育接收设备1套，音、体、美等各类器材俱全。有教学班38个，在校学生2516人，其中高中部学生1258人。有教职工145人，其中专任教师114人、中学高级教师27人、中学一级教师61人、省级骨干教师3人、州级骨干教师7人、县级骨干教师9人、大学本科毕业110人。47名教师发表教学论文56篇，26名教师获得县级及州级表彰。是年，高考提高率21%，中考上700分1人。2014年，学校设立关心下一代工作委员会。是年中考上700分2人，600分以上人数占全县第三名，高考1名学生以603分的成绩名列全县文科第三名，学校获县依法治校示范单位。

2015年，校园占地面积82004.1平方米，校舍建筑面积26131平方米。有教室54间，实验楼1栋，理、化、生实验室各2间，图书室、阅览室各1间，微机室2间，学生宿舍5栋（可住3000人）有新建足球场1个，标准篮球场6个。实现多媒体教学班班通，各种实验仪器齐全，图书室藏书5万册，学生电脑70台，音、体美等各类器材齐全。有37个教学班，在校学生2600余人。有专任教师124人，其中研究生3人、中学高级教师25人、中学一级教师66人、省级骨干教师5人、州级骨干教师12人、县级骨干教师15人、具有大学本科学历120人。考上重点大学11人、本科42人，中考成绩700分以上有9人。

表5-21　　珠藏中学历届校长、副校长一览表

姓　名	性　别	籍　贯	职　务	任职时间	备　注
田有余	男	贵州瓮安	校长	1974. 9—1983. 8	
田景才	男	贵州瓮安	校长	1983. 9—1984. 8	
周福淮	男	贵州瓮安	校长	1984. 9—1991. 2	
谢天高	男	贵州瓮安	副校长	1988. 9—1991. 2	
谢天高	男	贵州瓮安	副校长（主持工作）	1991. 3—1991. 8	副校长
谢天高	男	贵州瓮安	副校长	1991. 9—1995. 8	
林德刚	男	贵州瓮安	副校长	1991. 9—1992. 8	
李荣富	男	贵州瓮安	校长	1991. 9—1998. 8	兼党支部书记
杨信勇	男	贵州瓮安	副校长	1994. 9—2009. 2	
张胜华	男	贵州瓮安	副校长	1995. 9—1998. 8	
张胜华	男	贵州瓮安	校长	1998. 9—2007. 8	兼党支部书记
徐德坤	男	贵州瓮安	副校长	2002. 9—2011. 9	
熊家荣	男	贵州瓮安	校长	2007. 9—2009. 2	
罗　亮	男	贵州瓮安	副校长	2008. 9—2011. 8	
李家庆	男	贵州瓮安	校长	2009. 3—2011. 8	
唐　松	男	贵州瓮安	校长	2011. 9—	
李绍龙	男	贵州瓮安	副校长	2011. 9—2014. 8	
冉启凤	女	贵州瓮安	副校长	2013. 2—2013. 8	
王俊松	男	贵州瓮安	副校长	2014. 9—	
刘万平	男	贵州瓮安	副校长	2014. 9—	

瓮安县永和中学

瓮安县永和中学始建于1975年，坐落于瓮安、黄平两县交界处的永和镇，距瓮安县城11千米。1976年9月办高中，招高一年级1个班，学生60人。1978年，高中招生停止，招初中班2个，学生120人。教学用房为砖木结构2栋，教室12间，砖木结构的教师宿舍1栋，厨房1个，砖木结构的厕所1个。有1个狭窄的运动坝子，教师14人。1981年，修建教师宿舍1栋（瓦房）。1982年，招初一新生教学班2个，学生120人。1988年，学校办校刊《山石》。1990年，教师2人被县教育局评为优秀班主任。1996年，修建学校围墙1000余米（土墙），增修教学楼1栋，用老教室改建为学生宿舍。2001年，洗马小学初中部撤并到永和中学，有教职工52人，教学班16个，学生达1100余人。是年，学校新修教学楼1栋，学生宿舍2栋，综合楼1栋，完善学生食堂，建立图书室1个，计算机教室2个、多媒体教室1个。2002年教师1人的语文论文获黔南州三等奖，2003年7月学校进行行风整顿工作，2008年开展教师大家访活动，2009年学校采取分层次教学的管理方式。2010年，学校组织学生参加各类比赛，获省级一等奖2个、省级二等奖3个、省级三等奖1个、州级三等奖4个。

2012—2013年，有2人中考总分达700分以上。2012年，获黔南州教学质量二等奖、瓮安中职教育（招生）工作先进学校一等奖。2013年9月，学校获“五好”基层关工委。

永和中学开展消防安全教育活动（2015年摄）

2014年，获县校园文化建设优秀学校。5月获瓮安县中小学生、幼儿文艺会演二等奖，6月获瓮安县第六届青少年科技创新大赛组织工作三等奖，9月获瓮安县中职教育（招生）工作一等奖，10月获瓮安县第四届中小学生田径运动会初中组团体总分第八名、瓮安县中学（中职）未成年人相关法律法规知识竞赛二等奖。2015年，学校占地面积18313平方米（其中绿化面积5425平方米、运动场地5000平方米），建筑面积7888平方米（其中教室2365平方米、实验室840平方米、图书室55平方米），有微机室2间165平方米、行政办公用房160平方米、教职工宿舍1369平方米、教师周转房1幢840平方米、学生宿舍2栋

1488 平方米，学生食堂 298 平方米，厕所 143 平方米，其他用房 165 平方米。有固定资产总值 837.8 万元、图书 8088 册。是年，有教职工 44 人，其中中学高级教师 7 人、一级教师 22 人、二级教师 14 人、未定级教师 1 人、本科学历 36 人、专科学历 8 人、州级骨干教师 3 人，县级骨干教师 5 人。有教学班 11 个，学生 455 人，其中七年级 110 人、八年级 154 人、九年级 191 人，少数民族学生 45 人，寄宿生 394 人。

表 5-22　永和中学校长、副校长一览表

职　务	姓　名	性　别	籍　贯	任职时间
校长	罗朝碧	女	贵州瓮安	1976.7—1984.5
教导主任（主持工作）	陈华崟	男	贵州瓮安	1984.6—1986.2
校长	彭　毅	男	贵州瓮安	1986.3—1987.8
校长	刘忠信	男	贵州瓮安	1987.9—1990.8
副校长	田应时	男	贵州瓮安	1988.9—1991.8
校长	吴可兴	男	贵州黄平	1990.9—1993.8
副校长	杨庭友	男	贵州瓮安	1991.9—1993.8
校长	杨庭友	男	贵州瓮安	1993.9—2001.8
副校长	田应时	男	贵州瓮安	1993.9—1994.8
副校长	龙永宪	男	贵州瓮安	1996.8—2011.8
副校长	甘元林	男	贵州瓮安	1998.9—2001.8
校长	甘元林	男	贵州瓮安	2001.9—2009.2
校长	杨信勇	男	贵州瓮安	2009.3—2014.8
副校长	兰成松	男	贵州瓮安	2011.9—2013.2
副校长	程明学	男	贵州瓮安	2011.9—2014.8
副校长	潘运德	男	贵州瓮安	2013.3—2014.8
校长	杨朝飞	男	贵州瓮安	2014.9—
副校长	雷兆开	男	贵州瓮安	2014.9—
副校长	尚荣志	男	贵州瓮安	2014.9—

瓮安县岚关中学

1978年，岚关中心小学设有戴帽初中班。1995年9月，小学部择址新建，岚关中学正式成立。有教学班6个，学生近400人，教师19人（其中公办教师11人，学历大多为中师或中专，代课教师8人，学历为初、高中）。有教学楼2栋（20世纪50年代砖木结构瓦房1栋9间，称为“工”字形房子，1981年建砖混一楼一底平房1栋6间），木质结构教师宿舍1栋6间。

1998年，上级政府拨44.27万元修二楼一底砖混结构教学楼1栋1020平方米，共15间教室；是年新修围墙16674平方米。1999年，学校自筹资金5万余元采购理、化、生实验仪器，体育设施等。9月，原一楼一底教学楼改为实验楼。2000年，以教师垫资的方式在操场边修建120平方米学生食堂1个。2001年，学校以教师集资的方式筹集资金8.71万元，修建学生宿舍1栋294平方米，共14间，男女生各住一层。2002年，以教师集资、学校出资的方式筹集资金64.1万元，修建教师宿舍1栋1680平方米。2005年，上级主管部门为学校配备30台价值16万元的远程教育设备。是年，获职业高中招生三等奖。2006年，学校获职业高中招生三等奖。教师1人自制教具获省一等奖。

2007年，上级拨款22万元，修两楼一底教学楼1栋共6间。教育教学成绩稳步上升，学生2人中考分别获全县第二名、第六名。1名教师被评为州级优秀班主任。2008年，学校提出“以课堂教学为主体，以课改为依托，以德育为核心，科研为先导大力提高教学质量”的办学理念，学校出台《岚关中学教师管理办法》《岚关中学学生管理办法》《岚关中学绿化美化实施方案》等，以创新课堂教学模式为抓手、以改善办学条件为突破口，新增图书3000多册、新建篮球场2个、新修200米环跑道、硬化校园地皮5000平方米、新征土地1312平方米、栽种绿化苗木3000余株，学校的办学条件得到根本性改变。2009年，新修女生宿舍1397.4平方米，解决全校女学生住寄宿问题。八年级物理在全县统考统评中获同级同类学校第一名，学校中考获黔南州初中教育教学质量三等奖。2010年，学生1人中考语文成绩（127分）获全县第一名，学校中考获黔南州初中教育教学质量三等奖。新建学生食堂398平方米，被瓮安团县委授予学校先进团组织。

2011年，加强校园文化建设，用“文化自觉”引领师生工作、学习后劲。与龙塘中学、平定营中学、玉山中学、老坟嘴学校开展教学联考活动；八年级物理获全县统考三等奖。2012年，学校形成较为稳定的管理机制和全面落实素质教育的理念，教育教学成绩稳步上升。参加第二届全县中小学生的田径运动会荣获团体总分第八名，获瓮安县创先争优先进集体、县中职招生先进学校。2013年，学校开展打造“名师名校”工作，以“绿色生态——体验教育”为学校特色。组织教师到杜郎口、黄冈、海安等地学习，推行“高效课堂”。相继与玉华中学、龙塘中学、永和中学、平定营中学、老坟嘴学校实行五校教学研讨、交流、联考活动。八年级物理获全县统考三等奖。是年，中考学生2人均以708分的好成绩升入高中。校长获县级十佳校长，1名教师获县级十佳主任，学校被县教育局评为信访维稳先进单位，被县关工委评为五好关工委。2014年，坚持“教学为中心，管理出效益，科研上水平”的原则，先后组织教师到湖南、云南、北京、海南、厦门等地名校观摩学习，提升教师素质，提高教师业务能力。是年，学生中考2人突破700分。上级拨款62万元新建教师周转房1栋，解决学校教师住宿问题；新安装“班班通”12套，更新教师教学手段，拓宽学生视野。学校被黔南州教育局授予减负提质增效示范校，被县教育局评为安全工作先进单位，在全县第二届中小学生文艺会演中荣获三等奖，在全县中小学生文明礼仪知识竞赛获二等奖。

岚关中学全景（2012年摄）

2015年，学校占地面积15232平方米，建筑面积7384平方米，有教学班9个，学生383人。教职工35人，其中中学高级教师5人、中学一级教师11人，教师学历合格率达100%。学校以“1241”教育教学思路，与玉山中学、鱼河中学、平定营中学、老坟嘴学校、永和中学、牛场坝等学校开展交流合作。5月，组织师生参加瓮安县委宣传部、文联等组织的山歌比赛，教师分获对唱组、独唱组一等奖、三等奖，学生获合唱组二等奖。6月，学校参加全县中小学生文明礼仪知识竞赛获中学组三等奖。是年，学生中考2人突破700分。学校塑胶运动场、综合楼、学生宿舍、设施设备采购等项目已立项。

表5-23　校长、副校长一览表

职　务	姓　名	性　别	籍　贯	任职起止时间
校长	邓圣万	男	四川广安	1995. 9—2007. 8
副校长	张福祥	男	贵州瓮安	1995. 9—2007. 8
校长	刘其刚	男	贵州瓮安	2007. 9—2014. 8
副校长	余湖渊	男	贵州瓮安	2007. 9—2011. 8

职　务	姓　名	性　别	籍　贯	任职起止时间
副校长	夏洪彬	男	贵州瓮安	2011. 9—2014. 8
副校长	雷兆开	男	贵州瓮安	2011. 9—2014. 8
校长	潘运德	男	贵州瓮安	2014. 9—
副校长	王　平	男	贵州瓮安	2014. 9—
副校长	贾朝益	男	贵州瓮安	2014. 9—

瓮安县长寿长乐希望中学

1975年，金星公社组织群众集资，在上兴隆村民组修建金星中学，占地面积12267平方米。1992年，学校更名为瓮安县金星初级职业中学。1994年，由贵州团省委、黔南州委、瓮安团县委、遵义长寿长乐集团和社会爱心人士共同捐资64万元，在猴场镇环北路305省道干线边修建新学校，占地面积20001平方米，教学楼1栋1412.95平方米，房屋建筑结构为砖混结构。1995年8月，教学楼建设完工并投入使用，共计18间1111.5平方米。搬迁到新校址后，更名为瓮安县长寿长乐希望中学。有6个教学班（含金星职业中学搬迁并入的2个班），学生200余人，教师15人。

1996—2006年，进行3次征地，共11067平方米。1996年，学校硬化道路70米，建成篮球场5个。1997年引进民营资金20万元，修建学生宿舍及食堂。1998年，教师集资建宿舍楼1栋，入住17户。9月，学生宿舍及食堂投入使用。1999年11月，各级领导和社会爱心人士捐助3.534万元，修建风雨操场6419平方米。2000年2月，修建实验楼1栋6间527.25平方米，改善学校实验设施。2001年1月，在原学生宿舍楼顶加建1层楼480平方米。2003年，有教学班24个，学生1600余人。12月，学校获“黔南州绿色学校”称号。2004年7月，学校荣获县委颁发的“先进基层党组织”称号。2006年4月，荣获县“禁毒工作先进单位”称号。6月，新建女生宿舍1栋30间1224平方米。2007年2月，学校荣获县文明单位。

2008—2010年，学校三年连续获“全州教学三等奖”，近三年升学率均达85%。2008年1月，修建男生宿舍2栋，共60间1963.5平方米。3月，学校荣获县“实施素质教育示范”称号。4月，综合楼破土动工。12月，学生食堂开工建设。2009年，学校获州级“初中教育教学质量三等奖”、县级“共青团建团90周年系列活动组织奖”。教师获奖16人次，其中省级1人、州级5人、县级10人。8月，获“黔南州初中教育教学质量三等奖”，9月，获黔南州“德育工作创新三等奖”。是年，学生食堂建成并投入使用，共708.75平方米。2010年1

希望中学开展文艺展演（2009 年摄）

月，综合楼建成，有 27 间教室共 1614.8 平方米，学校办学条件得到改善。

2011 年 11 月 24 日，国家正式启动农村义务教育学生营养改善计划，对学生进行实名制信息管理。学校实行五级管理体制，并由中央财政按照学生在校时间 200 天计算，每生每天补助 3 元，每学年每生补助 600 元。2012 年 8 月，学校荣获“黔南州初中教学质量先进学校三等奖”。9 月，学校荣获“县中职教育（招生）工作先进学校二等奖”。10 月，学校开展“反恐、防爆”安全应急疏散演练。2013 年，教师公租房建成，共计 31 套 1085 平方米。9 月，学校收回学校食堂经营权，自行经营、自行管理。10 月，获瓮安县第二届中小学生篮球运动会男子初中组第 1 名、女子初中组第 3 名，学校开展以“交通、食品、防火、防盗”为主题的安全教育周活动。

2014 年，学校拥有实验室 3 个、多媒体教室 1 个、微机室 1 个、图书室 1 个、班班通教室 18 个、食堂 1 个、教师宿舍 17 套、教师周转房 31 套、学生宿舍 4627.5 平方米、篮球场 5 个、足球场 1 个、水冲式厕所 1 个，有 16 个教学班，教师 66 人，学生 812 人。至此，学校已经发展成为一所大型农村寄宿制学校，占地面积 3.1 万平方米，建筑面积 1.2 万平方米，操场面积 5600 平方米。1 月，学生生活补助每生每天补助提高到 4 元。6 月，学校开展以“汛期”为主题的安全教育主题班会，开展以“崇尚科学、关爱家庭、珍爱生命、拒绝邪教、远离毒品”为主题的安全教育活动周活动。9 月，中小学食堂营养餐大宗原材料实行统招、统购、统配、统送“四统”要求。11 月，新建的水冲式厕所投入使用，建筑面积 300 平方米。12 月，学校联合猴场镇派出所开展学生管制刀具收缴专项行动。

2015 年，投入资金 210 万元改造学生足球场和篮球场，投入资金 90 万元修建新综合楼。6 月，在全县中学生足球比赛中荣获第三名。12 月，分别获得瓮安县“十二五”教师继续教育工程优秀学校称号和黔南州推进义务教育均衡发展合格学校。

表 5-24　长寿长乐希望中学校长、支部书记、副校长一览表

职　务	姓　名	性　别	籍　贯	任职起止时间
校长	宋泽学	男	贵州瓮安	1975. 8—1986. 8
校长	熊华江	男	贵州瓮安	1986. 8—1987. 8
校长	熊华昌	男	贵州瓮安	1987. 8—1989. 8
校长	魏德平	男	贵州瓮安	1989. 8—1992. 8
校长	宋瑞生	男	贵州瓮安	1992. 8—1995. 8
校长	曹福喜	男	贵州瓮安	1995. 8—1998. 7
支部书记	曹福喜	男	贵州瓮安	1995. 8—1998. 7
副校长	陈清涛	男	贵州瓮安	1995. 8—1998. 7
校长	陈清涛	男	贵州瓮安	1998. 8—2001. 7
支部书记	陈清涛	男	贵州瓮安	1998. 8—2001. 7
校长	吴逢军	男	贵州瓮安	2001. 8—2005. 7
支部书记	吴逢军	男	贵州瓮安	2001. 8—2005. 7
副校长	杜德鲲	男	贵州瓮安	2001. 8—2013. 9
校长	李友权	男	贵州瓮安	2006. 8—2013. 11
支部书记	樊启华	男	贵州瓮安	2010. 8—2013. 8
副校长	段正文	男	贵州瓮安	2012. 8—2013. 10
副校长（主持工作）	段正文	男	贵州瓮安	2013. 11—2014. 8
校长	段正文	男	贵州瓮安	2014. 9—
副校长	赵子友	男	贵州瓮安	2014. 9—
副校长	曾祥劲	男	贵州瓮安	2014. 9—
支部书记	杜德鲲	男	贵州瓮安	2015. 3—

瓮安县松坪中学

一、学校发展概况

国民 26 年（1937），张怀清在松坪办私塾。国民 35 年（1946），私塾改为松坪小学堂。1958 年，改成一年的短期小学，后成为松坪分校。1971 年，松坪小学开始招初中班。1978

年，小学在校生 2457 人，初中在校生 895 人，适龄儿童入学率小学达 70.32%、初中达 52.12%。松坪小学属草塘区学办管辖，招收初中生，基础教育初具规模，中心校有教室 9 间，办公室 1 间。1984 年，松坪开始实施“两基”工作，政府对各学校加大教育经费的投入，每年的教育附加费 5.5 万元全部投入学校基础建设。1988 年，松坪场民小并入松坪小学，成立松坪中心完全小学。1991 年撤区并乡建镇后，松坪小学由松坪乡教育辅导站管理。

1994—1996 年，乡政府采用投资与集资相结合的形式投入 210 万余元新建松坪中学。1994 年，“两基”工作进入攻坚阶段，学校完善围墙、操场等基础设施建设。1996 年 3 月，初中班与小学分开管理，松坪小学正式成为松坪乡中心完全小学，中学仍属松坪辅导站管辖。8 月，初中有 11 个班（初一年级 5 个班，初二年级 4 个班，初三年级 2 个班），学生有 703 人，教职工 30 人。

松坪中学全景（2010 年摄）

1997—1999 年，实行教师聘任制和校长负责制。1997 年，秋季初一招生 5 个教学班，教育管理体制下放到乡，由政府投资、教师集资修建教师宿舍和学生宿舍，办学条件得到改善。3 月，中学搬迁至新校址，设施简陋，只有教学楼和厕所，教师、学生全部分散住在农户家。1998 年 5 月，松坪中小学通过省、州“两基”验收合格。中学实行普教与职教相结合的办学模式，走农科教相结合的道路，在各年级开设农技课，一边开展普通教育，一边开展职业教育。1999 年，学校对教职工开始实行月量化考制度。学生增加至 500 多人，初中毕业生在中考后接受 1 个月短期农技培训，毕业时发初中毕业证和农技结业证“双证”。6 月，初中在校学生 388 人。9 月，世界扶贫项目综合大楼竣工，办学条件得到改善。10 月，县教育局收回下放到乡镇的管理机制，业务指导和收费管理属松坪乡教育辅导站。

2000 年 4 月，松坪中学通过县教育督导办学水平评估，评估结果为良。5 月，学校办学水平评估通过省复查验收合格。9 月，中学完全独立，由县教育局直接管理，松坪辅导站只负责对小学进行业务指导和经费管理。中学设校长 1 人、副校长 1 人、教导主任 1 人、副教导主任 1 人，内设党支部、教导处、办公室、工会、关工委、团委、学生会、理化生教研组等科室。2001 年，辅导站被撤销，各村小业务由中心小学管理。初中实行初二后分流，在分流班级专门开设职业教育课程。2002 年，有 2 名教师荣获县级“优秀班主任”称号。2003

年，初中完成农科教基地建设，带动农业技术的发展。有教师1人被县委、县政府表彰为“先进教育工作者”。2004年，松坪小学荣获县级教学质量一等奖，教师3人分别获县优秀班主任、县优秀教师，教师1人自制教具获州级三等奖、县级二等奖。2005年，中心小学配有微机室、多媒体教室、远教室、教师电子备课室。9月，松坪乡农民文化技术学校通过省验收，松坪中学通过州农村教育综合改革试点评估验收。教师3人分别获县十佳师德标兵、优秀班主任、优秀教师。2006年，松坪中学与贵州省贸易经济学校签订协议，联合办学，9月挂牌招生，实行初二分流“1+2”教学模式。3名教师分别获县优秀教师、优秀班主任、优秀辅导教师。

2007年，教师1人获全国希望杯优秀辅导教师，教师1人获县级优秀班主任，教师4人获县级优秀教师，1人获县优秀共产党员和优秀校长。2008年，学校加大教师队伍建设和管理改革力度，实行月量化考核和绩效工资结合的方式，修改并完善管理内容和机制，加强教师队伍的自身业务素质建设，调整培训方向，由单纯提高学历改为提高教育教学能力，加强“三笔字”（粉笔字、钢笔字、毛笔字）、简笔画、普通话、信息技术等基本功的培训，加强“德与新”和校本教研的培训。5月，省授予松坪中学“留守（流动）儿童”示范性家长学校。2010年，教师2人分别获县优秀教师、十佳校长。2011年，1人获县“优秀共产党员先进个人”。

2012年，组织学生参加“瓮安县中小学生书画竞赛”“理化实验操作竞赛”“全县中小学生运动会”“祖国好、家乡美朗诵比赛”“全县中小学生演讲比赛”“英语技能大赛”等均获得名次和奖励。7月，中考600分以上学生达19人，总成绩列全县第八。8月，学校在七年级实施高效课堂教育。9月，实施“9+3”计划，确保所有学生都能接受高中阶段学习教育。松坪中学获县人民政府授予“职教招生先进单位”一等奖。11月，省授予松坪中学“留守儿童之家”。

2014年，松坪乡并入猴场镇，松坪小学并入松坪中学合为九年一贯制学校。学校占地11550平方米，有教学楼1栋（18间教室），综合楼1栋，学生宿舍、学生食堂各1栋，实验室3间，微机室2间，多媒体教室1间，图书阅览室2间，留守学生活动室1间，远程教育设备齐全，每间教配有电视机以及闭路设施，有农科教室验基4.2亩。初中部分有7个教学班，学生338人，在编专任教师24人，工勤人员6人。小学部分有学生178人，幼儿园儿童72人，共有教师14人。2015年9月，松坪中学停止招收新生，八年级、九年级学生及中学部分全体教师并入草塘中学。

二、关爱留守学生

2007年9月，松坪中学全体教师利用家访对全校学生进行调查，对全乡留守儿童情况进行摸底。2008—2012年，学校以多方式、多渠道、多措施，建立组织机构，健全管理机制，确定工作目标，成立留守儿童工作领导小组，加强对留守儿童的统一领导和管理，形成合力，推广关爱工程，为留守儿童营造健康、快乐、平等、和谐的成长环境。制定和完善松坪中学关爱留守儿童工作实施方案、留守儿童教育管理奖励表彰制度、留守儿童教育代理家长职责、留守儿童关爱结对制、留守儿童家校联系制度、留守儿童专项档案制度、谈心制度、留守儿童重点帮扶制度，开通亲情电话、开设留守学生活动室，建留守儿童网上家园等措施，使孩子们初步实现学业有教、亲情有护、安全有保、身有人管、心有人爱、难有人帮的学习生活氛围。学校对留守儿童的监护人制定具体措施，与家长联系落实，主要有单亲监护型、祖辈监护型、父辈监护型、亲朋监护型、自我监护型等几种情况。学校成立家长学校，利用家长回家过年的机会，举办返乡农民工培训，开展全校性家访活动，做好劝返工作。2008 年 3 月，松坪中学申报“贵州省留守（流动）儿童示范性家长学校”得到批准，月底正式授牌。是月，学校组织全体教师通过走村入户、了解群众、召开座谈会等形式进行调查，了解全乡留守儿童情况，获得第一手资料。家庭教育的缺位、父爱母爱的缺失、沟通交流的缺少、有效监护的缺乏等，在留守儿童心中留下阴影，使得他们的情感、心理、生活、学习等方面都出现问题，影响儿童的健康成长。

2010 年，在校学生 638 人，留守学生 119 人；2011 年在校学生 471，留守学生 101 人；2012 年在校学生 337 人，留守学生 106 人。2013 年，留守儿童行为习惯、心理健康有转变，社会对留守学生更加关注。留守学生生活自理能力增强，长时间不洗澡、不理发、不换衣服等不良生活习惯明显好转；集体生活以及集体活动增多，一些留守学生孤僻、任性、暴躁、自控能力差等不良性格转变大，厌学心理得到控制，逆反心理得到缓解。通过举办家长培训班和家长学校，对家长进行培训，提高监护人对留守学生教育、保护的认识和水平，明确职责，增强监护能力。通过地方党委、政府的宣传和呼吁，社会各界对留守学生给予更多的关爱，更多的单位、部门和个人参与到这项工作中来，为关爱留守学生工作尽心出力，形成留守教育合力。

表 5-25　　校长、副校长、支部书记一览表（小学部分）

职　务	姓　名	性　别	籍　贯	任职时间
校长	张怀清	男	贵州瓮安	1937—
校长	宋眷林	男	贵州瓮安	1946—
校长	熊华昌	男	贵州瓮安	1972. 1—1978. 3
校长	石平好	男	贵州瓮安	1978. 3—1982. 3
副校长	曾金华	男	贵州瓮安	1978. 3—1982. 2
校长	曾金华	男	贵州瓮安	1982. 3—1983. 8
校长	陈贵章	男	贵州瓮安	1983. 8—1987. 8
副校长	李祖清	男	贵州瓮安	1983. 8—1988. 8

续表5-25

职务	姓名	性别	籍贯	任职时间
校长	沈毕华	男	贵州瓮安	1987.9—1988.8
校长	李祖清	男	贵州瓮安	1988.9—1990.8
校长	杨勋龙	男	贵州瓮安	1990.9—1991.3
副校长	李祖清	男	贵州瓮安	1990.9—1997.8
校长	黄培龙	男	贵州瓮安	1991.4—1997.8
校长	方尧平	男	贵州瓮安	1997.9—2001.11
副校长	宋锡军	男	贵州瓮安	1997.9—2001.11
校长	丁文品	男	贵州瓮安	2001.8—2005.7
副校长	田景文	男	贵州瓮安	2001.8—2005.7
校长	田景文	男	贵州瓮安	2005.8—2009.8
副校长	李永春	男	贵州瓮安	2005.8—2012.3
校长	袁仁国	男	贵州瓮安	2009.8—2012.3
校长	范信军	男	贵州瓮安	2012.3—

表5-26 校长、副校长、党支部书记一览表（中学部分）

职务	姓名	性别	籍贯	任职时间	备注
校长	丁文品	男	贵州瓮安	1996.8—1997.8	兼支部书记
校长	李治轩	男	贵州瓮安	1997.8—1999.1	
副校长	李祖清	男	贵州瓮安	1997.8—1999.1	
副校长	陈志华	男	贵州瓮安	1997.8—2006.8	
代校长	李祖清	男	贵州瓮安	1999.2—1999.8	
支部书记	李祖清	男	贵州瓮安	1999.2—2005.8	
校长	李友权	男	贵州瓮安	1999.8—2001.8	
副校长主持	唐劲松	男	贵州瓮安	2001.8—2005.8	
校长	丁文品	男	贵州瓮安	2005.8—2006.8	
支部书记	丁文品	男	贵州瓮安	2005.8—2007.8	

续表5-26

职　务	姓　名	性　别	籍　贯	任职时间	备　注
副校长（主持工作）	陈志华	男	贵州瓮安	2006.8—2007.8	
校长	陈志华	男	贵州瓮安	2007.8—2011.8	兼支部书记
副校长	陈乾	男	贵州瓮安	2007.8—2014.8	
校长	池光亮	男	贵州瓮安	2011.8—2013.8	兼支部书记
校长	樊启华	男	贵州瓮安	2013.9—	
支部书记	李治轩	男	贵州瓮安	2014.9—2015.8	
副校长	范信军	男	贵州瓮安	2014.9—2015.8	
副校长	肖文超	男	贵州瓮安	2014.9—	

瓮安县木老坪中学

瓮安县木老坪中学位于瓮安经济开发区银盏镇，距离县城20千米。始建于民国36年（1947），名为国民小学，开设小学一至三年级，有教学班3个，有教师1人，学生70余人，租住一民房内。国民37年（1948），有教师2人，学生70余人。1949年，有教师4人，学生70余人，设教导办公室。1952年，有教师6人，学生80余人。1953年，国民小学更名木老坪学校，政府派校长管理学校。县政府拨款修建砖木结构的苏式教学楼1栋，建筑面积1063.02平方米，教室8间。有教师9人，教学班6个，学生100余人。1954年，有学生120余人。

1971年，有教师23人，设初中教学班3个、小学班5个，有初中生100余人，小学生150余人。1972年，有初中学生100余人、小学生160余人，下设教导主任管理教学。1977年有初中学生120余人，小学生180余人。1978年，教学质量有所提升，有初中学生130余人，小学生180余人。1987年，社会集资修建教学楼1栋，占地面积564余平方米，有办公室2间、教室6间。1995年，木老坪乡教育辅导站自筹资金修建学生宿舍1栋，占地面积518.4平方米。1997年，修建砖混结构的教学楼1栋，建筑面积1063.02平方米，教室18间。1998年，新建教学楼竣工并投入使用。1999年，木老坪学校更名为瓮安县木老坪中学，小学部组建为独立的瓮安县木老坪小学，迁至新校区。服务半径6千米，校园占地面积10405平方米，教师34人，有学生680余人。2000年，拆掉苏式建筑教学楼，扩建操场。2001年，“两基”“普实”验收，学校把教室改造成物理实验室、生化实验室、保管各1间，微机室2间，多媒体教室1间。

2006—2009年，连续4年获州教育局“中考教育质量一等奖”。2007年被县委、县政府评为“先进学校”。2008年，学校申报寄宿制工程成功，新建学生公寓楼1栋，建筑面积1126.7平方米。2009年，学生食堂动工修建，建筑面积327平方米，2010年投入使用，学校占地面积增至为13698平方米。2011年，社会爱心人士卢继勇投入资金40万元，解决全乡学生一年多营养餐问题。是年，县委、县政府拨款建综合楼1栋，建筑面积355平方米。

木老坪中学与湖北襄阳三十五中开展校际交流活动（2013年摄）

2011—2012年，学校与湖北襄阳三十五中校际交流，派出全部教师到湖北襄阳三十五中进行顶岗学习，三十五中教师将“三究四学”引入瓮安县木老坪中学，指导教育教学，并取得好成绩。2011年，中考1人达700分以上。2012年，社会爱心人士卢继勇拿出资金6万元，帮助学校奖励教师。2012年，获州教育局中考质量一等奖，获县委、县政府中职招生三等奖、共青团90周年暨五四运动系列活动组织奖。

2013年，学校派出教导主任到华东五省市学习教育教学管理，派出班子成员到襄阳三十五中学习先进的管理经验，安排学校行政人员到黔西学习“四在农家幸福学校”管理经验。县委授予学校“先进基层党组织”荣誉称号，获县委、县政府“文明礼仪知识”抢答赛三等奖、中职招生三等奖、文艺会演三等奖。2014年，教师2人被县委、县政府表彰为十佳校长、十佳优秀教师，教师1人被聘为县级骨干教师，学生中考2人达700分。

2015年，学校获文明礼仪知识抢答赛三等奖，被县委授予五号基层党组织。学校派出教师到威宁学习大课间，回来后学校开展大课间活动收到很好效果。学生参加中考78人，700分以上5人，占参考人数的6.4%；600分以上人数37人，占参考人数的47.44%；平均分567分，位居全县第一。8月，教育局投资18万元对教学楼进行改造，美化校园。银盏镇政府利用扶贫资金把从木老坪街上到学校的道路进行硬化，让师生不带泥土进入校园。9月，木老坪中学与木老坪小学合并为九年一贯制学校，校名为瓮安县木老坪中学，共设教学班14个，全部使用“班班通”教学。初中部教学班8个（七、八年级各教学班3个，九年级教学班2个），有学生326人，专任教师28人，其中1人特岗教师；小学部教学班6个，一至六年级教学班各1个，有学生265人，专任教师15人。

表 5-27 木老坪中学校长、副校长一览表

职 务	姓 名	性 别	籍 贯	任职起止时间
校长	李隆瑞	男	贵州瓮安	1953. 9—1958. 8
校长	陈家模	男	贵州瓮安	1958. 9—1962. 8
校长	倪忠福	男	贵州瓮安	1962. 9—1967. 8
校长	廖代明	男	贵州瓮安	1967. 9—1970. 8
校长	刘文斌	男	贵州瓮安	1970. 9—1975. 8
校长	杨秀全	男	贵州瓮安	1975. 9—1982. 8
校长	何明先	女	贵州瓮安	1982. 9—1988. 8
校长	熊永富	男	贵州瓮安	1988. 9—1989. 8
校长	刘毅文	男	贵州瓮安	1989. 9—1992. 8
校长	曹福喜	男	贵州瓮安	1992. 9—1994. 8
校长	赵水方	男	贵州瓮安	1994. 9—1998. 8
副校长	卢锡明	男	贵州瓮安	1998. 9—2007. 8
校长	刘仁智	男	贵州瓮安	1999. 9—2004. 8
校长	谢光辉	男	贵州瓮安	2004. 9—2007. 8
校长	池光亮	男	贵州瓮安	2007. 9—2010. 8
副校长	付启贵	男	贵州瓮安	2007. 9—2012. 8
校长	陈志华	男	贵州瓮安	2010. 9—2012. 8
副校长	张福祥	男	贵州瓮安	2010. 9—2014. 8
校长	付启贵	男	贵州瓮安	2012. 9—
副校长	李成	男	贵州瓮安	2014. 9—
副校长	陈乾	男	贵州瓮安	2014. 9—

瓮安县鱼河中学

1984 年，政府投入资金 3000 元，群众投工投劳、师生勤工俭学，新建鱼河小学砖瓦房教室 4 间，并开始初中招生。1986 年，政府投入资金 5 万元，修建教学楼 1 栋，添置课桌凳 100 余套，添置少量实验器材。是年，启动“两基”工作。1990 年，政府投入资金 22 万元，建教学楼 2 栋，占地面积 650 平方米。1994—1996 年，学校先后自筹资金 10 余万元，建球场、校门、围墙、保坎、硬化校园路面等校园硬件设施。

1997 年 8 月，鱼河小学中小学分开办学，小学部迁出，原校址更名为鱼河中学。鱼河中

学地处瓮安县中部，距离县城17千米。有木房3栋，砖瓦房2栋，教室12间。1998年，有教师46人，学生805人，设教学班14个。12月，政府投入资金41万元，其中世行贷款13万元、教育费附加匹配28万元，建成教学楼1栋、教室16间。1998年，乡政府投入23万元、学校自筹5万元、教师集资5万元，共33万元建教师宿舍楼1栋、学生厕所1个，占地面积850平方米。2000年，学校配备实验器材，建理、化、生实验室各1间。2001年，有教师49人，学生790人，教学班15个。2002年，全国“希望杯”数学竞赛、应用物理知识竞赛、初中化学竞赛5人获奖。9月，高枧戴帽初中撤销后并入鱼河中学，有教师47人，学生725人，设教学班14个，其中初一年级教学班5个、初二年级教学班5个、初三年级教学班4个。2003年实行编制调整，分流教师6人，教师减员到41人，有学生668人。2004年，“两基”验收合格。5月，在全县优质课评比中，学校分别获得初中数学优质课一等奖、初中英语优质课三等奖。2005年，政府投入资金42万元，修建学生宿舍1栋；政府投入资金16万元，购置远程教育设备和多媒体教学设备各1套。学校推荐参展在全国第七届世纪之星青少年书画摄影艺术成果展的学生作品，有22幅获金奖、25幅获银奖、16幅获铜奖，学校获中国教育学会、中国教育报授予艺术教育特色单位，被县委评为先进基层党组织。2006年，政府投入资金10.7万元，修建学生食堂1栋，占地面积200余平方米。被州委组织部、州教育局授予“农村中小学现代远程教育工作先进学校”。2007年，有教师37人（其中，带薪创业1人、支教1人），学生672人，设教学班12个。2009年，获黔南州普通初中中考教学质量三等奖，2010年获黔南州普通初中中考教学质量二等奖。

鱼河中学开展安全教育活动（2014年摄）

2011年，有教师39人，其中，带薪创业1人、支教3人，学生587人，设教学班12个，七、八、九年级各4个。获黔南州普通初中中考教学质量一等奖。2012年，获黔南州普通初中中考教学质量一等奖，获县委、县政府组织庆祝共青团建团90周年暨“五四运动”93周年系列活动组织奖，被县政府评为中职招生一等奖。2013年，撤乡建镇，鱼河乡撤销分为三部分，一部分划入玉山镇、一部分划入中坪镇、一部分划入银盏镇，鱼河中学隶属银盏镇管辖，有教学班10个，其中七年级3个、八年级4个、九年级3个，学生434人，教师35人，其中带薪创业1人，服务范围总面积89平方千米。被省教育厅授予贵州省学科教学渗透法制教育省级示范校，被县委评为先进基层党组织。2014 年，有教师 35 人，其中，支教 2 人。有本科 31 人、专科 4 人，达标率为 100%。开设教学班 10 个，有学生 361 人。7 月，学校教学班 10 个安装“班班通”，教学设施设备得到改善。8 月，省级课题《校园班级文化与班集体建设研究》结题。9 月，政府投入资金 17.3 万元，修建长 71 米、高 3.19 米的挡土墙和长 71 米、高 1.5 米的围墙。是年，获中职招生二等奖。2015 年 9 月，鱼河中学与鱼河小学再次合并为九年一贯制学校，共设教学班 17 个，其中，初中部教学班 8 个，学生 285 人，小学部教学班 9 个，学生 340 人，共有专任教师 63 人。

表 5-28　鱼河中学校长、副校长一览表

职　务	姓　名	性　别	籍　贯	任职起止时间
校长	杨建文	男	四川乐至	1997. 9—1999. 8
副校长（主持工作）	刘其刚	男	贵州瓮安	1999. 9—2002. 8
副校长	陈启贵	男	贵州瓮安	2001. 9—2014. 8
校长	杨建文	男	四川乐至	2002. 9—2007. 8
副校长	刘其刚	男	贵州瓮安	2002. 9—2007. 8
校长	王先民	男	贵州瓮安	2007. 9—2011. 8
校长	杨德元	男	贵州瓮安	2011. 9—2014. 8
副校长	郑小华	男	贵州瓮安	2013. 9—2014. 8
校长	禹　佳	男	贵州瓮安	2014. 9—
副校长	兰成举	男	贵州瓮安	2014. 9—
副校长	夏红彬	男	贵州瓮安	2014. 9—

瓮安县玉华中学

玉华中学位于瓮安县城西南部，距县城 11 千米。解放初期（约 1950 年），成立农会办学，定名为白岩初级小学，校址设在白岩村白岩寨地主卢家的房子里，有校长 1 人，教导主任 1 人，教师 6 人。1955 年，学校迁居到岩根河的观音阁，学生人数增多，成为一至六年级的完全小学，共教学班 7 个，有学生 350 余人。有校长 1 人、主任 1 人、教师 10 人。1958 年，学校集体办伙食，请有炊事员煮饭菜，学校师生耕种田土、喂猪、种菜、栽花、植树、烧木炭，较远的男女学生一律住校。1966 年，学校由观音阁搬迁回到白岩卢家房子暂住，用观音阁的庙子木房拆来装修学校。1967 年，木房建好，师生搬进新学校。是年共有教师 10

人。1971 年，全校有校长 1 人、主任 1 人、教师 8 人。1978 年 9 月，有 2 人在岩根河的庙宇住房处办初中补习班 1 个，面积 100 余平方米，有学生 22 人。1983 年 9 月，初中补习班成为玉华乡政府自筹自建的民办中学，有初一教学班 1 个，学生 34 人，教师 2 人，校舍面积 554 平方米，建筑面积 504 平方米。11 月，玉华乡政府投资 6 余万元，修建砖木结构一楼一底教学楼 504 平方米，有教室 6 间、教师宿舍 5 间、厨房 1 间。1984 年 9 月，新楼房完工并投入使用，有 2 个班，其中，初一、初二教班学各 1 个、教师 5 人。1985 年，有教学班 3 个，其中，初一、初二、初三教班学各 1 班、教师 7 人。

玉华中学全景（2014 年摄）

1988 年 9 月，玉华乡民办中学被撤销，师生归属玉华小学的戴帽初中班。1992 年，建并撤后，建立乡镇教育辅导站，白岩大队民小并入玉华小学。初中部教学班有 6 个，学生 387 人，教师 12 人。是年，在原玉华民中后面的田坝中征地 10172 平方米，由教育局投资 40 万元、乡政府筹资 8 万元修建教学楼 1 栋 1068 平方米，有教室 18 间、办公室 3 间。1994 年，玉华小学有教学班 12 个，学生 685 人。1996 年 8 月，新教学楼竣工，初中部从玉华小学分离出来独立建校，搬迁进新校址。12 月 18 日，举行开学典礼，正式挂牌成立玉华中学。是年，玉华中学考起中专 1 人、中师 1 人、高中 7 人。1997 年夏，玉华中学历时 4 个月的时间将操场推平。1998 年，有教学班 13 个，教师 20 人，学生 728 人。修建操场中的暗沟长 128 米、暗沟出口处 7 米高的堡砍 1080 立方米。1999 年，玉华中学考上高中 58 人、中师 7 人、中专 22 人，获全县中考成绩第三名，升学率为 68%。学校自筹资金 1 万元，修建教学楼前 4 个斜面花池、主席台及旗杆。2000 年，中考总成绩获全县团体总分第三名。由乡政府和学校共筹资金 1.2 万元，修建沿太文公路一线的围墙 185 米。

2001 年，玉华小学有校长 1 人，教导主任 1 人，教师 20 人。经多方求助，筹得 3.8 万元、水泥 1.2 吨，修建玉华中学操场 1180 平方米，篮球架 4 个，设置直跑道 100 米，环形跑道 200 米。2002 年，学校自筹经费 1.2 万元，修建校园西南的围墙 128 米。2003 年，修建学校绿化带外 9 米多高的堡坎共 3000 多立方米，并修堡坎上的围墙 112 米。2004 年，县委、县政府评为优秀学校，县教育局组织的全县小学生知识竞赛中获三等奖，校务公开工作获省教育厅、省教育工会先进单位。是年，教育局拨款 1.8 万元修建校门。2005 年，县委、县政府工作检查中获文明单位。2006 年，县委、县政府评为先进学校、文明单位称号。学校利用国家扶贫工程款30万元修建1栋砖混结构2楼一底共600平方米的学生宿舍楼。香港企业家吴仲敏投资50万元、教育局投资30万元、玉华乡政府筹资8万元，修建吴仲敏综合教学楼600多平方米。2007年，全县素质测评玉华小学获三等奖。2009年，全县素质测评玉华小学获二等奖。是年，投资47万元，修建玉华学“桃李园”和校园各种花池。2010年，玉华中学占地面积为11786平方米，建筑面积2903平方米，有图书5916册，生均图书15册。有教学班9个，学生441人。参加中考113人，考起高中81人，升学率为71.68%。总成绩均获黔南州中考成绩三等奖，其中，语文、英语获得州中考一等奖，获黔南州普通中小学素质教育先进学校。县教育局组织的素质测评，玉华小学获一等奖。

2011年，参加中考102人，高中录取80人，升学率为78.43%，总成绩在全州139所中学居第10名。其中英语、物理获州中考单科成绩二等奖，语文、数学、化学获州中考单科成绩三等奖。全县素质测评玉华小学获一等奖。2012年7月，在全县素质测评中玉华小学荣获三等奖。9月，玉华中学获县中职教育招生工作三等奖。2013年，撤乡建镇，玉华被划为两个片区，一部分划归建中镇，另一部分划归银盏镇，玉华乡政府被撤销，玉华中心完小学更名为“瓮安县银盏镇玉华小学”。是年，玉华小学获全县素质测评一等奖。玉华中学有教学班9个，有教师27人。中考700分以上1人、600分以上11人。

2014年，玉华中小学、幼儿园又合并为九年一贯制学校，定名玉华学校。小学部有教学班6个，教职员工15人，学生228人。中学部有教学班6个，教师43人，学生304人。幼儿园有3个班（即大、中、小班各1个）。全校达本科学历28人，中学高级教师6人（其中，认定3人），中学一级教师7人，二级教师8人，见习2人，小学高级有高级教师13人，幼儿园有高级教师2人，一级教师有3人，二级教师2人。5月，学校获中小学生文艺演出组织奖，9月，获县中职教育招生工作二等奖，10月获中小学生田径运动会组织奖、中学（职中）相关法律法规知识竞赛优秀奖。

2015年，学校有现代化教学设备的多媒体教室、网络教室、图书室、阅览室、校园之声广播室，有教室18间，学生宿舍21间，学生床550张，住校生317人。有教职工25人，其中高级教师1人，中学一级教师8人，中学二级教师16人，分配新生1人。省级骨干教师1人，县级优秀教师2人，优秀班主任2人，县级骨干教师6人、教学能手1人、学科带头人4人，县级以上优秀教师5人，党员7人，取得本科学历的19人。6月，学校出现地质安全隐患，中学部分全部搬到渡江小学上课，小学部分搬迁回原小学。是年，获县关工委“五好”基层关工委奖、中小学生篮球运动会组织奖。

表 5-29　　校长、副校长一览表（小学部分）

职　务	姓　名	性　别	籍　贯	任职起止时间
校长		男	贵州瓮安	
校长	林大发	男	贵州瓮安	1955—1958
校长	陈文斌	男	贵州瓮安	1959—1960
校长	顾文华	男	贵州瓮安	1961. 9—1962. 8
校长	陈尧辉	男	贵州瓮安	1962—1966
革委会主任	石玉	男	贵州瓮安	1967—1968
校长	龚玉喜	男	贵州瓮安	1969—1970
校长	袁天喜	男	贵州瓮安	1971—1973
校长	金应中	男	贵州瓮安	1974. 9—1982. 8
校长	李家驹	男	贵州瓮安	1982. 9—1986. 8
校长	杨俊松	男	贵州瓮安	1986. 9—1987. 8
校长	陈良才	男	贵州瓮安	1987. 9—1988. 8
校长	卢　刚	男	贵州瓮安	1988. 9—1996. 8
站长	刘毅文	男	贵州瓮安	1992. 3—2001. 8
副校长（主持工作）	蒋成华	男	贵州瓮安	1996. 9—2000. 8
站长	柴汝建	男	贵州瓮安	2001. 9—2002. 1
校长	陈太松	男	贵州瓮安	2001. 9—2002. 1
校长	柴汝建	男	贵州瓮安	2002. 2—2007
副校长	陈太松	男	贵州瓮安	2002. 2—2007.
副校长（主持工作）	陈太松	男	贵州瓮安	2007. —2013. 8

表 5-30　　校长、副校一览表（中学部分）

学校名称	职　务	姓　名	性　别	籍　贯	任职起止时间
玉华民中	校长	陈华兵	男	贵州瓮安	1978. 9—1983. 8
	名誉校长	何知林	男	贵州瓮安	1983. 9—1985. 8
	校长	兰才伟	男	贵州瓮安	1985. 9—1988. 8

续表5-30

学校名称	职　务	姓　名	性　别	籍　贯	任职起止时间
玉华中学	校长	蒋成华	男	贵州瓮安	1998.9—2007.8
	副校长	沈远新	男	贵州瓮安	2002.9—2007.8
	校长	陈　宁	男	贵州瓮安	2007.9—2008.8
	副校长	王维权	男	贵州瓮安	2007.9—2008.8
	副校长（主持工作）	王维权	男	贵州瓮安	2008.9—2009.8
	校长	李　旭	男	贵州瓮安	2009.9—2010.5
	副校长	陈发举	男	贵州瓮安	2009.9—2010.5
	副校长（主持工作）	陈发举	男	贵州瓮安	2010.5—2011.8
	校长	杨胜富	男	贵州瓮安	2011.9—2014.8
	副校长	张　梅	男	贵州瓮安	2011.9—2014.8
	副校长	陈发举	男	贵州瓮安	2011.9—
	校长	陈启贵	男	贵州瓮安	2014.9—
	副校长	陈　亮	男	贵州瓮安	2014.9—

瓮安县天文中学

瓮安县天文中学距县城北43千米，与余庆、湄潭两县接壤，始建于1967年。1975年，新建天文中学，首期工程完工。1988年10月，举办第一届学校运动会。是年，争取资金修建两楼一底新教学楼1栋，于1991年1月竣工。1993年，学校的“绿化、美化”形成园林式绿色学校，受到中央电视台新闻联播宣传，并受国家广电总局、团中央、中央精神文明建设委员会表彰。1996年，建新的综合教学大楼，新生入学人数436人。1997年4月，建成教师宿舍1栋。1998年，有教学班15个，学生1323人，教职工53人。2000年，

天文中学校园（2008年摄）

被省教育厅评估认定为贵州省现代教育技术实验学校。

2002—2006年，连续5年被县委、县政府评为“文明单位”。2002年被评估为“贵州省普及中小学实验教学示范学校”。2003年9月，总投资25万元完成多媒体教室建设。2004年，被州环保局、州教育局授予“绿色学校”，被评估为州级农村教育综合改革示范学校，获“中国—加拿大参与式环境教育项目学校三等奖”。2005年8月，总投资90余万元的农村寄宿制工程项目—学生公寓正式投入使用。2006年，开始“十一五”中继教学习，利用网络培训、学校假期培训及选派教师参加上级举办的集中培训等方式，进行新理念、新方法、新教学等方面的能力培训。

2008年8月，总投资146万元的女生公寓和保洁厕所建成并投入使用。参加黔东南瓮溪中学召开的黔南、遵义、黔东南三地区教学交流活动，对先进的教育教学方法进行观摩和研讨。是年，被评为“全州教育教学质量优秀学校”“黔南州园林式绿色学校”。2009年，获全州中考一等奖，被评为“黔南州素质教育示范学校”“贵州省校园文化建设先进学校”。全县首届中学生田径运动会上获得团体第五名，获全州中考二等奖。2011年，获首届中学生篮球运动会第二名，获全州中考二等奖。2012年，接受苏州工业园区映山红助学联盟成员苏州汇能建设公司总经理朱文林捐助资金13.5万元的电教设备（电脑60台）。

2013—2014年，建成800余平方米的教师公租房及1000余平方米的电教化教学楼。2013年，参加县第二届中学生篮球运动会获得第二名。2014年，学校占地面积51789平方米，有教职工44人，教学班12个，学生548人。与木老坪中学、草塘希望中学、中坪中学开展期末联考活动，进行横向对比。

2015年6月，苏州工业园区映山红助学联合会援助的学生98人参加中考，全部考上高中，600分以上26人。8月，苏州工业园区映山红助学联合会捐赠学校阶梯教室桌凳及投影设备，价值6万元；苏州工业园区京东方光科技有限公司捐赠留守儿童之家活动器材，价值1.2万元。12月，学校通过县校园文化建设评估验收并获优秀奖。

表5-31　　天文中学校长、副校长、党支部书记一览表

职　务	姓　名	性　别	任职时间	籍　贯
副校长	吴治榜	男	1976.9—1981.8	贵州瓮安
党支部书记	丁心德	男	1979.9—1981.8	贵州瓮安
副校长	曾昭映	男	1981.9—1984.8	贵州瓮安
校长	吴炳友	男	1984.9—1985.8	贵州瓮安
校长	闵国祚	男	1985.9—1998.8	贵州瓮安
党支部书记	徐官中	男	1985.9—1988.8	贵州瓮安

续表5-31

职 务	姓 名	性 别	任职时间	籍 贯
副校长	闵明礼	男	1988.9—1990.8	贵州瓮安
副校长	张 松	男	1990.9—1992.8	贵州瓮安
党支部书记	甘元林	男	1992.9—1997.8	贵州瓮安
副校长	宋旭华	男	1994.9—1997.8	贵州瓮安
校长	陈 宁	男	1999.9—2007.8	贵州瓮安
副校长	池光亮	男	1999.9—2007.8	贵州瓮安
校长	邓圣万	男	2007.9—2011.8	四川广元
副校长	段世民	男	2007.9—2011.8	贵州瓮安
校长	陈忠凯	男	2011.9—2013.2	贵州瓮安
副校长	丁访义	男	2011.9—	贵州瓮安
校长	兰成松	男	2013.3—2014.8	贵州瓮安
副校长	王仕伦	男	2013.3—	贵州瓮安
副校长	宋镇华	男	2013.3—2014.8	贵州瓮安
校长	宋镇华	男	2014.9—	贵州瓮安

瓮安县玉山中学

1958年3月，开展“教育大革命”，办学要教育核心与生产劳动相结合。县委、县政府在玉山区开办农业中学1所，办学场址选在岩坑与高枧交界地段的腊头大坡上，教室和师生宿舍都是临时搭建的土墙茅屋，校名全称为“瓮安县高枧初级农业中学，”当地人习惯称“腊头农中”。有专任教师3人，招收两年制初级农业中学班1个，学生48人。在“大跃进”中，农中奉令停课，全力投入大钢铁运动。师生在腊头大坡上，在当地土高炉技师的指导下，建一座土高炉进行炼钢。1959年，校址搬迁到小开洲中火的鸡笼场，借用当地农家的一些屋舍作为教学场地和办公场所。有专任教师3人，新招收班级1个，学生60余人。教材以普通中学课本为主，加开会计常识，学习种植水稻、玉米、小麦、蔬菜及养牛、喂猪知识，学生“半耕半读”对开。种水稻约20亩，开荒约20亩。师生于农忙季节帮高楼组插秧，帮毛达组抢收水稻。学生以学习养柞蚕为主，兼学农业科技。学校从玉山供销社购买柞蚕种，聘请他们的柞蚕技师到农中传授养柞蚕知识，怎样孵化柞蚕卵，怎样饲养小柞蚕，怎样把小柞蚕放到山上，怎样监护柞蚕上树至绾茧，如何防止鸟儿白天进入柞蚕基地偷吃蚕儿，怎样选择和打造柞蚕基地等。当年柞蚕丰收，70多斤柞蚕茧全部卖给玉山供销社。1960年秋，农中停办。

1964年，恢复已停办的玉山农中。9月，校址从中火鸡笼场搬迁到岩坑新卫青山脚下，将深溪大地主宋姓的老屋和中火村弃置校舍撤搬过来，修建成教室和师生宿舍。招初一新生1个班，学生60余人。有临时炊事工2人、专职养猪临时工1人。以普通中学教材为课本，加开农业会计知识，传授种植水稻、玉米、小麦、油菜、蔬菜、果木知识。以腊头大坡、七角寨、麻窝凼为学农基地，实行“半耕半读”，农忙季节停课“抢耕抢种”或“抢收抢种”及“除草施肥”。农闲时全日学习。1965年，建两层一底共8大间6小间的砖瓦楼房1栋做教室、师生宿舍和办公室。招收新生教学班1个，学生60余人，全校有教师10人。学校校长率领师生，亲自动手打石灰窑，开采石头，由煤厂、石厂运煤和石块到窑边烧石灰，然后再运石灰、砖瓦到学校使用。大的木材及基脚石，料石由专业队负责。这一事迹接受贵州省报记者采访，报道称其为“高原一枝花”。1966年，学校与当地联系，让学校耕种操场西面比邻的落凼田，一边种水稻，一边在水稻田中饲山鲤鱼。“文化大革命”开始后，学生都忙于“串连”“大批判”和“闹革命”，学校处于闲置和瘫痪状态。1967年，学校停课，由揪斗当权派、批斗老师转入派系斗争。1968年，学校停办。到1970年，教师中一部分被疏散到别的学校，一部分回到自己的家乡从事农业生产，校舍和教学设施由1名临时性校工负责看护。1972年9月，玉山农中恢复办学，更名为瓮安县玉山中学，并创设高中部，以玉山区、珠藏区以及中坪、天文等地的部分地区作为高中招生的生源地。玉山中学成为瓮安县境内除县城中学和草塘中学之外的第三所独立完全中学。招有初中和高中教学班各1个，学生共130余人。1973年，扩招新生，初中学制由两年制改为三年制，办学规模扩大。1977年，学校有教学班10个，学生600余人。

玉山中学第二届艺术节（2011年摄）

1978年，玉山中学高中部生源仅限于玉山区，学生素质和教学质量受到影响。1981年，全县进行学校统一规划，撤销玉山中学的高中部并入瓮安中学。初中部的服务范围包括岩坑、鱼河、高枧、小开洲、龙塘、龙蟠6个公社。经县财政局拨款，先后修建教室10间、办公室2间，面积约700平方米，将原来的砖瓦结构教室改为学生宿舍，解决学生住宿难的问题。修建教师宿舍楼一楼一底共20套，面积约1000平方米。有教班9个，学生600多人。学校开展作文竞赛、英语竞赛等，激励学生，提高学生的学习兴趣。1983—1985年，中考均获全县第一。1984

年，教师 1 人荣获贵州省中小学优秀班主任。1991 年，撤区并乡建镇，玉山区撤并为玉山镇、龙塘乡、鱼河乡，玉山镇内有玉山中学、玉山二中、小开洲小学戴帽初中班。1993 年，学校中考名列全县第一，1 名学生以 588 分（中考试卷总分 600 分）的成绩获得黔南州第一名。学校有教学班 11 个，学生 700 余人。1994—1996 年，连续三年获得全县中考第一。1995 年，将教学楼再加建一楼，修建实验楼。1996 年，班级增加到 12 个（每个年级教学班均为 4 个），学生 700 多人。征用农田，修建一条长 100 米、宽 5 米的主干道，东西横向，直接将学校与公路连接起来。1998 年，小开洲的戴帽初中部并入玉山二中。1999 年，"普九"验收合格。2000 年，"普实"验收合格，将原来的老球场进行硬化处理。

2001 年，玉山二中撤销并入玉山中学，有教师 60 余人，学生 1300 余人。2003 年 9 月，学生人数减少，教师 10 余人被分流到边远的学校。在危房改造工程中，拆除操场南侧的木房，修建教学楼二楼一底 1 栋。2004 年，获得县委、县政府评为"优秀学校"，获"中考跃进奖"。在 2005 年，中继教工作代表黔南州、瓮安县接受省级验收合格，被县委、县政府评为文明单位。2006 年，县农办、县教育局授予"在校生绿色证书培训试点工作一等奖"。2007 年，建学生宿舍楼 1 栋。2009 年，获黔南州教育局教学质量先进学校二等奖。建学生宿舍楼及学生食堂。2010 年，获县教育局中职招生三等奖，"桃李园"建成。秋季运动会改为体育节，增加艺术节、英语节。2012 年，中考成绩获黔南州一等奖，被黔南州教育局评为"教学质量先进学校"。中职招生获县政府颁发的二等奖，校团委获共青团黔南州团委授予"五四红旗团支部"称号，在县教育局主办的"初中生物理、生物实验操作技能竞赛"活动中获二等奖。4 月，玉山中学、鱼河中学、龙塘中学、铜锣中学、平定营中学五校"高效课堂"启动会在玉山中学召开，课改在全校铺开。到 2014 年 12 月，学校教师有 100 余篇研究论文或教学设计获国内赛事的等级奖，其中《语文知识观念体系中的戈底乌斯绳结》《对传统语文句类观念的琵琶反弹》和《朱自清历程：对一团哑谜的两套解答及真伪辨识》3 篇论文被国家权威学术机构评定为优秀成果特等奖，《对语文教学知识观念的改革建议》《语文知识观念机体中的超级孪生肿瘤》《我曾这样教〈背影〉》《被语文教学改革不慎盲目忽略的》4 篇论文被评定为优秀成果一等奖。

玉山中学校门（2015 年摄）

2015 年，校园占地面积 17454 平方米，建筑占地面积 2653 平方米。学校现有教学班 14

个，学生700余人；教职员工58人，其中工勤人员10人，高级教师5人，一级教师16人，二级及以下教师27人。学校有三楼一底的教学楼2幢，有常规教室21间，远程电化教室1间，会议室1间，图书阅览室1间，理、化、生实验室各1间，大小办公室共14间，四楼一底的学生宿舍楼2栋，其中1幢的底层为学生食堂，六楼一底的教师宿舍楼1栋，有教师宿舍36套，三楼一底的教师宿舍楼各1栋，有教师宿舍12套，三楼一底的实验楼1栋，学生食堂1间，门卫室1间，厕所2间。"班班通"设备15套，教师基本能使用该设备进行教学。4月，获瓮安县第四届中小学幼儿书画比赛初中组团体二等奖。是年，学生中考700分以上2人，600分以上30人。

表5-32　　玉山中学校长、副校长、党支部书记一览表

职　务	姓　名	性　别	任职时间	籍　贯
校长（区长兼）	熊国才	男	1958.9—1959.7	贵州瓮安
校长	赵锦星	男	1959.9—1961.7	云南
校长	袁本善	男	1961.9—1962.7	贵州瓮安
校长	蒋继骅	男	1962.9—1964.7	贵州福泉
校长（区长兼）	张明志	男	1964.9—1966.7	贵州瓮安
副校长（主持工作）	王天合	男	1964.9—1970.7	贵州瓮安
校长	夏坤仲	男	1972.9—1981.7	贵州瓮安
党支部书记	丁心德	男	1972.9—?	贵州瓮安
校长	杨廷轩	男	1981.9—1989.7	贵州瓮安
副校长	田景龙	男	1988.9—1991.7	贵州瓮安
校长	曹洪学	男	1989.9—1992.7	贵州瓮安
校长	熊家荣	男	1992.9—1999.7	贵州瓮安
副校长	任开林	男	1992.9—1999.7	贵州瓮安
校长、党支部书记	李文通	男	1999.9—2004.9	贵州瓮安
副校长	禹　佳	男	2001.9—2014.9	贵州瓮安
校长、党支部书记	任开林	男	2004.9—2014.7	贵州瓮安
副校长	禹　佳	男	2001.9—2014.7	贵州瓮安
副校长	雷应刚	男	2002.9—	贵州瓮安
校长、党支部书记	兰成松	男	2014.9—	贵州瓮安
副校长	刘　利	男	2014.9—	贵州瓮安

瓮安县江界河中学

1971年，瓮安县龙塘小学开办戴帽初中班。1989年龙塘小学由龙塘村龙塘组迁址龙塘街上，建成九年一贯制学校1所，有教师60人，学生1200余人。1989—1995年，初中教学质量名列全县同类学校第一，中师中专录取52人，高中录取51人。1998年9月，中小学分家，龙塘中学独立，有教师32人，教学班12个，学生700余人。学校占地面积15000余平方米，运动场1600余平方米，篮球场2个，跑道250米。有实验室3间，准备室3间，食堂1间。学校没有学生宿舍，住宿分散在龙塘街上的居民家中。是年，学校实行逐月报账制度，由校长一支笔签字。学校进行"值周管理"模式，由学校领导1人和教师两人共同负责1个星期的管理工作，查看教师和学生出勤情况、晚上巡查学生归寝情况、中午巡查学生午休情况等，并及时处理突发事件。2002年，全校统一按"目标教学法"备课、说课、授课、评课。2003年，全县推广新教材、新教法，对教研进行改革，学习、借鉴外学的成功经验。2004年，财政拨款和学校自筹资金修建食堂1个，100余平方米，学生生活得以改善。2005年，"中继教"第一阶段培训学习正式开始。

2007年后，瓮安县实行校长交流制，校长任3年后实行一次交流。学校账务实行联签制，账务发票必须经校长、分管副校长、会计、出纳、经办人签字方能生效。2008年，教育局拨款和学校自筹资金，征地3000余平方米，修建活动场地。龙塘中学、鱼河中学、玉华中学、岚关中学四校结成了课改联谊伙伴，商定每年四校举行一次联谊观摩学习交流活动。是年，中考获黔南州乡级中学一等奖，全校教师有9人通过函授或者脱产学习获得本科文凭。2009年，中考获黔南州二类学校教育教学质量二等奖。2010年4月，继续教育工作经教育局综合考核，分值为95分，等级为优秀。财政拨款修建学生宿舍1栋，600余平方米，重建学生食堂400平方米。是年，获州同类学校教育教学质量三等奖。2011年，由政府、教育局、住建局等协同配合，征地3000余平方米，修建700余平方米的公租房共22套，每套35平方米，中学12套，小学10套。9月，"中继教"第二阶段工作启动，以校为单位，集中统一培训，每科辅导教师1人，制定《中继教培训教师岗位职责》《中继教考勤制度》《中继教作业制度》等学习制度，在暑假期间培训10天。是年，获黔南州初中二类学校教育教学质量一等奖。2012年，撤乡并镇，龙塘乡、铜锣乡和木引槽乡一部分合并成江界河镇，瓮安县龙塘中学更名为瓮安县江界河中学。有在校学生400余人，教职工25人。拥有多媒体、班班通、办公电脑、互联网、崭新课桌凳等办公设施设备，学校自筹资金把250米的跑道铺上沥青。从9月开始，学校开展跑操运动，每天起床和课间操时间，学生组成方队，步伐节奏一致，整齐划一，沿着操场跑道匀速跑步前进，同时大声喊着口号，增强学生体质，增进学生友谊，激发学生拼搏奋进、团结向上。是年，获全县中考第一名（全州平均分第一名）。2013

年，中考600分以上学生14人，所占比例在全县名列前茅。

2014年，按照中央要求，学校财务实行校财局管模式，由教育局管理学校的资金，学校设报账员1人，每月月底学校报账员用联签制发票到教育局计财科报账。在学校内修建的中小学公租房完工，但由于地面与环境设施不完善，没有教师入住。是年，学生中考80人，600分以上学生30人，所占比例在全县第二。

江界河中学教学楼（2015年摄）

2015年，有教学班6个，学生280人，教职员工共33人，其中专任教师20人、高级教师4人。10—11月，与木引槽学校、高水中学、牛场坝学校、福泉市陆坪中学进行教学研讨和工会交流，利用上示范课、观摩课以及听课、说课和评课等进行学科教学交流，开展课堂教学研讨，做到取长补短、相互促进。4月24日，江界河派出所和玉山交警队到学校开展安全教育知识宣传活动，增长师生法律知识，增强法律意识，促进安全防范。12月3日，江界河镇派出所与学校领导、保卫科、宿管员办对学校教室、学生寝室进行安全检查，并给学生讲解不能私藏各种管制刀具，做文明学生，要知法、守法、护法。

表5-33 校长、副校长一览表

职务	姓名	性别	任职时间	籍贯
校长	任开林	男	1998.9—2001.8	贵州瓮安
副校长	唐犹模	男	1998.9—2001.8	贵州瓮安
校长	金德富	男	2001.9—2007.8	贵州瓮安
校长	李　旭	男	2007.9—2008.12	贵州瓮安
校长	甘元林	男	2009.1—2014.8	贵州瓮安
副校长	秦昌贵	男	2009.1—2014.8	贵州瓮安
校长	雷光友	男	2014.9—	贵州瓮安
副校长	张胜军	男	2014.9—	贵州瓮安
副校长	宋昌举	男	2014.9—	贵州瓮安

瓮安县铜锣中学

1964年8月，同乐小学有初中班3个，学生150余人，教师8人，校舍为砖木结构。1978年，有初中班3个，教师9人。1998年11月，获得世行贷款17.6万元、政府匹配资金54.2万元，总投入71.8万元在瓮遵公路旁铜锣乡通土坝村通土坝组黄泥珙新建铜锣中学。1999年，瓮安县同乐小学更名为瓮安县铜锣小学。

2000年3月，新教学楼竣工。6月，初中部从铜锣学校分离出来，迁居到新校址，组建铜锣中学。有教学楼1栋，小食堂1栋，学生厕所1个，没有学生宿舍和教师宿舍，学生和教师住宿均租用通土坝村寨民房，操场还未硬化。9月，学校实行分级管理，实行聘任制，各岗人员有岗位职责，定岗、定责、定人，分层管理，教育局、乡人民政府聘任校长，校长聘任教导主任，教导主任聘任班主任，班主任聘科任教师。学校根据实际，拟定适合市场经济的分配制度，实行按劳分配，把教师的工作实绩与工作报酬相挂钩。建立考评制度，对教师的工作实绩进行月量化考核，其考核内容分德、能、勤、绩，考评资料学期末搜集存档。在实施各岗职责时，学校各岗职责首先交职工代表大会审议后全校教职工讨论裁定。学校建立财经领导小组，拟定财经工作职责，财经执行职责，具体保障财经制度的实施。2001年，在县政府、供电局、教育局、乡政府的配合下，迁出学校操场上的高压电线。学校贷款24.3万元，教师集资10.7万元，修建1715平方米的三楼一底的教师住房，并搬走操场上固定高压电杆的两座小山丘。是年，学校举行作文竞赛5次，数学竞赛3次，化学竞赛3次。2002年，学校投入资金12590元建成篮球场1个。教师1人在州刊物发表教研论文2篇。2003年，学校筹集资金3万余元，修建200米的环形跑道1个，花池20个，条形花台5个，硬化校园部分地坝。全校教师分期分批去瓮安中学学习计算机操作，学校抽教师2人到黔南州计算机培训中心接受二级培训。是年，学生1人参加全国化学知识竞赛获三等奖。

2004年，学校筹资1.5万元，以教师名誉贷款1万元，教师集资1.5万元砌筑围墙500多米、修建简易式的校门1个、新修学校门卫楼、铺就水泥坡路50余米。12月10日，学校举办“铜锣中学首届冬季运动会”。是年，教师3人接受州级远程教育培训。2005年，学校教师集资2.5万元，新修砖木结构的男生简易宿舍12间。开始实行新课程改革，学校组织教师学习新课标，以教研促教学，以人为本，建全“说、听、评、研”四位一体教研体制。教师相互听课，更新教学理念、教学方法、教学模式。教师教研文章在省、州、县刊物上发表的，加当月教师量化分。10月21日，珠藏片区“四乡一镇”男篮球联谊赛在铜锣中学举行。是年，教师的教具《爱之源》获县级二等奖，《英语模板》获县三等奖。2006年，州教育局捐助资金7万元、学校出资3万元，新修女生宿舍小平房10间。2008年3月，学校投资1.5万元安自来水管700余米，解决师生无饮水的问题。4月，学校投资4万元，新建篮球场、排球场、羽毛球场各1个。8月，学校实行校长负责制，校长成为学校管理的第一责任人，是学校的法人代表，对学校的工作负总责。健全学校党支部、教育工会组织，成立教职工代表大会，学校工作接受监督，实行民主集中制的办事原则。

铜锣中学开展关爱留守儿童活动（2015年摄）

2010年5月，获“祖国好家乡好”诗歌诵读大赛中学组三等奖。7月，获中共黔南州“五好”基层党支部，瓮安县先进团组织。2012年9月，获中职教育（招生）工作先进学校三等奖。是年，2名教师分别在教育艺术杂志社、《神州》杂志发表1篇教研论文。2013年9月，学校荣获瓮安县“五好”基层关工委、黔南州中考成绩三等奖、江界河镇先进学校，有8人获中考成绩优秀奖。11月，学校举行英语技能大赛。12月，学校举行“一二·九”爱国讲演比赛和冬季运动会。是年，学校举行感恩教育活动1次，有1名教师在《黔南教育》《神州》杂志社各发表1篇教研论文。2014年，学校举行教研联谊活动1次，有3人获县级教学能手奖，1人被州教育局评为先进班主任，教师1人在教育艺术杂志社发表教研论文2篇。5月，获县五四红旗团支部，8月，获县反邪教有奖征文活动先进集体，9月获江界河镇先进学校。

2015年，学校占地面积10152平方米，有综合大楼整1栋，食堂1个，学生公寓1栋，环形运动场1个，内设篮球场2个，羽毛球场和排球场各1个。普通教室12间，物理，化学，生物实验室各1间，实验仪器准备室3间，图书阅览室1间，多媒体教室2间，远程教室1间，计算机35台。有教职工34人，其中高级教师1人，中学一级教师13人，中学二级教师16人，音乐专职教师1人，特岗教师1人，保卫2人。获江界河镇先进学校，教师1人的1篇教研论文在教育艺术杂志社发表，学校举行教研联谊活动1次。县对中小学继续教育验收，铜锣中学教师远程培训项目合格率100%。5月，获共青团黔南州委“全州五四红旗团支部”称号。9月，铜锣中学和铜锣小学联合举行爱心人士“关爱留守儿童，播撒爱心种子”募捐活动，募捐金额达4.1万元。11月，教师1人获“瓮安县中小学教师法律伴我行”演讲比赛三等奖。学校邀请中国优秀传统文化感恩励志教育教师团讲师对学生进行“践行中国梦感恩励志行”宣讲活动，对学生进行感恩励志教育。

表 5-34 校长、副校长、辅导站站长一览表

学校名称	职 务	姓 名	任职时间	籍 贯
瓮安县同乐小学	校长	犹泽洲	1978. 9—1983. 8	贵州瓮安
瓮安县同乐小学	校长	冉应德	1983. 9—1985. 8	贵州瓮安
瓮安县同乐小学	副校长	田茂福	1983. 9—1985. 8	贵州瓮安
瓮安县同乐小学	校长	徐飞鹏	1985. 9—1986. 8	贵州瓮安
瓮安县同乐小学	校长	张进珊	1986. 9—1987. 8	贵州瓮安
瓮安县同乐小学	校长	张永群	1987. 9—1991. 3	贵州瓮安
瓮安县同乐小学	副校长	张一和	1987. 9—1992. 8	贵州瓮安
瓮安县同乐小学	校长	吴前福	1991. 4—1991. 8	贵州瓮安
瓮安县同乐小学	校长	田茂福	1991. 9—1992. 8	贵州瓮安
铜锣乡教育辅导站	站长	刘朝明	1991. 11—1996. 8	贵州瓮安
瓮安县同乐小学	校长	陈 林	1992. 9—1995. 8	贵州瓮安
瓮安县同乐小学	副校长	田茂福	1992. 9—1995. 8	贵州瓮安
瓮安县同乐小学	副校长（主持工作）	戴德东	1995. 9—1999. 8	贵州瓮安
铜锣乡教育辅导站	站长	卢昭华	1996. 9—2001. 8	贵州瓮安
瓮安县同乐小学	副校长	徐 进	1998. 9—1999. 8	贵州瓮安
瓮安县铜锣小学	校长	徐 进	1999. 9—2000. 8	贵州瓮安
瓮安县铜锣小学	副校长	戴德东	1999. 9—2000. 8	贵州瓮安
瓮安县铜锣中学	校长	徐 进	2000. 9—2003. 8	贵州瓮安
瓮安县铜锣中学	副校长	刘宇强	2001. 9—2002. 8	贵州瓮安
瓮安县铜锣中学	校长	李 旭	2003. 9—2007. 8	贵州瓮安
瓮安县铜锣中学	校长	何鹏飞	2007. 9—2011. 8	贵州瓮安
瓮安县铜锣中学	副校长	刘 利	2009. 9—2014. 8	贵州瓮安
瓮安县铜锣中学	校长	敖德奎	2011. 9—2014. 8	贵州瓮安
瓮安县铜锣中学	副校长	宋昌举	2012. 9—2014. 8	贵州瓮安
瓮安县铜锣中学	校长	李珍宪	2014. 9—	贵州瓮安
瓮安县铜锣中学	副校长	谢云飞	2014. 9—	贵州瓮安
瓮安县铜锣中学	副校长	张显刚	2014. 9—	贵州瓮安

瓮安县高水中学

瓮安县高水中学坐落于乌江河畔高水市湾村下街组，距瓮安县城72千米。学校建校于1968年，有砖木结构瓦房教室楼2栋，教室8间。有砖木结构、瓦木构瓦房教室宿舍各1栋，有小学教学班5个、初中3个。1979年、1980年中考分别荣获“黔南州教学成绩流动红旗”各1面。1985年，有戴帽初中班6个。1991年，投入20万元修建砖混教学楼1栋。有初中班7个，初中教师全部通过黔南州中学教师过关考试。1992年10月，学校创办校刊《校园风》杂志。

1995年8月，经瓮安县人民政府批准，撤销瓮安县高水乡中心完全小学初中戴帽班，成立瓮安县高水中学，校址在原高水乡中心完全小学旧址。学校占地面积2万多平方米，校舍建筑面积3856平方米。有教学楼1栋，综合楼1栋，学生宿舍2栋，学生食堂2栋，教师宿舍3栋。9月，有教师26人，招收初一年级学生300多人，学生678人。中小学教师共住校园内，教师几人共住1间宿舍，寄宿学生300余人散居街上住宿。1996年8月，学校投入2.8万元搬迁校园内民房1栋200多平方米，扩大学生活动场所。

高水中学开展法制安全教育活动（2015年摄）

1997年9月，有教师33人，教学班10个，学生720人。学校推行内部管理体制改革，实行教职工定编定员，建立学校岗位目标责任制，明确学校领导、班主任、教职工职责，实行教职工聘任制，学校聘任班主任，班主任聘任科任教师，对教职工进行量化管理，调动了教职工积极性。是年，学校教学成绩在珠藏片区获第一名。1998年，学校通过省、州“两基”验收，成绩为合格；1999年，投入15万多元添置电脑等硬件设施，建实验室2间，微机室2间，图书室1间，藏书10082册，多媒体教室1间，教育局匹配电脑30台。是年，通过县“普实”验收。2000年，投入资金7万元修建厕所、校园围墙200余米。学校通过县教育督导办学水平评估，评估结果为良好。2003年，有教师45人，教学班14个，学生892人，中考成绩获瓮安县第五名。10月，学校推行“学校+农户”的种养合作模式租方家寨村山林，投入资金 6 万元创办大雁堡养殖场 1 个，通过“种养”基地给学员提供实习。为农村培养了“技工”200 多人，种养能手 2000 多人。是年，获全州先进团组织。2005 年获黔南州农村教育改革示范校。

2006 年，香港慈恩基金会方仲强捐助 20 万元、政府匹配 20 万元，教育局划拨 5 万元扩建教学楼 1 层教室 8 间。2007 年，修建学生宿舍 1 栋 1160 平方米，教师自筹资金 48 万元修建教师宿舍 1 栋 12 套，占地面积 400 多平方米。被瓮安县委授予“先进基层党组织”。教师犹永均散文诗专辑《红月亮》由北京大众文艺出版社公开出版。2009 年 8 月，学校投入 12 万元搬迁校园中两农户，有教师 42 人，教学班 13 个，学生 732 人。2010 年，县教育局投入 120 万元修建综合办公楼 1 幢，占地面积 162 平方米。硬化学校操场 2000 多平方米。10 月，投入 3 万多元征农民土地 2400 多平方米。2011 年，有教师 42 人，教学班 13 个，学生 706 人。修建学生宿舍 1 幢，占地面积 262 平方米，投入资金 50 万元（县移民局投入 10 万元）修建旗台、保砍、校园围墙等设施，学校实行封闭管理。

2012 年，湖南中烟集团投入 60 万元，县国资公司投入 10 万元，教育局投入 130 万元，共 200 万元，修建学生宿舍 1 栋 1000 平方米。是年，获县授予“文明单位”称号。2013 年，学校《校园风》共出刊 21 期，6 月，县文联组织县老年书法研究会、县美术协会 20 余人开展“六进”活动，给高水中学现场书法、绘画作品 30 余幅。教教育局拨款修建了能容纳 600 学生能就餐的食堂 1 栋 600 平方米。是年，获黔南州中小学“文明礼仪知识”抢答赛三等奖。2014 年，有专任教师 31 人，其中高级职称 2 人，中级职称 6 人，教学班 8 个，学生 346 人。10 月，投入资金 6 万元在校园内安装监控设备 1 套。是年，修建教师周转房 17 套。2015 年，投入 15 万元改善教师住宿条件及硬化校园道路。被瓮安县委评为“先进基层党组织”，荣获黔南州“五四”红旗团称号。

表 5-35　　高水中学历届校级领导任职情况表

姓　名	性　别	籍　贯	职　务	年　限
李荣富	男	贵州瓮安	校长	1968. 8—1970. 8
王应富	男	贵州瓮安	校长	1970. 8—1982. 8
卢增位	男	贵州瓮安	校长	1982. 8—1984. 8
周福亨	男	贵州瓮安	校长	1984. 8—1988. 8
徐飞鹏	男	贵州瓮安	校长	1988. 8—1990. 8
王明忠	男	贵州瓮安	校长	1990. 9—1992. 8
犹国禄	男	贵州瓮安	副校长	1990. 9—1992. 8
王明忠	男	贵州瓮安	辅导站站长	1992. 9—1995. 8

续表5-35

姓　名	性　别	籍　贯	职　务	年　限
严万金	男	贵州瓮安	校长	1992. 8—1993. 8
陈禄银	男	贵州瓮安	校长	1992. 9—1995. 8
犹国禄	男	贵州瓮安	校长	1993. 9—1995. 8
方贵忠	男	贵州瓮安	副校长	1994. 8—1996. 8
胡家荣	男	贵州瓮安	副校长	1995. 8—1996. 8
王明忠	男	贵州瓮安	党支部书记	1995. 9—1996. 8
方贵忠	男	贵州瓮安	党支部书记	1996. 8—2015. 7
严万金	男	贵州瓮安	校长	1996. 9—1997. 8
犹永均	男	贵州瓮安	副校长（主持工作）	1997. 8—2002. 8.
牟天义	男	贵州瓮安	副校长	1997. 8—2009. 8
敖德奎	男	贵州瓮安	校长	2002. 8—2011. 8
犹永均	男	贵州瓮安	副校长	2002. 9—2013. 1
陈亮	男	贵州瓮安	校长	2011. 9—2014. 8
毛金平	男	贵州瓮安	副校长	2011. 9—2014. 12
皮禄波	男	贵州瓮安	校长	2014. 8—
卢清贵	男	贵州瓮安	副校长	2014. 9—
李光群	男	贵州瓮安	副校长	2014. 9—

瓮安县中坪中学

中坪中学始建于1965年，原址在三支岩，原名中坪农业中学，以畜牧兽医专业为主。1975年，学校更名为“五·七”中学，增设高中部。1986年，学校更名为中坪中学。中坪中学坐落在中坪镇北街，占地面积26668平方米，有教学班6个，学生300余人，教师21人。是年，学校组织学生平整操场、植树、种草、栽花等课外活动。1990年，撤销柏香学校中学部，并入中坪中学。1992年，建综合楼1栋，有教室10间，作为学校陈列室、办公室、财务室、仪器室、保管室等用。1996年，在原教学楼顶增建1层，增设理、化、生实验室和图书室各1间，仪器室保管室2间。1998年，筹措资金34万元，建教学楼1栋。学校硬化操场，建篮球场2个。1999年，用政府出资、教师集资、学校补贴相结合的方式建教师宿舍楼

1栋，有住房12套。投入资金近20万元建围墙、校门、花台。是年，学校启动“中继教”工作，制定《中继教培训计划。2000年，筹措资金10万元，征地7亩，作为学校农技实验基地，学校有专职农技师，开办有果树栽培、食用菌栽培、嫁接技术、农作物优质高产栽培技术、养殖技术等。举办《土壤学》和《农作物的培育管理》等知识讲座，在示范基地上培养学生的实际操作能力。学校提出“走出去、请进来”的办学思想，派出30余人分别到上海、山东、湖南、北京、贵阳、遵义等地培训学习，带回新理念、新方法，推行“名师工程”“中青年教师培训工程”。是年，学校获州、县授予“优秀中学校长”2人，“师德标兵”“优秀班主任”各1人，获县授予“教学能手”“师德标兵”各1人，获“全国农村中学优秀教师”1人，获全国教研论文一等奖2人。

中坪中学校园（2014年摄）

2001年，投入资金64万元，建综合楼1幢，改善办学条件。学校开展“老带新，老帮新，一帮一，一带一”的帮扶活动。是年，获“州级骨干教师”3人，“县级骨干教师”8人，获中考成绩全县第一名。2002年，撤销茶店学校中学部和艾州学校中学部，并入中坪中学。是年，县委、县政府授予“文明学校”荣誉称号。2003年，中考1人获全县第一名。2004年，投入资金20万元，修建食堂和学生澡堂，解决食堂安全隐患。2005年，投入资金50余万元，购置电脑台，建微机室2间，多媒体教室1间。是年，获县“中考跃进奖”荣誉称号。2006年，在第十九届全国数学“希望杯”邀请赛中有教师1人被评为“数学竞赛优秀辅导员”。2007年，西部寄宿制启动，上级拨款76万元建学生宿舍，占地面积2200平方米，解决学生住宿问题。学校获“黔南州教育系统先进集体”奖，中考成绩全县一，教师1人获州政府“优秀班主任”荣誉称号。2008年，投入资金100万元，建女生宿舍1栋，占地面积2400平方米。2009年，县教育局拨款120万元，建综合楼1栋，改善办公条件和学生的实验场所。

2012年，投入资金100万元，建教师周转房1栋。学校获州初中教学质量先进学校二等奖，学生中考中1人获全县第一名，第十二届初中应用物理竞赛教师1人获“优秀指导教师”。2013年，投入资金130万元建教学楼。政法维稳信访工作教师1人获县委、县政府“先进个人”表彰。2014年，利用农村教育薄改项目专项资金，建塑胶跑道200米、足球场等学生运动场、添置食堂等设备设施。是年，学校被评为“年度安全工作先进单位”，教师1人获州政府授予“优秀教师”荣誉称号，参加优质课评比活动教师3人获州、县优质课三等奖，“迎奥运”作文大赛学生2人分别获全国三等奖和优秀奖，“全国数学竞赛”学生1人获二等奖，全国“希望杯”数学竞赛学生2获奖，全国化学竞赛学生2人分别获二、三等奖，教师2人在州、县篮球比赛裁判工作中获奖。

2015年，有教职工84人，其中专任教师70人、保安3人、食堂工人10人，在校学生813人。中考600分以上有46人，700分以上有4人，学生1人以746分获全县第三名。1月，获黔南州教育局校园文化建设优秀奖、获瓮安县年度安全工作先进单位。3月，利用薄改资金重新修整塑胶跑道及篮球场，新建足球场。5月获黔南州教育局中国汉字听写大会黔南州总决赛第三名，6月获县教育局全县中小学文明礼仪知识竞赛中学组三等奖，7月获瓮安县“五好”基层党组织，12月被省教育厅授予“三生四爱五心五好”专题教育示范学校、黔南州推进义务教育均衡发展合格学校、被团县委授予五四红旗团委称号、获县教育局年度校园文化建设优秀学校。

表5-36　中坪中学校长、副校长一览表

职　务	姓　名	性　别	任职时间	籍　贯
校长	姚友祥	男	1965—1976	贵州瓮安
校长	吕庆松	男	1976—1983	浙江永康
校长	卢和衷	男	1983—1988	贵州贵阳
校长	朱正贵	男	1988—1990	贵州瓮安
校长	徐飞鹏	男	1990—1992	贵州瓮安
副校长	张　松	男	1990—1992	贵州瓮安
校长	张绍富	男	1992—1994	贵州瓮安
副校长	张　松	男	1992—1994	贵州瓮安
副校长	聂其槐	男	1994—1999	贵州瓮安
校长	熊家荣	男	1999—2007	贵州瓮安
副校长	孙卫贤	男	2001—2007	贵州瓮安
校长	杨朝飞	男	2007—2014	贵州瓮安
副校长	孙卫贤	男	2007—2014	贵州瓮安
校长	邱兴全	男	2014—	贵州瓮安
副校长	温　黔	男	2014—	贵州瓮安
副校长	李明贵	男	2014—	贵州瓮安

瓮安县建中中学

1995年年初，县政府批准新建建中中学，校址选在建中镇东北角1千米的毛草坪，地处瓮安、福泉、开阳三县交界处，距县城30千米，占地面积450平方米。5月，学校新建教学楼1栋，撤销果水村村委会木楼1栋，搬至建中中学新校区重建，作为教师住宿、办公等用。1998年6月，利用世界银行贷款项目新建综合楼1栋。9月，中小学分家，中学迁至新校区，建中中学成为农村独立初级中学。有教师25人，学生585人，开办教学班9个（初一教学班4个、初二教学班3个、初三教学班2个）。1999年9月，综合楼竣工，全校师生共同平整操场，教学条件得到改善。

2003年，购置学生无盘机28台、教师机1台、服务器1台，开展信息技术课。修建花池9个。2004年，学校利用农村寄宿制学校项目工程，新建学生宿舍1栋。学校自筹资金硬化操场，新建篮球场4个。2005年3月，学校自筹资金新建篮球场外花池6个。6月，购置学生机29台、教师机1台、服务器1台、投影仪1台、远程接收器1套等电子设备，组建微机室和多媒体教室组各1间。12月，学生宿舍竣工并投入使用，解决学生住宿问题。

建中中学校园（2015年摄）

2011年8月，新建综合大楼1栋。9月，学校有教学班9个（各年级教学班均2个），教师31人。在全县中小学生篮球运动会中，学校女子队获全县第一名。2013年3月，学校自筹资金2.5万元，安装校园监控设备1套。8月，新建教师公租房1栋，住房14套，解决学校部分教师住宿问题。10月，教师正式入住公租房。是年，撤并建后，白沙乡划入建中镇，区域面积达232平方千米，学校服务半径130.33平方千米，辖7个行政村，人口3.86万人。校园占地面积19046平方米，校舍建筑面积2195平方米，有学生宿舍2栋，可容纳400余学生住宿。有食堂1栋，可容纳500余人就餐。在编教职工30人（含退休教师1人），在岗27人，特岗教师1人，其中本科28人、专科1人；中学高级教师5人，中级教师10人，州级骨干教师2人，县级骨干教师3人。有教学班8个，学生300余人。2014年8月，安装“班班通”教室9间，多媒体教室1间，理化生实验室3间。10月，获得黔南州民族团结进步创建活动示范校、县先进基层党组织。12月，获瓮安县中小学生文明礼仪知识竞赛（初中组）一等奖、瓮安县第四届中小学生田径运动会组织奖、瓮安县中学（中职）未成年人相关法律法规知识竞赛二等奖、瓮安县中职教育（招生）工作三等奖。

2015年，有教职工32人，其中专职教师29人、支教教师2人、特岗教师2人、借调和上挂学习3人、保安2人、食堂工人5人，在校学生350人。中考600分以上有15人，500~600分有20人，达到一、二中分数线44人，升学率达80%以上。全县抽评科目八年级数学全县三等奖。9月，获瓮安县第三届中小学生篮球运动会初中组（女子）亚军、瓮安县中小学“精彩人生路法律伴我行”演讲比赛优秀组织奖（师生均获二等奖）。12月，建成廉政文化进校园教育活动室1间，建中镇廉政文化教育基地正式挂牌。以建中镇政府牵头、由县教育局主管，在建中中学开展以廉政文化进校园为特色的教育活动基地，以校园广播、宣传栏板以及课堂为途径，以廉政文化书画展、校园艺术节、国旗下演讲、政治老师上好一节廉政课等活动为载体，把廉政建设与师德师风、校园文化、党务校务公开、素质教育、学校中心工作相结合，发挥廉政文化教育人、示范人、熏陶人的导向作用，提高领导班子廉洁治校、教师廉洁从教的自觉性，形成广大师生人人敬廉、崇廉、尚廉、践廉的校园风气，营造风清气正的校园廉洁从教的氛围。

表5-37　　建中中学校长、副校长一览表

姓　名	性　别	籍　贯	职　务	任职年限
王维权	男	贵州瓮安	校长	1997.9—2007.8
付启贵	男	贵州瓮安	副校长	1999.9—2007.8
金德富	男	贵州瓮安	校长	2007.9—2011.8
熊照煦	男	贵州瓮安	副校长	2007.9—2011.8
段世民	男	贵州瓮安	校长	2011.9—2013.2
周祥富	男	贵州瓮安	副校长	2011.9—2014.8
李珍宪	女	贵州瓮安	校长	2013.3—2014.8
李旭	男	贵州瓮安	校长	2014.9—
李道祥	男	贵州瓮安	副校长	2014.9—
王泽福	男	贵州瓮安	副校长	2014.9—

瓮安县白沙中学

1975年9月，白沙小学开办初中班，学校成为九年制学校，占地面积4554平方米，教师宿舍1栋，教室6间，有教师28人。1999年，初中部分从小学分离出来，更名为白沙中学，学校占地面积1.25万平方米，有教学楼2栋，办公室1间、教室12间、图书室1间、微机室3间、实验室3间。学校有教职工38人，专职教师32人，支教教师3人，保安2人，宿舍管理员1人。有学生415人，班级10个，学校服务半径13余千米。2002年，县“天麻大王”周乐中亲自到学校培训天麻种植。2003年，学校组织骨干教师7人到贵阳十六中参观学习。2004年，乡农推站对全校师生培训专业养殖。2005年9月，获县政府授予“优秀学校”称号。2006年，伊美乐职业技术学校教师亲自到学校进行专业电工培训。2008年8月，学校新分配教师10余人。9月，获县政府授予“优秀学校”称号。2009年8月，州教育局授予学校“初中教育教学质量三等奖”。2010年5月，学校开展为灾区儿童献爱心活动，师生捐款787元。9月，学校组织全校师生为银盏乡大园村尿毒病患者1人捐款1000余元。

白沙中学开展诗歌朗诵会（2012年摄）

2011年，教育局、移民局、慈恩基金会资助，拆除老教学楼和厕所，新建综合楼1栋、厕所1间。是年，中考学校进入全县前10名，600分以上的学生有21人，其中，723分1人。8月，教育局为学校修建学生食堂和学生宿舍各1栋。10月，学校综合楼正式启用，州教育局授予学校“黔南州2011年普通初中（二类学校）教学质量三等奖”，学校获县中小学生篮球运动会初中女子组第六名。2012年，中考学生700分以上2人。9月，学校获县中职（招生）工作先进学校三等奖。2014年，“班班通”投入使用，学校修建公租房1栋。10月，获得瓮安县第四届中小学生田径运动会组织奖、道德风尚奖。

2015年，有教职工57人，其中，专职教师45人，支教教师6人，特岗教师4人，保安4人，食堂工人8人，学生760余人。学校申报州级课题“黔南学生家庭作业现状调查与研究”获得批准。4月，获瓮安县第四届中小学生、幼儿书画比赛初中组团体三等奖。7月，拆除旧教师宿舍1栋，修建实验室2间、网络教室2间、多媒体教室1间。中考600分以上的有19人，700分以上1人。9月，白沙小学合并到白沙中学，成为九年一贯制学校。镇政府将原白沙乡政府大楼赠送给白沙中学使用，白沙中学在原教学设施基础上新增会议室2间、办公室9间。10月获瓮安县第三届中小学生篮球运动会初中组（男子）第五名，11月获瓮安县第二届“瓮水杯”中学生英语技能大赛初中组团体三等奖，12月获校园文化建设先进学校、作风效能建设先进学校、县“四项教育”先进学校、信息宣传工作先进单位。

表5-38　辅导站站长、校长、副校长一览表

职　务	姓　名	性　别	籍　贯	在职时间
辅导站站长	柴汝键	男	贵州瓮安	1992.1—1999.8
校长	张　羽	男	贵州瓮安	1995.9—2007.8
副校长	李富国	男	贵州瓮安	1994.9—1999.8
校长	谢光辉	男	贵州瓮安	2007.9—2011.8
校长	黄　平	男	贵州瓮安	2011.9—2012.8
校长	邱兴权	男	贵州瓮安	2012.9—2014.8
副校长	皮禄波	男	贵州瓮安	1999.9—2014.8
校长	郑小华	男	贵州瓮安	2014.9—
副校长	钱安定	男	贵州瓮安	2014.9—
副校长	张德权	男	贵州瓮安	2014.9—

第六章

职业技术教育

ZHIYE JISHU JIAOYU

第六章　职业技术教育

ZHIYE JISHU JIAOYU

1958年"大跃进"期间，"半耕半读"学校兴起，职业教育发展起来。1960年后中等职业学校减少，到20世纪80年代初全部取消。1986年，瓮安新建中等职业学校，职业教育步入正轨。2007年，瓮安计算机培训中心更名为瓮安鸿翔中等职业技术学校（以下简称鸿翔职校），属民办学校，瓮安职业教育呈现多元化发展。

第一节　职业教育发展

1953年，瓮安始办职业教育，1957年，职业教育学生发展到808人。1958年9月，新建一批农业中学及职业学校，均属"半工半读"和半日制形式学校。全县（不包括福泉）有农业中学14所，教学班20个，学生890人，教师41人；有工业交通学校1所，教学班3个，学生153人，教师4人；有卫生学校1所，教学班1个，学生43人，教师2人；有林业学校1所，教学班1个，学生43人，教师2人；有畜牧兽医学校1所，教学班1个，学生54人，教师2人。12月，农中、师范、林校、卫校、工校、畜牧等职业中学共30所，学生1972人，比1957年增长40.86%。新办红专学校1918所，学员38365人；红专大学49所，学员980人；业余党校43所，学员645人。

表 6-1　瓮安县中等职业学校统计表

单位：个、人　填表日期：1958 年 10 月 9 日

学校	班级（个）	学生（人）			教职工（人）			
		合计	女生	少数民族	合计	教员	行政人员	工勤人员
飞练中学	1	34	5		3	2	1	
平定中学	1	45	11	1	2	2		
花竹中学	2	93	30	2	3	3		
玉华中学	1	32	6	1	3	3		
木老坪中学	1	38	12		5	2	2	1
天文中学	2	81	18	3	7	4	2	1
松坪中学	1	50	12	1	5	3	2	
水耳中学	2	92	18	2	4	4		
朵丁中学	1	53	12	1	2	2	1	
岚关中学	2	80	15	1	3	3		
荣院中学	1	41	10		3	2		1
峰岩中学	2	85	4		5	3	1	1
岩坑中学	1	37	6		3	3		
高枧中学	2	59	10		3	3		
卫生学校	1	66	56	2	6	5		1
林业中学	1	45	8	4	5	2	1	2
畜牧兽医学校	1	55	15	2	4	4		
工业交通学校	3	146	27	3	6	4		2
合计	26	1132	275	23	73	54	10	9
马场坪中学	2	60	10	3	2	2		
世界农业中学	1	40	19	4	1	1		
桂花民办中学	1	26	5	1	1	1		
团阳民办中学	2	60	15	5	2	2		
勤耕农业中学	3	133	63	26	13	11	2	
合计	9	319	112	39	19	17	2	

1959年1月，瓮安办有工业交通、农业、林业、卫生、畜牧兽医5所中等职业学校，共有学生1770人。9月，学校及学生人数减少，全县有农中13所，教学班27个，教师46人，学生1146人；有林业、畜牧、卫生职业学校3所，教学班5个，教职员工8人，学生275人。1960年9月，全县有13所农业中学、畜牧中学和林业中学合并为西坡农中，勤耕中学已停办。

表6-2　　瓮安县农业中学情况统计表

单位：个、人　填表日期：1960年9月16日

校名	上学期			正式毕业		提前毕业		秋季招生		本学期		
	班数（个）	学生（人）	教师（人）	班数（个）	学生（人）	班数（个）	学生（人）	班数（个）	学生（人）	班数（个）	学生（人）	教师（人）
雍阳	1	30	2			1	30	1	20	1	20	1
平定	2	52	2	1	32	1	20	1	20	1	20	1
草塘	3	121	6			3	121	1	20	1	20	1
永和	2	83	5			2	83	1	20	1	20	1
玉山	1	55	2			1	55	1	20	1	20	1
珠藏	3	85	5			3	85	1	20	1	20	1
福泉	2	54	2	1	18	1	36	1	20	1	20	1
马场坪	4	150	5	1	30	3	120	1	20	1	20	1
牛场	2	63	2			2	63	1	20	1	20	1
道坪	3	60	3	1	17	2	43	1	20	1	20	1
陆坪	3	71	4	1	16	2	55	1	20	1	20	1
中坪	2	62	3			2	62	1	20	1	20	1
勤耕	1	44	12	1	44							
西坡	3	113	6					1	20	3	53	6
合计	32	1043	59	6	157	23	773	12	240	15	353	18

1965年，玉山农业中学校舍（木质）楼房2栋13间，校舍面积279平方米，占地面积218平方米，厨房1栋2间，占地面积47平方米；猪圈1栋2间，占地面积16平方米；每个学生收学杂费2元，家庭困难的贫下中农子女持有本队、社证明，即可减免学杂费；学校有生产基地100亩，其中，田20亩、土80亩。珠藏区羊关农业中学有教室2间，宿舍1间，

有土地约 40 亩；有理化生教具约值 100 多元，有图书 34 册，有教职工 8 人，两个年级共有学生 82 人，大部分学生住校；学校收费 5 元，其中学费 2.5 元、灯油费 2.5 元。瓮安县新华公社开办农业中学，由区主办，采用半耕半读的形式，校舍借用原新华铁厂房子，包括教室、宿舍、厨房、厕所等 4 栋 29 间；土地由新华公社石家寨生产队拨给铁厂借用的 33 亩（田 20 亩、土 13 亩），教师由县文教科加派 3 人，其余 1 人由学校生产队收入自行解决；县文教科拨给开办费 1000 元，收费标准第一学期每生交学杂费 6 元，第二学期交 3 元。7 月，瓮安新华农业中学学生学年成绩，语文及格率 97.5%，平均分 76；数学及格率 78.4%，平均分 73；农技知识及格率 98.8%；政治 100%及格率。

瓮安职校校园（2013 年摄）

"文化大革命"时期，学校处于混乱状态，所有中等职业学校停办。1977 年，恢复中等职业学校 1 所，学生 35 人。1986 年 9 月，新建瓮安县职业技术学校，设财会专业 1 个，收录学生 50 人。1992 年，金星中学改为金星初级职业中学，办班 1 个，学生 44 人，瓮安职业高中有教学班 7 个，学生 365 人，共有教职工 27 人，其中，专任教师 19 人、行政人员 2 人、工勤人员 6 人、临时工 3 人、兼任教师 9 人。1993 年，瓮安被列为贵州省绿色证书工作试点县，独立设置的学校 2 所，教学班 9 个，学生 405 人。其中，职业初中学校 1 所，教学班 3 个，学生 118 人；职业高中学校 1 所教学班 6 个，学生 287 人。共有教职工 40 人，其中专任教师 26 人、行政人员 4 人、工勤人员 10 人、兼职教师 6 人。1994 年年底，撤销金星职业初级中学，并入新建的瓮安县长寿长乐希望中学。1995 年，瓮安职中成为省级重点职业高中，有教学班 12 个，学生 653 人（女生 398 人），毕业 109 人，新招生 245 人。有教职工 40 人，其中专任教师 28 人、行政人员 8 人、工勤人员 4 人。瓮安职中理科仪器设备配备和教学分组实验均达到标准，图书藏量 55658 册。1999 年，开始招收初中生，首期招新生 114 人。

2001 年 5 月 16 日，县教育局下发《关于加强对中小学职业技术培训》。6 月 26 日，在县职中培训天麻的有效性无土栽培技术，初级中学和乡镇所在地九年制学校派教师 2 人参加，回校后试种 1~2 平方米，学员学习后回到学校对教师进行二级培训。10 月 15 日，县政府办公室出台《关于成立县农村中学职业技术教育领导小组的通知》，成立由1名副县长任组长、教育局局长任副组长的农村中学职业技术教育领导小组，下设办公室在教育局教育股，负责农村中学职业技术教育工作。2002年8月1日，县政府下发《关于出让瓮安县职业中学国有土地使用权的决定》，采取招标方式出让瓮安县职业中学13000平方米国有土地使用权，土地用途为商住用地。2004年，职业中学向高职输送合格人才101人，职校招生321人，共有学生2654人（初中生1709人）。2005年11月，瓮安职业高中申报省级示范职业高中通过省级评估。2007年，黔南州教育局正式命名瓮安计算机培训中心为瓮安鸿翔中等职业技术学校。初中部从瓮安职中分离出去，新建瓮安四中。2011年，瓮安职中有学生4093人，专业遍及工、农、商各个领域。鸿职校培养计算机专业人才1万余人，其中，下岗职工1100人、计算机职称考试1860人、公务员办公自动化技能培训3935人、社会从业人员3950余人、农民工技能培训5892人。5月25日，县机构编制委员会发《关于瓮安县职业高级中学机构编制事宜的通知》，瓮安县职业高级中学更名为贵州省瓮安中等职业技术学校，设校长1人、常务副校长1人（正科级）、副校长3人，内设机构办公室、教务处、总务处、政教处、招生就业办公室、实训中心等处室，设主任、副主任各1人。9月20日，县机构编制委员会下发《关于瓮安县职业技术学校机构编制事宜的通知》，增加瓮安县职业技术学校事业编制69人，增加成教处内设机构，内设机构由6个增加到7个，设处长或副处长1人。2014年4月2日，州人力资源和社会保障局回复瓮安县政府《关于同意成立瓮安县技工学校的复函》，以“双挂牌”方式在瓮安县职校成立瓮安县技工学校，开办模具制造技术、汽车运用与维修、计算机平面设计、机械制造技术、汽车车身修复、数字媒体技术应用、数控技术应用、电子电器应用与维修、计算机网络技术等9个专业，设定办学规模为1040人。8月18日，县机构编制委员会下发《关于贵州省瓮安中等职业技术学校更名的通知》，贵州省瓮安中等职业技术学校更名为瓮安县中等职业学校。

2015年，瓮安完成中职招生3247人。瓮安职校形成“产—学—研”一体的发展格局，将示范建设工作重点转移到师资队伍建设、人才培养模式及建立灵活适用的课程体系上，实施“传帮带”“青蓝工程”教师培养规划，加快“双师型”教师队伍建设。与贵州省建设学校、浙江交通技师学院、上海医药学校等合作办学，共同参与职业教育研究。学校教师参与以贵州省建设学校牵头的“非专业能力”研究与课程教材编写工作，与中德诺浩教育投资有限公司、上海天马微电子有限公司、浙江优特轴承、东莞友智金属制品有限公司、江苏华艺服装有限公司等30多家企业签订联合办学协议，与瓮安经济开发区内的贵州金正大生态工程有限公司、深圳芭田瓮安有限公司、盛源集团、瓮安华雄磷业有限公司、瓮安东方管道有限公司等企业签订校企合作协议，开办6个“订单班”“冠名班”，学生达300余人。吸引汽车修理店、酒店管理合作投资商、汽车驾驶培训企业、机械加工企业、服装加工企业等入驻校园，形成总投资金额为5000万元的校企联合办学格局。学校开设农村经济管理、幼儿教育、酒店管理与服务、机械加工技术、焊接技术与应用、电子产品制造与装配、电气运行与控制技术、计算机平面设计、计算机网络技术、数字媒体技术应用、农业机械使用与维护、设施农业生产技术、农村电气技术、畜牧兽医、服装设计、采矿技术、现代农艺技术、机械制造技术、电子电器应用与维修、中药制药技术、护理专业、国防预备役等专业22个。

表6-3　瓮安县职业中学1986—2015年数据统计表

年　度	学校数（所）	学生数（人）	教职工（人）	其中专任教师（人）	占地面积（平方米）	建筑面积（平方米）
1986	1	52				
1987	1	45				
1988	1	42				
1989	1	77	6	4	27668.5	333
1990	1	227	34	19	27668.5	1250
1991	1	356	40	19	27668.5	2170
1992	2	453	47	19	27681	2663
1993	2	405	40	26	27681	2663
1994	2	601	45	26	31002	2761
1995	1	669	40	28	31002	3111
1996	1	825	49	34	31002	3111
1997	1	641	55	37	34350	4315
1998	1	228	51	40	34350	4315
1999	1	125	53	37	34335	10000
2000	1	29	51	40	34335	10000
2001	1	350	58	42	34335	11000
2002	1	583	58	43	34335	11000
2003	1	659	29	19	21912	9012
2004	1	945	32	18	21912	9012
2005	1	1277	38	32	21912	9012
2006	1	2009	44	42	22212	14358
2007	2	2711	73	65	22212	18262
2008	2	3256	98	81	22212	23846
2009	2	3549	112	97	22212	26254
2010	2	4270	140	125	67660	55423
2011	2	5812	211	175	78000	64290

续表6-3

年　度	学校数（所）	学生数（人）	教职工（人）	其中专任教师（人）	占地面积（平方米）	建筑面积（平方米）
2012	2	5675	211	175	78000	64290
2013	1	5108	184	164	225542	84251
2014	1	5184	186	166	225542	84251
2015	2	6416	248	223	234542	117905

第二节　课程设置及教学管理

1953 年 12 月 9 日，省教育厅对全省“中等学校 1953—1954 学年度第一学期工作计划”进行审阅，发现问题给予修正。一些学校组织课外活动时成立专门研究小组，这对于成绩较好的学校是鼓舞学生的学习兴趣，但目前大多数学校成绩较差，条件不具备，不宜开展，应以开展文娱活动为主。有学校要求教师“每节课后必须在课时计划或课时笔记上填写心得”，又有的学校对教师业务学习规定“每周 1 小时由个人小结 1 周所授课程获得的经验”，这样重视教师的点滴经验是好的，但是教学工作是一种细致复杂的工作，不是在每朝每夕甚至每小时都能获取经验的，在每完成一大单元或期中、期末进行总结是应当的，每节课后都写，当无可写时就会形成敷衍，并增加不必要的负担。个别学校将校务会、生活检讨会、班主任会、教研组会等定在星期日或晚上召开，观摩教学也定在星期日进行，这样做很不恰当。星期日应该让老师充分休息，夜晚的时间应当让教师用来进行备课，在必要的情况下也只能偶尔占用，经常如此便不对。个别学校未经呈准报厅，便采用五级记分制定操行评分标准，并就学生的学习、操行成绩分为超、优、中、下、劣五等，按此等级来决定升留级标准。一般教师对“五级记分制”理解还不够，对操行评定的积极意义认识也不足，盲目采用五级记分制是不恰当的，可先参考省教育厅所发成绩考核暂行办法。

1958 年 9 月，瓮安县新建一批农业中学及职业学校，属“半工半读”和半日制形式。开办的林业学校，属企业开办的两年制，学生学习和劳动的时间各占一半，每天劳动后进行评分，以劳动报酬的 50%分给学生，另 50%作为建校、集体开支、支援国家等。农业中学主要开设农业生产知识、政治、文学、数学等课程，林业学校主要学习育苗、栽培、护林等课程，工业学校分化肥、冶炼、建筑交通三科。12 月，林校共炼铁 7 天，帮金星公社秋收 20

天，学生自筑成土高炉1个、挖窑3个，烧木炭5窑共2500斤，到20多公里路以外抬铁矿石800斤。1959年7月15日，文教局转发省教育厅《关于制发农业中学教育计划的通知》，对农业中学开设课程进行安排。8—9月，对民办农业中学进行整顿巩固提高，学生过少的学校，在向群众讲清道理并征得公社党委同意，进行适当合并。平定营公社把农中超龄生改为速师班。工业交通学校撤销后，将学生分别转入中学、师范学习，文化程度不及高小的转入小学学习。经过整顿，每个公社只有1所农中或普中。9月11日，县文教局转发省教育厅、农业厅《关于农中学“农业知识”课讲授内容的具体安排的通知》，省教育厅、省农业厅组织编写有关农业知识教材的油米、麦类、马铃薯、水稻、苞谷等单行本，下发农业中学统一使用。

表6-4　　瓮安县半日制农业中学教学计划安排表

填表日期：1959年9月

科目		一年级		二年级		三年级		各科授课和生产劳动总时数
		第一学期	第二学期	第一学期	第二学期	第一学期	第二学期	
政治		3	3	3	3	3	3	336
语文		7	7	6	6	6	6	710
数学	算术	4	4					116
	代数		4	5	4			211
	几何				1	5	5	199
化学					3	3		114
物理						4	4	144
卫生常识		1	1					35
农业生物常识		3	3					114
农业知识		4	4	5	5	4	4	486
农业会计						2	2	72
生产劳动		24	24	24	24	24	24	2688
总计		46	46	46	46	48	48	5228

1991年，雍阳中学办“3+1”学制职业班，利用学校养殖、种植基地，开设以振兴农村经济为主的职业教育实用技术课。1993年，瓮安职中开设经济管理、医士、师范、农学、文秘、财会专业6个，有学生287人，管理民主化、制度化、规范化，成为瓮安学校管理工作

的先进典型。11 月 4 日，团县委发《关于瓮安县职业高级中学成立业余团校请示报告的批复》，成立瓮安县职业中学业余团校，团校校长由职中校长兼任。是年，学校被州委和县委评为“先进支部”、获县社会治安综合治理“先进单位”。1994 年，瓮安职中被国家教委、国家体委、劳动部表彰为全国职业技术教育系统体育工作“先进学校”，评为省、州校办产业勤工俭学“先进集体”。1995 年，瓮安被农业部确定为全国绿色证书试点县。3 月 2 日，省教育委员会发《关于表彰贵州省 1994 年度校办产业勤工俭学先进集体、先进个人的决定》，全省表彰校办产业、勤工俭学先进集体 66 个，瓮安职业中学受表彰。

2000 年，县教育局组织编印《瓮安县农业实用技术普及读本》，要求学校做到基地、教师、教材、资金、学员“五到位”。全县开展“优质烤烟生产技术”“杂交水稻和油菜的栽培技术”“果树的栽及嫁接技术”等培训活动，参加学校农技培训取得“双证”的有 7615 人。对初中学生实行“3+1”学制，即初三学生初中毕业后加授 2~4 周的农技培训，考试合格发给农技结业证。2001 年 9 月 8 日，教育局出台《关于进一步加强职业技术教育实施意见》，规定各中学把职业技术教育纳入基础教育的常规管理中，推行初二分流、“3+1”等模式。把希望中学、银盏学校、中坪中学、珠藏中学、玉山中学 5 所学校进行初二分流试点。初二分流的职教班学生与普通班学生一样参加中考，同发初中毕业证书，并可免试进入县职业高中学习。各校建设好职业教育实习基地，订购适量的有关职业技术方面书籍，有经费预算，教育局与有关农业部门联合编写职业教育教材。2002 年，农村初中挂“初级中学”“绿证培训基地”“初级职业中学”三块牌子，发放初中绿色证书 5000 余份，建立一批农村、农业、农民服务学校。全县有 70 余所学校有实习基地，共有水田 8.9 亩、土 232 亩、荒山 718 亩、水面 49 亩。全县已种天麻 1005.5 平方米，栽种果树 387600 株、茶叶 170 亩、金银花 14 万株。办适用技术培训班 30 余期，培训人数 2200 余人；办运管所汽车驾驶及维修技术培训班 3 期，共 580 人；办天麻栽种培训班 8 期，培训人员 342 人。3 月，县教育局与县计划发展局从外地运来 14 万珠金银花苗，分配到各乡镇有实验基地的学校进行栽种，木引学校有实验基地 200 余亩，栽种金银花苗 3 万多株。2004 年，平定营中学、天文中学、铜锣中学、高水中学农村教育综合改革示范校通过州级验收。全县发放农技结业证 4971 份、绿色证书 4905 份。9 月 13 日，执行教育局《关于初三分流和新增劳力培训后输送到东部就业的通知》，瓮安职中与深圳职校联合办学，组织对 16 岁以上初高中毕业生中未升学的青年进行技能培训，集体输送安置。其余各学校在 4 月底前完成初三学生的毕业考试，掌握毕业生的中考升学可能性，动员、引导其中不能考上普通高中的学生分流读职中，经过职中的技能培训后，组织输送到深圳等地安置就业，各校初三分流率不能低于 5%，县职中分流率达 30%以上。凡到深圳就读的学生，均实行双学籍管理制度，学生可以同时获得瓮安职中和深圳职校的毕业证书。秋季招生时，凡未达到瓮安中学、瓮安二中、草塘中学、珠藏中学录取分数线的考生，动员其读职中，各校不得开办初三补习班，凡是瓮安职中录取的学生，任何学校不能再次录取。

2005年，全县学农基地有水田0.59公顷、土15.47公顷、荒山134.53公顷、水面3.27公顷，初级中学建有培训实验实习基地共50余个。全年农村劳动转移培训11期1435人，向沿海地区输送劳动力865人。1月28日，执行州教育局《关于和东部地区（深圳）联合举办中等职业教育办学的意见》，省外中职学校到黔南招生，必须在完成州、县（市）招生任务的前提下报经州教育局同意方可招生，任何单位和学校不得私自向省外介绍生源送出学生。参加对口联合办学学校的学生实行双学籍、双证书管理办法，经考试考核合格后学生可以同时获得原学校的毕业证、资格证和东部学校的毕业证、资格证书。联合办学下达任务数，瓮安须完成招生任务200人。2006年3月20日，教育局发《关于更正瓮教发〔2006〕2号文件中第五条相关内容的通知》，"凡是参加初三补习班的考生，中考录取时提高50分划线"一句更正为"今年秋季招生，凡未上一、二中、草中、珠中录取分数线的考生，应一律动员进职中，任何学校不得再办初三补习班"。2008年，瓮安职中开设计算机平面广告设计、计算机多媒体技术、计算机网络技术、模具制造、机械加工技术、电气运行与控制技术、电子产品制造与装配、电子器材运用与维修、汽车维修、农作物栽培、果树栽培、茶叶种植与加工、幼儿教育、酒店服务与管理、保安、市场营销专业16个。12月8日，县教育局做出《关于表彰2008年度全县职业教育先进集体的决定》，对完成任务好的5所学校给予表彰，银盏学校获一等奖，永和中学、老坟嘴学校获二等奖，瓮安四中、木老坪中学获三等奖。

2010年9月7日，州教育局发《关于公布2010年中等职业学校基本合格专业、未认定专业名单的通知》，全州13所职业学校的17个相关专业未达到合格专业标准，各校通过整改后进行自查自评，按程序进行申报。瓮安县职业高级中学农学专业未达到合格标准。2011年7月11日，省教育厅发《关于表彰2011年全省中职学校技能大赛暨全国职业院校技能选拔大赛获奖的单位和个人的通知》，全省93所学校选派1311人，参赛选手参加高职组2个大专业类、44个项目，中职9个专业类、43个项目的比赛，瓮安职中获计算机技术技能比赛团体项目奖2个、优秀指导奖教师2人，获中职组电子商务技术二等奖1个、优秀指导奖教师1人，获中职组影视后期制作技术二等奖1个、优秀指导教师1人、三等奖2个、优秀指导奖教师2人，获中职组工业产品设计（CAD）技术一等奖1个、优秀指导奖教师3人、二等奖2个，获中

瓮安职校汽车实训室（2013年摄）

职组电子产品装配与调试二等奖1人、优秀指导教师奖1人，获数控车三等奖2人、优秀指导奖教师2人，获车工项目一等奖1人、优秀教师指导奖1人、获三等奖1人、优秀指导奖教师1人，获钳工三等奖1人、优秀指导奖教师1人，获焊工三等奖2人、优秀指导奖教师2人，获建筑CAD（中望CAD）二等奖2人、优秀指导奖教师2人，获三等奖1人、优秀指导奖教师1人。10月8日，县人大出台《关于对〈瓮安县人民政府职业教育培训、非义务教育工作开展和解决中小学校学生出租屋情况的报告〉的审议意见》，县、乡镇政府和职校、乡镇中学及有关部门做好宣传工作，将完成义务教育成绩中偏下的孩子最大限度动员到职校就读，把其作为一项农村脱贫致富的硬任务来对待。职校专业设置、教材、师资要与产业结构调整、产业发展衔接，与市场人才需求衔接，培训出适销对路的实用技术人才。

2013年4月2日，州教育局发《关于做好中等职业学校学生学籍管理工作的通知》，学校建立健全学籍管理制度，凡中等职业学校毕业生必须填写贵州省中等职业学校毕业生登记表作为学生办证依据和档案资料永久存档备查，未填写毕业生登记表的不予办理毕业证验印。医药卫生类、教育类专业毕业生在办理毕业验印时，须向教育部门报送一份毕业生花名册和贵州省中等职业学校毕业生登记表作为办证依据和存档。7月1日，州教育局发《关于公布2013年黔南州中等职业学校学生技能大赛结果的通知》，组织网搭建与应用、计算机硬件检测维护等22个项目的中等职业学生技能大赛，共评出一等奖29人、二等奖44人、三等奖60人，瓮安职业学校获一等奖15人、二等奖18人、三等奖3人。12月11日，执行省教育厅《关于进一步规范中等职业学校毕业证书管理的通知》，从2014年起，全省中等职业学校毕业证书将逐年过渡，使用教育部统一格式并监制的新版中等职业学校毕业证书，新版毕业证书由省教育厅负责印制。省属中等职业学校、省属高职院校毕业证书验印正式启用贵州省中等职业教育毕业证书验印专用章（钢印），原专用章作废。各市（州）教育局所属中等职业教育毕业证书验印正式启用“××市（州）中等职业教育毕业证书验印专用章”（钢印），原市（州）教育局验印专用章由省教育厅收回作废。

瓮安职校现代农艺实训基地（2014年摄）

2014年，瓮安职校开设农村经济管理、幼儿教育、酒店管理与服务、机械加工技术、焊接技术与应用、电子产品制造与装配、电气运行与控制技术、计算机平面设计、计算机网络技术、数字媒体技术应用、农业机械使用与维护、设施农业生产技术、农村电气技术、畜牧兽医、服装设计、采矿技术、现代农艺技术、机械制造技术、电子电器应用与维修、中药制药技术、护理专业、国防预备役等专业22个。

2015年10月30日，州教育局发《关于公布全州第一届中等职业学校“语文”“数学”“信息技术”优质课评选结果的通知》，全州参赛教师共46人，评选出一等奖15名、二等奖15名、三等奖16名，瓮安县中等职业学校教师获语文组二等奖1人、三等奖1人，获数学组一等奖2人，获信息技术组一等奖1人、二等奖2人、三等奖1人。11月12日，省教育厅发《关于公布省建设学校等27所中职学校为省级示范性中等职业学校的通知》，瓮安县职业学校通过复评验收后被确定为贵州省级示范性中职学校。

第三节　招生　就业

1953年，开办职业教育，招收小学毕业未升入初中的学生。1958年，工业交通学校招新生233人，农业中学招新生1313人，林业中学招新生45人，卫生学校招新生124人、畜牧兽医学校招新生55人。1960年，畜牧中学和林业中学合并为西坡农中，未招新生。1977年3月，贵阳中医学院瓮安分院创立，校址在县城西北路，招收“社来社去”学员57人。1980年3月，经省劳动人事局、省卫生厅批准，录用贵阳中医学院瓮安分院毕业学员46人为中医士。1986年9月，成立瓮安县职业技术学校，设财会1个专业，招收学生52人。1993年，县计委发《关于1992年职业学校非农业人口自费毕业生就业指标的通知》，由毕业生自找接收单位，县计委、劳动人事局、教育局共同研究，共安排就业的毕业生60名，其中干部53名，工人7名。是年，职业初中招生82人，职业高中招生89人、毕业148人。

2005年，农村各级各类中学全部渗透职业技术教育，各校职业初中共招生2794人，开展各类职业技术培训7万余人次。2008年3月15日，县教育局发《关于下达2008年职成教育目标任务的通知》，全县普通教育与职业教育招生逐步达到1∶1的比例，培养专业化高技能人才和农村实用技术人才，服务地方经济建设。5月12日，县教育局发《关于下达2008年职成教育任务的通知》，全县各初级中学（完中、九年制学校）以九年级在校毕业学生数的22.4%为招生任务，所招学生一律送县内职校就读。

表 6-5　瓮安县职成教育 2008 年目标任务分配表

单位：人

职业教育任务分配						成人教育任务分配			
序号	学校	初三毕业生（人）	职业高中招生（人）	农村劳动力转移培训（人）	劳动预备制培训（人）	序号	乡镇	实用技术培训数	扫盲任务数
1	瓮安三中	1078	216			1	雍阳镇	2600	10
2	瓮安四中	508	200			2	平定营镇	2500	15
3	瓮安职中			1560	2500	3	玉华乡	2000	20
4	草塘中学	203	41			4	银盏乡	3500	20
5	希望中学	494	99			5	草塘镇	3500	30
6	松坪中学	181	36			6	松坪乡	2500	35
7	平定营中学	407	81			7	小何山乡	1500	25
8	玉华中学	173	35			8	永和镇	2500	35
9	中坪中学	622	124			9	岚关乡	2000	35
10	建中中学	173	35			10	老坟嘴乡	2000	25
11	白沙中学	216	43			11	玉山镇	3500	35
12	永和中学	348	70			12	鱼河乡	1500	25
13	岚关中学	218	44			13	龙塘乡	1500	20
14	珠藏中学	562	112			14	珠藏镇	3500	35
15	铜锣中学	178	36			15	铜锣乡	2000	35
16	高水中学	250	50			16	高水乡	2500	35
17	玉山中学	350	70			17	木引槽乡	2000	30
18	龙塘中学	148	30			18	牛场坝乡	2000	30
19	鱼河中学	233	47			19	中坪镇	3500	35
20	天文中学	302	60			20	白沙乡	2500	35
21	木老坪中学	201	40			21	建中镇	2000	35
22	银盏中学	154	31			22	天文镇	3000	35
23	小河山中学	110	22						
24	牛场坝中学	106	21						
25	木引槽中学	150	30						
合计		7365	1573	1560	2500				

2010年7月6日，执行州教育局发《关于做好2010年中等职业学校招生工作的通知》，做好中职招生工作，防范和杜绝非法中介招生和违规违纪违法招生行为。瓮安职校完成招生任务1850人，瓮安鸿翔职校完成招生任务200人。8月10日，县教育局发《关于做好2010年全县中等职业学校招生工作的补充通知》，做好县中职招生任务工作，对完成招生任务的学校给予表彰，对没有完成中职招生任务的60%学校校长一律取消评优选先资格，不发放当年校长的绩效工资和校长津贴。

表6-6 瓮安县2010年中职招生任务完成情况统计表

填表时间：8月11日 单位：人、%

单 位	初中毕业生数	中职招生任务数	完成数	完成率
瓮安三中	1078	270	84	31.11
瓮安四中	409	102	56	54.9
银盏学校	173	43	39	90.7
玉华中学	150	38	40	105.26
平定营中学	339	85	51	60
永和中学	308	77	20	25.97
岚关中学	225	56	12	21.43
老坟嘴中学	121	30	8	26.67
草塘中学	189	47	12	25.53
希望中学	442	111	32	28.83
松坪中学	223	56	36	64.29
小河山学校	95	24	5	20.83
天文中学	318	80	56	70
木老坪中学	186	47	45	95.74
玉山中学	365	91	69	75.82
鱼河中学	202	51	19	37.25
龙塘中学	131	33	4	12.12
珠藏中学	580	145	9	6.21
铜锣中学	187	47	47	100
高水中学	278	70	25	35.71
牛场坝学校	137	34	39	114.71

续表6-6

单　位	初中毕业生数	中职招生任务数	完成数	完成率
木引槽学校	139	35	17	48.57
中坪中学	507	127	87	68.5
白沙中学	227	57	39	68.42
建中中学	192	48	37	77.08
贵真学校	54	14	0	0
合计	7255	1818	888	48.84

2011年3月22日，县教育局下发《瓮安县中职教育招生奖励办法》，以各中学九年级在校生为基数、普通高中招生后剩余学生数的85%作为各初级中学中职招生基本任务，5月30日前，各初级中学送到县中职学校就读并办理入学手续的学生计入生源学校中考参考率。每年高中录取完前5天，各初级中学送到县中职学校就读并办理入学手续的学生计入生源学校总数，各校要统一组织学生送到县中职学校就读，并将就读学生名册报县教育局中职招生办公，同时代收学生收费400元。教育局奖对超额完成任务的学校进行奖励。4月25日，州教育局下发《关于做好2011年中等职业学校招生工作的通知》，各县（市）做好中职招生工作，完成招生任务，防范和杜绝非法中介招生和违规违纪违法招生行为。2011年，瓮安县中职招生任务为2562人，瓮安鸿翔职校招生任务为152人。2012年4月19日，州教育局下发《关于

中职招生名册（2011年摄）

做好 2012 年中等职业教育招生工作的通知》，全州 2012 年中等职业教育招生任务 25300 人，其中，瓮安县任务数为 2200 人，招生数为 1800 人，输出省外数为 400 人。

2014 年 3 月 21 日，县教育局下发《关于做好 2014 年中等职业教育招生工作的通知》，全县中职招生任务数 2857 人，春季中职招生送学生时间从 4 月 8 日开始实施。对招生任务完成较差的学校给予通报批评，对完成任务好的学校按照任务比例给予奖励。7 月 10 日，县教育局下发《关于组织外出培训考察学习的通知》，决定组织中学校长及相关中职教育招生人员 35 人于 7 月 13—19 日赴西藏自治区职业学校培训考察学习，往返交通费回原单位报销，食宿、会务费资料费均由瓮安中等职业技术学校负责。2015 年，瓮安职校完成招生任务，全校学生 5196 人。

第四节　“9+3”项目

2013 年，瓮安开始实施教育“9+3”计划。7 月 18 日，贵州省实施教育“9+3”计划工作领导小组办公室发《关于 2013 年教育“9+3”计划半年推进情况综合排名通报》，在县（市、区、特区）三年免费中职教育排名前十名中，瓮安县名列第三，受到省“9+3”办公室通报表扬。

2014 年 9 月 22 日，贵州省实施教育“9+3”计划工作领导小组办公室发《教育“9+3”计划 2014 年中期督查通报》，全省标准化“农村留守儿童之家”建设完成比例为 101%，瓮安县完成 150%；全省学生宿舍建设面积完成比例为 51. 93%，瓮安县完成 68. 31%；全省宽带网络接入学校完成 140%，瓮安县完成 100%；全省班级多媒体终端建设完成比例为 74. 35%，瓮安县完成 100%；全省“国培计划”等各级教师培训完成 231. 63%，瓮安县完成 423. 8%；全省减负增效提质示范校建设完成 228%，瓮安县完成 0。贵州省 2014 年实施教育“9+3”计划三年免费中职教育中期督查，全省输送生源到中职学校完成比例为 78. 51%，瓮安县完 71. 31%；全省招聘中职教师完成 76. 68%，瓮安县完成 100%；全省各在职教师素质提升计划完成比例为 71. 07%，瓮安县完成 172. 68%。在全省中职“百校大战”工作完成情况中，瓮安职校 2014 年新增建设面积 12000 平方米，完成任务的 100%；投资 2144 万元，完成任务的 99. 26%；招生 1929 人，完成任务的 91. 86%；教师招聘 30 人，完成任务的 100%。2014 年，瓮安县实施教育“9+3”计划通过省、州专项检查评估，排名黔南州第一名、全省排名第二十一名。

2015 年 4 月 30 日，省“9+3”办发《关于调整 2015 年中职“百校大战”项目学校的通知》，决定将全省“百校大战”项目学校调整为100所。瓮安职校规划建设学校的附属设施，招生2000人，招聘教师6人。11月，瓮安县实施教育“9+3”计划自查自评工作，全县小学控辍保学率为0，初中辍学率为0.58%，九年义务教育巩固率为99.95%；标准化农村留守儿童之家建设11所，完成任务的100%；完成城镇义务教育学校1所、投资4985万元，完成农村寄宿制学校标准化建设9所、投资2016万元，完成学生宿舍项目4个、投资675万元。农村小学寄宿率为30.1%，初中生寄宿率为71.3%。中坪小学为“四在学校·幸福校园”“三生四爱五心五好”示范校建设学校，江界河小学为“三生四爱五心五好”示范校建设学校，希望中学、瓮安七小为“减负提质增效”示范校建设学校，各示范校资料建设已完成。新建“班班通”教室291个，建设宽带网接入学校102所。完成“国培计划（2015）”教师培训团队置换脱产研修项目培训教师27人，乡村教师访名校培训项目和乡村校（园）长培训项目培训教师126人次，中国移动中小学校长远程培训项目培训教师50人，“道德讲堂·唱响国学”教师培训、全国著名教育专家课堂教学展示与研讨会培训、第四批州级骨干教师培养对象短期集中培训、广州对口帮扶黔南普通高中学科教师培训、2015年义务教育阶段书法教学教师培训等共培训教师349人次，参加教育局组织开展的各种县级集中培训教师共566人次，参加县级教学研讨交流活动教师共730人次。累计培训1848人次，完成培训任务450人次的410.7%。中职招生完成率为112.8%，“百校大战”完成任务的148.85%。全县“9+3”经费2013、2014年全部到位，2015年公用经费总资金3870.06万元，其中，中央资金3096.02万元、省级资金464.42万元、州级资金154.81万

瓮安职校学生食堂（2014年摄）

瓮安职校技能大赛参赛队伍

元、县级资金 154.81 万元，公用经费的拨付按小学生均 600 元、初中生均 800 元、特教生均 5000 元。

表 6-7　瓮安县教育“9+3”计划主要任务完成情况统计表

填表日期：2015 年 11 月 15 日

		2013 年	2014 年	2015 年	合　计
辍学率（%）	小学	0.04	0	0	0.01
	初中	1.52	0.8	0.58	0.97
农村留守儿童之家建设（个）		0	8	11	19
新增城镇义务教育学校（所）		0	1	1	2
城镇义务教育学校大班额（个）		163	7	360	—
寄宿制学校建设	数量（所）	4	4	9	17
	面积（平方米）	4560	3660	53430	61650
农村学生寄宿率（%）	小学	22.29	28.8	30.1	
	初中	75	75	71	—
乡镇以上中小学多种方式接入互联网	完成数（所）	46	84	102	—
	校校通比例（%）	32	66	80	—
多媒体终端建设班级	完成数（个）	188	855	291	1334
	班班通比例（%）	12.4	71	92	
县城内义务教育均衡发展		0	0	初步均衡	
“特岗计划”招聘（人）		30	40	60	130
辖区内中职学校在校生数（人）		5565	5999	5387	—
输送生源到中职学校（人）	省内	3778	3104	3247	10129
	省外	5	10	0	15
中职学校招聘教师（人）	招	5	29	6	40
	聘	41	14	49	104
“百校大战”学校建设	数量（所）	1	1	1	1
	面积（平方米）	7.7 万	1.2 万	0.4024 万	9.3024 万

第五节　职业学校简介

瓮安县中等职业学校

瓮安中等职业学校于1986年9月开办，利用教师进修学校（前身为瓮安师范学校）的校舍办学，名为贵州省瓮安县职业高级中学，首期招收财会专业教学班1个，学生52人。1989年，职中第一届毕业生42人，其中、安排到财贸、林业、电力、教育等部门工作的非农业户毕业生20人。

贵州省中等职业学校校本研训示范学校

1990年9月，学校搬迁到北门植物油厂附近，校园占地28001.4平方米，校舍及附属设施2951平方米，其中教学用房1000平方米、学生宿舍1480平方米、食堂145平方米，食用菌房、卫生室、兽医门诊、饲养房、预制场等326平方米。学校固定资产103.86万元，校园植树3000余株。是年，职中招收财会、文书、兽医专业各1个，学制均为3年。共有教学班4个，学生227人；教职工34人，其中中教一级教师4人、二级教师5人、三级教师4人、专业课教师10人（含聘请教师）。财会专业学生参加县财政局、县会计学会举办的瓮安地区会计法规知识竞赛获第一名。是年，学校德育工作经省、州验收达标，被评为全省先进单位。1991年，县政府拨款13万元，解决职中征地、修路费用和拖欠的遗留问题。是年，瓮安职中被评为省、州德育工作“先进学校”、县两个文明建设“红旗单位”。1992年学生参省、州加同类赛事获第一、第二名，经州县评估为“职业中学德育工作达标单位”，是年，获同类赛事团体总分第一名。1994年，县城建文峰大道，将瓮安职中校园割离为三个部分，其中靠三中的一块县政府把一部分划给三中，一部分划给电力公司；靠植物油厂的一块一部分划给了土管局，另一部分办职中预制场。1997年，学校经过扩建，校舍总面积达1万平方米。1999年9月，职中设立初中部招收初中教学班2个，学生114人。

瓮安职校学生宿舍（2014年摄）

2000年，学校开设财会、文秘、文秘财会、文秘兽医、兽医、师范、农学、农业经济管理、医士、幼师、家电维修、牧医、文秘微机、财会电算化、文秘驾驶、军事预备役、畜牧兽医、农学专业等18个。学校开办至2001年，学生获奖26人次，其中，国家级1次、省级2次、州级6次、县级9次、科局级8次；教职工获奖62人次，其中，国家级1人、省级1人、州级2人、县级14人、科局级53人。是年，职中高一招生35人。2002年，县委、县政府利用“资本置换”的方式，拟将职中搬迁城南文峰大道东侧，占地45335.6平方米。2003年，职中整体搬迁到城南新校区，新校区占地40002平方米，8月正式投入使用。教学大楼（内廊式建筑）有教室42间、实验（实训）室20间、办公室8间、拥有容纳370人的阶梯教室1间，学生宿舍1栋105间，可容纳住校生800~1000人，食堂300平方米。是年，职中预制场划给教育局。2004年，学校实训大楼全面投入使用，建多媒体教室3个，微机室6个、电脑338台，植物组织培养室、制冷制热实验室、家电实验室、电子电工3个实训室，建模具实训室、缝纫平车实训室、酒店管理实训室、电焊氧焊实训室、音乐琴房（5台钢琴、12台电子琴）以及理、化、生大型实验室等。是年，在城南4千米处的甘溪水开垦荒山，制作梯带，建起300亩学生实习经济果林基地，栽种科技含量较高的梨树、桃树、杏树、葡萄、杨梅等11个类型35个品种1.2万余株果树。基地修建培训楼1幢，建筑面积300平方米，一次可培训学员250人，基地内有水库1口，水域近3.5万平方米。可供农学专业的学生在基地上实习，使毕业生人人都会果树栽培、嫁接、剪枝、整形等。学校还在甘溪水农职基地上建良种猪养殖场，建筑面积2668平方米，可以进行良种猪繁育，商品猪生产，商品猪年出栏率达1500头，同时为职中畜牧专业提供良好的实习场所；学校建“植物组织培养室”，采用植物细胞培育，成功培育草莓、菊花、康乃馨、非洲菊等。

2005年，通过评估验收，职中成为“省级重点职业学校”，被贵州省扶贫办确定为“雨露计划初级技工培训机构”，被黔南州劳动和社会保障局确定为“就业培训定点机构”，被州教育局评为“教学质量先进单位”。2006年，被州教育局评为“中学继续教育示范校”。8月，职中建教师宿舍楼4650.5平方米。2007年，县政府在职中东侧征地25001平方米建设初中部，并修建教学楼1栋、学生宿舍和学生食堂1栋。是年，被州教育局评为“师德先进单位”，被团省委评为“全省五四红旗团委”。2008年8月，职中的初中部单列出去，成为瓮安县第四中学。毕业生双证率（中等职业技术学校毕业证、专业职业技能鉴定证）达95.3%以上，稳定率达74.7%。

2009年，成为“国家级重点职业学校”。2010年4月，被省人民政府确定为全省首批省级示范职业学校创建单位，6月省政府批复职中更改校名为“贵州省瓮安中等职业技术学校”（以下简称职校），7月通过国家级重点中等职业学校评估，8月艺术家潘长江免费担任瓮安职校形象大使，9月省劳动和社会保障厅批准贵州省瓮安中等职业技术学校为贵州省国家第58职业技能鉴定所（站），10月评为国家级示范职业学校创建单位。2009—2010年，连续两年获贵州省教育厅中等职校技能大赛“优秀组织奖”、被县总工会评为“先进基层工会”、被省禁毒委评为“禁毒示范学校”、被州劳动局评为“劳务输出先进单位”。

2011年3月，职中更名为“贵州省瓮安中等职业技术学校”。职校列为首批创建的“省级示范职业学校”，获得专项补助资金2715万元，县级财政足额匹配“示范学校”建设经费1200万元，在银盏工业园区高标准新建瓮安职校，新校区占地230011.5平方米，总建筑面积13万平方米，其中，一期建筑面积89129.7平方米，有教学楼、实训楼、学生公寓、体育馆和校内实训工厂等设施，预计投入资金2.5亿元以上。8月，四中搬迁到原瓮安中学校址，原四中校园划拨给瓮安职校，至此校园占地105.5亩。全校共开设5个大类19个骨干专业。完成返乡民工“雨露计划”农业产业化、岗前等培训2568人的任务。12月，建教学楼2栋、实训楼2栋、学生宿舍5栋、学生食堂2栋、教师宿舍1栋，总建筑面积达5.429万平方米，有农学基地300亩。是年，被县总工会授予“合格教职工之家”。2012年，县委、县政府按照“工业强县、农业稳县、三产活县”的战略，把瓮安职校搬进银盏工业园区。在教育部中职学生全国“文明风采”论文大赛中，职中获一等奖6人、二等奖8人、三等奖24人，并获“优秀组织奖”。是年，被评为全国中等职业学校第二批示范校创建单位。2013年9月，学校整体搬迁到瓮安经济开发区，新校区占地面积370余亩，校舍建筑面积8.3万平方米，投资总额2.5亿元，有实训设备总值约1860万元，成为全省“9+3”计划中“百校大战”建设规模最大、完成时间最早的项目。全校有教职工205人，其中专任教师177人。专任教师中理论课教师本科以上学历占100%，中、高级职称占专任教师的54%，“双师型”教师占60.5%，聘用各类专业教师41人。学校有办公综合楼、教学楼、学生宿舍、实训楼、学生食堂、教师周转房18栋；有计算机室13间共800多台电脑、计算机维修室两间、计算机网络实训室1间、平面广告制作室1间，有59间多媒体教室；有普通车床、普通铣床、数控车床、数控铣床、钻床共91台，有60多个工位的焊接实训室1间，有钳工实训室2间，PLC

编程实训室1间，汽车运用与维修实训室4间，有电工、电子实训室2间，有家电维修实训室1间，透明模拟实训室1间；有钢琴、电子琴实训室4间、舞蹈训练室2间；有模拟客房、模拟餐厅各1间。是年，被州总工会授予“先进职工之家”，在教育部举办的中职学生全国“文明风采”征文大赛中获“优秀组织奖”，通过省级验收成为“省级示范职业学校”。2014年，瓮安县有中等职业技术学校1所，职校教师186人（新招聘教师31人），中、高级职称占专任教师的54%，专业理论教师中“双师型”教师占80.5%。8月12日，由瓮安职校承建的黔南州职业教育校企云服务平台已完成项目建设任务并投入使用，属贵州省首个“云资源平台”。

瓮安职校全景（2014年摄）

2015年，学校形成“产—学—研”一体的发展格局，将示范建设工作重点转移到师资队伍建设、人才培养模式及建立灵活适用的课程体系上，实施“传帮带”“青蓝工程”教师培养规划，加快“双师型”教师队伍建设。与贵州省建设学校、浙江交通技师学院、上海医药学校等合作办学，共同参与职业教育研究。学校教师参与以贵州省建设学校牵头的“非专业能力”研究与课程教材编写工作，与中德诺浩教育投资有限公司、上海天马微电子有限公司、浙江优特轴承、东莞友智金属制品有限公司、江苏华艺服装有限公司等30多家企业签订联合办学协议，与瓮安经济开发区内的贵州金正大生态工程有限公司、深圳芭田瓮安有限公司、盛源集团、瓮安华雄磷业有限公司、瓮安东方管道有限公司等企业签订校企合作协议，开办6个“订单班”“冠名班”，学生达300余人。吸引汽车修理店、酒店管理合作投资商、汽车驾驶培训企业、机械加工企业、服装加工企业等入驻校园，形成总投资金额为5000万元的校企联合办学格局。学校开设农村经济管理、幼儿教育、酒店管理与服务、机械加工技术、焊接技术与应用、电子产品制造与装配、电气运行与控制技术、计算机平面设计、计算机网络技术、数字媒体技术应用、农业机械使用与维护、设施农业生产技术、农村电气技术、畜牧兽医、服装设计、采矿技术、现代农艺技术、机械制造技术、电子电器应用与维修、中药制药技术、妇理专业、国防预备役等专业22个。至年底，共编写以专业能力、方法能力、社会能力构成的职业能力训练为重点的校本教材19本。12月25日，瓮安职校与贵州万好教育投资（集团）有限公司签订协议书联合办学。是年，被省工会授予“模范职工之家”称号，成功创建省级中职示范校，职中成为“全国中等职业学校第二批示范校创建单位”。

表 6-8　　瓮安职校 2009—2015 年学生技能大赛获奖统计表

国家级		
年度	奖次	竞赛工种
2010	二等奖1人	工业产品设计 CAD
2011	金奖1个	才艺成果展示“水族马尾绣”
	银奖2个	才艺成果展示“苗族银器制作”、舞蹈《苗家欢》
	铜奖1个	舞蹈《锦鸡姑娘》
	优秀奖	工业产品设计 CAD
	优秀奖	车工
2012	三等奖	艺术插花
省级		
年度	奖次及人数	竞赛工种
2009	三等奖9人 优秀奖5人	动画制作、钳工、车工
	团体三等奖3个	企业网络搭建及应用、网络综合布线技术、园区互联网及网站建设
2010	一等奖2人	工业产品设计 CAD
	二等奖5人	计算机网络综合布线技术、装配钳工、车工、电子产品装配与调试
	三等奖6人	工业产品设计 CAD、数字影视后期制作、装配钳工、车工、机电一体化设备组装与调试

续表6-8

2011	一等奖 3 人	建筑设计 CAD、工业产品设计 CAD、车工
	二等奖 6 人	建筑设计 CAD、工业产品设计 CAD、电子产品装配、电子商务、数字影视后期制作
	三等奖 11 人	建筑设计 CAD、工业产品设计 CAD、数控车工、车工、焊工、电子商务、数字影视后期制作、企业网络搭建及应用
2012	一等奖 8 人	艺术插花、电子产品装配与调试、电子商务、计算机辅助设计（建筑CAD)、数控车工、种子质量检测
	二等奖 8 人	企业网搭建与应用、计算机辅助设计（工业产品 CAD、计算机硬件检测维修、汽车运用与维修基本技能、车工
	三等奖 28 人	网络综合布线、计算机辅助设计（建筑 CAD)、数字影音后期制作、机电一体化设备组装与调试、车身修复（钣金)、汽车空调维修、数控车工、数控铣工、焊工、车工、英语口语、种子质量检测
2013	一等奖 1 人	数控铣
	二等奖 9 人	绿篱修剪、数控车、钳工、焊工、工业产品设计 CAD、综合布线、电子商务、网络搭建
	三等奖 13 人	模具制造技术、网络搭建、影视后期制作、组装与维护、车身修复、艺术插花、种子质量检测、英语口语
2014	二等奖 11 人	数控车加工、车工技术、电子产品装配与调试、艺术插花、种子质量检测、服装工艺 网络布线、动漫
	三等奖 14 人	数控铣加工技术、数控综合加工、车工技术、装配钳工、户式中央空调安装与调试、 汽车二级维护、服装设计与制作、服装工艺
2015	一等奖 5 人	车工、动画片制作、植物园林修剪、机电一体化设备安装与调试
	二等奖 5 人	钳工、动画片制作、车身涂装、服装工艺、种子质量检测
	三等奖 10 人	制冷与空调设备安装与调试、电气安装与维修、数控车、种子质量检测、艺术插花、汽车故障诊断与排除

续表6-8

州级		
年度	奖次及人数	竞赛工种
2009	一等奖 2 人	计算机操作、电子装配与调试
	三等奖 1 人	计算机操作
	鼓励奖 2 人	数控车床
2010	一等奖 2 人	计算机操作、电子装配与调试
	三等奖 3 人	九三级操作
2011	一等奖 5 人	电子产品装配与调试、数控铣工、数控车工、车工、焊工
	二等奖 6 人	计算机操作员、电子产品装配与调试、数控铣工、数控车工、车工、焊工
	三等奖 8 人	中式铺床、计算机操作员、电子产品装配与调试、钳工、数控车工、车工、焊
2012	一等奖 1 人	车工
	二等奖 5 人	中式铺床、计算机辅助设计（建筑 CAD）、文节汇演
	三等奖 7 人	中式铺床、计算机辅助设计（建筑 CAD）、企业网搭建
	优秀奖 2 人	数字影音后期制作
2013	一等奖 11 人	英语口语、焊工、车工、网络搭建、综合布线、影视后期制作、Flash 动画制作、计算机辅助设计（CAD）、绿篱修剪、机电一体化设备组装与调试
	二等奖 12 人	网络搭建、综合布线、影视后期制作、组装与维护、Flash 动画制作、数控车工、计算机辅助设计（CAD）、绿篱修剪、艺术插花、机电一体化设备组装与调试、制冷与空调设备组装与调试
	三等奖 2 人	数控车工、装配钳工

续表6-8

2014	一等奖 23 人	车工技术、机械装配、数控车加工、数控铣加工、数控综合技术、装配钳工、户式中央空调安装与调试、电子产品装配与调试、汽车二级维护及四轮定位、艺术插花、园林植物修剪、服装工艺、网络布线、网络搭建及应用、动漫
	二等奖 13 人	数控车加工、数控铣加工、电机装配与运行检测、客房中式铺床、园林植物修剪、玩教具设计与制作、服装设计、计算机硬件检测与维修、动漫
	三等奖 10 人	车工技术、装配钳工、汽车维修基本技能、汽车空调维修、中餐宴会摆台、种子质量检测、玩教具设计制作、服装设计、服装工艺、建筑 CAD
2015	一等奖 11 人	数控铣、车工、钳工、单片机控制安装与调试、汽车营销、植物园林修剪、服装工艺、工业产品 CAD、动画片制作、影视后期制作技术
	二等奖 24 人	数控铣、数控车、钳工、焊工、电气安装与维修、制冷与空调组装与调试、通用电机设备安装与维护、车身修复、车身涂装、定期维护与车轮定位、中餐宴会摆台、客房服务、导游、园林植物修剪
	三等奖 19 人	数控车工、车工、机电一体化设备组装与调试、工业产品 CAD、数字影音后期制作技术、艺术插花、茶叶制作、职业英语技能、车身涂装（涂漆）、汽车营销、玩教具设计与制作、中餐宴会摆台、导游（普通话）、服装设计、服装工艺、建筑 CAD、计算机网络应用

表 6-9　瓮安职校学生统计表

单位：人

年度	学生数	年度	学生数		年度	学生数	
	职中		职中	初中		职中	初中
1986	52	1996	825		2006	2009	1514
1987	45	1997	641		2007	2660	1248
1988	42	1998	228		2008	3115	

续表6-9

年度	学生数	年度	学生数		年度	学生数	
	职中		职中	初中		职中	初中
1989	77	1999	125	114	2009	3275	
1990	227	2000	29	226	2010	4082	
1991	356	2001	350	338	2011	4093	
1992	363	2002	583	560	2012	5024	
1993	287	2003	659	1121	2013	5108	
1994	487	2004	945	1709	2014	5184	
1995	669	2005	1277	1691	2015	5196	

表6-10　瓮安职校校长、副校长、党支部书记一览表

职　务	姓　名	性　别	任职时间	籍　贯
校长、党支部书记	杨文明	男	1986—2001	贵州瓮安
校长、党支部书记	陈清涛	男	2001—	贵州瓮安
副校长	唐怀荣	男	1993—2006	贵州瓮安
副校长	曹洪学	男	1993—1999	贵州瓮安
副校长	吴定龙	男	2007—2010	贵州瓮安
副校长	谢建明	男	2008—2012	湖南邵阳
副校长	陈　松	男	2010. 10—2014. 8	贵州瓮安
副校长	徐　燕	女	2012—2014	贵州瓮安
副校长	刘龙坤	男	2013. 4—	贵州瓮安
副校长	郭小兵	男	2014—	贵州瓮安

表 6-11　瓮安职校股级、副股级干部一览表

职　务	姓　名	性　别	任职时间	籍　贯
教导主任	唐怀荣	男	1990—1993	贵州瓮安
教导主任	曾国祥	男	1993—1998	湖南平江
政教主任	曾国祥	男	1999—2007	湖南平江
教导主任	雷兆明	男	1999—2006	贵州瓮安
教导主任	谢建明	男	2006—2007	贵州瓮安
办公室主任	闵明礼	男	1999—2014	贵州瓮安
政教主任	吴定龙	男	2004—2006	贵州瓮安
校长助理	吴定龙	男	2005—2006	贵州瓮安
团委书记	王远军	男	1997—2003	贵州瓮安
后勤主任	王远军	男	2004—	贵州瓮安
团委书记	田　川	男	1992—1996	贵州瓮安
团委书记	王小海	男	2004—2008	贵州瓮安
团委书记	罗　斌	男	2009—	贵州瓮安
招就办主任	郭小兵	男	2007—2008	贵州瓮安
教导主任	郭小兵	男	2008—2013	贵州瓮安
政教主任	方能恩	男	2008—2010	贵州瓮安
教导处副主任	田维东	男	2008—	贵州瓮安
招就办主任	姚茂周	男	2009—	贵州瓮安
教导主任	张应洪	男	2014 —	贵州瓮安
政教处主任	张应洪	男	2010—2014	贵州瓮安

瓮安鸿翔中等职业技术学校

瓮安鸿翔职业技术学校为民办学校，学校位于瓮安县北门，隶属于雍阳办事处文峰社区。学校始建于2002年，建校之初，计算机培训中心主要针对全县各单位及计算机从业人员和社会待业青年进行计算机办公自动化技能培训。2005年秋季至2006年与都匀乔城电脑学校联合办学招收中专班学生2届。

鸿翔职校安全教育（2015年摄）

鸿翔职校安全教育（2015年摄）

2007年5月，计算机培训中心经黔南州教育局批准更名为瓮安鸿翔中等职业技术学校（以下简称鸿翔职校）。9月，开始自主招生，招收中职生51人。2008年秋季招收中职生90人，2009年秋季招收中职生49人，2010年，秋季招收中职生96人。2011年7月，学校以出让方式取得科教用地9000平方米，总投资约4206万元，建设教学楼、学生宿舍6538平方米、实训楼9800平方米，可容纳1500人学生就读。是年，秋季招收中职生44人，中职毕业生就业率达95%以上。至年底，共培养计算机专业技术人才1万余人，其中，下岗失业人员1100人，计算机职称考试1860人，公务员办公自动化技能培训3935人，社会从业人员3950余人次，农民工技能培训5892人次。

2012—2014年，原租用教室拆迁，学校暂停招生，筹建新校区。2014年12月，新校区建设完成并投入使用。

2015年3月，正式搬迁到新校区，招生71人。5月，学校与瓮安贵真学校达成联合办学协议。6月29日，贵真学校迁入鸿翔学校，两校共有在校生310人。秋季两校联合招收初中、高中、中职学生。

表 6-12　　2007—2015 年鸿翔职校学生情况统计表

年　度	学生数（人）	专业	备注
2007	51	农学	
2008	141	农学、电子电工	
2009	274	农学、电子电工、计算机、经管	
2010	188	农学、计算机、电子电工、经管、酒店管理	
2011	1719	农学、计算机、电子电工、经管、畜牧、酒店管理	
2012	651	畜牧、电子电工、计算机应用、市场营销、旅游与酒店管理	新建校舍未招生
2013		幼师、机电一体化、模具、数控、旅游与酒店管理、市场营销、计算机应用、电子电工	新建校舍未招生
2014		市场营销、计算机应用、机电一体化、电子电工、模具、数控、幼师、酒店管理	新建校舍未招生
2015	1220	农村经济管理、护理、幼师、酒店管理、机械加工、电子产品、焊接技术、电气运行等 20 多个专业	

表 6-13　鸿翔职校校长、副校长一览表

职　务	姓　名	性　别	任职时间	籍　贯
校长	王祖明	男	2002. 5—2007. 5	贵州瓮安
副校长	付　强	男	2002. 5—2007. 5	贵州瓮安
校长	韩真义	男	2007. 7—2007. 12	贵州瓮安
副校长	李庆峰	男	2007. 7—2009. 9	贵州瓮安
校长	温光平	女	2008. 1—	贵州瓮安
副校长	向仲松	男	2015. 8—	贵州瓮安
副校长	望作英	女	2015. 8—	贵州瓮安

第七章

特殊教育与师范教育

TESHU JIAOYU YU SHIFAN JIAOYU

第七章　特殊教育与师范教育

TESHU JIAOYU YU SHIFAN JIAOYU

清光绪三十四年（1908），在县城高等小学堂附设二年制师范讲习班，招高小毕业生，招收余庆、黄平等地学生。民国 30 年（1941），瓮安初等中学附设简师班。1951 年，在县城开办简师班。1959 年，单独设立瓮安师范。1986 年，瓮安师范被撤销。2012 年，办学条件、师资配备、设施设备、教育经费投入、办学规模等条件成熟，瓮安兴办特殊教育学校。教育身体有残疾的适龄儿童学习知识文化，掌握基本的生存技能。

第一节　特殊教育

1953 年 8 月 19 日，教育行政会议作出决定，盲哑学生可动员出校，专设盲哑学校解决盲哑学生学习问题。患有传染病的学生，可动员暂时停学，病好后再复学。

1997 年 3 月 26 日，教育局《关于对全县 6~15 周岁视力、听力、智力残疾儿童少年进行摸底调查的通知》，4 月 10 日前，以乡镇为单位对 6~15 周岁的视力、听力、智力残疾儿童少年进行摸底调查，教育局进行测查确认，并按智力的残疾程度分出轻度、中度、重度。1998 年 9 月 14 日，执行教育局《关于切实做好 1998 年秋季开学残疾儿童少年入学的通知》，进行一年一度的三类残疾儿童的测查，对新开班（点）等各种数据统计于 9 月底前报教育局教育股。实行对三类残疾儿童发放入学通知书制度，残疾儿童入学不受开学时间限制，随到随学，各校不得拒绝接收。有针对性地选派热心于特殊教育、教学业务强的教师参加省、州举办的有关特教师资培训，利用特教师资为本地的特教工作服务。各乡镇（站）在基础教育经费中拨出一定的专款用于三类残疾儿童的教育。

2003年6月12日，教育局发《关于做好特殊教育自查工作的通知》，各校做好特殊教育数据统计，做好档案资料的建档、归档管理工作，各校将各级政府对特殊教育投入情况、特殊教育补助情况、特殊教育津贴落实发放情况及金额情况列出清单。检查各级教育行政部门是否有领导分管特殊教育工作，是否设有专职或兼职特殊教育教研员，是否有发展特殊教育的“十五”计划和年度计划，是否将残疾儿童少年教育纳入义务教育体系，三类残疾学生学前教育、义务教育、高中阶段教育和高等职业教育协调发展情况，随班就读情况，各级政府经费投入情况，资助残疾儿童少年接受义务教育和其免费接受义务教育开展情况，特教师资队伍建设情况。12月6日，县教育局印发《瓮安县残疾儿童义务教育“十五”计划及工作方案》的通知，要求各乡镇制定残疾儿童少年义务教育发展规划。全县有残疾儿童随班就读点36个，学生148人。其中，小学133人，初中15人，送到贵定特殊教育学校就读28人。2004年，通过对残疾儿童调查摸底，对全县48人进行测试，动员新生入学14人，随班就读生151人。

特殊教育学校上舞蹈课（2013年摄）

2011年3月17日，县政府回复《关于将雍阳镇茅坡小学更名为瓮安县特殊教育学校的批复》，瓮安县特殊教育学校修建在原茅坡小学。2012年9月，瓮安县特殊教育学校成立，是一所专门招收瓮安县特殊儿童和青少年的九年一贯制寄宿制学校。学校位于瓮安县瓮水街道办事处茅坡村旗山组（瓮马高速瓮安第一出口右转弯前约1千米处），占地面积8368.4平方米，建筑面积3086平方米，有校外种植实践基地100平方米。学校教学区有多媒体教室、情景教室、个训室、感统训练室等专用教室12个，生活区有食堂、宿舍楼、浴室，能够为特殊需要儿童少年提供学习、生活、技能培训和康复的良好环境。学校开设的课程有数学（生活数学）、语文（生活语文）、常识（生活适应）、畅游与律动、绘画与手工、家政、生理健康、劳动技能、语训、手语、班队，共计11门课程。学校招收有智力障碍、听力障碍、视力障碍、孤独症、学习障碍、脑瘫学生49人，设教学班6个。有校长、副校长各1人，专任教师21人，其中特殊教育专业毕业22人。10月27日，州教育局分配瓮安特殊教育免费教科书50人。

2013年，学校招收学生49人，有专任教师18人，其中特殊教育专业毕16人、大专学

特殊学校校景（2014年摄）

历10人、本科学历8人。学校培养学生生活自理能力，教会学生保持自身的卫生、整理内务、洗衣物、缝衣物、种植等基本生活技能，培养学生兴趣爱好，结合教师的专业特长和学生的兴趣特点，学校开展舞蹈、体育、绘画与手工等兴趣小组活动，形成文、体、艺特色课程，对学生的缺陷补偿教育起到很大的作用，引领学生走向康复的教育功能。4月12日，瓮安县爱心企业、文联为学校举办“文企联动·关爱教育”捐赠活动。7月，学校参加县“解放思想·追求跨越”主题征文获组织奖。9月3日，贵州省肢体康复中心为瓮安县特殊教育学校耳聋生免费配助听器。9月18日，瓮安县悦众中介公司、瓮安县垛丁山泉饮用水公司到学校分别捐赠健身器材和3年师生饮用水。10月23日，县四大班子领导到特殊教育学校调研，了解学校的困难，并提出解决办法。10月25日，县财政划拨10万元解决学校办公经费不足问题。11月起，学校学生不需再交生活费，由县财政下拨给学生的低保费作为生活费。县残联、县教育局、团县委等相关部门牵头社会各界爱心人士到学校捐物捐资，解决学生在校生活的一切费用问题。

2014年，特殊教育学校招收学生共计55人。选派教师10人分批赴广州、北京、重庆、贵阳、六盘水等地学习先进的特殊教育知识、理念，参观特殊教育学校的办学管理模式。学校实施个别化教学模式，以个训、小班、大班相互交叉融合的方式对每个学生实施个别化教学。7月7日，州教育局发《关于分配2013—2014学年特殊教育中央免费教科书计划的通知》，按每生每学期45元标准（小学、初中标准相同）订购特殊学生教学用书，全州特殊教育免费教科书共488人，其中瓮安特校54人。10月，教师宿舍建成。10月29日，广州市花都区民政局为瓮安县特殊教育学校捐赠价值为107700元的教学设施设备。11月，在黔南州特殊教育学校优质课评比中教师2人获三等奖。27日，学校监控设施安装完成，并投入使用。12月17日，省财政厅、省教育厅联合下发《关于提前下达2015年特殊教育中央专项补助资金的通知》，提前下达瓮安县特殊教育学校设备配备、特教资源教室、送教上门工作实验等补助款共50万元，增列2015年“2050701特殊学校教育”。是月底，国家配送学校80万教学设备，有40万元设备送到学校。

2015年，学校的培智生占学校总学生人数的70%以上，通过劳动技能课、实践基地培训、参加社会活动文艺演出、校外购物等形式开展培养学生社会适应的技能。1月22日，州财政局、州教育局发《关于下达农村义务教育阶段家庭经济困难寄宿生生活补助中央和省级专项资金预算的通知》，特殊教育中央专项补助资金50万元。4月24日，省教育厅、省发展改革委发《关于下达特殊教育学校建设项目教学康复训练设备采购结余资金的通知》，将2010—2011年特殊教育学校建设项目教学康复训练设备采购结余款下达到学校，各县在采购目录内按照“缺什么补什么”的原则自行购置设备，瓮安县特殊学校可用款项11.6万元。通过县残联和县教育局协调，政府配备80万元康复设备于6月全部送到学校，并投入使用。县残联与相关部门协调，学校多次得到学生康复辅助器具的赠送，并多次派教师到培训基地参加康复辅助器具的使用和训练。6月，教师1人、学生1人被共青团黔南州委、黔南州教育局、黔南州少工委表彰为“优秀少先队辅导员”“优秀少先队员”。9月，教师1人被县政府表彰为“优秀教育工作者”、教师2人被表彰为“教学能手”。9月初至12月底，正式启动送教上门服务活动，全体教师下乡排查适龄重度儿童少年，并建立其档案，送教上门康复教师到学生家开展送教上门服务。是年，国家政府给特殊教育学校配送的80万元教学康复设备全部送达学校，完善多媒体教室、感统训练室、律动室、手工室、图书室、益智室和康复室的教学康复设备，并投入使用。视力、听力、智力三类残疾适龄儿童少年入学率达90.78%。

表7-1 瓮安县特殊教育学校基本情况一览表

年份	班级（个）	招生数（人）	在校学生数					教职工数		学校占地面积（平方米）	校舍建筑面积（平方米）
			合计	其中				合计（人）	专任教师（人）		
				视力障碍（人）	听力障碍（人）	智力障碍（人）	其他障碍（人）				
2012	6	49	49	2	7	36	4	23	21	8368.4	3086
2013	6	49	49	2	9	33	5	24	22	8368.4	3086
2014	6	55	55	3	11	34	7	18	16	8368.4	3086
2015	6	87	114	62	11	3	38	20	18	8368.4	3086

表7-2 瓮安县特殊教育学校校长、副校长一览表

姓名	性别	籍贯	任职时间	职务
杨光菊	女	贵州瓮安	2012.9—	校长
陈俊萍	女	福建永定	2012.9—	副校长

第二节 师范教育与教师进修

一、师范教育

清光绪三十四年（1908），在县城高等小学堂附设二年制师范讲习班，高小毕业生可直接进师范班学习，曾招收余庆、黄平等地学生。开设教育、教授、管理、心理、论理、国文、修身、地理、历史、算学、博物、理化、音乐、图画、体操等课程16门。民国30年（1941），瓮安初等中学附设简师班，首批招生29人。民国32年（1943），平越、瓮安、炉山、麻江4县共出资8万元（平越出资6万元、其余3县共出资2万元）联合在平越办简易师范1所，学制为3年，开设公民、国文、历史、地理、算学、物理、化学、体育、卫生、军训、制作、美术、音乐、论理学、教育概论、教育心理、教育测验及统计、小学教材及教学法、小学行政19门课程。一年后简易师范停办。民国34年（1945），简师班改为县立师范学校，由中学代办，招生30人，半年后停办。

1951—1954年，县教育部门在县城开办简师班，共培训小学教师200多人。1951年，短师培训班毕业学生29人。3月4日，执行贵阳区专员公署《中等学校教师训练班暂行办法》，14日保送进入师训班学习人员到专员公署审核，15日送省文教厅分发入班学习，学习时期定为5个月，学习期满成绩及格者由文教厅分派工作，如不适宜于文教工作者，可帮助转业或回家生产。瓮安县保送瓮安中学在职人员2人入班学习。1953年8月12日，执行省教育厅通知，全省各简师班、速师班、短训班修业期满后暂不发给证明，详细办法另行通知。教育厅正式通知结束以前一律继续维持，学员不得离开原校。10月6日，瓮安县成立整理委员会对简师班、速师班、短训班进行整理。通过了解学员思想情况、学习《正确贯彻教育为国家建设服务》与《贵州省第七届教育行政会议确定下半年中小学工作任务》文件，对学员的“出路”进行合理处理。通过整理，全班52人中转业12人（占总人数23.1%）、就业者19人（占总数36.5%）、升学者21人（占总数40.4%）。

1956年5月，执行教育部《关于初级师范毕业服务期满的小学教师升学问题的函》，初级师范毕业服务教育工作3年期满的小学教师自愿升学的应准升学（最好报考师范学校），由于各地小学师资缺额大，教育行政部门对小学教师提高补充应有全盘规划，每年有计划安排教师（包括非初师毕业而具有初中毕业程度的教师）升学深造，多数教师应通过在职函授或进入业余进修学校的办法来加以提高，师范学校不设调干助学金。6月20日，执行教育部《关于检查小学师资短训班学员体格状况》的文件，各地招收小学师资短训班学员不能忽视体格检查，如口吃、肺结核、半身麻痹等，身体不健康、生理缺陷或有严重传染病的人不能做小学教育工作，招聘录用教师时进行健康检查，必须符合中等师范学校招收新生时所规定的健康条件。1958年，安顺专区给瓮安师范下达招生任务为50人，瓮安中学附设师范有教学班4个，学生199人。9月，在瓮安开办公办初级师范三年制2个班，有学生102人，其中女32人、少数民族9人，有教师3人，工勤人员1人，其余教师由瓮安中学教师兼任；草塘中学招收速师班1个，学生50人，毕业后分配到小学任教；福泉开办公办初级师范班1个，学生48人，其中女10人、少数民族学生16人；福泉开办公办短师班1个，学生49人，其中女生14人、少数民族学生13人，初师班和短师班的教师全部由福泉中学教师兼任。

瓮安师范82级毕业生（1985年摄）

1959年7月19日，县人委会批复文教局《关于班级调整及校教具分配等问题的请示报告》，同意按报告要求进行调整，从一中分出初师班2个，新招4个班，共有教学班6个，学生296人，教职员工13人。24日，县人委会出台《关于新成立第四中学及单独设立师范的通知》，决定将原一中附设师范班分开单独设立，名为贵州省瓮安师范学校。8月1日，师范学校成立，9月1日，正式开学，校址是原县西门铁厂，将铁厂车间厂房及几间草房改建为教室6间，借用民房仓库做寝室，边上课边建设。12月，学校勤俭建校，运砖5.8万块，担石灰8万斤，做小工500多个，补修大寝室1间，自修简便厕所1间。开辟荒地6亩，种蔬菜15亩，供应膳团菜3万多斤，并组织学生参加1周时间的社会秋收工作。学校成立卫生室1个，请卫生员1人，除给学生看病外，还负责整理学校环境卫生。学校投入1000元，一次性添置图书1209册，包括教学参考书、学生读物、社会科学、文学艺术等改类。

1960年2月8日，州教育局下发《关于到省教师短期训练班学习的通知》，瓮安县分配名额8人。10日，瓮安推荐教师10人去参加省短期训练班学习。9月，瓮安有师范1所，教学班10个，学生430人，教职员工29人，其中，幼儿师范班2个，学生83人。1963年，瓮安函授师范教育由教研室兼管。1973年3月21日，县革命委员会、县教育局发《关于瓮安师范学校学生实习问题的通知》，毕业生在毕业前必须经过实习阶段的活动，在学校党支部、革委会领导下，由实习班级的任课教师、班主任、红卫兵、红小兵辅导员负责担任实习指导，由师范学校的教师组织巡回检查组检查学生实习情况。实习生必须见习听课、熟悉情况、分析教材、研究教法、实习上课、总结实习效果，实习时间为4月1—30日，中速一班到各中学实习初中各年级数、理、化等科，中速二班到各小学实习小学各年级语、算等科。实习生共有82人，分到瓮安中学20人、草塘中学14人、雍阳小学6人、草塘区6人、玉山区6人、永和区6人、中坪区6人、天文区6人、珠藏区6人、城关小学6人。12月26日，县委组织部下发《关于对瓮安师范学校建立党支部委员会的批复》，中共瓮安县师范学校支部委员会由5人组成，设副书记1人。1978年，瓮安师范为两年制，开设政治、语文等课程16门。

表7-3　　1978年瓮安师范教学计划情况表

单位：周课时

目　科	一年级		二年级		合　计
	上学期	下学期	上学期	下学期	
政治	2	2	2	2	130
语文	7	7	7	6	442
小学语文教材与教法			1	2	43
数学	5	5	5	5	325
小学数学教材与教法			2	2	60
物理	3	3			105
化学			2	2	60
历史	3	3			105
地理			2	2	60
生理卫生	1	1			35
生物			2	2	60
教育学	3	3			105
音乐	2	2	2	2	130
美术	2	2	2	2	130
体育	2	2	2	2	130
教育实习				5周	210
累计	30	30	29	29	2130

1980年，增设教师进修班，专门培训小学在职教师。1983年5月2日，州教育局关于黔南民族师范专科学校83级毕业生到县实习的通知，按毕业生去向下县实习，全县各科学生24人定向在县实习，原则上在县城中学进行。1985年7月6日，州教育局发《关于1985年我州举办在职小学教师进修班的意见》，决定举办在职小学教师进修班，学制两年，经过培养学习达到中师毕业水平，毕业考试合格者，发给中师毕业证书，承认其学历。招收在职的公办小学教师，年龄在35岁以下，有三年以上教龄，身体健康，瓮安县招50名。1986年7月，最后一批学生毕业，瓮安师范被撤销，改为瓮安县教师进修学校。1987年11月16日，教师进修学校、瓮安县中师函授指导站、贵州电视大学瓮安电大班统一由瓮安县小学教师培训指导站管理，业务、教职工统一由指导站综合安排。指导站办公地点设在教师进修学校内，所需经费纳入县教育经费预算。1988年，撤销小学教师培训指导站。

表7-4 瓮安师范校长、副校长一览表

学校名称	职　务	姓　名	性　别	任职时间	籍　贯
初级师范	文教局副局长兼校长	王树勋	男	1958.9—1959.7	贵州息峰
贵州省瓮安师范学校	文教局副局长兼校长	王树勋	男	1959.7—	贵州息峰
	副校长	夏坤仲	男	1960.2—	贵州瓮安
	副校长	包孔泽	男	1973.5—1978.8	贵州瓮安
	副校长	宋泽源	男	1978.8—1984.9	贵州瓮安
	副校长	徐顺成	男	1984.9—1986.7	贵州瓮安
	党支部书记	雷忠香	男	1985.6—1986.7	贵州瓮安
教师进修学校	校长	吕庆松	男	1986.8—1987.10	上海
	副校长	徐顺成	男	1986.8—1987.10	贵州瓮安
小学教师培训指导站	站长	何崇海	男	1987.11—1988.7	贵州瓮安
	副站长	徐顺成	男	1987.11—1988.7	贵州瓮安

二、广播电视大学教育

1982年9月，贵州广播电视大学黔南分校瓮安工作站（教学点）正式开班，由教育局承办，毕业文凭为大专，共举办4期。第1期属半脱产性质，中文专业，学制3年，有学员18人，其中，有14人通过论文答辩和统一考试后获得毕业。1984年，开班第2期，为全脱产性质，党政干部行政管理专业，学制 2 年，参加学习的党政干部 22 人，经考试毕业 20 人。1985 年 9 月，开班第 3 期，全脱产性质，中文师范专业，学制 2 年，有学员 41 人，经考试毕业 37 人。1988 年 9 月至 1990 年 7 月，举办第 4 期，全脱产性质，学制 2 年，中文师范专业，学员 17 人，经考试全部毕业。1990 年 8 月，工作站（教学点）被撤销。

三、中师函授

1985 年，贵州中师函授站瓮安分站成立，办公室设在县教育局，由县教育局负责业务及管理工作。1987 年 11 月，瓮安县中师函授指导站由小学教师培训指导站管理。1991 年，全县不具备合格学历的公民办教师 402 人全部参加中函校入学考试，录取 323 人，在职参加中函学习人数达 483 人。

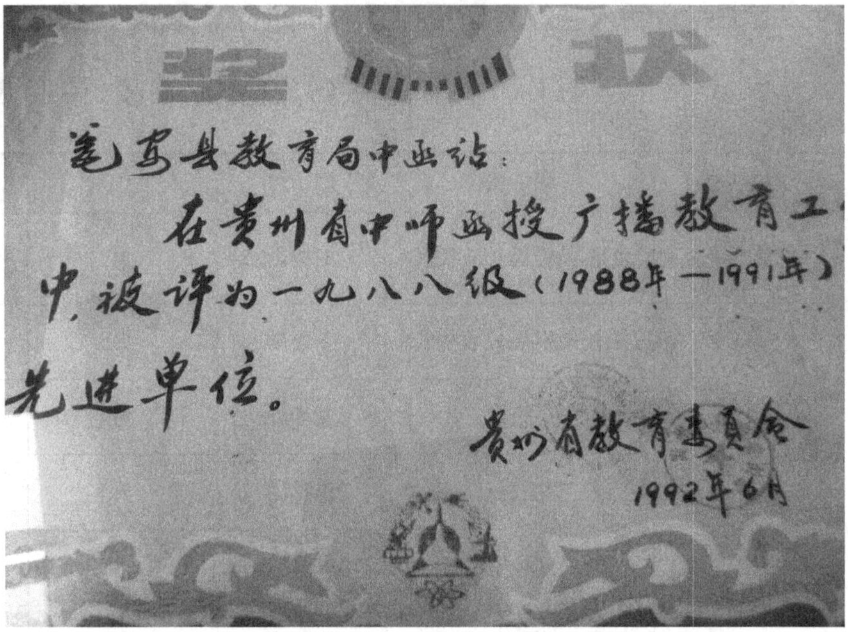

1992 年瓮安中函站获省教委表彰

1992 年，中函站毕业 99 人。2 月 19 日，县政府《对县教育局〈关于撤销瓮安县教师进修学校建制的请示〉的批复》，同意撤销瓮安县教师进修学校建制，将有关人员合并到县职业中学，以后教师的短期培训任务，以县职中为基地，由县教育局组织培训。29 日，教育局出台《关于贯彻省中函校 1989 级第三学年、1991 级第一学年下学期教学工作安排意见》的意见，定于下学期于 3 月 9 日开学，开设《文选与写作》（第二册）《语基》（下）《教育学》《地理》四门学科。89 级和 91 级学员同步学习，使用相同教材和辅导材料。省广播电台从 3 月 9 日起正式播讲新课，播讲时间为每周一、三、五下午 17：15—17：45，周二、四、日晚上 21：00—21：30。面授辅导点设在县城和原区所在地的镇教育辅导站，全县共 7 个。新课面授从 3 月 14 日起到 7 月 15 日止，共 18 周，每周集中学员一天或两个半天 8 个课时，每学科 2 课时。报名时间为 3 月 5—31 日。10 月 9 日，教育局出台《瓮安县中函教育管理工作暂行条例》，规定县中函工作站职责、乡镇教育辅导站职责、辅导教师职责、中函学员守则和奖励办法。1993 年，执行教育局《关于贯彻〈省中函校 1992—1993 学年度第二学期教学工作安排意见〉的意见》，新学期定于 3 月 8 日开学，开设文选（四）、代函（下）、自然（上）3 门课程，省广播电台从 3 月 8 日起向全省学员播讲，每周一、三、五下午 17：15—17：45，周二、四日晚上 21：00—21：30。在全县设面授辅导点 6 个，91 级、92 级中函学员 260 人，完成 89 级一次性中函学员的补考工作，取得中函毕业证书 107 人。4 月 7 日，教育局出台

《瓮安县中函先进集体和个人评选条件和办法》，决定评选先进中函学员（评选名额为全体学员的5%）、先进辅导教师6人（各面授点辅导成绩最好的）、先进班主任（评选比例按班级的三分之一）、先进教育辅导站2个。

1994年1月3日，执行教育局《关于贯彻省教委黔教师通〔1993〕504号文件的意见》，各教育辅导站明确1人兼管中函教育工作，并成立中函工作领导小组，对中函教育工作实行目标管理。2月27日，执行教育局《关于贯彻省中函校1993—1994学年度下学期教学工作安排意见的意见》，新学期定于3月7日开学，开设几何、小学数学教材教法、自然共3门学科，省广播电台从3月7日起向全省学员开播，于7月3日结束。3月3日，教育局发《关于认真做好1994年中函最后一次招生工作的通知》，凡是1986年底前教龄不足20年、年龄35周岁以下的公民办小学在职教师未达中师毕业学历的均应报考，代课教师一律参加报考。凡经省成人中专招生考试录取获得中函学籍，修业期满，但有不及格学科未能毕业的88、89级学员，经本人申请，教育辅导站签署意见，于3月10日前报县中函站，由县中函站报省中函校审定，重新注册，组织他们继续跟1994级学员修完未及格课程，参加相应学科补考，补考学科全部及格后，由省中函校发给经省教委验印的中师毕业证书。4月6日，教育局《关于做好1994年中函招生考试和复习工作的通知》，定于4月19日召开中函招生各科复习指导会，考点设在城关二小，共设考场17个，有考生545人。7月，与黔南师专联合办卫电班卫星电视培训，由贵州教育学院主考、贵州省高等教育自学考试委员会发毕业证书，利用假期面授辅导，有学员180余人。8月10日，教育局《关于1994级中函教育管理、面授辅导和经费等问题的通知》，录取94级中函学员540名（免试录取52人），对学员一律实行合同管理，学员必须与辅导站、中心小学签订《中函教育管理合同书》。中函面授点设在原区所在地的镇教育辅导站，共点教学7个，教学班8个，第一学期面授辅导总课时200节，寒暑假集中面授，平时学员自学。

1995年3月，中函学员报名注册481人，加上89级转到94级补学不及格学科14人，高中学历随94级补学教育学、心理学46人，共有541人。8日，县教育局《关于通报表彰1994—1995学年度第一学期中函先进集体和先进个人的通知》，表彰县中函站、玉山片区中函面授点2个，表彰先进中函辅导站2个（鱼河乡教育辅导站、龙塘乡教育辅导站），表彰先进中函辅导教师8人，中函先进学员16人。4月，县教育局发《关于严格控制放农忙假时间的通知》，每学期的农忙假时间必须控制在2周以内，也可以不放或少放，不得任意延长农忙假时间。县中函站印制《贵州省中等师范函授广播学校监考守则》《贵州省中等师范函授广播学校考场规则》发给学员，遵守考试纪律。11月1日，教育局《关于通报表彰1994—1995学年度第二学期中函先进集体和先进个人的通知》，表彰先进中函面授辅导点3个，中坪镇面授点、县中函站面授点、珠藏片区面授点，表彰先进中函面授教育辅导站3个，牛场坝乡教育辅导站、龙塘乡教育辅导站、老坟嘴乡教育辅导站，表彰先进中函辅导教师8人，先进中函学员15。

1996年5月10日，教育局发《关于表彰1995—1996学年度第一学期中函先进集体和先进个人的通知》，表彰老坟嘴乡、铜锣乡、县中函站、珠藏镇先进中函面授辅导点4个，表彰先进中函辅导教师12人，先进中函管理工作者6人，先进中函学员18人。1997年1月4日，教育局出台《关于94、95、96级中函学员96—97学年度第一学期正考、补考考务工作安排意见》，对考点设置、考试时间、考务组织等做出安排，考试时间共4天。考场实行单人、单行、单桌编排，各考场设主、监考各1人。4月15日，教育局发《关于表彰1996—1997年度第一学期中函先进集体和先进个人的通知》，决定表彰天文、玉山、县中函站、老坟嘴先进面授点4个，表彰中坪、鱼河、平定营、雍阳先进辅导站4个，表彰先进管理工作者9人，先进辅导教师9人，先进学员17人。9月19日，教育局做出《关于97—98学年度第一学期中函教学工作安排意见》，县中函站定于9月20日开学，不再集中面授，面授点10个（不含县中函站面授点）停办，95级开设文选与写作（一）、语基（上）、心理学、历史4科，96级开设文选与写作（三）、小学语文教材教法、代数与初等函数3科。指导教师冷启中撰写的《我是这样面授数学教材教法》，编入《学可为师行可为范》刊物在全国发行。1999年，96级学员毕业，瓮安中函站停办。

第八章

成人教育

CHENGREN JIAOYU

第八章　成人教育

CHENGREN JIAOYU

民国时期进行社会教育或民众教育，对失学民众的文化进行补习。新中国成立后，通过冬季农闲时间或办夜校等方式对文盲半文盲进行文化知识培训和思想政治教育，并采用业余教育等方式对成人进行多种形式的技能培训。

第一节　民众教育

民国时期的成人教育称社会教育或民众教育，主要是失学民众的文化补习教育，由通俗讲演所、民众学校、民众教育馆、短期小学、联保民众学校、中心学校和国民学校民教部等进行施教。凡年龄在13~30岁的失学民众应入校受补习教育，先由联保主任或保甲长采取劝导入学，不听劝者，处以罚金2角，并限期入学。中心学校和国民学校民教部招收15~35岁的失学民众，并招收乡（镇）已受初级补习教育的民众入学进行高级补习教育，招生时尽量利用宣传劝学方式，必要时强迫入学。失学民众补习班的课程主要是识字，包括公民及常识，每期为2个月，每天上课2小时。中心学校和国民学校民教部课程有国语、公民常识、算术、音乐等，学习时间每期3个月，每周各科国语280分钟、公民常识175分钟、算术105分钟、音乐70分钟，每周总计630分钟，合10个半小学，每期180小时。在教学方法上，《贵州省各县（市）乡（镇）中心学校国民学校民教部实施办法》规定，教学采用通俗语言讲授，避免艰深的术语，从浅处、近处出发，渐及深远；注意各科之间沟通，或采用大单元教学；应设法适应学生个性，并要特别注意辅导天才生及低能生；应注意学生的经验，类化与环境事实发生联系；教学方法多变化，以求适应成人教学上复杂性及特殊性；注意生活的社会教学，不拘于书本的教学；整个教学历程，应由教育学生而使学生教育社会。

民国24年（1935），瓮安县有短期小学6所，设有成人失学班，兼办乡村民众学校，招收失学成人入学。民国25年（1936），教育部《实施失学民众补习教育大纲》规定，利用保甲组织设立联保民众学校，招收失学民众入学。民国27年（1938），改用贵州省编的民众学校课本，包括国语（识字）、算术、公民常识和职业常识等。

民国28年（1939），瓮安有联保民校26所。《贵州省战时民众学校强迫入学办法》规定，年龄在12~50岁，不分性别、籍贯、职业，除心神丧失或盲哑残废经查明属实外，对不识字或识字有限者，一律强迫入民众学校受教。民众学生经编派入学后，即应按时到校受教，不得借故规避。学生如为雇佣，在强迫入学期间内，雇主不得借故阻止或有解雇、减少工资等事情，违者得斟酌情节处罚之。学生如有不遵令到校或任意旷课者，依其轻重处罚之，处罚后仍须到校授课。战时民众补习学校课程有国文、抗战讲话、卫生常识、抗战歌曲、公民训练等，以学国文为主，每1学科修业期限不少于2个月。

民国31年（1942），瓮安中心学校民教部有13所，教学班23个，有学生846人；国民学校民教部有22所，教学班22个，学生822人。年底，失学民众补习教育班66个，其中，高级班12个、初级班44个，共有学生2367人，毕业2260人。抗战后财政困难，民众教育机构裁减。民国35年（1946）8月，省政府发《社会教育机关推行识字教育要点》，要求县社会教育机关每半年至少附设识字教育班1个。民国38年（1949），民众教育全部停止。

第二节　冬学与常年民校

1950年，利用冬季农闲时间组织成人学习文化知识和劳动技能（以下简称冬学）。12月，瓮安县成立县冬学委员会，区组织区冬学委员会、村组织村冬学委员会，开展村冬学，通过宣传说服，调动起群众的积极性。冬学校舍多利用原有保校校址或庙宇、祠堂，老师一部分是工作组人员，一部分是贫苦知识分子或村书记，书籍采用民校识字课本。在教法上，结合反封建斗争工作讲授，在教材上除采用课本内容外，还有思想内容识字、歌词识字，增加群众兴趣。在学生组织上，以男女分班、老幼分班、文化程度高低分班。全县冬学81所，学员8505人，其中村学31所、学员1254人。参加学习人员中农成分占28%，贫农占58%，其他占14%。经费以乡学乡办、村学村办的精神，教师薪米及学校一切用费由群众捐资。

1951年，全县有冬学155所，入学人数15655人。3月，瓮安县第二区对冬学开展工作进行总结，第二区总人口33620人，不识字的有26339人，约占78%。班级设定时男女分开，成人的男子班称为冬学，女子班称为妇女识字班，另立儿童识字班，每班学习期为3个月。课程分为文化课与政治课，文化课逢单日讲授，采用新华书店出版的民校识字课本第一册，由小学教员负责或文化程度较高的知识分子授课，政治课由工作组人员逢双日根据时事及反封建斗争的五大任务内容讲授。儿童班授课时间安排在早上，妇女班安排在中午，冬学安排在晚上。有的家贫买不起文具，用碗盛满灰，用筷子当笔练习写字。受封建思想和生产劳动的影响，群众所学知识有限，农村旧知识分子了解新教育方针的很少，采取措施解决。年底，由冬学转为常年民校的20所。1952年年初，全县冬学人数达5126人，参加人员有村干、党团员、民兵、积极分子、生产模范、互助组等，学习农民文化课本。冬学转为民校32所，有学员2573人，其中男1703人、女870人，除雍阳有5个群众教师继续任民校的教师外，其余的民校教师都由小学教师兼任。12月，冬学人员达到1万余人。

冬学授课（1956年摄）

表8-1　1952年12月冬学情况统计表

单位：人

<table>
<tr><td rowspan="2">所数</td><td rowspan="2">教师</td><td colspan="3">学生</td><td colspan="8">成分</td></tr>
<tr><td>男</td><td>女</td><td>合计</td><td>雇农</td><td>贫农</td><td>中农</td><td>富农</td><td>工人</td><td>小商</td><td>地主</td><td>其他</td></tr>
<tr><td>476</td><td>583</td><td>6478</td><td>4513</td><td>10995</td><td>453</td><td>3868</td><td>4379</td><td>133</td><td>55</td><td>67</td><td>87</td><td>1949</td></tr>
<tr><td colspan="3">学员年龄</td><td colspan="5">服务对象</td><td colspan="5">转入常年民校</td></tr>
<tr><td rowspan="2">15岁以下</td><td rowspan="2">15~45岁</td><td rowspan="2">45岁以上</td><td rowspan="2">村干</td><td rowspan="2">民兵</td><td rowspan="2">积极分子</td><td rowspan="2">组员互助</td><td rowspan="2">其他</td><td rowspan="2">所数</td><td rowspan="2">教师</td><td colspan="3">学生</td></tr>
<tr><td>男</td><td>女</td><td>合计</td></tr>
<tr><td>1542</td><td>7915</td><td>1538</td><td>528</td><td>1549</td><td>413</td><td>2536</td><td>5969</td><td>39</td><td>38</td><td>519</td><td>225</td><td>744</td></tr>
</table>

1953年，为第一个五年计划开始年，遵照中央“整顿巩固，稳步前进”的扫盲方针，根据“群众自觉自愿，既照顾群众生产，又结合中心工作”的精神，办冬学800余所，学员12000多人，工农群众通过学习，提高自己的文化和政治觉悟。2月12日，全县常年民校34

所，教师43人，学生1054人（女533人）。12月2日，执行省政府《扫除文盲工作委员会通知》，冬学要照顾群众生产、生活困难，结合中心工作，分重点、一般、不开办3种形式，不同地区、不同情况提出不同要求，有计划、有步骤地进行。冬学的教学内容，以识字、学习文化为主，结合生产、政治教育及办学条件，可分散开办或集中开办。15日，省教育厅、省扫除文盲工作委员会通知，冬学向农民群众宣传国家在过渡时期的总路线和总任务起到重要作用，以后冬学应以政治教育为主。县以上不再设冬学工作委员会，但必须在党和政府统一领导下，以教育部门为主，联合青年团、妇联等有关方面进行。25日，县文教科、宣传科、青年团、妇联4家联合出台《关于开展冬学的意见》，冬学必须根据群众自觉自愿的原则，照顾群众生产、生活，结合中心工作稳步进行。在主观力量不够的地区，宜做好准备后再开办，如果困难太大可推迟，不要盲目进行。冬学的学习内容以政治课为主，兼学文化。冬学结束时，只要有条件，在群众自愿的情况下，即转为常年民校。冬学转为常年民校，教学必须有成绩，教师有条件，学员能参加常年学习，经费校舍能够解决。有条件开办冬学的地区，应在1954年1月初抓紧开学，到春耕时即可停止。

1954年12月23日，执行县政府《关于1954年冬学工作问题》，各区、乡政府抓好冬学工作，农民业余文化教育建立在发展生产、发展互助合作运动的基础上，根据具体情况，在一个农业生产合作社或一个互助组内单独组织学习，或几个农业合作社与互助组合作组织学习。加强政治教育，采用通俗读物出版社编印的冬学政治教材。文化教育以识字为重点。冬学结束后根据农业生产互助合作运动发展的情况与教师条件，将有条件的冬学转为常年民校。年底，冬学除第五区珠藏未开展外，其余6个区均按要求开展，共有93所，学员2689人，教员98人。

1955年2月9日，县文教科对冬学转入民校工作进行安排，在还未开展冬学的地区根据不同情况采取不同措施开展，已开展的地区做好转入民校学习工作。各区通知各乡在2月底前进行冬学入学考试，每乡评出模范教师1~2人。3月，全县有冬学138所，其中以农业生产合作社单独办学的有12所，联社办学的1所，以农业生产合作社为主吸收非社员参加的有64所，以互助

常年民校教师授课（1955年摄）

组办学的有62所。学员总数4121人，其中妇女1581人、乡村主要干部31人、一般干部514人、党员184人、团员403人、青年民兵816人、汉族3989人、苗族132人。教师共165人，其中党员7人、团员38人、高中文化程度的2人、初中程度的9人、高小程度的85人、初小程度的69人。冬学的开展使中央扫盲方针政策得到正确贯彻，并将扫盲任务分配到各区、乡，由乡文教委员负责掌握行政、小学教师辅导业务。冬学以宣传总路线为主，向农民进行政治教育，提高农民的社会主义觉悟，也提高文化水平，在生产和中心工作方面起到一定的推动作用。全县部署冬学时间是4个月，结束冬学考试，有条件的转入民校学习。雍阳民校统一规定收费标准，每月每人交钱1角，然后规定管理办法，选出专人管理。7月17日，全县72个乡有92所冬学转入常年民校学习，共2120人，其中乡干45人、中农502人、贫农1337人、其他281人。做好冬学转校工作，并向农民进行总路线的宣传教育，推动中心工作，搞好生产。10月，共有冬学民校138所，学员4121人，其中，乡村干部、党团员共1136人、少数民族学员132人，有教师165人，其中高中程度2人、初中程度9人、高小程度85人、初小69人。冬学转入常年民校的有93所，学员2120人。年底，冬学被常年民校和扫盲取代。

1956年6月29日，县人民委员会发出通知，为照顾群众生产，又利于学习，各地仍按不同情况采取班级教学、小组学习、包教包学等形式，使常年民校复课。要求统一安排好学习时间，解决生产、开会、学习三者之间的矛盾，使学员能及时摆脱文盲状态。1957年1月，全县恢复学习的常年民校319所，学员有6937人。3月，县人民委员会制发《关于农业生产怎样办民校的意见》，要求各地办好常年民校，对农业合作社中的干部、队长、会计、记分员、技术员、卫生员、民校教师等进行文化培训，办学由社管会统一安排好学习和会议时间，要提高会议质量，精简会议，加强生产管理，使学习、会议与生产劳动相结合，做好民校教师的选聘以及培养和提高，保证民校经费和设备。

1958年，常年民校转为小学、夜校和扫盲。

第三节 扫 盲

1952年，瓮安县开始开展扫盲工作，全县入学人数5126人，毕业28人。1953年，开办1个干部工勤人员扫盲班，经过一月半的学习，教学认字1600余个，经测验后平均每人可认识字1210个以上。3月18日，执行省教育厅、省扫盲工作委员会通知，将工农业余学校前期（初级班，相当于初小）及冬学文化班划归扫盲委员会领导，工农业余学校后期（高级

扫盲授课（1955 年摄）

班，相当于高小）及初中班由教育厅领导。4 月 17 日，贵定专区公署通知，确定龙里、贵定、开阳、惠水、瓮安 5 县为扫盲工作重点县。6 月 9 日，执行省扫盲委员会通知，工农业余教育奖励补助费由专区扫盲委员会办公室统一掌握，集中使用。15 日，执行省政府、贵定区专员公署、省扫除文盲工作委员会指示，整顿现有速成班及调查民校工作，扫盲重点在于干部，产业工人、市民、农民不能大量开展速成识字教学，瓮安县干部班根据情况向本会提供具体意见批准后再行整顿，现有市民、农民班一律停办。7 月 11 日，全县有扫盲班 2 班，第一班有 23 人，对象为干部及勤杂人员，有少数工人。第二班有 83 人，全部是群众。1954 年，全县扫盲入学人数 2899 人，毕业 185 人。扫盲工作克服盲目冒进，改变政府包办的做法，改进教学方法，今后的扫盲班以干部和工人为重点，在整顿巩固的基础上，有计划有步骤地进行。

1955 年，扫盲学员毕业 238 人，入学人数 2072 人，其中乡村主要干部 66 人、妇女 688 人，有教师 98 人、事业干部 1 人。1—10 月，有基本无盲社 3~5 个，每社出现几个无盲区和无盲生产队。11 月 4 日，县人民委员会对瓮安冬学扫盲工作进行安排部署，各区建立健全组织机构，做好教材准备，对学员分别编班分组学习，做好培训师资问题，以管理区培训扫盲教师，公社培训业余小学教师，县拟定于本月内重点集训一批骨干。各区办好扫盲班，年底完成扫盲任务的 80%。1956 年，全县训练扫盲教师 145 人。1 月 17 日，县人民委员会安排寒假期间文化水平低的教师到县学习，抽出初中文化水平以上的全部教师分区辅导扫盲工作。扫盲辅导教师在区的领导下首先学习 3 天，听取区领导所作农业合作化与扫盲工作的报告，然后根据各乡的情况将教师分配到乡开展扫盲工作。3 月 20 日，召开瓮安县扫除文盲协会大会，选举会长 1 人、副会长 3 人、委员 7 人。建立扫盲中心联络站，在不影响正常工作的情况下，由小学组织民校教师召开会议进行辅导，指导民校教学工作。评选扫盲模范乡 7 个、模范教师 20 个、模范工作者 14 个。截至 1956 年 3 月 20 日，全县扫盲班有学员 32801 人。其中，机关干部扫盲班 2 个，学习第一册教材有 22 人，学习第三册教材有 31 人，共 53 人。全县共有职工文盲 105 人，参加扫盲班学习有 109 人，分为 2 所校 4 个班，学习第一册教材有 58 人、第二册教材有 37 人、第三册教材有 14 人。4 月 10 日，贵定专员公署简报《关于瓮安县成立扫除文盲协会情况》，对瓮安扫盲工作做出的成绩给予肯定，并作为典型发各县教育科和扫除文盲协会。18 日，县人民委员会下发通知，省决定于 8 月初召开第一次全省扫除文盲积极分子代表大会，评选出席全国扫盲积极分子大会的代表。专署分配瓮安县出席全省第一次扫盲积极分子代表大会的名额为农民 6 人、职工 1 人，经研究由各区推选农民 1 人，在 3 月 20 日，全县召开评模大会，所评选出来的模范在雍阳区、草塘区、珠藏区各推选优秀教师 1 人，中坪区、玉山区各推选优秀学员 1 人，永和区推选优秀妇女学员 1 人，城关镇人民委员会评选优秀工作者 1 人。10 月，增聘初中专职教师 1 人，兼职教师 1 人，文教科抽出 1 人兼职教算术。

表 8-2　　瓮安县扫盲工作情况统计表

单位：人　填表日期：1956 年 4 月 22 日

学区	入学总人数	其中			设置		扫盲协会会员	青年扫盲队员
		党员	团员	干部	学校	教师		
松坪	954				35	55		
建中	1982	48	179	55	83	96	197	43
木老坪	824				25	32	47	
天文	324				10	13		
玉山	2979				59	59	54	
平兴	2304	50	121	105	65	99	395	
岚关	1523	51	140	226	60	60	78	259
草塘	3305	67	151	365	108	162	317	53
珠藏	3055	48	144	294	117	155	977	
中坪	2050	28	142	150	71	99	696	
雍阳	3346				106	140	1101	
永和	4344	100	394		203	241	1086	
高水	1243				52	56		
合计	28233	392	1271	1195	994	1285	4948	355

1957 年，扫盲入学 14440 人，毕业 393 人。2 月，省教育厅下发《贵州省工农业余文化学校的学制、课程、教学计划》规定，扫盲为一年半至两年，业余小学为两年至三年，业余初级中学和业余高级中学均为三年至四年。课程设置及课数如下表：

表 8-3　　瓮安县扫除文盲情况表

单位：课时

项目/时数/课程	各学期上课时数				总时数
	一	二	三	四	
识字	6	6	6	2	400
每周时数	6	6	6	6	480

3月28日，安顺专区抽调干部离职扫盲，瓮安县第一期、第二期均为40人。离职扫盲学员毕业必须能识单字1500个，能流利阅读通俗书刊、了解所读文章的中心大意，能写200~300字通俗日用短文、便条、短信、通知等，错别字不超过5%。学员每期各3个月，学习时数每天不少于8小时。11月14—16日，召开农村扫盲工作会议，传达贯彻省扫盲工作安排部署，并对扫盲协会进行改选，选举会长1人、副会长3人、委员5人、委员兼秘书长1人。

1996年瓮安县教育局扫盲工作受省教委表彰

1958年，全县青壮年文盲52938人，已入学48401人，入学率91%。共有夜校336所，组织扫盲班1258个。5月5日，县人民委员会安排扫盲工作，要扫除全县青壮年文盲85%以上，实现文化县。凡县内14~40岁青壮年中的文盲都是扫盲对象，在扫盲中，实行政治思想、文化、技术三结合，文化课与政治、技术课教学时间的比例是3∶1。通过扫盲，机关干部、厂矿职工必须认会常用字2000个，农民和手工业合作社员必须认会常用字1500个，通读通俗书报，会写简单书信、条据，能记工分。7月15日，有2个乡和112个生产队基本上成为无盲乡和无盲队。1959年，全县组织参加扫盲班学习80453人，脱盲71391人，占入学人数的88.7%，实现基本无盲县。3月19—21日，在永和公社召开县工农教育现场会，组织参观、座谈，总结经验。洗马公社将扫盲经验总结为“九包、六比、五随身、五变、四统一、四保证、双师制”，得到全县认同，推广到其他各公社学习借鉴。

"文化大革命"开始后，扫盲工作停止，直到"文化大革命"后期，才重新办起扫盲班。1978年，全县有总人口311700人，其中，青壮年人口192411人、丧失学习能力1710人，非文盲率81.9%，办扫盲班（点）364个，脱盲2116人，脱盲巩固率91.98%，抽考学员合格率97%。

1980年，县、区、乡（镇）、村成立扫盲工作领导小组，7区1镇各配有专职的教育专干，负责全区镇的扫盲教育工作。乡（镇）校长实行"一长任二校"，教师实行"一师任二教，白天上日校，晚上上夜校"。各乡（镇）中心学校副校长主要负责各乡镇的扫盲教育工作。1982年2月，国家颁布《扫除文盲工作条例》。1983年，办扫盲班（点）342个，脱盲1861人。1985年，全县12～24周岁少青壮年146425人，非文盲率89.01%，巩固率96.31%，抽考合格率96.56%，经州政府检查验收合格，成为黔南第一个基本无盲县。1987年，青壮年（指1949年10月1日以后出生年满15周岁以上人口）人口200992人，非文盲率为95.26%，巩固率97.44%，抽考合格率97%。1989年3月8日，下发《关于贯彻落实（贵州省关于国务院扫除文盲工作条例实施意见）的意见》，提出瓮安扫盲工作措施、经费安排，并部署任务。5月8日，县出台《关于落实国务院、省、县扫盲工作的安排意见》，做到"一堵二扫三提高"，办夜校、扫盲班、业余高小班、农技班，各区（镇）利用电教设备开展和促进农教工作。县政府发〔1989〕11号文件规定，每一学员经检查验收合格，领取脱盲证后，发给扫盲教师报酬15元，包含灯油费、课本费、设备购置费及学员脱盲后的奖金。

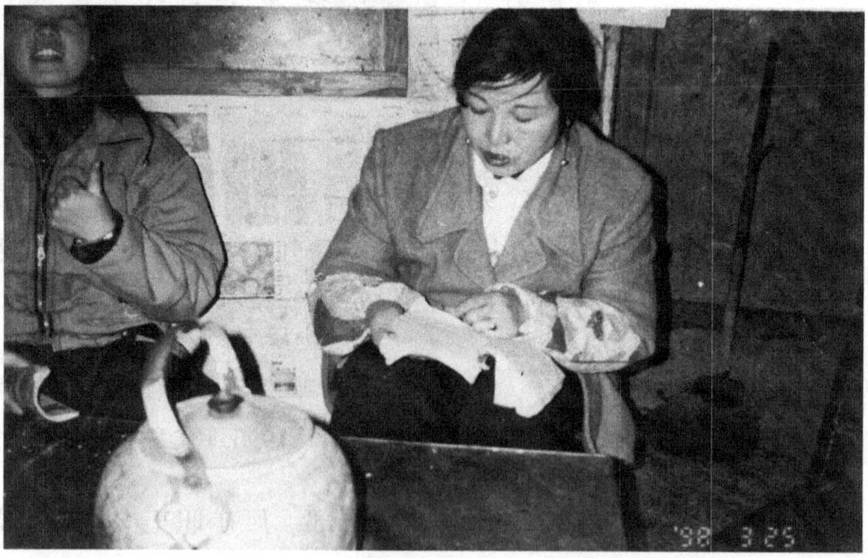

扫盲教师辅导扫盲班学员（1998年摄）

1993年，青壮年人口2173416人，非文盲率为97.51%。办扫盲班（点）278个，脱盲1429人，有兼职教师849人。8月1日，国务院发布《关于修改〈扫除文盲工作条例〉的决定》，初小班开设语文、算术课，高小班、初中班增加政治、珠算、农村应用文和农业技术等课程。扫盲班以识字为主，采用《农民识字课本》（一至三册）进行教学。12—20日，县政府组织18个单位对23个乡镇进行高标准扫盲验收，全县扫除剩余文盲811人，有247个村（居）委会100%实现基本无盲单位，非文盲率达98.7%。10月20—23日，接受省、州验收，瓮安达到"扫除青壮年文盲县"标准，省政府颁发合格证。

1995年，有扫盲班213个，在校学员2753人，兼任教师637人。3月29日，县委办、县政府办发《关于调整瓮安县扫盲工作、成人教育领导小组的通知》，成立扫盲工作、成人教育领导小组，下设办公室在教育局。4月25日，教育局发《关于明确农村成人教育和扫盲教育专干的通知》，任命各乡镇教育辅导站农村成人教育和扫盲专干23人。1996年，全年扫盲626人，完成扫盲任务的104.3%。对初中毕业生进行3~5周的农技知识培训，教育局与农业局核发初中毕业生“双证”4019人。4月4日，州教委出台《关于表彰1995年度全州扫盲先进单位和先进个人的决定》，表彰先进单位24个，扫盲先进个人50人。瓮安县教育局、瓮安县白沙乡教育辅导站获“先进单位”奖，辅导站成教专干3人、辅导站站长1人获先进个人奖。1997年，扫盲630人，完成州下达任务的105%，非文盲率99%。

1998年，办扫盲班276个，州政府下达扫盲任务900人，实际脱盲1047人，非文盲率99.6%。县政府落实《扫除文盲工作条例》，把扫盲工作纳入国民经济和社会发展计划，列入各级政府及有关部门任务目标，实行部门齐抓共管，并制定检查、验收和奖励制度。在抓普及初等教育工作中，做适龄儿童入学和流失学生返校工作，对于15周岁以下未受完普及初等教育的青年，由当地小学采取措施，使其达到小学或扫盲程度，最大限度地堵住新文盲产生。县农村中小学利用学校的校舍设备，举办扫盲班或农民学校，动员农村中小学教师和小学高年级以上学生，利用寒暑假和课余时间参加扫盲工作。10月，瓮安县“两基”（基本扫除青壮年文盲和基本普及九年义务教育）经省人民政府验收达标。1999年，全县总人口421700人，1949年10月1日以后出生、年满15周岁人口总数224820人，其中女105909人、少数民族7821人、丧失学习能力892人、非文盲223267人，非文盲率99.7%，参加扫盲班学习1038人，经验收已脱盲815人。2000年，全县青壮年非文盲率达99.7%，扫盲班（点）782个，全年参加扫盲学习1380人，上半年脱盲634人。2001年，全县有扫盲班（点）208个，参加学习1486人，经组织验收合格1160人。

2003—2008年，全县做好扫盲和扫盲后的继续教育工作，做好少数民族地区扫盲工作，建立脱盲人员定期学习和考核制度，开展职业技术培训，采取集中指导、分散包教、送教上门等多种形式，巩固扫盲成果。2003年，办扫盲班243个，脱盲965人。2005年，扫除青壮年文盲680人，完成州下达任务的113%。2008年10月15日，县教育局发《关于做好2008年扫除青壮年文盲工作的通知》，各中心小学按照“两基”统计表报表全面摸清本乡（镇）15~50周岁青壮年文盲底数，在年内全面扫除15~50周岁剩余文盲，在当地政府支持下完成扫盲任务。

2009年，举办扫盲班（点）135个，组织15~50周岁青壮年文盲半文盲860人参加学习，经验收有658人脱盲。非文盲人口数259659人，非文盲率为98.28%，巩固率99.21%，抽考合格率99.12%。2月1日，中央划拨到县扫盲补助专项经费10万元分配给老坟嘴乡、小河山乡、牛场坝乡、木引槽乡、铜锣乡、高水乡、玉华乡、白沙乡、岚关乡、木老坪乡各1万元，用于购买扫盲图书、资料及其他设施设备。6月，瓮安“两基”通过国家级验收合格，全县实现基本扫除青壮年文盲的目标。9月20日，州财政局、州教育局联合发《关于下达2009年省级扫盲补助经费的通知》，2009年省级扫盲补助经费列入2009年“2050499—其他成人教育支出”相关预算科目。全州共36万元，瓮安县永和镇2万元，用于农村成人文化技术学校购置教学设施设备。2011年，办扫盲班227个，脱盲624人。2012年后，中央、省、州停止下达扫盲任务，工作重心转移到加强脱盲学员后的巩固提高工作。到2015年，以县为单位逐步实现教育初步均衡发展。

第四节 业余教育

一、工农业余文化教育

1950年10月30日，县政府办夜校识字班，雍阳、草塘、中坪三所小学在当地办夜校各1所，平兴、永和、松坪、天文、玉山、建中6个初小由学校在当地办理识字班各1班，以提高群众的阶级觉悟为重，讲解减租、保佃、退押、土改、冬耕生产等问题。1951年，全县重点试行举办农民夜校，并结合当时群众运动及抗美援朝保家卫国进行教育，共开办夜校90所，有6000余人入学。学员学习文化知识，认识汉字、数字，掌握珠算加减法，领会政府的改革法令。

表8-4 瓮安县业余教育概况报告表

单位：人 1951年10月填报

行政区域		5区144村12街		全县人口总数为145687人	
		冬学	夜校	黑板报组	读报组
一区	校组数	31	1	8	未统计
	男	2354	117	未统计	未统计
	女	1316	126	未统计	未统计
	合计	3670	243	未统计	未统计
二区	校组数	51	1	8	未统计
	男	2301	36	未统计	未统计
	女	2071	30	未统计	未统计
	合计	4372	66	未统计	未统计

续表8-4

行政区域		5区144村12街		全县人口总数为145687人	
		冬学	夜校	黑板报组	读报组
三区	校组数	56	2	5	未统计
	男	未统计	16	未统计	未统计
	女	未统计	47	未统计	未统计
	合计	4356	63	未统计	未统计
四区	校组数	16	2	2	未统计
	男	2226	58	未统计	未统计
	女	899	11	未统计	未统计
	合计	3125	69	未统计	未统计
五区	校组数	1	3	3	未统计
	男	82	59	未统计	未统计
	女	50	16	未统计	未统计
	合计	132	75	未统计	未统计

1952年国庆后，因大生产及秋收，各街夜校均先后停顿，10月中旬，举办速成识字法讲座班和实验班各1个，训练速成识字法教师21人，第一期各机关勤杂人员实验班学员19人。月底，夜校重新开办，南大街夜校班2个，南关街夜校班2个，西大街夜校班1个，东大街与中大街联合夜校班1个，北大街与北关街联合夜校班1个，共有夜校班7班，学员272人。

1953年，办干部业余学校2所，学员100余人。工农业余教育的重点是工人，首先是产业工人，职员在得到扫盲标准后，由于生产上的需要，继续提高到高小程度。因此职工业余学校高小班及中学，适当发展。农民业余学校高小班，除现有的加以整顿外，五年内不再发展。农民在得到扫盲文化标准后，通过读报组、阅览室、文化站、冬学、民校等活动，提高其文化水平。经过整顿，克服盲目冒进现象。

1954年9月3日，瓮安县制定农民业余文化教育计划，对业余教育工作做安排。

表 8-5　瓮安县 1954 年农民业余文化教育计划安排表

单位：人

区	乡（镇）村点	班（个）	参加人数（人）	教师数（人）	备　注
第一区	雍阳	5	200	9	
	花桥	5	200	5	区重点
	仙桥	2	80	2	
	吉星	4	120	4	
	玉华	2	100	2	
	飞练	1	30	1	
	营定	4	200	4	
	梭罗	4	200	4	
	茅坡	3	120	3	县重点
	银盏	4	200	4	
	平定	1	30	1	
	三合	1	30	1	
	三山	1	30	1	
小计		37	1540	41	
第二区	草塘	3	150	3	区重点
	下司	2	100	2	
	太平	4	160	4	
	新河	4	200	4	
	松坪	2	80	2	
	龙井	2	80	2	
	新华	2	70	2	
	桃源	1	30	1	
	清池	2	60	2	
小计		22	910	22	
第三区	中坪	3	120	3	
	水耳	3	120	3	
	艾洲	2	60	2	
	果水	2	70	2	
	雷文	1	30	1	
	白沙	2	100	2	
	建中	2	90	2	
	太文	1	50	1	
	高坪	2	100	2	

续表8-5

区	乡（镇）村点	班（个）	参加人数（人）	教师数（人）	备　注
小计		18	740	18	
第四区	朵丁	3	120	3	区重点
	岚关	2	100	2	
	车地	2	80	2	
	尖坡	2	80	2	
	大路	2	80	2	
	洗马	2	80	2	
	石板坪	1	30	1	
	柏果	1	40	1	
	萍水	1	30	1	
	木孔	1	30	1	
小计		17	670	17	
第五区	珠藏	3	120	3	区重点
小计		3	120	3	
第六区	岩坑	3	120	3	区重点
	深溪	2	80	2	
	胜土	2	50	2	
	鱼河	1	40	1	
小计		8	290	8	
第七区	天文	2	70	2	区重点
	木老坪	2	70	2	
	云南寨	1	30	1	
	高水	2	60	2	
小计		7	230	7	
合计		112	4400	116	

1955年1月，瓮安县业余文化教育开展55个乡，占全县80个乡的68.7%。以农业生产社办学的有64所，占全县119所的53.78%；以互助组办学的62所，共有入学人数2899人，占全县总人口的1.8%，其中党员164人、团员307人、乡长22人、乡代表159人、居民组长224人、农业生产合作社主任111人。有教师155人，其中女18人、高中程度2人、初中程度7人、高小毕业82人、初小程度64人。6月18日，贵定专员公署分配瓮安业余文化教育任务数为7720人，训练群众教师数154人。8月30日，贵定专员公署下达业余文化教育任务，瓮安县农民业余文化教育的扫盲班7700人，毕业人数350人，高小班20人，训练教师人数154人。干部业余文化教育中的扫盲班41人，工业文化教育中的扫盲班80人。10月，全县农民业余文化教育已开展64个乡镇，占80个乡镇的80%。10—17日，开办农民业余文化教育教师训练班，共182人，其中文教卫生主任委员37人、教师145人，有女26人、

苗族3人、党员12人、团员69人。训练班除学习业务知识外，还学习“国家第一个五年计划”内容。

1956年2月25日，贵定专员公署出《关于瓮安县农民业余文化教育工作开展情况的简报》，瓮安农民业余文化教育工作能较好地完成指标任务，入学人数已达32623人，为专署布置任务的326.2%，比1955年年初增长7倍。10月，干部业余教育分为初小、高小、初一、初二4个班，学员332人，其中初小41人、高小75人、初一175人、初二41人，有专职教师2人、兼任教师4人；农民业余教育32100人，达到扫盲标准的900余人。11月25—28日，县人民委员会组织召开1956—1957学年度农民业余文化学习教师培训大会，宣传部、青年团、武装部、妇联、文化科、小手工业管理科等单位参加，到会教师80人，其中女10人、党员8人、团员32人。12月4日，县文教科通知，各学校教师在不影响教学工作的原则下，协助乡发动组织高年级学生，在星期六下午和星期日进行宣传动员，组织农民入学，帮助民校对学员进行毕业测验。

表8-6　瓮安县业余教育综合报表

单位：人　填表日期：1956年10月14日

区域	学员							教职工		业余教师
	总数	按班学习数	手工业合作社员	乡村主要干部	14~25周岁	妇女	少数民族数	总数	其中自筹工资	
农民业余文化教育	32081	25558		320	11228	12832	962			802
城市人民文化教育	907	907	186		363	317	16	4	4	20
合计	32988	26465	186	320	11591	13149	978	4	4	822

1957年2月，省教育厅下发《贵州省工农业余文化学校的学制、课程、教学计划》，对业余小学、业余初级中学、业余高级中学的课程设置做出规定。

表 8-7　瓮安县业余小学情况表

单位：课时

	各学期上课时数						总时数
	一	二	三	四	五	六	
语文	4	4	4	3	3		360
算术	2	2	2	3	3		240
地理						3	60
历史						3	60
每周课时	6	6	6	6	6	6	720

表 8-8　瓮安县业余初级中学情况表

单位：课时

	各学期上课时数						总时数
	一	二	三	四	五	六	
语文	4	4	3	3	3	3	400
算术	4	2					120
代数			2	2	2/3		130
历史				3	3/2		110
地理		2	3				100
理化常识						5	100
每周课时	8	8	8	8	8	8	960

表 8-9　瓮安县业余高级中学情况表

单位：课时

	各学期上课时数						总时数
	一	二	三	四	五	六	
语文	4	4	3	3	3	3	400
历史	2	2	2	2	5		360
地理			3	3			120
达尔文主义基础	2	2					80
每周课时	8	8	8	8	8	3	860

2月18日，县人民委员会下发《关于颁发识字证书的通知》，识字证书由各校校长盖章，对已毕业发给证书的学员，动员他们继续读高小班，以免“复盲”。3月，干部业余文化学校有学员957人，其中扫盲班52人、小学班77人、初中班828人，有政府部门115人、党群部门70人、事业部门359人、企业部门413人，预计毕业学员50人。有专职教员15人，专职干部1人。5月，干部业余文化学校开办6个班，学员共357人，其中初小一班41人、高小一班75人、初一班2个共155人、初二班1个41人、高中班1个45人。12月，农民业余文化教育扫盲班2581人，其中乡村主要干部84人、妇女848人；毕业387人，其中乡村干部20人，妇女67人；有高小班56人，其中乡村主要干部1人、妇女12人，毕业6人。有教师260人，事业干部2人。业余文化教育农村专职事业干部平均每月工资37.5元，市民专职干部每月工资43元。

表8-10　瓮安县1957—1958学年度农民业余文化学习分配表

单位：人

区乡别	入学任务	常年学习	毕业学员	区乡别	入学任务	常年学习	毕业学员
城关	953	567	142	朵丁	387	163	41
一区合计	2681	1276	330	老坟嘴	360	152	38
花桥	418	196	50	岚关	270	114	29
青山	400	200	50	洗马	495	228	52
玉华	400	189	42	章阁	324	136	34
银盏	415	210	58	木孔	360	216	54
飞练	298	124	35	长林	135	57	15
仙桥	180	92	25	五区合计	2783	1293	314
平定	320	160	40	珠藏	383	171	40
营定	250	105	30	高水	315	158	40
二区合计	4834	2065	519	木引槽	450	189	48
草塘	1035	435	109	峰岩	225	95	24
太平	405	203	51	桂花	180	76	19
青池	180	76	19	三乐	194	92	21
下司	279	117	29	桐子坡	248	149	38
松坪	639	268	67	同乐	99	42	11
新华	216	91	23	羊鹿	122	62	13

续表8-10

区乡别	入学任务	常年学习	毕业学员	区乡别	入学任务	常年学习	毕业学员
木老坪	558	235	60	羊岩关	207	87	22
天文	527	222	56	荣院	180	96	19
平坝	401	168	42	牛场坝	180	76	19
小河山	594	250	63	六区合计	1690	731	185
三区合计	2728	1290	325	岩坑	338	143	36
中坪	630	265	67	鱼河	338	143	36
艾州	149	75	19	麻池	248	105	26
白沙	720	432	108	胜土	203	102	26
建中	630	265	67	小开洲	180	76	19
太文	270	114	29	龙塘	203	86	22
柏香	329	139	35	高枧	180	76	1
四区合计	2331	1066	263	总计	18000	8288	2078

表8-11　瓮安县业余教育学员情况表

单位：人　填表日期：1957年4月

	总计		政府部门		党群部门		事业部门		企业部门	
	合计	其中干部	合计	其中干部	合计	其中干部	合计	其中干部	合计	其中干部
甲	(1)	(2)	(3)	(4)	(5)	(6)	(7)	(8)	(9)	(10)
总计	992	697	118	108	78	76	360	79	436	434
扫盲班	52	48	6	4			12	11	34	33
小学班	77	74	18	18	2	1	10	8	47	47
初中班	828	541	91	83	68	67	337	60	332	331
高中班	35	34	3	3	8	8	1		23	23

1958年8月上旬，新组建红专大学160所，学员10887人；红专中学1322所，学员

56060人；红专小学490所，学员9465人。25日，省教育厅发出《关于普通学校举办红专学校（即工农业余学校）的通知》，教育为生产服务，把文化知识教给劳动人民，在各地普通中、小学和师范学校兼办或协助各类红专学校（包括干部、职工、农民、市民的扫盲和红专学校）的教学工作。11月24日，黔南州委宣传部发出《对彻底扫除文盲，大办红专学校的意见》，提出办好红专学校必须要做好巩固工作，不能学一时停一时，要解决好组织领导，宣传“文化革命”和学习的组织形式与内容等，做好教育与生产劳动相结合，做好师资和教材的准备工作。

1959年，举办业余小学55所，教学班2836个，学员56730人，教师5672人；业余初中121所，教学班167个，学员8795人，教师407人；举办红专大学112所，教师602人，学员3645人；红专中学480所，教学班607个，教师712人，学员14157人；红专小学794所，教学班1411个，教师1932人，学员39819人。6月，全县有直属厂矿、企业单位18个，有职工3706人，其中文盲1410人。厂矿办红专中学4所、红专小学19所，参加业余教育学习的有1250人。

表8-12　瓮安县农民业余学校综合报表（包括福泉）

单位：人　填表日期：1959年2月15日

项　目	扫盲班学员数	小学学员数	初中学员数	高中学员数	合　计
甲	1	2	3	4	5
文学学员数	13040	4034	16070	4586	37730
红专学员数		9564	36060	10887	56511
生产队长及以上干部数	1010	171	603	70	1854
其中在校学习学员数	23940	9564	36060	10887	80451
毕业生数	33504	36770	710		70984
毕业生中女生数	14950	13450	210		78610
毕业生中红专学员数		35400	710		36110

1960年，业余文化教育设定为七年一贯制，由县文教局制定出七年一贯制的教学计划，对教材设置、学制年限、教学工作等都作具体安排，使业余教育能系统化、具体化。7月17日，瓮安县业余教育委员会始启用“瓮安县业余教育委员会”公章，业余教育重点转移到扫盲工作和农民文化技术培训。

表 8-13　　1960 年农民业余教育七年一贯制学校教学计划表

单位：课时

项　目	政治课	文化课								技术课		周课时数
		语文	数学				化学	物理	农业基础	专业知识	
			算术	代数	几何	三角					
一	1	6	4						1		12
二	1	6	4						1		12
三	1	5	5						1		12
四	1	5		4					2		12
五	1	4		4					3		12
六	1	4		4					3		12
七	1	3		2	3				3		12
八	1	3		2	5					1	12
九	1	3			6	1				1	12
十	1	3				2	4			2	12
十一	1	2				1	6			2	12
十二	1	2					3	4		2	12
十三	3	2						4		3	12
十四	3	1						5		3	12
周数	50	350	75	125	75	75	75	75	175	175	350
学时	450	1225	325	400	350	100	325	325	350	350	4200

表 8-14　　1960 年业余中小学校班组在校情况统计表

单位：人　填表日期：1960 年 4 月 15 日

	班组数（个）	在校人数（人）						教师数（人）	
		合计	初等	初中	初技	初师	高中	专职	兼职
甲	1	2	3	4	5	6	7	8	9
合计	2820	84587	69357	6358	6915	1334	623	184	4043
工矿企业办	111	4134	2606	663	759		106	26	239
机关团体文教部门办	87	2614	863	1404			347		170
农村公社办	2622	77839	65888	4291	6165	1334	170	158	3634

“文化大革命”时期，工农业余文化教育停止。中共十一届三中全会后，业余教育综合为扫盲、农民文化技术培训。1978—1989 年，7 区 1 镇建有农民文化技术学校，年均培训 6780 人，掌握两门以上实用技术有 15780 人。1978 年，办农民文化技术学校 8 所，有专兼职教师 12 人，进行实用技术培训 9860 人次，其中种植业 7200 人次、养殖业 2340 人次、人口教育 320 人次。1983 年，进行实用技术培训 14540 人次，其中种植业 8860 人次、养殖业 4860 人次、人口教育 820 人次。1984 年 10 月 12 日，县教育局任命各乡（镇）业教专职干部 16 人，每个乡（镇）1 人。1988 年，有农民教育点 277 个，学员 36814 人。1990 年，在 247 个行政村办有成人教育学校，7 区 1 镇建有

学生在工厂实习（1969 年摄）

成人教育中心（农民中专、农民技术学校），改变教学办学模式。农村成人文化技术学校成立由村民委员会、教育、农科技、共青团、妇联等单位负责人组成的校务委员会，由村民委员会主任兼任校长，制订本村成人教育年度计划，制定办学、教学、学习的规章制度，督促检查办学情况，解决招聘教师、办学经费、落实办学场所等实际问题。在农民中开展政治、文化、实用技术培训，推广科技知识。瓮安成人教育改变课堂教学模式，进行人才培训、生产示范、科技推广、经营服务等。

1991 年，撤区并乡建镇，全县 23 个乡镇建立成人文化技术学校中心，247 个村建有农民文化技术学校，25 所初级中学挂上“绿证培训基地”“初级职业中学”的牌子。全县有学农基地 50 个，其中田 8.9 亩、土 523 亩、荒山 208 亩、水面 49 亩。县教育局与农业、烟草、科协、共青团合作，举办农民文化技术学校试点工作，录制种植、养殖等一系列农业科技录像片，在各区（镇）放映点利用赶场天或开会时间免费播放给农民群众观看。

农民技术培训（1990 年摄）

1992 年，有成人初等学校 241 所（班），小学班和扫盲班合并上课，招生 2750 人，毕结业 800 余人，仍在校学习 1950 人，有教师 895 人（全部为兼职）。在成人培训技术学校参加成人短期培训 176650 人，其中职工技术培训 650 人、农民技术培训 176000 人。1993 年，有专职成人教育培训 5 所，学员 620 人，全县农技培训共 168440 人次。有普通农民技术培训班 270 个，招生 20301 人，结业 20301 人，有兼职教师 854 人。瓮安被州评定为“绿色证书”示范县。1995 年，农民技术培训学校 258 所，其中县办 3 所、村办 232 所、教育部门办 23 所，有兼职教师 758 人，招收学员 91084 人，结业 91084 人。县规定，凡属初中应往届毕业生，中考过后经 2~4 周的农职技术培训，获结业证后方可录取。年底，瓮安被省评定为省级“绿色证书”示范县。

1996 年，省教委发《关于印发〈贵州省示范性乡（镇）成人文化技术学校基本标准〉的通知》，黔南州 2 个乡镇获得省示范学校，其中瓮安县龙塘乡获得省示范乡（镇）成人文化技术学校。10 月，黔南州人民政府农村教育综合改革试点示范校推进工作会在瓮安县希望中学召开，州有关工作部门和各县（市）分管教育的县长、县教育局局长及教育股长参会，对农村教育改革进行探讨。1997 年，23 个乡（镇）有农民教育培训中心，247 个村均建有农民文化技术学校，全县共有专兼职教师 826 人。县教育局与农经委联合，实行“三教”统筹，农科教结合，编写《农村综合实用技术读本》下发，编进农业实用技术 12 项。县教育局下发《关于办好农技推广“燎原计划”的三项成果的通知》，印发 500 本《教育“燎原计划”三项成果使用说明》到各站校及师生。

1998—2011 年，通过省、州评估验收，雍阳镇、草塘镇、牛场坝乡、珠藏镇、玉山镇、永和镇、天文镇、中坪镇、松坪乡、平定营镇、银盏乡、鱼河乡成为省级成人文化技术学校，希望中学、木引引槽学校、平定营中学、天文中学、铜锣中学、高水中学、玉山中学、中坪中学、松坪中学成为州级农村教育综合改革示范校。1998 年，与县农办联合举行“绿色工程”技术培训，通过考试合格，颁发毕业证书和“绿色证书”各 8745 份。组织和协助有关部门开展成人农技培训，参加种植培训 69505 人、养殖培训 3180 人、人口教育培训 16098 人，掌握一门实用技术的有 38412 人，掌握两门及以上实用技术的有 66713 人。8 月 8 日，县教育局发《关于统一使用和填报扫盲和农村成人教育情况表册的通知》，由省统一制定年度基本情况统计表，各校按新统计表填报，并统一印发到各村。1999 年，农技校共培训农民 116645 人次，其中掌握一门以上技术 50057 人、掌握两门以上技术 38749 人。全县 23 个乡镇均建有农民文化技术培训中心，进入中心参加实用技术培训有 56021 人次（脱盲学员 780 人），其中种植业 31173 人次、养殖业 11925 人次、人口教育 12320 人次。进入农民文化技术学校参加实用技术培训 60674 人次，其中种植业 2268 人次、养殖业 35205 人次、人口教育 16518 人次。通过培训掌握一门实用技术 50057 人，掌握两门及以上实用技术 38749 人，参加一年以上专业班培训的 808 人次，参加各种短期培训 115887 人次。有农民技术高级职称 21 人，中级职称 167 人，初级职称 1166 人。2000 年，农村成人技术学校 270 所，举办各种类型培训班 2200 期，参培人员达 90693 人，培训骨干 6800 余人，掌握两门以上实用技术的有 83840 人。“绿证”培训开设农学、农机、果树、饲养 4 个专业，培训学员 800 余人，经过考核 550 人获得绿色证书。2001 年，

平定营中学农技课（1997 年摄）

全县有农民文化技术学校270所，全年参加种植业培训90958人次、养殖业培训30331人次、人口教育10483人次，参加各种短期培训班87263人次。掌握一门以上实用技术的有31989人，掌握两门以上实用技术的有55394人。全县有计划、有步骤、有系统地组织对全县中学教师进行职业技术培训，使每一位中学教师掌握1~2门适合瓮安县情的农业实用技术，首期培训内容是天麻的有性无土栽培技术。教师经培训掌握这一技术后，回校亲自试种1~2平方米。各校为参培教师进行试验提供必要的条件，校长亲自参与，拟订实验计划，组织实验全过程。教育局组织编写《瓮安县实用技术读本》。5月，全州农村教育综合改革现场会在县希望中学召开，参加的人员有各县（市）分管教育的副县长和教育专业人员共46人。2004年，经省、州验收，雍阳镇、草塘镇、牛场坝乡成人文化技术学校被确定为省级示范农技校。珠藏、玉山、天文、永和4镇成人文化技术学校省级示范校通过省委托州的验收，已报省教育厅认定。县教育局与农办编写联合《种植业》《养殖业》上下册。发放简报57期，联系点23个乡镇479户4637人。参加绿证培训4300余人，参加农技培训67000余人。通过培训，掌握两门技术的有21000余人，掌握一门技术的46000余人。全县共举办农学、农经、气象等专业“绿证”培训班13个，培训学员5400余人（其中妇女1998人），取得县政府颁发的农民技术资格证书4130人，其中，农学893人，农经85人，气象83人，畜牧兽医555人，蔬菜250人，果树475人，林业221人，竹荪100人，饲养130人，农机363人，采矿安全147人，烤烟722人，茶叶160人。2005年，绿色证书培训4793人，完成率107%；再就业培训537人，比州计划超37人，完成率107%；与县职高、希望中学联办职高学历培训班2个，各类就业培训69720人。松坪乡和中坪镇申报省成人文化技术示范校已通过省、州检查评估。2009年，县教育局被评为全国100个农村成人教育先进单位。州财政局划拨瓮安县永和镇2万元，用于农村成人文化技术学校购置教学设施设备。2010年，瓮安中等职业技术学校和县教育局各有1人被评为全国成人教育先进个人。2011年，通过省、州评估验收，雍阳镇、草塘镇、牛场坝乡、珠藏镇、玉山镇、永和镇、天文镇、中坪镇、松坪乡、平定营镇、银盏乡、鱼河乡12个乡镇达到省级成人文化技术学校标准，希望中学、木引槽学校、平定营中学、天文中学、铜锣中学、高水

松坪中学农科教实习基地（2002年摄）

中学、玉山中学、中坪中学、松坪中学9所学校达到州级农村教育综合改革示范校标准。全县有农民文化技术学校270所，培训51688人，有专兼职教师109人，对种植业、养殖业、人口教育等共培训100550人次。

玉山中学农技实践活动（2001年摄）

2012—2015年，在劳动者技能就业培训中，参加维修电工培训383人，焊工培训183人，计算机操作工培训752人，缝纫工培训436人，家政服务培训99人，医疗临床辅助员培训134人，农村实用技术培训870人。2012年，各村建立远程教育，对村民进行技术培训和政治思想教育，向村民宣传党的政策。2015年，城镇在岗职工年受训率达50%以上，青年农民接受实用技术培训的达90%以上，农村劳动者受训率达40%以上，青壮年农民掌握1门以上科学种养技术的达80%以上。

二、农业广播电视培训

中央农业广播电视学校瓮安分校（以下简称县农广校）始建于1985年，第一期招生260人，设农业经济和畜牧兽医两个专业。招生考试、毕业考试均由中央农业广播电视学校统一命题，统一改卷。学校使用统编教材。通过看电视、听广播等方式进行教学，定时集中面授，学制三年。学生以县、乡镇、村初高中毕业生和45周岁以下干部为主。1988年，第二期招生农作班39人。开展农民技术职称和“绿证”岗位培训，累计培训农民技术骨干14.7万人次，占农村劳动力的73%，其中，获得农民技术职称的2525人，获得绿色证书的2130人。至1990年，毕业30人。

1993年，县农广校为科级单位，由农业部门主办和管理，教育行政部门监督和指导，有编制3人，专职教师3人，聘请兼职教师27人，拥有教学场地500余平方米。学员以乡村初、高中毕（结）业生，年龄在45岁以下的乡村干部和农民为主，通过教学、试验、示范，增加理论知识，在实践中提高科技水平。利用省“双百”工程、州“双三”工程、县的“1、2、3、4”工程和绿化长防工程及坡改梯工程等开展多层次的技术培训，培训农民12.78万人次，其中骨干培训5270人次，实现村有技术骨干、户有技术家长，使农（牧）业“丰收计划”落到实处。1994年，县农广校毕业青年农民学生80余人。以种、养为主要内容开展技术培训和农科教工作，共培训10.19万人次，其中骨干培训5980人次。能掌握3~5门实用新技术的农民 54619 人，占农业总劳力的 26.5%，有 90%以上的农户都能掌握一门以上的实用新技术。1996 年，小河山乡大田坎率先办起全省第一个村级教学班，招收学员 61 名。4 月，瓮安县被列为全省“绿证”培训县、“农民资格证书培训”试点县。1997 年，在老坟嘴乡河坝村和建中乡办起村级教学班，共招收学生 118 人，居黔南州第一。全省 5 个村级教学班中瓮安县占 3 个，在数量和质量上位居全省第一。11 月 9 日，县农广分校被贵州省农业厅授予“1996 年度招生先进单位”称号。1998 年，分别在老坟嘴、建中、永和、玉山、草塘、岚关、希望中学等开办中专教学班，招收学员 560 人。1999 年，县农广校被评为省育才兴农示范学校。

2001—2003 年，实施农业部“跨世纪青年农民培训工程”，培训青年农民 3000 余人，被评为省先进集体。2005—2007 年，分别与县职中、县畜牧局开办计算机、畜牧兽医中专班，招收学员 320 人。2007—2011 年，实施省农业厅“新型农民培训”工程，培训专业农民 2840 人。实施省农业厅“农业科技入户”工程，培训科技示范户 650 户。实施农业部“基层农业推广体系机制创新”和“基层农技推广体系改革与建设”项目，培育科技示范户 1000 户。2009 年，招收茶叶学员 324 人，农民专业合作社管理 62 人。年底，累计办中专学历班 32 期，招收学员 4852 人。推广杂交水稻优良品种、水稻旱育稀植、水稻测土配方施肥、水稻规范化栽培、水稻病虫综合防治、旱育保姆、生态旱育秧、无纺布等技术，推广杂交玉米优良品种、玉米种子包衣、玉米育苗移栽、测土配方施肥、规范化定向移栽、病虫综合防治、旱地宽厢宽带栽培等技术，实施“粮食增产工程”，提高玉米和水稻生产总量，推动玉米和水稻生产发展。至 2015 年，全县水稻种植面积达 20.5 万亩，总产量达 7661.1 万公斤；玉米种植面积达 23.7 万亩，总产量达 7802.3 万公斤。

表 8-15　　1985—2015 年瓮安县农民技术培训统计表

年份	技 术 培 训			
	期数（次）	人次（人）	其中骨干（人）	印发资料（份）
1985	289	58824	4550	38500
1986	170	34677	3850	45000
1987	439	96453	25000	106000
1988—1989	439	259500	18500	115000
1990	493	96170	3250	57800
1991	110	45000	8500	25600

续表8-15

年份	技术培训			
	期数（次）	人次（人）	其中骨干（人）	印发资料（份）
1992	686	61000	12500	66000
1993	723	127800	5270	35600
1994	3401	101627	5980	103000
1995	3886	125400	16800	115000
1996	2710	110420	7800	11000
1997	28880	193000	21500	270000
1998—2011	35610	1354200	178000	1452000
2012—2015	36588	1677000	199000	1820000

第九章

民办教育

MINBAN JIAOYU

第九章 民办教育

MINBAN JIAOYU

新中国成立前，私塾均属民办教育。新中国成立后，私塾被逐步取消，常年民校、集体办民校取得发展。20 世纪 90 年代后，民办幼儿园兴起，至 2015 年，全县有民办幼儿园 61 所、民办中学 1 所、民办职业学校 1 所。

第一节 民办教育发展

1951 年，各村均有民办小学。1952 年，政府将全县集体办民校接收下来，转成公办学校，其他私立学校有学生 4355 人。到 1954 年 5 月，全县私立小学学生减少到 315 人，其中女生 96 人。7 月 17 日，贵阳专区公署出台政策，县文教科对民办小学做出规定，民办小学教师必须具有高小以上水平，不能用反革命分子、地主阶级分子、被管制分子等，由群众自愿聘请，经区政府审查批准，报县文教科备案。民办小学教师应参加每月由学区完小召开的教师联席会议，掌握了解有关教学工作的布置。一律采用政府规定的课本，不能作反革命宣传。民办小学教师在行政上受当地区乡政府领导，受公立完小辅导，政治业务学习，由县文教科或学区完小统一布置，统一检查汇报。

1956 年，有集体办民小和私立学校共 19 所，学生 4650 人。1957 年，瓮安建民办初中 1 所，招生 100 人，开 2 个班，只上文学、算术、汉语 3 科，聘教师 3 人。11 月 21 日，文教局转发《贵州省民办小学暂行规定》，各地举办民办小学要有计划、有步骤地发展，防止盲目发展和铺张浪费，特别要注意严格办学的审批手续，防止坏分子假借办学名义进行非法活动。1958年，执行群众办学、勤俭办学、勤工俭学的方针，减少国家在普通教育事业方面的投资，用民办的办法来促进教育事业的“大跃进”。茅坡完小、平定营完小、营定完小、银盏完小、飞练完小、太平完小、松坪完小、下司完小、新华完小、老坟嘴完小10所公办学校转为民办学校，民办小学增加到138所，学生增加到11906人。民办中学增加到16所，学生1487人。1959年，全县有民办幼儿园12所，教学班41个，幼儿1928人，有教师45人。1961年，对幼儿园进行整顿，私立幼儿园全部取消，只保留教育部门办的幼儿园。1962年，民办小学（含部门办学）学生在全县小学中占72.9%。1963年，全县有民办小学195所，为1962年的135.4%；有班级304个，为1962年的163.44%；有学生7835人，为1962年的178.2%；有教师303人，为1962年的162.9%。对24所私塾进行整顿，整顿后有私塾7所，减少70.83%。1964年，民办小学21所，教学班22个，学生618人，其中部门办小学1所，教学班5个，学生71人。

“文化大革命”时期，社会混乱，民办学校停办。直到改革开放后，国家发展教育，兴办学校，集体性质的民办学校成为政府办学的补充力量。1984年9月，瓮安第一家私立幼儿园——安安幼儿园创办。20世纪90年代，集体性质的民办学校全部转为公办学校，私立民办幼儿园开始兴起。1993年，私立民办幼儿园3所。1997年，在草塘新建徐梅幼儿园。2001年，在雍阳镇文峰大道东面东村张家湾处新建克立兹幼儿园。

小太阳幼儿园（2012年摄）

2005年，县教育局组织人员对全县民办幼儿园进行督导评估，对达到基本合格的幼儿园核发“中华人民共和国民办学校办学许可证”，对未达到基本合格的幼儿园将限期整改。1月25日，州教育局发《关于重新统一黔南州〈中华人民共和国民办学校办学许可证〉编号有关问题的通知》，贵州省民办学校办学许可证编号的前6位数进行统一，瓮安县前6位数为522725，民办学校办学许可证编号为13位数，第7位数为学校层次代码，“3”为普通高中或中等职业学校，“4”为普通初中或初等职业学校，“5”为小学，“6”为幼儿园，“7”为培训机构，“8”为其他，第8至13位数为学校办证序号。多层次办学的民办学校，办学许可证编号的第7位数（学校层次代码）就为该学校的最高办学代码。8月，县教育局批准徐梅幼儿园增设小学部。2006年，租用永和镇车地村原瓮安煤矿子弟学校校舍新办瓮安县贵真学校。2007年，州教育局批准瓮安计算机培训中心更名为瓮安鸿翔中等职业技术学校（以下简称鸿翔职校）。2009年12月29日，州财政局、州教育局发《关于下达民办教育专项补助资金的通知》，发放民办教育专项补助资金，帮助民办学校建设的贷款贴息、民办学校基础设施建设、购置教学仪器设备、民办教育培训等，不能用于发放个人奖励，全州拨民办教育专项补助资金12万元，瓮安县克立兹幼儿园获3万元。

2010年，民办幼儿园发展到8所，有民办职业学校1所、民办完全中学1所、其他民办教育机构10个，民办学校在校学生共2880人。扶持民办幼儿园发展中央奖补资金，瓮安受助140万元，其中克立兹幼儿园100万元、小太阳艺术幼儿园40万元，项目内容为购置玩教具、保教和生活设施设备。贵真学校不再开办小学班，保留初中、高中，为民办完全中学。2011年，县教育局对民办幼儿园名称、地点、举办者情况、教职工情况、收费情况、办园规模、幼儿园占地面积和建筑面积、资产情况、卫生保健和安全防护的建立情况、车辆接送情况、办园批文或许可证发放情况等进行评估，经审核合格后报州、省审批备案，核发“中华人民共和国民办学校办学许可证”。2012年，有民办幼儿园14所，在园幼儿3475人，教职工159人。县教育局通过检查，责令平定营镇红星幼儿园和苗苗幼儿园、永和镇洗马幼儿园、雍阳镇小明珠幼儿园、玉山镇新卫幼儿园、珠藏镇芬芳幼儿园、银盏镇新华7所幼儿园停止招生。4月17日，县教育局批准阳光幼儿园修建，校址在七星中西医药公司旁。11月19日，县教育局发《关于开展2012年民办学校年检的通知》，决定对全县民办学校（幼儿园）开展年度审查工作，审查贯彻执行党的教育方针及教育法律法规、办学条件及经费投入、师资队伍配备、使用教材和教育保育教研、学校安全和卫生工作制度、学校校车情况（手续齐全、车辆保险、驾驶证等）、财务管理和收支、教职工劳动合同签订及社会保险办理等。30日，县教育局批准在瓮水办事处梅子树与对门寨之间空地处新建瓮水大拇指幼儿园。12月7日，县教育局批准在雍阳办事处云星路29号设立小太阳艺术幼儿园、在雍阳办事处乌江路91号设立阳光幼儿园，办园性质均为非营利性，收费由物价部门核准。14日，县教育局发《关于贵真学校办学存在问题的整改通知》，州教育局在对民办教育年审工作检查中发现贵真学校教学楼和学生宿舍陈旧存在安全隐患，学校无独立账户，财务运行不符合《中华人民共和国民办教育促进法》的相关要求。责令学校联系城建部门进行鉴定，如鉴定为危房，立即停止学校办学行为，并对存在的问题必须立即整改。2013年，全县民办学校23所，其中民办中学1所、职业技术学校1所、民办幼儿园21所。2月25日，瓮安县出台《促进民办教育发展实施办法》，完善政府主导、社会力量积极参与、公办与民办共同发展的多元办学格局，采取“积极鼓励、大力支持、依法管理”方针，促进民办教育发展，要求办学必须达到一定规模。在取得“民办学校办学许可证”的民办学校，县政府给予一定奖励资金。11月20日，县教育局发《关于批准设立合格民办幼儿园的通知》，批准设立瓮安县小星星幼儿园、喜洋洋幼儿园、红豆苗幼儿园、江界河镇龙凤幼儿园、猴场镇徐梅幼儿园、珠藏镇朝阳幼儿园。

表 9-1　　2013 年瓮安县民办幼儿园基本信息统计表

序　号	名　称	学校地址	开办时间	学校占地面积（平方米）	学校建筑面积（平方米）	产权性质	班级数（个）	在校生（人）
1	中坪蓝天幼儿园	中坪镇工商所后	2000. 8	500	800	自有	3	56
2	新卫幼儿园	玉山新卫老房子组	2009. 9	1000	800	自有	3	102
3	小天使幼儿园	广场社区	2013. 8	646	400	租用	7	170
4	金蓓贝幼儿园	雍阳镇茅坡村	2012. 9	900	400	租用	3	58
5	贝思特幼儿园	银盏镇工业园区	2013. 9	860	460	租用	6	192
6	芬芳幼儿园	珠藏镇街上	2009. 3	650	480	自有	4	152
7	小精灵幼儿园	西门桥富雅小区	2013. 9	600	500	自有	3	43
8	红星幼儿园	银盏尖山学校旁	2013. 9	700	600	租用	3	105
9	新华幼儿园	银盏镇新华村	2010. 9	1000	800	租用	3	96
10	小星星幼儿园	雍阳镇环北路	2009. 3	400	800	自有	7	330
11	红豆苗幼儿园	瓮小康村	2009. 2	400	900	租用	8	317
12	龙凤幼儿园	江界河镇铜锣村	2009. 9	700	900	租用	3	82
13	徐梅幼儿园	猴场	1998	6000	1000	自有	13	679
14	安安幼儿园	瓮水办事处	1984	1220	960	自有	7	312
15	启程幼儿园	瓮水办事处	2013	400	300	自有	3	110
16	克立兹幼儿园	瓮水办事处	2001	4700	6800	自有	21	1153
17	金色童年幼儿园	平定营镇	2013	420	1280	自有	3	91
18	城南幼儿园	瓮水办事处	2010	1200	2800	自有	7	358
19	喜洋洋幼儿园	富雅山庄	2013	800	300	租用	3	118
20	花竹家教	小康村内	2008	600	400	租用	5	148
21	珠藏朝阳幼儿园	珠藏朝阳街	2013	2300	1600	自有	5	246

2014 年 9 月 1 日，县教育局发《关于批准设立民办幼儿园的通知》，经研究决定，设立瓮安启明幼儿园、瓮安县金蓓贝幼儿园、瓮安县小翰林幼儿园、瓮安县金色童年幼儿园、瓮

安县小天使幼儿园、瓮安县启程幼儿园6所民办幼儿园，各园设大、中、小幼儿班各1个以上，采取全封闭全日制形式办学。瓮克立兹幼儿园、小博士幼儿园、阳光幼儿园、小太阳幼儿园、启明幼儿园5所学校各获办学水平评估合格奖励资金50万元，珠藏镇朝阳幼儿园获奖励资金20万元。

阳光幼儿园幼儿寝室（2015年摄）

2015年，全县民办幼儿园增加到61所，其中有办学许可证的12所、教育局下文认可的11所、无办学许可证的38所，在园幼儿增加到10315人。县政府出台《瓮安县普惠性民办幼儿园认定及管理办法》，对符合标准的民办学校给予政策扶持、资金扶持、机制扶持，与公办幼儿园享受同等待遇。3月，鸿翔职校正式搬迁到新校区，学校位于县城七星，并与贵真学校联合办学，秋季联合招收初中、高中、中职学生。9月17日，州教育局发《关于认定2015年第二批普惠性民办幼儿园的通知》，认定瓮安县小太阳幼儿园为普惠性民办幼儿园。12月9日，州教育局发《关于2015年全州民办学校（幼儿园）年检结果的通报》，2015年全州共注册民办学校6所、民办幼儿园97所，经年检认定，优秀幼儿园9所、合格学校6所、合格幼儿园57所、基本合格幼儿园18所、暂缓通过幼儿园7所、不合格幼儿园5所、停办幼儿园1所，其中瓮安县注册民办学校（幼儿园）25所、合格学校和幼儿园12所、基本合格幼儿园10所、暂缓通过幼儿园3所。14日，州教育局发《关于瓮安鸿翔中等职业学校管理归属的通知》，瓮安县教育局为瓮安鸿翔中等职业学校主管部门，瓮安鸿翔中等职业学校的招生计划、学籍管理、专业设置、教育教学以及师资队伍建设等管理工作须按国家相关规定并符合瓮安县教育发展总体规划安排执行。瓮安县教育局按《职业教育法》《中华人民共和国民办教育促进法》等有关法律法规要求，将瓮安鸿翔中等职业学校与县域内公办学校在政策、资金、项目、人才、社会保障等方面同管理、同扶持。18日，州教育局发《关于下达授牌普惠性民办幼儿园补助经费通知》，对全州14所民办幼儿园授予铜牌，其中，铜牌一类4所、铜牌二类10所，铜牌一类奖励5万元，铜牌二类奖励3万元，瓮安县小太阳幼儿园被授予铜牌一类。省教育厅、省财政厅下达瓮安县小星星幼儿园优质普惠性民办教育资源奖补资金5万元。

第二节　部分学校（幼儿园）简介

瓮安县贵真学校

2006年，瓮安县贵真学校选址在永和镇车地村，租用原瓮安县煤矿子弟学校校舍，开办小学、初中、高中，共有教学班10个，学生226人，教师12人。2010年，不再开办小学班，有初中、高中学生100余人。2011年，高考上二本及以上4人。2012年，学校开始走特色教育之路，添置钢琴，购买塑胶地板，设立音乐室、美术室、舞蹈室，创办音乐、体育、美术、舞蹈高考班。是年，高考上二本线及以上4人，理科平均分在黔南州名列第五名。2013年，有学生416人，教师23人。高考学生上二本及以上5人。学校自筹资金改建女生宿舍，改善女生宿舍的居住环境和条件。2014年，全国第六届民办教育家代表大会，贵真学校被评为“社会信任家长放心示范学校”“全国先进民办学校”。2015年，高考上二本或重点本科13人。第七届民办教育家代表大会，学校被选为“全国民办教育家协会理事单位”。5月，学校与瓮安鸿翔职校达成联合办学协议，秋季联合招收初中、高中、中职学生。6月29日，贵真学校正式迁入瓮安县城七星五里街处的鸿翔职校，学校占地面积9000平方米，微机室、音乐室、舞蹈室、美术室等办学条件得到改善。

表9-2　　贵真学校教职工及学生数统计表

单位：人

年　度	教职工数（人）	班级数（个）	学生数（人）		
			小学	初中	高中
2006	12	10	180	20	26
2007	13	11	180	50	58
2008	13	12	160	60	90
2009	13	12	80	90	120
2010	13	6	0	40	60

续表9-2

年　度	教职工数（人）	班级数（个）	学生数（人）		
			小学	初中	高中
2011	16	6	0	60	90
2012	17	7	0	90	120
2013	18	9	0	110	300
2014	23	10	0	116	300
2015	32	10	0	113	275

表 9-3　贵真学校校长、副校长一览表

职　务	姓　名	性　别	任职时间	籍　贯
校长	向仲松	男	2010—	贵州遵义县
副校长	望作英	女	2010—	湖北宜昌市

瓮安县克立兹幼儿园

瓮安县克立兹幼儿园始建于2001年2月，园址瓮安县雍阳镇文峰大道怡人泉，有教学楼1栋（租用民房），招教学班1个，学生53人。2002年3月，幼儿园迁到雍阳镇小康村内1栋独立的四合院（租用），砖混结构，占地面积1000平方米，建筑面积1300平方米。9月，经瓮安县政府批准，县计委立项，国土部门划拨土地，瓮安县克立兹幼儿园选址新建于瓮安县雍阳镇东

克立兹幼儿园教学楼（2012年摄）

村迎春南巷。11月，通过瓮安县教育主管部门组织的办学水平评估验收，取得“贵州省民办学校办学许可证”。2004年3月，幼儿园迁入新园，占地面积4713平方米，建筑面积1700平方米，修建和配备各种设施设备累计投入资金300万元。幼儿园实行“两餐一点”开餐制，幼儿全日在园学习、生活。

2006年7月，幼儿园申请贷款360万元扩建教学楼，修建独立厨房，购置设施设备，配备各种大型组合玩具，培植草坪1200平方米，建筑面积达3680平方米。2009年11月，被省教育厅评为贵州省先进民办学校，并获奖补经费3万元，用于改善办学条件。

2010年3月，贷款和自筹资金420万元，修建综合楼1栋，建筑面积2700平方米，配置家长接待大厅、多功能活动大厅、舞蹈室、美术室等，添置各种教学设备设施和保教用品。2012年4月，获瓮安县第二届中小学生幼儿书画大赛幼儿组集体二等奖。6月26日，州财政局、州教育局下达扶持民办幼儿园发展，中央奖补资金给克立兹幼儿园购置玩教具、保教和生活设备设施共5万元。2014年，幼儿园占地面积5333平方米，建筑面积6000余平方米，草坪1000余平方米，拥有大、中、小各种类型玩具20余套，每个班均有独立的活动室、寝室、盥洗间、家长接待室等。幼儿园有大、中、小班共21个，幼儿1162名，教职工71人。5月，获瓮安县中小学生幼儿文艺会演二等奖。2015年4月，获瓮安县第四届中小学生幼儿书画比赛幼儿组团体一等奖。

表9-4　克立兹幼儿园园长、副园长一览表

职　务	姓　名	性　别	任职时间	籍　贯
园长	雷永凤	女	2001.2	贵州瓮安
副园长	雷永莉	女	2015.9	贵州瓮安
副园长	周建荣	女	2015.9	贵州瓮安

徐梅幼儿园

1997年9月，在草塘创办徐梅幼儿园，开办教学班1个，有幼儿38名，教职工6人。1998年，经县教育局等相关部门考核合格批准并颁发“幼儿园办学许可证”。2000年，创办农民工留守儿童寄宿学校，得到地方政府及教育主管部门的认同，3月批准命名为“育才小学”，设小学班。通过自筹资金和社会捐资31万元，扩建校舍1栋7间550平方米，食堂1间，活动场所750平方米，添置文体、教学器材。2008年，划拨土地7亩重建新园。2009年3月，新园建筑面积1645平方米，设有完整的睡房、活动室、卫生间、标准幼儿教室6套。

2010 年 9 月，由于师资、经费等因素制约，停办育才小学，只保留幼儿园。2014 年扩建幼儿园校舍，建筑面积 6500 平方米，设有室内活动室、配套教室、办公室、接待室、厨房各 1 间，现有教职工 40 人，入园幼儿 680 名。2015 年，有教职工 40 人，入园幼儿 688 人。添置幼儿大型玩具，购幼儿床 200 张、被子 200 套，添置教学一体机 16 台、投影仪 10 台。

徐梅幼儿园教学楼（2015 年摄）

表 9-5　徐梅幼儿园园长一览表

职　务	姓　名	性　别	任职时间	籍　贯
园长	徐梅	女	1998—	贵州瓮安
副园长	邓孔梅	女	2001—	贵州瓮安
副园长	邓孔云	女	2015—	贵州瓮安
副园长	潘丽娜	女	2015—	贵州瓮安

阳光幼儿园

2008 年 3 月，创办阳光幼儿园，位于城关三小北侧 200 米处，占地面积 250 平方米，建筑面积 1000 余平方米，开设小班、中班、大班 3 个班级。有教职员工 15 人，在园幼儿 89 人。3 月，县发展和改革局发《关于瓮安县阳光幼儿园建设项目备案的通知》，在七星村新建阳光幼儿园。2009 年，开设教学班 4 个，有幼儿 150 人。2010 年，开设大、中、小班 5 个，在园幼儿 218 人。设置活动室、寝室、盥洗室、儿童厕所、综合活动室、资料兼会议室、厨房、教工厕所。活动室每班 1 间，光线充足，室内空气流通，无污染，有防寒保暖设施，室内设备齐全，能满足幼儿生活、学习、活动需要。每班有适合儿童年龄特点的桌椅、床、录音机、电子琴、饮水设备、流水洗手设备、玩教具等。户外场地设置大型运动器械 1 件，小型体育用具10余件。厨房有冷冻冷藏、消毒和符合卫生要求的主副食分用设备、餐具等。

阳光幼儿园（2015年摄）

2011年，幼儿园有班级6个，在园幼儿289人。12月12日，园长在州教育干部培训基地培训，取得园长合格证。2012年，在园幼儿310人。1月16日，县卫生和食品监督管理局颁发"餐饮服务许可证"。5月10日，县政府同意在县消防大队北侧划拨土地5000平方米用于阳光幼儿园的新建，9月，破土开工。12月10日，县教育局批准阳光幼儿园在雍阳办事处乌江路91号设立。2013年，开设大、中、小班6个，在园幼儿312人。7月10日，县教育局颁发阳光幼儿园民办学校办学许可证。10月13日，阳光幼儿园新办公楼、教学楼在县消防大队北侧正式开工建设。

2014年8月，阳光幼儿园新建工程正式完工，新园占地面积5000平方米，其中建筑面积4520平方米、户外场地3000平方米。获中央奖补资金5万元，用于添设幼儿园设施设备，改善办学条件。每间教室配有独立的卫生间、午睡室、阳台，园内配有幼儿种植区域、草地、跑道、玩沙池和大型体育活动器具等，拥有舞蹈室、美术创意室、科学探索室、图书室等专用教室。9月，阳光幼儿园新园开学，开设大、中、小班15个，在园幼儿630人。2015年3月，开设大、中、小班15个，在园幼儿761人，教职工总人数56人，专任教师资格证拥有率为100%，学前教育专业占教师总人数的80%，大专文凭占教师总人数的66.7%。是年，被评为县级优秀民办幼儿园。

表9-6　　阳光幼儿园园长一览表

职　务	姓　名	性　别	任职时间	籍　贯
园长	兰　敏	女	2008.3—2010.7	贵州瓮安
园长	杨光春	男	2010.8—2011.7	贵州瓮安
园长	兰　敏	女	2011.8—	贵州瓮安

小太阳艺术幼儿园

2009年9月，经县教育局批准，投资300余万元筹建的瓮安县小太阳艺术幼儿园，属全日制民办幼儿园，位于瓮安县雍阳办事处云星路29号楼，占地面积3600平方米，校舍总建筑面积2600平方米。园内有教职工23人，幼儿316人。2013年7月，通过瓮安县教育主管部门组织的办学水平评估验收，取得“贵州省民办学校办学许可证”。2014年，幼儿园投入资金30余万元，铺设塑胶地面200平方米，购置儿童床130张、音响10套、风琴10架、电子琴10架、录音机9部、幼儿积木20套、拼图板300块等玩教具，购置图书200余册、教学音带、录像带、影碟60余盘。园内有教职工30人，幼儿458人。1月，县教育局授予“先进单位”称号。

小太阳幼儿园（2015年摄）

2015年，幼儿园自筹资金30万元对全园进行整体装修，将幼儿户外活动场地的水泥地铺装成环保、安全、适宜开展体育游戏活动的塑胶活动场，将教室、室内活动室、晨间接待室、楼梯、走廊的水泥地铺装成环保、安全的PVC地胶，将睡房的水泥地铺装成安全、保暖性强的木地板。幼儿园独立安装变压器，每班教室安装空调，解决幼儿冬季取暖的问题。配备多媒体教学一体机、区角材料，丰富孩子们的教学活动。室外配置多功能的儿童户外体能运动包，安装校园广播站。

表9-7　小太阳艺术幼儿园园长一览表

职　务	姓　名	性　别	任职时间	籍　贯
园长	李建辉	男	2009. 9—	贵州瓮安
副园长	蒋达铮	女	2015. 12—	贵州瓮安
副园长	金安春	女	2009. 9—2015. 12	贵州瓮安

第十章

义务教育

YIWU JIAOYU

瓮安中学教学楼

珠藏镇高水小学

瓮安四中校园

岚关小学校园

第十章　义务教育

YIWU JIAOYU

1986年，瓮安普及初等教育，1998年“两基”通过省验收，2009年“两基”通过国家级验收，实现普及九年义务教育。

第一节　普及义务教育

一、普及初等教育

1959年9月，全县有公民办小学289所，教学班1251个，学生44439人，实现全县普及小学教育。1977年7月14日，教育局下发《关于在今年暑假中对农村普及小学五年教育进行一次普查的通知》，各区、各公社成立普查小组，以大队为单位摸清学龄儿童及其占总人口的比例，摸清各年级入学时到期末的流动情况、入学时到五年级毕业的流动情况，大队建立、健全学期前和学龄儿童及其入学情况登记册。学龄儿童入学率达95%以上

黔南州检查瓮安县普及初等教育会议（1987年摄）

的，抓好巩固和扫尾工作。

1986 年，瓮安县实现普及初等教育经验收合格。1988 年，全县入学率为 96.87%、巩固率为 97.46%、普及率为 95%、毕业率 90.48%。1990 年 3—4 月，县政府对全县 8 个区（镇）47 个乡（镇）及 3 个省属厂矿进行普教复查，全县有人口 370207 人，有小学校（点）293 所，小学教职工 2921 人，其中，民办教师 599 人、顶编代课教师 695 人；7~12 周岁适龄儿童 49667 名，其中病残 206 人、已入学 47780 人，入学率 96.2%；13~15 周岁儿童 29307 人，病残 112 人，仍在小学学习 13586 人，小学毕业以上 11247 人，达扫盲标准 3431 人，普及率为 96.39%；1989—1990 学年初学生 64744 人，学年末为 63090 人，巩固率为 97.45%。1990 年 6 月，省对瓮安普及初等教育进行复查，认定为合格。

表 10-1　　贵州省普及初等教育复查登记表

填表日期：1990 年 4 月 26 日

				合计	雍阳镇	雍阳区	草塘区	中垃区	永和区	珠藏区	玉山区	天文区	省属厂矿
办学条件	验收	危房（%）		3.8	5.1	6	0.74	3	0.13	1.3	5.5	1.7	
		教室余缺+、—		+108	+1	+2	+27	+28	+10	+30	+15	—2	+1
	复查	校舍总面积		132776	8215	17959	21863	15979	15225	22070	18542	10157	2765
		危房面积		5184	250	754	1071	691	658	883	652	225	
		危房率		3.9	3	4.2	4.9	4.32	4.3	4	3.52	2.2	
		教学班数		1734	79	250	258	252	182	325	2.8	158	22
		教室余缺+、—		—90		—11	—15	—12	—4	—30	—11	—7	+2
小学教师基本情况	验收时	教职工总数		2738	185	406	458	303	314	411	314	225	122
		专任教师	总人数	2419	164	364	397	277	278	361	281	201	96
			中师以上	1058	112	219	223	199	165	204	182	120	84
			过关率（%）	79.75	92	83	74	70	75	79	81	80.5	82
	复查时	教职工总数		2921	220	455	436	342	324	485	323	285	51
		专任教师	总人数	2651	199	418	403	289	299	455	298	246	44
			中师以上	1832	165	340	271	201	182	257	216	162	38
			过关率（%）	87.6	95.2	87	82	87	82.5	86	86.8	82.6	87.3

续表10-1

			合计	雍阳镇	雍阳区	草塘区	中坪区	永和区	珠藏区	玉山区	天文区	省属厂矿
民办教师	验收时	民办教师数	763	24	115	138	71	106	117	98	94	
		报酬兑现人数	758	24	115	138	71	101	117	98	94	
	复查时	民办教师数	599	11	96	113	57	92	83	86	61	
		报酬兑现人数	599	11	96	113	57	92	83	86	61	
代课	复查	验收时人数	516	1	99	70	77	68	96	70	18	17
		复查时人数	695	16	116	75	87	65	159	80	97	
教育经费	验收时	财政收入比上年增%	55									
		教育费比上年增%	57.24									
		生均公用经费元	2.8									
	复查时	财政收入比上年增%	40.78									
		教育费比上年增%	23.46									
		生均公用经费元	3.11									

1992年7月30日，县政府下发《关于转发〈贵州省实行义务教育入学通知书和证书制度的意见〉的通知》，各乡镇分阶段逐步实现招收年满6周岁的儿童入学，接受规定年限的义务教育，办学条件不足的必须保证7周岁儿童入学，达到入学年龄的儿童发放义务教育入学通知书，无故不送子女或被监护人入学，经批评教育仍拒送者，视其具体情况处以罚款或其他处罚，确保入学率、巩固率、普及率达省、州规定指标。

二、普及九年义务教育

1993年，瓮安通过省人民政府验收达到高标准无盲县，巩固普及初等教育成果，并制定“普九”教育规划，开始实施普及九年义务教育。全县入学率98.03%，小学巩固率98.4%，初中巩固率92%，普及率99.5%，毕业率97.78%，小学升初中升学率58.5%，初中升学率27.6%。

1996年11月4日，县教育局、县农经委下发《关于在十七周岁人口中进行补偿教育的安排意见》，凡年满15、16、17周岁未读或未读完初中的人员进行一次性补偿教育，进行学籍登记，学习结束发给“结业证书”和“绿色证书”。统一使用初中第一册至第六册语文、数学和瓮安县绿证（农科教）领导小组编制的教材，总课时350学时，1996年11月至1997年3月30日，为教学阶段，1997年4月1—20日，为复习阶段，21—30日，以辅导站、中学为单位统一组织考试。1997年3月27日，县教育局下发《关于补偿教育工作安排的补充通知》，补偿教育的总学时改为1500课时以上，可采用面授与自学相结合的方式进行，时间安排在1996年11月至1997年11月，课程设置有初中语文、数学、物理、化学、政治、生物六科，学完通过考试，成绩达60分以上为合格，合格后由县教育局颁发结业证书。

表10-2　　瓮安县17周岁人口补偿教育统计表（含15、16周岁）

单　位	总人数（人）	班级数（个）	单　位	总人数（人）	班级数（个）
雍阳镇	459	10	牛场坝乡	148	3
银盏乡	192	4	铜锣乡	350	7
玉华乡	306	6	龙塘乡	159	3
平定营镇	130	3	玉山镇	114	2
草塘镇	889	16	鱼河乡	390	8
松坪乡	306	6	中坪镇	208	4
小河山乡	95	2	建中乡	375	6
天文镇	380	12	白沙乡	459	10
木老坪乡	216	4	永和镇	262	4
珠藏镇	572	11	岚关乡	192	4
高水乡	437	8	老坟嘴乡	227	5
木引乡	342	6	合计	7208	144

1998年，县教育局与乡镇党委、政府继续实施补偿教育工作，提高初中阶段读完率。省政府组织“两基”评估验收团对瓮安“两基”工作评估验收获得通过，瓮安投入资金改善办学条件，做好控辍保学工作。1999年起，巩固率和完成率呈逐年上升趋势，辍学率逐年降低。

2002年，县政府对23个乡镇复查验收，“普九”覆盖率100%，全部合格。2006年，适龄儿童、少年免试入学，读完六年级的学生整班升入七年级，教育教学面向全体学生，促进学生全面发展，结合国家免书费、免杂费、对贫困学生进行补助政策（以下简称“两免一补”），瓮安县义务教育阶段学生入学全部免费。健全控辍保学网络，全县小学辍学率在1%

以内，初中辍学率在4%以内。2008年，地方财政收入15869万元，农民人均纯收入3015元，财政对教育的投入21751万元。全县校舍面积315126平方米，教职工3169人。有小学141所，教学点5个，小学在校生40404人，小学专任教师1917人；有高级中学2所，完全中学2所，职业高中1所，独立初级中学18所，九年制学校6所，初中在校生23134人，初中专任教师1048人；有青壮年人口261817人，乡镇教育专干23人，兼职成教专干82人。小学适龄儿童入学率99.7%，初中阶段入学率116.28%，残疾儿童少年入学率87.4%，小学辍学率0.28%，初中辍学率1.48%。15周岁人口初等教育完成率98.95%，15周岁人口中的文盲已全面扫除，17周岁初级中等教育完成率90.71%。全县小学专任教师2051人，取得专业合格证1991人（其中本科11人、专科400人），专科以上学历占17.86%，学历合格率97.39%；初中专任教师1047人，学历达标997人，初中教师学历合格率95.22%。小学、中学的设置，都能满足适龄儿童、少年就近入学，全县小学生均校舍面积3.54平方米、初中4.26平方米，校舍、校园设施、教学仪器、体、音、美、卫生器材、图书已按《贵州省普及实验教学办学标准》配备达标，小学、初中消除D级危房。财政经常性收入14343万元，比上年增长26.21%；预算内对教育的拨款17093万元，比上年增长22%；对教育拨款增长比例高于财政经常性收入增长比例4.2个百分点，实现教育经费“三个增长”。中央拨农村税费改革转移支付资金1763.6万元，县政府按转移支付资金的50%拨给教育，三年用于教育共2645.4万元。小学、初中毕业班全科及格率分别为94.28%、93.33%，毕业率分别为99.09%、97.59%，与上年相比呈上升趋势。脱盲人员巩固率均为99.41%。2009年，瓮安“两基”通过国家级验收，各项指标均达要求，实现普及九年义务教育。全县有中学28所，其中完全中学3所、高级中学2所、初级中学18所、九年一贯制学校5所。有高中学生9042人，比1999年增加95%；初中学生22903人，比1999年减少4.6%；有教职工1610人，比1999年增加9%。小学有129所（包括教学点10个），比1999年减少102%；学生37466人，比1999年减少34%；教职工2007人，比1999年减少15.5%。5月31日，县教育局下发《关于切实解决义务教育阶段学校大班额问题的通知》，从2009年秋季起，义务教育阶段学校起始年级班额人数原则上不超过贵州省“十一五”规划规定的标准（小学每班50人、中学每班56人），2011年8月，全县中小学班额基本控制在省规定的标准范围内，并建立控制大班额的长效机制。

2011—2015年，瓮安县巩固“两基”成果，增加投入，更新教学设施，进行农村初中和乡镇中心小学寄宿制建设，改善学校卫生设施和学生食宿条件。抓好适龄儿童入学，做好控辍保学，提高女童和残疾儿童九年义务教育普及水平，提高学校管理水平，降低农村初中辍学率，提高办学水平和教育质量，研究解决存在的困难和问题。办学资金以政府财政拨款为主，多渠道筹措教育经费，全面贯彻落实农村义务教育经费保障机制，全县各级财政预算内教育拨款约20亿元，比“十一五”期间五年总的预算内教育拨款增加约6亿元，增长42.9%。全县15311名义务教育阶段学生获得“两免一补”等资助补助经费1814.8万元，共有 44788 名义务教育学生享受营养餐。推进新课程改革，落实“控辍保学”措施，确保“整班交接”。通过实施“9+3”计划、教育均衡发展计划，推进中小学布局结构调整和“4+2”工程，提升普及率，提高全民素质，义务教育阶段的毕业生已能全部进入高中或职业中学就读。2012 年，全县中小学由 147 所调整为 113 所。县政府出台《瓮安县义务教育阶段进城务工人员随迁子女就学管理办法》《瓮安县关于切实加强留守儿童关爱救助保护工作实施方案》，进城务工人员随迁子女就学纳入当地教育发展规划，建立政府主导、社会各方面广泛参与的留守儿童关爱体系，实行领导包保，保障其接受义务教育基本权利。2015 年，小学适龄儿童入学率达 99.18%，辍学率为 0；初中适龄少年入学率 96.05%，辍学率为 0.8%，九年义务教育巩固率为 92.01%。全县有义务教育学校 71 所，其中小学 48 所、初级中学 16 所、九年一贯制学校 7 所，共有在校学生 49510 人，教职工 2913 人，视力、听力、智力三类残疾适龄儿童少年入学率达 90.78%，义务教育得到全面普及。

2015 年 12 月义务教育均衡发展合格学校

三、普及十五年教育规划及教育均衡发展

2011—2015 年，全县投入 15 亿元改善办学条件，科学、合理布局义务教育、高中教育、职业教育、学前教育、特殊教育设置，民办教育兴起，普及十五年义务教育条件基本成熟，促进城乡教育均衡发展。2013 年，县争取中央、省、州项目资金 1.72 亿元，推进一批教育工程完成。完成投资 3500 万元的渡江小学新建工程；完成 18 所农村薄弱学校和 4 所幼儿园改造工程，合计新建和改造面积 21968 平方米，完成围墙 563 米，完成投资 1833.8 万元；完成草塘小学、高水小学、高水中学、白沙小学、建中小学 5 所学校学生宿舍建设工程，建筑总面积 5860 平方米，投入资金 703.2 万元；完成乡镇教师公租房项目 29 个，总投资 2466 万元，总面积 18970 平方米；投资 560 余万元将原职校改建成瓮安五中并开学。做好控辍保学工作，小学辍学率控制在 2%以内，为 0.04%；初中辍学率控制在 3%以内，为 1.52%。全县小学适龄儿童入学率 99.1%，初中适龄少年入学率 95.94%，九年义务教育巩固率为 89.39%。全县农村小学学生寄宿率为 22.29%，初中学生寄宿率为 75.05%。2014 年，实施“4+2”教育突破工程，争取项目资金 1.85 亿元，完成学前教育突破工程 5 个、农村寄宿制学校建设攻坚工程学生宿舍项目 4 个、学生食堂建设项目 6 个，城镇义务教育学校项目 1 个、校舍维修改造项目 7 个。一次性建成 48 所学校共 855 个教学班的“班班通”工程，完成率

居全州前列。挂牌成立留守儿童学校1所，建成标准化“留守儿童之家”16个，完成州下达任务（8个）的200%。做好“质量控辍”工作，教育教学成绩全州领先，九年义务教育水平不断提高，巩固率为92.01%。2015年，投入项目资金1.87亿元，融资2亿元，完成山村幼儿园改建77个、薄弱学校改造项目20个、学前教育突破工程5个，瓮安二中迁建工程（瓮水中学）即将建成投入使用，县城留守儿童学校（瓮安九中）挂牌，瓮安六中（思源学校）、瓮安八小开工建设。全县共有各级各类学校276所，在校生共82762人，各项教育指标均高于省的发展要求，小学适龄儿童入学率达99.9%，初中适龄少年入学率96.05%；小学辍学率为0，初中辍学率为0.58%；九年义务教育巩固率为99.95%；高中阶段毛入学率达92.5%；职业教育流失率为4.6%；全县农村小学学生寄宿率达到30.1%，农村初中学生寄宿率达到71.3%。2月4日，省政府出台《关于基本普及十五年教育的实施意见》，以县为单位，拓展实施教育“9+3”计划，实现学前三年教育、九年义务教育、三年高中阶段教育（三年普通高中、三年中职教育）普及，到2017年实现学前三年毛入学率、九年义务教育巩固率、高中阶段教育毛入学率达85%以上。瓮安基本普及十五年教育工程存在学前教育资源总量不足、高中教育存在着品牌不够响内涵发展不够等问题，有学前适龄儿童18250人，在园（班）幼儿15348人，学前3年毛入学率偏低。瓮安职校需完善基础设施建设，走特色发展之路，打造品牌专业，职业教育“双师型”教师紧缺，仅占教师总数的5%（全国水平30%）。受传统观念影响，家长不看重职业教育，职业教育招生和控流工作困难大。民办职业学校较少，仅有鸿翔职校1所，民办职业教育尚未形成对全县职业教育资源更为有效的补充。10月，全县有各级各类学校200所，其中，幼儿园74所、小学48所、教学点47个、初级中学13所、九年一贯制学校10所、普通高中2所、完中3所、职中2所、特殊学校1所，在校生82762人，教职工4311人。小学适龄儿童入学率99.9%，初中适龄少年入学率96.05%，九年义务教育巩固率为99.95%，高中阶段毛入学率达92.5%，职业教育流失率为4.6%，全县农村小学学生寄宿率达30.1%，农村初中学生寄宿率达71.3%。农村义务教育学生营养改善计划实现全覆盖，全县共有45962名学生享受营养餐。县政府出台《瓮安县基本普及十五年教育实施方案》，县政府成立普及十五年教育领导小组，确保2016年基本普及十五年教育。学前三年教育毛入园率85%，九年义务教育已普及，高中阶段毛入学率90%。县委、县政府将教育工程纳入县民生实事和重点工作督查落实，缩短学校建设项目审批办理时间，减免相关费用，采取财政、融资、贷款等方式保障教育投入，实施义务教育学校标准化建设，为推进县域内义务教育均衡发展创造有利条件。

第二节 “两基”工作

1993年，瓮安县通过省政府验收达到高标准无盲县，成为贵州省农科教综合改革试点县。县政府制定《瓮安县普及九年义务教育规划》《瓮安县普及九年义务教育实施方案》，在全县实施九年义务教育。1994年，开始实施基本普及九年义务教育和基本扫除青壮年文盲（以下简称“两基”）工程，政府增加教育投入，改善学校办学条件，增添教学设施，配备师资。学校在扫盲和普及九年义务教育工作中，做好控辍保学工作，狠抓教育教学质量，对青壮年文盲半文盲进行一对一的辅导。1998年，全县小学入学率99.3%，辍学率0.62%；初中纯入学率91.19%，毛入学率达110.01%，辍学率1.6%，15周岁初等教育完成率97.72%，17周岁初级中等教育完成率85.7%；非文盲率99.62%，脱盲815人（占任务数的102%），农技校共培训农民116645人次，掌握一门以上技术的50057人，掌握两门以上技术的38749人。5月11日，省教委组织开阳、龙里、凯里市、息烽、修文、绥阳、遵义6县1市组成验收团对瓮安“两基”工作进行评估验收。11月，通过省政府教育督导室对瓮安“两基”工作的复查，瓮安“两基”工作基本达标。

瓮安县巩固提高“两基”“普实”工作会（2000年摄）

1999年，瓮安发放小学适龄儿童入学通知书8500份，入学8399人，动员其他年级复学930人。全县小学入学率99.3%，辍学率0.62%；初中纯入学率91.19%，毛入学率110.01%，辍学率1.6%，15周岁初等教育完成率97.72%，17周岁初级中学等教育完成率85.7%。11月，通过了省政府教育督导室对瓮安县“两基”工作的复查。2000年，全县适龄少年初中毛入学率达105.2%，残儿入学率82.99%，小学适龄儿童入学率98.94%，女童入学率99.2%，15周岁完成率97.69%，17周岁完成率85.7%。2001年5月，“两基”工作通过省的复查验收，取得合格。2008年3月，县政府组织各相关部门做好“两基”迎“国检”工作，对各项指标细化到各部门、各乡镇，并落实到责任人。

表 10-3　　瓮安县2008年“两基”迎“国检”工作倒计时日程安排表

填表日期：2008年3月18日

<table>
<tr><th>月　份</th><th>县工作任务</th><th>责任单位</th><th>乡镇、部门、学校工作任务</th><th>责任单位</th></tr>
<tr><td rowspan="2">3月</td><td>1. 县“两基”迎国检工作会；
2. 与乡镇政府及县有关职能部门、中小学签订“两基”迎国检工作责任书</td><td>教育局</td><td>1. 乡镇“两基”迎国检工作会；
2. 乡镇政府“保学控辍”责任书</td><td>乡镇政府</td></tr>
<tr><td>3. 保学控辍专项督查</td><td>教育局、县政府督导室</td><td>3. 清理辍学学生情况，动员辍学学生返校</td><td>乡镇政府、中小学</td></tr>
<tr><td rowspan="2">4月至5月</td><td>1. “两基”资料建设及各乡镇迎检氛围督查</td><td>教育局、县政府督导室</td><td rowspan="2">按锁定数据完善2006年、2007年两年“两基”资料目录要求装订资料</td><td rowspan="2">乡镇“两基”为、中小学</td></tr>
<tr><td>2. 校园周边环境综合治理专项督查</td><td>县乡（镇）政府、教育局、督导室、公安局、工商局、卫生局、文广局</td></tr>
<tr><td rowspan="6">6月至8月</td><td>1. 全县“两基”工作录像片（不超过20分钟）</td><td>文体广电局</td><td>1. 职能部门“两基”工作表册、汇报材料汇编</td><td>县“两基”办及职能部门</td></tr>
<tr><td rowspan="5">2. 全县“两基”工作文件汇编；
3. 全县“两基”工作画册；
4. 全县“两基”迎国检工作汇报材料及其他综合材料</td><td rowspan="5">县“两基”办</td><td>2. 近三年来补充教师和尊师重教的有关文件和资料</td><td>教育局政工股</td></tr>
<tr><td>3. 近几年来有关实施中小学建设项目完成情况</td><td>教育局政工股</td></tr>
<tr><td>4. 四年教育事业统计报表、教育经费统计报表</td><td>财政局</td></tr>
<tr><td>5. 国民经济和社会发展统计公报</td><td>统计局</td></tr>
<tr><td>6. 县志</td><td>县史志办</td></tr>
</table>

续表10-3

<table>
<tr><th>月 份</th><th>县工作任务</th><th>责任单位</th><th>乡镇、部门、学校工作任务</th><th>责任单位</th></tr>
<tr><td rowspan="7">9月</td><td>汇总2008—2009学年开学报表</td><td>教育股</td><td>1. 填报2008—2009学年度开学报表</td><td rowspan="3">各中小学</td></tr>
<tr><td>汇总2008年“两基”报表</td><td>县“两基”办</td><td rowspan="2">2. 填报2008年“两基”报表</td></tr>
<tr><td>保学控辍专项督查</td><td>教育局、督导室</td></tr>
<tr><td>校园周边环培综合治理检查</td><td>县县乡（镇）政府、教育局、督导室、公安局、工商局、卫生局、文广局</td><td>3. 按锁定数据完成2008年“两基”资料</td><td>各乡镇两基办、各中小学</td></tr>
<tr><td>按职责要求各责任单位全面完成“两基”迎国检各项资料准备</td><td>各责任单位</td><td>4. 乡镇布置“两基”迎国检资料室</td><td>各乡镇“两基”办、各中小学</td></tr>
<tr><td>“两基”汇报材料</td><td rowspan="2">县“两基”办</td><td rowspan="2">5. 乡镇“两基”汇报材料</td><td rowspan="2">各乡镇“两基”办</td></tr>
<tr><td>县布置“两基”迎国检陈列室</td></tr>
<tr><td>10月</td><td>迎接“国检”</td><td>县“两基”迎国检工作领导小组成员单位</td><td>迎接“国检”</td><td>各乡镇、各部门、各中小学</td></tr>
</table>

5月11日，县委办、县政府办下发《关于印发〈瓮安县“两基”迎“国检”工作责任追究暂行办法〉的通知》，乡镇未履行职责导致“两基”工作不能通过“国检”验收，党委、政府一把手引咎辞职，县委、县政府对分管领导作免职调整，并根据责任后果作相应的党纪、政纪处理，班子其他成员承担相应责任。教育部门未履职导致“两基”工作不能通过“国检”验收，县委、县政府对主要领导和分管领导作免职调整，并根据责任后果作相应的党纪、政纪处理，班子其他成员承担相应责任。对有“两基”迎“国检”工作职责的其他职能部门未履行职责导致“两基”工作不能通过“国检”验收，县委、县政府对主要领导作降职调整，对分管领导作免职调整，并根据其责任后果作相应的党纪、政纪处理。9月，县政府办公室下发《关于印发〈瓮安县“两基”迎“国检”工作职责〉和〈瓮安县“两基”迎“国检”工作县级必备资料责任单位（人）及负责人细化表〉的通知》，规定乡（镇）政府、县教育局、县政府督导室、县财政局、县发改局、县公安局、县人事局、县编办、县国土资

源局、县建设局、县审计局、县卫生局、县司法局、县农办、县农业局、县科技局、县科协、县工商局、县地税局、县文广局、县直金融21家单位所要履行的职责。5月22—27日，县政府对乡镇的“两基”工作进行县级评估验收，从普及程度、师资水平、办学条件、教育经费、教育质量、学校安全管理、扫盲程度等7个方面进行评估。10—11月，瓮安县通过“两基”迎“国检”州政府、省政府预检。10月7日，县教育局发《关于实行“两基”迎国检工作领导包片、干部包乡镇工作目标责任制的通知》，决定实行“两基”迎“国检”工作局机关领导包片、干部包乡镇的工作制度，督促各乡镇搞好自查整改、检查资料和相关档案建设，督查贯彻落实《中华人民共和国义务教育法》等教育法律法规。24日，县教育局发《关于印发“两基”迎“国检”工作责任追究制的通知》，决定实行“两基”迎“国检”工作责任追究制，由工作领导小组及所属考核领导小组分阶段负责对全县各乡镇学校“两基”迎“国检”攻坚中的工作效能实施检查和考评，做出定性评价和定量打分，并执行奖惩。对在州级“两基”迎“国检”工作评估验收中仍然存在较大问题，尤其是对县级评估验收中指出问题仍然没有整改的学校，校长引咎辞职、副校长就地免职，并扣发校长、副校长、“两基”资料员第13个月的工资。省级验收时问题仍然存在，校长、副校长就地免职后，与“两基”资料员一起调到边远地区工作，并扣发第13月工资。30日，县政府督办发《关于对州人民政府“两基”迎“国检”复查提出意见和建议进行分解督办的通知》，州政府“两基”迎“国检”复查工作组10月27—28日对瓮安县进行复查，控辍保学方面存在用理论方式测算13~15周岁适龄少年总数与在校学生数有差距，大班额现象突出，办学条件中实验室器具、图书、音体美器材不足，部分学校师资力量不足，校园文化常规管理不平衡。县和乡镇的总表及“两基”报表和学校学年报表不完全相符，扫盲有弄虚作假现象，外省就读学生佐证材料不齐，资料绝对数多。对教师备课、作业量批改、推进素质教育的实施、德育工等提出建议。县政府督查室对州政府复查组的意见和建议进行梳理和细化分解，明确牵头、协办单位、责任领

1999年，省对瓮安进行“两基”验收

导及责任人分解督办。11月27日，县政府出台《关于抓好省人民政府对瓮安“两基国检”预检存在问题进行整改的报告》，省预检组对瓮安“两基”预检指出，部分指标尚未达到“国检”要求，保学控辍仍需加强；教育投入不足，办学条件离“国检”要求尚有差距；大班额现象依然存在；中小学教师学科结构矛盾仍然突出；中小学校管理水平有待提高，校容校貌和校园文化建设不足；部分“两基”资料不规范、不完整，数据不准确，印证材料需充实完善；部分教育工程建设进度缓慢；学校存在较多安全隐患等。县政府安排各单位、各部门、各中小学，对省预检提出的问题进行整改。

2009年3月，县“两基”办组织全县性交叉检查，对各项指标进行自检。7月，瓮安“两基”各项指标基本达到要求，通过国家级验收合格，实现基本普及九年义务教育和基本扫除青壮年文盲。瓮安“两基”工作达标后，全县共投入项目建设资金1.3亿元，改造农村初中校舍15个、薄弱学校改造12个，新建雍阳中学1所、县城新建幼儿园1所等工程，涉及项目工程8个，总建筑面积47780.07平方米。

第三节 学籍管理

民国时期，中学生成绩分学业成绩、操行成绩和体育成绩3项，学生成绩考核分日常考查、临时试验、学期考试和毕业考试或毕业会考等4种。学生操行成绩或体育成绩不及格者不得升级或毕业，每学期各学科缺席时数达到该科教学总时数三分之一以上者，不得参加该科的学期考试。无学期成绩的学科或成绩不及格的学科在3科以上的学生，或仅有2科无学期成绩或不及格者，但其科目为国文、英语、数学、劳作4科中的任何2科，在高中为国文、英语、数学、物理、化学5科中的任何2科的学生，均应留级1学期，连续留级以2次为限，如本校无相当学籍可留者，可发给转学证书令其转学。无学期成绩的学科或成绩不及格仅1科的学生，或虽有2科无学期成绩或不及格，但其科目非如上述者，应令于次学期随原学籍附读，经补习学期考试成绩及格后准予正式晋级，如仍不及格者应于次年仍留原年级肄业，但此项补考以2次为限，连续留级亦以2次为限。如仍不能晋级者，发给修业证书令其退学。毕业考试成绩不及格学科在3科以上或仅2科不及格，但其科目为初中规定的4科或高中规定的5科中的任何2科的学生，均应令其留级1学年，但此项留级以2次为限，如仍不及格者不得毕业，发给修业证书令其退学。学生修完1学期或1学年应修科目，经学期或学年考试成绩及格，如必须转学或符合“成绩及考查”的规定时，可申请学校发给转学证书。第二学期学籍如有缺额可于学期或学年开始前接收插班生，插班生须有其他中学学期衔接的转学证书或成绩单，经过编级考试符合要求者可编入适当年级就读。学生因身体或家庭特殊原因，可请求休学 1 学期或 1 学年，休学期满可请求复学，编入与原学期或学年衔接的学籍肄业。因身体或家庭特殊原因请求退学的学生经医院或保证人证明确属理由正当者，学校可准予退学。凡经学校开除学籍的学生，学校不得发给转学证书或修业证书。

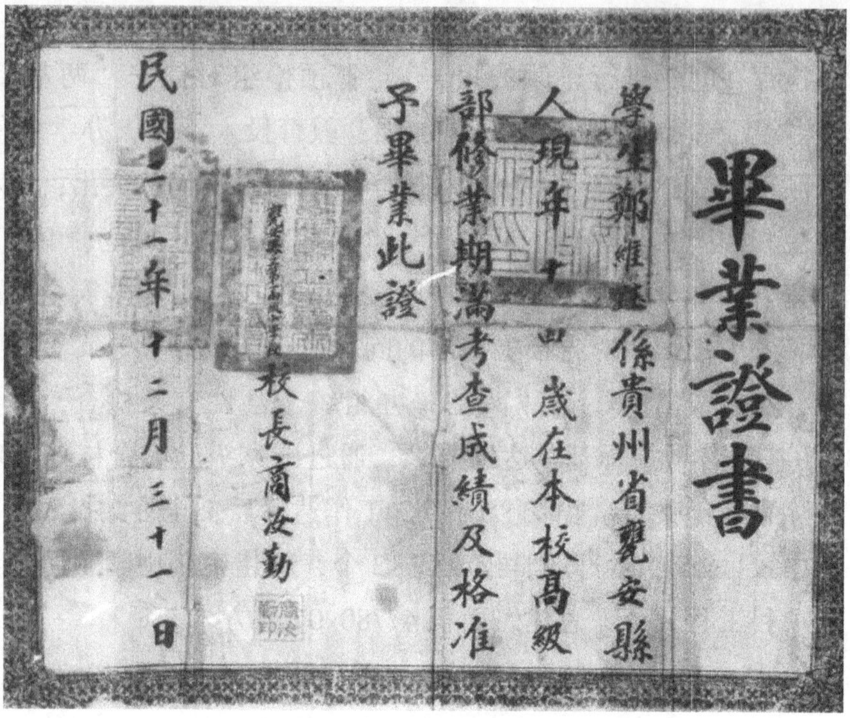

民国 21 年高级部毕业证

1950 年，贵阳市军事管制委员会文教接管部与省人民政府教育办公室联合制定《关于整理中等学校暂行办法》（以下简称《办法》）规定，中学学生成绩分学科成绩（包括实验实习）与品行成绩两种，学科成绩以平时成绩考查、月考、学期考试各占 1/3，采用百分制，以 60 分为及格；品行成绩分甲、乙、丙、丁 4 个等级，以丙等为及格，通过教导员了解及民主鉴定综合提出优缺点及意见，登记于学籍薄内，并促使在学习过程中改正。《办法》中规定，有 3 科以上不及格者留级，2 科不及格其分数在 40 分以下者留级，2 科不及格其分数在 40 公以上者准予补考，及格后升级，如补考后两科均不及格者留级，仅 1 科不及格者暂准升级，自行补习，如次学期补考仍不及格者应予留级。

1952 年，教育部颁布《中学暂行规程》（以下简称《规程》）规定，中学学生成绩分学业成绩、操行成绩和体育成绩。学业成绩分平时考查、阶段考查（每学期 1~2 次）及学期考查，平时考查及阶段考查成绩占 60%，学期考试成绩占 40%，采用百分制记分，以 60 分为及格；学生操行成绩由班主任及本班教师就学生的平时行为作经常考查，于每学期结束时拟定评语及等级，由教导主任审查决定；体育成绩考查按教育部发《关于中学体育成绩暂行考查办法的通知》执行，教师应根据学生健康状况、身体发育及体格特点，适当地降低对体弱学生的要求标准，对患有残疾及严重疾病者在健康未得到改善以前，以医生证明，可暂免试体育课。《规程》规定，学生各学年成绩均属及格者升级，其中不及格的学科，由学校组织假期补习，于次一学年第一学期开始补考，补考全部及格或不及格学科在 3 门以下者，仍准升级，如有 3 门学科不及格，或语文、数学两门学科不及格，升学学习有困难的，应予留级，获准升级的学生，本期不及格学科令其继续补习补考。《规程》规定，学生有正当理由得请求转学、休学或退学，经校长核准后，发给转学或休学证书。中途除最后一学期不转学生外，各班学生如有定额时，于学期开始前招收转学生，转学生须持有原校所发给的学期衔接的转学证明书（附学业成绩单及操行考核表），并经编班测验及格者，方得入学；凡已取得学籍的学生，如有正当理由请求休学，经学校核准后应保留学籍，但以1学年为限，休学时未修完1学期的全部课程，复学时仍读原级，已修完1学期的全部课程，入学时编入与其学期相衔接的年级；凡因事因病请假超过全学期实际上课时数的1/3，估计其继续随班学习有困难的，可酌情令其退学或开除，学生在休学1学期后申请复学自愿降下1期的，应准予复学，复学生不受班内名额限制。

1953年9月24日，省教育厅转发中央《关于统一制定中学生转学办法的问题》规定，学生转学必须有正当理由，经学校了解审核后发给转学证书，盖学校公章校长签字；初三、高三下学期不收转学生，其余各班级在有空额的情况下于学期开始前接收转学生，中途一般不接收转学。转学生必需持原校转学证书、学业成绩单、操行考核表，并经测验及格后方得入学。12月8日，关于学生自动退学的处理问题，学生在开学时，不办理请假或休学或退学手续，或学期当中请假回家，逾期既不声明理由，办理请假手续又不到位，通过当地区、乡政府了解情况，针对其不到校原因，尽可能动员其到校学习，如经动员无效，离校时间已超过本学期上课时间二分之一者，作自动退学论，可明令公布并取消学籍。学生在学习期中，不经请假擅自离校，经教育说服无效，可明令公布并取消学籍。

表10-4 瓮安县部分完小、初小1953年上、下学期学生流动现象升留级统计表

单位：人

校名	上学期					下学期				
	学生总数	常到数	流动数	升级数	留级数	学生总数	常到数	流动数	升级数	留级数
先锋初小	163	98	65	37	61	101	95	6	75	20
新兴初小	118	91	27	55	32	88	75	13	50	21
模范初小	94	78	16	18	60	82	72	10	55	11
自由初小	83	74	9	51	23	70	58	12	54	4
光明初小	84	77	7	48	29	83	77	6	67	10
前进初小	83	70	13	49	21	66	69	4	53	9
高水完小	168	156	12	133	35	176	160	16	147	23

1955 年，教育部下发《关于减经中、小学学生过重负担的指示》，要求加平时成绩的考查，减少书面考试的种类和次数，只举行学年考试和毕业考试，考题必须以教科书或教学大纲为标准，不能超出标准多出试题或出深僻难题，评分应有正常尺度，不能过苛过严。1957 年 12 月 8 日，中坪小学五年级一学生，一贯表现顽劣，11 月 15 日在中坪场上戴国民党的党徽，辱骂人民领袖，不堪再行教育，经学校提出，区、局开会讨论，给予开除其学籍。1958 年 1 月 11 日，省厅制发《贵州省中学师范学生学籍管理暂行办法》，该办法自 1957—1958 学年度第一学期起试行。8 月，全县学年初有中学生 616 人，学年中入学 5 人，转出 1 人，因病休养 1 人，开除及勒令退学 8 人，流失 85 人，学年末有学生 518 人。1959—1960 学年度第一学期，全县初中增加学生 5 人，其中转入 4 人、复学 1 人，减少学生 139 人，其中，转出 15 人、患病离校 14 人、经济困难离校休学 33 人、参加工作生产离校 46 人、参军离校 23 人、被学校开除 2 人、勒令退学 2 人、勒令休学 2 人、流失 1 人。1963 年 1 月，教育部下发《关于当前中学教学工作的几点意见》，强调学校和教师必须加强各门功课的平时考查，考试的次数不宜过多，规定每学期只举行期中、学期或学年两次考试，期中只考主科。1966 年 6 月，教育部下发《关于中学和师范学校招生工作的规定》指出，为了鼓励学生重视在校平时学习，启发他们在学习期间能自觉地做到身体好、功课好、品行好，逐步实行保送升学的办法，保送一部分品学兼优、身体健康的高小和初中毕业生免试升入初高中，保送名额不超过 15%。学生违反学校纪律时，应着重说服教育，必要时得给予批评和警告，如有严重违反校规屡教不改的，经过校务会议通过，报请省文教厅批准令其退学。“文化大革命”时期，学校一切规章制度都被视为对学生的“管、卡、压”全部取消，学校管理混乱。粉碎江青反革命集团（“四人帮”）后，学校正常教学秩序逐步得到恢复，采取一些过渡性办法，适当控制留级生比例，适当放宽升级、毕业的要求，按照学生实际程度分别编班进行教学等，并逐步恢复和建立学校所必需的学籍管理制度。

畢業證書

學生 鄭維錫 係 貴州省 甕安縣(市)人現年 十三 歲 在本校 六年級 班修業期滿 成績及格准予畢業

此證

校長

公曆一九五 年 月 廿 日

(小學校適用)

1955 年毕业证书

1987 年 8 月 26 日，教育局下发《关于加强我县中、小学学生学籍管理的通知》规定，中小学必须填报学籍卡，经认可后方才承认其学籍。小学升初中，初中升高中、中专，高中生参加高考，必须持学籍卡方可办理报考手续，无学籍卡者不予录取，高中毕业生登记表填报栏目必须以学籍卡栏目为准。学籍卡由学生就读学校填写、保存，若转学须经就读学校同意办理转学手续，并将转学手续及学籍卡交由转入学校保管和管理，否则转学不予承认。小学一年级由区教办将各校新生报名册收齐到县教育局办理学籍手续，初一由各区教办按照县招委录取名单清理学籍卡送县局加盖学籍管理专用章后转送录取学校，初二、初三学生按1986—1987学年度档案卡学生数到县局建立学籍卡。高中学生重新建立学籍卡。

1991年，县教育局完善各级各类学校学籍管理制度，做好高中、初中及小学学籍管理，制止学校乱收转学生、随意赶撵差生、乱收费等现象，控制留级生、复读生比例，减少重复教育，保证学校正常教学秩序。1992年，职业中学退学24人。1993年，职业中学转入21人，退学55人。

2000年1月10日，教育局出台《关于进一步加强中、小学学籍管理的规定》，执行《贵州省实行义务教育入学通知书和证书制度的意见》，各学校配合乡镇政府，在新学年开始前15天，将应接受义务教育的儿童、少年的入学通知书发给其父母或者其监护人，父母或监护人必须按通知要求送子女或被监护人入学。各乡镇对每一名适龄儿童、少年的入学情况要逐一登记造册，登记册要加上序号（即文化户口簿页码）。小学和九年制学校以辅导站为单位，独立中学、完中以校为单位均于每年9月中旬到局办理学籍。小学生学籍六年有效，初中、高中学生学籍三年有效。小学、初中、高中均不得留级，对出现留级生的学校，要追究站、校长的责任。各级各类学校，特别是中学，在义务教育阶段一律不得私自招收无任何手续的学生进校就读，每发现学校私自招收1名所谓“借读生”，即对该校处以1000元罚款，累计计算。因父母工作调动或迁居，需办理转学手续的学生，必须持调动证明、迁居证、学籍卡、素质教育报告书、户口证，才能在居住片区所辖学校办理转学手续，学校不能收取借读费和转学费。考生必须在取得学籍的学校报名参加考试，学籍和考籍在同一学校管理，不得跨校参加高中毕业会考，普通高中原则上不接收借读生。制定中小学生休学手续制度，对患有传染病或住院需休学的学生，小学生到乡镇教育辅导站办理审批手续，初中学生到县教育局指定的医院复查、确诊，方能批准休学。高中学生因病或其他特殊原因，不能坚持学习的，由学生或家长写出申请，附县级以上医院证明，班主任、学校签署意见后，由学籍管理人员到县教育局办理休学手续，经州教育局批准、县教育局备案后方可。中考、高考前各校严格审查学籍后，按初三、高三毕业班学生登记表的学籍号顺序造册办理初、高中毕业证，学生凭初、高中毕业证报名参加中、高考，对未办初、高中毕业证就报名参加中、高考的学生，视为弄虚作假，一经查实，取消该生报考资格，并追究有关招生人员和站、校负责人责任。2001年9月18日，教育局出台《关于进一步加强中小学学籍管理的规定》，继续执行《贵州省实行义务教育入学通知书和证书制度的意见》，家长或监护人依法送子女或被监护人入学，义务教育阶段实行就近入学原则，各级各类学校特别是县城中小学一律不得自行招收无任何手续的学生进校就读。各乡镇教育辅导站、中小学明确专人管理学生学籍，建立健全学籍档案管理制度。是年，对全县中小学生学籍进行清理，专门对全县初中毕业生7657人、高中毕业生 1276 人的学籍进行审查。2003 年 8 月 4 日，教育局发《关于进一步加强和规范中小学学籍管理的通知》，各校开学前 15 天将适龄儿童、少年的入学通知书发放到其监护人手中，县内跨片区就读的义务教育阶段学生，学校不得收取书杂费外的任何费用。义务教育阶段学生不得留级，县城初中、高中不得转学，其他学生正常转学由原就读学校和接收学校校长签字，到教育局教育股办理转学手续，高中学生转学需报州教育局基础教育科审批方可转学。对再违反学籍管理规定招学生的老师，经查实，学校负责人年终考核为不合格，老师顺向调到所挖学生学校或缺编学校任教。各中小学要明确专人管理学籍，执行学籍管理规定，确保学校管理工作规范化、科学化、制度化。

2005 年 2 月 28 日，县教育局出台《关于规范学籍管理的规定》，凡在县内学校就读的学生，按户籍所在地办理学籍，初一学生学籍办理由小学毕业学校与户籍所在地初级中学审核后办理，中小学学生实行学籍编号建档管理，小学生学籍由乡（镇）所在地中心学校管理（雍阳镇由县教育局管理），初中生学籍由县教育局建档管理。中小学生因父母工作调动需转学，持父母调动文件原件，经转出、转入学校同意后办理转学；因特殊原因确需转学，经转出、转入学校同意后办理；未经转出学校同意，未办理转学手续，任何学校不准接收就读。2008 年，州公安局、州教育局下发《关于落实我州部分中学学生户籍管理有关问题的通知》，学生户籍地派出所凭《××中学录取通知书》办理迁移手续，中学所在地派出所凭《××中学录取通知书》和“户口迁移证”为学生办理集体户口入户手续；学生户口只能办理迁往所录取的学校，不得办理学校以外的其他迁移手续，学生入校户口以大中专院校集体户口管理方式进行管理，学生迁入和迁出其原户口性质不变；学生在校学习期满，被有关大中专院校录取的，凭大中专院校录取通知书办理户口迁出手续，未被大中专院校录取的，由中学出具相关证明将户口选辑原籍。学生学习期满，户口可以在学校保留至当年 11 月 30 日止，按期不办理户口迁移手续的，由学校负责督促办理；在办理相关户口迁移时，各级教育部门、公安部门要严格按照相关政策执行，严禁高考移民；各级教育部门、公安部门要互相配合，做好州内跨县（市）中学学生户籍管理工作，在具体执行中对存在的问题及时反馈信息，以便完善有关政策；本通知涉及的学校及生源，仅限黔南州范围，跨地区生源，不属本通知之例。3 月 20 日，县教育局下发《关于印发〈瓮安县中小学学籍管理细则〉的通知》，学籍管理实行分组负责制，高中学籍管理由学校和县教育局负责，实行学籍和考籍的统一管理；初中及雍阳镇城区小学学籍管理由学校和教育局负责；雍阳镇的村级小学学籍管理由学校和城关一小负责，其他乡镇中心校、村级小学学籍由学校和乡镇中心校负责。小学招生按片区招收 6 周岁适龄儿童就近入学，农村条件不具备的地区可按 7 周岁入学，任何公办学校不得拒收本片区内有常住户口的适龄儿童按时入学。招生班额小学一般为 45 人、中学为 50 人。接收正常转学学生后，小学班额一般不超过 50 人、中学为 50 人，推行小班化教学的学校，班额可掌握在 30 人左右。

2009 年 4 月 8 日，州教育局下发《关于召开全州普通高（完）中校长会的通知》，决定召开全州普通高（完）中校长会，传达2009年高中招生工作改革精神，商讨2009年高考目标，完善2008年高一新生注册手续，规范普通高中学籍管理工作，布置2009年高中招生计划申报等工作。17日，县教育局发《关于印发〈中小学学籍管理补充规定〉的通知》，9月中旬，全县各中、小学学籍管理上报（小学上报中心校、中学上报教育局），9月25日—30日为各乡镇小学上报教育局时间，上报的学籍管理数据包括学校信息数据、学生基本信息数据、学籍变动数据（小学2~6年级，初中8~9年级），并在相应的学籍管理部门办理变动手续。各校一年级、七年级招生时，按户籍姓名给学生报名注册，户籍姓名与文化户口卡姓名不相吻合的，在文化户口卡中加写曾用名。

瓮安县义务教育阶段学籍管理档案（2015年摄）

2015年，执行县教育局发《瓮安县教育局关于进一步加强中小学生学籍管理工作的通知》，成立瓮安县中小学生学籍管理工作领导小组，领导小组负责统筹全县中小学学籍管理工作，下设办公室在教育局教育科，各中小学也要成立相应的学籍管理工作领导小组，指定学籍管理专门人员，抓好本校学籍管理，做到学籍管理数据采集、审核、录入、上报、更新与系统应用等工作常态化，做到学生学籍信息全面、真实、准确、有效。各学校加大经费投入，为学生学籍管理提供专用电脑、打印机、扫描仪、照相机等，接入宽带网络，确保学生学籍信息化管理有效运行。学籍管理人员每天打开学籍管理系统，查看是否有信息办理业务，并在第一时间内处理学籍管理相关事宜；按照教育部《中小学生学籍管理办法》和《贵州省学籍信息化管理实施细则》及时办理学生异动手续；做好学生成长记录，在学籍系统中准确记载学生的成长历程；做好学生学籍管理纸质档案资料建设，将《学生学籍信息采集表》在校学生名单保存并备份，开学报名表和休学、复学、转学等相关证明材料等分类装订装盒保存；做到学籍信息管理准确化，做好文化户口中学龄人数与系统中就学人数对账、在校生人数与系统录入人数对账、统计汇总数与学校统计数对账、上报数据与本级系统数据对账（简称“四对账”），做好文化户口中学龄人数与系统中在校生数相对一致、学籍系统录入人数与实际在校生数相对一致、上报数据与系统数据相对一致、学籍数据与相关教育事业年报数据相对一致（简称“四一致”）。未经学籍主管部门授权，除学籍管理人员之外的其他人员不得登录学籍管理系统，未经核实不得更改学生相关信息，不得将登录密码借给他人使用，严禁学籍信息泄漏，做到密码不泄漏、信息不公开、不外传。严禁个人私自接收转入学生，严禁违规办理转学、休学手续，严禁拖延学籍异动核办时间；严禁在学籍办理过程中弄虚作假，严禁以虚假信息建立学籍，严禁“有人无籍”“学籍空挂”，严禁不足龄生进入学籍，严禁变相休学留级。

表 10-5　　1989—2015 年瓮安县学生异动统计表

单位：人

年度	类别	增加学生数					减少学生数							
		合计	招生	复学	转入	其他	合计	毕业	休学	退学	开除	死亡	转出	其他
1989	小学	12048	10944	87	167	850	12812	5275	546	1183	1	39	382	5386
	初中	3539	3192	155	48	144	4712	3730	124	136	1	3	219	499
	高中	550	475	21	14	12	478	456	6	5	1	3	6	5
1990	小学	11434	10169	1055	27	183	12336	7434	856	1011	3	48	32	2952
	初中	3593	3448	62	21	62	3551	3318	47	145		2	3	36
	高中	567	556	2	3	6	496	419		15			21	41
1991	小学	11157	10024	356	537	240	11967	12331	349	502		44	1573	1730
	初中	4695	4492	87	91	25	4335	3085	34	205		2	154	855
	高中	891	882	6	3		523	551	1	20			4	28
1992	小学	14558	10407	1568	81	2502	14145	7281	290	2587	1	17	174	3795
	初中	4497	4162	136	77	122	4201	3183	40	385	4	2	232	355
	高中	715	684	23	8		453	355	10	47			11	30
1993	小学	9907	9336	539	32		11775	8031	403	1471		51	48	1771
	初中	5135	4872	65	8		4940	3249	40	896	1	6	116	434
	高中	547	537	6	4		556	481	8	51	1		8	7
1994	小学	11264	9938	453	700	173	11573	8698	375	1165	2	43	676	614
	初中	6043	5778	33	102	130	4574	3471	65	431	1	5	93	508
	高中	917	874	4	3	36	993	763	15	90			5	120
1995	小学	11452	11115	204	47	86	11112	9104	162	794		36	283	733
	初中	7085	7544	48	108	105	4448	3542	65	532	2	11	73	223
	高中	1083	1067	16			688	589	14	62	2			21

续表10-5

年度	类别	增加学生数					减少学生数							
		合计	招生	复学	转入	其他	合计	毕业	休学	退学	开除	死亡	转出	其他
1996	小学	11806	10904	160	379	363	11912	9095	123	130		31	915	1618
	初中	9368	8776	92	232	268	6448	4310	109	302	4	7	385	1331
	高中	1213	1205	7		1	645	468	11	9			3	154
1997	小学	9923	8778	196	860	89	11158	8722	202	73		34	1828	299
	初中	8623	8253	155	124	91	6587	5008	114	140	1	4	806	514
	高中	1660	1648	4	5	3	948	806	16	52			8	66
1998	小学	9090	8128	198	699	65	10923	8759	247	215		37	1385	244
	初中	9139	8401	449	126	154	7124	6139	211	214		9	329	168
	高中	1545	1545				1254	917	20	105			10	202
1999	小学	9329	8399	294	544	92	10362	9047	238	309		20	692	56
	初中	8577	8071	283	158	65	8907	7849	142	358		6	435	117
	高中	1932	1928	3	1		1238	960	1	69		1	66	141
2000	小学	8844	8306	189	289	60	10963	9749	122	387		30	471	204
	初中	8303	8070	113	98	22	8705	7615	58	405		8	481	138
	高中	2191	2191				1615	1292	28	218			4	73
2001	小学	12854	8570	232	3813	239	14976	10438	106	231		38	3739	424
	初中	9396	9205	63	94	34	8338	7657	42	328		6	128	177
	高中	2369	2342	19	4	4	1801	1276	31	86		1	8	399
2002	小学	11159	8571	131	2280	177	12999	10171	110	180		16	2339	183
	初中	9618	9505	17	93	3	8330	7642	41	369		7	203	68
	高中	2341	2330	8	3		2271	1608	35	196		2	9	421
2003	小学	10061	8237	122	1425	277	11573	8616	116	93		24	1868	856
	初中	8345	7998	35	205	107	8465	7807	51	255		14	174	164
	高中	2388	2360	20	8		1997	1528	34	119			11	305
2004	小学	9692	7937	96	1491	168	10307	7881	107	70		15	2075	159
	初中	7872	7521	36	266	49	9471	8722	24	220		13	446	46
	高中	3032	2832	25	14	161	2043	1717	19	92		1	8	206
2005	小学	9094	7079	69	1817	111	10726	8047	94	33		17	2339	196
	初中	8364	7943	128	268	25	9186	8608	57	251		2	209	59
	高中	3430	3374	44	12		2403	2072	16	100			10	205

续表10-5

年度	类别	增加学生数					减少学生数							
		合计	招生	复学	转入	其他	合计	毕业	休学	退学	开除	死亡	转出	其他
2006	小学	8734	6635	66	1877	156	10202	7866	57	14		24	2164	77
	初中	11562	10828	247	403	84	11325	9778	110	391		5	586	455
	高中	3000	2965	16	19		2811	2169	20	214			100	308
2007	小学	9030	5736	109	3030	155	11343	8054	107	23		10	2864	285
	初中	8371	7863	112	261	135	8540	7273	102	322		6	641	196
	高中	3135	2951	43	51	90	3019	2335	23	193			149	319
2008	小学	8706	5426	57	2928	295	11506	8367	71	27		12	2820	209
	初中	8592	8164	109	316	3	8466	7362	60	373		7	443	221
	高中	3938	3802	34	144		3939	3455	30	161		1	218	74
2009	小学	7567	5127	50	2388	2	10505	7798	106	15		10	2572	4
	初中	8002	7608	60	327	7	8233	7166	81	370		10	447	159
	高中	3411	3312	21	59	19	2638	2133	26	125		1	24	309
2010	小学	7669	5156	52	2398	63	10650	7758	50	8		3	2711	120
	初中	8059	7633	62	342	22	8324	7188	129	315		10	544	138
	高中	3557	3415	30	25	87	3186	2712	40	262		2	62	108
2011	小学	7552	5274	50	2187	50	10013	6993	61	3		7	2920	29
	初中	7308	6864	129	309	6	8634	7536	96	289		4	659	50
	高中	4197	4035	40	47	75	3223	2751	61	208		2	35	166
2012	小学	7500	5091	65	2344		9073	6122	44			6	2901	
	初中	6819	6206	99	514		8076	6980	105	266		3	722	
	高中	3981	3920	55	6		3431	2982	46	213			85	105
2013	小学	7781	4772	56	2953		8613	5765	78	9		8	2750	3
	初中	6719	5938	76	703	2	8339	7091	118	293		6	819	12
	高中	4258	4187	25	46		3687	3158	138	140			166	85
2014	小学	9010	6000	70	2938	2	7619	5170	60	3		6	2380	
	初中	6250	5442	127	680	1	7181	6347	102	198		3	531	
	高中	3851	3718	35	98		4016	3559	46	195			96	120
2015	小学	8505	6422	70	1998	15	6558	4964	37			5	1551	1
	初中	5668	5216	70	360	22	6619	6105	69	101		3	341	
	高中	3631	3609	7	15		3865	3639	10	173			7	36

第十一章

素质教育

SUZHI JIAOYU

全县中小学生篮球运动会开幕式表演

全县中小学生、幼儿书画

学校文化艺术节

猴场小学大课间—龙狮舞

第十一章　素质教育

SUZHI JIAOYU

清末，学堂“培养通材，首重德育”。民国时期，“三民主义”为中华民国教育宗旨。1951年，全国中等教育会议提出“普通中学的宗旨和培养目标是使青年一代在智育、德育、体育、美育各方面获得全面发展”。十七大、十八大均把“实施素质教育”“培养德智体美等方面全面发展的社会主义建设和接班人”作为教育方针的重要内容。

第一节　德　育

清末，小学堂以“忠君”“尊孔”为宗旨，对学生进行思想品德教育。小学堂均设修身课及读经讲经课，向学生传授纲常伦礼和孔孟之道。学部颁发《各级学堂管理通则》，从语言、容止、行礼、做事、交际、出游等方面考查学生品行。清光绪二十八年（1903）颁发的《奏定学堂章程》规定，“立学宗旨，无论何等学堂，均以忠孝为本，以中国经史之学为基，俾学生心术一归于纯正，而后以西学论基知识、练其艺能，务期他日成材，各适其用，以仰付国家造就通材，慎防流弊之意”。光绪三十二年（1906），学部规定的教育宗旨，共分两类五条：第一类为“忠君”“尊孔”两条，第二类为“尚公”“尚武”“尚实”三条。是年颁布“上谕”称：“学堂以中学为主，西学为辅，培养通材，首重德育，并以忠君、尊孔、尚武、尚实诸端定其趋向。”

民国时期，小学以“三民主义”“四维”（礼、义、廉、耻）、“八德”（忠、孝、仁、爱、信、义、和、平）为内容向学生进行思想品德教育。学校先后开设修身、公民（初小为社会)、三民主义、党童子军、党义、公民训练等课程，系统地、集中地对学生灌输一个主义（三民主义)、一个政党（中国国民党)、一个领袖（蒋介石）的思想。在每周一的纪念周活动、每天的升降国旗仪式、节日、纪念日、集会等进行思想品德教育，在这些活动中，校长或训育主任均要读《总理遗嘱》“总裁训导”，给学生训话。

民国元年（1912）1月，颁布《普通教育暂行办法》和《普通教育暂行课程标准》，对清末的教育进行改革，废止旧时奖励出身、废除“忠君”“尊孔”的教育宗旨，并培养以公民道德为主的教育宗旨。9月，教育部公布新的教育宗旨：“注重道德教育，以实利教育、军国民教育辅之，更以美感教育完成其道德。”民国4年（1915)，袁世凯以大总统的名义公布七项教育宗旨：“爱国、尚武、崇实、法孔孟、重自治、戒贪争，戒躁进”，并颁布《复学校祀孔令》《整饬伦常令》等，通令全国学校遵行。民国17年（1928)，国民政府提出“三民主义”为中华民国教育宗旨。恢复民族精神，发扬国有文化，提高国民道德，锻炼国民体格，普及科学知识，培养艺术兴趣，以实现民族主义；灌输政治知识，养成运用四权之能力，阐明自由界限，养成服从法律之习惯，宣扬平等精义，增进服务社会之道德，训练组织能力，增进团体协作之精神，以实现民权主义；养成劳动习惯，增高生产技能，推广科学之应用，提倡经济利益之调和，以实现民生主义。并提倡国际主义，涵养人类同情，期由民族自决进于世界大同。为了控制学生思想，在中学普遍开设公民课和党义课，建立训导制度，规定每所学校都要将“四维”（礼、仪、廉、耻)、“八德”（忠、教、仁、爱、信、义、和平）制匾悬挂，以资启迪，匡正人心。民国21年（1932)，小学开展蒋介石提倡的“新生活运动”，把“礼、仪、廉、耻”贯穿于“衣、食、住、行”之中，以达到发扬“中华民族固有道德”、养成“健全的公民”为目的。民国22年（1933)，小学公民训练按国民政府制定的整法、秩序、诚实、互助、勇敢、健康、公德、节约、爱国、敏捷、劳动、勤勉、合作、生产、仁爱、雪耻、谦和、负责等18项进行。民国24年（1935)，利用升降国旗、国父纪念周及国民月会实施精神训练，特别注重国父遗教和总裁训示，树立民族至上、国家至上的观念。利用各种集会讲解《青年十守则》的要义，并以此为考查学生思想言行的标准。民国28年（1939)，教育部正式规定“礼义廉耻”为各级学校的共同校训，并颁布《训育纲要》规定：“修己”要做到“格物致知，正心诚意”，“善群”要做到“亲慈子孝，兄友弟恭”等，进行封建伦理教育，将道德格言作为训育目标和信条。

1951年5月8日，县政府发出指示，在各级学校深入开展抗美援朝及肃特教育，并将学习宣传情况进行汇报。1955年，教育部公布《小学生守则》，共20条。1957年11月2日，县人委会出台《关于加强小学学生社会主义思想教育》的通知，各小学以省教育厅制发“以反右派为中心内容对小学生进行社会主义思想教育的讲话要点”编拟成教材对学生进行社会主义思想教育，介绍本地右派斗争大辩论“什么是右派”“为什么要进行反右派斗争”“热爱共产党，保卫社会主义”等内容。7日，县文教局下发通知，全县加强小学生社会主义思想教育，根据省厅制发“以反右派为中心内容对小学生进行社会主义思想教育的讲话要点”

编拟教材，供各校对学生进行教育，各校利用周会时间向学生作系统报告。1958 年，文教局制发《关于我县 1957—1958 学年度第二学期小学教育工作的意见》，要求做好学校政治思想教育和思想改造工作，让学生理解学习各科的目的性、科学性和思想性，利用周会课的教学，贯彻小学生守则，进行劳动教育，提高教育质量。5 月 15 日，县教育局转发关于贯彻《中共中央关于改革和加强中小学德育工作的通知》的意见，要求组织全体教师学习。教育部门研究和改进学生操行评定办法，在升学问题上，对品学兼优的学生给予优先照顾，做到德育、智育互相促进。

忆苦思甜（1978 年摄）

1963 年，小学贯彻教育部重新制发的《小学生守则》共 8 条。在小学开展“学雷锋，创三好”活动，开展“我和雷锋比童年”的班队主题活动，请老工人、老贫农、老干部、老党员（以下简称“四老”）讲家史、村史、厂史、社史（以下简称“四史”），参观阶级斗争展览。以阶级教育为纲进行社会主义教育，学习“南京路上好八连”及吴兴春的模范事迹，组织学生参观访问及撰写家史、村史，采取集中劳动与分散劳动相结合的办法，并对毕业班进行“一颗红心、两种准备”的思想教育，结合“一二·九”纪念开展校庆活动。1964 年，对学生进行“反修防修”教育，开展学习毛主席著作、访贫问苦、忆苦思甜活动，对学生进行阶级和阶级斗争教育。

“文化大革命”中，江青反革命集团（“四人帮”）推行极“左”路线，教育小学生“宁要社会主义的草，不要资本主义的苗”，利用“一个小学生的来信”和“日记摘抄”批判所谓的“师道尊严”。

中国共产党十一届三中全会后，学校重点对学生进行坚持四项基本原则的教育和共产主义思想品德教育以及法制教育。1981 年，教育部正式颁布《小学生守则》，学校按《小学生守则》执行。州教育局制发《关于加强中小学思想教育工作的意见》，对学生进行以马列主义基本知识和四项基本原则教育，共产主义道德品质和法制教育，爱国主义和民族团结教育，远大理想和为祖国为人民服务教育，开展“五讲四美”“学雷锋、树新风”和“创三好”活动。1989 年 10 月 5 日，州教育局转发省教委文件，要求开展好“热爱中国共产党、热爱社会主义祖国、热爱中国人民解放军”的三热爱教育活动。13 日，县教育局转发黔南教育第69、78号文件，要求各区（镇）学办总结交流贯彻县德育工作会议和这两个文件的经验，于12月底前交书面汇报材料到县教育局。北京发生政治风波，教育要做好德育工作，开展好“三热爱”教育活动，在全县推广《小学生日常行为规范三字歌》。1991年，东欧和苏联被“和平演变”，学校对师生进行形势教育、爱国主义教育和社会主义思想教育。组织全县各级各类学校教师学习江泽民总书记给李铁映、何东昌的信，学习江总书记在建党70周年大会上的讲话和鲁迅诞生110周年纪念大会上的讲话，学习社会主义基本理论，学习县委书记傅绍斌关于东欧和苏联局势变化的形势报告。要求学校通过升降国旗等各种形式的活动对师生进行近现代史教育、国情教育、革命传统教育、爱国主义教育、集体主义和革命理想教育。全县建立乡以上中小学独立党支部48个，占乡以上中小学的92%。开展师德教育和遵纪守法教育，组织教师学习、讨论、实施国家教委颁发的《教师职业道德要求》和州教委制定的《教师职业道德十条实施细则》，落实《中小学生日常行为规范》，把德育工作放在学校工作首位，学校与社会、家庭联系建立学校关协分会和家长学校。县教育局派2人到省教育学院参加德育工作培训学习。3月和5月，组织中小学党支部书记、校长和教导主任等参加德育评估培训班学习，订购《贵州省中小学德育评估方案》3000多册发给全体公民办教师。5—8月，各级各类学校进行德育自评。9月，县局组织德育评估工作组80余人，分8个小组分别对全县21所中小学德育工作进行复评。10月下旬，接受州教委组织的德育评估督导复评组的复查评估。是年，职业中学被评为省德育工作先进单位，天文中学、城关一小、珠藏小学被评为州德育工作先进单位，教师5人被评为州德育工作先进个人。

1992年3月13日，县教育局、教育工会发《关于转发黔教师通〔1992〕46号文件的通知》，组织参加省教育委员会举办的“教师职业道德”知识竞赛，竞赛内容为教师职业道德的基本理论知识和《中小学教师职业道德规范》，以问卷形式出题，题目刊登在《贵州教育》第4期和《贵州教工》第4期，参赛答卷于7月31日前邮寄至省师德知识竞赛办公室。4月15日，县教育局发《关于举办国情教育培训班的通知》，各乡（镇）辅导站站长和公办中小学校长参加，培训时间为4月29—30日，培训内容为教育股发《中小学加强中国近现代史及国情教育学习资料》（1—5册）。23日，县局转发中宣部、国家教委和省宣传部、省教委《关于进一步组织中小学干部、教师学习社会主义理论的通知》，要求各校

特殊学校开展感恩活动（2015年摄）

组织教职工学习社会主义理论，抓好学校德育工作和“两史一情”教育工作。1993年，各校开展每周一升旗、周六降旗活动，对学生进行爱国主义教育、理想教育、辩证唯物主义教育、遵纪守法教育、集体主义教育、社会公德教育等。各站、各中学，在清明节组织学生到烈士凌园举行扫墓活动。

1994年，组织教师学习《中国教育改革和发展纲要》《中华人民共和国教师法》《中华人民共和国义务教育法》《邓小平文选》、中共十四届四中全会《决定》《中共中央关于进一步加强和改进学校德育工作的若干意见》等，印发《义务教育法》50000册发给小学三年级以上学生，各学校制《教师法》塑料牌挂于办公室。组织教师学习国家教委颁发的《教师职业道德要求》和州教委发“教职工道德十条实施细则”。4月，县教育局开展向边远贫困地区失学儿童献爱心“希望工程教育”活动。“六一”节，县教育局与团县委联合表彰“瓮安县十佳少先队员”“瓮安县首届十佳辅导员”。9月10日教师节，教育局组织“卡拉OK比赛”“演讲比赛”。1995年，瓮安县校外爱国主义教育基地主要有冷少农烈士故居、红军抢渡乌江天险战斗遗址、江界河大桥、猴场会议纪念碑等，冷少农烈士故居位于瓮安县城南三公里处的高庄村，红军强渡乌江天险战斗遗址位于瓮安县龙塘乡江界河村，江界河大桥横跨瓮安县龙塘乡江界河震天洞两岸，猴场会议纪念碑位于草塘镇北1千米处的宋家湾。4月28日，省委宣传部、省人大、省教育委员会、省司法厅、省教育工会联合发出《关于学习宣传和贯彻实施〈中华人民共和国教育法〉的通知》的通知，《中华人民共和国教育法》将于1995年9月1日起施行，各级教育行政部门要与其他有关部门加强协作，密切配合，共同做好贯彻实施《教育法》的有关工作。8月31日，县委宣传部、教育局、广播局、县文化局、县妇联、团县委、县新华书店联合发《关于第二届青少年“热爱祖国做‘四有’新人”读书活动的表彰决定》，表彰特等奖10人、一等奖20人、二等奖30人、三等奖35人、优秀奖262名。

在冷少农故居祭奠革命烈士（2009年摄）

1996年，为小学三年级以上和初中学生征订《未成年人法制教育读本》40000余册、《儿童法庭漫画》8000余册。组织开展全国第二届青少年“热爱祖国做四有新人”读书活动，有20所学校的学生11500余人参加，师生393人获表彰。

1997年，江界河“红军抢渡乌江战斗遗址”被省委、省政府命名为首批省级爱国主义教育基地。1月18日，县教育局出台《关于“九五”期间加强精神文明建设的实施规划》，对思想理论学习、德育评估、“三五”普法等进行规划，学习法律法规理论，开展精神文明建设活动，解决校园内黄、赌、毒、脏、乱、差等。3月，表彰“文明学校”5所、“文明教师”10人、“文明班级”10个、“文明学生”41人、“文明家庭”8个。4月1日，教育局发《关于对全县中小学德育工作进行检查的通知》，成立检查领导小组，对学校德育工领导、德育工作管理、德育工作实效性等三大类进行检查。7月10日，省委宣传部做出《贵州省“学法律、讲道德”宣传教育活动表彰决定》，对全省参加“学法律、讲道德”宣传教育读书活动的干部、职工和学生200多万人中表彰4600余人，瓮安县师生5人获奖，县教育局获优秀奖。11日，县教育局对全县中小学落实《中共中央关于改革和加强中小学德育工作的通知》《贵州省委、省人民政府关于加强和改进中小学德育工作的决定》《瓮安县委、县人民政府关于加强和改进中小学德育工作的实施意见》及《中共中央关于进一步加强和改革德育工作的若干意见》等文件的做法、经验、存在的问题及工作计划进行检查，检查学校德育计划，政治课、思品课的开设，学科德育的渗透，班主任工作，教师德育工作，团队、学生会工作，劳动、劳技教育和社会活动，家庭教育和社区教育，校风、校纪等方面的内容。10月5日，县教育局发《关于在全县中小学校开展学习十五大精神活动的通知》，组织全县中小学教师学习江泽民总书记的报告、修改后的《中国共产党章程》，明确中共十五大提出的纲领、方针、任务和政策，每周学习时间不能少于2小时，语文、政治、历史课教师将中共十五大精神融入教学内容中。

实验学校到猴场会议会址开展弘扬革命精神活动（2015年摄）

1998年，德育工作以落实“一纲五法两条例”为主，组织学习《中共中央关于进一步加强和改进学校德育工作的意见》《教师职业道德》。3月20日，县委宣传部、县精神文明办、县教育局、县文体广电局、县民政局、团县委联合发出《关于充分利用我县爱国主义教育基地开展爱国主义教育活动的通知》，瓮安已申报和命名的爱国主义教育基地有“红军抢渡乌江战斗遗址”“冷少农烈士故居”“猴场会议会址”“塔坡烈士陵园”等，全县利用教育基地进行爱国主义教育，推动精神文明建设。清明节期间，县城各单位、各学校党团组织、少先队组织干部、职工、学生到塔坡烈士陵园扫墓，到冷少农烈士故居瞻仰、参观。各乡镇、县直机关、企事业单位有条件的，利用元旦、清明、“五一”“六一”“七一”“八一”、国庆等重大节日，组织干部职工到教育基地开展爱国主义教育活动，《新瓮安》报、县广播电视台对各地各单位开展爱国主义教育活动及其经验的宣传报道。5月4日，瓮安县城区所有学校师生到塔坡祭奠烈士，缅怀英烈，寄托哀思。8日，县委宣传部、县文明办、县教育局联合发《关于在全县学校中开展“创文明学校，做文明师生”活动的意见》，决定在全县各级各类学校开展“创文明学校，做文明师生”活动，开展“讲文明、树新风”活动和创建文明班级、文明寝室、文明食堂、文明处（科）室活动，推进社会公德、职业道德、家庭美德建设。各校落实《中小学生守则》《中小学生日常行为规范》，在“五一”节、国庆节开展活动。清明节，组织县城各中小学、草塘中学师生到烈士陵园扫墓，悼念先烈。城关一小、二小分别与县消防大队、武警中队结成“警民共建文明单位”，县教育局、城关一小、二小、三中师生与团县委、妇联、武装部、驻军举行1998年夏季军民联欢会。

1999年，学校通过国旗下讲话进行爱国主义、集体主义教育，在重大节日开展歌咏、演讲、舞蹈、棋类比赛、体育运动等开展德育活动。在全县举办中华人民共和国成立50周年文艺会演中，县幼儿园获全县一等奖。在宣传部、县总工会联合举办的以爱岗敬业为中心的演讲比赛中，玉华小学教师1人获第二名、瓮安三中教师1人获第四名。国庆节前，开展“三文明”活动，评选天文中学、县幼儿园、城关一小、城关二小等10所“三风”“三化”“校园文化建设”先进单位，并评选“师德标兵”10人、“优秀班主任”10人、“教学能手”10人、“文明学校”10所。2000年2月，组织县城学生参加冷少农诞辰一百周年纪念活动，城关一小和二小分别与县消防大队、武警中队结成“警民共建文明学校”。2001年2月25日，县文明办、县教育局《关于进一步开展“争做文明师生、创建文明学校”活动的通知》，各级各类学校按照文明学校创评条件和《瓮安县文明学校考评量化标准》组织开展“文明学校”创建活动。每年9—10月由县文明办、县教育局对申报“文明学校”的学校进行考评，考评后决定推荐名单，报县委、县政府批准后表彰。7—9月，组织全局职工学习“三个代表”重要思想及“七一”讲话，学习后写出学习心得。组织县城6所中小学生在冷少农烈士故居进行“瓮安烈士在我心中”演讲比赛。9月29日，教育局发《关于征订〈国防教育读本〉的通知》，要求全县征订《国防教育读本》，各乡镇教育辅导站以站为单位征订2本，各中心小学（含城关一、二、三小）以校为单位征订3本，各初级中学（含职中、三中、草中初中部、九年制学校）以校为单位征订5本，高中以班级为单位征订，瓮安中学35本、二中32本、三中4本、草中10本。10月23日，县委、县政府发《关于命名2000年度精神文明建设先进典型的通知》，同意命名2000年度县精神文明建设文明单位5个、文明企业4个、文明学校6个、文明村组5个、十星级文明户53户，取消原命名的岚关乡、银盏乡、银盏学校、草塘镇石家寨村等4个文明单位，瓮安二中、天文镇大塘小学、松坪乡松坪小学、中坪镇艾州小学、鱼河乡鱼河小学、雍阳镇茅坡小学获“文明学校”称号。11月9日，县委宣传部发《关于认真贯彻执行〈公民道德建设实施纲要〉的通知》，各单位、各部门依据《纲要》，制定实施意见，并到县新华书店办理征订《〈公民道德建设实施纲要〉学习导读》的手续。11月19日，教育局下发《关于认真贯彻执行党的十五届六中全会精神和〈公民道德建设实施纲要〉的通知》，各校组织学习《公民道德建设实施纲要》，利用校园广播和国旗下讲话进行宣传，开展演讲、竞赛等活动贯彻落实《纲要》。

2002年3月，县教育局发《关于开展认真学习〈公民道德建设实施纲要〉进一步加强师风建设的实施意见》，实行教师职业道德量化考核，教师“德、能、勤、绩”考核以“德”为首，并组织教师学习贵州省优秀教师刘恩和的事迹。2004年，贯彻落实《中共中央、国务院关于进一步加强和改进未成年人思想道德建设的若干意见》《中小学开展弘扬和培育民族精神教育实施纲要》。8月24日，教育局出台《关于开展“中小学弘扬和培育民族精神月”活动意见》，决定从2004年开始，把每年9月确定为“中小学弘扬和培育民族精神月”，县教育局决定组织开展第一个“中小学弘扬和培育民族精神月”活动，成立活动组织委员会，在9月6日举行全县“中小学弘扬和培育民族精神月”活动启动仪式，组织学生观看“2004贵州关爱心灵小品进校园”系列话剧《特殊作业》。举行中小学生以“弘扬民族精神，做合格建设者和接班人”为主题的演讲比赛，开展中小学生、教师“弘扬和培育民族精神”征文活动，开展文明上网活动，举办“人人知诚信、人人讲诚信”读书活动。县教育局在草塘镇红军长征“猴场会议”纪念馆举行“弘扬和培育民族精神”活动启动仪式，全县参加启动仪式活动的学校有98所，教师880人，中小学生26800余人，乡镇党委政府领导48人，公安、司法等部门62人。宣传部、精神文明建设指导委员会、教育局联合组成“中小学弘扬和培育民族精神”宣讲团，到各学校进行民族精神和未成年人思想道德建设宣讲。城关一小学生1获全州“弘扬民族精神”演讲赛第一名，并代表州参加省比赛获三等奖。

草塘小学学生在州委宣传部、州文明办、县委、县政府承办的“明礼知耻　崇德向善”活动中表演（2014年摄）

2008年3月12日，县教育局出台《关于在全县各中小学深入开展“公民道德建设工程—满意在瓮安”主题活动的实施方案》，各中小学组织全体师生开展一次以“纲要”为主要内容的学习，并进行讨论。利用班会课、教职工政治学习时间，在师生中开展一次以“社会主义荣辱观”为专题的学习活动，要求师生做好学习笔记、写好心得体会。组织学生开展一次题为“学雷锋、树新风”的演讲比赛，利用升（降）旗仪式、报告会、座谈会、大讨论、作文竞赛等形式，进行遵纪守法、道德规范、作文师生教育。参与“整脏治乱”行动，宣传

瓮安二中党员在猴场会议重温入党誓词（2008摄）

20字公民基本道德规范，开展文明教师评比、优秀班主任评比活动，开展“手拉手”“青年志愿者”“树师表形象、做育人楷模”“美化校园、从我做起”“送温暖、献爱心”等德育实践活动。7月14日，县教育局发《“6·28”事件的反思及对策》，要求各级各类学校把德育放在首要地位，做好和谐校园建设，做好家庭教育宣传，与各界联系，减少社会不良风气对学生的危害。9月17日，县教育局发《关于认真组织开展2008年中小学弘扬和培育民族精神月活动的通知》，各校组织学生观看《圆梦2008》和教育部与中央电视台联合举办的“知识守护生命”、中小学安全教育特别节目《开学第一课》。利用德育课等途径组织中小学生学习“抗震救灾英雄少年”事迹，参与“学英雄少年、为奥运添彩，做有道德的人”网上签名活动，组织中小学生观看《“抗震救灾英雄少年”颁奖晚会》光碟。利用学校墙报、板报、广播站、电视台、网络等宣传，组织班会、团会、队会，开展演讲、征文比赛、成人宣誓等活动。11月5日，省共青团、省教育厅、省物价局、省关工委、省少工会发《关于充分发挥〈少年时代报〉作用进一步加强未成年人思想道德建设的通知》，省委十届三次全会总结瓮安“6·28”事件教训，做好青少年思想道德建设，形成“学校—家长—社会”加强青少年思想政治教育的机制，动员社会力量，开展道德、法制教育。《少年时代报》在少年儿童中传达党的声音和要求，宣传社会主义核心价值体系，传播社会主义先进文化，倡导和谐理念、弘扬社会正气、塑造美好心灵。

2009年6月3日，县教育局出台《公民道德建设“满意在瓮安”主题活动2009年实施方案》，各中小学抓住课堂教学、道德教育实践、校园文化等环节，通过集中学习、辅导讲座、讨论交流、报告会、演讲会、主题班会、征文、知识竞赛等形式，利用校园网、校报校刊等进行宣传。利用节假日开展道德实践活动，构建学校、社会、家庭各负其责的未成年人思想道德教育网络，开展示范家长学校创建活动，抓好青少年校外活动场所的建设和管理工作。开设心理教育课，配齐配足心理健康指导老师。组织召开专题报告会，开展“做一个有道德的人”“体验亲情”“和谐校园”“祖国在我心中”等主题实践活动。配合有关部门抓好校园周边环境治理，将学校周边环境净化，做好网吧、游戏室等营业性娱乐场的整治和不良图书的清理工作。9月10日，州教育局做出《关于表彰德育工作先进集体、师德师风先进个人、优秀农村外省外籍教师、德育工作创新先进集体和德育工作创新先进个人的决定》，授予德育工作先进集体单位32个、师德师风先进个人58人、优秀农村外省外籍教师54人、单位德育工作创新先进集体20个、德育工作创新先进个人24人。瓮安县实验学校、瓮安县天文中学、瓮安县珠藏中学、瓮安中学、瓮安县希望中学、瓮安县老坟嘴学校获先进集体奖，瓮安县有4名教师获“师德师风先进个人”奖、5名教师获“优秀农村外省籍教师”奖、5名教师获“德育工作创新先进个人”奖。

大型校园演讲“让生命充满爱”的创始人邹越教授在瓮安中学演讲，家长与学生哭成一片（2011年摄）

2010年，全县学校把青少年学生的世界观、人生观、价值观和心理健康教育纳入教育教学，推进养成教育、感恩教育、励志教育。6月23日，共青团州委、州教育局、州少工委联合发《关于举办全州青少年思想道德教育骨干力量培训班的通知》，培训全州12县（市）少先队辅导员30人，瓮安县2人。7月8日，县教育局发《瓮安县教育局关于继续开展“中小学教师大家访”活动的通知》，在全县教育系统继续开展“中小学教师大家访”活动，采取假期家访和平时家访相结合，班主任及科任教师对本班级学生家访应达60%以上，对困难学生、问题学生、单亲家庭学生、留守儿童的家访率达100%，差生和问题学生的转化、转变率达95%以上。对困难学生、差生、问题生要制定“一对一”的帮扶措施，帮扶率达到100%。2011年5月18日，县教育局出台《瓮安县教育局关于加强和改进未成年人思想道德建设（2011—2015年）实施意见》，对学生进行民族精神教育、诚信教育、文明行为习惯养成教育、感恩教育、法制纪律教育、心理健康教育、禁毒教育和安全教育、社会责任感教育。在学科、班队会课、品德与生活（低年级）和品德与社会（高年级）课中渗透思想道德教育对学生进行未成年人思想道德教育，开展创建书香校园、人文校园、数字校园、绿色校园、文明校园、平安校园等“六大校园”活动。各校创建心理健康咨询室，定期开设心理健康教育活动课。办好家长学校，成立家长委员会，完善青少年校外劳动基地、德育基地和综合实践活动基地。开展“文明使者在行动”活动，组成假日小队，在小区内设立文明监督岗。

2014年4月3日，县教育局发《关于在全县中小学校迅速建设道德讲堂的通知》，各中小学于4月20日前完成“道德讲堂”的建设，宣讲和谐校园创建活动、师生关系、同学关

县教育局举行道德讲堂专题讲座（2015 年摄）

系和谐，学习宣传“教书育人楷模”，学校做好“道德讲堂”活动登记表，制定规章制度。23 日，县教育局发《关于选派 40 名同志参加 2014 年省“千校万师”未成年人思想道德建设骨干教师培训的通知》，选派的 40 人共分 11 期参加“千校万师”培训。10 月 8 日，县教育局下发《关于在全县中小学校建设“道德讲堂”的实施方案》，局机关、学校设立相对固定、专门的道德讲堂，以班级为单位设立班级道德讲堂，开展道德宣讲活动，提升学生道德素质。道德讲堂做到自我反省、唱一首歌曲、看一部短片、诵一段经典、讲一个故事、作一番点评、送一份吉祥或祝福语、向“德”鞠躬等“八个一”规范模式。12 月 28 日，县精神文明建设指导委员会做出《关于表彰瓮安县 2014 年度“明礼知耻 · 崇德向善”道德模范的决定》，授予“明礼知耻 · 崇德向善”道德模范称号 17 人，天文中学和瓮安二中各有教师 1 人获奖。瓮安一小校长被评为全国德育科研先进工作者。2015 年，全县各学校道德讲堂建设完成，对学生进行传统文化教育，让学生了解忠、孝、礼、仪、廉、耻、仁、爱、信、义等内容。

第二节　智　育

宋神宗时瓮水犹道明中进士，明洪武年间草塘宋福瑾中进士。瓮安建县后，有记录的进士 17 人、举人 108 人（其中武举 7 人）。民国 37 年（1948），平定营朱学文考入清华大学。解放初期，瓮安教育质量均处于本专区、本州前列。

1960 年 1 月，黔南州组织初中二年级语文和高、初中二年级数学统考测验，参加这次测验的共有 7 个县、市（缺望谟县）42 所公民办中学，学生 3101 人。瓮安一、二中、三、四中均参加测验，在初二语文测验中，瓮安二中总评分获全州第一名，瓮安四中获全州第四名，瓮安一中获全州第六名，瓮安三中获全州第 32 名。在初中二年级的数学测验中，瓮安一中获全州第二名，瓮安二中获全州第三名，瓮安四中获全州第七名，瓮安三中获全州第十九名。参加高中二年级数测验的有3所学校，其中瓮安四中成绩获第一名，总评分远远高于第二名的成绩。1961年，对各区成绩进行检验，半期分区统考、学期全县统考。在统考中，全县小学语文、算术平均分57.75分，比上年提高2.2分。1962年3月，各学校半期考试成绩汇总后，全县总及格率50%。期末统考中，全县总平均分55.65分，个别学校100%不及格。

表11-1　　期末统考各区成绩统计表

填表日期：1962年1月

区　别	应到人数	实到人数	总平均分	及格率%	名　次
中坪	1070	974	60.29	60.41%	1
雍阳	2300	2100	58.88	64.7%	2
珠藏	1879	1574	57.52	59.71%	3
永和	1038	768	57.26	58.84%	4
天文	884	776	55.11	48.71%	5
草塘	1714	1559	51.61	45.79%	6
玉山	863	748	50.89	48.57%	7
合计	9748	8493	55.94	55.25%	

表11-2　　瓮安各区所在地中心完小半期成绩统计表

填表日期：1962年3月

项目	语　文			数　学		
	参加考试人数	及格人数	及格率	参加考试人数	及格人数	及格率
雍阳	1052	804	76.4	1052	679	64.9
玉山	306	216	70.7	309	199	64.4
中坪	340	230	67.6	338	240	71
天文	290	174	60	295	116	56.3
珠藏	274	158	57.7	266	162	60.9
永和	266	145	54.5	226	165	62
合计	2528	1727	68.31	2486	1561	62.79

1963年，中考由州统一考试、统一录取分配，瓮安中学考生成绩平均分70.5分居全州

第一，草塘中学考生成绩平均分64.7为全州第二名。初中取录成绩中，语文科平均65.5分，算术科平均68.6分，语算平均67.05分，比1962年语算平均增加27.75分。在高考中，瓮安中学为全州第三名。全县35所高小毕业生共653人参加考试，50~80分的占50%，其中100分的有4人、0分3人、50分以下的占33%。1965年11月6日，瓮安中学学生学年成绩及格率为89.4%，总平均分为72.63分，其中贫下中农学生及格率达91.2%，总平均分73.08分。

1989年6月20日，州教育局、共青团黔南州委联合表彰初中、高中三好学生及优秀学生干部，瓮安中学、瓮安二中等16所学校的初中生29人，高中生11人受表彰。1992年，初级中学参加考试人数11444人，及格人数5355人，全科及格人数2971人，留级261人；高中参加考试人数1757人，及格1144人，全科及格787人。

2001年3月8日，教育局发《关于在全县中学生中评选“三好学生”“优秀学生干部”的通知》，在应届高、初中毕业生中评选初中三好学生25人、优秀学生干部26人，高中三好学生27人、优秀学生干部27人。2004年，在全国高中、初中数学、物理、化学、英语和生物竞赛活动中，获奖194人，名列全州前茅。瓮安一小学生获全州“弘扬民族精神”演讲第一名，代表州参加省比赛获三等奖。10月15日、22日，分别举行全县中小学生知识竞赛。2006年，全年组织中小学学生参加国家级、省级竞赛，获奖148人。4月10日，县教育局出台《2006年高考、中考、小学教育、职业教育教学成绩评奖方案》，高考设上线奖、单科成绩奖、高考录取特别奖，中考（全县学校分成三类设奖）设学生成绩集体奖、任课教师单科成绩奖、学生成绩前500名奖（综合素质评介必须是B等及以上，不分类别），小学（全县分为三类设奖）设集体奖、教师教学成绩奖，职业教育设招生任务奖、职中高考奖。

2008年3月15日，县教育局发《关于印发〈加强教学质量监控和学科知识竞赛实施方案〉的通知》，教育质量监控全县1—8年级师生，考查学生学习状况、学生的基础知识和基本技能、学生运用知识分析问题和解决问题的能力。命题以教材为依据，贴近日常生活知识，注重社会实践，适度扩展知识，体现课改精神。4月11日，县教育局发《关于举办瓮安县中小学生首届“农行杯”作文竞赛的通知》，竞赛分小学组、初中组、高中组，小学、初中各设一等奖10名、二等奖20名、三等奖30名、优秀奖100名，高中设一等奖5

瓮安召开适应性考试质量分析暨高考冲刺研讨会（2011年摄）

名、二等奖10名、三等奖15名、优秀奖50名。6月，县教育局组织全县义务教育学校在学年末进行统考，统考科目为一至八年级语文、数学，三至八年级英语，七至八年级政治、历史、地理、生物，八年级物理，在一至六年级抽3科、七至八年级抽3科进行全县统评，对统评科目设一、二、三等奖进行表彰。

2009—2010年，县教育局组织全县义务教育学校在学年末进行统考，统考科目在一至六年级增加品德。2009年，瓮安获黔南州初中教育质量一等奖。12月15日，教育局通报瓮安县参加全国中学生英语能力竞赛情况，瓮安初、高中六个年级学生3000人参赛，其中瓮安中学21人、二中4人、三中4人、四中26人、铜锣中学3人、永和中学1人、玉华中学1人获初赛资格，有75人取得复赛资格，占全州复赛人数的20%。2010年，中考总成绩在全州排名第二。

瓮安县举行"春晖行动——致公学生"选拔测试（2011年摄）

2011年，中考600分以上421人，比上年增加71人，增长率为20.3%；500分以上1774人，比上年增加425人，增长率为31.5%，中考总成绩在全州排名第一。瓮安获黔南州推进普通初中教学质量一等奖、黔南州初中教学质量优秀县（市）一等奖。瓮安组织中小学生参加全国性学科知识竞赛，数学获奖327人次、物理获奖15人次、化学获奖25人次、英语获奖19人次、"希望杯"竞赛获奖227人次、全国中小学"三驾马车"作文获国家级奖25人次、教师论文获省级奖650篇，瓮安县中等职业学校舞蹈"苗家欢"获全国职业院校技能大赛金奖。县教育局组织全县义务教育学校在学年末进行统考，统考科目取消一至六年级的品德科。

2012年，全县中考700分以上54人，比上年增加49人；600分以上754人，比上年增加333人；总成绩在全州排名第一，瓮安四中2名学生名列全州前10名。瓮安获黔南州初中教学质量优秀县（市）一等奖、被评为黔南州普通高中教育先进县。8月20日，州教育局发《关于对2012届普通初中教育教学成绩突出的单位进行奖励的通知》，设初中教学质量一等奖县（市）3个，瓮安县综合分第一。中考参考率奖县（市）3个、教学质量先进学校24所，瓮安四中获一类学校二等奖、瓮安三中获一类学校三等奖，鱼河中学、玉山中学、木老坪中学获二类学校一等奖，天文中学、中坪中学、木引槽学校、永和中学、银盏学校获二类学校二等奖，平定营中学、瓮安希望中学获二类学校三等奖；教学成绩提高先进学校21所、农村小型学校教学成绩先进学校9所，瓮安龙塘中学获总平均分第一；控辍保学先进学校6所，瓮安县木引槽学校获奖；中考参考率奖学校6所、体育成绩先进学校12所，瓮安四中获奖；办学特色先进学校24所，瓮安县白沙中学、天文中学获奖。2013年，中考700分以上38人；600分以上660人；550分以上1254人。

2014年，中考全县700分以上67人，600分以上923人，550分以上1622人。高考录取总人数全州第一，瓮安获黔南州高考质量二等奖。3月19日，县教育局发《关于举办第二届“瓮水杯”中学生英语技能大赛的通知》，决定于11月下旬在县城举办瓮安县中学生英语技能大赛。初中组10个代表队，高中组4个代表队，分词汇争霸赛、话剧表演、英文歌曲演唱比赛、演讲比赛等四个方面。各项比赛分别设一等奖1名、二等奖2名、三等奖3名、优秀奖3名，团体奖设一、二、三等奖各1名。6月3日，省教育厅办公室发《关于公布2013—2014学年度普通高中省级优秀学生的通知》，全省评选省级优秀学生114名人，其中黔南州共5人，瓮安县2人。9月9日，县教育局做出《关于2014年教师节表彰教育教学工作先集体和优秀个人的决定》，表彰优秀校长21人、优秀主任28人、优秀班主任69人、优秀教师92人、师德标兵57人、高考教学成绩优秀奖82人、中考教学成绩优秀奖172人、职校教学成绩优秀奖12人、中职教育技能大赛优秀指导奖25人、优秀支教教师6人、教育工会关工委优秀工作者12人、优秀团支部书记和优秀少先队辅导员12人、学校安全工作先进个人6人、学生资助工作先进个人6人、信息技术建设和教育工作先进个人6人、优秀招生人员6人、优秀报账员6人、优秀财务人员6人、学前教育工作先进个人6人。

表11-3　　2014年教师节表彰项目及奖金统计表

填表日期：2014年9月10日　单位：元

序　号	获奖内容	人数	个人奖金	集体、教师及辅导奖	备　注
1	高考特别奖	1		12000	录取北京大学
2	高考特别奖	2		12000	全县文理科第一名
3	高考教学成绩优秀奖	82		24600	
4	中考教学成绩优秀奖	170		51000	
5	中考全县前五名	7		21000	
6	中考单科全县第一名	9		9000	
7	中考成绩奖			374800	
8	高考全州前十名	1		10000	
9	高考文科全县前十名	10		55000	
10	高考理科全县前十名	10		55000	
11	高考文科上一本线	45		12500	

续表11-3

序　号	获奖内容	人数	个人奖金	集体、教师及辅导奖	备　注
12	高考理科上一本线	412		107700	
13	中考全县总分前十名	10		20000	
14	全省、州中职技能大赛	81		68500	
15	全国中学生生物联赛	8		2800	贵州赛区
16	省第29届青少年科技创新大赛	28		5800	
17	州十一届青少年科技创新大赛	12		720	
18	体育类	82		45000	
19	教研课题奖	35	60000		
20	教师优质课	5	25000		
21	十佳奖	50	100000		
22	中小学抽评科目奖	195	483400		
23	教师论文奖	50	60000		
合计		1305	728400	887420	
累计			1615820		

2015年2月15日，省委宣传部、省科学技术协会、省教育厅等6个单位联合发《2014年贵州省首届青少年科普知识竞赛获奖名单》，共评选特等奖10名、一等奖20名、二等奖30名、三等奖60名、优秀奖400名、先进单位15个、先进个人15人、优秀科普志愿者5人，瓮安二小、木老坪小学、玉山小学、珠藏小学各有学生1人获三等奖，全县学生23人获优秀奖。5月27日，州教育局发《关于对2014—2015学年度普通中学优秀学生、优秀学生干部和先进班集体进行表彰的通知》，表彰优秀学生230人、优秀学生干部108人、先进班集体90个，其中瓮安县优秀学生27人、优秀学生干部13人、先进班集体10个。9月7日，县政府发《关于表彰全县优秀教师和优秀教育工作者及捐资助学先进个人的决定》，在第31个教师节表彰优秀校（园）长20人、优秀教育工作者50人、优秀班主任30人、优秀教师60人、捐资助学先进个人10人、完成高考目标任务奖学校3所、高中教学能手81人、中职教育工作先进个人35人、2015年中职招生先集体13个、初中教学能手180人、义务教育素质监测优秀教学成果一等奖135人、义务教育素质监测集体奖18所、中职教学能手6人、幼儿教育能手10人、优秀幼儿园10所、特殊教育能手2人。10月23日，州教育局、州科协联合做出《关于命名黔南州青少年科技特色学校的决定》，全州表彰学校26所，瓮安县鱼河中学、瓮安二小被授予黔南州青少年科技特色学校。28日，县科技局、县教育局联合做出《关于表彰2015年全国中学生生物奥赛先进集体和先进个人的决定》，表彰先进个人13人，其中瓮安中学11人、瓮安二中2人；辅导教师5人，其中瓮安中学4人、瓮安二中1人。

第三节　体　育

清末，在劝学所开设体育课，各年级每周 3 小时，以普通体操、兵士体操、基本体操等为教学内容，在基本体操中包括传统武术。

民国初期，每周体育课 2~3 课时，体操是必修课。民国 12 年（1923），体操课改称为体育课。民国 15 年（1926）瓮安中学建立后，体育教学定为各班正课，每周 2 小时。早操于每日升旗后举行，冬季改为课间操，课间操为 15~20 分钟。

新中国成立后，课间操成为小学开展的一项体育必备活动，多数学校安排在上午第二节和每三节课之间，时间为 15~20 分钟。1952 年，教育部颁发“四二”制小学教育暂行教育计划和《小学暂行规程》，规定小学体育课为各年级必修课程，每周 2 课时，安排专职或兼职教师按教育部编的小学体育教学大纲、教学参考书和《小学体育教材》进行教学。瓮安全年体育设备费 840.66 万元（旧币），体育活动会费用 239.01 万元。两项费用占文教经费的 1.4%。1 月 13 日，县政府举办全县篮球比赛活动，共有县政府、瓮安中学、公安、教联、岚关（劳动市民）、朵丁（农民）、一区（干部与群众）7 支球队，有运动员 277 人，其中男队员 196 人、女队员 81 人、工人成分 12 人、苦力 1 人、小手工业 11 人、农民 17 人、小商贩 32 人、军人 11 人、学生 104 人、教员 21 人、机关干部 68 人。开幕式上组织广播体操表演，参加的机关干部 300 余人，中小学教职员 313 人，中小学学生 24300 余人。12 月 24 日，瓮安成立体育组织机构，领导全县体育活动，所有人员均属兼职。1954 年 5 月 1—4 日，瓮安县举办第二届体育运动会，参赛项目有径赛、田赛、球类、拔河、跳绳、表演、广播体操（中小学）等，共有运动员 511 人，其中群众运动员 144 人、学生 118 人、公安部队 23 人、干部与教师 226 人。

表 11-4　　1954 年瓮安县第二届体育运动会成绩统计表

序　号	比赛项目	最好成绩	获奖单位	名　次
1	100 米	12 秒	—	1
2	200 米	26 秒	—	1

续表11-4

序 号	比赛项目	最好成绩	获奖单位	名 次
3	400米	65秒	—	1
4	400筐重（140斤米）	77秒	—	1
5	1500米	5分30秒	—	1
6	3000米	10分零4秒	—	1
7	110米高栏	21秒	—	1
8	跳高	1.47米	—	1
9	跳远	5.10米	—	1
10	铅球（12磅）	10.66米	—	1
11	手榴弹	46.32米	—	1
12	撑竿跳高	230公斤	—	1
13	30秒跳绳	96个	—	1
14	乒乓球		—	1
15	扭担竿		—	1
16	400接力	59秒	瓮安中学	1
17	篮球		瓮安中学	1
18	排球		瓮安中学	1
19	拔河		瓮安中学	1

至1956年4月，瓮安已建立体育协会40个，培养等级运动员24人、系统级裁判员8人，训练业余体育积极分子350人，训练射击手250人、教练员9人、业余裁判3人。5月1—4日，瓮安县第三届体育运动会在县城举行，竞赛项目有篮球（男女）、乒乓球（男女）、铅球（男女）、掷手榴弹（男女）、跳高（男女）、拔河（男女）、排球（男子）、低网球（女子）、男子举重、男子100米高栏、女子80米低栏、100米赛跑（男女）、男子400米接力、男子1500米赛跑、女子200米赛跑、女子400米接力，参加比赛的男子篮球队16个、女子篮球队6个、男子排球队9个、女子低网球队6个、男子拔河队12个、女子拔河队5个，参加比赛的男子篮球队共有运动员410人。8月31日，在全县小学教师北京语音训练班课余时间，开展男女篮球赛、男女拔河、男子急行跳远等各种体育活动，男子跳远最好成绩

5.27 米、男子跳高 1.55 米，打破瓮安县历年运动会的纪录。12 月 16—20 日，开办体育干部训练班，来自各乡镇（含学校）的选手 33 人受训学习。

表 11-5　　1956 年瓮安第三届体育运动会球类团队获奖名单一览表

填表日期：1956 年 5 月 4 日

序　号	比赛项目	获奖单位（队名）	名　次	备　注
1	篮球（男子）	星火队	冠军	
		银鹰队	亚军	
2	篮球（女子）	海鸥队	冠军	
		曙光队	亚军	
3	排球（男子）	小学队	冠军	
		银炼队	亚军	
4	低网球（女子）	海燕	冠军	
		合作	亚军	
5	拔河（男子）	公安	冠军	
		合作	亚军	
6	拔河（女子）	合作	冠军	
		农业局	亚军	

1958 年，全县发展农村体协 80 个，厂矿、机关体协 35 个，建立业余体育学校 126 所，有运动员 3165 人。举办县级田径运动会 4 次，参加比赛运动员 1280 人；举办球类竞赛 10 次，竞赛运动员 1500 余人；举办公社或区级、乡镇级球类竞赛 40 余次，参加运动员 3500 余人；培养三级运动员 43 人。1960 年，瓮安举办县级运动竞赛 6 次，参加人数 910 人，3 次选拔到州参加运动竞赛共 190 人。培训教练员 16 人、裁判员 16 人。1965 年，在全县运动会中，乒乓球成为关注重点，男女球员打出推、档、搓、削、扣等球，技术得到提高。

"文化大革命"中，学校体育课被"学军"所取代，开展"红小兵"列队训练。1973 年 7 月 30 日至 8 月 6 日，全省召开小学基层单位小篮球比赛，黔南设 2 个赛区，福泉、三都、都匀市、龙里、贵定、瓮安等 6 县市为第二赛区，比赛地点设在瓮安。1976 年 4 月 27 日至 5 月 4 日，瓮安县召开少年田径运动会，成立组委会，下设秘书组、后勤组、保卫组、裁判组、运动员选拔组等。有中坪、永和、草塘、草塘中学、天文、玉山、玉山中学、煤矿中学、珠藏、雍阳、瓮安中学等共 11 支代表队参加，各代表队领队 1 人、教练 1 人、运动员 25 人，分田赛和径赛，有 20 多个项目。

1978 年，教育部、卫生部、和国家体委联合发《关于加强学校体育卫生工作的通知》，各级学校都严格按《体育教学大纲》《生理卫生教学大纲》进行教学，并认真开展“两课”“两操”“两活动”。1983年，省教育厅转发《关于试行学生毕业、升学、就业体育标准的通知》的规定，学生体育标准评定办法按百分比评定，体育成绩占50分，国家体育锻炼标准占20分，出勤和表现占15分，视力占15分。1985年，贵州省对小学体育教学作安排，各年级均100课时。

表11-6　　体育教学内容和时间比重表

填表日期：1985年3月

内容 \ 百分比% \ 年级		一	二	三	四	五
基本教材	体育基本知识	6	6	6	6	6
	走和跑、投掷、跳跃	24	24	24	24	24
	列队和体操队形、基本体操、技巧、支撑跳跃、单杠	24	24	22	22	22
	游戏	30	30	26	20	20
	武术			6	8	8
选用教材		16	16	16	20	20
总计		100	100	100	100	100

1989年9月23—28日，瓮安组队（小学组、初中组）参加全州中小学第二届优秀体育课评选活动。1994年11月22日，州教委通知，高中毕业生体育合格证由州教委普教科负责验印，小学、初中毕业生体育合格证由县教育局教育股负责验印。1996年，县教育局出台《全面提高教育教学质量先进奖暂行办法》，共设置奖项13种，专设瓮安县体育达标奖，以辅导站为单位体育达标活动施行面达50%以上，在施行体育达标活动的学校中体育达标合格率达85%以上才能参加评选，以后每学年评选1次。1997年4月10日，县教育局发《关于1997年初中毕业生升学体育考试考务安排》，确定初中毕业生体育考试时间为4月21—29日，共设考点7个。1999年，推行《体育锻炼标准》在全县各校实施，中学推行面达100%，小学推行面达94.35%。

2000年，执行《贵州省实施义务教育入学通知书和证书制度的意见》，小学、初中、高中都必须施行《国家体育锻炼标准》，搞好实施学生体育合格标准考核。全县各站、校凭国家体育锻炼标准测验成绩登记表到教育局办理合格证，学生凭合格证参加初中毕业体育考试。9月18日，教育局发《关于举办全县中学生田径运动会的通知》，决定召开全县中学生田径运动会，项目有男子100米、200米、400米、800 米、1500 米、3000米、4×10米接力、跳高、跳远、铅球，女子100米、200米、400米、800米、1500米、4×100米接力、跳高、跳远、铅球。2001年2月，县教育局《关于举办2001年全县小学生田径运动会的通知》，决定于6月在瓮安三小举行全县小学生田径运动会，各乡镇以辅导站为单位

天文中学天然运动场（2009年摄）

组队，一小、二小、三小、草塘小学单独组队，有50米、400米（女）、800米（男）、垒球、立定跳远、沙坑跳远、跳高、跳绳、踢毽、4×100米接力（男、女）等竞赛项目10个。2001年6月1日，全县小学生田径运动会在瓮安三小举行，项目有50米跑、400米跑（女）、800米跑（男）、垒球、立定跳远、沙坑跳远、跳高、跳绳、踢毽、4×100米接力赛（男、女）等，瓮安一小、二小、三小、草塘小学单独组队，其余的以乡镇教育辅导站为单位组队参加。2002年，瓮安县教育局被州体育局评为先进单位。4月15日，县文体广播电视局、县教育局做出《关于批准瓮安县城关三小为县级田径传统学校的决定》，经县文体广播电视局、县教育局联合对瓮安三小进行田径传统学校评估，按县级田径传统学校标准逐项检查，各项指标均符合要求，验收合格，决定批准瓮安三小为县级田径传统学校。5月23—27日，黔南州教育局、黔南州体育事业局在福泉联合举办中学生体育传统项目学校田径比赛活动，瓮安中学组队代表参加。6月26—29日，黔南州教育局、黔南州体育事业局在贵定附小联合举办黔南州小学生体育传统项目学校运动会，瓮安一小、二小组队参加。11月1日，由县委宣传部、环保局、教育局、瓮安报社、县文联5个单位联合举办全县中小学“环保杯”作文大赛。2004年，县教育局举办全县教师篮球运动会。3月8日，县教育局发《关于贯彻落实〈第二套全国中小学（幼儿）系列广播体操〉学生体质健康标准（试行方案）工作的通知》，各中小学在2004年7月3日前完成《学生体质健康标准》的培训，在本学年内完成《第二套全国中小学（幼儿）系列广播体操》的教学，各中小学在9月正式运行《第二套全国中小学（幼儿）系列广播体操》。2005年7月15日，教育局发《关于进一步推进〈学生体质健康标准〉工作的通知》和《实施〈学生体质健康标准〉工作注意事项》《2005年〈标准〉

测试数据上报工作安排》，各校按《标准》上好体育课，在校长的领导下，由教务处、体育教研组、医务室、学生会、班主任等协同配合组织实施。按《标准》对学生个体测试与学生的健康体检结合，避免重复测试，测试后按《标准》评定成绩，记入《学生体质健康标准登记卡》，存入学生档案，作为学校评选三好学生、评定奖学金以及学生毕业的基本条件之一。《标准》从2005年开始执行，原《中学生体育合格标准》《小学生体育合格标准》停止执行。2006年，瓮安中学参加全州中学体育传统学校田径运动会，获团体奖第一名。2007年6月20日，省教育厅发《关于印发〈贵州省初中毕业生学业（升学）体育考试工作实施方案〉的通知》，决定从2008年开始在全省实行初中毕业生学业（升学）体育考试，考试成绩以分数呈现，并计入升学总分。体育考试实行综合性结构评价，分为过程管理评价（即平时成绩）和目标效果测试（即终结性评价成绩）两部分，两部分成绩相加计入升学总分。

表 11-7　　身体素质、身体机能评分标准表

填表日期：2007 年 6 月

项目 分值	50米跑（秒）		立定跳远（米）		掷实心球（米）		台阶试验	
	男	女	男	女	男	女	男	女
15	6.8	7.9	2.50	1.99	12.4	7.8	68	66
14.5	7.0	8.1	2.46	1.95	11.4	7.5	66	64
14	7.2	8.3	2.42	1.91	10.4	7.2	64	62
13.5	7.3	8.4	2.38	1.87	9.4	6.9	62	60
13	7.4	8.5	2.34	1.83	9.0	6.8	60	58
12.5	7.5	8.6	2.30	1.79	8.6	6.7	58	56
12	7.6	8.7	2.26	1.75	8.2	6.6	56	54
11.5	7.7	8.8	2.22	1.71	7.8	6.5	51	49
11	7.8	8.9	2.18	1.67	7.4	6.4	49	47
10.5	7.9	9.0	2.14	1.63	7.0	6.3	47	45
10	8.0	9.1	2.10	1.59	6.6	6.2	45	43
9.5	8.1	9.2	2.06	1.55	6.2	6.1	43	41
9	8.2	9.3	2.00	1.51	5.8	5.9	41 以下	39 以下
8	8.4	9.5	1.94	1.47	5.4	5.7		

续表11-7

分值＼项目	50米跑（秒）		立定跳远（米）		掷实心球（米）		台阶试验	
	男	女	男	女	男	女	男	女
7	8.6	9.7	1.88	1.43	5.0	5.5		
6	8.8	9.9	1.82	1.39	4.6	5.2		
5	9.0	10.1	1.76	1.35	4.2	4.9		
4	9.2	10.3	1.7	1.31	3.8	4.6		
3	9.4	10.5	1.66	1.27	3.4	4.3		
2	9.6	10.7	1.60	1.23	3.0	4.0		
1	9.8	10.9	1.54	1.19	2.6	3.7		

表11-8　　运动技能评分标准表

分值＼项目	篮球运球（秒）		足球运球（秒）		排球垫球（次）		跳绳（次/60秒）		跳远（米）	
	男生	女生	男生	女生	男生	女生	男生	女生	男生	女生
10	9.4	12.0	7.5	8.1	40	35	180	172	4.72	3.90
9.5	11.1	13.4	8.5	10.2	35	30	160	153	4.48	3.66
9	12.8	14.8	9.4	12.3	30	25	140	133	4.32	3.50
8.5	13.7	16.6	10.1	13.3	27	22	130	123	4.16	3.34
8	15.1	19.2	11.1	14.8	23	18	116	109	4.00	3.18
7.5	15.8	20.6	11.6	15.7	20	16	108	101	3.92	3.10
7	17.4	22.6	12.4	17.5	17	14	94	88	3.76	2.94
6.5	18.3	23.9	12.9	18.6	15	13	86	80	3.68	2.86
6	20.8	27.1	14.1	21.6	9	9	64	58	3.52	2.70
5	21.6	27.8	14.5	22.0	8	8	60	54	3.44	2.62
4	22.9	28.8	15.0	22.7	7	7	53	48	3.36	2.54
3	24.1	29.9	15.5	23.3	6	6	46	42	3.28	2.46
2	25.8	31.2	16.2	24.2	5	5	37	33	3.20	2.38
1	27.4	32.6	16.9	25.1	3	3	28	25	3.12	2.30

2008 年 2 月 27 日，州教育局发《关于下发〈黔南州初中毕业生学业（升学）体育考试工作实施方案〉的通知》，省教育厅决定从 2008 年开始在全省实行初中毕业生学业（升学体育考试），考试成绩以分数呈现，并计入升学总分。11 月 3 日，省教育厅发《关于印发〈贵州省初中毕业生学业（升学）体育考试工作实施方案（修订稿）〉的通知》，初中学段《标准》的测试成绩，按《标准》及实施办法的有关要求先进行等级评定，分为优秀、良好、及格和不及格四个等级，然后按优秀 10 分、良好 8 分、及格 6 分、不及格 5 分进行换算，计入体育考试总分。2009 年 3 月 10 日，州教育局发《关于转发〈国家学校体育卫生条件试行基本标准〉的通知》，对中小学体育教师配备、体育场地及器材配备、学校教学卫生制定基本标准。中小学体育教师必须经过体育专业学习或培训、获得教师资格证书，并且每学年接受继续教育应不少于 48 个学时。小学 1—2 年级每 5~6 个班配备体育教师 1 人，3—6 年级每 6~7 个班配备体育教师 1 人；初中每 6~7 个班配备体育教师 1 人；高中（含中等职业学校）每 8~9 个班配备体育教师 1 人；农村学生 200 人以上的中小学校至少配备专职体育教师 1 人。小学普通教室人均使用不低于 1.15 平方米，中学不低于 1.12 平方米，前排课桌前沿与黑板应有 2 米以上距离，教室内各列课桌间应有不小于 0.6 米宽的纵向走道，教室后应设置不少于 0.6 米的横行走道，后排课桌后沿距离黑板不超过 9 米，每间教室内至少设有 2 种不同高低型号的课桌椅。教室采光玻地比（窗的透光面积与室内地面面积之比）不得低于 1∶6，教室应设通气窗，寒冷地区应有采暖设备。20 日，州教育局发《关于做好 2009 年初中毕业生学业（升学）体育考试工作的通知》，2009 年的过程管理评价以考生初二、初三学年度《标准》测试成绩（各占 50%）之和进行评定，从 2010 年起，过程管理评价涵盖整个整个初中三年，按考生毕业当年的《标准》测试成绩占 50%和其他学年平均成绩占 50%之和进行评定，分为优秀、良好、及格和不及格四个等级，然后按优秀 10 分、良好 8 分、及格 6 分、不及格 5 分进行换算，计入体育考试总分。无测试成绩原始记录的，一律以 0 分计入体育考试总分。目标效果测试各类评价指标分为三类，第一类身体素质 15 分，第二类身体机能 15 分，第三类运动技能 10 分。2010 年 3 月 15 日，县教育局发《关于举办 2010 年全县中学生田径运动会的通知》，县教育局决定在 2010 年 5 月中旬举行全县中学生运动会，比赛分为初中组和高中组，每队领队、教练各 1 人，运动员男女各 5 人，每个运动员限

瓮安二中篮球运动会（2015 年摄）

报2项（接力赛除外）。竞赛项目有100米、200米、400米、800米、1500米、4×100米接力、3000米（女子）、5000米（男子）、跳远、跳高、掷铅球（男子5公斤、女子4公斤）等。

教育局职工参加县“三阳开泰”体育趣味活动（2015年摄）

2011年5月，县教育局组织学生参加黔南州中小学生家庭乒乓球比赛，7月，组织学生参加黔南州中学生篮球赛，10月，举行全县中小学生篮球运动会。2012年2月28日，州教育局出台《黔南州2012年初中毕业生学业（升学）体育考试工作实施方案》，体育考试实行综合性结构评价，考试内容分为过程管理评价（即平时成绩）和目标效果测试（即终结性评价成绩）两部分，过程管理评价为《国家学生体质健康标准》的测试成绩，依据平时测试成绩原始记录，先进行等级评定，按优秀计10分、良好计8分、及格计6分、不及格计5分四个等次计入体育考试总分；目标效果测试中，立定跳远（男女生一样）占15分，台阶测试或800米跑（女）、1000米跑（男）占15分（由考生选择其中一项测试），篮球（运球）、足球（运球）、排球（正面双手垫球）、跳绳（一分钟正摇双脚跳绳）、跳远占10分（由考生选择其中一项测试，男、女生一样）。5月14日，县教育局发《关于进一步加强体育艺术工作的通知》，部署中小学参加全省“三生、四爱、五心、五好”主题教育活动和“祖国好、家乡美”教育活动、全省中小学生体育艺术节活动、瓮安县中小学生（幼儿园）书画大赛等事项。11月12—15日，瓮安县第二届中小学田径运动会在瓮安中学举行。

瓮安四中足球训练（2015年摄）

2015年，瓮安生均体育活动场地面积基本达标，完小达标77所，未达标12所；初中达标22所，未达标4所，达标率84.6%。瓮安组队在都匀参加黔南州第四届运动会和中国足球民间争霸赛（黔南赛区），其中领队1人、教练2人、队员12人。9月15日，县委、县政府做出《关于表彰瓮安县承办黔南州第四届运动会先进集体和先进个人的决定》，表彰特别贡献单位5个、先进单位28个、支持体育事业发展优秀企业9个、优秀工作者366人，县教育局被表彰为特别贡献单位。10月23—25日，中国·瓮安全国山地户外运动锦标赛在瓮安举办，期间在瓮安教育系统抽调裁判20人次。10月27—30日，举行瓮安第三届中小学篮球赛运动会，参加开幕式有1.2万余人，比赛地点在全民健身活动中心（高中组）、瓮安中学（初中组）、瓮安二中和瓮安三中（小学组），全县中小学共1100名运动员参加比赛。

第四节　美　育

草塘中学学生表演样板戏（1961年摄）

1951年，举办瓮安县城区群众1000人歌咏比赛，并开展60米和100米短跑、拔河、乒乓球、篮球等体育运动项目比赛。1956年4月10日，贵定专员公署下发《关于选送少年儿童优秀科学技术、美术、工艺作品赴德参展的补充通知》，要求瓮安最低选送30件少年儿童优秀作品，于5月20日前寄达专署。瓮安各学区由完小统一初选作品最低5件，于5月10日前送县教育科，由县教育科筛选后再寄专署。1978年3月27日，瓮安县委、团县委、教育局联合举办“树理想、爱家乡、学创造、做‘四有’新人”活动，设少先队大队百花奖20个、中队丰收奖30个、辅导员园丁奖20个、大雁奖20个。1987年5月27日，县教育局与团县委联合在“六一”儿童节前，开展“敬老爱幼学传统，面向未来做主人”活动周。7月15—31日，举办全县中小学美术、音乐教师培训班，解决师资紧缺问题。

表11-9　1987年中小学美术音乐教师培训分配表

单位：人

单　位	美　术	音　乐	合　计	备　注
小计	55	56	111	
雍阳镇	3	3	6	

单 位	美 术	音 乐	合 计	备 注
雍阳区	6	6	12	
草塘区	8	8	16	
天文区	5	5	10	
永和区	7	7	14	
中坪区	6	6	12	
玉山区	9	6	12	
珠藏区	1	9	18	
天文中学	1	1	2	
永和中学	1	1	2	
玉山中学	1	1	2	
中坪中学	1	1	2	
珠藏中学	1	1	2	

瓮安三中举办艺术节活动（2011 年摄）

1998 年夏季，县教育局、妇联、团县委、武装部、驻军联合举行“1998 年夏季军民联欢会”。2002 年 10 月 19—20 日，全县中小学首届教师、学生美术、书法、摄影展暨中小学文艺会演活动在瓮安三中举行。2007 年 9 月 1 日起，在瓮安所有中小学推广《第一套全国中小学校园集体舞》，各学校训练后举行比赛，选拔参加全州开展的“迎奥运、促健康、增友谊”中小学校园集体舞比赛活动。

2010 年，县教育局下发《关于举办全县中小学生歌咏比赛的通知》，预赛以班为单位各校自行组织，决赛由乡中心小学统一组织，每校 1 个队参赛，演唱形式为大合唱，人数 45～55 人。8 月 10 日，州教育局开展“祖国好 · 家乡美 · 诵经典歌颂中华”诵读大赛，瓮安二中、四中获中学组一等奖，瓮安实验学校获小学组二等奖，瓮安城关一小、草塘小学获小学组三等奖。9月10日，瓮安二中教师1人作品《把爱洒在学生的心坎上》荣获2010年“多彩贵州”小品大赛瓮安选拔赛三等奖，瓮安四中教师1人作品《山沟里飞进金凤凰》荣获2010年“多彩贵州”小品大赛瓮安选拔大赛三等奖。11月16日，县教育局发《关于举办全县中小学生文艺会演活动期间加强治安管理的函》，县教育局定于2010年11月18—19日在瓮安县青少年活动中心举办全县中小学生文艺会演，分小学组和中学组，各取前5名颁奖，第一名奖金2000元、第二名奖金1800元、第三名奖金1600元、第四名奖金1400元、第五名奖金1200元，共有851人参赛，各校参赛取得名次的辅导教师均发优秀辅导奖，辅导教师不超过2人，优秀辅导奖只颁发证书。县公安局在活动期间对学生住宿地点进行治安巡逻，做好治安管理和交通安全管理。

2011年4月，县教育局举办第一届全县中小学、幼儿园书画比赛，分硬笔、软笔和绘画三种形式，幼儿组不参加硬笔和软笔比赛；各公、民办学校各选派学生5人参加硬笔书法、学生5人参加软笔书法、学生5人参加绘画，九年一贯制学校只选派15人，要注明是小学组还是初中组参赛；草塘中学、珠藏中学各选派分别选派学生参加初中组和高中组，学生每人只能参加一项，不能兼报。硬笔、软笔和绘画分别设一等奖1名、二等奖4名、三等奖8名。

瓮安五中举办艺术节（2014年摄）

2012年4月，瓮安第二届全县中小学、幼儿园书画比赛在瓮安县人民广场举行，比赛分硬笔、软笔和绘画三种形式，幼儿组不参加硬笔和软笔比赛；硬笔、软笔和绘画分别设一等奖1名、二等奖4名、三等奖8名。9月14日，县教育局做出《关于表彰“小镜头看家乡美”摄影大赛获奖作品的决定》，共收各学校选送作品114件，评出中小学一等奖各1名、二等奖各2名、三等奖各3名、优秀奖各10名、优秀辅导奖各9名。11月23日，州教育局转发《省教育厅关于公布全省第四届中小学生艺术展演活动评选结果的通知》，全州参加省第四届中小学生艺术展演活动中，全州艺术作品获奖135件、艺术表演节目获奖90件、艺术科研论文获奖15篇，其中瓮安二小的《少儿皮影》获小学舞蹈类二等奖。12月，白沙乡高坪小学打造成为“瓮安县乡村书画艺术培训创作示范基地”，被作为全县的亮点工作进行观摩。

2015年，各学校开设书法课，按课程开足艺术课的课时，教师有计划、有教案，有学期总结，各小学在“六一”节开展艺术展示活动。4月，瓮安第四届全县中小学、幼儿园书画比赛在瓮安县人民广场举行，比赛分硬笔、软笔和绘画三种形式，幼儿组不参加硬笔和软笔比赛；各公、民办校各选派学生5人参加硬笔书法、学生5人参加软笔书法、学生5人参加绘画，九年一贯制学校只选派15人，要注明是小学组还是初中组参赛；草塘中学、珠藏中学各选派分别选派学生参加初中组和高中组，学生每人只能参加一项，不能兼报。硬笔、软笔和绘画分别设一等奖1名、二等奖4名、三等奖8名。

第五节　劳动　卫生

一、劳动

县教育局召开勤工俭学会议（1989年摄）

1954年，在小学安排劳动教育，毕业生在升学和参加生产劳动方面，做到“一颗红心、两种准备”，为社会主义建设服务。1958年，贯彻教育与生产劳动相结合的方针，学校实行勤工俭学，在劳动中增强师生健康，降低疾病，给国家创造财富，给学校增加收入，减轻国家和学生家庭的负担。据全县完小以上学校的不完全统计，办各类工厂128个，农业种地面积14129亩，收入粮食230669斤，经济作物和其他收入22028元。饲养牛76头、马13匹、猪495头、鸡鸭832只，共收入44065元，在劳动建校中修补教具。在全民“炼钢大战”“四秋”运动中，学校师生炼出生铁30多吨，拾粮97000斤，拾桐子、茶果、青杠子、松树果13万余斤，值人民币13176

元。玉山中学与商业局合办一个造棉厂，天文中学搬迁到铀矿跟地质队学习铀开采等技术。3月28日，县文教局发《关于勤工俭学问题进行讨论后决定》，中学一律实行半工（耕）半读，小学根据年龄情况实行勤工俭学，但劳动强度比中学低。有基建修缮任务的学校，组织学生做杂工和修缮房屋，学校也可组织理发、缝衣等小组。勤工俭学必须算好劳动力账、已确定下来有劳动报酬的劳动项目、根据劳动力和劳动工作算时间账。4月29日，县文教卫生办公室发《瓮安县中小学开展勤工俭学的情况》，县委按中学50~100亩、完小20~30亩、初小5~10亩划拨田土给学校，全县1500余亩。学校利用田土进行种植和养殖，开展勤工俭学活动，所得收入解决学校困难和部分学生生活困难。学校以校为单位成立勤工俭学指导委员会，负责领导勤工俭学的开展、分管生产、学习、财务、计划、安全监督等工作。按班级和年龄大小、体力条件组织队或组，进行分工，15岁以上搞农业和运输，15岁以下搞饲养、打猪草等。劳动时间一周有两个半天或三个半天，体育课多数用来作为劳动课。5月28日，县文教局出台《关于勤工俭学后的经济收入处理问题》，经讨论，民办中学的收入，除生产投资外，40%~60%按劳动好坏分给学生，其余归学校，即是"四六""对半"。学生部分主要以解决伙食、书本、学杂费为最高标准；学校部分用作行政费、福利、扩大再生产投资，留足1959年生产资金。公办中学也可参照民办中学的比例，用于解决工农子女困难学生的问题。小学的收入不分配，实行简单的评工记分，可在收入中抽出一定比例为奖励（不准给现金），用以解决工农子女困难学生的学费、书本费及笔墨、纸张等，以30%为宜，学校部分用途与中学相同。对于群众送的物资不列入分配，学校办公室按标准执行。小学动用收入时须经乡政府同意，建立账目。1958年6月6日，执行省教育厅所制定新教学计划，高初中各年级增加生产基础知识课，初中讲授农业基础知识，结合实际情况讲授木工、竹工、钻工、铸工、车工、电工、缝纫等生产基础知识，课堂讲授与实习课时分配比例为1：1；各年级增加劳动课，让学生参加体力劳动，劳动时间每周不超过一天，假期城市公办普通中学全年4~6周，农村公办普通中学学生假期回家参加生产劳动，民办中学和职业中学每周及假期劳动时间不作具体规定由学校自行安排。10月29日，安顺专员公署发下出《关于填报"学校办工厂"等九种表格的通知》，要求于11月4日前填写学校办工厂表、学校办农场表、工厂办学校表、学校办学校表、自给自足及半自给的学校表、教师及学生下放劳动锻炼表、教师及学生参加劳动表、创造发明及改良工具表、工农业及其总产值表9个，填好后一份寄北京和平门教育行政学院"教育与生产劳动相结合展览会"贵州馆收，并抄报省教育厅及专员公署。11月17日，县文教局出台《关于总结教育与劳动生产相结合的有关材料的通知》，从教学改革方面、现场教学的经验、学校办工厂和农场的好经验、公社办学的计划和经验、工厂办学的经验等进行总结，于11月22日前书面报县文教局。

表 11-10　　瓮安中等学校及小学劳动统计表（不包括福泉）

填表日期：1958 年 10 月 25 日

项目		校数（个）		学生数（人）		劳动工日			学校办农场	学校办工厂
		半工半读数	非半工半读	半工半读数	非半工半读	劳动日总数	其中农业	其中国营企业工厂		
公办	普通中学		2		813	24390	12195	12195	2	8
	师范		1		101	3030	1515	1515		1
	小学		76		493	未统计	未统计	未统计	未统计	未统计
公社办	中学	14		890		21372	21372		14	14
	小学	1		195		907800	45390	453900	1	
机关部门办	工交学校	1		153		4590		4590		1
	卫生学校	1		43		1290		1290		1
	林业学校	1		46		1380	1380		1	1
	畜牧兽医	1		54		1620	1620		1	1
	合计	20	3	1381	914	965472	83472	473490	19	27

1964 年，瓮安有 4 所农业中学，均属半耕半读性质，利用勤工俭学解决学校大部分经费。农业中学的上课和放假时间与公办学校相同，农忙季节参加生产劳动，平时进行建校劳动。

表 11-11　　1964 年瓮安县半耕（半工）半读学校统计表

校　名	瓮安县新华农中	瓮安县玉山农中	瓮安县羊关农中	瓮安县林业中学
设置地点	草塘区新华公社	玉山区玉山公社	珠藏区羊关公社	瓮安西坡林场
班数（个）	2	1	2	1
学生数（人）	94	54	98	45
教师数（人）	3	2	3	2

续表11-11

校　名	瓮安县新华农中	瓮安县玉山农中	瓮安县羊关农中	瓮安县林业中学
学生来源	学校招收及区、公社保送	学校招收及区、公社保送	学校招收及区、公社保送	学校招收及区、公社保送
经费来源	国家补助及向学生收费解决	国家补助及向学生收费解决	国家补助及向学生收费解决	国家补助及向学生收费解决
主办单位	草塘区公所	玉山区公所	珠藏区羊关公社	瓮安县林业科
开学时间	1964年9月	1964年9月	1963年9月	1964年9月
设置课程	政治、语文、数学、农业会计知识	政治、语文、数学、农业生产知识	政治、语文、数学、农业知识	政治、语文、数学、林业知识

室外劳动教育（2014年摄）

1977年8月28日，县教育局发《关于1977—1978学年度第一学期工作安排意见》，要求继续搞好校办工厂、农场，搞好开门办学。在组织学工、学农、学军过程中，不能单纯把着眼点放在生产上，更不能用学工、学农代替学文。1987年3月29日，县教育局批复，同意银盏小学办水泥预制构件厂，一切经费由学校自行解决，实行独立核算，自负盈亏，利润按上级有关勤工俭学文件规定处理。1988年3月22日，县教育局出台《关于1988年勤工俭学工作安排意见的通知》，各级各类学校把勤工俭学纳入学校工作计划，把劳动课纳入教师教学计划。是年，拟办好瓮安二中校办厂，完善银盏学校预制构件厂手续，筹办瓮安一中服务站浴室、理发等，小开洲小学林场、艾州小学林场、同乐小学茶场等与当地领导联系管理好。各级各类学校通过勤工俭学活动，每校每生人均收入0.7元以上。1989年5月13日，县教育局发《关于我县1989年勤工俭学任务和目标的通知》，所有学校必须开展对学生的劳动课教育，全县勤工俭学开展率保持100%。有条件的学校，特别是中学和公办小学要想法办厂或场，使全县勤工俭学总产值达130万元，纯收入31万元，中学生均收入20元，小学生均收入10

元。16日，县教育局发《关于转发“省政府批转省教委等部门关于进一步开展我省中小学勤工俭学活动意见的通知”的通知》，省政府要求各中小学，包括中专、中师、技校、农业中学和职业学校兴办工厂、农场和第三产业，开展勤工俭学活动。各教育行政部门在评估教育部门和中小学工作时，要把勤工俭学作为一项内容，并加强对学校勤工俭学的管理。各级人民政府、各有关部门，对校办企业在组织上加强领导，行动上给予支持，政策上加以保护，措施上予以扶持，为学校开展勤工俭学创造条件。6月22日，教育局发《关于成立“瓮安县勤工俭学校办企业开发公司”的通知》，决定成立“瓮安县勤工俭学校办企业开发公司”，从即日起开展有关业务活动。7月31日，教育局发《瓮安县教育局关于启用公章的通知》，经县公安局同意，刻制“贵州省瓮安县中小学校办服务公司”“贵州省瓮安县中小学校办服务公司财务专用章”印章各1枚，并起启用。

1992年6月5日，县教育局发《关于建立瓮安县教育局勤工俭学建筑服务公司的通知》，决定建立瓮安县教育局勤工俭学建筑服务公司，该公司为勤工俭学性质，以各级各类学校为建筑服务对象，负责改善学校办学条件等方面的建筑维修。1995年，茶店小学买鸡苗在家长中放养，收回鸡307只，收入经济3870元。艾州小学有梨树300多棵，并与农户联合养母猪。白沙小学与社会人士筹办酒厂，三乐小学有花椒树400多株、梨树100多棵。是年，允许教师走出校门进行勤工俭学，但必须与学校签订合同，经教育辅导站和教育局同意。青池小学与花桥小学各有教师1人走出校门进行勤工俭学，学校停发工资，实行停薪留职。

2002年，勤工俭学大型企业有县教育局办的文教用品印刷厂、职中办的水泥预制品厂，其他学校开展第三产业和种、养殖业，学生参加小秋收、建校劳动为主，开展面达91.5%，总产值321万元，完成州下达指标数300万元的107%；总收益补助教育32.9万元，完成州局下达指标30万元的110%。2004年6月28日，县委组织部、县人社局发《关于同意留职带薪到农村助民增收、带民致富创办种植园、养殖场、农副产品加工业的通知》，请有关乡镇、部门按规定为留职带薪人员13人办理手续，并签订留职带薪创业合同。鱼河小学、鱼河中学、草塘那乡小学各有教师1人留职带薪创业。2011年10月24日，县委组织部、县人力资源和社会保障局联合下发《关于兰某等33位同志留职带薪创办种植业的通知》，全县留职带薪创办种植业33人，教育部门9人，其中，瓮安三中2人、草塘中学2人、希望中学1人、建中中学1人、银盏学校2人、鱼河深溪小学1人。

2012年2月21日，县委办、县政府办发《关于表彰2011年度“整脏治乱”专项行动先进集体和先进个人的通报》，表彰2011年度“整脏治乱”工作模范乡镇1个、模范单位1个、红旗乡镇2个、红旗单位5个、先进工作者30名，县教育局获红旗单位，并有1人获先进工作者。2015年，各学校均安排劳动课，课堂上讲解劳动理论，学会自理，并教育学生做家务。课后的劳动实践，主要是打扫学校环境卫生，不参加具有安全隐患的劳动。

二、卫生

民国时期，学校的卫生事业和卫生教育缺乏，条件设备差。新中国成立后，对学校传染病进行防治，改善卫生条件，定期请卫生医务人员到学校向学生宣传卫生常识和保健措施，定期对学生进行体格检查，注射防疫苗。1956 年 3 月 12 日，省教育厅转发教育部《关于加强“小五年计划”活动的领导并注意安全卫生教育的通报》，对本地区开展“小五年计划”的情况进行一次检查，做好学生的安全卫生教育。1958 年 4 月，开展除“四害”讲卫生运动，经统计，灭鼠 1328406 只，灭雀 1735075 只，灭蝇 6298 公斤，清除垃圾 1686 吨，积肥 9033 吨，疏通沟渠 8790 米，修建厕所 7521 个。5 月 30 日止，全县有医院 3 所，病床 24 张，简易病床 45 张。有妇幼保健站 8 个，社保健站（室）54 个，保健员 178 人，接生员 118 人。基本实现“四无”的有 2 区 20 乡 38 个社，填平污水坑 51859 平方米。

瓮安七小劳动教育课（2015 年摄）

1977 年 8 月 28 日，教育局发《关于 1977—1978 学年度第一学期工作安排意见》，各学校开展爱国卫生运动，加强学生清洁卫生教育，搞好学校环境卫生和个人卫生，初中一年级以上各年级开设生理卫生课。1992 年 4 月 1 日，县教育局、卫生局联合发《关于加强我县学校卫生工作有关问题的通知》，各学校要有校长 1 人抓学校卫生工作，并明确校医 1 人或保健教师（兼职）协助校领导抓好组织、发动、宣传、督促、检查，防疫站充实专业人员实施学校卫生监测，掌握学生常见病、传染病、地方病动态，制定防治计划，开展学校卫生服务。8 月 20 日，县卫生局、县教育局联合发《关于瓮安县学生常见肠道蠕虫感染综合防治工作方案的通知》，在瓮安一中、城关一小、草塘小学、平定营小学、中坪小学建立对肠道感染的定点监测点，全县学校开设健康教育课。向全县学生发驱虫药、宣传资料，并进行粪检，每生收费 1 元，体检费另收，每学期开学前由学校代收。1993 年，县教育局出台《1993 年公费医疗管理办法的补充规定》，对 1993 年瓮安县公费医疗管理委员会办公室拨给的职工住院费，扣除 1992 年为解决部分职工特殊病症所用的住院费，剩余部分按每人全年 40 元以核算单位包干到单位掌握使用。2 月 2 日，黔南州教育局发《学校卫生疾病工作安排意见》，做好学校卫生防病工作，保证广大学生健康，做好广谱驱虫服药工作，全县辖区内学生集体服药中学 14850 人、小学 62869 人。3 月和 9 月，驱虫服药每次 55000 余人，覆盖率 70%。

1997 年 2 月 28 日，县教育局、卫生局联合出台《瓮安县 1997 年学校卫生防病工作安排意见》，在学校开展肠道蠕虫感染的综合防治工作，全县中小学学生在 1997 年服驱虫药 1 次，每生收费 1. 5 元。7 月 25 日，县卫生局、县教育局、县科技局联合发《关于成立中小学生结核病感染及流行状况调查研究课题领导小组的通知》，决定成立学生结核病感染及流行情况调查研究课题领导小组，并制定《瓮安县中小学生结核病感染及流行情况课题研究计划方案》。8月3日，县教育局发《关于征订小学〈健康教师〉教材的通知》，小学1—6年级开设健康教育课，由各乡镇教育辅导站统一征订《健康教育》教材。

1998年，瓮安县创建卫生县城，明确各学校、教育局各股室卫生达标内容，张贴标语，开展宣传活动，县城学校教师带领学生上街发放宣传资料，打扫街道、公共场所。9月8日，教育局发《关于在全县中小学加强传染病防治工作的紧急通知》，要求做好传染病宣传工作，上好健康教育课，通过讲座、墙报、宣传栏等形式向师生进行传染病防治知识的专题宣传教育。按照《中华人民共和国食品卫生法》《学生集体用餐卫生监督办法》，做好学校食堂卫生管理，执行炊管人员身体健康检查制度，改善学校食堂环境卫生，对学校饮食卫生进行监督检查。对饮用水消毒，保证开水供应，卫生防疫站向学校学生及家长发放《怎样预防霍乱等肠道传染病》宣传资料。

瓮安县召开学校食堂食品安全控制与营养搭配培训会（2015年摄）

2001年4月2日，县卫生局、县教育局联合发《2001年学校卫生工作安排意见》，转发州卫生局、州教育局《2000年学校卫生工作安排意见》，实施健康教育，对在校学生的体质健康进行监测，各级各类学校配合卫生防疫站完成每年一次在校学生和毕业生毕业前体检工作，掌握学生的生长发育动态与营养水平，对学生中的传染病、常见病、多发病做到早发现、早治疗、早预防。做好"六病"防治达标工作，控制病毒性肝炎、结核病等传染病的发生与流行，夏秋季注意预防以霍乱为主的肠道传染病的暴发流行。对学生常见病如肠蛔虫、沙眼、贫血、营养不良和肥胖、龋齿和牙周病、视力低下等进行综合防治。健康教育纳入学校教学计划，编排在课程表内，对授课效果进行考评。7月1—4日，组织有关人员按《贵州省中小学体育、卫生、艺术教育专项督导检查方案》对全县22个乡镇中小学校进行检查，督评一类小学4所、二类小学21所、三类小学48所、一类中学4所、二类中学18所。23日，州卫生局、州教育局联合转发《关于加强学校肠道传染病防治工作的通知》，各业务部门对学校卫生工作有专人分管，学校要有专人负责。学校组织师生员工进行环境卫生清扫，清理生活垃圾，做到校园内不留卫生死角。搞好厕所环境卫生消毒，消除蝇蛆的滋生条件，做到粪便无害化处理。有学生食堂的学校按《食品卫生法》进行管理，注意饮水卫生。教育、卫生行政部门和学校配合公安、工商管理部门对学校周围摊点进行管理，制止无照、无证商贩在校内、校门附近设点摆摊出售食品。各校上好健康教育课，做好防肠道感染病和食物中毒的宣传。8月7日，全县部分乡镇出现伤寒痢疾、肝炎等肠道传染的流行，各辅导站及中学做好学校肠道传染防治工作。县卫生局、县教育局联合转发黔卫疾控发《关于加强学校肠道传染病防治工作的通知》，部分乡镇出现伤寒、痢疾、肝炎等传染病的流行趋势，各医院与站、校做好防治工作，保证学生身心健康。2002年4月8日，县卫生局、县教育局联合发《2002年学校卫生工作安排意见》，学校的卫生监督、卫生监测和防病工作由卫生防疫机构负责，县卫生防疫站成立“突发公共卫生事件处理小组”，采取24小时值班制，对各级各类学校上报的突发性中毒事件、传染病流行等必须于2小时内派出相关专业人员赶赴现场，开展调查处理工作。各级各类学校发生突发事件后必须及时报到县卫生防疫站，如迟报、漏报造成严重后果，将依法追究有关责任人的责任。凡在校园内外从事饮食摊点的人员，按《食品卫生法》规定必须到县防疫站办理有关手续，从业人员及食品必须自觉接受县防疫站的监督检查，否则一律按规定取缔。4月28日，县政府及县防疫站将学校卫生工作列入重点工作计划，采取24小时值班制，对各级各类学校上报的突发性中毒事件、传染病等必须于2小时内派出相关人员赶赴现场，开展调查处理工作，各级各类学校发生突发事件后立即上报。

2003年5月16日，州委常委、州政法委书记到瓮安县玉华乡雷文村对“非典”防控工作进行视察，在听取县有关领导的工作汇报，县委、县政府能贯彻落实“一手抓非典防控，一手抓经济发展”，对瓮安县的“非典”防控工作给予肯定。指出州、县卫生防疫部门查出雷文小学师生发热和传染事件的原因，有针对性地开展工作，做好发热对象的监测，每日必查，每日普查，对重点对象，发热38度以上的人员每日双查。做好雷文小学周围4个村的群防群治，稳定群众情绪。做好宣传，防止农村封建迷信泛起，防止出现“信神信鬼不信医”的现象。5月28日，县政府办公室发《关于成立县2003年普通高考招生防治非典工作领导小组的通知》，决定成立县2003年普通高考招生防治“非典”工作领导小组。6月9日，州教育局发《关于对工作在抗击“非典”第一线人员子女入学给予照顾的通知》，决定对工作在抗击“非典”第一线的全州各“非典”防控检查站医务、公安干警等人员子女入学给予一定照顾，确保其适龄儿童优先入园，小学适龄儿童就近选择小学入学，小学毕业生就近选择初中入学，中考降低30分，优先录取都匀一、二中或当地重点高中。7月，教育局与各学校签订《瓮安县计划免疫目标责任书》，明确教育局与学校分工责任。8月1日，县卫生局、县教育局出台《瓮安县2003年学校卫生工作安排意见》，学校的卫生工作监测和疾病控制工作由县疾病预防控制中心负责，县疾控中心成立突发公共卫生事件处理组织，实行24小时值班制，对学校上报的突发性中毒事件、传染病等必须在2小时内派出专业人员赶赴现场，开展调查处理工作。各学校发生突发事件后必须及时报告县疾病预防控制中心，配合县疾病预防控制中心完成每年一次在校学生和毕业生毕业前的体检工作。各学校将健康教育内容编排在学期课程表内，开展好健康教育，上好健康课，并对授课效果进行考评。健康体检每生收取2.5元、驱虫药2元、乙脑苗2元、流脑苗2元，遵循学生自愿的原则进行。11月19日，教育局发《关于切实做好全县各校今冬明春“非典”防控和其他传染性疾病预防工作的通知》，各校在乡镇政府的统一领导下，属地管理，做好防控“非典”工作方案，24小时值班，执行疫情“日报告”“零报告”制度。进行“非典”防控宣传，对教室、图书室、食堂、学生宿舍、厕所等人群聚集区域日扫日清，控制外来人员进入学校，进行登记，对缺席、缺课的师生要追踪，弄清去向，做好晨检，做好15周岁以下儿童接种流感病疫苗。12月7日，县卫生局、县教育局联合转发《省卫生厅、省教育厅〈关于贯彻卫生部、教育部关于加强学校结核病防治工作的通知〉的通知》，结合县情，规定结核病检查工作由县疾病预防控制中心具体负责承担，检查确诊的病人必须由县疾控中心进行规范化管理和治疗。制定《瓮安县学校结核病防治工作实施意见》，利用2~5年时间完成各级各类学校、学生和教职工结核病的普查工作，开展每年一次新生入学时的结核病体检。县疾控中心统一举办卫生技术人员（校医）结核病知识培训班，了解和掌握结核病发生、发展、流行趋势和防控策略。9月19日，瓮安县松坪中学学生食物中毒，县卫生局、县卫生监督所首先赶到现场，副县长带领县教育局、县疾病预防控制中心、县医院等有关单位的领导及工作人员随后赶到。到达现场后，工作人员立即与当地教育、卫生人员进行调查与处理。学生中毒发病始于9月18日20时，止于9月19日23时，共计发病34例，其中9月19日发病21例，占病例总数的62%。发病全部为松坪中学学生，发病地点在松坪中学校园内，其中初一（2）班占病例总数的80%。在34例病例中，有恶心24例，占病例总数的70.6%；全部无呕吐，有腹痛25例，占病例总数的73.5%；有头痛22例，占病例总数的64.4%；有头晕19例，占病例总数的55.9%；部分病例咽部充血，个别病例扁桃体肿大。通过调查，发现学生是自带的大米在学校食堂内蒸饭，菜自备，没有共同的进餐史，病例中有19人前后吃过在松坪中学学校附近一死水塘内摘的棱角，有11人在发病当天买冰棒或冰袋，但也有吃棱角和冰袋、冰棒没有发病的，有没吃棱角或冰袋、冰棒而发病的。松坪中学及附近居民都是饮用自来水，学生都有吃生水的习惯。经调查研究，当天下午初一（2）班的体育与劳动课，运动过后学生都喝生自来水，气候变化，引发学生中发生以恶心、腹痛为主要表现的不明原因的疾病，初步排出食物中毒的可能。松坪乡政府、学校、卫生部门做好学生家长的宣传解释工作，不引起恐慌，观察事态发展，避免好转的病例反弹。学校组织开展爱国卫生运动，搞好环境卫生，学校应上好健康教育课，让学生养成良好的卫生习惯，不喝生水、不吃生食，搞好个人卫生。乡卫生院有医生24小时值班，让发病的学生得到及时救治；学校应加强夜间巡视，发现情况立即与当地政府及卫生院联系；乡政府晚上安排值班领导，发现问题立即处理，或与上级有关部门联系，救治发病学生。11月11日，县教育局发《关于切实做好全县各校今冬明春“非典”防控和其他传染疾病预防工作的通知》，各校在乡（镇）政府的统一领导下，克服麻痹思想、松懈情绪，对“非典”存在复发的可能性保持警惕，具有防护意识，做好必要的物质储备，防患于未然。安排人员24小时值班，执行疫情“日报告”“零报告”制度。做好学校和学生管理工作，控制外来人员进入学校，实行登记制度，对缺席、缺课的师生进行追踪，弄清去向，做到心中有数，学校继续对学生晨检，对发热学生及时给予正确处理。要在乡（镇）防疫部门的统筹安排下，做好15周岁以下儿童接种流感疫苗，增强流感抗体。

2004年1月4日，省教育厅发《关于进一步加强学校预防非典工作的通知》，广州出现一例“非典”疑似病人，全省各地教育行政部门、各级各类学校实行“一把手”责任制，健全和完善预防“非典”的各项措施。各学校进行晨检，对发热学生给予处理，明确诊断，防止“非典”病例误诊、漏诊。学校做好教室、学生宿舍等学生集中地方的通风问题，打开教室门窗进行通风、保持空气清新。做好对缺课师生情况的排查，查明原因和去向。在学生放寒假前进行一次预防“非典”科普知识教育活动，动员学生在假期中不外出，少到人员稠密的地方活动。2月20日，县教育局《关于转发〈教育部办公厅关于加强学校卫生防疫做好禽流感防控工作的紧急通知〉的通知》，各校与农业、卫生等部门沟通，了解信息，在卫生部门指导下，做好人禽流感疫情的监测工作，一旦发生疑似疫情，报告当地卫生部门并逐级报告上级教育行政部门。学校不买无检疫证明的鲜、活、冻禽及其产品，加工食品时要充分煮熟，保持食堂环境卫生清洁，禁止非食堂工作人员随意进入食堂加工操作间及食品原料存放间。开展健康教育，开展卫生宣传和预防“非典”及其他传染病的宣传活动教育工作。

2005年3月16日，县教育局发《关于加强学校预防艾滋病健康教育的通知》，教育局及各学校成立预防艾滋病健康教育领导小组，有专人负责，制定工作制度。高一、高二年级每学期在体育与健康课中安排一节预防艾滋病健康教育课，职中参照高中部执行。初中、小学每学年不少于一节体育与健康课和预防艾滋病健康教育专题讲座。各学校利用校园网、宣传栏、图书阅览室、班级墙报等对预防艾滋病进行宣传。7月2日，县局制定《瓮安县教育系统争创国家卫生城市工作实施方案》《瓮安县城区中小学校“创卫”管理规则》下发到各校，部署“创卫”工作任务。各中小学开设健康教育课率必须10%，做好卫生管理，配备必需卫生器材和环卫设施，建立健康档案。推广家庭生活垃圾袋装法，禁止在公共场所随地吐痰乱扔纸屑、果皮、烟头等，禁止在临街阳台、雨棚、门窗上悬挂物品，禁止城区内的单位院落饲养家禽家畜，禁止在公共场所吸烟。美化、绿化校园、办公室及公共场所，按规划种花种草，对单位和宿舍的下水道进行全面建设整修。8月19日，县教育局出台《关于进一步加强学校卫生工作的意见》，要求各学校建立健全卫生工作领导体制和管理机制，建立学校医疗保健机制，配备专职或兼职保健教师，建立新生健康体检监测制度，开展健康教育宣传活动，做好卫生防疫和食品卫生管理，对传染病患者做到“早发现、早报告、早处理”，保障学校卫生工作经费投入。9月8日，县教育局发《关于印发瓮安县学校食品安全宣传月实施方案的通知》，定于11—12月以“关注食品安全、构建和谐校园”为主题开展学校食品宣传活动，各校利用校园广播、校刊、校园网络、宣传栏、板报、横幅标语等形式开展宣传教育，召开校内食品安全座谈会，开展学校食堂管理人员、从业人员的培训工作，建立健全校园饮食摊点、小商贩、小卖部的准入制度，举办食品安全知识竞赛、征文、签名等活动，开展饮食营养、食物中毒预防及应急处理等食品安全科普知识专题讲座。11月22日，教育局转发《教育部关于〈落实保证中小学生每天体育活动时间的意见〉的通知》，各校开齐并上好体育课，保证课外体育活动时间，保证每天参加1小时体育活动，实行大课间体育活动制度。

2007年4月27—29日，县政府组织卫生、工商、教育等9家部门和单位组成的校园食品安全隐患专项联合执法检查暨整顿工作组，对乡（镇）学校、寄宿制学校及周边食品卫生安全进行监督检查和整治。5月25日，县食品安全协调委员会发《关于对校园食品安全隐患专项联合执法检查情况的通报》，由县政府办、食品药品监管、卫生、工商、质监、教育、公安、新闻媒体等部门组成的校园及周边食品安全专项检查工作组于4月26—29日对县城及部分乡镇中学11所、小学7所、幼儿园1所的食堂和校园周边食品经营户44家，其中校内16家、校园周边28家进行检查，共查获过期食品、“三无”产品、无QS标志食品数十种共700余公斤，标示价值共20000余元。校内食品经营户、校园周边食品经营户中多数未办理“卫生许可证”“营业执照”，从业人员未进行健康体检，有的经营场所不符合卫生要求，对不符合要求或无证经营户下达整改书。

2008年4月17日，县教育局发《关于进一步加强各类传染疾病防治工作的通知》《关于加强学校犬只管理及狂犬病防治工作的通知》，全县学校与当地卫生防疫部门联系，在传染病高发季节，请卫生专业人员帮助学校做好传染病的防控工作。全县学校做好师生预防狂犬病宣传教育工作，确保校内不发生犬只伤人事件和暴发狂犬病疫情。6月5日，州政府应急管理办公室发《应急信息专报》，6月1—4日，瓮安县建中中学发生37名学生群体性消化道疾病，经建中镇卫生院治疗后，病人已全部脱离危险，无死亡病例。经调查，初步判断为瓮安县建中中学学生饮用受污染的自来水引起。瓮安县做好学生病学生的救治和学生家长的安抚工作，采取措施消除污染隐患，确保自来水洁净，避免此类事件再次

学校食品安全检查（2009年摄）

发生。县教育局出台《关于加强学校饮水卫生管理的若干规定》，在校内醒目位置设置饮水卫生公告栏，告知学生饮水安全须知。学校师生生活用水、饮用水及其自备水源，必须经当地卫生行政部门水源水质监测鉴定合格后，方可作为供水水源。在水源100米以内不许存在污染源，水井设置密封盖加固上锁，定期消毒、检测。饮用桶装水的企业必须要有有效的食品卫生许可证、工商营业执照、工业产品生产许可证、产品质量监督检验报告等，学校在审核证件后向供应商索取复印件备案。学校与供应商签订安全供水责任状，供应商对所供桶装水保证质量，承担质量安全责任。学校购买安全、合格的饮水机，放在固定、安全、卫生的地方，远离黑板、清洁工具堆放点、垃圾箱等，防止二次污染。

县教育局举办"病媒生物传播"除"四害"培训会（2015年摄）

2009年，州教育局转发《贵州省教育厅关于进一步加强学校传染病防控工作的通知》，各学校健全和完善各项规章制度，做好学校传染病防控工作，防止学校传染病的发生。2月10日，县教育局转发《中共贵州省委、省人民政府关于加强青少年体育增强青少年体质的通知》，建立健全学生体质健康监测制度，开展"全省百万学生阳光体育运动"，减轻学生过重的课业负担，确保学生每天锻炼1小时。学校每年至少召开一次运动会，班级开展体育竞赛活动，使学生普遍掌握2项体育运动技能。学校把健康教育纳入课程计划，开设健康教育课，使青少年掌握和了解个人卫生、心理卫生、青春期卫生、食物与营养、常见病预防等必要的卫生知识，养成健康的生活方式和学习方式。保证小学生每天睡眠不少于10小时，初中生不少于9小时，高中生不少于8小时。各学校配齐配足体育教师编制数额，扩大省内大专院校体育专业招生规模。各学校对低年龄段学生的体育课和课外体育活动注重趣味性、集体性和安全性，对高年龄段学生要增加课程内容的选择性、多样性。各级政府落实《公共文化体育设施条例》，按《国家基本标准》进行学校体育设施特别是体育场地建设，学校建立体育安全管理制度，定期对场地、器材设施进行检查、维护，建立校园意外伤害事件应急管理机制。城市普通中小学、农村中心小学和普通中学按照《学校卫生工作条例》规定设立卫生室，按在校生规模600∶1的比例配备专业卫生技术人员。3月11日，州教育局发《关于转发〈教育部中小学学生近视眼防控工作方案〉的通知》，将学生视力保护工作纳入学校管理、教师管理和班级管理内容，作为年终考核、班级评优评先的依据。制定规范的学生在校作息制度，保证小学生睡眠10小时、初中学生9小时、高中学生8小时。

减轻学生课业负担，小学一、二年级不留书面家庭作业，小学其年级书面家庭作业控制在60分钟以内，初中各年级不超过90分钟。每天组织学生做眼保健操，每学期对学生视力状况进行两次监测，有针对性地实施相关“防近”措施。学校做好视力保护宣传教育，培养学生养成良好的用眼卫生习惯，改善教学条件，为学生创建良好的视觉环境。8月19日，县卫生局、县教育局联合发《关于印发〈瓮安县加速麻疹控制和加强常规免疫服务合作项目2009年实施计划〉的通知》，瓮安县免疫规划疫苗由原来的“八苗防九病”扩大到“十一苗防十二病”。各乡镇卫生院开展对乡、村免疫规划业务骨干的部训，教育和卫生部门对流动儿童、私立小学、托幼机构进行管理，做好培训、督导、资料上报、补证补种工作，落实入学入托查验接种证。对麻疹病进行监测，以病例为线索开展病例周围接种率调查，接种率低的地方进行查漏补种。

2011年8月19日，州教育局、州人口和计划生育委员会联合发《关于在全州初级中学开展生殖健康知识进校园活动的通知》，在全州各初级中学开展生殖健康教育，保护中学生的身心健康，遏制早婚早育现象。各初级中学指定教师，将生殖健康教育纳入地方课程，采用主题班会等方式进行教育。州人口与计生委负责编印并免费提供《中学生生殖健康知识》读本，学生人手一册。10月27日，县卫生和食品药品监督管理局、县教育局发《关于做好学校和托幼儿机构脊髓灰质炎疫情防控工作的通知》，做好入托入学儿童预防接种证的查验、登记和补种补证工作，做好摸底排查工作，做好信息汇总和上报工作，做好环境等卫生消毒与管理工作。2015年12月3日，县委宣传部做出《关于表彰“创建国家卫生县城·我们在行动”征文比赛获奖作品、优秀指导教师和优秀组织奖的决定》，共收到学生作品2050余份，评出小学组、初中组、高中组一、二、三等奖各10名，授予5个单位优秀组织奖荣誉称号。瓮安中学成为省中小学心理健康教育特色学校。20日，县水务局、县教育局联合做出《关于表彰节水型学校的决定》，决定授予实验学校“瓮安县节水型学校”称号，奖励资金5000元。

第六节　青少年活动

一、青少年活动中心

瓮安县青少年活动中心于2004年筹建，是一所集德育、科技、体育、艺术等知识传授和技能培训为一体的综合性教育活动的青少年校外教育机构。属瓮安县教育局主管，产权归属国有。设主任1人，管理人员2人，聘请辅导教师21人。2006年建设完工，中心占地面积

瓮安县青少年活动中心（2010年摄）

4326平方米，建筑面积3200平方米，使用面积2910平方米。2009年，投入230万元添置设备、维修，8月投入使用，有功能室9个，其中使用功能室5个，县文化馆借用功能室4个。配合学校教育，促进儿童德、智、体、美全面发展，丰富青少年课余生活，加强青少年思想道德教育，发展青少年对科学技术、文学艺术、体育的兴趣，爱好和特长等方面开展工作，周末开办美术、声乐、乐器、舞蹈、科技项目兴趣培训班5个。8月26日，县教育局发《关于启用瓮安县青少年活动中心公章的通知》，县青少年活动中心于2009年8月12日正式开放运行，并启用“瓮安县青少年活动中心”公章。

二、青少年活动

2011年9月，参加黔南州第二届“好花红”少儿艺术节，舞蹈《激情戏鼓》《赵钱孙李》获二等奖，独唱《天黑黑》《圆圆的心愿》分别获儿童组二等奖、少儿组三等奖。年底，建成猴场镇乡村少年宫，地址在草塘小学校园内，由原幼儿园改建完成的少年宫占地面积2868平方米，建筑面积530平方米，服务区内有青少年儿童8000余人，设立兴趣社团11个，有辅导教师50人。2012年，利用闲置教室改建成江界河镇乡村少年宫，服务区内有青少年儿童2700人。设置10间室内活动室和户外活动室，设器乐兴趣小组6个、体育活动小组8个，有辅导老师24人。

2013年，中央文明办批准的福利彩票公积金资助项目学校，建成平定营镇乡村少年宫，地址在平定营镇，经修缮闲置教室共设置11间室内活动室和户外活动室，全镇共有一至六年级少年儿童1166人，学前儿童398人，初中学生654人。少年宫主要依靠教师和志愿者进行管理，在课余时间和节假日组织开展普及课外活动。4—5月，活动中心参加“青春助力中国梦—第六届‘贵青杯’贵州省青少年公益文化艺术大赛”活动获“集体银奖”和“优秀组织奖”，其中瓮安学生1人获声乐类少年组银奖，学生1人获儿童组优秀奖，学生1人获钢琴独奏《侏儒之舞》获金奖。

2014年6月，县青少年活动中心开展全县青少年公益文化建设主题教育系列活动，包括“筑梦起航”书法展示、“七彩梦想”绘画交流、“童心向党—歌声满校园”歌咏比赛、“舞动快乐梦想”舞蹈展演、“金色的旋律”器乐交流、“童眼看祖国”摄影交流等活动，瓮安二中学生2人获“筑梦起航”书法展示三等奖，瓮安一小学生1人获“七彩梦想”绘画交流三等奖，县幼儿园《火辣辣的梦》、木引槽学校《锦鸡炫舞》、瓮安县源源琴行《花皮筋》获“舞动快乐梦想”舞蹈展演三等奖，瓮安三小学生1人获“金色的旋律”器乐交流三等奖，县青少年活动中心获省优秀组织奖。4月，县青少年活动中心举办全县中小学生、幼儿文艺会演。“六一”期间，为部分小学和幼儿园提供场所和服务，让孩子在舒适的环境中度过一个快乐的节日。6月17日，举行教育系统群众路线教育实践活动“转作风、树形象、强素质、促发展”为主题的演讲比赛。10月中旬举办全县中小学运动会，11月举办瓮安县第二届“瓮水杯”中学生英语技能大赛。12月，活动中心演艺大厅顶棚进行维修，县政法委在青少年活动中心建立法制禁毒反邪教教育基地。年底，建成珠藏镇乡村少年宫，中央专项彩票公益金会向学校投资20余万元，购置音乐器材380余件（套）、体育器材1442件（套）、美术器材1653件（套）、舞蹈器材20余件（套）、图书室设备56件；学校开设鼓号、腰鼓、田径、乒乓球、篮球、书法、美术、小合唱、舞蹈、科技、象棋、新闻播报、健美操兴趣小组13个；教师20余人负责各项活动的开展，服务半径约10公里，服务区内有学生1397人。学校少年宫组织学生开展社会调查、参观学习、普法宣传、环境保护宣传等社会实践活动，为培养学生综合素质搭建一个良好的平台。

瓮安县小学生文艺会演（2014年摄）

学生有序参观青少年禁毒反邪教教育基地（2015年摄）

2015年，全县有乡村少年宫7所。永和小学、岚关小学被确定为中央彩票公益金扶持的贵州省乡村学校少年宫，城内各所学校到青少年活动中心“法制禁毒反邪教教育基地”参观学习。“六一”节为部分小学和幼儿园提供场所和服务，瓮安四中、县示范幼儿园毕业典礼在活动中心举行，实验学校、瓮安四中等在活动中心进行“童心向党”优秀节目录制，活动中心组织参加第八届“贯青杯”系列教育活动，实验学校1名学生的演讲“雷锋永远活在我心中”被省活动中心推荐到北京参赛。青少年活动中心开展全县青少年教育系列活动，选送征文30篇、演讲视频8个、绘画作品45幅、书法作品26篇参加省评比，选送的瓮安县实验学校学生演讲作品《雷锋永远活动在我们心中》1人获“小小百家讲坛”一等奖。9月，建成岚关小学乡村少年宫，开设5大类活动，建立10个活动室，对学校教学设施进行合理有效的改造整合，以满足少年宫活动开展的需要。室内场所约300平方米，室外场所约1000平方米。艺术类活动室主要有绘画室、书法室、舞蹈室、电子琴室、鼓号队；读书类活动室主要有阅览室、图书室、经典诵读室；体育类活动队主要有乒乓球队、篮球队、羽毛球队，保证乡村少年宫建设的全面推进。10月27日，中国新华社记者一行3人到江界河小学乡村少年宫专题采访，多家媒体及报社进行报道。是年，江界河小学乡村少年宫申报全省示范性乡村少年宫工作。11月，全县7个乡村少年宫各获中央或省奖补资金20万元，用于项目建设和设施建设、采购设备等。瓮安四中、珠藏中学、中坪中学、玉山中学按薄改资金项目要求获申报乡村少年宫资格申报。

表11-12　　瓮安县青少年活动中心主任名录一览表

姓　名	性　别	籍　贯	职　务	年　限
杨光惠	女	贵州瓮安	主任	2009.8—2014.1
邹　丽	女	贵州瓮安	主任	2014.2—

第七节　安全教育

一、安全管理与事故处理

1951年8月11日，省政府转发苏北射阳县发生校舍倾覆压伤学生事件情况通报，县政府督促各校普遍进行校舍检查，有危房即动员群众修缮，个别乡村学校无法修缮的，当地政府以经费给予补助，遇有立即可发生危险的校舍动员借用附近民房作为临时校舍用。1953年7月8日，省教育厅通报赤水中城完小及桐梓雪霓乡初小均有因房屋倒塌死伤学生现象。瓮安县政府要求各校将所属校舍及建筑物逐一检查，如确有倾塌危险者应立即上报；有倾塌危险的校舍或建筑物立即与村干部联系拆除或划出危险区，严禁学生走入，如村内无力帮助，立即上报；有即将倾倒危险的校舍立即设法另觅房屋及早迁移以避危险；各校教师关切学生安全，做好儿童的民主办理工作，防止学生意外危险事件发生；上报倾塌危险的校舍，将此类房屋原建筑物情况使用年限及现在情况、危险程度及处理意见详细逐一写成报告。8月25日，省政府、教育厅发《关于防止中小学游泳屡次发生溺死事件的通知》，在贵阳、遵义、贵定等几县市先后发生中小学游泳溺死不幸事件12起，反映出各级教育行政部门、部分学校对学生安全教育与管理工作有缺点。已发生溺死学生事件的学校写出检讨，做好安全教育与管理，对溺死学生的家属进行安慰、解释。各中小学校自查安全教育与管理工作，订出或修正管理办法，报上一级教育行政部门审核。小学一律禁止学生游泳活动，中等学校可按学生技能组织活动，并有领导的集体进行游泳场所，配合有关部门标明深浅界限，制定游泳范围，规定游泳时间，订出游泳规则，准备必要的安全设施。各校管理好留校学生，动员学生家长禁止其子弟游泳。在容易发生溺死事件的游泳地区进行控制与管理，不准随便游泳，利用群众宣传安全教育，引起群众注意和警惕，并作必要的救护和预防设备，发生意外立即急救。

1954年7月，银盏小学校舍拆旧房，改建和维修门窗，师生利用课外活动时负责零工。施工人员偷工减料，技术落后，房屋培修穿进柱头的眼孔未打闩子，出现质量不合格，施工方仍不返工，坚持立起三间房子。28日，一部分学生在楼梯处传瓦，部分学生在地上搬运，房屋倒塌，导致1人死亡、8人重伤、23人轻伤。县政府分别对文教科副科长和学校校长、主任及教师给予不同的处分。1955年，省教育厅发《关于加强学校保卫工作及教学仪器设备的保管使用问题的通知》，对防火、防盗、防特等工作采取有效措施；管理好对学校用水中及盛水的水缸、水桶，对其他日用的蔬菜、油、盐、酱、醋等保管好；对贵重物品及有毒危险存品做好保管使用，物理、化学、生物保管室及橱柜一律加锁，使用后立即关上，无保管员的学校必须指定专人兼管，对有毒药品的使用必须通过管理人员，对使用情况进行登记。1956年7月23日，教育部发《关于加强安全教育，及时采取措施防止雨季、夏季儿童溺水和房屋倒塌造成死亡事故的通知》，教育行政部门除责成学校注意师生安全并对学生进行安全教育外，还组织利用各种宣传工具对群众宣传。学校经常对儿童进行安全教育，使儿童知利害，还做好家访工作，把如何保证儿童安全的意义和方法告之家长。当地教育行政部门和领导在雨季组成联系，对学校周边房屋、墙壁等进行检查，对危险房屋、桥梁报告主管部门，对危险性大的校舍立即停止使用。教育行政部门和学校领导将督促检查安全列为常规工作来抓。1959年2月2日，县防火委员会发《永和公社发生火灾造成人命死亡的通报》，永和乡团支部开会，到会团员17人，会议室内有一木漆桶，内装有火药几十斤（开山用），一张床下放有200余斤硫黄（火纸和硫黄均是硫黄厂搬家时寄放），房内放有2个火盆，燃烧着木炭。开会到10时许，一名党员走来，站在团员开会的房门口火药桶旁边抽烟，丢烟头引爆火药，硫黄被引燃，整栋房子燃烧，除2名团员在楼上打电话脱离危险外，共烧死12人

（小孩4人），烧伤4人（团员3人，党员1人），烧毁办公室4间、厨房1间、仓库1间，烧掉黄豆1500斤、谷子2000余斤、电话机1部，被子、文件等全部烧毁，所有财产折合人民币6000余元。15日，全县对各机关、学校、厂矿等进行安全检查，并将检查情况报县委、县政府。1961年6月14日，雍阳中心小学一年级学生1人私自下河洗澡，溺水死亡。

1988年5月21日，县政府转发省委《关于防止中小学发生意外事故的通知》，做好防范雷雨风暴袭击工作，预防校舍倒塌，做好师生安全工作。1996年6月20日，全县开展“严打”，对校园及周边环境违法犯罪活动进行打击，集中整顿校园安全。公安、工商、文化、城建、卫生、街道等部门加强对校园周围的整顿，学校在清理整顿的基础上，建立健全规章制度，检查督促。县成立整顿学校治安秩序工作领导小组，领导小组办公室设在县教育局。1998年1月4日，县教育局与有关部门开展“平安工程”工作，与公安局联合下发《关于组建瓮安县教育治安联防巡逻指挥部的通知》，群防群治，校校成立巡逻队并由公安局制作上岗执勤。县教育局同执法部门联系，查处殴打侮辱师生案件。5月12日，县教育局成立“社会治安综合治理，创建教育系统平安工程”领导小组，开展平安教育工作。7月6日，县教育局、县公安局发《关于组建瓮安县教育治安联防巡逻指挥部的通知》，成立“瓮安县教育治安联防指挥部”，下设办公室在教育局保卫科，各站、完中、独立中学、中心完小相应成立3~5人的治安联防巡逻队，设指导员1人、队长1人。1999年，县教育局发《关于“减负”后进一步加强中小学安全教育工作的紧急通知》，“减负”后，推进素质教育实施，做好安全教育和安全防范措施，抓好“安全教育月”“安全教育日”活动，举行各种课内、课外、户外活动时注意交通安全、卫生防疫以及活动中的伤亡事故等安全。对学校教学楼、学生宿舍、食堂、围墙、厕所等活动场所进行检查和维修，建立健全学校安全事故报告制度。

城关三小国防教育宣传活动（2010年摄）

2001年3月28日，县教育局发出通知，全县中小学教学用房使用中存在教学楼加层、接长及原设计的原因造成的隐患、改原教室作为实验的原因造成的隐患等。未竣工验收的综合用房，不能安装水电及实验设备，更不能使用；不能用教室作做实验室用；各学校把教学楼的走廊栏杆加高到110厘米；各站校对所有校舍进行一次安全检查，发现险情，立即采取措施杜绝事故发生。7月10日，教育局下发《全县中小学危险校舍进行安全检查，确保师生安全的通知》，各站、校长组织人员对危险校舍进行检查，发现险情，向当地政府报告，并采取措施排除险情。各校新建校舍，在质量监督部门及教育局基建股的监督下进行。各校的规划、建设、管理按县局文件执行，修建校舍、设施，先向局书面报告，批准后，按规定办理其他手续。12日，县政府发《关于做好防雷安全工作的通知》，规定新增建筑物设计交县防雷安全办公室审核，经审核合格后，持《审核意见书》办理开工手续。对不按要求办理造成雷击安全事故将按法律法规追究，构成犯罪的将依法追究刑事责任。县教育局决定从11月开始对全县各中小学建筑物的防雷安全设施装置组织开展一次安全检查，各中学乡镇教育辅导站，将自查情况于11月30日前报教育局办公室。学校完善防雷安全设施，凡不合格或未安装的必须限期整改或增设。并建立防雷安全档案，取得防雷安全合格证。

瓮安县中小学幼儿园食堂管理培训（2013年摄）

2002年4月25日，县政府办公室发《关于印发瓮安县中小学校校园及周边治安秩序集中整治实施方案的通知》，决定在全县范围内开展一次中小学校园及周边治安秩序集中整治行动，从4月10日至7月10日，分为摸底准备（4月10—20日）、集中整治（4月21日至6月20日）、总结巩固和建章立制（6月21日至7月10日）三个阶段进行，对校园及周边发生的重大刑事案件、特别是侵害师生人身财产安全的案件，摸底排队，落实侦办措施；对学校及周边地区200米以内的录像放映室、电子游戏室、网吧、酒吧、台球室、歌舞厅等娱乐服务场所进行调查摸底。对学校及周边地区治安混乱的地方和突出的治安问题，开展集中整治。对整治工作情况进行检查和总结，提出整改措施。6月6日，县政府发《关于确定瓮安县消防安全重点单位的批复》，同意将县医院等80个单位确定为县消防安全重点单位，其中全县有23所中小学列入县消防安全重点单位。

2003年4月，教育局各科室实行"包保"制，分别承包7个责任区并组成7个小组进行安全工作检查，与学校签订安全责任书，实行分级管理。14日，县教育局发《关于做好安全工作的紧急通知》，全县各中小学、县职中、县幼儿园做好防火、防雷、防电、防水、防盗、食品卫生和交通安全工作，"五一"假期做好护校防盗工作。5月2日下午，天文镇一辆农用车载天文中学51名学生放假往平坝方向回家，在距离天文镇约2千米一下坡拐弯处，驾驶员处理不当翻车，造成死亡3人、重伤5人、轻伤40人的重大交通事故。2004年2月27日，县政府与教育局签订道路交通安全目标管理责任书。6月19日，县教育局发《关于人员密集场所消防安全专项治理工作的紧急通知》，各校于6月30日前将学校消防安全自查自评情况及整改意见写出书面报告交局办公室，教育局在7月初组织人员进行检查，县政府于7月中旬对全县进行普查。7月2日，县教育局制定《消防安全工作实施方案》，成立以公安局、教育局局长任组长，副局长任副组长，中心小学校长、派出所所长任成员的消防安全工作组，按照“以点带面，全面推进”的方法，完成示范学校建设。

2005年7月6日，县教育局发《关于预防校舍建设（维修）、使用中发生安全事故的规定》，房屋建设按照建筑法律法规程序办理，校门、围墙、花池、花台、运动场、升旗台、填报栏、沟道等须写出建设报告、做出书面规划、概算报县局审批后施行，未经审批并不接受质量监督的项目，县局将严肃查处。所在项目（无论大小）都须实行招、议标，确保“阳光工程”，须签订合同，并按合同、图纸组织施工，对无合同、图纸的施工项目，县局审计组对其项目结算不予审核，学校不能报销。对造成安全事故的，由各校法人承担责任。上报项目概算进度，编制安全作业、施工所需费用，工程概算保证材料费、工人费、税费，不得低于项目成本费发包工程，并附有安全施工的措施。所有项目不得发包给无资质的个人或资质不相应的施工企业。所有项目甲方须组织图纸会审，防止因设计不合理导致安全事故发生，甲方明确专人监督工程质量，防止工程质量不合格造成安全事故。计划建设项目和自筹资金的配套设施建设项目，须按校园规划执行，在县局的监督、指导下进行。配套设施项目建设的资金预、决算，必须送县局审核，未经审核的一律不准核销。各校对校舍设施有随时认真检查，特别对砖木结构、木结构、石木结构等危险房进行检查，发现险情及时上报当地政府及有关部门，并立即采取安全措施。各校对不足110厘米高的栏杆立即进行加高加固。甲型教室9米×6米准载学生56人，乙型教室7.2米×5.8米准载学生45人，3.6米楼梯流量180人。10月26日，县教育局发《关于开展“119”消防宣传活动的通知》，县消防大队消防站在活动期间全天开放，城内学校组织学生参观消防站，消防大队组织官兵赴各乡（镇）中小学开展流动消防宣传演讲，并向师生传授灭火技术。各校组织师生观看《面对火灾“119”》《中国骄傲》光碟以及黔南电视台播放的关于“119”系列节目，布置高年级学生写心得感想或体会，学校开展以这次活动主题为中心内容的消防安全知识演讲和征文竞赛活动。12月27日，县教

鱼河中学防震减灾演练（2013年摄）

育局发《关于在全县教育系统开展人员定性分析场所消防安全大检查的通知》，成立瓮安县教育系统关于开展学校人员密集场所消防安全检查领导小组，学校成立消防安全大检查小组，召开自查领导小组会议，对全校进行自查、登记、备案，24小时有人值班。

2006年，学校安全稳定工作做到组织到位、措施到位、经费到位、督查到位、奖惩到位"五到位"，从上至下层层签订学校安全目标责任书，实行"一票否决"制度。开展安全教育活动，把安全教育纳入养成教育，制定安全防范预案，建立健全安全值班、安全汇报和安全责任追究等制度。教育局下发有关安全工作文件16个，对各乡镇学校实行"地毯式"安全检查8次，对所查出的问题实行权限整改，制定学校安全管理措施。教育局会同公安局、监察局、纠风办、文化局等单位集中整治学校周边的违规网吧和小摊点，对学校周边的治安环境进行综合治理。教育局机关建立信访接待制度，设立信访室，开设安全稳定工作值班电话。全年接待来访者32人次，处理来访案件12件，办理人大代表建议5件、政协委员提案1件，做到回复率、走访率、满意和基本满意率"3个100%"。4月20—30日，县政府牵头，教育局、公安局、安监局、工商局、文广局、卫生局等参与对全县中心完全小学、中学、县幼儿园的各项安全进行集中检查整治，取缔城内学校和镇级学校及周边的饮食摊点26家、网吧6个、DVD放映室3个、康乐球4个，规范校园内经营摊位，督办营业执照。教育局与消防大队合编《消防知识培训教材》，举办消防兼职教师培训3期144人。5月25日，县食品安全协调委员会发《关于对校园食品安全隐患专项联合执法检查情况的通报》，由县政府办、食品药品监管、卫生、工商、质监、教育、公安、新闻媒体等部门组成的校园及周边食品安全专项检查工作组，4月26—29日，对中学11所、小学7所、幼儿园1所的食堂，校园周边44家，其中校内16家、校园周边28家食品经营户进行检查，查获过期食品、三无产品、无QS标志食品数十种，共约700公斤，标示价值约2万余元。6月10—14日，教育局与县消防大队对全县中小学消防工作进行考核验收，其中，考核中心完小18所、中学15所，43所学校中70~79分3所、80~89分29所、90分以上2所，基本达标31所，未达标3所。

2007年1月27日，县教育局发《关于贯彻安全生产电视电话会议精神的意见》，会议要求各地区、各部门、各单位一把手要亲自过问安全工作，做好安全工作，开展"10种"安全意识教育和"10防"教育，签订和完善目标管理责任书。县教育局党组决定每年春季开学第三周为学生安全宣传培训周，每年度3—4月为学生消防宣传活动月，6月为学生"禁毒宣传活动月"，各校利用"周、月"活动，达到消防安全普及率100%。4月23日，省打击网络淫秽色情专项行动工作方案，教育部门加强校园网和校园内上网场所管理，组织学校落实互联网安全保护技术措施，组织开展青少年学生安全上网宣传教育活动。5月27日，小河山学校九年级学生24人在校外吃早餐，由于米粉存放质变，造成学生集体食物中毒，学生5人住院治疗，其中学生2人送县人民医院急救。学校管理不到位，经费投入不到位，安全资料零乱，没有分类整理，校园内食品经营户未办理工商营业执照，食堂卫生许可证未办齐，从业人员没有办理有效合格健康证明。在经营的食品中，过期食品、三无产品、无QS标志食品占比例大。学校食堂设施差，缺乏长效监管机制。10月15日，县教育局发《关于贯彻落实中小学公共安全教育指导纲要》的实施方案，要求从法制宣传、校园综治、食品药品、消防安全、道路交通、禁毒教育6个方面、分三个阶段保障公共安全投入，实现“平安和谐校园”建设的根本目标。

2008年，瓮安发生凝冻灾害，教育局成立领导小组，各校成立工作小组，制定开学准备预案，对校园校舍进行排查，对存在安全隐患请质监部门进行质量鉴定，凡鉴定为危房的校舍停止使用。对饮用水困难的学校，采取用车运水或其他方式保证学校饮水安全。学校不准组织学生在校补课，不能组织学生在校开展活动，做好看校护校工作。全年共召开教育系统安全工作专题会议共5次，开展宣传月、宣传周、活动月、活动周活动7次，组织安全隐患排查、食品卫生检查共4次。2月16日，县教育局发《关于成立灾后开学准备工作指导小组的通知》，县教育局成立教育系统灾后开学准备工作指导小组5个，指导小组负责检查指导各校春季开学准备工作。工作组到各乡镇学校蹲点，指导灾后校舍建设和开学准备工作，做好上下协调联络、灾情调查报告、工程进度报告等。5月12日，四川汶川发生地震，瓮安各地均有震动。14日，县教育局发《关于开展抗震救灾工作的紧急通知》，全县分4个工作组对抗震救灾工作进行督导检查，不留隐患，每天下午3点前将检查情况和处理意见报局办公室，并留文字依据。各校做好排查、搞好宣传、完善预案，预案涉及机构设置、责任分工、工作要求、操作程序等，考虑突发事件发生后人员、财物、重要文件等的疏散或安全转移，合理安排最为安全的分散、逃生线路和有关避难、安置场所的设置。一旦发生地震等突发事件，学校启动应急预案，按照应急预案程序开展救灾工作。6月21日20时，瓮安三中初二年级女学生李素芬在西门河大堰桥下死亡，经法医鉴定为溺水死亡。家属不服法医鉴定结论，拒不安葬。在当月28日发生为李树芬“请愿”的游行事件，简称“6·28”事件或“瓮安事件”，县城高中、初中、小学学生300余人参加，游行队伍到达县公安局大楼时增加到1000余人。在社会人员的参与下，游行队伍冲击县委、县政府和县公安局，烧毁县委大楼，烧毁和砸坏县政府、县公安局办公室165间，烧坏公安局门面4间，烧毁交通工具42辆和公安局户政中心档案资料，抢走电脑数十台，不同程度受伤有150余人。7月16日，教育局呈《关于〈教育部司局函件〉求证“6·28”事件学生参与情况的报告》，经与公安部门联系，“6·28”事件中肯定有学生参与，至于“一中学生烧了14辆车、学生30余人受伤”一事，由于“6·28”事件还处于调查取证阶段，暂不能提供任何详细情况。通过瓮安教育局安排人员排查，学生12人接受公安机关调查。22日，县教育局发《关于加强预防学生溺水事故的紧急通知》，从6月22日至7月21日，全县发生学生3起溺水事故，死亡3人。各校利用暑期“千名教师大家访”时机，进村入户向学生及家长宣传各类安全常识，宣传游泳安全、溺水自救方法和急救措施。利用校园广播、乡村广播、专栏、板报等向学生及家长宣传防溺水和自护自救能力。开展大排查行动，对学生上放学路途中山塘、水库、小溪、河流、自建蓄水池（窖）等进行排查，对可能发生溺水事故危险地段设立防溺水警示牌，有安全隐患告之有关部门或当地政府，督促责任主体整改。假期中要留守人员，排好护校班次，有领导督班，24小时不脱岗、离岗。8月4日，省教育厅发《关于进一步大工作力度切实维护中小学安全稳定的通知》，全省发生一些涉及中小学生人身安全的意外事件和责任事故，特别是6月21日瓮安县瓮安三中一女学生溺水死亡而引发的瓮安“6·28”特大事件，影响巨大。各地要做好学生安全，处理好涉及中小学生人身和财产安全事件。28日，县教育局发《关于强化中小学安全管理，确保学校稳定发展的紧急通知》，做好学校用房、教学设施、特种设备的检查和维修，做好电子信息、化学药品的管理和使用以及踩踏事件的预防，防止气象灾害、地震、山体滑坡对学校的危害，做好溺水、校舍倒塌以及校园周边秩序、道路交通秩序、车辆管理等的检查与监测，防止暴力、偷盗等威胁和损害师生人身安全的情况，杜绝学生加入社会不良团体和“帮派”中从事违法犯罪行为。建立治安防范网络和群防群治队伍建设，制定综治方案和突发事件应急预案，学校不准有越级上访事件发生。检查清理或上报校园食堂、饮食摊点、小卖部食品的采购加工和贮存、水源质量、饮水供应设施、传染病预防、校园周边餐馆和摊位“三无”食品隐患；做好消防安全逃生演练，配置消防设施设备，置安全通道，消除火灾隐患；教育学生懂交通规则，遵守交通秩序；做好禁毒宣传，杜绝毒品进入校园。中学以校为单位、小学以乡（镇）为单位编制通信网络册，遇突发事件及时向学校领导报告，然后向县局报告，一般事故2小时内向报告，死亡1人的安全事故1小时内报告，死亡1人以上的重大安全事故30分钟内必须报告，6小时内（特殊情况除外）写出书面材料送达教育主管部门，24小时内写出初查报告交事故主管部门，不准缓报、虚报、漏报、瞒报。9月6日，县教育局发《关于开展中小学学校交通安全宣传教育活动的紧急通知》，各学校配合公安交警、派出所、协管员对辖区内的校车等集中营运学生的各类车辆进行逐一摸底排查，建立台账，具体数量、车辆所有人、驾驶人、牌照号码、行驶路线、营运学生时间等都要纳入排查整治范围。安全教育课程列入学校教学计划，排入课表，实行课程化教育。各校完善关于组织师生集体出行道路交通安全的管理规章制度，落实安全管理责任制，组织开展学生出行活动必须报出行方案，经教育局领导批准。学校与校车驾驶员或营运学生的其他客运车辆驾驶员、车主签订交通安全责任状。25日，县政府办公室发《关于印发瓮安县处置学校突发公共事件应急预案的通知》，县政府成立县处置学校突发公共事件应急指挥部，对学校发生自然灾害、事故灾难、公共卫生事件、社会安全事件等突发事件制定预案，遇突发事件果断妥善处置，防止矛盾激化。29日，县教育局发《关于成立“打黑除恶”专项行动工作领导小组的通知》，决定成立由局长任组长的瓮安县教育系统“打黑除恶”专项行动工作领导小组，制定《瓮安县教育局“打黑除恶”专项行动工作方案》，做好对中小学生的法制宣传教育工作，在中学生中对黑恶势力进行排查，协助公安机关搞好校园周边治安秩序。排查教师与黑恶势力的各种网络关系，在教师中进行法律知识宣传，检举黑恶势力的犯罪行为。10月14日，县教育局转发《瓮安县人民政府关于印发瓮安县处置学校突发公共事件应急预案的通知》，县政府成立应急指挥部，处置各级各类学校发生自然灾害、事故灾难、公共卫生事件、社会安全事件等突发性事件，并制定应急预案。应急指挥部在县政府主导下，由县教育局、县公安局、县卫生局等12家单位组成。

2009年1月7日，县教育局印发《瓮安县教育系统预防和处置群体性事件应急预案的通知》，建立和完善全县教育系统处理信访突出问题及群体性事件工作机制，督促检查各中小学、县示范幼儿园、社会力量办学处理信访突出问题及群体性事件各项措施的落实，配合各乡镇派出所、县公安局组织指挥重大和特别重大群体性事件的现场处置工作等。各学校负责排查、调解本校内可能引发群体性事件的矛盾纠纷，搜集、上报群体性事件情报信息，组织调动校内的应急资源做好群体性事件的先期处置工作，宣传普及有关法律、法规、政策，引导群众以理性方式表达诉求，通过合法途径反映和解决问题。县教育局落实监测人员，完善监测网络，收集可能造成重大群体性事件的信息，对群体性事件、突发事件做到早发现、早报告、早处置。2月，与学校签订瓮安县教育系统2009年度安全工作、校园治安综合治理及“平安校园”创建目标责任书。19日，县教育局出台《关于2009年中小学（幼儿园）安全、禁毒、社会综治工作的意见》，各学校建立本校安全、禁毒、社会治安综治工作领导小组，签订管理责任书。教育岗位签约到班主任、生活辅导教师、心理辅导教师、宿管员；教学岗位签约到任课教师、实验指导教师、实习指导教师；管理岗位签约到网络管理员、校医、门卫、保安；后勤岗位签约到厨师、锅炉工、仓库保管员、电工、财务人员。学校每月一次校园及周边消防、治安、交通、食品卫生等的安全隐患大检查，对发现的安全隐患登记在册，做好整改，对自身无力整改的隐患向当地政府和有关职能部门汇报并请求解决。做好学生溺水死亡事故的预防、交通事故的预防、未成年人犯罪的预防、毒品预防，做好台风、地震、洪水、冰雪、雷电、冰雹、泥石流、山体滑坡等自然灾害预防，做好火灾、触电、反恐、食物中毒等的预防，做好各种活动、使用危险化学药品的预防。3—4月，在全县开展“学生消防安全教育月”宣传活动，对学生进行防震、防火、防电、防雷电、防溺水以及交通、食品等方面的安全教育。5月6日，县教育局转发《省教育厅关于进一步加强学校校舍安全排查工作的通知》，各校建立校舍安全排查机制，遵循建设规范，做好建筑维护工作，制定安全应急预案，定期组织师生进行应急疏散演练。9月8日，县教育局、县综治办发《关于印发〈关于开展

高水中学开展消防演练活动（2013年摄）

创建“平安校园”活动的实施方案〉的通知》，9—11月，在全县各级各类学校创建“平安校园”活动。10月，与县综治办印发《创平安校园告家长书》的宣传单7万余份。11月4日，县教育局发《关于木引槽乡毛沙坪小学学生摔伤事件的情况报告》，毛沙坪小学教师1人在课间休息时叫离家较近的学生1人回家拿夹钳来拔掉教室黑板边的钉子，学生在家门前的院坝边摔伤，经医院诊断为右手肘关节骨折；从2007年10月23日至2008年8月8日，医疗3次，医疗费共计3.96万元，出院后，学生家长要求复查，2008年2月22日，经黔南州法医鉴定所鉴定学生伤残等级为八级，2008年4月2日，经黔南州卫生局鉴定结果为个体差异，2008年11月，珠藏人民法院带学生到州法医司法鉴定所鉴定为伤残七级，复查费共计2.25万元；2008年9月10日，学生家长要求木引槽学校和毛沙坪小学赔偿交通费、误工费、营养费、护理费等合计1.25万元，残疾赔偿金0.95万元并承担后续治疗费为由，将木引槽学校和毛沙坪小学告上法庭；2009年7月9日，经珠藏人民法院审理判决木引槽学校和毛沙坪小学赔偿护理费、住院伙食补助费、交通费、住宿费、检查费共2399.5元，驳回其诉讼请求。后教育局划拨2万元作为医疗费用补助，经多方与学生家长沟通未达成协议，学生家长既不要求医治，又不要求解决；2009年10月27日，学生家长强行将自己的孩子置于学校不管，夫妻俩就外出打工，学生的安全、生活问题将会给学校的正常教育教学带来不可预见的后果，学校安排教师轮流照管该生生活。

2010年，集中检查安全工作5次，县局召开安全工作会议5次，为学校配备安保人员140人，组织人员完成学校校舍安全排查165所。1月5日，县疾控中心呈《瓮安县白水河贵真学校一起食物中毒的调查报告》，1月4日19点30分至21点20分，贵真学校220人就餐，有8人出现腹痛、恶心、呕吐、头痛、头晕等症状，采用VC、VB6、葡萄糖、甘露醇等药物对症治疗，症状减轻、病情稳定，至1月5日早上8时所有病人已出院。经分析，初步定性为食用未熟的四季豆中毒。3月春季开学，学校受旱灾，珠藏、铜锣、永和、岚关、牛场坝、建中、老坟嘴、白沙等乡镇所属的25所学校旱情重，有师生33245人、寄宿生6284人生活饮用水困难。教育系统在建工程共15个，受旱情影响后进度缓慢。县政府投入专项资金40余万元，购买桶装饮用水、送水设施等设备，采用人工送水、与附近拉有小型自来水的居民协调用水等方式解决师生饮水问题。学校明确一名副校长主抓师生饮用水工作，制订用水安全制度。3月16日，县教育局发《关于学校旱灾的情况报告》，自入秋以来，持续干旱少雨，全县学校受到旱灾50所。8月12日，县教育局、县社会治安综合治理办公室、县公安局发《关于增配学校保安人员坏人拨付保安人员工资相关费用》，全县共需配备保安197人，已配备保安人员140人，还需配备57人，每人每月工资1500元，每月需县财政拨付新增保安工资及相关费用共计8.55万元，全年需县财政拨付新增保安工资及相关费用共计102.6万元。10月15日，县政府办发《关于加强校园安全工作的紧急通知》，各乡镇政府组织和配合教育、建设、公安、消防、卫生、工商、文化等部门，开展一次学校安全大检查，查找学校安全工作方面的漏洞和事故隐患，检查学校在建工程、校园围墙、挡阻墙、学生宿舍、教职工宿舍、食堂、实验室、教室、图书馆、会议室等场所，做好建筑安全、水电安全、饮食安全和校园安保工作，充实学校保卫力量，进行校园安全巡逻。开展安全文明校园创建活动，通过安全知识讲座、演讲会、报告会等形式，利用广播、闭路电视、宣传橱窗、板报等对学生进行法制、安全和心理健康教育。12月2日，县教育局发《关于进一步做好学校安全工作的紧急通知》，全国部分地区学校发生一系列涉及师生生命财产安全的重大事故，县教育局要求学校做到安全隐患排查常规化，学校安全纳入常规工作管理，做好冬季防寒防冻工作，抓好消防安全工作。

2011年2月23日，县教育局出台《2011年“学生消防安全教育月”活动方案》，全县学校于3月1日至4月1日开展“学消防安全知识，创和谐平安校园”活动，各学校开展好消防安全教育，做好消防安全知识宣传工作，并组织学生开展一次防火、防震安全应急演练。各学校完善消防安全管理制度，做好自查和整改工作。6月29日，县政府办公室发《关于进一步加强学校警务室建设工作的通知》，县城中小学、幼儿园及职业技术学校原则上按“一校园一室”“一室一警两（多）协勤”设置警务室，对规模较小的中小学及幼儿园，可不设警务室改设“治安岗亭”，在职业学校和乡镇中学、中心小学设学校警务室，由驻社区（村）民警联系检查指导校园安全工作、处理涉校案件，各校警务室于9月31日前建设完成。学校学生在1000人以下的配协勤2人，在1000~3000人的配协勤4人，在3000人以上的配6~8人。2013年3月，教育局出台《教育系统维护社会稳定风险评估办法》，教育系统维护社会稳定风险评估工作实行局长、校长负责制，成立以局长、校长为组长的评估领导小组，对出台重大决策、推行重大改革举措、实施重点工程和举办大型活动等进行合法性、合理性、安全性、可行性、可控性等5个方面的社会稳定风险评估。11月28日，教育局出台《瓮安县教育系统安全大检查“雷霆行动”工作实施方案》，决定从2013年11月28日至2014年2月28日在全县范围内开展安全工作“雷霆行动”，对学校安全隐患进行大检查，各校做好自查自纠。

县教育局召开安全工作会（2015年摄）

2014年1月9日，县教育局发《关于申报2013年教育系统安全工作先进单位和先进个人的通知》，决定表彰安全工作先进单位高中1所、初中4所（九年一贯制只参与初级中学申报）、小学3所、幼儿园2所，表彰先进个人高中2人、初中6人、小学4人、幼儿园2

人。2月25日，省教育厅、省社会管理综合治理委员会办公室、省公安厅联合发《关于授予贵阳市第五中学等113所学校“贵州省安全文明校园”的通报》，全省学校达到“安全文明校园”创建标准113所，瓮安县第三小学获“贵州省安全文明校园”称号。3月7日，县教育局发《关于切实加强学校安全稳定工作的紧急通知》，各校做好安全隐患排查整治活动，开展平安校园“护校行动”、安全大检查“回头看”活动、矛盾纠纷和信访问题集中化解“百日攻坚战”行动，建立矛盾纠纷、安全隐患排查台账。对学生的思想状况进行一次全面疏导，与学生交心谈心，了解学生“早恋”、家庭问题、邻里矛盾等造成的思想波动、情绪失控、精神萎靡不振等情况，做到早发现、早疏导、早解决，防止发生意外事故。预防溺水事故和交通事故，做好食品卫生安全，禁止学生带管制刀具，做好学校反恐防暴和安全维稳工作。

2015年6月4日，玉华中学因地处矿区，大雨不断，导致学校师生生命安全受到重大威胁。经学校多次排查，学校后山高，地底下有交叉矿道，因多年的爆破作业，山体产生较大裂隙，随时存在山体滑坡的隐患。县政府安排银盏镇政府牵头，国土资源局、安监局、工信局、教育局等部门配合，做好玉华中学及周边隐患点排查及治理。6月9—15日，瓮水街道办事处组织工商、派出所、卫生、安监等部门人员对辖区内中小学、幼儿园26所进行校园安全联合执法检查，共发现安全隐患128条，其中，一般安全隐患124条并已责令其立即整改，较大安全隐患4条。9月30日，县教育局发《关于银盏镇鱼河小翰林幼儿园非法客运幼儿存在严重安全隐患的报告》，银盏镇鱼河小翰林幼儿园在招生时，推行用客运面包车接送黔川、深溪一带的学生，还派幼儿老师去接送学生，形成安全隐患。县教育局组织人员到鱼河进行调查处理，对家长进行劝说，对园长进行批评教育，并下发整改通知书。

二、网络保密

2002年10月2日，中央保密委员会发《关于加强计算机信息网络保密管理》，要求做好建成的涉密信息网络审批工作，组织各涉密信息使用单位对经审批投入使用的涉密信息网络保密管理状况进行专项检查。11月7日，县公安局发《关于做好党的十六大期间互联网信息安全工作的通知》，要求各部门、重点网络、重要信息单位成立“网络突发事件工作组”，负责本单位互联网重大突发事件处置工作。县教育局要求有互联网的中小学按文件规定办理，保证互联网的安全。

2008年，教育局成立由局长任组长、副局长任副组长的保密工作领导小组，各科室负责人为成员，制定保密工作制度，所有局机关工作人员遵守《中华人民共和国保密法》等保密工作规章制度，严守党和国家秘密、工作中的秘密，做到不把机密、绝密文件带回家，不在公共场所谈论保密事项，不向任何无关人员透露保密的内容，不在机关联网计算机上操作与工作无关的事项，并严格做到不该自己知道的不打听，不该外传的事不外传。对违反保密规定的人和事，要进行批评教育，情节严重的要根据有关规定严肃处理。严格制度、严密措施、严明纪律，确保保密工作无误。办公室定期对各项保密制度进行检查督促，使局机关保密工作制度落到实处。

2015年，教育局对3个保密重点科室计算机安装正版防火墙和杀毒软件，对涉密计算机用隔离方式进行管理，严禁上互联网。教育局组织学习新《中华人民共和国保密法》《保密法实施条例》及日常工作中的一些保密常识，对涉密人员通过送出培训、以会代训、个人自学等形式提高涉密人员保密工作素质。涉密人员的上岗，按程序进行资格审查、考核，再逐个填写《进入要害部位工作人员审批表》送分管领导审批。涉密人员按规定每年与县局主管领导签订《保密安全责任书》，对在岗、离岗、因私出国出境等情况做出具体规定和监督，使保密工作责任细化到人到岗。3月23日，县保密委员会、县保密局联合发《关于对2014年度保密工作信息先进单位进行奖励的通报》，全县奖励保密工作和信息先进单位7个、被省保密局采用信息25篇、被州保密局采用信息20篇，县教育局信息被州保密局采用3篇，并被评为保密工作先进单位。是日，县保密委员会、县保密局联合发《关于2014年度全县保密工作先进单位和"保密卫士"进行奖励的通报》，评出先进单位一等奖1名、二等奖3名、三等奖6名，县教育局获二等奖；评出"保密卫士"39人，其中，县教育局2人。

县教育局召开保密工作会（2015年摄）

第八节　法治教育

1953年2月5日，省政府、教育厅转发西南文教部下发《废止体罚与变相体罚及禁止封建迷信、神怪、黄色书刊在儿童中传播的联合通报》，各县市中小学做好检查工作。1996年3月，县教育局成立"三五"普法小组，指导、安排普法宣传工作，为学校征订《少年时代报》352份、《少年与法》354份、《贵州教育报》241份，为县教育局职工订《法律法规知识读本》59本。1996年6月初，与公安局联合在城关一小、二小、一中、二中、三中、职中等校进行法制宣传、消防知识宣传，参加师生8000余人。组织教师学习“一纲四法”、第十四届六中全会做出的《关于加强社会主义精神文明建设若干重要问题的决议》。

铜锣中学开展法制安全教育（2013年摄）

1997年，县教育局组织召开专题研究会议2次，培训普法骨干，选派教师参加县普法骨干培训班，下半年举办法制知识演讲比赛，并在司法部门聘请常年法律顾问2人。1月13日，县教育局出台《1997年“三五”普法工作安排意见》，成立“三五”普法领导小组，对“三五”普法工作做出安排部署，印发《“三五”普法法律法规选编》人手一册，征订《中小学生守法知识手册》《少年与法》《法制日报》，宣传和学习《中华人民共和国宪法》《中华人民共和国国旗法》《中华人民共和国治安管理处罚条例》《中华人民共和国教师法》《中华人民共和国教育法》《中华人民共和国义务教育法》《中华人民共和国未成年保护法》《中国教育改革和发展纲要》等法律法规。每校每周利用1课时向学生进行普法教育，做到有教材、有讲义、留作业。利用广播、录像、墙报、班报、班会、晨会、国旗下讲话等宣传法律知识，站、校举办法制演讲、法律知识竞赛和法制考试活动。1998年，接访师生来信来访36人次，自办信访案件13件，转办案件8件，督办案件6件，结案率100%，返回挪用公款6000多元。县教育局制定下发《“三五”普法规划》《“三五”普法工作安排意见》，给学生征订《少年时代报》《少年与法》等刊物，向学生发放《安全手册》70000余册，组织全县教师订阅《法律法规选编》3700余册。宣传、贯彻落实《义务教育法》等法律法规，组成由乡镇领导、职能部门负责人、村干部、校长及教师参加的“义务教育执法队”，部分乡镇把降低辍学率、提高入学率作为干部考核的重要条件，采取手段和干预措施，督促学生家长按时送适龄儿童、少年入学，执行“入学通知书制度”，站、校对部分家庭困难的学生交书杂费实行“减、免、缓”，教师给学生垫付或捐助，并对失学学生及家长做动员工作，降低辍学率。8月，组织全县教师参加县纪检、监察专业法知识考试。11月初，全体教师参加“三五”普法法律知识考试。12月16日，省教委发《关于推荐省编〈禁毒知识教育读本〉的通知》，从1998年秋季开始，小学五六年级、初中、高中各年级每学期安排5~8个学时，开设毒品预防教育课，小学低年级采取讲座、班会、课外活动等多种形式进行。

1999年，开展全县中小学禁毒教育工作，要求各中小学开展多种形式禁毒宣传教育，配合公安机关、司法部门组织召开报告会，组织师生观看禁毒教育的图片视频，宣传禁毒知识，学校做到有教师、有资料、有教案、宣传教育资料进课堂、进学生脑海“三有两进”，办好禁毒宣传专栏和专刊，开好禁毒主题班会，在“6·26”国际禁毒日期间举办“拒毒签名”活动和禁毒知识竞赛或者围绕禁毒为主题的作文竞赛，组织好师生员工观看禁毒影视片，指导高年级学生写好观后感。将禁毒工作列入学校日常考核考评工作内容。2000年7月20日，教育局发《关于在全县中小学校开设法制教育课的通知》，决定从2000—2001学年度第一学期开始，在全县中小学普遍开展法制教育，小学3~6年级、中学初一至高二年级开设法制教育课，每周一节，正式列入学校班级课程表。统一使用县编印的《瓮安县中小学生法制教育读本》作为法制教育教材，开课年级学生人手一册。学校在每周的政治学习时间，安排专题内容，教师通过学习、讨论，写出心得体会。9月，县政协、县教育局联合在瓮安中学进行法制教育活动，服刑人员现身说法6人。2001年，县社会治安综合治理委员会办公室、县司法局、县教育局、共青团县委发《关于调整中小学校兼职法制副校长的通知》，决定对全县各中小学校兼职副校长进行调整，各受聘法制副校长要按照《瓮安县中小学法制副校长考核方案》的要求，指导和帮助学校抓好在校师生的法制教育和普法依法治校工作，全县兼职受聘法制副校长共72人。10月8日，“四五”普法治理工作启动，县教育局组织干部、职工组织学《中华人民共和国民族区域自治法》《中华人民共和国婚姻法》等七部法律法规，并进行学法考试。各单位安排领导干部学法不少于40学时，举办法制讲座不少于2期，各中小学校做到计划、课时、教材、师资“四落实”。各学校制定和完善制止乱收费、减轻学生负担、提高素质教育等管理措施。

2002年，全县各中小学发生安全事故5起，死亡2人。州教育局与县教育局，县教育局与各中学、中心小学分别签订安全教育目标责任书。3月13日，县政府批转《禁毒委员会瓮安县春夏扫毒风暴行动方案的通知》，教育部门把禁毒教育列入教学计划，在中小学校设禁毒知识讲座，县内所有高级中学、初级中学和中心完全小学在4月10日前100%将禁毒教育列入法制和德育教育教学内容。15日，县委、县政府印发《瓮安县禁毒委员会成员单位主要职责》，制定教育系统开展禁毒教育工作的政策、规划，将禁毒教育作为中小学德育和安全教育内容纳入学校日常工作。制定学校防毒、禁毒的制度和措施，明确校长是第一责任人，把学校无吸毒、贩

珠藏小学法制安全知识培训（2015年摄）

毒现象作为学校德育和安全教育的一项基本目标。16日，县依法治县领导小组办公室发《关于举办首次法制宣传法律知识竞赛的通知》，要求全县中小学所有在职人员参加竞赛，并将这次“四五”普法列为普法依法治理目标考核内容。4月，县成立瓮安县青少年法律与公民道德知识竞赛组委会，县教育局组织各学校初中以上学生参赛，掌握宪法、刑法、民法、诉讼法、义务教育法、未成年保护法的基本知识和公民道德建设基本知识、中国传统文化中关于道德的知识。7日，县教育局、县关工委、交警队、消防大队联合到基层学校开展法治、禁毒、批判邪教“法轮功”和远离毒品签名活动，将已在中学、中心完小展出的禁毒图片扩大到公路沿线的村级学校，全县已形成无毒学校。8月5日，县教育局、县司法局发《关于加强中小学法制教育工作的意见》，要求全县各中小学组织青少年学习法律和公民道德建设知识，抓好青少年法制教育，开展法治课，做到计划、课时、教师、教材四项落实，抓好对“三大诉讼法”、农村常用法律法规和教育专业法律法规的宣传，全县中小学做到依法治教，依法办事，行政程序法制化，行政过程公开化，行政结果透明化，对教师的法制培训制定中长期培训计划。法制副校长或法律顾问每学期到承聘学校组织法律讲座1~2次，做到依法决策，依法从教，依法建章立制，依法管理。2003年，全县有68所学校聘请兼职法制副校长59人其中，瓮安中学、二中、三中、职中各聘2人，部分乡镇中、小学共聘1人。5月29日，省禁毒委员会办公室、省教育厅办公室发《关于转发国家禁毒委员会办公室、教育部基础教育司〈关于抓好中学生毒品预防教育活动示范学校工作的通知〉的通知》，国家禁毒委办公室、教育部基础教育司确定贵州省3所毒品预防教育示范学校的基础上，又确定97所学校为省级毒品预防教育示范学校，其中，瓮安县职业中学获贵州省中小学生毒品预防教育示范学校称号。7月8日，县依法治县领导小组办公室、县教育局发《关于调整中小学兼职法制副校长的通知》，对全县部分法制副校长进行调整，做好法律法规宣传，学校建立完善的学习制度，征订法律知识读本，做好法律知识学习和禁毒宣传教育。2004年，组织全县教师参加省、县组织的普法考试，全部合格。

2006年，组织全体教师学习“八荣八耻”，并组织参加全州“八荣八耻”征文活动，参赛作品获二等奖2名、三等奖1名。邀请关工委和法制副校长做专题讲座200余次，听课人数3.5万余人次。4月16日，县教育局发《关于创建“民主法治示范点”学校工作实施方案的通知》，决定在全系统开展“五五”普法示范点学校创建活动，分三个阶段实施，瓮安职中、瓮安三中、草塘中学、城关一小、珠藏小学为第一阶段，瓮安一中、瓮安二中、平定营中学、希望中学、中坪中学、玉山中学、珠藏中学、松坪中学、鱼河中学为第二阶段，草塘小学、玉山小学、木老坪小学、高水小学、白沙小学、玉华小学、牛场坝学校、小河山学校、木引学校、银盏学校、茅坡小学为第三阶段。从政法、公安、司法部门聘请法制副校长70人、法制辅导员开展法制教育30人。8月，县教育局举办法制培训班、规范安全管理培训班、禁毒知识培训班各1期，聘请公安局、法院、司法局对城内7所中小学、9个镇级中心完小进行法制教育、消防知识教育、禁毒教育的大型报告会，实现教育覆盖面100%。10月

20日，县普法办公室、县教育局联合发《关于加强我县中小学法制教育工作的意见》，中小学法制教育以小学思想品德课和中学思想政治课教材中有关法律基本知识为基础，侧重《中华人民共和国未成年人保护法》《中华人民共和国预防未成年人犯罪法》《中华人民共和国交通安全法》《中华人民共和国治安处罚法》以及禁毒、环境保护法律法规的教育。学校通过组织“法制宣传日”“法制宣传周”“法制教育实践月”等活动，表彰遵纪守法的先进典型。教育行政部门、司法部门和学校建立和完善责任制度，对犯有严重错误的学生实行学校、年级、班级“三级”管理，并建立学生不到校追踪制度。2007年4月9日，县教育局发《关于认真做好2007年度预防职务犯罪工作的通知》，各校明确一名领导分管预防职务犯罪，建立预防和纠正职务犯罪的监督机制，对财务、基建、物资采购、招生考试、办证、学籍管理、课本及资料购买、收费等岗位人员的管理、教育、监控，发现问题即纠正。

瓮安县人民法院在瓮安三中开展刑事审判巡回法庭活动（2015年摄）

2008年5月30日，县教育局发《关于进一步加强学校毒品、艾滋病预防教育的通知》，全县各中小学做好禁毒工作宣传，查缺补漏，清查整理过去3年的禁毒档案资料，有缺计划、总结、开展的活动记录材料、领导班子及禁毒规章制度等，要完善和补上。对学生进行爱国主义、集体主义、社会主义和弘扬中华民族精神教育，每季度学校出禁毒教育专栏不得少于4期。7月15日，教育局发《为什么在“6·28”事件中有数量不少的学生参与打、砸、抢、烧的情况分析》，在“6·28”事件中，初中、小学大部分学生考试刚结束，还未返家就碰上游行队伍，使法律意识淡薄的学生参与进去。“6·28”事件的起因是瓮安三中初二年级学生溺水死亡后对死因鉴定家属不服，未能获得及时处置，社会谣言传播，使不明真相的学生听信谣言，不自觉地参与其中；学校管理、教师的思想政治工作不能全到位，没有有效地对后进行转化，使个别学生在黑恶势力的引诱、威胁、拉拢下参与帮派团体，充当黑恶势力的打手；法制教育不彻底，学生法律知识缺乏，法律意识淡薄，一碰到这件事，就不假思索参与；师德师风建设缺乏一些硬性的规定和要求，使少数教师缺乏师德，体罚与变相体罚学生的事件时有发生，关爱成绩优秀的学生，对后进生关心不够，没有耐心细致地做后进生的转化工作，使一些后进生未能获得应有的转化教育。18日，州委办公室、州政府办公室发《关于进一步加强青少年法制教育工作的意见》，“五五”普法期间，各地分期分批对中小学

中坪小学开展法制宣传教育活动（2015 年摄）

法制教师普遍轮训 1 次，健全兼职法制副校长和年级法制辅导员制度，建立健全学校法制教育队伍，在“五五”普法期间实现 100% 的城镇中小学校配备兼职法制校长或年级法制辅导员，配合有关部门查处取缔学校周边 100 米内的电子游戏机、网吧、麻将馆等危害青少年健康成长的各类娱乐场所。8 月 9 日，县禁毒委员会发《关于开展“小手牵大手共筑禁毒长城”禁毒宣传活动方案的通知》，决定在全县各学校开展以“小手牵大手共筑禁毒长城”为主题的禁毒宣传教育活动。学校组织学生签订承诺书，并要求学生的家人及亲戚朋友 5~10 人签名。21 日，县教育局发《关于转发瓮安县禁毒委员会〈关于开展“小手牵大手、共筑禁毒长城”禁毒宣传活动方案的通知〉的通知》《关于强化中小学安全管理，确保学校稳定发展的紧急通知》，学校开展禁毒、法制、道德、共产主义品德、家庭美德等教育宣传，防止境外敌对势力、“法轮功”邪教组织的渗透与破坏。做好学生心理健康问题、未成年女学生人身安全问题、薄弱学校的安全问题、社会不良团体“帮派”渗透到学校问题等的防范工作，做好 24 小时排班轮值巡查巡视。配合做好政法、道德、综治、维稳安全目标教育，做好法制安全、校园综治安全、食品药品卫生安全、消防安全、道路交通安全、禁毒等教育工作，规范维稳信息报告制。28 日，县教育局发《关于强化中小学安全管理，确保学校稳定发展的紧急通知》，各学校做好安全和维护稳定工作，组织师生开展普法教育活动，学习《中华人民共和国教师法》《中华人民共和国义务教育法》《中华人民共和国未成年人保护法》《中华人民共和国预防青少年犯罪法》《中华人民共和国游行示威法》《中华人民共和国治安处罚条例》《中华人民共和国消防法》《中华人民共和国道路交通法》《中华人民共和国环境保护法》《中华人民共和国食品、卫生法》《中华人民共和国产品质量法》《中华人民共和国人口和计划生育法》《贵州省禁毒条例》《中小学幼儿园安全管理办法》《中小学生守则》《中小学生行为规范》《中小学生伤害事故处理办法》《教师职业道德要求》等法律法规。9 月 8 日，县委办公室发《瓮安县人民政府办公室关于进一步加强青少年法制教育工作的意见》，全县各级各部门特别是教育、政法部门提高对新时期加强青少年法制教育工作重要性、紧迫性的认识，落实“五五”普法规划，构建家庭、学校、社会“三位一体”的青少年教育网络。政法、综治部门对本辖区青少年法制教育负总责，每年组织召开法制教育成员单位联席会议 2~3 次，对法制教育工作进行安排、督促、检查和考核，督促法制副校长每学期到学校讲授2~3节法制课，辅导学校法制教师2~3次，制定考核办法对法制副校长业绩进行考核。10月25日，县教育局发《关于开展以“打黑除恶”为主题的“送法进校园”法制宣传教育活动实施方案的通知》，利用每学期开学第三周为法制、安全培训周和“3·26”安全教育日、“6·3”虎门销烟纪念日、“6·26”国际禁毒日、“9·29”《贵州禁毒条例》颁发纪念日以及“11·9”消防宣传日、“12·4”法制宣传日、“12·8”禁毒法制日，以及各年度安排的法制、消防、食品卫生、禁毒、宣传月活动时机，聘请政法干警、学校法制副校长、法制辅导员、师德师风监督员去学校对学生开展现身说法教育，组织师生发放有关法律宣传资料和图书、图片、观看法制录像、制作法制专栏、校园法制广播等形式，宣传《中华人民共和国宪法》《中华人民共和国刑法》《中华人民共和国社会治安处罚法》《中华人民共和国突发事件应对法》《中华人民共和国未成年人保护法》《中华人民共和国预防未成年人犯罪法》《游行示威法规》《学生伤害事故处理办法》，以及“打黑除恶”有关的法律法规、政策和基本维权知识。学校配合县法制领导小组牵头组织的青少年法制教育活动和“打黑除恶”送法进校园法制宣传教育活动，实施法制、道德、安全、禁毒知识的课程教育，做到计划、课时、教材、教师、教案、总结六个落实，每所学校至少写出“打黑除恶”永久性标语1~2幅，每年不少于专刊4~6次。12月4日，县社会治安综合治理委员会办公室、县司法局、县教育局、县委发《关于调整中小学校兼职法制副校长的通知》，决定对瓮安县各中小学校兼职法制副校长进行调整，聘瓮安县中小学校兼职法制副校长72人，法制副校长指导和帮助学校开展法制教育工作，参与制定学校法制教育方案，定期到校为师生上法制课或作法制报告。法制副校长协助、协调政法、工商、文化、卫生、城管等部门召开依法治校专题会议每年1次，整顿治理学校周边环境，解决影响青少年健康成长的问题。

2009年5月7日，县教育局发《关于印发〈瓮安县教育系统“净化社会文化环境”集中统一行动实施方案〉和〈瓮安县教育系统“扫黄打非”行动实施方案〉的通知》，分三个阶段开展集体整治行动，清除校园及周边与活动场馆不适合未成年人的淫秽俗媚低下的垃圾信息，整治校园内外有可能下载、查阅、复制和传播不适合未成年人的有害信息、色情暴力游戏，整治学生及其他有关人员带入或口头传入校园的不良书刊等出版物、不良歌曲及故事等，整治违规违纪发布招生宣传信息及广告进行超范围招生。12月，免费发放光碟《呵护——未成年人伤害事故处理与预防》187盒、《小小律师》69盒、《中华人民共和国未成年人保护法》22盒、《法制教育、安全教育、卫生教育专题》76盒。2010年，县教育局组织开展法制征文活动，收到中小学生作品120篇、教师作品45篇。2010年4月6日，县教育局、县禁毒办联合发《关于开展中小学禁毒教育宣传活动的通知》，决定在中小学开展以“小手牵大手，共筑禁毒长城”为主题的毒品预防教育系列宣传活动，利用“禁毒知识普及月”，4—5月发放禁毒资料1份、阅读禁毒教育书籍1本、观看禁毒专题片1部、开好禁毒宣传教育主题班会1次、办好禁毒宣传栏1个、写好禁毒作文1篇。在禁毒集中宣传月6月开展禁毒宣传活动，组织图片展览、拒毒签名、知识竞赛、演讲比赛、文艺会演等活动。在禁毒实践拓展月 7—8 月，县禁毒办建设两个校园禁毒宣传基地和评选出两所禁毒教育示范学校，组织学生到教育基地、示范学校、看守所、拘留所等地参观，听取涉毒人员现身说法，并组织成立青少年禁毒志愿者协会。“禁毒教育巩固月”9—12 月，各中小学发起以“珍爱生命，拒绝毒品”为主题的“青少年远离毒品”倡议和签名承诺活动，举办全县禁毒征文比赛、禁毒知识抢答赛。5 月 13 日，县教育局发《关于认真做好校园及周边安全工作的紧急通知》，各校在学生中开展法制教育宣传，以课堂、讲座等形式把纪律教育、法制教育和预防青少年违法犯罪教育纳入课程计划。7 月 4 日，州教育局发《关于进一步加强中小学学科教学渗透法制教育工作的通知》，确定都匀市、瓮安县、都匀二中为全州实施学科教学渗透法制教育工作示范县（市）、校。

2013 年 4 月 18 日，县教育局发《关于转发省教育厅关于做好 2013 年中小学学科教学渗透法制教育工作暨公布 2012 年度省级检查考核结果的通知》，经考核，2012 年中小学省级示范县 12 个、合格县 7 个、否决县 1 个、省级示范校 97 所，瓮安县列入省级示范县，瓮安县学校 12 所列为省级示范校，黔南州共 14 所。2014 年 5 月 9 日，县教育局发《关于进一步加强学校管理和学生法制安全教育的紧急通知》，瓮安四中九年级两男学生于 4 月 30 日持刀斗殴，导致 1 死 1 伤。各学校开展法制宣传和安全警示教育，提高学生的法制和安全防范意识。学校与家长联系沟通，共同做好学生的安全教育工作，关爱学习困难学生、家庭贫困学生、农民工子女、留守儿童以及心理上出现问题的学生，化解他们遇到的各种困难和矛盾。学校做好校园人防、物防、技防建设等安全防范工作，实行夜间巡查、值守制度，禁止学生将管制刀具等危险品带入校园，学校联系公安机关不定期深入教室、宿舍，排查收缴危险器械，定期开展学校及周边安全隐患排查整治。2015 年，全县创建学科教学渗透法制教育省级示范校 12 所。5 月 10 日，县社会治安综合治理委员会印发《瓮安县开展典型案例法制宣传展板进校园巡回展活动实施方案》，由县司法局牵头、县法院、县检察院、县公安局、县教育局各派 2 人参加，重点在县城中学开展宣传教育活动，并在各乡镇中学巡回展出。11 月 17 日，州教育局发《关于公布黔南州第二届中小学校“精彩人生路·法律伴我行”演讲比赛州级决赛果的通报》，共有 45 名选手参加决赛，决出中学组一等奖 2 名、二等奖 3 名、三等奖 4 名、鼓励奖

高水中学开展法制宣传活动（2015 年摄）

7名，小学组一等奖2名、二等奖3名、三等奖4名、鼓励奖4名，教师组一等奖2名、二等奖3名、三等奖4名、鼓励奖6名，优秀指导教师奖10名、优秀组织奖6个。瓮安县第二小学教师获鼓励奖1人、教师获优秀指导二等奖1人、学生获二等奖1人，瓮安中学教师获优秀指导一等奖1人、学生获一等奖1人，瓮安二中教师获优秀指导二等奖1人、学生获二等奖1人。25日，州教育局发《关于黔南州第二批“依法治校示范校”评选结果的通知》，全州评选35所学校为第二批“依法治校示范校”学校，其中瓮安县有瓮安二小、瓮安县玉山中心完小、瓮安二中、瓮安县实验学校4所。

第九节　帮　教

2008年10月，成立由县委常委、政法委书记为组长的帮教工作领导小组，统筹协调全县帮教工作，构建全覆盖、常态运行的青少年“大帮教”工作体系，公安、检察院、法院、司法、宣传、教育、民政、关协、妇联、团委等相关部门各司其职，各负其责，密切配合，一手抓“打黑除恶”，一手抓违法青少年教育帮扶。以家庭为基础，学校为主阵地，社会为依托，按照“1+1+1”的结对帮教模式，构建“三位一体”和县、乡镇（办事处）、村（社区）、学校、班级和家庭“六级联动”的帮教工作体系，对回归社会的违法青少年实行“1名党政领导+1个基层组织+1名帮教对象”的帮教模式，对回归学校的违法青少年实行“1名学校负责人+1名教师+1名帮教对象”的帮教模式，在各班级还实行“1名教师+1名优秀学生+1名帮教对象”的帮教模式，形成“2帮1”乃至“3帮1”的结对帮教机制。县政府将帮教经费列入财政预算，为全县各级帮教办配置办公设备，建立帮教档案，建立重点青少年群体信息库，实施动态管理，按照“一人一策”开展帮教。对违法青少年实行回归前必谈、发现帮教对象有突出表现或不良苗头时必谈，简称“两个必谈”，在帮教对象入校、入班、回乡前，进行思想政治教育、心理辅导、法制教育，并表扬鼓励进步，纠正错误缺点，鼓励他们走出阴影。县委、县政府出台《关于进一步加强师德师风建设的意见》，夯实师德基础，采取“走出去、请进来”的方式，共组织教师、教导主任、校长等培训40期4778人次。组织开展“千名教师大家访”活动，班主任、教师在寒暑假和课余时间，对在校学生进行家访，帮教负责人深入帮教对象家中了解情况，帮助其辅导功课，组织参加社会实践活动，开展回访调查。对在外就学、务工的帮教对象，利用假期或传统节日帮教对象返乡时机，以学校名义举行校友座谈会，了解其思想动态和行为表现，有针对性地进行继续帮教。

2009年5月22日，经县政府批示，增设瓮安县未成年人帮教办公室，作为常设机构，组织开展全县未成年人的帮教工作。机构规格为副科级，内设综合事务股、心理咨询股、法制教育股三个机构，人员编制 8 人，设正负主任各 1 人，事业工作人员 6 人。县综治委把帮教工作纳入社会管理综合治理年度目标考核，落实对未成年人犯罪依法从宽政策，推行未成年人刑事案件“圆桌审判”方式。开展“6·28”事件涉案未成年人违法及轻罪记录消除试点工作，经调研和论证，县委出台《关于对“6·28”事件涉案未成年人违法及轻罪犯罪记录消除的指导意见》，县委政法委会同政法各部门下发《瓮安县“6·28”事件涉案未成年人违法及轻罪犯罪记录消除试行办法》，规定犯罪记录消除的适用原则和对象、消除条件及程序、消除记录的法律后果及档案管理等问题。暑假期间，组织由帮教对象代表和优秀学生代表参加的“美梦成真、我心飞翔”法制教育暨爱国主义教育夏令营活动。11 月 19 日，县委、县政府作出《关于表彰青少年帮教工作先进集体和先进个人的决定》，在青少年帮教工作中成绩突出的先集体 9 个、先进个人 20 人进行表彰。瓮安中学、瓮安二中、瓮安职中、县教育局获先集体奖，教师获先进个人奖有 10 人。

省委常委、省政法委书记、省公安厅厅长崔亚东在瓮安教育局调研帮教工作（2009 年摄）

瓮安二中“6·28”事件帮教对象家长座谈会（2008 年摄）

2010 年，采取抓帮教体系建设、帮教无缝对接、家庭背景调查、就读班级落实、一人一策帮教、心理辅导和法制教育、制度建立完善、帮教人员培训、长效机制建设等措施开展帮教工作，将“瓮安事件”违法学生的帮教经验拓展到所有学校“后进生”“问题生”的教育转化上。参加高考的帮教对象 22 人，考上二本及以上学校 8 人。4 月 14 日，县委办、县政府办发《关于印发〈瓮安县2010年青少年帮教工作方案〉的通知》，调整完善县青少年帮教工作领导小组，各乡镇充实青少年帮教工作领导小组及办公室人员，在学校、综治办抽1—2人负责帮教办日常工作。县四家班子领导和涉及乡镇、单位主要领导每人至少结对帮教“6·28”事件违法青少年1人，开展“1+1+1”结对帮教活动。建立健全家长学校，建立心理咨询机构，开展心理健康教育。对“问题生”、社会不良青少年和“6·28”违法帮教对象进行走访，回访当事人及其家人、邻居、亲友、同学，掌握当事人表现情况。有针对性地做好部分特殊帮教对象的帮教工作，做好违法及轻罪犯罪记录消除工作。5月13日，县教育局印发《关于〈瓮安县学校青少年帮教工作考评方案〉的通知》，每年考评1次，提前一个月通知，考评基础工作25分、心理健康教育25分、法制教育25分、家长学校25分、附加得分10分等，90分上，含90分为优秀，80分以上，含80分为良好，60分以上，含60分为合格，60分以下为不合格。7月28日，省委办公厅、省政府办公厅印发《省社会治安综合治理委员会关于加强违法青少年帮教工作的意见》《省社会治安综合治理委员会关于进一步加强预防未成年人违法犯罪工作的意见》，省人大常委会新修订《贵州省未成年人保护条例》，对预防未成年人违法犯罪做出处理指导意见。11月19日，贵州省公、检、法、司联合出台《贵州省未成年人违法和轻罪记录消除暂行办法》，对未成年人违法轻罪实行消除记录办法。贵州省修订和出台的“一条例一办法两意见”，促成国家修改刑法和刑事诉讼法。2011年2月25日，第十一届全国人民代表大会常务委员会第十九次会议通过《中华人民共和国刑法修正案（八）》，5月1日起施行，在刑法第一百条中增加一款作为第二款：“犯罪的时候不满十八周岁被判处五年有期徒刑以下刑罚的人，免除前款规定的报告义务。”

2012年，县委依据中央四部委文件将帮教办设置为县委政法委内设机构，全县21个乡镇（办事处）均建立由党（工）委书记任组长、相关部门主要负责人为成员的帮教工作领导小组，全县开展帮教工作，改善办公条件。3月14日，第十一届全国人民代表大会第五次会议通过《关于修改〈中华人民共和国刑事诉讼法〉的决定》，其中新刑事诉讼法第二百七十五条规定：“犯罪时不满十八周岁，被判处五年以下有期徒刑的，应对相关犯罪记录予以封存。犯罪记录被封存的，不得向任何单位和个人提供，但司法机关为办案需要或者有关单位根据国家规定进行查询的除外。依法进行查询的单位，应当对被封存的犯罪记录的情况予以保密”。该决定将于2013年1月1日起施行。8月27日，中央编译局副局长魏海生等到瓮安调研违法青少年帮教工作时指出：“希望到国际上宣传瓮安经验，瓮安经验可作为民主、人权典范的展示，未成年人帮教安置等值得在国际上宣传。”新华社、中央电视台《光明日报》《经济日报》《中国青年报》《法制日报》及省内外上百家媒体记者对瓮安违法青少年帮教进行多方位、多角度的报道。

2013年，修建帮教中心和警示教育馆，设立帮教成果展厅。“6·28”事件涉案未成年人104人，已对涉案未成年人违法及轻罪记录予以消除94人，兑现其升学、参军、就业不受影响的承诺，从根本上消除他们的心理阴影；另外10人，其中在外省企业上班6人，成为企业骨干；重新违法，经过帮教已转化，在县城务工 4 人。对其他违法犯罪消除轻罪犯罪记录 167 人，推动帮教转化工作，省委政法委将此项工作在全省进行推广。5 月，瓮安县社会管理综合治理办公室被共青团省委、省综治办等 14 个单位认定为 2013 年度全省优秀“青少年维权岗”，被共青团中央、中央综治办命名为 2013 年度全国“青少年维权岗”。帮教对象中获团省委表彰为“五四青年”1 人，表彰为“优秀共青团员”3 人，表彰为“优秀创业青年”3 人。

2014 年，县政法委、检察、法院、公安、司法、关工委、团委、妇联、教育等部门联合出台《瓮安县未成年人刑事诉讼权利保护实施意见》，建立指定辩护“一票通”制度、监管结合制度、健全社会调查委托制度，并建立合适成年人到场、帮教工作协调配合、涉案未成年人心理干预、矫正机制，保障在校生“涉案零失学”，保护涉案未成年人信息。截至 9 月，帮教对象有考上贵州师范大学、贵阳医学院、鲁东大学、海南大学、西昌学院、贵阳学院等大中专院校 76 人，其中，通过公开招考在县直机关工作 7 人、录入参军 4 人。10 月 25 日，建立瓮安县雨露工程素质提升学校，开展教育培训，对年满 12 周岁至 17 周岁的未成年人进行法律法规、心理健康、行为矫治、军体训练、情操陶冶等学科教育，到公安局指挥中心或看守所、戒毒所、监狱、法制禁毒宣传警示教育基地等实地开展教学活动。到年底，雨露工程教育培训共开展 4 期。

瓮安职中、四中师生现身说法教育大会（2008 年摄）

2015 年 5 月 10 日，县社会治安综合治理委员会关于印发《瓮安县加强“雨露工程”学校素质提升班培训学习实施方案》的通知，实行短期培训，共培训 5 期，每期 1 天，分周末班和假期班，每天 7 个小时，每课时 45 分钟，早晨 8：30—12：00，下午 2：30—4：50。第一期培训由瓮安职中负责，第二期培训由瓮安五中负责，教学对象是受司法机关打击处理的在校生、学校“问题生”“后进生”。第三、四、五期，对象由各乡镇、教育局推荐的在校“问题生”及乡镇推荐年满 12 周岁不满 20 周岁的社会不良行为青少年，每班 20~30 人。

第十节　推广普通话

1955年10月30日，瓮安选派参加教育部组织的“中小学及师范学校语文教师北京语音训练班”进行培训5人。12月5日，省教育厅要求1995年小学在经费有结余情况下，向当地或省百货公司购置留声机，举办小学语文教师北京语音训练班所需“注音字母留声片”由教育厅向省百货公司定购，此项留音片到后，各县、市可按分配数向县百货公司价购，瓮安分配4套。教师学习所需新编《初级小学语文第一册》《初级小学语文第一册洋音字母参考资料》也由省厅向新华书店约定，此书到后可按分配数到县书店价购，瓮安分配100本。1956年5月，瓮安组织教师进行北京语音培训，第一次321人参加，培训后进行考试，及格308人，占总人数的93%；第二次参加考试225人，及格199人，占总数的88%。1958年6月6日，瓮安县选派3名教师参加省普通话语音讲师训练班学习。1959年10月26日，文教局下发《转发省教育厅〈关于在中、小学、师范学校教学拼音字母的补充通知〉的通知》，要求加强中、小学和师范的拼音字母教学，利用拼音字母来帮助识字和学习普通话。

1998年，省、州教委语委对瓮安县普通中小学普通话工作进行评估。2000年4月，执行省教委规定，全县教职工凡属普通话参培对象的必须参加组织培训。5月20日，县教育局出台《关于在全县中小学推广使用普通话的安排意见》，全县推行说普通话，教育局机关、各辅导站站长、学校校长开会等必须使用普通话。各站、校在校园显眼位置及办公地点张贴、悬挂或摆放“请说普通话”字样的永久性标牌。各级各类学校、各门学科教师上课必须一律使用普通话。学校采取行政措施，把教学普通话的考核与量化考核挂钩。

2001年，完成对雍阳镇小学教师的普通话培训测试376人，并通过省级测试员对雍阳镇小学教师的普通话水平等级测试。4月12日，省教育厅发《关于在全省各级各类学校教师中实行持普通话水平等级证书上岗制度的通知》，决定从2002年1月1日起，对全省各级各类学校教师实行持普通话水平等级证书上岗制度，1948年1月1日至1953年12月31日期间出生的在职教师应达到三级乙等60分以上；1954年1月1日至1963年12月31日期间出生的在职文科及语文教师和幼儿园教师应达到三级甲等70分以上，其他学科教师应达到三级乙等60分以上；1964年1月1日至1973年12月31日期间出生的在职文科及语文教师、幼儿园教师应达到二级乙等80分以上，其他学科教师及乡镇所在地的中学和中心完小（幼儿园）教师应达到三级甲等70分以上，乡镇以下学校教师应达到三级乙等60分以上；1974年1月1日以后出生的在职文科及语文教师、幼儿园教师应达到二级甲等87分以上，其他学科教师及乡镇所在地的中学和中心完小（幼儿园）教师应达到二级乙等80分以上，乡镇以下学校教师应达到三级甲等70分以上；各级各类学校专门从事普通话口语课的教师应达到一级乙

省语委办在瓮安举行普通话培训（2015年摄）

等92分以上。教师的普通话等级证书一律以省语言文字工作委员会颁发的“普通话水平测试等级证书”为准，证书的有效期限为五年。各学校凡未达标的，应限期达标，限期时间为两年，到期仍未达标者，应待岗培训或转岗。7月10日，县教育局组织全县中小学教师普通话水平等级测试培训。2002年4月4日，教育局转发黔教语法文件，对各级各类学校教师持普通话水平等级证书上岗制度进行评估检查。11月13日，省民宗委、省教育厅联合出台《关于进一步做好我省少数民族语言文字工作的意见》，全省17个世居少数民族中，除回族、满族、羌族、蒙古族、土家族等较早转用汉语外，其余的都有自己的语言，并以本民族语言作为最主要的交际语言。在不通汉语的少数民族地区实施“双语”教学，把“双语”教学纳入民族教育体系，将适龄儿童提前1~2年入学，开展学前“双语”教育，在小学阶段适当实施“双语”教学。以后每年举办2期“双语”师资培训班，在民族师范院校中开办“双语文”教学师资班，有计划地培养“双语”教师。做好编写“双语”教材和课外读物，把民族民间文化引入中小学地方教育课程中，在民族乡村用民族文字进行扫盲教育。

2011年2月，全县开展语言文字普及、规范使用工作，4月开始举行全县普通话培训测试工作。4月19日，黔南州普通话水平测试站转发省教育部语用司《关于举办“汉口银行杯”全国“双推”漫画大赛的通知》，要求“语同音·书同文”，增强国民对国家通用语言文字的认同感、自豪感和自觉规范使用，提升国民语言文字的应用能力，弘扬中华优秀文化，构建和谐语言生活。7月23日至8月6日，瓮安参加黔南州普通话水平测试培训工作2人。2012年9月11日，州教育局做出规定，每年9月第三周是全国推广普通话宣传周。

2014年，瓮安县示范幼儿园、瓮安县第四中学、瓮安县实验学校、瓮安城关三小获“黔南州语言文字工作规范示范学校”称号。7月21日，州教育局发《关于开展第17届全国推广普通话宣传周活动的通知》，每年9月第三周是全国推广普通话宣传周，简称“推普周”。2014年第17届推普周的时间定为9月15—21日。2015年，瓮安组织普通话等级不符合要求的教师进行培训，培训后到贵阳、都匀、贵定等地考试，瓮安不设考点。

第十二章

教学改革与教学科研

JIAOXUE GAIGE YU JIAOXUE KEYAN

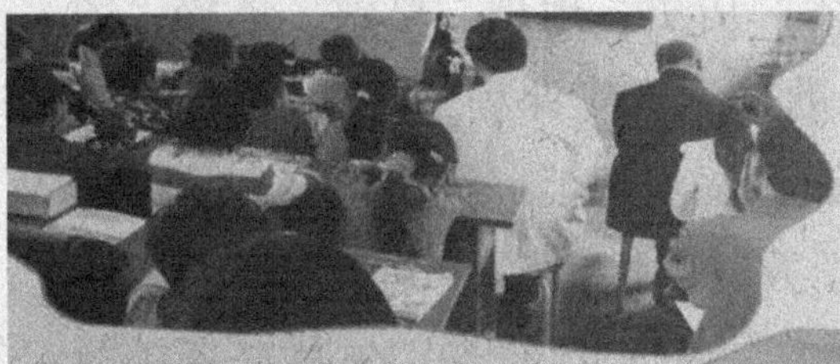

学数学示范课

建中小学教研活动

永和片区优质课评比活动

第十二章　教学改革与教学科研

JIAOXUE GAIGE YU JIAOXUE KEYA

明朝至清朝中期，以“四书五经”为教学内容，先生教学生死记硬背。清朝末年，瓮安设劝学所，教学内容改为修身、读经讲经、中国文字、算术、历史、地理、格致、体操、图画、手工等，教学方法有所改进。民国时期，小学增设唱歌、党义等课程，中学增设自然、公民等课程，教学方法采用注入式。新中国成立后，课程设置逐步规范、科学、合理，教学方法由填鸭式转变为启发式。20 世纪 80 年代，开始对教学方法的探索，呈现“六课型教学法”“尝试教学法”“综合整体教学实验”“五步教学法”等。进入 21 世纪，实施新课程改革，进行校本教研和课题研究，呈现高效课堂、生本教育学等新教学模式。

第一节　组织管理

1957 年 3 月 10 日，教育科设教研室，编制 3 人，负责领导全县教研组工作。1962 年 1 月 3 日，教研人员分别下到各区，走遍 95%以上的学校，开展“如何提高学生阅读和写作能力”的研究工作。全县先后召开两次教导主任会议，讨论有关教研工作和对中小学生的课余辅导。1963 年，教研室有人员 4 人，其中女 1 人。1977 年 8 月 28 日，教育局下发《关于1977—1978 学年度第一学期工作安排意见》，学校工作以德育为首，加强基础知识学习，提高教学质量。在全县贯彻“十大教授法”，督促教师搞好备、教、改、辅、访等方面工作。学校负责人至少每月检查一次教师的教案，教师不备课不能上讲台。小学低年级以识字教学为主，突破注音教学难点、重点，推广普通话教学。小学三年级以上开设作文和书法课，每学期作文不能少于7次。各学校上好体育、音乐课，有条件的学校成立文艺宣传队和开办业余少体校。

1990年，组织教师对教材教法进行考试（过教材关），全县参考教师1857人，已过关1672人，过关率87.6%。1993年，教研室人员到各中小学巡回宣讲各科教学大纲，指导教师学习、理解、运用教学大纲，并对教师进行新教材培训。在全县范围内推广“目标教学法”，完成“小学综合整体教育”实验，进行高中快速作文实验。抓好备、教、改、辅、改、考、研等教学方法，检查学校执行国家教学计划的情况，参加学校教研工作，探索教改路子，完成四县联合的小升初的命题制卷工作。

全县校长、教导主任在草塘小学举行尝试教学法研讨（1986年摄）

1998年，组织教育系统公务员、专业技术人员计算机应用培训，全县参培公民办教师3782人，50岁以下应参加培训人员3215人。培训按照“统一教材，统一考核，统一颁证”的原则，副科级以上公务员和4所完中校长在省培训，由州教育局安排通知，其余应培训的教职工在县培训。培训时间从1998年10月至2000年，每期60人，每人收费120元，其中，每人培训上机费60元，教材费20元，考试费10元，办证件费20元，试卷及教务费10元，参培人员食宿自理。培训地点在瓮安二中，培训内容按省、州规定的教材，培训后即进行笔试、上机操作等进行考核，经考试考核合格后，发给合格证，作为公务员、党的机关工作者上岗的计算等级水平的依据，并作为干部年度考核、晋级、评职等依据。2002年，组织全县小学8个学科、中学8个学科近50人教师到省、州培训。11月，聘请州教育局局长2人到瓮安县对全县中小学校长、主任进行新课程培训200人。12月，组织23个乡镇学校的校长、主任、教师140人外出学习培训。2003年10月15日，县教研室被省教育厅表彰为先进教研室，1人被表彰为先进教研员。2005年，教研室组织新教材教学研讨会，全县中小学新教材培训870人次。2006年，教研室指导全县各学校对科任教师进行课堂实践培训，共培训中小学教师985人。实施教师支教计划，派出优秀教师21人到边远薄弱学校支教一年。

2008年3月5日，县教育局发《关于教育中心学科组的通知》，决定成立全县各小学学科小组14个，其中小学学科4个，初、高中学科组各5个。10日，县教育局发《关于聘请中小学兼职教研员的决定》，全县聘请初级中学兼职教研员28人、小学兼职教研员20人。12月22日，县教育局发《关于认定第一批中小学幼儿园县级骨干教师的通知》，对中小学有幼儿园县级骨干教师进行资格评审118人。2009年3月20日，州教育局发《关于组织2009届初三、高三毕业班各学科科任课教师参加本专业中考和适应性高考的通知》，经研究，决定组织2009年初三、高三毕业班各学科任课教师参加本专业中考和高考考试适应性，凡年龄50周岁以下的初三、高三毕业班任课教师均必须参加这次考试，无故不参加将作为本人业绩考评缺项对待，不能晋职、聘任和评优，考题为黔南州中考试题和2009年贵州省适应性高考试题。2010年6月4日，县教育局对小学语文、数学、综合、初中语文、数学、英语、物理、综合，高中语文、数学、英语、理综、文综学科组人员进行调整，发挥教育中心学科组"促进基础教育改革，提升中小学教师教学水平，提高教育教学质量"的作用。9月4日，县教育局发《瓮安县中小学校结对互助活实施方案》，进行学校领导班子结对、教师结对、学生结对，实现管理合作、教研合作、资源利用整合。

县教育局召开农村教育综合改革会议（1997年摄）

2011年12月，批准县第二批骨干教师191人。2012年，对全县40周岁以下的教师进行业务知识考试，提高教师业务素质。1月16日，州教育局发《关于确定州第四批中小学州级骨干教师的通知》，瓮安第四批州级骨干教师45人，聘任期限为5年。12月15日，组织全县40岁及以下的教师参加业务素质考试。

2013年9月29日，批准县第三批骨干教师183人。2014年12月31日，县教育局发《关于认定第三批县级骨干教师的通知》，经选拔、培训、培养和考核，认定第三批县级骨干教师183人，其中高中26人、初中53人、小学89人、职校6人、幼教7人、特教2人，第三批骨干教师任期5年。2015年，教研室有主任1人、副主任1人，有工作人员12人。通过骨干教师培训培养工程，建立师德高尚、学科示范引领辐射带动作用的省、州、县中小学骨干教师队伍，全县有省级骨干教师15人、州级骨干教师216人、县级骨干教师492人。

表 12-1　瓮安县教研室主任、副主任一览表

姓　名	性　别	籍　贯	职　务	时　间
				1957—1961
盛安平	男	贵州瓮安	主任	1962—1966
费自远	男	贵州瓮安	副主任	1962—1983
包孔泽	男	贵州瓮安	主任	1967—1983
周承欢	男	贵州瓮安	主任	1984—1985. 7
杨乔书	男	贵州瓮安	副主任	1984—1985. 7
刘儒贵	男	贵州瓮安	主任	1985. 8—2003. 6
杨昌乐	男	贵州瓮安	副主任	1985. 8—2010. 12
刘　惠	女	贵州瓮安	主任	2004. 7—2010. 12
张　奎	男	贵州瓮安	主任	2011. 3—
袁　敏	男	贵州瓮安	副主任	2011. 8—

第二节　学制　课程

一、学制

民国元年（1912），改学堂为学校，执行7年学制，初等小学4年毕业，高等小学3年毕业。民国11年（1922）秋，执行6年制（四二制），初级小学4年，高级小学2年。民国22年（1933），制定《中学法》，中学仍采用“三三”分段制，初中3年、高中3年。

1951年9月2日，西南军政委员会文教处出台《西南区小学教育暂行实施办法》，制定小学教育方针、学制、教学、课程、学期及假期等，小学学制仍暂定为“四二”制，初级小学4年单独设立；高级小学2年，与初小合设为原则，称完全小学，必要时也可单独设立。学制改革内容有幼儿教育、初等教育、中等教育、高等教育、各级政治学校和政治训练班。10月1日，政务院公布《关于学制改革的决定》，将工农干部学校和各种补习学校纳入各级学校系统，普通中学修业年限为6年，保留“三三”分段学制。

1953年9月16日，省教育厅转中央教育部指示，小学五年一贯制今秋停止推行，仍沿用“四二”制，修正小学教学计划，5月22日转发的“四二”旧制小学教学计划及小学教学科目和时间表停止施行。1954年3月2日，省教育厅转发“四二”制教学计划。1958年，瓮安隶属黔南布依族苗族自治州，福泉划入瓮安管辖。瓮安在12个公社所在地中心小学试行五年一贯制，中学的文、理分科，在瓮安一中试行两年制，在陆坪中学、小学、幼儿园试行十三年制。

1960年4月，根据党中央“适当缩短学制、适当提高程度、适当控制学时、适当增加劳动”的精神，将十二年制改为十年一贯制，一至五年级为第一阶段（相当于小学），六至八年级为第二阶段（相当于初中），九至十年级为第三阶段（相当于高中），即在十年一贯制中作五、三、二分段。1960年秋，瓮安试行十年制，参加试行初一教学班46个，学生2300余人；初二教学班28个，学生1400人。1964年，小学改为四二制，初小4年、高小2年，部分地区改为小学五年一贯制；中学为五年制，初中3年、高中2年，在高中部文、理分科。1965年，瓮安县雍阳小学教学班2个100人、中坪小学教学班1个58人试行小学五年制。

“文化大革命”初期，名义上规定小学五年、中学四年，实际自行其是，学制越短越好，一段时间完全停课。粉碎江青反革命集团（“四人帮”）后，逐步将被破坏的规章制度和学校教学秩序恢复，中学学制暂定为6年。1978年，全日制中小学学制为十年制，中学5年（初中3年、高中2年）、小学5年，统一秋季肄业。1980年12月，中学恢复为六年制，初、高中各3年。1988年，全县小学由五年制全部过渡到六年制，此后，中小学均实行六年制，小学六年、初中三年、高中三年。

二、课程改革

清雍正三年（1726），县学教材除“四书”“五经”外，尚有《朱子全书》《大学衍义》《文章正宗》《古文渊鉴》等。嘉庆三年（1798），义学中幼童学习主要以诵习为课程。光绪二十九年（1903），清政府颁布《奏定中学堂章程》规定，劝学所（小学）开设修身、读经讲经、中国文字、算术、历史、地理、格致、体操、图画、手工等10门学科。

民国元年（1912），初等小学开设修身、国文、算术、手工、图画、唱歌、体操7门课程，女生加开缝纫共8门；高等小学校加开本国历史、地理、理科3门课程，女生为11门，男生加开农业也为11门。民国4年（1915），按袁世凯《特定教育纲要》规定，小学加开读经1科。民国15年（1926），瓮安中学设立，按民国11年（1922）民国政府公布的课程纲要，初中开设社会（包括公民、历史、地理）、言文（包括国文及外国语）、自然（包括算学和自然）、艺术（包括图画、手工、音乐）、体育（包括生理、卫生、体育）5科16门课程，共164学分，以修满180学分为毕业。除必修科164学分外，所余学分得选其他科目或补习必修科目。民国18年（1929），小学开设党义、国语、社会、自然、算术、工作、美术、体育、音乐9门课程。民国22年（1933）制定《中学法》和《中学规程》，仍采用中学三三分段制，并取消选科制，所有课程一律作为必修科，并规定早操和自习时间。初中开设

11 科 15 门课，高中开设 16 门课。

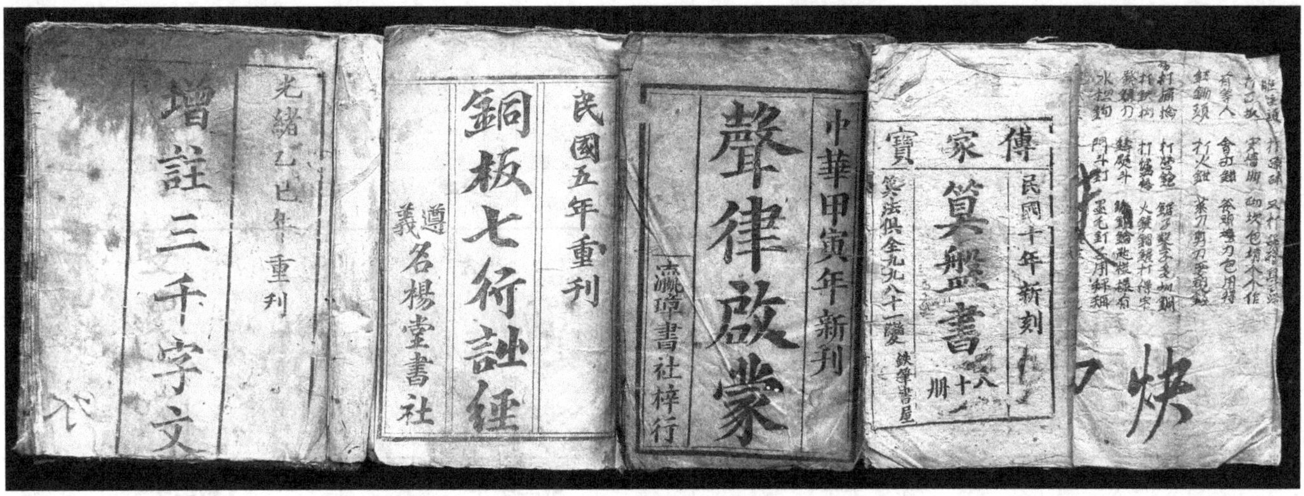

清代、民国时期使用的教材（2015 年摄）

表 12-2　　1933 年初级中学教学科目及各学期每周各科教学时数表

单位：节/周

科目		第一学年		第二学年		第三学年	
		第一学期	第二学期	第一学期	第二学期	第一学期	第二学期
公民		1	1	1	1	1	1
体育及童子军		4	4	4	4	4	4
国文		5	5	6	6	6	6
英语		4	4	4	4	4	4
数学		4	4	5	5	5	5
自然分科	生理卫生	1	1				
	植物	2	2				
	动物	2	2				
	物理			3	3		
	化学					3	3
历史		2	2	2	2	2	2
地理		2	2	2	2	2	2
劳作		2	2	2	2	2	2
图画		1	1	1	1	1	1

续表12-2

科　目	第一学年		第二学年		第三学年	
	第一学期	第二学期	第一学期	第二学期	第一学期	第二学期
音乐	1	1	1	1	1	1
每周教学总时数	31	31	31	31	31	31

表 12-3　　1933 年高级中学教学科目及各学期每周各科教学时数表

单位：节/周

	第一学年		第二学年		第三学年	
	第一学期	第二学期	第一学期	第二学期	第一学期	第二学期
公民	2	2	1	1	1	
体育	2	2	2	2	2	2
军训	3	3				
国文	5	5	5	5	5	5
论理				3		
英语	5	5	5	5	5	5
算学	4	4	3	3	3	3
生物学	4	4				
物理					6	6
化学	0.5	0.5	0.5	0.5	0.5	0.5
本国历史			6	6		
外国历史	2	2	2			
本国地理				2	2	2
外国地理	2	2	2			
图画				2	2	2

续表12-3

	第一学年		第二学年		第三学年	
	第一学期	第二学期	第一学期	第二学期	第一学期	第二学期
音乐	0.5	0.5	0.5	0.5	0.5	0.5
每周教学总时数	30	30	30	30	30	29

民国27年（1938），教育部组织改编初高中国文、公民、历史、地理等12种教科书。公民课本除灌注国民党的党义外，还有儒家经典和“礼义廉耻”“忠孝仁爱信义和平”等传统道德，高中国文课本完全选载文言文，多从经、史、子、集中选录的材料，数学、物理、化学等科课本则仍由商务印书馆、中华书局、世界书局等出版。民国29年（1940），重新修订中学教学计划，对原课程标准作一些改变。国文算学等缩减1小时教学时数；英语改为选修，不习英语者，另习国文、历史、公民等学科；动植物合并为生物，并略选地质与矿物学；史地两科侧重本国史地，各占5/6，外国史地仅占1/6；增加图画、音乐的教学时数，每周为2小时，高中一、二年级为1小时，高三不开设图画、音乐课程；各年级每周有2小时为战时后方服务训练；职业科目每周4小时。是年，省教育厅结合省情制定《初级中学第二学年设置地方自治科目暂行办法》《高级中学第二学年设置业务管理科目暂行办法》，在初中开设地方自治、农村经济及合作，高中开设心理学、统计、业务管理、地方自治等职业课程，使初高中学生不完全专注于准备升学，通过职业科目的学习，以适应地方自治人才的需要。民国37年（1948），小学一、二年级开设公民训练、唱游、国语（包括说话、读书、作文、写字）、常识、工作、5门课程，三、四年级开设训练、国语、算术、音乐、体育、常识、美术、劳作8门课程，五、六年级开设公民训练、国语、算术、社会（包括公民、历史、地理）、自然、美术、劳作、音乐、体育9门课程。

1949年新中国成立后，中小学取消党义、公民、公民训练（军训）、童训及周会等课程，中学增加社会发展史、新民主主义论等课程，其余仍按新中国成立前设置课程，但课程内容不同。1950年，教育部颁布《中学暂行教学计划》和《中等学校暂行校历》，中学设政治、语文、数学、自然（初中）、生物（高中）、物理、化学、历史、地理、外语、体育、音乐、美术、制图（高中）等14门课程，数学包括算术、代数、平面几何、三乐、立体几何、大代数、解析几何，自然包括植物、动物、达尔文主义基础和生理卫生等，外国语如有条件宜授俄语，已受英语者不再变更。3月，执行贵阳市军管会接管部、贵州省政府教育办公室转发《关于取缔小人书具体实施办法》，在全县收缴小人书，并控制学生看小人书。5月27日，省文教管部根据西南军政委员会文教部指示，全省各中学停授英语，英语课时间以2小时改授其他课程，1小时加授政治常识。解放初期，理科教材仍沿用旧教材，政治课用人民出版社出版的“政治常识课本”“社会科学基本常识讲座”等，历史课删去反动内容、增加革命史内容。

表 12-4　　1950 年瓮安县初中课程标准一览表

科目＼周学时＼学年	第一学年		第二学年		第三学年		备注
	上	下	上	下	上	下	
国文	6	6	6	6	6	6	政治常识以政治经济学为课本，算术不教艰深的四则杂题，度量衡仅教本国制及万国制，中国近代史以华岗著《中国近代史》为基本教材，历史课本以新华书店出版课本为标准
英文	4	4	3	3	3	3	
政常	3	3	3	3	3	3	
算术	4	4					
代数			5	2	2	1	
几何				3	3	4	
植物	3						
动物		3					
化学			4	4			
物理					4	4	
中国近代史	2	2	2	2	2	2	
本国地理	2	2	2	2			
世界地理					2	2	
美术	2	2	2	2	2	2	
音乐	1	1	1	1	1	1	
生理卫生			1	1			
体育	2	2	2	2	2	2	
每周总时数	29	29	31	31	30	30	

1951 年 9 月 2 日，西南军政委员会文教处出台《西南区小学教育暂行实施办法》，规定初小一、二年级设国语（包括常识、话法、读法、习字、缀字、联句）、算术、唱游、图画、手工等 6 科，初小三、四年级设国语（包括话法、读法、作文、习字）、算术（包括笔算、珠算）、常识（包括卫生、社会、自然）、体育、唱歌、图画、手工等 7 科，高小一、二年级设国语（包括读法、文法、演说、作文、习字）、算术（包括笔算、珠算）、政治常识、历史、地理、自然、卫生、体育、唱歌、图画、手工等 11 科。

表 12-5　　1951 年全日制小学课程设置一览表

科　目	一、二	三、四	五、六	备　考
国语	480	360	360	1. 自习及课外活动时间可自行酌定。2. 每节以 30～45 分钟为原则，课间休息 10 分钟。3. 初年级每节以 30 分钟为宜
算术	120	180	180	
珠算		60	60	
常识		120		
自然			90	
卫生			90	
地理			90	
历史			120	
政治常识			90	
体育	60	60	60	
唱歌	60	60	60	
图画	60	60	60	
手工	60	60	60	
合计	840	960	1320	

1954 年，人民出版社编中学教材，包括教学大纲 30 种 30 册，课本 41 种 97 册，教学参考书 23 种 69 册。11 月，执行省教育厅通知，各中学从 1954 年秋季起，初级中学一律停开外语，高级中学一律改授俄语。1955 年 3 月，执行教育部《关于发行新人民币后对各种课本中有关人民币问题如何进行教学的函》，小学、中学、师范学校、工农速成中学、业余学校所使用的各种课本（尤其是算术课本）中有关人民币的问题，教学时仍应按原书进行讲解或计算，但必须说明课本印刷在前，货币改革在后。讲解之后指导学生把旧币按法定比价折合成新币，折合是只要口头说出，不必改写成小数或复名数。4 月 14 日，执行教育部《关于目前是否允许在语文教学中用简体字的问题》，印发的汉字简化方案属草案，其中某些字可能在征集意见后还有修改，因此在语文教学中暂不要全部采用《789 个汉字简化表草案》中所有的简化汉字；对于《789 个汉字简化表草案》中已通行的简体字，可以鼓励学生使用；如果学生使用上述草案中的其他简体字，不应作错别字算；学生使用 789 个简化汉字以外的简体字，如果是社会上久已通行或由偏旁类推而成并为多数人所采用的，亦不作错别字算；如果不是社会上久已通行而是任意自造的，应当劝告学生不要使用，不利于文字改革工作的推进。7 月，执行省教育厅通知，删去初小语文第八册第 50 课《献给祖国的歌》、人民教育出版社出版的农民语文第二册中《女战英雄郭俊卿》。11 月，执行省教育厅《关于 1955—1956

学年度第一学期小学语文、历史教材精简方案》，语文科精简单元中课数多的，以各年级一般儿童接受能力为准，精简过深或过浅的、目的性不够明确的、重复的课文，历史科不精简史实，精简内容从钻研教材、改进教学方法入手，从科学地安排教学进度入手。16日，执行省厅与省工会通知，停止讲授或删去职工业余学校中级班国文课本第四册《文艺作品的"具体"》、高级小学语文第一册第16课《田螺姑娘》、高级小学语文第二册第14课《握手》、第16课《蝴蝶》、初中中国历史第三册第59页关于1820年张格尔起义的一段叙述、师范学校代用课本人体解剖生理学第14页24~26行等。12月2日，执行教育部《关于各级学校推行简化汉字的通知》，全国中小学和各级师范学校以及工农业余学校的教学、学生作业和日常书写布告函件等，必须使用简化汉字，原有用繁体字印刷的课本，除阅读时仍教繁体字外，书写时不再要求用繁体字。各级教育行政部门和各级学校的公文、函件、出版物、钱印刷物等逐步使用简化汉字，并且逐步横排、横写，学生的作业本、试卷等也横排、横写，原存的直行公文纸、信笺、信封等，继续使用到用完为止。15日，执行省教育厅通知，本学年五年级珠算只学完五年级全部课本，六年级可保留珠算课，算术内的珠算在第四、五两学年内教学，每周各1小时。

1956年，每学年上课周数一律改为34周，以保证实际上课周数和升级、毕业考试有充分的复习时间，初高中各年级均增设实习科，每周2小时，初中进行教学工考和实验园地两种实习，高进行农业实习、机器实习和电工实习。3月，教育部下发小学手工劳动课程教学大纲，从小学手工劳动的教学目的与任务、小学手工劳动的教学内容、小学手工劳动的教学方法、小学手工劳动的教学设备等方面进行规定，并规定手工劳动教学时间分配。

表12-6 小学手工劳动课教学时间分配表

作业的种类	年级总计								
	一	二	三	四	五	六	初小	高小	合计
纸工、厚纸工（包括编织工）	12	12	10	10			44		44
泥工	8	8	6	6			28		28
利用织物进行的作业（缝纫和刺绣）	6	6	6	6			24		24
最简单的木工和竹工					10	10		20	20
制作技术模型					12	12		24	24

续表12-6

作业的种类	年级总计								
	一	二	三	四	五	六	初小	高小	合计
教学实验园地和教室生物角里的作业	8	8	12	12	12	12	40	24	64
总计	34	34	34	34	34	34	136	68	204

10月8日，省教育厅通知，在中学生物学教学大纲（修订草案）的植物学部分里，规定在实验园地进行实验。未开设实验园地实习课的学校，利用实习课的时间和现有的园地、空地或花盆、木箱等来进行栽培实验，每个学生至少做一种实验。11月3日，省教育厅转发教育部《关于1957年春季小学六年级算术教材精简的通知》，删去六年级算术第四册练习中第26、27、32、33、81、83~105、138~159、265、301、329~333、342等各题，删去农业生产合作社用的简单簿记教材中“财务账”部分（44~72页），删除分母是3、6、12的分数问题以及同向运动的应用题，删去计算税额的应用题。6日，省教育厅出台《关于在民族中学、师范中再进行精简文学课课文的意见》，初中、初师一年级用初中文学课本第一册，将《王冕》（第10课）、《最后一课》（第11课）、《凡卡》（第12课）、《一件小事》（第15课）、《天上的街市》（第16课）、《无线电话机旁》（第22课）等改为课外阅读材料，《社戏》增加2课时，《多收了三五斗》增加3课时，《母亲的回忆》增加3课时，《老山界》增加3课时，《小英雄雨来》增加2课时，《保价邮包》增加3课时；初中、初师二年级用初中文学课本第三册，将《范进中举》（第10课）、《我们不再受骗了》（第15课）、《化威先生》（第19课）、《在其香居茶馆里》（第20课）等课文改为课外阅读材料，《孔乙己》增加2课时。11月19日，省教育厅转发教育部《关于中学语文教学的几个问题的通知》，高中各年级学习拼音字母，作为学习普通话的工具，与系统的学习“语音篇”不完全相同，中学汉语、文学按两门学科分别计算成绩。

1957年，取消中学设置制图课。7月24日，省教育厅转发教育部《1957—1958学年度中学教学计划》，初中外国语除贵阳市可选择部分中学作试点外，其余学校初中均暂不开设；初中一年级卫生常识及各年级实习课停开；除贵阳市城区中学外，所有全省中学的初中三年级均开设农业基础知识；高中暂时停授达尔文主义基础、外国经济地理两科；初中一、二年级不开设外语的每周仍讲授3小时汉语课；初、高中各年级文学课教材适当增加应用文，授课时间规定每节课45分钟，课后休息10分钟，每日第二节课后的休息时间可以延长到30分钟。8月27日，执行教育部《关于精简小学语文、历史、地理教材的通知》，小学语文精简初小第一册《跳绳》《小鸡和小鸭子》《吃吧，小猫》等6篇，初小第三册《铅笔》《草原到北京》《三只熊》等9篇、初少第五册《谚语》《我想妈妈了》《小黄后悔了》等7篇，初小第七册《小音乐家杨科》《阿亚卡》《森林的鼓手》等6篇、高小第一册《我们幸福了》《致北京》等7篇，高小第三册《天安门广场上》《铁脚团长》等6篇。8月12日，执行《1957—1958学年度小学教学计划的通知》，组织教师学习《教学计划》，并在教学中运用实施。各小学五、六年级均须开设《农业常识》课，由省编印教材和教师参考用的资料。

1958年4月21日，实行勤工俭学后，中学部分教学科目停开，每周教学时数有增减。

表12-7　中学课时变动表

填表日期：1958年5月

		文学	汉语	数学	历史	政常	地理	生物	物理	化学	生产劳动	体育	音乐	图画	合计
初一	现用	5	3	6	3	1	3	3				2	1	1	28
	变动	7	0	6	2	2	2	3				2	1	1	31
初二	现用	5	2	6	3	1	3	4	2			2	1	1	30
	变动	6	0	6	2	2	2	3	2			1	1	1	31
初三	现用	4	2	5	3	2	3	2	2	3	2	2	1	1	32
	变动	6	0	5	2	2	2	2	2	2	5	1	1	1	31

6月6日，执行省教育厅所制定新教学计划，合并汉语、文学为语文科，结合文学教学讲授文法修辞，增加作文（包括写作练习）次数，高初中每周作文1次，命题作文和写作练习的次数各占一半，作文全部批改，对阅读和写作进行指导；将原在初一讲授的算术放到小学教完，并将原在高中讲授的平面几何和代数中二次方程以前的部分移到初中讲授，在高中代数中增加初步的微积分知识和增开解析几何；在初中开设外语；高初中各年级增加生产基础知识课，初中讲授农业基础知识，结合实际情况讲授木工、竹工、钻工、铸工、车工、电工、缝纫等生产基础知识，课堂讲授与实习课时分配比例为1∶1；各年级增加劳动课，让学生参加体力劳动，劳动时间每周不超过1天，假期城市公办普通中学全年4~6周，农村公办普通中学学生假期回家参加生产劳动，民办中学和职业中学每周及假期劳动时间不作具体规定由学校自行安排；民办普通中学除语文、数学、社会主义、生产基础知识4科必开课外，其他各科可根据师资、设备等情况研究办理；职业中学除语文、数学、社会主义3科必开课外，可结合学校条件开设专业课；公办普通中学除因师资困难、个别学校个别学科不能开课外，按教学计划开设。7日，省教育厅下发《关于编写小学语文、历史、地理、唱歌4科乡土教材的通知》，小学语文、历史、地理、唱歌4科的乡土教材由各县、市负责编写，以县、市资料为重点，结合当地革命先烈事迹、民族风情、民歌等作为选择材料。瓮安在教材改革中，注重思想性，厚今薄古，教育为无产阶级的政治服务，教育与生产劳动相结合，精减重复，增强乡土教材，对原教材不适应的地方采取砍、补、换来处理，对适合的

地方保留下来。

1959 年 4 月，执行县文教局下发的中、小学课程开设安排，对原课程进行调整。

表 12-8　　小学课程开设安排表

	语文	算术	体育	音乐	图画	手工劳动	自然	地理	历史	周会
一年级	√	√	√	√	√	√				
二年级	√	√	√	√	√	√				
三年级	√	√	√	√	√	√				
四年级	√	√	√	√	√	√				
五年级	√	√	√	√	√	√	√	√	√	√
六年级	√	√	√	√	√	√	√	√	√	√

表 12-9　　初级中学课程开设安排表

学科	全日制初中			全日制高中			半日制初中		
	初一	初二	初三	高一	高二	高三	初一	初二	初三
语文	√	√	√	√	√	√	√	√	√
算术	√						√		
代数	√	√	√	√	√	√	√	√	√
三角					√	√			
几何		√	√	√	√	√	√	√	√
解析几何					√	√			
初步微分					√	√			
政治	√	√	√	√	√	√	√	√	√
生产基础知识	√	√	√	√	√	√	√	√	√
中国历史	√	√				√			
世界历史			√		√	√			
世界近代史					√	√			
地理				√					
史地常识							√	√	√
植物	√								
动物		√							
生理卫生			√						

续表12-9

学科	全日制初中			全日制高中			半日制初中		
	初一	初二	初三	高一	高二	高三	初一	初二	初三
生物学					√				
物理		√	√		√	√		√	√
化学			√	√	√	√			√
外国语	√	√	√	√	√	√			
体育	√	√	√	√	√	√	√	√	√
音乐	√	√	√						
图画	√		√						

表 12-10　高级中学课程开设安排表

单位：节/周

课程			高一	高二	高三	总授课时数
学科	思想政治	必修	2	2	2	192
	语文	必修	4	4	4	384
	外语	必修	4	4	4	384
	数学	必修	4	4		332~384
		选修			2~4	
	信息技术	必修	1	1		70~131
		选修		1	1	
	物理	必修	3/2	2		158~306
		选修		2	3	
	化学	必修	2	2		140~271
		选修		2/1	3	
	生物	必修		3		105~183
		选修			3	
	历史	必修	3			105~236
		选修		2/1	3	
	地理	必修	3			105~209.5
		选修		2/1	2	
	体育和保健	必修	2	2	2	192
	艺术（音乐美术）	必修	1	1	1	96

续表12-10

课程			高一	高二	高三	总授课时数
综合实践活动	研究性学习	必修	3	3	3	288
	劳动技术教育		每学年 1 周（可集中安排，可分散安排）			
	社区服务		一般应利用校外时间安排			
	社会实践		每学年 1 周（可集中安排，可分散安排）			
地方和学校选修课			2	4~8	5~11	340~566
周课时总量			34 左右	34 左右	34 左右	

10 月 26 日，文教局下发《转发省教育厅〈关于在中、小学、师范学校教学拼音字母的补充通知〉的通知》，小学拼音教学从一年级开始，中学和师范各年级开设拼音教学。凡师资条件不完全具备的地区或学校，在教育行政部门领导下开办培训班组织教师学习。教材主要有徐世荣编的《教师进修汉语拼音广播讲义》、郑林曦编的《教师用拼音字母新课本》、省教育厅编的《汉语拼音字母学习手册》和《汉语拼音字母讲话》，有条件的学校可购买汉语拼音字母教学留声片（上海中国唱片厂发行）。

1960 年，人民出版社发行十年制中小学课本。1961 年，对教材进行改编，教育部对教材作适当精简。1962 年，翻印浙江省编的《小学语文教学提纲》供教师作业务学习资料。1963 年，试行中共中央《全日制小学暂行工作条例》和《全日制中学暂行工作条例》，小学一、二年级开设周会、语文（包括讲读、习字）、数学、体育、音乐、图画、手工 7 门课程，从三年级开始作文，从四年级起取消手工劳动，五年级加开历史、地理、自然，六年级不开地理，加开生产常识；三年级 7 门课，四年级 6 门课，五、六年级各 9 门课。中学对文化课、政治课和生产知识课以及对教学、生产劳动和假期都作安排，使学生能在德育、智育、体育几方面得到发展。对提高语文、数学、外语 3 门课程的教学提出新的要求，对历史、地理、生物等课程要求避免不必要的循环重复，物理、化学适当增加教学时数，政治课按年级分别设置道德品质教育、社会发展简史、中国革命和建设、政治常识、辩证唯物主义常识，时事政策教育穿插在政治课时内进行。1977 年，小学开设政治、语文、算术、常识（四、五年级开设）、体育、唱歌、图画 7 门课程。1978 年，使用教育部组织编写的中小学校各种教学大纲和教科书。1981 年，中学学制由 5 年制改为 6 年制，教育部重新编写 6 年制中学教材。试行教育部《全日制五年制小学教学计划》，开设思想品德、语文（包括讲读、作文、写字）、数学、自然（三至五年级）、地理（四年级开设）、历史（五年级开设）、体育、音乐、美术、劳动 9 门课，作文从三年级起开设。

1997 年 9 月 10 日，教育局《关于在全县开展珠脑速算教育规划及其试点工作意见的通知》，决定从 1997 年秋季起，把珠脑速算教育纳入教学内容，用 3~5 年时间在全县幼儿园、小学中逐步普及，1998 年暑期对各校教师进行培训。2000 年秋季，小学一至三年级订购思想品德、语文、数学、自然（含制作材料）、健康教育5本教科书；四至六年级订购思想品德、语文、数学、自然（含制作材料）、社会、分健康教育6本教科书，原48个公社中心学校加订音乐、美术、劳动、科技活动（含制作材料）4本教科书；初一年级订购政治思想、语文、数学、英语、生物、中国历史（含地图册）、地理（含地图册）、健康教育、音乐、美术、科技活动（含制作材料）、劳动（任选一种）12本教科书、2本地图册；初二年级订购政治思想、语文、数学、英语、物理、生物、中国历史（含地图册）、地理（含地图册）、健康教育、音乐、美术、科技活动（含制作材料）、劳动（任选一种）13本教科书、2本地图册；初三年级订购政治思想、语文、数学、英语、物理、化学、世界历史（含地图册）、健康教育、音乐、美术、科技活动（含制作材料）、劳动（任选一种）12本教科书、1本地图册，所有教科书一律订购黑白板。

2001年2月28日，省教育厅《关于印发〈贵州省普通高级中学课程计划〉的通知》，规定从2001年秋季开学起，高中一年级全部执行所下发课程计划，使用“普通高级中学新课程方案”中规定的教材。高二、高三年级仍执行原普通高中教学计划，但已使用新大纲和新教材的学科须继续使用，高中二年级语文、外语、生物课使用《普通高级中学新课程方案》中规定的新教材，有条件的学校开设信息技术教育和综合实践活动课程。9月，城关一、二、三小开设英语课。2003年4月15日，县教育局出台《关于推进基础教育课程改革的实施意见》，利用“中小学教师继续教育工程”对全县老师进行新课程培训，建立培训、教学和科研相结合的工作方式，发现和研究解决新课程中出现的各种问题，探索和实施与新课程相适应的教学方法改革。进行中小学评价制度，探索符合瓮安促进学生全面发展、促进教师不断提高、促进课程不断发展的评价标准。成立瓮安县基础教育课程改革教材选用委员会，建立教材选用机制，通过电视、广播、报刊等各种新闻媒体以及各种会议，做好对社会的宣传、发动工作。22日，县政府办公室发《关于成立县基础教育课程改革领导小组的通知》，决定成立县基础教育课程改革领导小组，由副县长任组长、教育局局长任副组长。

表12-11　　贵州省基础教育课程改革义务教育课程表

单位：节/周　填表时间：2003年4月

年级		一	二	三	四	五	六	七	八	九	总课时数	课时比例
	品德与生活	3	3								210	
品德	品德与社会			3	3	3	3				420	9.1%
	思想品德							3	2	2	241	
语文		8	8	7	6	6	6	5	5	5	1950	20.5%
数学		4	4	4	5	5	5	5	5	5	1460	15.3%

续表12-11

年级		一	二	三	四	五	六	七	八	九	总课时数	课时比例
外语				2	2	2	2	4	4	4	692	7.3%
历史与社会	历史							2	2	1	173	3.6%
	地理							2	2	1	173	
科学	科学			2	2	2	2				280	7.2%
	生物							2	2		140	
	物理								2	3	169	
	化学									3	99	
体育与健康		3	3	3	3	3	3	3	3	3	939	9.9%
艺术	音乐	2	2	2	2	2	2	1	1	1	523	11%
	美术	2	2	2	2	2	2	1	1	1	523	
综合实践活动				3	3	3	3	3	2	2	729	16.1%
地方课程与学校课程		4	4	2	2	2	2	2	2	2	801	
周总课时		26	26	30	30	30	30	34	34	34	274	
学年总课时		910	910	1050	1050	1050	1050	1190	1190	1122	9522	

瓮安县小学数学新教材网络培训（2013年摄）

2003年，瓮安作为贵州省第二批课改实验县，义务教育阶段学校1~7年级全面进入新课程改革，实验年级全部使用实验教材。2004年，全县一、二年级和七、八年级的全部学科及三、四年级的科学课实施新课程改革，暑期对使用新教材的教师进行县级培训，完成省、州各科骨干教师的推荐工作和课改培训。2007年11月16日，省教育厅发《关于印发〈贵州省深化普通高中课程改革试点工作方案〉通知》，对各地前期试点工作进行调研，组织教育行政部门、教育科研部门有关人员及试点学校校长外出考察学习，制定深化普通高中课程改革试点工作方案，各地完成所承担的课题研究工作。2008年1月15日，省教育厅发《关于印发2008年秋季普通中小学、幼儿园及学前班推荐教学用书目录的通知》，包括幼儿园、学前班所需的教学用书和普通中小学地方课程、综合初中活动课程等教材及部分教学辅助用书，由各地根据实际需要选择使用。各地不得组织统一征订教育材料，更不得强迫学生统一购买。新增部分幼儿园、学前班和中学《写字》《综合实践活动》《信息技术》《农村初中实用技术》等教材。12月24日，县教育局发《关于做好国家课程教科书循环使用工作的通知》，从2008年春季学期开始建立部分国家课程教科书的循环使用制度，中央财政于2008年配齐循环使用的教科书，并从2009年春季学期起实行循环使用，小学循环使用的教科书包括《科学》《音乐》《美术》《艺术》《信息技术》，初中循环使用教科书包括《音乐》《美术》《艺术》《体育与健康》《信息技术》。纳入循环使用的教科书，必须于2008—2009学年第一学期结束时全部收回，存放在学校，不允许学生私自带回家。各学校做好循环教科书的登记、发放、回收、统计、消毒、保管、更新等工作。

2011年7月11日，州教育局转发《省教育厅关于严格执行普通高中课程方案严禁提前文理分科的通知》，各县（市）教育局于新学年开学之初的20个工作日内，按隶属关系对所属学校课程开设和文理分科情况进行专项督查。各县学校不得擅自增减课程、课时，不得少开设或不开设科目，保证学生完成所有必修课程和共同选修课程的学习。学校不得在高二年级实行文、理分科，通过开设选修课程教学班实行分类教学。2015年，按省规定开齐课程，地方课时可使用经主管部门批准的校本教材或地方教材。

第三节　教学科研与课堂改革

清末《奏定学堂章程》规定："教授儿童，须尽其循循善诱之法，不宜操切以伤其身体，尤须晓以知耻之义。夏楚（戒尺）只可示威，不可轻施，尤以不用为最善。有过只可罚以直立、禁假、禁出游、罚去体面诸事亦足示儆。""教授之法以讲解为最要，讲解明则领悟了。所诵经书应成诵，万一有记性过钝实不能背诵者，宜于试验时择紧要处令期讲解，若强责背诵，必伤脑力，不可不慎。"

民国初期，多采用清末教法，实行注入式，也有部分教师在探索新的教学方法。民国31年（1942），全县短期训练师资人数56人，其中由教育厅统筹调训人员8人、由县政府调训24人、由县保送国民学校师资训练所受训24人。

新中国成立初期，提倡启发式教学方法，贯彻理论与实际相结合，教师既教书又育人，学习苏联的教学经验，改进教学工作。1950 年 8 月，贵州省第二届教育行政会议对教学工作提出要求，在学校提倡民主，反对滥用职权；教师既当先生又当学生，要向群众学习，还要向自己教育的对象学习；在教学中要贯彻理论联系实际的原则，提倡要实际、实物、实证，动耳、动脑、动口，反对主观主义和形式主义；实行有准备的教学，提倡课前准备、课中讲解、课后复习指导；坚持课外活动和课堂教学相结合的原则，以课堂教学为中心，结合开展各种形式的课外活动。1953 年，推广组织教学、复习旧课、讲授新课、巩固新课、布置作业“五个环节”。1956 年 8 月，对统考后小学语文、算数进行质量分析，指出存在的问题，语文标点符号要反复练习，丰富学生的词汇，培养学生的分析概括能力，培训学生表达能力，培养学生练好书法；数学的基本概念正确掌握，培养学生运算的技能技巧，培养学生的分析能力，防止死记硬背。10 月，对复式教学研究取得成果，三级复式或三级复式班从前到后要先编一年级再编二、三年级；二级或三级复式都用一本教案，中间用红线隔开；教师要展示的内容课前写在小黑板上，讲解时不浪费时间；不能同时进行新课教学，讲一年级的课前布置二、三年级的作业；必须掌握时间和分量，根据学生情况轮次提问。1957 年 4 月，教研室深入雍阳小学，将雍阳小学的教研工作分为高、中、低组研究，高年级组研究“长课文”和“诗歌”两类教材的教学方法，中年级组研究“寓言”和“科学知识”教材的教学方法，低年级组研究“备课”和“课堂提问记分”的方法。1958 年，进行教学方法改革，推行“精讲多练，当堂巩固”的教学方法，采取减少授课时间、增加讨论、使课堂讲授与讨论相结合(高年级)；课堂教学与参观实践相结合，以达到理论联系实际；讲课深浅与学生水平相结合；课内学习与课外研究相结合；集体教学与个别指导相结合，简称教法改革“五结合”。

1963 年，进行教学整顿，学校以教学为主、课堂为主，但也出现加重学生课业负担课堂讲得多、作业留得多、考试测验多、笔记记得多、争课时多“五多”现象。2—3 月，县教研室与城关小学协同编写《周会参考教学提纲》转发学校作为教学参考，包括课题、教学目的、教学建议等项目。1964 年，全县贯彻执行中央“减轻学生课业负担，提高教学质量”精神，实施教学改革，举行全县性公开教学课，在学校组建教研组探讨教改。加强基础知识和基本技能训练，语文教学中以“读”为主，“讲”为辅，反对“满堂灌”，注重师生双边活动，强调识字教学和阅读。1965 年，教学改革首先进行思想改革，批判对学生进行体罚与变相体罚以及片面追求升学率的观点，批判教学中缺乏无产阶级感情的“一视同仁”的教学观点，对学生进行阶级教育、劳动教育、革命传统教育，组织学生参观“村史”“家史”展览，参观水利工程。推广少而精和启发式的教学方法，引导学生动脑、动手、动口，调动学生主动性，克服满堂灌和注入式，既可减径学生过重负担，又提高质量。在教学上克服主观主义和教条主义的态度，纠正千篇一律、满堂灌的方法，做到有的放矢、因材施教，启发学生活学活用。注重“读和讲”“读和想”“读和写”的教学方法，反对“关、管、灌”，教师既要钻研教材，又要了解学生，先备课后讲课。推广三段教学和大星期制度，9 月下旬到第二年 1 月下旬为第一段教学时间，2 月中旬到 5 月下旬为第二段教学时间，7 月上旬到 8 月中旬为第三段教学时间。在课堂教学改革上本着“先懂、后会、再熟”这一基本原则进行，并以“读、讲、练”为“懂、会、熟”服务。

1980年，先后在小学实验推广“六课型教学法”“赏识教学法”“综合整体实验教学法”“目标教学法”大部分中小学使用“目标教学法”。草塘中学数学教师周承欢编著的《怎样列方程解应用题》一书由贵州省人民出版社出版，较系统地介绍列方程解应用题的基本知识，对中学生均有参考价值。1981年4月，教育部颁布《全日制六年制重点中学教学计划试行草案》《全日制五年制中学教学计工试行草案的修订意见》，提出防止和克服学生负担过重的问题，延长中学学制，由5年制过渡到6年制；降低中学5年制的教学要求，执行全日制5年制中学教学计划的学校，高中的数学、物理、生物等课程按1978年教育部颁发的教学大纲和统编教材适当降低要求；控制作业量，保证睡眠时间，初中课外作业每天不超过1个半小时，高中课外作业每天不超过2小时，初中睡眠保证9小时，高中生睡眠保证8小时；每学期只举行期中、期末两次考试，每年暑假时间由8周延长至10周。1984年，州教育局制发《贯彻教育部〈关于进一步提高中学质量的几点意见〉的一些要求》，提出加强对教学工作的管理，不得任意增减课时，赶进度，或提前授完课程。根据学生的基础和学科条件，研究选用两种不同的教学纲要。州、县教研室要配合学校教学，改进教材教法和开展教研活动，提高教学质量。根据省的安排，瓮安等县的中学开始进行教改实验。1985年，教育局创办《瓮安教研》，至1990年共印28期，及时转载中学教师教学经验和外地先进经验进行教研信息交流。

瓮安四中“5115”课堂（2015年摄）

1992年，进行初、高中“五步四法”快速作文实验，并向全县推广。开展教案、优质课、学生作业、普通话评比活动，组织中小学学年统考。2月20日，全县开展“一篇高质量的教案、一堂优质课、一本好作业、一席标准的普通话”评比活动，各项取前三名作奖励。教研室组织一年一度的小升初复习迎考讲座，对数学教学中普遍存在的问题、小学语文三类课文的不同教法、小学作文系列训练等进行专题研究。1994年7月，县教育局组织“三沟通”培训。1998年，推广“目标教学法”，部分乡镇进行快速作文、愉快教学法、阅读教学的研究，参加全国义务写字教材实验和珠脑速算实验。是年，瓮安中学语文教师邹新生编著的《中学语文基础知识》一书，由贵州省人民出版社出版，该书将初高中语文课本中的语文基础知识用表格形式分类编排，具有系统性、浓缩性，便于学习。

2000年6月，各乡镇中心完小开展珠心算教育实验，对15个乡镇教师“珠心算”进行师资培训，每个乡镇中心校选派2人，共计30人，培训6天，每天培训课时6节。培训教师为初级培训。2002年，教研室组织全县优质课评比7次，其中中学物理1次，高中、初中生物优质课各1次，高中、初中历史优质课初中各1次，高中、初中政治优质课初中各1次。组织全县中学语文优秀论文评比，其中一中2人、二中2人、三中1人、平定营中学1人获一等奖，永和中学1人获二等奖，平定营中学1人获三等奖。3月8日，县教育局落实第三次全国教育工作会议精神，要求初中教师本科化、小学教师大专化，到2006年分别达到85%的比例，县局采取自学考试、成人高考、报考其他院校函授学习三种培训方式。自学考试完成各专业规定的科目各科合格由省自考委发给毕业证书，国家承认学历。成人高考被录取后，参加黔南民族师范学校瓮安教学班，不脱产学习。报考其他院校函授学习，各中小学要求男教师45岁、女教师40岁及以下报考。7—8月，与美国奥克兰大学联合举办英语教师培训班。12月，组织教师参加全州优质课评比获二等奖6人，其中高中历史、高中生物、高中政治各1人，初中历史、初中生物、初中政治各1人。

草塘中学蔡剑锋老师获《西部理论与发展》学术成果特等奖（2008年摄）

2006年，听取优秀教师的示范课、备一节课、说一节课、上一节公开课、主评一节课（听、写、说、授、评）“五个一”模式，改进教学方法。实施城乡教师和新老教师互助互动的培训计划，派出优秀教师送教下乡，观摩人数达1500余人。全县共有国家级立项课2项、州级立项课题2项，共收中小学教研论文100余篇，其中获省、州级奖53篇。2008年6月2日，州教育局发《关于申报黔南州2008年度教育研究课题计划的通知》，请各地、各单位做好宣传，动员人员参与研究。从教育理论、教育政策与法律、基础教育等方面进行研究。2009年，县教育局共开展县级培训657人、州级培训107人、省级培训221人、网络培训3000多人次，组织各级各类培训4672人次，投入资金100多万元。3月2日，全县824名教师参加州教育局委托北京大学网络教育学院举办的黔南州第一期“班主任工作素养”全员培训正式启动。

2012年1月11日，省教育厅办公室发《关于表彰全省特岗教师课堂教育教学技能竞赛获奖者的通知》，全省评选特岗教师教育教学技能大赛一等奖20项、二等奖39项、三等奖102项、优秀奖95项，瓮安县天文中学1名教师获三等奖。4月，组织全县中小学教导主任45人到山东、河北名校观摩高效课堂教学模式。7月24日，瓮安1名校长、1名小学语文教师、1名学前教师、1名科学教师、1名音乐教师、1名心理健康教师共6人参加省教育厅办公室在贵州师范学院举办的第48届海内外基础教育研讨会。2013年，组织开展2门学科送教下乡活动、2门学科优质课评选活动、9门学科优质录像评选活动，1次优秀论文（课件）评选活动，申报国家级课题2个、省级课题7个、州级课题30个。

瓮安一小“生本教育”课堂（2015年摄）

2014年，州教育局举办小学、初中、高中各科优质课评选活动，瓮安小学语文获三等奖1人，品德与生活获三等奖2人，英语获三等奖1人，信息技术获三等奖1人；初中英语获二等奖1人，地理获二等奖1人、获三等奖1人，生物获三等奖1人，物理获二等奖1人、获三等奖1人，化学获一等奖1人、获三等奖1人、教育局教研室获组织奖，体育获二等奖1人，信息技术获三等奖2人，实用技术获三等奖3人；高中体育获二等奖1人，语文获一等奖1人、获二等奖1人，英语获二等奖1人，生物获二等奖1人、获三等奖1人，物理获二等奖1人、获三等奖3人，美术获一等奖1人、获三等奖2人、瓮安教研室获组织奖；黔南州特殊教育优质课评选瓮安获三等奖1人。州教育举办高考优秀模拟试卷评选活动，瓮安中学语文获三等奖3人，外语获一等奖1人、获二等奖4人，化学获三等奖4人，生物获三等奖3人；瓮安二中政治获二等奖4人，历史获三等奖4人，地理获一等奖4人，数学获二等奖4人、获三等奖3人。8月11日，州教育局发《关于做好2014年全国课题申报工作的通知》，全国课题申报实行等额申报，先由各县、市校进行筛选，然后统一上报，不得越级申报，全州共51个名额，其中，瓮安5个名额。

2015年，黔南州颁发首届基础教育教学科研成果奖，瓮安中学9人合著课题《养成教育研究与实验》获二等奖，瓮安中学7人合著课题《农村高中》获二等奖；瓮安二中6人合著课题《高中化学“情景—问题—探究”教学模式的实践与研究》获二等奖，7人合著的课题《高中政治新课程综合探究的有效性研究》获三等奖，7人合著的课题《生本课堂的实践研究》获三等奖。1月9日，州教育局发《关于公布2014年部分学科优质课、优秀模拟试卷评选结果的通知》，全州评出优质课一等奖85人、二等奖96人、三等奖210人，其中瓮安获一等奖3人、二等奖12人、三等奖26人；全州评出优秀模拟试卷一等奖7人、二等奖23人、

教研室在瓮安三小开展高效课堂教学研讨活动（2014 年摄）

三等奖 33 人，其中，瓮安获一等奖 3 人、二等奖 3 人、三等奖 5 人。7 月 1 日，州教育局发《关于“黔南州第九届探究实验教学方案设计论文评选”表彰的通知》，评出一等奖 26 篇、二等奖 49 篇、三等奖 89 篇，其中，瓮安中学、瓮安二中获一等奖各 1 人，获三等奖瓮安二中 3 人、瓮安四中 1 人、瓮安县鱼河中学 1 人、瓮安六小 1 人获二等奖，瓮安二中 2 人、瓮安四中 1 人、瓮安县岚关中学 1 人、瓮安七小 1 人。10 日，州教育局发《关于黔南州第三届中小学教师实验技能操作及实验创新优质课大赛评选表彰的通知》，全州表彰初中物理组一等奖 6 人、二等奖 8 人、三等奖 10 人，小学科学组一等奖 6 人、二等奖 8 人、三等奖 11 人，其中，瓮安三中教师获初中组一等奖 1 人，瓮安木老坪中学教师获初中组三等奖 1 人，瓮安一小教师获小学组一等奖 1 人。8 月 18 日，黔南州幼儿园教师教学（数学）活动方案设计大赛活动中，获一等奖瓮安中坪镇幼儿园 1 人、县示范幼儿园 1 人，获二等奖瓮安珠藏镇幼儿园 1 人，获三等奖瓮安珠藏镇幼儿园 1 人、瓮安县中坪镇幼儿园 1 人。9 月 1 日，州教育局发《关于公布 2015 年黔南州教育科研立项课题的通知》，共收到全州申报项目 448 项，同意立项 379 项，其中瓮安县获 42 个课题立项批准。24 日，州教育局发《关于 2015 年全州中学历史优质课评选结果的通知》，全州参赛选手 50 人，评选出高中一等奖 6 人、二等奖 10 人、三等奖 9 人，初中一等奖 5 人、二等奖 12 人、三等奖 8 人，其中，瓮安二中教师获高中组一等奖 1 人、瓮安中学教师获高中组三等奖 1 人、草塘中学教师获初中组一等奖 1 人、瓮安四中教师获初中组三等奖 1 人。10 月 30 日，黔南州举办第一届中等职业学校语文、数学、信息技术优质课评选，瓮安中等职业学校语文科获二等奖 1 人、三等奖 1 人，数学获一等奖 2 人，信息技术课获一等奖 1 人、二等奖 2 人、三等奖 1 人。11 月 20 日，州教育局发《关于 2015 年初高中课改、科研样本校授牌学校暨基础教育优秀科研成果评选结果的通知》，全州对 6 所课改样本校、7 所科研校本校授牌，并评选出 25 项优秀科研成果，其中一等奖 6 项、二等奖 8 项、三等奖 11 项。瓮安中学、瓮安四中、瓮安三中获课改样本校，瓮安中学获科研样本校，瓮安二中和瓮安四中的课题研究获基础教育优秀科研成果奖。

第四节 教研活动

新中国成立初，教育科较少组织全县性的教学研究活动。1956 年 10 月 8 日，草塘小学联合一个区的 6 所完全小学组成教研组，采取分校组织、定期集中、分别辅导的办法，开展研究语文科教学方法的教研活动。1957 年，文教科设教研室后，针对教育教学开展专题性教学研究。1963 年 4 月，组织 3 次全县性珠算公开教学，并开展 1 次珠算比赛。1981 年 11 月，州教育局召开全州省属重点中学和部分大型完中教育工作座谈会，提出面向全体学生、抓好基础知识和基本技能“双基”教学的要求，对高中教学研究进行交流。1994 年 5 月 4 日，瓮安县开展小学 1—6 年级语文、数学教材教法知识大赛活动，以乡（镇）为单位组队参加。

2002 年 10 月 16—18 日，教育局组织开展第二届中学思想政治优质课活动，参评对象为初、高中具有 3 年以上政治课的教师。2008 年，州教育局发《关于召开黔南州教育学会中学语文教学专业委员会第三届会员代表大会的通知》，决定于 2009 年 4 月 23—25 日召开黔南州中学语文教学专业委员会第三届会员代表大会，有高中新课程改革与教育教学理论研讨，中学语文教学论文交流，教学观摩课与评析、换届选举、文化教育考察等内容。2009 年 12 月 9 日，瓮安二中 3 人到务川参加务川中学首届校园英语节，进行中学英语教学经验交流。11 日，瓮安二中校长带领学校部分领导和学校教研组长到桐梓一中进行教学经验交流。2010 年，吸收外来先进经验和先进教学方法，促进教育教学改革，赵庄人才学校对瓮安县实验学校进行智力帮扶，促进学校科学管理。6 月 9 日，黔南州第二届小学语文教师教学技能大赛在瓮安实验小学举行，瓮安 3 名教师参加技能大赛。9 月 4 日，县教育局发《瓮安县中小学校结对互助活动实

广州市花都区教育局在瓮安县教育局举行教育教学管理、经典课堂教学专题培训会（2015 年摄）

施方案》，校与校间开展学校领导班子结对、教师结对、学生结对、管理合作、教研合作、资源利用合作等互助活动。2011 年 8 月 29 日，黔南州普通高中思想政治新课程教学研讨会在瓮安二中召开，对高中政治教学方法进行探讨。

2012 年 3 月，瓮安县木老坪中学校长等对襄阳市第三十五中学进行为期一周的考察和学习，进行交流与协商，襄阳市第三十五中学从管理水平、教育教学工作、教师业务素质的提升等方面给予瓮安县木老坪中学帮扶。9 日，瓮安县木老坪中学与襄阳市第三十五中学签订“春晖之友”结对帮扶协议，第一阶段帮扶周期为一年。在第一阶段的帮扶过程中，瓮安县木老坪中学全校 30 名教师分批次到襄阳市第三十五中学学习“三究四学”理念以及具体的实施过程，每一次学习时间为 2 周，襄阳市第三十五中学给每一位去学习的木老坪中学教师提供住宿，并提供 500 元的资金补助。11 月，襄阳市第三十五中学校长、副校长、樊城区教育局教研室主任等一行 6 人来到瓮安县木老坪中学考察和指导“三究四学”开展情况，并通过现场观摩课给教师进行示范。2013 年 5 月 1—4 日，由襄阳市第三十五中学和贵州瓮安县木老坪中学共同主办的“春晖之友”校际交流活动在襄樊市举行，来自樊城区教育局、瓮安县教育局、襄阳市第三十五中学、襄阳市第三十一中学、瓮安县木老坪中学、瓮安县小河山学校、瓮安县春晖团支部等单位领导以及相关负责人参加本次活动。进行“三究四学”高校课堂观摩和交流，并对高校课堂进行探讨，组织参观米公小学、襄阳市第二十一中学、第三十一中学、南漳实验学校等，并观看三十五中学的“春之声、乐之梦”直笛专场演奏会。针对瓮安县木老坪中学高效课堂开展的实际情况，进行深入的交流与协商，最终达成新的交流与帮扶意向。

2015 年 4 月 3 日，瓮安县特殊教育学校全体教职工赴石阡县特殊教育学校开展校际交流活动，在学校全面管理、后勤管理、校园文化建设、食堂、宿舍管理、班级管理和教育教学等方面进行交流与研讨。通过外出交流学习，全体教职工在专业知识能力的应用及教学管理方面得到启发，促进教师专业化的成长。11 月 10 日，瓮安县特殊教育学校全体教师赴贵阳市启智学校开展教研交流活动，对该校的教师技能、管理制度、文化建设、教学模式等进行参观学习，探讨教师应具有辛勤的劳动的品质和保持一颗无私的爱心。12 月 16 日，瓮安中学邀请贵阳一中语文、物理、化学省级名师工作室主持人及 3 个工作室的成员一行 13 人，到瓮安中学开展教研交流，通过上示范课、观摩学习、探讨交流等形式达到共同促进、共同提高的目的。

表 12-12　外界对瓮安教育智力支持（长期）统计表

年　度	支持（帮扶）方名称	支持（帮扶）方所在地	接受支持（帮扶）单位名称	支持（帮扶）项目内容	目　标	效　益	备　注
2010—2011	赵庄人才学校	河北威县	瓮安实验学校	学校管理	教育教学	促进学校科学管理	100人次
2011—2017	北京大学附属中学	北京市	瓮安县教育局	春晖行动—致公学生培养计划	学生免费读完中学6年	效果较好	30人
2012—2015	湖北35中学	湖北襄阳	瓮安县木老坪中学	学校管理、教师专业培训	精细化管理	取得较好效果	80人次
2013—2020	花都区教育局	广州花都区	瓮安县教育局	校(园)长、教师培训	教育教学管理	取得较好效果	每年45人次

第五节　继续教育

民国30年（1941）8月，省立瓮安中学选派3名教师参加由省教育厅举办的暑期中等学校各科教员讲习讨论会，学习时间为1个月，讲习讨论会分国文、英语、数理化、生物、教育共5个组，各组公共学习科目为精神讲话、时事讲演、教育问题3科。民国31年（1942）2月，瓮安选送8名教师到贵定国民学校师资训练所学习，其中4人为甲种班、4人为乙种班，甲种班于7月结束，乙种班于1943年1月结束。8月，选送4人进入第二期甲种班参加培训，学习时间为6个月。

1950年12月29日，瓮安县保送4人到贵阳专区财委开办短期财经干部培训班学习培训。1951年3月，抽瓮安中学在职人员2人参加贵州省中等学校训练班，培训时间5个月，培训期间每月发生活费大米100斤。4日，县选送5人到贵阳参加合格失业失学知识分子训练班，训练期为5个月，受训期满成绩及格者，失业、失学知识分子将补充小学教员，在职教师原则上回原单位。1960年2月20日至8月20日，瓮安县抽选8名教师到省进修学校，参加1960年上半年举办的初中、初小数学短期训练班第一期学习。1965年6月18日，文教科组织对耕读教师进行为期5—7天的培训，全县5个区共366人参训。1989年6月29日，黔南教育学院举办初中美术教师培训班，县教育局推荐6人到教育学院参加素描、色彩术科考试，根据考试成绩确定2人参加培训，培训时间1989年9月至1990年8月。11月23日，州教育学院举办89届数学专科毕业教师上岗培训，县教育局推荐教师3人参加上岗培训，培训时间1990年2月28日至5月中旬。

瓮安县第二期农技教师培训（1988年摄）

1996年12月8日，教育局出台《关于瓮安县小学教师继续教育管理的意见》，要求搞好各项继续教育培训和技能学习，对继续教育培训和技能学习作了安排，小学继续教育（简称小继教）工作启动。1997年，开展小继教第一阶段基本职业技能训练，全体小学在职教师参加，培训内容有《教师口语表达》《写字》《简笔画》《教具制作与使用》《小学教育活动》（简称“五项基本功”）等。1998年，全县教师50余人到省、州教育学院进修。教育局对小学教师进行“五项基本功”培训，4月，对全县小学教师1999人进行全面考核和考试，合格率达97.5%。至12月已培训完7期，共417人，经考核合格416人，合格率99.7%。1999年，瓮

黔南电大小教理科大专瓮安教学点开学典礼（1992年摄）

安启动中学教师继续教育培训工作，对教师思想政治教育与职业道德修养、基本专业技能（口语表达、写字、教学简笔画、使用和自制教具、计算机应用基础）、教育教学理论和业务等方面进行培训。2000年，教师继续教育培训采用集中学习、业余学习、自学等，每周保证3学时，全年安排自学自练102学时，面授80学时，每人每年写大字160面、小字120页、简笔画80幅。培训期间人均完成作业量350余次，人均制作教具8件。4月，对小学教师继续教育第一阶段工作进行自查自评，全县参加培训的教师有2313人，其中参加考试2063人，五项基本职业技能考试全科合格2024人，合格率98.15%。参加"三新"师德培训文化考试2154人，参考率和及格率均为100%。抽查考核24个单位，获得优秀的12个、良好的9个、合格的3个。2001年，全县教师继续教育转入第二期培训工作。

2002年6月19日，全县中学2人、小学3人参加全州在职中小学教师的思想政治素质和业务能力培训。2003年3月24—28日，县教育局组织3个组对全县23个乡镇的中小学教师继续教育工作进行专项检查，通过听汇报、查资料、访教师、现场查看等方式检查中学27所、中心完全小学25所、包括九年制学校，村级小学32所。检查后确定优秀学校6所、良好学校18所、合格学校17所、限期整改学校9所。检查中发现部分学校资料不齐、不规范、凌乱、上级下发的文件丢失，缺乏专项会议记录，部分学校至今未给教师上过"信息技术课"，6月份开始对教师进行计算机操作考核。教师个人档案中，部分教师学科达标计划、学习心得未分科写，个别学校教师无说课资料，大部分学校教师教具制作数量不足、质量较差等，对检查出现问题要求学校限期整改。

表12-13　　瓮安县中小学教师继续教育培训专项检查总评表

单位：分　填表日期：2003年4月

学校（中心小学）	自评分	考核分	等级	学校（中学）	自评分	考核分	等级
城关三小		92.5	优	平定营中学		90.5	优
城关一小		91	优	希望中学	87.5	90	优
城关二小		90.5	优	中坪中学		88.5	良
中坪小学		90.5	优	银盏学校		88.5	良
木老坪小学	95	89	良	永和中学	88	84	良
银盏学校		88.5	良	龙塘中学	84	83	良
永和小学	95	86	良	玉华中学		80	良
天文小学	88	85	良	铜锣中学	88	80	良
白沙小学		85	良	草塘中学	92	80	良
鱼河小学	91	85	良	老坟嘴学校	84	80	合格

续表12-13

学校（中心小学）	自评分	考核分	等级	学校（中学）	自评分	考核分	等级
老坟嘴小学	82	81.5	良	小河山学校	93	78	合格
玉华小学		81	良	木老坪中学	82	77.5	合格
珠藏小学	82	80	良	瓮安三中		76	合格
平定营小学		80	良	岚关中学	92	76	合格
草塘小学	89	79	合格	鱼河中学		76	合格
松坪小学	90	78.5	合格	松坪中学	80	75	合格
小河山小学	89.5	77	合格	瓮安职中		73.5	合格
龙塘小学	76	71	合格	瓮安中学		72	合格
铜锣小学	92	70	合格	珠藏中学	77	72	合格
高水小学	93	69	不合格	瓮安二中		71.5	合格
木引槽小学	71	69	不合格	天文中学	78	71	合格
建中小学		66.5	不合格	白沙中学		70	合格
玉山小学	84.5	66	不合格	木引槽学校	75	68	不合格
岚关小学	84	64	不合格	玉山中学	74	66.5	不合格
牛场坝学校	66	61	不合格	高水中学	75	62	不合格
				牛场坝学校	50	47	不合格
				建中中学		43.5	不合格

2004年，“小教继”进入第二阶段、“中继续”第一阶段，参训教师共3750人，其中已参加上岗培训和提高培训的有2861人，占总数的76.3%。2005年11—12月，省教育厅对瓮安中小学教师继续教育（2001—2005年）评估验收，验收标准包括组织管理和全员培训两部分，组织管理分组织领导、计划措施、经费保障、档案管理四大类共19项，全员培训分教师职业道德修养、学科教学业务培训、信息技术、普通话等四大类16项。通过查阅文件、查看会议纪要和简报、填写问卷、座谈、个别走访、现场查看等方式进行检查后，确定瓮安“小继教”为合格。2006年10月12日，县教育局做出《关于表彰全县（2001—2005）中小学教师继续教育工程先进集体和先进个人的决定》，表彰城关三小、平定营中学、玉山小学等3个先进集体，表彰先进管理工作者7人、先进辅导教师8人、先进学员8人。2007年，教师职业道德培训是中小学继续教育中的重要内容，退休教师冷启中主编的《教师必备的十大职业精神》，作为全国教师职业道德、综合素质提高的培训资料，由吉林大学出版社出版，新

华书店经销向全国发行。

2008—2010年，实施“贵州省农村教师素质提升工程”，以农村骨干教师、村小和教学点教师为培训重点，以“一德三新”为主要内容。农村教师素质提升工程有关培训学时记入“十一五”中小学教师继续教育总学时，培训成绩载入教师个人继续教育档案。2008年，州教育局组织中小学教师教材、教法培训及考试，小学考试科目为语文、数学、英语、自然、社会、美术、音乐、信息技术、综合实践课、思想品德、体育等11科，初中考试科目为语文、数学、英语、物理、化学、生物、历史、地理、音乐、体育、美术、信息技术、综合实践等14科，每个教师只考所教学科的科目（只考1科），1958年10月1日以后出生的教师参加考试，50岁以上的教师不考试但要参加学习，由教育部门和学校要组织培训。3月3日，州教育局发《关于小学继续教育工作检查的通知》，检查2007—2008年中小学继续教育工作开展的情况，全州中小学教师师德专项教育活动安排落实，推进决战课堂、新教材大练兵全员培训，各县（市）县级教师培训机构工作开展情况等。2009年，组织瓮安中学、瓮安二中参加“英特尔未来教育核心课程”项目培训100人，组织中小学班主任进行网络培训1—15期共2453人，组织教育技术网络培训880余人。选派教师60人到西南大学培训，选派小学英语和语文教师46人到贵阳学院培训，选派小学教导主任23人到贵阳学校培训、中小学校长23人到贵州教师教育学校培训，选派中小学语文、数学、英语学科教师90人都匀培训，选派中学班主任7人参加州级培训，选派中小学校长、教导主任、县级骨干教师、中小学班主任200人参加国家远程网络安全管理培训，组织95—99级有定向合同毕业生59人在贵定师范参加为期1个月的岗前培训，组织5人分别到发达地区进行挂职培训学习和短期专业培训等。2010年，州教育局对瓮安“继教工程”进行评估验收获得通过。3月26日，县教育局在松坪中心完小召开瓮安县中小学教师继续教育工程迎检工作现场会，全县各乡镇分管继教的副校长及继教管理员共106人参加。6月23日，共青团黔南州委、州教育局、州少工委举办全州青少年思想道德教育骨干力量培训班，全州培训30人，瓮安县参培人员2人。7月，由副县长带队，县教育局局长、高中学校校长和高中阶段教师（瓮安中学、瓮安二中、草塘中学、珠藏中学）49人到山东淄博、潍坊参加高中新课程改革培训，培训经费由高中课改教材发行社负责。11月13日，瓮安县参加《民族团结教育》课程骨干教师省级培训5人。2011

瓮安一小退休教师冷启中主编的教师培训用书（2010年摄）

年3月24日，州教育局发《关于推选贵州省中小学教师继续教育工程（2006—2010年）先进集体和先进个人的通知》，瓮安3人被评为先进个人。7月29日，县教育局发《关于印发〈全县中小学班主任全员培训方案〉的通知》，于2008—2010年全县共培训105名州级骨干班主任，培训课程主要有班主任工作基本规范、学生心理健康教育指导、班级活动设计与组织、班级管理、未成年人思想道德教育、相关教育政策法规等6个主题。县教育局制定《瓮安县中小学教师“班主任工作素养”全员培训计划》《瓮安县中学教师远程教育班主任全员培训方案》，从8月起，县举办全县中学教师班主任工作素养全员培训共10期，每期15天，每期125人。9月21日，县教育局发《关于组织全县中小学教师参加心理辅导员资格培训的通知》，组织全县各中小学教师参加心理健康辅导员资格培训，培训时间10月10日开始，为期3个月，培训《心理学的基础知识》《心理健康个体辅导的方法与应用》《心理健康团体辅导的方法与应用》等内容，利用国家远程教育公共服务体系—奥鹏远程教育平台在职学习。心理健康辅导员初级学习时间不少于180学时，在线培训不少于50学时，自学、练习测试不少于130学时；中级不少于150学时，在线培训不少于50学时，自学、练习测试不少于100学时。考试合格后，颁发“心理健康辅导员资格证书”，取得资格证书的教师，可在中小学校担任心理健康辅导与教育教学工作。11月2日，全县教师参加义务教育阶段小学班主任远程培训200人。12日，瓮安县中小学选派各学科80人参加农村中小学骨干教师远程培训，解决农村教师在新课程改革下所面临的主要教学问题，打造学科骨干教师队伍，实施课程改革和素质教育中发挥辐射带动作用。29日，州教育局印发《“十二五”（2011—2015）中小学教师继续教育工程实施意见的通知》，各县推动培训工程，分全员培训、专项培训和学历提高培训，集中培训以学科为基础，使“一德四新”（师德教育60学时，新理念50学时，新知识50学时，新方法40学时，新技能40学时）与各科培训有机结合。

2011年，瓮安选派教师190人到省团校参加省“千校万师”未成年人思想道德建设骨干教师第二阶段培训，选派小学校长参加州教育局举办“十二五”期间第一期小学校长任职资格培训班学习6人。5月4日至7月28日，瓮安选派小学教师20人参加州农村小学紧缺学科教师培训。6月28日，州教育局开展2011年暑期中小学骨干教师培训，瓮安中小学参加培训40人。11月21—27日，瓮安县在黔南州民族师范学院参加小学民族“双语”教师培训5人。6月28日，州教育局发《关于开展2011年暑假中小学骨干教师培训的通知》，组织全州中小学骨干教师进行师德教育、现代教育理论、专业知识及素养、教育科学研究、健康教育、教育新技术技能培训，共84课时，采取学术报告、案例分析、问题研讨等方式进行，瓮安县选派中小学骨干教师40人参加，其中，小学10人、中学15人、高中10人。

2012年，瓮安县3人参加州教育局、州体育局举办全州教练员和体育教师培训班的培训。组织全县班主任培训453人次，投入经费21.8万元。启动“十二五”中小学教师继续教育工程和教师“国培计划”，完成教师各种业务培训4586人次，其中，教师18人参加“国培计划（2012）”—贵州中小学骨干教师短期培训、教师529人参加“国培计划

(2012)”—贵州中小学骨干教师远程培训。3月2日，教育系统选派教师45人到省团校参加省“千校万师”未成年人思想道德建设骨干教师培训。4月，选派中小学校长、幼儿园园长参加省、州举行的任职资格培训、研修培训、省内外挂职锻炼的学习培训共38人次，选派骨干教师45人参加第三阶段“千校万师”培训，投入培训经费4万元。5日，瓮安选派校长2人参加贵州省第九批农村中小学校长赴深圳挂职锻炼。5月7—8日，县教育局发《关于开展第二期心理健康辅导员资格（中级）培训工作的通知》，全县各级各类学校少先队辅导员、团干部、心理健康教育兼职教师和班主任、任课教师参培100人，培训心理健康辅导—基础理论、心理健康辅导—方法与应用、心理健康辅导—团队训练三部分。培训费用含认证费、培训费、教材费及考试费共1400元。7月24日，县教育局举办瓮安县“十二五”教师继续教育工程主讲教师暨管理员培训，参加的主讲教师130人、县级管理员47人、学校管理员50人。8月29日，教育局对全县2009年以来参加工作教师的普通话、“两笔字”（粉笔字、钢笔字）、“三课”（备课、上课、评课）、“四项能力”（信息技术能力、命题解题能力、教学反思能力、学科专项能力）进行考核。

县教育局召开“十一五”继续教育评估验收会（2010年摄）

2013年，开展“继教工程”“国培计划”，上级教育主管部门组织开展的校（园）长培训、班主任培训、骨干教师培训、新教材新课标培训等，共培训5443人次。组织全县中小学校长及教学骨干111人分两批赴江苏、湖北、山东等地的名校考察学习。2014年3月5日，县教育局发《关于第三批县级骨干教师培养对象短期集中培训的通知》，决定于3月29—30日在瓮安四中科技楼多功能厅组织开展骨干教师短期集中培训，参加培训的骨干教师有183人。6月，对全县中小学、幼儿园、职校、特殊教育的教师进行全员短期县级集中培训，共设22个培训点（或培训场），各培训点（或培训场）的校长负责牵头组织培训，职校、初中、小学、幼儿园和特殊学校教师培训时间为7月12—21日，高中教师培训时间为7月20—29日。7月10日，县教育局发《关于组织初中语文等六门学科教师参加“广州·黔南”对口帮扶培训的通知》，广州市教育局将于7—10月组织骨干教师到黔南州开展结对帮扶培训，分专题报告、同课异构与教学交流、教学诊断三个阶段，瓮安县选派初中语文、数学、物理、化学教师各20人参训，选派初中生物和地理教师各15名参训。9月3日，实施“国培计划（2014）—贵州省中小学教师置换脱产研修”项目，采取由高等师范院校高年级学生到农村中小学顶岗实习的方式置换中小学骨干教师到师范院校和优质中小学参加脱产研修，研修时间为80天，分集中研修（30天）、跟岗研修（30天）、总结反思（10天）和跟进研修（10天）四个阶段，置换脱产研修于9月开始。全县遴选14名教师参加4门学科的脱产研修，高中通用技术和初中地理教师研修由贵州师范大学组织实施，初中政治和小学英语教师研修由贵州师范学院组织实施。11日，县教育局发《关于遴选教师参加“国培计划（2014）”—中西部项目和幼师国培项目培训的通知》，全县遴选31名教师参加中西部项目的10个小项目的短期集中培训，遴选500名教师和6名培训辅导员参加中西部项目远程培训，遴选18名幼儿教师参加幼师国培项目的3个小项目培训（不含幼儿园教师资格“两学”培训项目）。2015年，瓮安继教工程接受省的检查验收，获一等奖。9月16日，选派小学教导主任3人参加州教育局组织的跟岗培训，共培训21天。10月26日，县文化和旅游局抽调3名体育教师参加2015年贵州省（第20期）一级社会体育指导员培训班。

表12-14　教师继续教育工程检查评估统计表

时　间	检查项目	检查学校	检查结果
2005年5月10—20日	“十五”继教工作评估验收	全县中小学	8个乡镇、学校获得优秀，22个乡镇和学校获良好，19个乡镇和学校合格
2005年9月12—14日	州对县评估验收	全县中小学	县被州评为“十五”继教工作先进县；县职中、城关三小被州评为继教工作先进学校
2005年11月18—20日	省对县评估验收	全县中小学	县被省教育厅评为“十五”继教工程先进单位
2008年5月	州对县阶段性检查	全县中小学	对瓮安继教工作给予肯定
2010年5月19—24日	“十五”继教工作评估验收	全县中小学	50个单位均合格
2010年7月20—21日	州对县评估验收	全县中小学	全部合格，继教工作得到州的肯定
2010年11月15—19日	省对县评估验收	全县中小学	得到省检查组良好的评价
2013年6月9—15日	州对县中期检查	全县中小学	对瓮安继教工作给予较高的评价
2015年5月27日至6月12日	“十二五”继教工作进行验收评估	全县中小学	15所学校获优秀、23所学校获良好、10所学校获合格等次
2015年9月16—18日	州对县评估验收	全县中小学	瓮安“十二五”教师继续教育工程被州评选为一等奖
2015年10月20—21日	省对县评估验收	全县中小学	被省评为一等奖

表 12-15　2001—2015 教师继续教育工程培训学习统计表

填表日期：2015 年 7 月

培训时间	培训形式	主办单位	参加人数	地点	培训内容摘要
2001 年 3 月—11 月	县级集中	县教育局	3257	瓮安中学计算机室	对全县教师进行计算机初级培训
2001 年 4 月 12—15 日	县级集中	教育局教研室	205	瓮中、职中和一、二小	“三笔字”和简笔画辅导教师培训
2007 年 3 月 10 日	县级集中	教育局教研室	79	局三楼会议室	进行辅导教师师德教育培训
2007 年 3 月 11 日	县级集中	教育局教研室	137	局三、四楼会议室	辅导教师新理念、新课程通识培训
2007 年 3 月 12 日	县级集中	教育局教研室	157	教育局各类会议室	辅导教师中小学语、数、外、音体美等学科培训
2007 年 3 月 25—28 日	网络培训	省教育厅继教办	35	省继教办	县级辅导教师教育技术能力培训
2008 年 8 月 25—29 日	县级集中	县局继教办	65	县职中	辅导教师技能培训
2008 年 8 月 20 日	县级集中	县局继教办	187	局四楼会议室	对特岗教师、新任教师进行新教师培训
2008 年 9 月 10 日	县级集中	县局教研室	189	县局六楼会议室	县级骨干教师培训
2009 年 9 月至 2010 年 1 月	网络培训	省继教办	2919	各中小学园网络室	教育技术能力培训
2011 年 11 月 23 日	网络培训	县局继教办	65	县电信局四楼会议室	“省培计划”—小学班主任远程项目辅导教师培训
2012 年 8 月 18 日	县级集中	县局继教办	229	县局六楼会议室	进行“十二五”继教管理者及“一德四新”辅导教师培训
2012 年 8 月 20—29 日	县级集中	县局继教办	4005	瓮中、一小等共 10 个培训点	进行“一德四新”、心理健康继专业学科培训

续表12-15

培训时间	培训形式	主办单位	参加人数	地点	培训内容摘要
2013年8月20—29日	县级集中	县局继教办	3929	瓮中、一小等共48个培训点	进行“一德四新”、心理健康继专业学科培训
2014年7月12—21日	县级集中	县局继教办	4032	瓮中、一小等18个培训点	进行“一德四新”、心理健康继专业学科培训
2015年5月3—7日	省级集中	省教育厅	15	省团校	“四有”“三者”好教师专题培训

第六节 业务学习

1951年4月，开展小学教师讲习班培训，由中学及教育科合办，教师由中学教师兼任，教育科负责于4月7—8日组织入班考试，报名投考55人，录取29人，16日编组讲习。培训期间，政治学习50天，学完社会发展史、中国革命问题、新民主主义论、共同纲领、论人民民主专政等科。在学习过程中，学员联系实际检查自己，经过批评与自我批评，揭露自己的弱点。6月上旬转入业务学习，已学完复式教学法、小学政治思想教育、教育概论、中国近代史、学校行政、民主管理及特殊儿童之改造等科。6月下旬起，以小学各科课程为基本学习材料，由中学老师负责各科补充教材，邀请雍阳小学老师座谈作实际教学经验介绍。自7月1日起，以参观实习为重点，将每次参观实习的经过做出总结。1952年，小教班在班学习45人，以借用名义外出工作7人，共52人（有4人为新班拨入），其中男34人，女14人，地主25人，富农4人，小土地出租5人，中农4人，贫农2人，小商贩3人，其他5人，开设政治，语文、算术、历史的教材教法和唱游等课程。8月11日，召集全县小学教师进行暑期业务学习，学习新民主主义文化教育方针、复式教学、民主管理、五年一贯制及五级分制。

1954年8月，小学教师暑期学习8天，其中5天学宪法草案、1天学时事、2天业务学习，参加学习教师共239人，其中女55人、民校教师9人、少数民族1人，分为22个小组进行。10月7日，县政府布置1954年政治业务学习工作，抄发小学教师1954—1955学年度第一学期政治业务学习计划，政治理论学习时间全部学习1954年国庆节宣传提纲及周总理关于政府工作报告、全国人民代表大会毛主席的开幕词、五个组织法和《中华人民共和国宪法》等。业务学习主要是教育理论、教育政策法规等。1955年8月9—21日，县人民委员会组织小学教师暑期进行学习，应到人数349人，请病假9人，实到340人，其中公办小学教师309人、民小教师31人。学习分为三个阶段，第一阶段为政治学习（8月9—16日），由孟副县长作动员报告，由人民委员会秘书、文教科长先后作三次关于《关于胡风反革命集团的材料》的传达报告，教师们进行讨论；第二阶段为8月17—20日上午，由文教科副科长作《1954—1955学年度教育工作的总结报告》，教师们结合本校实际进行讨论；第三阶段于8月20日下午传达县人民委员会《关于1955—1956学年度教育工作计划》，21日向成绩突出的教师发奖。9月1日，文教科转发省教育厅《关于1955—1956学年度第一学期小学教师政治业务学习和文化进修》，对学校政治业务学习作了安排，政治学习必须在10月中旬学完《宪法》，10月底复习考试。10月28日，文教科安排部署在职小学教师业务学习，学习内容为《小学教学计划》及说明、教育部《关于执行小学教学计划的指示》《关于小学课外活动的通知》《关于小学课外活动的规定》、省教育厅转发《小学教学计划》《关于小学课外活动的规定》等。11月4日，文教科安排下半学期政治业务学习，业务学习主要是《小学教学计划》《关于减轻中、小学学生过重负担的指示》《关于实施小学生守则的指示》，以及教育部、体育委员会、卫生部发布《关于改进中、小学体育工作的联合指示》。

1956年1月22日至2月10日，举办全县小学教师寒假文化学习班，共学习19天（1月27日参加全县“三改”庆祝大会停课1天），参加人数共120人，其中公办小学74人、私立小学43人、其他3人，参加的女教师有78人。学习期间，按文化程度不同分编为3个班，文化程度低的编为一班有43人，中等的编为二班有46人，文化程度高的编为三班有31人。学习语文、算术、唱歌、体育、图画、手工劳动、教学法等，以提高教师业务水平。3月16日，文教科转发省教育厅《关于1955—1956学年度第二学期在职小学教师的政治、业务学习和文化进修的通知》，政治学习由教育行政部门组织教师进行学习，业务学习主要是师范学校教育学、《为加速开展教育事业和提高教育质量而奋斗》、教育部提高《12年教育事业规划的初步意见》、省教育厅《关于提高小学教育质量的批示》《小学教学计划》《小学生守则》；文化进修主面，凡不及初师程度的教师，组成或健全自学小组，利用原规定时间和业余时间集体学习或个人自学，学习内容与时间按照教育部出台《函授师范学校初级部暂行教学计划》实施，先学语文，教材采用北京函授师范教本，原则上每周学完一课。8月25日，省教育厅发出通知，集中学习教育部公布的各科教学大纲（初稿），以后教师的业务学习，主要转到学习教学大纲上来。

表 12-16　　1956 年瓮安县小学教师寒假文化学习班成绩统计表

单位：人

班级				（1）班	（2）班	（3）班	合计
人数	原有人数（人）			43	46	31	120
	考试人数（人）			42	45	31	118
学科	语文	阅读	及格数	31	39	31	101
			及格率（%）	70	87	100	86
		作文	及格数	32	38	30	100
			及格率（%）	76	84	96	85
		语法	及格数	19	35	27	79
			及格率（%）	45	73	87	67
	算术	算术	及格数	33	36	29	98
			及格率（%）	79	80	94	83
		珠算	及格数	36	41	27	104
			及格率（%）	86	91	87	89
	唱歌		及格数	40	41	28	109
			及格率（%）	98	74	87	92
	体育		及格数	41	41	30	112
			及格率（%）	98	91	95	95
	图画		及格数	40	45	31	116
			及格率（%）	89	100	100	98
	手工劳动		及格数	42	45	31	118
			及格率（%）	100	100	100	100
	教学法		及格数	35	34	31	100
			及格率（%）	83	76	18	85

1957 年 3 月 8 日，县文教局对 1956—1957 学年度第二学期小学教师政治业务文化学习进行安排部署。政治学习中，主要学习中共八大文件和“再论无产阶级专政的历史经验”，并进行时事学习；业务学习主要是深入学习语文、算术两科教学大纲和教材；文化学习主要是加强业余进修，初中班按原来的进度继续学习，中师班采用自学小组的方式组织自学，每周学习 12 小时。1958 年 12 月 16 日，县人委会发出《关于小学学期结束工作与全县小学教师寒假集中参加整风肃反学习的通知》，决定本学期提前一月放假，寒假自 1958 年 1 月 5 日开始，下学期定为 2 月 26—27 日开学办理入学手续，28 日正式上课。教师于 1958 年 1 月 9 日自带被子、行李以及 40 天的粮票、油票、肉票到雍阳小学报到，10 日开始学习，除生育及重病教师经医院证明、县领导批准外，其于一律不得无故请假或迟到。各校于 1 月 4 日结束各科教学，至于算术、地理、历史上不完的部分可根据学校的具体情况停止一部分体育、图

画、唱歌、手工劳动或抽出一部分多余的阅读教学时间来补上。1月4日下午举行散学典礼、发放学生成绩单，5—7日三天进行总结。12月20日，文教局下发紧急通知，学期于1957年12月25日结束，所有教师均于12月27日到雍阳小学报到，28日开始学习，预计学习45天。各科未完成的课程向学生讲明于下学期补上，学校总结工作取消。

1962年2月，县委集中全县教师进行形势教育、反修防修的学习，各区也集中2~3次的学习。县局对教师的政治、业务学习，按县委指示做统一布置，政治学习每周不少于6小时。1963年2月，县组织教师寒假学习，参加老师共351人，其中，中学45人、小学295人、民校11人，组成学习小组14个。6日，听县委胡书记《关于国内外形势的报告》，7日，阅读讨论中共八届十中全会公报和农业十二条，8—9日，学习有关反对现代修正主义的几个文件，10日，学习“从中印边界问题再论尼赫鲁的哲学”，11日学《人民日报》元旦社论“巩固伟大成绩、争取新的胜利”，12日上午，由县委刘书记作总结报告、下午布置下学期开学工作。1965年8月6日，县委宣传部发《关于瓮安县中小学教职员暑期集中学习情况报告》，全县中小学教职员集中学习从7月22日开始至8月2日结束，参加人数共1227人，占总数的86.9%。其中全日制公民办中小学教职员828人、耕读农（职）中学教职员11人、耕读小学教员388人、党员40人、共青团员355人、群众832人。

1974年7月8日，瓮安县革命委员会关于转发教育局《关于暑假集中教师学习和培训体育师资问题的请示报告》的通知，暑假安排教师学习毛主席有关批林批孔的论述、1974年《人民日报》三篇社论等内容。采取集中学习方式，学习时间为15天，分三个阶段学习。集中学习的差旅费按规定报销，每人每天补助2角，粮食按会议标准补贴。

瓮安县教育局召开英语中心学科组会议（2011年摄）

2000—2015年，教育局不再组织全县性的教师政治业务集中学习，分散由各区或各公社组织。20世纪90年代后，各学校每周自行组织一次政治业务学习，学习内容除上级安排外，自己安排适合学校及教师发展的相关内容，要求有学习记录，有教师笔记。

第十三章

电化与实验教学

DIANHUA YU SHIYAN JIAOXUE

第十三章　电化与实验教学

DIANHUA YU SHIYAN JIAOXUE

教学仪器对教师教学起着辅助作用，教学仪器的更新，促进教学方法的变革。瓮安教学仪器经历基本的教具，幻灯投影机、收录机、录像机、计算机、多媒体“班班通”等变革。

第一节　电化教学

20 世纪 80 年代初，通过上级配备或自购，瓮安中小学有少量的幻灯投影机、收录机、电子管式扩音机等电教设备。1986 年，州教育局配购给瓮安县教育局首台录像机，型号为日本松下 NV—370。1987 年，州教育局配购给瓮安县教育局卫星电视接收天线 1 套、接收机 1 台、日本爱浪录像机 1 台、国产放像机 2 台、18 英寸彩色电视机 3 台。12 月，瓮安电教设备总值达到 5.2 万元，有 B5 型幻灯机 36 台、各种投影器 18 台、各式录音机 30 台、高速录音复制机 1 台、电视摄相机 1 台、教学用照相机 1 台、磁带放像机 3 台、电视接收监视器 3 台、电教用房 1 间 48 平方米、语言实验室听音室 1 间、电视卫星接收站 1 个。

1988 年 1 月，瓮安第一个卫星教育电视地面接收站正式开通并投入使用，由电教站负责组织实施，7 月 17 日通过省、州教育主管部门验收合格。8 月，县教育卫星电视接收站开始收录教育卫星电视播出的课堂实录、扫盲教育、职业教育、农科教知识等内容，并用电视放像设备将收录的教育录像巡回播放给师生观看。9 月，县教育局电化教育工作站正式成立，负责全县中小学实验教学和电化教育的建设、管理、使用指导及培训工作，编制 12 人，站长由分管副局长兼任，日常事务由办公室具体负责。教育局采购首台电视摄像机，型号为日本

县教育局组织教师进行计算机培训（2002 年摄）

松下 M7。1989 年，各乡（镇）教育辅导站成立教育电视放像点，购置电视机、放像机等放像设备，把教育局电教站翻录的课堂实录、扫盲教育、职业教育、农科教知识等巡回到各小学、公共场所及农村集市播放。

1991 年 7 月，瓮安被评为 1988—1991 年度贵州省电化教育先进县。12 月，瓮安被评为黔南州电化教育先进县。1993 年，全县有放像点 36 个，新增录像带 600 余小时，其中，职中 400 余小时，新录各类教学培训录像带 300 余小时，为各放像点翻录教学培训录像带 636 小时。1998 年，县电教站录制各类电教录像带 240 余小时，摄制“普九”专题片《跨世纪的奠基——瓮安“两基”工程巡礼》发到各放像点进行播放。计算机在全县中小学的应用推广工作启动，巡回播放录像工作停止。县教育局与瓮安中学共同出资购置计算机 30 台，安装在瓮安中学实验楼，开始对全县中小学教师计算机应用技能进行全员培训。8 月 18 日，县教育局规定，凡公民办教师在 50 岁以下全部参加培训，全县有 3204 人参加，分批进行。1999 年，瓮安中学建成全县第一个多媒体教室。3 月 5 日，天文中学申报省级实验学校，参加培训教师 5 人，每人交培训费、办证费、资料费共 300 元，培训时间为 5 月 8—13 日，培训计算机基础知识、现代教育理论、试验方法等内容。

2000 年，瓮安中学、瓮安二中、瓮安职中、城关一小等校建起计算机网络教室。7 月 5—18 日，县教育局在瓮安中学和城关一小举办全县中小学实验教师培训班，完中、独立中学、九年制学校的化学、生物实验教师、中心完小的自然实验教师和乡镇教育辅导站的“普实”专干参加培训，参训教师共 197 人，其中完中 25 人、独立中学和九年制学校 78 人、小学 69 人、乡镇“普实”工作专干 23 人。培训实验教学规范化管理，理、化、生实验教材等内容，共 329 个课时。学员做各类实验 312 个，写实验报告 2123 份。学员到野外实地考察并采集、制作各类教具及动植物、化石、矿石、岩石标本 528 件。2001 年，新建网络教室 41 间，中小学参加“贵州省计算机教育工程项目”工程 41 所，草塘希望中学、城关一小、城关二小、城关三小建成腾图“校校通”卫星宽带接收系统。6 月 25 日，州教育局发《关于普及黔南州中小学信息技术教育及实施“校校通”工程规划和实施方案》，要求中小学开展信息技术课程，小学阶段培养学生学习、使用计算机的兴趣和意识，了解信息技术的应用环境及信息的表现形式，能够在他人的帮助下使用远距离通信获取信息，与他人沟通，开展直接和独立的学习；初中阶段增强学生的信息意识，了解计算机的工作原理，学会使用与相关的工具软件，学会应用多媒体工具，相关设备和技术资源进行其他课程的学习，能够与他人协作或独立解决与课程相关的问题，建立正确的知识产权意识，能够遵照法律和道德行为规范负责任地使用信息技术；高中阶段使学生了解信息技术的发展变化及其社会经济发展的影响，了解计算机基本工作原理及网络的基本知识，掌握获取、传输、处理和应用信息技术的基本方法，了解程序设计的基本思路增强逻辑思维能力，通过与他人协作，熟练运用信息技术编辑、综合、制作和传播信息及创造性地制作多媒体作品，能够判断电子信息资源的真实性、准确性和相关性。

2002年，全县乡（镇）中学、中心小学及部分村级小学开设《信息技术》课，在全州率先普及《信息技术》教育。2003年，天文中学列入首批“农村中小学现代远程教育项目工程试点示范项目”实施学校，配备计算机网络教室、多媒体教室、卫星数据资源接收系统、光盘播放设备等。2004年，全县有16所中小学安装卫星电视的远程教育接收系统，15所中小学配备远程教育播放点设备，3所中学新增计算机网络教室，并开设《信息技术》课。8月6日，全县23个乡镇农村党员干部现代远程教育乡镇站点均建在乡镇中学或中心小学，教育部投资建天文中学信息站1个、玉山中学光盘播放点1个，卫星接收站9个。全县247个村级站点大部分建在学校或教学点，建在村党员活动室73个，已建村级卫星接收站6个、村级光盘播放点22个，州直单位帮扶建老坟嘴乡木孔村村级党员活动室接收站1个，配置6000元。

学校上计算机课（2015年摄）

2005年，全县共有农村中小学实施农村中小学现代远程教育项目工程194所，模式三21所，配备计算机网络教室、多媒体教室、卫星数据资源接收系统、光盘播放设备等；模式二150所，配备计算机、卫星数据资源接收系统、光盘播放设备等；模式一23所，配光盘播放设备等。中坪中学、珠藏中学、龙塘中学、铜锣中学、银盏学校、牛场坝学校、老坟嘴学校、小河山学校、木引槽学校、草塘小学、珠藏小学、中坪小学、鱼河小学、玉山小学、高水小学15所中小学列入第二批“农村中小学现代远程教育项目工程试点示范项目”的实施，配备计算机、卫星数据资源接收系统、光盘播放设备等。2006年，全县农村中小学全部实施农村中小学现代远程教育项目工程，在各远教项目学校统一挂上远教项目标志牌。县教育局

县教育局为学校安装通用技术设计室（2011年摄）

印发《农村中小学现代远程教育项目工程三种模式的规章制度》，统一制作镜框，发到各项目学校。全县各“农村中小学现代远程教育项目工程”项目学校利用收录的远教资源，结合教材开展教育教学、禁毒、消防、反邪教、交通安全等，为“三教统筹”“农科教结合”服务，利用收录的远教资源开展职业教育、农民文化技术教育等。到12月，全县项目学校在远程教育项目已培训农村党员干部和农民38900余人次。

2008年11月17日，鱼河中学、银盏中学、松坪中学、高水中心完小4所学校列入贵州省农村中小学现代远程教育教学资源应用实验试点校名单。2009年，全县的农村党员干部现代远程教育工作被评为贵州省“远教”工作先进集体。全县中小学电化教育计算机网络教室增加到69间，多媒体教室增加到91间，教学用计算机增加到2602台，51所中小学接入宽带上网，中小学教育教学逐步进入信息化时代。

2010年，瓮安二中建成教育信息化“班班通”工程。5月31日，在全国教育门户网站评选比赛活动中，瓮安教育网被评为“全国教育门户网站优秀县级教育门户网站”。2011年，事业单位机构调整，教育局电化教育工作站变更为瓮安县教育信息网络中心，负责全县中小学实验教学、电化教育和图书（阅览）室的建设、管理、使用指导及培训工作，单位编制8人，设主任1人。县政府投入资金500万元为瓮安中学建成多媒体报告厅3个、计算机网络教室4间、“班班通”教室70个。9月19日，在贵州省“十二五”规划2011年度课题立项中，瓮安二中的《农村地区信息化教育的有效策略和方法的研究》、瓮安草塘中学的《黔南民族地区普通高中教育信息化的制约因素及对策研究》专项课题立项。12月8日，州教育局组织的现代远程教育优秀论文、优质课件及优秀课件评选活动中，瓮安选送的论文小学组获一等奖1人、获二等奖6人、获三等奖8人，中学组获二等奖2人、获三等奖1人、获优秀奖3人；课件小学组获一等奖1人、获二等奖1人、获三等奖28人，获优秀奖2人，中学组获一等奖2人、获二等奖2人、获三等奖10人、获优秀奖1人；课例获二等奖2人、获三等奖2人。在参加贵州省第五届电教“三优”（论文、课件）评选活动中，瓮安参赛的作品获州级一等奖7个、州级二等奖17个、州级三等奖53个。

2012年，教育厅高清晰视频会议系统瓮安分会场建成并投入使用。瓮安中学被列为全国信息化试点学校，试点工作重点完成信息技术与教育教学深度融合模式探索任务。

2013—2014年，县政府融资5800万元（含5年利息），为48所义务教育阶段的中小学建教育信息化——校校通、“班班通”项目工程，共完成855个班建设任务。2013年，青杠林、油房、大蛇、金钟和岩根河5个教学点实施全国“教学点数字教育资源全覆盖”项目工程，使全县数字化工程实现全覆盖，学校接入互联网81所，学校实现光纤上网29所，学校ASDL宽带上网52所。

表13-1　　义务教育阶段学校“宽带网络校校通”现状调查表

填表日期：2013年6月

计划实施年度	学校名称	地理位置	学校类型	教师数	学生数	班级数	互联网接入带宽M	教室数间	多媒体教室间
C	瓮安三中	A	C	139	2441	42	10	42	1
C	瓮安四中	A	C	157	3423	55	10	60	1
B	平定营中学	A	C	44	765	15	2	44	1
C	草塘中学	A	D	113	1669	28	10	50	1
B	希望中学	A	C	65	1100	22	10	24	1
D	木老坪中学	B	C	30	427	9	10	13	2
D	松坪中学	B	C	24	331	7	10	14	2
B	天文中学	A	C	43	689	14	2	18	1
B	江界河中学	A	C	20	367	8	10	9	2
B	玉山中学	A	C	54	790	15	8	17	1
C	鱼河中学	A	C	39	502	11	2	16	1
C	建中中学	A	C	32	452	9	2	13	1
B	永和中学	A	C	47	733	14	8	19	1
C	岚关中学	A	C	36	564	12	10	21	1
C	珠藏中学	A	D	145	2680	40	10	45	2
D	铜锣中学	B	C	32	506	10	10	11	1
C	高水中学	A	C	35	653	11	2	21	1
C	玉华中学	A	C	23	427	8	10	13	1
B	中坪中学	A	C	70	1080	20	10	23	1
C	白沙中学	A	C	32	508	10	10	16	1
B	实验学校	A	B	83	2415	37	10	45	3
C	瓮安一小	A	B	120	2575	40	100	43	1
E	花桥小学	B	B	16	300	6	0	10	0
E	茅坡小学	B	B	13	214	6	0	10	0
E	桐木小学	B	B	7	51	6	0	8	0

续表13-1

计划实施年度	学校名称	地理位置	学校类型	教师数	学生数	班级数	互联网接入带宽 M	教室数间	多媒体教室间
C	瓮安二小	A	B	87	2245	35	2	38	1
C	瓮安三小	A	B	72	2000	30	10	31	1
E	云星小学	B	B	8	138	6	0	8	0
B	平定营完小	A	B	46	698	15	2	35	1
E	青山小学	B	B	24	313	6	2	16	0
E	营定小学	B	B	12	177	6	2	10	0
E	岩面小学	B	B	8	55	6	0	10	0
E	万龙小学	B	B	9	67	6	0	10	0
E	岩英坪小学	B	A	7	16	4	0	8	0
C	玉华小学	A	B	17	192	6	2	8	0
E	太文小学	B	B	9	101	6	2	8	0
E	雷文小学	B	B	14	133	6	0	9	0
E	牛宫小学	B	B	9	106	6	0	9	0
E	岩根河小学	B	A	4	26	6	0	8	0
E	白溪小学	B	A	6	10	4	0	8	0
E	营上小学	B	A	1	3	1	0	6	0
B	猴场八一小学	A	B	90	1776	34	10	40	0
C	太平小学	B	B	14	232	6	2	10	0
E	宋家寨小学	B	B	11	136	6	2	8	0
E	桃子冲小学	B	B	11	89	6	2	10	0
E	那乡小学	B	B	8	58	6	0	7	0
E	杨梅小学	B	B	6	117	6	0	7	0
E	松坪小学	B	B	23	215	6	2	11	1
E	马场坪小学	B	B	15	132	6	2	8	0
E	大山小学	B	B	12	105	6	0	8	0
E	金岱小学	B	A	8	18	4	0	7	0
E	青池小学	B	B	17	130	6	0	9	0
E	新华小学	B	B	5	39	6	1	8	0
E	天文小学	A	B	35	461	12	10	15	1
E	平坝希望小学	B	B	18	264	7	2	12	1
E	大塘小这	B	B	9	62	6	2	6	0
E	玉屏小学	B	B	8	104	6	0	6	0

续表13-1

计划实施年度	学校名称	地理位置	学校类型	教师数	学生数	班级数	互联网接入带宽 M	教室数间	多媒体教室间
E	杉岚小学	B	B	8	84	6	0	6	0
E	云南寨教学点	B	A	1	7	1	0	2	0
C	江界河小学	A	B	20	293	6	2	8	1
E	樱桃小学	B	B	9	130	6	2	7	0
E	桂花小学	B	B	13	210	6	2	8	0
E	铜锣小学	B	B	12	158	6	2	7	0
E	后槽小学	B	A	2	15	2	0	3	0
E	三乐小学	B	B	12	158	6	2	6	0
E	金钟小学	B	A	3	21	2	0	3	0
E	尖坡小学	B	B	10	133	6	2	7	0
E	和平小学	B	B	10	113	6	2	7	0
E	大蛇小学	B	A	5	47	5	0	6	0
E	玉山小学	A	B	57	968	19	2	23	1
E	胜土小学	B	B	6	32	3	0	6	0
E	白花小学	B	B	9	108	6	0	6	0
E	角旁小学	B	B	9	89	6	0	7	0
E	龙蟠小学	B	B	7	48	3	0	6	0
C	鱼河小学	A	B	27	331	10	2	10	1
E	高枧小学	B	B	16	207	6	0	6	1
E	深溪小学	B	B	10	157	6	0	6	0
E	黔川小学	B	B	10	128	6	0	6	0
C	白沙小学	A	B	25	378	8	10	10	1
E	高坪小学	B	B	14	254	6	2	8	1
E	保护小学	B	B	8	97	6	0	7	0
E	大土小学	B	B	9	91	6	0	7	0
E	中坪小学	A	B	70	1018	24	2	26	1
E	艾州小学	B	B	9	124	6	0	7	0
E	茶店小学	B	B	10	103	6	0	7	0
C	建中逸夫小学	A	B	30	381	10	2	15	1
E	高榜小学	B	B	7	59	6	0	10	0
E	白水小学	B	B	6	129	6	0	10	0
E	水尾小学	B	B	8	91	6	2	10	0

续表13-1

计划实施年度	学校名称	地理位置	学校类型	教师数	学生数	班级数	互联网接入带宽 M	教室数间	多媒体教室间
E	果水小学	B	B	8	123	6	0	10	0
E	军坡教学点	B	A	1	11	1	0	2	0
E	永和小学	A	B	27	407	11	2	12	1
E	柴花小学	B	B	7	74	5	2	6	0
E	洗马小学	B	B	9	155	6	2	10	1
E	悦来小学	B	B	11	164	6	2	7	1
E	长林小学	B	B	7	45	4	2	6	0
E	金蘼小学	B	B	12	95	6	0	6	0
E	开坪小学	B	B	14	107	6	2	6	0
E	萍水小学	B	B	8	81	6	2	6	0
C	岚关小学	A	B	25	273	6	10	8	1
E	尖坡小学	B	B	10	85	6	0	7	0
E	章阁小学	B	B	11	115	6	0	7	0
E	花桥小学	B	B	11	180	6	0	7	0
E	大坪小学	B	B	8	80	6	0	7	0
E	珠藏小学	A	B	47	1140	19	10	23	1
E	小院子小学	B	B	7	62	6	0	6	0
E	鹤亭小学	B	B	8	130	6	0	6	0
E	瓮水司小学	B	B	8	130	6	0	7	0
E	岗家槽小学	B	B	8	99	6	0	7	0
E	荣院小学	B	B	14	223	6	0	7	0
C	高水小学	A	B	42	684	16	2	25	1
E	丰岩小学	B	B	12	223	6	0	11	0
E	青杠林小学	B	A	2	37	2	0	6	0
C	木引槽学校	A	E	43	806	18	2	20	1
E	毛沙坪小学	B	B	8	132	6	2	6	0
E	油房小学	B	A	3	30	2	0	6	0
C	牛场坝学校	A	E	37	650	13	10	13	1
E	羊鹿小学	B	A	6	66	5	0	5	0
E	任家坪小学	B	A	3	19	2	0	2	0
C	小河山学校	A	E	33	427	13	2	13	1
E	大河小学	B	B	7	85	5	0	6	0

续表13-1

计划实施年度	学校名称	地理位置	学校类型	教师数	学生数	班级数	互联网接入带宽 M	教室数间	多媒体教室间
E	石板坪小学	B	B	7	56	5	0	6	0
C	老坟嘴学校	A	E	39	472	11	10	12	1
E	木孔小学	B	B	8	80	6	0	6	0
E	牛坡小学	B	B	8	76	6	0	6	0
E	关塘小学	B	B	8	64	6	0	6	0
C	银盏学校	A	E	64	949	19	10	20	1
E	尖山小学	B	B	10	175	6	0	6	0
E	飞练小学	B	B	10	133	6	2	6	0
E	大林小学	B	B	8	82	6	0	6	0
E	大园小学	B	B	9	113	6	0	7	0
E	红灯堡小学	B	B	10	111	6	2	6	0
E	新寨小学	B	B	9	81	6	0	6	0
D	木老坪小学	B	B	21	256	7	2	10	1
E	新华小学	B	B	13	191	6	0	8	0
E	印山小学	B	B	13	190	6	0	9	0

说明：1. “计划实施年度”中，已完成填“A”、2013年实施填“B”、2014年实施填“C”、2015年实施填“D”、不具备建设条件填“E”；2. “地理位置”中，乡镇和乡镇以上填“A”、乡镇以下填“B”；3. “学校类型”中，教学点填“A”、普通小学填“B”、普通初中填“C”、完全中学填“D”、九年一贯制学校填“E”；4. “互联网接入带宽”中，未接入宽带的学校填“0”

2014年，全县教育信息化“班班通”项目总投资12861.5万元。州教育局发《开展第八届中小学现代远程教育优秀论文、优质课例及优秀课件评选》，在课例评选中获一等奖瓮安中学1人、城关一小1人，获二等奖，瓮安三中1人、草塘中学1人，获三等奖瓮安三中1人、小河山学校1人、珠藏小学1人、瓮安四中2人、实验学校1人、玉山中学1人、老坟嘴学校1人、瓮安中学1人、三小1人、瓮安二中1人；在课件评选中获一等奖三中1人、瓮安二小1人，获二等奖玉山小学1人、城关二小1人；获三等奖瓮安二中2人、玉山中学2人、三中1人、六小1人、永和小学1人、希望中学1人、小河山学校1人、城关三小1人、玉山中学1人、铜锣中学1人、高水小学1人、一小2人、二小1人；在论文评选中获一等奖瓮安中学1人，获二等奖瓮安七小1人、永和中学1人、八中1人、一小1人、三中1人、小河山1人、四中1人、岚关中学2人，获三等奖瓮安中学1人、小河山学校1人、草塘中学1人、中坪小学1人。

2015年，县政府专项融资为新建的瓮安二中新校区全部完成“班班通”、计算机网络教室、电子备课室和校园音响系统的建设，为义务教育阶段中小学建“班班通”291个班、计算机网络教室83间、电子备课室14间，完成小学科学实验室62个、初中物理实验室40个、初中化学实验室40个、初中生物实验室33个，完成电子备课室14个，完成小学208.9万元、初中329.14万元的采购。全县义务教育阶段学校计算机配置小学达标率93%、初中达标率100%，全县每100名学生拥有计算机小学达标率98%、初中达标率100%。

第二节　实验教学

1954年，雍阳完小制作地球仪、拖拉机模型、地形沙盘，草塘完小教师制作地球仪、课桌等教具，对教学效果起到直观作用。1955年，部分教师垫钱购材料制造大车、飞机、拖拉机、长江三峡、类人猿、水轮机、起重机、地球仪、蒸汽机、温度计、空气热胀冷缩实验器、风向计、雨量计、晴雨计以及人体器官图、人体骨骼图、消化系统图等教具以及霍乱传染途径图和鸟兽昆虫标本等共计567件。截止1965年，瓮安中学获国家配发的物理、化学、生物、数学、地理仪器模型、标本价值达5000余元。1977年，恢复高考制度，全县重视教学质量的提高和实验室建设。1982年，州教育局为瓮安二中、珠藏中学、永和中学、中坪中学配备部分教学仪器。1983年，国家企业统一报废一批机电用品，转给学校作教学仪器替代品使用，全县配发给瓮安中学、瓮安二中、草塘中学。1984年开始，省财政划拨教学仪器采购专项经费300万元，由教育厅统一采购分配到各地、州教育局，州教育局增加采购部分教学仪器融入配发各县，瓮安二中、珠藏中学、玉山中学、天文中学、草塘小学、珠藏小学、银盏小学、中坪小学获得资金配备教学仪器。1986年开始，省财政每年划拨的教学仪器采购专项经费300万元分解到各地、州教育局账户（地、州财政局计划列支），黔南州教育局每年匹配35万元教学仪器专项经费，学校具备实验人员、实验室、保管室、实验仪器桌

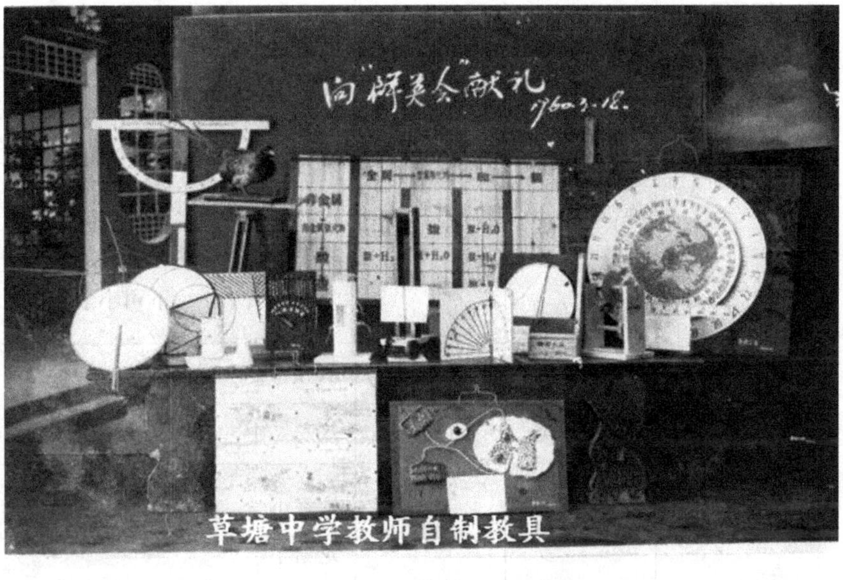

1960年，草塘中学教师自制教具

凳柜“四有”条件，州教育局才列入配备计划。

1989年，州教育局配备瓮安荣院、木引、龙蟠、清池、长林、木孔、高坪7所小学的教学仪器。1993年2月，国家教育委员会新编制《中学理科教学仪器配备目录》《小学数学自然教学仪器配备目录》，州教育局制定《黔南州学校教学仪器配备改革方案（试行）》，新申请配备教学仪器的学校，在保证“四有”条件的前提下，县、乡（镇）及学校自筹经费30%，州教委补助70%；申请填补及新增教学仪器的学校，县、乡（镇）及学校自筹经费50%，州教委补助50%。州教育局对瓮安新华、尖坡、高坪、桂花、丰岩、洗马6所小学进行按每所0.4万普教配备仪器。

表13-2　　1985—1993年瓮安县中小学教学仪器配备情况统计表

配发时间	配备标准	分组组数	配备学校	备　注
1985年	小学二类	8组	草塘小学、城关一小、天文小学、平坝小学、木老坪小学、高水小学、银盏学校、玉山小学	
	完中一类	25组	瓮安中学	填补
1986年	小学二类	8组	城关二小、珠藏小学、中坪小学、高枧小学、茅坡小学、白沙小学、羊关小学、桃子冲民族小学、小开州小学、营定小学、平定营小学、太文小学、下司小学	
	初中二类	13组	永和中学、银盏学校	
	完中二类	13组	瓮安二中	
1987年	小学二类	10组	柏香小学、洗马小学、玉屏小学、松坪小学、龙塘小学	
	初中二类	13组	洗马小学	后转入永和中学
1988年	小学二类	10组	马场坪小学、牛场坝小学、两岔河小学、荣院小学、永和小学、长林小学	
	初中二类	13组	茅坡小学	后转入瓮安四中
	完中二类	13组	草塘中学	

续表13-2

配发时间	配备标准	分组组数	配备学校	备　注
1989年	小学二类	8组	杉岚小学、青山小学、果水小学、艾州小学、岩坑小学、云星小学、岚关小学、老坟嘴小学、龙蟠小学、鱼河小学、青池小学、铜锣小学、木引槽小学	
	小学三类	4组	建中小学、玉华小学、小河山小学、羊鹿小学、太平小学、飞练小学、花桥小学（雍阳）	
	初中二类	13组	天文中学	
1990年	小学三类	6组	河西小学	现并入城关三小
1991年	完中一类	25组	瓮安中学	州局为15所大型完中填补及新增
	完中二类	13组	瓮安二中	调配填补及新增
1992年	完中二类	13组	瓮安职中	后转入瓮安四中
1993年	小学二类	10组	桂花小学、尖坡小学（岚关）、新华小学、木孔小学、丰岩小学、高坪小学	

1995年，全县学校占地面积、实验室建设、图书室建筑、体育场面积等达到标准的学校各1所，理科教学仪器达到标准的10所，教学分组实验达到标准的10所，学校藏书共45878册。1999年，全县小学仪器达标率92%，初中教学仪器达标率94%。

2000年，县教育局组织66人到贵定学习“普实”工作经验。1月14日，县教育局出台《瓮安县普及中小学实验教学工作实施细则》，对中小学课程实验教学建设和学生技能操作训练教育，采用现代化教学，发展基础教育和职业技术教育。在农村普及中小学实验教学，实行农、科、教结合，促进农村教育综合改革。6月24日，教育局发《关于举办瓮安县中小学实验教师培训班的通知》，对完中、独立中学、九年制学校的物理、化学、生物实验教师和部分完全小学的自然实验教师以及乡镇教育辅导站的“普实”专干进行培训，年龄在40岁以下，培训时间安排在7月5—16日。7月，省教育学院的专家9人，受县教育局邀请到瓮安，培训中小学实验教师170名，经考核，169名中小学实验教师获得贵州省教育委员会颁发的实验人员上岗证。11月26日至12月1日，县教育局抽调40人分8个组对全县199所小学、33所中学的“普实”工作进行检查，检查实验队伍建设、实验室设备、规范化管理、自制教具、仪器配备、实验教学、图书管理使用情况。2000年，县政府向世界银行贷款采购教学仪器和图书专款108.23万元，其中教学仪器专款83.67万元、图书专款24.55万元，学校自筹匹配资金 78.05 万元，其中教学仪器匹配款 58.33 万元、图书匹配款 19.72 万元。

表 13-3　　1995—2000 年州教育局配备瓮安教学仪器统计表

配发时间	配备标准	配备学校	备　注
1995 年	小学一类	城关一小、城关二小	填补（一小自筹 0.8 万元、二小自筹 0.7 万元，州补助 1.5 万元）
	完中一类	瓮安中学	填补（学校自筹 4.5 万元，州补助 4.5 万元）
	初中二类	中坪中学	学校自筹 1 万元，州补助 3 万元
1996 年	小学二类	15 所小学	每所学校自筹 0.3 万元，州补助 0.3 万元
	小学演示	63 所小学	每所学校自筹 0.15 万元，州补助 0.15 万元
	小学简易	4 所小学	每所学校自筹 800 元，州补助 800 元
	初中二类	玉山二中、鱼河中学	每所学校自筹 1 万元，州补助 2 万元
1977 年	小学三类	22 所小学及民校	每所学校自筹 0.15 万元，州补助 0.15 万元
	初中二类	希望中学、木老坪中学、艾州小学、松坪中学、高水中学、平定营中学、龙塘中学	每所学校自筹 1 万元，州补助 2 万元
1998 年	初中二类	玉华中学	学校自筹 2.2 万元，州补助 1.5 万元
2000 年	小学二类	瓮安三小、草塘小学、松坪小学、玉山小学、高水小学	填补 3.3 万元（学校自筹 2/3，州补助 1/3）
	初中二类	希望中学、木老坪中学、松坪中学、高水中学、平定营中学、龙塘中学、天文中学、玉山中学、玉山二中、鱼河中学、洗马小学、银盏学校、中坪中学、永和中学	填补 12 万元（学校自筹 2/3，州补助 1/3）
	高中一类	瓮安二中	填补 15 万元（学校自筹 10 万元，州补助 5 万元）

表 13-4　　2000 年瓮安“世行”贷款采购教学仪器统计表

配备标准及所数	配备学校	
小学二类 25 所	城关一小、城关二小、城关三小、花桥小学、茅坡小学、玉华小学、平定营小学、银盏学校、草塘小学、小河山学校、木老坪小学、天文小学、老坟嘴小学、永和小学、岚关小学、建中小学、白沙小学、中坪小学、鱼河小学、岩坑小学、龙塘小学、珠藏小学、牛场坝学校、铜锣小学、木引槽学校	
小学三类 52 所	太文小学、白溪小学、细沙小学、营定小学、青山小学、银虹小学、太平小学、桃子冲民族小学、大田坝小学、石板坪小学、大河小学、两岔河小学、杉岚小学、两岔小学、关塘小学、红梅小学、牛坡小学、洗马小学、长林小学、章阁小学、花桥小学、大坪小学、白水小学、果水小学、水尾小学、培文小学、军坡小学、保护小学、大土小学、翁腊小学、甲坪小学、朝阳小学、虎场小学、艾州小学、茶店小学、高枧小学、玉山小学、小开州小学、瓮朗坝小学、荣院小学、长寿坝小学、任家坪小学、和平小学、三乐小学、大蛇小学、白果小学、后槽小学、桂花坪小学、和平小学、毛沙坪小学、沙子坎小学、油房小学	
初中一类 2 所	瓮安三中、珠藏中学	
初中二类 8 所	白沙中学、岚关中学、瓮安二中、牛场坝学校、老坟嘴学校、小河山学校、铜锣中学、木引槽学校	
初中三类 5 所	银盏学校、玉山中学、平坝小学、建中中学、新华小学	

2001 年，县政府争取到省教育厅世行贷款、州教育局教学仪器资金 355.71 万元，自筹资金 654.07 万元，按标准配齐各中小学硬件设施。全县小学共有实验室 250 间 12189 平方米、保管室 237 间 6093 平方米、准备室 53 间 1394 平方米、实验桌凳 3937 套、仪器柜 1656 个、演示台 247 张、准备台 134 张。新建多媒体教室 3 间，新建成网络教室 10 间。选派 20 人次赴省外考察学习，组织 60 余人到已验收的贵定、福泉参观，请省教育学院专家 9 人到县培训 170 人，并安排 8 人到省参加培训。自查自评时抽考教师 79 人，合格率 100%，抽考中学生 530 人，合格率 95.8%，抽考小学生 550 人，合格率 94.4%。瓮安一中、二中、职中及天文中学建成语音室和计算机教室，运用多媒体手段进行教学。4 月 3 日，县教育局抽调人员组成 7 个检查组对全县学校进行“两基”“普实”工作大检查。5 月，瓮安“普实”工作经州政府验收定为合格，并授予瓮安二中、平定营中学、玉山中学、牛场坝学校小学部、城关二小、城关三小、草塘小学“黔南州普及实验教学示范学校”称号。6 月，瓮安“普实”工作经省政府验收定为合格，授予瓮安中学、天文中学、希望中学、城关一小、银盏学校小

学部、深溪小学6所学校“贵州省普及实验教学示范学校”称号。

2002年，全县“普实”仪器配备覆盖率97%、体育器材95%、音乐和美术器材65%、图书配备为96%。瓮安中学自筹资金10余万元，购置理、化、生教学仪器和药品，瓮安三中投资60万元建成实验大楼。县教育局开展教具评比活动，设团体奖3名，其中，雍阳镇小学教师团体总分第一名、珠藏镇小学教师团体总分第二名、瓮安中学团体总分第三名；优秀自制教具个人奖42人，其中，一等奖7人、二等级14人、三等奖21人。全县建成初中1所、小学3所“校校通”工程，全县自主制教具6000余件。12月，全县中小学教师的自制教具在全州中小学自制教具评比中，获团体第一名。2003年12月3日，县教育局发《关于2003年度自制教具评选表彰的通知》，对全县各级各类学校推荐的教具进行评审，决定表彰雍阳镇小学、珠藏镇小学、玉华乡小学3名自制教具团体奖，表彰优秀自制教具个人一等奖7名、二等奖14名、三等奖21名。12月，瓮安县中小学教师的自制教具在全州中小学自制教具评比中，获团体三等奖，其中，获二等奖1人、三等奖3人。

2004年，县教育局组织全局职工对中小学“普实”工作进行全面普查3次，对存在的问题提出整改要求，各中小学完成“普实”迎检准备工作。10月18日，县教育局发《关于2004年度自制教具评选表彰的通知》，雍阳镇小学、天文中学、珠藏镇小学获自制教具团体奖，优秀自制教具个人奖设42人，其中，一等奖7人、二等奖14人、三等奖21人。11月，州政府组团对瓮安“普实”工作进行复查，结论为优秀。12月3日，州教育局发《关于2004年度自制教具及探究性实验教学方案评选表彰的通知》，州教仪站组织专家评审组对各县（市）选送的自制教具、探究性实验教学方案进行评审，评出团体奖3名、组织奖3名，一等奖各4名、二等奖各8名、三等奖分别为54名和38名，瓮安县教育局获团体二等奖、1人获组织奖，瓮安县教师自制教具2人获个人一等奖、4人获个人三等奖，探究实验方案1人获二等奖、7人获三等奖。12月6日，州教育督导室、州教育局联合发《关于印发〈关于对瓮安县普及中小学实验教学巩固提高工作复查评估情况报告〉的通知》，州政府教育督导室、州教育局组织“普实”专家于11月23—26日对瓮安县“普实”验收时存在问题的整改情况、省州“实验教学示范学校”的巩固情况、全县中小学实验教师队伍建设、实验室及内部附属设施建设、仪器设备配备、实验室管理、实验教学及档案规范等工作开展情况进行复查，查看16个乡镇的中学17所、小学含管理校及教学点22所，抽查核对被查学校“普实”资料，对16所中小学的师生进行实验操作考核，共抽考师生1209人，其中，教师64人、学生1145人，抽考实验155个。全县有中学专兼职实验教师141人，其中专职66人，小学专兼职实验教师296人，其中，专职73人。县教育局开展中小学探究性实验教学方案评选、自制教具评选等实验教学教研活动，自制教具达12362件，连续三届自制教具获州团体奖。部分中小学利用学校基地和实验室设备，把理、化、生、自然（科学）知识的教学与当地农业产业优势项目相结合。学校实验室建设经费投入仍满足不了学校教育教学改革发展的需要，大班额现象突出，一般70余人，多达120余人；城乡之间、学校之间发展不平衡，实验教师数量不足，学科不配套，实验教学模式创新、实验教学理论研究、实验教学手段和方法等不足。12月9日，县教育局发《关于对2004年度探究性实验教学方案设计评选进行表彰的通知》，经县局评审组评审，决定表彰探究性实验教学方案设计优秀个人一等奖4人、二等奖6人、三等奖12人。月底，全县中小学教师的自制教具及探究性实验教学方案设计（论文）在全州中小学自制教具及探究性实验教学方案设计（论文）评比中，获团体第一名，瓮安天文中学教师1人的“力的合成演示器”、悦来小学教师1人的“反冲演示器”获一等奖，城关一小综合组制作的“共振演示器”、五年级组的“人体消化器官”获三等奖；探究性实验方案，瓮安中学的《叶绿素的提取和分离实验的探究性改进》获二等奖，高水中学教师1人的《探究pH值与溶液酸碱性的关系》、岚关中学教师1人的《CO_2和CO的分离》、瓮安中学教师1人的《自由落体运动规律》、平定营中学教师2人的《探究热水瓶的保温性能与热水体积的关系》《探究影响淀粉酶消化作用的因素》、鱼河乡深溪小学教师1人的《声音》获二等奖。

县教育局配置中学标准实验室（2011年摄）

2005年，全县“普实”设备达标覆盖率为98.6%，音乐、体育美术器材达标覆盖率为85%，生均图书达标覆盖率为95.5%，各中小学95%以上学校都开展实验考核。县教育局分别在3月、9月对全县各中小学的“普实”工作进行检查，并于12月初完成“普实”工作的年检任务，检查结果为良好。县教育局开展教师自制教具和探究性实验教学方案设计评比活动，共有500篇《探究性实验教学方案设计》参评，全县新增自制教具约8200多件。2006年7月，全县中小学教师的自制教具及探究性实验教学方案设计（论文）在全州中

县教育局配备学校数字化实验室（2011年摄）

小学自制教具及探究性实验教学方案设计（论文）评比中，获团体第三名。10月，执行教育部发布《JY/T0385—2006中小学理科实验室装备规范》《JY/T0386—2006初中理科教学仪器配备标准》《JY/T0387—2006初中科学教学仪器配备标准》《JY/T0388—2006小学数学科学教学仪器配备标准》4个中小学理科实验室装备教育行业标准。2008年4月，执行省教育厅制定《贵州省中小学理科实验室装备规范》《贵州省初中理科实验目录》和《贵州省小学科学实验目录》。5月，县教育局组织参加全州自制教具评选活动，以乡镇和中学为单位各评选2件于7月25日前送到教育局电教站，县教育局将进行评比表彰，并按文件要求推选6件到州教育局参加评比。10月25日，县教育局出台《关于表彰2008年度自制教具先进集体和个人的决定》，县教育局共收到教具作品63件，表彰希望中学、瓮安四中、城关一小3所学校为优秀自制教具团体，表彰自制教具个人48名，其中一等奖7名、二等奖14名、三等奖27名。县教育局做出《关于表彰2008年优秀探实验教学方案设计（论文）的决定》，共收到各单位选送参评的探究实验教学方案设计（论文）42篇，经审核，决定对29篇优秀探究实验教学方案设计（论文）的作者进行表彰，其中一等奖5篇、二等奖10篇、三等奖14篇。11月，在全州中小学自制教具评比中，瓮安获团体第一名。

2009年3月，省教育厅捐赠给瓮安10余万元教学仪器，教育局分配给瓮安县实验学校、瓮安二中、珠藏中学、草塘中学、瓮安四中、天文中学、中坪中学、平定营中学、永和中学、龙塘中学、木老坪中学、建中中学等学校。25日，县教育局组织专家评审组评选核实，决定对教具选送单位和制作者进行表彰，评选出优秀自制教具团体奖3个，其中，瓮安三中获团体一等奖、城关一小获团体二等奖、天文小学获团体二等奖；优秀自制教具个人奖52人，一等奖7人、二等奖15人、三等奖30人。4月，全县中小学教师的自制教具在全州中小学自制教具评比中，获团体第一名。县财政拨出专款200万元为中小学采购教学仪器及音、体、美器材，拨出专款400万元为中小学采购图书。5月20日，县教育局发《关于表彰2009年度自制教龄先进集体和个人的决定》，县教育局组织各中小学开展优质教具制作评比活动，在活动期间，共收到参评自制教具135件。9月25日，省教育厅发《关于印发2010年春季中小学、幼儿园及学前班教学用书目录的通知》，幼儿园、学前班、小学一年级至五年级、初中七年级至九年级教学用书的选用严格《省教育厅关于下发2009年秋季—2010年春季全省义务教育课程标准实验教材选用目录的通知》执行，普通高中课程改革试点学校教材学科（音乐、美术、体育与健康、信息技术和通用技术）教学用书严格按照《省教育厅办公室关于做好2008年普通高中课程改革试点学校教材选用有关工作的通知》《省教育厅关于继续深化普通高中课程改革试验试点工作的通知》指定的教材版本进行选用。

2010年，县教育局开展中小学探究性实验教学优秀方案设计（论文）评选活动，评选出一等奖5篇、二等奖11篇、三等奖17篇。县教育局制订《瓮安县中小学普及实验教学工作巩固提高督查评分表》《瓮安县中小学图书室管理使用督查标准》，督促各中小学加强实验室、图书室的建设、管理和使用，各校根据新课标及本校使用的教材结合“远教”资源拟订新实验开出目录，张贴于实验室和对应的班级，让师生共同监督。8 月 11 日，黔南州幼儿园优秀自制玩教具展评活动结束，瓮安天文小学教师 1 人制作的《小手动一动》获第二名、教师 2 人制作的《可爱的动物》《美丽的季节》获第三名，县示范幼儿园教师 2 人制作的《多元益智操作台》《多元益智盒》获第三名。

2011 年，县政府投入资金 600 余万元为瓮安中学建成标准化物理实验室 5 间、化学实验室 5 间、生物实验室 2 间、理化生数字化实验室各 1 间、通用技术室 3 间，其中，技术设计室 1 间、技术实践室 1 间、学生作品展示室 1 间，采购价值 157 万元的教学仪器和价值 46.6 万元通用技术设备。教育局新制定《瓮安县小学科学实验目录》（苏教版教材），要求各中小学张贴于实验室和对应的班级，让师生共同监督，以保证各中小学实验教学的正常开出。组织全县教师参加《第五届探究实验教学方案成果（论文）》的评选，其中，获国家级二等奖 1 篇、获省级一等奖 1 篇、获省级二等奖 1 篇、获州级一等奖 1 篇、获州级二等奖 4 篇、获州级三等奖 7 篇。州教育局开展第五届探究实验教学方案成果（论文）和自制教具创新评选活动，瓮安获论文一等奖 1 人、二等奖 4 人、三等奖 7 人，瓮安获自制教具二等奖 3 人、三等奖 5 人。5 月 18 日，县教育局开展小学探究实验优秀论文、优秀教具评选活动，评出优秀论文一等奖 8 篇、二等奖 16 篇、三等奖 24 篇，评出优秀教具一等奖 5 人、二等奖 10 人、三等奖 21 人。

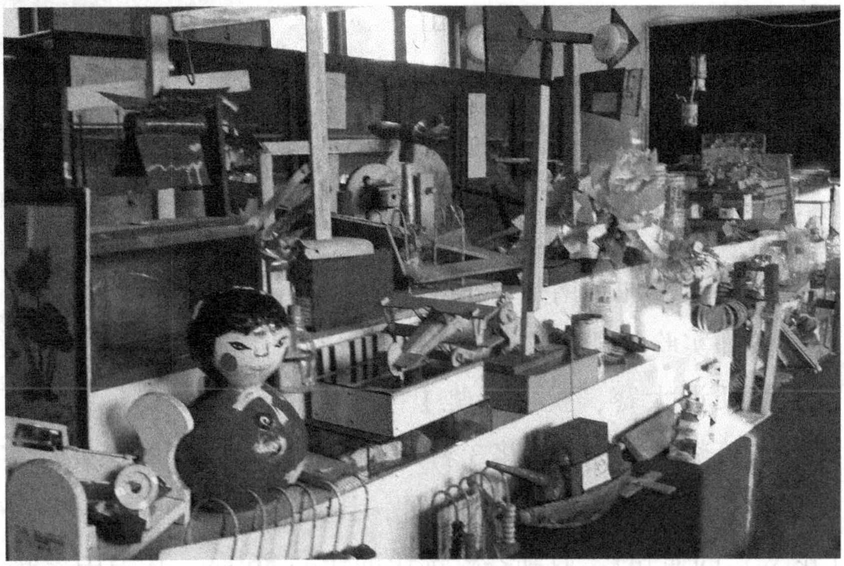

瓮安乡村学校自制教具（2008 年摄）

2012 年，县教育局举办“瓮安县第六届实验教学方案成果（论文）”评选活动，收到评选作品 85 篇，其中中学物理 25 篇、中学化学 16 篇、中学生物 10 篇、小学科学 34 篇；经组织专家初评和复评，32 篇作品分别获一、二、三等奖，其中一等奖 4 篇、二等奖 8 篇、三等奖 20 篇。县教育局举行教具评比活动，参评的自制教具 89 件，评出一等奖 7 件、二等奖 14 件、三等奖 28 件。5 月 22 日，州教育局举办全州自制教具评比，县教育局选送的教具参评获集体二等奖。6 月 7 日，州教育局发《关于“黔南州第六届探究实验教学方案成果（论文）”表彰的通知》，决定对本次论文评出一等奖 23 篇、二等奖 53 篇、三等奖 91 篇和 3 个团体奖进行表彰奖励，全县学校获一等奖 6 篇、二等奖 3 篇、3 等奖 7 篇，县教育局获团体奖。县教育局组织参加第八届全国自制教具评选，获黔南州团体二等奖。州教育局第六届探究性实验教学方案成果（论文）评选，瓮安获团体二等奖。县教育局在瓮安三中举办全县初中学生物理、生物实验操作技能竞赛活动，共有25个学校、初中学生150人参赛，学生28人获得不同奖次，中坪中学获团体一等奖，天文中学和玉山中学获团体二等奖，瓮安四中、希望中学、松坪中学、鱼河中学、玉华中学5个单位获团体三等奖。2013年，瓮安选派教师6人参加黔南州首届中小学教师实验技能操作及实验创新优质课大赛，获一等奖1人、二等奖2人、三等奖3名人。州教育局第七届探究性实验教学方案成果（论文）评选，瓮安县获团体一等奖。6月5日，县教育局发《关于表彰2013年中小学实验教学方案成果（论文）的通知》，收到各校选送的作品86篇，其中中学物理20篇、中学化学15篇、中学生物16篇、小学科学30篇、综合5篇，共评出一等奖5篇、二等奖10篇、三等奖23篇。

县教育局网络中心对实验教师进行培训（2013年摄）

2014年，州第二届中小学教师实验技能操作及实验创新优质课大赛，瓮安荣获团体一等奖。县教育局选派教师2人参加全省第二届中小学教师实验技能展演比赛，教师1人获化学科一等奖、教师1人获生物科三等奖。黔南州教育局第八届探究性实验教学方案成果（论文）评选，瓮安县获团体一等奖。3月25日，县教育局发《关于举办2014年度县幼儿园优秀自制玩教具创新评选活动的通知》，各学校做好幼儿园自制玩教具创新评选及推荐工作，县示范幼儿园推荐6件、中坪幼儿园2件、玉山幼儿园2件、珠藏幼儿园2件、草塘幼儿园2件、克力兹幼儿园3件、小太阳幼儿园2件、徐梅幼儿园2件、朝阳幼儿园2件，其余各公办幼儿园各1件。7月17日，州教育局发《关于“黔南州第二届中小学教师实验技能操作及实验创新优质课大赛”表彰的通知》，由州教育局组织初中化学、生物参加比赛，全州参赛选手共48人，分别评出一等奖4人、二等奖8人、三等奖12人。县教育局和独山县教育局获团体一等奖，县参赛选手4人，获一等奖2人、二等奖1人、三等奖1人。31日，州教育局发《关于“2014年度全州幼儿园优秀自制玩教具创新评选”表彰的通知》，在各县市推荐的97件作品中，共评选出作品85件，其中，一等奖16件、二等奖29件、三等奖40件，瓮安县作品获二等奖3件、三等奖3件。

2015年，县政府融资为义务教育阶段中小学采购填补教学仪器530余万元、采购音体美卫器材580余万元、采购图书530余万元，新建现代化的标准化实验室155间，所有采购建设项目12月全部完成融资招标工作。全县配齐小学、初中音体美器材，小学完成319.07万元的采购，其中，音乐102.98万元、体育119.40万元、美术96.69万元；初中完成186.18

万元的采购，其中音乐 52.28 万元、体育 103.72 万元、美术 30.18 万元。全县小学教学实验仪器达标率 100%，初中达标率 96%。县教育局组织参加黔南州第三届中小学教师实验技能操作及实验创新优质课大赛，获一等奖 2 人、二等奖 1 人、三等奖 1 人，瓮安县获团体三等奖。被州教育局选送到省教育厅参加全省第三届中小学教师实验技能展演比赛中，教师 1 人荣获小学科学二等奖，教师 1 人荣获物理科三等奖。州教育局第九届探究性实验教学方案成果（论文）评选，瓮安县获团体二等奖。

第三节　图书管理

1951 年 3 月 9 日，全县建草塘、中坪、永和、珠藏 4 个小型图书室。1962 年，瓮安开展图书流动供应工作，共销售图书 5.99 万元，其中，一般图书 2.84 万元、非图书 1.86 万元、课本 1.29 万元，完成全年任务 5.2 万元的 115.2%，是 1961 年的 2.3 倍。

1995 年，全县小学藏书 55658 册，初中藏书 33281 册，高中藏书 12597 册，职业高中藏书 2500 册。1998 年，省教委为规划“普九”，解决中小学图书配备，省教委拨专款 7 万元给瓮安购置图书。2000 年，县政府向世界银行贷款改善办学条件，采购教学仪器和图书专款 108.22 万元，其中图书专款 24.55 万元；学校自筹匹配资金 78.05 万元，其中图书匹配款 19.72 万元。2002 年，全县图书配备为 96%。2005 年，全县生均图书达标覆盖率为 95.5%。

建中中学开展读书活动（2015 年摄）

2011 年 4 月 29 日，执行州教育局通知，完善图书借阅、登记等管理制度，保证每学期每生借阅图书小学 4 册以上、初中 6 册以上，高中相应提高，使每个学生均能享受学校图书资源，提高学生的借阅率、覆盖率。9 月 15 日，北京环宇公司联合团省委、省青少年发展基金会共同开展“书香校园 · 分享阅读”百部图书进校园”免费赠送宣传推广活动，捐赠瓮安小学图书260册、中学图书140册、学习机30台。2012年，瓮安中学、龙塘中学、木引槽学校、高水小学获得中国光华科技基金会和贵州省福明置业有限公司捐赠100万元图书。9月4日，贵州省教育发展基金会、贵州省学生资助管理办公室开展“奉献爱心·百部图书进校园”免费赠送活动，瓮安受赠学校23所图书192套、学习机3台。

2014—2015学年度，全县初中藏书288816册，生均16.5册；小学藏书334908册，生均10.8册。2015年，瓮安完成图书532665册的采购，资金535.87万元。全县生均图书小学达标55所，达标率100%；初中达标23所，达标率92%。全县建有图书馆（室）128间，面积4883.5平方米；图书阅览室45间，面积2403平方米；有专（兼）职图书管理员130人。在各中小学开展师生共创建书香校园活动，学校师生必读一本好书，把学生阅读量纳入学生综合素质评价体系。3月31日，制定《关于实施“三个三分之一”图书管理，提升图书使用效益的实施方案》下发各学校。6月，对全县各中小学落实“三个三分之一”图书管理情况进行督导检查，多数乡镇中学、中心完全小学已经落实，其中永和小学、玉山小学、实验学校、瓮安三小、木引槽学校等做得较好，村级小学和教学点未落实“三个三分之一”图书管理。12月8日，龙塘中学、城关三小图书室被评为先进图书室。

表13-5　瓮安县信息网络中心主任一览表

姓名	职务	性别	籍贯	任职时间	备注
徐大学	站长	男	贵州瓮安	1988.9—1991.8	副局长兼
陈华崟	负责人	男	贵州瓮安	1988.9—2011.4	
陈华崟	主任	男	贵州瓮安	2011.5—	

第十四章

招生 考试

ZHAOSHENG KAOSHI

第十四章　招生　考试

ZHAOSHENG KAOSHI

瓮安建县前，有瓮水犹道明中进士，为贵州境内进士第一人。建县后，瓮安有记录的进士 18 人，举人 108 人。民国 37 年（1948），平定营梭罗朱学文考入清华大学。新中国成立后，瓮安被大学本科录取人数逐年增多，2015 年达到 1773 人。

第一节　招生　录取

明天启元年（1621），贵州乡试，瓮安朱应征、叶应甲中榜。崇祯三年（1630），宋世裕、犹登元中榜。万历三十一年（1603），廪膳生员仍为 7 人。崇祯九年（1636）年，林之平中榜。崇祯十六年（1643），廪膳生员和增广生员（增加的名额没有生活补助）名额各 14 人。清顺治十六年（1659），生员名额从黄平分离，小学岁考录取文、武童生入学各 8 人，科考录取文童生入学 8 人。

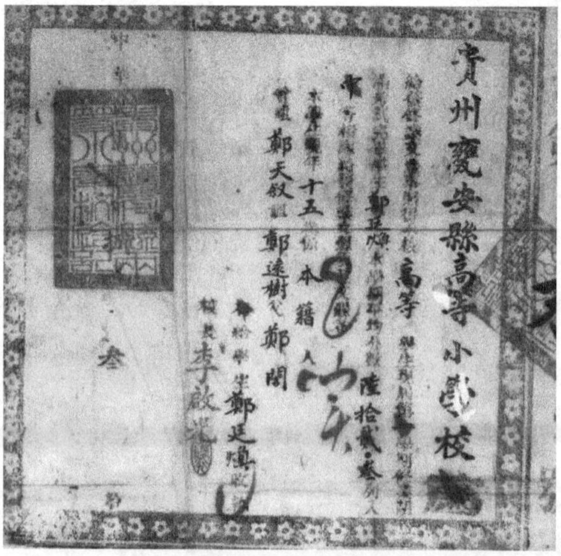

高等小学毕业证书

清雍正三年（1725），礼部遵旨题准，贵定、清镇、普安、瓮安、安化五县，改为中学各录取 12 人。十二月初七日（1726 年 1 月 9 日），经礼部批准，县学生员额由小学升为中学，录取文童生 12

人，录取廪生、增生各20人。岁贡生两年1人，遇庆典加恩贡生1人。嘉庆三年（1798），全县考取文童生入学12人、武童生入学12人，公费生员20人、自费生员20人。所录取生员必须在外为人处事正直、在家孝顺老人及亲朋好友，此为“德行”；违抗捐粮、唆使诬告、作奸犯科者为“恶行”，科考时查实无“恶行”者才能参加乡试。每月有月课，凡新进的生员均参加学习；每季度有季考，凡公费生、自费生、附属生及新进生员均参加考试。规定岁贡生每两年1人，遇庆典加贡1人。

表14-1　古代进士、举人统计表

姓　名	朝代年号	中榜时间	进士/举人	籍　贯	备　注
犹道明	宋神宗	癸丑年（1073）	进士	瓮水人	贵州中榜进士第一人，袭瓮水长官司
宋福瑾	明洪武		进士	草里人	
杨　遵	明成化	己丑年（1469）	进士	干平堡人	平越学，官参议，己卯年（1459）中举
叶应甲	明天启	辛酉年（1621）	举人	草里人	黄平学，官钟祥知县
朱应征	明天启		举人	干里人	黄平学，官知县
商朝仕	明天启	甲子年（1624）	举人	附里人	婺川学，官知县
王家鼎	明天启	丁卯年（1627）	举人	牛里人	平越学，官按察使
宋世裕	明崇祯	庚午年（1630）	举人	草里人	黄平学，官建水知州
犹登元	明崇祯		举人	瓮里人	黄平学，官双流知县
林之平	明崇祯	丙子年（1636）	举人	荆里人	黄平学，官高安知县
冷思齐	明崇祯	丙子年（1636）	举人		官知县
王祚蕃	清康熙	癸卯年（1663）	举人	牛里人	平越学，官教授
王梦麟	清康熙	辛酉年（1669）	举人	牛里人	平越学，官丰闰知县
蒙　珍	清康熙	甲子年（1684）	举人	附里人	都匀教授
戎　轩	清康熙	丁卯年（1687）	举人	附里人	平越学
商　琏	清康熙	庚午年（1690）	举人	附里人	定番州学正
商基镛	清康熙	癸酉年（1693）	举人	附里人	商琏长子，官德州知州
商国奕	清康熙	己卯年（1699）	举人	附里人	湄潭学，麻哈学正
商基振	清康熙	乙酉年（1705）	举人	附里人	商琏次子，徐沟知县
王心贞	清康熙	戊子年（1708）	举人		
商基中	清康熙	戊子年（1708）	举人	附里人	官黟县知县
张　晁	清康熙	戊子年（1708）	举人	瓮里人	湄潭学
商　傅	清康熙	辛卯年（1711）	举人	附里人	官普安教谕
李　英	清康熙	辛卯年（1711）	举人		学正
张克宽	清康熙	辛卯年（1711）	举人	草里人	官获鹿知县
朱　彩	清康熙	辛卯年（1711）	举人	梭罗堡人	官甘肃宁州知州

续表14-1

姓　名	朝代年号	中榜时间	进士/举人	籍　贯	备　注
王梦旭	清康熙	壬辰年（1712）	进士	牛里人	平越学，庶吉士，官户部郎中，辛卯年（1711）中举
王梦图	清康熙	甲午年（1714）	举人	牛里人	平越学
傅如璋	清康熙	甲午年（1714）	举人	草里人	湄潭学，官达州州同
傅占爵	清康熙	甲午年（1714）	举人	草里人	候补中书
王士翔	清康熙	丁酉年（1717）	举人	牛里人	平越学，官知县
陈嘉惠	清康熙	甲午年（1717）	举人	附里人	安徽六安州同
傅毓琪	清康熙	甲午年（1717）	举人	草里人	麻哈学正
王梦尧	清康熙	戊戌年（1718）	进士	牛里人	平越学，庶吉士，官知府，甲午年（1717）中举
王士俊	清康熙	辛丑年（1721）	进士	牛里人	平越学，有传，甲午年（1717）中举
冷　仕	清雍正	丙午年（1726）	举人	附里人	教谕
王政恒	清雍正	庚戌年（1730）	进士	牛里人	平越学，官清远知县，丙午年（1666）中举
文　瑄	清乾隆	丙辰年（1736）	进士	草里人	官中江知县，壬子年（1732）中举
宋毓璋	清乾隆	戊午年（1738）	举人	草里人	官灌县知县
许　恕	清乾隆	戊午年（1738）	举人	附里人	
宋　耀	清乾隆	辛酉年（1741）	举人	附里人	官高县知县
王秉亮	清乾隆	辛酉年（1741）	举人	牛里人	平越学，官宁乡知县
宋　梅	清乾隆	壬戌年（1742）	进士	草里人	官博平知县，壬子年（1732）中举
王士仪	清乾隆	甲子年（1744）	举人	牛里人	
王　崑	清乾隆	丁卯年（1747）	举人	牛里人	平越学，官盐大使
王　琰	清乾隆	庚午年（1750）	举人	荆里人	
吴廷学	清乾隆	丙子年（1756）	举人	草里人	官师宗知县
卢穆然	清乾隆	二十五年（1760）	举人		
张纬明	清乾隆	壬午年（1762）	举人	草里人	官盐大使
傅玉书	清乾隆	乙酉年（1765）	举人	草里人	官安福知县
宋　荣	清乾隆	乙酉年（1765）	举人	草里人	官延长知县
任　仪	清乾隆	戊子年（1768）	举人	荆里人	
王秉极	清乾隆	戊子年（1768）	举人	牛里人	平越学，官山东知县
王玉铸	清乾隆	中期	举人	荆里人	官贵筑县教谕
王　洋	清乾隆	中期	举人	荆里人	任常德府同知
宋衍庆	清乾隆	庚寅年（1770）	举人	草里人	
周锡源	清乾隆	甲午年（1774）	举人	干里人	官知县
宋海涵	清乾隆	己亥年（1779）	举人	草里人	官嘉禾知县

续表14-1

姓 名	朝代年号	中榜时间	进士/举人	籍 贯	备 注
犹天贵	清乾隆	癸卯年（1783）	举人	瓮里人	
犹肇贤	清乾隆	癸卯年（1783）	举人	瓮里人	官博野知县
周鸿英	清乾隆	戊申年（1788）	举人	干里人	锡源子，官恩安知县
商景咸	清乾隆	己酉年（1789）	举人	附里人	景泰兄，都匀教授
王 崇	清乾隆	己酉年（1789）	举人	牛里人	
刘金重	清乾隆	甲寅年（1794）	举人	附里人	
文思湛	清乾隆	乙卯年（1795）	举人		又名瑄子
商景泰	清乾隆	乙卯年（1795）	进士	附里人	官射洪知县，己酉年（1789）中举
王 嵊	清嘉庆	丙辰年（1796）	进士	牛里人	平越学，官知县，己酉年（1789）中举
郑如岩	清嘉庆	丙辰年（1796）	举人	荆里人	
宋培芳	清嘉庆	丁卯年（1807）	举人	草里人	官永和知县
王 律	清嘉庆	戊辰年（1808）	举人		
商景晰	清嘉庆	庚午年（1810）	举人	附里人	官南笼知县
王茂松	清嘉庆	庚午年（1810）	举人	牛里人	
萧廷芝	清嘉庆	庚午年（1810）	举人	附里人	官教授
宋延芳	清嘉庆	辛未年（1811）	进士	草里人	官内阁中书，庚午年（1810）中举
王茂松	清嘉庆	辛未年（1811）	进士	牛里人	有传
宋衍畴	清嘉庆	庚申年（1812）	举人	草里人	
商肇修	清嘉庆	癸酉年（1813）	举人	附里人	官思州教授
王金绶	清嘉庆	癸酉年（1813）	举人	牛里人	由知县调大理评事
胡秀模	清嘉庆	己卯年（1819）	举人	牛里人	
赵本敭	清嘉庆	己卯年（1819）	举人	附里人	官江宁知县
王金华	清嘉庆	己卯年（1819）	举人	牛里人	平越学，官知县
柴荣芳	清嘉庆	己卯年（1819）	举人	干里人	铜仁教授
李至善	清道光	壬午年（1822）	武举		官兵部差官
犹自东	清道光	壬午年（1822）	举人	瓮里人	同知
商肇纪	清道光	乙酉年（1825）	举人	附里人	
胡肇纶	清道光	戊子年（1828）	举人	附里人	官北流知县
赵本敷	清道光	乙未年（1835）	举人	附里人	官青阳知县
赵本敖	清道光	丁酉年（1837）	举人	附里人	官海澄县知县
张雨朋	清道光	丁酉年（1837）	举人	瓮里人	官知县
宋秉芳	清道光	丁酉年（1837）	举人	草里人	官贵定训导
王金铭	清道光	丁酉年（1837）	举人	牛里人	官知县
陈德昌	清道光	己亥年（1839）	举人		

续表14-1

姓　名	朝代年号	中榜时间	进士/举人	籍　贯	备　注
宋衍镛	清道光	庚子年（1840）	进士	草里人	官上杭知县，丁酉年（1837）中举
徐　景	清道光	庚子年（1840）	进士		
徐　曙	清道光	庚子年（1840）	举人		
王崇昆	清道光	癸卯年（1843）	举人	荆里人	有传
宋光煦	清道光	丙午年（1846）	举人	草里人	
宋衔芳	清道光	丙午年（1846）	举人	草里人	官黎平教授
宋光发	清道光	己酉年（1849）	举人	草里人	解元，又名培芳子
王士藻	清道光		举人	荆里人	官江西南笼县知县
王士霨	清道光		举人	荆里人	官桐梓县教谕
宋钟芳	清咸丰	辛亥年（1851）	举人	草里人	
徐之谷	清咸丰	壬子年（1852）	举人	干里人	官宁化知县
王金镛	清同治	壬戌年（1862）	举人	牛里人	有传
杨信芳	清同治	壬戌年（1862）	举人	附里人	
熊盛明	清同治	壬戌年（1862）	举人	牛里人	官顺宁知县
宋扬芳	清同治	丁卯年（1867）	举人	草里人	官桐梓训导
任承绪	清同治	丁卯年（1867）	武举		解元花，翎游击
任德煦	清同治	丁卯年（1867）	武举		官都司
孙克顺	清同治	丁卯年（1867）	武举		官温水千总
冷益清	清同治	庚午年（1870）	举人	附里人	更名煜松，有传
江光宇	清同治	甲子年（1864）	举人	草里人	
朱云光	清同治	癸酉年（1873）	举人	梭罗堡人	平越学，有传
任崧基	清光绪	乙亥年（1875）	举人	附里人	北榜
李树勋	清光绪	丙子年（1876）	举人	綦江人入县籍	
刘光荣	清光绪	庚辰年（1880）	进士	附里人	又名奎辰，官河南知县，壬戌年（1862）中举
朱　勋	清光绪	己丑年（1889）	举人		名云光子，官景东直隶同知，民国元年贵州民政司正长
杨显芳	清光绪	癸巳年（1893）	武举		
李嘉善	清光绪	甲午年（1894）	武举		
任承纪	清光绪	戊戌年（1898）	进士	附里人	官兴山知县，己丑年（1889）中举
陈凤来	清光绪	（1900）	举人	草里人	恩正并科举人，官山西盐大使栋迁知事
朱学曾	清宣统	己酉年（1909）	举人		勋子，留学日本，中央大学毕业，部试商科举人，殿试内阁中书，官大理院推事
聂瑞麟	清宣统	己酉年（1909）	举人	瓮里人	师范科举人

续表14-1

姓　名	朝代年号	中榜时间	进士/举人	籍　贯	备　注
冯蜚声	清宣统	己酉年（1909）	举人	湖北人入县籍	师范科举人
任士璋	清宣统	己酉年（1909）	武举		
宋　伟	清		进士	附里人	四川乡试中举，后中进士，官通政使，入蜀籍
商泽珍	清		举人	附里人	官麻哈州学正

民国30年（1941）以前，瓮安中学新生入学考试的命题、阅卷、录取等工作均由学校单独进行。民国31年（1942），省教育厅提出中学招生采取统一考试、毕业会考、升学考试联合举行的办法。

初期，省文教接管部规定，中学男女兼收，初级中学招收高小毕业生或具有同等学力者，入学年龄以12足岁为标准，新生入学一律须经考试，工农子女和少数民族子女入学采取放宽入学年龄和降低分数的优惠政策。1953年9月，小学一年级招新生3046人，五年级招新生682人。1954年，初中应届毕业生34人，实际毕业生32人，留级生2人。参加报考中师、中专、高中的本届毕业生31人，上届毕业生14人，外县中学毕业生1人，社会青年1人，共计报考的有47人，被录取31人，其中贵定高中15人、贵定师范3人、贵阳医生学校4人、贵阳卫生学校4人、贵阳农业学校5人。高小应届毕业生318人，实际毕业生284人，留级学生34人。毕业生中，自愿转家从事生产的65人，报考初中的219人，被录取107人。1956年，瓮安行政区划属安顺专区，安顺专区在制定1957年招生工作中，减少普定、龙里、瓮安、兴仁、盘县5个县各100人，瓮安原计划招生500人，确定招生400人，比上年招生数增加350人，在瓮安中学增招高中“帽子班”1个，学生50人。

表14-2　　1956年瓮安县小学招生统计表

单位：人

学　区	招生数	学　区	招生数	学　区	招生数
雍阳	2248	木老坪	498	珠藏	1055
平兴	722	中坪	636	高水	744
草塘	1848	建中	637	玉山	394
松坪	360	永和	197		
天文	428	岚关	356	合计	12424

1957年，全县高小毕业1119人，中学招200人后，其余转向农业生产。全县高小招1852人，初小招2312人。1958年，在“两条腿走路”的办学方针指导下，农村办起农职业中学，有20岁左右的青年农民进入初中和高小就读。1959年6月13日，县人民委员会出台《关于1959年我县教育事业发展计划安排的意见》，把工农业余教育放在全县教育的首要位置，并且要求小学所有的适龄儿童均入学，对全县12个区（包括福泉）安排1959年的小学招生任务，初小招新生13710人。1960年开始，学校内部进行整顿，中学一律不收16岁以上的学生入学。1961年，瓮安高中招生48人，录取额与毕业生的比例为6：1；初中招生165人，录取额与毕业生的比例为3.2：1，按实际参加考试总额的比例计算，高中新生录取额为4：1，初中新生录取额为2.7：1。

表14-3　　1961年瓮安县初中录取新生成绩统计表

单位 项目	初中新生录取成绩情况								参加考试学生成绩情况								备注
	语文				数学				语文				数学				
	及格人数	最高分	最低分	平均分	及格人数	最高分	最低分	平均分	及格人数	最高分	最低分	平均分	及格人数	最高分	最低分	平均分	录取
瓮安中学	60	85	35	55	34	95	20	53	76	85	20	55	36	100	0	39.5	105
草塘中学	50	92	50	64	30	94	36	64	115	92	19	65	30	100	1	40	50
合计	110	92	42.5	59.5	64	94.5	28	58.5	181	88.5	24.5	60	66	100	1	40	155

1962年，瓮安招生实行统一领导、分级管理的办法，高中采取分片报考，设瓮安、草塘两个片区，瓮安、草塘两校毕业生原校报考，试卷集中送州评定，由州统一录取，统一分配。公办初中招生分设三个考区，分片报考统一录取，瓮安中学招收雍阳区、永和区及中坪区的学生，草塘中学招收草塘区、天文区的学生，玉山小学招收玉山区、珠藏区及中坪区大部分的学生报考大专院校37人，取录12人，占报考人数的32.4%；报考高中及中等专业学校68人，取录43人，占报考人数的63.23%；报考初中的504人，取录217人，占报考人数的43.14%；公办小学招一年级新生2358人。1963年，瓮安中学、草塘中学两校高中应届毕业生除一人患肝炎未录取外，其余全部录取。全县报考大专院校32人，被录取12人，占考生的37.5%，名列全州第三名，其中，录取在贵州工学院2人、贵阳医学院1人、贵州大学1人、贵州农学院6人、贵阳师范学院2人；全县报考高中及中等专业学校考生共266人，共录取76人，其中，瓮安中学高中录取30人、黔南民师录取29人、都匀一中录取4人、都匀卫校录取4人、锦屏林业学校录取2人、黔南农校录取4人，毕节卫校录取3人；报考初

中考生 653 人，录取 335 人（女生 87 人），其中工农子女录取 230 人、剥削阶级子女录取 27 人、其他成分考生录取 78 人，平均分 60 分以上又符合条件的考生不能达到招生任务数降低到平均分 56 分录取，贫下中农、老干部、少数民族、烈属等子女放宽到 51 分录取。

瓮安县招生工作会（1983 年摄）

1964 年 7 月 5 日，初中入学年龄为 13~15 周岁，中级师范为 15~22 周岁，社会考生年龄可放宽 1~2 周岁，本届毕业生不受年龄限制。初中、高中、中师或中级速师考生本届毕业生须持有学校证明、历届毕业生和具有同等学业的社会青年须持有本地人民公社或街道办事处的证明，身体健康，符合年龄规定方可报名。初中考语文、算术 2 科，高中考政治常识、语文、数学、外国语 4 科，没有学过外语科的可申请免试，中师考政治常识、语文、数学、口语 4 科。7 月 6 日，成立瓮安县招生委员会，负责办理瓮安县各级各内类学校招生事宜。

1973 年，高考录取本科 84 人、专科 100 人、中专 103 人。1974 年，瓮安考生被中等专业学校和技工学校录取 65 人，其中成都铁路工程学校录取 3 人、成都铁路技术学校录取 3 人、西昌铁路卫生学校录取 1 人、重庆煤矿录取 1 人、贵州省化工学校录取 5 人、贵州省水电学校录取 4 人、贵州省交通学校录取 2 人、贵州省商业学校录取 3 人、黔南卫校录取 8 人、黔南州医院护校录取 4 人、黔南农校录取 9 人、贵州省供销学校录取 5 人、贵州省交通学校技工班录取 6 人、贵阳机械技工学校录取 4 人、贵州无线电技工学校录取 7 人。

1988 年，录取本科、大专、中专比 1987 年提高 18%，瓮安中学高考录取率占 52.6%，瓮安二中高考录取率占 57.6%。1989 年，小学毕业班学生总数为 5689 人，实际毕业 5190 人，毕业率为 91.2%。1992 年 4 月 15 日，瓮招办发《关于 1992 年中考报名有关事项的通知》，民办教师报考中师必须是 1986 年底前在册，工作从未间断过，年龄在 35 周岁以下，婚否不限。1993 年 6 月 5 日，州教委发《关于瓮安县调整中师四年制定点乡招生的批复》，同意瓮安建中、白沙、老坟嘴、金竹 4 个乡为中师四年制定点招生乡。1994 年，选送到都匀民师脱产进修的民办教师 26 人，到省、州教育学院脱产进修的教师 26 人。

2010 年，全县共有 3471 名考生报名参加全国普通高等学校招生统一考试，其中，文科 986 人、理科 2073 人、艺术 254 人、体育 158 人。考生 2661 人被全国高等学校录取，录取率为 74.3%，其中，一本 239 人、二本 689 人（二本 653 人、提前本科 36 人）、三本 190 人、

警察护送生病考生到考场参加高考（2010 年摄）

专科 1462 人，二本以上录取率为 26.7%，瓮安中学 2 名考生分别获全州文、理科第一名；全县初中生 6635 人报名参加中考，5102 人被普通高中、职中录取，录取率为 76.9%，其中，普通高中 3402 人、职业高中 1700 人。2011 年，全县参加全国普通高等学校招生统一考试 3666 人，其中，文科 1252 人、理科 2414 人，参加普通高考 3123 人、艺术类 312 人、体育类 231 人。全县初中毕业生 6644 人，全部被普通高中和职校录取（含春季招生），普通高中录取 4018 人，其中，瓮安中学 1520 人、瓮安二中 1540 人、草塘中学 475 人、珠藏中学 402 人、贵真学校 81 人，职校录取 2626 人，发放高考考生录取通知书 2779 人。2012 年，全县高考录取率为 86.96%，二本以上上线 1339 人，比去年增加 159 人。州教育局下达瓮安中学招生指标数 1380 人，其中统招生 1104 人、择校生 276 人；瓮安二中指标数 1380 人，其中统招数 1173 人、择校生 207 人；草塘中学指标数 580 人，其中统招数 522 人、择校生 58 人；珠藏中指标数 460 人，其中统招数 414 人、择校生 46 人；贵真学校指标数 100 人，全部统招。全县共有 6033 名初中生被普通高中、职校录取（含春季招生），其中瓮安中学录取 1446 人、瓮安二中 1514 人、草塘中学 352 人、珠藏中学 433 人、贵真学校 72 人、职校 2216 人。在全州招生系统年终评比中，瓮安获普通高校招生工作一等奖。

2013 年，全县高考二本以上上线 1439 人，比上年增加 100 人。8 月，全县中考普通高中录取 4181 人，职校录取 2293 人（含春季招生），其中瓮安中学 1586 人、瓮安二中 1469 人、草塘中学 516 人、珠藏中学 478 人、贵真学校 132 人。2014 年，有 6822 名初中毕业生被普通高中、职校录取，其中瓮安中学 1052 名、瓮安二中 1698 人、草塘中学 473 人、珠藏中学 421 人、贵真学校 74 人、职校 3104 名（含春季招生）。2015 年，高考报名人数 4325 人，被本科录取 1773 人，录取率 41%，其中考入清华大学、北京大学 3 人。中考报名数 3698 人，全部被高中和职中录取。

表 14-4　1977—2015 年高考、中考录取统计表

单位：人

年份	高考								中考						总计
	报考数	重点	本科	三本	小计	专科	中专	合计	报考数	中专	中师	中技	单招	合计	
1977	844		56		56	87	65	208	2637	90	66	28		184	392
1978	357		31		31	54	72	157	2732	101	96	35		232	389
1979	235		36		36	37	84	157	2856	103	109	41		253	410
1980	220		25		25	25	78	128	2784	107	98	45		250	378
1981	213		22		22	22	67	111	2656	106	99	44		249	360
1982	235		30		30	30	53	113	2793	102	95	43		240	353
1983	242		32		32	33	56	121	2854	112	111	47		270	391
1984	343	9	35		44	36	87	167	3320	20	61	25		106	273
1985	363	3	27		30	28	103	161	3318	38	78	18		134	295
1986	398	5	41		46	42	63	151	4082	124	89	15		228	379
1987	436	14	61		75	57	73	205	4713	165	83	45	6	299	504
1988	396	20	43		63	67	67	197	4962	255	96	33	13	397	594
1989	382	19	38		57	48	54	159	4731	143	90	47	12	292	451
1990	379	17	48		65	53	53	171	4834	95	96	125	16	332	503
1991	365	19	33		52	60	78	190	4921	78	99	110	29	316	506
1992	597	6	53		59	122	76	257	3399	113	100	120	43	376	633
1993	661	31	53		84	144	103	331	3277	97	130	92	72	391	722
1994	876	21	91		112	188	99	399	3429	73	112	20	54	259	658
1995	828	7	78		85	246	124	455	3281	64	143	71	52	330	785
1996	779	21	114		135	312	89	536	3771	109	118	76	49	352	888
1997	954	26	100		126	227	140	493	4582	126	121	25	58	330	823
1998	1229	73	214		287	251	158	696	4981	114	141	31	69	355	1051
1999	1295	65	353		418	354	118	890	4511	241	173	27	10	451	1341
2000	1642	124	610		734	671		1405	4125	468	74			542	1947
2001	1717	135	589		724	551		1275	4282	255	35			290	1565

续表14-4

年份	高考								中考						总计
	报考数	重点	本科	三本	小计	专科	中专	合计	报考数	中专	中师	中技	单招	合计	
2002	2038	137	617		754	742		1496	4799	75	8			83	
2003	2418	163	607		770	943		1713	5091	12	8			20	
2004	2639	144	701		845	1035		1880	5546	16	7			23	
2005	3080	181	727		908	1184		2092	6487	13	11			24	
2006	2959	175	487		662	845		1507	4919	15	10			25	
2007	3147	186	617		803	1239		2042	5253	18	8				
2008	3535	244	678		922	1009		1931	6421	23	6				
2009	3423	222	559	179	960	1221		2181	6282	30					
2010	3471	295	713	191	1199	1462		2661	6029	42					
2011	3666	329	898	243	1428	1351		2821	4709	35					
2012	3812	409	1031	283	1723	1592		3315	4174	78					
2013	3750	369	1155	293	1817	1211		3028	6424	87					
2014	4435	365	1182	293	1840	1962		3802	4132	89					
2015	4325	456	1048	269	1773	2053		3826	3698						
合计		4290	13833	1751	19832	21594	1960	43428	167795	3832	2571				

表 14-5 1979—2015 年录取清华、北大考生名单一览表

序 号	姓 名	性 别	录取院校	录取时间	毕业学校
1	李文军	男	北京大学	1979 年	瓮安中学
2	陈恩科	男	清华大学	1988 年	瓮安二中
3	刘元高	男	清华大学	1994 年	瓮安二中
4	卿 涛	男	清华大学	1996 年	瓮安二中
5	安斯扬	男	北京大学	1998 年	瓮安中学
6	徐仁义	男	北京大学	1999 年	瓮安二中
7	唐 钲	男	清华大学	2000 年	瓮安中学
8	解忠敬	男	北京大学	2000 年	瓮安二中

续表14-5

序　号	姓　名	性　别	录取院校	录取时间	毕业学校
9	朱世伟	男	北京大学	2002 年	瓮安中学
10	张　焕	男	清华大学	2002 年	瓮安二中
11	李治波	男	北京大学	2003 年	瓮安二中
12	吴　冬	男	清华大学	2005 年	瓮安二中
13	李成果	男	北京大学	2007 年	瓮安中学
14	石人刚	男	清华大学	2009 年	瓮安中学
15	任永欢	女	北京大学	2010 年	瓮安中学
16	罗　飞	男	北京大学	2012 年	瓮安中学
17	王宥力	女	北京大学	2012 年	瓮安二中
18	游　雅	女	北京大学	2013 年	瓮安中学
19	彭玉恒	女	北京大学	2014 年	瓮安中学
20	朱荣进	男	清华大学	2015 年	瓮安二中
21	陈宾涵	男	北京大学	2015 年	瓮安二中
22	谢明杨	男	北京大学	2015 年	瓮安二中

第二节　考　试

明清时期，通过由知县主持的县试后，可参加府试，通过后成为童生，然后参加由省学政主持的院试，通过院试后成为秀才（也称生员），秀才可进入县学或书院读书，并有资格参加三年一次的科考，中榜后取为举人。举人参加由礼部举行的会试，取中者称为贡士，贡士即取得参加殿试的资格，参加殿试者全部为进士。1906 年，科举制度废除。民国时期，县设教育科，学校考试由教育科管理和主持。

1950 年 7 月 7 日，贵阳区行政督察专员公署出台《本届高、初中毕业生考试暂行办法》，各县成立以教育科长为主任的毕业考试委员会，成员 5~7 人。高中部考试于 7 月 10—12 日在原校举行，如开学上课过迟，得暂缓一周或两周或与初中部同时举行；初中部 8 月 1—3

日，经指定参加暑期研究班的教员，提前一天举行。已举行本学期期中考试的学校，高中部毕业考试科目为国文、政常、历史（外史、中近史）、地理（外地）、物理、数学（解几、大代数）、英文，初中部为国文、政常、历史（中近史）、地理（外地）、数学（代数、几何）、物理；如未举行本学期期终考试的学校，应考学期所授全部科目，并酌情加考博物、卫生、化学（并入物理内考）、外史（并入中近史内考）、本地（并入外理内考）等科目。考题由该科教师加倍预拟，密封交主任委员于临考前一小时圈定，临考时仍交该科教师照出或分发。试题及试卷评分后，连同考试情况一并送署复核，核后试卷发还。学科成绩以参加毕业考试的各科目分科计算，毕业考试成绩占50%，各学期成绩（各学期各科总评成绩，毕业考试前呈署）占50%，凡三科以上不及格者，不予毕业，两科不及格其分数在40分以下者，不予毕业；两科不及格其分数在40分以上者，准下期补考，仍不及格者不予毕业。各校考试前举行毕业生品行鉴定，品行不良不发毕业证书。

1960年1月，黔南州组织一次初中二年级语文和高、初中二年级数学统考测验，参加这次测验的共有7个县、市（缺望谟县）42所公民办中学，学生3101人。瓮安一中、二中、三中、四中均参加测验，总成绩名列全州第一。

表14-6　　1961年高中新生入学考试成绩统计表

项目	语文				数学				化学				政治				物理			
	参加考试		60分以上人数		参加考试		60分以上人数		参加考试		60分以上人数		参加考试		60分以上人数		参加考试		60分以上人数	
	人数	平均分	考试	录取	人数	平均分	考试	录取	人数	平均分	考试	录取	人数	平均分	考试	录取	人数	平均分	考试	录取
瓮安中学	41	55.6	21	12	44	48.4	19	9	44	60.2	25	14	40	41	2	1	40	42.3	5	4
草塘中学	40	61.4	24	10	40	69.18	29	13	39	72.3	30	13	40	49.9	9	7	39	57.6	18	11
福泉中学	33	55.3	13	4	23	49.4	9	2	31	48.5	9	3	32	52.5	11	5	32	29.8	2	0
牛场中学	19	40.4	1	0	19	29.4	0	0	18	28.8	0	0	19	28.1	0	0	19	21.2	0	0
补　考	29	0	20	0	29		13	3	29		12	4	29		0	0	29		16	6
合　计	162	考试及格率占48.9%			165	及格率占42.4%			161	及格率占47.2%			160	及格率占13.35%			159	及格率占25.78%		

1962年，全县报名考试做出统一规定，小学入学年龄7~10周岁、初中13~15周岁、高中15~18岁，对烈士子女、少数民族和华侨学生报考中等学校，年龄可放宽1~2周岁。凡本

届及历届毕业生持有学校证明文件、具有初中到小学同等学业的社会青年，持有当地人民公社以上的证明，身体健康符合上述年龄规定者均可报考上一级学校。

1963年8月10日，全县应届政治科升学考试的考生共265人，其中瓮安中学应届毕业生33人、草塘中学应届毕业生27人、社会青年195人，瓮安中学平均分为74.5分、草塘中学71分、社会青年为23.2分，瓮安中学及格率87.9%、草塘中学为92.6%、社会青年为5.1%。1964年，瓮安初中应届毕生参加升学考试92人、社会青年参加考试136人。报考黔南州农业学校的社会青年考生42人的试卷由学校自行评卷，其余186人考生试卷由县招生委员会组织评卷。

表14-7　1964年中考语文科成绩统计表

应届考生语文成绩统计（92卷）				社会青年语文成绩统计（94卷）		
分数	人数	百分比（%）		分数	人数	百分比（%）
90	1	1.1		80~89	2	2.1
80~89	2	2.2		70~79	2	2.1
70~79	13	14.1		60~69	7	7.4
60~69	26	28.2		50~59	7	7.4
50~59	17	18.4		40~49	24	25.5
40~49	19	20.6		30~39	24	25.5
30~39	11	12		20~29	19	20.2
20~29	3	3.2		10~19	8	8.5
				0~9	1	1.1
总分	5039			总分	3539	
平均分	54.77			平均分	37.6	
及格率	45.56%			及格率	11.7%	

“文化大革命”时期，学校处于混乱状态，大多数学校停课，高等院校停止招生。1977年，恢复高考后，除在校生外，符合条件的社会生也可以参加高考。

1992年，小学升初中考试统考语文、数学、历史（历史卷面分的50%计入升学总分）三门学科，五年级自然、地理学科的会考成绩不计入升学总分。4月13日，全州初中史地会考，瓮安32所学校学生116人历史不合格，29所学校学生114人地理科不合格。2000年，参加成人高考247人，参加自学考试3645人。2003年，高考时间每年7月调整为每年的6月7—8日。

2007年，高考考场使用手机信号屏幕器，县招办组织高考统考、高考适应性考试、中考统考和中考体育升学考试共4次，共设25个考点、444个考场，召开考点主任会4次、考务人员培训会13次，培训考务人员1563人次，评阅高考适应性考试考生答卷13860份，审查考生报名资格10106人，检查验收考生机读自愿卡6635份，组织考生体格检查3591人，指导考生网上报名10106人和考生网上填报志愿3471人，对高考贫困生173人和中考贫困生331人的报名考试费进行减免。从县招办到考点领送试卷时，聘请公安干警负责试卷的安全保卫工作，新设楼层巡视员，县教育局出资为3471人考生购买考试用具，利用金属探测器进行安检。要求学校组织学习《国家教育考试违规处理办法》，利用学校广播在校园内播放《考生诚信考试承诺条款》，召开家长会和主题班会，教育孩子考试不得违纪和作弊，专题学习《考生诚信考试承诺条款》，并要求学校与考生签订诚信考试责任状。县电视台制作专题片，宣传有关高考工作，对社会进行高考宣传。6月7—8日，县教育局、县保密、县公安局、县公用事业局、县供电局、县卫生局、县气象局、县环保局、县交通局等配合高考，向考生及家长发放《瓮安县公安局至广大考生及家长的一封公开信》1万余份，全县出动100余辆警车义务接送考生，出警500多人为考生服务。

1998年，县教育局召开高考总结表彰会暨复习迎考工作会

2008年3月12日，县教育局出台《关于统一考试、评卷、成绩统计违纪行为处理的暂行规定》，对在考场中做与监考无关事情、对学生作弊视而不见、试卷装订错误、评卷中错误较多等行为的教师给予通报批评，当年不得参加评优、年度考核不定等级。对擅自变动延长考试时间、提示或暗示考生答题、利用监考或从事考试工作之便为考生舞弊提供条件、擅自将试题、答卷带出或传出考场、徇私情评分、涂改成绩、考室出现大面积雷同卷、登分造成重大失误等行为，乡镇教师调离现任学校、城区教师调离城区，并连续两年不能参加统一考务、评卷、成绩统计工作，不能参加县的各种选调、招考。在执行考务、评卷、成绩统计工作期间索贿或受贿、造成重大工作失误或造成极坏影响而被取消考场等情形，将移交有关部门接受党政纪处分；对情节严重的，或监守自盗、泄密、渎职者构成犯罪，将由司法机关追究刑事责任。

2010年，高考使用金属探测器、电子挂钟。全县共有6635名初中生报名参加中考，中考总成绩在全州排名第二。2011年，全县组织高考统考、高考适应性考试、中考统考和中考体育升学考试4次，共设13个考点、416个考场，召开考点主考（主任）会5次、考务人员培训会14次，培训考务人员1218人次，评阅高考适应性考试考生答卷15448份，审查考生报名资格8374人，检查验收考生机读自愿卡4708份，组织考生体格检查3746人，指导考生网上报名8374人和考生网上填报志愿3666人，对高考贫困生183人和中考贫困生235人的报名考试费进行减免。高考统一订购考试用具，试卷领取由县招生办带队，县公安局、县监察局、县保密局、武警参加，试卷保密室由武警4人24小时值班，保密室外围有值班人员值班。

2012年，全县组织高考适应性考试、高考统考、中考体育升学考试、中考统考、高校招生英语听力考试共5次考试，设12个考点，召开招生人员会议、考点主考（主任）会议、考务人员培训会议等18次，审查考生报名资格8248人，检查验收考生机读自愿卡7986份，组织考生体格检查3962人，指导考生网上报名8248人和考生网上填报志愿3812人，对高考贫困生187人和中考贫困生191人的报名考试费进行减免。4月7—8日，举行高考适应性考试，设4个考点、134个考场，其中瓮安中学52个考场、瓮安二中52个考场、草塘中学15个考场、珠藏中学15个考场。县委、县政府多次召开专题会议部署高考工作，组织修订《瓮安县人民政府关于在高考期间营造和维护良好考试环境的通告》，县教育局全体干部职工投入招生考试工作，做好报名摄像、考生资格审查、资料的收集整理、试卷保密室外围值班、高考监考等。公安、保密、消防等部门考前到县招生办，按国家存放绝密材料的标准检查验收存放高考试卷的保密室和保密柜，公安、保密、监察局干部和武警参与试卷的领取、运送、存放、保管、发放、回收。县公安局制定《瓮安县公安局2012年高考安全保卫工作方案》，考前对两个高考考点和县招生办的供电线路进行普查，并将应急发电机开进考点，县卫生食品和药品监督局落实每个高考考点救护车和医疗人员等工作，并将救护车开进考点。县电信公司把县招生办、瓮安中学、瓮安二中的网速放到最高，保证视频监控的正常运行。县气象局、县环保局、县交通局等为高考工作的顺利进行提供方便和保证。县招办做好试卷保密工作，对试卷保密室先进行自查，再请公安、消防、保密、电信等部门进行检查，保证试卷保密室不出现任何隐患；在高考试卷的领运过程中，聘请县公安局干警、县监察局干部、县保密局干部、武警战士一道参与，确保试卷领运途中的安全；试卷到县后，对试卷袋进行清点、入柜、上锁、贴上保密局封条，保密室钥匙分别由县监察局干部、县保密局干部保管；县公安局安排4名武警战士24小时值班，保证24小时至少2人不睡觉，每天安排局领导1人，县监察局、县保密局各1人，干部职工在试卷保密室外围值班4人，并定时或不定时进行巡逻；由监察局、保密局干部按时回放监控录像；每场考试由考点派专人（考点领卷人、公安干警、监察局干部）到县招生试卷保密室领取当场考试试卷。全县共有3812人（普通高考3256人，艺术、体育类556人）考生报名参加全国普通高等学校招生统一考试，其中，文科1359人、理科2453人，共设2个考点、128个考场。6月7—8日，普通高考首次在标准化考点内进行，实行教育部考试中心、省级指挥中心、州级指挥中心、县级指挥中心和考点指挥中心"五级"联网视频监控。在高考工作中，完成标准化考点建设工程，完成瓮安县国家教育考试考务指挥中心、瓮安中学和瓮安二中考点指挥中心128个考场的监控设备安装建设工程，开展"和谐瓮安绿丝带爱心送考"公益活动，每天发布高考专题天气预报，实施噪音源、无线电使用及部分路段交通管制，县公安局每天出动警力300余人进行治安巡查，对草塘中学、珠藏中学考生住宿点抽派专人24小时负责安全保卫，卫生和食品药品监督管理局、工商局组织人员对设有考点的城内饮食摊点（特别是考生集中居住区和考点附近）进行食品卫生专项检查，实施"双重安检"，教育局抽派局机关干部职工44人对考点的楼层进行流动监考，实行"双重监考"。县电信局在高考期间对教育局、瓮安中学、瓮安二中的宽带流量不限速，保障视屏数据传输畅通、清楚。17—19日，全县初中生报名参加中考4174人，共设6个考点、141个考场，实行统一考试科目、统一考试说明、统一考试时间、统一考试分数、统一评卷（以下简称"五统一"），实行初中毕业学生（毕业）与升学考试"二考合一"。恢复高考英语听力考试，以15分的总分记入高考总成绩，分9月和次年3月两次进行，考试时间30分钟，取考生最好的一次成绩，9月全县参加英语听力考试3655人。

县招生办举行高考适应性考试质量分析暨高考冲刺研讨会（2011年摄）

2013年增建瓮安四中标准化考场8个。3月19日，县招生办组织招生工作人员、考点主任、考务主任参加高校招生英语听力考试管理和考试安全工作视频会，要求做好高校招生英语听力考试工作。22日，对招生工作人员、考务人员进行英语听力考试考务人员进行培训。23日，参加高校招生英语听力考试3681人，全县设2个考点、123个考场。27日，安排中考统考报名、摄像、网上报名等有关工作，全县共有6424名初中生报名参加中考。4月12日，县召开高考适应性考试人员工作会，安排高考适应性考试相关工作，全县设4个考点、133个考场，考试时间4月13—14日。15日，县招生办组织考务人员分两个大组到全县各中学考点进行中考体育3个项目考试。7—8日，全县高考，县公安局在考生集中住宿点安排2人公安干警24小时驻守，安排300多人公安干警、70多辆警车昼夜巡逻，执行保卫任务；团县委、县教育局启动"绿丝带爱心送考"公益活动，全县私家车、出租车、公交车、警车及社会爱心人士400多辆“爱心车”义务接送考生；实行“多重监考”，抽派教育局干部职工约50人担任楼层监考，每个考场由两人来自不同单位的教师负责监考，抽调监察局干部、教师在考点指挥中心监考24人，县保密局、县监察局、县招生办、县教育局干部在县指挥中心监考，考点指挥中心、县指挥中心还定时回放录像；实行“信号保险”，由监察局干部担任报时监督员，制定《信号（信号监督）员职责要求》，信号员在每场考试前1小时在电脑上校对好时间，确保信号的准确性。

普通高等学校招生考试省督考组巡视高考四中考点（2014年摄）

2014年3月22日，举行高校招生英语听力考试，全县考生4339人，设2个考点、145个考场。4月16—19日，县教育局体育考试考务组分别到各中学对考生进行三项考试。26—27日，举行全县高考适应性考试，全县设4个考点、169个考场。5月27日，全县召开高考综合治理联席会，落实高考相关工作，全县有考生4435人报名参加全国普通高等学校招生统一考试，其中，文科1428人、理科2993人，全县设3个考点、148个考场。6月5日，瓮安电视台滚动播放《瓮安县人民政府关于高考期间有关事项的通告》，宣传高考工作及注意事项。7—8日高考，县四家班子主要领导亲临考点、试卷保密室等处检查指导工作。6月20—22日中考，全县有考生4132人，设7个考点、141个考场。

2015年，县招办下发高考和中考的通知、文件、实施办法等共25份，组织高考适应性考试、高考统考，中考体育升学考试、中考统考，组织高校招生英语听力考试5次，召开招生人员会议、考点主考（主任）会议、高中考综合治理专题会议、考务人员培训会议等共计23次，发放考生录取通知书3826人。3月，组织参考高校招生英语听力考试4289人，审查考生报名资格8046人，组织考生体格检查4348人，指导考生网上报名8046人和网上填报志愿，对高考贫困生214人和中考贫困生186人的报名考试费进行减免。6月3日，县招生办安排考务工作，全县考生4325人，设瓮安中学和瓮安二中2个考点，瓮安电视台从6月5日起滚动播放《瓮安县人民政府关于高考期间有关事项的通告》，县教育局抽派干部职工80人参加“多重监考”，公安、环保、住建、文广、城管等部门对噪音源、无线电使用及校园周边环境综合治理，增派公交车；县环保、城市管理、卫生等部门在考生集中饮食的餐馆每天进行督查，县公安局在考点派驻民警为遗失身份证的考生现场办证，县卫生部门120救护车在考场外值守，供电部门蹲守考点。17—19日中考，全县考生3691人，设2个考点、142个考场，瓮安中学设1—62考场，瓮安二中设63—124考场。中考引进高考机制，全县集中在瓮安中学和瓮安二中考试，监考由高中教师和初级中学教师担任，考场使用手机信号屏蔽器、金属探测器，增加楼层监考。瓮安中学免费为考生2000余人提供住宿。

省高考巡视组视察瓮安二中考点（2013年摄）

表14-8　1978—2015瓮安县高考文、理科第一名统计表

年份	姓名	性别	高考录取前就读学校	类别（文、理科）	录取院校、专业	考分
1978	李文军	男	瓮安中学	理	北大化学系	
1979	张剑屏	男	瓮安中学	文	西南政法学院	
	王晓峰	男	瓮安中学	理	中山大学动物医学系	
1980	蔡远利	男	瓮安中学	理	西北交通大学	
1981	杨　东	男	瓮安中学	文		369. 5
	杨兴贵	男	瓮安中学	理		441. 5
1982	朱琪琦	男	瓮安中学	文	贵州大学	416. 5
	高育林	男	瓮安中学	理		509. 6
1983	王朝科	男	瓮安中学	文	山西财经大学	391
	刘自春	男	瓮安中学	理		445
1984	蔡　彤	女	瓮安二中	文	武汉大学	451. 25
	李　岚	女	瓮安二中	理	南京大学	550
1985	谢　静	男	草塘中学	文	贵州师范大学	398
	谭志权	男	瓮安中学	理	武汉大学	525
1986	邹志贤	男	瓮安二中	文		474
	曹文婷	女	瓮安中学	理	西南电视工程大学	506. 55
1987	王　彬	男	瓮安中学	理	北京农业大学	505
	毛　红	女	瓮安中学	文	中国矿业大学	469
1988	胡　立	男	瓮安二中	文	中国人民大学	533
	罗亚军	男	瓮安二中	理	合肥工业大学	557

续表14-8

年份	姓名	性别	高考录取前就读学校	类别（文、理科）	录取院校、专业	考分
1989	蒋静姝	女	瓮安中学	文	贵州大学	431
	李恩波	男	瓮安中学	理	天津大学	468
1990	王　琰	女	瓮安中学	文	汉中工业大学	428
	毛　颖	女	瓮安中学	理	北方交大	525
1991	朱　静	女	瓮安二中	文	西南财经投资经济管理	482
	袁晓天	男	瓮安二中	理		519
1992	向　昕	女	瓮安中学	文	湖南财经大学	437
	左　琴	女	瓮安中学	理	北京农业大学	515
1993	谢治春	女	瓮安中学	文	广州金融大学	520
	罗　颖	女	瓮安中学	理	华中理工大学	585
1994	卢　珺	女	瓮安二中	文	西南财经大学	519
	刘元高	男	瓮安二中	理	清华大学	630
1995	刘明量	男	瓮安中学	文		349
	黄子华	男	瓮安中学	理	重庆大学	525
1996	兰成坤	男	瓮安二中	文	华东师范大学	521
	卿　涛	男	瓮安二中	理	清华大学	597
1997	罗　丕	男	瓮安二中	文	江西财经大学	539
	唐国民	男	瓮安二中	理	天津大学	553
1998	杨　波	男	瓮安中学	文	中央民族学院	507
	朱成安	男	瓮安中学	理	北方交通大学	591
1999	吴家顺	男	瓮安中学	文		571
	徐仁义	男	瓮安二中	理	北京大学	635
2000	宋国强	男	瓮安中学	文	中国政法大学	563
	唐　钜	男	瓮安中学	理	清华大学	648
2001	刘玉娇	女	瓮安中学	文	上海财经大学	579
	朱海维	男	瓮安中学	理	同济大学	624
2002	王文浩	男	瓮安二中	文	军工大学	649
	张　焕	男	瓮安二中	理	清华大学	673
2003	李治波	男	瓮安二中	文	北京大学	575
	李成前	男	瓮安中学	理	南京大学	619
2004	王晶晶	女	瓮安中学	文	武汉大学	619
	谢文杰	男	瓮安中学	理	上海交大	624
2005	吴　刚	男	瓮安二中	文	对外经济贸易大学	639
	吴　冬	男	瓮安二中	理	清华大学	681

续表14-8

年份	姓名	性别	高考录取前就读学校	类别（文、理科）	录取院校、专业	考分
2006	李　莉	女	瓮安中学	文		604
	敖　扬	男	瓮安中学	理	上海交大	672
2007	黄　梅	女	瓮安中学	文	中山大学	629
	李成果	男	瓮安中学	理	北京大学	674
2008	王　顺	男	瓮安二中	文	浙江大学	621
	郑朝阳	男	瓮安二中	理	武汉大学	633
2009	蒲　江	男	瓮安中学	文	上海财经大学	608
	石仁刚	男	瓮安中学	理	清华大学	645
2010	赵多俊	男	瓮安中学	文	复旦大学	610
	任永欢	男	瓮安中学	理	北京大学	657
2011	卢成宪	男	瓮安中学	文	上海外国语大学	580
	王　顺	男	瓮安二中	理	浙江大学	626
2012	罗　飞	男	瓮安中学	文	北京大学	654
	周昌杰	男	瓮安中学	理	北京航空航天大学	650
2013	张玉娇	女	瓮安中学	理		
	游　雅	女	瓮安中学	文	北京大学	664
2014	彭玉恒	男	瓮安中学	理	北京大学	669
	罗　源	男	瓮安中学	文		
2015	朱荣进	男	瓮安二中	理	清华大学	651
	田梦娇	女	瓮安中学	文		659

表 14-9　瓮安县招生办主任、副主任一览表

姓　名	性　别	籍　贯	职　务	任职时间
戴英俊	男	贵州瓮安	局长兼主任	1979. 2—1983. 5
林德祥	男	贵州瓮安	副主任	1979—2009
李吉才	男	贵州瓮安	局长兼主任	1984. 2—1985. 6
王之平	男	贵州瓮安	副主任	1985—2013
何崇海	男	贵州瓮安	局长兼主任	1985. 6—1993. 3
张国崙	男	贵州瓮安	局长兼主任	1993. 4—1998. 5
王幼石	男	贵州瓮安	局长兼主任	1998. 5—2007. 1
李友军	男	贵州瓮安	局长兼主任	2007. 2—2007. 8
张世德	男	贵州瓮安	局长兼主任	2007. 12—2008. 10
饶太明	男	贵州瓮安	局长兼主任	2008. 10—2010. 3
魏德平	男	贵州瓮安	副主任	2009—
谢　静	男	贵州瓮安	局长兼主任	2010. 5—
孙胤溱	女	贵州瓮安	副主任	2014. 9—2015. 9

第十五章

设施经费

SHESHI JINGFEI

第十五章 设施经费

SHESHI JINGFEI

明代及清代，瓮安教育经费均为学田收入支付。民国初年，教育经费由劝学所经管，县教育局成立后，由教育局主管。民国24年（1935），教育局并入县政府第三科，教育经费由地方财务委员会负责收支，县教育经费稽核委员会对财务进行监督稽核。教育从第三科分出后，另设教育科，教育经费由县政府统收统支。新中国成立后，瓮安公立教育经费由国家财政拨款，民校由大队、生产队集体集资，农校主要是勤工俭学收入。经费支出分为人员经费和公用经费两大项，人员经费直接用于教师和学生，包括教职工工资、补助工资、福利费、离退休人员费用、学生助学金等；公用经费用于公共事业，包括公务费、设备购置费、修缮费等。国家级“两基”验收时，全县危房全部消除，校舍及设施设备达到标准。

第一节 机构与管理

明清时期，未设教育机构，没有专门的经费管理人员。民国时期，教育科未配财务人员，财务由县统一管理。新中国成立初，县教育局安排人员负责财务工作，未单独设立科室。1954—1957年，执行“条块”结合、以块为主的管理体制，小学经费预算由省划拨到县。1980年，县教育局内设财务室，负责县教育局及学校的教师工资、办公经费、学生各种补助经费及学校工程建设资金的拨付及管理工作。1987年1月，财务室改为财务股，并分设基建股，基建股独立负责学校工程建设。1994年，财务股改为计财股，设股长1人。1997年，县政府设世界银行贷款办公室（以下简称“世行办”）在教育局，办公室业务由教育局基建股负责，首批向世界银行贷款600万美元，用于改善办学条件。

2000年9月20日，瓮教财下发《为进一关于财务工作的有关规定的通知》，要求各学校制定财务管理制度、财务负责人、会计、出纳、固定资产管理人员职责悬挂办公室，让教职工共同监督执行；学校每月上交经费支出明细表、资产负债表、收入支出表；在国家和个人经营的交易场所购买物资必需索取正式发票，采购零星物品所遇到的少量白发票应集中起来到税务部门换取正式发票，一切白发票、以领代报和非正式收报均不能作报销依据；预算外资金交乡中心小学，由乡中心小学移交县预算外资金管理局，中学直接交预算外资金管理局，待资金返回后再作收入使用。村级以下（含村级）属非独立核算学校的开支300元以内，联签字程序先由经办人、学校负责人签字，再报乡中心小学会计和主管校长签字报销；村级以下（含村级）非独立核算学校的开支300~1000元，事先写出申请交乡中心小学，经校财经领导小组集体研究同意，做好经费报销研究记录后学校方能使用。报销时单据附经签字同意的原始申请，再按“联签字”实行报销；村级以上独立核算学校，经校财经领导小组同意，并做好经费报销研究记录后方能使用，报销时按“联签字”程序实行报销，报销单据上要注明“某年某月某日会议研究同意报销”；独立和非独立核算学校开支，一次性使用经费超过1000元，事先写出书面报告，独立中学经校务会议、小学经乡中心小学财经领导小组研究同意，并作好“经费报销研究记录”，再报县教育局批准后方能使用，报销时单据附局审批同意使用的原始申请，再按“联签字”程序实行报销。学校的基建、维修工程必须在资金来源保证的前提下才能实施，会计机构付款时必须严格按照施工合同分期付款，如不按合同要求多付项目款，造成的一切经济损失及严重后果由参与研究付款及按“联签字”签字的所有当事人负责。政府采购车辆的购置、维修、保险，房屋维修、装饰及大宗材料购置，计算机及辅助设备、复印机、传真机、空调器等办公电器的购置，一次性支付金额2000元以上的办公、教学、科研、医疗、体育、广播、电视等设备、设施购置，原则上实行集中采购，2000元以下的采购项目实行分散采购，但必须向政府采购管理办公室提出书面申请批准后，到政府采购办公室通过招标确定的供货单位进行定点采购。

修建中的瓮水中学教学楼（2015年摄）

2001年6月30日，执行《中华人民共和国会计法》《中小学会计制度》的规定，从事会计工作的人员，必须取得会计从业资格证书，担任会计机构负责人的除取得会计从业资格证书外，还应取得具备会计师以上专业技术资格或者从事会计工作三年以上经历，出纳员不得兼任稽核、会计档案保管和收入、支出、费用、债权债务账目的登记工作；学校会计年度自公历1月1日起至12月31日止，不得以学年度核算，采用借贷记账法，各种账簿记录应按月结账，结出本期发生额和余额。各单位采用的会计处理方法，前后各期应当一致，不得任意变更。会计人员办理交接手续，必须有监交人负责监交，一般会计人员交接，由单位会计机构负责人负责监交，机构负责人交接，由单位领导负责监交，必要时可由上级主管部门派人会同监交；原始凭证记载的各项内容均不得涂改，原始凭证有错误的，应当由出具单位重开或更正，更正处应加盖出具单位印章，本单位银行账户由会计部门统一在银行开户，一个单位只准开设一个账户，差旅报销按瓮财字《瓮安县财政局关于国家机关事业单位工作人员差旅费开支规定的通知》精神执行。预算外资金必须按预算外资金管理局的规定执行，实行收支两条线管理；伪造、变造会计凭证、会计账簿、编制虚假财务会计报告、构成犯罪的，依法追究刑事责任。授意、指使、强令会计机构、会计人员及其他人员弄虚作假，属国家工作人员的除按规定罚款外，还应当由其所在单位或者有关单位依法给予降级、撤职、开除的行政处分，单位负责人对依法履行职责，抵制违反会计规定行为的会计人员打击报复构成犯罪的，依法追究刑事责任；行政事业单位会计档案，原始凭证、记账凭证、明细账、总及分类账、现金出纳账、银行存款账、会计移交清册保管期限为15年，决算报表、会计档案保管清册、会计档案销毁清册永久保管。

2002年3月，“世行办”被撤销。2003年7月30日，县教育局发《关于加强财务审计工作的通知》，各学校做好内部财务制度建设，对本校财经管理体制情况、会计账的建立是否规范、是否有侵占、截留、隐匿各种收入，或以虚列支出、资金返还等方式转移资金、私存私放、不将资金纳入学校预算管理，单据报销是否规范、是否实行联签字制度等方面进行自查自纠，查出有违纪行为，不仅要追究直接负责人的责任，还要追究主要领导的责任。县教育局从8月15日起对各中学（含高级中学）以及23个乡镇中心小学、幼儿园的财务进行审计。

2005年8月26日，瓮教计财发《瓮安县学校财务工作实施细则》，中学、中心小学校长、幼儿园园长是本校的“法人代表”，学校所有经费的收支情况均由法人代表负总责，最后签字报销，中心小学校长负责村级小学经费收支情况的管理和监督；会计员负责学校经费的收支建账、核发教职工工资和福利、经费收支单据的审核认定、经费报表的填报、财务档案的保管等工作；出纳员负责学校全部经费的收支和保管，办公用品的采购、控购物资手续办理、后勤服务等工作。学校成立以校长为组长、副校长为副组长、会计员为成员、由5~7人组成的学校财经小组，参与本校和村级学校经费收支的决策和监督。各校制定财务管理制度、财务负责人职责、会计员职责、出纳员职责、固定资产管理人员职责等，经费收支每月向教职工张榜公布，接受教职工监督。教职工对学校经费开支有意见，由责任人（学校法人）和学校财经小组成员负责解释。村级以下学校不设会计，只设报账员，会计由中心小学会计兼任，经费收支全部上交中心校，实行“中心校管理，自己使用”的原则。学校现金要存入学校专户，一校只设立一个专户。学校的基建、维修工程中途付款，需法人代表签字，出纳按合同和工程进度借给，会计作应收款处理，在工程结束时，扣回所有借款。不按合同借款或多付工程款，造成的一切经济损失及后果由责任人负责。会计员没有上岗证不能上岗，并参加县财政局举办的会计培训班，接受培训后取得上岗证。从9月1日起，各中小学、幼儿园实行“月审制”，每月按规定时间将预算内外经费的收支使用单据送教育局审核，凡收支经费未经审核的一律作为小金库处理。

2007年4月5日，教育局出台《瓮安县教育局财务报销等有关规定》，局机关职工加班、出差经批准用餐不得高于15元/人·餐；教育局召开的各种会议就餐标准不得高于100元/桌，接待上级领导可适当提高标准。公车维修、零件的购置需经主管领导批准后安排财务人员一同与商家议价，经请示主管领导再进行购置，所换零件一律收回，以旧换新。教育局各股室用车一律由局综合科统一调度，并做好用车登记。每星期一早上教育局所有车辆统一加油，作为用车备用油，外出用车需增加的油票，用车人签字注明用途、派车人签字登记后再按“联签字”的程序报销。各股室购置100元以上办公设备、办公用品需写出书面申请，经主管领导批准后由财务室按有关购置手续进行办理和采购；购买100元以下的办公用品，由财务室及各股室灵活处理。教育局职工出差费的报销，需股室负责人签字证明，再按“联签字”手续签字进行报销。

瓮安六中（思源中学）施工现场（2015年摄）

2008年，县教育局做出《关于加强学校基建（修缮）工作监管的规定》，全县各中小学、县示范幼儿园的基建（修缮）项目的地勘、设计、施工、监理等严格实行招投标制度。10万元以上的基建项目，必须由瓮安招投标办公室采用公开招投标方式，实行拦标价下最低价中标原则；10万元以下的工程及维修装饰，由县政府采购办按有关规定实施招投标，县教育局纪检人员参与监督。2月28日，县教育局出台《瓮安县2008年学校财务工作实施试行方案》，各学校成立5~7人的财经小组，参与学校和村级学校经费收、支的预算和重大经费的处理及监督。学校的基本建设、维修项目专题写书面报告，经教育局批准方能实施，2万元以上的需报县采购办公室进行招标。更换会计人员必须报经县局批准方能更换，村级以下学校不设会计，只设报账员，会计由中心小学会计兼任，经费收支全部上交中心校，实行“中心校管理、校自用”的原则。学校经费存入乡镇专户，一个乡镇中心小学只立一个专户，所辖学校经费全部存入中心学校专户中，出纳手中现金不能超过2000元，凡连续两个月超过规定金额的要追回现金和追究其责任。村级小学备用金，打借条到乡中心小学借出，一般不超过500元。学校凡没有记入收支账的代收代付款、手续费、民代费等经费均视为小金库。每月发生的一切经济业务（除基建、维修和特殊业务外）要当月28日前结清，当月报销（特殊情况可延迟到第二月报销），每月28日出纳无条件将上月28日至本月27日的收支单据交会计做账。购货发票、餐饮票要附明细清单，单据按“联签字”程序签字。在国家和个人经营的交易场所购买物资必需索取正式发票，采购零星物品所遇到的少量白发票应集中起来由出纳到税务部门换取正式发票（原件附后），白发票和非正式收据均不能作报销依据。乡镇中心学校一次性使用经费2000元以上（含基本建设、维修等，不含书本费、教案费），事先要写书面报告经局长批准，村级学校一次性使用经费500元以上，要写出书面报告经中心学校校长批准，经签字同意后方可使用经费。学校购买计算机、打印机、移动硬盘（U盘）、传真机、碎纸机、一体机、复印机、速印机、扫描仪、投影机、空调等办公设备，均要经教育局和县政府采购办批准，未达到招标限额的由政府采购办实行协议供货，达到采购标准的由政府采购办实行公开招标。3月15日，县教育局做出《关于进一步规范学校财务管理的补充规定》，学校的各项预算外收入必须全部纳入单位财务部门的管理，实行统一核算。未经县教育局批准，学校经费不得外借，不得对外投资或购买有价证券，学校预算外收入必须按“收支两条线”管理，全部缴财政专户。学校的各项收费资金必须全部用于教育事业规范支出行为。对私设小金库的，将按小金库的全部发生额予以收缴，并对单位负责人及相关人员依法处理；学校收入未按规定入学校账户而转移至其他单位或部门及隐瞒或截留单位收入的，其转移、隐瞒、截留的收入全部收缴；未经批准擅自将单位资金外借、对外投资或违规进行经费担保的，要责令有关责任人限期收回，并承担全部经济损失，同时依法给予处分；对擅自增加收费项目、超标准等违反收费规定乱收费的，一经查实，除全部清退外，对单位主要负责人和有关人员根据有关规定进行处理。对违反规定，擅自自立项目发放各种补贴、招待费数额较大的学校，取消学校负责人评优评先资格，并根据有关规定进行处理；对违反采购有关规定的学校，将核减同等采购金额的计划拨款，并视情节轻重追究学校主要负责人的责任。26日，县教育局发《关于印发瓮安县教育局中、小学生公用经费支出管理暂行办法的通知》，各中小学建立预算制度，将公用经费纳入学校总体预算，实现收支平衡。公用经费用于公务费20%、业务费30%、教职工培训5%、购置费10%、修缮费10%、其他支出25%，不准挪用公用经费发放教师津补贴、教学奖励费、福利等。8月，县教育局发《关于中小学经费管理使用的有关规定》，学期经费预算包含采购预算，凡先购买后办采购手续的报告一律不予批准，经局批准后的计划，需要政府采购的，一次性报局批准再报采购办实施，学期预算报告必须于每学期开学初交教育局审核。10月22日，县教育局发《关于再次清理其他农村义务教育债务的通知》，各校组织对其他农村义务教育债务进行一次全面的认真清理，对不属于上次清理“普九”期间的债务范畴的债务，如教职工集资建房和前次未清理的上报的学校其他债务，清理截止时间到2007年12月31日止。教职工集资建房款，一经退还教职工后，住房一律收回作学校固定资产。清理债务上报借款修建职工住房的合同、决算清单、审计部门的审计意见书、工程的正式有效发票、学校所欠工程的欠条及借款协议和收据、债权人的银行账号和第二代新身份证复印件。11月6日，县教育局出台《关于中小学经费管理使用的有关规定》，各校每学期做好经费预算和采购预算，未列入预算项目2000元以上的经费支出需先报教育局批准，各学校列入经费预算且经局批准的建设、维修、采购项目，采购时一次性报局批准采购，凡有“先斩后奏”的项目报告一律不予批准。对生均公用经费的使用、贫困寄宿生生活补助费的发放及审批、转移支付资金的安排、学校基建（维修）经费支付的监管等做出具体规定，并规定严禁乱收费、严禁私设小金库，对各级教育专款、资助资金、捐献款等进行监督管理。12月17日，州教育局发《关于成立落实新增中央投资项目协调领导小组的通知》，决定成立落实新增中央投资项目协调领导小组，各县（市）抓紧配备相关工作人员，落实到人，当地财政申请拨出专款，向社会聘请有技术的专业人员协助开展工作。22日，县教育局发《关于成立落实新增中央投资项目协调领导小组的通知》，决定成立落实新增中央投资协调领导小组，协调处理落实工作中遇到的重大问题，做好上级政府检查组和县直有关部门的衔接。

2009年，基建股所有业务均划归计财股管理。3月12日，县财政局发《关于瓮安县第二中学房屋处置的批复》，同意瓮安二中拆除原教师宿舍二、三楼，在原址上新建综合楼和教师宿舍楼各一栋。办理手续后产值收入实行“收支两条线”管理，缴入财政专户，按财务管理规定做好相关财务处理。6月9日，县教育局发《关于进一步规范学校收费、严格办学行为的通知》，各学校按照省物价局、省教育厅下发的义务教育学校收费文件收费，违规乱收费的依法追究责任，严禁学校统一收取保险费、身份证办理费，严禁学校及教师举办或参与社会办学机构合作举办向学生收费的各种培训班、实习班、提高班等有偿培训，执行公办普通高中招收择校生“三限”政策，严禁学校、教师私自在学生中收取蒸饭费、住宿床板费、财产押金、资料费、校服费、饮水费等各种费用。10日，州教育局发《关于实行校方责任保险代理制的通知》，省教育厅、省财政厅、省保监局批示同意黔南州全面实行校方责任保险工作。经竞争性选择，选中北京联合经纪公司作为黔南州校方责任保险代理经纪公司及中小学风险管理顾问，从2009年秋季起，黔南州正式进入全省校方责任保险和中小学教育风险顾问管理试点工作，全州各级各类学校校方责任保险投保工作由州教育局统一组织并确定代理经纪公司。县教育局发《关于进一步规范学校收费、严格办学行为的通知》，严禁学校统一收取保险费、身份证费等费用，这类费用必须由学生自行与业务单位收缴；严禁学校、教师举办或参与社会办学机构合作举办向学生收费的各种培训班、补习班、提高班等有偿培训；严禁在“三限”（公办普通高中招收择校生“三限”政策）政策之外以其他任何名义招收高收费学生；严禁学校、教师私自在学生中收取蒸饭费、住宿费、财产押金、资料费、校服费、饮水费等；整治学校“小金库”。执行“收支两条线”管理规定和教育收费公示制度，每学期对许可收取的收费项目要在公示栏内公示。12日，县教育局转发《县纪委、监察局、财政局、审计局关于印发瓮安县党政机关和事业单位开展“小金库”专项治理工作方案的通知》，各校开展“小金库”专项治理清查，于6月30日前将自查自纠总结报告和《单位“小金库”自查自纠情况报告表》交教育局计财股和纪检组。18日，县教育局发《关于做好2009年秋季经费预算报批手续的通知》规定，除保证日常运转的开支外，还可以安排部分经费用于改善办学条件，添置办学必需的教育设备设施，更新学生课桌凳，配齐音、体、美和卫生器材，购置教学仪器损耗品及实验药品，添置远程教育设施和信息技术教育设备。公用经费专款专用，不得用于发放教师的津补贴，不能用于偿还学校债务，不能用于基本建设项目，不能用于学校发生的招待费开支。各校于2009年8月10日前对2009年秋季经费和截至2009年7月31日学校的结余经费进行预算报批手续。

2010年3月1日，县财政局发《关于印发〈瓮安县县级国家机关和事业单位差旅费管理办法〉的通知》，工作人员因公在县城住宿，每间房最高不得超过100元，在乡镇住宿不超过50元，县外住宿不超过200元。出差人员的伙食补助费按出差自然天数实行定额包干，省外出差每人每天50元，省内县外出差每人每天30元。到高水乡、牛场坝乡、白沙乡、建中乡、小河山乡、木引槽乡、老坟嘴乡出差，每人每天伙食补助费10元；到珠藏镇、天文镇、龙塘乡、铜锣乡出差每人每天伙食补助费8元；到岚关乡、草塘镇、中坪镇、玉山镇、永和镇、松坪乡、鱼河乡、木老坪乡出差每人每天6元；到平定营镇、玉华乡、银盏乡每人每天伙食补助费4元。公杂费省外每人每天30元，省内黔南以外每人每天20元。外出开会已统一安排食宿的，会议期间不报销住宿费、伙食费和公杂费。11月12日，县审计局做出《审计报告》，校安办抽调相关部门人员对全县的166所学校校舍安全情况逐校、逐栋进行集中摸底排查，共排查学校166所，建筑物739栋，面积423622平方米，其中，排查鉴定安全的学校2所、单体建筑物44栋、面积35274平方米，排查鉴定加固校舍的学校有53所，需重建校舍的学校有30所，需加固和重建校舍的学校有81所。全县校安实施工程已涉及的各项收费项目，建设用地工本费、防雷设施费、地勘费、设计图纸费、招标费5项，全县应收费119.49万元，实际收费64.33万元，未收费55.16万元。全县校安工程建设项目12个，总投资1663万元，其中中央资金1581万元、省级资金82万元，分项目投资为土建工程1601万元、设备投入62万元。计划建设校舍15992平方米，其中，综合楼面积8070平方米、学生宿舍及其他设施面积7992平方米。

瓮安中学学生宿舍（2015年摄）

2011 年 1 月 12 日，县教育局发《关于规范收费和严格程序办理核销等规定的通知》，学校在开学前公示本校收费项目和标准，接受群众和社会监督，教育局每学期牵头组织相关部门对学校收费及生均公用经费的使用进行巡查，对经费实行“收支两线管理”，收入全额记入单位会计账户，不准将学校教育经费转交非财务机构管理，不准财外设账，不准私设“小金库”和公款私存，更不准用学校经费搞房地产开发、股票及期货交易，不准滥发奖金、实物或组织公费旅游等。学校图书教材、作业本、实验仪器、化学药品、体育器材、各种办公设施、学生课桌凳等大宗物资采购，必须按照采购程序，通过公开招标或议标方式采购，任何人不得从中提取回扣。工程建设按规定程序办理，不得随意增减手续。3 月 16 日，县教育局发《关于进一步加强学校工程建设管理的通知》，工程基本建设项目有项目立项、方案设计、施工图初步设计、地质勘探、施工图设计、进行施工准备、确定监理单位、工程招标、办理规划许可证、办理施工许可证、组织施工、工程验收、交付使用、竣工决算、竣工资料存档等 15 个工作流程，教育工程实行诚信管理制度，对承建教育系统的施工单位、项目经理进行诚信管理，对项目名称、施工单位、项目经理、施工时间、完工时间、不良记录等由学校填报后交教育局纪检监察室。12 月 8 日，州教育局发《整改通知书》，于 12 月 7 日对瓮安县贵真学校进行年审，贵真学校教学楼、学生宿舍均于 20 世纪 70 年代老房子，自 2007 年办学以来，学校未对现有校舍、学生宿舍等办学条件进行基础性维修、加固，存在突出的安全隐患，教育局督促学校，由城建部门对现在的教学楼、学生宿舍、围墙等基础设施进行鉴定，如是危房，立即停止学校办学行为。贵真学校无独立账户，学校财务运行不符合《民办教育促进法》的要求，县教育局加强对学校财务工作管理指导，在未规范前停拨学生生活补助经费。

2012 年 8 月，基建股更名为工程办。计财股更名为计划财务科（以下简称计财科），仍属教育局内设科室，没有独立编制，内设审计室与工程办，负责全县教师工资、学校生均公用经费、学生营养改善计划资金、贫困生生活补助资金、工程建设资金等的预算、审核、拨付和资金管理使用等工作。工程办负责学校基础设施建设监督管理、工程项目申报、学校布局规划、薄弱学校改造、校舍新建等工作。审计室负责学校日常经费开支使监督、办公用品及办公设备招标采购、学校负责人及财务管理人员离职审计等工作。

2013 年 7 月 13 日，县教育做出《关于同意瓮安中等职业技术学校向中国农业银行瓮安支行贷款的批复》，同意瓮安中等职业学校向中国农业银行瓮安支行贷款 3000 万元用于新校区建设，贷款期限 1 年，用瓮安中等职业技术学校每年的教育事业收入偿还该贷款本金及利息。8 月 5 日，县教育局发《关于学校基建（维修）项目审批程序的通知》，教育系统工程建设报审及相关人员的工作分工按分片负责人→工程办负责人→计财科负责人→分管副局长→局长的程序进行。10 日，县教育局发《瓮安县教育系统校财局管实施方案》，对农村中小学实行校财局管，实施“集中记账，分校核算”的管理模式。成立瓮安县农村教育核算中心，核算中心隶属教育局管理，业务属教育局计划财务科管理，设编制 6 人，工作人员从学校财会人员中抽调。全县13个乡（镇、办事处）的43所中小学和县直属幼儿园、特殊教育学校、职业技术学校所有经费集中到县教育局核算中心进行统一核算，从8月19日至10月30日，对各校财务进行动员部署、清理清查、业务培训、移交等，从11月1日起，全县各中小学的财务由核算中心接管。9月12日，省教育厅发《关于2013年8月教育突破工程综合排名暨进展情况通报》，对全省94个市（地、州）、县（市、区）教育突破工程进展进行排名，瓮安名列县（市、区）级第八名，受省教育厅通报表扬。

2014年8月10日，县教育局发《关于印发学校基建（维修）项目和财务管理有关规定及审批程序的通知》，学校基建（维修）项目金额在1万元以下的，由学校按基建审批程序审批后自行组织实施；学校基建（维修）项目金额在1万元以上的，由教育局工程办按程序组织实施。学校实施的基建（维修）项目，必须先按审批程序审批后方可实施，实施完毕后必须经局工程办、审计室、核算中心、学校等相关人员组织验收后方可结算付款，若先实施后审批的，一律不予结算，谁组织谁承担相应责任。学校列支超1000元的票据必须通过银行转账支付，严禁用备用金支付，备用金只能用作学校的零星开支。学校发生的设备设施及物资采购，金额超过1万元的，学校按国家采购程序组织实施，局审计室、核算中心相关人员全程参与采购与验收。9月18日，出台《瓮安县关于学校（维修）项目和财务管理有关及审批程序的通知》，对学校建设和维修再次进行规范，200万元以上的工程建设，报县招投标办，实行公开招标；200万元以下的工程，按《瓮安县教育局关于进一步加强学校工程建设管理的通知》规定进行；金额达1万元的，报县政府采购办按程序进行采购；学校财务已实行“校财局管”，学校只设报账员，统一在教育局农村教育核算中心进行报账。12月25日，省教育厅办公室发《关于2014年11月教育突破工程综合排名暨进展情况通报》，对全县等22个县（市、区）2014年建设项目全部完工进行通报表扬。

2015年2月，瓮府办发《瓮安县人民政府办公室关于印发瓮安县教育局主要职责内设机构和人员编制规定的通知》，明确计划财务科为教育局内设机构，负责拟订教育经费筹措的管理办法，指导学校财务管理，监督检查教育经费执行情况；管理各类教育收费；审定各级各类学校教育事业费的预算，制订基建投资计划；监督管理教育专项经费、赠援款和贷款；负责全县教育事业、基

县教育局领导在思源实验学校检查工程建设和安全工作（2015年摄）

建、财务统计及信息分析、发布工作；监督管理学校国有资产；协调指导后勤改革和中小学勤工俭学工作；协调有关部门管理中小学危房改造工程；做好“薄弱学校改造工程”和“校安工程”项目申报、审核、建设工作；负责组织、指导全县教育项目编制和项目库建设，组织实施好项目；负责各级各类学校的财务内审及督促全县教育系统内部审计工作。10月8—20日，县教育局对全县所有学校进行检查，检查农村义务教育阶段学校“两免一补”政策贯彻落实情况，中小学、幼儿园借举办各种培训班、实习班、提高班、兴趣班等进行有偿培训与补课行为，对义务教育阶段学校违反规定向学生收取住宿费的行为，中小学校违反规定将捐资、赞助费用与招生入学挂钩，中小学服务性收费和代收费用的行为，或以学生自愿购买保险、教辅资料、课外读物、报纸杂志，并从中牟利行为，农村中小学强制购买校服的行为，强制学生统一购买生活和学习用品从中牟利的行为，通过家长委员会、家长学校或班委会等形式强制学生接受有偿服务或强制收费等行为，公办高中超“三限”招收择校生并收费，在“三限”之外以借读生、自费生等名义招生并收费的行为，公办幼儿自立项目、提高标准收费的行为，民办幼儿园制定和调整保教费、住宿费标准是否报当地价格主管部门、教育行政部门备案，各级各类学校不按规定的内容和方式实行收费公示、收费政策调整后不及时更新公示相关内容的行为，幼儿园除向家长收取保育教育费、取暖费、伙食费外是否再向幼儿家长收取费用。检查发现个别民办幼儿园跨月向学生收取伙食费，经批评教育，并组织他们学习国家相关收费文件，并对违规现象立即整改。

表 15-1　　教育局财务科长、副科长、主任一览表

职　务	姓　名	性　别	任职起止年月
财务股股长	李松年	女	—1980. 8
财务股股长	高昌国	男	1980. 9—1991. 8
基建股股长	张云波	男	1987. 1—2009. 5
财务股股长	曾朝福	男	1991. 9—2009. 8
财务股股长	陈沽辛	男	2009. 9—2010. 8
财务股科长	先晓东	男	2011. 9—2013. 7
财务股科长	卢继东	男	2013. 6—2014. 11
计财科副科长	高　波	男	2013. 6—2014. 9
计财科副科长	陈德书	女	2013. 6—2014. 2
计财科副科长	廖　磊	男	2013. 6—
计财科副科长	杨秀文	男	2013. 6—

职　务	姓　名	性　别	任职起止年月
计财科副主任（负责核算中心）	商正银	男	2013.6—
计财科科长、农村教育核算中心主任	陈德书	女	2014.2—
计财科副科长（负责工程建设）	余福渊	男	2014.9—

第二节　教育经费

明万历年间（1573—1620），瓮安有学田27亩9分，零摊差银1两9钱5厘，粮7斗7升5合，山塘2口。

清顺治十六年（1659），每名廪膳生米4石，20名生员共80石。康熙六十年（1721），瓮安学田有皂溪田14亩9分7厘、内上田12亩1分8厘、中田5分，每年缴纳条编银1两1分3厘9毫9丝、秋粮3斗5升2合5勺4抄。道光十二年（1832），邑令王存成倡修玉华书院，并购置田亩作为书院经费。清朝末年，学堂分为官立、公立、私立三种，官立学堂由政府筹款设立，经费为学田、学年租息、政府指定的专项捐税或划拨的专款。经费开支分额支、活支、开办费、临时费4种，额支为教师工资等较固定的开支，活支指校内伙食、办公费等消耗性开支，开办费指新建学校时专拨的费用，临时费指新建校舍、添置设备等临时申请的经费。光绪三十年（1904），邑令罗本操将花竹书院改为高等小学堂，后附设初等小学堂，两学堂经费均从前书院旧产及各义学公产合并移入，不足之处靠捐助补济。光绪三十三年（1907），堡平场义塾废止，杂摊斗息收入归县城两等小学校。宣统二年（1910），瓮里岩坑初等小学堂、瓮里新牌卫初小学堂由黄泥田、和尚湾田、山北栏田、望哨田、阁上土、桂花树田土、水口寺土、长田坎田等收入作为常年经费开支。

民国元年（1912），瓮安教育经费有学田年收入、屠捐税附加、契税附加、斗息捐、特牙捐、碾榨捐、上级补助及其他呈准征收款项。民国2年（1913），在猴场隆兴寺设立养正义塾1所，经费由草里人孔庆朝、商汝兰、诸尧阶等捐置，但仅有皮蜡沟土数幅、田数坵，别无他款；在牛里场西万寿宫设初等女学校1所，经费由本场肉捐、斗息提用。民国3年（1914），干里梭罗堡添设1所初等小学堂，经费以本堡八户下绝产为基础，年中拨平定营屠捐、斗息钱二百五十千。民国4年（1915），瓮安初等小学堂从高等小学堂中分离，改设在武侯祠，荆里义塾废弃后，原义塾经费来源的许、戴二姓产业收款并入城南两等小学校。

表 15-2　民国 4 年（1915）瓮安县书院、学校田坵列表

里　甲	田地名	田数量（坵）	出谷数量（挑）	备　注
荆里二甲（大来观音阁充入一型田共56坵）	下坝观马硐田	4	30	上抵笔架山脚，下抵小沟，左抵汤黄二姓田，右抵黄姓田
	下坝田	5	30	上抵帅姓田，下抵路兼抵汤姓小田，左抵小沟，右抵汤姓田
	湾田	11	8	上下左均抵郑姓田，右抵大路
	小庄门口田	1	2	上抵小沟，下抵大沟，左、右均抵黄姓田
	大河边田	2	20	上抵黄姓土，下抵大沟，左、右均抵黄姓田
	靛塘边田	3	2	上抵路，下抵黄姓田，左抵黄姓靛塘，右抵黄姓田
	上坝路坎上田	5	5	上抵沟，下抵路，左抵沟，右抵路
	水月冲田	2	2	上抵黄姓田，下抵沟路，左抵山脚路，右抵沟
	斗山潮田	19	20	上抵小坳，下抵张姓田，左抵山脚大堰沟，右抵山脚路
	揹崽岩田一型	14	20	上下左右均抵郑姓田
瓮里六甲（小寨莲花寺充入田140坵）	窝荡田	1		
	麻园田	2	19	上下均抵张姓田，左抵沟，右抵路
	池子田	1		
	枫香林田	2	5	上抵路，下抵沟，左抵水井坎，右抵沟
	水井坝路坎下田	9	10	上抵沟沟坎，下抵大沟，左抵路，右抵沟
	枫林湾田	4	5	上抵张姓田，左右下均抵沟
	曹田	4	50	上右均抵沟，下左均抵张姓田
	后坝田	11	20	上抵坡脚，右抵张姓界，下左抵张姓田
	蒲水田一型	106	60	上抵黄姓四格田，横抵高坎，下抵大沟，左抵小沟，右抵路
瓮里九甲（硐底田29坵）	河边大沙田	2	15	上左抵傅姓田，下抵河沟，右抵吴姓田
	砍篱庄田 1	4	15	上抵王姓田，下抵沟，左抵王姓田，右抵冷姓田
	砍篱庄田 2	1	12	上右抵冷姓田，下抵河，左抵王姓田
	任家门首田	5	15	上抵任姓田，下抵王姓大田，左抵徐姓田，右抵沟路
	碾房边田	10	60	上抵徐姓田，下抵大沟，左抵徐姓桥头小田，右抵小沟
	徐姓门首田	7	35	上抵冉姓田，下抵徐姓田，左抵路，右抵冉姓土
瓮里揹崽塘田土（23坵）、山林、基园	土、山林、基园			上抵黄姓界，下抵毛、黄二姓界，左右均抵严、黄二姓界，又上抵宋姓界，斜上抵卓家坡
	咸池沟田	8	4	上抵山脚，左右抵坡，下抵商姓田
	长路边田一型		14	上抵长路，下抵坡脚，左抵龙井坡，右抵庙田
	龙井边田	9	5	上抵龙姓沟坎，下左均抵沟，右抵杨姓田
	大荒塘田	6	5	上抵沟，下抵熊姓田，左抵萧姓田，右抵崖

续表15-2

里　甲	田地名	田数量（坵）	出谷数量（挑）	备　注
青池田（在黄平成里一甲，共9坵）	孟家井田	1	20	上抵王姓田，下抵路，左右均抵沟
	蒋家堡田	1	15	上下均抵陈姓田，左右均抵沟
	狮宝田	1	30	上抵陈、杨二姓田，下抵路，左抵杨姓田，右抵高坎
潘家寨田（黄平成里四甲74坵，塘二口）	梓木湾田	5	40	上抵高坎小沟，下抵路，左上抵郑姓田，左下抵邓姓田，左抵郑姓田
	死人湾嘴上田	3	5	上左均抵任姓田，下平高坎，右抵张、邓二姓土
	新买沙包田	2	6	上抵陈姓田，下抵潘姓田，左抵高坎，右抵小沟
	茶盘田、曹田	8	50	上抵陈姓田，下抵任姓田，左抵高路，右抵山脚小沟
	三勦田	3	20	上抵沟，下抵任姓田，左抵坡，右抵沟
	硚边田	8	40	上抵任姓田，下抵潘姓田，左抵陈姓田，右抵沟
	长田	1	20	上右下三方均抵任姓田，左抵李姓界
	落荡田	1		
	土地老屋基1个			上抵任姓土坎，下抵路，左抵路，右抵任姓界
	园土1幅			
	史家大田	8	60	上抵任姓界，下抵庙田，左抵任姓田，右抵土坎路
	落荡猪嘴田	7	24	上抵任姓田，下抵任李二姓田，左抵沟，右抵三坵田，直下抵庙田
	新买大鹅颈田	2	18	上下均抵庙田，左抵坡，右抵高坎
	新买王家大田	1	10	上抵秦姓田，左右下三方均抵胡姓田
	石阶田	4	12	上抵潘姓田，下左均抵庙田，右抵沟路
	石阶后坎田	2	6	上下左右均抵潘姓田界
	牛地田	8	30	上抵任姓田，右下均抵庙田，左抵胡姓田
	菜溪沟塘1口，塘面坎田	3	2	下抵胡姓田，左抵坡，右抵沟路
	杨柳湾塘1口	1	2	右抵坡，左抵路，下抵庙田
	桐梓湾田	1	4	上抵任姓田，下抵庙田，左抵沟，右抵坡
	拦坳田	2	30	上抵高坎，下抵路，左抵山脚，右抵路
	任姓门首田	4	12	上抵任姓田，下抵任、李二姓田，左抵沟，右抵路

续表15-2

里　甲	田地名	田数量（坵）	出谷数量（挑）	备　注
草里六甲（桃子冲田55坵）	旧屋基门口田	5	20	上抵高坎，下右均抵萧姓田，左抵路
	黄家园长田	1	3	上抵高坎，下抵坎下路，左抵张姓田，右抵萧姓田
	捐鸠坡田	2	3	上抵山脚路，右抵李姓田，下左均抵沟
	小山浸秣湾田	14	8	上抵山脚，下平高坎，左抵路，右抵陈姓土
	河佩湾田	6	6	下抵路，左抵坡，右抵坡
	路坎上田	2	6	上抵李姓田，下抵河，左抵丁姓田，右抵高坎
	小山路坎下田	6	3	四至原图未载
	过水田	6	5	四至原图未载
	路坎下田	4		
牛里七甲（下坪多田31坵）	唐家院门口田	2	1	上抵路，下抵张姓田，右抵黎姓半节田，右抵路
	葫芦田	1	12	上抵唐姓田，下抵黎姓田，左抵葛姓田，右抵路
	云顶上田	2	3	上抵唐姓高坎，下抵黎姓田，左抵韩姓田，右抵黎姓田
	斗山脚田	8	3	上抵唐姓田，下抵莫姓田，基上抵唐姓山，基右抵唐姓田
	小三角田	1		
	基园1幅			
	陡山门口田	7	5	上抵韩姓田，下抵郑姓田，左抵唐姓田，右抵葛姓田
	慈姑田	10	8	上抵罗姓田，下抵葛姓田，左抵莫姓田，右抵路
牛里七甲王家岩田		1	6	上抵张姓田，下抵毛姓田，直过抵庙田，右抵坡，左上抵高坎，左下抵毛姓田
牛里六甲塘坝田		3	8	上抵张姓田，下抵王姓田，左抵小沟，右找庙田
牛里六甲后冲分田一型		7	10	上下左右均抵王姓田

续表15-2

<table>
<tr><th>里　甲</th><th>田地名</th><th>田数量（坵）</th><th>出谷数量（挑）</th><th>备　注</th></tr>
<tr><td rowspan="11">荆里三甲（大樟阁田31坵）</td><td>大樟阁门首田</td><td>4</td><td>15</td><td>上下抵沟，左进水处抵李姓尖角田，右抵李姓田</td></tr>
<tr><td>大樟阁干田</td><td>1</td><td>5</td><td>上左右三方均抵坡，下抵路</td></tr>
<tr><td>桂花树田</td><td>2</td><td>2</td><td>上抵杨姓田，右抵王姓田，下左均抵冷姓田</td></tr>
<tr><td>坡上尖角田</td><td>1</td><td>1</td><td>上抵小沟，左抵庙田，右抵李姓田</td></tr>
<tr><td>黎树田</td><td>1</td><td>1</td><td>上下左右均抵向姓田</td></tr>
<tr><td>慈姑塘荒田</td><td>5</td><td>8</td><td>上左右均抵沟，下抵消洞</td></tr>
<tr><td>龙塘团坡长田</td><td>3</td><td>8</td><td>上抵坡，左抵小沟，右抵路</td></tr>
<tr><td>龙塘长湾田</td><td>3</td><td>10</td><td>上抵李姓田，下抵小沟，斜过抵周、袁二姓田，左抵徐姓田，右抵坡脚</td></tr>
<tr><td>龙塘上手小田</td><td>3</td><td>3</td><td>上下均抵沟，左抵唐姓田，右抵罗姓田</td></tr>
<tr><td>苗坟坝田1</td><td>4</td><td>10</td><td>上右均抵庙田，下抵蔡姓田，左抵坎上路</td></tr>
<tr><td>苗坟坝田2</td><td>4</td><td>20</td><td>上抵沟，下抵蔡姓田，左右均抵路</td></tr>
<tr><td colspan="2">附里一甲屯上田</td><td>3</td><td>25</td><td>其一坵上下抵高姓田，左抵谢姓田，右抵路，另两坵右抵坡脚高坎，左抵沟</td></tr>
<tr><td colspan="2">附里七甲县城北门坝田</td><td>6</td><td>60</td><td>东角上抵万姓田，高坎横过抵高坎路，南抵胡姓坟山高坎脚小沟，西抵路，北抵沟</td></tr>
<tr><td rowspan="2">北门外打石冲出口</td><td>黄家潮台田</td><td>6</td><td rowspan="2">60</td><td rowspan="2">上抵小沟，下抵任姓田，左下抵王姓坟山，上右斜由任姓曲下抵张姓田</td></tr>
<tr><td>湾田</td><td>1</td></tr>
<tr><td rowspan="2">干里十甲（平定营场口左成芳充入田5坵）</td><td>寨门口沟边田</td><td>2</td><td>4</td><td>上抵路，下抵赵姓田，左下抵刘姓田，右抵沟路</td></tr>
<tr><td>双坟边田</td><td>3</td><td>20</td><td>上右抵黄姓田，上中抵柴姓田，上左抵赵姓田，下右抵庙田，下左抵黄姓田，左抵左姓田，右抵沟</td></tr>
<tr><td colspan="2">牛里九甲三龙塘田</td><td>2</td><td>3</td><td>上抵李姓田高坎，下抵胡姓田，左抵土台，右抵路</td></tr>
<tr><td colspan="2">附里外二甲垭龙田</td><td>1</td><td>3</td><td>上抵水沟下，田坎下系消洞，左抵土台，右抵路</td></tr>
<tr><td colspan="2">瓮里偏岩田一型</td><td>7</td><td>80</td><td></td></tr>
<tr><td colspan="2">瓮里九甲胜土石家大塝田一型</td><td>不计</td><td>80</td><td>上抵罗姓田，下抵河沟，左抵水沟，右抵罗姓田界</td></tr>
</table>

续表15-2

里　甲	田地名	田数量（坵）	出谷数量（挑）	备　注
石家小塝田一型			12	上抵罗姓田，下抵河沟，左抵罗姓田，右抵水沟
瓮里江外蜡林田一型		不计	不计	咸丰末年由江界河中寨人犹颐捐助（地址在今江界河镇铜锣村水洞坪一带）
瓮里江外芭蕉冲田一型		不详		
干里高枧龙滩口田一型		不计		
滚水塘田一型		不计		原系玉华庙田，卢姓与山僧互争构讼，光绪三十三年，县令曹履中断入学院
附里酸草坪田一型		不计		
附里麻池坝田一型		不计		
附里打窖冲田一型		不计		
干里梭罗岩上田一型		不计		
新充入官岩田、土、山林	谢家曹干田	4	5	上抵张姓界，左抵李姓荒山，在抵山。又土一幅，与兴田连界
	官岩田二型	8	10	又官岩脚对门土1幅，青岗冲石山土1幅
	官岩脚对门干田一型	4		
	青岗冲曹田一型	5	9	又土1幅
	青岗冲田	3	5	
	青岗马口边田	5		
	棋子冲田一型	8	15	又土1幅，又山林土1幅
	牛角田一型	6	4	
	学堂门口田一型	26	70	

续表15-2

里　甲	田地名	田数量（坵）	出谷数量（挑）	备　注
文庙祭田（14份）	附里东门外煤炭冲田一型	不计	16	
	附里西门外晒米坡田一型	不计	12	
	附里大水沟田一型	不计	10	
	干里都宝寨门口田一型	不计	10	
	干里平定营猪下扒田一型	不计	12	
	干里陡虎坝田一型	不计	40	
	草里老坟嘴官塘田一型	不计	20	
	草里五甲全贵瓦窑田一型	不计	11	
	牛里下坪多田一型	不计	5	
	荆里干田坎田一型	不计	19	
	荆里干田坎土1幅			每年约收土租银5两5钱
	荆里小土田一型	不计	11	
	荆里驼背田一型	不计	30	
	荆里水绞油菜湾田一型	不计	31	
武庙祭田（3份）	干里邦溪田一型	不计	40	
	干里刘家营田一型	不计	12	
	附里北门外牌坊边田一型	不计	15	
文昌宫祭田1份	草里五甲高屯脚月弓田	1	18	
	川主庙大路侧天井田	1	20	举人商琏捐入
本城义学田2坋	附里漫底田一型	不计	已并入两等学校	
	附里渔溪坝平砑边田一型	不计		

续表15-2

里　甲	田地名	田数量（坵）	出谷数量（挑）	备　注
新县等校所业 里卫初学年田 瓮牌立小常有7份	黄泥田一型	5		南抵罗姓田，北抵路，东抵包姓清明田，西抵张姓田
	望笑田一型	不计		
	长田坎田一型	不计		
	三百拦田一型	不计		
	和尚湾田一型	不计		又土1幅
	桂花树罗姓门口田一型	3		又土1幅
	大石板山土1大幅			
本城学官所有田业	瓮里江界河小河边田一型			
	瓮里云南寨黄丝沟田一型			
	瓮里青菜坪硚边田一型，顺河田一型			
	瓮里脚盆寨田一型，商家堰田一型			
	瓮里吴歪田一型，学田湾田一型			又土1幅
	干里高枧天敖田一型			
	附里皂溪田一型，潘家寨田一型			
	草里新寨沟田一型（又名牛塘）			
	草里新田湾田一型			
	牛里养马田一型			
	干里龙蒿田一型			
	荆里洛柳田一型			又土1幅.

说明：坵，量词，指用田埂隔开的水田。挑，量词，1挑≈50公斤

民国24年（1935），经费实行有计划开支，预算分常年经费和临时补助两大项，常年经费用于教育行政、各类教育及教育补助等项开支，临时补助经费用于修缮、设备购置及其他临时性开支。省立中小学由省教育厅直接拨经费，省立瓮安第六中学每年开支多少由省教育厅决定。

表 15-3　　1939—1944 年瓮安教育投资情况统计表

年　度	财政总支出（元）	教育总支出（元）	教育总支出占财政总支出%
1939	91220	19239	21.1
1940	115043	18279	15.9
1941	225339	73778	32.7
1942	513917	135948	26.5
1943	2377294	391960	16.5
1944	7793527	899098	11.5

民国 36 年（1947），省立瓮安第六中学有教员 8 人，经费开支 5900 元。

1950—1953 年，执行中央统一财政、三级管理体制，瓮安中学教育经费由省文教厅直接拨款，县属小学经费由县附加公粮解决。1950 年 3 月 26 日，贵阳专区行政督察专员公署制发《处理各专区垫发各校旧员工 1949 年 12 月、1950 年 1 月和 2 月份生活维持米及办公费之一致规定》《1950 年春季各校征收学杂费暂行办法》，学校员工生活维持米由各驻校军事代表或联络员分别进行动员然后分组进行自报公议，自报部分由各员工按自己生活最低需要及经济情况提出本月份自己必需数目，由小组进行公议，公议的结果即为本月份员工应领米数量。应发给各校的公杂费采取维持性质，并非普遍发给，如各校确无存款可根据实际需要酌予发给，按在职教职员数为计算标准，每月每人核发公杂费最多不得超过当时当地 15 斤大米的折价，公杂费仅发 1949 年 12 月及 1950 年 1 月两个月，并指定用在学校办公用文具纸张、学生考试用纸、教学消耗水电、灯煤、零星修理及购置处用，不必开支的暂不开支。关于春季学杂费征收标准，自费生高中每人每学期缴学费大米 50 斤、杂费 30 斤，初中每人每学期学费大米 40 斤、杂费 30 斤；甲等公费生不缴杂费，学费酌免一部或全部；乙等公费生缴杂费大米 30 斤，学费酌免一部分；丙等公费生缴杂费大米 30 斤，学费酌免一部分或全缴；师范学校及职业学校学杂费一律免缴。6 月 14 日，执行贵阳区行政督察专员公署通令，教育事业费的来源，以各县所清理的教育基金为主，不足部分可在地方粮款内列一单独项目预计征收。教育事业费用于经常费、社会教育费、行政训练费、临时费等，即小学教职员工薪饷、学校办公经费、小学生人民助学金、干部子弟入学补助费、教职员工及学生期终奖励费、图书馆、民教馆、体育场、阅览室等员工薪饷办公费、购置费等及其他社教之补助费、购置费、视导旅费、教育行政会、教育座谈会及教职员抄训费、轮训费、集训费、修缮费、编余人员安置费、贫苦教职员工补助费、教职员工例假期间代课费及其他有关教育用费等。1951 年 9 月 2 日，西南军政委员会文教处出台《西南区小学教育暂行实施办法》，制定小学教育方针、学制、教学、课程、学期、假期、收费等，初、高级小学一律免收学费，酌收杂费，以作图画、药品、修建、茶水等开支，核实报销。12 月 27 日，贵阳专区政府批准瓮安县政府《关于办学经费的报告》，瓮安在前次民主建政中，每一新创的行政村，大体不超过1500 人，学龄儿童按全人口 15%计，大体不超过 230 人，实际入学者除县小学生及不能入学者外，大体不超过 100 人（因瓮安县只保证学龄儿童 40%入学），这说明过去一村有三至六个村学，形成班多人少现象，应当说服动员，尽可能地适当合并，两班足可容纳学生 100 人，如若真有不能克服的困难，至多也不过多出一个班—这超出的经费部分可在自觉自愿的原则下，由村自筹，或由县在文教事业费内酌情补助一部分。公补费改为每月大米 150 斤（学员学习费自备），班主任由董科长或王主任兼，均不给薪。学员伙食每月每人改为大米 75 斤，加伙伕 1 人，每月大米 200 斤，全班教师授课钟点费每月大米 600 斤（按钟点计算）。1952 年，将 1951 年接管东大街时街政府没收地主的历史文物登记造册。

表 15-4　　瓮安县政府文教科小公家务情况表

登记时间：1952 年 5 月 31 日

物品名称	单位	数量	备注	物品名称	单位	数量	备注
同治年间瓷碗	个	10		清御窑五彩碗	个	1	
明万历盖碗	个	2		乾隆大瓷勺	个	2	
柳叶形古盘	个	1		明万历五彩八仙碗	个	2	
同治年间瓷碟	个	10		同治小瓷酒壶	个	1	
居仁堂花瓶	个	1		同治彩花瓷碟	个	5	
洪宪花瓶	个	1		光绪蓝瓷碗	个	2	
钱嘴花瓶	个	1		同治花盘	个	1	
乾隆葫芦花瓶	个	2		荷叶盘	个	1	
康熙瓷碗	个	2		颜色瓷盒	个	1	破的
古碎瓷花瓶	个	2		瓷笔洗	个	1	
成化碎瓷花瓶	个	4		乾隆瓷酒壶	个	1	
陶器花瓶	个			康熙印泥	个	1	
黑古花瓶	个	1		八方五彩瓷碟	个	1	
古花瓷罈	个	1		花瓷酒杯	个	6	
成化小瓷瓶	个	2		花瓷碟	个	8	
洪宪小瓷瓶	个	1		同治瓷茶杯	个	1	
居仁堂小瓷瓶	个	1		紫砂古酒杯	个	1	

续表15-4

物品名称	单位	数量	备注	物品名称	单位	数量	备注
乾隆印色盒	个	1		康熙蓝色花瓶	个	1	
朱砂银酒杯	个	20	有10个坏的	宋朝均瓷碗	个	2	破1个
彩花瓷碟	个	3		古瓷花瓶	个	1	破的
梅花古瓷盘	个	3		康熙苹果青瓷水壶	个	1	
花瓷碗	个	4		青花瓷托碟	个	2	
八卦古盘	个	1		朱砂瓷小瓶	个	1	
同治瓷碟	个	1		古墨	锭	3	
光绪寿碗	个	1		玉石章	个	1	
洪宪瓷碗	个	3		米色玉环	双	1	
绿色玉环	双	1		镶边女族袄	件	1	
古腊盒	个	1		司法部一等金章	盒	1	
荷叶形铜星砚	个	3	破1个	万民衣	件	1	
方形铜星砚	个	2		补服	块	1	
明宣德铜香炉	个	5		眼镜盒	个	2	
古铜痰盂	个	2		扇带	双	4	
古铜茶船	个	3		日本团扇	把	1	
明宣德铜小香炉	个	2		缨帽	顶	1	
素珠	串	4		银盾	只	1	
蓝古带	根	1		毛呢	块	2	
古银酒杯	个	4		大品珍珠	颗	1	
古紫铜香炉	个	3	连木座	碧玉玛瑙珍	颗	3	
锡箴筒	对	1		珍珠钵针	颗	1	
古青铜香炉	个	1		宋朝铜钱	串	1	
蓝色瓷香炉	个	2		玉杯	个	5	
朱砂瓷香炉	个	2		玉牌	块	2	
小铜鼎	个	5	1个无盖	碧玉指花	颗	4	
古仪器（日晷）	个	1		碧玉钱	串	1	
小尖刀	柄	1		玉帽牌	块	2	
封建官僚肩章	副	1		玉环	个	1	吊烟杆用
纪念章	个	3		琥珀戒指	枚	4	
女红袄	件	1		玉带扣	副		
五彩百褶裙	件	1		玉翎管	个	1	

续表15-4

物品名称	单位	数量	备注	物品名称	单位	数量	备注
有褶红裙	件	1		玉簪	双	1	
水龙编花围裙	件	1		碧玉指环	对	1	
古衣女大褂	件	1		插簪	双	1	
玛瑙花	个	1		梁启超一对联	双	1	
玉带	根	1		门潸一屏	幅	4	
琥珀坠	颗	5		门潸一联	双	1	
珍珠（大小）	颗	114		字书横批	幅	1	
玛瑙珠	串	1		《秦谊庭山水册》	本	4	
本刻十八罗汉头	颗	60		《宋拓九成宫帖》	本	1	
玛瑙插针	颗	1		《唐僧怀素草一千金》	本	1	
富贵白头草条	幅	1		拓印碑文	束	1	
丝织山水	幅	1		外国风景照片	张	24	
古老三星图	幅	1		宋朝包文正像	张	1	
归兰亭图	幅	1		山水人物画	幅	4	
石兰中堂	幅	1		梁启超一对联	双	1	
仙女图	幅	1		砚池	块	1	购买
诰封	轴	2		土盘子	个	2	
栋衡恪山水草条	幅	1		红花瓶	个	1	
梁启超一横批	幅	1		红陶香炉	个	1	
合计		289				53	
总计						342	

说明：砚池 1 块为购买

1953 年 5 月 4 日，省教育厅回复瓮安文教科，1—8 月应发瓮安简师班经费 318.52 元，已领款 790.36 元，两抵多领 471.84 元，余款就地拨交瓮安中学。1961 年，全县教育事业费预算为 31.31 万元，至年底，实际支出数为 31.16 万元，占预算的 99.5%。其中小学教育费 18.59 万元、中学教育费 8.68 万元、中等专业教育费 3.46 万元、业余中小学和扫盲经费 0.19 万元、其他教育事业费 0.22 万元。1962 年，文教事业费预算指标 27.39 万元，其中文化 0.37 万元，教育 26.92 万元，实际支出 27.33 万元，占预算的 99.79%，整个经费除保证教职工的工资福利及人助金的发放外，并重点解决一所中学和 20 所小学及文化馆的修缮。另对少数民族学生较多的学校补助 0.2 万元，省直接拨款 0.46 万元，完成草塘中学基建工程。1972 年，州教育经费预算拨付瓮安指标数共 73.6 万元，其中民办补助 9.83 万元、铺点建校费5万元。11月8日，黔南州革委财政局、州革委教育局发《关于追加1972年教育事业经费的通知》，省追加黔南州部分教育事业经费，由于遇到较大的自然灾害，使各县在教育事业经费执行中存在着困难。经研究，决定追加各县教育事业经费，列入县财政预算，其中追加瓮安县1万元。1973年7月29日，州财政局、州教卫局拨款给瓮安录取高等学校经费0.1万元，由县统筹安排使用。

表15-5　　1978年县教育经费支出明细表（一）

1978年12月29日编制

单位：元

科目编号				名称	全年预算数	银行支出数		实际支出数		备注
款	项	目	节			本月数	累计数	本月数	累计数	
119	2			中等专业教育支出				985.53	34926.51	上年结转
		1		工资				530.5	13486.6	本年拨款累计
			1	标准工资				530.5	12361	本年实际支出
			3	未定级					990.5	余额
			4	其他人员					135.1	
		2		补助工资				64	1891	
			1	粮贴				44	1106	
			7	临时工资					657	
			8	其他津贴				128	128	
		3		职工福利				101.5	1279.83	
			1	福利				100	180	
			2	公医款				1.5	1099.83	
		4		人民助学金					11087	
		5		公务费				117.53	4241.46	
			1	办公费				50.51	3606.71	
			5	取暖费					39.6	
			6	差旅费				67.02	595.15	
		6		房屋修缮费					312.33	
		7		设备购置费					2463.61	
		8		业务费					164.68	

表 15-6 1978 年县教育经费支出明细表（二）

1978 年 12 月 29 日编制

单位：元

科目编号				名称	全年预算数	银行支出数		实际支出数		备注
款	项	目	节			本月数	累计数	本月数	累计数	
119	3			中等教育支出				53165.95	298410.66	上年结转
		1		工资				9862.22	117301.74	本年拨款累计
			1	标准工资				9512.17	111457.44	本年实际支出
			2	保留工资				750	1335	余额
			3	未定级工资				302.5	3621.5	
			4	其他工资				40.05	887.8	
		2		补助工资				4949.6	23525.4	
			1	粮贴				908	9169.5	
			5	代工资				512.1	3804.85	
			7	临时工资				886.5	7908.05	
			8	其他津贴				2643	2643	
		3		职工福利				2515.63	10112.97	
			1	福利				2505	3935	
			2	公医款				10.63	6177.97	
		4		人民助学金				3312.8	12993.47	
			1	学生助学金				3312.8	12993.47	
		5		公务费				3446.12	35805.2	
			1	办公费				1965.39	25055.92	
			2	邮电费				424.05	1382.57	
			3	会议费					755.43	
			5	取暖费				709.97	1615	
			6	差旅款				346.71	6325.62	
			7	大宗印刷费					670.66	
		6		房屋修缮款				22476.83	70899.59	
		7		设备购置款				6278.6	21259.58	
		8		业务款				324.15	6512.71	

表 15-7　　1978 年县教育经费支出明细表（三）

1978 年 12 月 29 日编制　单位：元

科目编号				名称	全年预算数	银行支出数		实际支出数		备注
款	项	目	节			本月数	累计数	本月数	累计数	
119	4			小学教育支出				191889.61	899342.76	上年结转
		1		工资				32937.6	388904.4	本年拨款累计
			1	标准工资				30849.1	366659.05	本年实际支出
			2	保留工资				1	17	余额
			3	未定级工资				2087.5	17689.25	
			4	其他工资					4539.1	
		2		补助工资				31955.9	134548.61	
			1	粮贴				3444	34788	
			2	小伙食补贴				777	9201	
			5	代课工资				5872	59851.73	
			7	临时工资				810	9654.98	
			8	各种津贴				21052	21052	
		3		职工福利				11654.5	34144.41	
			1	福利				11654.5	16052	
			2	公医款					16712.31	
			4	死亡安葬费					1380.1	
		4		人民助学金				7712.2	33326.4	
			1	学生助学金				7712.2	33326.4	
		5		公务费				4654.68	16392.87	
			1	办公费				1265.68	1919.32	
			4	会议费					1352.9	
			5	取暖费				2914.1	6625.5	
			6	差旅款				474.12	6895.15	
		6		房屋修缮款				2997.66	55841.58	
		7		设备购置款				25987.07	41038.45	
		8		业务款				18.8	18.8	
		10		差额补助				70371	194727.24	

表 15-8 1978 年县教育经费支出明细表（四）

1978 年 12 月 29 日编制 单位：元

科目编号				名称	全年预算数	银行支出数		实际支出数		备注
款	项	目	节			本月数	累计数	本月数	累计数	
119	8			其他教育支出				1678.62	27077.07	上年结转
		1		工资				992	7360	本年拨款累计
			1	标准工资				992	6443.5	本年实际支出
			3	未定级工资					916.5	余额
		2		补助工资				262	830	
			1	粮贴				112	680	
			8	其他津贴				150	150	
		3		职工福利					3252.14	
			1	福利					245	
			2	公医款					3007.14	
		5		公务款				236.62	6866.16	
			1	办公款				41.77	968.69	
			2	邮电费					148.27	
			4	会议费				113.75	2221.04	
			5	取暖费					40.61	
			6	差旅款				81.1	2593.6	
			7	大宗印刷费					893.95	
		6		房屋修缮款				110.55	1912.91	
		7		设备购置款					468.06	
		8		公务款				77.45	6387.8	

表 15-9 1978 年 12 月教育资金活动情况表

1978 年 12 月 30 日编制 单位：元

预算资金部分			其他资金部分		
会计科目分类和名称	年初数	期末数	会计科目分类和名称	年初数	期末数
资金来源类			资金来源类	21093.70	

续表15-9

预算资金部分			其他资金部分		
固定资产基金	1287582.63		应缴预算收入		
拨入经费	1261757.00		预算外收入	11800.45	
经费暂存	25825.63		其他暂存	9293.25	
资金运用类	1287582.63		资金运用类	5219.91	
经费支出	1261757.00		预算外支出	789.84	
拨出经费	25825.63		其他暂付	4430.07	
经费暂付					
资金结存类			资金结存类	15873.79	
库存现金			库存现金	94.69	
经费存款			其他存款	15779.10	
经费限额			其他材料		
经费材料					
固定资产					

1980年，实行“划分收支、分级包干”的财政体制，教育经费由省财政对县所定的收支指标统一下达。1991—1993年，乡镇政府征收教育费附加115.21万元，用于教育77.63万元。

表15-10　瓮安县1991—1994年乡镇教育投入情况表

统计日期：1994年8月18日　单位：万元

单位	1991—1993教育费附加征收			投　入							
	收	支	余额	建设学校	建设项目	乡镇	村	辅导站	学校	群众集资	总投入
雍阳	7.6	1.7	5.9	一、二小、云星小学等	教师宿舍	14.3	0.35		133.55		148.2
银盏	5	1.5	3.5	大林	修教室	3	0.5				3.5
玉华	4.9	4.9		牛宫	修教室	7.87		0.7	0.25		8.82

续表15-10

单位	1991—1993 教育费附加征收			投　入							
	收	支	余额	建设学校	建设项目	乡镇	村	辅导站	学校	群众集资	总投入
草塘	15	8	7	太坪、杉树坳等	校舍维修	0.4		2.3	2.7		5.4
平定营	7.1	7.1		平定营、青山	新修教室宿舍	5.9	4.05	0.1	21.95		33
松坪	7.89	7.89		松坪小学	新修教室、添置课桌	15	9	8.4	1.9	0.3	34.6
小河山				小河山小学	垒保坎	水泥2.3吨					水泥2.3吨
天文	5.4	5.4		茶坪、杉岚、大塘	修教室、打球场			19.4	3		22.4
木老坪	1.9	1.08	0.82	木老坪、天堂	维修教室宿舍	1.08	1	2.3	1	1	6.38
珠藏	4.2	4.1	0.1	岗加槽、珠藏小学	新修教室宿舍	2.7	2.3	0.29	7.81	4	17.1
高水	3	0.3	2.7	高水小学	修教室	1.1	8.08	0.84	6.17		16.18
牛场坝	1.68	1.1	0.58	羊鹿小学	小型维修		0.47		0.43		0.9
木引槽	7.54	3.46	4.08	木引、毛沙坪	新修宿舍厕所	2.62		0.23			2.85
铜锣	6.8	6.6	0.2	后槽、桂花坪、三乐	新修教室厕所	6	5.96	2.28	6.5		20.74
玉山	3.4	3.4		思力、岩坑	新修教室厕所		1	11.3	10.55		22.85

续表15-10

单位	1991—1993 教育费附加征收			投　入							
	收	支	余额	建设学校	建设项目	乡镇	村	辅导站	学校	群众集资	总投入
龙塘	3.2	3.2		龙塘、尖坡	新修教室厕所	4.4	0.4	3.96	2.1		10.86
鱼河	3.7	3.7		鱼河、高枧	修教室打地皮	3.7			19		22.7
中坪	4.8	4.8		大坪、茶坪	新修教室宿舍	9.65	3.95	5.65	5.35		24.6
白沙	2.3	2.3		翁纳、虎场、保护	新修项目	3.1		15.5		4.18	22.78
建中	2.4		2.4	果水、军坡	修教室建厕所		0.6	1.7	1.5		3.8
永和	12.4	2.1	10.3	柴花等6校	围墙铁门等	1.8	5.88	10.81	5.54		24.03
老坟嘴				关塘	修教室			0.2		0.6	0.8
岚关	5	5		岚关、尖坡、章阁	新修教室宿舍	2.25		1.15	1.7		5.1
合计	115.21	77.63	37.58			85.87	43.54	73.16	234.87	10.08	428.52

1995 年，县规定小学收费标准，1~3 年级 60~65 元、4~5 年级 65~70 元、6 年级 70~75 元。1997 年 4 月 15 日，县审计局发《关于对教育局 1996 年教育经费财务收支的审计决定》，共审计出白条列支 28455.95 元，其中高水中学 1996 年白条列支 18909.8 元、铜锣乡教育辅导站白条列支 9546.15 元，应补缴所漏营业税 1422.8 元、城市维护建设税 71.14 元、教育费附加 42.68 元。草塘教育辅导站用教育费附加支付安装程控电话费 4049 元，决定追还草塘教育辅导站挪用的 4049 教育费附加，并处以罚款 400 元，应补缴税款 1479.71 元。7 月 23 日，县教育局发《关于全县教师改行收费问题的意见》，对全县教师改行、调出外县工作规定，

凡教师改行，本科缴费8000元、专科交费5000元、中专中师及以下交费3000元，按其最后学历的服务年限，不足5年的，每差1年加交培训费本科2000元、专科1500元、中专中师及以下1000元；调出县外的教师，本科交费3000元、专科交费2000元、中专中师及以下交费1000元，按其最后学历的服务年限，不足5年的，每差1年加交培训费本科2000元、专科1500元、中专中师及以下1000元；因工作需要，被组织提拔任职而变动工作的不列入交费对象。

2001年10月22日，县教育局呈《关于教育局开展劳动预备制度和就业准入控制落实情况的汇报》，全县初级中学1999—2000年自筹农村教材款54000元，自筹办公款和自制农技考试卷等41500元，全县初中职业教育共投入95500元。2002年，全县筹措教育经费440万元，其中农村教育费附加420万元、引资办学助学（折合）数20万元，勤工俭学和校本产业产值达300万元，其中利润30余万元。2003年5月9日，县教育局呈《关于对全县普通中小学实际执行的收费项目的意见》，本学期小学1~3年级每生收费88元、4~6年级每生收费105元、初中每生收费170元，在上年（县物价局规定的收费标准）的基础上小学每生少收5元、初中少收10元。

省、州领导检查验收瓮安生均公用经费（2010年摄）

2008年，州政府出台《化解农村义务教育“普九”债务试点补助资金管理办法》，由省、州财政安排专项资金对县（市）化解农村“普九”债务予以补助，全州共获三批“普九”债务补助，第一批3120万元、第二批12888万元、第三批3299万元，瓮安获补助2307万元，其中第一批获339万元、第二批获1574万元、第三批获394万元。8月18日，州政府督导室发《关于对瓮安县人民政府教育经费拨付情况专项审计的意见》，于7月21日对瓮安县政府2007年教育经费拨付情况进行审计，预算内教育拨款、预算内生均教育事业费、预算内生均公用经费“三个增长”只实现了前两个增长，欠拨344.94万元；入库的各种教育费附加未能按照《贵州省教育经费筹措管理办法》的规定足额拨付教育使用，2003—2006年欠拨716.81万元；2002—2006年中央农村税费改革转移支付资金未按《贵州省教育经费筹措管理办法》规定拨付教育使用，共欠拨1264.93万元；2007年农村义务教育经费保障机制专项资金共计1338.64万元，其中，中央公杂费1105.28万元、省杂费162.76万元、县应配公用经费43.6万元、州应配27.04万元，实际拨到学校1297.64万元，欠41万元（州27万元、县14万元），以上共欠拨2204.99万元，2008年6月25日补拨148.22万元，仍欠拨2056.77万元，瓮安县财政必须于2008年8月31日前补拨到位。9月20日，县教育局、县审计局、县财政局发《关于迎国检“两基”自查报告》，县成立以审计、财政、教育等相关部门组成的审计小组，对瓮安县2006年至2008年9月财政对教育的投入和使用情况进行自查，从经费投入“三个增长”、各级政府各项资金落实、中央费改税转移支付资金用于教育、教育费附加与其他税费拨付、义务教育经费管理和使用、“普九”债务清理和化解等进行总结。全县共清理出“两基”债务4687万元，并经审计局审计认定，于2008年4月30日前已偿还4058万元，尚有债务余额629万元。

表15-11　　2006—2008年9月财政对教育经费投入使用情况统计表

<table>
<tr><th colspan="3">项　目</th><th>2006年</th><th>2007年</th><th>2008年1—9月</th><th>备　注</th></tr>
<tr><td rowspan="14">教育经费投入『三个增长』</td><td rowspan="4">政府教育拨款增长</td><td>地方财政经常性收入（万元）</td><td>10869</td><td>11364</td><td>12204</td><td></td></tr>
<tr><td>比上年增长（%）</td><td>14.25</td><td>4.55</td><td></td><td></td></tr>
<tr><td>教育拨款（万元）</td><td>12074</td><td>15234</td><td>10769</td><td></td></tr>
<tr><td>比上年增长（%）</td><td>32.69</td><td>26.17</td><td></td><td></td></tr>
<tr><td rowspan="4">生均预算内教育事业费增长</td><td>小学学生人数（人）</td><td>45517</td><td>43204</td><td>40404</td><td></td></tr>
<tr><td>生均教育事业费（元）</td><td>936.4</td><td>1745</td><td></td><td>2008年已拨5015万元</td></tr>
<tr><td>中学学生人数（人）</td><td>23177</td><td>23008</td><td>23134</td><td></td></tr>
<tr><td>生均教育事业费（元）</td><td>967.3</td><td>1335</td><td></td><td>2008年已拨2599万元</td></tr>
<tr><td rowspan="6">生均公用经费增长</td><td>小学生人数（人）</td><td>45517</td><td>43204</td><td>40404</td><td></td></tr>
<tr><td>小学生均公用经费（元）</td><td>12</td><td>13</td><td>14</td><td></td></tr>
<tr><td>中学生人数（人）</td><td>23177</td><td>23008</td><td>23134</td><td></td></tr>
<tr><td>中学生均公用经费（元）</td><td>17</td><td>18</td><td>19</td><td></td></tr>
<tr><td>中小学合计公用经费（万元）</td><td>94.02</td><td>97.58</td><td>100.52</td><td>已拨付（2008年未拨）</td></tr>
<tr><td>县级应匹配公用经费（万元）</td><td>16.55</td><td>29.56</td><td>36.74</td><td>已全部拨付</td></tr>
</table>

续表15-11

项　目			2006 年	2007 年	2008 年 1—9 月	备　注
义务教育保障资金各级政府落实情况（万元）		中央拨杂费、公用经费	639.58	1065.26	2038.29	2008 年含补拨 2007 年 540.78 万元
		省拨杂费	123.94	163.94	260.64	2008 年含补拨 2007 年 40 万元
		县匹配公用经费	16.55	16.52	49.78	2008 年含补拨 2007 年 13.04 万元
教育费附加与其他税费拨付（万元）	城镇教育费附加	应征城镇教育费附加	381.43	492.53	536	
		实收城镇教育费附加	381.43	492.53		
		已拨城镇教育费附加	381	492		
	地方教育费附加	应征地方教育费附加	95.37	111.33	175	
		实收地方教育费附加	95.37	111.33		
		已拨地方教育费附加	95	111		
	城市维护建设税用于教育	实收	574.2	936.7	801	
		5%用于教育	28	46.88	40.05	
		已拨	28	46.88		
中央费改税转移支付资金用于教育（万元）		中央费改税转移支付金	1744	1744	1308	
		50%用于教育	872	872	654	
		应拨	872	872	654	
		已拨	872	872	436	

12 月 12 日，省教育厅、省财政厅发《关于下达瓮安县雍阳镇中学专项经费的通知》，决定一次性补助瓮安县雍阳中学建设专项经费 500 万元，列入 2008 年“205 教育”类相应款项。30 日，州财政局、州教育局、州农业局联合发《关于下达 2008 年新农村卫生新校园建

设工程（第二批）中央专项资金预算的通知》，下达瓮安县2008年新农村卫生新校园建设工程（第二批）中央专项资金预算项目3个，经费65万元。

县教育局召开清理化解农村义务教育债务工作业务培训会（2010年摄）

2009年，投入专项资金300多万元改善瓮安中学的办学条件，投入4000多万元对二中进行就地扩建（新建教学楼和综合楼），二中原占地面积为19860平方米，建筑面积17373平方米，扩建后占地面积为25333平方米，建筑面积达32250平方米。投入资金200万元完成草塘中学的征地扩建。8月31日，州教育局发《关于下达普通高中、中职学校及普通中小学办学补助资金的通知》，拨付瓮安职中在建教学楼专项补助资金30万元、瓮安二中综合楼建设补助资金60万元、瓮安县平定营镇营定小学教学设备购置经费2万元，县教育局在接此文件的15个工作日内到州局计财科办理拨款手续，并将收入列入相应的科目核算。

2010年，下拨到学校公用经费2388.42万元，配合财政、审计对全县中小学200余万元债务进行化债前期统计、核实、审定。5月7日，县财政局发《关于瓮安第二中学校园扩建项目贷款还本付息的通知》，县财政同意用教育费附加收入分期偿还二中扩建项目贷款及利息，贷款利息于每季末20日前据实拨付，本金从2011—2018年县财政教育费附加收入中逐年拨付，其中2011年拨付400万元、2012年拨付500万元，2013—2018年每年分别拨付600万元。5月20日，州教育局下拨瓮安天文中学办学困难补助资金10万元，瓮安二中40万元，牛场坝乡三所学校7万元。6月28日，省教育厅发《2010年校舍维修改造长效机制（农村义务教育阶段薄弱学校改造工程项目改造工程）资金分配》，瓮安县获扶持义务教育发展专项资金500万元。12月9日，省财政厅、省教育厅联合发《关于安排2011年农村义务教育阶段校舍维修改造专项资金的通知》，安排到黔南州2011年农村义务教育阶段校舍维修中央专项补助资金4473万元、省级专项补助资金4473万元，其中分配到瓮安县860万元。2011年，省财政厅、省教育厅下达给瓮安中学突破高中阶段教育工程项目普通高中专项补助资金500万元，下达给瓮安二中227万元。

2012年2月9日，州财政局、州教育局发《关于下达2012年中等职业学校免费专项资金的通知》，下达瓮安县2012年中等职业学校免费中央和省级专项资金463.76万元，其中中央资金421.6万元、省级资金42.16万元、县级应承担资金31.62万元。3月，州财政局、州教育局发《关于下达2012农村中小学公用经费中央和省级专项资金预算的通知》《关于下达学前教育校舍改建内项目中央专项补助资金预算的通知》，瓮安县农村中小学公用经费中央资金2731万元，省级资金398万元，县级应承担266万元；下达瓮安县学前教育校舍改建工程补助资金260万元，奖励学前教育突破工程中央财政专项资金190万元。4月18日，州财政局、州教育局下达瓮安县农村寄宿制学校建设攻坚工程中央专项资金280万元，农村寄宿制学校建设攻坚工程学生食堂中央专项资金187万元。5月7日，县教育局拨付2012年农村中小学公用经费县级专项资金133万元，新机制前生均公用经费年初小学61.44万元、初中51.2万元。6月12日，县教育局拨付瓮安中等职业技术学校创示范职校银行贷款2012年度第二季度利息24.32万元。26日，省财政厅、省教育厅下达2015年中等职业教育“百校大战”省级专项资金400万元。27日，州财政局、州教育局发《关于下达2012年农村中小学公用经费州级配套资金的通知》《关于下达2012年高中阶段教育突破工程省级专项资金预算（第一批）的通知》，下达给瓮安中央资金2731万元、省级资金398万元、州级资金133万元，省级补助资金瓮安中学（雍阳中学）500万元、瓮安二中227万元，春秋季补助职校国家助学金522.3万元。7月17日，州发改委下达黔南州边远艰苦地区农村学校教师周转宿舍建设2012年中央预算内投资项目资金给平定营中学、平定营小学各87万元。8月14日，县政府成才奖励办公室划拨专项资金185.92万元，对2012年青少年及各类人才成才进行表彰。9月11日，县教育局发《关于划拨瓮安二中校园建设项目贷款2012年第三季度利息的通知》，瓮安校园扩建项目建设贷款4230万元，已归还本金300万元，贷款余额3930万元，第一季度利息508.23万元、第二季度利息707.54万元、第三季度利息84.97万元。9月19日，县教育局划拨2012年教育费附加资金640万元，其中农村教育费附加175万元、城市教育费附加465万元，划拨2012年转移支付资金881.8万元。12月5日，州财政局、州教育局发《关于下达2012年学前教育校舍改建类项目中央专项补助资金预算的通知》《关于下达2012年扶持民办幼儿园发展中央奖补资金预算通知》，下达给瓮安县乡（镇）公办幼儿园2所项目补助资金400万元，幼儿园设备项目中央专项补助4所80万元；下达给瓮安县扶持民办幼儿园发展中央奖补资金140万元。

2013年7月24日，省教育厅下达2012年中小学学科教学渗透法制教育省级补助资金全省136.8万元，其中瓮安获2.8万元。2014年6月25日，州财政局、州教育局发《关于下达2014年中职“百校大战”省级专项资金预算的通知》，下达瓮安职校2014年“百校大战”资金500万元。9月3日，州财政局、州教育局发《关于下达2014年第二批改善普通高中办学条件中央补助资金预算的通知》，全州在下达2014年第二批改善普通高中办学条件中央补助资金1400万元，下达给瓮安县220万元。10月29日，州财政局、州教育局下达追加2014年瓮安县学校经费共1533.7万元。11月19日，州财政局、州教育局发《关于下达2014年中职“百校大战”第二批省级专项资金预算的通知》《关于下达2014年教育“9+3”专项奖补资金的通知》，下达瓮安职校2014年“百校大战”资金300万元，下达瓮安县2014年教育“9+3”专项奖补资金50万元。12月25日，省财政厅、省教育厅发《关于提前下达2015年教育经费预算的通知》，下达瓮安县2015年农村义务教育阶段中小学校舍维修改造长效机制中央资金395万元、省级资金390万元，提前下达瓮安县农村义务教育薄弱学校改造计划（简称“全面改薄”）中央专项资金1165万元。

2014年1月16日，县住房和城乡建设局发《关于收缴2014年度公租房租金的函》，建制镇（乡）每套公租房租金1.5元×12×平方米缴（按年度），县城主城区内每套公租房租金2.5元×12月×平方米缴（按年度），全县中小学公租房应交租金68.68万元。

县教育局召开资金账务会议（2015年摄）

2015年1月13日，州财政局、州教育局发《关于农村中小学公用经费专项资金预算的通知》，瓮安农村中小学公用经费中央和省级专项资金预算2768.08万元。27日，县审计局发《关于瓮安县中坪中学教学楼工程结算审核结果的函》，中坪中学新建教学楼1栋，县教育局报送的该工程结算金额为3126359.18元，通过审核瓮安县中坪中学教学楼工程审减金额17924.45元，结算审定金额为3108434.73元。3月10日，县审计局发《关于瓮安县思源实验学校场平工程预算审核结果的函》，对瓮安县思源实验学校场平工程进行审核，核减原预算金额179.6万元，核定预算金额312.47万元，建议建设单位在该工程核定预算金额内确定最高控制价，按相关规定通过招投标确定施工单位。6月1日，省财政厅、省教育厅发《关于追加2015年农村义务教育阶段中小学校舍维修改造长效机制资金预算的通知》，瓮安农村义务教育阶段中小学校舍维修改造长效机制中央和省级追加资金90万元，改善普通高中办学条件资金921万元，其中中央补助资金320万元、省县补助601万元，农村寄宿制学校建设攻坚工程资金预算230万元。10日，省教育厅、省财政厅发《关于2015年支持学前教育发展中央专项资金建设项目的批复》，同意下达瓮安县扩大学前教育发展中央专项资金590万元，扩大学前教育资源中央奖补资金支持幼儿园建设项目1070万元。19日，省财政厅、省教育厅发《关于下达2015年第一批教育“9+3”专项奖补资金的通知》，下达瓮安省级“9+3”计划奖补资金60万元，追加农村中学中央补助资金918.41万元、省级追加补助56.12万元、州级承担资金18.71万元、县级承担资金18.71万元。22日，省财政厅、省教育厅发《关于下达2015年第二批现代职业教育质量提升计划中央专项资金预算的通知》，下达瓮安县教育局第二批现代职业教育质量提升专项资金230万元。28—30日，省财政厅、省教育厅下达瓮安2015年第二批教育“9+3”计划专项奖补资金30万元，加快普及学前教育省级专项资金155万元，农村义务教育保障机制中央、省级综合奖补资金575万元，农村义务教育薄弱学校改造计划中央专项追加资金预算1460万元，追加瓮安2015年支持学前教育发展中央专项资金80万元，追加2015年改善普通高中办学条件中央专项资金220万元。9月21日，省财政厅、省教育厅发《关于下达2015年秋季学期“三区”人才支持计划教师专项计划中央补助资金预算的通知》，下达瓮安县中央补助资金预算8万元。30日，瓮安获得追加2015年改善普通高中办学条件中央专项资金220万元。10月，省教育厅、省财政厅下达瓮安2015年省级农村寄宿制学校建设攻坚工程资金230万元，下达2016年农村中小学公用经费中央专项资金2177.61万元、省级专项资金326.64万元，下达2016年春季学期“三区”人才支持计划教师专项计划中央补助资金8万元。11月，省财政厅、省教育厅下达追加瓮安2015年农村义务教育薄弱学校改造计划中央专项建设项目资金2452万元，追加改善普通高中办学条件项目资金300万元，其中中央资金220万元、省级补助80万元。提前下达瓮安2016年农村义务教育薄弱学校改造计划中央专项资金1210万元，改善普通高中办学条件专项资金预算445万元，支持学前教育发展中央专项资金预算550万元，中小学校舍维修改造长效机制中央专项资金预算435万元。12月，省财政厅、省教育厅追加2015年农村义务教育薄弱学校改造计划瓮安建设项目4个，规划建设面积19200平方米，规划投入资金2452万元，其中，中央专项资金1460万元、县级财政资金992万元；追加瓮安2015年支持学前教育发展中央专项建设项目资金180万元，下达2015年农村义务教育保障机制资金575万元，其中，中央专款475万元、省级资金100万元；瓮安中学改扩建后补助300万元，其中，中央资金220万元、省县级补助资金80万元；提前下达2016年农村义务教育薄弱学校改造计划中央专项资金1210万元、改善普通高中办学条件中央专项资金445万元、支持学前教育发展中央专项资金550万元、中小学校舍维修改造长效机制中央专项资金435万元。

表15-12　　瓮安县中小学2015年公共租赁住房缴纳租金清单

项目名称	总套数	竣工时间	面积（平方米）	移交时间	租金缴纳开始时间	租金缴纳终止时间	收费标准（元/平方米）	应缴纳租金（元）
草塘中学	40	2013年9月	1420.25	2013年9月	2014年1月	2015年12月	1.5	51129
希望中学	31	2013年9月	1157.17	2013年9月	2014年1月	2015年12月	1.5	41658.12
牛场坝学校	18	2013年9月	648.7	2013年9月	2014年1月	2015年12月	1.5	23353.2
玉山小学	25	2013年9月	934.53	2013年9月	2014年1月	2015年12月	1.5	33643.08
高水小学	19	2013年9月	653.48	2013年9月	2014年1月	2015年12月	1.5	23525.28
草塘小学	38	2013年9月	1360.03	2013年9月	2014年1月	2015年12月	1.5	48961.08
建中中学	14	2013年9月	506.68	2013年9月	2014年1月	2015年12月	1.5	18340.48

续表15-12

项目名称	总套数	竣工时间	面积（平方米）	移交时间	租金缴纳开始时间	租金缴纳终止时间	收费标准（元/平方米）	应缴纳租金（元）
建中小学	10	2013年9月	364.66	2013年9月	2014年1月	2015年12月	1.5	13127.76
白沙小学	10	2013年9月	363.46	2013年9月	2014年1月	2015年12月	1.5	13084.56
松坪中学	20	2014年7月	700	2014年11月	2015年1月	2015年12月	1.5	12500
玉山中学	36	2014年7月	1260.96	2014年11月	2015年1月	2015年12月	1.5	22697.28
鱼河中学	15	2014年7月	526.25	2014年11月	2015年1月	2015年12月	1.5	9472.5
龙塘中学	12	2014年11月	281.2	2014年11月	2015年1月	2015年12月	1.5	5061.6
老坟嘴学校	18	2014年10月	646.6	2014年10月	2015年1月	2015年12月	1.5	11638.8
珠藏中学	41	2014年8月	1471.26	2014年12月	2015年1月	2015年12月	1.5	26482.68
珠藏小学	23	2014年11月	813	2014年11月	2015年1月	2015年12月	1.5	14634
铜锣中学	16	2014年11月	562.4	2014年11月	2015年1月	2015年12月	1.5	10123.2
高水中学	17	2014年11月	604	2014年11月	2015年1月	2015年12月	1.5	10872
木引槽学校	18	2014年11月	640.8	2014年11月	2015年1月	2015年12月	1.5	11534.4
天文中学	23	2014年9月	848.3	2014年9月	2015年1月	2015年12月	1.5	15269.4
木老坪中学	16	2014年5月	506.65	2014年7月	2014年10月	2015年12月	1.5	10639.65
松坪小学	14	2014年7月	490	2014年11月	2015年1月	2015年12月	1.5	8820
天文小学	18	2014年9月	648.6	2014年9月	2014年1月	2015年12月	1.5	12647.7
铜锣小学	7	2014年11月	256	2014年11月	2014年12月	2015年12月	1.5	4608
鱼河小学	12	2014年7月	421.8	2014年11月	2015年1月	2015年12月	1.5	7592.4
龙塘小学	10	2014年11月	500.2	2014年11月	2015年1月	2015年12月	1.5	9003.6
木老坪小学	11	2014年5月	506.65	2014年7月	2014年1月	2015年12月	1.5	10639.65
玉华中学	11	2014年10月	395.75	2014年10月	2015年10月	2015年12月	1.5	7123.5
永和中学	24	2014年3月	873.2	2014年3月	2014年6月	2015年12月	1.5	23576.4
岚关中学	18	2014年11月	646.6	2014年11月	2015年1月	2015年12月	1.5	11638.8
小河山学校	24	2013年12月	870.2	2013年12月	2014年3月	2015年12月	1.5	27411.3
中坪中学	30	2014年4月	1050.8	2014年4月	2014年7月	2015年12月	1.5	26795.4
白沙中学	16	2013年12月	607.61	2013年12月	2014年3月	2015年12月	1.5	19139.72
岚关小学	15	2014年11月	541.6	2014年11月	2015年1月	2015年12月	1.5	9748.8

续表15-12

项目名称	总套数	竣工时间	面积（平方米）	移交时间	租金缴纳开始时间	租金缴纳终止时间	收费标准（元/平方米）	应缴纳租金（元）
永和小学	15	2014 年 3 月	541.6	2014 年 3 月	2014 年 6 月	2015 年 12 月	1.5	14623.2
玉华小学	11	2014 年 10 月	395.75	2014 年 10 月	2015 年 1 月	2015 年 12 月	1.5	7123.5
中坪小学	25	2014 年 4 月	905.5	2014 年 4 月	2014 年 7 月	2015 年 12 月	1.5	23090.25
特殊教育学校	30	2014 年 9 月	1090.07	2014 年 9 月	2014 年 12 月	2015 年 12 月	2.5	35427.27
合计	751		27012.31					686757.6

第三节　工程建设

明神宗二十八年（1600），瓮安建县后新修文庙，走廊、窗户、星门齐备，由平越府刘冠南督修、知州管县事陈廷范监工。文庙塌坏后，知县沈日升于清康熙十一年（1672）重建圣殿三间。康熙二十八年（1689），知县汪大润、训导窦之亮修训导署。训导署损毁后移建明伦堂，有内堂3间、厨房3间、马棚1间、门斗房1间、署门1间，以明伦夹室为书斋。康熙三十三年（1694），训导杨芝先请巡抚副都御史阎兴邦、知府章时化、知县任士瑞等倡议绅士捐建圣殿五间、东庑三间、西庑三间、大成门五间，左右两间为乡贤名宦祠，以旧殿三间改为崇圣祠。后来，江国桢、张棠、知府事韩瑛、知县事训导吴天椿、教谕金瑀等相继捐资修缮。康熙四十四年（1705），抚军于准在东门内修建义学3间。知县孔兴访、教谕赵珍建在义学后建儒学教谕署，有内堂3间、书斋2间、厨房1间、书办门斗房2间、马棚1间、署门1间。

草塘中学教学楼（2009 年摄）

乾隆中期（约1766年），圣殿塌坏，知县李必炆、教谕陈善礼、训导梁尊泰等倡议绅士，重新修复，增建月台、花池、小道、礼门，把墙涂为红色，并在文庙右侧设明伦堂三间。同治十三年（1874），知县易嘉猷、教谕柴本堃重建儒学教谕署和训导署，教谕署有正房3间、左右厢房2间；训导署有正房3间、左厢房3间、明伦堂3间。光绪三十一年（1905），平越州牧陈培庚及委员吴嘉瑞因公过场，发现牛里场南关帝庙初等小学光线不适，遂筹款改修，兼筹常年经费，所有事宜专报平越立案。宣统二年（1910），在牛里初等小学添设高等小学，另设讲堂2间，改修校舍15间，并修门户砖墙等。

民国后期，学校校舍简陋，不少利用庙宇、祠堂、会馆、宅第等改做，不符合教学要求。新中国成立后，一方面对旧中国遗留下来的原有校舍进行维修、改建，另一方面投资新建、扩建校舍，并采取“两条腿走路”的方针，发动企事业单位、厂矿、社队集体和群众集资新建、扩建校舍。

1957年，基础建设完成投资9535.15元，建筑面积600平方米，完成的学生席位320个。1962年，对全县校舍进行摸底清查，分期分批逐步加以解决。全年共拨款74045.03元（教育事业费15000元、地方自筹附加5000元、大公社积累总数25860元、学杂费15069.64元，学校及公社、大队自筹经费13085.39元）修缮62所公民办学校和增添教学设备，其中用于民办6500元、用于公办67545.03元。修缮教室6431.89平方米，增添课桌1026张，增加座位2052个，购置图书3361册、黑板61块、凳子720条、床260铺、办公桌63张、体育器材及仪器87件、其他101件。

1972年，全县小学附设初中班扩建6个班，扩建增加基建费1.5万元，新增240人读书。全县小学新布点投资1.14万元，建筑共24点校，已完成13点校，正在施工8点校，未动工3点校。9月，改建马场坪小学，上级拨款6000元，修教学楼1栋，面积365平方米，实际造价17300元，其中上级拨款4000元、自筹经费6031元（马场坪大队贫下中农自发捐款231元，马场坪大队各生产小队集体捐款5400元，学校学杂费、勤工俭学费400元）、尚欠马场坪大队各小队7269元（其中欠兴龙堡生产队350元、马场坪生产队965元、艾家冲生产队1100元、老木冲生产队950元、老鹰坝生产队1050元、水落坝生产队900元、山地堡生产队560元、大坡生产队150元、大队拖拉机运费800元、木工工资250元、石家湾瓦费194元）。1973年1月，新建瓮安县金星小学主体工程竣工，属公办学校，共修教室4个、办公室1个、宿舍10间、厨房1间，全部为平房。学校占地面积497平方米，实际造价14500元，其中上级拨款2000元、自筹经费8000元（其中新川大队和新河大队献火砖6万块折合现金2000元，群众献工折合现金1000元，拨修缮费5000元）、另拖欠4500元（其中欠薪川大队2500元、新河大队2000元）。1976年，瓮安县基本建设完成项目21个，共投入资金10余万元。

表 15-13　瓮安县 1976 年基本建设完成情况统计表

填表日期：1977 年 3 月

建设项目	本年计划投资额（元）	本年实际完成投资（元）	本年新增固定资产（元）	自年初累计施工面积（平方米）	年末累计竣工面积（平方米）				
					合计	其中			
						教学用房	办公用房	学生宿舍	教工宿舍
三乐小学	4000	4000	4000	108	108	108			
羊关小学	9000	9000	9000	270	270	270			
茅坡小学	4000	4000	4000	108	108	108			
玉屏小学	6000	6000	6000	162	162	162			
尖坡小学	6000	6000	6000	162	162	162			
玉山小学	8000	8000	8000	216	216	108			108
中平小学	8000	8000	8000	216	216	108			108
柏香小学	10000	10000	10000	270	270	270			
荣院小学	4000	4000	4000	108	108	108			
龙蟠小学	4000	4000	4000	108	108	108			
大塘小学	3000	3000	3000	108	108	108			
穿洞小学	3000	3000	3000	108	108	108			
黑山小学	3000	3000	3000	108	108	108			
红梅小学	3000	3000	3000	108	108	108			
下普小学	3000	3000	3000	108	108	108			
大河小学	3000	3000	3000	108	108	108			
金黛小学	3000	3000	3000	108	108	108			
岚关小学	4000	4000	4000	108	108	108			
太文小学	4000	4000	4000	108	108	108			
金星小学	4000	4000	4000	108	108	108			
高枧小学	4000	4000	4000	108	108				108
合计	100000	100000	100000	2916	2916	2592			324

1987年5月至1990年4月，省、州、县共拨款161.17万元，地方和群众集资109.51万元，改建学校62所，面积2594平方米，新置桌凳10048套。1987年，全县校舍总面积153380平方米，其中危房面积37224平方米，危房改造投资43万元，改造面积8743平方米，投资18万元新建瓮安中学实验楼共1416平方米。1988年，投资46.5万元，改造给维修危房8666平方米。1989年，投资50余万元，改造危房8500平方米，尚有危房11315平方米，危房面积占校舍面积的7.4%。1990年，全县总建筑面积为132776平方米，有特急危房5184平方米，占总面积的3.9%。全县差教室90间、标准课桌凳427套。1991年，全县的“危改”工作经过省州组织的交叉检查被评为全州第一，获“危改”资金3万元的奖励。1993年9月，瓮安制定“普九”规划，新增校舍、设施，对危房改造项目具体安排到乡镇及学校，改善学校办学条件。

表15-14　　瓮安县“普九”规划办学条件情况统计表

填报时间：1993年9月30日　单位：平方米

单位名称	班级数	学生数	教职工数	所需校舍建筑面积	尚缺校舍面积	教学用房			生活用房						设施
						现有校舍面积	其中危房数	尚缺校舍面积	教师宿舍面积	学生宿舍面积	厨房面积	厕所面积	其中危房面积	尚缺生活用房	课桌椅双人套
雍阳镇	140	6157	342	16142	24572.7	12839	2349	13728	2615.7		76	612	821	10845	2813
平定营镇	112	4585	137	7144	14012	5536	972	6140	1302		32	270		7872	1375
玉华乡	68	2409	102	5278.1	9218.4	4203.3	2771.5	6222.4	673.5		103.3	298	10217	2996	98
银盏乡	79	2983	117	4269	9190.8	3524	1224	2098.8	550			195	438	7092	1062
草塘镇	143	6161	303	12110	21197.6	8265	713	7408.6	2905		282	658	270	13789	2585
松坪乡	104	1619	136	8500	2634	6494	1225	1034	2006					1600	
金竹乡	30	1074	52	1968	3000	1428	468	1398	440			100	267	1602	
中坪镇	120	4784	186	10554	21956.7	7361.5	3246.4	9288.9	2386.3	50	146.9	609.7	1859.9	12667.8	1680
白沙乡	69	2932	106	5080	2594	3602	798	666	1025		127	326	530	1928	1183
建中乡	59	2215	79	4229.4	2268	3121.6	1427.2	1452	756		52.7	299.1	60	816	998
永和镇	98	3920	136	7588	9850.9	5815		2110.9	1308		50	415		7740	1050
岚关乡	80	2636	100	6183.5	8468.4	3268	1160	3263.9	1885.5	400	400	230		5204.5	1105
老坟嘴乡	48	1719	83	4009	3859.5	3370	1152	1320	480		12	147	492	2539.5	832

续表15-14

单位名称	班级数	学生数	教职工数	所需校舍建筑面积	尚缺校舍面积	教学用房			生活用房						设施
						现有校舍面积	其中危房数	尚缺校舍面积	教师宿舍面积	学生宿舍面积	厨房面积	厕所面积	其中危房面积	尚缺生活用房	课桌椅双人套
珠藏镇	159	5522	293	11491	10318.2	7228	1504.9	1786.1	2845.4	700	204.5	513	1044.8	8532.1	1950
高水乡	77	3206	67	5227	4042.3	3714	383	738.3	1026			487	279	3304	1462
木引乡	52	1667	70	2980.6	4501.1	2134	1678	1700.1	699		21	126.6		2801	510
牛场乡	39	1581	53	3103	4895.3	2296	80	2340.3	630			177	80	2555	595
铜锣乡	66	2402	60	4299.5	4801.1	2823.5		2701.1	1172		36	268	252	2100	782
玉山镇	122	4811	201	10228	12295	6659	830	5473	2497	400	104	568	183	6822	1820
龙塘乡	43	2033	54	3234.9	6719.2	1994.7	120	2681.2	1061.2			179	70	4038	861
鱼河乡	73	2943	88	7180	4046.9	5213	840	1555.9	1429		165	373	116	2491	1594
天文镇	116	3858	176	8353	7113	6588	1134	2291	1121			644	552	4822	1338
木老坪乡	53	2098	81	3858	4993.4	2592	1740	2233.4	822	50	48	346		2760	792
合计	1950	73315	3022	153011	196548.5	110069.51	25816	79631.6	31635.6	1600	1860.4	7841.4	17531.9	116916.9	26485

表 15-15　瓮安县“普九”规划危房改造统计表

填报时间：1993 年 9 月 30 日　单位：平方米、人、万元

学校名称	总投资	学生数	班级数	教职工数	教学用房						生活用房							
					投资合计	面积合计	教室	投资	综合用房	投资	投资合计	面积合计	宿舍	投资	厕所	投资	其他用房	投资
雍阳镇	244.0	5531	130	302	135	6265	5977	128	259	6.5	109.2	4344	4150	104	194	5.4		
平定营镇	129.3	1220	32	52	64.3	2534	2336	59.3	198	5.0	65.0	2600	2400	60.0	200	5.0		
玉华乡	329.3	3029	83	147	182	7260	6650	166	610	16	147.8	5912	5540	140	372	8.3		
银盏乡	38.9	1955	53	77	27.9	1224	1224	27.9			11.0	438	438	11.0				
草塘镇	62.8	3837	92	162	38.4	1726	1726	38.4			24.4	1032	666	16.7	286	5.8	80	2.0
松坪乡	47.7	2166	50	94	14.5	579	579	1447			33.2	1334	1334	32.2				
金竹乡	50.3	1074	30	52	17.3	693	693	17.3			33.0	1320	1200	30.0	120	3.0		

续表15-15

学校名称	总投资	学生数	班级数	教职工数	教学用房						生活用房							
					投资合计	面积合计	教室	投资	综合用房	投资	投资合计	面积合计	宿舍	投资	厕所	投资	其他用房	投资
中坪镇	127.3	4124	102	166	81.3	3246	3246	81.3			46.1	1860	1303	32.6	460	11	97	2.4
白沙乡	125.9	2937	75	124	72.3	3307	2694	58.5	613	14	53.0	2303	1637	38.7	314	6.8	352	8.2
建中乡	47.5	1240	41	54	33.5	1341	1296	32.4	45	1.1	14.0	560	480	12.0	80	2.0		
永和镇	3.0	570	15	20							3.0	120			120	3.0		
岚关乡	266.9	2415	69	130	110	4433	2641	64.7	1792	45	157.4	5970	5390	143	580	15		
老坟嘴乡	37.9	1342	30	69	28.3	1030	1030	28.3			9.6	384	384	9.6				
珠藏镇	63.9	5312	129	230	37.6	1505	1505	37.6			26.3	1050	681	17.0	231	5.8	138	3.4
高水乡	9.7	1965	45	56	4.5	383	383	4.5	610	15	5.2	206	92	2.3	114	2.9		
木引乡	320.9	1632	70	132	146	5718	5108	130			175.3	7010	4740	119	470	12	180	45
牛场乡	4.8	1590	34	30	2.0	80	80	2.0			2.8	110			110	2.8		
铜锣乡	9.1	1747	48	68	1.8	276	276	1.8			7.3	252	132	5.5	120	1.8		
玉山镇	106.1	1088	37	43	65.1	2603	2603	65.1			41.0	1640	1470	36.8	170	4.3		
龙塘乡	9.8	976	33	51	4.0	160	160	4.0			5.8	230	80	2.0	150	3.8		
鱼河乡	8.9	1330	11	18	604	256	256	6.4			3.5	98	81	2.0			17	0.4
天文镇	34.5	1978	61	85	26.0	1038			1038	26	9.5	55	218	4.4	334	5.1		
木老坪乡	21.8	650	15		18.8	750	750	18.8			3.0	120	120	3.0				
合计	2100	49708	1285	2162	1713	46408	41213	2420	5165	128	986	38948	32536	820	4425	103	863	61

1994年，全县教师安居工程建设启动。1995年，全县各级各类学校自筹资金432.3万元，国家拨款46万元，修建教师宿舍289套共24465平方米，教职工家庭人均面积6.9平方米，其中城镇为7.9平方米、农村为5.9平方米。全县学校占地面积660821平方米，校舍建筑面积149813平方米（其中教学辅助用房97914平方米、行政办公用房5757平方米、生活用房46142平方米），危房面积9374平方米。1996年，通过征收农村教育费附加、城市教育维护税、职工教育费、群众和社会集资，新增小学校舍面积12647平方米、危房改造5000平方米，通过教师集资、学校和乡镇适当补助，新增教师宿舍13145平方米。1997年2月25日，全县中小学危房改造面积完成1000平方米，危房率降到1.5%。10月23日，县计划委

员会下达新建城关三小一期工程基建计划，建教学楼、操场、厕所等，总投资120万元，其中雍阳镇政府投入50万元，河西小学和七星小学转让费20万元，世行贷款资金25万元，其余自筹。

表15-16 1997年农村教育费附加用于建校和世行贷款资金配套情况统计表

项目名称	建设规模（平方米）	地方筹资（万元）	项目名称	建设规模（平方米）	地方筹资（万元）
瓮安三中教学楼	1380	23.8	宋家寨小学教学楼	468	8.5
永和中学教学楼	866.9	8.65	青杠嘴小学教学楼	251.7	3.5
岚关中学教学楼	1138	2698	通水小学教学楼	463.7	11
鱼河中学教学楼	1050	15.3	大池小学教学楼	476.8	9.2
玉山中学教学楼	1400	30	培文小学教学楼	557.5	10
铜锣中学教学楼	1400	30	毓大小学教学楼	436.6	10
小河山学校教学楼	1500	30	高寨坪小学教学楼	231.7	5.5
松坪中学教学楼	626	11	朝阳小学教学楼	402	10.5
平定营中学教学楼	939	15	太文小学教学楼	560	11
建中中学教学楼	837	16.5	羊鹿小学教学楼	407	8.3
银盏学校教学楼	1129	20.6	木孔小学教学楼	402	7.07
中学合计	12265.9	227.83	茶店小学教学楼	716	13.2
城关三小教学楼	2051	40.16	金竹小学教学楼	357	6
白沙小学教学楼	824.6	16.04	玉华小学教学楼	877	17
龙塘小学教学楼	1076	15.5	永和小学教学楼	978	33.48
木老坪学校教学楼	922.8	10.45	深溪小学教学楼	613	20.58
毛沙坪小学教学楼	495.2	6	悦来小学教学楼	978.8	23
水尾小学教学楼	613.6	7	老街小学教学楼	382	6.5
白溪小学教学楼	402	7.6	小学合计	16419	325.68
大塘小学教学楼	475	0.6	总合计	28684.9	553.51

1998年，共启动基建项目21个，总投资480万元，总面积14500平方米。其中，已竣工1个、断水12个、正在施工8个，1999年，启动工程项目13个，总面积9054平方米，总投资307.8万元。珠藏中学修建教学楼1482.6平方米、学生宿舍1400平方米、厕所151平方米、教师宿舍2250平方米。截至8月底，世行贷款“贫四”项目修建学校19所，面积11368平方米，世行资金210.5万元。2000年，全县校舍面积29.18万平方米，危房率降至1%以下。5月20日，瓮安四中校址选定在城南，占地35亩，校舍面积1万余平方米，其中教学楼6000余平方米、综合楼面积1500余平方米、学生宿舍2800平方米，总投资520万元。

表15-17　1997—2000年乡（镇）征收农村教育费附加修建校舍统计表

基建项目	建设面积（平方米）	项目投入（万元）
珠藏瓮水司小学	400	12
松坪中学教师宿舍	200	30（包括教师筹资）
永和中学教师宿舍	130	30（包括教师筹资）
希望中学教师宿舍	140	20（包括教师筹资）
草塘红灯堡小学	400	15
银盏飞练小学	500	15
松坪中学教学楼	1200	40
平定营中学教学楼	1200	40
玉华中学教学楼	1200	40
建中中学教学楼	1200	40
木老坪中学教学楼	1200	40
中坪中学教学楼	800	27

2001年，完成全县的校点布局调整，已撤校点46所，减少代课教师200余人。12月26日，争取到省、州危房改造项目资金208万元，涉及学校11所，改造面积9000平方米。

表 15-18　　2001 年度瓮安县中小学危房改造项目计划表

学校名称	项目名称	建设性质	建筑面积（平方米）	2001 年计划投资			建设日期
				合计（万元）	中央专款补助（万元）	地方配套（万元）	
草塘中学	综合楼	新建	3300	118	40	78	2001 年 10 月—2002 年 3 月
高坪小学	教学楼	新建	800	36	16	20	2001 年 10 月—2002 年 3 月
毛沙坪小学	教室	新建	275	11	11		2001 年 10 月—2002 年 12 月
沙子坎小学	教室	新建	300	12	12		2001 年 10 月—2002 年 12 月
同乐小学	教学楼	新建	475	19	19		2001 年 10 月—2002 年 12 月
大蛇小学	教室	新建	225	9	9		2001 年 10 月—2002 年 12 月
黔川小学	教学楼	新建	875	30	20	10	2001 年 10 月—2002 年 3 月
马场坪小学	教学楼	新建	475	19	19		2001. 10—2002. 12
茅坡小学	教学楼	新建	105	4	4		2001. 10—2002. 12
合　计			6827	258	150	108	

2002 年 6 月，县教育局自筹资金修建办公大楼，列入 2002 年基本建设计划建设项目，建设面积 2000 平方米，总投资 80 万元。8 月 26 日，新建瓮安第四中学项目列入 2002 年基本建设计划，建设教学楼 7000 平方米、学生宿舍 1000 平方米、足球场 5000 平方米、篮球场 500 平方米、厕所 300 平方米，总投资 520 万元。9 月 23 日，州发展计划局批复瓮安县玉山中学教学楼建设项目，总建筑面积 1286 平方米，总投资 46. 6 万元，其中中央预算资金 21 万元、自筹 25. 6 万元。

表 15-19　　黔南州 2002 年重点建设项目瓮安执行情况统计表

单位：万元

名称	建设性质	建设规模	资金来源	总投资	到上年底累计到位资金	到上年底累计完成投资	2002 年投资计划	12 月到位资金	1 至 12 月到位资金	12 月完成投资	工程形象进度
羊关小学教学楼	新建	692	国债	28	28	25	28	28	25	0	竣工待绝收
丰岩小学教学楼	新建	746	国债	30	30	30	30	30	30	0	交付使用

续表15-19

名称	建设性质	建设规模	资金来源	总投资	到上年底累计到位资金	到上年底累计完成投资	2002年投资计划	12月到位资金	1至12月到位资金	12月完成投资	工程形象进度
玉山中学教学楼	新建	1200	国债	60	60	56	60	60	56		竣工待绝收
瓮安中学教学楼	新建	8000	国债	800	612	220	800	612	220		主体完工
合计		10638		918	730	331	918	730	331	20	

表15-20　贵州省2002年中小学危房改造工程项目瓮安执行情况统计表

填报时间：2002年12月

县及学校名称	项目学校数（个）	计划建筑面积（平方米）	计划投资（万元）	项目实施进展情况						形象进度	资金进入专户情况		
				已开工项目			已竣工项目						
				校数（个）	施工面积（m^2）	完成投资	校数（个）	施工面积（m^2）	完成投资		合计	中央专款	其他
瓮安县	13	17465	1176	13	21152	636.4	8	10479	636.4		994.4	541	453.4
危改项目合计	9	6827	258	9	7622	304.4	7	7649	304.4		248	150	108
草塘小学	1	105	4	1	320	10.4	1	320	10.4	交付使用	10.4	4	6.4
草塘中学	1	3300	118	1	3514	153	1	3514	153	交付使用	118	40	78
松坪小学	1	800	36	1	824	34		824	34	交付使用	36	16	20
马场坪小学	1	475	19	1	448	19	1	475	19	交付使用	19	19	
毛沙坪小学	1	275	11	1	680	20		680	20	交付使用	11	11	
沙子坎小学	1	300	12	1	319	10	1	319	10	交付使用	12	12	

续表15-20

县及学校名称	项目学校数（个）	计划建筑面积（平方米）	计划投资（万元）	项目实施进展情况						形象进度	资金进入专户情况		
				已开工项目			已竣工项目						
				校数（个）	施工面积（m^2）	完成投资	校数（个）	施工面积（m^2）	完成投资		合计	中央专款	其他
同乐小学	1	475	19	1	468	19	1	468	19	交付使用	19	19	
大蛇小学	1	225	9	1	225	9	1	225	9	交付使用	9	9	
黔川小学	1	872	30	1	824	30	1	824	30	交付使用	30	20	10
国债项目合计	4	10638	918	4	13530	331	3	8930	331		118	79	39
羊关小学	1	692	28	1	724	25	1	724	25	竣工待验收	28	28	
丰岩小学	1	746	30	1	746	30	1	746	30	交付使用	30	30	
玉山小学	1	1200	60	1	1360	56	1	1360	56	竣工待验收	60	21	39
瓮安中学	1	8000	800	1	10700	220		6100	220	主体完工	612	312	300

2006年11月，全县实际投入危改资金674万元，完成规划投入资金的115%，23个危房项目全面竣工，投入寄宿制建设资金789万元，8所项目学校已进入二、三层施工。引进解放军原总装备部、香港慈恩基金、黔南州烟草公司、义教工程项目资金240万元，自筹资金100万元，修建太平八一小学、高水中学、珠藏中学、荣院金叶希望小学、草塘中学5所学校教学楼。2007年3月28日，县发展和改革局发《关于新建城关四小的立项的批复》，城关四小建设总占地面积16800平方米，总建筑面积7500平方米，项目总投资375万元。6月14日，省发展与改革委员会发《关于初中校舍改造工程建设项目中央专项资金计划建议方案》，农村初中校舍改造工程，学校用地扩充、教学和教学辅助用房、教工宿舍、行政办公用房的建设由地方解决，不纳入“初中工程”规划建设落实为具体建筑物和配套设备，项目学校一次性申报全部建设内容和全部投资，项目学校全部建设内容的投资不能低于50万元。

2008年，开工启动职中教学楼建设，共计2400平方米，投资约160万元，预计12月完工；开工建设四中学生宿舍，建筑面积3601平方米，土建资金约216万元；实验学校综合楼

六中食堂（2013年摄）

基础完工，建筑面积2698平方米，投资155万元；改造薄弱学校工程四中综合楼、实验学校教学楼、木老坪小学教学楼、银盏大元小学教学楼、城关三小教学楼、珠藏岗家槽小学教学楼、新河小学教学楼、平定营小学综合楼、草塘希望中学综合楼、龙塘小学教学楼、岚关小学教学楼等11个，总面积12161平方米，总投资613万元。11月，州教育局、州财政局发《关于调整2007年度瓮安二中高中建设投资项目的通知》，2007年下达给瓮安二中普通高中建设项目100万元省级专项资金，因校址问题未能开工建设，该项目工程资金调整至瓮安中学，专项用于瓮安中学综合楼和学生宿舍建设。

2009年，全县共投入项目建设资金1.3亿元，用于农村初中校舍15个、薄弱学校改造12个，新建雍阳中学1所、县城新建幼儿园1所等工程，涉及项目工程8个，总建筑面积47780.07平方米。3月15日，县发展和改革局发《关于转下达国家补助我县农村初中校舍改造2009年新增中央预算内投资计划的通知》，2009年新增中央预算内投资计划4887万元，其中247万元进省教育账户，用于本批项目学校学生用床及课桌凳等设备的统一招标购置；其余4640万元下达到相关县（市），用于土建。中央预算瓮安县改扩建总投入资金856万元，土建794万元，床及桌椅62万元。4月1日，州教育局发《关于新建雍阳中学的批复》，经研究同意瓮安县建雍阳中学方案，按照《贵州省县乡中小学建设标准》（黔城标通发〔1993〕188号）中学规划面积标准对学校进行规划、设计、建设。6月2日，州教育局、州财政局发《关于2008年度秋季农村义务教育阶段薄弱学校改造工程建设项目的批复》，2008年秋季，黔南州义务教育薄弱学校改造工程项目批复瓮安县5所学校建综合楼，建筑面积6400平方米，规划建设资金由州财局投入共640万元，其中，平定营中学占地面积1500平方米，投入资金150万元；铜锣中学占地面积800平方米，投入资金80万元；小河山学校占地面积1500平方米，投入资金150万元；中坪小学占地面积1100平方米，投入资金110万元；中坪中学占地面积1500平方米，投放资金150万元。11月18日，州教育局、州财政局发《关于2009年度农村义务教育阶段薄弱学校改造工程建设项目的批复》，瓮安申报的草塘中学、白沙中学、建中中学、珠藏中学、高水中学、城关一小6所学校建综合楼获批复。

表 15-21　贵州省 2009 年农村义务教育阶段薄弱学校改造工程建设项目瓮安县统计表

建设项目	项目学校数（所）	建设内容	规划建设项目面积（平方米）	规划资金投入（万元）			项目建设起止年限	
学校条件学校维修改造小计	6		8070	合计	中央专款	省级财政资金	开工年月	竣工年月
草塘中学	1	综合楼	1800	180	180		2009. 10	2010. 8
白沙中学	1	综合楼	1100	110	110		2009. 10	2010. 8
建中中学	1	综合楼	970	97	15	82	2009. 10	2010. 8
珠藏中学	1	综合楼	1600	160	160		2009. 10	2010. 8
高水中学	1	综合楼	1000	100	100		2009. 10	2010. 8
城关一小	1	综合楼	1600	160	160		2009. 10	2010. 8

表 15-22　2009 年瓮安县新增农村初中校舍改造工程中央预算内投资计划表

单位：万元

项目改造	建设性质	建设规模	开工年份	建成年份	投资来源	已批总投资	2009 年新增投资计划			建设内容
							合计	土建	床及餐桌椅	
老坟嘴学校校舍	改扩建	土建 1069 平方米	2009	2009	中央预算内投资	180	180	167	13	土建及设备购置
铜锣中学校舍	改扩建	土建 1340 平方米	2009	2009	中央预算内投资	139	139	129	10	土建及设备购置
永和中学校舍	改扩建	土建 1069 平方米	2009	2009	中央预算内投资	128	128	119	9	土建及设备购置
天文中学校舍	改扩建	土建 1667 平方米	2009	2009	中央预算内投资	145	145	135	10	土建及设备购置

续表15-22

项目改造	建设性质	建设规模	开工年份	建成年份	投资来源	已批总投资	2009年新增投资计划			建设内容
							合计	土建	床及餐桌椅	
白沙中学校舍	改扩建	土建1284平方米	2009	2009	中央预算内投资	132	132	122	10	土建及设备购置
龙塘中学校舍	改扩建	土建1187平方米	2009	2009	中央预算内投资	132	132	122	10	土建及设备购置
合计						856	856	794	62	

2010年，省、州下达薄弱学校改造工程项目资金1108万元，用于瓮安3所薄弱学校宿舍、综合楼的改造。完成草塘、白沙、建中、珠藏、高水等5所2009年薄弱学校改造工程，建筑总面积8070平方米，总投资807万元。雍阳中学一期工程（教学楼）已预验收，二期工程（图书馆、学生宿舍、学生食堂、运动场）已完成建设工程量的70%，三期工程（园林景观、人工河、状元桥、文化广场）正在施工，四期工程（室内体育训练馆、游泳池、山塘景观）已进入审批阶段，教学设施进入招标采购阶段；县幼儿园教学楼主体已完工，进入室内工序（地面打磨、墙体粉刷、装修等）；瓮安二中扩建一期工程教学楼（建设资金1600万元）已投入使用，二期工程（实验、图书综合楼、体育馆、学生宿舍、食堂、校门、运动场等附属设施）已完成招标程序。5月21日，县教育局发《关于拨付2007年农村初中校舍改造工程款的函》，瓮安第四中学学生宿舍、食堂及附属工程决算，按合同规定应拨付工程款189万元（总投资216万元，已拨付197.76万元，结余金额18.24万元）。7月5日，县教育局发《关于拨付2009年新增农村初中校舍改造工程款的函》，铜锣中学校舍改造工程学生宿舍、食堂已决算，该工程计划投资129万元，已支付122.16万元，还应支付6.84万元。11月18日，省教育厅、省财政厅发《关于2010年度中小学校舍维修履行长效机制资金（农村义务教育阶段薄弱学校改造工程和中小学校舍安全工程）建设项目的批复》，瓮安中小学校舍维修改造长效机制资金（义务教育阶段薄弱学校改造工程）建设项目3个，雍阳中学建学生宿舍规划建设面积为12305平方米，投入资金1476万元，其中，中央资金308万元、省级资金192万元、县级财政资金976万元，开工时间为2010年11月，竣工时间为2011年6月；珠藏中学建学生宿舍规划建筑面积3400平方米，中央投资408万元，开工时间为2010年11月，竣工时间为2011年6月；草塘中心完全小学建教学综合楼，建筑面积为1667平方米，中央投入资金200万元，开工时间为2010年11月，竣工时间为2011年6月。12月，省教育厅、省财政厅批准将薄改工程项目瓮安城关一小综合楼调整为瓮安县雍阳中学建学生宿舍、

食堂，规划建设面积1334平方米，共投入资金160万元。

2011年4月20日，县政府办公室发《关于实行在建重点项目公开承诺完成时限制的通知》，在瓮安电视台、瓮安县政府网站、瓮安时讯等新闻媒体上开辟专栏，定期对重点在建项目施工进度及完成时限进行公示，接受社会监督。全县公示在建重点项目37个，教育部门在建项目有搬迁瓮安一中、改扩建瓮安二中、新建县示范幼儿园、新建特殊学校、扩建县职业学校等5个项目。10月，全县建设学生食堂学校96所，其中利用富余教室改建学生食堂的学校有60所，每所建设经费1.25万元，全部资金自筹，79所学校的食堂已进行主体施工，17所还未开工。21日，州教育局发《关于全州"教育突破工程"进展情况通报》，全州上报省教育厅计划建设的56所幼儿园中，已开工46所，已竣工17所，其中，瓮安计划8所、动工4所；全州阶段建设项目学校16所，已开工项目学校11所，完成投资15782万元，其中瓮安中学教学楼、学生宿舍、学生食堂、体育场竣工累计完成投资10215万元；全州农村义务教育阶段薄弱学校改造工程项目校46所，已开工项目学校45所，已竣工22所，已完成总投资5217.4万元，其中瓮安项目学校3所，已竣工2所，完成主体工程1所，完成总投资1976万元。2012年，向中央、省、州争取项目资金1.45亿元，用于改善全县各学校办学条件，推进一批教育工程的完成。投资560万元的草塘中学学生宿舍工程、投资300万元的中坪中学教学楼工程等已完工，投资336万元新建珠藏镇、玉山镇、中坪镇等中心完全小学学生宿舍，投资187万元新建高水中学、希望中学、银盏学校学生食堂，投资465万元的特殊教育学校工程已竣工投入使用，投资861万元的205套乡镇教师公共租赁住房和投资204万元的47套平定营中小学教师周转房已完成主体工程，学前教育三年行动计划工程完成总投资570万元的珠藏幼儿园、中坪幼儿园新建工程和铜锣幼儿园改扩建工程，突破高中阶段教育发展工程中瓮安职校新校区工程各单体建筑主体工程均已完成。3月8日，省政府教育督导室、省教育厅发《关于对全省农村学校食堂建设工程考核验收的情况通报》，瓮安项目总数99个，已竣工交付使用99个，在校就餐人数8739人，完成率100%。5月18日，县教育局发《关于瓮安二小就近改扩建的通知》，从学校西面围墙扩建至袁家湾廉租房规划大道，征用袁家湾居民区60余户民房，占地面积17300平方米，扩建后学校规模48个教学班，容纳学生2400人，建设项目及教学设备设施约4136.6万元。将厕所、行政办

小博士幼儿园（2015年摄）

公楼地块（约 1100 平方米）置换宏利源房地产开发公司给予拆迁户回迁安置，将北面教学楼处地块（约 1200 平方米）置换给锦美地产开发公司给予拆迁户回迁安置。6 月 4 日，省住房和城乡建设厅、省教育厅发《关于下达 2012 年乡镇教师公共租赁住房建设计划的通知》，瓮安项目工程建设 9 个，住房 205 套，教师周转房每套建筑面积不超过 35 平方米。2013 年，向中央、省、州争取项目资金 1.72 亿元，推进教育工程建设。完成 18 所农村薄弱学校和 4 所幼儿园改造工程，共计新建和改造建筑面积 21968 平方米、围墙 563 米，完成投资 1833.8 万元；完成草塘小学、高水小学、高水中学、白沙小学、建中小学 5 所学校学生宿舍建设工程，面积 5860 平方米，投资 703.2 万元；完成乡镇教师公租房项目 29 个，总面积 18970 平方米，投资 2466 万元；完成原职校为瓮安五中的建设工程，投资 560 万元；瓮安职校迁建工程完成并实现整体搬迁，投资 3500 万元的渡江小学新建工程完工；在城南新建瓮水中学（瓮安二中）已开工，占地 205 亩，预计投资 2.5 亿元。2014 年 5 月 19 日，县政府督查室发《关于瓮安县 2013 年度中央预算内投资项目建设督查情况的通报》，县教育局实施项目 3 个，除县职中项目已全部竣工验收外，第二幼儿园正在进行基础打孔装工作，珠藏中学学生宿舍一楼主体已完成，3 个项目总投资 1750 万元，其中中央资金 1580 万元。

2015 年 9 月 25 日，县发展和改革局发《关于报送"十二五"期间"十大民生工程"完成情况及 2016 年目标任务和重点工作计划的通知》，2015 年瓮安"十件实事"中第五件事是建成新瓮安二中，实施玉山中学、中坪中学、希望中学、瓮安四中 4 所薄弱学校改造工程，改建瓮安第六中学和瓮安第八小学，新建建中幼儿园，改扩建幼儿园 2 所，成立县留守儿童学校和寄宿制初中。12 月，省财政厅、省教育厅发《关于对 2015 年支持学前教育发展中央专项追加资金建设项目的批复》，瓮安扩大公办学前教育 2 所，规划维修、扩建 3600 平方米，总投资 180 万元。

第四节　校园文化建设

新中国成立前，学校简陋，多建在寺庙、祠堂等处。新中国成立后，对旧学校进行维修，增添课桌凳及教学设施和教具，教室宽敞明亮。20 世纪 90 年代，推进学校绿化、美化、净化"三化"建设。1996 年，天文中学完成田径运动场及绿化美化建设，希望中学完成教学楼门前的绿化建设。2001 年 10 月 22 日，县教育局、县环保局联合发《关于开展创建州级绿色学校试点的通知》，决定将瓮安一中、瓮安三中、天文中学、希望中学、城关三小列为州级绿色试点学校，县环保局和县教育局将于 2002 年 11 月 30 日按《贵州省绿色学校考核标准》对学校进行考核。2002年11月21日，州环保局、州教育局发《关于对瓮安中学、天文中学、三中、城关三小申请验收创建黔南州绿色学校的复函》，州创建绿色学校领导小组于12月上旬对申报学校进行评估验收，学校做好校园绿化和防火安全教育，做好校园绿化、美化的规划和工作部署，按规定实施，在不影响正常教学秩序的情况下，在校园绿化区和学校周边植树、种花和种植草皮，将养护责任落实到班级，做到种养结合。

天文小学班级文化（2014年摄）

2003年，全县学校绿化面积达14.3万平方米，瓮安中学、天文中学等形成园林式学校。3月12日，教育局要求全县各学校在醒目处设有“党的教育方针”“中国地图”和永久标牌，张贴名人画像及《中小学生日常行办规范》《中小学生守则》等，校园内做到绿化、美化、净化、香化“四化”。10月18日，教育局出台《关于加强各级各类学校校园规划、建设、管理意见》《关于要求各类学校做好校园绿化和加强防火安全教育的通知》，各单位组织人员绘制学校美观、大方、布局合理的《校园规划图》，规划图内容包括现有校舍位置、名称、面积，现有运动场地、花池、花台、升旗台、墙报栏、绿化带的位置、面积，现有校门、围墙的位置、长度；拟建校

瓮安四中校园文化（2015年摄）

舍、设施的位置、面积；校园及周边影响规划的建筑物及土地使用与当地政府协调解决；各学校做好校园绿化、美化工作，将养护责任落实到班级，做到种养结合，保证成活率在85%以上。2004年，举办全县中小学学生知识竞赛，推动校园精神文明建设。瓮安中学、希望中学、城关三小、天文中学、瓮安三中被评为州级绿色环保学校。

2008年1月10日，县环保局、县教育局出台《关于继续开展创建"绿色学校"工作的实施意见》，各校搞好绿化宣传和环保教育工作，创建"绿色学校"。各校计划用于创建绿色学校的经费不低于年度学校建设性支出的30%，增添环境教育和环境保护的资料以及必要设备，完善学校食堂和餐厅，符合卫生和环保标准，对校园内花草树木进行培育，拨专款用于师生校外环保实践，做好师生培训。利用课外活动时间开展"绿色环保小卫士行动"，清除白色垃圾。3月10日，县教育局发《关于进一步加强中小学校园文化建设的通知》，学校优化、美化校园内部环境，保持整洁、美观、有序。营造校园人文气息，建立人文情怀、创新活力与团队精神的制度文化体系。县教育局开展"校园文化示范校"创建活动，由各校按《标准》进行自评，自评分达到90分以上可以向教育局进行申报，每年组织评估一次。4月17日，县委、县宣传部、县教育局、县"整脏治乱"办公室联合发《关于深入开展"整脏治乱进校园"活动的通知》，决定开展"写一封倡议书、开一堂主题班会课、办一期专题黑板报和学习园地、组建一支志愿者队伍、开展一次实践活动、开展一次演讲比赛"等"六个一"整脏治乱系列活动，县城中学组织老师和学生至少开展一次上街宣传和清扫垃圾实践活动。9月12日，县教育局发《关于进一步加强校园"整脏治乱"工作的通知》，对学校校园环境脏、师生衣着脏、办公室教室脏、厕所脏、食堂宿舍脏以及乱吐乱扔、乱排乱倒、乱贴乱画、乱建乱放、乱停乱行等"五脏五乱"进行整治。教育局成立校园"整脏治乱"工作领导组，制定出《瓮安县校园"整脏治乱"实施细则》和《瓮安县校园"整脏治乱"工作检查量化评分表》，对学校教学区、学生生活区、教师宿舍区、校园周边环境治理、校园文化建设等提出整治要求，列表分类分项整治，并对整治情况进行评分。12月9

瓮安职校修博广场（2013年摄）

日，州教育局发《关于创建园林式学校申报评估检查工作情况的通报》，州教育局聘请有关园林绿化专家组成评估检查组，于2008年11月3—22日，对全州12个县（市）申报园林称号中小学校的绿化建设情况进行评估，全州荣获“园林式学校”称号共9所，其中瓮安3所，瓮安县天文中学获二类式“园林学校称号”，瓮安中学和瓮安县希望中学荣获“绿化先进学校”称号。12月22日，州教育局发《关于创建园林式学校申报评估检查工作情况的通报》，州教育局聘请有关园林绿化专家组成评估检查组，于2008年11月3—12日对全州12个县（市）申报园林称号中小学校的绿化建设情况进行评估，大部分学校停留在“见绿”上，缺乏造园意识，资料建设不全，缺乏针对性，墙体、围墙、房顶的垂直绿化差，建设园林绿化的专业知识不足，缺乏景点意识，缺乏文化内涵。

2009年3月12日，县教育局发《开展学校公共厕所集中整治工作方案》，集中整治阶段从2009年9月15日—10月30日，做到“一好、二净、三无、四清”，11月上旬进行总结验收，对在集中整治阶段取得明显成效的学校予以表彰和奖励，对整改不达标的学校，依据《中共瓮安县委、瓮安人民政府关于进一步推进“整脏治乱”工作的决定》予以处罚。2010年3月19日，州教育局发《关于命名表彰2009年度园林式及绿化先进学校的通报》，于2010年1月13—21日、2月3日分别对瓮安、龙里、罗甸、平塘、荔波、福泉6县23所学校申报2009年度园林式及绿化先进学校进行评估检查，表彰园林式学校6所、绿化先进学校14所，其中瓮安县5所，龙塘中心小学被评为黔南州园林式学校，瓮安三中、平定营中心小学、鱼河乡深溪小学、玉山中心小学被评为绿化先进学校。11月23日，州教育局发《关于制作黔南州中学校园风貌画册及网上图片展示的通知》，决定收集全州初高中（含九年一贯制学校）学校的相关图片及资料编制黔南州中学校园风貌画册及网上图片展示，各初级中学（含九年一贯制学校）提供图片3张（校门、学校全景及体现学校特色景观的相关图片各1张）和200字以内的学校特色简介，完全中学提供图片3~4张（校门、学校全景各1张，体现学校特色景观的相关图片2张）和300字以内的学校特色简介，省级示范性高中提供图片4~5张（校门、学校全景各1张，体现学校特色景观的相关图片3张）和400字以内的学校特色简介。

2012年，县教育局发《关于开展2012年中小学校园文化建设考核的通知》，决定组织开展全县中小学校校园文化建设考核工作，考核校园物质文化建设、校园制度建设、校园精神文明建设。全县学校投入资金460万元完成“优美教室”创建，印发《瓮安县校园文化建设实施方案》，各中小学均在校园醒目位置张贴悬挂办学目标、理念、校训等，在走廊、墙壁、教室张贴名人画像、格言、牌匾等，按照“四育”目标落实学校各项工作。县教育局对校园文化建设工作进行检查评比，中学、小学各评选出6所优秀学校，天文中学、白沙中学被评为黔南州“办学特色先进学校”。5月17日，县教育局拨款瓮安中学校园文化建设工程50万元。22日，州教育局发《关于拨付2011年度园林式学校及绿色先进学校补助资金的通知》，全州补助二类园林式学校8所，每所学校奖励资金4万元；补助绿化先进学校24所，每所学校奖励资金5000元。瓮安县铜锣小学获二类园林式学校，瓮安县茶店小学获绿化先进学校。12月25日，州环保局、州教育局发《关于命名2012年黔南州州级绿色学校的通知》，通过对20所申报学校进行评估验收，同意11所学校命名为黔南州州级绿色学校，评出2个优秀组织单位、8名优秀老师、4名优秀工作人员，瓮安县有3名教师获优秀教师、平定营中心小学获州级绿色学校。2013年12月30日，县教育局做出《关于表彰2013年度“校园文化建设先进集体”的决定》，表彰实验学校、江界河中心完全小学、瓮安三小、平定营中心完全小学、中坪中心完全小学、老坟嘴学校6所小学和瓮安四中、天文中学、中坪中学、平定营中学、鱼河中学、草塘中学6所中学为2013年度校园文化建设先进集体。

2015年1月15日，州环保局、州教育局联合发《关于命名2014年黔南州州级绿色学校的通知》，通过对申报的30所学校进行评估验收，有27所学校符合要求，命名黔南州州级绿色学校27所，优秀组织单位26个、优秀教师29人、先进个人28人，瓮安五中、玉山小学、铜锣中学获州级绿色学校，瓮安县教育局、瓮安县环保局获优秀组织单位，瓮安五中、玉山小学、铜锣中学分别有1人获优秀教师奖，县教育局、县环保局分别有1人获先进个人。

第十六章

学生资助与营养改善计划

XUESHENG ZIZHU YU YINGYANG GAISHAN JIHUA

第十六章　学生资助与营养改善计划

XUESHENG ZIZHU YU YINGYANG GAISHAN JIHUA

瓮安建县起，行政官员、社会名流绅士、人民群众均重视教育投入，通过政策扶持、团体或个人捐资，促进教育的发展。2011 年全县开始实施营养改善计划。

第一节　政策资助

明清时期，对秀才中的优秀者进行生活补助，得到生活补助的秀才称为廪膳生员，廪膳生员有名额限制。明神宗二十八年（1600）设瓮安县，有廪膳生员名额 7 人。崇祯十六年（1643），有廪膳生员名额 14 人。清顺治十六年（1658），廪膳生员增加到 20 人，每名廪膳生补助米 4 石。县衙拨银十两，用于资助每年廪生中榜选拔出贡者，每名五钱，如果每年出贡者多，则均分银十两。

民国元年（1912），取消廪生补助，规定各级学校设置免费生和公费生，以奖励品学兼优而又贫困的学生。民国 25 年（1936），省教育厅制订《贵州省各级学校免费和公费生办法》。抗战以后由战地迁来的学生，省教育厅制订《战区中等学校学生补助膳费暂行办法》，经省教育厅战区员生登记处办理登记审核后，可获得每月 2. 5~5 元的生活救济费用。

1950 年 3 月，在中学实行人民助学金制度，人民助学金待遇分为三等，一等大米 75 市斤、二等大米 45 市斤、三等大米 34 市斤。7 月 11 日，执行省政府教育办公室发《革命干部子女入学优待办法》，江北革命干部子女入学学杂费全免。1951 年，助学金待遇改为五等执行，凡工农子女及贫苦公教人员子弟、贫苦革命烈属及革命军工属子弟、少数民族子弟家境清贫，持有县或部队团以上证明，均可申请享受人民助学金待遇，由学校教职员工及学生代表评定。制定《优秀学生免费办法》，学生成绩在80分以上，第一、二、三名分别享受免缴杂费全部、三分之二和三分之一的待遇。6月16日，省政府转颁《西南区大中学校人民助学金暂行条例》《贵州省各级学校人民助学金补充办法》，对困难学生实行人助金补助。1954年，执行西南教育局发《关于贫苦烈士军属子女入学书学费的通知》，从1954年起，中学部可在新收学费中开支，小学部在各县（市）民政科（局）掌握的《革命烈士、革命军人家属补助事业》内开支。1957年，对困难学生资助1516人，其中第一季578人、第二季360人、第三季578人，瓮安中学学生获资助金额6472元。3月17日，草塘中学对8名贫困学生进行人助金资助，按7.5元、6.5元、5元、4元4种标准资助，共资助金额45元。11月7日，草塘初级中学进行评审人助金，甲等6.5元、乙等6.5元、丙等5元、丁等4元，资助29人共127.5元。1963年10月8日，瓮安中学人助金补助从1962年9月以后入校生分别按25%（高中）、20%（初中）的补助面进行补助。1967年1月，对1966届毕业生回民校参加“文化大革命”的学生评给人助金，全部毕业生均获得人助金。1973年3月，全县初中人助金受助5173人，受助金额51730元；高中受助636人，受助金额12720元；师范受助82人，受助金额14760元。

2007年12月29日，省教育厅、省财政厅发《关于认真做好2007年秋季国家课程教科书退费工作的通知》，全省9个市（州、地）政府所在地以外的所有农村（含县镇）义务教育阶段学生全部为免费提供国家课程教科书范围。对2007年秋季已收取的学生教材费用全部退还给学生（小学生均35元、初中生均70元），收多少退多少，并不得向学生收取2008年春季学期开学的教材费用。全县共50115人，其中，小学退费34601人、初中退费15514人。

县资助中心审核办理生源地助学贷款（2011年摄）

2008年3月11日，执行省教育厅、省财政厅发《关于下达2008年春季中央农村义务教育阶段免费提供教科书计划的通知》，农村义务教育阶段所有学生（含县镇）教科书全部免费，小学每生每学期45元、初中每生每学期90元，特殊教育学校学生每生每期45元。11月24日，县教育局发《关于请予拨付2008年秋季中等职业学校中央和省级国家助学金预算资金的函》，在州2008年秋季学期中等职业学校国家助学金预算分配中，瓮安县享受国家助学资助学生人数1767人，共计135.17万元。其中，中央拨款116.62万元，省级拨款10.6万元，县级拨款7.95万元。12月31日，州财政局、州教育局联合发《关于下达2008年秋季学期中等职业学校国家助学金（第二批）预算的通知》，各县市将本级应安排的资金与中央、省资助国家助学金名额及预算下达所属学校，助学金实行专款专用、专账核算，并接受审计、纪检监察部门的检查和社会的监督。下达瓮安县职业学校享受国家助学金资助学生649人，省级资金42.83万元、县级配套资金2.92万元。

办理生源地助学贷款（2011年摄）

2009年，全县共匹配农村中小学公用经费2305.02万元，其中中央补助资金1926万元、省级承担公用经费284.26万元、县级承担公用经费94.76万元。按照小学每生每年300元、初中每生每年500元标准，全县共有5614人贫困寄宿学生获得生活补助，补助资金共计417万元。贫困寄宿生生活补助按照评审、公示、拟定、再公示、发放、签名等程序认定，建立档案资料，由县教育局和学校分别存档。7月，组建瓮安县学生资助中心，设工作员4人。8月13日，国家开发银行作为甲方，瓮安县人民政府作为乙方，瓮安县教育局作为丙方，签订《国家开发银行生源地信用助学贷款县级合作协议》，甲方作为瓮安县生源地助学贷款的贷款银行，与乙方、丙方合作开展生源地助学贷款业务，并委托丙方承担生源地助学贷款有关管理事务。生源地信用助学贷款是指国家开发银行等金融机构向符合条件的家庭经济困难的普通高校新生和在校生发放的，学生和家长（或其他法定监护人）向学生入学户籍所在县（市、区）的学生资助管理中心申请办理的，帮助家庭经济困难学生支付在校学习期间所需的学费、住宿费的助学贷款。生源地信用助学贷款为信用贷款，不需要担保和抵押，家长或其他亲属为共同借款人，年龄在25~60岁之间，共同承担还款责任，对助学贷款金额做出规定，最低为1000元、最高为6000元。9月，教育局通过遴选，录取专职资助工作员2人。12月4日，州财政局、州教育局联合发《关于下达2009年秋季学期中等职业学校国家助学金预算的通知》，下达瓮安县享受国家助学金学生2277人，中央和省补助资金150.82万元、州配套资金10.25万元、县承担10.25万元。

学生排队办理生源地助学贷款（2013 年）

2010 年，开始实施普通高中困难学生国家助学金和九年义务教育贫困生补助资金，高中助学金生均 1500 元，初中生均 500 元，小学生均 300 元。完成中职秋季国家助学金 3288 人，总金额 246.6 万元；免学费 2791 人，总金额 223.28 万元。5 月 26 日，县政府发《关于印发〈瓮安县中等职业学校 2009 年秋季学期至 2011 年春季学期免学费工作实施方案〉的通知》，从 2009 年秋季学期起，对瓮安县职业高级中学、鸿翔职业技术学校种植、农艺、园艺、蚕桑、养殖、畜牧兽医、水产养殖、野生动物保护、农副产品加工、棉花检验加工与经营、林业、园林、木材加工、林产品加工、森林资源与林政管理、森林采运工程、农村经济管理、农业机械化、航海捕捞、农村能源开发与利用、农业水利技术、农村服务等 21 个专业并且为全日制正式学籍的家庭经济困难学生实行免学费，免费人数不低于注册在校生人数的 25%，免学费补助资金每生每学年平均为 2000 元。免学费补助资金和顶岗实习补助资金由中央财政与地方财政按照 8∶2 的比例负担，县级所属学校免学费补助资金由地方财政承担部分，根据当地财力由省、州、县按 4∶3∶3 比例负担。9 月 29 日，县人口和计划生育局和县教育局发《关于全县 2010 年 9 月农村计生户女孩助学奖对象确认报告》，确定 2010 年 9 月农村计生户女孩助学奖励享受对象 364 人，其中，2010 年 9 月继续就读享受 225 人、2009 年 9 月退出 81 人、2010 年 9 月新增 139 人，应发金额 21.84 万元，其中州级资金 18.2 万元，县级资金 3.64 万元。12 月 22 日，县教育局发《关于做好学校食堂管理有关工作的通知》，县委、县政府要求有关部门落实家庭经济困难学生基本生活带来的压力，保障家庭经济困难学生基本生活，按照学生资助资金管理办法和程序，将各类资助资金发放到受助学生手中，各学校不得随意乱涨价，实行学校领导和班主任轮流陪餐制度，做好学生情绪疏导和矛盾化解工作。

2011 年，成立县学生资助管理机构，归口集中管理、专人负责学生资助工作，学生资助管理中心设主任（法人）1 人。州教育局下拨瓮安县中小学一次性困难补助金 17 万元，其中建中小学 5 万元、木引槽学校 4 万元、龙塘小学 5 万元、瓮安示范幼儿园 3 万元。全县秋季学期农村义务教育阶段家庭困难寄宿生生活补助提标资助 8818 人，资助金 114.36 万元，其中中央补助资金 57.18 万元、省级补助资金 57.18 万元。职校出台《中等职业学校学生资助管理办法》，明确中职助学金资助范围和资助对象，规范助学金补助的申请、评审、发放程序，制定中等职业学校国家助学金资金监管制度，建立投诉、举报受理工作机制。助学资金安排遵循全额预算、及时配套、不留缺口的原则，以资助家庭经济困难学生为重点。中等职业学校国家助学金和免学费的使用实行属地管理、分级负责、专人办理，资金管理实行分账核算、专款专用、专账管理、单列明细。11 月 25 日，州教育局发《关于下拨中小学办学困难补助资金的通知》，决定下拨瓮安县一次性专项补助资金 12 万元，其中瓮安四中 10 万元作为学校搬迁补助，玉山小学 2 万元作为课桌椅补助。

2012 年 2 月 9 日，州财政局、教育局发《关于下达 2012 年中等职业学校免费专项资金的通知》，下达瓮安县 2012 年中等职业学校免费中央和省级专项资金 463. 76 万元，其中中央资金 421. 6 万元、省级资金 42. 16 万元，县级承担资金 31. 62 万元。3 月 1 日，州财政局、州教育局发《关于下达 2011 年秋季学期农村义务教育阶段家庭经济困难寄宿学生生活费提标补助资金预算的通知》，从 2011 年秋季学期起，将中央西部地区农村义务教育阶段家庭经济困难寄宿学生生活费标准每人每天提高 1 元，达到每人每天小学生 4 元、初中生 5 元，提高标准后小学每年每生 1000 元、初中每年每生 1250 元，全县资助人数 8818 人，共补助 114. 36 万元，其中中央补助资金 57. 18 万元、省级补助资金 57. 18 万元。5 月 22 日，州教育局拨付瓮安办学困难补助金 14 万元，其中鱼河中学 7 万元、老坟嘴学校 7 万元。6 月 26 日，州财政局、州教育局下达给瓮安 2012 年春季学期农村义务教育学生营养改善计划中央专项资金 1190 万元。7 月 12 日，州教育局拨付瓮安学校办学困难补助资金 7 万元。11 月 23 日，州财政局、州教育局发《关于下达瓮安县 2012 年普通高中家庭经济困难学生国家助学金的通知》，瓮安资助人数 322 人，中央补助 38. 64 万元，省级补助 3. 86 万元，县级补助 2. 9 万元。12 月 10 日，州财政局、州教育局发《关于学前教育幼儿资助中央奖补资金预算的通知》，下达瓮安学前教育幼儿资助奖补资金 18 万元。

2013 年，入学资助项目共资助大学新生 136 人，总金额 10. 9 万元。回收 6 人上年度违约金额 0. 22 万元。2 月 20 日，省教育厅、国家开发银行贵州省分行联合做出《关于对 2012 年度国家助学贷款目标考核先进单位进行表彰的决定》，共表彰 9 所高校和 24 个教育局，瓮安县教育局获二等奖。7 月 10 日，州财政局、州教育局联合发《关于下达 2013 年春季学期中等职业学校国家助学金预算的通知》，瓮安县受助 1724 人，中央补助 103. 44 万元，省补助 10. 34 万元。12 月 30 日，县教育局出台《生源地信用助学贷款本息回收工作方案》，成立由局长任组长的贷后管理工作领导小组，实行包保责任制和奖惩制度。通过乡镇（社区）、村（居）委会、学校配合，向每一名借款学生或共同借款人发放《催款通知书》，对 12 月 10 日以后还未还款的学生，通过电话联系、走访等方式催收，并了解未按时还款的原因；对 12 月 24 日仍未还款的学生，再次发放《催款通知书》，并告知其不还款将产生的信用不良记录后果，然后再行催款。

2014 年，对贷款助学金额进行调整，最低为 1000 元，本、专科最高为 8000 元，研究生最高为 12000 元。瓮安受助秋季学期技工院校国家免学费专项资金 285 人，受助金额 28.50 万元。瓮安中等职业学校获省级职业教育专项补助资金 225 万元。3 月 12 日，州财政局、州教育局发《关于下达 2014 年中等职业学校国家助学金中央和省级专项资金预算的通知》《关于下达 2014 年中等职业学校国家免学费政策中央和省级专项资金预算的通知》，下达瓮安职校助学金 457.35 万元，其中中央资金 365.88 万元、省级资金 36.59 元、州承担 27.44 万元、县级承担 27.44 万元。下达瓮安县职校免费中央和省级专项资金 630.08 万元、州县承担 85.92 万元。3 月 15 日，县人口与计划生育局、县教育局呈州人口计生委《关于全县 2014 年 3 月农村计生户女孩助学奖对象确认报告》，确定瓮安县农村计生户女孩享受奖励金 559 人，金额 67.08 万元，其中州级 55.9 万元、县级 11.18 万元。7 月 1 日，县教育局出台《瓮安县学前教育贫困儿童资助工作实施方案》《瓮安县普通高中国家助学金管理实施方案》，通过建立政府资助、动员社会力量捐资、幼儿园适当减免收费和提起经费资助等，对在瓮安县教育行政部门审批设立的幼儿园就读、符合国家相关政策的瓮安县户籍 3～6 岁家庭经济困难学前儿童、孤儿、父（母）残疾家庭或残疾儿童给予保教费和生活费资助，资助工作按学年进行，每年 9 月开学初发放。对瓮安县经批准设立的普通高中（职业中学的普通高中班）、具有正式注册学籍的在校生中家庭经济困难学生进行资助，平均资助标准为每生每学年 1500 元，从学校事业收入中足额提取 3%～5%（民办教育提取 5%）的校内资助经费实施。受助学生家庭收入不超过 200 元，对孤残（失去双亲）学生、父母离异或丧父、丧母等原因造成家庭经济困难学生、烈士子女、优抚家庭子女、父或母有残疾家庭困难、家庭或本人遇自然灾害或意外事故致贫、享受农村或城镇居民最低生活保障家庭子女、独生子女或二女结扎贫困户、农村多子女贫困户等优先。9 月 15 日，县人口与计划生育局、县教育局确定瓮安县农村计生户女孩享受奖励金 549 人，合计金额 32.94 万元，其中州级 27.45 万元、县级 5.49 万元。12 月 25 日，省财政厅、省教育厅提前下达瓮安县 2015 年中等职业学校国家助学金补助中央资金 230.04 万元、省级资金 23.01 万元；提前下达瓮安县 2015 年度普通高中国家助学金中央补助 357.41 万元、省级补助 44.68 万元，助学人数 3723 人，州级应承担 33.51 万元、县级应承担 33.51 万元；提前下达瓮安县 2015 年农村义务教育阶段家庭经济困难寄宿生生活费补助金中央补助资金 859.0875 万元、省级补助资金 859.0875 万元，补助人数 14718 人，其中小学 4863 人、初中 9855 人。年底，瓮安县共欠拨县级配套资金 258.55 万元，导致 44363 人次学生不能足额享受国家助学金和免学费资金。

表 16-1　　瓮安职校 2011—2014 年学生资助资金发放情况统计表

年度			2011 春	2011 秋	2012 春	2012 秋	2013 春	2013 秋	2014 春	2014 秋	合计
国家助学金（万元）	享受助学金人数（人）		2944	2202	3687	2656	1742	3096	1383	2210	19902
	应发各级资金	中央资金	176.64	132.12	221.22	159.36	103.44	185.76	82.89	132.6	1194.12
		省级资金	17.66	13.12	22.12	15.94	10.34	18.58	8.3	13.26	119.41
		州级资金	13.25	9.91	16.59	11.95	7.76	13.93	6.22	9.95	89.56
		县级资金	13.25	9.91	16.59	11.95	7.76	13.93	6.22	9.95	89.56
		合计	220.8	165.15	276.53	199.2	129.3	232.2	103.73	165.75	1492.65
	实际发放各级资金	中央资金	176.64	132.12	221.22	159.36	103.44	185.76	82.89	132.6	1194.12
		省级资金	17.66	13.12	22.12	15.94	10.34	18.58	8.3	13.26	119.41
		州级资金	13.25	9.91	16.59	11.95	7.76	13.93	6.22	9.95	89.56
		县级资金	0	0	0	0	0	0	0	0	0
		合计	207.55	155.24	259.93	187.25	121.54	218.27	97.5	155.81	1403.09
免学费资金（万元）	享受免学费人数（人）		3071	1435	3163	3029	3460	4156	2676	3471	24461
	应享受资金	中央资金	196.54	91.84	202.43	242.32	276.8	286.56	155.44	277.68	1729.62
		省级资金	19.65	9.18	20.24	24.23	27.68	51.7	44.76	27.77	225.22
		州级资金	14.74	6.89	15.18	18.17	20.76	38.77	33.65	20.83	168.99
		县级资金	14.74	6.89	15.18	18.17	20.76	38.77	33.65	20.83	168.99
		合计	245.68	114.8	253.04	302.9	346	415.8	267.5	347.1	2292.82
	实际享受资金	中央资金	196.54	91.84	202.43	242.32	276.8	286.56	155.44	277.68	1729.62
		省级资金	19.65	9.18	20.24	24.23	27.68	51.7	44.76	27.77	225.22
		州级资金	14.74	6.89	15.18	18.17	20.76	38.77	33.65	20.83	168.99
		县级资金	0	0	0	0	0	0	0	0	0
		合计	230.94	107.91	237.86	284.73	325.24	377.03	233.85	326.27	2123.83
备注								省扩大 574 人	省扩大 733 人		

2015 年，全县 49510 人义务教育学生，其中，小学 32957 人、初中 16553 人，全部免学杂费和寄宿生住宿费，教科书全部免费提供。农村义务教育中小学生均公用经费按小学每生 600 元、初中每生 800 元分配，不足 100 人的学校按 100 人拨。普通高中困难学生国家助学金 469.11 万元，其中，中央补助 357.41 万元、省级补助 44.68 万元、州级承担资金 33.51 万元、县级承担资金 33.51 万元。州教育局、财政局、扶贫局、人力和社保局印发《黔南州进一步加强农村教育精准扶贫实施细则》，从 2015 年秋季学前期起，对符合条件的中职、普通高中、大学在校生，在原有资助政策上，从学生入学开始直到完成当期学段学业为止，实施教育精准扶贫，就读黔南州高中的贵州省户籍农村贫困生，在实施国家助学金每生每年 2000

元的基础上，新增扶贫专项资金每年每生 1000 元，免（补助）学费每年每生 760 元，免（补助）教科书费每年每生 400 元，免（补助）住宿费每年每生 500 元，简称“两助三免（补）”；就读黔南州中职学校的贵州省户籍农村贫困生，在实施三年免学费（每生每年 2000 元）和一、二级国家助学金每生每年 2000 元的基础上，对一、二级学生新增扶贫专项资金每年每生 1000 元，免（补助）教科书费每年每生 400 元，免（补助）住宿费每年每生 500 元，简称“两助三免（补）”；就读州属普通高校本科（高职）的贵州省户籍农村贫困生，除享受原有国家助学金平均每生每年 3000 元外，新增扶贫专项资金每年每生 1000 元，免（补助）学费本科学生每年每生 3830 元、专科高职学生每年每生 3500 元，简称“两助一免（补）”。瓮安助学金补助人数 1917 人，每生 1500 元，总金额 287.55 万元，已完成 270.3 万元。中央奖补瓮安二中改善普通高中办学条件资金 921 万元，贵州省优质惠普性民办教育资源奖补瓮安资金项目 10 万元。1 月 12 日，省教育厅发《关于加强经济困难复原退伍军人就读子女资助工作的通知》，经济困难复原退伍军人就读学前子女提供保育教育费和生活费补助，资助标准一般为每生每年 500~800 元；就读义务教育阶段提供农村家庭经济困难寄宿生生活补助，标准为小学寄宿生每生每年 1000 元、初中寄宿生每生每年 1250 元；就读普通高中提供国家助学金，标准为每生每年 1500 元；就读中等职业学校享受三年免学费政策，标准为每生每年 2000 元，同时提供国家助学金，标准为每生每年 1500 元；就读普通高等学校，在全日制本专科，含高职、第二学士学位阶段，提供一等国家助学金，标准为每生每年 3500 元。2 月 13 日，县政府办公室下发《关于印发瓮安县教育局主要职责内设机构和人员编制规定的通知》，将瓮安县学生资助管理中心与瓮安县学生营养改善办公室整合，设立瓮安县学生资助与营养改善办公室，为县教育局的股级事业单位。3 月 17 日，州财政局、州教育局发《关于下达 2015 年中等职业学校国家免学费政策专项资金预算的通知》，瓮安县中等职业学校国家免学费 540.2 万元，其中中央资金 432.16 万元、省级资金 43.22 万元、州级应承担资金 32.41 万元、县级承担 32.41 万元，资助人数 2701 人。提前下达 2015 年中等职业学校国家助学金中央和省级专项资金 287.55 万元。4 月 15 日，县卫生和计划生育局、县教育局呈《关于全县 2015 年 3 月农村计生户女孩助学奖对象确认报告》，全县享受计生户女孩对象 570 人，共 34.2 万元，其中州级 28.5 万元、县级 5.7 万元。5 月 15 日，州政府教育督导室发《整改通知书》，州教育局于 5 月 5—6 日对瓮安中等职业学校 2011—2014 年国家助学金和免学费资金进行专项检查，发现瓮安职校学生资助工作存在资助资金发放不及时、未能足额发放国家资金两大问题。6 月 5 日，瓮安县学生资助与营养改善办公室设主任（法人）、副主任各 1 人。10 日，省教育厅、省财政厅下达瓮安县学前教育获发展中央专项建设资金 590 万元，其中，建中第二幼园 400 万元、高水幼儿园 65 万元、鱼河幼儿园 60 万元、木老坪幼儿园 65 万元。19 日，奖补瓮安省级“9+3”计划 60 万元。9 月 15 日，县卫生和计划生育局、教育局发《关于全县 2015 年 9 月农村计生户女孩助学奖对象确认报告》，全县 2015 年 9 月农村计生户女孩助学奖 510 人，合计 30.6 万元，其中州级 25.5 万元、县级 5.1

万元；全县非农村计生户女孩助学奖12人，合计0.72万元。10月，省教育厅、省财政厅下达瓮安2015年度第二批普通高中国家助学金238.27万元、省级专项补助资金14.91万元，第二批农村义务教育阶段家庭经济困难寄宿生生活费补助资金857.55万元（中央资金428.76万元、省级资金428.78万元）；提前下达2016年农村义务教育阶段家庭经济困难寄宿生生活费补助资金共计222.4万元，其中中央资金111.2万元、省级资金111.2万元。11月，下达2015年学前教育幼儿资助49万元，其中中央奖补资金38万元、省级奖补资金11万元。省教育厅办公室发《关于填报2015年中等职业学校免学费和助学金受助学生人数的通知》，免学费补助标准按每生每学期1000元执行，补助对象为具有中等职业学校全日制学历教育正式学籍的在校一、二年级涉农专业学生和非涉农专业家庭经济困难学生，以及学籍或户籍属集中连片特困地区的所有一、二年级农村学生，非涉农专业家庭经济困难学生比例按一、二年级学生在校学生人数的20%确定。12月，省教育厅、省财政厅下达2015年度第二批中职国家助学金中央资金110.28万元、省级资金11.02万元，州财政局、州教育局下达瓮安2015年技工学校第二批国家助学金2.51万元、补发国家助学金0.28万元、国家免学费2.51万元。

表16-2　　中小学困难补助及高等学校贷款统计表

单位：万元

项目			2009年	2010年	2011年	2012年	2013年	2014年	2015年
普通高中国家助学金		补助标准（元）		1500	1500	1500	1500	1500	1500
		资助人数		3401	6283	3723	3723	3723	3723
		资助金额		510.15	461.23	558.45	558.45	558.45	558.45
农村义务教育家庭困难寄宿生生活补助	初中	补助标准（元）	500			1250	1250	1250	1250
		资助人数		7898	8542	8885	11350	13395	9855
		资助金额				1110.63	1418.75	1674.38	1231.88
	小学	补助标准（元）	300			1000	1000	1000	1000
		资助人数		221	276	528	1201	6031	4863
		资助金额				528	120.1	603.1	486.3
助学贷款	贷款	贷款人数		1834	2043	2195	2067	2174	2501
		贷款金额		980.5	988.83	1098.9	1064.94	1190.82	1413.5
	收款	本息		4	19.83	197.12	576.3	830	
		其中本金		3.8	17.5	185.53	539.95	767.84	
		其中利息		0.2	2.33	11.59	36.35	62.16	

第二节　社会助学

明清时期学校多为私塾，县学或书院也多为社会人士捐建。咸丰末年（1861），江界河中寨人犹颐捐助蜡林田，作为学院经费。光绪三十年（1904），县城二等学堂经费均从前书院旧产及各义学公产合并移入，不足之处靠捐助补济。民国2年（1913），猴场隆兴寺义塾经费由草里人孔庆朝、商汝兰、诸尧阶等捐置。1985年9月9日，县委、县政府发《关于周乐忠、韩谷勇等同志捐款资助教育的通报》，县科协干部周乐忠捐赠1万元给瓮安中学作奖学金，县水电局局长韩谷勇将设计费1000元捐赠给瓮安二中发展教育事业。

县教育局举办社会爱心人士助学捐赠仪式（2013年摄）

1990—1991年，杨文富等台湾同胞4人捐资3300元人民币、100美元给瓮安发展教育。1991—1995年，群众、社会、学校共筹资882.52万元，用于修建校舍及配套建设。1994年，全县学生捐衣物4000多件、文具用品700余件、现金4000元，统一分配后送给全县贫困学生。

1996年，社会捐资集资270万元助学。2002年，多渠道筹措教育经费614.87万元改善办学条件，其中捐资助学、学校自筹546.86万元，引资助学50万元。2007年，商文立出资建中坪小学教学楼，名“文立希望教学楼”，建筑面积2823平方米。2010年9月9日，浙江鑫硕矿业有限公司、兴旺房地产有限公司、南洋矿产开发公司、广东惠州广林助学、“爱希”助学5家公司，受县政府捐资助学表彰。

2011年7月，水利水电工程移民局出资帮助13所学校添置教学设备和改善教学环境，帮助资金约122.31万元，其中城关一小电脑20台约6.6万元，城关三小电脑20台、学生课桌100套约8.6万元，茅坡小学电脑4台、办公桌16套约2.5万元，天文小学投影仪2套、电脑2台、学生课桌100套约5万元，玉山小学学生课桌200套、电脑20台约10万元，鱼河小学学生课桌100套约2万元，龙塘小学图书架30个、阅览室桌凳30套、电脑20台、建板房食堂156平方米约14万元，高水小学硬化地面423.6平方米、建值班室140平方米约11.98万元，木引槽学校硬化地面及附属设施、维修值班室等约13万元，铜锣乡三乐小学硬化道路提供水泥80吨约3万元，牛场坝学校电脑15台约3.68元，建中小学电脑15台约4.95万元。2012年6月18日，州教育局发《关于实施朱英龙先生捐赠部分资金建设农村中小学计算机教室的通知》，全县2011年义务教育薄弱学校改造计划补助金33.4万元，朱英龙先生捐赠8.3万元，州配套8.3万元，县配套50万元，共计100万元。2013年，社会捐资助学资助1431人次107.965万元，其中，“华佗论箭”个性奖学金资助项目资金20万元；宏立城公益基金会资助15人，资助金6万元。

2015年5月28日，协助绿佳公司开展“六一”捐赠活动，共捐赠冰柜20台及钢琴、多媒体、办公设备等价值10万余元。12月23日，县政府函告香港言爱基金有限公司捐助思源学校1000万元，用于建校费用。

表16-3　1991—2015年机关团体及社会捐助统计表

年　度	捐赠方名称	捐赠方所在地	接受捐赠单位名称	捐赠项目名称	赠款资金（万元）	捐赠物资
1991	天文镇居民社会集资	天文镇	瓮安县天文中学	教学楼	4.8	
1993	白水村民集资	白水	白水小学	教学楼	3	
1994	长寿长乐希望集团	遵义	希望中学	教学楼	20	
	王绪雄	岚关乡谷才村	谷才民小	新建学校	4.5	
1996	天文镇民众社会集资	天文镇	瓮安县天文中学	环形运动场	5.72	
	北斗山磷矿	瓮安	瓮安二小	教育补助	2	
1999	邵逸夫	香港	瓮安县建中小学	教学楼	15	
2000	草塘镇政府及社会各界	草塘镇	希望中学	风雨操场	36	
2001	徐祥二	玉山	玉山中学			电视机50台
	邵逸夫基金会	香港	营定小学	教学楼	10	
2002	台胞谭宇文	台湾	瓮安二小	教育补助	1.2	
2003	台湾协和慈善基金会	东莞	平坝希望小学	教学楼	30	
2004	瓮安县白小平煤厂	瓮安	瓮安一小			钢琴1台价值1.2万元
	台湾协和慈善基金会	东莞	平坝希望小学	贫困生资助	24	电脑21台

续表16-3

年　度	捐赠方名称	捐赠方所在地	接受捐赠单位名称	捐赠项目名称	赠款资金（万元）	捐赠物资
2005	台湾协和慈善基金会	东莞	平坝希望小学	大学生奖学金	16	
	香港慈恩基金会	香港	瓮安县珠藏中学	教学楼	25	
	商文立	台湾	中坪镇艾州小学			电脑 10 台
			瓮安县中坪中心完全小学	文立希望教学楼	20	
2006	方仲强	香港	高水中学	教学楼	20	
	美国燃灯基金会	大河村	瓮安县猴场镇大河小学	捐款维修教学楼	5	
	黄佩球	香港	瓮安县小河山学校	希望工程	15	
	美国燃灯基金会		瓮安县玉山镇角旁小学	教学楼	3	
	明道广	美国	印山小学	教学楼维修	3	
	黄佩球	香港	瓮安小河山学校	希望工程	15	
2007	瓮安龙腾焦化公司	瓮安银盏	银盏学校	修建龙腾门	3	
	深圳“光之行”	大河村	瓮安县猴场镇大河小学	硬化操场	3	图书 84 册、学生课桌 90 套办公桌 1 套
	美国燃灯基金会	美国	瓮安县岚关乡章阁小学	教学楼	5	
	周德禄	美国燃灯基金会	白沙乡保护小学	教学楼	5	
	广州摄影家协会	广州深圳	猴场镇桃子冲民族小学			办公用品 180 件
2008	美国燃灯基金会	美国	瓮安县岚关乡花桥小学	教学楼	5	
	香港道德基金会	香港	大园小学	教学楼	24	
	美国燃灯基金会	美国	白沙乡大土小学	教学楼	5	
	葛守平	美国燃灯基金会	建中镇果水小学	教学楼	5	
	燃灯基金	美国	平定营镇万龙小学、岩面小学	教学楼外墙装饰	10	
	燃灯基金会	美国	珠藏镇岗家槽小学	教室维修项目	5	

续表16-3

年度	捐赠方名称	捐赠方所在地	接受捐赠单位名称	捐赠项目名称	赠款资金（万元）	捐赠物资
2009	瓮安县移民局	瓮安县县城	瓮安二小			学生课桌凳50套
			希望中学	多媒体一套及桌椅		多媒体1套、桌椅200套，办公用品3套
	中国人权发展基金会	贵州省宣传部	青山小学	教学楼外墙装饰	5	
	燃灯基金会	美国	珠藏镇荣院小学、瓮水司小学	教室维修项目	10	
2009—2010	中南财金政法大学	大河村	瓮安县猴场镇大河小学			图书160册、篮球架1付、学生衣服等50件
2010	中宣部	北京	银盏学校			电脑5台
	瓮安政协	瓮安	大园小学			图书5000册
	深圳市罗湖区东湖中学	深圳市罗湖区	瓮安县玉华中学			图书2000册
	娃哈哈集团	杭州	玉山中学			矿泉水500件
	瓮安三中	瓮安	白水小学			办公桌7套，电脑1台
	应乐之	美国燃灯基金会	高榜小学	修建教学楼	3	
	瓮安县民宗局	瓮安		校园维修	6.65	
	冉光平	贵阳		学生资助	3.3	
	香港陈登基金	香港		学生资助	1.08	
	爱希助学			学生资助	1.98	
	中石化春蕾			学生资助	1.8	
	广东惠州广林助学金			学生资助	4.96	
	吴建芳	贵阳	瓮安县小河山学校			教师办公桌16套、学生床25套

续表16-3

年　度	捐赠方名称	捐赠方所在地	接受捐赠单位名称	捐赠项目名称	赠款资金（万元）	捐赠物资
2010	燃灯基金会		珠藏镇小院子、鹤亭、青杠林小学	教室维修项目	9	
	深圳市民政局	深圳	建中镇果水小学	教学楼	25	
	香港福利基金会	香港	大园小学	体育器材	2	师生服装250套
	瓮安华雄公司	瓮安银盏镇岩根河村	瓮安县玉华中学			学生宿舍铁床120套
2011	牟春芳	广西	平坝希望小学			餐桌100张
	妇联、关工委等	瓮安	玉屏小学			电脑、书包、图书100件
2012	袁忠秋	瓮安银盏镇岩根河村	瓮安县玉华中学		10	
	瓮安县水利水电工程移民局	瓮安	瓮安县白沙中学	学生厕所	19	
	瓮安县人武部	大河村	瓮安县猴场镇大河小学	特困学生生活补助	0.75	太阳能热水器、电子琴各1个
	珠海东精大	香港	雷文小学	爱心楼	150	
	光华公益书海工程	北京市旧鼓楼大街国旺胡同	瓮安县江界河中学			图书4662册
	中华光华科技基金会福明置业公司	福建	四所学校	建“福明爱心书屋”		捐赠价值100万元图书
	满姐食品	工业园区	营定小学			办公桌16套、文件柜4个
	星辰国际开发商	瓮安	贵州省瓮安第三中学	学生生活用品	1	
	曾令松	个体	瓮安县中坪中学			学生电脑20台
	瓮安县移民局	瓮安	瓮安一小	体育器材、办公电脑		体育器材、办公电脑20件

续表16-3

年度	捐赠方名称	捐赠方所在地	接受捐赠单位名称	捐赠项目名称	赠款资金（万元）	捐赠物资
2012	张牛牛	都匀	瓮安小河山学校			办公桌19套
	贵州双龙实业集团有限公司	贵阳	玉山镇角旁小学、白花小学			彩虹雨热水器2套、学生生活用品价值4万元
	贵州省扶贫助学促进会	贵阳	珠藏镇荣院小学等	彩虹雨项目	2	
	牟春芳	广西	平坝希望小学		5	餐桌100张
	珠海东精大	香港	雷文小学	爱心楼	150	
	苏州工业园区映山红助学联合会	苏州工业园区	瓮安县天文中学			电脑64台
	苏州工业园区映山红助学联盟	苏州	瓮安县江界河中学			学生棉被74套
	熊仕芳	岚关乡章阁村	岚关乡章阁小学	附属设施	18	
	国酒茅台	贵州仁怀	草塘中学	学生资助	1.5	
	贵州乐都乐器有限公司刘园富	贵阳	白沙乡高坪小学			乐器价值8万元
	北京华泰科技集团总经理王森	白沙高坪	白沙乡高坪小学	教学楼	20	

续表16-3

年　度	捐赠方名称	捐赠方所在地	接受捐赠单位名称	捐赠项目名称	赠款资金（万元）	捐赠物资
2013	英华美建筑有限公司	苏州	玉屏小学			书包、体育器材150件
	淦蒙	山东	大园小学			图书2500册
	哈尔滨工业大学	哈尔滨	大园小学			图书1500册
	兰应科	雷文	雷文小学			书包衣服价值2万元
	“爱希”助学		瓮安县学校	学生资助	3.5	
	省公路局	贵阳	高榜小学			篮球架、单双杠各1个
	瓮安县社会各企业		瓮安县特殊教育学校	学生生活用品及生活费补助	7.63	
	宏立城基金会资助		瓮安县学校	学生资助	3.6	
	瓮水小城镇建设有限公司		瓮安县特殊教育学校	学生生活用品	2	
	瓮安县公安局		瓮安县特殊教育学校	生活费补助	2	
	瓮安县司法局		瓮安县特殊教育学校	学生生活用品	2	
	瓮安县档案局		瓮安县特殊教育学校	学生生活用品	1	
	南洋矿产开发公司		瓮安二中	学生资助	2	
	洞藏青酒助学基金	贵州	草塘中学	学生资助	8	
	苏州英华美防水涂装工程有限公司		天文小学	学生资助	2.5	

续表16-3

年度	捐赠方名称	捐赠方所在地	接受捐赠单位名称	捐赠项目名称	赠款资金（万元）	捐赠物资
2013	香港慈恩基金会资助	香港	高中学生	学生资助	44.7	
	瓮安县移民局	瓮安	瓮安一小	体育器材及办公桌		20件
	“华佗论箭”奖学金		瓮安三中等学校	学生资助	20	
	燃灯基金会	美国	黔川小学	教学楼维修	3	
	瓮安县民宗局	瓮安	珠藏镇幼儿园			多媒体设备1套
	贵州省扶贫助学促进会	贵阳	珠藏小学、荣院小学、小院子小学、岗家槽小学、鹤亭小学、瓮水司小学	扶贫助学金	12.5	
2013—2014	娄义财	瓮安	天文小学		4.55	办公电脑13台
2011—2014	中交四航局道安高速JT23标段项目部	天文	平坝希望小学			书包及文具383件
2014	瓮安建筑咨询设计有限公司	瓮安	平坝希望小学			电脑及电脑桌2台套
	秦光福、秦松	瓮安	大塘小学			打印机1台、餐桌凳15套
	瓮安城北汽修厂	瓮安	大塘小学	饮水机		饮水机10个、书包、笔记本70件
	瓮安县科协	瓮安县政府大楼	瓮安县鱼河中学			电脑5台
	瓮安日升建材有限公司	瓮安青坑工业园区	瓮安县鱼河中学			小砖2.5万块
	县关工委	瓮安	玉山中学			电脑5台
	个人爱心资助		贵州省瓮安草塘中学	捐资助学	1.4	
	苏州映山红助学联盟		瓮安县学校	学生资助	1.35	125双鞋，价值6.25万元
	瓮安县文化旅游发展有限公司	瓮安	瓮安县渡江小学		2	

续表16-3

年　度	捐赠方名称	捐赠方所在地	接受捐赠单位名称	捐赠项目名称	赠款资金（万元）	捐赠物资
2014	岩根河村委会	瓮安	瓮安县渡江小学		1	
	共青团瓮安县委	瓮安	瓮安县渡江小学		30	
	贵州麒龙置业有限公司	瓮安	瓮安县渡江小学		1	
	中盟磷业	瓮安	瓮安县渡江小学		1	
	磷化公司	瓮安	瓮安县渡江小学		1	
	钰盛塑料编织袋厂	瓮安	瓮安县渡江小学		2	
	贵州省瓮安磷矿	瓮安	瓮安县渡江小学		1	
	贵州博尔园旅游文化发展有限公司	瓮安	瓮安县渡江小学			笔记本电脑26台
	瓮安县科技局	瓮安	瓮安县建中中学			学校办公电脑8台
	黔南州图书馆	都匀	贵州省瓮安第三中学			图书3000册
	蔡日照		瓮安县学校	学生资助	1.34	
	卢继勇	瓮安	瓮安四中	捐资助学	5	
	袁付峰	瓮安	瓮安四中	捐资助学	5	
	北京尚品图书公司	瓮安	瓮安四中			图书3120册
	瓮水街道办事处	瓮安	瓮安四中	校门修建	2	
	瓮安县金海岸		瓮安县特殊教育学校	生活费补助	1	
	瓮安县社会各企业		瓮安县特殊教育学校	学生生活用品	1.7	
	贵州靖丰建筑工程公司	瓮安	瓮安一小	学生生活费补助		
	慈恩基金	香港	瓮安县学校	慈恩基金捐资助学	34.2	
	贵州省教育发展基金会	贵阳	瓮安五中	食堂设备	50	
	贵州中交贵瓮高速公路有限公司	贵阳	瓮安县示范幼儿园	教学仪器设备	10	
	广州花都区慈善总会	广州	瓮安县特殊教育学校	学生生活用品生活费补助	10.8	
	贵州省扶贫助学促进会	贵阳	珠藏小学、荣院小学、小院子小学、岗家槽小学、鹤亭小学、瓮水司小学	扶贫助学金	12.5	
	瓮安县“阳光公益”	大河村	瓮安县猴场镇大河小学	生活补助等	2.5	
	瓮安县映山红助学联盟	瓮安	瓮安县木老坪中学			学生用电脑40台
	瓮安县老木房家私	瓮安	瓮安县木老坪中学			空调2台

续表16-3

年　度	捐赠方名称	捐赠方所在地	接受捐赠单位名称	捐赠项目名称	赠款资金（万元）	捐赠物资
2015	贵阳王王公司	贵阳	天文小学	学生食堂设备	2.5	
	县工会	瓮安	玉屏小学			书包、体育器材70件
	贵阳国贸公司	贵阳	大林小学			生活用品56套
	宏立城	贵阳	瓮安草塘中学	宏立城捐资助学	3	
	宋芬芳	瓮安	瓮安草塘中学			图书折合价4万元
	瓮安国资公司	瓮安	瓮安县渡江小学		5	
	杨武	瓮安	瓮安县渡江小学		1.1	
	杨兴华	雷文	雷文小学			餐具、相机价值1.5万元
	王文光	雷文	雷文小学	资助幼儿园建设	10	
	金正大集团	瓮安	白水小学			图书3000册
	瓮安县就业促进会	瓮安	瓮安县牛场坝学校			教师办公桌15张
	县关工委	瓮安	瓮安县牛场坝学校			学生生活用品216套
	苏州工业园区映山红助学联合会	苏州工业园区	瓮安县天文中学			阶梯教室桌椅130套、投影设备1套、留守儿童器材128件
	中国关工委儿童发展研究中心、安利公益基金会、中国下一代教育基金会		瓮安县天文中学			厨房设备23套
	益沁园农业开发有限公司	瓮安	瓮安县第三幼儿园	教学设备资助款	1	
	瓮水办事处花桥社区	瓮安	瓮安县第三幼儿园	教学设备资助款	2	
	瓮安县政协	瓮安	瓮安四中			图书3200册

续表16-3

年　度	捐赠方名称	捐赠方所在地	接受捐赠单位名称	捐赠项目名称	赠款资金（万元）	捐赠物资
2015	瓮安县老干局	瓮安	希望中学			办公桌椅11套
	湖南爱心团队和聚鑫源实业有限公司	湖南、瓮安	瓮安县永和中学	生活补助	1.7	衣服24件、鞋24双、书包24个
	中国银行都匀分行	都匀	瓮安县玉山中心完全小学			旧电脑20台
	马远刚		玉山镇幼儿园	教学仪器		设备1套价值2万元
	瓮安县关工委	瓮安	玉山镇幼儿园			教学仪器设备1套价值1万元
	安顺骏鑫房地产责任股份有限公司	安顺	天文小学	食堂、校服、办公设备	25	
	慈恩基金	香港	贵州省瓮安草塘中学	慈恩基金捐资助学	13.5	
	贵州省宏立城置业有限公司	贵阳	瓮安县江界河镇和平小学	新建校园	375	
	县关工委		中坪镇幼儿园			教学仪器设备5套价值3万元
	台湾协和慈善基金会	东莞	平坝希望小学	教学楼、贫困生资助、多媒体、大学生奖学金	73.8	电脑21台
	苏州工业园区映山红助学联合会	苏州工业园区	瓮安县天文中学	学生生活补助	9.48	
2003—2015	冉光平	贵州玖伍国际贸易公司	瓮安县中坪中学	资助优秀生到北京学习	24.5	
2009—2015	卢继勇	瓮安	木老坪、瓮安二中等100多所学校	修建等	263	其他物资折价90万元
2010—2015	县民政民宗局	瓮安	高榜小学	学习用品	3	
2012—2015	瓮安县移民局	瓮安	珠藏镇幼儿园			玩具柜20个、书架10个、图书500册

续表16-3

年　度	捐赠方名称	捐赠方所在地	接受捐赠单位名称	捐赠项目名称	赠款资金（万元）	捐赠物资
2013—2015	人武部	瓮安	天文小学	学生生活补助	1.8	电脑5台
2014—2015	瓮安县水电局	瓮安	瓮安县鱼河中学			水泥13吨、6分水管200米

第三节　营养改善

2011年，瓮安秋季学期农村义务教育学生营养改善计划中央专项补补助金671万元。

瓮安县召开学生营养改善计划数据采集工作培训会（2011年摄）

2012年，全县义务教育阶段学生营养改善计划基本实现全覆盖，享受营养餐学生45453人，招聘食堂工勤人员663人，并对食堂工勤人员和学校食堂管理人员进行培训。省财政厅、省教育厅发《关于下达2012年春季学期农村义务教育学生营养改善计划中央专项资金预算的通知》，瓮安县在校学生39669人，其中小学23943人、初中15726人，补助资金1190万元。2月26日，成立瓮安县农村义务教育学生营养改善计划领导小组，下设办公室在教育局，简称“营养办”。3月，教育局内设学生营养办。是月，州财政局、教育局发《关于下达2011年秋季学期农村义务教育学校学生营养改善计划中央专项资金预算通知》，瓮安农村义务教育学生营养改善计划中央专项补助资金671万元。县疾控中心、县营养改善计划领导小组办公室对全县40个学校营养改善计划监测学校进行业务培训。县食品药品监督所、学生营养改善办公室对全县食堂管理人员和食堂工勤人员 700 多人进行规范操作、法律法规、食品安全知识培训。22 日，县教育局印发《农村义务教育学生营养改善计划工作实施方案》，对营养改善计划工作进行规范管理，学校按每生补助 3 元的标准安排营养餐。5 月 2 日，县长主持召开县政府十六届第 4 次常务会议，研究学校食堂回收、工勤人员招聘问题，发布常务会议纪要。6 月起，农村义务教育学生营养改善计划改变提供牛奶、蛋糕、鸡蛋的单一做法，实现“校校有食堂、人人端碗吃饭”的“贵州模式”。5 月 29 日，召开学生营养改善计划食堂管理、食品安全培训会，县相关单位负责人、教育局党组成员、全县中小学副校长、分管营养改善计划的主任参加会议。培训会阐明营养改善计划必须让学生“端碗吃饭”，学校可以提供早餐、中餐等，食品店每生 3 元用足到学生身上。要求建立健全食堂管理制度，把好粮油等食品安全关，统一招标采购，规范进货渠道，注意食品贮存。会上组织学习《餐饮服务食品安全操作规范》，要求在 6 月 1 日全面落实营养改善计划。6 月 11 日，执行省政府文件精神及全省学生营养改善计划现场会精神，食堂工勤人员工资由县级财政负责，其配备比例 100：1，全县配备 618 人，其中，中学和幼儿园配备 326 人、农村小学配备 292 人。8 月，县财政拨款 30 万元，新建板房作学生食堂 2227. 4 平方米；利用富余教室改建 300 余平方米，共投入资金 2343 万元，实现村级以上学校校校有食堂。招聘工勤人员 548 人，工资由县财政解决。8 月 17 日，召开学生营养改善计划数据采集工作培训会，会议传达 8 月 12—14 日省学生营养改善计划学生实名制信息采集工作培训会精神，并进行信息采集培训。8 月 29 日，县教育局、县财政局发《关于安排 2013 年学生营养改善计划中央专项资金的通知》，全县学生营养改善计划中央专项资金划拨到校，各校做好专账核算、集中支付、专款专用等工作，禁止截留、挤占和挪用。补助资金足额用于为学生开餐，不得直接发放给学生个人和家长。月底，完成营养改善计划实名制学生信息采集工作。9 月，全县学校粮油实行政府集中采购，在都匀市云宫大桥东桥头金河湾 1 栋 1 单元 2 楼 A1 号招标，遵义中土粮油收储有限公司、凯里市银海粮油贸易有限公司、瓮安县黔中粮油工贸有限公司中标。县教育局印发《关于开展中小学文明餐桌行动的通知》，在全县学校开展“文明餐桌”行动。10 月 11 日，县学生营养办印发《瓮安县农村义务教育学生营养改善计划财务管理制度》，对营养改善计划实行专项管理，对食堂财务、物资出入库进行登记，菜谱存档，食物留样。10 月，在教育局六楼会议室召开全县学生营养改善计划总结暨学校食堂独立核算培训会，实行培训上岗。州财政局、教育局下达 2012 年秋季学期第一批义务教育学生营养改善计划中央专项资金，其中，瓮安县享受学生 39669 人，补助资金 833 万元。12 月 15 日，县教育局印发《关于做好学校食堂管理有关工作的通知》，春季学期，全县农村义务教育学生营养改善计划中央专项补助 39669 人，其中，小学 23943 人、中学 15726 人，补助金 791 万元；秋季学期（第一批）全县农村义务教育学生营养改善计划中央专项补助 39669 人，其中小学 23943 人、中学 15726 人，补助金 833 万元。对粮油、豆类、粉面等大宗物资实行县级统招、统购、统配、统送，简称“四统”。

表 16-4　　瓮安县 2013 年学生营养改善计划中央专项资金划拨分配表

校名	学生数（人）	补助标准（元/生·天）	补助天数（天）	合计金额（元）
珠藏小学	1779	3	200	1067400
牛场坝学校	723	3	200	433800
高水小学	944	3	200	566400
木引槽学校	1006	3	200	603600
玉山小学	1244	3	200	746400
鱼河小学	829	3	200	497400
龙塘小学	1275	3	200	765000
珠藏中学	1260	3	200	765000
铜锣中学	490	3	200	294000
高水中学	633	3	200	379800
玉山中学	764	3	200	458400
鱼河中学	489	3	200	293400
龙塘中学	368	3	200	220800
草塘小学	3047	3	200	1828200
小河山学校	561	3	200	336600
永和小学	1262	3	200	757200
岚关小学	733	3	200	439800
老坟嘴学校	699	3	200	419400
天文小学	982	3	200	589200
草塘中学	538	3	200	322800
希望中学	1103	3	200	661800
松坪中学	330	3	200	198000
永和中学	714	3	200	428400
岚关中学	564	3	200	338400
天文中学	689	3	200	413400
木老坪中学	414	3	200	248400
平定营小学	1327	3	200	796200
玉华小学	585	3	200	351000
平定营中学	772	3	200	463200
玉华中学	438	3	200	262800
特殊学校	46	3	200	27600
中坪小学	1245	3	200	747000
建中小学	790	3	200	474000
白沙小学	820	3	200	492000
中坪中学	1063	3	200	637800
建中中学	450	3	200	270000

续表16-4

校名	学生数（人）	补助标准（元/生·天）	补助天数（天）	合计金额（元）
白沙中学	508	3	200	304800
银盏学校	2310	3	200	1386000
瓮安三中	1876	3	200	1125600
瓮安四中	2408	3	200	1444800
瓮安一小	2299	3	200	1379400
瓮安三小	1913	3	200	1147800
实验学校	1613	3	200	967800
瓮安二小	1550	3	200	930000
合　计	45453	3	200	27271800

全县中小学幼儿园食堂管理人员及工勤人员培训（2013 年摄）

2014 年 2 月，各校成立由学生、家长、教师、村代表等组成膳食委员会，让社会对学校营养改善计划进行监督。州财政局、州教育局发《关于下达 2014 年农村义务教育学生营养改善计划中央专项资金预算的通知》，下达瓮安县学生营养改善计划中央专项资金 2412 万元。3 月 17—18 日，省教育厅审计处胡勇处长等三人一行对瓮安学生营养改善计划资金到位、使用、监管进行专项督查，督查组考察县城学校、江界河中学、永和小学等学生营养改善计划开展情况和资金管理情况。4 月 15 日，省教育厅发《关于下达瓮安县 2014 年农村义务教育学生营养改善计划专项资金审计调查报告的通知》，经省教育厅审计组审查，瓮安累计获得农村义务教育学生营养改善计划中央专项资金 6476 万元，2014 年春季学期享受营养改善计划的学生 44730 人，实现“校财局管”和报账制。2014 年营养改善计划专项资金 2412 万元未拨付到位，部分学校营养改善计划专项资金未与寄宿生生活费分账核算，“校财局管”实施不彻底，县教育局核算中心只有总账，专项资金的具体使用记录和原始凭证资料仍由学校保管，大宗食品原材料供应统一化后价格高于市场水平，部分学校食堂信息公示不完善。要求瓮安县教育局将问题整改后于 60 日内将整改情况书面报告省教育厅。5 月 14—16 日，县政府教育督导室组织县教育局学生营养办、纪检监察室深入学校食堂检查学生营养改善计划工作。7 月 10 日，分管副县长主持召开营养改善计划成员单位会议，审议《瓮安县义务教育学校食堂原辅料“四统”工作实施方案》。22日，县委副书记主持召开关于瓮安县保供稳价项目和学校食堂原辅材料“四统”工作的专题会议，决定由分管副县长牵头，审议学校食堂原辅材料配送方案，成立保供稳价项目询价组和食品质量安全检测组，并将学生饮用水纳入配送范围。由县采购办牵头，县发改局、县审计局、县教育局等相关单位配合实施企业及完善相关手续。9月，县政府表彰学校食堂“先进工作者”10人。县教育局、县财政局发《关于下达2014年学生营养改善计划中央专项资金的通知》，分配上级拔营养改善计划专项资金2700.66万元到各学校。12月25日，省财政厅、省教育厅联合发《关于提前下达2015年农村义务教育学生营养改善计划中央专项资金预算的通知》，提前下达2015年农村义务教育学生营养改善计划中央专项资金2716元，享受学生49476人。30日，县教育局评选瓮安五中、珠藏中学、希望中学、高水中学、天文中学、江界河中心完全小学、瓮安七小、岚关小学、银盏镇木老坪小学、天文镇平坝希望小学10所学校为“文明食堂”。

表16-5　瓮安县2014年农村义务教育学生营养改善计划中央专项资金分配表

学校名称	人数（人）	补助标准（元/生·天）	补助天数（天）	合计金额（万元）
瓮安一小	2245	3	200	134.7
瓮安二小	1860	3	200	111.6
瓮安县三小	2105	3	200	126.3
实验学校	2153	3	200	129.18
瓮安三中	1855	3	200	111.3
玉华中学	476	3	200	28.56
松坪中学	310	3	200	18.6
平定营小学	1165	3	200	69.9
草塘小学	2816	3	200	168.96
小河山学校	351	3	200	21.06
中坪小学	1261	3	200	75.66
建中小学	1621	3	200	97.26
永和小学	1073	3	200	64.38
岚关小学	630	3	200	37.8
老坟嘴学校	438	3	200	26.28
珠藏小学	2653	3	200	159.18
牛场坝学校	467	3	200	28.02
木引学校	676	3	200	40.56
玉山小学	1385	3	200	83.1
江界河小学	1330	3	200	79.8
天文小学	876	3	200	52.56
草塘中学	545	3	200	32.7
希望中学	812	3	200	48.72

续表16-5

学校名称	人数（人）	补助标准（元/生·天）	补助天数（天）	合计金额（万元）
平定营中学	565	3	200	33.9
永和中学	454	3	200	27.24
岚关中学	379	3	200	22.74
中坪中学	813	3	200	48.78
建中中学	330	3	200	19.8
白沙中学	415	3	200	24.9
珠藏中学	1047	3	200	62.82
铜锣中学	330	3	200	19.8
高水中学	367	3	200	22.02
玉山中学	659	3	200	39.54
鱼河中学	356	3	200	21.36
江界河中学	273	3	200	16.38
天文中学	545	3	200	32.7
木老坪中学	346	3	200	20.76
特殊学校	58	3	200	3.48
瓮安四中	2592	3	200	155.52
草塘中学	3174	3	200	190.44
瓮安五中	3205	3	200	192.3
合计	45011			2700.66

县营养办到铜锣中学检查学生食堂（2014年摄）

2015年，县教育局拨付给学校第二批农村义务教育学生营养改善计划中央专项资金2716万元、2016年农村义务教育学生营养改善计划中央专项资金3345万元、追加农村义务教育学生营养改善计划中央专项资金279.09万元。中央财政对集中连片特困地区农村义务教育学生每天营养膳食补助提高到4元。3月，县教育局学生营养办与学生资助中心合并为瓮安县学生资助与营养改善办公室，属教育局内设机构。3月13日至4月12日，县食安委组织教育局、市场监督管理局、农工局、卫生监督所等相关职能部门对辖区学校及托幼机构食堂食品安全进行专项检查，把食品安全知识培训带进校园，每检查完一所学校，结合发现的问题，有针对性地进行现场培训，共出动执法人员115人次、车辆24台次。检查中小学食堂44家、托幼机构食堂27家，为学校提供米粉的加工场所11家，对检查发现的问题，下达整改意见书71份，立案查处7家，查封米粉加工场所超过保质期的大米13.55吨，收缴学校小卖部过期火腿肠109支、其他小食品96包（支），取缔米粉加工店2家。6月19日，全县召开营养计划成员单位会议，研究“四统”工作，明确续签合同1年。8月27—28日，省旅游学校专家一行为全县学校食堂从业人员开展食品安全控制与营养搭配培训，营养办开展“农村学生电子营养”操作培训。9月18日，组织发放给珠藏中学、中坪小学、木引槽、瓮安三小、珠藏小学、木老坪中学、玉山中学、建中小学、天文中学、瓮安八中、高水小学、老坟嘴学校、白沙小学、白沙中学14所学校“春苗营养厨房”设备各1套（大型、中型各7套）。9月23日，发放给牛场坝学校、建中中学、铜锣中学、高坪小学、和平小学、荣院小学、太平小学“春苗营养厨房”设备各1套（大型5套、中型2套）。11月23日，国务院办公厅出台《关于实施农村义务教育学生营养改善计划的意见》，从2011年秋季学期起，在集中连片特殊困难地区启动农村（不含县城）义务教育学生营养改善计划试点工作，由中央财政为试点地区农村义务教育阶段学生提供营养膳食补助，标准为每生每天3元（全年按照学生在校时间200天计算），所需资金全部由中央财政承担。12月，贵州省先后出台《贵州省农村义务教育学生营养改善计划实施意见》《农村义务教育学生营养改善计划实施细则》《农村义务教育学生营养改善计划试点方案备案文本基本要求》《农村义务教育学校食堂建设与管理暂行办法》《农村义务教育学校家庭（个人）托餐机构管理暂行办法》等，落实国务院营养改善计划，全省符合条件的有65个县共4168404人农村义务教育学生或享受营养改善，瓮安县44708人可享受，其中，小学27150人、初中17423人、特殊教育135人。

表16-6　　教育资助中心与营养改善办公室主任、副主任一览表

姓　名	职　务	单位名称	任职起止时间	备　注
王登国	主任（兼）	瓮安县学生资助管理中心	2009年8月28日—2009年11月	法人
舒极昌	主任	瓮安县学生资助管理中心	2009年11月—2011年3月21日	
舒极昌	主任	瓮安县学生资助管理中心	2011年3月22日—2015年6月8日	法人
舒极昌	主任	瓮安县学生资助与营养改善办公室	2015年6月9日—	法人
杨光惠	副主任	瓮安县学生资助与营养改善办公室	2015年6月9日—	

第十七章

人力资源

RENLI ZIYUAN

第十七章　人力资源

RENLI ZIYUAN

清光绪29年（1903）公布《奏定任用教员章程》，对各级各类学堂教员的任用管理作了明确规定。民国4年（1915），省行政公署规定，对小学教员的检定分试验检定与无试验检定。新中国成立初，对教师的考核重点是政治思想和业务能力两方面。1987年开始进行职称改革，教师实行聘任制。2005年，全县实行校长负责制。

第一节　人力资源管理

明清，儒学教师由官府委派，多为科举仕途中取得出身的人担任。社学、义学及书院教师有的由办学单位聘请，有的由官府委派，其中书院教师多由举人和贡生担任，家塾塾师由主办之家聘用，村塾师由校董延请。塾师资格一般是秀才，但也有举人、贡生、禀生。清朝末年废科举兴学堂后，清政府于光绪二十九年（1903）公布《奏定任用教员章程》，对各级各类学堂教员的任用管理进行明确规定，但由于缺乏人才，大多未能照章执行。小学多由原塾师担任，中学及师范学堂教员则选用有一技之长者充任。

民国初年，教职员实行聘任制，城镇、乡立小学校长由县行政长官委任，学校教员由校长聘任并呈县行政长官。县立高等小学校长由县行政长官委任，报省行政长官备案。县立中学校长由省教育厅委任，教职员由校长聘任并报教育厅核准任用。民国4年（1915），省行政公署规定，对小学教员的检定分试验检定与无试验检定两类。试验检定又分为县检定与省检定，县检定由县行政长官会同视学执行，试验及格者由县给予检定许可状，并报省行政长官存查；省检定由省行政长官执行，受检定者须有县许可证，试验及格再由省行政长官给予省检定许可状。无试验检定由省行政长官执行。试验检定每年举行一次，无试验检定随时举行。试验检定科目，高小正教员为教育学（限于伦理学、心理学、教授法、管理法、本国教育制度）、修身、国文、算术、动物、植物、矿物、生物、物理、化学、历史、地理等12科，高小副教员为教育学（限于教授法、管理法）、修身、国文、算术、体操等5科，初小副教员为教育学（限于教授法、管理法）、修身、国文3科。经过检定，获县许可状可任县小学教员，获省许可状可任省小学教员。

民国15年（1926）教育部规定，县立小学校长由县教育局局长委任，呈请教育厅审查备案。县立中学校长由教育厅直接委任，教导主任、事务主任、教职员都由校长聘任，并报教育厅审查备案。小学校长以本科正教员兼任，小学教员须受许可状；中学及师范学校教员均以经检定委员会检定合格者充任。民国19年（1930）贵州省政府规定，两级男女小学校长由教育厅委任，呈省主席备案，各小学职教员由县长会同学校校长遴选合格人员呈教育厅委任。中等以上及中学同等男女学校校长由教育厅遴选合格人员呈省主席核准委任，中学职教员由学校校长保荐、经教育厅考核委任并呈省主席审核备案。民国24年（1935），《贵州省立中等学校教职员服务及待遇暂行规程》规定，省立中等学校教职员的聘任以信党义、人格高尚为标准，高级中学教员必须是国内外大学或独立学院教育系毕业者、国内外高等师范本科或师范专修科毕业者、国内外大学或独立学院其他各学系毕业者、国内外专科或专门学校本科毕业者、对某种学科有专长曾任教职员3年以上者；初级中学必须具有高级或学教职员资格之一者、旧制中学及旧制师范或高级中学及师范学校毕业曾任教职员3年以上成绩优异者、同前项各校程度相当的学校毕业后曾任教员4年以上成绩优异者。民国25年（1936），省教育厅开始对小学教员进行检定，这次检定分为免检定、无试验检定、试验检定3种。对师范学校毕业者免受级任教员和专科教员检定，对简易师范学校毕业者受初级小学无试验检定，对旧制中学或规制高级中学及以上学校毕业、曾任小学教员1年以上或曾在教育行政机关或大学教育学院系等办暑期补习教育功课满2个暑期者、曾任小学教员2年以上有关于小学教育专著发表并经主管教育行政机关确认有价值者，分别受高级小学或初级小学教员无试验检定，初级小学无试验检定合格后任职4年以上有相当成绩，受高级小学教员无试验检定。对曾在旧制中学或高级中学毕业、曾在师范学校或高级中学修业1年并任小学教员1年以上、曾在师范讲习科毕业、曾任小学教员3年以上、学有专长并任小学教员1年以上者分别受高级或初级小学级任教员或专科教员试验检定，试验科目有公民、国语、算术、自然、卫生、历史、地理、教育概论、小学各科课程标准、小学教材及教学法。无试验检定每年举行2次，每学期开始前举行。第一次检定于民国26年（1937）1月举行，全州参加试验检定合格的小学教员共335人，其中瓮安合格19人。

民国28年（1939），《贵州省中等学校教职员任用待遇服务及考核规程》规定，县立中等学校校长由学校理事会或县政府遴选，呈教育厅核准，签请省府任用。县立中等学校教员由校长开具拟聘人员资历、检定合格证号、担任科目、时数及薪给等项，呈教育厅核准后方能聘任，各校教员如未经核准而擅行聘任，其薪给由校长负责赠偿，并予以相当处分。民国36年（1947），《贵州省小学教员任用待遇服务进修办法》规定，小学教员聘任以品行端正、思想正确、体格健全为标准，必须是师范学校毕业或教育学院教育科系毕业者。小学教员由校长开具合格人员的学历、经历、职务、薪俸等事项，检同证件于每年8月1日及2月1日呈请主管机关核查，待核准后由学校备具聘书于开学前送达受聘教职员，教职员聘约期满后继续聘任，但续聘教职员亦应于各学期开始前出具详细履历、职务、薪俸等事项呈报主管机关核准聘任。

新中国成立后，对原有教职工全部留用，并把教职工纳入国家干部编制，对教师的考核重点是政治思想和业务能力两个方面。1951年3月，县政府对雍阳小学、中坪小学、玉山小学、珠藏小学、永和小学、草塘小学、平兴分校、天文分校8所中心小学校长、副校长进行任命。13日，县政府调1人到文教科工作。6月15日，县政府派县小学教员讲习班1人到第二区关塘村村学担任教员。1952年4月3日，调用人员共5人，其中2人在原中学，其余皆为小教班学习，调出试用，每月给每人32分。1953年12月15日，执行省教育厅政策，对全省小学教师进行调整，全省调整出650人，任务分到各专署，再分到县，各县再安排。调整后不足的教师，抽多补少，保持平衡。调整界线为反革命分子，即五方面敌人的骨干，组织上虽非反革命分子但思想言论反动者，品质恶劣、作风极坏分子，经测验认定未达高小毕业文化者，年老、力衰、残废、有严重传染病不能任教者。调整重点为第一、二类人，如第一、二类人太少，完不成任务，按顺序调整第三、四、五类人员。根据名额分配，瓮安调整出教育部门9人。1953年5月，省政府《关于迅速结束中、小学教育工作混乱现象的指示》规定，小学校长、教师撤职、任免、调动必须经县、市政府审查，专署批准，报省教育厅备案；中学校长由省政府任免，教师由省教育厅直接任免或调动。1955年5月18日，省人民委员会转发《贵州省教育厅与专署对中学、师范学校工作管理范围的暂行规定》，专署负责任免完全中学、师范学校的教导主任及总务主任，初级中学的正副校长，并按照教育厅的规定负责调配以上各校的其他负责人员及教职人员。完全中学与师范学校正、副校长由专署报请省人民委员会任免。“文化大革命”时期，中小学的任用和管理一片混乱，教师的借用、调出，教师编制被随意占用。

1973年8月29日，调教师5人到教育局另行安排工作。1974年1月16日，县教育局调教师到瓮安师范工作4人。1978年3月17日，州教育局制发《关于贯彻执行国务院批转教育部〈关于加强中小学教师队伍管理工作意见〉的意见》规定，县办中小学公办教师的管理调配工作，在县委领导下，由县教育局负责。教师的调动需经县教育局同意，本县调动由县教育局负责；跨县、跨地区调动由州教育局办理。各级行政部门不得占用教育事业编制，其他部门借用的教师要一律退还学校。中小学教师必须具备一定的条件，小学教师应具有中师或相当于高中毕业水平，初中教师应具有师范专科或相当于专科毕业水平，高中教师应具有师范院校本科或其他大学本科毕业水平。因教育事业发展迅速，师资需求大，多数学校没有达到上述规定。1979 年，复查冤、假、错案，决定 2 人由教育局分配工作，恢复原工资级别。

1981 年，对教师犯法及过重处理的进行复核并恢复工作编制 10 人。1983 年，对中小学教师进行教材教法考核。1966 年以前大学本科毕业教高中，专科毕业以上教初中，中师（高中）毕业以上教小学教师。年满 50 岁以上男教师和年满 45 岁以上女教师，教龄满 25 年以上，只参加教材教法进修活动，不参加考核；离职进修及长期病休的教师暂不参加考核；原则上教什么科目就考什么科目，每位教师只考一科；小学教材主要考教学大纲和一至五年级现行教材的内容；初、高中教材考所任学科的教学大纲和一至三年级现行教材，高中学科有语文、数学、物理、化学、政治、外语、历史、地理、生物 9 科，初中学科有语文、数学、物理、化学、政治、外语、历史、地理、生理卫生、动物、植物 11 科，小学学科有语文、数学 2 科。考核分教材内容考试和教学能力考查两个方面，教材内容考查教师理解教学大纲、领会教材编写意图、掌握教材重点、分析教材难点的能力，考查教师掌握教材的基础知识和基本技能的情况，考查教师灵活和综合运用知识分析问题、解决问题的能力；教学能力考查教师独立备课、编写教案、组织教学、批改作业、命题考试能力和教学效果等方面，着重考查教学效果。教材内容考试成绩在 80 分以上者为合格，教学能力考核分合格、基本合格、不合格 3 种，以校为单位进行评定。教材内容考试和教学能力考核均合格，发给合格证，未合格

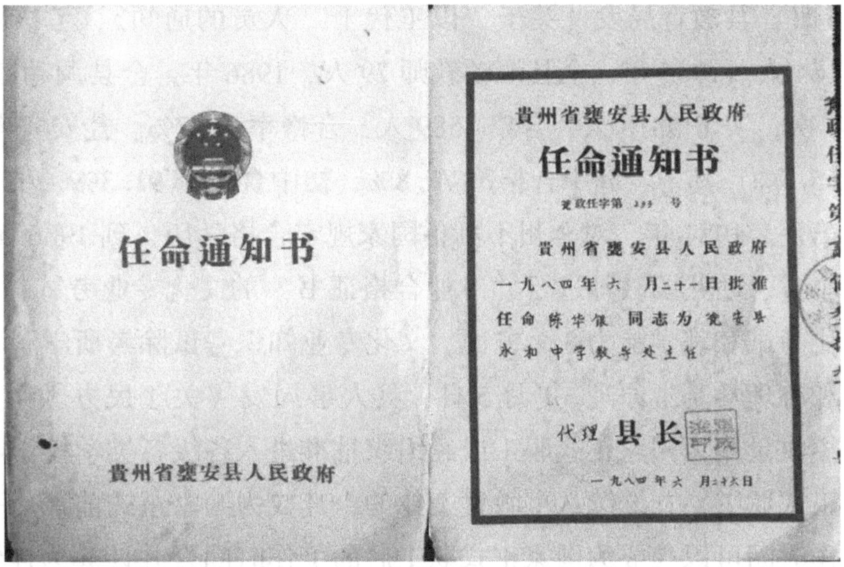

1984 年教导主任任命证书（2015 年摄）

瓮安县语、数学科组职称评审委员会成员（1987 年摄）

者补考。教材教法考核成绩列入教师教学业务档案，作为教师晋级、职称评定、整顿教师队伍依据。1984年，全县调动教师29人。8月20日，县选招民办教师75人为公办教师。9月6日，县教育局发《关于"以工代干"人员的通知》，考核同意"以工代干"人员转为干部164人。1985年，全县调动教师79人，1986年，全县调动教师12人。全州教材教法考核共4次，实考9816人，合格4589人，合格率46.7%。瓮安实考1052人，合格710人，合格率65.5%，其中，高中合格率77.8%、初中合格率91.3%、小学合格率64.4%，合格率居全州第一。1987年，对全州不具备国家规定合格学历、到1986年底从事教学工作不足20年的中小学、幼儿园教师进行"专业合格证书"的文化专业考试，考试内容包括思想品德教育、文化考试和教学能力3个方面，文化专业知识考试除考所学科目的相关课程外，均需考教育学和心理学基本原理。1月5日，县人事局发《关于民办教师工龄计算》，民办（代课）教师招收录用为国家正式职工或经组织批准进入各级各类学校学习（毕业或结业）后，成为国家正式职工，并继续从事教育工作的，其成为国家正式前最后一次经组织批准任民办教师的工作时间可以与成为国家正式职工后的工作时间合并计算为连续工龄，在两个以上单位连续任民办教师的时间，经组织批准调动的，应合并计算为连续工龄。

1988年8月，全县中小学教职工实行选聘制，教育局直接选聘各中学（一、二中除外）、区（镇）学办的校长、视导员，各中学校长直接选聘副校长、教导主任、总务主任，各区（镇）视导员直接选聘副视导员（教育专干）、各小学校长。选聘期间原任职务一律冻结在档，选聘上的继续任职，选聘不上的自然免职。教育行政部门核定每个学校，含区镇学办定编定员基数，学校在不超过定编基数的情况下对教职工进行选聘。20日，各中小学教职工返校待聘，无故不参加选聘工作的，若因此而落聘作自动离职处理，各校选聘工作于9月1日前结束。校长必须选聘原有教师的95%以上，教师实行就地应聘的原则，同时鼓励教职工从中心地区到边远地区应聘，适当照顾年老体弱而未到退休年龄的老教师。受聘人员一般任期为3年，若因履职太差且经帮助仍无转变的，校长可以解聘。落聘的中小学教职工，以区（镇）为单位组织学习待聘，也可由原单位组织开展勤工俭学活动。落选待聘人员前6个月发基本工资的80%和粮贴，7~12个月发基本工资的60%和粮贴，第二年仍未被选聘的作停薪留职处理。经选聘，全县落聘15人，占0.25%。1989年4月，瓮安调动教师26人，其中，本科毕业2人、大专毕业生12人、中师毕业生12人，改行23人，选招民办教师为合同制公办教师17人，录用民办教师为公办教师36人。1992年，对全县民办教师进行整顿，合格者发放民办教师任用证。

1994年11月14日，黔南州教委、州人事局、州计委关于从民办教师中选招公办教师，分配瓮安县指标120人。凡1986年以前参加民办教师工作，1992年整顿注册后一直从事教学工作，现仍在教学岗位上的民办教师，男50周岁，女45周岁，连续教龄25年以上的可以放宽5周岁，年龄教龄均算至1994年12月30日，又符合下列条件之一的均可自愿报名参加这次选招的考试、考核。1992年整顿民办教师时，获任用证，并具有国家认可的中师（中函）毕业文凭或高中毕业文凭，含中专毕业文凭已加试教育学、心理学成绩者；1992 年整顿民办教师队伍时，获任用证，并具有高中毕业文凭者，这类民办教师如被录取，必须在州报审批的同时，与县教育部门签订 2 年内经培训取得教育学、心理学合格的合同书，在合同规定的时间内学历达不到合格的，县有权取消其公办教师资格；1992 年整顿民办教师队伍时，获任用证，现在第三类学校任教一年以上，男年满 45 周岁、女年满 35 周岁连续教龄满 15 年以上者。1995 年 7 月 20 日，全县录用民办教师为干部 120 人。1996 年，县成立“1996 年民转公领导小组”“瓮安县中小学教师专业技术职务领导小组”和“教师资格认定领导小组”，开展民转公工作、教师专业技术工作和教师资格认定工作。1997 年，瓮安民办教师经黔南州教委、黔南州人事局批转为公办教师 64 人。3 月 18 日，县教育局成立“国家公务员过渡领导小组”，统筹领导全局公务员过渡工作，编写“职位说明书”14 个。共实际过渡 10 人。7 月 23 日，县教育局对全县教师改行、调出外县工作规定：凡教师改行，本科交费 8000 元、专科交费 5000 元、中专中师及以下交费 3000 元，按其最后学历的服务年限，不足 5 年的，每差 1 年加交培训费，本科 2000 元、专科 1500 元、中专中师及以下 1000 元；调出县外的教师，本科交费 3000 元、专科交费 2000 元、中专中师及以下交费 1000 元，按其最后学历的服务年限，不足 5 年的，每差 1 年加交培训费，本科 2000 元、专科 1500 元、中专中师及以下 1000 元；因工作需要，被组织提拔任职而变动工作的不列入交费对象。1998 年 4 月 18 日，全县民办教师转为公办教师 64 人。1999 年 8 月 6 日，全县民办教师经考试、考核合格，录用为公办教师 105 人。8 月 15 日，县教育局分配大、中专毕业生到各学校 319 人，见习期 1 年满后，根据本人表现及单位鉴定意见，同意教师转正定级 317 人，工资从 1999 年 9 月 1 人执行。8 月 24 日，民办、代课教师中师毕业后分配到村小工作 15 人。

2000 年 8 月，县委、县政府决定对部分学校富余人员进行分流，制定《人员富余学校教师到缺编学校支教的方案》，支教人员的工资关系、工作关系在原单位不变，支教时间为 1 年，支教学校由县教育局根据实际需要统一安排调配。相关站校做好对支教人员的管理，结合支教教师的具体情况安排工作，提供必要的生活条件。被派出支教的教师，当年德、能、勤、绩考核的成绩应在支教所在站校教师的中等以上水平，支教期满后，支教人员要写出支教工作总结，从教所在地站校将其工作鉴定和考核成绩报教育局。支教人员在接到通知后 3 天内到指定学校报到，接受工作安排，超过 15 日不到者作自动离职处理。12 月 1 日，从雍阳、草塘等乡镇共抽调教师 56 人到边远学校支教。2001 年，教育局出台有关文件，使学校、站对教师的德、能、勤、绩进行公正、公平、公开的考核，根据量化考核情况顺向流动到下一级学校 13 人。办理退休人员手续 42 人。9 月，在全县考试与考核相结合的方式公开招考，录用教师 34 人到瓮安中学、瓮安二中、瓮安职中工作。11 月 23 日，县人事局发《关于教师退休的通知》，全县退休 31 人。12 月 5 日，县教育局实施学校管理体制改革的情况，全县推开“三制”改革制度，经考核中学被学校落聘后顺向调整到村级学校 89 人，县城所在地被调整到其他乡镇学校工作 29 人，各乡镇顺向调整到村校工作 136 人。20 日，州人事局批准，瓮安县民办教师经考试、考核合格转为公办教师55人。2003年，教育局对全县教职工进行年终考核3843人，年度考核优秀的385人，年度考核不合格的1人，不定等次1024人，其余考核均为合格。2004年9月2日，通过遴选调动教师到县城学校和教育局工作共59人。

2005年，县委组织部、县编制委员会、县人事劳动和社会保障局、县财政局、县教育局联合下发《关于印发〈瓮安县深化中小学人事制度改革的实施方案〉的通知》，完善校长负责制，改进校长的选拔任用和管理办法，实行教职工聘用（聘任）制，建立中小学基本的用人机制，完善中小学教职工工资保障机制，建立健全分配激励机制。建立中小学编制年度报告制度和定期调整制度，中小学不得超编聘用人员，任何单位不得违反规定占用或变相占用中小学教职工编制。科学设置中小学内部机构和岗位，控制领导职数，合理确定教师与职员、教学辅助人员、工勤人员的结构比例。改善中小学教师职务结构比例，中学教师高级、中级职务高中比例为20%～30%、30%～45%，初中为10%～15%、45%～55%，小学高级30%～45%，省级示范学校教师高级职务比例和农村中小学中高级职务的比例可适当提高。中小学校长每届任期原则上3～5年，可以连任，但校长在同一学校任职不超过两届。建立乡镇中心小学和村小教师的轮换制度以及城镇同层次学校间的交流轮换制度，城镇中小学教师到农村或薄弱学校任教服务，服务期至少一学年。从2006年起，在城镇中小学任教2年以上的教师，必须有在边远地区或乡村学校任教1年以上的经历，方能评聘高一级教师职务。2007年7月20日，州教育局发《关于中小学教师职务任职资格评审与支教工作有关问题》，城镇教师不到农村学校支教，当年年度考核最高只能定为基本合格，三年内年度考核不得进入优秀等次，不得参与各种评优及评选省级骨干教师和特级教师，不能评聘高一级教师职务；在支教工作中考核不合格的教师，不能申报评审高一级教师职务任职资格；在城区中小学任教2年以上的教师，应有在边远地区或乡村学校任教或支教1年以上的经历，方能聘任高一级教师职务。8月14日，从乡镇学校工作3年以上、连续2年年度考核合格的中小学教师中公开选调教师97人到县城中小学工作。2008年，全县教师参加年度考核3722人，其中，优秀446人、合格3189人、不定等82人、基本合格或不合格5人。全县有中学校长、副校长88人，其中正科级5人、副科级13人、正股级20人、副股级41人；有小学校长、副校长157人，其中，中心小学校长14人、副校长28人；幼儿园园长、副园长3人。中小学新任职（提拔晋升）校长、副校长10人、中层干部（教导主任、办公室主任、总务主任等）52人，免职校长、副校长5人、中层干部11人。人力资源科设科长（股长）1人，工作员2人。新建教师档案167份，从乡镇学校遴选到县城学校工作61人。1月18日，州教育局转发《省教育厅师范处关于报送2006—2007年度支教考核合格人员名单的通知》，省教育厅将给2006—2007学年度取得考核合格的支教教师发放《贵州省城镇教师支援农村教育证书》，各县（市）、自治县教育局于1月21日前报支教教师考核合格名单瓮安县21人。3月16日，县教育局发《学校行政常规管理基本要求》《瓮安县中小学校长考核方案（试行）的通知》，规范学校行政管理，提高校长管理学校的水平，规定每年7月对中小学校长进行一学年工作考核。8 月 23 日，草塘小学、玉华小学各 1 人调教育局工作。31 日，县教育局发《关于“十一五”期间第三批支教教师支教安排的通知》，县教育局于 2006 年制定“十一五”期间百名城镇教师到农村学校支教的实施意见，并于 2006、2007 两年从 22 所城镇中小学分两批共选派教师到农村学校支教 43 人，支教时间为 1 年。9—11 月，全县有 40 名教师退休。

2009 年，安排教师在县内支教 64 人。1 月 24 日，教师退休 6 人。2 月 10 日，全县教师退休 12 人，按在职 100%发放退休工资。12 日，教育局党组任命中小学校长、副校长、办公室主任、教导处主任、副主任、总务处主任、副主任，共 70 人。3 月 26 日，启动教育系统人事制度改革工作方案。5 月 5 日，人社局批准退休 10 人，其中，教师 9 人。6 月 18 日，人事局下文批准退休 17 人，其中，教师 12 人。7 月 7 日，县教育局印发《瓮安县教育系统义务教育阶段学校教师绩效工资考核分配实施办法》，要求各中小学制定相应的绩效工资考核细则，成立绩效工资考核分配工作领导小组、绩效工资考核小组。9 月 27 日，县教育局聘到局相关股室任职 4 人。11—12 月，教育部门有退休 14 人。

县教育局召开特岗教师座谈会（2015 年摄）

2010 年 3 月 4 日，县教育局安排 12 名教师到村级小学支教，支教时间为半年。8 月 6 日，县公安局民警家属，在教育部门工作的调入离县城较近的学校工作 5 人，以便照顾家庭和子女。9 月 2 日，县教育局调动到全县中小学工作 76 人。10 月 26 日，县教育局印发 2010 年学校领导班子考核实施方案的通知。对班子成员进行考核。12 月 27 日，教育局发《关于对 2010—2011 学年度第一学期校长绩效考核工作的通知》。对校长进行绩效考核。2011 年 1 月，教师退休 8 人。3 月 3 日，经县人力资源和社会保障局批复，同意瓮安中学 3 人辞去公职，从下文之日起终止与原单位的聘（任）用关系。22 日，县教育局创造“公平、平等、竞争、择优”的竞争机制，通过竞（聘）争上岗，同意 9 人为正股级干部。5 月 26 日，执行《瓮安县义务教育阶段学校奖励性绩效工资考核分配实施方案》，提高“三津”发放标准。8 月 23 日，县教育局出台《关于瓮安县县城及邻近乡镇部分中小学公开选调教师的实施方案》，公开选调教师到瓮安中学、瓮安二中、瓮安三中、瓮安四中、瓮安县中等职业技术学校、银盏学校（中学）、银盏大林小学、银盏飞练小学、银盏尖山小学、城关一小、城关三小及实验学校任教 42 人。28 日，全县选派城镇教师支援农村学校工作 30 人。

9月，全县安排支教教师60人，上挂学习33人，其中，到教育局上挂学习2人、到县示范幼儿园上挂学习8人。是月，县教育局发《关于2011—2012学年度支教工作安排的通知》，各级各类学校派出优秀教师到农村学校支教，支教期间由支教学校提供考核材料交派出学校进行考核，派出学校与支教学校妥善安排好支教教师的工作、学习和生活。对支教教师在职称方面的优惠方案，必须取得全校教师80%以上教职工签字同意并报教育局人力资源科审核。支教教师支教期间，必须履行职责，完成各项工作任务，所教学科教学质量小学达本乡、中学达本校同科第一名的80%以上，若达不到，下学年继续支教，直到达到规定条件为止。

2012年，获省部级表彰优秀校长1人，获县级表彰优秀校长16人。2014年，参加年度考核的教师4018人，其中、优秀717人、合格3134人、不定等167人。全县有中学校长、副校长88人，其中、正科级5人、副科级12人、正股级19人、副股级41人；全县有小学校长、副校长135人，其中、中心小学校长14人、副校长28人；幼儿园园长、副园长10人。中小学新任职校长、副校长24人、中层干部26人，免职校长、副校长5人、中层干部7人。人力资源科设科长1人，工作员3人。共有教师档案5187份，其中，新建237份、调入52份、调出49份。从乡镇学校遴选教师40人到县城学校工作，教师改行35人，调出县外14人。4月，县教育局调动中小学幼儿园教师190人。5月，食堂工勤人员按100∶1比例配备，全县中小学、幼儿园应配备326人，其中，农村小学应配备292人。7月26日，县教育局调动特殊专业学校毕业的教师6人到县特殊教育学校工作。30日，从全县乡镇中小学公开遴选教师到县教研室、瓮安中学、瓮安二中、瓮安三中、瓮安四中等学校工作42人。8月22日，县教育局发《关于大力推进城镇教师支援农村教育工作的实施方案》，安排县城学校教师到乡镇中小学支教，乡镇中小学教师到村级小学（教学点）支教，师资力量较强的中小学学校教师到缺编学校支教。12月11日，县教育局对涉及“事改”聘任的部分乡镇学校教师工作进行调整，全县乡镇小学教师超编248人。2013年，公开遴选教师乡镇教师到县城区工作72人，县外调入教师11人。安排县内支教62人，到县外支教5人，县外到瓮安支教7人。2014年8月，提拔和变动全县中学、中心小学校长、副校长77人，提拔和变动幼儿园园长、副园长、保教主任10人，免去中学、中心小学校长、副校长职务29人，

教育系统专业技术职务任职资格评审工作启动会（2016年摄）

不包括选拔和变动而自然免职人员。9 月 1 日，县教育局选拔中小学校长为教育局督察组成员 11 人，所选拔人员的人事、组织、工资关系在原单位保持不变。3 日，州教育局发《关于下达 2014 年“三区”人才支持计划教师专项计划选派教师支教工作安排的通知》，全州 12 县市选派分赴各地中小学支教或学习 186 人，瓮安选派 20 人，其中，省会城市 2 人、中心城市 5 人、县城 13 人。5 日，县教育局安排县内支教 47 人，时间从 2014 年 9 月 3 日起到 2015 年 7 月 15 日结束，支教教师的量化成绩由受援学校排名。11 月 18 日，县教育局安排全县县内支教人员 18 人。

2015 年，获地州级优秀校长 2 人、县级优秀校（园）长 45 人。全县有中学校长、副校长 91 人，其中，正科级 6 人，副科级 18 人，正股级 21 人，副股级 46 人；有小学校长、副校长 127 人，其中，中心小学校长 15 人、副校长 30 人；幼儿园园长、副园长 17 人。中小学新任职校长、副校长 10 人、中层干部 52 人，免职校长、副校长 5 人、中层干部共 11 人。全县有教师个人档案 5617 份，其中新建 147 份、调入 6 份、调出 50 份。全县遴选到县城教师 56 人、改行 27 人、调出县外 23 人。安排县内支教 98 人，到县外支教 5 人，县外到瓮安支教 5 人。

表 17-1　　1989—2015 年专任教师变动情况统计表

单位：人

年度	类别	增加教师						减少教师					
		合计	分配招录	校际调入	校内调整	校外调入	其他	合计	自然减员	改行	校际调出	校内调整	其他
1989	小学	122	91				31	66	51	7	8		
	初中	27	25				2	28	5	4			19
	高中	12	5				7	4	1	3			
1990	小学												
	初中												
	高中												
1991	小学	95	73	20		2		134	23	22	86		3
	初中	68	26	42				38	3	10	25		
	高中	4	2	2				5			5		
1992	小学	357	90	126		89	52	135	10	13	86		26
	初中	93	35	40		3	15	50	3	9	31		7
	高中	17	4	8		1	4	10			2		8

续表17-1

年度	类别	增加教师						减少教师					
		合计	分配招录	校际调入	校内调整	校外调入	其他	合计	自然减员	改行	校际调出	校内调整	其他
1993	小学	211	92	110		9		197	12	14	117		54
	初中	24	11	13				53	3	7	42		1
	高中	3	2			1		5	2	1	2		
1994	小学	280	78	163	26	5	8	255	16	2	140	36	61
	初中	167	62	75	20	5	5	75	2	3	42	21	7
	高中	20	3	4	6	4	3	8	3		1	4	
1995	小学	323	159	153	4	2	5	341	33	5	197	45	61
	初中	172	52	72	31	2	15	59	7	2	39	6	5
	高中	9	3	3	3			7	3	1	1	2	
1996	小学	311	92	157	37	14	11	310	18	19	179	71	23
	初中	257	102	124	20	7	4	159	4	51	57	38	9
	高中	31	7	16	8			15	2	2	3	8	
1997	小学	257	78	129	43	7		278	26	13	185	37	17
	初中	245	82	101	40	1	21	114	2	4	58	39	11
	高中	25	2	8	15			15	1	1	9	4	
1998	小学	426	164	155	81	4	22	139	19	3	110	6	1
	初中	294	200	55	28	3	8	149	10	11	77	38	13
	高中	31	8	22		1		4	2			2	
1999	小学	306	122	156	19	1	8	240	42	23	158	5	12
	初中	219	149	58	4	1	7	172	3	16	105	29	19
	高中	37	7	8	19		3	8	2	5		1	
2000	小学	76	3	45	16	5	7	114	36	6	45	15	12
	初中	64	19	5	34	2	4	64	2	19	15	28	12
	高中	32	13	4	15			24		4	1	19	
2001	小学	384		332	52		502	24				95	383
	初中	139	2		35		102	184	6			86	92
	高中	42			20		22	23	1			10	12
2002	小学	373	14	248	89		22	392	35		246	90	21
	初中	94	9	61	19		5	176			70	89	17
	高中	54	2	16	36			14			4	10	

续表17-1

年度	类别	增加教师						减少教师					
		合计	分配招录	校际调入	校内调整	校外调入	其他	合计	自然减员	改行	校际调出	校内调整	其他
2003	小学	329	5	284	30		10	343	31		253	40	19
	初中	135	62	28	13		32	99	4		77	13	5
	高中	13	11		2			7	2		2	2	1
2004	小学	205	24	129	44		8	276	48		170	48	10
	初中	58	5	48	3		2	107	5		87	13	2
	高中	31		27	4			29	1		11	16	1
2005	小学	131	23	77	29		2	119	25		64	27	3
	初中	34	12	9	12		1	72	6		5	55	6
	高中	42	20		22			15	3		3	4	5
2006	小学	138	24	75	28		11	149	25		78	32	14
	初中	62	20	35	7			47	6		27	13	1
	高中	58	35	7	16			7	1			3	3
2007	小学	280	13	132	111		24	376	50		171	118	37
	初中	130	25	87	18			134	6		99	23	6
	高中	38	27	8	3			31	5		4	17	5
2008	小学	285	38	135	92		20	323	58		144	103	18
	初中	145	63	38	32		12	68	4		47	12	5
	高中	24	22		2			29	11		7	6	10
2009	小学	215	25	115	65		10	256	39		127	72	18
	初中	115	42	55	13		5	94	2		51	29	12
	高中	52	46	5	1			24	5		8	6	5
2010	小学	184	23	89	67		5	217	53		93	66	5
	初中	51	14	31	4		2	78	3		58	7	10
	高中	110	94	16				18	5		5	7	1
2011	小学	273	43	135	86		9	248	44		120	79	5
	初中	89	39	42	7		1	88	5		62	19	2
	高中	67	27	26	14			31	7		16	2	6
2012	小学	284	62	159	63			345	58		203	84	
	初中	114	39	62	13			74	4		63	7	
	高中	52	30	21	1			51	17		24	10	

续表17-1

年度	类别	增加教师						减少教师					
		合计	分配招录	校际调入	校内调整	校外调入	其他	合计	自然减员	改行	校际调出	校内调整	其他
2013	小学	213	30	151	32			310	50		203	54	3
	初中	122	16	103	2		1	102	1		91	7	3
	高中	60	42	13	5			50	4		15	21	10
2014	小学	305	54	212	27		12	339	41		253	37	8
	初中	120	67	43	7		3	125	2		86	32	3
	高中	55	37	8	10			18	4		12	2	
2015	小学	164	34	115	15			182	50		97	22	13
	初中	131	46	68	15		2	74	6		63	3	2
	高中	24	20	4				27	1		4	21	1

表17-2 人力资源科负责人一览表

名　称	职　务	姓　名	性　别	籍　贯	任职时间
人事股	股长	王天合	男	贵州瓮安	1981. 8—1988. 6
人秘股	股长	刘德新	男	贵州瓮安	1988. 7—1995. 3
人事股	股长	秦正琼	女	贵州瓮安	1995. 4—2006. 9
政工股	负责人	祝廉明	男	贵州瓮安	2006. 10—2008. 1
政工股	负责人	商伟章	男	贵州瓮安	2008. 2—2009. 9
政工股	股长	田应时	男	贵州瓮安	2009. 9—2011. 2
人力资源科	科长	田应时	男	贵州瓮安	2011. 3—

第二节　分配就业　招考引进

民国时期规定，学生按照教学计划修完各必修科目全部课程，经过考试或经毕业会考，各科成绩及格者准予毕业，体育成绩不及格者不准毕业，操行成绩不及格者不准毕业。小学毕业生经过统一入学考试，成绩合格者可以升入初级中学；初级中学毕业生经过统一考试后成绩合格者升入各种类型的中等专业学校或技工学校；小学毕业生、初级中学毕业生、高级中学不升学者，可在政府指导下参加各种专业短期培训后就业或参加生产劳动。民国 24 年（1935），应届高中毕业会考在全省范围进行，全省共 24 所学校毕业生参加，瓮安县 1 所（瓮安中学）。民国 32 年（1943）以前，中学毕业考试由学校单独举行。执行省教育厅《贵州省教育厅考查学生毕业成绩暂行办法》规定，考查学生毕业成绩的方法分调阅学生作业和抽考等方法进行，调阅作业包括作文及英语、数学、理化等科练习本、生活日记或周记，以及各科笔记、实习报告等。抽考学生学业成绩由教育厅指派督学或专人到校对该校的 1 个学级或几个学级抽考 1 科或几科，试题以本学期所教内容为度，抽考试卷当场由特派人员会同校长加封送教育厅组织专人评阅，并定期公布成绩。

1950 年 3 月，省政府教育办公室制发《关于整理中等学校暂行办法》规定，中等学校学生毕业成绩分学科成绩，包括实习、实验与品行成绩两种，学生毕业成绩以 3 学年的学科总成绩平均计算，评定各科成绩采用百分制，以 60 分为及格，毕业成绩有 1 科不及格或有 2 科不及格者均令其补考，补考及格准予毕业；如经过 2 次补考仍不及格者发给肄业证书或令其退学。品行成绩分甲、乙、丙、丁 4 个等级，以丙等为及格，品行成绩包括学习态度、思想作风、遵守纪律、劳动观念等，通过教导员了解情况及民主鉴定，综合提出学生优缺点及意见，写出评语，评定等级。中学实行班主任制度后，学生操行成绩的评定主要由班主任负责。1951 年 5 月 30 日，贵阳专区转中央劳动部、文教部《关于处理失业知识分子问题的补充规定》，对于失业知识分子的登记审查、转业训练、救济等项工作，以专区为单位，由各专署文教、公安、民政部门协商办理，以文教部门为主办单位。文到之日起开始登记，限期一个月，必要时可延长半个月或一个月。失业知识分子的出路问题，由各专区民政部门安排并呈报省级人事部门核定。6 月，县批准村小教员 12 人，村小实习教员 7 人。10 月 20 日，聘和平村校教师 2 人。12 月 14 日，第二区寨坪村成立村校，聘教师 2 人。1954 年，全县 13 所完小有高小毕业生 237 人。中学未录取的 16 人全部安置，其中有生产资料而年纪都在十六七岁已动员其回家从事生产6人、自愿去清镇县找其亲戚谋职业1人、参加民校1人、代课8人。初小毕业生中，未被初中录取有122人，做生产合作社会计6人，信用合作社会计1人，经小商1人，复学13人，学艺徒4人，民校教师11人，帮助家务劳动9人，组织自学43人，其余均有生产资料和劳动习惯已转入劳动生产34人。1955年，文教科转发省教育厅《关于毕业生从事生产劳动的一封信》，对从事工农业生产、手工业劳动、教书等的初中、高小毕业生，填上名字报教育厅。瓮安县各区对在农业上安心从事生产的社主任、会计、生产队长、互助组长或生产积极者，在群众中有威信，在学生中有威信者，在手工业生产上有成绩者为群众学生所公认有代表性者，填上名字报县文教科，以便整理上报。1955年7月16日，省教育厅转发教育部内部通报第八号文件，各地中小学毕业生发生自杀、精神失常和出走事件，引起各地重视。贵州省各地虽尚未发现毕业生自杀事件，但不少地区的毕业生亦有表示考不起学校就要企图自杀的言论，引起各地重视，并在宣传教育工作的基础上防止此类不幸事件的产生。福建省去年12月到现在，已发生自杀事件5起，其中毕业生3起、非毕业生2起。湖南省发生中、小学毕业生自杀、精神失常和出走事件3起，其他还有许多省都发生此类事件，产生的原因很多，但主要是由于家长的讽刺、打骂和群众的讥笑等所造成。各地要加强政治思想教育，做好家长和群众的宣传工作。26日，县人委会、县文教科发出通知，提高警惕，做好毕业生宣传教育工作，全县报考中学的有373人，除录取100人外，其余均须回家生产，从学生情绪看，存在着怕考不上学、怕搞生产老火、怕家长埋怨、怕亲友同学冷眼、怕群众讽刺，学生中有食量突减的、有早起无眠的、有痛哭的等等，应引起重视。中学考试后到揭榜这一时期，各区及完小在各级党委领导下提高警惕，做好宣传教育，防止不幸事件发生。动员初中、高小毕业生从事劳动生产，进行家庭访问，说明不能升学的道理，分别对未录取的学生进行教育、安慰帮助，以稳定学生情绪，做好组织巩固工作。1956年5月3日，县人委会抄转省教育厅《关于试行保送高小、初中本届毕业优秀学生升学办法的通知》，本届毕业生开始试行保送制度，中学由专署指定条件不同的3所学校，小学由县指定条件不同的3所学校试行，各校所保送的名额不得超过该校本届毕业学生数的10%。瓮安县确定以雍阳、草塘区公所所在地之小学试行，县统一制定保送条件和办法。7月，全县六年级学生584人，毕业580人，占99.3%；四年级学生1951人，毕业1805人，占92.5%。

1957年，在中学招生考试前做好宣传教育工作，拟订就业安排，向学生家长进行解释，就业工作安排后仍可参加升学考试，被录取即可升学。在工作安排中，凡家庭原从事农业者，即安排搞农业，由社主任及生产队长对他们进行教育，解除他们就业产生的顾虑，并安排他们到生产队里去，尽可能发挥他们文化的作用，如兼生产队的记分员、扫盲教师等；凡家庭原从事手工业者，原则上即安排搞手工业；年龄在15岁以下者，一是由公社安排，作看牛、割草、打猪草、看鸭子等工作，二是由家庭安排做家务劳动，如带弟弟、煮饭、洗衣等；年龄在16岁以上的女生，可在群众聚居区，以妇联负责领导，学校配合、党政支持下，组织托儿所，由托儿群众适当给予工钱待遇或工分待遇；介绍到白水河煤厂、洗马塘纸厂、西门酒厂等厂矿去当工人；组织民办初中，安排部分就业。5月，县文教局出台《关于中小毕业就业与升学的指导工作及今后安排意见》，对毕业生就业进行宣传教育和摸底，成立中小学就业与升学指导办公室，县城的中小学由县委第一书记和县长分别向学生作报告，各区也由区委向学生作报告，县、区、乡的指导小组均先后配合青年团、妇联、人民代表、中小学教师分行分街、分片、分工，邀请家长座谈、订座，并结合各种会议和利用广播大字报、黑板报、茶馆讲座方式进行宣传解释，让学生和家长明白中小学毕业生大部分不能升学而参加生产的道理。小学毕业生比上年增加60%，升学的比例反而降低，就业出路和升学困难。雍阳、草塘不能升学的学生200余人，安置到民办小学3人、小手工业4人、白水河铁厂10人、瓮安酒厂5人、瓮安纸厂5人、理发收徒弟1人，其余参加生产劳动或成为计分员、扫盲教师、民校教师等。

表 17-3　　1957年初小、高小、初中毕业生安排情况统计表

填报单位：瓮安县文教局　单位：人

项目	实际毕业生人数（包括民办）	对毕业生的安排情况													
		升学情况		工业生产	农业生产	手工业生产	服务性行业	国家工作人员	公办小学教师	民办小学教师	参加补习班学习	参加自学小组	其他劳动	尚未安排	总计
		小计	其中民办												
顺序号	1	2	3	4	5	6	7	8	9	10	11	12	13	14	15
初小毕业	2033	1822	50				3					6	88	2	2033
高小毕业	896	233		12	479	18	8			4		55	78	9	896
初中毕业生	42	32			3				6			1			42

1962年，高中毕业班学生46人，毕业35人，结业7人，留级4人；初中毕业班学生91人，毕业62人，结业10人，留级20人；小学毕业班学生772人，毕业507人，留级265人。全县分配到中学工作的大专毕业生5人，分配到小学工作的高中、中师毕业生19人。1963年，未录取和未报考的高中毕业生安排23人，吸收作小学代课教师16人，学习电影放映1人，其他的到农业、粮食等部门工作。1965年7月1日，瓮安有小学班336个，其中，毕业班高小有53个、初小43个。1973年3月21日，县革委会教育局发《关于瓮安师范学校学生实习问题的通知》，实习教师分配到瓮安中学20人、草塘中学14人、雍阳小学6人、草塘区6人、玉山6人、永和区6人、中坪区6人、天文区6人、珠藏区6人、城关小学6人。8月14日，教育局分配教师54人到各中小学工作。1975年，接州革委通知，瓮安县毕业生纳

入国家劳动计划分配安排工作80人，其中，上山下乡和少数民族学生15人。7月4日，县革委教育局《关于1973、1974两届师范毕业生分配工作的通知》，1973、1974两届师范毕业生因没有劳动指标，暂分到各学校实习。1976年1月10日，县教育局发《关于75届毕业生分配工作的通知》，75届毕业生由都匀、贵定分来瓮安县的实习生，将分配到公社学校、民办学校的实习生纳入计划分配29人。12月，教育局发《关于76届师范毕业生分配工作的通知》，对本届师范毕业生正式分配，每月见习工资29.5元，外加粮价8元，工龄从1976年12月25日正式分配之日算起，公费医疗福利待遇与公办教师同等享受，粮食户口由原学校统一办理，直接分配到所实习的学校。1977年，全县各区接收小学教师18人。

1984年8月10日，州分配到县师专生12人、中师82人，县教育局安排分配到全县中小学工作。1985年，县政府制定《关于85年大、中专毕业生分配原则》，适当集中，加强重点，照顾一般，统筹兼顾，全面安排，分配到农村和基层去。师范院校的毕业生不允许改行从事别的工作，以充实师资，适应生产、建设需要。合理安排，做到专业对口、学用一致、人尽其才。全县招聘99人到各学校工作。9月11日，分配大专、中师毕业生114人。1986年8月，县分配本科生10人、大专生20人、中师生78人到县各中小学工作。1987年，师专、中师毕业学生77人，分配到全县中小学工作，其中，师专18人、中师59人。1989年8月29日，全县大中专毕业生分配到各中小学工作82人。1993年，审查发放初中毕业证书2335本。1995年8月25日，师大、艺专毕业及结业98人分配到县中小学工作，师专毕业生分配到全县各中学及小学戴帽初中工作48人。民办教师读书毕业分配到全县各校工作28人。1996年，毕业分配回县安排就业的大中专毕业生共406人，其中，师范类本科生4人、专科生79人、中师生127人，非师范类本科5人、专科51人、中专140人。8月25日，教育局分配民办教师、中师毕业生26人到全县各中小学工作。1997年8月20日，分配大中专毕业生132人到全县各学校工作。10月23日，县教育局分配大中专毕业生171人。1998年3月6日，分配大中专毕业生31人。1999年8月24日，县教育局分配师范类大、中专毕业生448人，分配民办、代课教师中师毕业15人。

2000年9月8日，分配贵师大毕业生18人到瓮安一中、二中、职中、草中工作。2002年6月，公开招考高中教师30人，初中教师30人，小学英语教师15人，中小学音乐、美术教师5人。2003年，公开选拔招考教师71人，安排到全县各中小学工作。2004年4月25日，县委组织部、县人事局、县编办、县教育局、县计委联合下发《关于大中专毕业生安排意见》规定，大中专毕业生就业一律实行公开、平等、竞争，凡进必考、择优录取的原则。县机关事业单位人员超编，财政困难，在职人员工资无法保障，县里研究决定暂时冻结进人，进人实行公开招考。8月9日，公开选调县城部分学校教师到局机关和各校工作62人，其中瓮安四中27人、瓮安职中15人、城关二小3人、城关三小9人、县教育局所属事业单位8人。26日，县教育局发《关于2008年“特岗教师”定校定岗的通知》，全县招聘国家“特岗计划”初中岗位教师分配到各级学校，各学校做好相关工作安排60人。2007年7月，公开招考事业单位人员，经考试、考核合格，录用分配到县城中学、职校及草塘中学、珠藏中学工作 40 人。8 月 17 日，经笔试、面试、体检、政审合格，安排到全县各中小学工作 55 人。8 月 28 日，县委组织部、县人事劳动和社会保障局、县财政局、县编委办发《关于 96 位同志工作安排的通知》，同意安排人员到学校医院等单位工作，其中，分配到学校 81 人。2008 年，招考小学、初中教师 71 人，招录高中教师 38 人、特岗教师 48 人，共计 157 人。2 月 18 日，录用公务员到教育局工作 1 人。4 月 1 日，县教育局聘用保育员中级工 1 人。7 月 15 日，县教育局发《关于印发 2008 年"特岗教师"定校方案的通知》，将 2008 年签约"特岗教师"岗位落实到雍阳镇以外乡镇中学 60 人，采取抽签方式定校，抽签完毕后当场公布抽签结果，并由特岗教师签名认可后，由教育局行文。2009 年 4 月 1 日，县人事劳动和社会保障局出台《关于对瓮安县 1995—1999 级持有定向分配合同的大中专毕业生进行公开招聘安置的实施方案》，公开招聘安置 1995—1999 级持有有效定向分配合同（协议）、并在公告期内已在县教育局登记的瓮安籍大中专毕业生，年龄不限。符合公开招聘安置条件的所有人员通过一次性考试，按 2009 年、2010 年、2011 年三年各安置总人数的三分之一，考试前公布安置岗位。只考笔试，考试内容为公共基础知识。通过考试、体检、政审合格的人员，经公示无问题后，师范类毕业生按年度确定分配名额安置到乡镇二、三类学校任教，其他专业毕业生安置到雍阳、银盏以外的乡镇事业单位工作。2010 年，全县新增教师 228 人，其中外省籍教师 49 人。8 月 31 日，经面试、体检、政审合格，县召开领导小组审查通过，并报经黔南州人力资源和社会保障局审批，瓮安县聘用事业人员 205 人，其中，硕士研究生 5 人，安排到瓮安一中 37 人、二中 30 人、三中 1 人、四中 10 人、县幼儿园 7 人、职中 20 人、草塘中学 8 人、珠藏中学 9 人、县教研室 1 人、其他事业单位 83 人。9 月，对招考的 112 人安排工作，其中，安排到教育部门的有 69 人。12 月 22 日，经笔试、面试、体检、政审合格，县召开领导小组审查通过，并报经黔南州人力资源和社会保障局审批，同意聘用安排到全县中小学工作 55 人、安排到其他单位工作 46 人。

特岗教师面试（2015 年摄）

2011 年 3 月 14 日，经笔试、体检、政审合格，34 人被安排到县各单位工作，其中安排到教育部门 20 人。8 月 4 日，省教育厅发《关于进一步落实农村义务教育阶段学校特设岗位教师有关待遇等问题的通知》，作为办理2012年特岗教师接转的依据。2012年8月17日，县教育局公开招聘学校工勤人员（编外临时）548人，其中，中学及幼儿园262人、小学286人。2013年，招录特岗教师40人，招聘、招考和引进教师249名，其中，研究生4人、免费师范生3人、外省籍17人。2014年招录特岗教师40人。2015年，招录特岗教师60人。4月27日，县教育局为14所学校增配保安33人。

第三节　教师职称

1961年9月，中学教师转正定级10人，小学教师转正定级48人，每月共增加工资280元。1974年1月16日，县教育局所属学校教师转正定级为小教九级32人，每人每月工资29.5元，从1974年1元起执行。1976年12月25日，县教育局发《关于1973、1974两届师范毕业生分配107人工作实习期表现给予转正定级的通知》，暂不转正定级7人，转正定级100人，转正后定于小教8级，工资37.5元，其中标准工资34.5元、粮价补贴3元。1978年，对全县大中专毕业生转正定级为小教8级82人，工资34.5元；对天文小学、玉山小学等13名大中专毕业生转正定级为行政25级，工资15元；对玉山中学等大中专毕业生转正定级14人，月工资40元。1980年2月29日，县劳动局发《关于教职工定级水平的通知》，原规定小教9级，现改定级为8级，新标准345元；原定26行政级的职工，改定行政25级，按每月35元发给。1987年，进行职称改革，对教师实行聘任或任命制，对中小学、幼儿园教师任职条件做出具体规定，中小学、幼儿园设定见习期、三级教师、二级教师、一级教师、高级教师五个等级，中学三级相当于小学、幼儿园二级，中学二级相当于小学、幼儿园一级，中学一级相当于小学幼儿园高级。中小学、幼儿园的见习期均为1年。凡具备中学高级教师任职条件的中学教师，到小学任教并从事基础教育科学研究者，可聘任或任命中学高级教师职务；在小学任教，教育教学水平高于小学高级教师任职条件，从事基础教育科学研究的小学教师，亦可聘任或任命中学高级教师。民办教师的任用，由办学单位自聘，报县教育局备案，必要时由教育行政部门推荐。10月21日，县成立职称改革领导小组，贯彻《贵州省中小学、幼儿园教师任职条件考核办法试行的实施细则》，考核教师的政治觉悟、思想品德、职业道德、工作态度、进取精神；考核教师自中共十一届三中全会以来有关方面的表现，具备合格学历或不具备合格学历至1986年底，教龄20年以上，通过各种途径进修，文化专业基础达到要求的教师，能承担本学科教师的文化业务辅导，自身承担的教育教学效果好，考核为优良；考核教学能力、教研能力和指导培养能力；考核教师能否承担《条例》所规定的职责，能否完成规定的工作量和学校交给的任务及效果，参加各种形式的进修、培训时的表现和成绩。县教育局成立中小学、幼儿园职称改革领导小组，下设办公室于教育局教育股。

1993 年，经州职改办审批，全县中学高级 12 人、中学一级 39 人、小学高级 83 人，经县初级职务评审组审批中学二级 166 人、中学三级 52 人、小学一级 531 人、小学二级 134 人、小学三级 1 人，民办教师小学一级 125 人、小学二级 125 人、小学三级 267 人。

县教育局召开职称评审、认定工作启动会（2015 年摄）

1994 年 1 月 15 日，经瓮安县中小学教师职务评审委员会评审，符合小学一级教师任职资格 532 人、符合小学二级教师任职资格 273 人、符合小学三级教师任职资格 7 人、符合中学二级教师任职资格 73 人、符合中学三级教师任职资格 73 人，民办教师符合小学一级和小学二级任职资格 226 人。3 月 28 日，县职称改革工作领导小组审核，全县符合小学二级初级专业技术职务任职资格 643 人、符合初级专业技术职务任职资格 941 人，任职时间从 1993 年 12 月起执行。1995 年 12 月 26 日，经县职称改革工作领导小组审核，符合中级专业技术职务的中学教师 146 人，符合中级专业技术职务的民办教师 58 人，符合小学初级职务 286 人。1996 年 12 月 10 日，经县职称改革工作领导小组审核，同意任命中小学教师为初级职务 909 人、小学高级教师职务 7 人、中学一级教师职务 20 人、中学高级教师职务 17 人。1997 年 9 月 18 日，组建瓮安县中小学教师初级职务评审委员会，负责全县中小学教师初级职务任职资格的评审工作。

2000 年 10 月 20 日，通过评审，符合相应的教师职务任职资格 542 人。2001 年 10 月，评审初级职称 498 人，送评高级职称 10 人、中级教师职称 184 人。2005 年 4 月 13 日，县中学高级教师任职资格 19 人。2008 年 3 月 3 日，州教育局转发《关于将〈贵州教育科研〉〈贵州教育报〉作为我省中、小学教师职称评审理论文章刊登平台的通知》，省人事厅、省教育厅同意将贵州省教育厅主管的《贵州教育科研》《贵州教育报》上刊登的文章作为全省中小学教师申报、评审专业技术职务任职资格时理论水平的衡量标准之一，刊物的用稿折算等有关事宜按当年职称评审工作的要求确定。2009 年 4 月 16 日，县人事劳动和社会保障局同意县教育部门按期转正定级 43 人。2011 年 5 月 16 日，县政府办公室发《关于开展事业单位竞聘工作有关问题的通知》，各学校制定竞聘工作方案，开展本单位教师竞聘工作。12 月 25

日，经审核，全县符合中学专业技术职务任职资格109人，符合小学初级专业技术职务任职资格25人，符合中学一级教师任职资格25人，具备小学、幼儿园高级教师职务任职资格17人。

2012年3月12日，县人力资源和社会保障局发《关于2011年中学高级专业技术职务任职资格的通知》，全县具备中学高级教师资格22人。2014年7月28日，州人力资源和社会保障局认定全州具备基层中学教师高级职务任职资格539人，其中，瓮安县126人。12月1日，县人社局发《关于初聘中小学幼儿园教师专业技术职务任职资格的通知》，经审核，符合中小学、幼儿园初级专业技术职务任职资格153人。2015年2月5日，全县具备中学一级教师职务任职资格221人，具备小学高级教师专业技术职务任职资格280人，具备幼儿园高级专业技术职务任职资格21人，具备中学高级教师专业技术职务任职资格31人。

表17-4　2008—2015年全县教师职称评聘统计表

单位：人

年度	备注					
	正高或副高	中级	初级	正高或副高	中级	初级
2008	24	218	119			
2009	25	276	157			
2010	21	8	132	200	1574	1826
2011	24	44	165	220	1586	1765
2012	33	48	217	218	1559	1804
2013	26	50	284	235	1743	1741
2014	31	502	99	351	1784	1614
2015	43	150	140	341	1589	1741

表17-5　瓮安县高级教师一览表

姓　名	性　别	族　别	出生年月	最高学历	参加工作时间	职　称	单　位
敖德奎	男	汉	1971年10月	本科	1992年8月	语文高级	铜锣中学
蔡光武	男	汉	1971年1月	本科	1992年8月	英语高级	中坪中学
蔡建峰	男	汉	1960年12月	专科	1982年8月	语文高级	草塘中学
蔡正忠	男	汉	1968年4月	本科	1986年8月	信息高级	瓮安二中

续表17-5

姓　名	性　别	族　别	出生年月	最高学历	参加工作时间	职　称	单　位
曹光友	男	汉	1958 年 1 月	专科	1980 年 8 月	物理高级	天文中学
曹洪学	男	汉	1956 年 2 月	专科	1980 年 8 月	语文高级	瓮安三中
曹家群	女	汉	1966 年 7 月	本科	1984 年 8 月	数学高级	希望中学
曹植铭	男	汉	1968 年 10 月	本科	1991 年 8 月	历史高级	瓮安中学
曾　山	男	汉	1974 年 10 月	本科	1995 年 8 月	体育高级	瓮安中学
曾发勇	男	汉	1967 年 6 月	本科	1985 年 8 月	英语高级	草塘中学
曾庆先	女	汉	1965 年 5 月	本科	1989 年 8 月	数学高级	瓮安六中
曾祥劲	男	汉	1972 年 1 月	本科	1996 年 8 月	数学高级	希望中学
陈　斌	男	汉	1962 年 9 月	本科	1983 年 8 月	物理高级	瓮安二中
陈　刚	男	汉	1965 年 12 月	本科	1986 年 8 月	美术高级	瓮安中学
陈　健	男	汉	1968 年 1 月	专科	1988 年 8 月	英语高级	珠藏中学
陈　良	男	汉	1965 年 10 月	本科	1984 年 8 月	语文高级	瓮安三中
陈　亮	男	汉	1975 年 8 月	本科	1995 年 8 月	语文高级	玉华中学
陈　宁	男	汉	1966 年 8 月	本科	1985 年 8 月	政治高级	瓮安职校
陈　乾	男	汉	1968 年 10 月	本科	1988 年 8 月	语文高级	木老坪中学
陈　琴	女	汉	1965 年 1 月	本科	1984 年 8 月	数学高级	瓮安中学
陈　松	男	汉	1968 年 9 月	本科	1989 年 8 月	语文高级	瓮安职校
陈发举	男	汉	1971 年 10 月	本科	1990 年 8 月	语文高级	玉华中学
陈古伦	男	汉	1969 年 7 月	本科	1989 年 8 月	语文高级	江界河中学
陈华崟	男	汉	1957 年 3 月	专科	1979 年 10 月	物理高级	教育局
陈建军	男	汉	1965 年 1 月	专科	1985 年 9 月	物理高级	瓮安四中
陈玲芳	女	汉	1966 年 8 月	本科	1985 年 8 月	化学高级	瓮安中学
陈明会	女	汉	1972 年 12 月	本科	1993 年 8 月	语文高级	希望中学
陈其斌	男	苗	1972 年 5 月	本科	1994 年 8 月	英语高级	永和中学
陈其伦	男	汉	1959 年 8 月	专科	1978 年 8 月	语文高级	草塘中学
陈启贵	男	汉	1972 年 6 月	本科	1992 年 8 月	数学高级	玉华中学
陈清玲	女	汉	1968 年 2 月	本科	1986 年 8 月	语文高级	瓮安中学
陈清涛	男	汉	1968 年 3 月	本科	1986 年 8 月	语文高级	瓮安职校

续表17-5

姓 名	性 别	族 别	出生年月	最高学历	参加工作时间	职 称	单 位
陈清霞	女	汉	1967年9月	本科	1987年8月	英语高级	瓮安三中
陈天玉	男	汉	1957年6月	专科	1975年1月	数学高级	草塘中学
陈燕萍	女	汉	1969年11月	本科	1989年8月	英语高级	瓮安六中
陈永喜	男	汉	1967年7月	本科	1987年8月	语文高级	珠藏中学
陈友华	男	汉	1965年6月	研究生	1988年8月	数学高级	瓮安五中
陈友鹏	男	汉	1961年10月	专科	1981年8月	语文高级	玉山中学
陈泽书	男	汉	1965年5月	本科	1983年8月	语文高级	玉山中学
成荣发	男	汉	1967年12月	本科	1992年7月	语文高级	瓮安八中
程 会	女	汉	1974年1月	本科	1993年3月	语文高级	瓮安六中
程义厚	男	汉	1964年8月	本科	1986年8月	物理高级	瓮安二中
邓 超	男	汉	1964年9月	本科	1988年8月	体育高级	瓮安中学
邓 婷	女	汉	1973年3月	本科	1995年8月	数学高级	永和中学
邓实群	女	汉	1978年6月	硕士	2006年3月	生物高级	瓮安二中
邓永富	男	汉	1968年8月	本科	1991年8月	英语高级	瓮安二中
邓正富	男	汉	1969年6月	本科	1989年8月	语文高级	瓮安中学
丁访义	男	汉	1969年1月	本科	1989年8月	数学高级	天文中学
丁光灿	男	汉	1974年9月	本科	1995年8月	英语高级	瓮安五中
丁家友	男	汉	1960年3月	本科	1980年8月	语文高级	瓮安中学
丁丽娟	女	汉	1961年9月	专科	1981年8月	英语高级	瓮安二中
丁文品	男	汉	1956年11月	专科	1978年8月	语文高级	松坪中学
都元贵	男	汉	1969年9月	本科	1990年8月	语文高级	瓮安职校
杜德坤	男	汉	1968年5月	本科	1987年8月	化学高级	希望中学
杜洪琴	女	汉	1970年9月	本科	1991年8月	语文高级	希望中学
杜天福	男	汉	1973年9月	本科	1996年8月	语文高级	玉山中学
段正文	男	汉	1973年12月	本科	1995年8月	语文高级	希望中学
樊时平	男	汉	1971年9月	本科	1991年8月	语文高级	草塘中学
范忠超	男	汉	1968年3月	本科	1988年8月	语文高级	瓮安六中
方忠贤	男	汉	1958年12月	本科	1979年8月	化学高级	玉山中学

续表17-5

姓　名	性　别	族　别	出生年月	最高学历	参加工作时间	职　称	单　位
冯配金	男	汉	1973 年 4 月	本科	1995 年 8 月	数学高级	瓮安二中
冯泽红	女	汉	1974 年 11 月	本科	1997 年 9 月	英语高级	瓮安四中
付启贵	男	汉	1967 年 3 月	本科	1994 年 8 月	化学高级	木老坪中学
甘元林	男	汉	1967 年 9 月	本科	1985 年 8 月	政治高级	江界河中学
高贵书	男	汉	1970 年 5 月	本科	1993 年 8 月	语文高级	瓮安八中
顾大春	女	汉	1975 年 11 月	本科	1997 年 8 月	体育高级	瓮安五中
顾德贵	男	汉	1966 年 2 月	本科	1988 年 8 月	物理高级	瓮安二中
顾晓福	男	汉	1960 年 1 月	专科	1982 年 8 月	英语高级	瓮安中学
管治雄	男	汉	1964 年 4 月	本科	1983 年 8 月	英语高级	瓮安中学
桂来林	男	汉	1962 年 1 月	专科	1981 年 8 月	语文高级	中坪中学
郭雄杰	男	汉	1968 年 10 月	本科	1990 年 8 月	化学高级	瓮安二中
何崇玖	男	汉	1964 年 10 月	本科	1985 年 8 月	数学高级	瓮安二中
何发权	男	汉	1960 年 1 月	专科	1981 年 8 月	化学高级	草塘中学
何俭霞	女	汉	1969 年 9 月	本科	1993 年 8 月	语文高级	瓮安中学
何明荣	女	汉	1976 年 3 月	本科	2000 年 8 月	数学高级	瓮安二中
何鹏飞	男	汉	1970 年 9 月	本科	1992 年 8 月	高级教师	牛场坝学校
何平章	男	汉	1965 年 12 月	本科	1988 年 8 月	物理高级	瓮安中学
何顺琴	女	汉	1968 年 12 月	本科	1989 年 8 月	历史高级	玉山中学
何远红	男	汉	1972 年 5 月	本科	1996 年 8 月	数学高级	瓮安中学
贺志德	男	汉	1967 年 9 月	本科	1990 年 8 月	物理高级	瓮安三中
洪庆平	男	汉	1965 年 11 月	本科	1988 年 8 月	物理高级	瓮安中学
胡德平	男	汉	1971 年 12 月	本科	1997 年 8 月	数学高级	白沙中学
胡登祥	男	汉	1973 年 12 月	本科	1995 年 8 月	物理高级	木老坪中学
胡孔刚	男	汉	1968 年 3 月	本科	1986 年 8 月	语文高级	珠藏中学
胡天燕	女	汉	1965 年 2 月	本科	1982 年 12 月	语文高级	瓮安二中
黄　春	女	汉	1971 年 1 月	本科	1992 年 8 月	语文高级	瓮安五中
黄　菊	女	汉	1963 年 3 月	专科	1981 年 8 月	英语高级	瓮安二中
黄　哲	男	汉	1964 年 3 月	本科	1985 年 8 月	政治高级	瓮安二中

续表17-5

姓　名	性　别	族　别	出生年月	最高学历	参加工作时间	职　称	单　位
黄碧凤	女	汉	1966年3月	本科	1984年8月	信息高级	瓮安二中
黄代龙	男	汉	1970年11月	本科	1994年8月	语文高级	草塘中学
黄俊松	男	汉	1964年11月	本科	1984年8月	数学高级	瓮安中学
黄可国	男	汉	1958年6月	专科	1978年3月	语文高级	实验学校
黄培鹏	男	汉	1969年9月	本科	1990年8月	语文高级	草塘中学
黄群英	女	汉	1969年8月	本科	1989年8月	语文高级	瓮安五中
黄胜华	男	汉	1966年2月	本科	1991年8月	物理高级	瓮安二中
黄雪瑶	女	汉	1966年7月	本科	1987年8月	英语高级	瓮安中学
黄远忠	男	汉	1970年1月	本科	1990年8月	语文高级	希望中学
黄祖贵	男	汉	1953年1月	专科	1973年9月	生物高级	草塘中学
简雪曼	女	蒙古	1971年3月	本科	1996年8月	历史高级	瓮安二中
蒋成华	男	汉	1968年1月	本科	1987年8月	语文高级	瓮安八中
兰　章	男	汉	1967年11月	本科	1987年8月	语文高级	鱼河中学
兰成松	男	汉	1969年4月	本科	1988年8月	英语高级	玉山中学
兰吉平	男	汉	1970年6月	本科	1993年8月	体育高级	中坪中学
兰裕晖	女	汉	1970年6月	本科	1987年8月	数学高级	瓮安二中
雷佳武	男	汉	1953年7月	专科	1974年3月	数学高级	草塘中学
雷胜宇	男	汉	1974年1月	本科	1998年8月	数学高级	珠藏中学
雷兆明	男	汉	1955年3月	专科	1981年3月	语文高级	瓮安四中
黎显福	男	汉		本科		体育高级	珠藏中学
李　成	男	汉	1962年6月	本科	1993年8月	语文高级	木老坪中学
李　琴	女	汉	1971年12月	本科	1996年7月	生物高级	瓮安中学
李　勇	男	汉	1966年1月	专科	1986年8月	语文高级	珠藏中学
李碧成	男	汉	1959年12月	本科	1977年8月	语文高级	江界河中学
李道祥	男	汉	1968年1月	本科	1988年8月	数学高级	建中中学
李东伟	男	汉	1965年1月	专科	1985年8月	语文高级	中坪中学
李富国	男	汉	1968年9月	专科	1989年8月	语文高级	中坪中学
李高泉	男	汉	1970年9月	本科	1988年8月	英语高级	天文中学

续表17-5

姓名	性别	族别	出生年月	最高学历	参加工作时间	职称	单位
李高松	男	汉	1972年10月	专科	1993年8月	体育高级	玉山中学
李国凡	男	汉	1967年5月	本科	1985年8月	英语高级	瓮安二中
李洪琼	女	汉	1966年1月	本科	1989年8月	英语高级	瓮安二中
李家庆	男	汉	1968年12月	本科	1990年8月	数学高级	瓮安二中
李景辉	男	汉	1963年12月	本科	1986年8月	政治高级	瓮安中学
李灵遐	女	汉	1964年11月	本科	1984年8月	语文高级	瓮安职校
李明贵	男	汉	1970年7月	本科	1998年8月	数学高级	中坪中学
李荣强	男	汉	1967年9月	本科	1989年8月	化学高级	瓮安二中
李绍龙	男	汉	1975年1月	本科	1994年8月	语文高级	珠藏中学
李顺华	男	汉	1968年6月	本科	1990年8月	政治高级	瓮安职校
李天省	男	汉	1972年9月	本科	1996年8月	语文高级	鱼河中学
李文彩	女	汉	1968年12月	本科	1987年8月	生物高级	瓮安四中
李文通	男	汉	1963年9月	本科	1984年8月	数学高级	瓮安二中
李文学	男	汉	1955年6月	专科	1975年8月	语文高级	玉山中学
李先富	男	汉	1961年6月	本科	1981年8月	语文高级	瓮安中学
李小忠	男	汉	1963年10月	本科	1986年8月	语文高级	瓮安二中
李昕波	男	汉	1976年9月	本科	1999年8月	数学高级	瓮安二中
李昕燕	女	汉	1977年11月	本科	1997年8月	数学高级	瓮安四中
李兴明	男	汉	1976年1月	本科	1999年8月	物理高级	瓮安六中
李兴明	男	汉	1954年9月	专科	1981年8月	数学高级	瓮安三中
李秀全	男	汉	1967年11月	本科	1993年8月	数学高级	玉山中学
李叶梅	女	汉	1970年10月	本科	1992年8月	英语高级	瓮安中学
李永华	男	汉	1968年3月	本科	1987年8月	生物高级	瓮安六中
李跃忠	男	汉	1965年1月	本科	1984年8月	政治高级	瓮安三中
李长明	男	汉	1965年2月	本科	1984年8月	语文高级	瓮安六中
李正元	男	汉	1969年11月	本科	1999年8月	语文高级	珠藏中学
李治群	女	汉	1963年4月	专科	1982年8月	语文高级	草塘中学
李子忠	男	汉	1959年3月	本科	1980年8月	英语高级	教育局

续表17-5

姓　名	性　别	族　别	出生年月	最高学历	参加工作时间	职　称	单　位
廖贵祥	男	汉	1965年1月	专科	1986年8月	政治高级	天文中学
廖酮菊	女	汉	1975年9月	本科	1994年8月	语文高级	教育局
廖远波	男	汉	1968年1月	本科	1989年8月	体育高级	珠藏中学
廖正忠	男	汉	1969年8月	本科	1989年8月	化学高级	江界河中学
林德刚	男	汉	1947年2月	专科	1961年3月	物理高级	瓮安三中
林长平	男	汉	1973年3月	本科	1993年8月	数学高级	希望中学
刘　虎	男	汉	1967年5月	本科	1999年8月	数学高级	珠藏中学
刘　惠	女	汉	1966年1月	本科	1985年8月	语文高级	瓮安三中
刘　军	男	汉	1968年9月	专科	1989年8月	语文高级	玉山中学
刘　利	男	汉	1977年10月	本科	1998年8月	生物高级	玉山中学
刘　玥	女	汉	1978年1月	本科	2003年8月	英语高级	瓮安二中
刘安兰	女	汉	1966年11月	本科	1986年8月	数学高级	瓮安三中
刘昌荣	女	汉	1970年4月	本科	1989年8月	语文高级	瓮安中学
刘大伟	男	汉	1959年10月	专科	1981年8月	数学高级	瓮安三中
刘金巧	男	汉	1972年2月	本科	1992年8月	数学高级	瓮安三中
刘兰华	男	汉	1968年8月	本科	1986年8月	语文高级	瓮安四中
刘伦品	男	汉	1964年12月	本科	1989年8月	化学高级	岚关中学
刘明会	女	汉	1975年3月	本科	1998年8月	化学高级	瓮安四中
刘其刚	男	汉	1968年2月	本科	1986年8月	政史高级	岚关中学
刘仁奎	男	汉	1965年9月	本科	1988年8月	化学高级	瓮安中学
刘仁治	男	汉	1966年4月	本科	1985年8月	语文高级	草塘中学
刘仕军	男	汉	1956年9月	本科	1979年10月	语文高级	教育局
刘顺元	男	汉	1963年6月	本科	1989年8月	物理高级	永和中学
刘万平	男	汉	1974年5月	本科	1998年8月	英语高级	珠藏中学
刘先春	男	汉	1971年6月	本科	1991年8月	英语高级	中坪中学
刘元茂	男	汉	1962年4月	专科	1982年8月	语文高级	珠藏中学
刘再福	男	汉	1965年8月	本科	1985年8月	历史高级	珠藏中学
刘忠洋	男	汉	1965年11月	专科	1985年8月	英语高级	中坪中学

续表17-5

姓　名	性　别	族　别	出生年月	最高学历	参加工作时间	职　称	单　位
龙光明	男	苗	1966 年 10 月	本科	1990 年 8 月	数学高级	瓮安中学
龙惠清	女	汉	1968 年 7 月	本科	1990 年 8 月	体育高级	瓮安二中
龙永春	男	汉	1967 年 2 月	本科	1988 年 8 月	政治高级	松坪中学
龙永宪	男	汉	1964 年 1 月	本科	1985 年 8 月	语文高级	永和中学
龙运琴	女	汉	1969 年 10 月	本科	1991 年 8 月	英语高级	瓮安中学
娄方菊	女	汉	1972 年 1 月	本科	1995 年 8 月	体育高级	草塘中学
卢和衷	男	汉	1947 年 2 月	专科	1968 年 12 月	化学高级	瓮安三中
卢清明	男	汉	1973 年 11 月	本科	1999 年 8 月	数学高级	瓮安二中
卢树祥	男	汉	1957 年 4 月	专科	1981 年 8 月	数学高级	瓮安三中
卢锡强	男	汉	1970 年 9 月	本科	1991 年 8 月	语文高级	高水中学
鲁恩平	男	苗	1977 年 1 月	本科	1996 年 8 月	英语高级	瓮安五中
罗　军	男	彝	1970 年 6 月	本科	1993 年 8 月	英语高级	中坪中学
罗　亮	男	汉	1976 年 5 月	本科	1999 年 8 月	数学高级	珠藏中学
罗华强	男	汉	1970 年 12 月	本科	1999 年 8 月	语文高级	珠藏中学
罗建明	男	汉	1969 年 11 月	本科	1989 年 8 月	英语高级	瓮安二中
罗明梅	女	布依	1967 年 12 月	本科	1988 年 8 月	语文高级	瓮安三中
罗文先	女	汉	1960 年 4 月	专科	1984 年 8 月	英语高级	希望中学
罗晓安	男	汉	1962 年 6 月	本科	1981 年 8 月	化学高级	瓮安中学
罗亚林	男	苗	1970 年 2 月	本科	1992 年 8 月	化学高级	瓮安中学
马福燕	女	汉	1970 年 12 月	本科	1990 年 8 月	英语高级	瓮安三中
毛　惠	女	汉	1961 年 4 月	本科	1980 年 8 月	英语高级	瓮安中学
毛　静	男	汉	1957 年 9 月	本科	1977 年 12 月	物理高级	瓮安二中
毛红艳	女	汉	1974 年 4 月	本科	1993 年 8 月	语文高级	瓮安中学
闵国琴	女	汉	1970 年 5 月	本科	1989 年 8 月	语文高级	瓮安四中
闵明礼	男	汉	1955 年 2 月	本科	1974 年 8 月	语文高级	瓮安职校
牟　坤	男	汉	1975 年 12 月	本科	1998 年 8 月	化学高级	瓮安四中
牟天伟	男	汉	1976 年 3 月	本科	1998 年 8 月	数学高级	珠藏中学
倪光成	男	汉	1966 年 1 月	本科	1986 年 8 月	历史高级	珠藏中学

续表17-5

姓　名	性　别	族　别	出生年月	最高学历	参加工作时间	职　称	单　位
倪祖俊	男	汉	1974年1月	本科	1998年8月	英语高级	永和中学
倪祖玲	女	苗	1969年10月	本科	1991年8月	英语高级	瓮安三中
聂棋槐	男	汉	1964年8月	本科	1986年8月	数学高级	瓮安二中
欧正怀	男	汉	1969年6月	本科	1989年8月	英语高级	瓮安四中
潘家明	男	苗	1963年6月	本科	1982年8月	数学高级	永和中学
裴廷刚	男	汉	1959年11月	专科	1981年8月	数学高级	瓮安三中
彭福洪	男	汉	1968年12月	本科	1989年8月	数学高级	瓮安三中
彭长刚	男	汉	1972年9月	本科	2000年8月	政治高级	瓮安二中
皮禄波	男	汉	1978年5月	本科	1994年8月	化学高级	高水中学
祁连州	男	汉	1964年4月	本科	1983年8月	英语高级	瓮安中学
钱　忠	男	汉	1968年6月	本科	1987年8月	数学高级	岚关中学
钱安定	男	汉	1975年1月	本科	1998年8月	地理高级	白沙中学
钱家前	男	汉	1960年6月	本科	1981年8月	语文高级	希望中学
秦昌明	男	汉	1976年2月	本科	1995年8月	语文高级	教育局
秦志惠	女	汉	1972年12月	本科	1993年8月	语文高级	瓮安八中
邱兴全	男	汉	1975年1月	本科	1999年8月	化学高级	中坪中学
冉启宇	男	汉	1967年4月	本科	1986年8月	语文高级	鱼河中学
冉应辉	男	汉	1968年9月	本科	1988年8月	英语高级	瓮安四中
任国明	男	汉	1975年10月	本科	1997年8月	体育高级	老坟嘴学校
任京华	女	汉	1973年11月	本科	1995年8月	英语高级	瓮安二中
任开林	男	汉	1966年5月	本科	1986年7月	语文高级	瓮安八中
任燕飞	女	汉	1965年11月	本科	1985年8月	语文高级	草塘中学
任永富	男	汉	1965年6月	本科	1988年8月	物理高级	瓮安六中
戎成斌	男	汉	1971年12月	本科	1992年8月	历史高级	小河山学校
商　露	女	汉	1974年10月	本科	1996年8月	物理高级	瓮安二中
商正达	男	汉	1970年11月	本科	1995年8月	英语高级	瓮安中学
申　华	男	汉	1967年5月	专科	1987年8月	语文高级	鱼河中学
石　磊	男	汉	1965年4月	专科	1985年8月	数学高级	珠藏中学

续表17-5

姓　名	性　别	族　别	出生年月	最高学历	参加工作时间	职　称	单　位
石鸿芳	男	汉	1970 年 10 月	本科	1991 年 9 月	数学高级	瓮安四中
石世敏	男	汉	1976 年 1 月	本科	1998 年 8 月	数学高级	希望中学
石世学	男	汉	1971 年 7 月	本科	1996 年 8 月	英语高级	瓮安中学
石艳琴	女	汉	1976 年 11 月	本科	1995 年 8 月	政治高级	瓮安五中
史　浦	男	汉	1975 年 6 月	本科	1996 年 8 月	物理高级	瓮安四中
帅本春	男	汉	1965 年 11 月	本科	1985 年 8 月	数学高级	瓮安三中
宋　坤	男	汉	1973 年 5 月	本科	1998 年 8 月	生物高级	希望中学
宋昌举	男	汉	1968 年 11 月	本科	1989 年 8 月	英语高级	江界河中学
宋芬芳	女	汉	1958 年 2 月	专科	1977 年 8 月	化学高级	草塘中学
宋文娇	女	汉	1970 年 12 月	本科	1991 年 8 月	语文高级	松坪中学
宋锡政	男	汉	1972 年 12 月	本科	1996 年 8 月	化学高级	木老坪中学
宋锡庄	男	汉	1964 年 8 月	专科	1984 年 8 月	语文高级	建中中学
宋旭华	男	汉	1966 年 3 月	本科	1984 年 8 月	化学高级	瓮安二中
宋泽方	男	汉	1972 年 12 月	本科	1994 年 8 月	英语高级	中坪中学
宋泽菊	女	汉	1966 年 10 月	本科	1986 年 8 月	英语高级	瓮安三中
宋泽权	男	汉	1966 年 2 月	专科	1986 年 8 月	语文高级	希望中学
宋泽荣	女	汉	1967 年 8 月	本科	1989 年 8 月	体育高级	天文中学
宋忠荣	女	汉	1973 年 10 月	本科	1994 年 8 月	英语高级	瓮安二中
孙谋俊	男	汉	1940 年 12 月	专科	1959 年 7 月	物理高级	草塘中学
孙卫贤	男	汉	1962 年 2 月	专科	1982 年 8 月	语文高级	中坪中学
孙仲时	男	汉	1960 年 9 月	本科	1980 年 8 月	物理高级	瓮安中学
孙祖方	男	汉	1965 年 5 月	专科	1999 年 8 月	物理高级	珠藏中学
谭国阳	男	汉	1957 年 10 月	专科	1975 年 9 月	语文高级	瓮安四中
谭明全	男	汉	1973 年 4 月	本科	1995 年 8 月	体育高级	岚关中学
谭仁华	男	汉	1960 年 7 月	本科	1981 年 8 月	英语高级	瓮安中学
唐　莉	女	汉	1971 年 8 月	本科	1991 年 9 月	语文高级	瓮安四中
唐　敏	女	汉	1966 年 10 月	本科	1989 年 8 月	英语高级	瓮安中学
唐　平	男	汉	1963 年 6 月	专科	1982 年 8 月	数学高级	瓮安三中

续表17-5

姓　名	性　别	族　别	出生年月	最高学历	参加工作时间	职　称	单　位
唐　松	男	汉	1974年11月	研究生	1997年8月	英语高级	珠藏中学
唐安林	男	汉	1967年3月	本科	1991年8月	历史高级	瓮安二中
唐纯义	男	汉	1962年11月	专科	1981年8月	语文高级	瓮安三中
唐高军	男	汉	1970年3月	本科	1989年8月	语文高级	玉山中学
唐艳山	男	汉	1975年10月	本科	1997年8月	化学高级	瓮安二中
唐犹模	男	汉	1967年1月	本科	1986年8月	语文高级	江界河中学
唐中旭	男	汉	1972年1月	本科	1992年8月	数学高级	玉山中学
陶荣华	男	汉	1975年8月	本科	1996年8月	语文高级	瓮安二中
陶义奎	男	仡佬	1960年3月	专科	1977年7月	物理高级	瓮安中学
田　君	男	汉	1973年6月	本科	1996年8月	语文高级	瓮安三中
田景龙	男	汉	1949年12月	专科	1970年9月	地理高级	草塘中学
田茂福	男	汉	1959年4月	大专	1981年8月	语文高级	铜锣中学
田维东	男	汉	1971年11月	本科	1992年8月	物理高级	瓮安职校
童家贵	男	汉	1966年9月	本科	1989年8月	化学高级	瓮安四中
涂仕江	男	汉	1965年4月	专科	1984年8月	语文高级	珠藏中学
汪礼春	男	汉	1967年2月	本科	1986年8月	语文高级	瓮安四中
汪仕红	女	汉	1976年11月	本科	1994年8月	数学高级	瓮安四中
王　春	女	汉	1973年10月	本科	1992年8月	英语高级	玉山中学
王　华	男	汉	1973年7月	本科	1996年8月	物理高级	瓮安二中
王　健	男	汉	1963年8月	专科	1983年8月	数学高级	玉华中学
王　警	男	汉	1968年2月	本科	1991年8月	物理高级	瓮安二中
王　平	男	汉	1963年11月	本科	1982年8月	语文高级	岚关中学
王　强	男	汉	1976年10月	本科	1995年8月	地理高级	瓮安二中
王　英	女	汉	1976年1月	本科	1998年8月	英语高级	中坪中学
王白民	男	汉	1975年9月	本科	1998年8月	英语高级	岚关中学
王成举	男	汉	1962年5月	专科	1982年8月	化学高级	瓮安中学
王春元	男	汉	1952年2月	专科	1973年1月	语文高级	草塘中学
王光先	女	汉	1975年9月	本科	1996年8月	化学高级	瓮安中学

续表17-5

姓　名	性　别	族　别	出生年月	最高学历	参加工作时间	职　称	单　位
王华松	男	汉	1967 年 10 月	本科	1991 年 8 月	历史高级	瓮安二中
王建华	男	汉	1971 年 2 月	本科	1992 年 8 月	英语高级	瓮安中学
王俊松	男	汉	1970 年 1 月	本科	1994 年 8 月	政治高级	珠藏中学
王明祥	男	汉	1959 年 1 月	专科	1978 年 8 月	语文高级	玉华中学
王其一	男	汉	1958 年 10 月	本科	1977 年 8 月	语文高级	瓮安二中
王启权	男	汉	1965 年 3 月	本科	1985 年 8 月	政治高级	玉山中学
王维权	男	汉	1957 年 10 月	专科	1980 年 8 月	数学高级	玉华中学
王小勇	男	汉	1964 年 1 月	本科	1984 年 8 月	语文高级	瓮安二中
王兴元	男	汉	1977 年 6 月	本科	1999 年 8 月	物理高级	白沙中学
王燕翔	女	汉	1961 年 12 月	本科	1981 年 8 月	语文高级	瓮安二中
王永念	男	汉	1975 年 3 月	本科	1997 年 8 月	数学高级	瓮安二中
王永荣	女	汉	1976 年 9 月	本科	2000 年 8 月	数学高级	瓮安二中
王远军	男	汉	1962 年 6 月	本科	1982 年 8 月	数学高级	瓮安职校
王泽福	男	汉	1974 年 1 月	本科	1997 年 8 月	体育高级	建中中学
王振云	男	汉	1957 年 11 月	专科	1981 年 8 月	数学高级	草塘中学
王支全	男	汉	1971 年 11 月	本科	1995 年 8 月	语文高级	瓮安中学
王忠俊	女	汉	1968 年 11 月	本科	1994 年 3 月	语文高级	珠藏中学
望作英	女	汉	1953 年 7 月	本科	1981 年	语文高级	贵真学校
魏德平	男	汉	1960 年 5 月	专科	1978 年 8 月	语文高级	教育局
邬培祥	男	汉	1957 年 6 月	本科	1980 年 9 月	语文高级	瓮安中学
吴　华	男	汉	1963 年 1 月	专科	1982 年 8 月	数学高级	草塘中学
吴　琼	女	汉	1971 年 5 月	本科	1991 年 8 月	语文高级	瓮安四中
吴炳友	男	汉	1957 年 1 月	大专	1981 年 8 月	语文高级	瓮安职校
吴昌松	男	汉	1966 年 1 月	本科	1985 年 8 月	语文高级	瓮安二中
吴定龙	男	汉	1966 年 3 月	本科	1986 年 8 月	政治高级	草塘中学
吴定明	男	汉	1962 年 5 月	本科	1981 年 8 月	语文高级	瓮安中学
吴定祥	男	汉	1968 年 10 月	本科	1991 年 8 月	体育高级	瓮安中学
吴升琴	女	汉	1966 年 1 月	本科	1985 年 8 月	数学高级	瓮安五中

续表17-5

姓　名	性　别	族　别	出生年月	最高学历	参加工作时间	职　称	单　位
吴盛琴	女	汉	1965年1月	本科	1985年8月	地理高级	瓮安三中
吴昭香	女	汉	1974年12月	本科	1998年8月	英语高级	瓮安五中
吴志方	男	苗	1957年2月	专科	1976年8月	语文高级	希望中学
伍守贵	男	汉	1967年12月	专科	1998年8月	语文高级	中坪中学
伍正国	男	汉	1959年9月	专科	1980年8月	语文高级	草塘中学
席德杰	男	汉	1975年8月	本科	1998年8月	化学高级	瓮安中学
席林芬	女	汉	1974年11月	本科	1995年8月	数学高级	天文中学
夏　斌	男	汉	1971年1月	本科	1995年8月	语文高级	瓮安六中
夏传权	男	汉	1966年10月	本科	1986年8月	生物高级	玉山中学
夏锦富	男	汉	1965年5月	本科	2000年8月	数学高级	瓮安二中
夏忠富	男	汉	1974年3月	本科	2000年8月	生物高级	瓮安二中
夏忠文	男	汉	1968年9月	本科	1992年8月	数学高级	玉华中学
肖大春	男	汉	1973年1月	本科	1995年8月	物理高级	草塘中学
肖东元	男	汉	1947年3月	专科	1969年8月	英语高级	草塘中学
肖连均	男	汉	1972年10月	本科	1994年8月	数学高级	瓮安中学
肖文超	男	汉	1968年3月	本科	1988年8月	数学高级	松坪中学
肖兴美	女	汉	1974年6月	本科	1994年8月	英语高级	瓮安四中
谢　曼	女	汉	1969年7月	本科	1991年8月	英语高级	瓮安中学
谢崇江	男	汉	1966年3月	本科	1985年8月	语文高级	瓮安职校
谢光辉	男	汉	1965年4月	本科	1985年8月	语文高级	瓮安八中
谢家东	男	汉	1945年12月	专科	1971年8月	语文高级	草塘中学
谢祥平	男	汉	1970年9月	本科	1990年8月	语文高级	瓮安四中
谢祥群	男	汉	1971年1月	本科	1995年8月	语文高级	珠藏中学
熊华来	男	汉	1964年9月	专科	1985年8月	语文高级	草塘中学
熊华荣	男	汉	1975年7月	本科	1998年8月	英语高级	中坪中学
熊其寿	男	汉	1973年9月	本科	1993年8月	语文高级	瓮安职校
熊兴隆	男	汉	1973年9月	本科	1995年8月	体育高级	鱼河中学
徐　华	男	汉	1964年11月	本科	1985年8月	数学高级	瓮安中学

续表17-5

姓　名	性　别	族　别	出生年月	最高学历	参加工作时间	职　称	单　位
徐　进	男	汉	1963年12月	专科	1963年12月	政治高级	珠藏中学
徐德坤	男	汉	1966年11月	本科	1986年8月	数学高级	珠藏中学
徐德勇	男	汉	1962年3月	本科	1982年8月	语文高级	永和中学
徐德智	男	汉	1965年8月	本科	1988年8月	数学高级	瓮安中学
徐国生	男	汉	1968年9月	本科	1994年8月	化学高级	瓮安中学
徐家海	男	汉	1959年5月	大专	1979年8月	化学高级	瓮安二中
徐家豪	男	汉	1938年8月	专科	1964年8月	物理高级	草塘中学
徐忠敏	男	汉	1959年1月	专科	1985年8月	化学高级	瓮安三中
严胜文	男	汉	1977年3月	本科	1998年8月	化学高级	教育局
严万金	男	汉	1963年7月	专科	1980年8月	数学高级	珠藏中学
颜德贵	男	汉	1967年1月	本科	1993年8月	数学高级	松坪中学
晏定林	男	汉	1974年11月	本科	1992年8月	语文高级	小河山学校
杨　梅	女	汉	1971年11月	本科	1992年8月	语文高级	瓮安二中
杨　松	男	汉	1966年8月	专科	1986年8月	语文高级	木老坪中学
杨昌明	男	汉	1924年6月	本科	1951年8月	历史高级	草塘中学
杨昌英	女	汉	1962年2月	大专	1984年8月	数学高级	瓮安职校
杨朝飞	男	汉	1967年1月	本科	1990年8月	数学高级	永和中学
杨德元	男	汉	1962年1月	专科	1982年8月	语文高级	鱼河中学
杨光富	男	汉	1968年11月	本科	1994年8月	生物高级	瓮安职校
杨国菊	女	汉	1961年6月	本科	1981年8月	政治高级	瓮安二中
杨汉全	男	汉	1964年11月	本科	1986年8月	化学高级	瓮安二中
杨洪宗	男	汉	1974年10月	本科	1996年8月	英语高级	瓮安二中
杨家文	男	汉	1975年6月	本科	2000年8月	物理高级	瓮安二中
杨进军	男	汉	1967年9月	本科	1988年8月	语文高级	瓮安三中
杨乔书	男	汉	1967年3月	本科	1986年8月	数学高级	岚关中学
杨胜富	男	汉	1971年6月	本科	1971年8月	化学高级	瓮安六中
杨胜禄	男	汉	1965年3月	本科	1985年8月	数学高级	瓮安六中
杨信勇	男	汉	1965年9月	本科	1986年8月	数学高级	永和中学

续表17-5

姓 名	性 别	族 别	出生年月	最高学历	参加工作时间	职 称	单 位
杨兴东	男	汉	1957年7月	本科	1976年9月	物理高级	草塘中学
杨应平	男	汉	1975年12月	本科	2000年8月	化学高级	瓮安中学
杨友发	男	汉	1971年3月	本科	1995年8月	数学高级	瓮安中学
杨雨前	男	汉	1959年4月	本科	1982年1月	政治高级	瓮安中学
姚安勤	男	汉	1965年1月	本科	1984年8月	语文高级	草塘中学
姚明刚	男	汉	1958年3月	专科	1978年8月	语文高级	中坪中学
姚明亮	男	汉	1974年5月	本科	1996年8月	语文高级	瓮安中学
姚仕芳	男	汉	1975年8月	本科	2000年8月	数学高级	瓮安二中
尹 梅	女	汉	1964年9月	本科	1985年8月	数学高级	瓮安三中
尹竹勇	男	汉	1968年3月	本科	1989年8月	英语高级	老坟嘴学校
犹永春	男	汉	1975年3月	本科	2000年8月	生物高级	瓮安二中
犹永均	男	汉	1964年11月	专科	1984年8月	语文高级	瓮安四中
犹永丽	女	汉	1965年1月	专科	1984年8月	生物高级	瓮安五中
游 鹏	男	汉	1967年10月	本科	1987年8月	语文高级	瓮安中学
游仕荣	女	汉	1964年11月	本科	1985年8月	语文高级	瓮安职校
余 水	男	汉	1970年9月	本科	1990年8月	语文高级	天文中学
余福渊	男	汉	1974年11月	本科	1997年8月	英语高级	老坟嘴学校
余家品	男	汉	1966年11月	本科	1990年8月	化学高级	瓮安中学
余家友	男	汉	1962年1月	本科	1981年8月	英语高级	珠藏中学
余廷海	男	汉	1970年8月	本科	1991年8月	语文高级	瓮安职校
余映竹	女	汉	1967年9月	本科	1986年8月	生物高级	瓮安中学
余永田	男	汉	1961年1月	专科	1982年8月	数学高级	中坪中学
禹 佳	男	汉	1970年3月	本科	1993年8月	物理高级	鱼河中学
袁富祥	男	汉	1971年10月	本科	1990年8月	数学高级	瓮安三中
詹 勇	男	汉	1967年11月	本科	1988年8月	物理高级	草塘中学
张 梅	女	瑶	1974年10月	本科	198912	语文高级	瓮安八中
张 松	男	汉	1975年1月	本科	1998年8月	高级教师	木引槽学校
张 月	女	汉	1967年8月	本科	1985年8月	英语高级	瓮安三中

续表17-5

姓　名	性　别	族　别	出生年月	最高学历	参加工作时间	职　称	单　位
张　奎	男	汉	1965年11月	本科	1987年8月	体育高级	教育局
张昌信	男	汉	1965年12月	本科	1982年12月	语文高级	瓮安六中
张朝亨	男	汉	1946年6月	本科	1972年6月	数学高级	草塘中学
张德权	男	汉	1975年5月	本科	1997年8月	物理高级	白沙中学
张德泽	男	汉	1968年8月	本科	1994年8月	历史高级	珠藏中学
张凤明	男	汉	1972年11月	本科	1996年8月	化学高级	鱼河中学
张福祥	男	汉	1963年7月	专科	1984年8月	数学高级	木老坪中学
张国民	男	汉	1962年4月	专科	1995年8月	语文高级	瓮安三中
张金武	男	汉	1968年1月	本科	1989年8月	体育高级	草塘中学
张举兰	女	汉	1971年9月	本科	1992年8月	语文高级	鱼河中学
张立新	男	汉	1973年11月	本科	1994年8月	数学高级	瓮安中学
张明光	男	汉	1966年12月	本科	1991年8月	物理高级	瓮安二中
张清昌	男	汉	1964年12月	本科	1987年8月	物理高级	瓮安二中
张润琴	女	汉	1966年3月	本科	1988年8月	生物高级	瓮安中学
张绍赋	男	汉	1959年1月	本科	1977年9月	政治高级	瓮安六中
张胜华	男	汉	1956年7月	专科	1974年9月	政治高级	珠藏中学
张胜军	男	汉	1967年11月	本科	1990年8月	数学高级	江界河中学
张素兰	女	苗	1974年1月	本科	1995年8月	语文高级	草塘中学
张泰军	男	汉	1966年9月	本科	1986年8月	生物高级	瓮安二中
张文建	男	汉	1975年11月	本科	1994年8月	语文高级	教育局
张显华	男	汉	1974年4月	本科	1996年8月	体育高级	瓮安四中
张兴加	男	汉	1965年6月	本科	1987年8月	数学高级	瓮安三中
张友国	男	汉	1972年7月	本科	1994年8月	英语高级	鱼河中学
张友军	男	汉	1976年4月	本科	1999年8月	物理高级	瓮安中学
张宇祥	男	汉	1972年9月	本科	1990年8月	语文高级	教育局
张元伟	男	汉	1965年12月	本科	1986年8月	语文高级	珠藏中学
张元忠	男	汉	1967年8月	本科	1986年8月	地理高级	瓮安中学
张远见	男	汉	1968年1月	本科	1989年8月	语文高级	瓮安六中

续表17-5

姓　名	性　别	族　别	出生年月	最高学历	参加工作时间	职　称	单　位
张正军	男	汉	1969年10月	本科	1989年8月	语文高级	瓮安二中
张正琼	女	汉	1976年12月	本科	1998年8月	英语高级	珠藏中学
张正文	男	汉	1966年1月	本科	1990年8月	语文高级	中坪中学
赵　玲	女	汉	1966年5月	本科	1985年8月	语文高级	瓮安三中
赵　平	男	汉	1970年11月	本科	1989年8月	语文高级	瓮安三中
赵　坤	男	汉	1955年8月	专科	1982年7月	语文高级	永和中学
赵明友	男	汉	1967年10月	本科	1988年8月	政治高级	玉华中学
赵慕琦	男	汉	1975年8月	本科	1996年8月	化学高级	瓮安中学
赵清红	女	汉	1976年3月	本科	1998年8月	历史高级	瓮安三中
郑　松	男	汉	1973年5月	本科	1995年8月	数学高级	瓮安四中
郑才玉	女	汉	1974年10月	本科	1994年8月	数学高级	瓮安四中
郑显才	男	汉	1967年8月	本科	1987年8月	英语高级	玉山中学
郑小华	男	汉	1976年2月	本科	1997年8月	英语高级	白沙中学
周　洪	男	汉	1976年10月	本科	2000年8月	体育高级	瓮安中学
周传炳	男	汉	1956年10月	专科	1979年8月	数学高级	瓮安三中
周凤学	男	汉	1971年4月	本科	1995年8月	英语高级	瓮安二中
周汉英	女	汉	1967年9月	本科	1989年8月	化学高级	瓮安二中
周遗贵	男	汉	1965年2月	本科	1982年8月	生物高级	瓮安中学
周永吉	男	汉	1972年9月	本科	1992年8月	数学高级	瓮安四中
周玉光	男	汉	1963年5月	专科	1986年9月	语文高级	松坪中学
周玉明	男	汉	1963年3月	本科	1981年8月	英语高级	瓮安中学
周泽宏	男	汉	1968年2月	本科	1988年8月	语文高级	瓮安二中
周芝莲	女	汉	1969年9月	本科	1998年8月	英语高级	草塘中学
周子邦	男	汉	1968年4月	本科	1991年8月	化学高级	瓮安四中
朱光芬	女	汉	1975年11月	本科	1998年8月	英语高级	玉华中学
朱前红	女	汉	1975年2月	本科	1994年8月	语文高级	瓮安中学
朱前会	女	汉	1966年3月	本科	1985年8月	语文高级	瓮安三中
朱仕荣	女	苗	1964年11月	本科	1985年8月	语文高级	永和中学
朱廷高	男	汉	1962年6月	专科	1982年8月	数学高级	瓮安三中
祝亚峰	男	汉	1973年9月	本科	1995年8月	语文高级	瓮安中学
邹远富	男	汉	1972年1月	本科	1996年8月	英语高级	建中中学

第四节　工　资

清代中期，县训导每年支薪俸银 40 两。清末高初等学堂教员年支薪俸银 40~80 两，每年按 10 个月计发，寒暑假不发，由经费局统一支给。

民国初年，教职员薪俸与清末相当，每个月支银 3~4 两。民国 10 年（1921）后，教职员薪俸改发银圆，最低每人每月 4 元，最高每人每月可达 26 元。民国 26 年（1937），省政府将小学职教月薪额定为 30 级，并改用法币支付，最高级（一级）月俸为 80 元，最低级月俸为 10 元。校长支 1~20 级薪，级任教员支 5~24 级薪，专科教员支 7~24 级薪，事务员支 15~30 级薪。民国 28 年（1939），省教育厅制发《中等学校校长教职员工资标准》规定，省立中等学校校校长月薪 136~178 元，县立中等学校校长月薪不得少于 80 元，初级中学或同等程度学校校长月薪不得少于 60 元。初级中学各科专任教员月薪 112 元，高级中学、师范学校教员月薪 140 元。民国 30 年（1941），《贵州省三十年度实施国民教育暂行办法》规定，小学教员月薪额，中心学校为 40~60 元，国民学校为 35~40 元，校长支最高薪额，其余职教员就其学历、职务及规定标准内支薪，每年按 12 个月支给。民国 31 年（1942），瓮安财政相对较好，中心学校校长月薪为 90~150 元，教员为 70~130 元；国民学校校长为 90~120 元，教员为 70~100 元，校役为 30 元。所有教职员每人每月补谷 1 石，校役每人每月 5 斗。民国 32 年（1943），《贵州省省立中学学校教职员待遇标准》规定，校长担任教学时数在 4~6 小时，月薪 340~380 元；处主任担任教学时数 6~8 小时，月薪 320~340 元；科主任担任教学时数 8 小时，月薪 320 元；初中导师担任教学时数 16 小时，月薪 270 元；高中导师担任教学时数 14 小时，月薪 310 元；初中组长担任教学时数 12 小时，月薪 270 元；高中组长担任教学时数 12 小时，月薪 310 元；不兼课组长月薪 180~200 元；初中专任教员担任教学时数 18~22 课时，月薪 260 元；高中专任教员担任教学时数 16~20 小时，月薪 320 元；军训教官担任全校军训，月薪 280 元；组员月薪 100~120 元，雇员月薪 70 元，工友月薪 40 元。民国 36 年（1947），省教育厅制发《贵州省教育厅所属文化教育机关工作人员底薪调整办法》和《贵州省教育厅所属文化教育机关工作人员底薪审核暂行办法》，对所属学校教职员底薪进行调整。中等学校主任一律支 260 元，组长一律支 120 元，组员一律支 80 元，雇员一律支 60 元，会计主任一律支 160 元，会计佐理员一律支 100 元；校长 260 元至 340 元，以 20 元为一级；高中级任教员自 180 元至 240 元，以 10 元为一级；初中级任教员自 150 元至 200 元，以

10元为一级；高初中均有课程之专任教员自170元至220元，以10元为一级。国民学校国家实验区主任220元，教导主任及部主任一律支150元，教务员、事务员一律支80元，雇员支60元，国家实验区会计支140元，幼稚园会计支120元；校长、幼稚园主任160元起至180元，以10元为一级；级任教员120元起至140元，以10元为一级；专任教员110元起至130元，以10元为一级。审核办法规定，高中合格专任教员服务10年以上者一律支底薪240元，5年以上者一律支底薪220元，5年以下者照资历支薪；初中合格专任教员服务10年以上者一律支付底薪200元，5年以上者一律支付底薪190元，5年以下者照资历支薪；高初中均有课程之合格专任教员服务在10年以上者一律支底薪200元，5年以下者按资历支薪。整个民国时期，教师工资从金额看是不断增加的，但由于物价上涨、货币贬值，教师工资实际在逐渐减少，同时，国民政府还向省立、县立学校教员征收薪给报酬所得税。抗战胜利后，国民党发动内战，教育经费挪作他用，加上通货澎胀，教师拿到手的金圆券、银圆券并不值钱，每月薪俸难以糊口。

1949年年底，小学教师以大米计酬，完全小学教师每人每月大米100余斤，乡（村）教师无统一规定，由当地自筹供给，略低于完小教师标准。1950年6月，小学编余人员交县编委会设法安置、帮助转移或组织征收。1951年1月1日，县年度地方财政文教事业收支全年总计预算大米24692.7斤，地方财政文教事业支出预算329912元。7月26日，省财政厅、省文教厅转发《西南军政委员会财政文教干部子女入学费用开支办法》，对文教干部子女入学费用开支做出具体规定。1952年，实行工资分制，按教师成绩评定工资分，再按工资分折合成现金，中等学校校长、教导主任、总务主任及高中教师最高450分，最低150分；初中教师最高350分，最低120分；初等学校校长、教导主任、教师最高308分，最低80分。每一分工资分值为人民币2角2分至2角4分。全县小学教师工资自1952年3月起至8月底为1951年下学期，完校最高工资大米1120斤，最低工资为420斤；初小教师最高工资大米280斤，最低200斤，按当地粮食价500元计算平均数为14万元；自9月起至1952年上学期，完校教师最高工资大米500斤，最低工资340斤，初小教师最高工资大米380斤最低工资300斤，每斤按当地粮食牌价500元计算，完校初小平均数20万元。

1953—1955年，教师工资逐年提高，中学教师工资平均每年增长5.2%，小学教师平均每年增长7.7%。1955年，县人民委员会教育科对小学教职员工工资进行调整。调整前，平均工资为22.53元；调整后，平均工资为24元，共有88人晋级。

1956年，实行工资改革，每个教职员工的工资都有不同程度提高，月平均工资增长29.47%。1962年前参加中小学工作人员中，定级时偏低的有133人，其中，中学9人、小学124人，每月工资不到24元的需要按规定纠正92人，全年需工资12768元。根据德才兼备可以提级的126人，每人每月平均增加8元，全年需款12096元。炊事勤杂人员工资在17~22元之间。中小学教师的口粮均以统一规定每月28斤，城内中学每月27斤，民办教师原系居民的，除按定量外，不足由办学单位和学生家长予以补贴，农业户的教师全部由群众支付，其标准在30~40斤之间，不低于公办教师。1963年，全县转正定级每人每月平均增加工资8元，炊事勤杂人员转正定级后每人每月工资提高10元。

表17-6　　各级各类学校教职工工资级别统计表

填表单位：瓮安县文教局　1963年12月10日

单位名称		总计	中学、师范、教师进修学校							小学				
			正副校长	正副主任	总务主任	教师	一般职员	炊事员	勤杂人员	校长	教导主任	教师	一般职员	炊事员
年末人数		537	3	3	1	43	10	11	2	36	40	370	9	9
工资总额		17593	191	190.84	82.8	2117.65	336.5	273.1	59.5	1421	1406	10931.5	358	194.88
平均工资		32	63.67	63.61	82.8	49.25	36.89	24.82	29.75	39.47	35.15	29.54	39.78	21.65
各种工资标准的级别人数	一级													
	二级													
	三级												1	
	四级									1		1		
	五级					1				1		2	1	
	六级		1		1	4				3			1	
	七级		1	1		7				7	2	32		
	八级			1		4				6	8	117		1
	九级			1		9		5		11	13	84	3	
	十级					5	1	2		6	14	41		
	十一级					1	2			1	2	53		
	十二级		1				2						1	
	十三级						4				1		2	
	十四级													
	十五级						1							
	十六至三十级													
	未到最低级人数							4				40		8

表 17-7 各级各类学校教职工工资综合计算表

填报日期：1963 年 3 月 10 日　单位：元

<table>
<tr><th rowspan="3">单位名称</th><th colspan="5">1962 年</th><th colspan="5">1963 年计划</th></tr>
<tr><th rowspan="2">平均人数</th><th rowspan="2">工资总额</th><th rowspan="2">月平均工资</th><th rowspan="2">12 月人数</th><th rowspan="2">12 月平均工资</th><th rowspan="2">平均人数</th><th rowspan="2">工资总额</th><th rowspan="2">比 62 年增减%</th><th colspan="2">平均工资</th></tr>
<tr><th>年平均</th><th>月平均</th></tr>
<tr><td>总计</td><td>584.6</td><td>213399.51</td><td>30.42</td><td>537</td><td>32.78</td><td>549</td><td>425840</td><td>5.8</td><td>34.32</td><td>34.32</td></tr>
<tr><td>普通中学</td><td>75</td><td>39435.48</td><td>43.82</td><td>73</td><td>45.09</td><td>73</td><td>42048.1</td><td>6.6</td><td>48.1</td><td>48.1</td></tr>
<tr><td>小学</td><td>495</td><td>167727.03</td><td>28.24</td><td>450</td><td>30.69</td><td>460</td><td>176600</td><td>5.3</td><td>32</td><td>32</td></tr>
<tr><td>其他教育事业</td><td>14.6</td><td>6237</td><td>35.60</td><td>14</td><td>35.6</td><td>16</td><td>7152</td><td>14.6</td><td>37.25</td><td>37.25</td></tr>
<tr><td>幼儿园</td><td>10</td><td>3421</td><td>28.55</td><td>10</td><td>28.55</td><td>10</td><td>3840</td><td>12.1</td><td>32</td><td>32</td></tr>
<tr><td>县教研室</td><td>3.3</td><td>1886</td><td>47.63</td><td>3</td><td>46.5</td><td>4</td><td>2232</td><td>18.8</td><td>46.5</td><td>46.5</td></tr>
<tr><td>业余教育专职教师</td><td>1.3</td><td>925</td><td>59.3</td><td>1</td><td>72</td><td>2</td><td>1080</td><td>16.8</td><td>45</td><td>45</td></tr>
</table>

表 17-8 瓮安县文教局 1963 年调整工资情况调查综合表

单位：人数（人）、工资（元）

<table>
<tr><th colspan="3" rowspan="2">项目</th><th rowspan="2">总计</th><th colspan="4">普通中学</th><th colspan="4">小学（幼儿园）</th><th rowspan="2">其他教育</th></tr>
<tr><th>合计</th><th>教学人员</th><th>行政人员</th><th>工勤人员</th><th>合计</th><th>教学人员</th><th>行政人员</th><th>工勤人员</th></tr>
<tr><td colspan="3">增加工资额合计</td><td>9054</td><td>1702</td><td>1173</td><td>333</td><td>196</td><td>7327</td><td>5330</td><td>1673</td><td>325</td><td>25</td></tr>
<tr><td rowspan="6">升级</td><td colspan="2">计算升级面的总人数</td><td>515</td><td>88</td><td>58</td><td>18</td><td>12</td><td>422</td><td>341</td><td>72</td><td>9</td><td>5</td></tr>
<tr><td rowspan="2">人数</td><td>合计</td><td>224</td><td>23</td><td>14</td><td>7</td><td>2</td><td>201</td><td>163</td><td>38</td><td></td><td></td></tr>
<tr><td>升二级人数</td><td>8</td><td>2</td><td></td><td></td><td>2</td><td>6</td><td>2</td><td>4</td><td></td><td></td></tr>
<tr><td colspan="2">升级面%</td><td>45</td><td>28</td><td>27</td><td>41</td><td>16</td><td>48</td><td>47</td><td>52</td><td></td><td></td></tr>
<tr><td rowspan="2">增加的工资</td><td>月增加</td><td>882</td><td>136</td><td>71</td><td>46</td><td>20</td><td>7460</td><td>560</td><td>185</td><td></td><td></td></tr>
<tr><td>全年增加</td><td>4413</td><td></td><td>683</td><td>355</td><td>228</td><td>100</td><td>3730</td><td>2803</td><td>928</td><td></td></tr>
</table>

续表17-8

项目			总计	普通中学				小学（幼儿园）				其他教育
				合计	教学人员	行政人员	工勤人员	合计	教学人员	行政人员	工勤人员	
转正定级	人数		6	4	4			2	2			
	增加的工资	月增加	40	32	32			8	8			
		全年增加	122	90	90			32	32			
提高低工资	人数		42	4	4			58	51		7	
	增加的工资	月增加	169	16	16			153	153		30	
		全年增加	843	80	80			763	613		150	
调整工资	人数		515	88	58	18	12	422	341	72	9	5
	增加的工资	月增加	489	112	83	21	9	373	272	96	5	4.5
		全年增加	2445	560	413	103	45	1863	1358	480	25	23
提高职工工资水平而增加的工资总额			1233	290	236	3	52	940	525	265	150	3

1964 年 8 月，县教育事业执行“两条腿走路”方针，适当解决师资报酬。教师属于居民的，生产队每月补足粮食（含自己）32~35 斤，另由群众负担工资 20~30 元；教师属于农业户的，由生产队集体或由群众负担口粮（每月 30~35 斤，另给工资 18~25 元；工分加补贴，工分相当于大队干部，另每月补助 2~3 元作办公费用。1972 年，对部分工龄较长、工资偏低的教职工增加工资，增资面为教职工总数的 40%。1978 年，全县工资支出 52.71 万元。

表 17-9　　1978 年瓮安县工资支出明细表

填报单位：瓮安县教育局　单位：人、万元

工资级别			16	17	18	19	补发工资	其他人员	未定级人员	总　计
合计	本月数	人数	141	237	395	267		4	54	1098
		金额	0.7	0.9	1.89	0.77		0.01	0.16	4.43
	累计数	人数	1692	2844	5319	2493		48	648	13044
		金额	8.4	10.8	19.32	7.91	4.15	0.18	1.96	52.72
县区机关行政人员	本月数	人数	12	37	74	27				150
		金额	0.07	0.2	0.26	0.09				0.62
	累计数	人数	144	444	888	324				1800
		金额	0.81	2.4	3.15	1.04				7.4
人民公社行政人员	本月数	人数	129	200	321	240		4	54	948
		金额	0.63	0.71	1.62	0.68		0.01	0.16	3.81
	累计数	人数	1548	2400	4431	2169		48	648	11244
		金额	7.59	8.4	16.17	6.87	4.15	0.18	1.96	45.32

1985 年，执行新的工资制度，公办学校教职工普遍增加工资，并对教师发放教龄津贴，教龄津贴按教学年限计算，教龄满 5 年不满 10 年的每月 3 元，满 10 年不满 15 年的每月 5 元，满 15 年不满 20 年的每月 7 元，满 20 年以上的每月 10 元。1988 年，对评上职称的教师增加工资，平均每人增资 15 元。1990 年 1 月，县政府欠拨教师工资 9.39 万元，其中，全县大中专转正定级后增资 0.57 万元，新增知识分子补助 89 人，共 0.17 万元，从外县调入县内工作的教师 3 人和退伍军人安排在局应发工资、奖金 0.26 万元，民转公教师 17 人应追补 1.98 万元，1988 年 9—11 月职务挂钩工资未补发总额 1.14 万元，补批受聘专业技术人员 7 人应追补工资 0.13 万元，基动指标解决工资升级的 52 人应追补工资 0.49 万元，按上级 14、15、8 号文件增资后应追补工资 4.12 万元，1989 年恢复工作籍的教职工 9 人应追补工资 0.53 万元。由教育局解决 2.7 万元，其余欠拨。

2001 年 3 月，两年考核合格者正常升资 960 人，4 月、7 月提高档次工资 7798 人次。2003 年，执行县监察局、县财政局、县审计局联合发《关于抓好地产烟销售及有关财务审计工作的紧急通知》，各单位在会议、接待、政府采购等公务活动中必须使用地产烟，县政府各工作部门负责包销 10 大箱一、二类卷烟共计 2500 条地产烟，通过分解落实，实行工资、福利与完成任务挂钩，各单位人均销售 1 条地产烟。凡工资，含补助工资，总额在 500 元以上干部职工，销售均价在 100 元（批发价）以上高档地产烟 1 条；工资总额在 500 元以下干部职工，销售均价在 80 元（批发价）以上中高档地产烟一条。2006 年 4 月 12 日，县政府召开常务会议，研究教师缺编及划拨代课教师和民办教师工资问题，代课教师和民办教师工资费用由县财政按比例进行统筹，从乡镇转移支付用于教育部分的经费中划拨，并对民办教师和代课教师按人头实行工资卡发放工资。代课教师和民办教师的工资标准为每月320元，由县财政从乡镇转移支付用于教育部分的经费中支付，原有财政支付的补助部分的标准和渠道不变。

2015年，执行人力资源社会保障部、财政部《关于调整事业单位工作人员基本工资标准的实施方案》，从2014年10月1日起，调整事业单位工作人员基本工资标准，将部分绩效工资纳入基本工资。调整后专业技术人员岗位工资标准由现行的550元至2800元分别提高到1150元至3810元，管理人员由现行的550元到2750元分别提高到1150元至3770元，工人由现行的540元至830元分别提高到1130元至1640元；专业技术人员、管理人员薪级工资标准由现行的80元至2600元分别提高到170元至5795元，工人由现行的70元至915元分别提高至150元至1855元。提高招录人员见习期工资标准，初中毕业生每月1190元，高中、中等专业毕业生每月1220元，大学专科毕业生每月1345元，大学本科毕业生每月1390元，获得双学士学位的大学本科毕业生，含学制为六年以上的大学本科毕业生、研究生班毕业和未获得硕士学位的研究生每月1435元，获得硕士学位的研究生每月1580元，获得博士学位的研究生每月1720元。中小学教师、护士的岗位工资和薪级工资标准提高10%。

表17-10　　事业单位专业技术人员基本工资标准表

单位：元/月

岗位工资		薪级工资									
岗位	工资标准	薪级	工资标准	薪级	工资标准	薪级	工资标准	薪级	工资标准	薪级	工资标准
一级	3810	1	170	14	535	27	1275	40	2452	53	4026
二级	2910	2	188	15	577	28	1354	41	2559	54	4152
三级	2650	3	209	16	619	29	1433	42	2676	55	4278
四级	2355	4	230	17	666	30	1512	43	2793	56	4404
五级	2060	5	251	18	713	31	1597	44	2910	57	4530
六级	1890	6	275	19	765	32	1682	45	3027	58	4656
七级	1760	7	299	20	817	33	1767	46	3144	59	4782
八级	1550	8	327	21	874	34	1858	47	3270	60	4938
九级	1475	9	355	22	931	35	1949	48	3396	61	5049

续表17-10

岗位工资		薪级工资									
十级	1390	10	387	23	993	36	2048	49	3522	62	5250
十一级	1280	11	419	24	1061	37	2147	50	3648	63	5406
十二级	1220	12	456	25	1129	38	2246	51	3774	64	5562
十三级	1150	13	493	26	1202	39	2345	52	3900	65	5795

2月13日，省财政厅、省教育厅发《关于下达2015年农村义务教育阶段特岗教师（国家计划）中央专项资金预算的通知》，中央下达专项资金63.8万元。3月17日，州财政局、州教育局发《关于下达农村义务教育特岗教师（国家计划）中央专项资金预算的通知》，瓮安2015年国家特岗教师工资中央专项资金63.8万元。6月19日，省财政厅、省教育厅发《关于下达2015年第二批农村义务教育阶段特岗教师（国家计划）中央专项资金预算的通知》，义务教育阶段学校特岗教师中央专项资金预算121.8万元。

第五节　福利　待遇

民国时期，国民政府制定教职工的退职、退休、养老、抚恤、年功加俸等条例。民国24年（1935），教育部修正公布《中学规程》规定，中学和师范学校女教职员，在生产时期内有6周假期，其代理人之俸给由学校呈请主管教育行政机关另行支给。新中国成立后，党和政府对教育工作者健康状况制定一些相关政策，各级各类学校教师按国家规定有寒暑休假84天的待遇。

1952年2月，国务院发布《关于工人、职员回家探亲的假期和工资待遇暂行规定》，国家办学的教职工，工作满1年的，同父亲、母亲、配偶都不住在一起而又不能利用公共休假日回家团聚的，每年可以享受一次2~3周的假期，探亲假期间，本人标准工资照发。从7月起，各级各类国家办学校教职工享受公费医疗等遇，患病医疗的门诊、住院所需的诊疗费、手术费、住院费、门诊或药费，均由医疗费拨付。9月12日，政务院发布《关于各级人民政府工作人员（包括公立学校之工作人员）在患病期间待遇暂行办法》规定，供给制人员和1948年年底以前参加革命工作者，其患病期间在1个月以内者，原工资照发；1个月以上至6个月者，发给原工资80%；6个月以上者，发给原工资60%~80%。其家属生活确有困难者，根据实际情况酌予补助。1953 年 6 月 16 日，高等教育部发出《关于高等学校教职工死亡后埋葬、抚恤问题给西北行政委员会教育局的通知》规定，高等学校教职工死亡，可在 100 万元~150 万元（旧人民币）内开支埋葬费，并按其原工资酌情一次发给 112 个月的家属抚恤费（一般凡工作满 1 年者发给两个月工资，一年以上者每增加一年加发半个月工资）。7 月 18 日，高教部颁发《关于女教职工生育待遇的规定》，女教职员工生育，产前产后共给假 56 天，产假期间工资照发；女教职员工怀孕不满 7 个月小产时，根据医生意见给予 30 日以内的产假，产假期间工资照发；女教职员工难产或双生时，增加产假 14 日，工资照发；女教职员工产假期满，因身体病弱仍不能工作，经医生证明，按病请假的规定办理。9 月，对尚无实行门诊、住院办法条件的地方，按教育部、财政部、卫生部《关于适当解决小学、幼儿园教职工福利问题的几项原则的决定》，每人每月 2 万元（旧人民币）计算，交县文教行政部门统一掌握。1954 年 6 月 4 日，瓮安出台《教职员工福利费开支暂行办法》，双方参加工作，工资收入及其他收入负担 5 个以上子女教养费，或夫妇一方参加工作，另一方无社会职业，其工资收入及其他收入负担 2 个以上子女教养费确有困难者，可根据具体情况填表申请；教职员工因急重病，经批准赴外乡就医，除本人应付伙食费外，其他开支确有困难，而本人又无法负担，经本人申请可酌情差额补助，教职员工直系亲属（指父母、妻子、儿女未满 16 岁的弟妹及养父母）必须本人负担者，如遇有临时性困难，严重疾病、死亡、难产等，自己确无法解决，可由本人申请，经当地乡政府证明，再经领导批准可酌情补助；教职员工因病长期休养补助费，原则上不享受多子女困难补助费，但遇有特殊困难亦可在福利费内酌情补助。

1955 年 12 月，国务院颁发《关于颁发国家机关工作人员退休、退职、病假期间待遇等暂行办法和计算工作年限暂行规定的命令》，黔南州各级各类学校教职工从 1956 年 1 月 1 日起实行退休、退职，并按规定享受退休、退职待遇。从 1958 年开始，教职工的退休、退职待遇，按国务院于该年颁布的《关于工人、职员退休处理的暂行规定》《关于工作、职员退职处理的暂行规定》执行。

1962 年，共拨款 0.8 万元，其中专案拨款 5270 元，补助 603 人次，解决贫困教师寒衣 50 件，免票供应棉布 820 尺。1962 年第四季度和 1963 年第一季度，分发的生活困难补助连同每月职工福利补助共 0.42 万元补助 364 人次，每月平均 701.08 元。瓮安县福利费补助办法是采取个人申请与主动，由教育局提出相结合的办法，学校设有福利小组，区设有福利委员会，通过福利组织签注意见，县教育局审核后即可发放。退职下放人员 46 人，发放生产补助金及退职金 0.7 万元，发放福利补助 174 人次共 0.3 万元。10 月起，按国务院批转教育部《关于各级各类学校教职工探亲假以及回家探亲往返车船费问题的请示报告》规定，凡有假期规定的教学人员、行政人员，可在寒暑假期由个人自行安排探亲假。1964 年，遵照国务院批转卫生部、财政部《关于享受公费医疗的国家工作人员到外地就医路费问题的报告》规定，经批准到外地就医病人往返车船费（不包括旅馆费和途中伙食费），可参照旅差费的规定，在原单位旅差费项下报销。从1965年1月1日起，执行国务院发布的《国家机关工作人员病假期间生活待遇试行办法》，病假在6个月以内的，头1个月工资照发，从第二个月起，按以下标准发给工资：工作年限不满2年的发给本人工资（标准工资加所在地物价津贴）的70%，满2年不满5年的发给本人工资的80%，满5年不满10年的发给本人工资的90%，满10年及以上的发给本人工资的100%。病假超过6个月以上的，从第七个月起，按下列标准发给生活费：工作年限不满2年的发给本人工资（标准工资加所在地物价津贴）的50%，满2年不满5年的发给本人工资的60%，满5年不满10年的发给本人工资的70%，满10年及以上的发给本人工资的80%。此项生活待遇发到生病教师恢复或退职为止。

1974年4月1日，县委组织部发《关于田某死后遗留子女抚育的通知》，决定给予田某死后遗留子女2人每人每月生活费10元，从1974年2月1日起至年满18岁止。1977年，县革委会同意教育系统退休职工子女顶替工作38人，顶替人员到地区、部门办理有关户口和粮食手续，其中，雍阳区28人、草塘区7人、玉山区1人、中坪区2人、外县2人。教师病故以后遗留家属生活困难定期补助6人，每人补助至18岁止。1978年6月，国务院颁发《关于安置老弱病残干部的暂行办法》和《关于工人退休、退职的暂行办法》规定，教职工男年满60周岁、女年满55周岁，参加革命工作年满10年，经医院证明完全丧失工作能力的，均可退休。抗日战争时期参加革命工作的，按本人标准工资的90%发给；解放战争时期参加革命工作的，按本人标准工资的80%发给；中华人民共和国成立后参加工作，工作年满20年的，按本人标准工资的75%发给；工作年满15年不满20年的，按本人标准工资的70%发给；工作年满10年不满15年的，按本人标准工资的60%发给。退休费低于25元的，按25元发给。因公致残，经医院证明，完全丧失工作能力的，可以退休。其退休后饮食起居需要扶助的，按本人标准工资的90%发给，并可根据实际情况发给一定数额的护理费，护理费的标准一般不超过一个普通工人的工资；饮食起居不需人扶助的，按本人标准工资的80%发给；退休费低于35元的，按35元发给。经医院证明完全丧失工作能力，又不具备退休条件的，应当退职，退职后，按月发给相当于本人标准工资40%的生活费，低于20元的，按20元发给。7月，教师病故遗留家属生活困难补助3人，每月11元，补助到18岁止。

1979年4月12日，县政府发《关于给1966年以前退休教职工发粮价补贴的通知》，凡是退休职工，不论是1966年以前或退休的，照发粮价补贴，1979年以前没有领取的，一律不再发补，从1979年1月起，在领取退休费时，由发放退休费的单位，按月一并发给粮价补贴。8月，执行教育部、财政部《关于教职工牺牲、病故抚恤金标准的通知》，对教职工牺牲或病故的抚恤金作详细规定。11月1日，县政府规定，从“六类”以上工资区调入的职工，除已经享受调出区的粮价补助金额予以保留外，一律不发给粮价补贴。1日以后，退休、退职的职工，这次调整工资区类别未被冲销掉的粮（煤）补贴，可继续发给工资40%救济资金，其退休退职生活费、救济费、粮（煤）补贴不随工资区类别的调整而变动，仍按原规定发给。12月1日，执行国家有关职工劳保福利待遇，1979年11月1日以后因病或非因工负伤死亡的职工，其按《劳动保险条例》规定领取救济费的供养直系亲属，除一次领取相当死者本人6个月、9个月或12个月的救济费外，可按死者生前领取的副食品价格标准，一次性增发相当3个月、4个月或6个月副食品价格补助；职工因工或因病死亡后，其是否按工资计发丧葬费，均不另增发副食品价格补贴。1980年，补调原受错处分的教职工工资58人，补调时间从受处分之日起，并补发受错处分期间的工资，包括粮贴。2月6日，执行省政府《关于提高工资区别时冲销部分粮价补贴的通知》，凡1979年11月1日前参加工作的职工，一律不发粮价补贴；1979年10月31日前参加工作的职工，一律按规定照发粮价补贴。全国优秀班主任、省劳模享受向上浮动一级工资的待遇，中小学校特级教师每月分别享受30元和20元津贴。从1979年11月起，中小学班主任每月享受班主任津贴，中学每班学生人数在35人以下的5元、36人至50人的6元、51人以上的7元；小学每班学生人数在35人以下的4元、36~50人的5元、51人以上的6元；每班人数在20人以下的酌情减发，复式班的学生人数按每个年级学生人数合并计算。

1981年3月，执行国务院《关于职工探亲待遇的规定》，工作满1年的国家职工，与配偶不住在一起，又不能在公休假日团聚的，可享受探望配偶的待遇；与父亲、母亲不住在一起，又不能在公休假日团聚的，可享受探望父母的待遇。职工探望配偶的，每年给予一方探亲1次，假期为30天。未婚职工探望父母，原则上每年给假一次，假期20天；已婚职工探望父母的，每四年给假1次，每次20天。探亲假期间工资照发，并报销一方的往返路费。4月，国务院颁布《国家机关工作人员病假期间生活待遇的规定》，病假在两个月以内的，发给原工资，超过两个月的，从第三个月起，工作年限不满10年的发给本人工资的90%，工作年满10年的原工资照发；病假超过6个月的，从第七个月起，工作年限不满10年的发给本人工资的70%，工作年限满10年以上的发给本人工资的80%，1945年9月2日以前参加革命工作的人员发给本人工资的90%；获得省（市、自治区）政府和国务院各部门授予的劳动英雄、劳动模范称号且仍然保持荣誉的，病假期间的工资可以适提高；1949年9月底以前参加革命工作的行政公署副专员及相当职务或行政14级以上的干部，并在1945年9月2日以前参加革命工作的县政府副县长及相当职务或行政18级以上的干部，1937年7月6日以前参加革命工作的人员，在病假期工资照发；病假期间工资低于30元的按30元发给，原工资低于30元的发给原工资。1982年，国务院规定，凡中华人民共和国成立前参加革命的教职工，男年满60岁、女年满56岁者可以离休，离休后享受离休干部待遇。1984年，国家出台计划生育政策规定，女教职工领独生子女证书者，其产假可延为6个月，产假期间工资照发。

2001年，教龄津贴审批800余人，知识分子补贴审核300余人。2008年3月13日，县劳动和社会保障局发《关于事业单位新旧工伤等级套改和换发伤残等级证书有关问题的通知》，对工伤等级套改和换发伤残等级证书做出规定。6月18日，县人事劳动和社会保障局、县财政局同意发给退休人员25人，其中，退休教师一次性建房补助费20人，初级职称按工龄每年50元，中级职称每年60元，退休人员25人中最低补助1500元，最高补助2520元。7月23日，州人事局、州财政局、州教育局联合发《关于转发人事部、财政部、教育部及省人事厅、财政厅、教育厅〈关于进一步做好义务教育学校教师工资待遇保障工作的通知〉的通知》，必须按规定兑现义务教育学校教师的基本工资、艰苦边远地区津贴和特殊岗位津贴补贴，确保义务教育教师的平均工资水平不低于当地公务员的平均工资水平。

2009年2月10日，县人事劳动和社会保障局同意发给3名工作人员在职死亡的遗属补助，其中1人为木老坪中心小学教师，发给其母子俩生活困难补助费每人每月280元，从2008年12月起执行，其母发至其死亡时止，其子发至读书毕业时止。3月13日，县人事劳动和社会保障局、县财政局同意一次性发给18名退休人员（退休教师14人）建房补助共35120元，最高2640元，最低950元。退休教师初级职称以每年60元、中级职称以每年70元的标准补助，以工龄长短计算总金额。5月5日，人社局同意发给老坟嘴学校和中坪小学退休教师死亡的遗属补助2人，每人每月280元，从2009年4月起执行，发至其死亡时止。6月8日，省人力资源社会保障厅、省财政厅、省教育厅《关于义务教育学校实施绩效工资实施意见的通知》，国家规定执行事业单位岗位绩效工资制度的义务教育学校正式工作人员，从2009年1月1日起实施绩效工资。绩效工资总量按义务教育学校工作人员上年度12月份基本工资额度和规范后的津贴补贴水平核定，随基本工资额度和学校所在县级及以上行政区域公务员规范后津贴补贴的调整相应调整，每年调整一次，规范后的津贴补贴和原国家规定的年终一次性奖金纳入绩效工资总量。绩效工资分为基础性和奖励性两部分，其中基础性占绩效工资总量的70%，按月发放；奖励性占总量的30%，由学校根据考核结果确定分配方式和办法。7月7日，县教育局发《关于印发〈瓮安县教育系统义务教育阶段学校教师绩效工资考核分配实施办法〉的通知》，各校制定适合本校、本乡镇学校的考核细则。全县义务教育学校共有教职工3227人，2008年12月人均基本工资1151.3元，绩效工资总量按义务教育学校正式工作人员上年度12月份基本工资额度（含教师基本工资标准提高10%部分）和公务员规范后津贴人均补贴水平确定，公务员规范后津贴年平均标准为14204元，年绩效工资总量=（上年12月人均基本工资+公务员规范后津贴年平均标准）×总人数，即（1151.3+14204）×3227=49554553（元），人年平均水平为15355元，人月平均水平为1279.6元。绩效工资分基础性绩效工资（70%）和奖励性绩工资（30%），全县年基础性绩效工资（70%）为49551553×70%=34686087元，人年平均为10748.7元，人月平均为895.7元；全县年奖励性绩效工资（30%）为49551553×30%=14865499元，人年平均为4606.6元，人月平均为383.9元。县委、县政府决定，由县财政每月在每人奖励性绩效工资中增加30元，全县人均月奖励性绩效工资由原来的383.9元增加到413.9元，全县奖励性绩效工资每月实有1335655.3元。绩效工资总量每年一季度前调整一次，绩效工资总量随基本工资和本县公务员津贴补贴的调整相应调整。基础性绩效工资按规定直接发放，奖励性绩效工资分边远学校补贴（4%）、班主任津贴（7.2%）、校长津贴（1.44%）、固定奖（50%）、业绩奖励

(37.36%) 等方式分配，业绩奖励考核共计 100 分，其中考勤 10 分、工作量 20 分、教育教学过程 30 分、教育教学业绩 40 分，学校业绩奖励工资总和÷学校教职工量化考核总分×教师个人量化考核积分＝教师个人应得奖励性工资。全县边远学校共 67 所，在职教职工 737 人，其中，一类学校 6 所 235 人，每人每月补贴 50 元；二类学校 39 所 329 人，每人每月补贴 80 元；三类学校 22 所 173 人，每人每月补贴 100 元。全县共有初中教学班 381 个、小学教学班 1105 个，中学班级学生 41 人及以上每月 80 元，31～40 人每月 70 元，30 人以下每月 60 元；小学班级学生 41 人及以上每月 60 元，31～40 人每月 50 元，21～30 人每月 40 元，20 人以下每月 30 元。全县共有中学校长 48 人，小学校长 180 人，中学学生人数 2501 人以上每月 120 元，2001～2500 人每月 110 元，1501～2000 人每月 100 元，1001～1500 人每月 90 元，1000 人以下每月 80 元；小学学生人数 2001 人以上 110 元，1501～2000 人每月 100 元，1001～1500 人每月 90 元，501～1000 人每月 80 元，301～500 人每月 70 元，201～300 人每月 60 元，200 人以下每月 50 元。中心小学校长对应的学生人数包括所辖所有学生总人数，副校长按本校校长 80%的比例发放。9 月 8 日，县政府发《关于教育局义务教育阶段学校绩效工资事宜的会议纪要》，同意县人事劳动和社会保障局、县编委办、县财政局和县教育局联合下发的《瓮安县义务教育学校绩效实施办法》、县教育局发的《瓮安县教育系统义务教育阶段学校教师绩效工资考核分配实施办法》，县人事劳动和社会保障局、县编委办、县教育局指导制定好对各学校的考核方案，将考核方案在学校公示，征求教职工意见，并要求所有教职工签字认可备案。2009 年 1—8 月的基础性绩效工资、奖励性绩效工资全额发放，从 2009 年 9 月起对基础性绩效工资的 70%按月发放，30%的奖励性绩效工资，包括政府补贴 30 元，按学期发放，发放时间为每年的 1 月和 7 月。11 月 23 日，县人社局同意发给瓮安中学、高水中心小学、玉山中心小学教师退休死亡各有 1 人，遗属补助共 3 人，每人每月 280 元，从 2009 年 11 月 1 日起，发至其死亡时止。12 月 18 日，县教育局发《关于印发〈义务教育学校校长津贴发放考核实施方案〉的通知》，于 2009 年 12 月 28 日前备齐相关的资料，县教育局将组织相关人员进行考核。12 月 28 日，省人力资源和社会保障厅、省财政厅、省教育厅联合发《关于适当调整教育系统离岗退养民办教师生活补助费的通知》，决定从 2009 年 7 月 1 日起，离岗退养民办教师在现有生活待遇的基础上，每人每月增加生活补助费 200 元，现每月生活补助费低于 700 元的，差额部分由县级财政补足。瓮安县离岗退养民办教师共 25 人，现全部享受工资待遇每月 500 元，增加 200 元后每月均为 700 元。

表 17-11　　2009 年瓮安县边远学校划分名单表

乡　镇	一　类	二　类	三　类
小河山乡	小河山学校		石板坪小学、大河小学、背后塘教学点

续表17-11

乡 镇	一 类	二 类	三 类
牛场坝乡	牛场坝学校	羊鹿小学	任家坪小学
老坟嘴乡	老坟嘴学校	牛坡小学、木孔小学	关塘小学、红梅小学
高水乡	高水中学、高水小学	青杠林教学点	丰岩小学
玉山镇		角旁小学、白花小学	小开洲小学
鱼河乡		牛坡教学点、高松教学点	
木引槽乡		油房小学、毛沙坪小学	沙子坎小学
天文镇		云南寨小学、玉屏小学	下堡陇小学
平定营镇		万龙小学、岩坪小学、岩面小学	
玉华乡		营上教学点、雷文小学、岩根河教学点	白溪小学
松坪乡		金岱小学、青池小学、大山小学	
珠藏镇		鹤亭小学、羊关小学、岗家槽小学	小院子小学、农林小学
铜锣乡		三乐小学、后槽小学、白果小学	大蛇小学
中坪镇		关田小学、上坝小学、柏香小学	
建中镇		果水小学、高榜小学、水尾小学	白水小学、军坡小学
白沙乡		朝阳小学、大土小学、高坪小学	虎场小学、保护小学、翁腊小学
岚关乡		章阁小学、尖坡小学、大坪小学	
木老坪乡			杨梅小学
永和镇			长林小学、萍水小学

2010年，对义务教育阶段学校1995年1月1日至2008年7月31日聘用的编外人员进行清查审核，给予2945人经济补偿共181.96万元，给予符合参保条件并自愿参保的107人补缴养老保险142.54万元。3月29日，县人口和计划生育局、县教育局联合呈《关于全县2010年3月农村计生户女孩助学奖对象确认报告》，确定农村计生户女孩助学奖励享受对象305人，其中2010年继续就读享受290人，2009年退出24人，2010年新增15人，实发金额18.3万元（州级15.25万元，县级3.05万元）。2012年9月21日，县教育局拨付农村教师边远津贴补助及生活补助费159.83万元，其中，一类学校共有教师436人，边远津贴标准每月50元，1—12月边远津贴金额23.32万元；二类学校教师118人，边远津贴标准每月80元，1—12月边远津贴金额10.44万元；三类学校教师103人，边远津贴标准每月100元，

1—12 月边远津贴金额 10.05 万元；全县未享受边远津贴的农村教师数 2138 人，按每月 50 元补贴标准，补贴金额 116.02 万元。11 月 15 日，对校长、副校长、中层干部津贴发放做出规定，全县义务教育阶段学校按学生人数分五类，一类学校校长月津贴 520 元，二类学校校长月津贴 500 元，三类学校校长月津贴 480 元，四类学校校长月津贴 430 元，五类学校校长月津贴 410 元，副校长津贴为本校校长津贴的 90%；一、二、三、四类学校的主任每月按 100、80、60、40 元的标准发放，副主任，含团委书记、少先队大队辅导员，每月按 90 元、70 元、50 元、30 元的标准发放。12 月 13 日，县教育局发放 2012 年 1—9 月失业保险、工伤保险、生育保险和高额医疗保险金 2.71 万元，共涉及职工 3660 人。2014 年 1 月 9 日，对农村教师根据学校类别按每月 200 元、300 元进行生活补助。

2015 年，全县落实乡村教师生活补助，根据学校艰苦边远程度事项差别化分别补助 300 元、200 元。1 月 22 日，州财政局、州教育局下达 2015 年春节学期“三区”人才支持计划教师专项中央补助资金，瓮安县补助 20 人，补助金额 20 万元。9 月 6 日，省财政厅、省教育厅发《关于下达 2015 年省级职业教育和义务教育师资队伍建设专项资金预算的通知》，瓮安职业教育和义务教育师资队伍建设专项资金预算 80 万元，省级教师工作专项资金 30 万元。

第六节　校长培训

1996 年 3—5 月，对全县中小学校长 200 余人进行培训，培训后组织到安顺、贵阳、遵义等地考察学习，然后发给合格证。4—5 月，全县 23 个乡（镇），公办小学 89 所、民办小学 103 所，除中学正、副校长、辅导站站长送省、州培训、学习外，对其余 89 所公办小学正、副校长 123 人，103 所民办小学负责人共 226 人，进行培训学习，培训时间，1996 年 4 月 12 日至 5 月 17 日结束。培训期间面授 32 课时，自学 168 课时，省内考察 40 课时，共 240 课时。5 月 13 日对受训校长（负责人）进行单人单桌的考试，全县小学校长培训完成率 100%，培训合格率 100%。1997 年，中小学校长通过培训进修，开始持证上岗，从 3 月底开始至 5 月底，分两期对全县所有小学校长及负责人 200 余人进行培训，培训期间组织到安顺、贵阳、遵义等地参观考察学校，学习先进办学经验。

2004 年，瓮安副校长参加省级提高培训 1 人，中心小学校长、副校长参加州级培训 56 人，村级校长参加县县级岗前培训和提高培训 136 人。2008 年 3 月 17 日，州教育局发《关于举办“十一五”期间第一期初中校长任职资格培训班的通知》，决定于 2008 年 3 月 23 日至 5 月 4 日在贵定师范学校，黔南州教育干部培训基地举办“十一五”期间第一期初中校长任职资格培训班，培训后颁发合格证，瓮安中学校长参加培训7人。5月12日至6月23日，瓮安县中学校长4人在贵定参加“十一五”期间第二期初中校长任职资格培训。6月16日，省教育厅办公室发《关于组织实施全省农村寄宿制学校中小学校长“校园安全”专题培训的通知》，决定在教育部开展全国中小学校长“校长安全”国家级远程专题培训的基础上，组织实施全省农村寄宿制学校中小学校长“校园安全”专题培训。全省农村寄宿制中小学校长，各校正校长1人、副校长2人，从2008年7月7日实行分岗分类培训。瓮安县参加贵州省农村寄宿制学校中学校长“校园安全”专题培训8人，参加农村寄宿制中学校长“校园安全”专题培训第六、七、八期3人，其中，正校长2人、副校长1人。2009年6月29日，县教育局组织全县校长培训。

2010年4月6日，县教育局选派小学校长参加州教育局2010年第一期校长提高培训12人，培训内容按照《中小学校提高培训指导性教学计划》和黔南州基础教育发展的要求，分理论课、专题课、综合实践三大块，培训采取集中与分散相结合的形式，总计120学时。30日，瓮安校长参加在贵定师范举办的黔南州2010年第一期初级中学校长提高培训11人。5月4日，县教育局选派玉华中学校长参加第十三期、鱼河中学校长参加第十四期全省农村寄宿制学校中学校长“校园安全”专题高级研修班培训，培训校园安全的机制及制度建设，校园安全组织实施的有效途径，省外的校园安全管理经验。县教育局选派中小学校长参加黔南州教育局2010年第一期初级中学校长提高培训11人，培训内容按照《中小学校提高培训指导性教学计划》和黔南州基础教育发展的要求，分理论课、专题课、综合实践三大块，培训采取集中与分散相结合的形式，总计120学时。7月7日，县教育局选派鱼河中学校长参加第五期全省农村寄宿制学校中学校长“校园安全”专题培训，培训校园安全的机制及制度建设，校园安全组织实施的有效途径以及省外的校园安全管理经验。3日，县教育局选派小学正副职校长参加黔南州教育局“十一五”期间第三期小学校长任职资格培训7人。9—10月，全县校长参加黔南州教育局在贵定师范举办“十一五”期间第三批小学校长任职资格培训8人，选派初级中学正、副职校长参加黔南州教育局“十一五”期间第三期初级中学校长任职资格培训6人，选派正副校长参加州教育局举办“十一五”期间第三期中学校长任职资格培训7人。11月10日，县教育局选派玉华中学、鱼河中学校长参加第五期

县教育局召开全县校长会（2015年摄）

全省农村寄宿制学校中学校长“校园安全”专题高级研修班培训。

2012年，全县选派校长参加省“十二五”期间高中校长任职资格培训3人，选派校长参加省第九期全省农村寄宿制学校中学校长“校园安全”专题高级研修班1人，县教育局局长1人、瓮安中学校长1人参加全省教育系统领导干部学习，选派6人参加省教育厅办公室举办的第48届海外基础教育研讨会，选派初级中学校长1人参加教育部—中国移动组织的中小学校长培训项目。2014年3月12日，县教育局选派32人参加“信合情·同心梦——贵州万名农村中小学校长培训行动”，其中，初中校长副校长5人，培训地点在贵州师范学院，小学校长副校长14人，培训地点在贵师大，特岗教师4人，培训地点在贵州教师教育学校，幼儿园园长4人，培训地点在贵阳幼师，中职校长2人，培训地点在交通职校，中职骨干教师3人，培训地点在贵州教师教育学校。4月5日，县教育局选派校长参加贵州省第九批农村中小学校长赴深圳挂职锻炼2人。

2015年6月17日，县教育局组织全县小学校长及教育局相关科室人员50人到铜仁市考察学习，时间2天。

表17-12　2008—2015年校长培训统计表

年　度	瓮安参训人	主办单位	地　点	培训主要内容
2008	10	黔南州教育局	黔南师院	小学校长任职资格培训
	7	贵州省教育厅	贵阳	农村寄宿制学校中学校长“校园安全”专题高级研修
	2	贵州省教育厅	贵阳	高（完）中学校长任职资格培训
2009	38	黔南州教育局	黔南师院	小学校长任职资格培训
	4	贵州省教育厅	贵阳	农村寄宿制学校中学校长“校园安全”专题高级研修
	22	贵州省教育厅	贵阳	“贵州省农村教师素质提升工程”农村学校校长培训
2010	12	黔南州教育局	黔南师院	初级中学校长提高培训
	6	黔南州教育局	黔南师院	初级中学校长任职资格培训
	6	贵州省教育厅	贵阳	农村寄宿制学校中学校长“校园安全”专题高级研修
2011	10	黔南州教育局	黔南师院	幼儿园园长任职资格培训
	6	黔南州教育局	黔南师院	小学校长任职资格培训
	2	贵州省教育厅	贵阳	农村寄宿制学校中学校长“校园安全”专题高级研修
	3	贵州省教育厅	贵阳	高（完）中学校长任职资格培训
	2	贵州省教育厅	深圳	农村中小学校长赴深圳挂职锻炼
	1	贵州省教育厅	贵阳	教育系统民族教育管理干部培训
2012	2	黔南州教育局	贵阳幼专	幼儿园园长任职资格培训
	11	黔南州教育局	黔南师院	黔南州教育局幼教培训
	1	贵州省教育厅	北师大	全国县市教育局局长培训
	2	贵州省教育厅	深圳	校长提高计划
	5	贵州省教育厅	贵阳	高（完）中学校长任职资格培训
	3	贵州省教育厅	贵阳	农村寄宿制学校中学校长“校园安全”专题培训

续表17-12

年　度	瓮安参训人	主办单位	地　点	培训主要内容
2013	3	贵州省教育厅	贵阳	农村寄宿制学校中学校长“校园安全”专题高级研修
	1	贵州省教育厅	山东泰安	贵州省第十一期“校长提高计划”
	11	黔南州教育局	黔南师院	黔南州教育局幼教培训
	3	贵州省教育厅	贵阳	高（完）中学校长任职资格培训
	2	贵州省教育厅	深圳	贵州省第九批“校长提高计划”
	1	贵州省教育厅	福建	中国移动中小学校长培训项目2013年影子培训
2014	32	贵州省教育厅	贵师大	2014年“信合情·同心梦—贵州万名农村中小学校长培训行动”
	2	贵州省教育厅	福建	教育部—中国移动中小学校长培训
	1	贵州省教育厅	贵阳	贵州省第六批民族地区农村中小学校长省内挂职学习
	1	贵州省教育厅	宁波	贵州省“校长提高计划”
	4	黔南州教育局	中山大学	黔南州赴穗跟岗学习
2015	1	贵州省教育厅	保定学院	边远贫困地区农村校长助力工程
	13	贵州省教育厅	北京、贵阳	贵州省“国培计划（2015）”—乡村教师访名校项目
	5	贵州省教育厅	贵阳	2015年“信合情·同心梦—贵州万名农村中小学校长培训行动”
	2	贵州省教育厅	贵阳	贵州省“校长提高计划”
	1	贵州省教育厅	华东师大	普通高中—名校长培养计划

第十八章

党群及文书管理

DANGQUN JI WENSHU GUANLI

第十八章　党群及文书管理

DANGQUN JI WENSHU GUANLI

第一节　党　建

1955 年 9 月，由县委宣传部、文教科组成文教党组。1958 年 9 月，由文教局、卫生科组成文教卫生党组。1959 年 7 月 22 日晚，召开教育支部大会，对部门工作及组织发展问题做研究和讨论。1960 年 3 月 31 日，经直属党委会议同意，文教卫生委员会由 7 人组成，其中，总支书记 1 人、副书记 1 人、组织委员 1 人、宣传委员 1 人、保卫委员 1 人、统战委员 1 人、青年委员 1 人。7 月，全县小学教师中有党员 92 人，中学教师党员 26 人。在全县教师中选定发展对象 170 人，培养对象 419 人。1961 年 8 月，文教卫生党组被撤销，1964 年 3 月，重建文教卫生党组。1967 年 3 月，县委被夺权，所有工作机构被撤销。1973 年，教卫单位发展新党员 13 人，其中，教卫办 2 人、师范 5 人、教育局 1 人、体委 1 人、瓮安中学 4 人。7 月 9 日，县委组织部发《关于县教卫办、体委、卫生局、教育局建立党支部委员会的批复》，同意由 6 人组成中共瓮安县教育卫生办公室、体委、卫生局、教育局党支部委员会，党支部书记 1 人，党支部副书记 1 人。12 月 26 日，县委组织部发《关于对瓮安县师范学校建立党支部委员会的批复》，决定由 5 人组成瓮安县师范学校党支部委员会。

表 18-1　　1973 年瓮安县教卫口基层党组织建立情况表

单位：人

项目 / 数目 / 单位	总数	其中			
		建立党支部	建立党小组	仅有个别党员	没有党员单位
合计	7	4	1	1	1
卫生	3	2			1
教育	3	2	1		
体委	1			1	

1974 年 5 月，建立县革委教卫办党的核心小组。1977 年 2 月 25 日，县委批转县教卫办党组《关于 1977 年学校工作安排意见的请示报告》，学习马列毛著作，开展揭发批判江青反革命集团（“四人帮”）群众运动，贯彻党的教育方针，建立学校、社会、家庭“三结合”的教育网。农忙假按规定时间，不得随意延长，更不准随意停课。5 月 15 日，县委组织部出台《关于转移党员组织关系的暂行规定》，对党员工作调动、外出学习、临时外出工作等需转移组织关系，统一使用“中国共产党员组织关系介绍信”，加盖公章。审核党员组织关系的真伪，防止坏人混进党内。6 月 4 日，县委发《对瓮安县教育局、卫生局建立党组的批复》，撤销教卫办党的核心小组，建立教育局党组，教育局党组由 5 人组成，设正、副组长各 1 人。7 月 18 日，县委发《对中共瓮安县教育局建立支部委员会的批复》，教育局党支部由 3 人组成，设支部书记 1 人。1982 年 8 月，撤销教育局党组。1985 年 6 月 25 日，县直属机关委员会发瓮直党组文件，增补教育局支部委员 2 人。1991 年 11 月，县教育局总支委员会换届选举，选出书记 1 人、副书记 1 人、委员 3 人。1992 年 12 月 30 日，职业中学支部被县委评为“先进支部”。1993 年，全县学校党支部有 49 个，新发展党员 71 名，积极分子写入党申请书 107 人。

1994 年，各级各类学校有党支部 49 个，共发展党员 80 人，积极分子写入党申请书 130 名。8 月 10 日，县委组织部发《关于建立县教育局党组的通知》，决定建立瓮安县教育局党组，设党组书记 1 人、党组副书记 1 人。1996 年，全县学校有党支部 49 个，订阅党刊党报 6 种，吸收党员 20 人。教育局党支部被县直机关党委评为“先进党总支部”。1998 年，组织全县学校党支部学习《中国共产党党领导干部廉洁从政若干准则》，征订《贵州党风》。6 月 5 日，县委组织部发《关于调整县教育局党组的通知》，决定对县教育局党组进行调整，调整党组书记和党组副书记。

2002 年 6 月 26 日，县直属机关委员会做出《关于表彰先进党支部、优秀共产党员和优秀党务工作者的决定》，表彰先进党总支委员会2个、先进党支部、12个、优秀共产党员113人、优秀党务工作者14人，瓮安二中党支部获“先进党支部”称号。2003年7月7日，州教育局党组发《关于印发〈黔南州教育局关于规范教师行为的六条规定〉的通知》，不准中小学教师未经批准私自在校内校外从事有偿性代课和有偿性家教，不准教师擅自向学生收取违反中小学收费管理规定的一切费用，不准教师酒后或者衣着仪表不整进入教室上课，不准教师在课堂上接打手机，不准教师在校园内和工作时间参与打麻将和其他形式的赌博活动，不准教师体罚或者变相体罚学生。2004年，接受人大代表议案4个、政协委员提案承办工作1个，均给予满意答复，办结率、满意率均为100%。实施义教扶贫工程，为牛场坝、老坟嘴两个省级贫困乡以及白沙等边远乡的贫困中小学生免费提供价值24余万元的教科书。为党建扶贫点金薅村捐赠水泥50吨，捐赠衣物1000余件，全局干部职工每人捐资100元，全县教师每人捐资14元。

2005年，教育局将共产党先进行性教育活动纳入年度工作目标考核内容，组织学习《保持共产党员先进性教育读本》，撰写学习心得体会。全年组织局职工收看州电视台先进性教育活动电视实况录像2次，召开党员大会12次，局党组主要负责人讲党课1次，支总书记讲课2次，先进模范事迹报告会1次，局领导班子与基层党组织负责人集体谈心1次，撰写学习心得体会3次，组织“如何保持党员的先进性”专题讨论1次，开展“发扬红军长征精神”教育活动、到猴场会议会址参观并重温党的誓词1次，组织学习效果测试1次，组织参加义务劳动3次，出学习专栏3期，编写先进性教育活动简报27期，报送信息35条，其中《黔南日报》刊载1条、瓮安电视台报道2次、县委先进性教育办公室专题简报介绍4次、综合报道1次、表扬1次。县教育局开展送温暖、献爱心活动，到局党建扶贫点为群众办实事，出资帮助发展养殖业2000元，捐赠水泥硬化道路5吨。为农村贫困生捐款2850元，为下岗职工捐款660元，为印度洋海啸灾区捐款1600元。局机关参加机关党委组织的培训3人，递交入党申请书2人，预备党员按期转正名1人，被列为入党积极分子1人。1月29日，县教育局党组成立以局党组书记、教育局局长为组长的瓮安县教育局保持共产党先进性教育活动领导小组，组织开展保持党的先进性教育活动。4月，县教育局党组出台《保持共产党员先进性教育活动实

县教育局党员开展整脏治乱活动（2011年摄）

施方案》《党员先进性教育活动分析评议阶段实施方安案》《瓮安县教育局专题民主生活会方案》《瓮安县教育局“保持共产党员先进性形象工程”实施意见》，在全局和全县教职工中开展党员先进教育活动，组织全体党员学习实践“三个代表”重要思想，解决党员队伍中存在的突出问题。县教育局需要解决对“三个代表”重要思想学习实践不够、对建设经济强县的认识不到位、思想观念陈旧、组织纪律观念淡薄等 4 个突出问题，通过三个阶段分析评议和学习整改来解决问题，开展做“优秀党员公仆”、设“党员示范窗口”等活动。22 日，教育局领导班子召开民主生活会，会上公布征求意见和建议 12 条，通过开展批评与自我批评，找出理论学习不够、深入基层不够、开展积极的思想斗争不够、检查督促工作有滞后现象、规章制度还须进一步完善、处理问题方法有时不当等问题 6 条。6 月 23 日，县直属机关委员会发《关于表彰先进基层党组织、优秀共产党和优秀党务工作者的决定》，在纪念中国共产党成立 84 周年之际，表彰先进党总支 1 个、先进党支部 20 个、优秀党务工作者 20 人、优秀共产党员 120 人，瓮安中学党支部被评为“先进基层党组织”，瓮安二中 1 人被评为“优秀党务工作者”，瓮安一、二、三、四中分别有 2 人被评为“优秀共产党员”。

县教育局全体职工听廉政党课（2015 年摄）

2008 年 3 月 20 日，县教育局党组出台《关于加强教育系统统一战线工作意见》，有针对性地开展思想政治工作，为本校改革与发展献计献策，做好党外知识分子工作，听取他们的意见和建议；开展海处统战工作，做好“三胞”及其眷属、海外留学人员的工作，开展联谊活动；做好党外人士的举荐工作，选配德才兼备的党外人士担任学校各级行政、学术、咨询等机构的领导职务；搞好统战宣传工作，宣传党外知识分子及代表人物在教学、科研、管理工作、参政议政、建言献策等方面的先进事迹；将统战工作列入党组织及负责人的考核内容，作为评比先进基层党组织和优秀党务工作者的重要条件；建立座谈会制度、党外代表人士参加学校有关会议制度、同党外人士交友联谊制度、统战工作交流评比制度、党外人士参加学校民主管理、民主监督制度。31 日，县教育局党组出台《关于局属各党支部开展“党的基层组织建设年活动”的实施方案》，决定在 3—12 月在教育系统开展“党的基层组织建设年”活动，分准备启动、实施、总结验收三个阶段进行，从阵地建设、党建宣传、组织建设、干部培训、为民服务、巩固提高 6 个方面实施。

2012 年 9 月 28 日，县委发《关于成立中国共产党瓮安县教育工作委员会的通知》，同意成立中国共产党瓮安县教育工作委员会（以下简称瓮安县教育党工委），办公地点设在县教育局，设书记1人，由县教育局党组书记、局长兼任，副书记1人；工委委员由县教育局、瓮安中学、瓮安二中、瓮安三中、瓮安四中、瓮安职校、草塘中学、珠藏中学的相关负责人组成。2013年，开展党建扶贫工作，在“民情家访”活动中走访群众1615人次，培训党员干部群众369人次，召开调研座谈会40次，办实事好事40件，化解矛盾纠纷16起；帮扶工程项目6个，涉及项目资金169.17万元。看望慰问困难党员和群众30余人次，发放慰问金6000元。2014年2月25日，教育局做出《关于表彰2013年度党风廉政“优秀义务监督员”的决定》，表彰评选的党风廉政优秀义务监督员12人。7月1日，县委做出《关于表彰先进基层党组织优秀共产党员优秀党务工作者和优秀社区工作者的决定》，全县表彰先进基层党组织30人、优秀共产党员50人、优秀党务工作者30人，草塘小学党支部、铜锣中学党支部、天文小学党支部、瓮安第五中学党支部、实验学校党支部、中坪中学党支部、江界河小学党支部、瓮安中学党支部受表彰，实验学校、瓮安七小、瓮安三中、江界河小学、瓮安中学、瓮安四中各教师1人、教育局受表彰2人。12月19日，县教育工作委员会发《关于新党员的批复和预备党员转正的通知》，教育局党工委批准接收中共预备党员15人，批准预备党员转为正式党员4人。

县教育局党员开展“六一”慰问活动（2015年摄）

2015年11月9日，县组织部发《关于2015年1—10月发展党员完成情况的通报》，全县上年度有党员14173人，本年度新发展党员191人，其中，县教育党工委上年度有党员612人、新发展党员6人。12月15日，县党建办发《瓮安县2015年机关党建督查回访情况通报》，县教育局党工委由局长分管党建工作，配备专职工作者，部分党员未佩戴党徽，未进行承诺公示；已设置岗位栏亮明党身份，已设置示范岗位和示范标识；党员已到金龙社区开展留守儿童慰问2次；每季度不定期到包保村茶店村进行走访，并帮助修路；已制定帮扶村的帮扶计划，与营养公司联系，为帮扶村销售蔬菜；驻村干部已不再承担本单位工作，按每月标准发放生活补贴600元；“双进双促构和谐”活动中，已到金龙社区开展留守儿童慰问2次、召开联席会1次；按时开展党员志愿者服务，并建立台账和“心愿墙”。31日，县委、县政府出台《瓮安县“大数据”党建信息化管理平台建设实施方案》，瓮安县“大数据”党建信息化管理平台建设将依托于GIS地理信息系统，利用高德地图或百度地图，通过地图直观反映出全县党组织分布、学员基本信息、精准扶贫对象等内容。

表 18-2　党支部、党组书记、副书记一览表

职　务	姓　名	性　别	民　族	任职时间	籍　贯
文教卫党组书记	彭慧远	男	汉	1955. 9—1956. 12	
文教卫党组书记	张　辉	男	汉	1957. 9—1958. 8	
文教卫党组书记	衡存生	男	汉	1958. 9—1959. 7	贵州瓮安
文教卫党组书记	韩振廷	男	汉	1960. 5—191. 8	
文教卫党组副书记	陈良谋	男	汉	1960. 5—1961. 8	贵州瓮安
文教卫党组书记	应　哲	男	汉	1964. 3—1967. 3	
教卫办党支部委员会书记	付文英	女	汉	1973. 7—1974. 4	北方
教卫办党支部委员会副书记	韩振英	女	汉	1973. 7—1974. 4	
革委教卫办党的核心小组书记	蒋润生	男	汉	1974. 5—1977. 6	
教育局党组书记	赵永庆	男	汉	1977. 6—1979. 2	河南滑县
教育局党组副书记	赵克生	男	汉	1977. 6—1982. 8	贵州瓮安
教育局党组书记	戴英俊	男	汉	1979. 2—1982. 8	贵州瓮安
教育局党组副书记	赵永庆	男	汉	1979. 2—1982. 8	河南滑县
教育局党总支书记	何崇海	男	汉	1985. 6—1993. 3	贵州瓮安
教育局党总支书记	张国仑	男	汉	1993. 4—1998. 5	贵州瓮安
教育局党总支书记	王幼石	男	汉	1998. 5—2007. 2	贵州瓮安
教育局党总支书记	李友军	男	汉	2007. 2—2007. 8	贵州瓮安
教育局党总支书记	张世德	男	汉	2007. 8—2008. 10	贵州瓮安
教育局党总支书记	饶太明	男	汉	2008. 10—2010. 11	贵州瓮安
教育局党组书记	宋国尧	男	汉	1994. 8—1995. 2	贵州瓮安

续表18-2

职务	姓名	性别	民族	任职时间	籍贯
教育局党组书记	黎师韩	男	汉	1995.3—1997.3	贵州独山
教育局党工委书记	谢静	男	汉	2010.11—	广西桂林
教育局党工委副书记	陈松	男	汉	2014.1—	贵州瓮安
教育局党工委副书记	罗继文	男	汉	2014.12—	贵州瓮安
教育局党工委副书记	犹品璋	男	汉	2015.9—	贵州瓮安
教育局党建办主任	陈判治	男	汉	2014.9—	贵州瓮安

第二节　工会　关工委

一、工会

1951年3月21日，县文教科号召全县学校组织学生在自觉自动的原则下给中朝战士写慰问信或捐献款物，学校教师做出自己抗美援朝、保家卫国运动的工作计划，并连同所捐款物送达文教科。5月，珠藏发动捐献，共捐款90000元（旧币），市街村记民轩捐马1匹。6月，平兴乡小学学生节省零食钱捐献抗美援朝人民币10900元（旧币）；草塘小学倡导不吃零售，479人节约储蓄存款达202000元（旧币）；中坪小学发动儿童号飞机捐献，全校总捐25000元（旧币）。

1957年6月，瓮安教育工会召开大会，历时2天，到会参加职工362人，选出第一届主席1人、副主席1人。9月，各区教育工会相继成立。是年，县教育工会出台《关于学校工会及会费收入的使用意见》，明确工会工作的中心任务是督促和配合行政教育事业，会员以教学工作为中心。会费每人交纳工资的1%，基层工会组织将所得工会费的2%交县教育工会，20%作为会员困难补助金，6%作基层办公费和会议费。1966年4月16日，县文教科、县总工会联合下发通知，要求宣传学习毛主席著作，把学习毛主席著作摆在一切工作首位。1988年，开展工会评优工作，共评选出先进“职工之家”7个、先进工会小组3个、优秀职工工友2人、工会工作积极分子15人。

1992年，组建乡镇教育工会委员会23个，教育工会委员会由3~7人组成。11月27日，启用新的教育工会公章。1993年，教育局工会组织开展各种文体活动，审查基层工会费的开支，评选出先进“教工之家”5个，工会积极分子47个，组织教学成绩突出的教师到外地参观25人。1994年，教育局工会在全县开展“进万家门·知万家情·解万家难·暖万家心”的送温暖活动，把“温暖”送到贫困职工家中，帮助他们走出困境。1997年3月3日，全县教育工会在县政府大楼召开会议，参加会议的有全县中小学（含教学点）负责人、各辅导站站长、部分乡镇党委和政府领导、县四家班子领导等共400余人，此次会议是近10年来规模最大的一次。1998年8—9月，在抗洪赈灾募捐活动中，局机关捐资2230元，各站、校共捐资48600元。

2000年11月1日，县教育局、县教育工会发《关于转发黔南州教育局、黔南州教育工作〈关于推行校务公开的实施意见〉的通知》，各中学、乡镇中心完小在本学期内开始执行校务公开制度，公开学校实行“三制一管理”、学校收费、财务收支、招生情况、学校领导班子廉洁自律、涉及教职工切身利益的专项、涉及学生切身利益的专项等进行公开，对教师师德和教书育人的态度进行公开监督，学校重大决策及其他需要监督执行的有关制度公开。学校设立专栏，召开教职工代表大会，建立家长委员会，利用校园广播、校务公开简报进行公开，普通中小学实行收费卡（册）监督制度。2001年，对全县36个站、校教代会和基层工会进行换届，创建中坪中学、白沙乡教育工会、县幼儿园等州级先进职工之家3个，玉华教育工会、鱼河教育工会、龙塘教育工会被评为县级先进职工之家，组织全县教师500人参加“跨世纪攀高峰”元旦登山比赛。县教育局实行政务公开，对县城缺编学校向县公开招考教师、送州评审的中高级教师名单、民转公教师名单等内容均进行公示，各站、校也开展校务公开工作。2月28日，执行县关工委提出的工作要求，以纪念中国共产党建党80周年为契机，在广大青少年中开展“共产党好，社会主义好改、改革开放好”的宣传教育活动；加大青少年进行法制教育的力度，做好帮教失足青少年的工作；引导农村青少年学科技奔小康，对广大青少年进行科普教育；开展“尊师重教”和“热爱祖国”的教育活动，办好家长学校。3月1日，县教育局、县教育工会联合发《关于印发2001年工作要点的通知》，全县以校为单位，不定期地组织学习，写出心得体会；学校利用墙报、专栏、班级学习园地揭批邪教组织“法轮功”，使“法轮功”在校园内无藏身之地；全县教育系统组织一次弘扬科学精神、反对伪科学的反邪教公约签名活动。

2002年5月25日，县红十字会、县教育局转发《省红十字会、省教育厅关天学校红十字会工作规则的通知》，与《学校红十字会工作规则》结合素质教育在中小学校实施，1988年制定的《学校红十字会工作暂行规程》废止。2003年9月23日，县教育局、县教育工会发《关于转发省教育厅、省委高校工委、省教育工会关于开展全省校务公开工作检查的通知》，各校国庆长假后按文件要求进行认真严格自查，10月底前为学校自查阶段，按《贵州省校务公开考核细则》进行自查评分，写出自查报告；11月为互查考核阶段，省校务公开领导小组对各地开展校务公开工作自查情况和省直高校校务公开工作进行互查抽查；年底为总结表彰阶段，召开全省教育系统校务公开经验交流会，在自查和互查抽查的基础上，评选“贵州省校务公开先进单位”予以表彰，对考核不合格的单位写出限期整改措施。2005 年，教代会制度逐步完善，工会、教代会集体评议学校领导开展面达 100%，各中小学均实行校务公开，11 月对全县各中小学的校务公开进行专项检查。中心小学以上学校职工之家建设率 100%，全县建困难职工档案率 92%。

2008 年 1 月 9 日，省教育工会发《关于表彰“贵州省教育系统先进教育工会组织”和“贵州省教育系统优秀教育工会工作者”的决定》，省教育工会研究决定，表彰取得突出成绩的基层教育工会 104 个和教育工会作 195 人，并分别颁发“贵州省教育系统先进教育工会组织”奖牌和“贵州省教育优秀教育工会工作者”荣誉证书，瓮安县职业高级中学工会委员会 23 人获表彰。5 月 14—21 日，县教育局机关干部职工、各中小学、幼儿园师生参与为四川灾区献爱心的募捐活动，共募捐 75.9611 万元。

表 18-3　2008 年瓮安县教育系统为四川“5·12”地震灾区募捐统计表

单　位	募捐数（元）	单　位	募捐数（元）
教育局	5800	中坪中学	22331.3
瓮安职中	18200	平定营小学	10566.5
白沙中学	3593.3	岚关小学	6063.2
岚关中学	3317	天文小学	9589.1
高水中学	6502.7	玉山小学	14923.7
草塘中学	20775	珠藏小学	14463.7
珠藏中学	15483.9	高水小学	4213.4
建中中学	6452.4	县幼儿园	14698.1
铜锣中学	14635	克立兹幼儿园	7800
鱼河中学	6725.2	松坪小学	10841.7
白沙小学	5528.7	瓮安二中	64710
建中小学	4900	银盏学校	20155.4
松坪中学	10800	老坟嘴学校	9208.4
永和中学	7362.6	天文中学	5658
玉华中学	3737	龙塘中学	8600
雍阳镇学校	102418.7	木引槽学校	9667

续表18-3

单　位	募捐数（元）	单　位	募捐数（元）
木老坪中学	6092.3	玉华小学	4917.5
鱼河小学	13369.6	永和小学	10031.4
希望中学	21929.3	草塘小学	40070.5
瓮安三中	39071	木老坪小学	10725.5
平定营中学	41300	龙塘小学	7788.7
小河山学校	5031.4	铜锣小学	5799.6
玉山中学	10195	中坪小学	17025.6
珠藏中学	23206.1	贵真学校	1669.5
牛场坝学校	7889.3	合计	759611

2009年11月11日，县总工会《关于瓮安县教育工会委员会换届选举结果的批复》，同意瓮安县教育工会选举结果，县教育工会委员会由7人组成，选举主席1人、副主席1人。2011年，城关二小获州总工会“优秀职工之家”称号。3月21日，州教育工会转发《贵州省教育工会2011年调研工作方案》，各地教育工会完成相关的调研课题，撰写专题调研报告，总结工作成绩和经验，分析存在的困难和问题，并提出解决问题、推进发展的措施和建议。2012年，瓮安职校获黔南州总工会“先进职工之家”称号。5月，县教育局对全县各级各类学校进行校务公开专项检查，检查学校办学思想、发展规划、教育教学改革，教职工队伍建设的重大举措；学校的重大决策、重大项目安排、重要人事变动、大额资金使用情况；教职工专业技术职务评聘、业务考核、人事调配、评先选优、晋职晋级和教职工住房调配等方面的情况；三好学生、优秀团员、优秀学生干部评选、特困学生补助、营养餐计划等情况；学校预决算、项目开支及其使用情况，接待费支出等情况；大宗物资采购、招投标情况，公共房屋维修工程管理，基建、大修工程项目审计、维修、专项大修工程经费结

教育系统基层工会干部培训（2011年摄）

算，基建施工检查验收情况及结果等；教材、图书、教辅资料、教学仪器设备的招投标过程及采购情况；学校食堂经营情况，学校门面对外出租情况等；干部廉洁自律情况；监督举报电话、邮箱公布情况；校务公开领导小组认为应该公开的事项。

2014 年，开展“争创学习型组织，争做学习型职工，树新时期教职工形象”活动。倡导“爱国、敬业、诚信、友善”的道德规范，成立师德师风报告团，深入基层学校举行巡回报告。规范教代会各项程序、落实教代会职权。注重“教工之家建设”，在城关四小组建“女工之家”。各校工会以“三八”妇女节、“五四”青年节、“五一”劳动节、教师节、国庆节等重要节日为契机，结合学校实际开展活动。

2015 年，天文中学教师 1 人获省“优秀工作者”。完成工会法人资格证办理工作和一年一度会员实名制台账录入工作，开展“中华经典优秀童谣”诵读大赛、“颂歌献给党”歌唱大赛和以“爱我家乡、保护环境”为主题的小学生“环保杯”演讲比赛活动以及“祖国好、家乡美”“寻找家乡的美丽”系列征文活动。建立困难职工档案，对瓮安的特级教师和带病坚持工作的教职工以及其他困难教职工进行慰问，为困难教师争取子女助学项目。7 月 1 日，州总工会、州财政局通知，对基层工会经费管理提出要求，工会经费来源和支出范围合规合法，不得将规定之外的经费转入工会账户，不得将规定之外的支出内容用工会费经费列支；各级财政部门将计拨给单位的工会费列入同级财政预算，实行财政代扣，并划拨到同级总工会，总工会按规定的比例将工会费返还到基础工会，不属财政拨款的基层工会自行将应计缴的工会费上缴同级总工会；各级工会组织依法取得工会法人资格，单独开设银行账户，实行工会经费独立核算，各级工会组织不得擅自改变工会经费用途、扩大收支范围和提高支出标准；推行“工会会员服务卡”工作，基础工会按照黔工总文件规定的范围和标准向职工发放的节假日慰问费及生日慰问金，要从工会账户转入会员“工会会员服务卡”，不得向会员发放现金和购物卡；各级工会组织贯彻《工会法》的有关规定，规范工会经费的收、管、用行为，自觉接受工会、财政、审计的监督检查，严防借以工会经费名目列支违规款项，从源头杜绝违反财经纪律行为的发生。

县教育局工会慰问困难教师（2015 年摄）

县教育局工会慰问女教师（2015 年摄）

二、关工委

2002 年，全县各部门成立关心下一代工作小组共 105 个，校外辅导组 6 个，建立革命教育基地 4 个，关心下一代工作会员达 2609 人。建立家长学校 17 所，举办培训 40 期，培训 2690 人。县教育局建“关心下一代工作协会”，简称“关协”。2003 年，“关协”更名为“关心下一代工作委员会”，设主任 1 人，秘书长 1 人、委员若干人。发挥老党员、老干部、老军人、老模范、老教师“五老”人员余热作用，对青少年学生、留守儿童进行关爱。

从 2008 年起，各中学和中心小学及县示范幼儿园陆续建立校（园）关工委组织。各校以“星星校园”建设为载体，改变学生评价模式，营造学生快乐学习、快乐成长的校园环境。推进养成教育，培养学生良好行为习惯；进行感恩教育、励志教育，采取不同的方式对学生进行感党恩、感师恩、感父母恩教育和励志教育；把心理健康教育纳入课堂教学，适时对学生进行心理咨询和心理辅导，促进学生心理健康。

县教育局召开关爱留守儿童工作会（2015 年摄）

2009 年 11 月督导室下发《瓮安县关于加强“留守学生”教育管理的意见》，督促学校建立关爱留守儿童的组织机构。2010 年，对瓮安中央专项彩票公益助学金从申请到发放过程进行督促和检查，全县共计发放人数为 455 人，发放总金额为 22.75 万元，其中，瓮安中学 160 人共计 8 万元，瓮安二中 160 人共计 8 万元，草塘中学 60 人共计 3 万元，珠藏中学 75 人共计 3.75 万元。在全县 23 个乡镇张贴《中职学生资助政策宣传画》120 余张，覆盖面达 95%以上，督促职中和鸿翔职校开展学费减免工作，惠及学生 1672 人，免除学费 101.88 万元，其中，职中 1620 人，人均 600 元，发放 97.2 万元；鸿翔职校 52 人，人均 1800 元，发放 4.68 万元。5 月，组织 12 所学校的政教干部赴郑州参加中国关工委教育发展中心举行的预防未成年人犯罪综合治理与关注青少年健康成长交流研讨会。

2011—2015 年，举办五届中小学生、幼儿书画大赛和舞蹈大赛，中小学生篮球运动会，组织“校园歌声”“颂歌献给党”歌唱大赛比赛，组织“中华经典优秀童谣”诵读大赛，组织和以“爱我家乡、保护环境”为主题的小学生“环保杯”演讲比赛活动，组织“祖国好、家乡美”“寻找家乡的美丽”系列征文活动。组织中小学“希望杯”数学邀请赛、全国初中数学竞赛、全国高中数学联赛、全国初中化学竞赛，其中“希望杯”数学邀请赛参加人数 2000 余人，小学部分获奖 107 人；初中数学竞赛参加人数 300 余人，获奖 21 人；初中化学竞赛参加754人，获奖26人。组织参加“学府杯”征文，其中获奖征文为30余篇。配合省开发银行开展好生源地信用助学贷款工作，做到应贷尽贷。选送小学六年级优秀学生到北京接受6年的全免费学习30人。与县科协联合开展科普知识大篷车进校园活动，使上万名学生通过生动形象的3D图片了解海洋生物科技知识。对留守儿童情况进行摸底调查，开展“三关爱”活动，使全县所有留守儿童都得到不同形式的帮扶。在瓮安中学、瓮安二中、瓮安职校、瓮安三中、瓮安四中、永和中学、珠藏中学、银盏学校等20余所学校开展“正反现身说法”活动。督促和指导学校开展青少年学生法制宣传，各学校探索性地采取法制讲座、法制宣传橱窗、图片展览、法制演讲、法制征文、法制文艺演出等形式，激发青少年学生的热情。以“6·26”禁毒日、“12·4”全国法制宣传日等活动为载体，巩固青少年法制教育基础，加大青少年法制教育力度。确定瓮安中学（高中）、县示范幼儿园、中坪中学（初中）、草塘小学为“青蓝工程”示范校，并指导其开展有关活动。先后邀请国家关工委资深家教专家到瓮安，为30所基层学校家长进行报告44场，直接听众26688人。2011年，全县共评出高中组、初中组、小学组青少年及各类人才成才奖21个奖项，学生及各类人才获奖891名，共发放奖金总额72.7万元。2012年3月2日，县委办、县政府办发《瓮安县关爱留守儿童工作方案》的通知，要求做好留守儿童“代理爸爸”“代理妈妈”工作，进行“一对一”结对关爱，建立留守儿童关爱基金，把关爱留守儿童工作列入县直机关双向组织生活重要内容，改善住校留守儿童学习条件，建立联席会议制度，做好返乡农民工创业就业工作，并将关爱留守儿童工作结合关工委工作列入乡镇、部门年度目标考核。教育局做好全县留守儿童调查统计工作，按照5岁、单亲监护（由父或母监护）、祖辈监护（爷爷奶奶或外公外婆监护）、父辈监护（父母的兄弟姐妹监护）、亲朋监护、自我监护（孩子一人在家）五种类型，以就读学校并按乡、村、组为单位登记其基本情况。每位老师担任1~3名留守儿童的“代理爸爸”“代理妈妈”，所有学校在6月1日前安装一门亲情电话，安排心理咨询辅导老师1~2人。

2015年，完成松坪中学、瓮安三小、永和小学、珠藏中学、天文小学、玉山小学、江界河小学、中坪小学，瓮安六小、瓮安七小、鱼河小学、牛场坝学校、瓮安五中、瓮安四中、老坟嘴学校、高水中学、木引槽学校、白沙中学、渡江小学、建中中学、高水中学、玉山中学、中坪中学23所学校标准化留守儿童之家建设。全县建立各级关工委共49个，其中，高中3个、独立初中20个、小学21个、九年制学校5个。关工委成员456人，其中退休干部99人，占21.7%。除村级学校外，全县各级各类学校关工委组织健全，各校均挂牌，并有相应的办公室。全县按“五有五全”标准建成标准化“留守儿童之家”31个，建成乡村少年宫2个。建立留守儿童档案和联系卡制度、教职工结对帮扶留守儿童制度、贫困留守儿童资助制度等关爱留守儿童制度，对留守儿童进行结对帮扶，关爱留守儿童的学习、生活，进行心理辅导，确保留守儿童完成学业，让他们感受到各级组织温暖，健康快乐成长。全县7028人，其中，女3426人，留守儿童每人都至少有教职工1人结对帮扶，也有其他单位及部门帮扶。全县小学辍学率为0，初中辍学率为0.58%，辍学率远远低于全省平均值。4月3日，州教育局、州妇联转发省教育厅、省妇女联合会发《关于做好2015年标准化农村留守儿童之家建设工作的通知》，在全省义务教育阶段学校建设1000个标准化农村留守儿童之家，其中，学校少年宫配套建设500个，农村寄宿制学校配套建设400个，与省妇联联合建设100个。黔南共120个，分配到瓮安11个，其中，少年宫4个、寄宿制学校配套建设7个。6月19日，州政府办公室发《关于对农村留守儿童和空巢老人救助帮扶及关爱服务工作情况开展督查的通知》，对农村留守儿童和空巢老人集中排查及建档立卡，督查农村留守儿童精准帮扶及救助政策落实情况，完善政府、家庭、社会"三位一体"关爱服务工作。

表18-4　主席、副主席一览表

职　务	姓　名	性　别	任职时间	籍　贯
主席	丁　章	男	1957.6—1969.9	贵州瓮安
副主席	盛安平	男	1957.6—1969.9	贵州瓮安
主席	盛安平	男	1969.10—1994.8	贵州瓮安
副主席	舒极昌	男	1992.9—2009.10	贵州贵定
主席	王幼石	男	1994.9—2009.10	贵州瓮安
主席	王登国	男	2009.11—2011.4	贵州余庆
副主席	刘仕军	男	2009.11—	贵州瓮安
主席	李　琴	女	2011.5—2013.4	贵州遵义
主席	陈友华	男	2013.5—2014.1	贵州瓮安
主席	陈　松	男	2014.2—2014.11	贵州瓮安
主席	罗明梅	女	2014.12—	贵州瓮安

第三节　文书信息

1950年10月10日，县政府训令各小学举办黑板报或墙报，以减租减息及土地改革为主要内容，接收工农子弟和城镇贫苦群众以及少数民族子弟，利用赶场天宣传政府政策。1951

年1月1日，文教科编《瓮安教育通讯》第一卷第1期出版。1952年3月，省文教厅规定，工作汇报制度为期初工作综合报告、期末工作综合报告、专题报告三类，废止以前“一月一汇报”制度。1962年，出版《瓮安教育》一期，登载初中入学考试语文、数学科的质量分析和今后意见，介绍草塘中学在化学课中加强基础知识教学、城关小学加强学生品德纪律教育的一些作法等经验，教学研究的经验文章17篇在《瓮安教育》发表，起到交流推广作用。

1973年3—9月，县革委会文教局收发分送文件175份，其中，3月份10份，6月份39份，9月份29份。1974年1月至1975年1月，县革委会文教局收发分送文件338份。1974年8月1日，印发简报，中坪区大会秘书组编第2期《贫下中农给我们上了一课》，5日印发简报第1期。1975年，县革委会教卫办收发分送文件252份。8月23日，印发简报第1期。1976年1月25日，印发简报第1期，主要登载中坪区教育革命工作会议，组织全员学习。

表18-5　县革委会文教局收发文件分送簿情况表

填表日期：1976年3月

顺序号	收到日期		来文机关	来文字号	秘密性质	文件标题	份数	承办单位或承办人	签收	收回日期	
	月	日								月	日
1	3		省革办		机密	关于上海培光中学用党的基本路线教育学生的调查报告	1				
2	3		县委	20		通知	1				
3	3		县委	21		通知					
4	3		县委	22		批转《教育工作会议记录》	1				
5	3		县委	23		通知	1				
6	3		县委	24		通知	1				
7	3		县委	27		通知	1				
8	3		县委	29		通知	1				
9	3	31	县委	30		任职通知	1				
10	3	31	教育局	10		实习通知	1				

1981年，县政府教卫办收发分送文件321份。3月，共清退近10年文件441份，其中，1972年2份、1978年7份、1979年142份、1980年290份。1982年8月，清退文件21份，其中，1979年15份、1980年6份。

表18-6　1982年清退文件登记表

填报日期：8月25日

文件作者	年　代	文　号	机　密	清退份数	文件作者	年　代	文　号	机　密	清退份数
国务院	1979	295		1	黔南州革委	1979	66		1
省革委办公室	1979	12		1	黔南州革委	1979	67		1
省委	1979	63		1	黔南州革委	1980	24		1
省革委	1979	66		1	黔南州委	1979	22		1
省革委	1979	76		1	黔南州委	1979	25		1
秘书工作	第二期			1	黔南州委	1979	26		1
苗春亭讲话	1979. 9			1	黔南州委	1980	5		1
黔南宣传	16期			1	黔南州委	1980	8		1
黔南情况	第9期			1	黔南州委	1980	10		1
黔南情况	第10期			1	黔南州委	1980	11		1
李超讲话	1980. 3		机密	1					

1983年6月，清理文件125份，机密17份，秘密34份，其中，1980年3份、1981年26份、1982年36份、1983年60份。1994年3月28日，县印发《国家机关公文处理办法》，对公文处理作具体规定。1995年11月5日，《贵州日报》头版头条刊登《多渠道筹资两万元改善办学条件，瓮安众志成城八方抬“教”》的文章，对瓮安集资办学给予宣传。9日，《贵州日报》刊登《领导抓．抓领导—瓮安尊师重教见闻》文章，对瓮安领导重视教育给予宣传报道。

2007年，编发《瓮安高考信息专报》10期。2008年3月10日，县教育局发《关于加强教育宣传和信息报送工作的通知》，各学校，乡镇小学以中心学校为单位，确定信息报送人员1人，教育信息范围涉及对上级党委、政府和教育行政部门重大决策、重要会议、重大部署的贯彻落实，各单位出台的教育工作政策和措施、创造性开展工作情况，教育系统重要社会动态、社情民意、突出问题及基层的呼声和要求，学校研究制定的办学目标、规划、工作计划、后进转化故事、贫困生资助、控流保学、班子建设、师德教育、德育组织与队伍、安全教育及检查、表彰奖励等。各中小学向《瓮安教育信息》及县委宣传部《瓮安时讯》等撰写稿件，宣传本单位的教育教学成果。年终评比教育宣传及信息报送工作的先进单位和先进个人，并给予精神和物质奖励。印发《瓮安县教育局紧急信息报送制度》，紧急报送内容分事件类、案件类、事故灾难类、自然灾害类、其他类五大类，对重大突发事件在1小时内以书面形式报送教育局，最迟不得晚于事件发生后的3小时，紧急信息可先电话报告领导，再通过书面形式报送，报送要实事求是，跟踪反馈。24日，县教育局发《关于成立中国乌江教育文艺家联合会的通知》，联合会下辖中国乌江书法家协会、中国乌江教育摄影家协会、中国乌江作家协会、中国乌江美术家协会、中国乌江音乐家协会5个，联合会拟办一份内部交流刊物《树人》，各校做好宣传，教师自愿申请加入。7月13日，县教育局发《关于规范公文办理的通知》，教育局所有公文实行“一个口子进、一个口子出”的原则，各股室、各学校报送县教育局及上级教育行政部门的请示性公文，统一由县教育局办公室审稿后呈局领导审批。各校向教育局行文汇报工作和请示问题时，由学校主要负责人签发，要求加盖学校公章，不得一文多个请示事项，“请示”和“报告”不能混用。17日，县教育局发《关于加强信息情报处置突发事件及正确舆论导向工作的通知》，县局成立以局长为组长的工作领导小组，制定工作职责及要求信息上报实行首见（闻）负责制，凡第一个知晓事件发生的职工必须立即将事件上报学校分管领导或主要领导；凡涉及突发事件等不稳定信息的，各级各类学校要在知晓事件发生后的1小时内通过电话或书面形式将有关情况报送县局办公室，办公室接报者立即向分管领导或主要领导报告，获领导签批后立即向县应急办和上级有关部门上报；涉及动向性的紧急信息或特别重大的突发群体性事件信息必须在第一时间先电话报告，了解情况后补报书面报告，做好信息续报工作；办公室对每月排查情况编制信息简报进行通报，对出现的突发性不稳定因素、重点上访对象和重点稳控对象，编制专报，及时报送相关领导和上级主管部门，并对每项问题提出处置要求；突发事件发生后，校（局）第一责任人要在知晓事件发生后第一时间内及时安排人员向上级有关部门上报信息，并赶赴现场了解事态发展，控制事态的扩大与转移，保护现场并保管好重要物证和资料，稳定师生情绪，协助相关部门做好善后工作，总结经验进行反思教育，对新闻媒体进行正确舆论导向；以日常督查、重点督

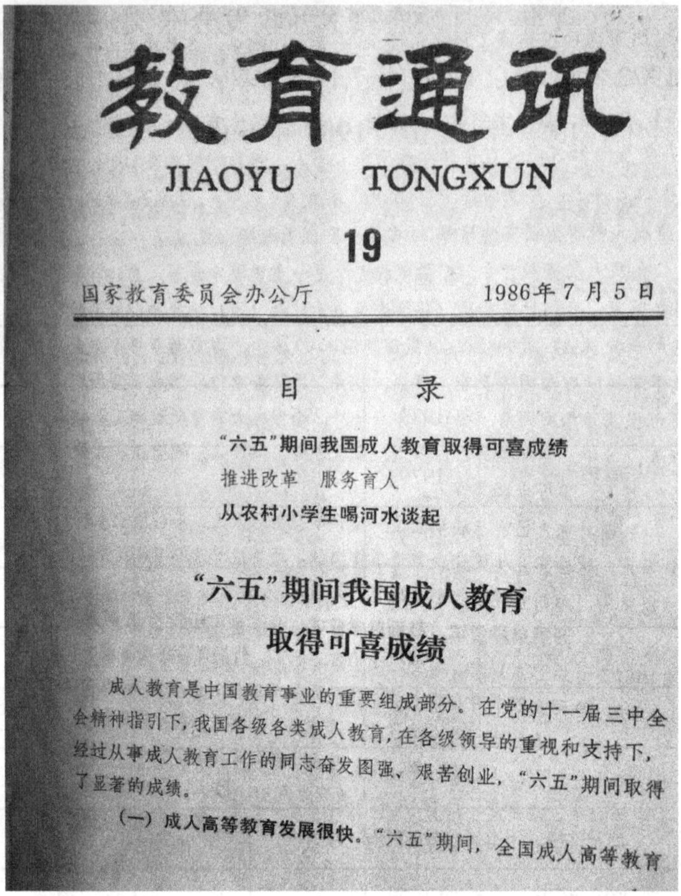
教育通讯

JIAOYU TONGXUN

19

国家教育委员会办公厅 1986年7月5日

目录

“六五”期间我国成人教育取得可喜成绩

推进改革 服务育人

从农村小学生喝河水谈起

“六五”期间我国成人教育取得可喜成绩

成人教育是中国教育事业的重要组成部分。在党的十一届三中全会精神指引下，我国各级各类成人教育，在各级领导的重视和支持下，经过从事成人教育工作的同志奋发图强、艰苦创业，“六五”期间取得了显著的成绩。

（一）成人高等教育发展很快。“六五”期间，全国成人高等教育

瓮安教育通讯（1986年摄）

查、跟踪督查等形式对信息情报、处置突发事件及正确舆论导向工作进行督促检查，对未能采取有效措施及时化解的矛盾纠纷及重大不稳定因素，发出督办通知、通报、专报进行跟踪督查，限期调处化解。

2009年1月10日，县教育局发《关于印发〈瓮安县教育局政府信息公开工作实施方案〉的通知》，教育局组织机关各股室及相关单位于1月15日进行教育政府信息公开培训工作，2月1日前完善公开工作制度和机制，规范工作程序。5月，教育局成立《瓮安教育》编委会，设主任1人、副主任4人、编委会成员13人、分版审稿3人，编委会下设办公室在综合股。《瓮安教育》设主编1人、副主编2人，负责组稿、选稿、初审稿、送排版、提供报子清样供综合股，主编把关和分版审稿、送排版处修改校对、定样付印、送发等日常工作。6月1日，《瓮安教育》第1期出刊，采取送或邮寄的方式赠阅。《瓮安教育》免费赠阅资料，自筹资金解决有关排版、印刷、制作信封邮寄发行等有关费用，第一版为重大新闻，第二版为教研教改，第三版为学校管理，第四版为综合副刊。2011年，编发《瓮安高考信息专报》6期。9月15日，县教育局发《关于成立贵州教育报刊社瓮安通讯工作站的通知》，特成立贵州教育报刊瓮安通讯工作站，设站长1人、副站长1人、成员51人。2012年，成立以教育局局长、党组书记为组长、局党组成员为副组长、各科室负责人为成员的领导小组，教育局综合科（办公室）负责日常具体工作，在各学校成立“通讯站”，由校长任站长，教师1人为通信员负责本校或本辖区的信息组稿、报送工作。2013年，各级各类媒体共发稿300多篇，稿件刊发在“瓮安教育网”“瓮安政府网”“黔南热线”、《黔南日报》、“贵州教育网”、《贵州教育报》、“人民网”等刊物和网站上。4月2日，县教育局出台《通讯员管理考核办法》，决定在各中学、中心小学（幼儿园）、职校、特殊学校聘请教育通讯员1人。学校通讯员每月向教育局综合科报送新闻稿件2篇计5分，每少1篇扣1分，每多1篇加1分；局机关科室按业务工作定量向综合科报送信息，综合科、教育科、计财科、人力资源科、教研室、信息网络中心每月不少于2篇，其他科室每月至少报送1篇。通讯员报送的稿件被县委宣传部新闻宣传科转报县级以上党报发表，或作为其他新闻稿件重要素材的，每篇计2分。通讯员在党报党刊或教育行政部门主管刊物上发表新闻稿件的，按县、州、省、国家级分别计2、3、4、5分。

2014年，教育局全年向县委办、政府办、县委宣传部、县小康办、县文明办、州教育局等部门报送信息200余篇，在各级媒体发表新闻稿件200余篇，其中，县级190余篇、州级7篇、省级及以上4篇，瓮安电视台、《瓮安新闻》《瓮安周讯》发表40篇。编辑出版《瓮安教育报》12期、《瓮安教育局工作简报》12期，配合县统一安排的记者采访活动28次。县教育局印发《瓮安县教育局通讯员管理考核办法（试行）的通知》《瓮安县教育局关于进一步加强和规范教育信息报送工作的通知》《瓮安县教育系统教育信息宣传工作考核方案的通知》，建立、完善教育信息宣传工作的量化考核机制，对各级各类学校报送稿件信息进行管理，实行次年年初表彰上年教育信息宣传工作的先进集体及先进个人。1月9日，县教育局做出《关于表彰2013年度信息宣传工作先进集体和先进个人的决定》，局机关各科室和各学校全年向各级各类媒体报送新闻、信息等宣传类作品1317篇（件），被采用300余篇，决定表彰信息报送先进学校10所、先进通讯员10人。2月，《瓮安教育》第二版调整为教育管理，第三版调整为教研教改。5月13日，县教育局发《关于进一步加强和规范教育信息报送工作的通知》，信息报送以全州、全县教育中心工作为主，突出教育改革和发展中的创新成果、先进经验、典型人物和突出成绩、办学新亮点及新特色，宣传报道瓮安县教育正能量。各学校、局机关各科室对采集到的教育信息进行筛选、加工、处理，学校报送的信息由学校负责人把关，局机关各科室报送的信息由科室负责人把关，作者署名不得超过2人，如超过2人，只采用排名前2位。教育信息报送一事一报，注明报送单位和作者姓名，各学校和局机关各科室每月报送至少2篇以上。6—7月，州教育局发《2014年5—6月份全州教育信息报送情况通报》，全州共上报教育信息226条，其中瓮安县教育局报送40条，受州教育局表彰。

2015年，采集宣传教育工作视频信息40余则，在瓮安电视台播出30余则，并协助瓮安电视台做好每周的“关注教育”视频宣传栏目。通过全县各学校的通讯站，采集各类教育工作开展的信息900多篇，利用《瓮安教育报》《瓮安教育局工作简报》“瓮安教育局”网站和“瓮安教育网”宣传瓮安教育工作，发表相关信息700余则。在“瓮安政府网”报道信息180多则，报送的信息先后被“黔南教育网”“贵州教育网”“人民网”等网站报道10余则。编辑出版《瓮安教育报》10期（总66期）、编印《瓮安教育局工作简报》9期（总33期）。1月25日，县委办公室发《关于2014年12月全县党委系统信息报送及采用情况的通报》，县教育局报送20篇，其中省、州各采用1单条。26日，县委办公室发《关于2014年全县党委系统信息工作目标考核情况的通报》，县教育局总分245分，排名第8名。7月15日，县政府督查室发《关于2015年4—6月份政务信息报送情况通知》，县教育局4月份报送信息19篇，5月份报送19篇，6月份报送13篇。8月27日，县委办公室发《关于2015年8月全县党委系统信息报送及采用情况的通报》，教育局8月报送5篇，7月报送19篇，4月报送20篇，1月报送15篇。10月14日，县党委发《系统信息报送及采用情况的通报》，县教育局9月报送9篇。15日，县政府督查室发《关于2015年7—9月份政务信息报

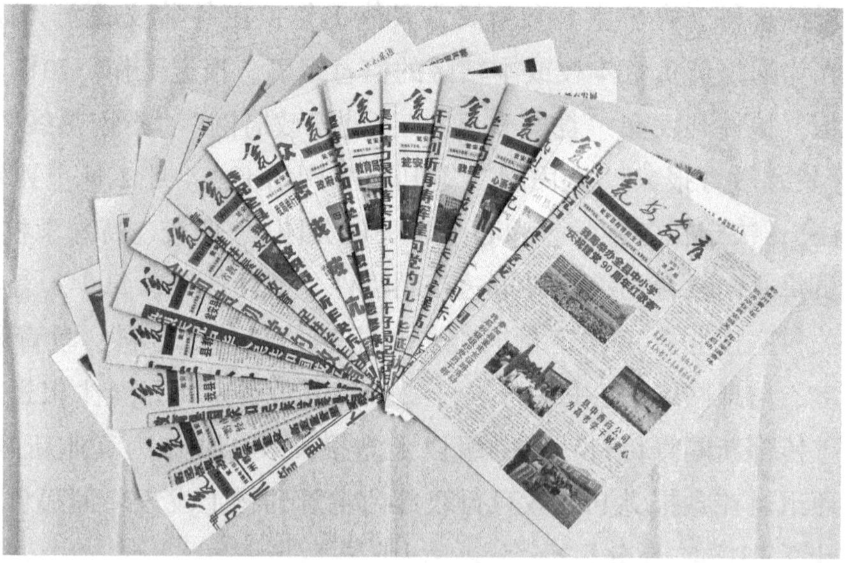

瓮安教育报（2011年摄）

送情况通知》，县教育局7月份报送12篇，8月份报送5篇，9月份报送7篇。11月5日，县委宣传部、县教育局、文化和旅游局、县总工会、共青团县委、县妇联发《关于组织观看电影故事片〈百团大战〉的通知》，县教育部门将《百团大战》作为爱国主义教育影片纳入学校教育活动计划，组织好学生观看。9日，县委政法委员会发《关于做好〈长安〉杂志等政法综治宣传报刊订阅工作的通知》，县教育局订阅《长安》2份、《中国禁毒》31份、《法制日报》1份、《法制生活报》1份。24日，县委办公室发《关于认真做好2016年度党报党刊发行工作的通知》，县教育局（含各中小学、幼儿园）订阅《人民日报》30份、《求是》8份、《贵州日报》160份、《当代贵州》120份、《黔南日报》230份、《光明日报》1份、《经济日报》1份、《新华每日电讯》90份、《中国日报》1份、《中国新闻周刊》1份。30日，县委办公室发《关于2015年10月全县党委系统信息报送及采用情况的通报》，县教育局报送6篇。县教育局订阅2016年度《中办通讯》《秘书工作》《保密工作》《保密科学技术》和《学习与研究》杂志各1份。12月，《瓮安教育》共办70期，另办增刊5期，向省教育厅、州教育局及其内设部门、黔南州其他县（市）教育局、瓮安县四家班子主要领导、分管联系领导、四办及其他有关涉教部门、乡镇（街道办事处）和全县各级各类学校累计发送和邮寄37000余份。4日，县妇女联合会发《关于做好2016年度妇女刊物订阅工作的通知》，县教育局订阅《中国妇女》《妇女生活》《中国妇女报》各1份。

高水中学校刊及瓮安三中校本教材（2015年摄）

表18-7　　教育局办公室负责人、科长、副科长一览表

科室名称	职　务	姓　名	性　别	籍　贯	任职时间
办公室	负责人	曹洪学	男	贵州瓮安	1994—2002
办公室	负责人	刘　惠	女	贵州瓮安	2003—2004
办公室	负责人	刘仕军	男	贵州瓮安	2004—2010
综合科	副科长	鲁恩平	男	贵州瓮安	2011—2012
综合科	科　长	张宇祥	男	贵州瓮安	2013—

第四节 会 务

1951年4月1日，在教育科召开全县小学校长会议，出席会议的有23人。各小学校长对学生人数、成分比例、开学日期、复式教学、读报小组、夜校识字班、村学、冬学总结、办学的困难等方面汇报工作。11月25日，在文教科召开小学校长会议，各校从教学方面、管理方面、教师思想方面、学习方面、学生班级、民校、修建方面、读报组、黑板报等进行汇报，各行政村至少办一所业余学校，采用文教所编印的识字课本上册。1953年8月19日，瓮安县召开教育行政会议，传达全国第二次教育会议精神，全国大、中、小学校均已恢复教学秩序，工农子弟入学率高。组织教师参加“土地改革”“三反”等政治业务学习，讨论教育界工作盲目冒进，教育事业与国家经济事业建设的不平衡。中国需要高级和中级建设人才，而不是低级人才，大规模的发展小学教育是错误的，这是冒进。28日，县召开教育行政总结会议，讨论三年多以来的教育情况，学生、学校比新中国成立前增多，中农、贫农子女入学增多，消减过去教师与群众对立的现象。学生既要入校学习，又要照顾生产，流动率达12.7%。初小教师写好教学提纲才能上课，完小教师要准备好教案上课，学生不准随便转学。1954年3月14日，文教科召开小学教育工作总结大会，大会历时27天，参加会议的有文教科、宣传部、公安局、各小学教师以及县主要领导，其中参加教师309人、抽调有关干部15人。2月8—16日进行文体学习，2月17日至3月4日进行工作总结，3月5—6日布置今后工作。

1955年2月10—13日，全县小学教师工作总结会在县城召开，应到教师307人，实到287人。会议分4大组、20小组进行，大会制定简要的计划。4月14日晚，瓮安县小学教育行政会议在县政府文教科举行，由雍阳完小、珠藏完小、木老坪完小、平定营完小汇报工作，总结上期成绩75.6%的升级比例，定奋斗目标为86%。1956年5月13日，教育科全体人员及各完小校长在县人委会会议室召开教育行政会议，会议传达第三次全国教育行政会议总结报告。6月23—25日，召开全县小学校长会议，传达《关于贵州省教育厅1956年秋季招生办法》和这次专署召开的教育行政会议精神，讨论招生工作以及民办小学工作，对扫盲工作进行安排部署。在民办小学中，经费逐步由合作社统一扣付，改变过去由教师零星收款的办法。民小教师的工资低，平均只有16元，个别的只有12元。公办学校要对民校多作指导，为他们解决一些经费和业务方面的问题。7月31日至8月11日，全县小学教师暑假文化班在县城召开，会议12天，参加207人，通过测试50分以上者有43人不参加文化学习。

11 月 17—21 日，教育科组织召开第二次校长会议，以改变领导作风、提高质量为中心议题，交流和讨论语文教研组经验和存在的问题。22 日召开第二次校长总结会议，25 日，召开扫盲座谈会，29 日，召开科务会议，参加人共 7 人。

1957 年 5 月 21 日，县人民委会召集指导中小学毕业生就业与升学第一次会议，参加单位有宣传部、青年团、县妇联、县工会、广播站、雍阳区公所、城关镇人民委员会、文化馆、瓮安中学、教育科全体干部，成立中学生毕业生就业与升学的指导办公室，办公室设宣传教育组、秘书组、宣教组、宣传部，组员为青年团、妇联、文化馆、广播站、工会、中学、小学、镇人委会等。1958 年 5 月 7 日，县委召开第二次宣传会议，参加会议的有中学校长、部分完小初小校长或负责人，扫盲辅导员等 36 人。会议用 3 天时间进行重点汇报，交流经验，并作讨论。发展民办中学 6 所，加上原 2 所共有 8 所，平均每区有 1 所；发展速师班 1 个，学生 50 人；发展民办完小 6 所、初小 11 所，共有完小 46 所、初小 120 所，在校学生 21135 人，平均每个农业社已也 14 所小学，基本上普及小学教育；发展公办、民办幼儿班 6 个，平均每区都有幼儿教育组织。全县中小学勤工俭学以农业生产为主，有较固定的劳动生产场所，便于劳动管理、安排教学。第一次宣传工作会议后，县委做出决定，一般中学划土地 50～100 亩。全县新办中学 6 所，抽调小学教师 9 人、4 所中学教师加以支援。会议收集新发展中小学的巩固工作和开展勤工俭学的意见，交流经验。会议要求建立辅导网，瓮安中学、草塘中学各辅导 3 所民办中学，小学由原划片区完小辅导。民办中学收入除生产投资外，其余的 40%～60%按劳动好坏分给学生，学校与学生“四六”分层。学生部分用于解决伙食、书本、学杂费等，学校部分用作行政费、福利、扩大再生产投资。7 月 16 日，县召开招生工作会议，会期 2 天，参加人有 12 个招生分会的专职负责人、4 个公办普中的校长，共 22 人参加，县特委会副主任委员传达省委 1959 年招生工作指示。12 月 10 日晚上，省召开电话会议，省教育厅陶厅长对教育工作中执行教育方针问题、教学改革问题、开展“四红”“双红”的问题、学生住宿问题、学生伙食供给问题等作安排，并提出要求，按不同的情况来处理各种问题。

1959 年 4 月，全县教育工作会议在县城召开，传达县《教育事业分级管理试行方案（初稿）》，各级各类学校实行统一领导、分组管理，县、公社、管理区及生产队对所属各类学校的管理，执行中央和上级的教育方针、政策、法令及规定，拟定计划、实施办法和补充规定，负责编制各类学校发展计划及统计工作，督促与检查所属学校的政治思想工作和教职员政治业务的学习，核查督促结合各类学校关于党的教育方针执行情况和办学及教学经验，扫除文盲，办好红专学校和其他各类业余学校。县、公社、管理区、生产队对所属全日制的普通中学、师范、完全小学进行管理，协助有关部门办的卫校、林校、畜牧学校、勤耕农中的教学工作；掌握全县公职中学的经费和调整工作；负责所属中小学教职员及公办小学校长的调动工作，并有权调动、调整县内原公办学校的教师，协助有关部门配备中等事业学校的师资；指导县的重点学校工作，视导县内中小学幼儿园和工农业余学校工作；审批所有中学教职员、中学生（包括师范的开除处分和小学教师的开除处分）处分；县属中学毕业生证明书的验印工作；培养训练部分小学校长正副教导主任；中学教师和公办中小学的正副校长的任免、教导主任提拔。1972年，县革命委员会教育局工作总结会在县城召开，落实党的干部政策和知识分子政策，全县中小学领导干部43人，除个别问题待查外，其余全部安排工作。多数担任学校领导工作，有一些有教学实践经验的老教师也分别担任各科级的教研负责人。6月，县局对初中和小学毕业生进行升学考试，1月，进行期终考试，初小一、二年级及格率达80%以上，高年级和初中班文科成绩比1971年有所提高。

1974年6月22日，县委教育革命总结会议在县城召开，参加这次会议的有各区、社书记，各办、局主要负责人，各区组织、宣传委员、视导员和各中小学负责人共257人。会议学习毛主席有关教育革命的指示、毛主席关于批林批孔的指示，听取各区汇报工作，对下一步工作进行讨论。1975年8月，组织全县中小学公民办教师分区，中学分校学习，学习时间从8月中旬开始，到8月底结束，共10天。参加学习的公办教师819人、民办教师796人、区社管教育的干部24人、贫管会代表26人、业余教育辅导员10人，这次学习在区委直接领导下进行，县教育局组织人员到区（校）列席参加学习，县教卫办的领导巡回做指导。1985年8月30日，召开县部委办负责人会议，组织开展庆祝教师节活动，做到尊师重教、为教师排忧解难，以实际行动为教师做几件好事。1987年8月22日，县妇联、县教育局在县政府三楼会议室召开家庭教育骨干会议和基层妇联干部业务培训会，共有107人参加。

中小学德育工作会（1985年摄）

1990年4月24—26日，州教育表彰会在瓮安县召开，全州12个县市教育局、各师范学校、部分县（市）分管教育的县长（副市长政府办公室主任）、州教委主要领导、大部分股室负责人参加会议，共74人。会议围绕全州各学校的校产管理、“三化”建设、学校建筑、集资解决安居工程等内容进行，有6个县（市）做大会经验交流、5个县（市）在大会发言，大会对瓮安教育的校园建设、校产管理、安居工程（自筹资金解决）、多渠道筹措教育经费、改善办学条件取得的一系列成就给予肯定和称赞。1994年8月12日，印发《县教育局局长办公会议纪要》，县民办教师队伍自1992年整顿以来走上正规发展的轨道，部分地区对民办教师整顿工作未把好政策关，出现一些问题，不该“民转公”已经转为公办教师2

人；1986年以后参加民办代课，不属民办教师整顿范围而又参加整顿、并取得任用证或试用证后又考入师范学校学习作毕业生分配的2人、报考师范学校上政审体检线3人，被取消民办教师资格收回证件的12人。1995年10月，贵州省多渠道筹措教育经费经验交流会在瓮安召开，全县“多渠道筹措教育经费，努力改善办学条件，推进全县教育事业发展”材料在会上进行发言和交流。

2002年5月13日，县委召开第九届常委第26次会议，研究召开庆祝教师节暨教育表彰大会有关事宜，表彰会议经费共5万元，其中县政府出资2万元、社会捐资3万元。11月11日，县政府印发《关于就职中置换兴建四中及职中有关事宜征求意见的会议纪要》，县委、县政府用所处地理位置不适宜教学的职中置换新建四中及职中，开发商以520万元的土地置换金有偿取得职中地段房地产开发权，采取资本置换的方式完成四中及职中总投资额为520万元的建设项目。2003年3月，召开局党组会，专题研究中小学安全工作问题，下发《关于进一步做好中小学安全工作的通知》，从八个方面部署学校安全工作。4月，召开全局工作会，各科室实行“包保”制，分别承包责任区7个，并组成7个小组进行安全工作检查，与学校签订安全责任书，实行分级管理、层层负责制。5月15日，县委印发《专题会议纪要（玉华乡雷文小学“非典”防控专题会议纪要）》，5月15日上午10：30，县委书记王勇召集县政府、卫生局、教育局、疾控中心、玉华乡党委、乡政府、雷文小学校长、玉华中学校长等在玉华乡雷文小学召开“非典”防控专题会议，听取县防控领导小组、玉华乡政府、卫生局、疾控中心关于雷文小学师生发热调查、诊治等有关情况的汇报，通报王勇书记14日到雷文小学现场办公后雷文小学师生发热处理的有关情况。会议通报5月14日对全校师生检测治疗情况，学校师生发热病人总数225人，其中，37.5℃～37.9℃有177人、38℃以上有48人，发热病人服药后体温在37.5℃～37.9℃的24人、38℃～39℃的有4人，15日相对14日的发热病人总数下降28人。根据扁桃体发炎和咽部充血症状，可以排除“非典”。29日，印发县政府《关于加强中考期间非典防治工作》的会议纪要，做好中考期间的防治非典工作。

2004年9月27日至10月22日，县教育局两次召开安全工作专题会议，要求各中小学、幼儿园做好安全工作，预防校园重大刑事案件、治安案件以及其他意外事故发生。2006年4月12日，县政府常务会议，研究县教育局“农村寄宿制工程”项目，修建学生厨房、餐厅和购置学生床上用品等，成立县“农村寄宿制工程”项目实施领导小组，对农村寄宿制工程项目按有关规定管理。2007年6月4日，县教育局召开局长办公会，专题研究学校安全工作，成立排查整治领导小组，对所有中小学校舍、附属用房及设施、人员密集场所进行一次彻底检查，做好检查记录。凡涉及学校安全隐患问题，提出具体整改措施并落实责任到人，限期在7月15日前完成整改。2008年，县教育局召开各种会议共170次，其中局党组会议9次、局长办公会94次、教育局职工（含校长、园长）会议67次。4月11日，召开瓮安县2008年教育系统党的基层组织建设年活动动员大会，会议要求强化机制保障，确保反腐倡廉工作落实到实处，加强制度建设和监督制度建设，抓好廉洁自律。7月19日，召开制定县教育中长期发展规划研讨会，省、州、县相关领导参会，会议讨论瓮安教育存在的困难及解决困难的办法和措施，会议提出制订教师选用、管理制度，化解县城大班额现象，整合教育资源。21日，召开瓮安县教育系统师德师风动员会，会议讨论“我们要办什么样的教育”“当什么样的教师”“怎样关心留守儿童”等问题，会议要求把师德师风活动与当前工作密切结合起来，确保瓮安教育又好又快地健康发展。8月9日，县教育局印发《行政会议纪要》，各校实行24小时值班制度，值班日期安排到10月7日。做好安全维稳工作，实现集体上访、进京上访“双零”指标，每天对未到校的学生要了解、掌握去向，重要情况报教育局。严禁向学生收取任何费用，做好法制教育、德育教育，安全工作资料完善并存档。学生中发生任何大小事件，校长必须第一时间亲自过问，紧急、重大事件30分钟内电话报当地党委、政府和县教育局，1小时内报书面材料。所有教育局职工不得参与赌博、传销、邪教等一切违法乱纪活动，校长出县外必须向县教育局领导请假，局领导出县外必须向县领导请假。10月15日，县政府印发《常务会议纪要》，研究县教育局《关于1995—1999级持有定向分配合同的大中专毕业生的工作安置的请示》，原则同意对原已签订定向分配合同并在公示时限内到教育部门登记的1995—1999级共178名大中专毕业生采取“一次性考试、三次安排”的原则给予安排工作，由县组织人事、编办、教育等相关部门成立专门工作领导小负责考试分配工作，年底组织一次性考试，按照考试的成绩排序分3年时间安排完毕，并确定年度分配名额。明确2009年2月份分配第一批，分配至除银盏乡和雍阳镇外的乡镇工作（以后2次分配办法相同）。23日，教育局党组发《专题会议纪要》，县委、县政府成立“6·28”事件违法青少年帮教工作领导小组，办公室设在县教育局，由局长任办公室主任、副局长任副主任并负责日常事务办公。28日，召开州政府对瓮安县政府“两基”迎“国检”反馈会，会议反馈此次到瓮安检查的具体情况，指出工作中存在的问题，得出整改意见和建议。11月19日，召开省政府对瓮安县“两基”迎“国检”预检总结会，会议重点反馈瓮安“两基”工作中存在的问题及薄弱环节，要求瓮安尽快制定整改措施及时整改，强化管理与培训，领会文件精神，制订长期发展规划。

2009年，县教育局召开各种会议共252次，其中局党组会议42次、局长办公会48次、教育局职工，含校长、园长会议162次。1月15日，召开拟定教育质量提高的奖励办法会，会议召集一、二、三、四中校长和局机关相关人员讨论教育质量奖励方案，讨论方案草拟的方向和具体内容。2月19日，召开州教育局对瓮安2009年“两基”工作检查反馈会，会议肯定瓮安“两基”工作所取得的成绩，并对存在的问题提出整改意见和建议。22日，县政府专题会议纪要，县政府常务副县长尹德俊、副县长刘华龙召集教育、财政、审计、建设、国土、二中、职中、城关一小等单位负责人及有关人员在党政办公室三楼会议室开会，形成一致意见，同意拓展一小校门、教学楼整体东移，用2008年年度农村薄弱学校改造项目结余资金807万元解决县城关一小拆迁居民户、教学楼和校门建设，其余资金县城关一小自筹。瓮安二中教学楼危房改造，县政府筹集1000万元，从2008、2009年度教育费附加结余资金中各拨500万元，二中自筹200万元。瓮安职校拓展建设，向州政府写报告争取经费支持，从2008年度教育费附加结余资金聚集100万元，县财政预算2008年度教育费附加结余资金130万元。3月30日，召开瓮安县教育系统人事制度改革工作动员会，会议明确全县教育系统人事制度改革工作领导小组成员和“整改实施方案”。5月10日，县委书记到教育局召开调研会，调研“两基”工作、“帮教”工作、学生德育和法制教育工作三个方面内容，对县城学校大班额问题、学生租房如何落实等问题进行讨论。

2010年，县教育局召开各种会议共135次，其中局党组会议17次、局长办公会、教育局职工，含校长、园长会议118次。3月16日，召开雍阳中学办学性质座谈会，副县长出席会议。经讨论，一致倾向于将一中搬入雍阳中学、四中搬入一中。4月6日，州委常务、县委书记龙长春主持召开常务会议室，专题研究雍阳中学项目建设有关事宜，对雍阳中学大门设计方案、校园广场景观设计列出方案。雍阳中学教师周转房由入住教师集资，房屋产权归雍阳中学。研讨学生宿舍楼东侧地质灾害治理情况。5月18日，教育局召开“践行宗旨教育活动”动员大会，会议传达学习全县开展“践行宗旨教育活动方案”，并宣布教育局“践行宗旨教育活动”领导小组，会议安排部署在全县教育系统中开展此项活动的相关工作。7月2日，瓮安县“十一五”教师继续教育工程评估验收反馈会召开，会议指出瓮安县“十一五”教师继续教育工程工作中存在的问题，并提整改意见和建议，肯定瓮安在教师继续教育工程中取得的成绩。11月12日，县政府常务副校长尹德俊、副县长郑毅召集雍阳中学等相关负责人在县行政新区B栋三楼会议室，就雍阳中学建设资金进行研究，原县粮食局资产由国资公司接管后，其所欠州农行贷款424万元由国资公司从雍阳中学建设资金中借款予以归还。县财政及时归还县国资公司在高车水库建设中代县政府出资的400万元。此次会议内容已于11月17日召开的县政府常务会研究通过。11月30日，召开瓮安县巩固“两基”成果、提高义务教育水平工作规划会，会议对提高义务教育水平工作规划进行讨论，并确定规划的整体方向和对相关工作进行安排部署。会议强调提高认识，增强责任感和使命感，调整校点布局，继续巩固“两基”成果。12月31日，教育局“三个建设年”和“四帮四促”活动启动会召开，会议宣布活动领导小组及活动领导办公室，安排部署活动相关工作。

2011年，县教育局召开各种会议共150次，其中局党组会议31次、局长办公会84次、教育局职工，含校长、园长会议35次。1月15日，县政府《关于木老坪中学教学楼修建事宜的会议纪要》，县政府召集县监察局、审计局、财政局、教育局、国资公司、木老坪乡政府等部门负责人于1月14日召开会议，就木老坪中学教学楼修建事宜进行专题研究。经测算，修建350平方米的教学楼共需资金35万元，由国资公司筹20万元、县教育局筹集15万元，木老坪乡政府负责土地协调及组织施工。24日，县教育局召开会议，专题研究雍阳镇所属学校事改工作，学校必须按教师签字认可的原定方案执行，做好解释工作；雍阳镇事改方案涉及学校管理集体奖给领导个人加分的项目，谁分管该项获奖工作就给谁加分；支持县城学校“支教老师在本次事改和教师职称聘任时优先”的政策。2月15日，县教育局党组召开专题会议，研究瓮安中学搬迁工作，责成雍阳中学指挥部和瓮安中学于3月1日前安装完成学生课桌凳和床、完成食堂内装修，学生宿舍必须按时完工。21日，召开局长办公会，专题研究义务教育均衡发展规划工作，会议传达贵州省教育均衡发展规划工作会议精神，明确瓮安县2015年实现初步均衡发展的目标，并对瓮安县教育均衡发展的相关工作进行安排部署。3月9日，县政府《关于雍阳中学工程建设有关事宜的会议纪要》，县政府召集县财政局、县发改局、国资公司、雍阳镇、县农业银行、县教育局、瓮安中学、雍阳中学等单位于2月25日召开会议，研究解决雍阳中学建设项目急需的问题，对瓮安中学的整体搬迁进行安排、部署。16日，召开《瓮安教育志》编写工作会议，会议明确教育志编写方案，要求各科室要抓好工作落实，明确责任，严格要求，确保按时完成工作任务。22日，召开瓮安县民办教育工作会议，会议提出加快瓮安县民办教育发展，尤其是幼儿教育的发展，相关职能部门要对民办教育发展给予支持。5月4日，县政府召集教育局、国土资源局、住建局、瓮安二中、贵州福民置业公司等单位负责人召开专题会议，研究瓮安二中扩建项目拆迁安置问题。拆迁安置领导小组和贵州福民置业公司协商用华都嘉苑电梯房回迁原教育局宿舍的46户拆迁户的相关具体事宜并形成正式合同，并与瓮安二中扩建项目涉及环西路的11户拆迁户签订正式合同。校门建设必须于9月1日前能投入使用。19日，县政府《关于瓮安县中等职业技术学校2011年拟聘教师有关事宜的专题会议纪要》，县政府召集县人事、编办、教育及瓮安中等职业技术学校有关负责人召开会议，就瓮安中等职业技术学校2011年拟聘教师有关事宜进行专题研究。同意县中等职业学校2011年采取召开恳谈会、面试的方式到天津工程师范大学拟招聘20名实训教师，并签订意向性就业协议；由县人劳社保局派纪检组组长和业务人员1名、县编办和教育局各派业务人员1名会同县中等职业技术学校有关人员组成工作组到天津工程师范大学开展拟聘工作。6月20日，县政府召开十五届第67次常务会议，同意从社会事业发展资金中安排100万元用于解决全县20所中心小学在校学生食堂活动板房建设，在9月1日前建成并投入使用，由所在地乡镇人民政府负责建设，教育局做好监督工作。11月28日，县委召集县委组织部、县教育局、妇联、团县委、关工委等部门负责人召开会议，就关爱留守儿童相关事宜进行专题研究，会议议定建立瓮安县留守儿童关爱基金，由县财政每年预算安排注资61万元，由县关工委牵头负责相关申报手续，由县教育局牵头在12月底前统计出全县留守儿童基本情况，拓展教师“代理爸爸、代理妈妈”关爱活动。由县委组织部牵头将留守儿童“一对一”结对关爱活动纳入“双向组织生活”活动一并开展，并进行考核。由关工委牵头、县妇联配合制定留守儿童关爱体系并建立健全关爱留守儿童长效机制。

2012年，县教育局召开各种会议共97次，其中局党组会议18次、局长办公会45次、教育局职工（含校长、园长）会议34次。4月5日，县政府《关于退休教师生活津贴增补事宜的会议纪要》，县政府分管教育副县长召集县政府办、县财政局、县教育局、县人事劳动局在B区4楼会议室开会，就退休教师提请的《关于解决生活津贴增补事宜》进行专题研究，同意由县人事劳动局商县财政局拟定关于规范津贴增补的详细报告；请教育局对退休教师关于解决生活增补事宜进行调整，并会同县人事和财政部门组织召开相关座谈会，进行政策性解释；请县人事部门将退休教师要求解决生活津贴增补情况以书面形式逐级上报。4月24日，召开全县中小学校长工作会，会议强调加强资金管理，做到专款专用，严格遵守财金纪律，各种工程实施要先报批，然后按程序办理。会议提出，由于乡镇行政区域调整，涉及的学校隶属关系也要进行调整，此项工作将在暑假期间进行。会上宣布城关一小、城关二小、城关三小更名为瓮安一小、瓮安二小、瓮安三小。5月10日，县长主持召开县政府十六届第二次县长会议，研究教育系统《关于重点项目建设的请示》，关于瓮安中学新校区，暂停启动体育训练馆和游泳池建设，由瓮安中学牵头、雍阳办事处相关单位启动围墙及周边过道建设，所需资金由县财政优先解决，审计部门审计新校区建设工程进度款的支付，涉及的回迁户由瓮安中学统一安置；关于瓮安二中教学设备采购，按租赁、融资或贷款的方式采购教学设备，若不能通过上述方式解决，可申请由县财政按最低要求匹配资金解决，瓮安二中做好搬迁和申报省级示范性高中的前期准备。10月18日，召开推进高效课堂教学改革提高教育教学质量工作会议，会议总结瓮安县推进高效课堂所取得的经验，指出存在的不足。会议要求各学校领导要高度重视，认真抓好此项工作落实，推进高效课堂建设。2013年，县教育局召开各种会议共112次，其中，局长办公会、局党组会26次、教育局职工，含校长、园长会议86次。1月15日，召开“学习十八大问教于师”座谈会，会议向全县40岁左右各学校中层以上领导代表征求教育发展的良策。5月7日和30日，县政府召集县30多个部门主要领导召开专题会议，要求各部门主要领导亲自抓好高考工作，制定工作方案，全县考生报名参加全国普通高等学校招生统一考试共有3750人，其中，文科1268名、理科2482人。6月5日，教育局召开全局职工会，部署高考校工作，全县设126个考场，其中一中设理工类考场64个，瓮安二中设文理类考场62个。6月14日，召开瓮安县“十二五”继续教育工作中期检查反馈会，反馈会上，州教育局检查组对瓮安“十二五”继续教育工作给予充分肯定。会议提出，应加强县级教师培训基地建设，加快骨干教师队伍建设步伐，开展形式多样的培训。7月23日，召开瓮安五中（九年一贯制学校）筹备会，会议讨论瓮安五中学生生源、教师流动等相关筹备工作。8月29日，召开《瓮安教育志》编纂讨论会，会议讨论《瓮安教育志》编纂的相关工作，要求各科室主动配合，提供编纂所需的资料，并对编纂提出基本要求，编纂要体现瓮安教育发展概况，反映客观成绩，按时完成县提出的编纂工作任务要求。12月11日，副县长召集县教育局、县职校、县五中及原瓮安职校教师宿舍部分代表在瓮安五中召开会议，专题讨论解决《关于瓮安职校教师宿舍保障消防通道等意见》中提出的问题，讨论后形成决议。五中校园必须实行封闭管理，严禁对外停车；职校教师宿舍与五中操场处围墙中间的大门暂不封闭，由五中管理，作为消防和特殊情况应急通道；五中大门至操场处围墙基础部分以上用砖砌筑墙体50厘米，墙体以上部分修建透明式围栏，具体材质由五中按照校园整体规划确定，五中在职校教师宿舍通道转角处安装一个路灯，电费由五中负责，五中大门在安装监控摄像头时把职校教师宿舍进口通道与五中大门平行处纳入监控范围；职校教师宿舍小区的管理不属于五中的管理范围，学校要做好职校教师宿舍小区教师住户的解释工作，任何人不得干涉五中围墙的正常建设。

2014年，县教育局召开局长办公会、局党组会18次、教育局职工，含校长、园长会议41次。2月11日，县教育局党工委召开“党的群众路线教育实践活动”动员会，会议确定以“两在一先”，即“党员在身边，干部在一线，率先奔小康”和“为民务实清廉”为主要内容开展教育系统党的群众路线活动，会议强调要统一思想，强化责任意识，开展好教育实践活动。6月5日，县教育局召开行政办公会，研究瓮安六小综合楼立面改造后续工程相关事宜，修建猴场幼儿园围墙由教育局划拨15万元，其余部分由瓮安六小和猴场幼儿园解决；修建瓮安六小学生食堂由县教育局组织实施，学校于7月10前完成三通一平；瓮安六小、珠藏小学、玉山小学、渡江小学、高水小学、白沙小学、中坪小学、建中小学学生宿舍的学生床、储物柜、床垫等由学校向县采购办申报审批后按程序组织实施。8月底，召开专题局长办公会，对县城以外的中小学校长、副校长、园长等进行调整，提拔部分学校中层领导担任校长。11月22日，县教育局召开行政办公会会议，研究瓮安职校与贵州万好教育投资有限公司联合办学事宜，原则同意瓮安职校与贵州万好教育投资有限公司联合办学协议内容，瓮安县职业技术学校部分资产土地200亩、房屋产权6万平方米、设备购置费500万元，以8500万元的价格转卖给贵州万好教育投资有限公司，首付1000万元，暂欠7500万元7年内付清，由万好教育投资公司向贵州省人民政府申请成立民办“贵州经济职业学院”。由县政府与贵州万好教育投资有限公司签订联合办学协议书，在瓮安职校挂牌“贵州城市职业学院瓮安校区”，由贵州城市职业学院提供大专招生指标和教学计划，按照高职学籍管理规定注册学籍，学生完成学院的教学计划毕业，由学院发给国家认可的中华人民共和国高等教育大专毕业证书。12月5日，县教育局召开行政办公会，研究瓮安思源实验学校建设工程相关事宜，原则确定贵州东旭建设工程咨询有限公司为瓮安思源实验学校工程招标的代理公司，对瓮安思源实验学校的施工单位、监理和场平工程进行公开招投标。22日，召开教育事业“十三五”规划及义务教育均衡发展工作会，会议明确“十三五”规划撰写的内容及要求，分析义务教育均衡发展的推进情况，并对相关工作进行安排部署。29日，县教育局党组召开扩大会，研究江界河幼儿园、天文幼儿园和玉华中学建设工程相关事宜，原则同意江界河幼儿园、天文幼儿园在审计局审定金额内下浮3%为最高拦标价；原则同意玉华中学学生宿舍和食堂在县公共资源交易中心按程序走邀标程序确定施工单位，确定监理公司为贵州建安土木工程监理有限公司，地勘公司为贵州地质工程勘察院。

2015年9月14日，教育局召开全局职工会，学习县十六届人民政府第五次全体会议精神，学习县长《坚定信心鼓足干劲全面完成今年各项目标任务》和各副县长《在瓮安县第十六届人民政府第五次全体会议上的讲话》的讲话精神。

第十九章

行政执法

XINGZHENG ZHIFA

第十九章　行政执法

XINGZHENG ZHIFA

第一节　视导督导

1951年11月，对全县10所县立小学进行普遍视导检查，并做出总结报告。雍阳、草塘两校有部分校具，其余各校校具欠缺，校舍破烂且不足；截至11月底，各小学授课进度快的已完在1/2，进度慢的完成2/5；教学方法上存在问题，在讲台上背教条，讲空洞理论，不会透过教材去结合学生的生活、行动、思想以启发学生，不能发挥学生的积极性与创造性，学生思想得不到启发，也提不出问题来问，大多数教师能按教学进度布置并批阅学生作业，个别教师批改算术作业时，对于做错的题，仅画一叉了事，不做改正，也不指导学生去改；全县百分之八十的小学教师出身于地主成分与小资产阶级成分，思想作风存在问题，存在着当干部好、当教师不好的思想，希望改行。

1955年6月，文教科视导五区小教工作，分别对珠藏、高水、羊关、羊鹿、牛场等进行视导，了解教师思想、教学及文化水平，解决问题，总结经验，指出缺点。大部分老师能开展批评与自我批评，领导与老师之间的关系较为融洽；每个老师都能认真备课，按时批改作业，课堂秩序有较大改变，教学方法也有改进。学科计划流于形式，语文教学显得呆板，常识性的课不够直观，新字词的教学做得差。9月，文教科要求各区对初小、民校进行检查，发现错别字及体罚与变相体罚现象予以纠正。在雍阳小学召开的校长会议汇报中，发现个别教师仍然在体罚和变相体罚学生。对学校收费现象进行检查，民校收费原则每生每学期不能超出3角。1956年3月，教育科对雍阳小学进行视导，从15日开始，重点检查学校行政领导工作情况、新教学计划和小学生守则的执行、少先队的组织活动和扫盲辅导等方面的工作。检查中召开教师座谈会，检阅资料，查看现场，走访听课等，了解学校基本情况，发现一些问题，对一些困难能马上解决的立即解决，不能立即解决的记录下来以后逐步解决。视导工作于3月31日结束，4月1日又召集该校校长、教导主任到文教科总结，并交换意见。1956年12月12日至1957年1月7日，文教局对玉山视导工作，共进行28天，听取学校情况介绍，与教师进行个别交谈，检查学校工作计划、教师备课、学生作业，课堂听课，现场观察，家访等，了解情况后，通过个别帮助，再进行小型座谈，最后召开全区教师大会，对一般问题明确指出，对主要问题做分析研究和适当的批判，并解决教师思想认识问题和业务问题，纠正领导做事过急、不按政策贯彻党对知识分子的问题。1959年12月20—22日，文教局视察中坪公社白沙中心小学，主要视察学额巩固及教学情况。教学情况较为正常，但学生流失较大，要做好家访工作和学生思想工作。

“文化大革命”时期，教学秩序混乱，校长、教师被批斗，视导工作无法进行。中共十一届三中全会召开后，教育局有针对性地对学校进行视导，不再半月或一月进行检查，在某一学校检查工作仅1~2天。

州教育局检查组在瓮安教育局督查“普六”工作（1986年摄）

1992年4月16日，县政府出台《关于设立县教育督导室的通知》，决定设立瓮安县教育督导室，受县政府及教育行政部门的领导和上级教育督导机构的指导，代表县政府对乡镇政府的教育工作及其教育行政部门和学校工作进行监督、检查、评估、指导。1993年，组织全县站长、校长50余人，对城关一小、岩坑小学、高枧小学、马场坪小学进行办学水平评估，促进学校工作朝着正规化方向发展。3月10日，教育督导室发《关于统一国旗标准的通知》，从春季起，全县境内所有学校使用的国旗统一由督导室向省有关部门购进，按不同规格和学校分类分发使用，以达到标准化。4月10日，县局发《关于开展小学学校工作督导评估的通知》，督评城关一小、岩坑小学、高枧小学、马场坪小学4所试点学校1990—1992年的学校管理、教育教学质量、办学条件三大类。1994年2月22日，县政府《关于调整县教育督导室领导人员的通知》，决定对县教育督导室人员进行调整，调整后教育督导室设在县教育局，为股级单位，由局长兼任督导室主任。3月20日，教育督导室发《瓮安县教育督导室1994年工作安排》，对学校收费，教育费附加征收、使用、拖欠，实施《义务教育法》、“普九”等进行督查，对升降国旗、中小学德育评估及学校的常规管理进行督查。8月8—17日，对全县23个乡镇政府对教育工作的教育意识、政府行为、教育投入、“普九”前期准备、学校管理、教育教学质量等方面进行督查，按《教育督导暂行规定》的原则、程序、步骤，听取乡镇领导干部36人对教育工作的情况介绍、教育辅导站53人工作汇报，查阅有关资料50余份，召开座谈会23次。9月22日，督导室发《关于开展第二批小学学校工作督导评估的通知》，督评各学校1991—1993年办学条件、学校管理、教育教学质量三大类，督评时间安排在1994年10月17日至12月底。1995年3月，教育局发《1994—1995学年度第二学期开学工作检查情况通报》，于2月28日至3月3日对各大片区进行开学工作检查，历时4天，共检查中小学、教学点161所。经检查，全县有老师1人未按时到校作旷工处理，部分学校注册率低，学生家庭经济困难，一时交不起书本费；父母外出打工或全家外出经商，子女不能入校就读；小学六年级和初二年级部分学生放弃学习，外出打工挣钱；部分学生家长持观望态度，等待“减、免、缓”。学校正在采取减免、走访、教师垫付等方式召回学生入学。天文中学、银盏学校成为花园式学校，鱼河学校花7万余元进行校园绿化美化建设；玉山镇党委政府为玉山中学改修道路征地、丈量、解决征地纠纷，解决修教学楼的尾款6万元，为岩坑小学困难教师解决大米200公斤；珠藏镇党委政府用农村教育费附加以外的资金4万元重建岗家槽民小，为珠藏中学征地修建水泥路200米；岚关乡谷才村村主任个人捐资4.5万元新建谷才民小。各站、校将流失生、辍学生动员复学，不合理的收费退回，做好校园绿化美化，做好校产登记和管理，协调解决个别乡镇将农村教育费附加征收、香烟销售任务压给学校、教师和学生的现象，教师宿舍欠缺、部分学校缺编等问题需解决。

1996年4月10日，县政府发《关于设立县人民政府教育督导室的通知》，决定设立瓮安县人民政府教育督导室，受县政府的领导和上级教育督导机构的指导，代表县政府对乡镇政府的教育工作及其教育行政部门和学校工作进行监督、检查、评估、指导。县政府督导室挂靠在县教育局，由局长兼任办公室主任，设副主任1人，从教育局抽人员办公，同时撤销原县教育督导室。1997年3月18日，教育局发《关于中坪镇幼儿园检查评估情况的通报》，通过对中坪幼儿园的检查评估，确定中坪镇幼儿园为省三类幼儿园。1998年，县局组织人员对全县中学、部分完小进行办学水平评估，察看学校的校容、校风、校纪情况，分别召开教师、学生、家长座谈会，督促、指导学校健全和完善德育工作体系，端正学校办学方向。1999年，对全县小学62所、初级中学9所进行办学水平评估，均达到办学要求。5月，县局组织对全县中小学进行“三风三化”、校园文化建设进行检查，分列39项评估计分。

2000年，完成小学13所、中学5所的办学水平评估，向省政府上报瓮安县“两基”巩固提高年审工作整改意见。对义务教育经费和管理体制进行专项自查，制定下发《瓮安县站、校长评估方案》。10月16日，县物价局、县教育局、县监察局联合发《关于开展全县中小学收费检查的通知》，决定从10月16日开始对全县学校乱收费问题进行检查，对乱收费、乱摊派、乱集资行为从严查处。2001 年 12 月 28 日，教育局《关于转发〈黔南自治州初级中学办学水平评估方案〉（修订本）的通知》提出，学习国务院公布的《关于基础教育改革和发展的决定》，学校成立办学水平评估自评领导小组，实行自评年检制度。2002 年，督导室有督导员 2 人，兼职督学 4 人，特约督学 6 人。对全县学校进行办学水平评估，完全小学应评估 143 所，实评估 130 所，完成 91%；初中应评估 21 所，已评估 18 所，完成 86%。城关二小、中坪小学、天文中学为办学水平评估优秀学校，上报州局作为示范性学校。2003 年 12 月 6 日，县教育督导室、县教育局发《关于对城关一小等 8 所中小学校实施素质教育工作督导评估的通报》，县学校工作评估领导小组督评组于 11 月 18—25 日对城关一小等 8 所中小学实施素质教育工作进行阶段性督导评估。经督评，城关一小、城关二小、城关三小为县级优秀，深溪小学、希望中学、中坪中学为县级良好，永和小学、玉山小学为县级合格。18 日，县政府教育督导室、县教育局发《关于统一全县小学常规工作资料目录规范学校资料档案的通知》，决定统一小学常规工作资料、档案目录，资料档案目录共分行政管理、师资管理、教育教学管理、“两基”工作、农技校、幼教、“普实”工作、信息技术、教研工作、教师培训与提高、教代会及校务公开、少先队工作、安全与综合治理等 13 大类 223 项，各学校按所列目录标题对应本单位涉及工作内容，收集、归类、装订、装袋、留存、上报，建立健全工作资料档案。以后的工作检查、评估、验收以目录规定的内容为准，常规工作资料档案的保存期为 6 年。

2004 年，县局督导室春季和秋季两次对各中小学学生到校情况进行重点督查，要求学校摸清未入学学生的情况，造册报当地乡镇政府，督促各乡镇采取措施劝返，提高辍学学生的复学率；督查学校收费和经费的使用，对少数学校收费不规范、使用不合理现象给予纠正，对个别学校违规多收部分限期清退；督查乡镇划拨使用中央、省转移支付用于教育的专项经费，使部分违规的乡镇按规定进行兑现划拨。5 月，督导草塘中学完善各种硬件设施和软件建设，向州政府督导室、州教育局递交《高中办学水平评估申请书》。12 月中旬，州政府组团对草塘中学进行评估，结论为乡镇一类完中优秀级。教育局督导室对瓮安三中等 10 所中小学进行办学水平评估和素质教育阶段性综合评价，评出优秀等级 6 所、良好等级 4 所。2005 年，州政府兼职督学 2 人、县督导室 2 人对全县中小学 2005 年目标任务完成情况进行检查。4 月 8 日，教育局发《关于对中小学学校工作进行全面检查评比的通知》，决定于 10 月对中小学学校管理工作进行检查、评比，从常规管理、教育教学管理、环境卫生安全、校产管理与财务制度等四大类 47 项进行检查。10 月 20 日，教育局发《关于对全县中小学 2005 年教育目标完成情况、学校管理工作检查、城关二小等二十所中小学办学水平评估的通知》，决定于 11 月下旬对学校教育目标工作完成情况及学校全方位管理情况进行检查、评比，对城关二小等 20 所中小学三年来办学水平进行评估。通过听取汇报、走访师生和家长、查阅资料等定量与定性相结合进行检查，对办学水平评估取得优秀的学校挂牌，对评估结果差的学校黄牌警告。2006 年，县教育督导室作为县政府派驻机构在教育局挂牌。2007 年 3 月 16

日，县政府督导室、县教育局发《关于2007年春季开学工作、中小学教育收费、“两基”迎“国检”工作检查情况的通报》。3月6—9日。对全县23个乡镇“两基”迎“国检”、春季开学、教育收费等工作进行督导检查，各校师生能按时到校，学校“三表”已上墙，按国家规定收费，个别学校辍学率高。大部分各乡镇已完成文化户口登记、核实、录入工作，数据汇总正在进行中。半数以上学校存在债务，最多的学校达80余万元，全县总计学校债务1600余万元。部分学校厕所、教师宿舍、铁门存在安全隐患。要求学校对存在的问题进行限期整改。

2008年3月和9月，对全县中小学的开学收费情况、《中华人民共和国义务教育法》的贯彻实施情况、“两基”迎“国检”工作开展情况、“两免一补”政策落实情况及课程开设情况等进行全面检查，对存在的问题提出整改方案，以文件的形式进行通报。3月17日，县教育局发《关于印发〈2008年“两基”迎“国检”工作方案〉的通知》，建立“两基”迎“国检”工作机构，设“两基”迎“国检”工作领导小组、综合协调组、文秘资料组、安全稳定组、督查督办组、宣传报道组、后勤保障组，分自查自纠、完善资料、接受“国检”三个阶段进行，确保通过国检。7月23日，县政府督导室、县教育局发《关于转发〈省教育厅“两基”迎“国检”办公室关于实施中小学“亮丽工作”的通知〉的通知》，决定在全省中小学实施“亮丽工程”，维护、整修和更新校门、校园、校舍，整理、净化教室及各类教学和行政用房、食堂、宿舍，做好校园“规划、硬化、绿化、美化、文化，成为花园、学园、乐园”等“五化三园”工作，治理学校及周边环境，增添实现学校办学特色、办学理念的文化设施。8月16日，县教育局、雍阳镇政府联合发《关于解决县城一、二、三小和三中大班额方案的公告》，划定县城一、二、三小、实验学校服务范围，2008—2009学年度城关一、二小六年级学生全部转到实验学校重新编班就读，城关一小、城关二小二至五年级学生可自愿选择到实验学校就读，城关一小、城关二小二至五年级、城关三小二至五年级学生按标准班额重新编班；划定三中、四中服务区域界线，三中所招七年级新生编成14个班借用职中教室上课，1年后回三中上课，原三中七、八年级学生重新编班。除实验学校二至五年级外，城内初中和小学一律不得跨服务区域招生，城关一小、城关二小、城关三小和三中今年秋季学期不得再招收插转生，符合条件的插转生一律到实验学校或四中就读。城关一小、城关二小教职工不得借此次学生分流赶撵差生或阻拦优生到实验学校就读，随父母工作调动进城的学生、进城务工人员子女、外来投资商子女要求转入县城初中、小学就读的，凭父母工作调动文件、与企事业单位签订的合法用工合同、工商营业执照、住房证明、居住证明材料原件、复印件向实验学校和四中提出转学申请，经县教育局批准后报名入学。督导室牵头化解县城大班额问题，从8月23日起至9月1日止，共接待群众1500余人次，审核申请转学材料600余份，审批安置学生552人，对不符合转学申请人进行解释说服。县城小学新增教学班33个，平均班额由2007年的79人下降到48.6人；初中新增教学班29个，平均班额由2007年的78人下降到55.8人。秋季学期小学一年级严禁招收不足龄生。9月12日，县政府发《关于印发〈瓮安县迎接国家“两基”督导检查工作方案〉的通知》《关于对乡镇“两基”迎国检工作进行县级评估验收的通知》，要求分七个阶段做好“两基”迎“国检”工作，“两基”各项指标达到或超过国检标准，档案资料齐全、完善，将“两基”迎“国检”工作纳入对乡镇干部的考核范畴，投入教育经费改善办学条件，开展扫盲及农技培训工作，扫除15—24周岁中的剩余文盲。采取行政控辍、帮扶控辍、情感控辍、法律控辍、质量控辍等措施降低辍学率。27日，省物价局、省教育厅、省人民政府纠风办、省监察厅、省审计厅、省新闻出版局转发《关于开全国教育收费专项检查的通知》，在全省开展教育收费专项检查工作。11月17—20日，省政府对瓮安县“两基”迎“国检”工作进行预检，预检组分4个小组，采取听、查、看、访、议的方式检查中坪、鱼河、玉山、珠藏、木老坪、永和、平定营、雍阳等9个乡镇，提出要抓好未达指标的提升工作、做好保学控辍工作、资金投入工作、改善中小学教师学科结构不合理现象、做好安全教育和管理工作、完善“两基”档案资料、对“两基”业务员进行再培训等建议。

2010年，县机构编制委员会下发《关于县人民政府教育督导室提升为正科级建制单位的批复》，同意将县人民政府教育督导室提升为正科级建制单位，作为县政府办公室管理机构，设主任1人、副主任1人、工作人员1人。5月27日，州委组织部、州教育局、州政府教育督导室发《关于全州县级主要领导2009年度教育工作督导考核结果公告》，瓮安县自评总分98分，州核查总分95.5分，等次为优秀。其中履行教育职责共21分、自评21分、州核实21分，教育发展环境共10分、自评10分、州核查9分，教师队伍建设共13分、自评13分、州核查评分12分，教育经费投入自评29分、州核查分28分，教育发展水平共25分、自评25分，存在校园及周边环境综合治理、义务教育阶段校长未完全由县级人民政府教育行政部门聘任、预算内教育经费投入未逐年增长、个别城区小学办有幼儿园等问题被扣分。2011年1月12日，县教育局发《关于规范收费和严格程序办理核销等规定的通知》，各校每学期开学前，在学校内公示收费的项目和标准，做到合法、公开、透明，接受群众和社会监督。教育局将组织相关部门对学校收费、学生生均公用经费划拨的执行和使用情况进行巡查，规范资金、采购、工程管理，规范办理程序、财务核销。6月16日，县教育局发《关于对全县各中小学规范办学减负提质工作进行专项检查的通知》，对学校传达省教育厅

州政府教育督学在瓮安进行教育督导（2011年摄）

《关于坚决规范中小学办学行为切实减轻学生过重课业负担全面提高教育教学质的意见》文件学习情况、各校实施方案的制定情况、重点工作落实情况、建立违规办学监督举报机制情况、各校实施素质教育采取的措施等情况进行督查，共分4个检查组，通过听取汇报、查看相关工作资料、召开教师学生家长座谈会、实地走访等方式进行督查。9月6日，省政府督导室发《关于黔南州中等职业教育存在问题的整改通知》，黔南州中等职业教育基础能力差，招生工作进展缓慢，中等职业教育经费投入不足，示范校建设进度较为缓慢。瓮安县职中示范校建设因土地问题没有得到妥善解决，导致建设进度慢，以上问题必须限期整改。10月，教育督导室对瓮安三中等17所中小学实施综合督导评估，其中玉华中学、银盏学校、建中小学、白沙小学被认定为实施素质教育示范学校。2012年，县政府聘任专职督学3人，聘任各有关部门主要领导及教育局各股室负责人和部分中小学校长、退休资深老教师为兼职督学57人，负责对所辖区域内学校及幼儿园进行不定期随访检查、督导，规范其办学行为，提高教育教学质量。按照瓮安的行政区划，全县13个乡镇各级各类学校及幼儿园划分为4个督学责任区，每个责任区由一名专职督学任组长，若干名兼职督学任成员，负责该片区的督政督学和监督指导工作。3月，县政府教育督导室对我县的民办幼儿园展开一次全面的办学情况及校园安全隐患大排查，对存在问题的幼儿园提出限期整改意见，下发整改通知，督促及时整改。

2013年，县教育督导室发《瓮安县人民政府关于建立督学责任区制度的通知》《瓮安县人民政府教育督导室关于聘任中小学校责任督学的通知》，全县聘任特聘督学21人、专兼职督学27人、特邀督学11人，建立4个督学责任区。聘任中小学校责任督学35人，颁发责任督学证，制作中小学责任督学岗位牌，标明责任督学的姓名、照片、联系方式和督导事项，并在全县学校校门或校园内显著位置挂出，向群众公布督导事项和联系电话，接受社会监督。7月22日，州政府教育督导室组织人员对瓮安县2010—2012年教育经费到位情况进行审计督检，瓮安县2012年小学生均教育事业费没有达到逐年增长，2012年财政决算报表反映欠拨各种教育经费884.73万元，财政2012年、2013年教育经费预算中未按教师年工资总额的1.5%安排教师培训经费，教育督导经费预算及拨付均未达省定最低标准，教育费附加、地方教育费附加少征18%~22%个百分点，未按省要求建立“校财局定”机构和配备相关人员。应补拨生均教育事业费1411.38万元，应按县教育督导工作需要补拨教育督导经费45万元，2012年按规定的比例应补拨教师培训经费234.65万元，应补拨教育费附加884.73万元，按规定纳入2013年度县财政预算应追加的教育培训经费234.65万元，应追加教育督导经费45万元。29—31日，县教育局联合公安局、消防队、住建局、国土局、卫生监督局、环保局及瓮水街道办事处、雍阳街道办事处等相关部门对县城区无证幼儿园开展清理整顿专项行动，向安安幼儿园、城南幼儿园、红豆苗幼儿园、金倍贝幼儿园、克立兹幼儿园、启程幼儿园、文峰幼儿园、喜洋洋幼儿园、小太阳幼儿园、小星星幼儿园、阳光幼儿园11所幼儿园下发整改通知书，对检查中出现的问题和安全隐患做出整改。对花竹家教、童星幼儿园、小精灵幼儿园、小天使幼儿园、贝斯特幼儿园、卡特外语培训班6个单位下发停止招生的通知，督促其整改合格并办齐手续后再准予招生。8月26日，对洗马幼儿园下达停止招生的通知。11月，县委组织部、县教育局、教育督导室组织专兼职督学分三个工作组对乡镇政府、街道办事处党政主要领导履职履行教育工作职责情况进行督导考核。

2014年5月20—21日，州政府督导室与省教育厅资助办联合对瓮安县教育“9+3”计划、“4+2”突破工程及学生资助工作进行调研，对所出现的问题督促整改。县营养改善计划原材料“四统”采购不全面，县级仅对粮油进行“四统”，未实现校长“见账不见钱”的要求；食堂工勤人员工资标准偏低，社保金标准过高；中职教育学生资助县级配套资金、幼儿资助资金未拨付，高中阶段国家助学金县级配套资金到位不及时；“一补”资金拨付不及时。8月，县教育局内设教育督查组，在全县连续任职12年以上的中小学校长、副校长中公开遴选人员，设组长1人（党工委书记、局长）、副组长1人、成员4人。督查组对县教育局下达的各项目标责任书、各科室布置的工作任务、执行教育法律法规、师德师风等工作落实进行全督促、检查。9月，督查组对全县50所学校的环境卫生、教学设施设备、学生宿舍管理、消防设施、安全隐患、中心校对村小经费的拨付以及各科室安排任务的完成、教师工作纪律、学生食堂、学校常规工作管理等进行督查，采取听、查、看、访、召开教师座谈会等形式，将存在的问题与学校负责人沟通，重大问题向局党组汇报，督查后下发整改通知书20份。11月21日，州政府督导室发《整改通知书》，于2014年10月15—16日对瓮安县2011—2013年教育经费投入及使用情况进行审计，瓮安县财政教育经费管理未达到财政预算内教育财政拨款的增长高于财政经常性收入的增长；财政没有按照相关规定将学校所需的经费足额列入支出预算，教育经费预算不明细化；财政拨付或下达教育经费指标和拨付教育经费时，未注明相关科目和专项经费名称；瓮安中学、瓮安二中经费由财政局直拨到学校，经费不经过教育局；未按照《贵州省教育经费筹措管理办法》的规定使用地方教育附加和教育费附加，违规将教育费附加作为县级政府统筹资金使用；应补拨各项教育经费1026万元，必须于2014年12月30日前拨付教育。12月，县教育局出台《瓮安县教育系统作风效能建设动态监测评估实施方案》，局机关各科室每月末将扣分统计表经科室负责人签字后交督查组汇总，督查组于次月10日前将上月评估报告及扣分情况报局党组，经局党组同意后，对上月监测情况及扣分情况进行通报，全年通报12次。是年，督查组配合各科室专项检

教育局督察室人员到瓮安一小检查安全工作（2015年摄）

查10次，调解处理学校民事纠纷、维稳上访8次。

2015年1月，县政府督导室发《关于2014年政府工作报告主要目标任务全年完成情况的通报》，对教育局“9+3”和义务教育均衡发展、幼儿教育、职校办学水平进行督查，全县有各级各类学校201所，小学辍学率为0%，初中辍学率为0.8%，小学适龄儿童入学率为99.18%，初中适龄少年入学率为96.05%，九年义务教育巩固率92.01%，农村初中学生寄宿率为74.79%，小学学生寄宿率为28.8%，高中阶段毛入学率达到92.2%。完成改扩建第三幼儿园（花桥小学改建），新建天文镇幼儿园、江界河镇幼儿园、县第二幼儿园（工业园区）完工投入使用。全县有公办幼儿园20所，民办幼儿园53所，学前三年毛入园率为84.1%，实现乡镇公办中心幼儿园全覆盖。县教育局督查组督查学校期末测评工作及资料归档工作，到草塘、渔河、木老坪等学校进行期末素质教育测评工作检查，严肃考纪考风。2月，县教育局督查组到瓮安中学、瓮安二中、老坟嘴学校、永和中学等9所学校进行寒假护校及学校安全工作检查，检查各校护校值班表，护校人员联系电话，排查记录，对个别学校门卫不负责不在岗的进行批评教育。3月，县教育局督查组到珠藏镇、天文镇、建中镇、银盏镇等17个中小学进行开学工作检查，重点检查教师到岗、学生返校、“三表”上墙和学生膳食情况，要求各校对流失学生进行劝返，做好台账。4月，县教育局督查组对瓮安中学、牛场坝学校、珠藏中学学生食堂及学生饭菜质量进行检查，对天文小学、江界河中学督查“三重”一大及教师出勤等工作。5月，督查县城中小学及民办幼儿园贫困生补助落实情况，对存在问题的学校，提出整改意见。15日，州政府教育督导发《整改通知书》，5月5—6日对瓮安中等职业学校2011年以来国家助学金和免学费资金进行专项检查，发现瓮安职校资助资金发放不及时，未能足额发放国家资助资金。2011—2014年，县级资金未匹配，4年共欠拨县级配套资金258.55万元。其中享受国家助学金19902人次，计1492.65万元，实发1403.09万元，欠发89.56万元；享受免学费24461人次，计2292.82万元，实际免学费资金2123.83万元，欠拨资金168.99万元。18日，州政府教育督导室发《关于对瓮安县推进县域内义务教育初步均衡发展过程督导的报告》，5—6日对瓮安县推进义务教育初步均衡发展相关资料进行过程督导检查，随机抽查5个镇学校15所，实地

县督察组调研瓮安五中义务教育阶段贫困生寄宿生补助资金（2015年摄）

查看学校班额、校舍、设施设备、场地、教师配置、学校管理等，对生均教学及辅助用房面积、生均体育运动场馆面积、生均教学仪器设备值、每百名不生拥有计算机台数、生均图书册数、师生比、生均高于规定学历教师数、生均中级及以上职务教师数共8项指标的差异系数进行测算，小学综合差异系数为0.67、初中综合差异系数为0.419，综合差异系数均达到规定的要求。按照《黔南州县域义务教育均衡发展督导评估实施办法》，对15所学校进行实地检查，均未达到评估标准。7月，督查组4人对珠藏镇青岗林教学点、天文镇玉坪教学点岚关大坪教学点、章阁教学点等幼儿园的改扩建进行检查，共督查村级幼儿园10所，发现村级幼儿园存在厕所不够标准、办公室未设置等情况，提出整改意见。8月，督查组配合教育局监察室对县城区域幼儿园15所，含私立幼儿园、租住民房等地点违规补课等情况进行突击检查，下达停办整改通知书8份。11月，州政府督导室、州教育局组织评估组对瓮安四中、希望中学、中坪中学、瓮安县实验学校、猴场小学、玉山小学、渡江小学、永和小学等8所中小学进行督导评估，通过核查资料、实地查看、个别走访调查、随堂听课等方式进行评估，8所中小学通过州级督导评估。县教育局督查组配合教育科组织负责义务教育均衡发展的校长或副校长对全县13个乡镇办事处的学校进行检查，发现个别学校资料不规范，印证材料不充分，提出整改意见，要求限期整改。12月，督查组配合人力资源科对瓮安中学、县示范幼儿园、天文中小学、平定营中小学、草塘中小学、中坪中小学等12个学校进行校长绩效考核和学校目标考核，对校长德、能、勤、绩等各方面打分。10日，县督查考核局发《关于全县史

县教育局督查组到瓮安一小检查假期校园安全工作（2015年摄）

瓮安县教育系统全体专兼职纪检监察干部（2016年摄）

志工作开展情况的督查通报》，全县部门志出版2部、完成终审2部、完成复审志书2部、完成志书初稿单位7个、进入志书初稿编纂单位27个、进入志稿资料收集阶段单位16个、制订编纂方案和落实经费单位4个、召开会议做准备启动单位12个，县教育局进入志书初稿编纂工作，在组织编纂工作中受表彰。14日，州政府教育督导室印发《对瓮安县推进县域内义务教育初步均衡发展督导评估的报告》，随机抽查3镇1办事处的学校9所进行评估，8所学校在图书、教学仪器设备、计算机、音体美器材等方面不达标，未获认定。督导评估组督促县政府将2014年前拨到专户上的教育专项经费共计1125.2万元收回国库的教育经费拨付教育，教育部门将设备补充到位，州政府将在2016年1月30日前组织复查，整改合格后方能认定。

表19-1　　县教育督导室主任、副主任一览表

职　务	姓　名	性　别	民　族	任职时间	籍　贯
主任	张国仑	男	汉	1994.2—1998.4	贵州瓮安
副主任	丁锡连	男	汉	1996.4—	贵州瓮安
主任	王幼石	男	汉	1998.5—2007.2	贵州瓮安
副科级督学（主持工作）	张世德	男	汉	2010.12—2013.6	贵州瓮安
主任	张世德	男	汉	2013.7—2014.10	贵州瓮安
主任	王登国	男	汉	2014.11—	贵州瓮安
副主任	沈　军	男	汉	2014.11—	贵州瓮安
县教育局内设督查组组长	杨德元	男	汉	2014.9—	贵州瓮安

第二节　纪检监察

一、纪检查处

1951年，龙井初小教师吸食鸦片1人，记大过1次，调小教班学习；教师参加土匪被免职5人；龙兴村村小教师不适宜教学，给予免职回家参加劳动生产1人。3月20日，瓮安中学教师、职员因参加特务组织，由县政府扣押处理2人。5月19日，完小教师过去犯错，作免职处理6人。23日，瓮安中学教师庇护地主阶级女生，与其恋爱私藏该女物资企图逃避清算，受撤职处分1人。6月6日，第二区印山村小教师因政治面目不清，走反封建斗争道路，

不宜教学，给予停职1人。12月14日，花桥村村小教师保地主成分，平时教学时极为封建，打骂学生，经工作组教育，多次不改，开除工作籍1人。23日，银盏村村学教员属地主成分，群众斗争不低头，家中浮财竭力隐藏，不予清偿，县政府给予免职1人。1952年3月9日，教育系统旧意识浓厚、迷信思想深，无政治觉悟，不堪改造，动员回家生产3人；“三反整风”运动中，抵抗三反运动，拒不坦白，经三反整风主席团研究给予撤职处分3人，历史交代不清给以停职处分3人。

1954年1月23日，县政府整理教师黑名单17人。3月9日，小学教员系反革命分子，混入革命阵营，被公安局逮捕关押，开出工作籍2人。6月4日，瓮安二区龙井小学教师因与女教员（有夫之妇）发生不正当关系，给予行政记大过处分1人。8日，银盏小学修建校舍，学生在楼梯上传瓦，房屋倒塌，造成学生重伤8人，轻伤20人，对校长给予撤职调离他校处分，给予主任开除工作籍，对5名教师给予批评教育、警告处分。给予包工头处2年徒刑，给予包工人员1人处徒刑6个月。1955年8月28日，混入教育系统中的反革命分子及地痞流氓被公安机关逮捕，作开除处理5人。1957年1月13日，太平小学教师不遵守请假制度，不按时到校工作，作停职处理1人。10月4日，建中学区白水初小教师在工作中三心二意，乱搞男女关系，未经领导同意不假外出，经县人委会批准，对其作撤销工作的处分1人。

1958年1月，瓮安清查出文教系统右派分子，送劳动教养19人；教师长期调戏女生，挑拨师生之间关系，品质恶劣，给开除留用察看处分1人。2月，木老坪完小校长乱发言论，表现消极，免去校长职务；中坪小学教员思想反动，仇视社会主义制度，作开除工作籍处理1人；老坟嘴小学教师对工作不负责，与乡干部闹不团结，坚持地主立场，乱搞男女关系，作开除工作籍处理1人；白沙小学校长攻击党领导，污蔑农村干部，歪曲事实，攻击党的农业合作社政策，否定党的宣传工作，挑拨城乡工农关系，作撤销校长职务处理；教师参加国民党三青团，在审理中不作交代，隐瞒事实，给予行政开除留用查看处分1人；教师乱搞男女关系，屡教不改，品质十分恶劣，作开除工作处理1人。4月4日，营定街小学教员在新中国成立前任国民党区分部委员（组织委员长），代理区分部书记，经手国民党员所交党费，工作中隐瞒事实，工作表现不好，给予开除工作籍、进行劳动改造1人；雍阳区梭罗初小教师新中国成立前担任国民党区分部宣传委员，党选伪镇长，是反动党团骨干份子，给予开除工作、回家监督生产1人；雍阳区三合初小负责人解放前担任三青团区队长，写反动标语，进行反动宣传，根据肃反政策界限，开除回家、监督生产；银盏小学教师人在任职期发展成为国民党员，属于反动党团骨干分子，开除工作籍、回家生产1人。6月，建中小学教导主任参加国民党三青团，拒不交代，隐瞒错误，给予撤销教导主任职务；教师参加国民党训练班，后经人检举不作交代，隐瞒历史问题，予开除处分1人。7月，天文小学、松坪小学教师参加伪国民党三青团的历史事实，给予行政上记大过处分各有1人。10月29日，高水完小教师参加三青团，拒不交代，隐瞒错误，给予行政记大过处分1人；果水小学教师贪污，乱搞男女关系，给予开除留用察看处分1人，并追回全部赃款。11月，太平完小教员新中国成立前曾参加国民党，并任要职，在肃反运动中，查证属实，给予开除工作2人，交群众监督改造；云南寨小学教员新中国成立前参加过土匪，攻打过人民解放军，经任匪部军需的事实隐瞒，系土匪骨干分子，给予开除工作、交群众监督改造1人；珠藏区桂花乡民办教员新中国成立前参加国民党，系反革命分子，给予开除工作、交群众监督改造1人。12月，新华教员属反革命分子，开除工作籍、社区群众监督改造1人。有反革命分子2人下放劳动改造；草塘中学、草塘完小、平兴初小教员属反革命分子，开除工作籍下放劳动改造各有1人。1959年1月，太平完小教员参加国民党，开除工作籍、交群众监督生产1人；桂花乡民办教员新中国成立前参加国民党，系反革命分子，开除工作籍、交群众监督改造1人。

1960年2月3日，县文教局副局长受严重警告处分1人。9月，雍阳小学教员贪污公款225元、粮票80斤、糖票4斤，给予行政记过处分1人；道坪谷汪小学教员贪污公款250.9元，给予记过处分1人；牛场翁巴小学教员因文化活动盗窃，违法乱纪，给予行政记过处分1人；永和萍水小学教员贪污343.93元，给予行政记大过处分1人；永和车地小学贪污421.5元，给予撤职处分1人；平定营小学教员贪污908.85元，给予行政记大过处分1人；太文小学教员贪污公款606.25元，作开除回家、交群众监督生产处分1人；木老坪小学教员贪污444.5元，给予开除留用察看处分1人；中坪果水小学教员贪污90.87元，给予行政记大过处分1人。1962年，教育系统犯严重贪污行为的有4人、投机倒把的有14人、挪用公款34人、搞不正当男女关系，分别受相关处分15人。县教育局共收到来信来访412件，做到及时处理和答复。1964年，雍阳小学教师用反动口号污蔑党的政策1人，被逮捕法办；荣院小学教师坚持反动立场，受开除工作籍处分1人。12月，县三级干部会议中，揭露阶级斗争在整个教育站线上的各种反映，并宣布对坚持反动立场者进行反攻倒算，对投机倒把、贪污盗窃、乱搞男女关系而道德败坏、利用教学向学生灌输反动思想教育的教师做出开除工作籍处分5人。1969年1月，中坪小学教师谩骂毛主席和涂画毛主席像，经公安机关调查后报请县革委定为反革命犯罪行为，给予开除团籍、行政记大过处分1人。

1970年9月5日，营定小学教师因政治问题被清除，送回原籍劳动改造1人；中坪小学教师因政治历史问题，受开除工作籍下放到农村劳动的处分1人。1971年11月29日，城关小学教师动手打税务所干部，受开除工作籍并下放劳动锻炼的处分1人。1972年1月13日，木引小学教师因男女关系，道德败坏，作退职回乡参加生产外分1人。1973年6月1日，县委发文撤销1970年9月5日对教师处理的决定，同意草塘区龙井小学、草塘区太平小学、珠藏区荣院小学、雍阳区青山小学教师撤销处分后作退休或退职处理，享受工资待遇和恢复工资级别4人。1974年4月4日，建中小学教师因在整风运动中划为右派分子，受开除公职处分，经研究决定，恢复政治名誉和工作籍1人。13日，经公安机关配合有关部门反复调查，认为中坪小学教师于1969年谩骂领袖一事属实，根据当时情况，属于说错话，而且本人作反复检查，接受群众批判，认错态度好，关于涂画毛主席像一事，经反复调查，不能认定，对李某进行免予纪律处分1人。1975年4月，县教育局对在果水小学、柏香小学、永和小学实习的瓮安师范毕业生作辞退处理3人，该3人均未结婚而与未婚夫发生男女关系，致使婚前怀孕；永和小学教师对女学生要流氓行为并试图强奸，经调查属实后决定给予开除工作籍留用察看的处分1人；中坪区果水小学教师谈恋爱过程中发生不正当的两性关系，决定给予记大过一次处分1人。12月28日，经县委落实政策领导小组复查，决定撤销1975年9月5日对营定小学教师的处理，同意其退职，按本人原标准工资的百分之四十按月发给救济费1人；县委落实政策领导小组对城关小学教师于1971年11月29日动手打税务所干部受开除工作籍处分进行调查，认为当年处理过重，决定撤销1971年的处理决定，安排工作恢复其原职原工资，并在行政上记大过一次的处分1人；中坪小学教师因政治历史问题于1970年8月受开除工作籍下放到农村劳动的处分，经调查当年处分不当，决定撤销1970年对该教师的处分，安排工作按原工资级别发给1人。

1976年2月23日，县委组织部对小河山小学教师奸污学生给予开除工作籍的处分1人。4月21日，草塘中学试用教师犯奸污罪被判刑5年徒刑1人。5月21日，县委组织部对草塘小学教师与学生发生性关系作开除工作籍留用察看的处分1人。1977年3月，木引小学教师诈骗赌博，给予开除工作籍、留用察看处分1人；雍阳小学教师因与不满结婚年龄女生结婚，给予记大过处分1人。5月，木引小学教师因工作不负责任，经常进行游玩，骗取钱财，大肆赌博，影响极坏，给予开除工作籍留用察看处分，下放水库工地劳动锻炼1人；草塘小学教师支援湘黔铁路建设中，不假外出，擅离工作岗位，数年无音信，经研究决定作自动离职除名处理1人。1978年10月，瓮安中学教师教唆学生犯罪的定性错误，给予平反，恢复名誉2人；恢复草塘太平小学教师、老坟嘴小学教师工作籍各1人；木引大坝民校教师充当“活佛”，散布迷信言论，给予留党察看1年处分1人。11月，恢复教师工作籍4人。12月，恢复教师因原处分不当的工作籍12人。1979年1月22日，撤销对瓮安二中教师受开除留用察看的处分1人。2月26日，恢复教师的工作籍和名誉权1人。3月，撤销永和长井小学教师受开除工作籍、管制3年的处分，恢复工作籍1人；恢复水耳民办教师党籍、工作籍1人，恢复朵丁小学教师工作籍1人（右派问题）；撤销瓮安中学、玉山小学、草塘中学、岩坑小学、岚关小学、草塘桃源小学、永和区章阁小学教师错划为右派的处分，恢复政治名誉和工作籍各校1名；撤销雍阳区玉华小学教师因言论定为异己分子、受开除工作籍处分，恢复工作籍1人。4月，恢复玉山小学、永和朵丁小学、玉华小学、龙井小学、松坪小学、珠藏荣院小学、中坪区沙坝民校教师政治名誉和工作籍各1人。17日，撤销草塘小学炊事员开除工作籍处分，对其作退职处理1人。25日，对永和小学教师因赌博和投机倒把受开除工作籍的处分，经复查，原处分过重，决定将原开除工作籍的处分改为开除留用察看1人。7月，天文平坝小学教师引诱奸污女生，给予开除党籍、开除工作籍留用的处分1人。10月，恢复龙塘小学、老坟嘴小学、木引小学、中坪区白沙小学各1名教师工作籍。11月21日，木老坪小学教师因要流氓动作，被判处有期徒刑2年，经其本人上诉，法院认为事实不存在，予以释放1人。

1981年5月5日，撤销天文中学、老坟嘴小学教师记大过处分各1人。6日，撤销草塘中学教师开除工作籍处分，恢复工作籍1人。6月3日，恢复草塘中学工人工作籍1人。11月2日，青山小学教师犯错误，经研究决定停止其党组织生活1人。12月，恢复草塘太平小学、新华小学教师工作籍各1人。1982年4月23日，恢复天文平坝小学教师的工作籍1人。5月14日，恢复建中小学教师、高坪小学教师工作籍各1人。6月5日，恢复天文区木老坪小学教师工作籍1人。7月，恢复草塘中学、木老坪小学教师工作籍各1人。16日，玉山中学教师因贩卖罂粟，贪污药费和师生的菜油，盗卖学生粮食，给予开出党籍的处分1人。10月18日，恢复木引小学教师工作籍1人。11月，恢复小开洲小学教师工作籍1人。17日，瓮安一中教师因打架斗殴致人伤残，法院判该教师有期徒刑1年，缓刑1年1人。1983年5月15日，瓮安师范1名教师因连续9个月不上班，作自动离职处理1人。1984年1月16日，教师因调戏女性，经研究决定开除其党籍，给予行政处分1人。7月14日，章阁小学副校长超生第五胎，决定给予留党察看2年、撤销其职务的处分。16日，玉山高枧小学教师于1955年8月因历史反革命罪被开除工作籍和判刑，经研究决定，恢复政治名誉，作退休处理1人。26日，恢复三合初小、银盏小学教员工作籍各1人。30日，玉山区学办1人因超生，决定给予留党察看2年的处分。8月28日，永和区永和小学教师因超生第三胎，给予党内留党察看2年的处分1人。9月14日，恢复草塘太平小学教员工作籍1人。25日，章阁小学1人因超生二胎，给予撤销副校长兼教导主任职务的处分；天文中学教员1人，因与学生发生两性关系，给予开除留用2年的处分。11月8日，恢复云南寨教员工作籍1人。28日，草塘中学教师因与社会女生发生不正当男女关系，作记过处分1人。

1985年7月，平定营小学、高枧小学、永和小学教师因计划生育超生，给予开除工作籍的处分各1人。10月14日，中坪区视导员与一考场主考教师在中小学教材过关考试中舞弊，给予书面检查的处理2人。1986年1月13日，太文小学教师因超生，受留党察看2年的处分1人。3月5日，恢复教育局受开出留用察看处分的工作籍1人。5月7日，白沙小学教师在1985年全州统考评卷中作弊，给予延期3个月转正定级的处分1人。6月10日，恢复白沙小学教师工作籍1人。26日，教育系统自动离职处理7人。27日，城关二小教师在中考监考中失职，丢失考生答题卡及备用试卷，给予行政批评教育、通报全县、取消当年考试工作人员资格的处分2人。8月6日，教育系统自动离职处理4人。19日，草塘小学教师体罚学生，给予行政批评教育，并全县通报1人。31日，小河山辅导站站长利用工作之便贩卖烤烟，给予行政记过处分。9月1日，玉华中学教师教唆学生报私仇打乡干部，给予教师行政警告处分3人。11月19日，木引小学教师因超生三胎，给予开出工作籍的处分1人；恢复教育局干部1984年受开出留用的处分的工作籍1人。12月4日，中坪柏乡小学教师挪用公款，违反计划生育，给予辞退1人。1987年2月16日，恢复玉屏小学、营定小学教师工作籍作退职处理各1人。3月26日，草塘中学教师打骂虐待妻子，做大洋生意，作记过一次处分1

人。4月1日，恢复城关中心小学教员工作籍作退职处理1人。5月30日，玉山区渔河小学教师奸污女学生，送劳动教养2年1人。6月25日，营定小学教师做道场、看阳宅阴宅、立碑、择期等封建迷信活动，受开除留用1年的处分1。7月15日，瓮安中学教师错划为“右派”，经研究决定，将该同志由工人改为干部1人。20日，木引小学、龙塘小学各有教师调戏侮辱女生，决定给予开除留用2年的处分1人；天文小学教师与区内中学学生发生斗殴，决定给予记大过1次处分1人；玉山角旁小学教师收受贿赂500元，决定给予记大过1次处分1人。11月1日，恢复平定营村小教师工作籍作退职处理2人。1988年3月10日，丰岩小学教师因乱收资料费，多次奸污学生，给予开除留用1年的处分1人。4月1日，荣院小学教师因打学生，受记大过1次处分1人。云星小学教师因违反计划生育，给予停止公职6年的处分1人。12日，玉山小学教师体罚学生，给予记大过1次处分1人。5月10日，高水乡小龙坑民小教师因赌博，给予行政警告处分1人。玉山中学教师违反招生的有关规定，在考生户籍问题上弄虚作假，给了2人警告处分2人。31日，玉山中学教师因强奸学生多次，给予开除工作籍、留用察看2年的处分1人。7月27日，永和悦来小学教师违反计划生育政策，给予开除公职6年处分1人。恢复营定小学教师工作籍1人。9月10日，城关一小教师受开除工作籍处分1人。12月5日，深溪小学、养马小学教师因违反计划生育，给予停止公职6年的处分各1人。

1989年，恢复工作籍9人。3月9日，永和老坟嘴教师违反计划生育超生，受停止公职6年的处分1人。4月，同乐小学教师违反计划生育超生，给予停止公职6年的处分1人。6月15日，教师因酒后意欲强奸未遂，给予留党察看1年的处分1人。7月4日，丰岩小学教师违反计划生育政策，给予开除公职的处分，保留居民户口1人。5日，教师因盗窃财物，给予党内严重警告处分1人。22日，松坪小学教导主任、青龙山小学教师违反计划生育，给予留党察看2年处分2人。8月18日，桂花小学、青池小学、青龙山小学教师违反计划生育政策，给予停止公职6年的处分3人；雍阳区玉华小学副校长因调戏女青年，给予撤销副校长职务、降低工资两级的处分。20日，教育局干部，受行政处分，降低工资两级，调离教育机关工作，全县通报1人；松坪小学、桂花小学、青池小学、定营小学、大山民小、小河山小学、艾州小学教师共7人违反计划生育，予以停止公职6年的处分。28日，瓮安二中教师，为其子女考试作弊，给予行政记大过的处分，全县通报1人。30日，松坪小学教导主任因违反计划，给予撤销教导主任职务、停止公职6年的处分。10月13日，新华小学校长因没按招生规定，给予批评教育；县教研室干部因为其子女考试作弊，给予撤销教研室副主任职务、降低工资两级、调离教育机关工作、通报全县的处分1人。27日，青山小学教师私自批假，造成停课，影响学校的正常教学程序，给予全县通报批评2人。11月10日，玉屏小学教师因男女关系，给予行政记大过1次的处分1人。1990年4月26日，教师违反计划生育，给予开除党籍的处分2人。5月10日，草塘中学教师因嫖宿学生，予以开除公职的处分1人。6月18日，高水小学教师因错误言论，对其进行批评教育1人。8月1日，恢复云南寨小学、银盏小学、草塘小学、珠藏小学教师工作籍，作退职退休处理各1人。1991年，对来信来访的事件进行答复处理，招生工作共接待群众来访36人次，收到举报信19封，经过调查核实，举报信中有2人次反应不实、有17人次属实，核实后取消录取资格6人，其中，超龄生4人、外县籍考生1人。12月6日，松坪乡青池小学教师违反计划生育政策给予开除公职的处分1人。草塘镇新华小学校长为建校私刻公章，被记过处分，全县通报。

1992年5月2日，平定营镇五湖民小教师违反计划生育政策，被开除党籍1人。16日，教师违反计划生育，受留用察看2年处分，期满后给予恢复公职1人。6月4日，岚关乡教育辅导干部被行政警告处分1人。木引小学教师侮辱学生，给予开除留用2年的处分1人。8日，瓮安二中教师在中考中帮一考生在厕所送作文作弊，受行政记过处分，并调离瓮安二中1人；城关二小教师在成人中考中为学生作弊，给予警告处分1人。29日，玉山中学教师在中考中给学生提供互换考卷机会，给予行政记过处分1人。7月13日，教师因违反计划生育被开除公职，保留非农户口1人。16日，玉华小学教师在小学期末非毕业班（四年级）领卷途中偷抄试题，给予行政警告处分1人。18日，木老坪小学教师与学生发生两性关系，给予开除工作籍留用察看1年处分，并调离木老坪小学1人。12月20日，教育局中层干部被撤销职务、降低工资2级的处分1人。1993年，共收到群众来信来访62件，受理州交给的案件3件，自立案件56件，其中结案50件，结案率87%。受党纪处分1人，开除工作籍1人，记过处分2人，全县通报批评3人，取消教龄2人，取消民办教师资格10人。5月27日，永和辅导站干部在工作中弄虚作假，不执行财经纪律，给予行政记过处分1人。10月11日，珠藏小学教师违反计划生育超生一胎，给予开除公职的处分1人。12月25日，瓮安二中教师离职3个月以上，给予自动离职处分，予以除名1人。31日，经复核，牛场坝小学1人、岚关小学1人、岚关乡大坪民小2人民办教师，均不属于1986年年底前任教，决定取消民办教师资格。1994年，共收到群众来信来访52件，立案48件，结案率86.6%；省交办7件，州交办1件，县交办10件。受党纪处分3人（贪污的1人，挪用公款的2人）、政纪处分3人、腐化堕落道德败坏2人、违反计划生育超胎生育子女的1人、其他，违纪的36人。受党纪处分中，留党察看2人、开除党籍的1人；受政纪处分中，行政记大过3人、行政开除留用察看的1人、开除公职的2人、取消民办教师资格7人。6月15日，永和镇教育干部挪用公款，给予留党察看1年的处分，并被瓮安监察局给予行政记大过的处分1人。11月20日，太文小学教师与本校教师发生两性关系，给予开出党籍的处分，并被瓮安监察局给予行政记大过的处分1人。12月1日，瓮安职业中学教师与女学生发生两性关系，给予开除公职的处分1人。12日，平定营营定小学教师违反计划生育，给予开除公职的处分1人。

1995年，全县公办教师超生停止工作6年期满，同意收回安排工作13人。5月30日，草塘小学教师在1992年被错误处理，县委研究，同意恢复其工作籍1人。1997年4月20日，老坟嘴学校教师违反计划生育超生，给予行政降低工资一级的处分1人。9月23，松坪中学教师犯强奸罪，给予除名处理1人。10月9日，恢复太文小学教师工作籍1人。13日，瓮安县木老坪学校教师违反计划生育超生，给予行政降低工资一级的处分1人。1999年7月5日，岚关辅导站干部在6月26日期末全县统一素质测试泄露考卷，给予行政记过一次处分1人，1999年年度考核不合格，调离岚关乡教育辅导站；雍阳镇花桥小学教师在6月26日期末全县统一素质测试时盗出六年级数学考卷给学生讲解，给予行政记过一次处分1人，1999年年度考核不合格。11月22日，岚关乡辅导站干部被教师联名举报用公款装私人电话，在单位报销两年电话费，将书店返还的劳务费占为私有。经查实，已违反财经纪律，给予批评教育1人。2000年，县教育局共接待师生及群众来信来访21人次，自办信访案件12件，结案率100%，追回贪污挪用公款1.19万元。5月23日，对铜锣小学教师3人、峰岩小学教师1人、小河山小学教师1人、青池小学教师1人、老坟嘴学校教师1人、大坝小学教师1人、新川小学教师1人、岚关中学教师1人、天文中学教师1人、果水小学教师1人，共12人作自动离职处理，不再享受国家公职人员的任何待遇。6月20日，对荣院小学、长寿坝小学、铜锣小学、建中小学教师各1人和白沙中学教师2人，共6人，在5月13—14日成人高考中，请他人代考被抓获，给予行政警告处分，取消录取资格，2000年年度考核不合格，并全县通报。7月1日，县监察局对银盏学校教师行政处分1人。8月18日，瓮安二中、瓮安三中教师各1人在7月6日高考中，没有履行主监考教师职责，造成3名学生考卷雷同，作零分处理。县教育局对其2人给予全县通报批评，取消2001年国家级各类考试考务资格，2000年年度考核为不合格。10月10日，县纪委做出《关于禁止机关党员、领导干部大操大办酒席的规定》，禁止机关党员、领导干部借本人及家庭成员以乔迁新居、工作调动、升学、当兵、生日、生小孩等名义借机敛财操办酒席，婚丧嫁娶酒席控制在25桌以内，不准用公车接亲送葬，禁止绕道声张、游城炫示。

2001年7月5日，珠藏中学教师1人、天文中学教师1人、希望中学教师5人、草塘中学教师5人在6月会考中为考生作弊，给予教师行政记大过处分12人，并全县通报。8月4日，高坪小学教师违反计划生育超生二胎，给予开除公职的处分1人。15日，草塘希望中学教师在6月19日晚上调戏女学生，又在6月22日为考生作弊，给予行政记过处分1人；瓮安中学教师在6月19日晚上调戏女学生，给予该教师行政警告处分1人。9月27日，草塘中学领导在6月21—22日会考期间擅离职守，造成学校教师舞弊，负有领导责任，给予行政警告处分1人。11月23日，桃子冲小学教师因擅自增加学生收费项目，侵占工程款，给予党内严重警告处分1人，并全县通报。11月30日，银盏学校、小开洲小学教师违反计划生育超生二胎，给予开除党籍处分2人。2002年5月28日，任家坪小学教师犯侮辱罪，给予行政开除公职的处分1人。7月4日，石板坪小学教师犯诬告陷害罪，给予降低两档工资的处分1人。8月22日，教育系统教师未按规定办理手续离职，根据相关规定予以辞退46人。2003年，接待群众上访10人次，调解较大纠纷案5起查处，违纪案3人（政纪处分2人、党纪处分1人）。9月20日，建中高榜小学教师因强奸学生被判处有期徒刑7年，予以除名1人。马场坪小学教师因强奸学生被判处有期徒刑4年，予以除名1人。11月10日，牛场坝学校教师与校长发生不正当的两性关系，给予行政记大过一次的处分1人。2004年9月9日，县教育局对人大建议4件、政协提案1件办结完成，办理结果反馈均为满意。2005年，岚关中学、城关三小、瓮安中学、小河山学校、希望中学、草塘中学教师共11人不假外出，予以辞退。7月18日，中坪中学领导因收受贿赂工程款1.6万元，给予党内警告的处分1人。11月10日，老嘴学校领导，因在学校建设中收受2万元贿赂，法院判受贿罪，免于刑事处罚，县纪委决定给予党内警告处分1人；天文镇下堡陇小学教师违反计划生育，超怀3胎，给予行政开除公职的处分1人；教育局领导酒后驾车，导致车祸致人受伤，给予行政记过处分1人；瓮安三中领导收受贿赂2万元，给予党内严重警告处分1人。11月24日，铜锣中学教师赌博被公安机关被抓，给予行政警告处分1人。

2006年6月9日，瓮安中学、希望中学、天文中学、白沙小学、小河山学校教师不假外出予以辞退共7人。2007年4月，新招考教师未按报到上班，决定取消其聘用资格5人；草塘中学教师被辞退2人。5月28日，平定营小学教师因违反计划生育政策，给予行政开除公职的处分1人。9月19日，铜锣小学、高水中学共教师不假外出，予以辞退3人。11月28日，瓮安县城关一小教师不假外出达3个月，予以除名1人。12月，岚关中学教师1人、瓮安职校教师3人志愿申请辞职，县局同意辞去公职。2008年，接到来信来访件108件，已办结93件。6月18日上午中考，珠藏考点第149考场，监考教师收答题卡时漏1张在教室里，造成严重错误，经研究决定对2名监考教师给予警告处分和通报批评，给予考点负责人通报批评1人。8月31日，县教育局发《关于希望中学领导班子在招考选调教师中严重违纪行为的情况通报》，希望中学校长于2008年8月13日上午主持召开校委会，经参会人员建议，集体讨论通过，改变学年初由全体教职工讨论并签字的教师量化考核方案（2007—2008学年第二学期），并增加分值为15分的学校领导综合考评分，取平均分计入其中。通过这一临时变通原始量化考核方案后，使本不具备报考资格的2名教师获得报考资格。在公示期间，组织上经过调查核实，认定希望中学行政领导集体对教师量化考核中舞弊事实成立，经县招考领导小组会议研究决定取消2名教师的选调资格，给予校长行政警告处分，责成希望中学行政领导班子成员7人向县教育局党组写出书面检查，对希望中学行政领导班子成员在全县教育系统给予通报批评。10月20日，城关第二小教师因犯猥亵儿童罪，被县人民法院判处有期徒刑5年1人；大寨坪小学教师因犯盗窃罪被县人法院判处有期徒刑1年、处罚金3000元1人。县局党组给予教师开除公职的处分2人。

2009年，办理县委、县政府、县纪委交办信访件52件，其中，协助监察局查办超生案1宗、查办纪委交办信访件9件。接待群众上访和电话投诉74人次，参与疏导、解释、接待、处理集体上访7次，配合县委、县政府信访维稳5次。配合县纪委监察局调查处理教师参与非法拘禁案1人、教师支持犯罪分子逃跑案1人、教师参与黑社会性质罪案等1人，并对其给予行政降级处分及开除公职处分。下发《瓮安县教育局关于进一步规范学校收费、严格办学行为的通知》《关于开展全县教育收费专项检查的通知》对全县教育乱收费进行治理。1

月6日，县法院下达《刑事判决书》，瓮安职中教师在2008年6月28日主动参与打砸县政府办公大楼空调外机、窗户玻璃、电脑一事判处有期徒刑2年1人。11日，松坪乡民办教师超生，予以开除工作籍1人。3月，教育局、监察局、物价局、财政局组成检查小组，对全县中小学收费情况进行检查，对存在的问题给予纠正和规范。4月，组织查实有偿补课，责成相关责任人写出书面检查，共清退金额7.12万元。21日，县教育局干部被县政府通报批评1人。8月5日，州人事局发《关于对余某某在2009年度全国专业技术人员计算机应用能力考试中违纪行为的处理决定》，瓮安中学教师在网上报考全国专业技术人员计算机应用能力考试时，与监考教师串通作弊1人，决定给予其2009年计算机应用能力考试当次该科目考试成绩无效处理。18日，对铜锣乡和平小学教师被法院判处有期徒刑11年后作开除公职处分1人。

2010年5月，瓮安职业中学政教主任因处理教师纠纷不当，致使教师受到伤害，给予免去政教主任职务处分；瓮安二中教师被检查检察机关认定参与帮助犯罪分子逃避侦查的密谋，给予行政降级处分1人；中坪镇新土小学教师成为黑社会性质组织成员，参与非法拘禁殴打他人，给予行政降级处分1人；珠藏中学教师涉嫌参加黑社会组织，给予行政开除公职处分1人；瓮安第二中学教师参与帮助犯罪分子逃避侦查的密谋，并支持实施犯罪人员外出逃避，给予行政降级处分1人；给予珠藏中学教师开除公职处分，报请县政府审批决定1人。7月17日，县教育局发《关于转发瓮安县依法处置非正常上访行为办法的通知》，对非正常上访行为按照"触犯法律处置到位""违法犯罪的百分之百处置到位"进行处置，处置的方式有劝导教育、警告、训诫、行政拘留、劳动教养等，涉嫌构成犯罪的依法追究其刑事责任。18日，县教育局发《关于做好治理教育乱收费规范教育收费有关工作的通知》，各学校执行收费公示制度，通过公示栏、公示牌等形式，将收费项目、收费标准、收费依据、收费对象、计费单位、举报电话等进行公示，接受上级治理乱收费联席成员单位和县纠风办、监督局、发改局、财政局、审计局、物价局等部门的检查和会的监督。农村义务教育阶段学校在学生自愿的前提下可以向学生代收作业本费、向自愿在学校就餐的学生收取伙食费，除此之外不能再收取任何其他费用。城市义务教育服务性收费、代收费必须按批准的项目和标准收取。8月24日，县教育局做出《关于选派部分教师在县城中心学校跟班学习的决定》，选派师德师风差、违反教师职业道德、毁坏教师形象、长期不钻研业务连续2次教学成绩排名本乡镇（小学）或本校（中学）倒数第一名或总成绩处于本乡镇（或本校）平均成绩的60%以下者，安排到县城学校跟班学习。学习时间不少于三个月，三个月后经考核合格、师德水平和教育教学能力达到要求者回原学校工作，否则继续学习直到达到要求为止。跟班学习期间食宿由本人自理，原学校工作由本人请人代课并每月开代课工资1000元。9月30日，县教育局发《关于牛场坝学校一教师上班期间醉酒、严重扰乱会场秩序的通报》，决定对该教师醉酒扰乱会场的行为进行通报全县处理，并安排到实验学校跟班学习。12月31日，青池小学教师注射海洛因被草塘派出所当场抓获，强制戒毒两年，给予记过处分1人。

2010年1月，教育局与各校签订《党风廉政建设责任书》《信访维稳工作责任书》，并按规定执行全员承诺制。局党组书记与党组成员、党组成员与股室负责人分别签订《廉洁自律承诺书》，实行责任分解。对全县2900多名编制外代课教师进行清理补偿兑现，到木老坪、天文、中坪等乡镇上访代课教师进行主动下访和慰问，缓解代课教师集体上访的突出矛盾。县教育局组织5个检查小组，对全县中小学收费情况进行检查，对存在的问题给予纠正，全系统没有出现乱收乱购行为。2月10日，对瓮安二中集体补课并收取补课费一事进行处理，责令停止本次有偿补课，对已收取的补课费造册清退，对二中领导班子进行集体谈话并做出批评。3月25日，对瓮安中学每生交费150元自发性补课进行处理，对已收取150元补课费造册清退。5月17日，牛场坝学校干部在普通话测试中存在舞弊行为，给予免去副教导主任职务1人，调羊鹿小学，普通话作零分处理，半年内不得参加普通话测试，并在全县通报批评。7月4日，实验学校派到瓮水司小学的支教教师在普通话测试中舞弊，给予继续留在瓮水司小学工作处分，并全县通报批评1人。10月10日，教育局青少年活动中心干部因2008—2009年担任工程办工作非法收受工程承包款2.6万元，给予行政警告处分1人。11月，对可能涉及稳定的学校聘用人员和未上课教师情况进行清理，对各校聘用保安未落实聘用手续等问题进行整改。局纪检组对各校的小型维修等要求公开招标或议标项目进行监督，做到工程建设合理、合法、按时和高质量完成，全程参与监督中小学危房改造、学生校舍改造等工程7个。执行《信访工作条例》，把信访工作领导责任制落到实处，教育局按“三依法”办理信访和上级交办转办案件，根据群众来信来访提供的线索，查办违纪违法案件，对来访群众不激化矛盾，不上交矛盾，将问题解决在基层，做到群众来信来访件件有答复、事事有结论。12月，教育局干部受贿1.6万元，给予留党察看1年的处分1人；教育局领导干部在任职期间收受工程贿赂款4万元，给予留党察看2年的处分1人；教育局领导干部受贿4.9万元，给予留党察看2年的处分1人；教育局干部受贿1.2万元，给予行政记大过的处分1人。

2011年，查处4所学校乱收费120余万元，责令其造册如数清退，对相关责任人进行处理。对全县10个中小学学校工程建设和物资采购的进行监管，完成教育部交办信访件3件、国家信访局交办信访件1件、省政府交办信访件1件、州教育局交办信访件4件、县纪委及其他部门交办信访件25件、自办信访件14件，并件件有答复、有调查报告，答复处理群众来电来访50余人次。6月15日，下发《瓮安县教育局关于清理和规范中小学订校服、班服及征订教辅资料的紧急通知》，对全县各校订校服、班服及征订教辅资料进行清理，并对今后订校服、班服及征订教辅资料进行规范。2012年，收到来信来访46件，办结43件。对全县6所中学工程及大宗物资采购招标进行监督，完成教育部交办信访件1件，完成县委、纪委、信访局交办信访件10件、自办信访件5件，答复处理群众来电来访50余人次。5月，对第四中学乱收费行为予以全县通报，责成校长、副校长配合班主任、年级组长造册签字清退资料费、活动费每生180元，责成校长向教育局写出书面检查，教育局纪检室对四中领导班子进行诫勉谈话1次，并对此乱收费行为提出批评；天文中学校长涉嫌受贿5万元，犯受贿罪被依法逮捕，予以开除党籍；珠藏中学校长收受承包食堂经营权贿赂款2.2万元，犯受贿罪，给予校长记大过处分。8月28日，对高水中学漏报支教教师成绩的情况进行通报批评，对校长和直接责任人给予通报批评并责成写书面检查。11月20日，州纪委、州教育局、州监察局通报中小学校长及负责人违规收受“学平险”手续费共计28万元，涉及49所中小学和中小学现任或原任负责人59人，并对其一一进行约谈，对违纪的人员进行相关处理。

2013年，县教育局发《关于开展2013年春季学期教育收费专项检查的通知》《关于开展2013年春季开学工作检查的通知》《关于开展2013年秋季开学工作检查的通知》，对全县各级各类学校教育收费、教辅资料征订情况进行专项检查，全县非义务教育学校能严格按照上级文件规定项目收费，没有擅自扩大范围立项乱收费和搭车收费现象；义务教育学校没有乱向学生收取费用；保险费按程序操作（本着学生自愿原则）；各校财务能实行收支两条线管理规定；全县学校严格按照省教育厅的教学目录订购教材和教辅资料，未发现学校有私自乱订教辅资料行为。3月11日，教师注射毒品而被公安机关强制隔离戒毒2年，给予降低岗位工资等级处分1人。6月，教育局纪检组把全县各级各类学校校长分为5批次，分别就《中华人民共和国教育法》《中华人民共和国教师法》《中华人民共和国未成年人保护法》、学生营养改善计划的实施、校务公开、学生校服采购等方面进行谈话，校长履行“一岗双责”，抓好教师师德师风建设。8月28日，全县各校对账户往来款项、其他账户中开支的各种费用进行清理、自查，局审计室对各校财务的审计和检查，未发现教育系统内有私设“小金库”行为。9月，教育局党组组织全局职工集中开展“三个一”活动，每位党员干部算好经济账、名誉账、家庭账、政治账、友情账、健康账、自由账。12月20日，县教育局发《关于对银盏学校保安收取学生零用钱、体罚学生问题处理的情况通报》，查实银盏学校保安收住校生零用钱及体罚学生一事属实，决定对银盏学校教导副主任，分管安全、保卫工作，就地免职处理，责成银盏学校校长向县委、县纪委、县教育局党组作检讨，责令银盏学校督促保安对在学生中收取的9745元罚款和押金进行清退并向学生及家长道歉，责令银盏学校与保安解除劳动合同关系。2014年，调查处理信访10余件，对学校校长、教师、局计划财务科、农村教育核算中心、工程办和新任各中小学校长40余人开展勤政廉政约谈，对违纪教师给予开除公职处分2人。县教育局下发《瓮安县教育局“三重一大”事项集体决策实施细则》，规范和监督领导班子的集体决策行为，规范教育局对重大事项决策、重要人事任免、重大项目安排及大额度资金使用情况的运行程序，加大用制度管权、管人、管事的力度，建立健全惩治和预防腐败体系。教育局纪检组组长实现转职能、转方式、转作风“三转”，纪检组组长不再分管业务工作。3月25日，县教育局发《关于开展清理教育收费、规范办学行办的紧急通知》，禁止学校以方便教师教学和保障学生安全等名义强制或变相强制学生及家长购买手机（翼校通）、开通“家校通”和“校讯通”，禁止学校组织和参加任何带有商业色彩的活动，禁止学校、班级强制学生购买教辅资料，禁止学校进行有偿补课和教师从事有偿家教，禁止学校、教师、食堂工人、学校保安以各种理由进行乱收费、乱罚款，禁止公办幼儿园向学龄前儿童家长收取保育教育费和取暖费以外的其他费用。28日，平定营教师辱骂、体罚学生，给予通报批评1人。7月16日，县公安局发《关于2014年上半年全县师生涉嫌违法犯罪情况的通报》，上半年查破涉及在校师生的违法犯罪案件30起，刑事案件23起，治安案件7起，涉案师生63人，涉案老师2人、学生61人。教育局发《关于进一步规范外出学习考察活动的通知》，各学校经批准后组织的外出学习培训，应选择就近或符合学习考察要求的地点、线路，控制批次和人数，明确学习考察的地点、内容与时限，不得擅自延长时间、改变路线、增加地点或中途滞留，经费使用做到勤俭节约，按规定和标准开支。中学、中心小学校长、幼儿园园长出县须报教育局包片领导、出省须报局长批准，教职工外出须向校长报告外出意向。学校组织教师外出考察学习，首先经学校领导班子研究决定，并拟订考察学习方案，对涉及考察活动的组织领导、地点、内容、时间、人员、经费、纪律、安全、行程表等做出明确规定，经教育局教研室、计财科、教育科分别就考察内容、经费、安全等进行审核后，报教育局党组集体研究，最后报县政府同意后方可进行。11月25日，1名教师猥亵女儿童的行为构成妨害社会管理秩序，决定给予开除公职处分。12月30日，教师参与其妻伪造法律文书、企图骗购廉租住房的行为构成妨害社会管理秩序，给予警告处分1人。

县纪委检查组督查“三重一大”及上班签到情况（2015年摄）

2015年，共召开“三重一大”会议18次，组织局机关科室以上负责人、全县各中小学校长集中开展警示教育2次，组织瓮安二中全体教师到北斗山监狱接受警示教育1次，在履职履责发现问题栏目中上报问题线索31条，处理办结问题线索31件，其中，转立案自办案件9件、办结9件，给予教师政纪处分8人，利用“随手拍”系统督促各校张贴百姓“随手拍”宣传资料260余份。1月4日，小河山大河小学1名教师强奸幼女被判刑，教育局给予开除公职处分。3月，下发《瓮安县教育局关于下发〈瓮安县教育局“三重一大”事项集体决策实施方案〉的通知》，明确“三重一大”集体决策事项各项要求，履行监督职责，监督同级党委班子成员执行集体议事规则，监督“一把手”执行末位表态制，执行“三重一大”会议报备制度，接受县纪委的监督与指导。4月，安排专职工作人员1人负责“两个平台”的录入工作，对教育局党组主体责任和局纪检组监督责任进行责任分解，加强党组负责人、班子成员及科室负责人行使人权、财权、物权、事权的监督。5月，县教育

教育局纪检组接待来访群众（2015 年摄）

纪检组参与县纪委对全县九年义务教育和幼儿园学生 2013 年和 2014 年度学生资助资金管理使用情况进行全面检查，检查中未发现挤占、挪用、贪污学生资助金的情况，对发现的其他问题督促相关学校整改，并将整改情况向县纪委第二纪工委专题汇报。6 月 16 日，老坟嘴乡牛坡小学校长发生不正当男女关系，给予免去校长职务处分。9 月 6—20 日，教育局针对甄选适合约谈问题线索及问题线索共 13 条，针对出现的廉政风险点、苗头倾向性和工作中的不足，共约谈局机关中层以上干部 20 人次，专题约谈中小学校长 12 人次，集体约谈全县中小学校长、园长 2 次，对问题线索、“两个责任”以外的人员共约谈 124 人。11 月 4 日，高水中学教师 1 人操办乔迁新房酒，给予违规操办酒席教师行政记过处分，并写出书面检讨，所收礼金 41550 元全部收缴财政，对违规酒席吃请的 17 人及所在单位负责人给予通报批评 15 人。

二、党风师风

1959 年，以公社为单位集中全县教师 1700 多人，利用一个星期学习八届八中全会文件。学习反“左”倾、“大跃进”和反浪费、厉行节约，总结 1958 年“大跃进”所取得的成绩经验，指出存在的问题、缺点、错误。核查个人的右倾思想和一切非社会主义思想，贯彻党的教育方针。在学习中对 1958 年的“大跃进”作正确的估价，教学和实际生产相结合，师生参加大炼钢铁运动既炼钢铁也炼人，进行勤工俭学，为国家创造财富，为学校增加收入，解决部分学生的困难和校教具不全、不完善的问题，又增加学生的生产知识。1965 年，瓮安五个区以 5~7 天时间先后集中培训耕读教师 366 人，学习党的教育方针、毛主席教育思想、刘少奇的讲话、优秀教师的先进事迹，听形势报告，提高思想觉悟。

“文化大革命”期间，利用“一个小学生的来信”和“日记摘抄”批判所谓的“师道尊严”，对老师进行批斗。

1993 年 7 月 13—19 日，组织全县教职工学习《中国教育改革和发展纲要》《中华人民共和国教师法》，收集心得体会 109 篇、学习总结 69 篇，其中，选送到州教委进行交流 12 篇。1996 年 4 月 1 日，州教委发《关于“重铸师魂”“学海扬帆”纪实作品征文评奖揭晓通报》，州教委与黔南日报社联合兴办“重铸师魂”“学海扬帆”纪实作品征文大赛，共收到应征作品 1500 多篇，刊出 100 余篇，评出《重铸师魂》获奖作品二等奖 6 篇、三等奖 12 篇、优秀奖 20 篇、特别奖 3 篇，瓮安县太平小学 1 名教师获三等奖，珠藏中学 1 名教师获优秀奖。评出《学海扬帆》获奖作品大中专院校14篇；评出中学组二等奖6篇、三等奖9篇、优秀奖17篇，珠藏中学2名学生获三等奖；评出小学组二等奖4篇、三等奖7篇、优秀奖6篇。1999年6月14日，县教育局出台《关于进一步强化教师思想政治教育工作的意见》，在教师队伍中违法乱纪和违背教师职业道德表现在经济问题、体罚和变相体罚学生、打牌赌钱等17类现象，县教育局加强教师的法制教育和职业道德教育，各学校每周利用政治学习和会议时间学习《教师职业道德规范》《中华人民共和国教师法》等法律法规，学习“讲学习、讲政治、讲正气”，简称“三讲”教育，创建文明单位、文明行业，开展做文明公民活动。各辅导站、学校整顿教风，将教师的教学态度和教学业绩纳入量化考核指标。在暑假全县教师以辅导站、中学为单位，以加强思想政治教育，重法制、讲师德、树新风、育新人为中心内容集中学习两天，学习期间县教育局派人督查学习情况。7月，各站、校组织教师在暑假期间学习《关于进一步强化教师思想政治工作的意见》，并进行3天讨论，教育局组织部分中学教师参加由县组织的迎回归澳门知识抢答赛，获得团体总分第三名。

2000年2月，县教育局发《关于进一步强化师德教育和开展师风大检查的意见》，决定在全县开展一次师德教育和师风大检查活动，做好师德师风建设。2001年，县教育局党组决定成立县教育局民主评议行风评议领导小组，抓好全县教育系统行风整顿开展民主评议行风工作，采取个别谈话、召开群众讨论会、问卷调查、发放征求意见稿等形式，深入乡镇教育辅导站12个、初级中学12所、中心小学12所、村级小学25所、教学点13个，走访相关部门9个，召开座谈会361人次，个别谈话96次。发放问卷调查表和征求意见表451份，收回448份，共收集意见和建议98条，经梳理为20条，分配到各股室逐条办理。县局制定理论学习制度、股室工作评价制度、深入基层制度、出差报销制度、请假制度等。2004年，开展党风廉政工作，实行“阳光行动”，加大纪检监察力度，实行局长包片、全局干部包乡镇、学校负责制，教育局与23个乡镇中小学校长和机关9个职能股室负责人签订责任状，实行责任制和责任追究制。聘请治理校园周边环境义务监督员，开展“三乱”专项治理活动，从治理中小学“乱收费、乱摊派、乱征订”入手，将“三乱”作为一票否决的“高压线”，纳入对各级校长年度目标考核，以县委“六条禁令”规范中小学办学行为，规范教师言行，从严治治教。落实两周一次理论学习制度，学习“三个代表”重要思想、“两个务必”和中共十六届四中全会精神，学习胡锦涛系列讲话，学习温家宝、陈志立关于教育问题的讲话，学习《中华人民共和国行政许可法》《学党员权利保障条例》，学习时间累计12天，教育局机关参会率达98%，每人撰写学习心得体会文章3篇。有21所学校，含局机关申报县级文明单位，参加文明行业创建活动。

2005年，在全系统开展作风建设和纪律整顿活动，以州教育局“六条纪律要求”和县教育局《瓮安县中小学教师诚信十条》来规范中小学办学行为，规范干部教师言行，处理来信来访。2006年1月22日，教育局党组发《严格遵守廉洁自律规定坚决禁止奢侈行为浪费的通知》，各级各类学校一律不准相互走访进行拜年，不准借节日名义请客送礼，局各科室抓好廉洁自律的各项工作，自觉遵守中央和省、州关于党员干部廉洁自律和禁止奢侈浪费行为的各项规定。各校做好对党员干部理想、信念和宗旨教育，引导干部职工养成健康的生活方式，增强纪律观念和守法意识，抵制赌博歪风。对违反纪律的人和事，发现一起查处一起，对情节严重、造成恶劣影响的要追究有关领导的责任。7月10日，县政府纠风办、县教育局印发《瓮安县各级各类学校行业作风建设测评方案》，于7—12月对全县各级各类学校行风建设、师德师风建设、教育收费、校务公开、内部管理等方面进行测评，采取电话举报、明察暗访、社会问卷等调查方式征求社会意见，参评人员为学生家长、人大代表、政协委员、民主党派人士和机关工作人员，测评结束后通过新闻媒体公开通报测评结果。

2008年4月1日，县教育局党组发《关于印发局机关党风廉政建设实施方案的通知》，在党风廉政建设工作中制定责任网络、责任内容、责任考核、责任追究等，针对局机关依法行政出现的新情况、新问题以及教育纠风建设中出现的“热点”问题，研究制定廉政建设工作计划，在选拔任用干部、行政执法、生活等方面做到清正廉洁。20日，县教育局发《关于印发机关干部作风教育整顿活动实施方案的通知》，决定在局机关开展干部作风教育整顿活动，成立以局长为组长的机关作风教育整顿领导小组，制定《瓮安县教育局机关干部作风教育整顿活动实施方案》，对教育局全体职工在思想观念、工作作风、履行职责、学风、廉洁自律、精神状态6个方面进行作风整顿，从7月21日起至9月27日止，共分学习提高、统一思想，听取意见、深刻剖析、查摆问题、民主测评，强化措施、落实整改，巩固提高、回头检查等四个阶段进行。7月14日，县教育局发《关于聘请师德师风监督员的通知》，决定聘请瓮安县德高望重的老领导和相关部门的负责人为师德师风建设监督员20人，监督检查全县中小学、幼儿园贯彻执行党和国家的教育方针、全面实施素质教育、依法治教情况，监督检查学校把德育工作放在首位、加强师生的思想政治工作情况，监督检查学校坚持校务公开、按上级教育行政部门的规定开齐课程，开足课时情况，监督检查教师依法执教、按学校课表正常教学情况，监督检查思想品德教育、法制教育贯彻于各科教学活动之中情况，监督检查教师为人师表、遵纪守法、遵守黔南州教育局制定的《教师六不准》和县教育局制定的《教师行为禁行性规定》情况。7月15日，县教育局发《关于印发师德师风教育“6·28事件大讨论”活动方案的通知》，决定7月21日至8月20日在全县教育系统开展

县教育局举行师德师风演讲比赛（2008年摄）

“6·28事件大讨论”活动，组织教师观看“6·28事件”光碟，读几本书，学几部法，学几个先进事迹，对一些严重违反师德的案例进行剖析，讨论一些具体问题。25日，县教育局发《关于整顿会风严肃纪律的通知》，对学校会议和教育局会议作纪律规定，学校会议按通知时间准时召开，不得拖拉，迟到者必须登记并由本人在“迟到栏”签名；会议开始后参会者一律关闭手机，或设为振动模式，不得随意接打电话或擅自离开会场处理与会议无关的事务，会场不准吸烟；参会人员做好会议记录，不得交头接耳、摆龙门阵、开“小会”、看报纸或者从事其他与会议无关的活动；参会人员不准早退，特殊情况须经会议主持人批准。教育局召开的会议，各校必须按时参加，参会人员认真听会，返校后落实会议精神；中小学校长会议要求局机关人员参加的，不得缺席，因特殊情况不能参加者必须办理请假手续。8月6日，县教育局发《关于印发〈教育系统“讲文明、树新风、展形象，从我做起、从现在做起”主题实践活动实施方案〉的通知》，通过集中或个人自学的方式学习社会公德、职业道德、家庭美德、个人品德、“八荣八耻”等，教育局机关开展“甘当公仆、履职尽责”为主题的实践活动，学校在学生中开展以“学法懂法、知法守法”为主题的民主法制教育实践活动，在教师中开展“教书育人、为人师表”为主题的师德师风教育实践活动。10月24日，县教育局发《关于开展初级中学、中心完全小学述职述廉及民主评议工作的通知》，决定于11—12月对全县各初级中学、中心完全小学校长、副校长及全体教师进行测评，测评工作由学校负责。学校和个人写出近三年的学习、思想、工作等方面的述职述廉报告，提出存在的问题，然后召开座谈会、设置征求意见箱、征求意见电话、发入征求意见表、召开述职述廉及民主评议会，对存在的问题进行整改。

2009年，印发《关于聘请党风廉政工作义务监督员的通知》，对各校政务、校务、项目工程实施、专项经费使用等进行监督，完善《党风廉政建设制度》《党风廉政责任追究制度》《首问责任制度》等，进行行风评议和干部述廉述职考核，推进校务公开工作，遏制腐败现象的滋生。1月6日，县教育局发《关于进一步加强中小学、幼儿园教师管理的通知》，清理各中小学、幼儿园教师在岗情况，规范请假制度，严格请假纪律，做好师德师风教育。7月8日，县教育局发《关于继续开展中小学教师大家访活动的通知》，各学校组织开展大家访活动，完善学校与学生家庭的联系制度，了解学生及家长对学校的要求。2010年5月6日，县教育局发《关于开展学校管理与师德师风建设巡讲活动的通知》，人力资源科组织人员组成巡讲团，到各镇各校巡讲，开展师德师风建设活动。19日，县教育局转发《设立“小金库”款项违法违纪行为政纪处分暂行规定》，要求学习，并结合实际抓好贯彻情况，于25日报送县纪委办公室。23日，县教育局发《印发〈开展廉政风险防范机制建设工作实施方案〉的通知》，县纪委常委会决定在县教育局机关股室、中学、乡（镇）中心完小、县示范幼儿园、县职业高级中学、民办学校列入首批试点。6月28日，县委办公室、县政府办公室印发《瓮安县深化拓展“五大访”工作实施细则（试行）》，要求拓展中小学教师大家访活动，了解社情民意。9月3日，县教育局发《关于开展学习胡锦涛、温家宝、刘延东同志在全国教育工作会上的讲话精神》和《国家中长期教育改革和发展规划纲要（2010—2020年）》的通知，各校组织学习后，教育局统一制卷进行测试。29日，县教育局发《关于开展廉政风险点排查防控工作总结》，排查风险点，确定风险等级，按照风险发生概率和危害损失程度，将风险点从高到低依次划分为一级风险、二级风险、三级风险。全系统共找出风险点20个，其中，一级风险点教育局4个、学校2个，二级风险点教育局2个、学校8个，三级风险点教育局2个、学校2个。

2011年1—2月，教育局党组与学校签订《党风廉政建设责任书》和党组书记与成员、各科室与分管的党组成员、教育局与职工之间签订廉洁承诺书，分解落实“一岗双责”。3月9日，县教育局转发县纪委、县委组织部《关于进一步整顿工作作风严肃工作纪律的通知》，要求学习，并执行《瓮安县关于加强执行力的若干行为的若干规定》，实行首问负责制、服务承诺制、限时办结制度，执行上下班纪律规定，不准参与不健康娱乐活动，执行公务用车规定，禁止滥办酒席。4月，出台《瓮安县教育局关于加强廉政建设远程管理的通知》，各中学、中心完全小学明确副校长分管党风廉政工作1人，并制定职责和纪律。健全监察网络，向学校和社会开通瓮安教育监察QQ，全县有50所学校建立廉政QQ管理员。27日，县教育局要求全县各级各类学校开展“贵州教师誓词”宣誓活动，践行誓词内容，争做党和人民满意的人民教师，以办满意的教育为目标，以建设民主、平等、和谐的现代师生关系为核心，以“讲道德、树师表、扬正气、建和谐”为主题，弘扬高尚师德，解决师德师风建设中存在的突出问题。至12月，廉政QQ开展共回复师生和群众对教育工作有关问题及法律法规的咨询30多条，举报反映涉及学校及个人工作作风、违法违纪和维稳等方面的问题10多件，并将有关处理的情况及时回复当事人。5月4日，县教育局印发《进一步深化师德师风专项治理工作实施方案》的通知，抓好教育系统班子建设、领导干部队伍的建设，执行《中国共产党党员领导干部廉洁从政若干准则》，抓好行业不正之风，实施规范办学，杜绝教育乱收费。抓好教师队伍建和制度建设，用制度规范教师言行。6月，全县教育系统在瓮安二中举办教职员工3000余人参加以“追忆革命足迹、唱响红色瓮安”为主题的教师红歌赛活动。7月6日，全县教育系统开展“师德演讲”比赛，参赛选手50人，评出一等奖3名、二等奖5名、三等奖10名。9月，县教育局在教师节期间，表彰师德标兵、师德模范60人，抓好师德师风建设。2012年，县教育局组织开展师德师风教育集中整治活动，以中共十八大精神为指导，学习实践科学发展观，贯彻落实《中小学教师职业道德规范》。2月28日，出台《瓮安县教育局党组关于加强全县教育系统党风廉政建设工作的实施意见》《瓮安县教育局关于重申严禁学校参与或变相参与商业推销活动的紧急通知》，对局机关各科室和全县各校党风廉政建设工作提出指导性意见，规范各校办学行为。3月，县教育局组织全县各级各类学校开展“学习雷锋精神、弘扬志愿服务”主题实践月活动的通知，弘扬“奉献、友爱、互助、进步”的志愿服务精神，以“忆雷锋故事、颂雷锋美德、扬雷锋精神、悟雷锋精髓”为主要内容。5月22日，下发《瓮安县教育局关于开展廉政文化“进校园、进班级、进课堂”活动的通知》，对学校廉政文化建设提出指导性意见，全县教育系统积极开展廉政文化“进校园、进班级、进课堂”活动，营造尊廉、崇廉、尚廉的舆论氛围，运用网络、小广播、黑板报、宣传栏等媒体进行舆论宣传，开展征文、书画、摄影和“唱一首廉政歌曲，读一本廉政书籍，讲一个廉政故事”等活动。

2013年，教育局党组与学校签订《党风廉政建设责任书》《信访维稳工作责任书》等，党组书记与党组成员、各科室与分管的党组成员、科室与职工之间层层签订廉洁承诺，落实分解“一岗双责”，把党风廉政与反腐败工作纳入年度目标管理。组织召开廉政党课3次，安排工作人员1人负责网络舆情信息的收集、分析，对不当的观点加以引导，发表网评文章4篇。1月4日，县教育局转发《关于印发〈瓮安县教育局评选党风廉政建设、信访维稳工作先进集体和优秀义务监督员的方案〉的通知》，经局党组研究决定，对在党风廉政建设和信访维稳工作中取得优异成绩的先进集体和优秀义务监督员进行表彰。2月，下发《瓮安县教育局关于开展以“五治”为主要内容的作风整顿活动实施方案》，对教育系统进行庸、懒、散、赌、奢的专项治理。25日，县教育局党组出台《关于加强全县教育系统党风廉政建设工作的实施意见》，在全县教育职工中开展警示教育、《党章》和政策法规的学习教育、社会主义荣辱观教育和廉洁自律教育。对无故迟到早退、擅离岗位、上班时间炒股、购物、上网聊天、玩游戏、看电影、外出吃早餐等与工作无关的，视情节轻重给予年度考核不合格或组织处理。不准在上班期间打麻将、玩扑克等赌博行为，不准违规驾驶公车，禁止滥办酒席。落实“收支两条线”“月审计、联签字”制度，完善“校财局管”工作，健全重大建设项目、大宗物资采购招标制度，实行收费公示制度，不准学校存在搭车收取商业保险费、城镇医疗保险费等，执行高中招收择校生“三限”政策，制止举办各种收费的重点班、特长班、补习班、延时班等。推行教育监察QQ，畅通师生及群众诉求渠道，开展“抓基层、解难题、保稳定”信访举报专项活动。4月，下发《关于印发〈瓮安县教育局清廉瓮安建设实施方案〉的通知》，对清廉瓮安建设进行责任分解和安排部署。5月31日，下发《瓮安县教育局印发〈关于认真抓好师德师风专项教育活动民主测评工作〉的通知》，将师德师风和基层民主评议活动一起进行，创新评议方式，通过“公平、公正、公开”的原则推选出师德标兵50人在第29个教师节上进行表彰。

教育局综合科举行勤政廉政约谈会（2015年摄）

2014年3月26日，县教育局转发《州教育局关于贯彻执行教育部〈中小学教师违反教师职业道德行为处理办法〉的通知》的通知，各校组织学习《中小学教师违反职业道德行为处理办法》，并印发《瓮安县教育局2014年师德师风建设活动实施方案》的通知，组织开展师德主题教育活动、师德师风先进学校创建活动、争当师德标兵活动。4月14日，县教育局发《关于在全县中小学迅速建设道德讲堂的通知》，要求各学校于20日前完成道德讲堂建设，组织开展好道德宣讲活动，做好资料收集。5月14日，县教育局发《关于做好同步收听收看贵州省道德讲堂总堂首场讲座及组织观看道德讲堂先进人物事迹故事片的通知》，学习后各校报组织观看“贵州省道德讲堂总堂首场讲座活动”情况及图片资料。28日，县教育局出台《教育局集中整治“走读风、赌博风、衙门风、慵懒风、滥办酒席风、优亲厚友风”实施方案》，对学校出现“六风”现象进行明察暗访，发现问题将进行处理。9月2日，转发教育部《关于建立健全中小学师德建设长效机制的意见》，创新师德教育，引导教师树立远大职业理想，营造尊师重教社会氛围，促进教师自觉加强师德建设，促进形成重德养德良好风气，制止失德行为蔓延，注重师德保障，将师德建设工作落到实处。12日，教育局出台《关于在党的群众路线教育实践活动中深化“四风”突出问题专项整治的实施方案》，推进“7+4+3”专项整治活动，整治关于“吃拿卡要”行为和“门难进、脸难看、事难办”侵害群众利益问题。落实“一岗双责”，谁主管谁负责、谁签字谁负责。做到依法行政，做好政风作风建设，执行首问负责、限时办结、一次性告知、责任追究，机关党员干部联系师生服务基层。开展师德师风主题教育、师德师风先进学校创建、争当师德标兵、师德师风考评等活动，开展“六风一卡”整治活动，建立健全领导去向公示制度、禁止党员干部在工作时间和会议期间打麻将等类似活动，开展民主评议、建立健全党员干部正常婚丧嫁娶办酒席报告审批备案制度、做到民主决策、对收受“网购卡”进行自查自纠。开展“清廉衙门”专项整治活动，控制“三公”经费支出，落实《党政机关厉行节约反对浪费条例》的规定，控制公务用车经费开支，建立公车去向登记台账。开展清理教育乱收费专项整治活动，禁止学校以任何名义强制或变相强制学生及家长购买手机（翼校通）和开通“家校通”和“校讯通”，禁止学校组织和参加任何带有商业色彩的活动，不准强制要求学生及家长到指定书店购买教辅资料，禁止学校进行有偿补课，禁止在职教师从事有偿家教。12月3日，州教育局转发《省教育厅关于深入贯彻落实学习习近平总书记教师节重要讲话精神争做“四有”好老师的通知》，要求各校组织学习，写出心得体会。

2015年3月13日，县教育局发《瓮安县教育局2015年师德师风建设活动实施方案》，各校召开师德师风建设活动动员大会，开展师德师风教育活动。4月，下发《关于印发瓮安县教育局2015年党风廉政建设工作要点的通知》，县教育局成立党风廉政建设领导小组，并在局综合科设立落实主体责任办公室，在纪检监察室设立落实监督责任办公室。8—10月，围绕“两个责任”平台落实不力的突出问题、“四风”存在的突出问题、损害群众利益的突出问题和党员领导干部廉洁自律相关突出问题开展党风廉政建设突出问题集中专项整治，共

教育系统重点岗位廉政约谈会（2015年摄）

组织全体党员干部集中学习4次，学习各类文件、规定8个，参学人数达280人次，发放《党风廉政建设突出问题自查表》65份、《党风廉政建设突出问题调查表》60份、《瓮安县“四风”问题新伎俩调查问卷》70份，发现存在突出问题7个，发现问题线索4个，针对发现的问题制定整改措施，开展整治活动，排查内部存在的“四风”问题。10月13日，州教育局发《关于开展贯彻落实总书记回信精神争做“四有”“三者”好老师巡回宣讲活动的通知》，要求各县组织各级各类教师代表500余人参加报告会，瓮安组织人员参会后，要求写出心得体会。12月23日，执行省教育厅办公室通知，要求教育系统学习《中国共产党廉洁自律准则》和《中国共产党纪律处分条例》专题辅导视频会议。

表19-2　　纪检组组长一览表

职　务	姓　名	性　别	民　族	任职时间	籍　贯
纪检员	王天合	男	汉	1984.8—1987.8	贵州瓮安
党组成员纪检组组长	王天合	男	汉	1987.8—1995.3	贵州瓮安
党组成员纪检组组长	陈光富	男	汉	1995.3—2003.4	贵州瓮安
党组成员纪检组组长	犹品璋	男	汉	2010.11—2011.10	贵州瓮安
党组成员纪检组组长	郑书祥	男	汉	2011.11—2014.12	贵州瓮安
纪检监察室主任	岑　参	男	汉	2012.4—	贵州瓮安
党组成员纪检组组长	罗继文	男	汉	2014.12—	贵州瓮安

第二十章

人 物

RENWU

第二十章　人　物

RENWU

第一节　人物传略

盛　览

盛览（生卒年月不详）字长通，西汉牂牁郡（今瓮安一带）人，当时著名的词赋家司马相如通西南夷到了四川成都，盛览曾去成都拜司马相如为师，学习辞赋。盛览“尝问以作赋。相如曰：‘合纂组以成文，列锦绣以为质、一经一纬，一宫一商，此赋之迹也。赋家之心，包括宇宙，总览人物；斯仍得之于内，不可得而传。’览乃作《合组歌》《列锦赋》而退，终身不敢言作赋之心也”。回到家乡，盛览“以授其乡人，文教始开”成为“牂牁名士”。刘向《西京杂记》中提到他的《列锦赋》《合组歌》两篇赋。明正统年间，顺天府尹张谏《望古》“赋心既传盛，经术复开尹”诗赞中，可知盛览为牂牁郡境内文化开发传播的先驱。

盛览对传播学术文化、促进古代贵州学术文化的交流与发展做出了较大贡献。盛览与舍人、尹珍并称“黔学三贤”。

傅玉书

傅玉书（生卒年月不详），字素余，号竹庄，瓮安县草塘下司人。从小聪敏过人，6岁开始吟诗作对。阳春三月，随父龙光和塾师游于小河桥上，塾师以“河边渔翁停停钓”为上联考之，玉书即以“桥头学子抱抱袍”为下联相对。玉书为清乾隆三十年（1765）乙酉科举人，后任江西福安知县，署瑞州府铜鼓同知。未及3年，罢官回省。

乾隆三十四年，玉书进京会试落选，得知明末被无辜杀害的贤臣杨涟、左光斗两家儿女婚姻用鸳鸯镜作聘物，遂于三十八年冬撰成戏曲剧本《鸳鸯镜传奇》，揭露魏忠贤专权，结党营私，陷害忠良，导致明王朝由衰败而灭亡，借以“明邪正之分”“口诛笔伐之义”。百余年后，尚书李苾园还大为推崇。《鸳鸯镜传奇》为贵州早期的戏曲名作，在全国也颇有影响。

乾隆四十九年，父病危，嘱其修志。玉书以十余年之见闻，上稽前史，旁及《通志》《郡志》，参考雍正《瓮安县志》，于嘉庆三年（1798）纂成《桑梓述闻》10卷，共40篇10余万字，实为私家编纂的县志。玉书在序言中写道：“不曰县志而曰《桑梓述闻》者，不敢侵邑大夫之权，且以著先君子之遗意也”。民国《瓮安县志》称其为“能使乡邦文献赖以不坠，……实邑中数百年仅有之一人”。私家编纂出版县志全省罕见。

玉书编辑的诗歌《黔风旧闻录》《黔风鸣盛录》24卷，上自前明，下及乾嘉，广征博采，内容丰富，为相国阮芸台所校镌，翰林院编修翁同书等所推崇。其青壮年时期所撰的诗文汇成《竹庄诗文集》40余卷，礼部侍郎钱箨石为之作序，侍读吴白华、户部员外郎钱质夫等交口称赞。玉书与犹酉樵素交，常一起研究古文，以诗文相砥砺，两人诗文均有成就。《黔诗经略后编》称“诗文兼擅，自竹庄始”“乾隆中，吾黔之谈古文者，以竹庄为称首，酉樵其次也。”

玉书历任贵州星山、龙渊、正习书院讲席，讲学之余，从事著述。除有上述著作之外，还有《读书拾遗》10余卷、《象数蠡测》4卷、《卦爻蠡测》2卷、《汉诗笺》4卷以及《古今诗赋文抄》等等也甚著名。民国《贵州通志》称“时海内学子无不知有竹庄者。”

犹法贤

犹法贤（生卒年月不详），字心鲁，号酉樵，瓮安县江界河人。清乾隆二十七年（1762）壬午科副榜，后任镇黄旗教督、镇远县训导、镇远府教授。罢官归里，任瓮安旗山书院讲席数年。县城赵安义聘请执教家塾。法贤尽力点拨，循循善诱，效果甚佳。其学生赵本敭嘉庆二十四年（1819）己卯科举人，任江南江宁知县；赵本敷道光十五年（1835）乙未恩科举人，任安徽青阳知县；赵本敖道光十七年丁酉科举人，任海澄知县。其余学生本厚、本敦、本晋都都入学为廪生。

法贤潜心经史，所撰《夜郎·且兰·牂牁辨》颇有参考价值。经其广征博采资料，参考《黔记》《黔书》，撰成《黔史》4卷，清光绪十四年（1888）由贵阳陈榘写跋，熊湛英校刻问世。

法贤在诗文方面也有很大成就，著有《酉樵山房诗文集》6卷，名学者洪亮吉来黔视学极加推崇。黔北名士赵旭称：“竹庄诗学杜，酉樵诗学韩，黔人两大诗宗，皆是瓮安人！”

法贤老仍好学，手不释卷。后病故，终年88岁。

王存成

王存成（生卒年月不详），清代山东历城人。清道光十二年（1832）任瓮安县令，在任期间，王存成听断明敏，办案公正，处理果断，以致案无遗留文牍。他善解民意，重视教化，兴办书院。了解到瓮邑旧有旗山书院，仅传其名，其址亦不可考。道光十三年（1833）仲春，他召集地方绅士，将自己认为书院不可不设的想法告诉大家，到会者为之动容，慨然曰：“使君诚有意于斯乎？我同侪之歉怀蓄志，固已久矣。”王存成当即“先倡捐百金，一时慨捐署名者，计银将及二千，其未至者复集县署，先后得银三千金。谓盛事之成，可立而待也。”

在士绅们热烈响应并踊跃捐赠的情势下，存成立即开始选择办学地址，“于城南先农坛前大路之左，有土一区，营度稍狭，券邻地以益之，广袤各二十余丈，地势平敞，土脉红腴。”由公众公举专人负责备料施工，建院工程快速顺利，“建讲堂，树门宇，斋厨学舍”，规模可谓宏伟。风水环境，也算一方宝地：“前眺诸山，后倚城郭，东幛黄龙岭，西带瓮安江，往来者啧啧称善地。”

书院建成之后，是年即行招生。但是否沿用“旗山书院”旧名，地方士绅们一致认为，今建书院是新造，毋庸袭用旧名，“城西廿里有玉华山，峰亟秀耸，为瓮安名胜之最，因名曰玉华书院”，并勒石刻碑为记——《玉华书院记》，碑文由县令王存成亲自撰写。

玉华书院中的几副楹联，亦为王存成撰，其大门联为“玉石藏山，须得琢磨方成器；华光射斗，始知学问本谪仙。”王存成为创建玉华书院倾注心力，为瓮安学子成名成才，为造福瓮安子孙后代，他高瞻远瞩，眷眷之心，留在瓮安人民心中。

王敩成

王敩成（？—1900），字少之，原籍广西藤县。清光绪进士，以翰林院庶吉士选任县知事，光绪二十年（1894）任瓮安县知县，二十六年（1900）死于任上，是清朝地方官任职时间较长的一个县知事。

史书记载他“宅心仁厚……”，是位比较清廉的县官。在任期间，他兴建花竹书院（今瓮安中学），善待县城绅士，兴办乡村义学，办了许多惠民的好事。

清光绪二十五年（1899），时逢大旱，灾情严重，王敩成带着多病之躯，翻山越岭到映山红大丰洞。自己在洞口亲跪三天三晚，不知是其真诚感动了上帝，或是气候起了变化，反正老天下起雨来了。是年六月，为纪念求雨成功，王敩成在大丰洞洞口题诗一首，摩崖石刻，留下了他勤政为民的遗迹，并在大丰洞中镌刻了为灵山纪功的《铭功刻石》，其内容：“山何以名？显以神明；神何以灵？感以至诚。岩岩之石，赫赫厥声。兴云致雨，福我苍生。”不久王敩成逝世了，由于为官清廉，身无分文，连办丧事都很困难，后由瓮安百姓捐资捐物，礼送其灵柩回广西藤县安葬。大丰洞摩崖现为瓮安县重点文物保护单位，属朱家山国家森林公园映山红景区，是瓮安知名的人文景观。

罗　英

罗英（生卒年月不祥），女，清末民初瓮安干溪（今平定营）人，平定营最早的义学——罗英学堂的创办人。罗英出生于干溪一富裕农家，其父罗祖德膝下三女一男，罗英最小。罗祖德治家有方，拥有大量的良田和钱财，据说晴天还用席子铺银子晒太阳除霉味。

光绪二十三年（1897），罗英唯一的哥哥不幸染疾病逝，罗英两个姐姐均已出嫁，时罗英只有十三四岁，家里无壮劳力顶事，年逾七旬的罗祖德便招一外地青年黎子南为继子，与罗英嫂子黄满珍（黄齐生堂妹）成婚。不料，罗英嫂子再婚两年后也身患重病不治身亡。家里留下年迈的老父老母、罗英和继哥黎子南相依为命。

已出嫁的两个姐姐眼看到这么多良田和钱财就要落到黎子南身上，便相约一同回到娘家逼老父要钱，两人把争得的良田卖给外人后揣着银子回家。罗英除继承父母的一份田地外，还分得自己的一份。但她不像狠心的两位姐姐那样不顾继哥的死活，而是决心以仅有的田土与一家三口共度生活。

几年后，瓮安兴设义学（亦称义塾）。瓮安公署劝学所事务商肇文受命去乡间劝学，来到罗祖德家，而罗祖德由于两个女儿以前要钱分田一事生气成疾，多年来一直抱病在床，罗英的母亲年老不管事，家里大小事由罗英做主。当商肇文提及办义学缺资金和场所时，罗英征求父母的意见后毅然将自家宽敞的房屋让出两间作学堂。在她的感召下，乡邻一些较为富裕的人也纷纷表态愿捐出银两和财物，凑起了初步办学的资金。商肇文也随着请来了一名罗姓私塾先生，这样便办起了干溪最早的学堂。在为学堂取名时，商肇文与罗先生及乡里几位有名望的老人经过反复磋商，一致认为，罗英身为未婚女子，为地方办学的慷慨义举，实是难能可贵。加上罗英有会集群英之意，意即人才层出不穷，尤为吉利。于是便将学堂定名为罗英学堂（《瓮安文史资料》第三辑有记述）。罗英学堂开学后，学生逐年增多，罗英也跟班学习，后来成了学堂先生。

民国3年（1914），时任贵阳达德学校校长黄齐生闻讯其堂妹黄满珍的小姑妹用自己的家办学堂，甚是感动，就写信给罗英，希望她到达德学校深造，将来回到家乡办一所正规的学校，以便更好地服务桑梓。罗英得信后非常高兴，急忙与父母和继哥商量，准备将自己的那份良田永远捐作办学经费，自己到贵阳黄齐生所在的达德学校学习。这一想法得到了全家人的支持。

于是，罗英与继哥一起到县公署办理了捐田办学的手续，领到了由县知事签发的“租子收作办学经费，良田由捐田家属长期耕种”的文书。

然而，罗英一去不返。只听说黄齐生先后带领贵州学生东渡日本和赴欧洲勤工俭学，罗英一直音信杳无。民国35年（1946）4月18日，黄齐生与王若飞乘飞机返延安途中因飞机失事不幸遇难，罗英的去向更是无从所知。

一百年过去了，罗英虽然没有下落，但罗英学堂却在瓮安三百年办学史上留下了英名，至今平定营村有一块良田，人们一直习惯称为“学田”，可见罗英学堂影响之深远。

舒葆初

舒葆初（1906—1932），又名忠元，瓮安县平定营高枧坡人。农民家庭出身。民国2年（1913）毕业于瓮安简易师范，先后任梭罗小学、岩坑小学教员。民国3年（1914），参加黔军李燊部，后考入该部军官讲习所学生队。毕业后任国民党湖北省党部宣传队汉阳支队宣传员。因思想激进被清洗，仍回黔军。民国6年（1917），考入陆军经理法规研究所。在南京学习半年毕业，派任杭州警官学校总务科长。民国8年（1919），调到武汉任军政部第二被服厂会计。民国9年（1920），考入中央军校补习班。在南京学习期间与同乡冷少农（中共地下党员）往来密切。经冷少农考核、培养，介绍加入中国共产党。民国10年（1921）年初毕业后，受党派逢，利用黔军中到湖北崇阳原李案部85师教导大队中队任上尉区队长。葆初为人谦虚，工作认真负责，学科术科基础扎实，博得官兵信任和尊敬，为开展地下工作创造经过一段工作，先后介绍6人加入中国共产党。接着，建立党的地下组织，策动教导大队官兵起义，配合附近红16军开展武装斗争。6月，当一切部署就绪之际，原来培训的积极分子郭少凡（特务长）贪生怕死，叛变告密，7名共产党员被捕。之后，敌人轮番审讯，软硬兼施。而共产党员高官厚禄不动，酷刑拷打不屈，大义凛然，视死如归。葆初还抓住审讯机会，与敌师长谢彬展开激烈辩论，宣传党的政策，揭露国民党反动派镇压革命、屠杀共产党人的罪行，谢彬理屈词穷，竟下令割下其舌头。当天深夜，敌人将7名共产党员押到崇阳城外河边杀害，葆初牺牲时年仅26岁。新中国成立后，瓮安县人民政府追认其为革命烈士。

商梓才

商梓才（1856—1933），男，又名廷楠，瓮安龙坑望族商氏后裔，晚清贡生，候选训导，被尊称为“明经梓才”。

民国3年（1914），继李啟光之后，商梓才任县立两级小学校长。是年仲夏，应县知事李退谷和前清举人、前贵州民政司正长朱一清（朱勋）邀请，商梓才参与了民国《瓮安县志》的编写。秋，瓮安初等小学校自花竹书院搬迁至武侯祠后，即将大殿中间三间辟为礼堂，左右各一间做教师办公休息室，先后两侧厢房为教室。时有一至三年级3个班，学生110余人，教师3人，商梓才任校长。

次年，瓮安初等小学校改为“国民小学”。

为了扩大学校规模，规范办学，商梓才校长率先执行《国民学校令》，推行初小义务教育。其具体措施是让学区内学生免费入学，免费发放由教育部审编改版的新教材。但由于经费紧张，要学生自备课桌椅。学生成绩按甲、乙、丙、丁四种计算，以等级获奖惩，建立健全有关制度。

据《贵州教育史》载：“民国5年（1916）起，在全省推行义务教育，到民国11年（1922）……全国开始施行新学制（‘四二’制），进一步推行4年制义务教育。”商梓才在瓮安率先推行义务教育的举措，同花竹学堂“开黔南庠序之先河”一样，将永垂青史。

民国22年（1933）2月12日，商梓才逝世，享年77岁。其坟茔、墓碑至今尚存完好。

袁恩佳

袁恩佳（1891—1937），字书田，瓮安县城南街人。袁恩佳自幼聪颖好学，受父亲袁结堂的教诲和良好的家风熏陶，在天文地理、琴棋书画方面都有建树。他经常给乡邻写春联、对联、临摹历代名家碑帖，形成一定风格。袁恩佳亦喜绘画，以山水为主，尤擅画马，国画《双马图》，形神逼真，参加广州画展，一举夺冠。

清宣统三年（1911），时年20岁的袁恩佳从贵阳国语学校毕业后回到家乡瓮安与冯蜚声等人筹办梭罗小学，1918年，袁恩佳与任修之、商绍周、傅选三等一起倡导女人天足，反对“三寸金莲”，提出创办女子小学，选址在城东江西会馆为教室，招收女生，聘请贵阳师范学校毕业的李淑琴、贵阳人王端、岚关人王道昆为老师。一时该校女生云集，盛况空前。袁恩佳为瓮安创办女学第一人。

民国18年（1929），袁恩佳担任初、高两级小学校长，他对教师严而尊，治学严谨，并亲自授课。关心爱护体贴学生，邻里乡亲、学校师生员工对他十分尊敬。

20世纪30年代初，袁恩佳受聘到瓮安中学任教。民国26年（1937），袁恩佳因病去世，终年46岁。

宋毕霖

宋毕霖（1894—1960），又名宝德，瓮安县草塘镇太平寨人，贵州师范第一期结业生。20世纪20年代瓮安教育先驱。民国12年（1923）担任花竹小学和附属简易师范科校长，培养了多届小学教师。倡办瓮安中学后，为花竹小学输送新生到中学做了许多工作。因多数读中学的学生户籍外地，道远求学诸多不便，于是他积极与地方人士提议：并与其拿钱送学生远赴遵义读书，不如就地办一所中学。他极力向省教育厅反映，得以获准。推定他与县长张立三、戎作英、商梓才、黄尚之、贺芳南、简易师范教员唐尧，知名人士张克襄、冷祥雯等筹建瓮安县立中学。适值省督学黄齐生（瓮安细沙人）莅瓮，欣闻乡帮人士兴办中学，激力襄助，更蒙商文立出京莅筑，知筹建中学之议，鼎力相助。得教育厅厅长首肯，于民国15年（1926）11月11日成立县立瓮安中学。

冉隆堃

冉隆堃（生卒年月不详），字尧阶，贵州绥阳县人。20世纪30年代毕业于上海劳动大学，文才称优，治教严行。先在贵州省教育厅任督学，民国27年（1938）调任瓮安中学（时为贵州省立第六中学）校长。正值抗战时期，华北、华中、华南相继沦陷，国民政府西迁重庆，浙江大学、大厦大学、湘雅医学院、陆军大学先后迁至贵州，时西南几省人才荟萃。他延聘当时教育界的一些知名人士，组成学校强有力的教学班子，经过短暂整饬校纪，学风蔚起，使瓮安中学一跃而进入贵州有名的中学。盛称之下，邻县福泉、余庆、开阳、黄平，远及思南、石阡诸县，均有学生纷纷负笈来学。

此时学校师生爱国热情沸腾，抗日情绪高涨，充满激情的爱国抗日歌曲《黄河大合唱》

《游击战之歌》《大刀进行曲》蜚声校园。学生之中有抗日宣传队，寒、暑假纷赴各乡镇揭露日寇罪行，并演出抗日节目，激发了群众的反日情绪。同时，号召学生为抗战前线将士写慰问信，发动全校师生去大洞口煤厂挑煤，开展勤工俭学活动，把得来的收入全部捐献抗日，深得社会各界赞许。他不仅注重学生知识培养，而且注重德、智、体全面发展。鼓励学生关心时势政治，要求学生必写周记，栏目内容设个人生活、国际、国内要闻三条，学生必须将一周所闻分条记述，老师专司批阅。他对体育教学也很重视，要求对期末考试体育科不及格者不能升级。在校园内大书“国家至上”“民族至上”“抗战必胜”等标语。

他不仅人品文章为人师表，而且写一手漂亮的书法。时抗战英烈施汝德的父亲施裕初老先生，把政府发给他烈士抚恤金用于修建“烈士祠”，剩余部分用来设立“施氏奖学金”，奖励那些品学兼优的学生，学校勒石碑刻以志纪念。他不顾校务繁忙，也不管地冻天寒，在学校屋檐下伏案巨石，用苍劲有力的颜体字，书写碑文，后将此碑立于校园内之古槐树旁，每天不少师生驻足观看，赞叹不已。

由于学校发展较快，班级增多，教室、宿舍、操场不够用，冉隆堃与师生自力更生，劈山取土，自己动手修建教室，填平操场等。学校规定，学生入学时须自带锄头一把、箩筐一对、扁担一根、挞钩一副，经检查验收后才能注册。每天课外活动，各班轮流参加劳动。此举不光建设校园，也培养学生的劳动情操。校园内还栽植大量的树木和花草。

民国30年（1941）夏天，冉隆堃调离瓮安中学，他为瓮安中学的发展做出了卓越贡献，可谓新中国成立前瓮安中学的“黄金时代”。

黄齐生

黄齐生（1879—1946），原名禄祥，字齐生，瓮安县平定营细沙人。幼年时随父迁居安顺么铺，15岁因家贫到“义兴恒”商店学徒后当店员。在其兄黄干夫的影响下，加上自己真实才干，蔡衡武聘他到贵阳为“群明社”经理。清光绪三十年（1904），25岁的黄齐生辞去“群明社”经理职务，到贵阳达德学堂任教，并接其外甥王若飞入校学习。光绪三十年（1905）倡议加办女校，提倡“天足”，民国2年（1913）任达德学校校长。民国4年（1915）护国运动爆发后，曾列名响应云南讨袁世凯通电。民国6年（1917），带贵州留学生东渡日本，民国8年（1919）“五四运动”爆发，愤而回国，年底率贵州学生赴欧洲勤工俭学，民国12年（1923）回国。民国14年（1925）任贵州视学，在他的奔走呼吁下，经省教育厅批准，办起省立瓮安中学。民国15年（1926）任遵义省立三中校长，是年3月31日，国民党在重庆大肆屠杀共产党人，他愤怒斥责国民党。民国16年（1927）夏解职。民国17年（1928）6月，黄齐生写作《新贵州真实现象》一文，在上海《黔首》杂志上登载，把贵州的有关情况报告给广大读者。民国18年（1929）初，黄齐生举家迁往南京，在南京晓庄学校任教。与陶行知等一道，对在校学生参加中共地下活动非常支持，学生袁咨桐被南京卫戍司令谷正伦逮捕，黄齐生等竭力营救未成，袁咨桐被害，黄齐生十分难过，更加痛恨国民党的暴行。

民国 20 年（1931）冬，黄齐生得知外甥王若飞在归绥被捕，他即赶到归绥第一监狱探望，并在监狱附近租了一间小屋住下，陪伴狱中的外甥王若飞，并多次设法营救未果。他在贵州遵义"通俗图书馆"时，通过徐特立把《三通》这套书送给毛泽东。通过赠书，还救了编写《遵义府志》的通硕大儒赵乃康先生（当时赵乃康被红军士兵当作土豪劣绅给关了起来，毛泽东等红军统帅知道情况后，当即请徐老前往看望，并立即放人，第二天又亲自前往赔礼道歉）。

民国 23 年（1934）秋，受黄炎培聘任中华职业教育社澧河径农学团总干事，又至广西任国民基础教育研究院实验部主任。民国 25 年（1936）返筑协办达德学校。红军长征经贵州北上抗日后，国民党造谣诬蔑，欺骗群众，黄齐生利用各种场合，举所见闻，宣传红军是爱国爱民的军队。民国 26 年（1937）冬赴延安，黄齐生得知王若飞出狱后去了延安，前往探望，黄齐生到延安后，受到毛主席和党中央的热情接待，毛主席称赞黄齐生先生是共产党在最艰难的时候，党外人士同情、爱护党最早的一个人。民国 27 年（1938）4 月离开延安，先后到贵阳、昆明等地介绍延安情况。民国 34 年（1945）1 月又去延安。

民国 35 年（1946）2 月 10 日，重庆各界在校场口举行庆祝政治协商会议，国民党特务在会场捣乱行凶，打伤爱国民主人士李公朴等，延安各界推举黄齐生等人前往重庆慰问"校场口事件"受害者，4 月 8 日返回延安途中，因飞机失事，不幸在山西省兴县东南的黑茶山遇难，终年 67 岁。黄齐生与"四八"诸烈士葬于延安清凉山，著有《黄齐生诗文选》等著作。

曾春如

曾春如（1875—1949），字昭淦，晚号聋叟、聋公，瓮安县城人。清宣统元年（1909）己酉科拔贡。民国时期，曾任瓮安县政府秘书、劝学所长。民国 14 年（1925），省教育厅督学黄齐生到瓮安考察，倡办中学。曾春如作为劝学所长首先响应，积极与地方人士筹措，多次拟文上报教育厅。次年，获准成立瓮安中学，曾春如亲赴贵阳聘请现代学科教师，自己主讲国文、文牍，为创办中学历尽艰辛。晚年耳疾，弱音不闻，辞职疗治，常有老师登门请教，研讨治学之道。

曾春如为人刚正不阿，爱憎分明，直言不讳，以理服人。一些新任县长登门咨询，能据实陈述，切中时弊，提供良策，为其所用。地方各派发生纠纷，请其调解裁决，能大公无私，晓之以理，妥善调处，各方共服。遇到恶霸、流氓、差役欺压敲诈勒索民众，敢于挺身而出，严厉痛斥，及时制止。城中百姓无不称颂聋公之德。

抗日战争胜利后，地方各界人士集资修复城东文峰塔，更名抗战胜利纪念塔，曾春如为之撰序，以简洁流畅的文字阐述建塔历史，鼓励青年努力学习科学文化，“如斯笔之耀日凌云，争光霄汉”。塔序文约事丰，很有存史价值。

曾春如擅长书法，楷、行、草书苍劲有力，独具一格，远近闻名。古稀之年，仍每日书写不止。

1949 年，曾春如病故，终年 74 岁。

王道暄

王道暄（1911—1951），字孟白，瓮安岚关大路边人。瓮安中学初中第三期毕业后到贵阳读高中，后在上海复旦大学新闻系毕业，曾去四川专科学校接受军事教育训练。民国 29 年（1940）5 月至 1942 年 7 月在昆明中央日报社作新闻编辑。民国 28 年（1939），他耳闻目睹上海、南京沦陷后遭日军大屠杀的惨状，目睹蒋介石炸黄河大堤、火烧长沙也挡不住日军的进攻。日军投入 6 个师团加配属部队约 18 万人，侵占岳阳与长沙之间险要渡口和要塞，随后打过新墙河、汨罗江、捞刀河。在八路军平型关大捷的鼓舞启发下，薛岳兵团加修工事，抗击日寇。日军已成强弩之末，无力再战，不得已而撤退，又遭追击、偷袭，逃回岳阳不到一半的人员。日军攻打长沙，重演先攻后逃的闹剧。在三次攻打长沙战役中，日军伤亡 56944 人，被俘 139 人，只有 4 万余人逃脱到岳阳，除消耗弹药兵员外，没有什么进展收获。反之，中国虽损失不少官兵、弹药，却收复失地、守住阵地。道暄见状，欣喜之余，写了长沙三捷，发表在昆明《中央日报》上。

民国 31 年（1942）秋，道暄回到瓮安，任瓮安中学校长。他将教师宿舍旁那一大间堆放废物的房间腾出来，让一些小学毕业生去读书。当时省教育厅计划，省城以办高中为主，县城以办初中为主，经道暄这一奔波，省教育厅居然支持他，答应瓮安开办高中班。次年秋，瓮安中学加收高一年级学生，把学校更名为“贵州省立瓮安中学”，成为完中。他很关心学生学习，白天上课时，他去查教室，晚自习他去查寝室，工作非常认真，获得师生的好评。

民国 33 年（1944）秋，道暄被选为瓮安县参议副参议长，按有关规定不能兼任校长职务，但直至 1949 年他仍为瓮中职员上国文课。民国 35 年（1946）11 月 17 日，议长戎克铭因病辞职，他被选为参议长，自认为“才力绵薄，任恐弗胜，只以义不容辞，即席勉为就职，除涵请县府转报备查外，相应达即常。”王道暄先生在瓮安中学建制扩编、学校管理、培育、选拔、输送人才等方面起的积极作用，将永载瓮中史册。

冷德昌

冷德昌（1925—1954），瓮安县雍阳镇高庄村人，冷少农之子。瓮安初级中学毕业生，到贵阳高中深造。

冷德昌毕业后选择为桑梓从事教育事业，他于1946年首次执教于城关一小、1948年担任该校校长，年仅23岁，是历届校长中最年轻的一位。

1949年春，冷德昌调雍阳二小任校长，时值瓮安解放前夕，国民党政权将全面崩溃，民情浮动，社会治安极为混乱。冷德昌与雍阳一小校长林大兴积极配合，组织教师护校，召回离校的学生恢复正常教学秩序，教唱革命歌曲。教师不计报酬，义务教学，到12月11日那天，人民政府首任县长吴近仁莅县接管政权。瓮安从此走上新生的道路，一片欢乐的景象，出现在山城空野。冷德昌任副干事长，旨在为党开展宣传活动，利用街头演讲、表演歌舞、戏剧、填报、油印小报等形式宣传党的政策。《国歌》《国际歌》《你是灯塔》《解放区好地方》《唱出一个春天来》这些歌声此起彼伏，飘扬在瓮安解放后的天空，从而使广大的群众消除疑虑，积极拥护人民政府，带动了大批青年满怀热情走向革命阵营。1952年，他把父亲冷少农写回家的7封信交给南京雨花台烈士陵园管理局，这些家信已作国家级文物珍藏。

新中国成立后，为适应革命形势的需要，雍阳一、二两校合并为雍阳小学（现城关一小），冷德昌调县教育科任督学。

冷德昌心系人民安危，捍卫新生人民政权。1950年2月6日，他的一位亲戚叫他最近几天不要去上班，就在乡下躲几天。追问其缘由，得知瓮安、黄平、平越（福泉）的土匪勾结相约于9日要攻打瓮安县人民政府。他闻听后，非常担心，不顾个人安危，连夜将这一情况报告吴县长。县领导得知这一消息，决定于7日晚，指挥县大队三个连，先发制人，兵分三路，进剿土匪。这夜三路出击给敌人沉重打击，粉碎了土匪攻打县城的阴谋，使人民政府和县城人民生命财产免除一场灾难。

因长期劳累，冷德昌患重症，又因无有效的药物治疗。他病情日渐沉重，但是，他不顾有病之躯仍坚持工作。1954年因病去世，年仅29岁。在他短暂的生命历程中，对振兴瓮安教育事业洒下辛勤的汗水，留下不可磨灭的光辉。

吴士俊

吴士俊（1869—1955），字斗之，原籍河北大名，清光绪二十九年（1903）癸卯科举人，抗日战争时期入黔。民国33年（1944）到瓮安，曾任县司法官。新中国成立后，任瓮安中学书法教师、图书管理员。

吴士俊对颜、柳、欧、赵、黄庭坚、王羲之等历代名家的墨迹以及魏碑颇有研究。其书法敦笃丰满，形神兼备，集各家所长，自成一体。擅长楷书和行书。有一士绅请人写寿匾，经人推荐，吴士俊写下“林泉颐养”4字，字大如斗，工整大方，为行家一致公认。吴士俊墨迹流传民间不少，其代表作刻板《延陵书法》，民国35年（1946）印刷发行遍布全县。吴士俊撰写的《随意笔录》《历代书法名人简介》《论书法骨肉》等作品，给后学者提供了宝贵资料和理论依据。新中国成立后，他饱蘸笔墨，在瓮安中学校门前的墙壁上用正楷书写“爱祖国、爱人民、爱劳动、爱科学、爱护公共财物”，受到师生的赞扬。

吴士俊为人正直，平易近人，爱学习，好舞剑，善写诗作文，其学识、人品为人尊崇。士俊于1955年病故，终年86岁。

杜芳坛

杜芳坛（？—1857），字杏园，清代遵义人。遵义副贡，选为瓮安县教谕，代管东门义学。清咸丰七年（1857），贺昌明、何德胜等率号军围攻瓮安县城，杜芳坛与其他百姓一起搬运砖石，登城固守。是年5月17日，门役（看门人）郑某仓促相告“城破了”。杜芳坛和妻子及家里的其他人员一起在文昌宫大殿前的桂香池投水而死。门役也投水而死。城里几十位贞洁观念强烈，担心受辱的妇女也跟着投桂香池而死，以致池水满溢，悲壮惨烈。

清光绪年间瓮安知事王敩成写《学池吊杜杏园先生》一诗悼念他。诗曰：“芹藻香清胜芷兰，水光终古敌冰寒。冷氈半席青难暖，热血填腔碧未干。大局危机由纵贼，一门全节愧逃官。孤忠岂为讹言误，青史传人试细看。”

民国初年，瓮安县知事李退谷，倡首集资，在桂香池中筑基修亭，落成后，命名为“表忠亭”，并写《表忠亭序》以记之。

冯蜚声

冯蜚声（1883—1958），字永世，号翰丞，人称“小康熙”，原籍湖北省来凤县，其父早年经商来到瓮安县草塘居住。冯蜚声先在家乡读私塾，后考入贵阳优级师范。清宣统元年（1909）优级师范毕业时，他被推为师范科“举人”，前往北平应考。由于家道贫寒，冯蜚声只好带些咸菜干粮作盘缠。富家子弟笑他“一个盐蛋做菜，吃到北平还剩两个”。路途遥远，干粮不够，他因边赶路边筹集吃的耽误了时间，赶到京城时，考期已过，他不得不满腹心酸回转。

回到贵州后，谋职到贵州政治公报编辑部任校理员。民国3年（1914）被派往朗岱（今六枝）任县长，当时地方贿赂成风，政治腐败，官场内钩心斗角，地头蛇横行霸道，虽为一县之长，但势单力薄，冯蜚声无论如何都冲不破那张封建势力严密的关系网，他辞官回乡。

回到瓮安后，他决心用自己所学之长，教书育人，为家乡做点贡献。后曾任瓮安县城高等小学堂校长，民国10年（1921）宋德宝调任该校校长后，留冯蜚声任国文、历史教员。民国28年（1939）任草塘高等女校校长，后又到宋家寨任教。民国32年（1943）回县城，任瓮安中学国文教员兼年级导师。两年后到雷山县中学任国文教员。民国37年（1948）再次转归瓮安，到中坪教私塾。

冯蜚声在倾心家乡教育事业的同时，还潜心钻研《康熙字典》。他先买了一部草版即木刻本《康熙字典》（十六本）作工龄书，《康熙字典》成书于康熙五十五年（1716），"所收字数多至四万余"，比较全面和丰富，但笨重，不便使用和携带，而且所收文字"适于用者，不过十之二三"。在查阅使用中，他产生了缩编的念头，便利用教书的闲暇研读抄录，精心筛选，几十年如一日，最后终于将《康熙字典》十本缩编为四小本，类似民国初年出版的《新字典》，因受经济等因素制约，小《康熙字典》没有付印，留为憾事。由于长时间的翻、读、选、抄，冯蜚声对《康熙字典》可以说是熟记于心，因此，他的字词教学在当时的瓮安首屈一指，深受师生敬佩，人们据此称他为"小康熙"。

商汝勤

商汝勤（1911—1960），瓮安县梭罗五福大院村人。他热爱家乡，贵阳高等师范学校毕业后，就回到瓮安县从事教育事业。民国25年（1936）任瓮安城南小学（现城关一小）校长，后任县教育科长等职。在任校长期间的民国25年（1936）1月24日，由贺龙领导的红二军团四师师长卢冬生率领红军由瓮安县城北打入瓮安县城，守敌国民党瓮安县保安队长王永赞部及民办300多人溃不成军，弃城向平定营方向逃窜。红军来到瓮安小学校门口，商汝勤校长和老师出来迎接，红军和他商量如何保护学校。贺龙军长下令护校的真实故事铭记在城南小学师生的心头并淬至今，有历为证。民国26年（1937）抗日战争爆发后，商汝勤组织学校师生积极开展爱国抗日宣传活动。民国27年（1938）商汝勤到瓮安中学任教，他关爱学生，与师生共同研究教育教学。因商汝勤懂得一些秘方偏方，他利用课余时间研读大量医书，经常主动给生病的老师、学生把脉开方，治许多疾病，当时中医院的各老医生都很佩服他的医术。

瓮安解放初期，商汝勤拥护中国共产党，拥护人民政府，拥护党的方针政策，主动把家里遗留下的房屋、田土全部捐给政府，被评为"开明人士"。1950年3月，商汝勤听从组织的安排，由瓮安中学调到开阳中学任教，他积极贯彻执行党的教育方针，遵纪守法，兢兢业业，刻苦钻研教学工作，教学成绩十分优秀。

1957年，在当时的极“左”思潮的影响下，商汝勤被以“历史交代不清”为由下放回原籍五福大院村务农，回家来没有住房，先在他二姐商娴贞家住，后搬到茅坡虎场寨一个亲戚家中居住，全家就这样在虎场寨定居下来。由于缺少劳力，又没有经济来源，1960年4月过“粮食关”因病带饿，不久逝世，终年49岁。葬于茅坡虎场寨村后山坡上。

张克襄

张克襄（1893—1962），又名廷赞，瓮安县玉山镇岩坑新牌卫人。自幼勤奋好学，成绩优异，毕业于贵阳师范学校和上海艺术专科学校。后任贵阳师范学校学监。民国14年（1925），回县筹建中学。得省教育厅督学黄齐生大力帮助，地方人士多方奔走，经省教育厅批准，四县联立中学于民国15年（1926）秋创建于瓮安。之后，到遵义聘胡国泰任校长，自己任学监。又先后到重庆、上海购置图书、仪器，历尽旅途运输之苦，为学校发展奠定了坚实基础。民国16年（1927）春，张克襄继任校长，民国17年（1928）春，他不计个人名利，退任学监。张克襄在校断断续续工作20余年，无论是任校长、学监，还是任教师，均以身作则，兢兢业业。教学注重启发，循循诱导，学生有问必答。不少学生常聚其宿舍，浏览藏书名画，恭听指教。其诲人不倦的精神为师生称赞。

张克襄擅长国画，喜绘竹、菊、梅、兰，尤偏爱竹、梅。赞誉竹、梅“高风亮节，傲霜斗雪”，为竹题诗：“一书复一节，千枝展万叶，我自不开花，免招蜂与蝶。”并在家中庭院内遍种墨竹、罗汉竹、麻竹、斑竹、水竹、金竹、刺竹、凤尾竹等十余种。中学校园内竹、菊、梅、兰也随处可见。

张克襄为人正直，平易近人。民国32年（1943）中学成立校友会时，亲自向建校时的老工人丁洪兴献寿桃、发奖金。老农王大爷到其家中，张克襄让之上坐进餐，命大学毕业之子酌酒添饭，被传为美谈。

新中国成立后，张克襄拥护共产党和人民政府。1951年参加革命工作，先后在县卫生科、县农场供职。

1960年，在去江界河工作的途中，不幸中风跌倒，久治无效，于1962年秋逝世。

王家凤

王家凤（1937—1962）四川康定人，她没有同胞姊妹，是家里唯一的读书人，父母为她取名“家凤”，意在望她发奋学习，成为有出息的“金凤凰”，为王家增光添彩。

她没有辜负父母的厚望，于1956年考入四川成都师范专科学校物理系学习，大学毕业后被分配到贵州瓮安草塘中学任教。任初中二年级2个班的物理课教学，后鉴于学校缺体育课教师，她主动承担初一年级3个班体育课教学，同时又兼任学校女生辅导主任。她致力于教育工作的往事令半个世纪的师生们记忆犹新，为提高教育教学质量，家凤老师只要有空就到所任班级教室听老师上课，虚心向老师们学习教学方法和经验，使自己很快进入角色。在任物理课期间，时常利用晚自习时间到教室给大家辅导，解答疑难，帮助巩固所学知识。她为了教好所任的课程，利用业余时间制作了许多物理教学用具，指导学生实验，增强直观教学效果。上体育课时，她虽不是学体育专业的，但无论是翻单杠、双杠，或是跨越跳箱、投掷铅球等，都是按教材要求做出规范动作，并严格要求学生刻苦练习，达到教学目的。

1958年9月刚开学不久，根据上级的指示，全校师生停课到新华修筑高炉，挖矿石、发木炭大炼钢铁。当时家凤老师来校不久，又是未婚女教师，学校领导分配她带领初三女生和初一（3）男生到红山（指铁矿山）开挖矿石。家凤老师和同学们一起在技术员的指导下很快掌握钢钎、打锤等工具撬铁矿石等技术。不久，学校领导又安排她到黑山（指伐木烧炭的山）带领初二年级的男生砍树烧木炭，每天起早摸黑、弄得满身乌黑，从未埋怨过学校领导和叫一声苦。从新华返校复课后，基于办学经费紧缺，学校开展勤工俭学、勤工建校活动，无论是到近处的木瓜河抬砖拾瓦，还是到往返60多里的老坟嘴、小河山抬粮食、运木料，家凤老师未缺过一次。

1959年9月，家凤老师带病工作，学生家长来校目睹后，个个感动得热泪盈眶。家凤老师对班里的个别顽皮学生的教育，总是动之以情，晓之以理，循循善诱，从不挖苦和体罚，深受大家的爱戴和敬仰。1960年困难时期，家长不让子女上学，草塘中学辍学学生逐日增多，对此，她用毛巾包着“定量饭”，到距校20多里的金岱、龙井等地做学生家访工作，动员流失学生返校学习，亲手将“四好学生”“红分学生”奖状送交学生家长，使学生家长倍受感动，又将辍学的子女送回学校坚持学习。家凤老师对当时巩固学额、稳定学校秩序历尽千辛万苦，为瓮安二中教育质量赢得全州第一做出了重大贡献。

1961年，家凤老师暑假返回四川结婚，为不耽误教学工作，开学前就赶回学校。1962年4月，家凤老师患伤寒病，她生怕影响教学工作，只在草塘医院一边治疗一边坚持工作，从未缺过一天课。学校领导见她病情未有好转，多次劝她停下工作及时到县医院治疗，可她却谢绝，仍带病工作。后来终因病情恶化，休克在讲台上，待学校领导、老师、学生把她护送到县医院，为时已晚，不幸逝世，年仅24岁。

陈运杰

陈运杰（1934—1966），瓮安县平定营三合人。1949年瓮安中学初中毕业，1952年进县小学教师训练班。结业后先在成年扫盲班任教，后任车地小学、洗马小学校长。1959年考入省水利学校，毕业后回瓮安，在县文教局工作。1963年调县农林水利局任水利技术干部。1965年申请到珠藏区工作，首先寻找水源，与当地干部群众一道爬山钻洞十多个月，跑遍全区，勘查大小溶洞百余个，找到地下水源30余处。接着又进行勘测和凿洞、修沟引水。丰岩响水洞，深30余米，听到流水声，不见水出来。陈运杰找两位老农带路入洞勘测数日，在掌握大量资料的基础上，拟定凿洞、修沟方案。之后，组织施工，当地农民苦战5个多月，凿穿山岩，引出泉水，解决了40余户人畜饮水和50余亩农田灌溉问题。

他不顾个人安危，用绳索捆身吊入深57米的老里坝洞中，洞内环境恶劣，连续探测数小时，终于获得可靠资料。当大家将其拉出洞时，已不能站立，躺在地上休息3个多小时方能行走。在场干部群众无不为之赞叹，经拟定施工方案，组织施工凿洞引出地下水，除解决老里坝全村人畜饮水和80%以上的农田灌溉以外，还改土造田扩大水稻种植面积97亩。

1966年6月8日，在牛场坝清明孔凿洞引水施工中，隧洞凿穿以后，地下水却从另一个溶洞漏走了，时陈运杰刚结婚7天，闻讯立即赶到现场。经勘查研究，决定用汽油机把水抽干，以水泥砂浆堵漏洞，由于洞内连日作业耗氧严重，陈运杰洞内连续工作，不幸窒息死亡，以身殉职，时年32岁。

王逸琴

王逸琴（1908—1968）瓮安县新华杉树坳人，民国18年（1929）毕业于省立第六中学（瓮安中学）。民国19年（1930）起，先后在草塘、雍阳和余庆等地小学教书。1950年参加革命工作后，历任新华、木老坪、银盏、中坪小学教员、校长等，先后被选为瓮安县第一、二、四、六届人民代表大会代表，黔南州第四届人民代表大会代表。

他担任小学校长多年，治校经验丰富。重视思想政治工作，把绿化、美化、净化校园与学生思想品德教育结合起来。在中坪小学任校长期间，组织全校师生自己动手开辟校园，栽培花草树木。鲜花开放，果实累累之时，竟无一人擅自攀摘。校风校纪良好，教学秩序井井有条。王逸琴十分重视提高教师的业务水平，每个新教师到校，均陪同上课，连续听课1~2个月，及时指出教学中的优缺点，或亲自进行示范教学，使新教师尽快熟悉业务。

他在多年教学实践中总结的语文教学“读讲法”，以读诵为主，读讲结合，读写结合，效果良好。对读诵课文提出“一遍二遍太少，三遍五遍不多，八遍十遍可以”，与前人所倡“读书百遍，其义自见”相通。王逸琴批改作文非常认真，要求学生写好草稿后，逐一读给他听。扼要指导修改誊正后，再思批改，还逐一向学生讲解，最后在作文本上签名盖章，学生写作进步很快。

1968年5月，逸琴辞世，终年60岁。

聂佩玮

聂佩玮（1897—1968），名秉刚，字佩玮，瓮安县中坪人。聂佩玮家境宽裕，自幼读书，学习成绩优异。民国11年（1922）聂佩玮毕业于“讲武堂”，后编入滇军蔡锷部参加过北伐战争。北伐失败后又编入国民革命军第二十五军犹国才部，任陆军上校副参谋长、团长等职，立下不少功劳。

民国22年（1933），解甲从政，曾任兴义（原黄草坝）、紫云、安龙三县县长。为官期间，公正廉明，造福于百姓，深受当地百姓爱戴。

聂佩玮善诗文和书法，其书法以隶书为佳。

民国13年（1924），聂佩玮在云南国民二十五军任副参谋长期间，因多年未返故土，思念故土乡亲。于民国14年（1925）随带警卫和约一个班的士兵回乡。

谁知当晚深夜，土匪约五六十人进入中坪街上进行抢劫。土匪首先包围了区公所，区队士兵人少，与土匪力量悬殊，只在区公所的阳桥上还击土匪。

聂佩玮与勤务兵住在他自己的家里，离他带来的士兵驻地约200米，枪响以后，他神态自若，冷静分析，勤务兵也来到身边。他们估计土匪一是偷袭，想夺取他们的枪支。因聂佩玮所带士兵，全配先进的美式卡宾枪；二是抢劫。立即使命勤务兵侦察情况，勤务兵回来报告是土匪抢劫中坪街，匪众不上100人，主力在围攻区公所。大部分徒手专门进家抢财物。听完报告，他与勤务兵来到士兵住地，把了解到土匪的情况讲给士兵们听，又讲道：“弟兄们，今晚情况非常突然，我不回家土匪不来抢，不管他是不是冲着我来，这都是给我过不去。而且是抢我聂某的面子，如果今晚不把土匪赶走，我将被乡人耻笑，街坊唾骂。”讲完，士兵异口同声：“坚决打败土匪，保护中坪百姓！”在此同时又联系上区长聂瑞珊，命令士兵同时出击。

聂佩玮亲率士兵，兵分两路，与中坪区队士兵形成三面夹击。枪声一响，土匪便知来头不小，乱不成队，抱头鼠窜，直往下场口溃退，往三支岩方向逃窜。

黎明，百姓认领自家财物，异口同声，赞颂保护家乡生命财产。佩玮为二位阵亡士兵泪流满面。街坊买来两口棺木，聂又买来几匹白布，将尸体裹好，并亲自祭奠埋葬于中坪后山，立上石碑。

新中国成立后，聂佩玮积极拥护共产党和人民政府，支持各项解放事业。因二女婿余启德是共产党地下工作人员，土地改革期间，他率先将所有家产、土地交给农会，并参与宣传共产党的方针政策，人们都说他是共产党的人，后成为民主人士。瓮安县人民政府首任县长吴近仁把聂佩玮接到县里安排工作，曾先后在县政府办公室搞接待工作，任瓮安中学图书馆馆长，在瓮安中学教书法等。聂佩玮曾先后担任瓮安县第一届各族各界人民代表大会代表；

第二届各族各界人民代表大会常委；政协瓮安县第一届特邀委员。

1968 年“文化大革命”期间含冤自尽，时年 71 岁，葬于瓮安县城街后坡。

郭海清

郭海清（1890—1971），男，瓮安人。民国 16 年（1927）被拉夫到贵阳，在餐馆当雇工两年，学会厨师手艺，民国 18 年（1929）随出任县长的金慧章到瓮安，充当县府厨师直到民国 25 年（1936）。民国 26 年（1937）受聘到瓮安县标准中心完小（现瓮安一小）当校工。1958 年，年满 68 岁退休，又因学校工作需要，后继续工作到 1963 年，73 岁的郭海清老人才离开岗位安度晚年。

郭海清工作踏实，认真负责，做哪行爱哪行，言行一致。瓮安解放前夕，老师学生各散四方。校长林大兴简单给了一句话：“郭师，请你把学校招呼好。”于是，偌大一所学校的看护任务便担在了郭海清的肩上。他从始至终都没有离开学校一步，连儿子郭跃明躲避战火，都是托侄媳黄育珍带去望洞刘希尧老师家的。是时，正遇国民党溃兵住校，对学校设备乱拉乱扯。他们撤走后，郭海清把设备一一归位，坏了的亲手用铁钉或竹钉进行修复。

新中国成立后，首任新校长戴卓颖发布通知，师生陆续返校，看到学校课桌、凳椅、文柜等基本齐全，门窗完好，倍感欣慰。

1950 年春，国民党 343 师起义部队中，部分团营叛变，配合土匪头子符治邦、符治畿等攻占县城，戴校长和所有教师撤离学校，郭海清仍是一人坚守校园。

郭海清的工作场所主要是在伙房。为了让学生按时吃上卫生可口的饭菜，他每天起早贪黑。特别是冬季，井水少不够用，他和临时工付银和提着四嘴菜油灯，绕过城墙，到塔坡脚清水沟里抬水。不管在任何情况下，师生们都能按时就餐。有时，遇到老师加班宵夜或学生误食，劳累了一天已经休息的郭海清，只需一声喊，他就会动作十分利索地拴上围腰，走上工作台。对病号饮食，他更是精心制作，大部分时间还亲自送到病号手里。工友张德明被辞退后，年满六十岁的郭海清工作量倍增。除伙房工作外，摇铃打钟，给住校老师送开水等工作，全部落在他一人身上。有的老师看到他实在忙不过来，都主动自灌开水自己提用。

郭海清老人的工作态度，让老师们深深钦佩。老师们经常对他问寒问暖，生病则搀扶他进院治病，校方还把一张精工制作的木架竹躺椅送给了他。

1971 年 5 月 21 日，郭海清在校病逝，享年 81 岁。

林大兴

林大兴（1922—1972），瓮安县松坪乡人。民国 32 年（1943）考取遵义师范学校深造，毕业后被学校留用，任附属小学教务主任，这是他致力教育事业的开始。民国 35 年（1946）秋回乡，任城区男子小学校长。他身言示范，以整肃学风、校纪，提高教学质量。历时半年，学生学习成绩、思想素质显著提高，学校风貌焕然一新，因而被授牌为瓮安县标准小学。

1949 年，中国人民解放军挥戈西南，直指贵州。十月末，瓮安旧政权闻风逃离，县城处于无政府状态。林大兴团结师生，保护学校，在极端困难的条件下，坚持正常上课。校园内唱起解放歌声，迎接瓮安解放。12 月 12 日，瓮安解放，他仍担任一小校长，在他的带领下，出版《民主之声》刊物，宣传党的路线、方针和政策。

瓮安解放后，县城一、二两校有一批青年教师自发组织成立“火花社”，学习《社会发展简史》《论人民民主专政》等文献，同时排练秧歌和演唱解放歌曲，组队上街宣传党和人民政府的施政政策，为瓮安解放初期党的工作做出应有的奉献。林大兴是“火花社”的主要负责人一火花社干事长。

1950 年 2 月初，松坪乡留用乡长宋本基拥兵叛变，县人民政府委派林大兴出任松坪乡人民政府乡长，是瓮安第一个由人民政府委派的乡长。同年 3 月，瓮安土匪、叛军相继暴乱，甚为猖獗。4 月 5 日晚间，瓮安县人民政府撤离瓮安县城。松坪乡人民政权处于四面临敌的险境，林大兴率不到 20 人的人民武装，坚持游击，与敌斗争，终因敌众我寡，陷于敌手，但他临危不惧，向匪首陈光文宣传党和人民政府的宽大政策，致使陈匪所部向人民缴枪投降。

1972 年，因梭罗罗湾底村电线断路，林大兴前往接线，不慎触电而死，终年 50 岁。

杨藻章

杨藻章（1904—1990）瓮安县草塘人。幼年丧父，家境贫寒，但天资聪颖，读书学习十分勤奋。20 世纪 30 年代初考入南京中央大学中文系，得名师黄侃等教诲指点，学业大有长进。

大学毕业后，杨藻章先在江苏镇江“江苏省审计处”工作，后江苏沦陷回到贵州，受聘于贵阳师范学校任国文教员。杨藻章文化底蕴深厚，知识渊博，教学有方，声名鹊起，深受学校师生爱戴，是“国文帮”的中坚力量。

民国 30 年（1941）夏天，冉隆堃校长调离瓮安中学，省教育厅任命杨藻章继任瓮安中学校长。

民国 34 年（1945）5 月 22 日深夜，朱家山股匪抢劫瓮安中学，校长杨藻章、教导主任邵光奎、老师余正清、职员丁章等教师学生 30 余人被土匪绑票，关押在朱家山原始森林匪巢中。杨藻章向土匪们摆谈“平型关大捷”“奇袭阳明堡机场”的故事，使土匪放松看管。土匪头目派出探子到瓮安、草塘了解情况，得知杨藻章一介书生，父早亡，母文盲，无油水榨取，便将师生们放回瓮安县城。

民国 31 年（1942）夏，杨藻章被贵阳师院王克仁院长聘任为图书馆长。国民党瓮安县政府为了粉饰民主，成立县国民参议会，杨藻章被推选为瓮安县临时参议会参议长。后调贵定、花溪、青岩中学任教，“文化大革命”中受到冲击，被安排在学校敲钟。

晚年研究原中央大学著名教授王伯沅所作《红楼梦批判》，撰写《〈红楼梦批判〉的批判》，逝世后未能出版。

1990 年，因病在贵阳花溪逝世，终年 86 岁。

贺永年

贺永年（1896—1990）原名贺果，又名贺培真，湖南邵阳县东乡马王塘村人。

民国 7 年（1918）4 月，贺永年参加毛泽东、蔡和森等人组建的新民学会，他们在一起讨论国内外时局，研究十月革命的经验，寻求改造中国的道路和方法。爱好足球和田径运动，为当时长沙“八大球王”之一，与毛泽东等人一起“指点江山，激扬文字”。

在五四运动的推动下，贺永年与李维汉、张昆弟等 58 人联袂赴法勤工俭学，寻求救国救民的真理。留法勤工俭学期间，接触了法国共产党主办的《人道报》、马克思的《资本论》及俄国十月革命的一些书刊，贺永年的世界观发生深刻的变化。

民国 13 年（1924）7 月，国民党要员吴雅晖等人以照顾勤工俭学学生为名，取得法国“庚子赔款”的一部分，办起里昂中法大学。但这所大学却不收已在法国的勤工俭学学生，而是从国内招来一批有钱有势的纨绔子弟。他和“工学世界社”成员获悉此情况后，十分愤怒，便组织留学生率先发宣言、出通告，表明反对态度和斗争决心。并以静坐、绝食、示威等行动，抗议法国当局。北洋军阀驻法公使及里昂大学负责人，勾结法国当局，出动大批武装警察，包围这群手无寸铁的学生，骗取他们的侨居证，将他们囚禁在一个兵营中。28 天后，并给他和蔡和森、陈毅、李立三等 104 人扣上过激党的罪名，由法国武装押送回国，贺永年等人到上海和党中央接上关系后，正式加入中国共产党。

民国 13 年（1924）底，贺永年被党组织派往莫斯科东方大学学习，民国 14 年（1925）回国后，先后被派往安源煤矿、长沙共青团、湖南省军委工作，期间曾在邵阳县协助罗卓云组建中共地下党支部。

民国15年（1926）5月，北伐战争拉开序幕，叶挺独立团先遣队向湘挺进时，贺永年受湖南省委书记李维汉指派，组织工人武装，迎接北伐军入湘。7月，国民革命军正式誓师北伐，他被派往第四军任政治部组织科长。民国16年（1927），汪精卫在武汉发动“七一五”反革命政变，血腥镇压共产党人和爱国人士，武汉形势日益恶化，贺永年随军到广州叶剑英任团长的教导团工作，并参加广州起义，由于敌强我弱，起义部队被迫撤出广州，与彭湃率领的海陆丰工农武装会合，正式成立海陆丰红军第三师，贺永年任师政治部秘书和海丰县委视察员。海陆丰起义武装遭国民党8个团兵力进剿，被迫撤至山区开展游击战争，贺永年被派到烟台刘珍年部任军部秘书，后到大名府附近的根据地工作。

民国19年（1930）6月，李立三的“左”倾冒险主义在中共中央占统治地位，“左”倾路线的执行者认为贺永年是从广东游击队过来的，命令他临时搞一支武装去攻打名府。他不畏权势，以“乌合之众的冒险行动不可取”而拒绝，竟遭到无情打击，残酷迫害，因当地组织未开介绍信而脱党。之后，到达上海，靠翻译法国小说所得的报酬维持生计。民国20年（1931）夏，他突然被国民党特务以“共党”嫌疑犯抓捕，关押在龙华警备司令部。在上海的三弟贺绿汀夫妇得知，四处奔走，通过关系，进行营救，被关押6个月后才得释放，出狱后，贺永年到山西武功西北农学院任教。此时“一·二八”淞沪抗战爆发。

民国34年（1945），贺永年辗转来到瓮安，在珠藏结识商人刘茂和，他在刘茂和的支持下做起了小本生意，成为赶乡场的小商贩，以后便定居瓮安珠藏，几年后搬到瓮安县城居住。

1949年11月，国民党瓮安县县长李繁苍闻解放军进入县境，就带着武装队伍逃离县城，贺永年和王贤忠、刘平衡等进步人士组织维持会维持瓮安社会程序，并出面说服三股武装头目合建县维持会民众自卫队，社会秩序才得以维持。12月11日，为迎接瓮安解放，贺永年等人组织瓮安人民群众上千人到高家坳，热烈欢迎人民政府工作人员进城接管建政。

1950年3月，贺永年被任命为瓮安县教育科科长，出席瓮安县第一届各族各界人民代表会议。1951年6月，调贵阳专区工作，历任贵阳市教育局局长、副市长、市政协副主席、省政协委员等职。1956年1月他应邀出席全国政协会议，在会上见到了离别30多年的毛泽东。此后，贺永年调贵州省政协工作，历任省政协常委、副主席，省政协第四、五届委员，省第二、三届人民代表。

“文化大革命”中，因致李维汉函中附言有“代侯润之兄好”之言，个别愚昧无知的造反派质疑，追问何许人也？是否黑帮分子？因此他被反革命集团在贵州的爪牙点了名，说他是邓小平安插在贵州的两颗钉子之一，他被关押在豺狗湾看守所近一个月后方被释放。随后到三江农场“五七”干校劳动，1971年9月，以高龄为由让他回家休息。

1990年，贺永年病逝于贵阳，享年94岁。

徐大学

徐大学（1943. 5. 18—1991. 7. 9）瓮安县南街人，1962 年 7 月瓮安中学高中部毕业，同年 9 月参加工作，1985 年 12 月加入中国共产党。

他参加工作历任瓮安县农业局辅导员，1964 年 12 月调瓮安县珠藏区茅沙坪小学任教。次年 3 月调珠藏区高水小学任教导主任，主抓教学工作，1979—1980 年他任初中数学、物理科目，中考成绩获全县第一，当时县城县领导家几家子女都到高水小学就读初中。1981 年 9 月调瓮安县教育局任农教专干；次年 8 月，任瓮安县教育局电大班班主任；1987 年 8 月任教育股股长、电教站站长；1990 年 3 月任瓮安县教育局副局长，1990 年 6 月当选为瓮安县政协第五届委员。

在基层学校担任班主任 18 年，根据山区儿童的特点和思想实际，采取社会、学校、家庭相结合方式，对学生进行思想教育和转化工作，取得显著成效。他在高水小学期间，组织和带领教师改善办学条件，扎实抓教学，所任初中部数学、物理教学质量在全县、全州都闻名遐迩。任农教专干和教育股股长期间，深入全县村寨办夜校、大扫盲，忘我的工作，使瓮安县在短时间一跃成为贵州省八个无盲县之一，同时开创瓮安电教工作的先河，为后来瓮安教育技术现代化奠定良好的基础。任局领导工作后，充分发挥才干，埋头踏实工作，使瓮安的教育得到快速发展。他忠于人民、严于律己、谦虚谨慎、艰苦朴素，工作勤勤恳恳、兢兢业业、任劳任怨，为党和人民勤奋工作，是教育事业不可多得的人才。

1991 年 7 月 9 日，因公以身殉职，享年 48 岁。

宋鄂生

宋鄂生（1923. 9—1991. 11），猴场镇草塘社区新川人。其名因出生在父亲任职地湖北而得。

民国 29 年（1940），国民第五军在广西昆仑关大捷后，驻跨桂、湘、黔三省，分别对各兵种进行休整和补充军机械化兵种在广西整顿，新兵由湖南西部和贵州补充，步兵 3 个主力师在黔东到安顺一带训练。

民国 30 年（1941），携胞弟宋汴城一起投笔从戎，报效国家民族，奔赴抗日救亡战场。在国民革命军第五军任文书和英话翻译。他被分配在军直属野补一团。训练中，部队官兵上下一心，同仇敌忾，经过刻苦、紧张的训练，干部战士斗志昂扬，极力要求早日开赴前线，剿灭倭寇，收复失地。他随部队踏上抗日征程，一路风餐露宿，历尽艰辛。在缅甸游击勃固战役中，亲自指挥突击日军的一个运输车队，全歼敌军，缴获大批武器、弹药、食品及服装，使队伍得到补给在穿越绝境野人山时，干粮断绝，驮马倒毙，车辆、电台等尽成废物。鄂生与战友相互搀扶，吃掉毙马，撬开野芭蕉根充饥，砍树搭棚，木棍铺床，床下架空，四周开排水沟，棚里置火塘，防毒蛇蚊虫蚂蟥，但仍有不少战友遭到伤寒、疟疾、毒虫肆虐，死尸载道，白骨露天的惨景让人心惊胆战，毛骨悚然。经过一个多月的艰难跋涉，鄂生与少数战友死里逃生，走出绝境，重新踏上抗日战场，直到取得抗战胜利。

日本投降后，鄂生回到贵州加入国民革命军第十九兵团49军王锦谢部，任参谋处参谋，中校军衔。他是参加抗日远征军为数不多的幸存者。在那血与火的战争岁月，满怀报国激情，凭着自身文化素养和睿智，鏖战于滇缅战场，为抗日战争的胜利立下功勋。

1949年10月，随49军重庆办事处参加起义。之后，进入中国人民解放军军事学院学习。1952年毕业后回到家乡草塘，9月任草塘小学教师，次年调任县城雍阳小学任教。1958年起，先后在中坪中学、中坪小学及瓮安中学任历史、美术教师，1988年9月退休后先后任县美术协会副主席、顾问。

1991年11月，突发脑溢血病逝，终年68岁。

王大章

王大章（1914—1991），男，字季友，瓮安县岚关乡大路边王氏后裔。其父亲是前清秀才，以教书为业。在其父亲的熏陶下，王大章7岁便开始读儒家经典，民国21年（1932）省立六中（瓮安中学）毕业，民国24年（1935）省立一中（贵阳一中）高中毕业。毕业时，因贵州局势混乱，王大章的大哥在部队当军官受人暗害，家里将田土典当拿去赔款，无力再支助其升学，不得不返回瓮安。是年下半年，应校长商汝勤邀请，去瓮安城南小学上课，后应聘于黄平县旧州中学任英语教师。

“七七事变”后，外省大学向西南迁移。民国26年（1937）下学期，王大章辞去工作，到贵阳投考西南联合大学。考取后，却因学费太贵而未入学。民国27年（1938）春，经人介绍，任瓮安县民众教育馆馆长。是年8月，其大哥在荔波县病逝，辞职回家安葬大哥，借钱完婚。次年3月任草塘小学校长，同年8月调瓮安城区女子小学任校长。民国30年（1941），城区男、女两校合并任校长，上半年因教师不能按月领到工薪，引起全县小学教师罢课。一部分地方劣绅向县长裘胜嘉诬告，说王大章带头破坏教育，思想有问题。结果王大章乌纱帽不保，只得远走他乡。

离开瓮安后，王大章先后在锦屏县任县府助理秘书、教育科长。民国33年（1944）任黎平县教育科长。民国35年（1946）回瓮安任瓮安中学教师，新中国成立前夕（1949）当几个月的县财政科长。

新中国成立后，参加革命工作。1951 年任中坪小学校长，1956 年任瓮安中学教师。“文化大革命”中，先后“靠边站”、强迫劳动、坐牛棚、搞苦工、逼迫辞退。1978 年复职，先后任中坪中学、瓮安师范学校语文教师，1982 年退休。

一生坎坷、命途多舛的际遇，养成了王大章老实、敦厚、胆小的性格。但他与人为善的言行、认真负责的工作态度，却给师生留下了深刻的印象。王大章老师是瓮安教育界值得尊重的一位老前辈。

1991 年 10 月，王大章老师逝世，享年 77 岁。

张义芳

张义芳（1930—1993），瓮安县珠藏镇火石坡村人，中共党员，政协贵州省瓮安县第二、三、四届委员，中学语文高级教师。

他出生于一个贫穷的农村家庭，自幼勤奋好学，成绩优异。1956 年 8 月毕业于贵定师范学校，先后在贵定师范学校、草塘中学、瓮安师范学校、珠藏中学等多校任教。1985 年加入中国共产党。1993 年因病去世。

张义芳老师一生经历坎坷曲折，在那段特殊的历史时期，尽管遭遇了许多不公正对待，但始终没有改变他对于教育事业的热爱和忠诚。于学生，关怀备至似慈父；于同事，肝肠热胆似手足。一生工作兢兢业业，任劳任怨，育人无数，桃李遍地。连续多年被评为县级先进教师，为瓮安的教育事业贡献毕生心血！

熊德芬

熊德芬（1922—1993）贵州凯里县（今凯里市）人。民国 37 年（1948）毕业于贵阳师范学院（今贵州师范大学）体育科。先后执教于安顺工业学校及贵阳师范学校，1950 年调瓮安，在瓮安中学教坛耕耘 44 个春秋。长期担任体育教研组长，负责体育教学，训练运动队，开办业余体校，举办运动会等。熊德芬在体育教学上成绩卓著，在全省颇负盛名。20 世纪 50 年代被评为国家一级田径裁判。60 年代中期，在他的辛勤指导下，瓮安中学学生参加全省中学生运动会，成绩显著，初中生有 3 人作为体育拔尖人才，被遴选进入贵州省体委深造培养，以后都逐渐成长为核心力量。因此，瓮安中学被列入贵州省体育传统项目学校，多次受到表彰。

熊德芬系贵州裁判委员会委员，多年来在全国、省、州、县各级运动会中多次担任教练、裁判长、总裁判长等工作。曾多次被评为省、州、县体育先进工作者、教育先进工作者、优秀教研员等。1987被评为中学体育高级教师。

1993年2月，熊德芬因病逝世，终年71岁。

冷开晟

冷开晟（1921—1994），瓮安县花桥冷家堡人，小时就读于瓮安花桥村川寺小学（现花桥小学），后考上省立六中、省立贵阳高级中学，毕业后到务川军法院任秘书。不久回到瓮安，先在瓮安县雍阳小学当教师，后任校长。不久又考入贵州省地政学校，毕业后就业于贵州省地政局，曾先后任测量员、组长、监察股长等职。民国37年（1948）底回到瓮安，任瓮安田粮处第一科科长直到瓮安解放。瓮安解放后，冷开晟主动参加人民政府的接管建政工作。接管工作办完后，被派到贵州省人民政府花溪干校培训学习，学习结束后分配到贵定专署办公室任秘书。1953年年初，冷开晟调交通系统工作，参与组织修建惠水至罗甸、湄潭、黄平、雷山、瓮开、瓮余等公路。1959年调贵州省交通厅公路三处，负责组建贵州省桥梁工程大队（现省桥梁公司前身），组建完毕后任行政股长、大队长等职。

1975年退休回到瓮安，参与瓮安的统战工作。因有在台湾军政界的胞弟冷开昱的关系，为瓮安和黔南州在与台人联系工作中做大量工作，为瓮安和黔南的统战工作做出一定贡献。曾先后任瓮安县政协第二届常委，第三、四届副主席，政协贵州省第五、六届委员，《瓮安县文史资料》研究会副主任，《瓮安县政协志》编辑委员会副主任。

冷开晟一身热爱祖国，拥护中国共产党，为祖国的教育事业、交通事业和统一统战工作均做出了一定的贡献。冷开晟业余爱好书画，并在书法和国画上有一定的造诣。

1994年，冷开晟因病逝世，终年73岁。

华天谷

华天谷（1907—1995），号钦达，江苏省无锡市梁溪乡人。

民国19年（1930），他从艺大毕业后到上海、江苏、浙江等地从事音乐、美术教育工作。民国26年（1937）7月抗日战争爆发，背井离乡，辗转来到贵州，先后在贵阳女中清华中学等处教美术。那时贵阳文人云集，国事动荡，但他不慕荣利，保持清高的节操，赤诚待人。有时与同事谈时事、论艺术。

民国34年（1945）日本投降后，为庆祝抗日战争胜利，他创作一幅10余米长卷国画《花溪全景图》（现收藏于贵州省博物馆），运用中国传统绘画的技法，展现花溪内在的质朴美，形成苍劲、饱满而清雅的独特风格，具备极高的艺术水平，受到社会各界好评，成为民国时期贵州艺坛的一段佳话。

他反对墨守成规，坚持创新，他的画稿《贵阳风景写生画集》第一集，于 1949 年 12 月出版发行，以其笔力苍劲、形象简练、清逸可爱的特点，一问世即被抢购一空，轰动贵阳山城。他说："写生画可以陶情自然界，可以回想古今事迹，可作学生图画补充教材，可作他乡客回家的纪念品，可以装饰你的环境美，增加你的思想美！"

1950 年 8 月，他由贵阳专区分配到瓮安中学，承担音乐、美术的教学任务，成为瓮安教育史上第一个具备系统专业知识的艺术教师。任教期间，他以发现和培养艺术人才为己任，主张教学生学画山水可以从"芥子园"开始，临摹不能随便，对一棵树、一块山石深入剖析，一笔一笔画给学生看，手把手教学生调颜色、画透视，用浅显的语言将抽象深奥的艺术原理向学生耐心讲解。常用"史有勤学苦练，才能熟能生巧"的精辟格言和古今画家勤学苦练的生动例子激励学生。他接受县长有关扩大瓮安中学面积的采地、测绘任务，与同事起早摸黑丈量、绘图，累得腰酸背痛，从不叫苦。

1962 年，他调任县文化馆馆长，和职工一道废寝忘食工作。他创作的《松柏常青》《震天动峡谷》《文峰塔》《观音堂》《山涧》《山高水长》《玉华山》《西门桥》《林区小景》等百余幅国画，可以说是他胸怀坦荡，豪迈超脱、旷达淡泊的精神再现。这一时期，他的作品不仅数量多，而且在艺术上达到至美至高的境界，堪称是他艺术创作的全盛时期。由于事业上的成就，他先后当选为县、州政协委员和县人大常委，被吸收为中国美术家协会贵州分会会员。

"文化大革命"初，他许多作品被付之一炬，甚为可惜。1970 年，在党的关怀下，他重新回到县文化馆工作，被安排管理图书和报刊阅览，那时被"文革"洗劫一空的县图书室，除了几本毛选和"老三篇"外，一无所存。他从"二十四史"、《马克思恩格斯全集》《列宁全集》《鲁迅全集》《巴金文集》开始，系统采集一批经典图书和参考工具书，使图书室藏书达 8000 余册。翌年，他利用州政协委员的身份多次申请建立县图书馆，终于得以批准，并在他 69 岁之际被组织部门任命为馆长，参与县图书馆进行筹建工作，图书馆重新开馆后，他坚守借阅岗位，不顾年迈体弱，工作繁忙，仍挥毫作画，在绘画生涯中开始新的开拓。他画的山水、树木、竹石、花鸟、人物十分召人喜爱，尤其以山水、花鸟最为出名，这些作品多次参加省、州美展，受到好评。

1979 年退休后，他退休不离岗，继续为图书馆无偿装订报刊和清理杂志，拖着病体坚持达 9 年多。潜心研攻国画技法，前人尚未解决运用技法提供写生问题，为了给初学画者把这一问题解决好，将他自己几十年绘画的心得体会整理出来，编辑成《国画技巧——皴法》一书，同时清理和装帧自己创作的国画，在县城举办"华天谷美术作品展览"，观者络绎不绝，交口称誉。

1995 年 10 月 22 日，因病逝世，享年 88 岁。

罗洪祥

罗洪祥（1933. 9—1995. 3）出生在贵州省福泉市牛场的一农户家庭。幼时在家读私塾，后就读于牛场小学、瓮安中学、贵定高中，1956 年考入云南大学中文系汉语言文学专业。

在云南大学学习期间，曾受教于云南大学校长、中国著名诗人李广田先生门下，进修德业，品学兼优。毕业实习时到中泰边境采风，搜集创作少数民族题材的民间文学，有两篇文章在刊物《民间文学》上发表。

1960 年 7 月云大毕业后，因成绩优异，被北京师范大学看中，分配在该校的中文系任助教。一年后，主动向组织申请调回贵州。1961 年 9 月，回到这所曾经抚育过他的母校—瓮安中学，担任语文教学工作。他博览群书，才高学富，精于古典文学，长于文章写作。他无数次“下水作文”以其深邃的内涵底蕴，充沛的感情色彩，严谨的谋篇布局，精湛的语言技巧为学生作出示范，开阔眼界，扩展思维，丰富文采。他爱生如子，循循善诱，教人不倦，诲人不厌，潜移默化情，润物细无声。他多年担任语文教研组长，善于团结教师，群策群力，出色完成教学任务。他善于倾听各种不同意见，开展学术讨论，博采众长，深化教学改革。他热情帮助年轻教师，耐心指点，促使新人脱颖而出，在他的主持下，语文组内气氛活跃，生机盎然。

他为人质朴谦恭，敦厚诚恳，堂堂正正，磊磊落落。从不随波逐流，伤害他人。贫贱不移，勤勉自励。以他坦荡的人格力量，为世人树立一代风范。

他担任过黔南州语文教研会的理事、瓮安创作协会会长等职务，推动学术研究，创作不同形式和题材的文章，如《清清河水淌满沟》《鳌鱼山的事故》《秋游川洞河》《细菌的事故》等，分别在《贵州文艺》《采风》《江界河》《花竹科普》上发表。在北师大工作期间参与修改编写《中国现代文学史》，在《中国农民报》上发表《运用人工生物链建立家庭生态系统》的文章。

在“文化大革命”停课期间，他利用精通古文的优势，潜心研究传统医学经典，使祖传的秘方得到丰富和提升，对一些当时西医较难治愈的疑难杂症（如肝炎、肺结核、心脏病、肾炎、妇科病、风湿等）有独特治疗方法，效果显著。有的怪病（如闪腰、肠痉挛等）可达到立竿见影的效果。20 世纪 80 年代后，每年治疗的各类病人达 500～600 人，大部分病人都在短时间内达到康复的效果。县机械厂 1 名工人腰生病，动弹不得，用板车拖去，他用“梅花针”扎后，立刻能独立行走回家，病人非常感激，事后用特制钢材打一把挖药的小锄相赠。

他在学校是优秀的高级语文教师，对病人而言又是神奇的良医。不论学术研究还是为人处事都值得后人敬仰和学习。

1995年3月29日上午，因突发脑溢血逝世，享年62岁。

李奇谋

李奇谋（1909—1996），瓮安县人。草塘中学教师，书法家。幼年就读于牛场小学，父亲为教师。在其父的影响下，李奇谋尤其爱好书法。

小学毕业后考取贵阳师范学校，由于小学阶段打下欧体、苏体楷书和右军行书功底，到师范后备受在该校任教的书法家严寅亮老师喜爱。严寅亮对李奇谋说："你们那里有个书法家胡肇元，你回去后向他学习"，并向李奇谋介绍和引见全国著名金石书画家姚茫父等。在书法名家指点下，他的字长进很快，学校开展书法竞赛获得第一名，校内及校外店铺、匾额、题对都请他题写。他的书风发生根本变化重要原因是康有为提倡的碑学新风，特别喜欢康有为在贵阳对"尹道真先生祠""刘统一先生祠"的题字，于是，他转学汉魏碑版，研究康有为的《广艺舟楫》。课余时间他将《龙门二十品》《张猛龙碑》《宝子》《龙颜》《孔子庙堂碑》以及怀素《圣教序》装裱后挂于壁上，经常研习。

他一生以教书育人为己任，桃李盈门。新中国成立前先后在瓮安中学、贵阳师范学校、施秉师范任教、任校长。新中国成立后任教于瓮安中学，最后在草塘中学退休。他一边授教，一边遍临百家法贴，深钻汉魏碑学，做到"古之名家者，能遍临碑，皆有一、二僻碑，为其专意模仿，学之既深，亦有不能尽变者，其师法所自来，足迹犹可探讨，学者因此而推之"（康有为《广艺舟双楫》）。

李奇谋在书法上历经70余年的艰苦磨砺，形成他独特的风格。基础扎实，功力深厚，结构严谨，用笔力透纸背，各种书体皆通，尤以行书见长，其书法沉雄奔放，形神兼备，厚重奇伟、自然活泼。他喜欢中国古典诗歌，常在创作实践中将自己的感情融进书法中。他的书法作品，不少是自己创作的诗词，诗歌词曲进入他的书法创作领域，更为他的艺术锦上添花。他主张青年人学书法以柳字起步为宜，因唐楷法度森严，尤以柳字更甚，既得骨又得法。

1986年他的传略入《中国当代书画家辞典》《中国现代书法界名人辞典》，作品入选"黄果树碑林""四川合江诗书画院碑林"。1989年在四川五县书展获一等奖，省内外多次参赛获奖，1989年入选"炎黄子孙杯"在海内外展出被收藏。留在瓮安的碑刻作品有《文峰塔》《冷少农烈士故居》《猴场会议纪念碑记》等，另有数百件纸本作品传世。他是瓮安县加入省书协最早的会员，是黔南州书协理事、瓮安县书协首届主席。1977年退休后，仍不遗余力，对王羲之、李邕、米芾、张迁碑等碑帖的学习从未终止，日耕不辍，成为瓮安书坛领军人物。

1996年10月，在瓮安县城因病逝世，享年87岁。

王崇礼

王崇礼（1917—2007），女，瓮安县城人。民国26年（1937）平越（今福泉）牛场镇简师毕业后，先后在三江小学、瓮安女校、瓮安县城区标准小学、城关小学（现二中前身）、城关一小执教，直到1988年退休。

抗日战争时期，王崇礼作为教育界的妇女代表，参加中共地下党员戴卓颖等发起和领导的女同胞抗日救亡运动，与男同胞一起举行反日示威，声讨倭寇罪行。教唱《到敌人后方去》《大刀进行曲》《游击队之歌》《团结就是力量》等革命歌曲，激发民众和师生的抗日热情。

新中国成立后，王崇礼全身心投入革命工作。1950年1月，他和学校年轻老师一道加入“火花社”，以出刊、演讲、唱歌、演话剧等形式，宣传党的方针政策，对建立人民民主政权、稳定社会秩序、恢复和发展生产起到一定作用。9月，匪乱平息，学校秩序恢复正常，人民政府组织教师投入五大任务，她随工作组下乡参加征粮工作。1951年7月，她又和学校部分教师到四区（永和）参加为时50天的土改工作。

王崇礼忠诚于党的教育事业。她长期从事低年级的语文教学和班主任工作。她循循善诱，从教学生制作五星红旗开始，诱导儿童认识新社会，启发学生为社会主义祖国的繁荣富强而勤奋学习，帮助他们打下坚实的文化基础。她教的学生数以千计，真可谓桃李满天下。全国各地的党、政、军、工、商、学、医、艺各界均有她的学生，其中涌现出大批为祖国为民族做出突出贡献的人才。由于王老师工作踏实、成绩显著，她受到社会、家长、学生的一致好评，多次被评为学校和区、县的“优秀教师”“先进工作者”，被选为第四、第五、第六和第八届县人民代表。她爱校如家，71岁才离岗休息。离岗休息后仍心系校园，常为办好学校出谋划策，大家都尊称她为“王姥姥”。

2007年，王崇礼逝世，享年90岁。

邹金秀

邹金秀（1940—2008），湖南省祁东县人。女，汉族，中共党员。民国34年（1945）日军入侵湖南，随父母逃难到贵州省龙里县。1956年考入贵定师范，1959年考入贵阳师院（今贵州师范大学）历史系。

1963年7月毕业分配到安龙中学任教，1973年加入中国共产党，1978年任安龙中学教导主任。1982年调入瓮安二中任副校长并主持工作。1983年年底在黔南州党校学习。1984

年年初任瓮安县政府副县长，分管文化教育、体育、卫生、计生、科技等方面工作，直至1987年年底。后任瓮安老年大学校长。1991年年底调任黔南州财校任校长兼党委书记，2000年8月退休。

邹金秀出身贫寒，热爱中国共产党、热爱祖国、热爱人民，工作兢兢业业，生活艰苦朴素。爱学生、爱他人胜于爱自己。尊敬老人、爱护幼小。“爱民不妒官，不嫌贫不恨富，当官不傲、为民不卑”是她人品的最大亮点。在瓮安二中期间，住房特别困难，她一家五口租一农户家住，猪圈就在厨房旁，虫蛹到处爬，臭气难闻，连方便时也是一边赶猪一边方便。女儿住一小阁楼几乎没有光线，一住就是三年多。即使二中修一排平房，她都让给新调入的教师住，她毫无怨言。瓮安二中第一届高中毕业班能取得高考升学率全县第一名，并囊括文科、理科第一名的优异成绩，与她的人品和奋斗拼搏是分不开的。

邹金秀任副县长期间，她分管的工作做得有声有色，各科局评比一直在全州位于前茅。特别是20世纪80年代人才大量流动期间，她任瓮安县人才招聘办副主任，她尽其所能不分白天黑夜，对外流人员做思想工作，满足他们的部分要求，挽留不少人员在瓮安继续工作。同时面向省内外招聘各类人才，先后共招聘45名人才到瓮安工作（其中教师最多）。为瓮安教育、卫生、农、林、牧、水、电等方面以后的发展起到很好的作用。

1991年底，邹金秀调任黔南州财校任校长兼党委书记。为全州财政、税务、工商等部门培养了众多人才，其中不少人成为骨干。1998年她被评为全省优秀校长。2000年8月退休。2008年因病在都匀逝世。

龚玉玺

龚玉玺（1931—2008），男，瓮安县玉山龙塘乡人。1951年参加教育工作，中共党员，先后任教导主任、副校长、校长、学校党支部书记、镇学办党支部书记等。

1962年1月，龚玉玺调雍阳小学任副校长，继而任校长。

1963年8月，雍阳小学被列为贵州省教育厅确定全省举办的92所（黔南州12所）重点小学之一。对这批重点小学的要求是：贯彻执行《全日制小学暂行工作条例》（草案），实行国家规定的全日制十二年制中小学教学计划，按照条例（草案）提出的培养目标和教学计划的具体要求，切实提高教育质量，提高教学水平，并且注意总结和积累提高小学教学质量的经验，带动一般学校提高教育质量。

由于省、州和当地党政领导的高度重视，得到有关部门、学生家长的大力支持，经过全校师生的共同努力，雍阳小学教育教学成绩卓著，多次被评为州、县先进集体，多次出席州、县教育先代会。龚玉玺个人也多次受到州、县教育行政部门的表彰。

2008年12月，龚玉玺逝世，享年77岁。

赵永庆

赵永庆（1921. 7—2009. 3）出生于河南省滑县一个贫苦的农民家庭。

父母靠给地主打长工维系生计，加上家里人口多，家境贫寒。他从14岁起就给地主当雇工。民国26年（1937）3月，在家乡吃不上一顿饱饭，为了“当兵吃粮”到29军当兵（冯玉祥部队）。“卢沟桥事变”后，赵永庆又回到家乡，在家当雇工。民国34年（1945）—民国35年（1946），家乡闹饥荒，他同家人一起逃荒到山西，靠讨饭、给地主放羊度日。民国35年（1946）9月回到故乡，在家乡遇上工作组进村领导“减租减息”工作，家里吃上了饭。民国35年（1946）10月参加中国人民解放军原晋冀鲁豫野战军第11纵队独立旅补充团，任副连长。在民国37年（1948）11月6日至民国38年（1949）1月10日的淮海战役，他指挥重机枪阵地，担负正面阻击战斗任务，荣立三等功。

1949年3月，淮海战役后部队进行整编，被编入冀鲁豫军区独立3旅7团，任副连长。4月参加渡江战役。渡江战役后在东乡编入第二野战军5兵团第17军第51师152团，任一营副管理员，7月进入17军随军学校学习（二野军大五分校）。9月初，奉命向西南进军，11月初在黔南地区参加了歼灭国民党军第149师的战斗。1950年1月军校学员提前分配，回到152团，任一营管理员。后因五大任务（清匪、反霸、减租、退押、征粮）工作需要，从152团抽调到惠水工作组，任组长。

新中国成立后在贵州工作，他先后任都匀县七区区长、区委书记、黔南州城建局党总支书记、瓮安县茶园伐木场场长、瓮安师范学校校长。1958年12月，受不正确的处理，但是他没有怨言，相信党，问题是会解决的，在工作中坚持原则，踏实的为人民办事，清正廉洁、奉公守法。

1973年3月至1979年1月任县教育局局长。

1979年2月开始任瓮安中学党支部书记，学校的五七工厂生产的圆规、离心水泵模型等产品，提供学生实践基地，又增加收入。生产的“丰收35型”四轮拖拉机传导动装置模型和“工农12型”手扶拖拉机模型，参加全国青少年科技作品展览，分别获全国青少年科技作品三等奖和“我们爱科学”特别奖。1980年12月，赵永庆所受处理得到解决。

1982年离休，享受副地级待遇。

2009年3月，因病逝世，享年89岁。

张明初

张明初（1942. 2—2011. 10）出生于瓮安珠藏，中学语文高级教师。

20 世纪 60 年代初高中肄业，随即参加教育工作。先在小学任教五年，教授过小学所有学科；随后在初中任教十五年，主要承担语文、数学、物理、音乐、美术等学科的教学工作；最后二十四年在高中任教，担任语文教师。四十二年如一日，一直担任班主任。

只有高中学历的张明初，通过自学与参加函授，刻苦钻研，广泛涉猎，博采众长，终成一名合格高中语文教师。上课语言幽默风趣，表述形象生动；引经据典，纵横捭阖，深入浅出，引人入胜，颇受学生欢迎。较早接受快速作文理念，在长期的探索与实践中，逐渐形成自己独具特色且卓有成效的作文教学方法，学生通过少则两月多则半年的时间就可以大幅度提高写作能力，提高作文成绩。他有驾驭教材的极强能力，掌控课堂的高超艺术。一幅伏案流涎的漫画，使昏昏欲睡的学生睡意全无；三言两语的笑话故事，使神情倦怠的学生精神振作。有时一展歌喉，满座欣喜，课堂活跃；有时善意的讽喻胜过严厉的斥责，学生记忆深刻。关心爱护学生，教之以严，待之以宽，体贴入微，关怀备至。学生既畏惧又亲近，更感激。在其生命垂危之际，不少学生丢下工作，不远千里，来到医院，陪护一周之久。

多才多艺，爱好广泛。琴声动人，字画悦目，摄影造诣更深，作品多次参展获奖。颇具音乐文艺天赋，经常为不少单位指导文艺演出或歌赛训练。他是县各类文艺演唱大赛的资深评委、县老年书画摄影研究会理事。

2010 年 6 月，从几十年创作的诗词、散文、经历故事、心得体会、报道评论以及与学生、家长的往来信件、学生获奖作文评析等作品中，选取 400 篇约 18 万字，修改整理成集《尘封的诗文》。张明初一生的荣辱悲欢，进退毁誉，心路历程，工作轨迹，都跃然纸上，发散人间，有如陈年老酒，醇香弥漫。

2011 年 10 月，因病医治无效逝世，终年 69 岁。

戴卓颖

戴卓颖（1915—2011）出生于辽宁省辽中县一个满族家庭。曾先后就读于张学良兴办的东北中学、辽中师范和东北大学。在校期间，勤学苦读，尊师爱友，追求进步，品学兼优。

民国 20 年（1931）“九一八”事变后，东北沦陷。她耳闻目睹日本帝国主义给中华民族带来的深重灾难，在中国共产党抗日救国思想的影响下. 渴望能找到为祖国争自由、为劳苦大众谋幸福的道路。民国 25 年（1936）2 月，她毅然加入中国共产党的外围组织——中华民族解放先锋队，宣传爱国思想，谴责日本军国主义的扩张野心，组织声势浩大的反日示威游行。“七七”事变后，她激于民族义愤，和北京大学救亡学生一道南下，投入南京学生救亡运动。民国27年（1938），在湖北宜昌加入中国共产党，被党派往四川万县豫章中学（中共地下党开办）任教，以教书为掩护开展抗日救亡活动。次年2月，豫章中学被国民党当局查封，面对险恶的形势，她与爱人周卓夫忍痛将几岁的孩子托人抚养，悄然离校，经数月奔波，辗转来到瓮安。1940年春，受聘于瓮安中学任国文教员。在校期间，她秘密联络雍阳小学教师王崇礼，发起和领导女同胞举行反日示威游行，声讨日本帝国主义的罪行。教唱《到敌人后方去》《大刀进行曲》《游击队之歌》《团结就是力量》等革命歌曲，激发民众和师生的抗日热情。

1949年12月11日瓮安解放，戴卓颖主动找到中共瓮安县委，叙述自己的经历，公开自己的身份，与党组织取得了联系。1950年3月，出席瓮安县第一届各族各界人民代表大会。6月，被委任为雍阳小学校长兼瓮安中学国文教员，成为瓮安历史上第一位女校长。1954年4月，调贵定二中任副校长。

2011年，戴卓颖在贵定逝世，享年96岁。

张庆龙

张庆龙（1933—2011）湖南益阳市人。中共党员，大学本科毕业，中学生物高级教师。

1953年考入湖南师范大学生物系。1957年毕业，后被分配到瓮安草塘中学任教，1958年加入中国共产党。在草塘中学担任生物课教学和班主任工作，其间还兼任过语文、英语、化学等课程。工作中任劳任怨，积极进取，赢得师生好评。1982年调入贵州省瓮安第二中学任教，1984年任贵州省瓮安第二中学校长、瓮安政协委员。1988年调入黔南民族师范学院，担任黔南民族师范学院生物系党支部书记兼任生物系副主任。1995年退休。

2011年12月15日因病在贵阳逝世，享年78岁。

盛安平

盛安平（1933—2012）瓮安县永和木孔乡人。1949年12月参加革命工作（木孔乡文书），中共党员。先后任校长、视导员、县教育工会副主席、主席、教研室主任、教育局党组成员、副局长、调研员等职。

1956年9月任雍阳小学校长。1957年的整风运动和反右斗争、1958年的“大跃进”、1959年开始的自然灾害、1960年的“新三反”运动等对学校的教育秩序、教学工作均有不同程度的冲击和影响。尽管如此，校长盛安平始终团结全校教职工，全面贯彻党的教育方针，努力提高教学质量。雍阳小学教学质量一直名列全县前茅。1960 年 2 月，雍阳小学、雍阳幼儿园，因其拥有“较强的领导和师资，学校设备和物质条件较好，工作基础较好，即政治思想工作、教学工作、劳动安排、生活安排比一般同类学校较好，也起带头作用和骨干作用”等条件，同时被列为全县 7 所重点小学之一和 3 所重点幼儿园之一。盛安平本人还被评为“全省优秀教师”受贵州省教育厅表彰。1960 年 12 月调洗马小学任校长，1962 年 8 月返回雍阳小学。

2012 年，盛安平逝世，享年 79 岁。

丁　章

丁章（1927—2016. 1），瓮安县草塘镇人。民国 31 年（1942）以优异成绩考入国立十四中，民国 34 年（1945）中学毕业后考入国立政治大学外交系。在国立政治大学外交系读书期间，成绩优秀，1949 年毕业后曾经留校担任助教。

1949 年年底，回到瓮安草塘参加工作，担任副区长职务。后来他曾担任过瓮安县政府办公室副主任、民政局副局长、教育局副局长等职务，1962 年前后他自己主动要求到瓮安中学工作，担任教导主任。在瓮安中学工作期间，他以校为家，勤奋工作，对学生要求极其严格，每天带领学生出早操、监督学生上课、晚自习直至就寝，经过他和同事的努力，当时的瓮安中学高考就已经有学生考上国内知名大学。“文化大革命”中，丁章被造反派打倒、批斗、戴高帽子游街，遭受各种委屈，身处逆境，但他没有倒下，还坚持上课，开办校办工厂，生产各种教学模型、教学用具，校办工厂获得“贵州省先进单位”称号。1977 年，在瓮安中学主办西南地区云、贵、川、藏校办工厂先进事迹现场会。

1979 年担任瓮安中学校长，认真贯彻党的教育方针，制定瓮安中学系统而完善的管理体系，真正落实教书和育人的教育理念，培养出考上北京大学的学生，后来的各年都会有考上知名高校的优秀学生。1980 年被评为贵州省教育工作先进个人，瓮安中学被评为贵州省教育工作先进单位。

1981 年，调黔南师院英语系担任系主任，后来又调到黔南师院学生科负责招生、毕业分配等工作。丁章的同志把他大半生都奉献给黔南教育事业，对瓮安的教育事业做出重大贡献。

2016 年 1 月因病逝世，享年 89 岁。

张世俊

张世俊（1935—2016）瓮安县城人，中共党员。1953年在玉山窝竹小学任教，1995年退休。其先后在龙井小学、松坪小学、平定营小学、青山小学、城关一小任校长。是城关一小，也是全县中小学担任校长工作时间最长的一位教育工作者，他具有丰富教育经验和学校管理艺术。

1981年2月，在城关一小任校长。经过拨乱反正后的这所学校，校风还没有根本好转，党团组织没有健全，教职工思想没有理顺，教学秩序没有完全走上正轨，“文化大革命”的余毒还未彻底清除，学生贪玩厌学、抽烟喝酒、拉帮结伙……凭着多年的学校管理经验，张世俊校长经过一番调查研究后，很快拿出治校方案：健全学校党团组织，完善多项规章制度，依法治校；建立校园精神、校训暂定为“认真、勤学、好问”；转变“三风”，狠抓德育工作；全面开展教研活动，提高教学质量；建设花园式学校。

为使全校师生心往一处想，劲往一处使，他不分白天晚上，不分节假日和周末，走东家串西家，进行感情交流。一条条建设性、针对性强的建议，从不同的渠道传递给他。他走遍辖区内的村村寨寨，数十次到学生家中做家长的工作，解决困难学生的入学问题。他十分注重德才兼备、年富力强、有工作魄力的中青年教师，把他们遴选进学校领导班子。他经常组织教师开展各种教研活动，切实提高教学质量。在张世俊任校长的13年里，城关一小先后获得省、州、县“立志改革、为国教育”“教书育人、成绩显著”红旗单位，省、州、县、镇“两个文明建设”先进单位，州“语音教育先进单位”，全国少先队“百花奖”先进集体，省“模范职工之家”等荣誉称号。

2016年10月，张世俊病逝，享年83岁。

戎家祯

戎家祯（1930.2—2018.3），银盏镇鱼河社区（原鱼河乡黔川村雷家榜）人。戎家祯自幼天资聪慧，勤奋好学，一生勤俭朴实，博闻强识，潜心教育，业务精湛，堪称师德馨香，桃李芬芳。家祯6岁便在当地私塾接受启蒙教育，8岁时在其父亲牵头所设的富兴寨学堂就读，所学新知三五遍便能熟诵，数科常拿满分。插班雍阳小学六年级，随后考入省立瓮安中学，成绩均为班级佼佼者。民国36年（1947）春，家祯就读于大夏中学（私立），半年后考入贵阳市立中学高一年级。

1949年贵阳市立中学高中毕业。是年，贵阳解放后，新诞生的省政府由于干才缺乏，开办贵州省革命干部学校，家祯荣幸被录取。通过短暂学习，先后被分配到修文专署扎佐、开阳一带，参加开展宣传党的方针政策、征收柴草、支援前线、安定社会秩序等工作。

1950年年初，开阳羊场区高寨乡遭遇土匪袭击，区长和几位学员牺牲后，幸存的区领导和其他人员也不知去向。戎家祯茫然中束手无策，决意取道瓮安再返修文，顺便看望家中老人。到家两三日后，土匪攻打瓮安县城，县人民政府人员撤离，只得隐蔽下来。

一个月后，人民政府人员回来，家祯随即进城打探，受到县教育科长兼瓮安中学校长贺永年老干部的接待。贺永年对他说：你们学校已撤，回去的少数人已分发工作，你去找谁呢？听了贺科长的话后，家祯要求在瓮安中学复读高三，等待机会。得到了同意，上课不久，全班8人中3人报名参军，该班解散。之后，贺永年在与他交谈中，见他学有功底，便嘱托他回乡先把家乡的学校办起来。

于是家祯回到黔川，得到当地农会的支持，以尽义务形式顺利地将黔川小学办起来。

半年后，被县教育科委任为高水小学校长，去组建一所新的学校。到任后，家祯紧紧依托乡政府和当地农会的支持配合，很快将学校开办起来，短时间就具备一定规模，与此同时，还兴办多处夜校。一学期后，辗转草塘小学。

在草塘小学的四五年间，家祯多次举行公开教学，传授真知。一方面注重知识传授，一方面加强自身素质培养，率先在全区开展推广普通话教学，在校内外组织开展诗歌朗诵或节目演出，助推学生课堂知识和语言表达能力双提高。1955年，所教六年级成为县内唯一的“红领巾班级”，有23名学生被瓮安中学录取。

1955年8月，家祯调任雍阳小学任副教导主任。面对校舍缺乏、师资短缺，满足不了教学需要的状况，他有条不紊地组织开展二部制教学工作，解决学校面临的困难，受到领导夸奖、群众好评。在风清气正的校风中，他教学注重个性需要，师生相互尊重，给同事、学生留下终生难忘的印象。

1958—1970年，家祯先后调任银盏小学教导主任、福泉中学教师、玉山小学教导主任、鱼河小学主持工作，在这十余年的教学生活里，家祯很是感慨，用他自己质朴的话说：我明白了师爱的内涵，它是一种高尚的爱，不仅是每个教师出于赖以为职的爱，而是我等肩负了国家的未来和民族的希望！

1970年下学期，高枧小学兴办初中，尚缺领军人员，家祯主动请缨前往，担任教导主任。该校原有校舍异常简陋，他亲自执笔向上级申请报告扩充校舍，获准后，协助学校负责人依靠乡党委支持和群众投工投劳，新的校舍很快建成，改善学校教学环境，随后学生人数增加，教学质量上升。特别是在1984—1988年，连续5年在全县保持戴帽中学升学率第一。他所授学科，每学期在县、区的统考中名列前列。1987年县局举行的初中政治科目比赛（含县城一、二中），所教参赛的几名学生其中一人名列第一，其余均获名次。正如他在自传中说的“誉荣高枧，斯人亦荣”。

家祯1990年退休后，带着信念，以爱家乡、爱生活、爱和谐美好的炽热情怀，不时饱览祖国山川，县境人文，以笔耕耘。85岁时在县委宣传部、县文联的支持下，出版对联集《联绽眼前花》一书。其中近100幅作品被中国楹联学会《新世纪对联大典》《中国对联作品集》收录和授奖。800余幅楹联以题咏胜境为重，记录瓮安变革的山山水水，岁月生活的日日夜夜。在米寿之年，久病未愈中仍顽强提笔，怀着对家乡的深厚情结，在与病魔斗争中自信坚定，心与时代同脉，联为万民所言，敢于文化担当，又编著《桑榆非晚》楹联专辑。

“四十载教坛风云，沥血呕心育梁栋；一生中胸怀磊落，秉公律己献忠贞”就是家祯人生的概括和总结。

2018年3月，戎家祯因病医治无效逝世，享年89岁。

第二节　教育世家

从事教育工作者，或在教育部门退休的父母有1人或2人从事教育工作，且其祖父母有1人或2人从事教育工作，即为教育世家。凡教育世家的子女、儿媳、女婿有从事教育工作者均可录入。全县录入符合条件的教育世家共26家。

表20-1　瓮安县教育世家统计表

世家名称	姓名	关系	出生年月	出生地	工作简历
陈玉璠世家	陈文淮	之父	1919年4月	湄潭杨家山	1937年毕业于湄潭中学 1940年8月—1945年，在湄潭洗马小学任教 1947年3月—1949年，在瓮安建中小学任教 1950年先后在天文的天文小学、玉屏小学和白泥坝小学任教，直到1979年退休
	陈玉璠	本人	1949年7月	瓮安天文	1976年8月—1978年7月在老街小学任教 1978年8月—1981年7月在乌江小学任教 1981年8月—1986年7月在天文玉屏小学任教 1986年8月—2009年7月在天文小学任教至退休
	陈鸿雁	之女	1973年11月	瓮安天文	1994年9月—1997年8月在天文玉屏小学任教 1997年9月—1998年8月在黔南教育学院进修 1999年9月在瓮安县江界河中学任教
	胡安军	之女婿		瓮安江界河	

续表20-1

世家名称	姓名	关系	出生年月	出生地	工作简历
费林世家	费自远	之父	1933年3月	贵州瓮安	1951年3月在花溪专属革大工作 1951年9月玉山区玉山小学任教 1952年8月调草塘松坪中心完小任校长 1953年9月调永和区中心完小任校长 1953年12月调教育局教研室任副主任 1958年9月调马场坪区中心完小任校长 1964年9月调教育局任教研室主任 1964年—1993年从教育局退休 2013年11月去世
	费林	本人	1959年8月	贵州瓮安	1977年8月在草塘凉水井当知青 1977年9月在草塘小学初中部任教 1979年2月入伍到中国人民解放军35549部队 1979年2月参加对越自卫反击战 1982年12月退伍到瓮安教育局工作 1994年任教育工会干部、办公室副主任、保卫科长 1994年3月—2009年8月任瓮安县人民政府督学、县两基办公室副主任 2009年9月在县教育局工作
	费晓环	之女	1985年3月	贵州瓮安	2007年9月在瓮安第二中学任教
冯林兴世家	沈绍书	之父	1936年2月	江界河沿江	1976—1975年在珠藏小学工作，任党支部书记 1976—1980年在丰岩乡工作，任党委书记，因病逝世
	冯林兴	本人	1952年3月	江界河沿江	1973年8月—1976年8月在鹤亭小学工作 1976年8月—2012年12月在毛沙坪小学工作 2013年1月退休
	冯林辉	之弟	1959年6月	江界河沿江	1978年3月—1980年8月在白岩民校工作 1980年9月—2010年8月在毛沙坪小学工作 2010年9月—2015年12月在红灯堡小学工作
	冯知渊	之子	1976年9月	江界河沿江	1998年3月—2000年8月在木引小学工作 2000年9月—2006年8月在沙子坎小学工作 2006年9月—2015年12月在瓮安二小工作

续表20-1

世家名称	姓名	关系	出生年月	出生地	工作简历
冯绍隆世家	冯蜚生	之父	1883年	草塘茶馆边	1914年被派往六枝任县长，不久后回县任瓮安高等小学堂校长 1921年在校任国文、历史，后到宋家寨学校任教 1939年任草塘高等女子学校校长 1943年任瓮安中学国文教员，兼年级导师，即级任老师(班主任) 1946年任雷山中学国文老师 1948年在中坪教私塾 1958年过世
	冯绍隆	本人		草塘茶馆边	1950年起，先后在下司傅家祠堂、金星小学、马场坪小学任教，曾任小学教导主任，最后在希望中学工作
	冯忠会	之女	1965年2月	草塘茶馆边	1983年2月—1985年7月在金星小学任教 1985年9月—1987年8月在瓮安师范进修 1987年9月—1989年8月在马场坪小学工作 1989年9月—1994年8月在新川小学任教 1994年9月—1999年8月在桃子冲小学工作 1999年9月—2015年先在河西小学，后合并为瓮安三小，2004年9月获黔南州少先队“优秀辅导员”称号
傅朝骥世家	傅应錞	之祖父	1909年6月	草塘下司	1930年毕业于省立六中第二期 1931—1950年，先后在下司宋家湾五显庙、报恩寺学校和草塘小学任教
	傅仕策	之父	1942年10月	草塘下司	1979年2月—1997年8月在下司小学戴帽初中任教 1997年9月—2002年10月在宋家寨小学任教 2002年退休 2003年5月—2004年7月被下司小学反聘任任教 2006年参加瓮安县老年书画协会，2010年参加瓮安县诗词楹联协会，2013年4月被聘参加“猴场镇志”编修工作，2015—2016年被聘参加“猴场镇小学教育志”编修工作
	傅朝骥	本人	1967年9月	草塘下司	1988年9月—1991年8月在下司小学上初中英语课 1991年9月—1997年8月在建中小学教初中英语课 1997年9月—1999年8月在都匀民族师范学校进修 1999年9月—2010年8月在水尾小学任校长 2010年9月—2014年8月在高榜小学任校长 2014年9月—2015年在大土小学任校长

续表20-1

世家名称	姓名	关系	出生年月	出生地	工作简历
傅朝渊世家	傅应钺	之祖父	1910年	草塘下司	1934年3月—1936年8月在黄平县教育科当督学 1939年9月—1940年12月在草塘镇公所任经济干事 1941年3月—1943年8月在草塘小学任校长 1943年9月—1950年12月在草塘小学任教 1951年2月调中坪高枧小学
	傅仕平	之父	1946年3月	草塘下司	1966年7月—1970年8月在罗甸城关一小任教 1970年8月—1972年8月在罗甸大平小学任教 1972年9月—1974年4月在罗甸所也小学任教 1974年5月—1981年7月在罗甸城关二小任主任 1981年8月—1984年8月回瓮安后在花桥小学任教，兼主任 1984年9月—1991年11月在雍阳区教办任副视导员、工会副主席 1987年11月在镇远参加全省扫盲培训班学习 1991年11月—2006年4月在瓮安县教育局工作 曾被省教育厅授予“扫盲先进工作者”称号、普通高中毕业会考“先进个人”称号，黔南州人民政府授予“优秀教育工作者”、州级“优秀教师”称号
	傅朝渊	本人	1980年7月	草塘下司	2001年8月—2004年3月在南方汇通公司就职 2005年9月—2008年7月在贵大获硕士学位 2008年7月—2015年在贵州师范学院任教
管皇虎世家	管建昌	之父		天文	1953年4月—1977年8月在天文玉屏小学任教
	管皇虎	本人		天文	1977年4月—1981年8月在天文杉岚小学任教 1981年9月—1991年8月在天文小学任教 1991年9月—2001年8月在天文中学任教
	管竹娟	之女		天文	1997年8月—2003年8月在天文小学任教 2003年9月—在岩面小学任教
黄绍刚世家	黄仕学	之父	1927年8月	龙塘曾武山	1952年参加中坪区土改工作 1953年讲习班学习毕业 1953—1964年草塘小学任教 1964—1966年龙塘小学任教 1966—1967年玉山小学任教 1967—1985年玉山中学任教兼会计工作 1985年9月病逝于江界河村
	黄绍刚	本人	1966年9月	龙塘江界河	1986—1997年玉山中心完全小学任教 1997—1999年龙蟠小学任教 1999—2009年玉山中心完全小学任教 2010—2011年高水小学支教 2011—在玉山中心完全小学任教
	黄廷娅	之女	1990年10月	玉山镇新卫道班	2012在都匀二中任教，专职化学教师
	吴长伟	之女婿	1990年6月	吉林省磐石市	2013年在都匀二中任教，专职数学教师

续表20-1

世家名称	姓名	关系	出生年月	出生地	工作简历
卢锋世家	潘明贤	之祖母	1933年9月	湄潭县高台区	1954年8月—1964年7月在湄潭县高台区金彭水乡金彭水学校任教
	卢增位	之父	1939年12月	高水乡高炉村	1959年8月—1982年7月在高水中心完全小学任教 1982年8月—1984年8月在高水中心完全小学任校长 1986年8月—1988年8月在木引槽学校任校长 1988年8月—1999年7月在高水中学任教，并退休
	卢　钦	之哥	1977年9月	高水乡高炉村	2004年8月—2011年11月在平塘县者密中学任教 2011年11月—2015年12月福泉市第四中学任教
	卢锡萍	之姐	1974年11月	高水乡高炉村	1998年8月—1999年7月在高水中学任教 1999年8月—2001年7月在高水乡小龙坑学校任教 2001年8月—2004年7月在牛场坝羊鹿学校任教 2005年8月—2006年7月在瓮安县茅坡学校任教 2007年8月—2015年12月在安安幼儿园任教
	卢　锋	本人	1979年11	高水乡高炉村	1997年8月—2009年7月在高水中心完全小学任教 2009年8月—2015年12月在瓮安县实验学校任教
卢杰世家	卢光恒	之父	1927年9月	珠藏高水	1952年3月在草塘太平小学任教 1957年9月调草塘红灯堡小学任校长 1964年8月在木引小学任教 1970年在高水小学任教 1973年9月调高水高炉小学任教 1978年9月调丰岩小学任教 1987年9月退休
	卢　杰	本人	1958年10月	珠藏高水	1980年在珠藏牛场坝学校任教 1985—1987年在黔南教育学院进修学习 1987年9月在铜锣小学任教 1989年在高水中学任教 1997年10月病逝
	卢虹伶	之女	1989年10月	珠藏高水	2012年7月毕业于贵阳学院 2012年8月—2015年在贵阳市尚意路小学任教
	卢　银	之弟	1962年5月	珠藏高水	1983年9月在丰岩小学任教 1996年9月—1998年7月在贵定师范读书 1998年9月—2005年8月在丰岩小学任教 2005年9月调高水小龙坑小学任教，任校长 1998年9月—2015年在高水小学任教

续表20-1

世家名称	姓名	关系	出生年月	出生地	工作简历
吕庆松世家	吕金录	之父	1898年4月	浙江永康	1924年—1926年任浙江永康校长 1940—1941年上海育英中学、开明中学、省立上海中学代课 1941年12月—1942年3月，在浙江新群高中任教
	吕秀庭	之姐	1923年4月	上海市	1975年在浙江舟山市小学、定海区东海中学任教
	吕　欣	之姐	1925年3月	上海市	1951年—1952年在山东大学医学院护士学校任教导主任 1955年—1982年在山东大学马列主义教研室任讲师，政治学党总支书记、图书馆办公室主任
	吕庆松	本人	1936年7月	上海市	1957年8月—1960年9月在瓮安草塘中学任教 1960年10月—1966年8月任草塘中学副校长 1972年—1974年1月任草塘中学革委会主任 1975年2月—1976年2月任教育局工作 1976年3月—1978年8月在中坪“五七”高中任校长 1978年9月—1981年8月任瓮安二中副校长 1981年9月—1984年8月任瓮安中学工作 1984年9月—1987年4月任瓮安中学校长、兼党支部书记 1987年11月—1989年4月任瓮安教师进修学校校长、兼支书 1989年—1996年8月在教育局中函工作站工作到退休
	谢德丽	之妻	1943年12月	瓮安	1963年9月—1966年9月在珠藏小学、小河山小学、太平小学代课 1985年—1998年12月任瓮安中学校医
	吕　艳	之女	1963年3月	瓮安	1995年5月—1999年3在瓮安城关二小任校医
	吕　黎	之子	1971年10月	瓮安	1991年8月—2007年在瓮安城关一小任教

续表20-1

世家名称	姓名	关系	出生年月	出生地	工作简历
王千秋世家	王应付	之父	1926年8月	珠藏木引	1946年毕业于瓮安中学 1948—1949年参加土地改革，任记账员 1950—1951年龙里速成扫盲班工作 1951—1954年瓮安城关一小任教 1955年3月入党 1954—1958年瓮安茅坡小学任校长 1958—1962年瓮安银盏小学任校长 1962—1972年瓮安木引槽学校校长 1972—1982年高水小学校长 2005年8月逝世
	王千秋	本人	1955年5月	珠藏木引	1962—1967年沙子坎小学读书 1967—1970年木引中学读书 1970—1981年在家务农 1982—1985年毛沙坪小学任教 1994年8月入党 1985—1987年瓮安师范进修 1987—1988年毛沙坪小学任教导主任 1988—1999年毛沙坪小学任校长 1999—2008年沙子坎小学任校长 2008—2011年沙子坎小学任教 2011—2012年毛沙坪小学任教 2012—2013年木引小学任教 2013—2015年毛沙坪小学任教 2015年5月退休
	王文平	之女	1984年10月	珠藏木引	2009年9月—2010年1月在福建建材工业学校任教（兼职） 2010年5—2010年7月指导和带领福州大学至诚学院学生参加福建省第三届大学生结构竞赛获二等奖1项、三等奖1项 2011年3月—2011年5月指导和带领福州大学至诚学院学生参加福建省第四届大学生结构设计竞赛获二等奖1项、三等奖1项 2012年3月—2012年5月指导和带领福州大学至诚学院学生参加福建省第五届大学生结构设计竞赛，获一等奖1项、二等奖2项 2011年9月—2012年7月在福州大学至诚学院任教（全职），并获福州大学至诚学院第七届最佳一节课二等奖 2010年4月—2014年在福州大学至诚学院（全职） 2003—2009年福州大学土木工程专业硕士 2009—2016年福州大学任教
	陈康明	之女婿	1985年8月	福建霞浦	2013年10月取得日本长崎大学构造工学博士学位2013年12月—2015年在福州大学土木工程学院任教

续表20-1

世家名称	姓名	关系	出生年月	出生地	工作简历
王其洋世家	王资竹	之祖父		草塘下司	1923—1924 年为草塘小学第四任校长 1930 年 12 月—1931 年 10 月任瓮安县城高、初两等小学校长 1931—1933 年在草塘小学任第八任校长，其余时间均为教员，擅长于书法绘画
	王德宽	之父	1918 年 9 月	草塘下司	过去在余庆太平从教，中医学院就读后在福泉、瓮安麻风院工作
	王其洋	本人	1944 年 1 月	草塘下司	1963—1964 年在中坪小学任教 1964—1966 年在雍阳小学任教 1966—1976 年在冶金建筑公司工作 1976—1985 年在七冶中学任教 1985—1987 年在省教院进修两年 1987—2005 年在七冶中学任教，2005 年退休
	王雪苇	之女	1978 年 5 月		1997—2001 年在贵州大学农经系学习 2003—2015 年在黔南民族师范学院任教
王勇世家	王文超	之祖父	1908 年	草塘杉树坳	1929 年毕业于省立六中第一期 1930 年起，先后在草塘、雍阳和余庆等地教书 1950 年新中国成立后参加革命工作，历任新华小学、木老坪小学、银盏小学、中坪小学教员、校长等职务；曾被选为黔南州第四届人大代表 1968 年病逝
	王章林	之父	1948 年 1 月	草塘杉树坳	1969 年 9 月—1998 年 8 月在杉树坳小学任负责人 1998 年 9 月—2009 年 8 月在新华小学任副校长 2009 年 10 月退休
	王 勇	本人	1975 年 9 月	草塘杉树坳	1996 年 8 月—2007 年 8 月在新华小学任教 2003 年 9 月—2007 年 8 月在新华小学任教导主任 2007 年 9 月—2015 年在实验小学任教
	李 平	之妻	1976 年 9 月		1997 年 9 月—2001 年 8 月在飞练小学任教 2001 年 9 月—2012 年 8 月在新华小学任教 2012—2013 年在草塘小学任教 2013—2015 年在瓮安三小任教
	王良海	之弟	1976 年 1 月	草塘杉树坳	2004 年 8 月—2009 年 8 月在平塘西关中学任教 2009 年 9 月—2015 年 8 月在小河山学校任教 2015 年 9 月起在瓮安第五中学任教
	王芙蓉	之妹	1979 年 5 月	草塘杉树坳	1999 年 8 月—2014 年 8 月在红灯堡小学任教 2014 年 9 月—2015 年在银盏小学任教

续表20-1

世家名称	姓名	关系	出生年月	出生地	工作简历
席进世家	席光奎	之父	1920 年	草塘小河山	1940—1943 年任瓮安县文化馆馆长 1943 年 9 月—1944 年 8 月在草塘小学任第 17 任校长
	唐开选	之母	1923 年 9 月		1940—1941 年在草塘小学任教 1942—1943 年在瓮安县城女校任教并担任教导主任 1943—1944 年在瓮安中学教导处工作 1952—1955 年在瓮安雍阳小学任教 1956—1957 年在瓮安县茅坡小学任教 1958—1960 年在木老坪小学任教 1961—1979 年在小河山小学任教 1980 年退休
	席　进	本人	1958 年 3 月	草塘小河山	1980 年 8 月在天文中学任教 1985 年 8 月—2015 年在小河山任教
	席德珊	之女	1982 年 1 月	草塘小河山	2007 年 3 月—2007 年 9 月在瓮安县育才小学代课 2007 年 11 月—2008 年 8 月瓮安县“一村一名大学生工程”任玉山镇新卫村党支部副书记 2008 年 9 月—2010 年 9 月在平塘县牙舟镇小学任教 2010 年 9 月—2014 年 9 月在瓮安六小任教 2014 年 9 月—2015 年在瓮安三小任教。
谢德敏世家	谢其义	之父	1903 年	下司九连沟人	1930 年曾在草塘五显庙小学教书；此后又在一些乡村学校任教
	谢德敏	本人	1924 年	下司九连沟人	1945 年在松坪小学任教 1946—1950 年在草塘小学任教 1951—1953 年在平定营小学任教 1954—1959 年在建中小学任教 1961—1983 年在中坪小学任教 1984—1988 年在草塘中学任教至退休
	王德芳	之妻	1928 年	下司王家寨人	1956—1959 年在建中小学教书 1960—1983 年在中坪小学任教 24 年，后退休
	谢会军	之女	1952 年 2 月	下司九连沟人	1975—1979 年在中坪小学教书 1980—1983 年在草塘中学任教 1984—1986 年在贵州教育学院进修 1987—1995 年在草塘中学任教 1995—2012 年调瓮安中学任教，后退休
	李松华	之女婿	1958 年	草塘街上人	1980—1994 年在草塘小学任教 1995—2013 年在瓮安一小任教至退休

续表20-1

世家名称	姓名	关系	出生年月	出生地	工作简历
谢万全世家	谢子培	之父	1921 年	桃子冲	1943—1948 年在当地任国民学校教员 1951 年参加瓮安小教班学习 1952—1957 年在玉山高枧、松坪龙井、马场坪等小学任教 1958—1977 年在太平小学任教导主任，代理校长职务 1979—1984 年，被桃子冲学校反聘任课五年
	谢万全	本人	1950 年	桃子冲	1977 年 9 月—1993 年 8 月在桃子冲小学任教 1994 年 9 月—1996 年 8 月在太平小学任教 1996 年 9 月—1999 年 8 月在桃源小学任教 1999 年 9 月—2010 年 8 月桃子冲任教，后退休
	谢年会	之女	1980 年 4 月	桃子冲	1997 年 9 月—2000 年 7 月在都匀民师学习 2000 年 8 月—2004 年 7 月在桃子冲民族学校任教 2004 年 8 月—2006 年 7 月在城关二小任教 2006 年 8 月—2012 年 7 月在木老坪中心完全小学任教 2014 年 8 月—2015 年 7 月在瓮安第二幼儿园任教
肖天柱世家	肖显仁	之父	光绪年间	草塘肖家院	1929 年省立六中第一期毕业生，新中国成立前北京师范大学毕业，曾任瓮安中学教导主任职务，新中国成立后调哈尔滨师范大学任教。其妻王道坤（瓮安人）、乔淑云（遵义人）均为人民教师，子肖天柱（教授），女肖黔生（讲师），孙肖强（教授）
	王道坤	之母			教师
	乔淑云	之继母			教师
	肖天柱	本人	1932 年	草塘王家寨	1951 年 3 月任瓮安县第三区乡村小学教师，后任草塘区文化站管理员，雍阳小学教员，瓮安县文化馆主任 1952 年考入河南大学中文系本科就读 1956 年毕业后任哈尔滨师范大学中文系教师 1983 年任河南信阳师范学院副教授，中文系主任，同时任语文《语文知识》月刊副主编 1989 年任海南师范学院正教授、中文系主任 2015 年任海南省琼州大学中文系客座教授
	肖　强	之女			在黑龙江省哈尔滨师范大学任教，数学系教授
	肖黔生	之妹		草塘王家寨	教师

续表20-1

世家名称	姓名	关系	出生年月	出生地	工作简历
肖文浩世家	肖显富	之父	1916年	草塘王家寨	1936年毕业于省立六中第八期，毕业后先后在下司附近乡村学校和草塘小学任教 1950年在下司傅家祠堂教小学生 1952年参加县办小教班培训 1952年3月被分配到永和区车地小学任教，后调木孔小学工作 1957年调永和小学 1961年调草塘区太平小学 1977年调下司小学，同年退休；1978年下司小学又返聘回校任毕业班课程两年到1980年
	肖文浩	本人	1949年2月	草塘王家寨	1977年2月—1979年2月在永和萍水小学任教 1979年3月—1982年8月在洗马小学任教 1982年9月—1984年8月在大寨坪小学工作 1984年9月—1986年8月在瓮安师范进修 1986年9月—1992月8月在宋家寨小学工作 1993年9月—2004年在下司小学工作 1994年被坪为州级优秀班主任，收录省优秀名典 2005—2010年调草塘教育辅导站工作至退休
	肖艳梅	之女	1983年4月	草塘王家寨	2002年9月—2005年7月在草塘小学代课 2005年9月—2011年11月考入县幼儿园工作
杨昌明世家	杨聚贤	之父	1898年1月	草塘	1918年秋起在草塘小学任教数年，而后在花竹书院（后改为瓮安中学）工作三年
	杨昌明	本人	1924年6月	草塘	1951年8月—1952年7月在陕西西安西北大学军政委员会搞文教工作 1952年9月—1958年2月在青海省师范学校任教，其中1953年加入民主同盟会，1956年、1957年被坪为青海优秀教师代表 1958年2月—1977年10月下放回乡劳动 1978年3月—1988年8月在草塘中学任教 1988年退休 1980—1988年任瓮安县政协委员，三届9年
	杨大群	之女	1964年11月	草塘	1985年1月—2015年在草塘小学任教
	杨大沾	之女	1968年10月	草塘	1994年8月—2000年3月在黔南教育学院外语系任教 2000年4月—2015年在黔南民族师范学院外国语学院任教
	杨大燕	之女	1973年8月	草塘	1994年3月—1995年7月在大寨坪小学任教 1995年8月—2005年7月在新华小学任教 2005年8月—2015年在猴场镇幼儿园任教

续表20-1

世家名称	姓名	关系	出生年月	出生地	工作简历
杨勋龙世家	杨洪章	之父	1932 年 3 月	草塘松坪	1952 年 1 月—1955 年 7 月在永和章阁、羊鹿小学任教 1955 年 8 月—1958 年 7 月在珠藏沙子坎学校工作 1958 年 8 月—1988 年 7 月在草塘龙井小学、松坪小学任教 1988 年退休
	杨勋龙	本人	1963 年 2 月	草塘松坪	1982 年 8 月—1985 年 7 月在草塘青池小学工作 1985 年 8 月—1987 年 7 月在大专进修学习 1987 年 8 月—1988 年 8 月在回青池小学工作 1988 年 8 月—1994 年 11 月调松坪小学任教 1994 年 11 月—2012 年 3 月调松坪乡政府工作，此后在雍阳办事处任办事员
	苟明会	之妻	1965 年 3 月		1984 年 8 月—1986 年 7 月在中坪高坪小学任教 1986 年 8 月—2015 年在松坪小学任教
	杨文霞	之女	1987 年 2 月	草塘松坪	2008 年 8 月—2015 年在松坪中学任教
杨宗勤世家	杨大济	之父	1926 年 6 月	草塘皮匠街	1948 年参加工作，在永和小学任教 1949—1952 年在草塘小学任教 1952—1953 年在建中果水农中任教 1954—1959 年在草塘小学工作 1960—1961 年在雍阳小学工作 1961—1962 年在银盏农中任教 1962 年—退休在草塘小学任教导主任 2003 年 2 月病故
	唐洪玉	之母	1927 年 7 月	草塘皮匠街	1950 年在松坪龙井小学工作 1951—1952 年在草塘小学任教 1952—1953 年在建中小学任课 1954—1959 年在草塘小学任教 1960—1961 年在雍阳小学工作 1961—1962 年在银盏小学任课 1963 年在草塘小学退休
	杨宗勤	本人	1947 年 5 月	草塘皮匠街	1966 年 8 月—1974 年 8 月在罗甸八茂区高兰小学任教 1975 年—1976 年在金星小学任教 1976 年 9 月—1985 年 7 月在太平小学任教导主任 1985 年 8 月—1988 年在草塘区教育辅导站工作 1989 年在草塘区草塘镇人民政府工作，先后任组织干事，组织委员，党委办公室主任，党委副书记，镇人大主席等职
	梁明华	之儿媳	1946 年 1 月		1968 年 8 月—1971 年 8 月在大寨坪小学任教 1971 年 9 月—1976 年 8 月在下司小学任教 1976 年 9 月—1985 年 8 月在太平小学任教 1985 年 9 月在草塘小学退休
	杨晓丹	之孙女	1979 年 4 月	草塘皮匠街	1998 年 8 月—2011 年 7 月在猴场镇幼儿园工作 2011 年 9 月—2014 年 1 月在瓮安县师范幼儿园学习 2014 年 2 月—2015 年 12 月在猴场镇幼儿园任教

续表20-1

世家名称	姓名	关系	出生年月	出生地	工作简历
叶德宽世家	叶盛国	之父	1922年10月	草塘	民国34年（1945）省立遵义师范第八期毕业 1949年11月受聘到瓮安县第二区“幼文学校”即草塘小学任教，1950—1951年任教导主任 1951年9月—1953年8月任珠藏小学教导主任 1953年9月—1954年8月在玉山农中“鸡笼场”新牌卫任教 1955年9月—1957年8月在木老坪小学任教 1957年9月—1959年8月在太平小学任教 1959年9月—1961年8月在青池小学任教 1961年9月调草塘小学工作，后到都匀进修 1981年病逝
	王守玉	之母	1926年8月		民国34年（1945）毕业于遵义女子师范 1949年11月—1951年8月受聘到瓮安县第二区草塘小学任教，并任少先队辅导员 1951年9月—1953年8月调珠藏小学任教 1953年9月—1955年9月在木老坪小学工作 1955年9月—1982年在草塘小学任教到退休
	叶德宽	本人	1947年6月	草塘	1972年3月—1982年9月在松坪小学任教，并任团支部组织委员 1984—1987在瓮安煤矿子弟学校任教 1982年9月—1989年9月在瓮安县国营青山茶场子弟学校任教，并任学校负责人
	叶丽娟	之女	1979年2月	草塘	1999年8月—2015年8月在草塘小学幼儿园任教 2015年9月起在瓮安县第三幼儿园任教
	郭毅菊	之儿媳	1979年2月		2010年3月—2010年8月在珠藏镇大蛇小学任教 2010年9月—2012年8月在铜锣小学任教 2012年9月—2015年在瓮安县特殊学校任教

续表20-1

世家名称	姓名	关系	出生年月	出生地	工作简历
张虹明世家	张天成	之父	1918 年 8 月	江界河麻池	1940—1943 年在瓮安县铜锣乡国立小学任教 1943—1948 年在瓮安县铜锣乡麻池小学任教
	张虹明	本人	1950 年 11 月	江界河麻池	1977—2010 年瓮安县龙塘乡麻池小学
	张顺琼	之女	1972 年 8 月	江界河麻池	1992—1993 年在瓮安县鹤亭小学、1993—1994 年在瓮安县麻池小学 1994—2015 年在瓮安县营定小学
	杨显忠	之女婿	1971 年 8 月	江界河三星村	1992—2013 年在瓮安县营定小学 2013 年任瓮安县青山小学校长
	张顺敏	之女	1975 年 11 月	江界河麻池	1995—1997 年在瓮安县龙塘小学 1997—2015 年在瓮安县玉山小学 2015 年 8 月在瓮安县营定小学
詹勇世家	詹辉祖	之父	1942 年 9 月	灯台	1963 年 3 月—1969 年 10 月在四川省乐至县龙门乡农业中学任教 1970 年 3 月—1985 年 2 月在那乡任教，其中从 1975 年 3 月起为学校负责人组织工作 1981 年 3 月招考为公办教师 1985 年 3 月—1989 年 8 月在新华小学工作，并任校长 1989 年 9 月—1998 年 8 月在太平小学任校长 1998 年 9 月—1999 年 8 月在草塘小学工作 1999 年 9 月退休
	詹　勇	本人	1967 年 1 月	灯台	1988 年 8 月—1990 年 8 月在金星学校工作 1990 年 9 月—1993 年 8 月在马场坪小学任教 1993 年 9 月—1997 年 8 月在桃子冲学校任教 1997 年 9 月—2015 年在草塘中学任教
	詹浩琪	之女	1992 年 1 月	灯台	2015 年 9 月起在瓮安二中任教

续表20-1

世家名称	姓名	关系	出生年月	出生地	工作简历
周玉明世家	周继圣	之祖父	1908 年	草塘松坪	1936 年在草塘小学、宋家湾村小任教 1937 年在天文小学任校长 1938 年在丹寨县青铺小学任教 1943 年在余庆县瓮脚小学任教导主任 1944—1946 年在松坪小学任教
	周承欢	之父	1935 年 5 月	草塘松坪	1960 年 8 月—1961 年 5 月在贵定师范任教 1961 年 5 月—1961 年 8 月在贵定昌明中学任教 1961 年 9 月—1984 年 8 月在草塘中学任教研组长、教导组长、副校长 1981 年 12 月被选为州科协二大代表 1984 年 9 月—1985 年 8 月在瓮安县教研室当主任 1985 年 9 月—1996 年 8 月在瓮安中学当教研组长、协理员，1993 年 3 月评为州特殊津贴优秀知识分子，1994 年 9 月评为中学数学特级教师 1996 年 9 月退休 2010 年，所著《互为反函数的图像的交点问题》被世界学术成果研究院、世界优秀华人成就交流协会、世家文献出版社联会编入《世家重大学术思想获奖宝库》（中华卷），并授予“世界重大学术思想（成果）特等奖”
	朱碧书	之母	1938 年 9 月		1956—1990 年，先后在屯工、平定营、果水、桃园、太平、草塘、瓮安河西、城关二小等小学任教 1990 年 8 月退休
	周玉明	本人	1963 年 3 月	草塘松坪	1980 年 9 月—2015 年，先后在草塘中学、瓮安中学教英语，为中学高级教师
	黄　菊	之妻	1963 年 3 月		1980 年 9 月—2015 年，在瓮安二中教英语，为中学高级教师
	周　琼	之女	1971 年 6 月		2002 年 9 月—2004 年 6 月在西南大学食品科学院读硕士 2014 年 6 月—2015 年在陕西安康学院从事教学科研工作，其间在西南大学食品科学攻读并获得博士学位。为安康学院教授与学科带头人，主攻食品化学与营养学，陕西省中小企业首席工程师，曾获陕西省科技二等奖、安康市科技一等奖，是安康市三八红旗手

第三节　教师获奖

教师在教育工作中，凡获得地厅级或以上单位表彰先进工作者、优秀教师、优秀科技人才、劳动模范等列入统计名录。

表 20-2　瓮安县教师获地厅级及以上表彰统计表

获奖单位	姓　名	获奖时间	获奖名称	颁奖单位
瓮安第一中学	罗康衢	1960 年	全国优秀教师	教育部
瓮安第四中学	周乐忠	1960 年	全省先进工作者	省人民委员会
牛场公社中坡幼儿园	黎秀英	1960 年	省先进工作者	省人民委员会
马场坪公社幼儿园	刘启英	1960 年	省先进工作者	省人民委员会
瓮安第一中学	陆家富	1960 年	省先进工作者	省人民委员会
陆坪公社立冲小学	丁宽贵	1960 年	省先进工作者	省人民委员会
牛场龙滩坪民办小学	王才学	1960 年	省先进工作者	省人民委员会
马场坪公社公顶小学	陆正文	1960 年	省先进工作者	省人民委员会
瓮安第一中学	罗康衢	1960 年	省先进工作者	省人民委员会
草塘中学	邓凡祚	1980 年	省先进工作者	省政府
草塘小学	杨大济	1980 年	省先进工作者	省政府
乌江小学	杨文明	1980 年	省先进工作者	省政府
县教育局	刘德兴	1982 年	省农民教育先进工作者	省政府
草塘区	宋泽学	1982 年	省农民教育先进工作者	省政府
两岔河公社	黄荣模	1982 年	省农民教育先进工作者	省政府
银盏公社大园夜校	姜伯钧	1982 年	省农民教育先进工作者	省政府

续表20-2

获奖单位	姓　名	获奖时间	获奖名称	颁奖单位
城关一小	杨　惠	1983 年	省优秀班主任	省政府
玉山中学	贺思荣	1983 年	省优秀班主任	省政府
瓮安中学	张世忠	1983 年	省优秀班主任	省教育厅
瓮安中学	谢朝军	1984 年	先进教师	省教育厅
瓮安中学	张世忠	1986 年	省教书育人为人师表优秀教师	省教育厅
教育局	盛安平	1986 年	省教育工作先进作者	省教育厅
教育局	刘如贵	1987 年	省优秀教研员	省教育厅
瓮安中学	张世忠	1989 年	全国教育系统劳动模范	人社部、教育部
瓮安一中	王仁学	1989 年	省优秀教师	省教育厅
城关二小	张安英	1989 年	省优秀教师	省教育厅
草塘马场坪小学	王复勇	1989 年	省优秀教师	省教育厅
天文严大民校	李跃华	1989 年	省优秀教师	省教育厅
瓮安中学	张炳芝	1989 年	中学数学特级教师	省政府
瓮安二中	袁愈林	1989 年 9 月	省优秀教师	省人事局
瓮安一小	罗振亚	1989 年 9 月	全国优秀教师	教育部、财政部、全国总工会
瓮安二中	犹永俊	1990 年 9 月	黔南州德育先记着	州人民政府
珠藏中学	周福淮	1990 年 9 月	全国教育先进工作者	国家教委
瓮安中学	周承欢	1993 年	州政府特殊津贴优秀人才	州政府
瓮安中学	曾佐藩	1993 年	州优秀科技人才	州政府
瓮安中学	曾佐藩	1993 年	全国优秀教师	教育部
瓮安二中	犹永俊	1993 年 3 月	黔南州优秀科技人才	州委、州人民政府
瓮安中学	周承欢	1994 年	中学数学特级教师	省政府
瓮安二中	李庆忠	1995 年 9 月	省优秀教育工作者	省人事厅
瓮安中学	孙仲时	1996 年	州优秀科技人才	州政府

续表20-2

获奖单位	姓　名	获奖时间	获奖名称	颁奖单位
瓮安中学	邓　超	1996 年	全国体育先进工作者	教育部（教委）
天文中学	闵国祚	1997 年 9 月	省德育工作先进工作者	省教育委员会
瓮安二中	陈　斌	1997 年 9 月	省优秀班主任	省人事厅
瓮安一小	冷启中	1997 年 9 月	省优秀教师	省教委、省人事厅
瓮安中学	袁子进	1998 年	全国优秀教师	教育部
瓮安二中	丁丽娟	1998 年 9 月	省优秀教师	省人事厅
瓮安中学	王顺德	1999 年	中学历史特级教师	省政府
瓮安二中	犹永俊	1999 年	中学数学特级教师	省政府
瓮安中学	邓前轲	2001 年	州科教人才	州政府
瓮安中学	李凤奇	2001 年	中学政治特级教师	省政府
瓮安中学	陈　刚	2001 年	省优秀教师	省教育厅
瓮安中学	余家品	2001 年	省优秀教师	省教育厅
瓮安二中	袁俞林	2001 年	中学数学特级教师	省政府
瓮安二中	李庆忠	2003 年	中学化学特级教师	省政府
瓮安中学	邓前轲	2003 年	中学化学特级教师	省政府
瓮安中学	刘忠信	2004 年	州优秀科技人才	州政府
瓮安中学	邬培祥	2004 年	全国模范教师	人社部、教育部
瓮安中学	邬培祥	2004 年	全国中小学优秀班主任	教育部
瓮安中学	余家品	2006 年	州第一届青年科技奖	省教育厅
瓮安一小	蒙应恒	2006 年 12 月	州“两基”先进个人	州委、州政府
珠藏中学	张胜华	2006 年 12 月	“两基”攻坚先进个人	州委、州政府
岚关中学	张连海	2006 年 7 月	自制教具评选活动一等奖	省教育厅
瓮安二中	丁丽娟	2007 年 4 月	省五一劳动奖章	省总工会
瓮安三中	罗明梅	2007 年 9 月	全国优秀教师	教育部

续表20-2

获奖单位	姓　名	获奖时间	获奖名称	颁奖单位
天文中学	曹光友	2007年9月	贵州边远山区优秀教师	省委统战部、省教育厅
瓮安中学	夏忠富	2008年	省优秀班主任	省教育厅
瓮安三小	龚国贤	2008年4月	第二次全国农业普查先进个人	省统计局等
瓮安六小	任庭辉	2008年12月	民间文化一等奖	省教育厅
瓮安中学	李凤奇	2009年	省教育名师	省教育厅
瓮安中学	张元忠	2009年	优秀中学地理教育工作者	科技部
瓮安中学	王建华	2009年	州优秀科技人才	州政府
瓮安一小	孙应平	2009年3月	指导学生作文二等奖	省教育厅
瓮安六小	戎承德	2009年5月	民族团结进步先进个人	州政府
瓮安一小	黄　露	2009年12月	优秀少先队辅导员	省教育厅、共青团省委
瓮安一小	孙应平	2010年1月	优质课三等奖	省教育厅
瓮安二中	黄　菊	2010年7月	省女职工建功立业标兵	省总工会
瓮安三中	罗明梅	2010年12月	优秀妇联干部	省妇女联合会
建中中学	尚明宇	2010年12月	课件制作三等奖	省教育厅
瓮安中学	杨友发	2011年	州首届“优秀青年人才”奖	州政府
瓮安六小	杨　飞	2011年3月	民间文化教育成果展示和论文三等奖	省教育厅
瓮安县平定营小学	王诚刚	2011年	优秀指导教师	教育部语言文字管理司
瓮安四中	汪礼春	2011年6月	省教育系统学党史网上知识竞赛二等奖	省教育厅
天文中学	王忠俊	2012年1月	省特岗教师课堂教育教学技能竞赛三等奖	省教育厅
瓮安中学	邬培祥	2012年	省特级教师	省政府
瓮安中学	余家品	2012年	省特级教师	省政府
瓮安中学	张元忠	2012年	省级骨干教师	省教育厅
瓮安中学	杨友发	2012年	全国科研优秀教师	教育部

续表20-2

获奖单位	姓　名	获奖时间	获奖名称	颁奖单位
建中小学	江奇峰	2012 年 5 月	多媒体课件一等奖	省教育厅
瓮安四中	汪礼春	2013 年	省第四届中小学生作文创新大赛优秀辅导教师一等奖	省教育厅等
瓮安六中	高付全	2012 年 9 月	“两基”攻坚先进个人	国务院
江界河中学	胡安军	2013 年	山区优秀教师	省教育厅、省委统战部、共青团省委
瓮安五中	陈友华	2013 年 3 月	州优秀科教人才奖	州政府
瓮安中学	张元忠	2014 年	中学地理特级教师	省人民政府
瓮安三小	王　彪	2014 年 3 月	科技创新大赛辅导奖	共青团省委、省教育厅等
瓮安三小	向美玲	2014 年 3 月	科技创新大赛辅导奖	共青团省委、省教育厅等
瓮安三小	宋雪艳	2014 年 3 月	科技创新大赛辅导奖	共青团省委、省教育厅等
瓮安三小	龙有飞	2014 年 3 月	科技创新大赛辅导奖	共青团省委、省教育厅等
瓮安一小	陈华前	2014 年 3 月	科技辅导员“科技创新成果”二等奖	省科协、省教育厅
瓮安三小	李德会	2014 年 4 月	中小学生作文写作创新大赛辅导奖	共青团省委、省教育厅等
瓮安三小	沈元飞	2014 年 4 月	中小学生作文写作创新大赛辅导奖	共青团省委、省教育厅等
瓮安三小	龙　泉	2014 年 4 月	第四届省中小学生作文写作创新大赛教学研究活动优秀辅导奖	共青团省委、省教育厅等
瓮安五中	陈友华	2014 年 8 月	特级教师	省政府
瓮安四中	李昕燕	2014 年 9 月	优秀教师	省教育厅
瓮安四中	吴　琼	2014 年 9 月	优秀教师	州人民政府
永和中学	邓　婷	2014 年 9 月	山区优秀教师	省委统战部、省教育厅、共青团省委
珠藏中学	李正元	2014 年 9 月	优秀班主任	州党委、州政府
江界河小学	吴秀龙	2015 年	乡村学校少年宫优秀副校长	省教育厅、省财政厅、省文明办
瓮安三小	龙　泉	2015 年 2 月	中小学生作文写作创新大赛辅导奖	共青团省委、省教育厅
瓮安三小	胡志松	2015 年 2 月	中小学生作文写作创新竞赛辅导奖	共青团省委、省教育厅
瓮安三小	龙有飞	2015 年 3 月	科技创新大赛儿童科幻画辅导奖	共青团省委、省教育厅
瓮安三小	胡志松	2015 年 3 月	科技创新大赛辅导奖	共青团省委、省教育厅

续表20-2

获奖单位	姓　名	获奖时间	获奖名称	颁奖单位
瓮安一小	陈华前	2015 年 3 月	科技创新成果辅导奖	省科协、省教育厅
瓮安职校	陈远锋	2015 年 5 月	优秀指导教师	省教育厅
瓮安职校	代进松	2015 年 5 月	优秀指导教师	省教育厅
瓮安职校	冯仲韦	2015 年 5 月	优秀指导教师	省教育厅
瓮安职校	江彦忻	2015 年 5 月	优秀指导教师	省教育厅
瓮安职校	孔祥静	2015 年 5 月	优秀指导教师	省教育厅
瓮安职校	雷抒翔	2015 年 5 月	优秀指导教师	省教育厅
瓮安职校	刘宇富	2015 年 5 月	优秀指导教师	省教育厅
瓮安职校	罗　娟	2015 年 5 月	优秀指导教师	省教育厅
瓮安职校	潘　俊	2015 年 5 月	优秀指导教师	省教育厅
瓮安职校	田维章	2015 年 5 月	优秀指导教师	省教育厅
瓮安职校	王达俊	2015 年 5 月	优秀指导教师	省教育厅
瓮安职校	王　焦	2015 年 5 月	优秀指导教师	省教育厅
瓮安职校	徐明海	2015 年 5 月	优秀指导教师	省教育厅
瓮安职校	杨　琴	2015 年 5 月	优秀指导教师	省教育厅
瓮安四中	吴　琼	2015 年 10 月	优秀指导教师	省教育厅
瓮安三小	皮国胜	2015 年 12 月	征文指导奖	共青团省委、省教育厅
瓮安四中	吴　琼	2010 年 10 月	省法制征文二等奖	省教育厅
瓮安四中	张远洪	2014 年 4 月	优秀指导教师一等奖	省教育厅
瓮安三中	马福燕	2006 年 1 月	省骨干教师	省教育厅
瓮安三中	倪祖铃	2006 年 5 月	省优秀名师	省教育厅
瓮安三中	吴秉友	1994 年 9 月	省优秀教师	省教育厅
瓮安三中	尹　梅	2008 年 1 月	省优秀班主任	省教育厅

附　录

附录一

教育系统获地厅级及以上表彰统计表

获奖单位	获奖时间	获奖名称	颁奖单位
瓮安中学	1978 年	全国教育先进单位	省教育厅
瓮安中学	1980 年	省教育战线先进集体	省政府
瓮安中学	1987 年	省中学实验建设先进集体	省教委
瓮安一小	1987 年 5 月	省 1986 年班班有歌声活动	省政府
瓮安中学	1988 年	州十五所大型完全中学	州政府
瓮安中学	1988 年	省体育传统项目学校省实验建设先进单位	省教委
瓮安中学	1990 年	省级一等体育传统项目学校	省体委、教委
县教育局	1991 年 7 月	电化教育先进县	省教委
县招生办	1992 年 4 月	贵州省高等学校招生先进集体	省招生委员会
教育局中函站	1992 年 6 月	中师函授先进单位	省教委
县教育局	1995 年 8 月	教育报刊通讯发行工作成绩突出奖	省教委
瓮安一小	1996 年 11 月	省中小学实验室建设先进集体	省教委
县教育局	1996 年 12 月	全省扫除文盲工作先进单位	省教委
县教育局	1998 年 9 月	省初中教师“三沟通”学历培训先进助学单位	省教委
瓮安一小	1999 年 1 月	青少年体育俱乐部	国家体育总局
县教育局	1999 年 12 月	省珠心算先进集体	省财政厅、省珠算协会、省教委教研室
县教育局	1999 年 12 月	科技进步三等奖	州政府
天文中学	2000 年 3 月	省现代教育技术实验学校	省教育委员会

续表

获奖单位	获奖时间	获奖名称	颁奖单位
县教育局	2000年12月	普及中小学实验教学合格单位	省政府教育督导室、省教育厅
瓮安中学	2001年	全国中小学信息技术创新与实践活动先进单位	国家教委
瓮安中学	2001年	省实验教学示范校	省教育厅
瓮安中学	2001年	省首批中小学现代教育技术实验学校	省教育厅
瓮安中学	2001年	中学与大学合作教育基地	省团委
瓮安一小	2001年1月	1996—2000年度全国群众体育先进单位	国家体育总局
瓮安二中	2001年5月	全州五四红旗团委	州委
天文中学	2001年12月	普及中学实验教学省级示范学校	省政府教育督导室、省教育厅
瓮安一小	2001年12月	普及小学实验教学省级示范学校	省政府教育督导室、省教育厅
瓮安一小	2001年12月	全国群众体育先进学校	国家体育总局
瓮安中学	2002年	省体育传统项目学校	教育部
瓮安中学	2002年	省级实验教学示范学校	省教育厅、省体委
瓮安中学	2002年	优秀学校文明学校	州政府
瓮安中学	2002年	省五四红旗团委	省教育厅
县教育局	2002年8月	全省教育系统关心下一代工作先进集体	省教育厅
瓮安中学	2003年	省级示范性普通高中（三类）	省教育厅
瓮安二中	2003年2月	全省五四红旗团委	省委
桃子冲小学	2003年9月	省民族团结进步先进集体	省政府
瓮安一小	2004年5月	省中小学实验室建设先进集体	省教委
县教育局	2004年9月	省校务公开先进单位	省教育厅、省教育工会
瓮安中学	2005年	全国教育科研先进单位、艺术教育特色单位	教育部
瓮安一小	2005年8月	省模范职工小家	省工会
县教育局	2005年12月	省教育系统先进教育工会	省教育厅、中国教育工会省委员会
瓮安中学	2006年	先进基层党组织	州委
瓮安二中	2006年4月	精神文明建设先进单位	省政府
瓮安二中	2006年4月	精神文明建设工作先进单位	省政府
县教育局	2006年5月	省中小学教师继续教育工程先进单位	省教育厅
瓮安二中	2006年6月	先进基层党组织	中共州委
县教育局	2006年6月	省“两基”攻坚工作先进集体	省委、省政府
瓮安中学	2008年	省体育传统项目学校	省体育局、省教育厅
瓮安中学	2008年	先进基层党组织	州委、州政府

续表

获奖单位	获奖时间	获奖名称	颁奖单位
瓮安中学	2008年	州教育系统2008年抗冻救灾先进集体	州委、州政府
县教育局	2008年1月	先进教育工会组织	省教育工会
瓮安二中	2008年3月	团省委青年抗震救灾大行动先进集体	共青团省委
珠藏中学	2008年9月	抗冻救灾先进集体	州政府
桃子冲小学	2008年9月	省第六次民族团结进步表彰大会先进集体	省政府
瓮安一小	2008年12月	省体育传统项目学校	省体育局、省教育厅
县教育局	2008年12月	“学习十七大精神、促进贵州教育腾飞”知识竞赛活动组织奖	省教育厅、省教委
瓮安中学	2009年	德育工作创新先进集体	州委、州政府
瓮安中学	2009年	2009年体育工作先进单位	省教育厅、省体委
瓮安中学	2009年	2009年省校园文化建设先进学校	省教育厅
天文中学	2009年5月	省校园文化建设先进学校	省教育厅
克立兹幼儿园	2009年12月	省先进民办学校	省教育厅
瓮安中学	2010年	州2010年普通高中教学质量提高进步先进单位	州委、州政府
瓮安中学	2010年	州2010届教学质量巩固提高先进单位	州委、州政府
瓮安中学	2010年	州德育工作创新先进集体	州委、州政府
瓮安中学	2010年	2010年度消防安全教育示范学校先进单位	州政府
瓮安中学	2011年	全国德育创新基地学校并授铜牌	国家教委
瓮安中学	2011年	全国教育科学“十一五”规划课题和谐德育研究与实验获先进实验校	国家教委
瓮安中学	2011年	2011年度全省精神文明建设工作先进单位	省教育厅
瓮安三小	2011年6月	省青少年科技教育特色学校	省科学技术协会、省教育厅等
瓮安中学	2012年	全国教育科研先进单位、艺术教育特色单位	教育部
瓮安中学	2012年	全国百所德育示范校	中央文明办、教育部、妇联
瓮安中学	2012年	全国百项优秀校园文化建设成果	中央文明办、教育部、妇联
瓮安四中	2012年	安全文明校园	省综治办、省办公厅、省教育厅
瓮安二中	2012年2月	全省五四红旗团委	共青团省委
瓮安中学	2013年	省级示范性高中（二类）	省教育厅
瓮安中学	2013年	国家教育质量管理示范基地	教育部
瓮安四中	2013年	创先争优基层党组织	州委
瓮安四中	2013年	消防安全先进单位	州政府
鱼河中学	2013年3月	省学科教学渗透法制教育省级示范校	省教育厅

续表

获奖单位	获奖时间	获奖名称	颁奖单位
瓮安七小	2013 年 3 月	省中小学学科教学渗透法制教育省级示范校	省教育厅
瓮安三小	2013 年 3 月	科技创新大赛优秀组织奖	省科学技术协会、省教育厅等
县教育局	2013 年 3 月	省中小学学科教学渗透法制教育省级示范县	省教育厅
瓮安二中	2013 年 6 月	精神文明建设工作先进单位	省政府
瓮安三中	2013 年 7 月	贵州省中小学学科教学渗透法制教育“省级示范校”	省教育厅
永和小学	2013 年 7 月	省中小学学科渗透法制教育省级示范校	省教育厅
瓮安六小	2013 年 9 月	省小学学科渗透法制教育省级示范学校	省教育厅
县示范幼儿园	2013 年 10 月	省幼儿园课程建设优秀实验园	省教育厅
永和小学	2013 年 12 月	省级二类留守儿童之家	省教育厅、省妇联
瓮安中学	2014 年	省先进图书馆	教育厅
瓮安三小	2014 年 2 月	安全文明校园	省综治办、公安厅、教育厅
县教育局	2014 年 2 月	学校安全稳定综治工作先进单位	省教育厅、省综治委
瓮安四中	2015 年	“明礼知耻·崇德向善”读书活动文明礼仪知识竞赛（中学组）集体二等奖	省委宣传部、省文明办、省教育厅
瓮安四中	2015 年	中华经典优秀童谣诵读传唱大赛一等奖	省委宣传部、省文明办、省教育厅
瓮安职校	2015 年 5 月	省技能大赛优秀组织奖	省教育厅
瓮安职校	2015 年 7 月	省校本研训示范学校	省教育厅
瓮安职校	2015 年 11 月	省级示范中等职业学校	省教育厅
瓮安三小	2015 年 12 月	省第五届中小学生艺术展演优秀组织奖	省教育厅

附录二

王存成·玉华书院记

道光十二年，邑令王存成于城南社稷坛对面购土一幅，倡修玉华书院，并筹置田亩，以资膏火。

盖闻奏循良之绩者，必重教化以维风。尽师儒之责者，必勤训迪以善俗。故阳明建龙冈于敷勇；尔瞻设南皋于都云。席书捷举，以延师为首务；冠南出首，以兴学为先图。斯皆化起边陲，功昭前代，黔之文教有自来矣。以余所历，贵定则有兰皋，婺川则有古务，其他邑则莫不设书院，而瓮安则阙如焉。僻陋无志乘可考，文昌阁碑记，仅存旗山书院之名，其兴废基址，胥无从稽也。壬辰岁杪，予承乏兹土，见其风俗之醇，士无故不登公堂，妇女白昼

2014 年重修玉华书院（2015 年摄）

不游城市，各乡弦诵之声不辍。载询其人文之盛，则自明辛酉科朱应征、叶应甲始领乡荐，至我朝掇科登仕者，代不乏人。及观风试士，其文词多斐然成章，使加以讲习观摩，皆彬彬有造，民风其亦日底于醇乎。癸酉仲春上丁日，绅士咸集，予语以书院之不可不设，诸人慨然曰：使君诚有意于斯乎？我同侪之歉怀蓄志固已久矣。余先倡捐百金，一时慨捐署名者，计银将及二千，其未至者复集县署，先后得银三千金，谓盛事之成可立而待也。爰始相地，得于城南先农坛前大路之左，有土一区，营度稍狭，券邻地以益之，广袤各二十余丈，地势平敞，土脈红腴。因公举诚愨首士贡生赵君本忠，乡耆胡君国梁董其事，于端阳后鸠工庀材，卜中秋日申时吉，乃建讲堂，树门宇、斋厨、学舍。经始营之前，眺诸山后倚城郭，东障黄龙岭，西带瓮安江，往来者啧啧称善地，咸计日观成以为快。无何，秋收稍歉，捐输者未及半，势且不继，首士忧之。余曰：计今所入，以图久远则不足，以济目前则有余。今甲午秋闱在即，宜延师训课，以示人以不可终辍之势，则乐成善事，必有同心耳。佥曰：善。乃示期二月朔，考试甄别，各工亦刻期蒇事，而规模略具焉。夫善行莫废于半途，功业勿亏于一篑，自今果前言共践，尽置沃田。更以善引人，弥垂永久，则人文蔚起，沐盛朝之累洽重熙，礼教昌明，畅休风而保醇充美，世弥积而功宣，名愈远而报重。何至有掘井不及泉之讥乎？佥谓旗山故址无考，今创造，勿庸袭旧名。城西廿里有玉华山，峰极秀耸，为瓮安名胜之最。因名曰玉华书院，为之记。

附录三

王敩成·修花竹书院记

国家崇儒重道，于京师建大学，于直省各府、州、县设儒学。凡以作育人材者，有专官以司之，典至隆、制至备也。而又建金台书院，延院长考月课，以陶淑天下之英才，自是而直省各府、州、县亦皆有书院焉。稽古唐虞三代之隆，以迄于今，我朝文教昌明，远迈前古，教化所及，不限方隅。瓮安距京城七千七百里，为苗疆旧地。自隶圣世版图后，涵濡教化二百余年，固已户有弦歌，家传诗礼矣。虽经苗顽蹂躏，而安谧日久，丰熟岁登，井里烟村，日臻富庶。学之不讲，其何以教我子弟乎？敩成不才，出宰是邦，已周六稔，每从公暇，与多士沦茗论文，极多款洽，质美而力学者，自不乏人。惟惜下帷无地，盖书院毁而未修，将届四十春秋，时之不可缓也。爰集同寅诸公，暨城乡绅耆父老，以修复书院为请，随捐廉兴工，为之提倡。佥乃踊跃输将，襄成斯美。经始于戊戌之夏，越己亥初秋，鸠工以落成告。于是请诸父老谋，以讲堂北坐祠阳明先生为后学师范，余即斯意为多士勖焉。方今海疆启禁，万国来同，士生斯世，识时务者为俊杰，而时务之识，在多读古人之书，以穷天地民物之变，探古今治乱之源，备兵农礼乐之用。如阳明先生具文武才，处则龙场讲学，出则剪除逋冠，平定瑶蛮，擒宸濠以靖邦国，勋业盖寰宇，声施烂然，蔚为三代下人杰。是则书院为培材地，他日必有学成致用，上副圣天子侧席旁求，庶不负我国家建金台书院之意，而大慰诸父老祠阳明之心也。宰斯邑者，不与有荣施欤！

附录四

中共瓮安县委　瓮安县人民政府
关于认真做好“两基”迎“国检”工作的决定

根据《省人民政府办公厅关于做好迎接国家“两基”督导检查有关工作的通知》（黔府办发〔2007〕19号）和《省人民政府办公厅、贵州省人民政府教育督导室关于印发〈迎接国家“两基”督导检查工作方案〉的通知》（黔教督发〔2007〕77号），为确保实现这一目标，切实抓好“两基”工作，迎接国家督导检查，现作如下决定。

一、充分认识实施“两基”的重要意义，进一步增强实施“两基”的责任感和紧迫感

改革开放以来，在省委、省政府的关心和州委、州政府的直接领导下，在全县广大教育工作者和广大人民群众的共同努力下，在对口帮扶单位和社会各界的支持下，我县“两基”工作取得了较大成就。但由于经济、历史、文化等多方面的原因，与全省平均水平仍存在较大差距。当前，我县“两基”工作存在以下突出问题：一是由于经济基础薄弱，对教育投入相对不足，教育基础设施建设滞后，校舍面积不足，教学设施短缺；二是师资力量薄弱；三是由于经济的制约和传统观念的影响，适龄儿童少少年入学和补偿教育任务仍十分艰巨。是全县经济社会发展的客观需要。广大干部、职工和人民群众要充分认识实施“两基”，对提高全县劳动者素质，增养各级各类人才，加快实现两个根本转变，推进我县经济社会发展和新阶段扶贫开发工作，加快实现富民兴县宏伟目标具有全局性、基础性和先导性作用，是坚持先进文化前进方向，保障人民群众根本利益的内在要求和重要措施。各乡镇党委、政府要站在践行“三个代表”重要思想高度，充分认识“两基”的重要意义，切实增强紧迫感和责任感，把“两基”摆在优先地位并作为基础设施建设和教育发展的重点领域，切实予以保

障，全力以赴，确保达则“国检”验收标准。

二、我县“两基”工作的指导思想和目标任务

1. 指导思想：高举邓小平理论伟大旗帜，以邓小平同志“教育要面向现代化，面向世界，面向未来”和江泽民同志“三个代表”重要思想为指导，坚持教育必须为社会主义现代化建设服务，为人民服务，必须与生产劳动和社会实践相结合，培养有理想、有道德、有文化、有纪律和德、智、体、美全面发展的社会主义建设者和接班人。

2. 目标任务：按照“积极进取，实事求是，分区规划，分类指导”的原则，认真贯彻落实《教育法》《义务教育法》、国务院《扫除文育工作条例》等教育法律法规，依法治教，依法办教，使初级中等教育阶段入学率达到95%以上，初级中等教育在校生年辍学率控制在3%以下，17周岁人口中初级中等教育完成率达到80%以上，15周岁人口中的文盲率控制在1%以下，师资水平，办学条件，教育质量等达到上级规定的指标要求，确保2008年达到“国检”验收标准。

三、我县“两基”的重点和难点

1. 要实现我县2008年“两基”达到国家验收标准，重点是普及程度，难点是扫盲工作。要大力加强农村中学教育，努力提高教师队伍素质，千方百计提高初中生的入学率、完成率，降低辍学率。要把巩固和发展贫困地区中小学教育放在突出位置，尤其要解决好特困学生和女童的就读问题，下大力气抓好学历补偿教育。

2. 加强农村中小学基础设施建设。利用好国家义务教育工程和中小学危房改造工程，合理配置小学教学点，加强农村初中建设。要本着“够用、适用、耐用、节省”和“资金相对集中投入”的原则，加快农村中小学校建设和危房改造的进度，加快中小学实验室、图书室及体育、艺术、卫生、劳动设施的建设，并充分向师生开放，切实提高教学仪器设备、图书的使用效益。

3. 加强中小学教师队伍建设。根据“两基”的需要，突出重点，多渠道解决中小学教师特别是初中教师短缺问题。要加快中、小学教师在职进修，提高学历层次。公开向社会招聘教师，具有专科以上学历人员，经考试、考核、短期培训取得教师资格后，录用到初中任教。鼓励县城教师、青年志愿者到边远农村中小学任教，大力实施中小学教师继续教育工程，提高中小学教师队伍的整体素质。建立能进能出，能上能下的教师任用新机制，严格执行教师资格条例，精简压缩中小学非教学人员。积极实施中小学骨干教师培训计划，加大中小学骨干教师队伍建设力度，大力培养学科带头人，通过多种形式，使小学和初中专任教师学历合格率分别达到98%以上。

4. 切实帮助特困学生解决入学难问题。建立特困学生助学基金，统筹吸纳社会捐赠和赞助，用于对贫困生的学习资助，继续开展“希望工程”，鼓励城镇居民对农村贫困学生进行“一帮一”等多种表式的助学活动。实行“一费制”收费制度。进一步加强对学校收费监管和检查，对违反规定乱收费和挪用、挤占中小学经费的行为，要及时严肃查处。

四、实施“两基”的保障措施

1. 实行县乡分级管理、以县为单位的义务教育管理体制

县人民政府制订县“两基”教育发展规制和中小学布局调整意见；负责传导安排“普九”、扫盲资金，管理使用好省、州的各项教育专款、并按照“三个增长”（教育拨款的增长要高于对状经常性收入的增长，在校生均教育费逐步增长，切实保证生均公用经费逐年有所增长）的要求，筹措、安排和使用本级财政教育经费；依法足额征收、管理、使用好城乡教育费附加。保证中小学立常运转和学校安全，负责教师队伍建设和管理，按时足额发放教师工资。

乡镇人民政府要承担相应的“两基”工作任务。要按照国家规定筹措教育经费。征收、使用好教育费附加，改善办学条件，提高教师待遇。继续发挥好农村自治组织在“两基”工作中的作用。乡（镇）村都有维护好学校的治安和安全，动员适龄儿童少年入学，动员小学、初中辍学学生返校的职责，监督学校和家长，使初中未毕业的学生不外出打工，组织村民接受扫盲教育和技术培训、积校组织开展捐资助学活动和义务劳动，改造中小学危房、

2. 建立健全稳定的“两基”教育投入保障机制

（1）合理安排农村中小学公用经费，保障农村中小学教学工作的正常运转。县财政、教育部门要根据省的规定核定我县农村中小学公用经费标准定额，报县人民政府批准后执行。县、乡两级政府要把农村中小学公用经费列入财政预算，在扣除学校按规定收取的杂费后，不足部分由县、乡财政从上级转移支付的资金中予以补足。为保证“两基”工作的顺利进行，县政府将对“两基”工作实行考核和奖励。

（2）将“两基”与扶贫开发紧密结合起来，加大教育扶贫工作力度。财政扶贫资金安排的项目，要向农村义务教育倾斜，改善办学条件。

（3）广泛开展捐资助学活动，解决贫困学生入学难问题，建立县特困学生助学基金，用于统筹资助特困学生入学。推行部门结对帮扶学校制度，组织机关干部职工积极资助结对帮扶学校特困生入学。积极吸纳社会各界捐赠和赞助，鼓励和动员企业，个体工商户、城镇居民、农村群众对农村贫困学生开展“一帮一”的助学活动，切实帮助贫困学生完成初级中等教育学业。

（4）建立教育基金，做到专款专用，多渠道地将社会各种捐资助学资金纳入统筹安排，用于教师教学奖励和学生助学活动。

3. 切实加强农村教育基础设施建设，对学校的基本建设，要实行优先、优惠政策。新建、扩建校舍必需的用地，在土地管理法律法规允许的范围内，优先予以解决，保证2008年如期实现国检验收标准。

4. 进一步合理调整农村中小学布局。要本着小学就近入学、初中相对集中、优化教育资源配置、提高教育质量的原则，合理规划和调整学校布局。农村小学和教学点要在方便学生就近入学的前提下适当合并，但在交通不便的边远山村仍要保留必要的教学点，防止因布局

调整造成学生辍学。农村中小学布局调整要与“国家贫困地区义务教育工程”“中小学危房改造工程”、小城镇建设结合起来统筹规划。

5. 积极推进中小学人事制度改革。依法完善中小学教师和校长管理体制。有关部门要根据国家规定，核定我县各中小学教职工编制，重点解决初中教师缺编的问题，全面推行教师资格制度，进一步完善校长负责制、教师责任制、岗位责任制。

6. 强化教育执法，依法治教，依法行政，切实提高初级中等教育普及程度，全面贯彻党的教育方针，强化教育教学管理，严格执行课程计划，开齐课程，开足课时，推进素质教育，促进学生全面发展。进一步落实好“义务教育通知书”制度，努力提高适龄儿童少年入学率，控制在校生辍学率，重点抓好辍学生返校随班就读和补偿教育工作。

7. 坚持学以致用，培养乡土人才，在农村初中教育中全面开设农村适用科技课程，积极渗透职业技术教育，使学生掌握一门或几门实用技术，提高家长送子女入学的积极性。

五、加强组织领导，完善奖惩制度，全面推进“两基”工作

1. 成立县“两基”工作领导小组，具体领导全县“两基”工作的开展，各级领导干部要经常深入“两基”工作第一线，调查研究、指导工作，帮助解决“两基”工作中的突出问题。建立县四大班子领导联系乡镇学校制度，具体督促检查联系学校的“两基”工作，并帮助解决联系学校“两基”工作中存在的问题，建立“两基”工作汇报制度，及时研究解决“两基”工作的具体问题，建立县直各部门结对帮扶学校“两基”工作制度，组织机关干部职工进村入校，协助乡镇、学校开展宣传、动员工作，督促适龄儿童少年入学接受义务教育，组织文盲半文盲人员接受扫盲教育和科技培训，并积极帮助学校改善办学条件，完善学校设施和帮助失学儿童少年返校，乡镇成立由党政主要领导任组长、各有关职能部门负责人为成员的“两基”领导小组，把“两基”列入重要议事日程，及时研究、解决存在的困难和问题，确保我县“两基”目标任务的完成。

2. 继续坚持和完善“两基”目标责任制，要将“两基”工作纳入政府目标管理，并作为考核乡镇党政主要领导干部政绩的重要内容；考核结果作为干部晋升的一项重要依据。乡镇人大主席团要加强对“两基”工作的监督和检查。各乡镇人民政府要定期向同级人大作推进“两基”工作的汇报。

3. 在实施“两基”中，县将对在帮扶学校改善办学条件、动员、资助适龄儿童少年入学、捐资助学和在资料建设中成绩突出的单位和个人给予表彰奖励，对动员适龄儿童少年入学工作不力、资料不全、数据不清、表册混乱、体罚或变相体罚学生造成学生失学、玩忽职守致使学校校舍倒塌、造成人员伤亡事故等将追究有关单位和相关责任人的责任。对“两基”工作重视不够、工作不实的进行诫勉谈话，未通过“两基”验收的乡镇主要领导和分管领导，给予组织处理。

4. 加大对“两基”工作的督促检查力度。坚持以督政为重点做好“两基”的督查验收工作，保证验收质量。对已实现“两基”的乡镇，坚持“两基”巩固提高工作年审和复查制

度，不断提高“两基”水平和质量。进一步健全教育督导机构，配备强有力的教育督导人员，以保证教育督导工作的开展。教育行政部门要严格执行各项制度，切实加强对“两基”经费管理、使用情况的监督、审计，努力提高经费使用效益。充分履行“两基”职责，抓好“两基”工作的实施，大力推进素质教育，不断提高教育教学质量。

5. 要形成全社合力的良好氛围。宣传舆论部门要进一步加大对实施科教兴县战略、推进“两基”的宣传力度，要加强成年人思想道德建设，抓好校园环境整治等工作。发挥自身优势，群策群力，努力形成齐抓共管、协同的模大合力，为实现全县“两基”目标努力奋斗，确保2008年顺利通过“国检”。

中共瓮安县委办公室
瓮安县人民政府办公室
2007年12月1日

附录五

瓮安县贯彻落实国家、省中长期教育改革和发展规划纲要的实施意见

为深入贯彻《国家中长期教育改革和发展规划纲要（2010—2020年）》和《贵州省中长期教育改革和发展规划纲要（2011—2020年）》，大力实施教育优先发展战略，促进全县教育事业科学发展、跨越发展，现提出如下实施意见。

一、指导思想和总体目标

（一）指导思想

坚持高举中国特色社会主义伟大旗帜，以邓小平理论和“三个代表”重要思想为指导，深入贯彻落实科学发展观，全面贯彻党的教育方针，大力实施科教兴县战略和人才强县战略，以办好人民满意的教育为宗旨，以服务经济社会发展为重要使命，坚持“优先发展、育人为本、改革创新、促进公平、提高质量、创建特色”的工作方针，着力提高教育现代化水平，全面推进我县教育事业科学发展，努力建设教育强县。

（二）总体目标

到2020年，基本实现教育现代化，基本形成学习型社会，进入全省教育强县行列。

1. 实现更高标准的普及教育。到2020年，基本普及学前教育，学前三年毛入园率达到70%；巩固提高九年义务教育水平，基本实现区域内均衡发展，义务教育巩固率达到95%以上；普及高中阶段教育，毛入学率达到90%以上，普通高中在校生与中等职业学校在校生比例大体相当；高等教育大众化水平明显提高，毛入学率达到40%；全面扫除青壮年文盲。

2. 提供更为丰富的优质教育资源。把教育投入视为事关长远发展的基础性、战略性投资，依法落实教育经费增长要求，拓宽教育经费筹措渠道，完善教育经费投入机制，全面加强学校基础设施建设。义务教育学校标准化建设基本完成。建设省级示范性中等职业学校。教育信息化建设覆盖全县学校。加强教师队伍建设，健全教育质量保障体系，鼓励各级各类学校办出特色、办出水平。

3. 建成更加完善的教育公共服务体系。把促进义务教育均衡发展作为促进教育公平的首要任务，将公共教育资源更多地向农村地区、薄弱学校和弱势群体倾斜，逐步缩小城乡之间、校际之间教育差距。完善贫困学生助学制度，保障特殊和困难群体平等受教育权益，实现教育改革发展成果由人民群众共享。

4. 构建更具活力的教育体制机制。深化教育体制改革，转变教育发展方式，激发教育发展活力，增强教育服务社会能力。创新人才培养体制、办学体制、管理体制，改革质量评价和考试招生制度，改革教学内容、方法、手段，建设现代学校制度。坚持思路战略方案化、方案谋划项目化、项目实施具体化，把各项改革任务落到实处。

5. 培育更加完善的终身教育体系。坚持学历教育和职业培训协调发展，职业教育和普通教育相互沟通，职前教育和职后教育有效衔接，初步建成覆盖城乡的继续教育网络，基本形成较为完善的终身教育体系。

二、主要任务

（一）加快发展学前教育

全面实施《学前教育发展三年行动计划》，努力构建政府主导、多元并举、优质协调、充满活力的学前教育社会公共服务体系，形成以示范幼儿因为龙头、乡（镇）中心幼儿因为骨干，公民办幼儿园协调发展的学前教育良性发展格局。基本满足适龄儿童多样化的教育需求，保障幼儿健康快乐成长。到 2020 年，基本普及学前三年教育，3-5 周岁幼儿入园率达 70%以上。

1. 大力发展公办幼儿园。加快乡（镇）中心幼儿园的提升建设，到 2020 年，全县各镇中心幼儿园达到州级示范性幼儿园标准。鼓励大村、联村创办幼儿园。

2. 开辟多渠道办园模式。引导和支持民办幼儿园提供面向大众、收费较低的普惠性服务。鼓励社会人士、企业主、集体等以捐资、入股等形式与政府合作办园，扩大学前教育资源。

3. 加大学前教育的投入力度。将学前教育事业经费纳入公共财政预算。积极争取中央、省项目资金，县财政从 2011 年起每年安排不低于 1000 万元学前教育专项经费，用于学前教育发展。广泛吸纳社会资金投资学前教育。

4. 加强学前教育管理。实行“以县为主，县、乡（镇）共管”的学前教育管理体制。加强准入管理，申报新办幼儿园，严格按标准审批。对已开办的各级各类幼儿园，坚持每年定期年检。建立幼儿园督导评估制度，将幼儿园标准化建设、保育质量、经费投入、安全管理、教师待遇等纳入教育督导内容，定期开展对学前教育的专项督导评估，并将结果面向社会公布，接受社会和家长的监督。坚持科学保教，建立幼儿园保教工作检查制度，定期组织幼儿园保教工作检查，不断提升全县幼儿园的保教质量。

（二）均衡发展义务教育

建立健全义务教育均衡发展保障机制，启动义务教育均衡发展攻坚行动，推进全县义务教育优质均衡发展。县教育行政部门统管理中小学教师，建立县域内城乡之间、学校之间教师和校长定期合理流动机制；统一城乡生均教育经费标准、办学条件标准、教师编制和工资标准，在财政拨款、学校建设资金分配、教师配置和待遇、仪器设备等方面向农村学校倾斜，逐步缩小城乡差距；建立城镇学校支援农村学校的工作制度，加大薄弱学校改造力度，逐步缩小校际差距；加快城区学校建设，严格控制义务教育阶段学校规模和班额，着力解决择校问题。

1. 科学调整学校布局。顺应城镇化和城乡一体化趋势，按照初中班额不超过 50 人、小学班额不超过 45 人的标准，加快推进全县义务教育阶段学校布局调整。到 2020 年，撤并初中学校 11 所，小学 77 所，在城区新建初中 1 所，小学各 2 所、特殊教育学校 1 所，全县义务教育阶段学校保留 79 所（其中小学 63 所，初中 16 所），使学校布局更趋科学、合理，资源配置与投入更集中。

2. 扎实开展中小学标准化建设。以农村学校和城镇薄弱学校为重点，着力解决学校办学条件简陋、班额过大、生活设施不配套、装备缺乏等突出问题，切实缩小城乡、校际办学条件差距，确保各校办学条件、师资力量、管理效益基本均等。

3. 探索农村小学办学新模式。积极推进农村小学“一校制”管理。以乡（镇）中心小学为主体，乡（镇）内其他小学为校点，统一调配师资、设备设施等教育资源，达到乡（镇）域内教育均衡。积极探索“联盟校”“对口帮扶”等新模式，促进区域教育逐步均衡。

4. 大幅提高义务教育质量。坚持德育为先，提高学生思想素质。大力开展社会主义核心价值观教育、理想信念教育、诚信法纪教育等，进一步加强学生心理健康教育和珍爱生命的教育，培养学生“阳光心态”。加强校园文化建设、校园周边环境治理和德育基地建设，积极探索学生参加社会实践、社区服务的有效机制，建立科学的综合考评制度，努力提高广大学生的思想道德水平和综合素质。坚持能力为重，促进学生全面发展。严格执行国家课程计划，进一步深化课程改革，大力推进素质教育，开展有效教学方法研究，提升课堂教学水平，探究学生高效学习方法，提高学生学习效率，着力培养学生的创新精神和实践能力。坚持内涵发展，提高教育教学质量。牢固树立以质量为核心的发展观，实施“质量兴教工程”，建立以提高质量为导向的管理制度和工作机制，把教育资源配置和学校工作重点集中到强化教学环节、提高教育质量上来，探索建立科学的质量保障、监测和评价体系，确保小学毕业生合格率达到 10%，初中毕业生合格率达到 9.5%以上。

5. 加强对特殊群体接受义务教育的扶持。建立健全政府主导、社会参与的农村留守儿童关爱体系和动态监测机制，及时解决农村留守儿童在思想、学业、生活等方面遇到的问题和困难。根据需要建设农村寄宿学校，加大对家庭经济困难学生的资助力度。采取多种措施，确保适龄儿童少年不因家庭经济困难、就学困难、学习困难等原因而失学。

（三）优化发展高中教育

以政府投入为主发展普通高中教育，推动普通高中学校由外延扩张向内涵发展转变，进一步提升普通高中整体办学水平。加强资源整合，加大学校升级改造力度，进一步改善办学条件。严格控制普通高中学校规模和班额，建设规范化学校，力求做到布局合理、规模适度、均衡发展

1. 加快普及高中阶段教育步伐，逐步扩大现有办学规模，努力创造条件，整合瓮安地区高中教育资源，将全县高中向城区集中，在城区新建 1 所高中。实现高中阶段毛入学率达到 90%以上、班额控制在 55 人以内的基本目标。

2. 全面提高高中教育质量。全面实施高中新课程改革，注重学生综合素质的培养。全面落实课程方案，保证学生完成国家规定课程。全面加强教师培养，提高高中教师整体素质。改革教学方式，培养学生创新精神和实践能力，进一步完善学校管理制度，优化学生综合素质评价体系，改革对学生、教师、学校评价模式。

3. 推进高中多样化发展。鼓励高中特色化发展，推进培养模式多样化，满足各类学生发展需要。积极探索培养创新人才的途径，鼓励高中学校通过富有特色的教育活动，开发学生潜能，切实提高办学水平和质量。

（四）大力发展职业教育

坚持以用立业，紧紧围绕瓮安经济社会发展需求，优化教育结构，转变发展方式，引入市场机制，推进校企合作，增强职业教育服务县域经济发展、产业结构调整和技术进步的能力，为实现我县经济跨越式发展提供充足的人力资源和智力支持。

1. 提升职业教育管理水平。积极探索中等职业教育办学模式改革，按照“政府统筹、部门合作、面向市场、校企联合”的模式，举办职业教育和培训。积聚财、物优势，加强瓮安职校基础设施建设；积聚人力资源优势，加强职业教育“双师型”教师队伍建设；积聚产业优势，创新人才培养模式，提高人才培养质量，力争成功创建省级示范性职业技术学校。

2. 发展面向农村的职业教育。把大力发展面向农村的职业技术教育作为以教育公平促进社会公平、促进社会和谐的重要举措。以多样、灵活、开放的办学模式，广泛开展农村实用技术培训、农村劳动力转移培训、职工岗位培训、下岗失业人员培训等，各类专业培训每年达 1 万人以上。县职校要扩大面向农村初高中毕业生的招生规模。充分利用自学考试、远程教育等方式，发展面向农村青年的职业教育。

3. 增强职业教育社会影响力。着重培养学生的技能，让学生掌握技能，适应社会，提高职业学校学生就业率。在全县逐步实现“先培训、后就业”“先培训、后上岗”，引导和规范劳动者接受职业教育。进一步规范实施职业教育资助制度，鼓励初中毕业生就读职业高中。

（五）高度重视特殊教育和民族教育

1. 完善特殊教育体系。进一步完善随班就读制度，切实保障残疾儿童少年的受教育权利。各级、各类学校积极创造条件接收残疾人入学，不断扩大随班就读和特殊学校办学规模。

2. 重视发展民族教育。广泛开展民族团结教育，增强中华民族自豪感和凝聚力。完善青少年儿童校外活动场所建设，改善居住地学校的办学条件，提高教育质量。适当提高义务教育阶段民族学生生活费补助标准。

（六）规范发展民办教育

1. 做强民办教育。坚持“积极鼓励、大力支持、正确引导、依法管理”的方针，规范发展民办教育。改善民办教育发展政策环境，树立为民办教育服务的思想；依法落实民办学校、教师、学生与公办学校、教师、学生平等的法律地位；鼓励个人和集体创办规范民办学校；帮助民办学校提升办学水平；指导民办学校提高办学质量。

2. 依法管理民办教育。依法落实民办学校理事会或董事会人员构成、运行方式和决策程序等规定，完善民办学校管理制度。健全安全制度，落实安全教育，完善安全措施。坚持定期评估，保证学生在安全、舒适的环境下接受教育。指导民办学校建立工会组织，保障民办学校教职工合法权益。

三、重点工程

（一）中小学标准化建设工程

1. 校舍建设标准化。规划投资 12262 万元，完成校舍建设 28 万平方米；规划投资 4515 万元，完成体育场地路设 21 万平方米。到 2020 年，实现县域内义务教育办学条件均衡发展，并达到省级标准。

2. 教育教学装备标准化。以实验室建设、实验教学仪器和图书资料配备、体育卫生与艺术设施设备建设等为重点，投资 12631 万元，配套教育设施设备 6214 台（套），全面提高教育教学装备水平，使教育教学装备达到省级标准。

（二）城区学校建设工程

1. 教育新区建设工程。在城区新建 1 个集初中、小学、幼儿园于一体的教育新区．规划占地面积 130 亩，总投资 8000 万元。

2. 高中教育进城工程。整合、扩大高中办学规模，将珠藏中学、草塘中学高中部撤并，在县城新建普通高中。

3. 职教中心迁建工程。将瓮安县职校搬迁至县工业园区，建设符合瓮安经济社会发展需求的现代化职业教育基地。

（三）教育信息化建设工程

1. 加强教育信息化基础设施建设。中小学计算机教室换代升级：到 2015 年，师生配齐计算机，中心中小学生机比达到 10：1；到 2020 年，全部学校达标。逐步实现“班班通”：

中心中小学到2015年逐步实现“班班通”，到2020年，全县“班班通”覆盖率达100%。加强校园网建设：到2015年，中心中小学建成功能齐全的校园网，校园网具备多媒体教学软件开发平台，为学校教学、科研提供先进的信息化教学环境；到2020年，中小学互联网覆盖率达到100%，有条件的学校建成多媒体教室、教师备课系统、电子阅览室以及教学、考试资料库等。构建县级教育信息网络中心，完成数据中心和软件应用平台建设，建成覆盖全县所有学校的信息基础设施。

2. 开发特色教育资源。建立全县特色教育资源库，各学校建立校本教育资源库，建立开放灵活的教育资源公共服务平台，整合现有资源，促进优质教育资源共享。建立和完善教育信息管理系统，包括学籍管理系统、办公自动化系统、学生体质监测系统、招生管理与服务系统、教学质量评价系统等。建设数字化图书室和虚拟实验室。

3. 推进信息化应用。建立机制，促进信息技术与中小学各学科教学的整合，引导鼓励广大教师利用网络、多媒体等现代信息技术开展教育教学活动；加强培训，开展富多彩的培训活动，不断提高广大教师的信息化素养和应用水平。到2015年，小学教师达到《中小学教师教育技术能力标准》（初级）水平，中学教师达到《中小学教师教育技术能力标准》（中级）水平。2020年，所有任职教师通过与之相关的教育技术培训、考试和认证。

四、保障措施

（一）建设高素质教师队伍

1. 加强师德师风建设。切实加强为人师表、爱岗敬业的职业道德教育，增强教师教书育人的责任感和使命感。引导教师热爱教育事业，关爱学生，言传身教，自尊自励，以人格和学识魅力感染学生，赢得社会尊重。建立师德考评制度，把师德表现作为教师绩效考核、职务聘任、进修深造和评优奖励的重要依据，实施师德表现一票否决制。把师德建设工作作为评估学校办学质量的重要指标。

2. 加强教师培养培训。继续实施省“农村教师素质提高工程”“职业教育双师型教师培养工程”。完善校长定期培训制度，着力推进校长提高培训和岗前培训，让校长真正懂教育、善管理。全面执行教师继续教育与学分登记制度，将教师继续教育和学分登记情况作为教师业务考核、师德考核、年度考核的重要依据，作为教师职称评定的必备条件。创新培训形式，增强培训工作的实效性，着力推广校本培训、网上培训，不断提高教师学历层次，初中教师本科学历比例达到90%以上，小学教师本科学历比例达到50%以上，专任教师学历合格率达到99%以上，中学教师研究生学历比例较大幅度的提高。努力加强薄弱学科教师、学科骨干教师和班主任培训，逐年完成全县学科骨干教师培训。积极开展岗位练兵、教师专业比武和教师基本功竞赛，全面推进校本研修，实行教师业务水平考试制度。

3. 完善教师管理制度。严格教师准入制度，建立教师补充长效机制，完善县域师资共享机制，加强中小学教职工编制管理，在全县范围内统一调配教师和教育干部，并按照倾斜农村薄弱学校的原则定期交流，逐步优化教师结构。建立健全教师转岗、退出机制，探索建立教师分类聘用、分类管理和分类考评的管理机制，不断完善“能上能下、奖优罚劣”的用人机制。通过科学高效的管理，充分调动教师工作积极性，努力实现“人尽其才、才尽其用”的生动局面。充分发挥骨干教师的带头辐射作用，定期开展瓮安县“十佳教师”“十佳班主任”、县级学科带头人、县级骨干教师评选活动。

4. 提高教师地位待遇。依法保证教师平均工资水平不低于或者高于国家公务员的平均工资水平，并逐步有所提高。落实教师绩效工资。不断改善教师的工作、学习和生活条件，吸引优秀人才长期从教、终身从教。对长期在农村地区、偏远地区从教的教师在专业技术职务评聘、评优奖励等方面予以适当倾斜，解决他们的后顾之忧。大力表彰和宣传模范教师的先进事迹，对做出突出贡献的教师和教育工作者设立荣誉称号，努力营造尊师重教的良好舆论氛围。

（二）切实提高教育经费保障水平

1. 加大财政投入力度。要把教育作为财政支出的重点领域予以优先保障，年初预算和预算执行中的超收分配都要体现法定增长要求，保证教育财政拨款增长明显高于财政经常性收入增长，并使按在校学生人数平均的教育费用逐步增长，保证教师工资和学生人均公用经费逐步增长。逐步提高财政教育支出占财政支出的比重，确保财政教育支出占一般预算支出的比例达到省定标准。

2. 拓宽教育经费筹措渠道。按国家和省有关规定，足额征收教育费附加，专项用于教育事业。加大政府财政基本建设资金、政府土地出让金收入等资金对教育的投入。对各级各类学校校舍建设按政策规定实行减免。完善财政、税收、金融、土地等优惠政策，完善社会捐赠教育的激励机制，完善非义务教育培养成本分担机制，鼓励和引导社会力量捐资、出资办学。

3. 完善教育经费投入机制。义务教育全面纳入公共财政保障范围，实行由中央财政和地方财政分项目、按比例分担的农村义务教育经费保障机制，提高保障水平；学前教育实行财政投入、社会举办者投入、家庭合理负担的投入机制；普通高中实行以财政投入为主，其他渠道筹措经费为辅的机制；中等职业教育实行政府、行业、企业及其他社会力量依法筹集经费的机制。调整支出结构，公共财政教育投入向重点领域、薄弱环节和弱势群体倾斜。加大对教师队伍建设、教育质量提高、创新人才培养、优势和特色学科建设等方面的投入。加大对标准化学校建设的投入，重点改善农村薄弱学校办学条件，提高教育技术装备水平。逐步化解义务教育学校基本建设债务。

4. 加强教育经费使用管理。加强学校财务会计制度建设，完善经费使用内部稽核和内部控制制度，严格实行大额经费使用集体决策制度，强化重大项目建设和经费使用全过程审计。加强经费使用监督，建立经费使用绩效评价制度，加强重大项目经费使用考评。加强学校国有资产管理，建立健全学校国有资产配置、使用、处置管理制度，防止国有资产流失，提高使用效益。

（三）深化教育体制改革

1. 推进办学体制改革。坚持教育公益性原则，健全政府主导、社会参与、办学主体多元、办学形式多样、充满生机活力的办学体制，形成以政府办学为主体、全社会积极参与、公办和民办教育共同发展的办学格局。推进公办、民办学前教育机构合作办园，探索公建民办、民办公驻、民园联盟等办园新模式。促进义务教育学校通过联合、合并、托管等多种形式合作办学，实现优质资源重组共享。支持瓮安中学及其他高中与服务范围内的初中学校合作办学。推进校企合作、集团化职业教育模式改革。

2. 深化管理体制改革。深入推进“依法办学、自主管理、民主监督、社会参与”的现代学校管理体制改革。进一步完善中小学校长负责制，探索建立校长职级制度和职业资格任职制度。完善家长委员会制度，推动形成校长负责、民主管理、家校沟通、社会监督的中小学管理结构。扩大中等职业学校在办学模式、育人方式、资源配置、合作办学、服务社区等方面的自主权，健全现代职业学校制度。

3. 强化教学方式改革。在改革教学内容和教学方法上下功夫，注重学思结合，倡导启发式、探究式、讨论式、参与式教学。确立学生的主体地位，发挥教师的主导作用，营造民主的教学氛围。切实提高课堂教学效率，开展“有效教学”的探索实践，达成教师善教、学生乐学、教学相长的目标。将每年 4 月定为全县义务教育阶段“教学质量月”，集中开展提高义务教育教学质量的各项活动，引导学校和社会关注教学质量，关注每一个学生的健康成长。进一步探索和完善减轻中小学生过重课业负担的有效措施。

4. 推进招生和评价制度改革。坚持义务教育阶段学生就近免试入学制度，完善高中阶段学校考试招生制度，构建高中阶段学校统一招生平台，实行高中阶段学校统一的招生录取办法。实行指标生分配制度，将优质普通高中 60% 以上的招生名额在县域内初中学校合理分配，并使之制度化、规范化。规范中等职业学校招生秩序，统一招生编码，实行网上录取、电子注册、自主招生。科学制定学校和教师工作的评价标准，以提高成才率为主要目标，建立由政府、学校、家长及社会多方共同参与的教育质量评价机制，完善知识学习与素质提升相结合、夯实基础与发展特长相结合的学生发展质量评价标准。

五、加强和改善对教育工作的领导

（一）全面落实教育优先发展战略

各级党委、政府要把推动教育事业优先发展、科学发展作为重要职责，健全领导体制和决策机制，及时研究解决教育改革发展中的重大问题和群众关心的热点问题。建立各级党政领导班子成员定点联系学校制度。各级政府要定期向同级人民代表大会或其常委会报告教育工作情况。完善考核机制，提高推进教育事业科学发展在各级党委、政府政绩考核中的比重。

（二）健全完善督导制度和监督问责机制

加强督导队伍建设，建立专、兼职督学队伍。开展县域义务教育均衡发展和教育现代化建设督导评估，完善各级、各类学校督导评估制度，加强基础教育质量监测。坚持监督与指

导并重，建立发展性、动态化的追踪问效督导机制。建立督导结果公告制度、限期整改制度、问责制度，

（三）积极推进依法治教

推进教育行政执法体制机制改革，加强教育执法机构和队伍建设，落实教育行政执法责任制，及时查处违反教育法律法规、侵害受教育者权益、扰乱教育秩序等行为，依法维护学校、学生、教师、校长和举办者的权益。完善教育行政审批和信息公开制度，保障公众对教育的知情权、参与权和监督权。建立完善行政复议、诉讼、赔偿等符合法治原则的教育救济制度，保障教师和学生的合法权益。

（四）加强教育系统党的建设和干部队伍建设

切实加强各级、各类学校党组织建设，充分发挥中小学党组织在学校工作中的政治核心作用。深入推动中国特色社会主义理论体系进课堂、进头脑。加强学校领导班子和领导干部队伍建设，建立健全学校领导干部培养培训、公开选拔、定期交流制度，不断提高领导班子和领导干部领导学校科学发展的能力和水平。加强教育系统党风廉政建设和行风建设，严格执行党风廉政建设责任制，坚持标本兼治、综合治理、惩防并举、注重预防的方针，完善体现教育系统特点的惩治和预防腐败体系。全面推行校务公开。

（五）推进平安和谐校园建设

加强和改进学校思想政治工作，加强校园文化建设，深入开展平安校园、文明校园、绿色校园、和谐校园创建活动。重视解决师生员工的实际困难和问题。完善矛盾纠纷排查化解机制和学校突发事件应急处置机制，深入开展校园及周边治安专项排查整治活动，及时消除各类安全隐患。保障学校安全保卫经费投入及人员、设施配备，提升各类事故防范能力。加强校园文化建设，开展丰富多彩的校园文化活动，形成良好的人文环境。

中共瓮安县委
瓮安县人民政府
2011年6月10日

附录六

瓮安县关于推进教育综合改革加快教育发展的实施方案（2014—2017年）

为贯彻落实党的十八大关于深化教育领域综合改革的部署和要求，坚持以改革为抓手推动教育事业科学发展，根据《贵州省教育综合改革实施方案》和州教育综合改革有关精神、结合我县实际，制定本实施方案。

一、指导思想

深入学习贯彻党的十八大精神，以邓小平理论、“三个代表”重要思想和科学发展观为指导，全面落实教育规划纲要，以“办全省一流的教育，办人民满意的教育”为目标，以提高教育质量为核心，以促进教育公平为重点，以关键领域和薄弱环节为突破口，不断深化教育综合改革，努力形成有利于促进我县教育科学发展的体制机制。

二、总体要求

进一步加大教育投入，改善各级各类学校办学条件，有效增加和合理配量教育资源。义务教育不均衡、普通高中教育质量提升、职业教育特色办学、特殊教育师资保障等问题，努力提高教育质量，多出人才，出好人才，提升教育服务经济和社会发展的能力和水平。

三、工作目标和任务

（一）实施学前教育发展工程

1. 工作目标

紧紧围绕“扩容、提质，普惠”的总体要求，着力解决“入园难”问题。每个乡镇至少办好 1 所公办中心幼儿园，实现乡镇公办中心幼儿园全覆盖，充分利用闲置校舍改建村级幼儿园，鼓励社会资金创办普惠性民办幼儿园，到 2017 年，全县幼儿入园率达 90%以上，基本建成覆盖城乡、布局合理的学前教育公共服务体系。

2. 主要任务和措施

（1）扩大总量。一是加强公办中心幼儿园的建设力度，完成江界河镇、天文镇、瓮水街道办事处中心幼儿园建设，实现乡镇公办中心幼儿园全覆盖。二是支持人员较集中的村充分利用闲置教育资源改建村级幼儿园，村级幼儿园覆盖率到 2017 年达 70%以上。三是推进城镇小区配套幼儿园、普惠性民办幼儿园的建设。（责任单位：县教育局、县发改局、县财政局、县住建局、县国土资源局，各乡镇和街道办事处）

（2）提升质量。按照《贵州省民办非学历教育培训机构星级评估制度评定标准（试行）》，对全县各民办幼儿园实行星级评估，对办园水平达到相应星级标准的幼儿园分别给予奖励。积极开展“一园一品”活动，建设一批管理有亮点、教学有创新、社会认可度高的品牌幼儿园。实行集团化办园，组建幼儿园集团，到 2017 年，所有乡镇幼儿园都要进入幼儿园集团，实行人、财、物的整合、调配、管理，实现连锁化、标准化办园，全面提升幼儿园保教质量和办园水平。鼓励公、民办幼儿园积极开展结对帮扶活动，充分发挥各中心幼儿园的窗口示范和辐射作用。配备专职幼儿教育研究员，加强对幼儿园保育和教育实践的研究和指导，不断提高幼儿园教师的专业素质和教育实践能力。（责任单位：县教育局、县人社局、县编委办、县财政局，各乡镇和街道办事处）

（3）扶持民办。认真落实《瓮安县促进民办教育发展实施办法》，鼓励支持社会力量兴办教育，加大对民办幼儿园的扶持力度，采取以奖代补等多种方式，引导和支持民办幼儿园提供普惠性服务。县财政划拨扶持民办幼儿园的专项奖补资金并制定奖补资金管理办法。加强民办学前教育管理，提高民办学前教育质量。严格执行幼儿园准入制度，实行分类管理、分类指导、动态监管。完善和落实年检制度，引导民办幼儿园规范办园行为，提高保教质量和水平。采取公办园与民办园结盟、“手拉手”结对子、民办公助、委托培养等多种形式，帮助民办幼儿园提高师资水平。加强幼儿园安全监管，建立健全安全管理和安全责任制度，形成全覆盖的幼儿园安全防护体系。（责任单位：县教育局、县财政局、县发改局、县公安局、县交通运输局、县卫食药监局，各乡镇和街道办享处）

（4）健全机制。重点建立学前教育成本分担和运行保障机制，设立民办幼儿园发展奖补资金，用于扶持普惠性民办幼儿园发展。对办学时间在三年以上，达到标准化办学规模，并通过县教育行政部门办学水平评估合格的民办学校，一次性奖励县城所在地办学机构资金50万元，一次性奖励乡镇所在地办学机构资金20万元，以后每三年复评合格的每次奖励10万元（奖励资金须用于教育发展）。县政府加大投入，确保学前教育财政性经费占同级财政性教育经费的比例不低于5%. 适度提高幼儿园收费标准，切实做到保工资、保安全、保运转、保发展，严格教师资格准入制度，健全公办幼儿园教师编制核定、补充制度，将公办幼儿园保安、工勤人员工资纳入县财政预算。（责任单位：县财政局、县教育局、县编委办、县发改局、县人社局，各乡镇和街道办事处）

（二）实施义务教育均衡发展工程

1. 工作目标

制定义务教育均衡发展计划，进一步细化和明确各级政府及各有关部门均衡发展义务教育的职责，2015年实现义务教育初步均衡并通过州级验收，2017年实现义务教育基本均衡并通过省级验收，逐步将义务教育集中到城镇办学。扩大县城教育资源，逐步消除县城学校“大班额”现象。加大农村薄弱学校改造力度，实现乡镇中心寄宿制学校全覆盖，着力破解“农村弱”“县城挤”“择校热”等突出问题，缩小区域、城乡、校际差距。切实做好农村义务教育巩固工作，小学和初宁辍学率分别控制在1.8%和2.8%以内，全县九年义务教育巩固率达到95%以上。

2. 主要任务和措施

（1）进一步完善农村义务教育经费保障机制。将义务教育经费在财政预算中单列，依法做到教育经费的“三个增长”；科学合理安排农村义务教育经费，足额落实当地财政应分担的资金，国家和省州下拨的教育经费要及时拨付到位，专款专用。提高村小和教学点的生均公用经费标准，对学生规模不足100人的村小和教学点按100人核发生均公用经费、保证其正常运转。(责任单位：县教育局、县财政局)

（2）逐步优化农村义务教育学校布局。根据《瓮安县教育资源整合和布局调整方案》，结合全县乡镇行政区划调整定级，保留必要的村小和教学点，按照有利于提高教育质量和方便学生就近入学的原则，做好农村义务教育学校布局规划调整，科学合理布局学校，保障学生就近上学的需要。（责任单位：县教育局、县发改局、县财政局、县住建局、县国土资源

局，各乡镇和街道办事处）

（3）推进义务教育标准化建设。一是按照《贵州省义务教育阶段学校基本办学标准》，推进农村义务教育薄弱学校改造和寄宿制学校建设，完善运动场地、生活设施等。2017年完成22所乡镇宁学、中心小学寄宿制学校建设，实现乡镇中学、中心小学寄宿制全覆盖，小学、初宁寄宿率分别达到30%和70%以上。加强寄宿制学校管理，落实守宿制学校管理人员编制并将工资纳入县财政预算。在各中学，中心小学（幼儿园）设立医务室，按标准配各医务人员并将工资纳入县财政预算，不具备设置条件的，就近设立社区医院，畅通学生就医渠道。二是加强教育装备，采取打包融资方式，更新和补充实验仪器、学生用床、课桌凳、图书及音体美设施设备，推进标准化实验室建设，达到基本办学标准。（责任单位：县教育局、县编委办、县金融办、县发改局、县财政局、县住定局，各乡镇和街道办事处）

（4）扩大县城义务教育资源。完成瓮安一小、瓮安二小、瓮安三小、实验学校、瓮安三中五所中小学改扩建或改造工程，解决瓮安四中校园内原会安中学教师宿舍遗留问题；在县城新设置所初中，在瓮安经济开发区新建一所初中；在城区学校挂牌设置一所留守儿童少年学校，解决留守儿童少年和进城务工子女入学问题。（责任单位：县教育局、县发改局、县财政局、县住建局、县国土资源局，各乡镇和街道办事处）

（5）探索九年一贯制、片区管理改革试点。一是因地制宜，针对办学规模较小，有办学潜力的学校，试行九年一贯制，将玉华中小学、松坪中小学作为试点率先推进。二是建立以中心小学为龙头的片区管理制度，实行教育局领导和教育局机关各科室包片联系、指导、管理制度。（责任单位：县教育局、县人社局、县编委办，各乡镇和街道办事处）

（6）保障特殊群体平等接受义务教育。加强对农村家庭经济困难学生的资助，同时动员和鼓励社会团体和个人对家庭经济困难学生的帮扶。学校应加强对学习困难学生的关心和帮扶，确保每个适龄儿童少年不因家庭经济困难或学习困难而辍学。把关爱农村留守学生工作纳入社会治理创新体系，所有初中、中心小学均建立“留守儿童之家”，着力构建对农村留守学生的学校、家庭、社会“三位一体化”的关爱服务体系，优先满足留守学生进入寄宿制学校的需求。（责任单位：县教育局、县民政民宗局、县委政法委、团县委、县妇联、县残联，各乡镇和街道办事处）

（7）促进农村义务教育巩固率提高。完善学生入学保障机制，保障儿童少年免费免试就近入学，平等接受义务教育。结合国家实施的义务教育学校学生营养改善计划工作，在九村学校全面实施“营养午餐”，建立“控机保学”有效机制，明确县乡两级政府的责任，（责任单位：县教育局，各乡镇和街道办事处）

（8）提高素质教育水平，一是推进课程教材教法改革，将社会主义核心价值体系、优秀传统文化，生态文明建设教育融入学校课堂，加强青少年学生“明互礼，知五耻”道德教育，引导学生养成文明习惯，二是推进新课程改革，提高课堂教学效率，大力构建高效课堂，批进教材校本化、师本化、生本化，切实改变以损害学生，身心健康为代价的低质量、高负担的教学方式。三是抓好科学文化素质教育，提高教育质量，坚持立德树人，重点抓好“四项教育”（感思教育、法制教育、挫折教育和文明礼仪教育），把学生培养成懂得感思、遵纪守法、性格坚强、文明有礼的人。四是结合实际举办丰富多彩的文体活动，打造“一校一特”的校园文化。五是继续实施好学科渗透法制教育工作，实施“雨露工程”，切实预防青少年违法犯罪。(责任单位：县教育局、县法制办、县文明办、县委政法委)

(9) 推进考试招生制度改革，实行义务教育“整班移交”和“划片”相结合的入学制度，全面推行小升初免试就近入学，严禁违规招生和各种选拔考试，缓解教育热点矛盾。(责任单位：县教育局，各乡镇和街道办事处)

(三) 实施普通高中突破发展工程

1. 工作目标

坚持优质发展和特色发展相结合的原则，将瓮安中学、瓮安二中建成全州优质高中，2016 年基本普及高中阶段教育，多出人才，出好人才。引导瓮安中学、瓮安二中进一步明确办学思路，逐步探索在校园文化、课程设置、教育教学等工作中创出本校特色，走特色化、品牌化发展道路。

2. 主要任务和措施

(1) 加大普通高中教育投入。完成瓮安二中迁建，继续完善瓮安中学基础设施建设，优化资源配置，逐步将普通高中教育集中到县城办学，满足初中毕业学生接受优质普通高中教育的需求。(责任单位：县教育局、县财政局、县发改局、县国土资源局、县住建局)

(2) 加快普通高中品牌化发展。完成瓮安二中中办省级二类示范性高中工作。加强瓮安中学、瓮安二中校园文化建设，内挂素质，外树形象，使学校在办学思想、环境条件、班子队伍、学校管理、课程管理、教育科研、办学规模、教育质量、办学特色等方面有明显提升，进一步做大做强做优，办成全州品牌学校；满足人民群众对优质普通高中教育的需求。瓮安中学、瓮安二中可探索与北大附中、清华附中、衡水中学、贵阳一中等名校联合办学。(责任单位：县教育局、县财政局、县人社局、县编委办)

(3) 深化普通高中课程教学改革。严格按照国家课程设置方案，开好国家规定课程，发展地方课程，发掘校本课程。完成普通高中实验室、图书室、音体美专用教室建设。更新教学理念，创新教学模式和评价机制，提高课堂效率，促进教师专业成长和学生个性发展。建立以素质教育为核心、内涵发展为重点的普通高中教育质量标准体系，把优质资源发展作为评价普通高中教育工作的重要内容，切实改变办学模式同质化和单纯以学生考试成绩、升学率评价普通高中教育质量的做法。(责任单位：县教育局、县财政局、县人社局、县编委办)

(四) 实施现代职业教育发展工程

1. 工作目标

通过实施教育“9+3”计划和中职“百校大战”项目建设，进一步完善瓮安职校基础设施；扩大职校招生规模，基本实现普高职高在校生 1：1 的目标，形成适应社会发展需求、产教深度融合的现代职业教育体系，为同步小康提供人力资源支持；实施中职学校示范工程，完成瓮安职校国家级示范中等职业技术学校验收工作。

2. 工作任务和措施

（1）进一步改善学校办学条件。进一步完善瓮安职校基础设施，多渠道筹措资金3000万元完成运动场建设、围坛建设、室内体育馆建设等。完善教学实训设施设备，提高承担职业教育培训的能力。（责任单位：县教育局、县国土资源局、县农工局、县发改局、县财政局、县住建局）

（2）加强师资队伍建设。深化学校内部人事制度改革，完善中等职业学校非实名制编制管理，学校根据核定的非实名编制数按需聘用人员，财政部门及时拨付相关经费。编制、教育部门在中等职业学校推行非实名制管理办法，按不超过中等职业学校专任教师编制总额30%的编制核定学校非实名编制数，用于自主聘用高层次及紧缺学科教师。要强化实践教学环节，优化教师队伍结构，支持、鼓励和规范中等职业学校聘请具有实践经验的专业技术人员、高技能人才担任兼职教师。（责任单位：县教育局、县农工局、县财政局、县人社局、县编委办）

（3）培育品牌专业。加大瓮安职校经费投入，在不断改善学校办学条件，优化教师结构的同时，根据地方经济发展需求做好产业调整，重点培育计算机网络技术、机械制造技术、电子电器应用与维修、现代农艺技术、汽车运用与维修等专业，并打造成为省级或州级特色示范专业。（责任单位：县教育局、县农工局、县财政局、县人社局、县编委办）

（4）加快衔接中职与高职联合办学模式。加快城乡联动步伐，县职校与高职院校联合办学，定“2+3”或“3+2”五年连贯制教育，信就读中职学生完试直升高职高专，进一步拓宽学生升学或就业渠道。（责任单位：县教育局、县农工局、县工信局、县人社局、县编委办、县财政局）

（5）校企合作定单办学，提高学生就业率。积极探索“引企入校”“进厂办校”和“产教研一体、工学交替”等办学形式，实行校企合作，通过“筑巢引凤”将企业引进县职校，重点建设职业教育实训基地，将企业的资金和设备引进职校，对学校特色专业、品牌专业进行定单办学，充分利用企业资源进行学生培养，增强学生动手能力，不断增强职业教育办学活力，提高学生就业率和就业质量。（责任单位：县教育局、县农工局、县工信局、县人社局）

（6）进一步完善我县教育体系。创造条件，采取灵活多样的办学方式，力争在县内创办一所高等职业院校，填补我县高等教育的空白。（责任单位：县教育局、县农工局、县工信局县人社局、县编委办、县财政局、县国土局）

（五）实施特殊教育提升工程

1. 工作目标

到2016年，基本普及残疾儿童少年义务教育，视力、听力、智力残疾儿童少年义务教育入学率达到90%以上，其他残疾人受教育机会明显增加。建立财政为主、社会支持、全面覆盖、通畅便利的特殊教育服务保障机制，基本形成政府主导、部门协同、各方参与的特殊教育工作格局。

2. 主要任务和措施

（1）进一步提高残疾儿童少年义务教育普及水平，继续完善以特殊教育学校为骨干、以普通学校随班就读为主体的残疾儿童少年义务教育体系，不断提高适龄残疾儿童少年义务教育入学率，鼓励有条件的乡镇和社区以社区教育、送教上门等多种形式对适龄重度肢体残疾、重度智力残疾、孤独症、脑瘫和多重残疾的儿童少年实施义务教育。（责任单位：县教育局、县残联，各乡镇和街道办事处）

（2）加大投入，提高特殊教育保障水平。一是加大对特殊教育的投入力度。继续实施国家发改委、教育部支持的中西部特殊教育发展规划，根据国家制定的特殊教育学校基本办学标准，改善我县特殊教育学校和各类接收残疾学生的学校办学条件。加强特殊教育师资队伍建设，每年补充教师3-4人，在评职评优方面给予适当倾斜。加大对家庭经济困难残疾学生的资助力度，享受贫困生生活补助率达100%。二是不断提高特殊教育学校办学经费。坚持特殊教育经费以政府投入为主的原则，将特殊教育经费纳入财政预算，并使特殊教育学校生均财政预算内教育经费、生均公用经费逐年增长，达到每人每年6000元的标准，保证特殊教育必需的办学经费。（责任单位：县教育局、县编办、县发改局、县财政局、县住建局、县人社局、县民政民宗局、县残联）

（六）实施教师队伍强质增量工程

1. 工作目标

建立进一步加强教师队伍管理的长效机制，加强师德师风建设，将师德表现作为教师考核、聘任（聘用）和评价的重要内容。加大教师培养培训力度，着力破解教师补充渠道不畅、结构不优、激励不足、交流不够等难题，建设一支师德高尚、数量充足、业务精湛、结构合理、充满活力的高素质教师队伍，实现教师队伍整体水平明显提升。

2. 工作任务和措施

（1）加强师德师风建设，提高教师职业道德水平。坚持把师德建设摆在教师队伍建设的首位，积极开展教师职业理想教育、职业道德教育和心理健康教育，增强广大教师从事教育工作的自豪感。坚持依法治教、从严治教，规范教师思想行为和职业行为。建立和完善学生、家长和社会共同参与的师德监督机制。（责任单位：县教育局，各乡镇和街道办事处）

（2）加强教师管理，提高教师队伍建设科学化水平。加强教师编制管理，及时核定教师编制和补充缺编教师，教育系统以外的单位不允许从学校借用教师，不准占用或变相占用中小学教职工编制；合理配置教师资源，完善教师资格准入和补充机制，非义务教育阶段的城区学校及草塘中学、珠藏中学高中部补充教师通过直接面向院校招聘或面向社会招考补充，义务教育阶段的城区学校及“两区”学校补充教师采取县内公开遴选方式，乡镇学校补充教师采取面向社会公开招考和面向院校招聘的方式；建立教师转岗和退出机制、教师调配管理机制、教师交流机制、城乡学校结对帮扶长效机制，改革和完善教师考核制度。（责任单位：县教育局、县编委办、县人社局，各乡镇和街道办事处）

（3）加强校（园）长队伍建设，提高校（园）长管理能力。完善宁小学校长任职资格制度、校（园）长选拔任用制度；连续担任中学、中心小学（幼儿园）正副校（园）长十二年（含十二年）以上的，因工作需要，经本人申请，可调入县城中小学、幼儿园任教。建立校长考核、交流机制及校（园）长人才后备库。（责任单位：县教育局、县编委办、县人社局）

（4）加强教师培训，提高教师专业化水平，县财政按《国家中长期教育改革和发展规划纲要（2010—2020年）》落实教师培训专项经费每年不少于120万元，义务教育阶段学校要按年度公用经费预算总额的5%安排教师培训经费，采取“走出去，请进来”的方式开展教师全员培训；实施名师培养工程，每5年开展一次县级骨干教师培养选拔，每3年开展一次县级学科带头人、教学能手、教学新秀评选工作（有计划地每年轮流选取其中一类）。（责任单位：县教育局、县人社局、县财政局）

（5）维护教职工合法权益，充分调动工作积极性。坚持校务公开，实施民主管理和民主监督，营造温暖的“教工之家”，丰富教职工业余生活。按编制核定职称评定名额，提高教师地位和待遇，依法保障教师平均工资水平不低于国家公务员平均工资水平并逐步提高。将农村教师生活补贴纳入县财政预算，按照人均每月200元的标准划拨，具体发放办法和标准由县教育局根据区域差异制定。完善教师绩效考核机制，逐步提高对教师的奖补力度。（责任单位：县教育局、县人社局、县财政局）

（6）建立和完善教师奖励机制。县政府每年从教育经费中列支不低于160万元作为奖励基金，由教育主管部门进行考核，每年教师节表彰一批在教育教学工作中做出突出贡献的学校、优秀教师、优秀教育工作者。（责任单位：县委办、县政府办、县教育局、县财政局）

四、保障措施

（一）加强统筹协调

充分发挥县教育综合改革领导小组的作用，建立定期会议和政策协商制度。各部门协同配合，采取联合调研、部门会商等方式，研究解决教育改革重大问题。在教育局内部建立改革项目分管领导领办制、科室承办制，明确责任分工，实行目标责任管理。（责任单位：县教育综合改革领导小组、各有关部门）

（二）加强督促检查

建立教育综合改革监督检查机制，按照改革的时间表和路线图，跟踪督办、适时评估、及时总结、定期通报。各责任单位要进一步细化工作方案，按时限要求组织实施，加强信息报送和宣传工作，及时总结经验，分析问题，进一步提振改革信心，明确改革思路。建立健全重大改革决策稳定风险评估机制，切实维护教育系统和谐稳定。（责任单位：县教育综合改革领导小组、各有关部门）

（三）营造良好氛围

推动教育综合改革，是全社会的共同责任。宣传部门、教育部门及各级各类学校要坚持正确的舆论导向，加强教育改革宣传工作力度，集中力量对改革取得重大成效的宾型经验进行重点宣传，凝聚改革共识，争取各方理解文持，营造全社会关心、重视、支持教育改革的良好舆论氛围。（责任单位：县委宣传部、县文广旅局、县教育局）

瓮安县人民政府

2014 年 9 月 9 日

附录七

瓮安县推进义务教育均衡发展规划

为进一步优化教育资源配置，提高教育质量和办学效益，推动义务教育科学发展、均衡发展，实现从“有学上”到“上好学”的转变，根据《国家中长期教育改革和发展规划纲要》《国务院关于深入推进义务教育均衡发展的意见》（国发〔2012〕48 号）、《省教育厅省财政厅省人力资源和社会保障厅关于印发深入推进全省义务教育均衡发展实施意见的通知》（黔教基发〔2013〕453 号）和《贵州省推进义务教育基本均衡发展分年度实施规划（2013—2020）》等文件精神，结合我县实际，特修订《瓮安县推进义务教育均衡发展规划》。

一、指导思想

全面贯彻落实科学发展观和党的教育方针，以办好每一所学校和关注每一个学生健康成长为宗旨，以推进县域义务教育均衡发展为重点，进一步完善义务教育经费保障机制，推进义务教育学校标准化建设，调整优化学校布局和合理分配教育资源，改善农村学校和城镇薄弱学校办学条件，缩小城乡和镇校之间的教育差距，逐步实现全县义务教育均衡发展，全面提高义务教育质量和水平。

二、发展目标

整体目标：到 2015 年底，实现县域义务教育初步均衡发展，达到州级义务教育均衡发展合格县标准，并通过州级认定；到 2017 年底，全县义务教育均衡发展水平明显提高，达到贵州省义务教育均衡发展合格县标准，并通过国家认定。

三、重点任务

（一）办学条件均衡。统筹城乡义务教育发展，科学编制全县中小学布局规划，到 2015 年全县保留义务教育学校 80 所。加大城区教育资源的整合和建设力度，扶持农村学校和城镇薄弱学校建设，有效解决城市和城区公办义务教育学校“大班额”问题，切实解决偏远农村学生就近入学问题，形成满足适龄儿童少年就近入学需求的学校布局结构。积极实施义务教育标准化学校建设工程。努力争取中省州义务教育重大投资项目，加快基础设施建设，缩小校际办学条件差距。到2015年底，全县义务教育标准化学校达到80%以上；到2017年底，全县义务教育学校的校园、校舍、体育运动场、安全设施、卫生设施、寄宿设施、教学仪器设备、信息技术设备和班额等达到省颁标准，城乡之间、镇校之间无明显差异；到2020年，全县义务教育标准化学校建设成果得到不断巩固和提高。

把全面推进中小学教育信息化作为促进义务教育均衡发展的战略举措，以教育信息化带动教育现代化。进一步推进农村中小学现代化远程教育，不断提高教育信息化的普及水平和应用水平。大力开发和整合优质教育资源，不断促进优质教育资源共享，充分运用信息化的手段和方式，把优质教育资源引进课堂教学，有效促进教育质量的提高。到2015年底，建成覆盖城乡各级各类学校的数字化服务体系，实现教学内容、教学手段和教学方法现代化。

（二）师资力量均衡。立足全县教育事业发展需要，合理定编，科学设岗，均衡配置义务教育师资，建立与义务教育均衡发展相适应的师资保障机制。保障师资培训经费，落实校本研修制度，强化教师培养培训，促进教师专业发展。建立义务教育学校校长、教师定期流动和城乡交流的工作机制，实施教师轮岗制度。加强义务教育薄弱学校、薄弱学科的教师配置，进一步提高农村偏远地区义务教育校长、教师待遇。全面推行义务教育学校校长选任制和教师全员聘任制，建立与义务教育均衡发展相适应的现代学校教师管理制度。到2015年底，全县基本实现小学教师具有大专以上学历者达到80%以上，初中教师具有本科学历者达到90%以上。

（三）经费投入均衡。用足用好义务教育各项投入政策，把义务教育全面纳入财政保障范围，建立义务教育经费稳定增长的长效机制，确保义务教育经费“三个增长”，全面落实义务教育免费政策和省定义务教育阶段生均公用经费标准；不折不扣地落实城市教育费附加全额用于教育、农村税费改革转移支付资金50%用于教育、新增财力20%用于教育等政策规定，加大资金投入，大幅度提高义务教育投入在全县各类教育投入中的比重，形成推进义务教育均衡发展的体制机制；义务教育学校教师平均工资水平不低于当地公务员的平均工资水平。

（四）办学水平均衡。初步形成现代义务教育学校制度，学校能够按照国家课程标准规定开齐开足课程并达到教学基本要求，校际之间教学质量差距不明显，无任意增减课时、增加学生课业负担行为，无以考试成绩公开排队、办重点校（班）现象，实行优质普通高中招生名额合理分配到区域内初中的办法，择校问题得到有效缓解；学校可有效开展校本教研、校本培训，能开设具有特色的学科课程、社会实践课程、校本课程等，学习困难学生得到有效帮扶；校园安全卫生责任、措施落实到位，无重大安全、卫生责任事故；形成优良的班风、校风，校园文化积极向上，校园周边环境安全有序。

（五）教育机会均衡。进一步规范全县义务教育办学行为，完善义务教育就近入学制度，综合治理义务教育“择校”行为和乱收费现象，建立行政问责制度，创建义务教育均衡发展的公平机制。积极推进民办教育发展，促进公、民办义务教育协调发展，对残障、流浪、严重行为不良等特殊少年儿童群体和家庭贫困学生、农村留守儿童、进城务工就业人员子女、进城落户农村居民子女等特殊学生群体就学给予更多关爱和帮助，确保全县适龄儿童小学入学率达99%巩固率达95%，初中入学率达95%、巩固率达90%以．上。

四、保障措施

（一）加强组织领导，推行“两项制度”。县政府将加快推进义务教育均衡发展作为贯彻《国家中长期教育改革和发展规划纲要（2010—2020年）》及其省州县《实施意见》的一项紧迫任务，摆上重要议事日程，成立以县政府主要领导为组长，有关部门参加的义务教育均衡发展领导小组，完善相关政策措施，明确目标任务，与各乡镇（街道办事处）和有关部门签订目标责任书。同时，进一步夯实“政府统筹、教育为主、部门配合、乡镇（办事处）负责、学校落实”的工作机制，严格推行政府部门联席会议制度和县级领导视察调研制度，合力推进全县义务教育均衡发展。

（二）均衡配置资源，突出“三个倾斜”。切实落实对义务教育的投入责任，将义务教育全面纳入县财政保障范围，均衡配置义务教育资源，重点突出“三个倾斜”：（1）经费拨付倾斜。要进一步建立健全义务教育经费稳定增长机制，保证义务教育财政拨款增长高于财政经常性收入增长，按照规定征足、管好、用好教育费附加和土地出让金，主要用于改善农村义务教育学校办学条件。（2）项目投放倾斜。要将中小学校合安全工程、义务教育学校标准化建设工程等项目投放重点向农村、偏远中小学倾斜，力求实现城乡之间校舍建设的基本均衡。（3）设备配套倾斜。要按照“高起点、高标准”的原则，积极实施中小学教育信息化升级改造工程，将多媒体教室、班班通、微机室、教学仪器设备、图书、校园网站、校园广播系统等项目设施配套，重点向农村学校和薄弱学校倾斜，加快实现县、乡、校教育资源共享进程。

（三）确保教育质量，做到“四个均等”。提高义务教育质重和水平，是推进义务教育均衡发展的根本目标。要全面完成县城义务教育均衡发展目标任务，确保教育质量，要切实做到“四个均等”：（1）师资同等配置。要通过职务聘任促进义务教育学校校长、教师合理流动，通过校本教研来提高业务素质。要进一步建立健全城乡教师定期交流支教和轮岗制度，鼓励支持骨干教师到农村中小学支教。要定期对农村教师、薄弱学科进行分科集中培训。要定期开展学科带头人、教学能手评选活动和优秀论文评选活动，办好教研刊物，全面提升农村中小学教师的教学能力和水平。（2）招生同等划线。要继续坚持“小学升初中免试整班移交”和“就近入学”的原则，初中升高中做到农村与城镇全县统一划线，划片招生，不得设立重点校（班）与非重点校（班），使全县同类学校在同一起跑线上公平竞争。（3）考核同等要求。严格实行“双级”考核机制（县政府对教育局和相关部门教育年度工作重点考核，教育局对基层学校年度工作全面考核）和“双向”测评（由上而下的逐层测评和由下而上的逐级量化测评）机制。县政府督查室要将义务教育均衡发展作为对各镇、部门目标考核的一项重要指标，坚持定期检查、汇总、通报；县政府教育督导室对各镇校义务教育均衡发展工作进行全面督查指导。(4) 奖励同等对待。今后，县政府将坚持每年召开义务教育均衡发展工作会议，重奖一批重视义务教育均衡发展工作的镇、部门领导和在推进义务教育均衡发展工作中做出显著成绩的先进集体和先进个人，坚持把物质奖励与精神鼓励相结合，考核结果与奖罚兑现相统一，与职称评定、干部任用相挂钩。

（四）维护受教育者权益，关注“五类群体”。要将维护每一位适龄儿童少年接受义务教育的权益，作为衡量全县义务教育均衡发展水平的重要指标之一，积极关注“五类群体”：(1) 关注家庭经济困难学生。要进一步健全“助、补、减、捐、帮”的多元化帮困助学机制，县财政要及时落实省州专项资金，认真实施“两免一补”政策和“营养改善计划”，切实减轻贫困学生的家庭经济负担。县民政局、慈善协会要倡导社会各界多方筹资，专门用于贫困学生的助学帮扶，通过各种渠道使中小学贫困学生得到积极救助。(2) 关注学习困难学生。要将学困生转化工作纳入全县义务教育均衡发展质量管理评估体系，结合“千名教师大家访”活动，逐级夯实学困生转化责任，引导教师通过兴趣激活、成功体验、学伴结对等策略，从思想心理、学习方法、习惯养成等方面，逐步实现对学困生的有效转化。(3) 关注留守儿童。针对我县外出务工人员多，留守儿童情况复杂这实际情况，县民政局和教育局要进一步建立健全留守儿童档案，全面落实义务教育学校教师与留守儿童“一对一”关爱责任，并通过开展家访、心理咨询、个体辅导、亲情视频等活动，弥补家庭教育的空缺。(4) 关注外来务工人员随迁子女。把解决进城务工农民工子女入学问题纳入学校义务教育工作范畴，确保农民工子女接受义务教育的合法权益。坚持以流入地管理为主、以公办中小学为主的原则，切实担负起统筹安排进城务工人员随迁子女接受教育的责任，力求实现“应入尽入”的目的。(5) 关注特殊儿童的教育力度。要进一步加强特殊教育工作，力求为特殊儿童就学提供与其他学生同步发展、同步提高的平等机会，创造良好的条件。

（五）加大宣传力度，营造发展氛围。县、乡镇政府要通过新闻媒体、门户网站和横幅、板报、标语等途径和方式，大力营造有利于推进义务教育均衡发展的社会舆论氛围。县电视台、广播电台要加大对各部门、各镇校义务教育均衡发展工作情况的报道力度，对在推进义务教育均衡发展工作中涌现出的先进单位和个人进行大力宣传。各学校要通过印发宣传单、书写标语、校务公开栏等形式，广泛宣传义务教育均衡发展的重要性和必要性，使广大人民群众充分了解推进义务教育均衡发展的政策措施，争取广泛理解和大力支持，形成推进义务教育均衡发展的强大合力。

中共瓮安县委

瓮安县人民政府

2014 年 9 月 9 日

索　引

SUOYIN

学校索引

G

L

W

X

Y

Z

人物索引

C

D

F

G

H

L

N

R

S

W

X

Y

Z

表格索引

《瓮安县教育志》编纂联络员（撰稿人）

教育局： 蔡谷 岑参 陈华鉴 陈忠武 丁常林 贾朝阳 蒋文锌 李孝宽 刘仕军 马德会 商正银 宋锡明 田辉 魏德平 谢其卫 杨信勇 杨秀文 袁敏 张文建 邹丽

学校： 陈彩云 陈龙 陈睿 陈善忠 陈廷艳 陈晓娟 方中涛 何建中 何秋洁 胡文军 霍燕 兰成松 兰敏 雷永莉 李国帅 李景波 李茂林 李世春 李世杰 李世尧 李水明 李优霖 刘波利 刘明抒 龙永春 卢光贵 卢锡强 莫代举 庞竹梅 漆明军 邱定杰 瞿远智 戎成斌 石兴文 宋江蕾 宋键 宋静凌 唐安林 唐纯义 唐莉 田茂福 王家祥 王明祥 望作英 吴慧 吴秀龙 伍正国 温光平 夏光辉 肖荣芳 谢崇江 谢治江 徐梅 晏定林 杨胜禄 杨忠玲 余应军 张胜华 张忠琴 郑才佳 郑兴菊 周莉

图片提供

单位： 县教育局、各学校

个人： 向初闻 杨忠林 瞿远恒 魏德平 丁常林 冷启中 李绍龙

编后记

时逢祖国繁荣昌盛、百业俱兴的伟大复兴时期，瓮安经济发展、社会稳定，秉承盛世修志的历史传统，把瓮安教育400多年的辉煌载入史册，以此鉴史励志，继往开来，实乃一件功在当代、利在千秋的教育大业。

本志书的编纂于2015年3月启动，历经三载，终将出版。志书上溯自瓮安教育有史料记载之时，下限至2015年12月31日止，由概述、大事记、专志、人物、附录等组成，涵盖学前教育、小学教育、普通中学教育、职业教育、成人教育以及素质教育、义务教育等方方面面。通过查阅3000多卷档案、2万多份文件，走访上百名教师、领导及其他有识之士，收集150余万字的文档资料，收录图片300余张，精心编纂，几经修改，多次校勘，共纂成20章72节110万余字的《瓮安县教育志》。志书真实反映瓮安崇教尚文的悠久历史，再现瓮安教育的辉煌硕果，篇章结构、字里行间无不体现编写组伏案疾书、殚精竭虑的艰辛。

在县委、县政府的领导下，在县地方志办公室的指导下，在县教育局领导的关怀下，得到州档案局和县档案局的大力支持，以及县教育局各科室及各学校的配合，编纂经费得到保障，时间安排合理，使《瓮安县教育志》的编纂工作得以顺利进行并按期完成。

由于编纂时间短、任务重，加之编纂水平有限，史料欠缺，志书中难免存在错误遗漏和不当之处，敬请各位领导、专家和读者指正。

编者

2018年3月